Wörterbuch Deutsch – Englisch

WÖRTERBUCH

DEUTSCH-ENGLISCH

Bearbeitete Neuausgabe

SCHLOSS VERLAG

Genehmigte Sonderausgabe für Schloß Verlag GmbH, München
Gesamtherstellung Mohndruck Graphische Betriebe GmbH, Gütersloh
Printed in Germany
ISBN 3-572-05523-7

A

A (the letter) A; *von ~ bis Z* from beginning to end; *d. ~ u. O* the beginning and the end ♦ *wer ~ sagt, muß auch B sagen* in for a penny, in for a pound; **A-Dur** A major; **a-Moll** A minor

Aal eel; **s. ~en** to be lazy; to bask *(in the sun)*; **~glatt** slippery (as an eel)

Aar eagle

Aas carrion; carcass; *fig* bitch; **~en** *mit* to waste; **~vogel** vulture

ab off; down; away; from (*~ Ostern* f. Easter on); *~ 2. Juli* on and after July 2; *~ u. an (zu)* from time to time, at times; *~ heute* from today; *~ sein* to be all in

abänder|n to alter; *(völlig)* to change; *(mildern)* to modify; ⚖ to amend; **~ung** alteration; change; modification; amendment

abarbeiten to work s-th off; *sich ~* to toil, to work hard

Abart variety; **~en** to degenerate

Abbau working *(of a mine)*; *chem* decomposition, disintegration; reduction, cutting down; removal, cancellation; **~en** to break up; to work *(a mine)*, to extract *(coal)*; to dismantle *(factory)*; to relax *(controls)*; to discharge *(s-b)*

ab|beißen to bite off; **~bekommen** to get a share of; *(los-)* to get off; **~berufen** *pol* to recall; to call away

abbestell|en to countermand; to cancel; **~ung** countermand; cancellation

ab|betteln to wheedle s-th out of s-b; to get s-th from s-b by begging; **~bezahlen** to pay off; to pay by instalments

abbiegen *vt* to bend off (*od* aside); *vi* to turn (off); to branch off

Abbild copy; image; likeness; **~en** to copy; to portray; to model, to mould; **~ung** illustration; copy; representation

abbinden ⚕ to tie (off), to ligature; *(los-)* to untie; to take off

Abbitte apology; *~ tun wegen* to apologize for; **~n** to beg s-b's pardon for

abblasen to blow off (*od* away); *mil* to sound the retreat; *fig* to call off

abblättern to shed the leaves; to scale off

abblend|en to tone down; to soften *(light)*; 📷 to stop down; 🚗 to dim *(one's headlights)*; **~schalter** 🚗 dip-switch, dimming switch

abblitzen to be snubbed, to meet with a rebuff; *~ lassen* to snub, to rebuff

ab|blühen to cease blooming; *fig* to fade, to wither; **~brausen** to douche; to water *(plants)*; *vi* to rush off; **~brechen** to pluck, to pick; *(Haus)* to pull down, to demolish; to strike *(tents)*; to raise *(a siege)*; to break off, to sever *(relations etc)*; *vi* to cease; to drop a subject; **~brennen** to burn down; to fire off; to let off *(fireworks)*; *vi* to (be) burn(t) down; **~bringen** *(los-)* to get off, remove; to lead away; *fig* to dissuade (*von* from)

Abbruch breaking off, break-off; pulling down, demolition; rupture, severance *(of relations)*; damage, loss; *~ tun* to damage, impair

ab|brühen to boil; to scald; **~bürsten** to brush (off); **~buchen** to write off; **~büßen** to atone for; *(Strafe)* to serve

Abc alphabet; *fig* the three R's, rudiments; **~schütze** beginner

abdach|en to slope; **~ung** slope; declivity

abdämmen to dam up

Abdampf exhaust steam; **~en** to evaporate; *umg* to move off, to depart

abdank|en to abdicate; to retire, to resign; **~ung** abdication; resignation

abdeck|en to uncover; to unroof; *(Tisch)* to clear; *(Bett)* to turn down; **~er** knacker; **~erei** knacker's yard

abdicht|en to stop up, to seal, to pack; ⚓ to caulk; **~ung** sealing; seal, packing

ab|dienen to serve *(one's time)*; **~drehen** *(Gas, Wasser)* to turn off; ⚡ to switch off; *(Hals)* to wring; ⚓ to veer

Abdruck impression; copy; reproduction; (📖 *Fahne*) proof; ⚕ (plaster) cast; mark, stamp; **~en** to (re)print; **~en** to press the trigger; to fire; to squeeze off

ab|dunkeln to darken; to black out; **~ebben** to ebb away; *fig* to die down

Abend evening; *d. Heilige ~* Christmas Eve; *am ~* in the evening, at night; *heute ~* tonight; *gestern ~* last night; *vorgestern ~* the night before last; *neulich ~* the other night; *es wird ~* it is getting dark; *zu ~ essen* to have supper; **~blatt** evening paper; **~brot, ~essen** supper; **~dämmerung** dusk, twilight; **~füllend** full-length *(film)*; **~gottesdienst** *(prot)* evening service; *(kath)* vespers; **~kasse** box-office for evening performance; **~land** West, occident; **~ländisch** western, occidental; **~lich** evening; **~mahl** the Lord's Supper, Holy Communion; **~rot** sunset glow; **~s** in the evening, at night; **~schule** evening school; **~sonne** setting sun; **~zeitung** evening paper

Abenteu|er adventure; *auf ~er ausgehen* to seek adventure; **~erlich** adventurous, venturesome; strange; **~ern** = *auf ~er ausgehen*; **~rer** adventurer

aber but; however; *adv* again; *tausend u. ~ tausend* thousands and thousands; **~glaube** superstition; **~gläubisch** superstitious; **~malig** repeated; **~mals** once more, again; **~witz** foolishness, craziness; **~witzig** foolish, crazy

aberkenn|en to deprive s-b of, to dispossess s-b of; ⚖ to give a verdict against; **~ung** dispossession

abernten to harvest, to reap

abfahr|en *vt (Straße)* to wear out; *(Reifen)* to wear; *(weg-)* to cart away; *vi* to set out, ⚓ to set sail; 🚂 to start; to depart; *j-n ~en lassen* to send s-b about his business; **~t** departure; start

Abfall falling off; *(Blätter)* fall; slope; waste, refuse; defection, revolt; *eccl* apostasy; *fig* anticlimax; **~eimer** garbage pail, *BE* waste bin; **~en** to fall off; to slope, *(Straße)* to descend; to desert, revolt; *eccl* to apostatize (*von* from); to decrease; *~en gegen(über)* to be worse than; to be left; **~̈ig** derogatory; unfavourable; **~produkt** by-product

ab|fangen to catch; to intercept; ✈ to flatten out; ⚙ to prop, to shore; **~färben** to lose colour; *(Wand)* to come off; *~färben auf* to stain, *fig* to influence

ab|fassen to write, to compose; § to draw up; to catch s-b; **~fassung** composition; writing; styling, style; drafting; **~faulen** to rot off; **~federn** to pluck; ⚙ to cushion; **~fegen** to sweep off

abfertig|en to dispatch; to serve s-b; *kurz ~en* to send s-b about his business; **~ung** dispatch; service; snub

abfeuern to fire (off), discharge

abfind|en to satisfy; to pay off; *s. ~en mit* to come to terms with, *fig* to put up with; **~ung** settlement; compensation

ab|flachen to flatten; to level; **~flauen** to abate; to decrease, to ease off; **~fliegen** to fly off; ✈ to take off; **~fließen** to flow away (*od* off, down); **~flug** ✈ take-off

Abfluß flowing off; outlet; *(Straße)* gutter, gully; *(Küche)* sink; discharge; efflux; **~röhre** (waste) pipe

ab|fordern to demand from; to require from; **~fragen** to question; to interrogate; *(Aufgabe)* to hear; **~fressen** to browse; to eat off; **~frieren** to be nipped by frost; to be frost-bitten

Abfuhr removal; transport(ation); *fig* snub, rebuff; **~̈en** to lead off; to carry away; to take away (into custody); *(Geld)* to pay over (*an* to); ⚕ to purge; **~̈mittel** laxative, purgative, cathartic

ab|füllen to pour out; to decant; to draw off; *(in Flaschen)* to bottle; **~füttern** to feed; *(Kleidung)* to line

Abgabe delivery; duty, tax, *(örtlich) BE* rate; **~nfrei** duty-free; **~npflichtig** taxable, dutiable

Abgang departure; leaving; sale; 🎭 exit; loss, waste, deficiency; *(Tod)* decease; abortion; **~szeugnis** school-leaving certificate, leaving certificate

Abgas waste (*od* exhaust) gas

abgearbeitet worn out

abgeben to deliver (up), to give; to hand over to; to share with s-b; to sell; to dispose of; *(Stimme)* to cast; *(Urteil)* to pass; *(Meinung)* to express; *s. ~ mit* to deal in, to have to do with, to go in for

abge|brannt *fig* stony-broke; **~brüht** callous, hardened; **~droschen** trite; commonplace; **~feimt** crafty, cunning; **~flacht** flat; **~grast** *fig* well-covered; **~griffen** worn-out; *(Buch)* thumbed

abgehen *vt* to measure by steps; to pace; *vi* to go away, to depart; to start; *(Straße, Fluß)* to branch off; *(Schule)* to leave; 🎭 *... geht ab* exit; *(s. lösen)* to come off; *vom rechten Wege ~* to lose one's way, *fig* to go astray; *~ lassen* to send off; *s. nichts ~ lassen* to deny o.s. nothing; *hiervon geht ... ab* less ...

abge|kämpft worn-out, exhausted; **~kartet:** *e-e ~kartete Sache* a put-up job, a frame-up; **~klärt** mature, wise, dispassionate; **~kürzt** abbreviated; abridged; **~laufen** due, payable; expired; **~legen** remote; **~legt** *(Kleider)* cast-off

abgelten to meet, to (re)pay

abge|messen measured; calculated; **~neigt** averse to; disinclined; **~nutzt** worn-out; threadbare; hackneyed

Abgeordnete|r deputy, delegate, representative; member of Parliament; **~nhaus** Chamber of Deputies, *(England)* House of Commons, *(USA, West-Berlin)* House of Representatives

abge|rahmt skim(med); **~rissen** ragged; shabby; *fig* abrupt; disconnected; **~rundet** rounded off; **~sandter** envoy; delegate, deputy

abgeschieden retired; secluded; **~heit** seclusion; solitude

abge|schliffen polished; refined; **~schlossen** closed; concluded; complete; **~schmackt** silly; insipid; in bad taste

abgesehen: *~ von* apart from, *US a.* aside from, without regard to; *hiervon ~* besides this; *es ~ haben auf* to aim at

abge|spannt fatigued, enervated; tired out; **~standen** *fig* flat, stale; **~storben** dead, deceased; numb; **~stumpft** blunted; *fig* dull; **~tan** put off, finished; **~tragen** threadbare; **~treten** worn down

abgewinnen to win, obtain from; *Geschmack ~* to get to like, to get a taste for

abgewöhnen to wean from, to break s-b of the habit of (doing); *sich ~* to give up (doing)

ab|gießen to pour off, to decant; ⚙ to found, to cast; **~glanz** reflection; (reflected) splendour; **~gleiten** to slide (off), to slip (off); *alles an sich ~gleiten lassen* to be proof against everything

Abgott idol; **~̈erei** idolatry; *~̈erei treiben* to worship idols; **~̈isch** idolatrous

abgraben to dig off; to drain (off); to draw off ♦ *j-m d. Wasser ~* to take the bread out of s-b's mouth

abgrenz|en to mark off; to fix the limits of; to demarcate; to define; **~ung** demarcation; line of division; definition

Abgrund abyss; precipice; **~̈ig** precipitous; *fig* inscrutable, impenetrable; **~tief** abysmal

abgucken *(Schule)* to crib; to learn by watching s-b

Abguß cast, copy; pouring-off; casting

ab|hacken to chop off, to lop off; **~haken** to unhook; to tick off

abhalt|en to keep off; to hinder, restrain, prevent; *(Stunde)* to give; *(Tagung)* to hold; *(Kind)* to hold out; **~ung** holding; detention; hindrance

abhand|eln *(Preis)* to beat down; to get by bargaining; to treat of, to discuss; **~lung** treatise, paper; dissertation; **~en:** *~en kommen* to get lost

Abhang slope, declivity; **⁓̈en** to take down; ☎ *(ein-)* to hang up; ⛩ to tail off; *vi* ⛩ to fall behind; *⁓̈en von* to depend on; **⁓̈ig** depending, dependent (*von* on); **⁓̈ige Rede** *gram* indirect (*od* reported) speech; **⁓̈igkeit** dependence (*von* on)

ab|harken to rake off; **⁓härmen** *refl* to grieve (*über* at); to pine away

abhärt|en to harden; ⚙ to temper; *s. ⁓en gegen* to inure o.s. to; **⁓ung** hardening; toughening

ab|haspeln to wind off, to unwind; *fig* to perform carelessly, to rattle off; **⁓hauen** to cut, hew off; *umg fig* to get away, to scram; **⁓heben** to lift (off), to take off; *(Geld)* (with)draw; *(Karten)* to cut; *s. ⁓heben* to stand out (*von, gegen* against); **⁓hebung** *(Geld)* withdrawal

ab|heilen to heal up; **⁓helfen** to help, to remedy; *(Fehler)* to correct; *(Beschwerden)* to redress; *(Schwierigkeiten)* to remove; *dem ist nicht abzuhelfen* it cannot be helped; **⁓herzen** to hug (and kiss); **⁓hetzen** *(Tier)* to hunt down; *fig* to harass; *refl* to tire o.s. out, to rush about; **⁓hilfe** remedy; **⁓hobeln** to plane (off); to smooth; *fig* to polish; **⁓hold** averse, unfavourable to

abholen *(Sachen)* (to come and) fetch; to call for s-b; to meet *(at the train etc)*

ab|holzen to cut down, to clear of trees, to deforest; **⁓horchen** to learn by listening (*von* to); to overhear; ⚕ to sound; **⁓hören** to hear, examine s-b; 🎧 to listen (in) to, to monitor; *(Lektion)* to hear, to test s-b on s-th

abirr|en to lose one's way; *fig* to go astray; to deviate; **⁓ung** deviation

Abitur school-leaving examination; **⁓ient** secondary-school graduate; **⁓ientenexamen, ⁓ium** = ⁓

abjagen *vt* to overdrive; *(Pferd)* to override; *j-m etw ⁓* to snap away from

ab|kanten to round off; to bevel; **⁓kanzeln** to take s-b to task, to blow up; **⁓kappen** to lop off; **⁓kapseln** ⚕ to seal off, to wall off; *refl fig* to avoid social contact; **⁓kauen** to chew off; **⁓kaufen** to buy, purchase from

Abkehr withdrawal; estrangement; alienation; about-face; **⁓en** to sweep, to brush; *s. ⁓en von* to turn away from

abklär|en to clear; to clarify; **⁓ung** clarification

Ab|klatsch impression, copy; *fig* poor imitation; **⁓klingen** to die away; to fade out; **⁓klopfen** to dust off; to knock off; ⚕ to sound; *vi* ♪ to cut off, to rap off; **⁓knallen** to fire; to shoot down; **⁓knappen, ⁓knapsen** to stint s-th, to stint s-b in s-th; **⁓knicken** to break off, to snap off; **⁓knöpfen** to unbutton; *(umg fig) j-m etw ⁓knöpfen* to do s-b out of s-th; **⁓kochen** to boil (off); *(Milch)* to scald; *sl* to chisel; **⁓kommandieren** to detach, to detail; to transfer

Abkomm|e descendant; offspring; **⁓en** to deviate; *⁓en von* to lose *(one's way)*, to give up *(a plan)*, to change *(the subject)*; to get away *(od off)*; to fall into disuse, to become obsolete; *su* agreement; convention; arrangement; understanding; **⁓̈ling** = ⁓e

ab|konterfeien to portray; **⁓kratzen** to scrape off, to scratch off; *sl* to croak; **⁓kriegen** *umg* to get; *etw ⁓kriegen* to get hurt; **⁓kühlen** to cool (off); *fig* to calm, to damp; **⁓kühlung** cooling; refrigeration; **⁓kunft** descent, origin; family

abkürz|en to shorten; to reduce; *(Wort)* abbreviate; *(Text)* to abridge; to curtail; **⁓ung** shortening; reduction; abbreviation; abridgement

abküssen to kiss heartily, to smother with kisses

ablad|en to unload; to dump; to discharge; **⁓eplatz** dumping-ground; **⁓er** unloader; **⁓ung** unloading; discharge

Ablage depot; dump; files; cloak-room; **⁓rn** to deposit; to store; ⚙ to age, to season; **⁓rung** sediment; deposit

Ablaß *eccl* indulgence

ablassen to let off, to let go; to drain (off), to draw off; to sell; *⁓ von* to reduce *(price)*, *fig* to cease from, to desist from

Ablauf running off, flowing off; sink; expiration *(of time)*; **⁓en** to flow (off, down); to run down; *(Zeit)* elapse; to expire; *(Uhr)* to run down; *(Wechsel)* to fall due; ⛩ to start; *vt* to scour, to rove; *(Schuhe)* to wear out; *s. d. Beine ⁓en* to run o.s. off one's feet; *gut, übel ⁓en* to end well, badly

ab|lauschen to learn by listening to; to eavesdrop; **⁓leben** *su* decease, death

ablegen to put away, to lay aside, down; to take off; *(Gewohnheit)* to give up; *(Briefe)* to file; 📖 to distribute; *(Prüfung)* to sit for, to go in for, *(bestehen)* to pass; *(Eid)* to take; *(Gelübde)* to make; *bitte, legen Sie ab* please, take off your things (coat); *wo kann ich ⁓?* where can I leave my things?

Ableger *bot* cutting, slip; layer; *fig* branch

ablehn|en to decline, to refuse; *umg* to say no to; ⚖ to challenge; **⁓end** negative; **⁓ung** refusal, rejection

ab|leisten to perform (duly); *(Eid)* to take; *mil* to serve *(one's time)*; **⁓leiten** to lead away; to turn off; to divert; *gram* to derive; **⁓leitung** leading away; diversion; derivation, derivative

ablenk|en to turn off, to divert; to distract; to deflect; *fig* to dissuade (*von* from); *(Gefahr)* ward off; **⁓ung** diversion; deflection; *fig* distraction; dissuasion; **⁓ungsangriff** diversion

ab|lesen to read off; *(Gerät)* to read; *(vom Mund)* to lip-read; *er liest ihr alles von d. Augen ab* he anticipates her every wish; *(Früchte)* to gather, to pick off; **⁓leugnen** to deny, to disown

abliefer|n to deliver, to consign; to hand over; *(Waffen)* to surrender, to turn in; **⁓ung** delivery; transfer; surrender; **⁓ungssoll** delivery target (*od* quota)

ablös|en to loosen, to untie; to remove; *(Vorgänger)* to replace; *(Wache)* to relieve; *(Kapital)* to redeem; *refl* to come off, to scale off; *(s. abwechseln)* to relieve one another, to

alternate; **~ung** loosening; removal; redemption; relief
abluchsen to swindle s-b out of s-th
abmach|en to take off; to undo, to untie; *(Geschäfte)* to arrange, to finish, to settle; **~ung** arrangement, settlement; agreement, convention
abmager|n to grow thin, to lose flesh; **~ung** emaciation; **~ungskur** reducing diet; *~ungskur machen* to be on a (reducing) diet
ab|mähen to mow, to cut down; **~malen** to paint, to portray; to depict
Abmarsch marching off; start; **~bereit** ready to start; **~ieren** to march off
abmeld|en to give notice of departure (of removal); to report off duty; **~ung** notice of departure (*od* removal)
abmess|en to measure off; to survey; *fig* to weigh; **~ung** measuring; measurement
ab|mieten to rent (*von* from); to hire (*von* from); **~montieren** to dismount; to dismantle; to take to pieces; **~mühen** *refl* to fatigue o.s., to exert o.s.; **~nagen** to gnaw (off); *(Knochen)* to pick
Abnahme taking off, removal; sale, purchase; *es findet gute ~* it sells well; ⚕ amputation; *astr* wane; decrease, diminution; *(Gewicht)* loss *(in weight)*
abnehm|en to take off (away); to gather, to pick; *(über-)* to take over; *(Waren)* to take *(into stock)*, to buy; *(Karten)* to cut; ⚕ to amputate; *(Stricken)* to take in; *(Eid)* to administer; *vi* to decrease, to diminish, to decline; to grow thin; *(Kräfte)* to fail; *astr* to wane, *(Tage)* to grow shorter; **~er** buyer, customer
Abneigung dislike (of), aversion (to); *natürliche ~* antipathy (to, against)
ab|norm abnormal; deformed; perverse; *umg* unusual, exceptional; **~nötigen** to force, to extort (*j-m* from s-b)
abnutz|en to wear out (by use); **~ung** wearing out; wear and tear
Abonn|ement subscription; **~ementskarte** *BE* season-ticket; **~ent** subscriber; **~ieren** to subscribe to, to take *(a newspaper)*
abordn|en to delegate, to depute; **~ung** delegation, deputation
Abort *BE* water-closet, WC; lavatory; latrine; ⚕ abortion, miscarriage
ab|pachten to rent from; **~packen** to package; *(entladen)* to unload; **~passen** to measure, to fit; to time; *(Gelegenheit)* to watch for, to wait for; **~pellen** to peel; **~pflücken** to pluck off, to pick, to gather; **~placken, ~plagen** *refl* to work hard; to drudge (*bei, mit* at)
Abprall (re)bound, recoil; **~en** to (re)bound, to recoil; *mil* to ricochet
ab|pressen to separate by pressing, to squeeze off; *fig* to force, to extort (*j-m* from s-b); **~protzen** *mil* to unlimber; **~putzen** to clean, to cleanse; to polish; *(Wand)* to rough-cast; **~quälen** *refl* to worry o.s.; to toil, to work hard; **~quetschen** to squeeze off; **~rackern** *refl umg* to drudge, to slave
ab|rahmen to skim; **~rasieren** to shave off; **~raspeln** to rasp off; **~raten** to dissuade (*von* from), to warn (*von* against), to advise (*von* against)
Abraum rubbish; ⚙ waste; **~̈en** to take away; to clear (away); to remove
abrechn|en to deduct; to discount; to clear, to settle (accounts); *vi (Haushalt etc)* to do one's accounts; to settle accounts (*mit* with); **~ung** deduction; settlement, clearing; accounting; **~ungsstelle** clearing house; accounts office; **~ungsverkehr** clearing; **~ungszeitraum** accounting period, period under account
Abrede agreement (*e-e ~ treffen* to make an a.); *in ~ stellen* to deny
abreib|en to rub off (*od* down); to scour; **~ung** rubbing off, rub-down; thrashing
Abreise departure; **~n** to depart, to leave (*nach* for), to set out (*nach* for)
abreiß|en to tear off, to pull off; *(Haus)* to pull down, to demolish; *vi* to break off; **~kalender** tear-off calendar
abrennen to run away, to run off; *refl* to fag o.s. out; *s. d. Beine ~* to run o.s. off one's feet
ab|richten to make fit, to adjust; *(Tier)* to train, to teach; *(Pferd)* to break in; **~riegeln** to bolt; to close; **~ringen** to wring (*j-m* from s-b), to wrest (*von* from s-b); **~rinnen** to flow down, off; **~riß** sketch; draft; abstract; summary; **~rollen** to roll off, away; to forward, to cart away; ▶ to unwind; *fig* to unroll, to unfold; *~rollen lassen* ⚓ to pay out; **~rücken** to move off; *vi* to march off; to depart *(a. fig)*; *su* departure
Abruf recall; calling (up); *auf ~* on, at call; **~en** to call off, away; to recall; *(Geld)* to call in; ✆ to call out
ab|runden to make round; to round off; **~rupfen** to pluck off; **~rupt** abrupt
abrüst|en to disarm; ⚙ to take down the scaffolding; **~ung** disarmament
ab|rutschen to slide off, down; to glide down; **~säbeln** to cut off (with a sword); *umg* to hack off; **~sacken** to sink; to sag; ✈ to pancake; *fig* to slacken off
Absag|e refusal; **~en** to cancel, to call off; to refuse, to decline
absägen to saw off; *umg* to sack, to fire
ab|sahnen to skim (the cream off); **~satteln** to unsaddle; to dismount
Absatz paragraph; *(beim Diktat)* new paragraph, new line; stop, intermission; *(Treppe)* landing; *(Schuh)* heel; *(Waren)* sale(s); *(Zeitung)* circulation; **~fähig** salable, marketable; **~flaute** dullness in sales; **~gebiet** market, outlet; **~stockung** falling-off in sales; **~werbung** sales promotion
ab|saugen to suck off; **~schaben** to scrape off
abschaff|en to abolish; to remove; to do away with; ⚖ to repeal; **~ung** abolition; removal; ⚖ repeal
ab|schälen to peel (off); to pare; **~schalten** to switch off, to cut off; to disconnect; **~schattieren** to shade (off)

abschätz|en to estimate; to value; to tax, to assess; **~er** appraiser; *BE* valuer, valuator; **~ig** derogatory, disparaging, depreciative; **~ung** valuation; assessment; appraisal

Abschaum scum *(a. fig)*; refuse; *der ~ der Menschheit* the dregs of society; **⁓en** to skim; to take off the scum

abscheiden to separate; to divide; to refine; to die; **~scheren** to shear (off)

Abscheu horror, abhorrence; abomination; *~ haben vor* to abhor; **~lich** abominable, horrible, detestable; **~lichkeit** abomination; atrocity

ab|scheuern to scrub, to scour; **~schicken** to send off, to dispatch; **~schieben** to push off, to shove off; to deport s-b; *vi umg* to clear off, to buzz off

Abschied parting, leave; departure; discharge; *~ nehmen von* to take leave of, to say farewall to; *s-n ~ nehmen* to send in one's resignation; *d. ~ bekommen* to be dismissed; **~sbrief** farewell letter

ab|schießen to shoot (off, down); to discharge; ✈ to down ♦ *d. Vogel ~schießen* to take the cake; *vi (Stoff)* to fade; **~schirmen** to screen off; to protect (*gegen* from); ⚡ to suppress; **~schirren** to unharness; **~schlachten** to slaughter; *fig* to butcher

Abschlag fall in price; reduction; *auf ~* on account, by instalment; **~en** to beat off; to cut off, to lop off; to cut down; *mil* to repel; *(Bitte)* to refuse; **⁓ig** negative; *⁓ige Antwort* refusal; **~szahlung** payment on account; instalment

abschleifen to grind (off); to polish

abschlepp|en to drag off; 🚗, ⚓ to (take in) tow; *refl* to drag heavy loads; to tire o.s. out (by carrying things); **~dienst** *BE* car-tow, *US* recovery service; **~wagen** *BE* breakdown lorry, *US* wrecking car, wrecker

abschließ|en to lock (up), to shut off; *(Schloß)* to turn the key; *(beenden)* to conclude, to finish; *(Geschäft)* to strike, to make *(a bargain)*; to make up, to balance *(the accounts)*; to come to terms; **~end** final, conclusive; **~ung** separation; seclusion

Abschluß close, conclusion; settlement; *(Geschäft)* transaction, deal; sale; **~prüfung** final (examination), finals; **~zeugnis** school-leaving certificate

ab|schmecken to taste; **~schmeicheln** to cajole (*od* coax) out of s-b; **~schmieren** 🚗 to grease; *umg* to copy carelessly; **~schminken** to remove the paint from s-b's face; **~schnallen** to unbuckle

abschneiden to cut off *(a. fig)*, to lop off; ⚕ to amputate; *gut ~ in* to pass well, to come off well

ab|schnellen to jerk off; to fly off with a jerk; **~schnitt** cut, cutting; division; period; *mil* sector; *math* segment; 📖 paragraph, passage; coupon, item; **~schnüren** to tie off; **~schöpfen** to skim off *(a. fig)*; **~schrägen** to bevel; to slant off; to slope; **~schrauben** to screw off; to unscrew

abschreck|en to frighten (away), to dishearten; *bes pol* to deter; ⚙ to chill, to quench; **~end** *(Aussehen)* forbidding; *~endes Beispiel* lesson, warning; **~ung** deterrence; **~ungsmittel** deterrent

abschreib|en to copy; to write out; to plagiarize; *(Schule)* to crib, *US* to pony; *(Summe)* to write off, to deduct; *j-m ~en* to send s-b a refusal; **~er** copyist; plagiarist; **~ung** writing off; sum set aside for depreciation, allowance for wear and tear

abschreiten to pace off, to measure; *(mil) d. Front ~* to take the review

Abschrift copy; transcript; duplicate; **~lich** in (*od* by) duplicate

abschuppen to scale off; *(Fisch)* to scrape

abschürf|en to scratch off, to abrade; *(Haut)* to bark, to graze; **~ung** abrasion

Abschuß firing off, discharge; ✈ downing, downed enemy plane

abschüssig steep, precipitous

ab|schütteln to shake off, down; **~schwächen** to weaken, to reduce; *refl* to fall off, to taper off; **~schwatzen** to talk s-b out of; **~schwefeln** to smoke with sulphur; **~schweifen** to stray; to deviate, to digress; **~schweifung** deviation, digression; **~schwellen** to grow less; ⚕ to go down; *fig* to die down; **~schwindeln** to cheat, to swindle out of; **~schwören** to abjure; to deny upon oath; **~segeln** to sail away, to put to sea

abseh|bar within sight; conceivable; *in ~barer Zeit* in the visible future; **~en** to learn by watching s-b; to copy; *es ~en auf* to aim at; *es ist schwer abzusehen* it is difficult to foresee; *~en von* to desist from, (to choose) not to do

ab|seifen to (clean with) soap; **~seihen** to strain; to filter (off); **~seilen** to rope down (*a.* ⛰); *refl* to descend on a rope; **~sein** to be loose; *umg* to be tired out

abseits aside, apart; *~ von* away from, back from; ⚽ off-side

absend|en to send off, away; to dispatch, to forward; **~er** sender; forwarder, shipper, consignor; **~ung** sending; dispatch(ing); shipment

absetz|bar removable; tax-deductible; salable, marketable; **~en** to put down; to deposit; 🚗 to drop s-b off; *(König)* to depose; to dismiss, to remove s-b; *(Waren)* to dispose of, to sell; *(Summe)* to deduct; *(streichen)* to cancel; 🎭 to take off; 📖 to set up, to compose; *vi* to stop, to pause; **~ung** dismissal; deposition; disposal

absichern *gegen* to secure against, to protect from

Absicht intention; *(Ziel)* aim; *(Zweck)* purpose; *mit, in d. ~ (zu tun)* with the intention (of doing), with a view (to doing); **~lich** intentional; designed; *(vorsätzlich)* premeditated; *adv* intentionally, on purpose

ab|singen to sing (at sight); **~sitzen** to dismount; *s-e Strafe ~sitzen* to serve a sentence, to do time

absolut absolute; ~ *nicht* by no means; ~ *nichts* nothing whatever; **~ion** absolution

absolvieren to absolve; *d. Universität* ~ to finish one's studies

absonderlich odd, peculiar, strange

absonder|n to separate; to isolate; ⚕ to secrete; *refl* to separate, to withdraw; to seclude o.s.; **~ung** separation; isolation; secretion

absor|bieren to absorb; **~ption** absorption

ab|sorgen *refl* to worry; **~spalten** to split off; to separate

abspann|en to unharness; to unbend, to slacken; **~ung** relaxation; fatigue

absparen to spare from; *s. etw vom Munde* ~ to stint o.s. in food to get s-th

ab|speisen to feed (*mit* with), to fob off; **~spenstig machen** to entice away from; to alienate from; to estrange

absperr|en to shut off, out; to lock; to block, to bar; to isolate, to seclude; *(Straße)* to close to traffic; **~hahn** stop-cock; **~ung** shutting off; stoppage; isolation; barrage

ab|spiegeln to (be) reflect(ed), to mirror; **~spielen** to play off; to play at sight; *refl* to happen, to take place; **~splittern** to splinter off; to chip off; **~sprache** arrangement; agreement

absprechen to deny (*j-m etw* s-b s-th), to deprive (s-b of s-th); to arrange, to settle (s-th with s-b)

ab|springen to leap off, down, to jump off; ✈ *bes BE* to bale out, *bes US* to bail out; *fig* to digress; **~sprung** leaping off; ⛷ take-off; ✈ descent; **~spulen** to unwind from a spool, to wind off

abspül|en to wash up; to wash off; to rinse; **~wasser** dish-water

abstamm|en to descend from; *(Wort)* to be derived from; *fig* to stem from; **~ung** descent; lineage; genealogy, ancestry; derivation; **~ungslehre** theory of evolution

Abstand distance; interval; *fig* difference, contrast; *mit* ~ by a considerable margin; *zeitlicher* ~ time-lag; ~ *nehmen von* to desist from, to give up

ab|statten to render; *(Besuch)* to pay; *(Dank)* to return; **~stauben** to dust

abstech|en to cut; ~ *von* to contrast with, to stand out against; **~er** excursion, trip; detour; *fig* digression

ab|stecken to unpin; to mark *(with sticks, with poles)*; to mark out; **~stehen** to stand off; *fig* to desist (*von* from); to get stale

absteig|en to descend, to dismount, to alight; to put up (*in, bei* at); **~equartier** accommodation; (night's) lodging

abstell|en to put down, away; *(Gas)* to turn off; *(Maschine)* to stop; 🚗 to park; *fig* to do away with; to abolish; *(Mißbrauch)* to remedy; to redress; **~gleis** railway siding; **~raum** lumber-room

ab|stempeln to stamp; 📯 to cancel; **~steppen** to quilt; **~sterben** to die (away); *bot* to fade, to wither; *(Glied)* to grow numb; to perish; **~stich** contrast; shade; *(Hochofen)* tapping; **~stieg** descent; *(sozial)* come-down

abstillen to wean a child *(from the breast)*

abstimm|en to tune; to shade off; to bring into harmony; *(Bücher)* to balance; *aufeinander ~en* to co-ordinate; *(fig) ~en auf* to attune to; *vi* to vote (*über* upon); **~knopf** 📻 tuner; **~skala** 📻 tuning-dial; **~ung** 📻 tuning-in; vote, voting; *parl BE* division

abstinen|t *allg* abstemious; *(Alkohol)* teetotal; **~z** teetotalism, (total) abstinence; **~zler** teetotaller

abstoßen to knock off, to push off; ⚓ to put off; *(Waren)* to sell (off); to dispose of; **~d** repellent; repulsive

abstra|hieren to abstract; **~kt** abstract

ab|strapazieren to tire out; to wear out; **~streichen** to scrape off, to wipe off; *(Messer)* to strop; *(Summe)* to deduct; **~streifen** to strip off; to skin; (*Schuhe*) to wipe; (*Gegend*) to roam; **~streiten** to deny; to dispute; **~strich** deduction; cut; *(Schrift)* downstroke; ⚕ swab (*e-n ~strich machen* to take a s.); **~stricken** to knit off

abstuf|en to form into steps; to grade, to gradate, to graduate; *refl* to grade (off); **~ung** gradation, graduation; shading

abstumpfen to blunt, to dull; to stupefy; *fig* to become insensible (*gegen* to)

Absturz fall; ✈ crash; *(Abhang)* precipice; *zum ~ bringen* to bring (shoot) down; **¨en** to fall (off, down); ✈ to crash

ab|suchen to search; to scour; to sweep; **~sud** decoction; abstract

absurd absurd; *ad ~um führen* to show the absurdity of, to reduce to an absurdity; **~ität** absurdity

Abszeß abscess

Abt abbot; **~ei** abbey; **~würde** abbotcy, abbotship

abtakeln ⚓ to unrig

Abteil 🚆 compartment; **~en** to divide (off); to separate; **~ung** division; section, partition; department; *mil* detachment, batallion; ⚕ ward; **~ungsleiter** department head, (departmental) manager

Äbtissin abbess

ab|tönen to tone (down); to shade off; **~töten** to destroy, to deaden; to mortify

Abtrag *tun* to injure; **~en** to carry off, away; to take off, away; to clear away; *(Haus)* to pull down; *(Anhöhe)* to level; *(Schuld)* to pay; *(Kleider)* to wear out; **¨lich** bad; detrimental (*für* to)

Abtransport transportation; evacuation

abtreib|en to drive away, off; *(Pferd)* to overdrive; ⚓ to drift (off); ⚕ to procure abortion; **~ung** driving off; abortion

abtrenn|en to rip (off), to undo; to separate; **~ung** ripping; separation

abtret|en to tread off, to wear out; *j-m etw ~en* to cede, to surrender; *vi* to retire, to leave; *j-m s-n Platz ~en* to give up one's place to s-b; **~ung** wearing out; session; surrender

Ab|trieb descent of the cattle; **~trift** ⚓ leeway, drift; **~tritt** 🎭 exit; = Abort; **~trocknen** to dry (off, up); to wipe dry; **~tropfen** to drop off, to drip (down); to trickle down
abtrünnig unfaithful, disloyal; ~ *werden* to desert; *eccl* to apostatize
ab|tun to take off, to pull off; to put away; to dispose of, to get rid of; to kill; **~urteilen** to pass sentence on s-b; to decide s-th finally; **~verdienen** to work off; **~vermieten** to sublet; **~wägen** to weigh; to consider, to balance; **~wälzen** to roll off, down; *fig* to pass on, to shift on; **~wandeln** to vary; *gram* to inflect, to decline, to conjugate
ab|wandern to migrate; to wander off; **~warten** to wait for, to await; to wait and see; **~wärts** downwards
abwasch|en to wash off, away; *(Geschirr)* to wash up; **~wasser** dish-water
Abwasser sewage; waste water; **~kanal** sewer
abwechs|eln to change, to vary; to alternate, to take turns; **~elnd** changeable; alternate, alternative; *adv* alternately, by turns; **~lung** change (*zur ~lung* for a change); variety; alternation
Abweg wrong way; by-path; *auf ~e geraten* to go astray; **~ig** incorrect; misleading
Abwehr defence; **~en** to ward off; to keep off; *(Hieb)* to parry; **~maßnahmen** defence measures
abweich|en to deviate (*von* from), to depart (*von* from); to differ (*von* from); *phys* to decline; **~end** devious; anomalous; to the contrary; **~ung** deviation; declination; variation; aberration
abweiden to graze; to browse
abweis|en to send back, away; to refuse; *mil* to repel; ⚖ to dismiss; **~end** stand-offish; **~ung** refusal, rejection
abwelken to wither (and fall off)
abwend|en to turn away, off; *(Übel)* to avert, to ward off; *s. ~en von* to turn away from, to abandon; to desert; **~ung** turning off; aversion; abandonment
abwerben to entice away
abwerfen to throw off, to cast off; *(Reiter)* to throw; to buck; ✈ to drop; *bot* to shed; *(Gewinn)* to yield, to show
abwert|en to devaluate, to depreciate; **~ung** devaluation, depreciation
abwesen|d absent (*von* from); *fig* absent-minded; **~heit** absence
ab|wickeln to wind off, to unwind; *fig* to wind up, to finish; to settle; to clear up, to work off; **~wimmeln** *umg* to keep off, to send away; to brush off; **~winken** to warn off; **~wischen** to wipe off; *(d. Staub von etw)* to dust; **~wracken** ⚓ to break up; **~wurf** throwing off; dropping; **~würgen** to strangle, to throttle; *(Auto)* to stall
abzahl|en to pay off; to pay by instalments; **¨~en** to count (off); **~ung** payment (on account); instalment (*auf ~ung* by i.); **¨~ung** counting off
abzapfen to draw (off); *fig* to fleece
abzehr|en to waste away; **~ung** emaciation
Abzeich|en sign, mark (of distinction); badge; **~nen** to copy; to draw; to initial; *refl* to stand out (*gegen* against)
Abzieh|bild transfer (picture); **~en** to take off, to draw off, away; to take out; *(Bohnen)* to string; *(Bett)* to strip; *(Tier)* to skin; *(Messer)* to strop; *(Bier)* to draw off; *(Wein)* to bottle; *math* to subtract, to deduct; 📖 to pull off, to strike off; to mimeograph, to xerox; *(ablenken)* to divert; *vi* to march off, to move off; *(Rauch)* to escape
abzielen to aim (*auf* at); to tend (to do)
Abzug departure, marching off; *math, Steuer* deduction; 📖 proof, pull; 🎥 print; *(Rabatt)* discount, rebate; *(Rohr)* conduit, outlet; *(Gewehr)* trigger; **¨~lich** less; **~sfähig** deductible; **~skanal** sewer; drain
ab|zupfen to pick off, to pull off; **~zwacken** to squeeze out of s-b
abzweig|en to branch off; **~ung** branching off; diversion; *fig* deduction
ach ah!, alas!; ~ *so!* (oh,) I see; ~ *was!* nonsense!; *mit ~ u. Krach* with great difficulty; by the skin of one's teeth
Achse ⚙ axle; *astr, math* axis; *per ~* by road; *auf ~ (umg)* on one's legs, travelling; **~n-** axial
Achsel shoulder; *über d. ~ ansehen* to look down upon s-b ♦ *auf d. leichte ~ nehmen* to make light of, to consider a trifle; **~höhle** armpit; **~klappe** shoulder-strap; **~zucken** shrug(ging)
acht[1] eight; ~ *Tage* a week; *alle ~ Tage* once a week; *heute in ~ Tagen BE* this day week; *halb ~* half past seven; **~e** eighth; **~eck** octagon; **~eckig** octagonal; **~el** eighth; **~el Note** *BE* quaver, *US* eighth note; **~el Pause** *BE* quaver rest, *US* eighth rest; **~ens** eighthly; **~er** figure eight; eight-oared boat; **~erbahn** *BE* switchback (railway), roller-coaster; **~fach** eightfold; **~hundert** eight hundred; **~jährig** eight years old; **~mal** eight times; **~seitig** octagonal; **~stundentag** eight-hour day; **~tägig** lasting a week; **~tausend** eight thousand; **~zehn** eighteen; **~zehnte** eighteenth; **~zig** eighty; **~zigste** eightieth
Acht[2] care, attention; *s. in ~ nehmen* to take care, to be on one's guard; *außer ~ lassen* to disregard, to take no notice of; *(Bann)* outlawry, ban; **~bar** respectable, respected; **~barkeit** respectability, dignity; **~en** to esteem, to respect; *~en auf* to take care of, to pay attention to, to see to; **¨~en** to outlaw; **~enswert** worthy of esteem; **~geben** *auf* to pay attention to, to take notice of; **~los** careless, unmindful, negligent; **~losigkeit** carelessness; negligence; **~sam** careful, mindful (*auf* of), attentive (*auf* to); **~samkeit** carefulness; attentiveness; **~ung** esteem, regard; attention; **~ung!** look out!; *mil* attention!; *(hohe ~ung)* awe (*vor* of); **¨~ung** outlawing, proscription; **~unggebietend** commanding respect; **~ungsvoll** respectful

achter ⚓ aft; **~deck** quarter-deck
ächzen to groan
Acker field; arable land; **~bau** farming; agriculture; *~bau treibend* agricultural; **~bauer** farmer; **~bestellung** tillage; **~früchte** field crops; **~gaul** farm-horse, cart-horse; **~gerät** agricultural implement; **~knecht** farm labourer; **~land** arable land; **~n** to till, to plough
acta: *ad ~ legen* to put on the shelf, to look upon s-th as settled
addieren to add (up), to sum up
ade farewell!; good-bye!
Adel nobility, aristocracy; *fig* nobleness; *niederer ~* gentry; **~ig** noble; **~n** to raise to the peerage; to ennoble; **~sbrief** patent of nobility; **~sstand** peerage; *in den ~sstand erheben* = ~n
Ader vein; *(Erz-)* vein, lode; *(Streifen)* streak; *(Wasser)* course; *j-n zur ~ lassen* to bleed s-b; **~laß** bleeding, *fig* haemorrhage
Adhäsion ⚕, *phys* adhesion
adieu farewell, good-bye
Adjektiv adjective; **~isch** adjectival
Adjutant adjutant, aide-de-camp, *US* aid-de-camp
Adler eagle; ~- aquiline; **~horst** aerie, eyrie; **~nase** aquiline nose
Admiral admiral; **~ität** admiralty; **~sschiff** flag-ship; **~sstab** naval staff
adopt|ieren to adopt; **~ion** adoption; **~iveltern** adoptive parents; **~ivkind** adopted child
Adress|at addressee; drawee; **~buch** directory; **~e** address ♦ *an die falsche ~e kommen* to knock at the wrong door; **~ieren** to address; to direct
adrett neat, pretty, tastefully dressed, well-groomed
Advent advent; **~szeit** advent season
Adverb adverb; **~ial** adverbial
Advokat lawyer, counsellor, advocate
Aero|dynamik aerodynamics; **~dynamisch** aerodynamic; **~nautik** aeronautics; **~nautisch** aeronautical
Affäre matter, incident; *(Liebes-)* affair, amour
Aff|e monkey; ape; *mil* knapsack; *er hat e-n ~en (umg)* he is tipsy; **~̈en** to make a fool of, to mock; **~enliebe,** foolish fondness, smother love; **~enschande** awful shame, scandal; **~entheater** buffoonery, ridiculous fuss; **~̈erei** mockery; **~ig** silly
Affekt excitement, passion; **~iert** affected; *~iertes Wesen* affection
After anus; buttocks
Agen|s agent; **~t** (commission) agent; broker; canvasser; representative; **~tur** agency
Aggregat aggregate; **~zustand** physical condition
Aggress|ion aggression; **~iv** aggressive
agi|eren to act; **~tation** agitation; **~tatorisch** inflammatory, inciting; **~tieren** to agitate
Agonie death-struggle, death-agony
Agrar|- agrarian; **~ier** big landowner; agriculturist; **~kredit** farm credit; **~produktion** farm production; **~wirtschaft** farming; rural economy
Ahle awl
Ahn ancestor; forefather; **~e, ~frau** ancestress; **~en** ancestry; **~entafel** pedigree, genealogical table; **~herr** ancestor
ahnd|en to punish; to revenge; **~ung** punishment; revenge
ähn|eln to resemble; **~lich** similar, alike, like, resembling; *das sieht ihm ~lich* that's just like him; *~lich sehen* to resemble; **~lichkeit** similarity, likeness
ahn|en to have a presentiment of; to guess; to anticipate; **~ung** presentiment; *(schlimme ~ung)* misgiving; *keine blasse ~ung haben* not to have the slightest notion (the faintest idea) ♦ *du hast e-e ~ung!* you have no idea; **~ungslos** unsuspecting; **~ungsvoll** full of forebodings
Ahorn maple (tree)
Ähre ear; *~n lesen* to glean; **~nlese** gleaning; **~nleser** gleaner
Air ♪, *fig* air
Ais ♪ A sharp
Akadem|ie academy; college; school; **~iemitglied** academician; **~iker** university graduate (*od* man), *bes pl* professional man; **~isch** academic
akklimatisieren to acclimatize, *US* to acclimate
Akkord ♪ chord; arrangement *(of creditor and debtor),* composition; piece wages; piece-work; **~arbeit** piece-work; **~arbeiter** piece worker; **~lohn** piece-work pay (*od* rates)
Akkordeon accordion; **~spieler** accordionist
akkredit|ieren to accredit (s-b to); **~iv** letter of credit, L/C; *(Dokumenten-)* documentary credit; *e. ~iv stellen* to open a credit
Akku battery; **~mulator** storage-battery; accumulator
akkurat accurate, exact; **~esse** accuracy, exactness
Akkusativ accusative
Akontozahlung payment on account
Akrobat acrobat; **~isch** acrobatic
Akt act; action, deed; 🎭 act; 🎨 nude model; **~e** deed; § bill; *pl* deeds, record, documents; papers; *zu d. ~en legen* to lay aside, to file, *fig* to put on the shelf, to look upon s-th as settled; **~endeckel** file; **~enmappe** briefcase, attaché case; **~enmäßig** authentic, documentary; **~ennotiz** note (memorandum) for the records; **~enschrank** filing cabinet, *US* file cabinet; **~enstück** document; **~enzeichen** reference (number), file number
Aktie share, stock, *pl* stocks and shares ♦ *wie stehen d. ~n?* how are the chances?; what's the position?; **~nbank** joint stock bank; **~ngesellschaft** joint-stock company; *US* (stock) corporation; **~ninhaber** shareholder, stockholder; **~nkapital** share capital, (capital) stock; **~nmakler** share broker, stock broker
Aktion campaign, drive; operation, raid; **~̈är** = Aktieninhaber; **~sradius** radius of action

(*od* operation); 🚗 cruising range; ✈, *mil* range
aktiv active; favourable; on the assets side; *mil* on active service; *~es Heer* regular (*od* standing) army; *~er Soldat* regular soldier; *gram* active voice; **~(um)** asset; **~ieren** to make active; *(Kohle etc)* to activate; to capitalize, to put on the assets side; *fig* to mobilize; **~ist** activist; **~ität** activity; **~legitimation** ⚖ capacity to sue; **~posten** asset *(a. fig)*; **~saldo** credit balance; **~seite** assets side
Aktu|alität topicality; **~alitätenkino** news theatre; **~ar** ⚖ clerk of the court; **~ell** topical; of current interest; up to date; present-day; urgent
Akust|ik acoustics; **~isch** acoustic
akut ⚕, *fig* acute; pressing, urgent; *su* acute accent
Akzent accent; stress; **~uieren** to accentuate; to stress
Akzept acceptance; **~ant** acceptor; **~ieren** to accept
Akzidenz|en 📖 jobbing work; **~drucker** job printer; **~schrift** fancy face
Akzise excise; **~nbeamter** excise officer
Alarm alarm; *(Luftschutz)* (air-raid) warning, alert; *~ schlagen* to sound (beat) the alarm; *blinder ~* false alarm; **~bereit** on the alert; **~bereitschaft** (alert) stand-by; **~ieren** to alert, to call, to summon; **~ierend** *fig* alarming; **~zeichen** alarm (signal); **~zustand** alert
Alaun alum; **~erde** alumina; **~haltig** aluminous
Albatros albatross
albern silly, foolish; absurd; *vi* to talk (*od* behave) foolishly; *~es Zeug* nonsense; **~heit** silliness, foolishness; absurdity
Alb|ino albino; **~um** album
Alchim|ie alchemy; **~ist** alchemist
Alfanzerei swindle; tomfoolery
Alge alga; seaweed
Algebra algebra; **~isch** algebraic
Ali|bi alibi; **~mente** (a father's) payments for his illegitimate child
Alkal|i alkali; **~isch** alkaline
Alkohol alcohol; **~frei** non-alcoholic, *umg* soft; **~gehalt** alcoholic content; **~iker** alcoholic; drunkard; **~isch** alcoholic; **~schmuggel** bootlegging; **~schmuggler** bootlegger
All universe; *(ganz)* all, whole, entire; *(jeder)* every, each, any; *~ u. jeder* each and every; *~e Tage* every day; *~e drei Tage* every three days; *~e Welt* everybody; *~e beide* both of them; *sie ~e* all of them; *vor ~em* above all; *vor ~en Dingen* above everything, in the first place; *trotz ~em in* spite of everything; *~es in ~em* all in all, on balance, all things considered; *in ~er Eile* in a great hurry; *zu ~em Unglück* to crown it all; *(adv) ~e sein (umg)* to be gone, to be done; *(Geld)* to be spent; *(kaputt)* to be all in
Allee avenue, boulevard
allein alone, lone; by oneself; single; *(einsam)* solitary; *von ~* without assistance; automatically; of one's own accord; *adv* only, merely; *conj* but; **~betrieb** monopoly; **~gang:** *im ~gang etw tun* to play a lone hand; **~herrschaft** absolute power; autarchy; **~ig** sole; exclusive; **~sein** loneliness, solitude; **~stehend** detached; single, unmarried; **~verkauf** monopoly; **~verkaufsrecht** exclusive selling right (*od* right of sale)
alle|mal always; at all times, at any time; *ein für ~mal* once for all; **~nfalls** possibly, perhaps; if need be
aller|best best of all, very best; **~dings** of course, certainly; I admit; though; **~erst** first (and foremost), very first
Allerg|ie allergy; **~isch** allergic
aller|hand of all kinds; a variety of, all sorts of; shocking; *das ist ~hand* that's a bit thick; **~heiligen** All Saints' Day; **~heiligste** *eccl* Holy of Holies; **~höchst** highest of all, most high; **~lei** divers, all kinds of; *su* medley; **~letzt** very last; *zu ~letzt* last of all; **~meist** most (of all); especially; **~mindest** least (of all); **~nächst** nearest (of all), the very next; **~neu(e)st** very latest; **~orten, ~orts** everywhere; **~seelen** All Souls' Day; **~seits** on all sides, on every side; from all parts; to all (of you); **~weltskerl** a deuce of a fellow; **~wenigst** least (of all); **~wertester** *umg* behind
all|esamt all together; **~ezeit** always, at all times; **~gegenwärtig** omnipresent; **~gemach** gradually, by degrees
allgemein general; universal; broad *(fact)*; *im ~en* in general; **~befinden** general health; **~bildung** general background; **~gut** *werden* to find universal acceptance; **~heit** generality; universality; general public, community at large; **~verständlich** popular
Allheilmittel universal remedy, panacea, cure-all
Alli|anz alliance; **~gator** alligator; **~iert** allied; **~ierter** ally
all|jährlich yearly, annual; every year; **~macht** omnipotence; **~mächtig** omnipotent; almighty; **~mählich** gradual; *adv* gradually, by degrees; **~monatlich** every month; **~nächtlich** every night
Allopath allopathist; **~ie** allopathy
Allotria tomfoolery
all|seitig universal; versatile; **~stromgerät** AC/DC receiver, *BE* all-mains set; **~tag** week-day; work(ing)-day; *d. graue ~tag* the workaday world, the daily (humdrum) round; **~täglich** daily; every-day; commonplace; **~tagskleid** every-day dress; **~tagsmensch** commonplace fellow; **~tagswelt** workaday world; **~umfassend** all-embracing; **~wissend** omniscient; **~wissenheit** omniscience; **~zu** (much) too; **~zuviel** too much
Alm Alpine pasture
Almanach almanac
Almosen alms; **~empfänger** pauper
Alp|(drücken) nightmare; *es liegt mir wie e. ~ auf d. Seele (Brust)* it's a load on my mind, it's a regular nightmare; **~(e)** Alpine pasture; **~en**

Alps; **~englühen** Alpine glow; **~enveilchen** cyclamen
Alpaka *zool* alpaca; ⚙ German silver, nickel silver
Alphabet alphabet, ABC; **~isch** alphabetical, abecedarian
Alpin|ist mountaineer, alpinist; **~istik, ~ismus** mountaineering
Älpler native (inhabitant) of the Alps
Alraun(e) *bot* mandrake
als *conj* as, like; *(zeitlich)* as, when; *(nach Verneinung)* but; *kein anderer ~* nobody but, none other than; *nichts ~* nothing but; *~ ob* as if, as though; *(nach Komparativ)* than; *zu ... ~ daß* too ... to do *(too hard to understand)*; **~bald** soon; **~dann** then; thereupon
also thus, so; in this manner, in this way; *conj* therefore, consequently; hence; so
Alt[1] ♪ alto; **~istin** alto singer; **~stimme** alto
alt[2] old, aged; *(Sprache, Geschichte etc)* ancient; antique; long-lived; *(nicht frisch)* stale; worn; ruinous, decayed; *~er Herr (umg)* the old man, the governor; *alles beim ~en lassen* to leave things as they are; *er war wieder d. ~e* he was himself again; *d. ~en* the ancients; **~backen** stale; **~bauwohnung** pre-war dwelling; **~bewährt** proven, of long standing; **~eisen** scrap iron; **~gläubig** orthodox; **~hergebracht** traditional, customary; **~hochdeutch** Old High German; **~jüngferlich** old-maidish; **~klug** precocious; **~material** scrap material, salvage; **~meister** past-master, senior champion; *fig* old-timer; **~modisch** old-fashioned, antique; **~papier** waste paper; **~philologie** the classics; **~stadt** old part of the town, Old Town; **~väterisch** old-fashioned, antiquated; **~warenhändler** second-hand dealer; **~weibersommer** gossamer; *(Jahreszeit)* Indian summer
Altar altar; **~bild, ~gemälde** altar piece; **~dekke, ~tuch** altar cloth
Alter age (*hohes ~* old a.; *in m-m ~* of my own a.); *(Altertum)* antiquity; *von ~s her* of old, formerly; *im ~ von* aged
altern to grow old; to age
Alternative alternative
Alters|erscheinung symptom of old age; **~genosse** person of the same age; contemporary; **~grenze** age limit; **~gruppe** age group; **~heim** home for the aged (*od* old people); **~klasse** age group; **~pension, ~rente** old-age pension, annuity; **~schwach** decrepit, weak (from age); **~schwäche** weakness (of old age); decrepitude; senility
Altertum antiquity; *pl* antiquities; **⁓lich** antiquarian, antique; archaic; **~sforscher** archaeologist; antiquary; **~skunde** archaeology
ältlich elderly; oldish
Aluminium aluminium, *US* aluminum
Alumn|at boarding-school; **~e** boarding--school student
Amalgam amalgam; **~ieren** amalgamate
Amateur amateur; **~haft** amateurish
Amboß anvil
ambulan|t ⚕ ambulatory (*~ter Kranker* out-patient); **~tes Gewerbe** travelling vendors, pedlars and hawkers; **~z** out-patient department; ambulance
Ameise ant; **~nfresser** ant-eater; **~nhaufen** ant-hill
Amen amen; *so sicher wie d. ~ in d. Kirche* as sure as fate, a dead certainty
Amerika America; **~ner(in)** American; **~nisch** American
Amethyst amethyst
Amme (wet-)nurse; **~nmärchen** nursery tale
Ammer *orn* bunting
Ammoniak ammonia
Amnestie amnesty, pardon; **~ren** to (grant a) pardon, to amnesty
Amok amuck; *~ laufen* to run amuck
Amortis|ation redemption, amortization; *(Abschreibung)* depreciation; **~ieren** to redeem, to amortize; *(Schulden)* to pay off
Ampel hanging lamp; hanging flower-pot; 🚗 traffic-light
Amphi|bie amphibian; **~bisch** amphibian; **~theater** amphitheatre
Ampulle ⚕ ampoule
Amput|ation amputation; **~ieren** to take off, to amputate; **~ierter** limbless (person), amputee
Amsel blackbird, ouzel
Amt office; employment, post; duty; *(Behörde)* board, authority, agency; ⚖ court; *eccl* service, Mass; ☎ exchange; *Auswärtiges ~* Foreign Office; *von ~s wegen* ex officio, administratively, officially; *in ~ u. Würden sein* to be in office, to hold office; **~ieren** to officiate; **~lich** official; **~mann** head of a department; magistrate; bailiff
Amts|antritt entry on the duties of an office; entering upon office; **~befugnis** authority, competence; **~bereich** sphere of office; jurisdiction; **~blatt** (official) gazette; **~bote** messenger; **~dauer** term, tenure of office; **~diener** beadle, usher; **~enthebung** dismissal; removal from office; **~führung** administration; **~geheimnis** professional secret; official secret; **~gericht** *(etwa:)* district court, local court; **~gewalt** (official) authority; jurisdiction; **~richter** district Judge, justice; **~schimmel** red tape; officialism; **~sprache** official language; officialese; **~weg** official channels; **~zeit** term of office
Amulett (protective) charm, amulet
amüs|ant entertaining, amusing; **~ieren** to entertain s-b; *refl* to enjoy o.s., to have a wonderful time; *(belustigen)* to amuse
an 1. *prep* on, at; by, near, close to; *(wohin)* to; *bis ~* up to; *~ e-m Fluß* on a river; *es ist ~ ihm* it is his turn, it is up to him; *es ist nichts ~ der Sache* the matter (*od* report) is unfounded; *(etwa)* about (*~ d. 500 Mark* about 500 marks) ♦ *~ (u. für) sich* as such, in itself, in themselves, in theory, other things being equal; **2.** *adv* on(ward); up; *von nun ~* from now on, henceforth; *nahe ~* hard by, nearly
analog analogous; *~er Rechtsfall* precedent;

adv in a manner analogous to; ~ *anwenden* to apply mutatis mutandis; **~ie** analogy
Analphabet illiterate
Analy|se analysis, breakdown; **~sieren** to analyse; **~tiker** *chem* analyst; **~tisch** analytic
Anämie anaemia
Ananas pineapple
Anarch|ie anarchy; **~isch** anarchic; **~ist** anarchist
Anästhesie anaesthesia; **~ieren** anaesthetize
Anastigmat ⚭, *phys* anastigmat
Anatom anatomist; **~ie** anatomy; Anatomy Department, dissecting room
an|bahnen to open (up); to prepare a way for, to pave the way for; *refl* to begin, to set in; **~bändeln** to flirt, to start flirting (*mit* with)
Anbau ⚘ sowing, planting, cultivation; addition(al building), annex; **~en** to cultivate, to till; *(Getreide)* to grow; to build on, to add to; **~fläche** acreage, area sown (*od* planted); **~möbel** unit furniture; **~motor** *(Fahrrad)* clip-on; **~schrank** unit cupboard (bookcase etc)
An|beginn (the very) beginning; outset; **~behalten** to keep on; **~bei** enclosed; herewith
anbeißen to bite (at); to swallow (take) the bait *(a. fig)*; *sie ist z.* ~ I could eat her
an|belangen to concern; **~bellen** to bark at; **~beraumen** to schedule (fix) for
anbet|en to worship, to adore; **~er** worshipper; adorer, admirer; **~ung** worship; adoration
Anbetracht: *in* ~ considering, in view of
anbetreffen to concern; *was ... anbetrifft* as far as ... is concerned
an|betteln *um* to beg s-th of s-b, to solicit (alms) from s-b; **~biedern** *refl umg* to make up (*bei* to), to chum up (*bei* with); **~bieten** to offer; *refl* to offer (to do), to volunteer; **~binden** to tie (*an* to), to fasten, to fix; *kurz angebunden sein* to be curt; **~blasen** to blow up; to breathe at
An|blick sight, view; aspect; look; *beim ersten* ~ at first sight; *ein* ~ *für Götter* a sight for the Gods; **~en** to look at, to glance at; **~blinzeln** to wink at; **~blitzen** to dart a look at; **~bohren** to pierce, to bore; *(Faß)* to tap; **~brechen** to break; to begin; to start using
an|brennen *(~zünden)* to light; *(Haus)* to set on fire; *vi* to catch fire; *(Essen)* to burn; **~bringen** to bring; to fix, to put up, to apply; *(Waren)* to dispose of, to sell; *(Klage)* to lodge; *(Schlag)* to bring home
Anbruch beginning, opening; break; *bei* ~ *des Tages* at daybreak; *bei* ~ *der Nacht* before nightfall
anbrüllen to roar at
Anchovis anchovy
Andacht devotions, prayers; *(Schule)* act of worship; **ᐞig, ~svoll** devout, pious
andauern to last, to continue; **~d** lasting, continuous
Andenken memory, remembrance; keepsake, souvenir; *z.* ~ *an* in commemoration (*od* remembrance) of

ander other, another; different; second, next; *etw ~es* another thing, something different; *d. ist etwa ~es* that is a different thing; *ein ~mal* another time; *eins ums ~e Mal* alternately; *eins ums ~e* by turns, alternately; *e-n Tag um den ~en* every other day, on alternate days; *unter ~em* among other things; **ᐞn** to alter; to change; *ich konnte es nicht ᐞn* I could not help it; *refl* to alter; to change; to vary; **~nfalls** otherwise; **~s** otherwise; differently; *nichts ~s als* nothing but; *niemand ~s* nobody but; *~s sein als* to be different from; *ich kann nicht ~s* I cannot help it; *ich weiß es ~s* I know better; *~s werden* to alter; *s. ~s besinnen* to change one's mind; **~sdenkend** of a different opinion, dissenting; **~sgläubig** belonging to another denomination; heterodox; **~sgläubiger** dissenter, heretic; **~slautend** different, to the contrary; **~swo** elsewhere; **~swoher** from elsewhere; **~swohin** to another place; **~thalb** one and a half; **ᐞung** alteration; change; **~wärts** elsewhere; **~weitig** other; elsewhere; otherwise; in another place
an|deuten to intimate, to hint; to indicate; **~deutung** intimation, hint; indication; **~donnern** to roar at; **~drang** rush; crowd; ⚕ congestion; **~drängen** to press against; to press on, to push on; **~drehen** to turn on (*a.* ⚡, ⚭); *fig umg* to palm s-th off on s-b
androh|en to threaten with; **~ung** threat, menace; *unter ~ung e-r Geldstrafe* under penalty of a fine
aneign|en *refl* to appropriate, to take possession of; **~ung** appropriation
aneinander together; to one another; against one another; **~fügen** to put together, to join; **~geraten** to start quarrelling, to come to grips
Anekdote anecdote; **~nartig** anecdotical
Anemone anemone
Anerbieten offer, tender; proposal
anerkannt recognized; accepted
anerkenn|en to acknowledge, to recognize; to allow, to admit; *(schätzen)* to appreciate; *(honorieren)* to honour; **~enswert** praiseworthy; **~ung** acknowledgement; recognition; appreciation
an|fächeln to fan at; **~fachen** to blow; *fig* to inflame, to stimulate
anfahr|en to carry, to convey to; to run into, to collide with; *fig* to shout at, to fly at; *vi* to drive up; **~t** arrival; 🚗 drive; ⚓ landing-place
Anfall *bes* ⚕ attack, fit; assault; *(Menge)* amount, number; volume (of work); **~en** to assault, to attack; to assail; **ᐞig** susceptible (*für* to); **ᐞigkeit** susceptibility
Anfang beginning (*der* ~ *vom Ende* the b. of the end), start, outset; origin; *pl* rudiments; **~en** to begin, to start; *(tun)* to do, to set about; *was fange ich (mit ihm) an?* what shall I do (with him)?; *ich weiß nicht, was ich ~en soll* I don't know what to do; **ᐞer** beginner; **ᐞlich** initial, original; *adv* at first, in the beginning; **~s** = ᐞlich; **~sbuchstabe** initial (letter); **~sgehalt** commencing salary

anfassen to touch; to handle; to take hold of, to seize; *falsch* ~ to bungle
anfecht|bar contestable, voidable; **~en** to dispute, to contest; to attack, to assail; to call in question, to challenge; *(versuchen)* to tempt; **~ung** attack; temptation; vexation
anfeind|en to bear ill will; to be hostile to(wards); to oppose; **~ung** hostility, animosity
anfertig|en to make, to manufacture; *(Rezept)* to make up; **~ung** making, manufacture; production
an|fesseln to fetter; to chain (*an* to); **~feuchten** to moisten; to damp; to wet; **~feuern** to kindle; *fig* to inflame, to stimulate; to encourage; **~flehen** to implore, to entreat; **~flug** approach, landing at; *fig* touch, trace; smattering
anforder|n to demand, to exact; **~ung** demand; claim; *(Leistung)* requirement; *hohe ~ungen stellen an* to expect a great deal from
Anfrage inquiry; demand (*nach* for); **~n** to inquire, to ask
an|fressen to gnaw, to eat at; *chem* to corrode; **~freunden** *refl* to become friends, to make friends (*mit* with); **~fügen** to add, to attach; to join; **~fühlen** to touch; *refl* to feel
anführ|en to lead, to guide; *mil* to lead, to command; ♪ to conduct; *(zitieren)* to quote; *(als Beweis)* to adduce, to allege; *umg* to take in; **~ung** leadership; direction; *mil* command; quotation; **~ungszeichen** *pl* quotation marks, quotes, *BE* inverted commas
anfüllen to fill (up); to replenish
Angabe assertion, declaration; *(Darlegung)* statement, testimony; *pl* information, data; *nähere ~n* particulars; *~n machen* to give details, to make a statement
an|gaffen to gape at, to stare at; **~gängig** permissible, possible
angeb|en to declare, to state, *(einzeln)* to specify; *(Namen)* to give; to explain, to indicate; to inform against, to denounce; to pretend; [Sport] to serve; *(Karten)* to deal first; *den Ton ~en* to set the fashion, to (take the) lead; *vi umg* to boast, to swagger; **~er** boaster, braggart, show-off; informer; **~erei** boasting, swaggering; denouncing, denunciation; **~lich** alleged; ostensible, pretended; supposed *(his supposed brother)*; *adv* allegedly; reportedly
Angebinde present, gift
angeboren innate *(modesty, courtesy)*, inborn (*talent*, ⚕); inbred; hereditary
Angebot offer; *(Auktion)* bid; tender; *~ und Nachfrage* supply and demand
angebracht appropriate, suitable; apropos; *schlecht* ~ unsuitable, out of place
ange|deihen *lassen* to grant, to bestow upon; **~denken** *siehe* Andenken; **~fressen** rotten; ⚕ carious
angegossen: *wie ~ sitzen* to fit like a glove
ange|griffen exhausted, tired; **~heiratet** (related) by marriage; **~heitert** slightly tipsy, merry
angehen *vt* to apply to; to ask s-b for; to concern; *vi* to begin; to catch fire; to be acceptable, passable; *(schlecht werden)* to go bad, to become tainted; ~ *gegen* to oppose, to fight against; *das geht dich nichts an* that's no business of yours; *was mich angeht* as for me; ... *geht noch an* is not so bad after all; **~d** beginning; incipient; young
angehör|en to belong to; *(verwandt)* to be related to; **~ig** belonging to; related to; **~iger** relative; member; *pl* dependents, *(my)* family, folks
Angeklagter defendant; accused
Angel fishing-hook; *(Tür)* hinge; *aus d. ~n heben* to revolutionize ♦ *d. Welt aus d. ~n heben* to set the Thames on fire; *zwischen Tür und* ~ at the last moment, on the point of leaving; **~gerät** fishing-tackle; **~n** to fish, to angle; *fig* to fish, to angle (*nach* for); **~punkt** cardinal point, pivot; **~sachse** Anglo-Saxon; **~sächsisch** Anglo-Saxon; **~schnur** fishing-line
angelegen: *sich etw ~ sein lassen* to pay attention to, to make it one's business; **~heit** business, affair, matter; **~tlich** pressing, urgent; *~tlich empfehlen* to impress s-th strongly upon
angelernt semi-skilled
angemessen suitable; appropriate, adequate; proper; *(Preis)* reasonable; **~heit** suitability; adequacy; propriety
angenehm pleasant, agreeable; *d. ~e mit d. Nützlichen verbinden* to combine business with pleasure
angenommen *conj* suppose, supposing (that)
Anger green, common; pasture
ange|säuselt slightly tipsy; **~schlossen** affiliated to, attached to, member *(m. country)*; **~schrieben:** *gut ~schrieben sein bei* to be in s-b's good books; **~schwemmt** alluvial; **~sehen** esteemed; distinguished; **~sessen** settled; resident
Angesicht countenance, visage; *von* ~ by sight; *von ~ zu ~* face to face; **~s** considering, in view of; in the face of
Angestellt|enversicherung employees' insurance fund; **~er** (salaried) employee, white-collar worker, *pl* (salaried) staff
ange|trunken tipsy; **~wandt** applied; practical; **~wiesen** dependent (*auf* on); **~wöhnen** to accustom to; *refl* to accustom o.s. to, to contract *(a habit)*; **~wohnheit** habit; practice; custom; **~wurzelt** (as if) rooted to the spot
Angina follicular tonsillitis; ~ **pectoris** angina (pectoris)
angleich|en to approximate; *a. refl* to assimilate; **~ung** approximation; assimilation; adjustment
Angler angler
anglieder|n to annex; to attach (*an* to); to affiliate; **~ung** annexation; affiliation
Angli|kaner Anglican; **~kanisch** Anglican; **~sieren** Anglicize; **~st** professor of English; student of English; **~stik** (study of) English

philology; **~stisch** of (pertaining to) English philology; **~zismus** anglicism
Anglo- Anglo-
anglotzen to gaze at, to stare at
angreif|bar vulnerable; **~en** to get hold of, to touch; to handle, to seize; *mil* to attack, to charge; *(Unternehmen)* to set about, to undertake, to tackle; ⚕ to affect; *(Schwächen)* to exhaust, to fatigue; *(Vorräte)* to break into, *(Kapital)* to touch; *refl* to feel; **~end** trying, exhausting; corrosive; **~er** aggressor (nation), assailant
angrenz|en to border on; to adjoin; **~en** adjacent, adjoining; **~er** neighbour
Angriff attack, charge; assault; *in ~ nehmen* to set about, to begin work on, to attack; **~skrieg** offensive war; **~slustig** aggressive; **~sziel** target, objective
angrinsen to grin at
Angst anxiety, fear; anguish; *in ~ geraten* to be frightened, to take alarm (*wegen* at); *ich habe ~, mir ist ~* I am afraid, uneasy; *mir wurde ~ u. bange* I felt very frightened, I was scared stiff; *es mit d. ~ bekommen* to get frightened; *j-m ~ machen* to frighten s-b, to alarm s-b; **⁓igen** to frighten; *refl* to be frightened, to be afraid (*vor* of), to worry (*um* about); **⁓lich** anxious, uneasy; timid; *(genau)* srupulous; **⁓lichkeit** uneasiness; timidity; scrupulousness; **~schrei** scream of anguish; **~schweiß** cold sweat; **~voll** full of fear, fearful
angucken to look at
anhaben to have on, to wear; *kann ihm nichts ~* can't get at him, can't do him any harm
anhaften to stick to, to adhere to; **~d** adherent
anhaken to hook (on) to; = *abhaken*
Anhalt support; evidence; **~en** *vt* to stop, to pull up; to seize, *j-n zur Zahlung ~en* to demand payment from; to urge (to do); *vi* to continue; to persist in; to last; *~en um* to propose to s-b; *refl* to hold on (to); **~end** lasting; continuous; persistent; **~er** hitchhiker; *per ~er fahren* to hitch-hike, to thumb a ride; **~spunkt** clue, indication, pointer
Anhang appendage; appendix; supplement; *fig* followers, adherence; **~en** *vi* to stick to, to adhere to, to be attached to; **⁓en** to hang on; to fasten, to fix; to add; *j-m etw ⁓en* to slander s-b, *(Waren)* to palm off on s-b; *vi, refl* to cling to, to stick to; **⁓er** adherent, supporter; 🚗 trailer; *(Schmuck)* pendant, locket; **⁓lich** attached; faithful; **⁓lichkeit** adherence, attachment; allegiance; **⁓sel** appendage; appurtenance
Anhauch *fig* touch, tinge; **~en** to breathe upon; *umg* to tell off
anhäuf|en to heap up, to accumulate; to amass; **~ung** accumulation
an|heben to lift, to raise; *vi* to commence; **~heften** to fasten (*an* to)
anheim|eln to make s-b feel at home; **~fallen** to fall to; to devolve upon; **~geben, ~stellen** to leave to; to submit to; to suggest for consideration
anheischig: *s. ~ machen* to pledge o.s., to promise; to offer, to volunteer (to do)
Anhieb first cut; *auf (ersten) ~* at the first attempt (*od* go), right away
An|höhe hill, elevation; **~hören** to listen to; *refl* to sound
anim|alisch animal, natural; beastly; **~ieren** to stimulate, to encourage; to egg on
Anis anise
ankämpfen to struggle (*gegen* against)
Ankauf purchase, acquisition; **~en** to buy, to acquire; *refl* to buy property
Anker anchor; ⚡ armature; *~ werfen, vor ~ gehen* = ~n; *vor ~ liegen* to ride (*od* lie) at anchor; **~boje** anchor-buoy; **~n** to (cast) anchor; **~platz** anchorage
an|ketten to chain (*an* to); **~kitten** to cement (*an* to); **~kläffen** to yelp at
Anklage accusation, charge; indictment; **~bank** dock; **~n** to accuse (*wegen* of), to charge (*wegen* with); ⚖ to indict; to impeach; **⁓r** accuser; **~schrift** (bill of) indictment
anklammern to fasten, to clamp; *refl* to cling (*an* to)
Anklang echo; reminiscence; *~ finden* to be approved of; to become popular
an|kleben to stick (on), to glue; *fig* to stick to, to adhere to; **~kleiden** to dress *(a. refl)*; **~klingen** to remind (*an* of); **~klopfen** to knock (*an* at); **~knipsen** ⚡ to switch on
anknüpf|en to tie (*an* to), to tie up; to fasten (*an* to); *fig* to begin; *(Beziehg.)* to establish; *vi* to refer (*an* to)
ankommen to arrive; *a.* ☤ to be due; *fig* to sell *(the play sells)*; to approach, to reach; *gut (schlecht) ~* to be well (ill) received; *~ auf* to depend upon; *es darauf ~ lassen* to take the chance, to run the risk; *es soll mir nicht darauf ~* I shan't mind spending a little more *(money, trouble)*
Ankömmling newcomer, arrival
ankünd(ig)|en to announce; to proclaim; to advertise; **~ung** announcement; proclamation; advertisement
An|kunft arrival; advent; **~kurbeln** 🚗 to crank up; *fig* to stimulate, to get started, to speed up; **~lächeln** to smile at; **~lachen** to laugh at *(into s-b's face)*
Anlage plan, draft; lay-out; park, (pleasure) grounds; ☤ plant, establishment; installation (*elektrische ~* electrical i., 🚗 electrical system); *(Talent)* heredity, inheritance, native ability and personality; tendency, predisposition; investment; *(Brief)* enclosure; **~kapital** funds, business capital
anlangen *vt* to touch; *fig* to concern; *was ... anlangt* as regards, as for; *vi* to arrive
Anlaß occasion; cause; motive; inducement; *ohne jeden ~* without any reason at all
anlass|en to keep on; 🚗 to start; *s. gut ~en* to promise well; **~er** (self-)starter
anläßlich on the occasion of

Anlauf start, ✈ run (-up); onset, attack; *e-n ~ nehmen* to take a starting run, *fig* to make an effort; **~bahn** ✈ approach; **~en** to run up, to run (*gegen* against); to take a run; 🚗 to start; ⚕ to swell; *(Glas etc)* to tarnish; *(s. sammeln)* to mount up, to accumulate; *vt* ⚓ to call at; *im ~en sein* to be beginning; **~frist** starting period; **~zeit** initial period

Anlaut initial sound; **¨en** to ring up

anlegen to put to, against; *(Kleid)* to put on; to apply to; *(Ort)* to found; *(Gelände)* to lay out; *(Feuer)* to lay; *(Gewehr)* to aim (at); *(Geld)* to invest; *(gründen)* to establish; *Hand ~* to help, to begin to work; *d. letzte Hand ~* to put the finishing stroke to; *es ~ auf (fig)* to make a point of, to aim at; *vi* ⚓ to land

Anleg|estelle landing-place; **~ung** laying out, planning; application

anlehn|en to lean against (upon); *(Tür)* to leave ajar; *refl* to lean against; *fig* to follow; to be patterned, modelled on; **~ung** leaning against; support; *in ~ung an* in imitation of, following the pattern of

An|leihe loan; **~leimen** to glue (*od* stick) s-th on s-th

anleit|en to guide; to instruct; **~ung** guidance

anlern|en to train, to instruct; **~ling** trainee, apprentice

anliegen to lie near, to be adjacent; to border on *(a. fig.)*; *(Kleid)* to fit well; *su* request; concern, wish; matter

anlocken to allure, to entice

an|löten to solder (*an* to); **~lügen** to lie to; **~machen** to fasten, to fix (*an* to); *(mischen)* to mix, to dress; *(Feuer)* to light; **~malen** to paint; **~marsch** approach, advance; *im ~marsch sein* to be advancing, approaching

anmaß|en *refl* to claim, to presume; to pretend; to assume; **~end** arrogant; presuming; **~ung** arrogance

anmeld|en *vt* to announce; to notify, to report; to register; to declare; *refl* to report (*bei* to), to make an appointment *(with a doctor etc)*; to send in one's name; **~egebühr** registration fee; **~epflichtig** subject to registration; ⚕ *BE* notifiable; **~eschein** registration form; **~eschluß** closing date; **~ung** announcement; report; notification; *nach vorheriger ~ung* on appointment

anmerk|en to note, to notice; to perceive; to make a note of; **~ung** remark, observation; comment, (foot-)note

anmessen to measure for *(a suit)*

Anmut grace(fulness), charm; sweetness; **~en** to seem to s-b; **~ig** graceful; charming; *(Stil)* elegant

an|nageln to nail on (to); **~nähen** to sew on (to)

annäher|n to approximate (*an* to); *vi* to approach, to draw near; **~nd** approximate; **~ung** approach; approximation; rapprochement

Annahme acceptance; assumption (*in d. ~, daß* on the a. that); supposition, hypothesis; *~ an Kindes Statt* adoption

annehm|bar acceptable; **~en** to accept, to receive; *(Gestalt, Namen)* to assume; *(an Kindes Statt)* to adopt; *(vermuten)* to assume, to suppose; *(Gewohnheit)* to contract; *(Antrag)* to carry; *refl* to take care of, to take an interest in; **~lichkeit** amenity

anne|ktieren to annex; **~xion** annexation

Annonc|e advertisement, ad; **~ieren** to advertise

annullieren *(Auftrag)* to cancel, withdraw; *(Urteil)* to quash; *(Vertrag)* to annul, to cancel; *(ungültig machen)* to nullify

anöden *umg* to bore (stiff)

anomal anomalous; abnormal; **~ie** anomaly; **~lität** abnormality

anonym anonymous; **~ität** anonymity

Anorak anorak, parka

anordn|en to arrange, to dispose; to order; **~ung** order; regulation; arrangement, disposition

anorganisch inorganic

anormal abnormal; anomalous; unusual

anpacken to grasp, to seize; *(grob)* to manhandle; to attack; *fig* to tackle

anpass|en to fit, to adapt (*an* to); to accommodate; to adjust (*an* to); *(Kleid)* to try on; **~ung** adaptation; adjustment; **~ungsfähig** adaptable; **~ungsvermögen** adaptability

anpflanz|en to plant; to cultivate; **~ung** plantation; cultivation

anpflaumen to kid

anpochen to knock (*an* at)

Anprall impact; collision; shock; **~en** to bound, to strike (*gegen* against)

anprangern to pillory, to denounce

anpreisen to praise (up), to extol; to recommend; *(ausschreien)* to cry (up); to ballyhoo

Anprob|e fitting(-on), trying-on; **~(ier)en** to try on

an|pumpen to borrow (money) from, to touch (for money); **~ranzen** to scold

anraten to advise, to recommend; *su* advice, recommendation

anrauch|en to start to smoke; **¨ern** to smoke (a little); *chem* fo fumigate

anrechn|en to charge; *(Betrag) ~en auf* to count towards; *zuviel ~en* to overcharge; to take into account; *nicht ~en* to disregard; *hoch ~en* to value greatly, to rate high

Anrecht claim, title, right; *ein ~ haben auf* to be entitled to

Anrede address; **~n** to address (*mit* as); to speak to

anreg|en to stir up; to stimulate, to excite; to suggest; **~end** stimulating, interesting; **~ung** stimulation; suggestion; *auf ~ung von* at the instigation of

an|reihen *(Perlen)* to string; to add; **~reißen** to tear (partly); *fig* to break into

Anreiz stimulus; inducement

an|rempeln to jostle (against); **~rennen** to run against, on

Anrichte dresser, sideboard; **~n** to prepare; to do; *(Essen)* to serve up; *es ist angerichtet* dinner is ready; *was hat er angerichtet?* what has he been up to?

an|rollen to roll against; *umg* to arrive; ✈ to taxi; **~rüchig** disreputable, notorious; **~rücken** to approach, to draw near; to advance

Anruf (telephone) call; appeal; **~en** to call to s-b, to hail; ☎ to ring up; to call up; *mil* to challenge; *fig* to appeal to; to invoke; **~ung** invocation

anrühren to touch; *(Essen)* to stir, to mix

Ansage announcement; dictation; **~n** to announce; to declare; to notify; *(Karten)* to call; **~r** 📻 announcer

ansamm|eln to collect, to gather; to accumulate; to amass; *refl* to accumulate; to accrue; **~lung** collection, accumulation; heap, crowd, gathering

ansässig (permanently) resident; domiciled

Ansatz beginning, start; ♪ mouthpiece; valuation, estimate; *in ~ bringen* to take into account

ansaugen to suck

anschaff|en to procure, to provide; to buy; **~ung** purchase; **~ungskosten** original cost; **~ungspreis** cost price

anschalten to switch on, to turn on

anschau|en to look at; to contemplate; **~lich** vivid, graphic; clear, evident; **~lichkeit** vividness; clearness; **~ung** view, idea; aspect; contemplation; **~ungsmaterial** visual aids; illustrative material; **~ungsunterricht** object lesson

Anschein appearance (*allem ~ nach* to all a.); probability (*allem ~ nach* in all p.); *d. ~ haben* to seem, to bid fair; *d. ~ erwecken, s. d. ~ geben* to pretend, to look (as if); **~end** apparent, seeming

an|schicken *refl* to prepare, to set about; **~schießen** to wound; *fig umg* to challenge, to criticize

Anschlag stroke; striking; ⚙ stop; *mil* firing position; *im ~ halten* to point at; ♪ touch; *(Plakat etc)* poster, placard; notice, bill; *(Komplott)* plot, attempt *(on s-b's life)*; *(Schätzung)* estimate, valuation; *in ~ bringen* to take into account, to allow for; **~brett** notice-board, bulletin board; **~en** to strike (against), to bang; to ring; ♪ to touch; to nail on (*an* to), to affix; *(Zettel, Plakat)* to post up, to stick up; *fig* to estimate, to rate, to value; *vi* to strike; *(Hund)* to bark, *(Vogel)* to sing; *(Essen, mst negativ gebraucht)* to agree with s-b; § to take effect; **~säule** advertisement pillar; **~tafel** = ~brett

anschließen to chain (*an* to); to fasten (with a lock); to add; ⚡, ⚙ to connect; to affiliate (*an* to), to incorporate; *refl* to join; to follow; to agree with, to endorse *(a view)*; **~d** following; *adv* afterwards, then

Anschluß connection (*a.* 🚂, ⚡); *habe ich ~ nach B.?* does the train connect for B.?; *(Gas, Wasser)* connection, supply; junction; communication; affiliation, incorporation; *pol* Anschluss; *d. ~ erreichen* 🚂 to catch the connection; *d. ~ verpassen* 🚂 to miss the connection, *fig* to miss one's chance (*sl* the bus)

an|schmieden to chain (*an* to); **~schmiegen** *refl* to nestle to (against), to snuggle up (to); **~schmieren** to smear, to daub; *umg* to cheat, to take in; **~schnallen** to buckle on; **~schnauzen** *umg* to snarl at, to bawl out; **~schneiden** to cut; to carve; *(Thema)* to broach; **~schnitt** first cut (slice); **~schrauben** to screw (*od* bolt) on (*an* to)

anschreib|en to write down; *(Schuld)* to put to s-b's account, to charge; ⛰ to score

anschreien to shout at

Anschrift address

anschuldig|en to charge (with), to accuse (of); **~ung** accusation, charge

an|schüren to kindle; *fig* to stir up; **~schwärmen** to adore; **~schwärzen** to blacken; *fig* to backbite, to slander

anschwell|en to swell (out); to rise, to increase; **~ung** swelling; rising

anschwemm|en to wash ashore; *geol* to form by alluvium; **~ung** alluvium

an|schwindeln to swindle; to lie to

ansehen to look at; to regard, to consider; to take for; *sieh dir das an* take a look at that; *man sieht ihm d. Russen auf 100 m an* you can tell he is a Russian from a hundred yards; *man sieht ihm keine Not an* he does not appear to be in want; *su* appearance; esteem, respect; authority; *ohne ~ d. Person* without respect of person; *in großem ~ stehen* to be held in high esteem

ansehnlich imposing; considerable, substantial

an|seilen ⛰ to rope; **~sengen** to singe

ansetzen to put, to set to; to affix; to apply (to); to add (to); *(Zeit)* to appoint; *(Preis)* to fix, to charge; to estimate; *bot* to put forth; *(Gewicht)* to put on; to grow fat; *chem* to prepare, to mix; *refl* to be deposited, to crystallize

Ansicht view, sight; *fig* opinion (*meiner ~ nach* in my o.); *ich bin anderer ~* I beg to differ; *zur ~* on approval; **~ig werden** to catch sight of; **~sexemplar** approval (*od* inspection) copy; **~s(post)karte** picture postcard; **~ssache** matter of opinion

ansied|eln *vt* to settle *(a. refl)*; to colonize; **~ler** settler, colonist; **~lung** settlement, colony; colonization

Ansinnen demand; request

anspann|en to harness (to); to stretch, to strain; to bend; *fig* to strain, to exert; **~ung** strain(ing); exertion; tension

anspiel|en to play first, to begin to play; *(Karten)* to lead; *~en auf* to allude to, to hint at; **~ung** allusion, hint

an|spinnen to contrive, to plot; *refl* to begin, to develop; **~spitzen** to sharpen, to point

Ansporn stimulus, stir; **~en** to stimulate, to stir (on); to encourage

Ansprache address, (short) speech

ansprechen to speak to; to address, to accost;

fig to appeal to; ~ *auf* ⚕ to answer to; **~d** attractive, prepossessing
an|springen to leap (against), to jump at; 🚗 to start; **~spritzen** to splash, to squirt at; to besprinkle
Anspruch claim, title; pretension; ~ *haben auf* to be entitled to; ~ *erheben auf* to lay claim to, to demand; *in ~ nehmen (Zeit)* to take up, to make a claim on, *(Aufmerksamkeit)* to absorb, *(j-n)* to call on the services of; **~slos** unassuming, modest; **~slosigkeit** modesty, plainness; **~svoll** pretentious, ambitious; exacting
an|spucken to spit at; **~spülen** to wash (ashore); **~stacheln** to goad on; to incite
Anstalt institution, home, house; ⚕ asylum; *~en treffen* to make arrangements, to prepare; *~en machen* to be about (to do); **~sarzt** resident physician
Anstand decency, propriety; behaviour; *ohne ~* without hesitation; *(Jagd)* stand; **¨ig** proper, decent; respectable; **¨igkeit** propriety, decency; respectability; **~sbesuch** formal call; **~sgefühl** tact; **~shalber** for propriety's sake; **~los** readily, without hesitation; **~sregel** etiquette; **~swidrig** improper, indecent
an|starren to stare at; to gaze at; **~statt** instead of; in lieu of; **~staunen** to gaze at; to marvel at; **~stechen** to prick; *(Faß)* to broach, to tap
Ansteck|blume corsage; **~en** to pin on, to fasten; *(Ring)* to put on; *(Zigarette)* to light; *(Haus)* to set fire to; ⚕ to infect; *refl* to catch an infection, to get infected; **~end** catching; ⚕ infectious; **~ung** ⚕ infection, contagion
anstehen *bes* ⚖ to be due; ~ *nach* to queue up for; ~ *lassen* to postpone, to defer (payment of); *nicht ~ zu tun* not hesitate to do
ansteigen to ascend, to rise; to increase
anstell|en to hire, to engage, to take on; to employ; ⚡ to switch on; 📻 to turn on; 🚗 to start; *e-n Vergleich ~en* to draw a parallel; *refl* to queue up; *umg* to make a fuss, to be fussy; *s. ~en als ob* to behave as if; **~ig** skilful, able; **~ung** appointment, employment; post
An|stich broaching *(of a cask)*; first draught *(from a cask)*; **~stieg** rise; ascent; *fig* rising trend
anstift|en to instigate s-b; to plot, to contrive; *(Böses)* to abet; **~er** instigator; abettor; **~ung** instigation
anstimmen to (begin to) sing; to strike up
Anstoß impulse; shock; initiative; ⚽ kick-off; *ohne ~* without difficulty, fluently; *Stein d. ~es* stumbling-block; ~ *erregen* to give offence; ~ *nehmen an* to take offence at; **~en** *vt* to push, to knock against; *vi* to push, to bump (*gegen* against); *(redend)* to stammer; *~en (auf)* to touch (*od* clink) glasses (in drinking a toast to s-b, in); *~en an* to border on; *~en bei* to give offence to, to hurt; **¨ig** offensive, shocking; scandalous
an|strahlen to shine on; 🎭, ⚽ to floodlight; *fig* to beam upon; **~streben** to strive for, after; to aim at; to aspire to

anstreich|en to paint; *(weiß)* to whitewash; to mark; **~er** house-painter
anstreng|en to exert, to strain; *alle Kräfte ~en* to make every effort; *e-n Prozeß ~en gegen* to bring an action against; **~end** straining, exhausting; gruelling; strenuous, arduous; **~ung** exertion, strain; effort
Anstrich paint(ing); coat (of paint); *fig* touch, tinge; appearance; *e-r Sache e-n anderen ~ geben* to vary a thing, to strike a new note
an|stricken to knit on (*an* to); *(Strumpf)* to foot; **~stückeln** to piece (*an* on to); to patch up, to lengthen by patching
Ansturm assault, attack; run, rush; **¨en** to assault, to storm against; to rush upon
Ansuchen request, petition; ~ *um* to request, to petition for
Antarkt|is Antarctic; **~isch** antarctic
antasten to touch; *fig* to violate
Anteil share; part, portion; quota; *fig* interest, sympathy; ~ *nehmen an* to sympathize with, to take an interest in; **~nahme** sympathy
antelefonieren to ring up, to give a ring, to call up
Antenne *zool* antenna; 📻 aerial, antenna
Anthrazit anthracite
Anthropolog|e anthropologist; **~ie** anthropology
Antibiotikum antibiotic
antik ancient, antique; *~er Kunstgegenstand* antique; **~e** antiquity; Greek and Roman times
Anti|körper antibody; **~lope** antelope; **~mon** antimony; **~pathie** antipathy (*gegen* to); *voll ~pathie gegen* antipathetic to
antippen to tap, to touch lightly
Antiqu|a 📖 Roman type; Roman letters; **~ar** second-hand bookseller; dealer in works of ancient art; **~ariat** second-hand bookshop; **~arisch** second-hand; **~iert** out-moded; **~itäten** antiques; **~itätenhändler** antique dealer
Antisemit anti-Semite; **~isch** anti-Semitic
antiseptisch antiseptic; *~es Mittel* antiseptic
Antlitz coutenance, face
Antrag proposal, offer; proposition; motion; application; *e-n ~ stellen* to file an application, *pol* to move; **~steller** applicant; proposer; mover
an|trauen to marry to; **~treffen** to meet; **~treiben** to drive; to propel; to push on; *fig* to urge (on); *vi* to drift along, ashore; **~treten** *vt* to start; *(Amt)* to enter upon, to take up; *e-e Reise ~treten* to set out (*nach* for), to set out on a journey; *(Beweis)* to produce *(evidence)*; *mil* to fall in
Antrieb impulse; incentive, *aus eigenem ~* of one's own accord; ⚙ drive
Antritt entrance (upon); commencement; *~ e-r Reise* setting out for a journey; **~sbesuch** first visit; **~srede** inaugural address, *pol* maiden speech
antun to put on; *j-m etw ~* to do to; *Schande ~* to bring disgrace on; *j-m Gewalt ~* to offer

violence to; *s. etw ~* to do violence to o.s.; *sie hat es ihm angetan* he has fallen for her

Antwort answer, reply; response; *d. ~ nicht schuldig bleiben* not to be at a loss for an answer; **~en** to answer, to reply; to respond; **~schein** (international) reply coupon; **~schreiben** written reply

anver|trauen to entrust s-b with s-th, to confide s-th to s-b; *refl* to confide in, to unbosom o.s. to; **~wandt** related

an|visieren to sight; **~wachsen** to grow on (to); *bot* to take root; *(Fluß)* to swell, to rise *(a. fig)*; *fig* to increase

Anwalt lawyer, counsel, advocate; *fig* defender; agent

anwand|eln to befall, to seize; **~lung** impulse; fit, attack

Anwärter candidate; **~schaft** candidacy; entitlement, qualification; *(Versicherung)* qualifying period

anweis|en to direct, to instruct; to assign; **~ung** direction, instruction; assignment; money-order; cheque

anwend|bar applicable; practicable; **~barkeit** applicability; **~en** to apply, to employ, to use; **~ung** application, use; *~ung finden auf, bei* to apply to

anwerb|en to enlist, to levy; **~ung** enlistment, levy

anwerfen 🚗 to start

Anwesen property, estate; premises; **~d** present; **~heit** presence; attendance

anwidern to disgust; *es widerte mich an* I was disgusted at it

An|wohner neighbour; **~wurf** plastering, roughcast; *fig* reproach

Anzahl number, quantity; **~en** to pay on account; to make a down payment for; **~ung** down payment; (first) instalment; payment on account, initial payment

anzapfen to tap *(a. fig)*; *umg* to borrow money from

Anzeichen sign, symptom; indication; omen

Anzeige notice; announcement; *(Zeitung)* advertisement; ⚖ denunciation, information against; report; **~n** to report; to announce; to notify; to advertise; ⚖ to lodge a complaint against, to inform against; **~nbüro** advertising office; **~npreis** advertising rate; **~ntext** (advertising) copy

anzetteln to plot, to scheme; to contrive

anzieh|en to draw, to attract; *(Schrauben)* to tighten; *(spannen)* to stretch; *(Zügel)* to draw in; *(Kleid)* to put on; *fig* to interest; *vi* to draw (near); *(Preise)* to rise, to look up; **~en** *su* stiffening *(of prices)*; **~end** attractive, interesting, catching; **~ung** attraction; **~ungskraft** (power of) attraction; appeal

Anzug suit; *im ~ sein* to be approaching, to be imminent; **⁓lich** personal, suggestive; sarcastic; **⁓lichkeit** personal remark; offensiveness; **~stoff** suiting

anzünd|en to kindle, to light; *(Haus)* to set on fire; **~er** lighter

anzweifeln to doubt

apart attractive, charming

Apath|ie apathy; **~isch** apathetic

Apfel apple ♦ *in d. sauren ~ beißen* to swallow the (bitter) pill; *d. ~ fällt nicht weit vom Stamm* like father, like son; **~baum** apple-tree; **~kuchen** apple-pie; **~most** cider; **~mus** apple-sauce; **~schimmel** dapple-grey horse; **~sine** orange

Aphorismus aphorism

Apost|el apostle; **~elgeschichte** Acts (of the Apostles); **~olisch** apostolic

Apostroph apostrophe

Apotheke pharmacy, *BE* chemist's shop, *US* drugstore; **~r** (pharmaceutical) chemist, pharmacist; **~rpreise** exorbitant prices; **~rwaren** drugs

Apparat appliance, instrument; apparatus; ☏ telephone (extension); *bleiben Sie am ~!* hold the line!; 📷 camera; *(Personen)* body; organization; **~ur** apparatus, equipment

Appartement one-room flat; *(Hotel)* suite (of rooms)

Appell *mil* roll-call; inspection; *fig* appeal; **~ieren** to appeal (*an* to), to make an appeal (to)

Appetit appetite; **~anregend** appetizing; **~lich** appetizing, dainty

applau|dieren to applaud; **~s** applause

apportieren to fetch, to retrieve

Apposition apposition

appret|ieren to dress, to finish; **~ur** dressing, finish

Approb|ation approval, authorization; ⚕ certification of a physician; *eccl* imprimatur; **~ieren** to approve, to authorize; *~ierter Arzt* qualified medical practitioner, *US* licensed doctor

Aprikose apricot

April April; **1. ~** April Fools' Day; *j-n in d. ~ schicken* to make an April fool of

apropos incidentally; apropos (of)

Aquamarin aquamarine

Aquarell water-colour, aquarelle; **~ieren** to paint in water-colour

Aquarium aquarium

Äquator equator

Ära era

Arab|er Arab; **~eske** arabesque; **~ien** Arabia; **~isch** Arab, Arabian, Arabic

Arbeit work; labour, toil; *(Stelle)* job, employment; *(Qualität)* workmanship; make; piece of work; *(wissenschaftlich etc)* paper; essay; **~en** to work; to make, to manufacture; to labour; *an s. ~en* to go to work on one's self; **~er** worker, *(bes ungelernter)* labourer; *gelernter ~er* skilled worker; workman; **~erfrage** labour question; **~erin** woman worker, work(ing) woman; **~erschaft** workers; working class; **~geber** employer; **~nehmer** employed person, workman; *pl* workers and employees; **~sam** industrious, diligent

Arbeits|amt *BE* Labour Exchange, employment exchange; **~anzug** *mil* fatigue dress;

boiler suit, overalls; **~ausfall** loss of work; absenteeism; **~beschaffung** creation of work; **~dienst** labour service; **~dienstpflicht** industrial conscription; **~einkommen** earned income; **~einsatz** direction to work, employment of labour; **~einstellung** strike; **~entgelt** wages, remuneration; **~ertrag** earnings; **~fähig** able-bodied; fit for work; **~feld** sphere of action, field of activity; **~gang** stage, phase; **~gebiet** area covered; sphere of operation; domain; = ~feld; **~gemeinschaft** working association; working group, study group; working party; **~gericht** Labour Court; **~haus** penitentiary, work-house; **~kräfte** workers, labour force; manpower; **~leistung** efficiency; **~lenkung** direction of labour; **~lager** labour camp; **~lohn** wages; **~los** unemployed, out of work; **~losenfürsorge** unemployment relief; **~losenunterstützung** unemployment benefit; *~losenunterstützung erhalten BE* to be on the dole; **~losenversicherung** unemployment insurance; **~losigkeit** unemployment; **~markt** labour market; **~material** working material; **~möglichkeit** possibility of work(ing), opportunity to work; **~nachweis** Labour Exchange; certificate of employment; **~platz** job, place of work; **~reich** busy; **~ruhe** rest from work; **~scheu** work-shy; **~sperre** lock-out; **~stunde** working hour; man-hour; **~teilung** division of labour; **~unfähig** incapable of work, unfit for work; **~unfallversicherung** industrial injury insurance; **~vermittlung** employment agency; Labour Exchange; **~versäumnis(se)** absenteeism; **~vertrag** labour contract; **~zeit** working hours; number of hours worked

Arbitrage margin dealings

Archäolog|ie archaeology; **~isch** archaeological

Arche ark

Architekt architect; **~onisch** architectural, architectonic; **~ur** architecture

Archiv archives; *(Zeitung) sl* morgue

Arena (circus) ring; *fig* arena

arg bad, wicked; arrant; mischievous; *umg* awful; *(su) nichts ~es denken* to mean no harm; *im ~en liegen* to be in a bad way, to be in a mess; **~list(igkeit)** craftiness, cunning, deceit; **~listig** crafty, cunning; **~los** harmless; innocent; unsuspecting; **~losigkeit** harmlessness; innocence; **~wohn** suspicion; mistrust; **~wöhnen** to suspect, to mistrust; **~wöhnisch** suspicious

Ärger annoyance, vexation; anger; worry; **~lich** annoying; vexatious; provoking; bothersome; **~n** to annoy, to vex, to irritate; *umg* to aggravate; *refl* to be annoyed, vexed (*über* at); **~nis** offence; annoyance; vexation

Argument argument; **~ieren** to argue

Arie aria

Aristokrat aristocrat; **~ie** aristocracy; **~isch** aristocratic

Arithmet|ik arithmetic; **~isch** arithmetical

Arkade(n) arcade

Arkt|is Arctic; **~isch** arctic

arm[1] poor; needy; penniless; *umg* hard-up; **~enhaus** alms-house; **~enpflege** care of the poor, poor-relief; **~enrecht** (free) legal aid; **~selig** poor, wretched, miserable; **~seligkeit** wretchedness, misery

Arm[2] arm; *(Fluß)* tributary, branch *(a. fig)*; *j-m unter d. ~e greifen* to lend s-b a hand, to help out; *j-m in d. ~ fallen* to put a spoke in s-b's wheel; **~band** bracelet; **~banduhr** wrist-watch; **~lehne** arm, elbow-rest; **~leuchter** chandelier; **~reif** bangle; **~schiene** ⚕ splint

Armatur fitting; connection; **~enbrett** 🚗 instrument panel, dashboard

Armee army; **~korps** army corps

Ärmel arm, sleeve ♦ *aus d. ~ schütteln* to do without effort (extempore); **~kanal** the Channel

armieren to arm, to equip; ⚡ to armour; ⚙ to reinforce

ärmlich poor, miserable

Armut poverty, want; *~ schändet nicht* poverty is no disgrace; *s. e. ~szeugnis ausstellen* to give o.s. away, to reveal one's own incapacity

Aroma flavour, aroma; **~tisch** aromatic

Arrest arrest, *(bes Schule, mil)* detention; attachment of property; **~ant** prisoner, person in custody

arretier|en ⚙ to stop, to lock; *fig* to arrest, to take into custody; **~schraube** locking screw

arrogan|t arrogant; **~z** arrogance

Arsen|(ik) arsenic; **~ig** arsenic(al)

Art class, sort, kind; category, type; species, race; *~ (u. Weise)* way; *er hat keine ~* he has no manners; *das ist nicht s-e ~* that is not his way ♦ *aus d. ~ schlagen* to degenerate, to be quite unlike the rest (of the family); **~en** to take after; **~ig** *(Kind)* good; well-behaved; courteous; **~igkeit** courtesy; *pl* compliments

Arterie artery; **~nverkalkung** arteriosclerosis

Artik|el article *(a. gram)*; item; commodity; **~ulieren** to articulate

Artiller|ie artillery (*leichte ~ie* field a.; *schwere ~ie* medium a.); **~ist** artillery-man, gunner

Artist circus performer, variety artist; artiste; **~isch** of (as) a circus performer

Arznei medicine; **~kunde** pharmacology; **~mittel** remedy, medicament; **~pflanze** medicinal plant

Arzt doctor, *US oft* physician; *praktischer ~* general practitioner; **∼̈in** lady doctor; **∼̈lich** medical; *∼̈liches Rezept* doctor's prescription; *∼̈lichen Rat einholen* to consult a doctor

As ♪ A flat; ace

Asbest asbestos

Asch|e ashes; ash; **~enbahn** cinder track; **~enbrödel** Cinderella; *fig* domestic drudge; **~ermittwoch** Ash Wednesday

äsen to browse, to graze

aseptisch aseptic

Asi|ate Asian; **~atisch** Asian; **~en** Asia

Aske|se asceticism; austerity; **~t** ascetic; **~tisch** ascetic

asozial antisocial

Aspekt *gram, astr, allg* aspect; *fig* consideration, bearing, factor
Asphalt asphalt; **~ieren** to asphalt
Aspir|ant candidate (for an office); aspirant; **~ation** tendency; (ambitious) endeavour; aspiration; **~in** aspirin
assimilieren to assimilate
Assisten|t assistant; aid; **~z** assistance; **~zarzt** assistant medical practitioner; *(Krankenhaus) BE* houseman, medical resident, *US* interne
assort|ieren to assort; **~iment** assortment
Assoziation association
Ast branch *(a. fig)*, bough; *fig* arm; *auf d. absteigenden ~* on the downgrade ♦ *s. e-n ~ lachen* to split one's sides with laughing
Aster *bot* aster
Ästhet aesthete; **~ik** aesthetics; **~isch** aesthetic
Asthma asthma; **~tiker** asthmatic; **~tisch** asthmatic
Astro|loge astrologer; **~logie** astrology; **~nom** astronomer; **~nomie** astronomy; **~nomisch** astronomical *(a. fig)*
Asyl asylum *(a. fig)*; refuge, sanctuary
Atelier studio; 🎥 *a.* sound stage
Atem breath (*außer ~* out of b.; *außer ~ kommen* to lose one's b.; *~ holen* to breathe; *in ~ halten* to keep on the move; *nicht zu ~ kommen* to have no time to draw breath; ... *hat ihm d. ~ verschlagen* ... has quite stunned him; **~los** breathless; **~pause** breathing-space, respite; **~raubend** breath-taking, exciting; **~zug** breath; *im gleichen ~zug* in the same breath
Athe|ismus atheism; **~ist** atheist
Äther ether; **~isch** ethereal; *(Öl)* essential, volatile
Athlet wrestler, weight-lifter, *(Zirkus)* strongman; *fig* man of athletic build; **~ik** *(Leicht-)* athletics, track and field events; *(Schwer-)* heavy athletics; wrestling and weight-lifting; **~isch** *(Bau)* athletic; *(Übung)* strenuous
Atlantik Atlantic
Atlas atlas; ⚕ atlas; satin, sateen
atm|en to breathe; to draw breath; **~ung** breathing, respiration
Atmosphär|e atmosphere *(a. fig)*; *phys* atmosphere *(not used in BE, US)*; **~isch** atmospheric; *~ische Störungen* 📻 atmospherics
Atom atom; **~ar** nuclear; **~bombe** atom(ic) bomb, A-bomb; **~energie** atomic energy; **~isieren** to atomize; **~kern** atomic nucleus; **~kernspaltung** atomic fission; **~kraft** atomic power; **~kraftwerk** atomic power plant; **~krieg** atomic warfare; **~meiler** reactor; **~müll** atomic waste; **~physik** nuclear physics; **~sprengstoff** atomic explosive; **~versuch** nuclear test, A-test; **~waffen** nuclear weapons; **~zeitalter** atomic age; **~zerfall** atomic disintegration; **~zertrümmerung** nuclear fission
atonal ♪ atonal; *allg* cacophonous, jarringly modern
Atroph|ie atrophy; **~ieren** to atrophy; **~isch** atrophic
Attaché attaché
Attacke *mil* cavalry charge; *fig* attack; ⚕ fit
Attentat attempt (on s-b's life); assault; *e. ~ verüben auf* to make an attempt on s-b's life, to attempt the life of; **⁓̈er** assailant; assassin
Attest (medical) certificate; **~ieren** to certify
Attrakt|ion *phys* attraction; *fig* draw; **~iv** attractive
Attrappe dummy
Attribut attribute; **~iv** attributive
ätz|en to corrode; to etch; ⚕ to cauterize; **~mittel** corrosive; caustic
auch too, as well, also; *~ nicht* nor, neither, not ... either; *sowohl ... als ~* ... as well as, both ... and; *wer ~ (immer)* whoever; *was ~ (immer)* whatever; *wo ~ (immer)* wherever; *~ dann nur* then only; *wenn ~* even though
Audi|enz audience *(he had an a. of the king)*; **~torium** lecture-room, l.-hall; *(Zuhörer)* audience
Aue mead(ow); **~rhahn** capercaillie
auf on, upon; in, at; *(wohin)* (on) to, towards, in, at; *~ d. Lande* in the country; *~ d. Post* at the post office, *(wohin)* to the post office; *es geht ~ zehn* it is nearly ten o'clock *~ Erden* on earth; *~ Englisch* in English; *~ meine Bitte* at my request; *~ einmal* suddenly; *~ d. Minute* to a minute, this very minute; *es hat nichts ~ sich* it is of no consequence, it doesn't matter much; *~ sein* to be astir, *wieder ~ sein* to be up and about (again); *adv* up(wards); open; *von Jugend ~* from my youth; *~ u. ab* up and down; *~ u. davon* away, off; *(conj) ~ daß* in order that
auf|arbeiten to work up; to finish; *(Rückstände)* to work off, to clear up; to upholster; **~atmen** to breathe again; to utter a sigh; *fig* to recover; **~bahren** to lay out; **~bahrung** lying in state
Aufbau structure; construction; organization; **~en** to build up; to erect, to construct; **~anleihe, ~darlehen** development loan, rehabilitation loan
auf|bäumen *refl* to prance, to rear; *fig* to rebel; **~bauschen** to exaggerate; **~begehren** to remonstrate; **~behalten** to keep on (open); **~beißen** to bite open, to crack; **~bessern** to raise; to improve
aufbewahr|en to keep, to preserve; to store; **~ung** preservation; storage; **~ungsort** store(house); warehouse
aufbieten to summon; to call up; *alles ~* to make every effort
auf|binden to untie, to undo; to tie on (*auf* to); *fig* to impose upon; **~blähen** to puff up, to swell (out); *refl* to boast, to puff o.s. up; **~blasen** to blow up; to inflate; **~blättern** to open (the leaves of); **~bleiben** to stay up, to sit up; to remain open; **~blenden** 🚗 to turn the headlights on; **~blicken** to look up *(a. fig)*; **~blühen** to blossom, (to begin) to bloom; *fig* to flourish; **~brauchen** to use up; **~brausen** to foam up, to effervesce; *fig* to flare up; **~brechen** to break open; to force open; *vi* to burst (open);

(vor Kälte) to chap; *(Reise)* to set out, to depart; **~bringen** to get open; *(Geld)* to raise; *(Neues)* to introduce, to start; *(Mut)* to summon up; ⚓ to capture, to bring in (as) a prize; *fig* to provoke, to irritate; **~bruch** *(Eis)* breaking-up; departure, break-up; **~bügeln** to iron, to press; **~bürden** to burden with; to charge with; to impose upon; **~bürsten** to brush up; **~decken** to uncover; to discover; *fig* to disclose; **~drängen** to force on to; *refl* to obtrude (o.s.) upon; **~drehen** to turn on, open; to unscrew; to untwist; **~dringlich** obtrusive, importunate; **~dringlichkeit** obtrusiveness, importunity

Aufdruck imprint; impression; *(Stempel)* stamp; 📯 *mit ~* overprinted; **~en** to imprint; to stamp; **~̈en** to press upon, on to; to stamp on; to press open, to force open; $ to open

aufeinander one on top of the other; one after the other, successively; one against the other; **~folgen** to succeed; **~folgend** successive, consecutive; **~stoßen** to clash (together), to collide; to conflict

Aufenthalt stay; delay, stop; 🚆 *wie lange haben wir ~ in B.?* how long does the train (etc) stop at B.?; residence; **~serlaubnis** residence permit; **~sort** whereabouts, present abode; **~sraum** sitting-room; day-room; recreation room

aufer|legen to impose upon s-b, to inflict on s-b; **~stehen** to rise from the dead; **~stehung** resurrection; **~wecken** to raise from the dead; to resuscitate

aufessen to eat up, to consume

auffahr|en *vt mil* to bring up, to mount; to run (*auf* into); to rise, to ascend; to jump up, to start up; *fig* to fly into a passion; ⚓ to run aground; *(vor-)* to drive up; **~end** irascible; **~t** ascent; 🚗 drive; driving up; 🚆 ramp

auffall|en *refl* to injure o.s. (by falling); *vi* to fall (*auf* on); *fig* to strike, to astonish; **~end** conspicuous, striking; **~̈ig** = ~end; suspicious

auffangen to catch (up); to collect; *(ab-)* to intercept; *fig* to absorb, to bear, to cope with

auffärben to (re)dye; to touch up

auffass|en to comprehend, to understand; to interpret; to conceive; **~ung** comprehension, conception; view; interpretation; **~ungsgabe** apprehension; intellect; **~ungssache** matter of opinion; **~ungsvermögen** intellectual grasp

auf|finden to find (out); to track down; to discover; **~flackern** to flicker up; to flare up; **~flammen** to flare up, to blaze up; **~fliegen** to fly up (with), to soar (up); to fly open; *fig* to be dissolved, to fail

aufforder|n to invite, to request; to demand, to summon; to call upon; **~ung** invitation, request, demand, summons; order

aufforst|en to (re)afforest; **~ung** (re)afforestation

auf|fressen to eat up, to devour; **~frischen** to refresh; to touch up; *fig* to revive; *(Kenntnisse)* to brush up

aufführ|en *(Bau)* to erect; to raise, to set up; 🎭 to perform, to represent; ♪ to perform; *(Punkte)* to list; to enter, to specify; *refl* to behave; to make a fuss; **~ung** erection; performance; specification; **~ungsrechte** acting (performing) rights

auffüllen to fill in, up

Aufgabe task, duty; problem; *(Schule)* exercise, lesson, task; 📯 posting; *(Gepäck)* booking, registration; giving up, resignation; *(Geschäfts-)* retirement (from business), shutting down; **~nheft** exercise-book; **~ort** issuing station; **~schein** certificate of posting; **~stempel** 📯 postmark

auf|gabeln to pick up *(a. fig)*; **~gang** ascent, rise; staircase

aufgeben to deliver, to surrender; *(Aufgabe)* to set; *(Rätsel)* to ask; 📯 to post, *(Telegramm)* to hand in; *(Gepäck)* to book, to register; to give up, to abandon; to resign

aufgeblasen puffed up, bumptious

Aufgebot notice; *eccl* banns; *mil* levy, body of men; array

aufge|bracht angry, furious; **~dunsen** bloated

aufgehen to rise; *bot* to shoot, to bud, to blossom; to open, to break up; *(s. lösen)* to come undone; *math* to leave no remainder, to work out; *in Flammen ~* to be consumed by fire; *fig* to dawn on

aufge|klärt enlightened; **~legt** disposed (*zu* for, to); in a good mood; **~räumt** *fig* in good humour, merry; **~regt** excited, nervous; **~schlossen** enlightened; bright, intelligent; **~weckt** bright, clever; quick-witted

auf|gießen to pour upon; *(Tee)* to infuse; **~gliedern** to break down, to divide into, to classify; to analyse, to split up; **~gliederung** breakdown, classification; analysis; composition; **~greifen** to seize, to lay hold of; to take up; **~guß** infusion; **~haben** to have on; *(Mund)* to have open; *(Laden)* to be open; *(Aufgabe)* to have to do; **~halsen** to saddle with; **~halten** to stop, to stem; to delay; to keep open; to uphold, to support; *refl* to stay; *fig* to dwell on; *s. ~halten über* to find fault with

aufhäng|en to hang up; **~er** loop

aufhäufen to heap up, to amass, to accumulate *(a. refl)*

aufheb|en to pick up; to lift (up), to raise; to keep, to preserve; *(Belagerung)* to raise; to abolish, to annul; to suspend; *(s. gegenseitig)* to cancel; *d. Tafel ~en* to raise from table; *(su) viel ~ens machen von* to make much of, to make a great to-do of; *wenig ~ens machen* to be modest about; *ohne viel ~ens zu machen* in a quiet way; **~ung** lifting (up); raising; *(zeitweilig)* suspension; abolition, annulment; cancellation

auf|heitern *vt* to cheer up; *refl* to clear up; **~helfen** to help up; *fig* to support, to succour; **~hellen** *vt* to brighten; *refl* to clear up; **~hetzen** to stir up, to rouse; *fig* to incite; to instigate;

~holen to make up for; to catch up with; ⚓ to haul up, to hoist up; 🏇 to gain on; **~horchen** to listen; **~hören** to stop, to cease, to leave off; to discontinue; *da hört doch alles auf!* well, that's the limit!; **~jagen** to rouse, to start up; **~jauchzen** to shout for joy
Aufkauf buying up; **~en** to buy up; **⁓̈er** buying agent; speculator
auf|kehren to sweep up; **~keimen** to shoot (up), to bud; **~klappen** to open
aufklär|en to clear (up); to explain, to solve; *mil* to reconnoitre; *fig* to enlighten s-b; **~ung** explanation; enlightenment; *mil* reconnaissance; **~ungsflug** reconnaissance flight
aufklebe|n to stick on (*auf* to), to paste on (*auf* to); 📷 to mount; **~zettel** stick-on label, sticker
auf|knacken to crack open; **~knöpfen** to unbutton; **~kochen** to boil (up)
aufkommen to get up; to arise; ⚕ to get well, to recover; *fig* to thrive, to prosper; to come into use, fashion; *(Sturm)* to gather; *~ für* to be responsible for; *(ersetzen)* to make good
auf|kratzen to scratch up; **~krempeln** to turn up; **~kriegen** to get open; to have *(a lesson)* set; to eat up; **~kündigen** to give notice; *(Kapital)* to call in; **~lachen** to give a short laugh; **~laden** to load; to saddle with; ⚡ to charge
Auflage 📖 edition; *unveränderte ~* impression; *(Zeitung)* circulation; tax, duty; instruction; condition; *~n machen* to impose conditions
auf|lassen to leave open; to keep on; *(Fabrik)* to shut down; ⚖ to transfer; **~lauern** to lie in wait for, to waylay
Auflauf crowd, ⚖ unlawful assembly; *(etwa)* pudding; soufflé; **~en** to accumulate; to increase; to accrue; ⚓ to run aground
auf|leben to revive; to cheer up; **~lecken** to lick up; **~legen** to put, to lay on; 📖 to publish, to bring out; *(Anleihe)* to issue; **~lehnen** *refl* to rebel (*gegen* against); **~lesen** to pick up, to gather; **~leuchten** to flash (up), to light up; **~liegen** top be exposed (for sale), to be on sale; *refl* ⚕ to develop bedsores; **~lockern** to break, to loosen, to ease
auflös|bar soluble; dissolvable; **~barkeit** solubility; **~en** to loose; to untie, to unravel; *mil* to disband, to dismiss; *(Rätsel)* to solve; ♪ to resolve; *chem* to analyse, to dissolve; to decompose; **~ung** loosening; disbandment; solution; ♪ resolution; decomposition; **~ungsmittel** solvent; **~ungszeichen** ♪ natural
aufmach|en to open; *~en (wenn's klingelt)* to answer the door (*od* bell); to undo, to unpack; to make up; *refl* to set out; **~ung** 📖 get-up, format; make-up; appearance
Aufmarsch marching-up; drawing-up assembly; *(Parade)* march-past; **~ieren** to march up, to draw up, to deploy
aufmerk|en to pay attention; to mark, to note; **~sam** attentive; mindful (of); *j-n ~sam machen auf* to draw s-b's attention to; **~samkeit** attention; attentiveness; mindfulness
aufmuntern to cheer (up), to encourage; to rouse
Aufnahme taking up, reception; admission, enrolment; 📷 exposure, photograph; *(Inventur)* stock-taking, registration; *(Geld)* borrowing, loan; *(Land)* survey; 🎙 record(ing); *(Annonce)* insertion; **~fähig** receptive; capable of understanding; **~fähigkeit** capacity; **~leiter** 📷 director of photography; **~prüfung** entrance examination
aufnehmen to pick up, to lift up, to take up; *(zu Hause)* to receive, to take in; 📷 to take a photograph of; *(Film)* to shoot; 🎙 to record; *(Besitz)* to make an inventory of; *(Land)* to survey; *(Protokoll)* to draw up; *(Telegramm)* to take down; *in sich ~* to absorb, to assimilate
auf|nötigen to force upon; **~opfern** to sacrifice; *refl* to sacrifice o.s., to devote o.s. (*für* to); **~packen** to load on to
aufpass|en *auf* to watch, to observe; to pay attention to; *j-m ~en* to waylay s-b; **~er** overseer, supervisor
auf|peitschen to stimulate (violently); **~pflanzen** to set up; *(Bajonett)* to fix; *refl* to plant o.s.; **~pfropfen** to graft (on); **~platzen** to burst open; **~plustern** *refl* to ruffle one's feathers; *fig* to give o.s. airs; **~polstern** to upholster; **~prägen** to imprint, to impress (on); **~prall** bounce; impact; **~prallen** to bounce (*auf* against); to rebound; to strike; **~preis** additional price; **~probieren** to try on; **~pulvern** *fig umg* to beef up; **~pumpen** to pump up; **~putz** finery, ornament; **~putzen** to adorn; to dress up, to smarten up; **~quellen** to swell up; **~raffen** to pick (snatch) up; *refl* to pull o.s. together; to get up (with an effort)
aufräum|en to tidy up; to clear up; *bes mil* to mop up; *(weg-)* to put away; **~ung** tidying up; clearing up
aufrechnen to reckon up, to count up; to balance, to offset; *gegen einander ~* to settle accounts
aufrecht upright, erect; **~erhalten** to maintain, to support; to keep up; **~erhaltung** maintenance; preservation
aufreg|en to arouse, to stir up; to excite; to agitate; *refl* to be (get) excited, to worry (greatly); **~ung** excitement; tumult; agitation
auf|reiben to rub open, to wound (by rubbing); *fig* to ruin, to destroy; *refl* to worry o.s. to death, to wear o.s. out; **~reibend** gruelling; **~reihen** to string; **~reißen** to tear open, to jerk open; *(Naht)* to rip up; *(Augen)* to open wide; **~reizen** to incite, to provoke; to excite; **~reizend** provoking; sexy
aufricht|en to set up(right), to erect; to rear; *fig* to comfort, to console; *refl* to sit up, to draw o.s. up; **~ig** sincere, candid; frank; **~igkeit** sincerity, candour; frankness
auf|riegeln to unbolt; **~ringeln** *refl* to coil up; **~riß** elevation; sketch, outlines; **~ritzen** to slit open; **~rollen** to roll up, to coil; to unroll *(a. refl)*; *fig* to broach; **~rücken** to move up; *mil* to close the rank; to advance; to be promoted

Aufruf call(ing-up); appeal; summons; **~en** to call up; *(Geld)* to call in; *(namentlich)* to call the roll

Aufruhr riot, revolt; mutiny; rebellion; uproar; *in ~* up in arms; **≃en** to stir up; to revive, to mention again; **≃er** rebel; rioter; agitator; **≃erisch** rebellious, mutinous; seditious; *(Rede)* inflammatory

aufrunden to round off; to make up to a round amount

aufrüst|en to (re)arm; **~ung** rearmament

aufrütteln to shake up, to rouse; **~d** provocative, challenging

auf|sagen to recite, to say; to give notice; **~sässig** rebellious; hostile; **~satteln** to saddle; **~satz** essay, treatise; paper; headpiece, top; **~saugen** to suck up; to absorb; **~scharren** to scrape up, to dig up; **~schauen** to look up; to glance up (*von* from); **~scheuchen** to scare; **~scheuern** to scour, to scrub; *(Haut)* to chafe; **~schichten** to pile up

aufschieb|en to push open; *fig* to put off, to postpone; to delay; to adjourn ♦ *aufgeschoben ist nicht aufgehoben* postponed is not cancelled; **~ung** postponement; delay; adjournment

aufschießen to shoot up; to leap up, to start

Aufschlag impact; lapel, facing; *(Preis)* increase *(in price)*; ⛹ service; **~en** to break open; to open; *(Bett)* to put up; *(Zelt, Lager)* to pitch; *(Hose)* to turn up; *(Knie)* to cut; *(Preis)* to raise; *vi* to strike, to hit; to increase *(in price)*

auf|schließen to unlock; to open; *mil* to close the ranks; **~schlitzen** to slit open; to rip up

Aufschluß explanation; information

auf|schlüsseln to break down; **~schlußreich** informative, instructive; telltale, revealing

auf|schnallen to buckle on; *(lösen)* to unbuckle; **~schnappen** to snap up; *fig* to pick up; *vi* to spring open

aufschneid|en to cut open, to cut (up); to rip up; *(Fleisch)* to carve; *fig* to brag, to swagger; **~er** braggart, swaggerer

Auf|schnitt cold meat, cold cuts; **~schnüren** to untie; to unlace; **~schrauben** to screw on; *(lösen)* to unscrew; **~schrecken** to frighten, to startle; *vi* to start (up), to jump; **~schrei** scream, shriek; outcry; **~schreien** to scream, to shriek; to cry out; **~schreiben** to write down; to note; to charge (to account); **~schrift** address; label; inscription; **~schub** delay, deferment; postponement; adjournment; *(Frist)* respite; **~schürzen** to tuck up; **~schütteln** to shake up; **~schütten** to heap up; **~schwatzen** to talk s-b into buying (believing) s-th; **~schwingen** *refl* to soar (up), to rise; **~schwung** rise; progress, boom; *~schwung nehmen* to boom, to increase fast

aufseh|en to look up; *su* stir, sensation (*~en erregen* to cause a s.); **~er** supervisor; keeper; custodian

auf|sein to be up; to be open; **~setzen** to put on; to set up; *(Brief etc)* to draw up; to add, to build on; *(Haufen)* to pile up; *(Wasser)* to put the kettle on; *vi* ✈ to touch down; *refl* to sit up (straight)

Aufsicht inspection; supervision; care, guardianship; charge; *~ führen bei* to supervise, *(Schüler) BE* to invigilate; **~sbeamter** supervisor; **~sbehörde** supervisory authority; **~srat** board of directors; *im ~srat* on the board

aufsitzen to sit up; to mount a horse; ⚓ to run aground; *fig* to be in the lurch; *~ lassen* to leave in the lurch

aufspalt|en to split; to break down; **~ung** splitting up

auf|spannen to stretch; to spread; ⚓ to hoist, to set; *(Schirm)* to put up; ♪ to string *(a violin etc)*; **~sparen** to save (up), to lay by; to keep in store; **~sperren** to unlock; to open wide; *Mund und Nase ~sperren* to gape open-mouthed; **~spielen** to strike up, to play; *refl* to pose, to swagger; **~spießen** to spit; to pierce through; to lift *(with a fork)*; to gore; **~sprengen** to burst open, to force open; to blow up; to rouse; **~sprießen** to sprout; **~springen** to jump up; to (fly) open; *(Haut)* to chap; to crack; **~spüren** to trace (out); to ferret out; to find out; **~stacheln** to goad (on); to incite; **~stampfen** to stamp one's foot; **~stand** rebellion, revolt, uprising, insurrection; **~ständisch** rebellious, revolutionary; **~stapeln** to pile up, to stack up; **~stauen** to dam up; **~stechen** to prick open; ⚕ to lance; **~stecken** to pin up; *(Haar)* to do up; *fig* to give up; **~stehen** to get up, to rise; to stand open; to revolt, to rebel (*gegen* against); **~steigen** to rise, to ascend; to mount; to climb (*a.* ✈), (✈ *starten*) to take off

aufstell|en to put up, to set up, to erect; *(Liste)* to draw up, to make out; *(Rechnung)* to make out; *(Rekord)* to set up, to establish; *(Kandidat)* to nominate; *(Posten)* to post; *(Truppen)* to draw up; *(Falle)* to set; *(Behauptung)* to make *(assertion)*; *(Prinzip)* to lay down; *(Beweis)* to furnish; *(Bedingungen)* to establish, to impose; *(Bilanz)* to prepare; *(Tagesordnung)* to fix, to draw up; *refl* to place o.s. (in position); *mil* to draw up, to form up; **~ung** putting-up; drawing-up; list, inventory, schedule; statement

auf|stemmen to prize open; *refl* to lean (*auf* upon); **~stieg** ascent; *fig* rise; **~stöbern** to ferret out, to beat up; to rouse; **~stocken** to add a storey; to raise, to increase; **~stoßen** to push open; to kick up; *vi* ⚓ to run aground; *(Magen)* to belch; *fig* to strike s-b; **~streben** to rise; to aspire (to); **~streichen** to spread (on); **~streifen** to tuck up, to turn up; **~streuen** to sprinkle (*auf* on); to strew (*auf* on); **~strich** spread, paste; *(Schrift)* upstroke; **~stülpen** to turn up; *(Hut)* to put on, to cock; **~stützen** to prop up; *refl* to rest (*auf* on); **~suchen** to look up, to visit; to inquire after

Auf|takt ♪ anacrusis, pick-up; *fig* prelude; initial phase; **~tanken** ⚓, ✈ to refuel; 🚗 to fill up, to top up; **~tauchen** to emerge; to appear;

umg to crop up; *(U-Boot)* to surface; **~tauen** to thaw; to melt; to break up; *fig* to warm up
aufteil|en to divide up; to partition; to distribute; *(Land)* to parcel out; **~ung** division; partition
auftischen to serve up, to dish up
Auftrag commission; *(Bestellung)* order; ⚖ mandate, brief; *(Weisung)* instruction; assignment; *j-m e-n ~ geben* to give s-b a commission (to do), to commission s-b (to do); *etw in ~ geben* to order s-th; **~en** to put on, *(Farbe)* to lay on; *(Essen)* to serve; *(Kleid)* to wear out; *(Gruß)* to send; *dick ~en* to lay it on thick; **~geber** purchaser, customer; employer; consignor; **~sbestand** orders on hand; backlog of orders; **~seingang** new orders booked; *(Vorgang)* receipt of order; **~serteilung** placing of orders; **~süberhang** backlog of unfilled orders
auf|treiben to start; to hunt up, to get hold of, to obtain (with difficulty); *(Geld)* to raise; ⚕ to swell up; **~treten** to kick open; *vi* to tread (*auf* upon); to appear, to make one's appearance; to behave, to act; *(vorkommen)* to be found; ⚕ to break out; *su* appearance; occurrence; ⚕ outbreak; behaviour, demeanour; **~trieb** buoyancy; quantity *(of cattle)* coming on to the market; stimulus, impetus; **~tritt** 🎭 appearance, 🎭, *fig* scene; **~trocknen** to dry up; **~tun** to open (up); *refl* to open; to arise; **~türmen** to pile up, to bank up; *refl* to accumulate; to tower up; **~wachen** to wake up, to awake; **~wachsen** to grow up; **~wallen** to boil up; to bubble; to effervesce; **~wallung** bubbling up; effervescence; emotion, fit
Aufwand expenditure; luxury
aufwärmen to warm up; to repeat; *alte Geschichten ~* to rake up by-gones
Aufwart|efrau charwoman; **~en** to wait on s-b; to serve; **⁓̈er** attendant, servant; **~ung** visit; ⌊charwoman
aufwärts upward(s)
auf|waschen to wash up; **~wecken** to wake up, to rouse; to awake(n); **~weichen** to soften; to soak; **~weisen** to show; to produce; to exhibit; to have; **~wenden** to spend (*für* on); to employ; **~wendungen** expenditure; **~werfen** to fling open; to throw up; *(Graben)* to dig; *(Frage, Zweifel)* to raise; *refl* to set o.s. up (*als* for)
aufwert|en to revalue, to revalorize; **~ung** revaluation, revalorization
aufwickeln to roll up, to wind up; *(Haar)* to put in curls; to unroll, to unwind
aufwieg|eln to incite, to stir up; **~elung** incitement, instigation; **~en** to counterbalance; to offset, to outweigh; to compensate for; **~ler** agitator; **~lerisch** inflammatory, seditious
Aufwind up-current; **~en** to wind up, to hoist; to haul up; *(Anker)* to weigh
auf|wirbeln *(Staub)* to raise; to whirl up; **~wischen** to wipe up; **~wühlen** to dig up, to root up; to turn up; *fig* to stir up; **~zählen** to count (up), to enumerate; to list, to specify; *(Geld)* to pay down; **~zäumen** to bridle ♦ *das Pferd beim Schwanz ~zäumen* to put the cart before the horse; **~zehren** to consume, to eat up, to use up; to waste (away); **~zeichnen** to sketch, to draw; to note (down); to record; **~zeigen** to show, to exhibit; to produce; **~ziehen** to draw up, to pull up, to haul up; *(Vorhang)* to draw, 🎭 to raise; *(Schleuse)* to open; ⚓ to hoist; *(Anker)* to weigh; *(Uhr)* to wind up; 🎞 to mount; *(aufkleben)* to paste on; *(Saiten)* to put on; *(Kind)* to bring up, to rear; *(Vieh)* to breed, to rear; *fig* to tease; to organize, to arrange; *vi* to march up; to approach; *(Sturm)* to gather, to draw near; **~zucht** breeding, rearing; **~zug** procession; parade, cavalcade; pageant; get-up, attire; 🎭 act; ⚙ lift, *bes US* elevator; **~zwingen** to press upon, to force upon
Auge eye (*blaues ~* black e.); *(Karten)* point, pip; *bot* bud ♦ *mit e-m blauen ~ davonkommen* to get off lightly; *von den ~n ablesen* to anticipate *(a wish)*; *die ~n gingen mir auf* that was an eye-opener; *im ~ behalten* to watch carefully, to keep one's eye on, to bear in mind; *in d. ~n fallen* to strike, to catch the eye of; *s. vor ~n halten* to remember, to realize; *große ~n machen* to look surprised (*od* with astonishment); *ins ~ sehen* to face; *ins ~ stechen* to take s-b's fancy, to attract s-b's attention; *aus d. ~n verlieren* to lose sight of; *e. ~ werfen auf* to have an eye on; *kein ~ zutun* not to sleep a wink; *e. ~ zudrücken* to turn a blind eye to, to wink at, to connive at; *unter vier ~n* (strictly) between ourselves, in strict confidence; **⁓̈n** to look about carefully
Augen|arzt oculist; **~blick** moment, instant; **~blicklich** instantaneous, momentary, present; *adv* at once, in a moment; **~blicks** instantly, immediately; **~braue** eyebrow; **~fällig** obvious, evident; **~heilkunde** ophthalmology; **~höhle** eye-socket; **~licht** eyesight; **~lid** eyelid; **~maß:** *e. gutes ~maß haben* to have a sure eye; **~merk** attention; **~pulver** a great strain on the eyes; **~ring** bag under the eye; **~schein** appearance, view; **~scheinlich** evident, apparent; **~weide** a feast for the eyes; **~wimper** eyelash; **~zahn** eye-tooth; **~zeuge** eye-witness
August August
Auktion auction; **~ator** auctioneer
Aula (general) assembly hall
aus out of, from; of; *(wegen)* for, on account of; *~ London* from London; *~ Holz* of wood; *~ Erfahrung* by experience; *~ Liebe* out of, for love; *~ Mangel an* for want of; *~ Unwissenheit* from ignorance; *~ dem Englischen übersetzen* to translate from the English; *adv* out, up; *(zu Ende)* over, at an end ♦ *weder (nicht) ein noch ~ wissen* not to know which way to turn, to be at one's wit's end; *es ist ~ mit ihm* he is done for
ausarbeit|en to work out; to elaborate, to perfect; **~ung** elaboration; perfecting
aus|atmen to breathe out, to exhale; **~baden** to suffer for; to face the music; **~baggern** to dredge

Ausbau extension, completion (of the interior); constructional alterations; **~en** to complete; to convert into, to remodel into; to improve; ⚙ to dismantle

aus|bauchen to puff out, to swell out; **~bedingen** to stipulate (for); to reserve

ausbesser|n to mend, to repair; *(flicken)* to patch, to darn; to correct; **~ung** mending, repair

Ausbeut|e gain, profit; yield; exploitation; **~en** to exploit; *(Grube)* to work; *(Boden)* to exhaust, to deplete

aus|bezahlen to pay (and discharge); to make up a payment; **~biegen** to bend; to turn aside, to make way for; **~bieten** to cry (up), to offer for sale

ausbild|en to form, to perfect; to develop; to cultivate; to educate; to train, to drill; **~ung** formation; development; cultivation; education; training

aus|bitten to ask for; to insist on; **~blasen** to blow out; **~bleiben** to stay out, away; to fail to appear, not to come; *su* non-appearance; absence; failure (to come); **~bleichen** to bleach out; **~blick** prospect, view; outlook; **~blühen** to cease blooming; *fig* to fade; **~bohren** to bore, to drill (out); **~bomben** to bomb out, to blitz; **~booten** to disembark; *fig* to turn out, to dismiss; **~braten** to roast sufficiently; **~brechen** to break out; to burst out; *in Gelächter ~brechen* to burst out laughing; **~breiten** to spread (out); to stretch (out); to extend; *refl* to spread, to extend; to multiply; **~brennen** *vt* to burn out; to scorch; to cauterize; *vi* to burn out; to cease burning; **~bringen:** *j-s Gesundheit ~bringen* to propose s-b's health; **~bruch** outbreak, eruption; escape; *fig* outburst; **~brüten** to hatch; to brood *(a. fig)*; to contrive, to plot; **~buchen** to take out of the accounts, to write off; **~buchtung** indentation; **~bügeln** to iron, to press; *fig umg* to settle, to correct; **~bund** paragon; embodiment; **~bürgern** to deprive of one's citizenship; **~bürsten** to (give a good) brush

Ausdauer perseverance, endurance; stamina; assiduity; **~nd** persevering; persistent; *bot* perennial

ausdehn|bar expansible; ductile; **~barkeit** expansibility; ductility; **~en** to expand, to stretch; to extend, to prolong; **~ung** expansion; extension; extent, dimension

aus|denken to invent, to think out; to conceive, to contrive; *refl* to invent, to imagine; **~deuten** to interpret; **~drehen** to turn out; *(Hahn)* to turn off; ⚡ to switch off; to wring out

Ausdruck expression; term; **~en** to print completely, to finish printing; **²en** to squeeze out; *(Zigarette)* to put out; *fig* to express; *refl* to express o.s.; to speak; **²lich** express, explicit; **~slos** expressionless; blank

ausdünst|en to sweat out; to exhale; to perspire; *chem* to evaporate; **~ung** exhalation; perspiration; evaporation

auseinander asunder, apart; separately; **~brechen** to break (into); **~bringen** to separate; **~fahren** *vi* to separate suddenly; to scatter; **~fallen** to go to pieces, to break up; **~gehen** to separate; to break up; **~halten** to distinguish between; **~setzen** to explain, to set forth; *refl* to deal with; to settle; **~setzung** explanation; statement; argument; dispute; ⚖ settlement; *s. auf e-e ~setzung einlassen* to take issue with

auser|koren chosen, picked; elect; **~lesen** select, choice; exquisite; **~sehen** to choose, to select; to destine

ausessen to empty (by eating); to eat up, to finish

ausfahr|en *vt* to take out for a drive, run; *vi* to go for a ride, drive; ~ to put to sea; *(Bergwerk)* to ascend; **~t** drive, ride; departure; exit (road)

Ausfall *(Haar)* falling-out; *mil* sally, sortie; ⚔ lunge; loss, deficiency; absence, lack; stoppage; *fig* result, issue; **~bürgschaft** deficiency guarantee; **~en** to fall out; *mil* to sally out, to make a sortie; ⚔ to lunge; to be omitted; not to take place; to turn out, to prove; **~end, ²ig** aggressive, insulting

aus|fasern to ravel out; to unravel; **~fechten** to fight out; *umg* to have it out; **~fegen** to sweep out; **~feilen** to file out; *fig* to polish, to elaborate

ausfertig|en to draw up; to execute; to make out; to dispatch; **~ung** drawing up; execution; dispatch; (original, copy of a) document; *in zweifacher (dreifacher) ~ung* in duplicate (triplicate)

aus|finden, ~findig machen to find out, to discover; **~flicken** to patch; **~fliegen** to fly out; to leave home; to make an excursion; **~fließen** to flow out; **~flucht** pretext; excuse; evasion; *~flüchte machen* to beat about the bush, to shuffle; **~flug** excursion, trip; flight; **~fluß** flowing out; outlet; *(Fluß)* mouth; ⚕ discharge; *phys* emanation; *fig* result; expression; **~folgen** to deliver, to hand over; **~forschen** to search out; to inquire after; to explore; **~fragen** to interrogate, to question

Ausfuhr export; *(ausgeführte Güter)* exports; **~artikel** export item; **²bar** practicable, feasible; exportable; **~bewilligung** export licence; **²en** to lead out, to take out; *(Waren)* to export; to execute, to perform; to carry out; to explain; **²lich** detailed; full, ample; *adv* in detail, fully; **²lichkeit** completeness; fullness of detail; **²ung** execution; completion, performance; explanation; statement; finish; model; quality; **²ungsbestimmungen** implementing regulations; **²ungsgesetz** implementing law

ausfüll|en to fill up; to supply *(Formular)* to fill in, to complete, *bes US* to fill out; **~ung** filling out; completion

Ausgabe distribution, issue; 📖 edition; ✉ delivery; 🦋 issue; *(Geld)* expenditure, expense; *pl* (items of) expenditure; **~stelle** issuing agency

Ausgang going out; exit, way out; end; conclusion; *(Freizeit)* day out, time off; *e-n guten ~ nehmen* to turn out well; **~sbasis** initial position; **~spunkt** starting-point; **~sverbot** curfew

ausgeben to give out; to distribute; *(Geld)* to spend; to deliver; *(Karten)* to deal; *s. ~ für* to pretend to be, to pass o.s. off for; *vi* to be sufficient, to last

ausge|baut elaborate; completed, improved; **~bombt** bombed-out, blitzed

Ausgeburt product, creature; *~ der Hölle* fiend

ausge|dehnt ample, vast, extensive; **~fallen** unusual, out-of-the-way; **~glichen** well-balanced; level-headed

ausgeh|en to go out; *(Haar)* to fall out; *(Farbe)* to fade; *(Geld)* to be spent; *(Waren)* to run out; to come to an end; *fig* to proceed from, on; *abends ~en* to have an evening out; *~en auf* to aim at, to be bent on; *leer ~en* to get nothing; **~verbot** curfew

ausge|kocht hard-boiled; **~lassen** unrestrained, wild; exuberant; **~lassenheit** exuberance; **~lastet sein** to work to capacity; **~macht** *fig* decided; downright; **~nommen** *prep* except, with the exception of

ausgerechnet just, precisely; *~ Fred!* it would be Fred!; *~ Sie!* you of all people!; *~ dieses Buch* this of all books; *~ in B.* in B. of all places; *als ~ Herr D. kam* when who should come but Mr D.

ausge|schlossen out of the question; impossible; **~schnitten** *(Kleid)* low(-necked); **~schrieben** written in full; **~sprochen** decided, marked; definite; **~sucht** selected; choice, exquisite; **~wogen** well-balanced, integrated; **~zeichnet** excellent; distinguished; outstanding

aus|giebig abundant; plentiful; **~gießen** to pour out; to empty

Ausgleich balancing, balance; equalization; offsetting; compensation; adjustment, regulation; evening out (*siehe* to even); arrangement; **~en** to make even, to even out; to equalize; to balance; to compensate; to spread evenly; **~getriebe** differential (drive); **~ung** compensation; balance; settlement

aus|gleiten to slip; **~gliedern** to eliminate; to show separately; **~glühen** to anneal; **~graben** to dig out, up; to excavate; *(Leiche)* to exhume; **~greifen** to step out; **~guck** *bes* ⚓ lookout; **~guß** pouring out; sink, gutter; spout

aus|halten to hear, to stand (up to), to endure; *vi* to hold out; to persevere; **~handeln** to bargain; to negotiate; **~händigen** to deliver, to hand over

Aushang notice; **¨en** to hang out; *(Tür)* to unhinge; **¨eschild** sign-board

aus|harren to persevere; **~hauchen** to breathe out; to exhale; *d. Geist, Seele ~hauchen* to breathe one's last; **~hauen** to hew out; to carve; to cut (out); *(Baum)* to lop off; *(Wald)* to thin

ausheb|en to lift out, to take out; *(Tür)* to unhinge; *mil* to enlist, *(Armee)* to levy, to raise; **~ung** *mil* levy; conscription

aus|hecken to brew, to plot, to concoct; **~heilen** to heal up; to be (perfectly) healed; **~helfen** to help out, to assist (*mit* with); to supply (*mit* with); **~hilfe** (temporary) assistance; aid; stop-gap

ausholen *vt* to sound s-b; *vi* to lunge; *zum Schlag ~* to lift one's arm to strike *(a blow)*; *(fig) weit ~* to go far back

aus|horchen to sound, to pump s-b; **~hülsen** to shell; **~hungern** to starve out; **~jäten** to weed (out); **~kämmen** to comb out; **~kaufen** to buy out, up; **~kehren** to sweep out; **~kennen** *refl* to have a good knowledge of; to know (what's what); **~klang** end; **~klauben** to pick out; **~kleiden** to undress; to line; to case; to wainscot; to decorate; **~klingen** to die away; to end (with, in); **~klopfen** to beat (out); to trash; **~klopfer** carpet-beater; **~klügeln** to puzzle out; **~kneifen** to run away, *umg* to hook it; **~knipsen** ⚡ to switch off; **~knobeln** to gamble for, to toss for s-th, to toss up; to puzzle out

auskommen to get away, to escape; *~ mit j-m* to get along with, to get on with; *~ mit etw* to make do with, to manage with; *mit s-m Geld ~* to make both ends meet, to live within one's means; *su* livelihood; income

aus|kosten to taste; to enjoy (to the full); **~kramen** to turn out; to rummage up; **~kratzen** to scratch out; to erase; *umg* to bolt; **~kriechen** to creep out; **~kundschaften** to reconnoitre

Auskunft information; particulars; intelligence; **~sstelle** information bureau (*od* office), inquiries

auslachen to laugh at; to deride

auslad|en to unload; *umg* to cancel the invitation of; *vi* to project; **~ung** unloading

Auslage outlay; expenses; display (of goods), window dressing

Ausland foreign country; *im ~, ins ~* abroad; *aus dem ~* from abroad; **¨er** foreigner, alien; **¨isch** foreign, alien; **~sgeschäft** foreign business; **~skredit** foreign credit; **~sreise** trip abroad; **~sschulden** foreign debts; **~svertreter** representative abroad

auslass|en to let out; to leave out, to omit; *(Fett)* to try out, to melt; *(Kleid)* to let down, out; *(Zorn)* to give vent to; *refl* to speak one's mind; **~ung** omission; statement; **~ungszeichen** apostrophe

Auslauf running out; departure; outlet; finish; ✈ landing run; hen-run; **~en** to run out; to depart; to leak; ⚓ to put to sea; *fig* to expire; to mature; to end; **¨er** *(Berg)* spur; *bot* runner

aus|laugen to steep in lye; to leach out; *fig* to wear out; **~lauten** to end (*auf* in); **~leben** *refl* to enjoy life (to the full); to live a life of pleasure; **~leeren** to empty, to clear; to drain

ausleg|en to lay out; to display; *(Geld)* to ad-

vance; ⚙ to inlay; *fig* to interpret; **~ung** interpretation, meaning
ausleihen to lend; *refl* to borrow (*von* from)
Auslese selection, choice; élite; **~n** to choose, to select; *(Buch)* to finish
ausliefer|n to deliver; ⚖ to extradite; **~ung** delivery; ⚖ extradition
aus|liegen to be on show; **~löffeln** to spoon out; **~löschen** to extinguish, to put out; to quench; to wipe out, to blank out, to blot out; **~löseknopf** 📷 shutter release; **~losen** to draw by lot, to draw lots for; **~lösen** to loosen; to redeem; *(Gefangenen)* to ransom; ⚙ to release, to disengage; *fig* to cause; to awaken; **~löser** 📷 release; **~machen** *(Feuer)* to put out; ⚡ to switch off; 🚗 to turn off; to find out, to make out; to decide; *(ergeben)* to make; to constitute; to settle, to arrange; to agree upon; *d. macht nichts aus* that doesn't matter; *es macht 10 Mark aus* it amounts to 10 marks; **~malen** to paint (out); *fig* to depict, to picture
Ausmarsch marching out; **~ieren** to march out
Aus|maß extent, degree; scale; **~mauern** to line with bricks; to wall up; **~mergeln** to emaciate; to exhaust, to impoverish; **~merzen** to eliminate; to remove; to reject; **~messen** to measure; *(Land)* to survey; **~messung** measuring; survey(ing); **~mustern** to sort out; *mil* to reject, to muster out
Ausnahm|e exception; *mit ~e von* excepted, other than; **~efall** exceptional case; **~ezustand** (state of) emergency; **~slos** without exception; **~sweise** by way of exception; exceptionally
ausnehmen to take out; *(Huhn)* to draw; to except, to exclude; *(befreien)* to exempt; *fig* to bleed; *refl* to look; **~d** exceptional, exquisite; *adv* extremely
aus|nutzen to use up, to utilize fully; to make the most of, to make good use of; to turn to account; to exploit; **~packen** to unpack; to unburden one's heart; to inform against; **~peitschen** to whip, to flog; **~pfeifen** to hiss out; **~pflanzen** to bed out, to pot out; **~plappern, ~plaudern** to blab (out); to let out; **~plündern** to plunder, to pillage; **~polstern** to stuff, to pad; **~posaunen** to blaze out, to blazon forth; **~prägen** to coin, to mint; *refl* to be visible, to be marked; **~pressen** to press out, to squeeze out; *fig* to extort from s-b; **~probieren** to test, to try; to taste
Auspuff exhaust; **~gas** exhaust gas; **~rohr** exhaust pipe; **~topf** *BE* silencer, *US* muffler; **~ventil** exhaust valve
aus|pumpen to pump out; *fig* to exhaust; **~punkten** 🏋 to out-point; **~pusten** to blow out; **~putzen** to clean; *(Baum)* to prune; **~quetschen** to squeeze out; **~radieren** to erase, to rub out; **~rangieren** to cast off, to discard; **~rauben** to rob, to pillage; **~räumen** to clear away, to remove, to empty
ausrechn|en to reckon (out); to calculate; **~ung** calculation, computation
Ausrede excuse, pretence; *umg* alibi; **~n** *(vt) j-m etw ~n* to dissuade s-b from s-th; *vi* to finish speaking
ausreichen to be sufficient; **~d** sufficient, adequate; ample
Ausreise outward journey (voyage); **~erlaubnis** exit permit; **~n** *aus* to leave
ausreiß|en to pull out, to tear out; to extract; *vi* to tear, to split; *fig* to bolt, to run away; **~er** runaway, fugitive
aus|reiten to go for a ride (*od* airing); **~richten** *(Nachricht)* to deliver; to execute, to do; to effect; *(Licht, Geschütz)* to train (*auf* on); to align; *mil* to dress; **~richtung** orientation; alignment; dressing; **~ringen** to wring out; **~ritt** ride (on horseback); **~roden** to root up; to clear; **~rotten** to root up, out; to exterminate; **~rücken** *mil* to decamp, to march out; *umg* to run away
Ausruf cry, shout; exclamation; **~en** to call out; to cry out; 📻 to announce; to proclaim; **~er** (town-)crier; **~ezeichen, ~ungszeichen** exclamation-mark, note of exclamation; **~ung** exclamation; proclamation
aus|ruhen to rest; **~rupfen** to pull out; to pluck
ausrüst|en to furnish; *mil* to equip, to arm; to fit out; **~ung** equipment, armament
aus|rutschen to skid, to slip; **~saat** sowing; seed-corn; **~saatfläche** area sown; **~säen** to sow; *fig* to disseminate
Aussage declaration; statement; ⚖ deposition, evidence; *gram* predicate; **~n** to say, to declare; to assert; ⚖ to depose, to give evidence
Aussatz ⚕ leprosy; **⁓ig** leprous; **⁓iger** leper
aussaug|en to suck out; *fig* to drain, to bleed; **~er** extortioner, parasite
aus|schachten to excavate; to sink; **~schalten** to cut out, to eliminate; ⚡, 🚗 to switch off; **~schank** selling of liquor; public bar
Ausschau: *~ halten nach* to be on the look-out for, to look out for; **~en** to look out (for); *vi* to look
ausscheid|en to separate; ⚕ to secrete; *vi* to withdraw, to retire; **~ung** ⚕ secretion; **~ungskampf** 🏋 qualifying round, eliminating round; **~ungslauf** 🏋 preliminary heat, eliminator
aus|schelten to scold, to reprove; **~schenken** to pour out; to sell (on draught); **~schicken** to send out; **~schießen** to shoot out; *fig* to cast out
ausschiff|en to put to sea, to disembark; *vi* to put to sea; **~ung** disembarkation; landing
aus|schimpfen to scold, to berate; to abuse; **~schlachten** to take out the entrails; *fig* to exploit, to make full use of; *(Auto etc)* to cannibalize; **~schlafen** to have a good night's rest, to have enough sleep; *(Rausch)* to sleep off
Ausschlag *(Waage)* turn; *(Magnet)* deflection; ⚕ rash; (abrupt) movement; *fig* result; *d. ~ geben* to turn the scales, to decide the matter; **~en** *vt* to beat out; to line; *(ablehnen)* to decline; *vi* to kick, to strike out; *bot* to sprout,

to bud; to grow damp; *(Nadel)* to deflect; *fig* to turn out; **~gebend** decisive
ausschließ|en to shut out, to lock out; to exclude; to disqualify; to justify; **~lich** exclusive; **~ung** exclusion; disqualification; justification
ausschlüpfen to slip out
Ausschluß = Ausschließung; quads and spaces; *unter ~ d. Öffentlichkeit* in camera, in chambers, *pol* in closed session
aus|schmücken to adorn, to decorate; to embellish; **~schneiden** to cut out; **~schnitt** cut, cutting, opening; section; *(Kleid)* décolleté, low neck-line; **~schnitzen** to carve, to cut out; **~schöpfen** to drain (off), to empty; *fig* to exhaust
ausschreib|en to write out (in full); to copy; to announce; *(Arbeit)* to put up for tender; *(Stelle)* to advertise; to invite; **~ung** offering for public tender; invitation to apply for; public announcement
ausschreien to cry (out); to announce by crying
ausschreit|en to pace out; **~ung** riot; excess; *pl* facts of violence
Ausschuß committee, board; waste, rejects; **~sitzung** committee meeting; **~waren** rejects, sub-standard goods
aus|schütteln to shake out; **~schütten** to pour out, to empty; *(Dividende)* to pay out; to unburden *(one's heart)*
ausschweif|en to lead a dissolute life; **~end** dissolute; excessive; **~ung** excess; debauchery
aus|schwenken to rinse; **~schwitzen** to sweat out, to exude
aussehen to look, to appear; to look out (*nach* for); *es sieht nach ... aus* it looks like ...; *su* appearance; look; aspect; *d. ~ haben von* to look like; *dem ~ nach* to look at him (etc); *nach d. ~ urteilen* to judge by appearances
aussein to be out; to be over; *~ auf* to be after
außen outside; out of doors; outwardly; *von ~* from the outside; *~ befindlich* exterior, outer; **~antenne** outdoor aerial; **~aufnahme** *BE* exterior shot, location shot; **~bahn** outside lane; **~bordmotor** outboard motor; **~dienst** outdoor service; field service; *mil* duties outside barracks, outpost service; **~handel** foreign trade; **~minister** Foreign Minister; **~politik** foreign policy; **~seite** outside; **~seiter** outsider; uninitiated layman; **~stände** outstanding debts; liabilities; **~stehender** outsider; **~stelle** branch (office); outside agency; **~welt** external (visible) world
aussenden to send out; *phys* to emit
außer 1. *prep* outside, out of; beyond; except, besides; *~ Betrieb* out of order; *~ Dienst* retired; *~ sich vor* beside o.s. with; *~ Kraft setzen* to annul; *~ Kurs setzen* to withdraw from circulation; **2.** *conj* except; unless; save; *~ wenn* unless, except that; **~dem** besides, moreover; in addition; **⁓e** outward, outer; exterior, external; *su* outside; *(external)* appearance; exterior; **~ehelich** illegitimate; **~gerichtlich** extra-judicial; **~gewöhnlich** extraordinary, unusual; **~halb** *prep* outside; *adv* on the outside; **⁓lich** outward; external; physical (fact); *fig* superficial; *⁓lich!* external application only!; **⁓lichkeit** superficiality; **⁓n** to utter, to express; to show; *refl* to express o.s.; **~ordentlich** extraordinary; **~planmäßig** supernumerary; supplementary; additional; **⁓st** extreme, utmost; outermost; *sein ⁓stes tun* to do one's best; *aufs ⁓ste gefaßt sein* to be prepared for the worst; *adv* extremely; **~stande** unable, not in a position to; **⁓ung** expression, utterance; remark
aussetzen to set out, to expose; *(Belohnung)* to offer; *(Erbschaft)* to bequeath; *(Boot)* to lower, *(Mannschaft)* to land; *(auf e-r Insel)* to maroon; to postpone, to interrupt; to stop; *vi* to break down, *umg* to conk out; *etw ~ an* to find fault with; *refl* to expose o.s. to
Aussicht view, prospect; look-out; *~ bieten auf* to look out on; **~slos** hopeless; losing; **~slosigkeit** hopeless outlook for
aussied|eln to evacuate, to deport; **~ler** emigrant settler; resettler; **~lung** emigration, resettlement; compulsory transfer
aussinnen to contrive, to devise
aussöhn|en to reconcile; *refl* to make one's peace with; **~ung** reconciliation
aus|sondern, ~sortieren to sort (out); to single out; to select; **~spähen** to explore; to look out (*nach* for)
ausspann|en to unharness; to spread (out); *refl, vi* to relax; **~ung** relaxation
aus|sparen to leave space for; to by-pass; **~speien** to spit (out); to belch; **~sperren** to lock out; **~spielen** to finish playing; *(Karten)* to lead; *fig* to play off *(one against another)*; **~spinnen** to spin out; *fig* to enlarge upon; to think out; **~spionieren** to spy out; **~sprache** pronunciation, articulation; accent; talk, discussion; **~sprechen** to pronounce, to articulate; to express; to utter; *refl* to speak one's mind; **~spreizen** to straddle; **~spritzen** to squirt out, to spout; to syringe; **~spruch** utterance; saying; dictum; **~spucken** to spit out; **~spülen** to rinse, to wash out; **~spüren** to track (out), to trace; **~staffieren** to furnish, to equip; to decorate, to smarten up
Ausstand strike (*in d. ~ treten* to go on s.); outstanding debt; **⁓ig** on strike
ausstatt|en to equip; to appoint; to give a dowry to; **~ung** equipment, outfit; endowment; terms; get-up
ausstechen to dig out; to cut out; to engrave; *fig* to get the better of, to cut out; to outshine
ausstehen to bear, to endure; *nicht ~ können* to hate, to loathe; *vi* to be outstanding, to be still expected
aussteigen to get out; to get off *(the tram)*, to leave; to disembark
ausstell|en to expose; to exhibit, to display; *(Wache)* to post; *(Zeugnis, Paß)* to issue;

(Scheck, Wechsel) to draw; to make out; **~ung** exhibition, exposition; show; *(Wechsel etc)* drawing; *~ungen machen* to find fault (*an* with)
aussterben to die out; to become extinct; to die one after the other
Aussteuer (marriage) dowry; trousseau, marriage-portion
aus|stopfen to stuff; **~stoß** output; **~stoßen** to push out; *(Schrei)* to utter; *fig* to cast out, to expel
ausstrahl|en to beam (*bes* 📻); to emit, to radiate; **~ung** emission, radiation; *fig* repercussion (*auf* on)
aus|strecken to stretch out, to extend; **~streichen** to strike out, to cross out; to cancel; *(glätten)* to smooth out; **~strömen** to pour forth; to flow out; to emanate; **~suchen** to select, to choose
Austausch exchange; barter; **~bedingungen** terms of trade; **~en** to exchange; to barter; **~geschäft** barter transaction; **~stoff** substitute material
austeil|en to distribute; **~ung** distribution
Auster oyster; **~nfischer** oyster-dredger
Austrag decision; issue; **~en** to deliver; to carry out; to distribute; ⚒ to decide, *e-n Wettkampf ~en* to contest an event; to carry *(child)* for the full term
austreib|en to drive out; to expel; ⚖ to evict; to cast out; to exorcize; *j-m etw ~en* to break s-b of the habit of; **~ung** expulsion; exorcism
austreten to tread out, to trample out; to wear out; *vi* to retire, to leave; to withdraw (*aus* from), *eccl* to secede (*aus* from); *(Toilette) umg (Herren)* to see a man about a dog, *(Damen)* to spend a penny, to powder one's pose
aus|trinken to drink up, to empty, to drain; **~tritt** exit; stepping out; retirement, leaving, withdrawal (*aus* from); **~trocknen** to dry up; to desiccate
ausüb|en to exercise, to practise; to execute; *(Einfluß)* to exert; *e. Geschäft ~en* to be engaged in business, to carry on a trade; **~ung** exercise; practice
Ausverkauf clearance sale; **~en** to sell off, to hold a clearance sale; **~t** sold out
auswachsen *vt (Kleid)* to outgrow; *vi* to sprout; to germinate; *refl* to develop
Auswahl choice, selection; assortment, sample; **~̈en** to choose, to select
Auswander|er emigrant; **~n** to emigrate; **~ung** emigration
auswärt|ig living elsewhere, out of town; outside; foreign; **~iges Amt** Foreign Office; **~s** outward(s); out of doors; abroad
auswaschen to wash out, away; to rinse
auswechsel|bar interchangeable; **~n** to exchange, to change for; to interchange; **~ung** exchange
Ausweg way out *(a. fig)*; expedient; loophole; **~los** hopeless, aimless
ausweich|en to make way for; to avoid, to escape; to dodge, to parry; **~end** evasive; **~e** 🚆 siding; **~klausel** escape clause; **~stelle** 🚆 siding; emergency quarters (*od* office)
aus|weiden to disembowel, to draw; **~weinen** *refl* to cry one's eyes out
Ausweis identity card, proof; document, statement, return; **~en** to expel, to deport; *(in Tabelle)* to show; *refl* to establish (prove) one's identity; **~papiere** identity papers; **~ung** expulsion
auswendig outward, outer, exterior; *fig* by heart, by rote; from memory
auswerfen to throw out, to eject; ⚓ to cast; *(Summe)* to provide, *(Gehalt)* to fix; ⚕ to expectorate
auswert|en to extract valuable material from, *umg* to get the meat out of; *(abwägen)* to evaluate; *(Nutzen ziehen)* to capitalize; *(Kurve)* to plot, to interpret; **~ung** evaluation; interpretation
auswirk|en *refl* to operate; to bear (*auf* upon), to make o.s. felt (*auf* on); *s. ~en lassen* to bring to bear (*auf* upon); **~ung** result, effect; repercussion
auswischen to wipe out; *j-m eins ~* to hit out at s-b, to deal s-b a blow
Aus|wuchs growth, excrescence; *fig* abuse; **~wurf** refuse, scum; ⚕ discharge, expectoration
auszahl|en to pay out, down; **~̈en** to count out; **~ung** payment
auszeichn|en to mark out, to note; to distinguish; to price; *refl* to distinguish o.s.; **~ung** distinction; decoration
ausziehen to pull out, to extract; *(Kleid)* to take off; *(Zeichnung)* to ink in; *refl* to undress; *vi* to set out; to march off; *(um-)* to move (house), to remove
auszischen to hiss off the stage
Auszug excerpt, extract; departure; marching out; *(Um-)* removal
auszupfen to pluck out; *(Stoff)* to unravel
authentisch authentic
Auto (motor-)car; *~ fahren* to motor, to drive a car; **~bahn** *BE* motorway, *US* superhighway; **~biographie** autobiography; **~brille** goggles; **~bus** (motor-)bus; motor coach; **~didakt** self-taught person; **~droschke** taxi-cab; **~fahrer** motorist, driver; **~fahrt** motoring trip, motor ride; **~falle** (police) trap; **~friedhof** junkyard; **~gen** autogenous; **~gramm** autograph; **~grammjäger** autograph hunter; **~händler** motor-car dealer; **~hupe** hooter, horn; **~kratie** autarchy; **~mat** automatic machine; slot-machine, vending machine; ⚙ automatic lathe; self-service restaurant; *fig* automaton, robot; **~matenstahl** high-speed steel; **~matik** automatism; **~mation** automation; **~matisch** automatic; **~matisieren** to automate, to automatize; **~matisierung** automation; **~nom** autonomous; of one's own volition; **~nomie** autonomy; **~rennen** motor-race; **~psie** post-mortem, autopsy; **~schlosser** car mechanic; **~schlüssel** car key; **~typie** 🕮 halftone *(block, process)*; **~unfall** car accident; **~verkehr** motor traffic

Autor author, writer; **~enhonorar** author's royalty; **~isieren** to authorize; **~ritär** authoritarian; *adv* by authority; **~ität** authority; **~schaft** authorship
avancieren to advance, to be promoted
Axt axe; hatchet

B

B (the letter) B; ♪ b flat; **B-Dur** b flat major; **b-Moll** b flat minor
babbeln to babble
Baby baby; **~ausstattung** layette, baby-linen
Bach brook, rivulet; stream
Back ⚓ forecastle; mess; **~apfel** cooking apple; **~blech** cake tin, pie tin; **~bord** ⚓ port; **~e** cheek; **~enbart** whiskers; **~enknochen** cheekbone; **~enzahn** molar, grinder; **¨~er** baker; **¨~erei** baker's shop; bakery; **~fett** shortening; **~fisch** flapper, *bes US* bobby-soxer; teenager; **~obst** dried fruit; **~ofen** oven; **~pfeife** box on the ear; **~pflaume** prune; **~pulver** baking-powder; **~rohr** oven; **~schüssel** baking-dish; **~stein** brick; **~waren** pastry-cook's products; pastry
Bad bath(-room); watering-place, spa
Bade|anstalt swimming-pool; baths; **~anzug** bathing-costume, swimsuit; **~arzt** doctor (at a spa); **~gast** visitor to (patient at) a spa; bather; **~hose** (bathing-) trunks, bathing-shorts; **~kappe** bathing-cap; **~kur** taking the waters, course of baths; **~mantel** bathing-gown, bathrobe; **~meister** bath attendant; swimming-instructor; **~n** to have a bath, *bes BE* to bath; *(im Freien)* to bathe; **~ofen** bath-stove, *BE* geyser; **~ort** watering-place, spa; **~r** barber; **~strand** bathing-beach; **~tuch** bath-towel; **~wanne** bath(-tub); **~zeug** bathing-things; **~zimmer** bath(-room)
Bagage *mil* (baggage) train; luggage, baggage; *umg* rabble; *d. ganze ~* the whole caboodle
Bagatell|e a trifle, a trifling matter **~isieren** to make light of, to minimize
Bagger excavator; *(Naß-) BE* dredger, dredge; **~n** to excavate; to dredge
Bahn way, course; track (*a.* ⛹); lane, *BE* carriageway; *astr* orbit; *(Stoff)* panel, width; 🚂 railway, *US* railroad; *s. ~ brechen* to find a way, to make one's way; *aus d. ~ geworfen werden* to be thrown out of gear, to have one's career broken off ♦ *auf d. schiefe ~ geraten* to go wrong, to get into crooked ways; *per ~* by rail; **~anlagen** railway installations; **~arbeiter** railway man; **~beamter** railway official; **~brechend** pioneer(ing); epoch-making; **~brecher** *fig* pioneer; **~damm** (railway) embankment; **~en** to open a way, to beat a way (to, through); *fig* to pave the way for, to blaze a trail; *s. e-n Weg ~en durch* to force one's way through; **~gleis** track; **~hof** (railway) station; **~körper** permanent way; railway right-of-way; **~linie** (railway) line; **~netz** railway system; **~rennen** ⛹ track race; **~steig** platform; **~steigkarte** platform-ticket; **~strecke** (railway) line; **~übergang** railway crossing; bridge; **~wärter** signalman
Bahr|e ⚕ stretcher; barrow; *(Toten-)* bier; **~tuch** pall
Bai bay
Baiser meringue
Baisse *(Markt)* decline, depression; *(Preis)* drop, fall; slump
Bajonett bayonet; **~verschluß** bayonet joint
Bake beacon; **~lit** bakelite
Bakterie bacterium; *US umg* bug
Balanc|e equilibrium; balance (*die ~e halten* to keep one's b.; *d. ~e verlieren* to lose one's b.); **~ieren** to balance
bald soon, shortly; *~ ... ~* sometimes ... sometimes; *~ so, ~ so* sometimes one way and sometimes another; *möglichst ~* as quickly as possible, as soon as possible, at the earliest moment; almost, nearly; **¨~e**: *in ¨~e* soon; **~ig** quick; early
Balg skin, hide; bellows; *fig* brat; **~en** *refl* to romp; to fight
Balken beam, balk; *(Träger)* girder; *lügen, daß s. d. ~ biegen* to tell a thumping lie; **~werk** framework
Balkon balcony; *(Kino)* circle
Ball ball; globe, sphere; *(Tanz)* ball, dance; **~ade** ballad; **~ast** ballast; *fig* burden, impediment; dead weight; **~en** *su* bale, pack; *(Fuß)* ball; *vt* to bale; *(Faust)* to clench; *refl* to gather; **~ett** ballet; **~ettänzer** ballet-dancer; **~ettänzerin** ballet-dancer; *(Revue)* chorus-girl; **~kleid** evening dress; **~on** balloon; *(Behälter)* carboy, demijohn; **~onreifen** balloon tyre; **~saal** dancing-hall, ball-room; **~spiel** ⛹ game of ball
Balsam balm, balsam; **~ieren** to embalm; **~isch** balmy; **~tanne** balsam
Balt|e Baltic native; **~enland** Baltic territory; **~isch** Baltic
Balz pairing (time); **~en** to call, to pair
Bambus bamboo; **~rohr** bamboo cane
banal banal, trivial; **~ität** banality
Banane banana; **~nstecker** ⚡ banana plug
Banause philistine, lowbrow
Band 📖 volume ♦ *¨~e sprechen* to speak volumes, to be most revealing; ribbon, band; tape; *(Faß)* hoop; ⚕ ligament; ⚕ bandage; *fig* tie, bond; **~e** *pl* fetters; *laufendes ~* conveyor belt; *am laufenden ~* on the assembly line, *fig* uninterruptedly, all the time; **~e** band, gang; **~erole** revenue stamp; **¨~igen** to tame; to break in; *fig* to subdue; **~it** bandit, highwayman; **~maß** tape measure; **~nudeln** noodles; **~waren** narrow fabrics; haberdashery; **~wurm** tapeworm
bang|e alarmed, uneasy; *~e machen* to frighten; *su* worry, anxiety; *keine ~e!* don't worry!; **~emacher** alarmist; **~en** to be afraid; *refl* to be worried (*um* about); **~igkeit** fear, anxiety; **¨~lich** (rather) anxious, timid
Banjo banjo

Bank bank; *(Sitz-)* bench, seat; *(Schule)* form; *eccl* pew; *durch d. ~* (one and) all, without exception ♦ *auf die lange ~ schieben* to put off, to delay; **~abschluß** balance-sheet; **~anweisung** cheque; **~beamter** bank clerk; **~guthaben** bank balance; **~halter** banker; **~konto** bank account; **~note** bank-note; **~satz** bank rate; **~wesen** banking (system)
Bankett banquet; (highway) shoulder
Bankier banker; financier
Bankrott bankruptcy; failure, insolvency; *adj* bankrupt (*~ machen* to go b.), broke; **~eur** bankrupt
Bann ban; *eccl* excommunication, anathema; *fig* spell; **~en** to banish; to excommunicate; **~er** banner, standard
Bar bar(-room); *adj* bare, naked; devoid of; *~er Unsinn* sheer nonsense; in cash; *~es Geld* ready money, cash; *~ zahlen* to pay cash (down); *gegen ~* for cash; *Lieferung gegen ~* cash on delivery; **~auslage** outlay incurred; **~fuß, ~füßig** barefooted; **~geld** ready money, notes and coin, cash; **~geldlos** cashless; **~häuptig** bareheaded; **~preis** cash price; **~schaft** cash, ready money; **~scheck** cashable (*od* uncrossed) cheque; **~zahlung** cash payment, cash down
Bär bear; *d. Große ~ (astr)* the Great Bear, the Plough; *d. Kleine ~* the Little Bear ♦ *j-m e-n ~en aufbinden* to pull s-b's leg; **~beißig** grumpy, surly
Baracke hut, barrack; **~nlager** wooden huts, hutment
Barbar barbarian; **~ei** barbarism; barbarity; barbarousness; **~isch** *(roh)* barbarous; *(ungebildet)* barbaric
Barett cap; biretta
Bariton baritone
Barkasse launch
barmherzig merciful, compassionate; **~keit** mercy, compassion
Barock baroque style (*od* architecture); *adj* baroque
Barometer barometer, *umg* glass (*d. ~ steigt* the g. is going up); *fig (Stimmungs-)* barometer of opinion
Baron baron; **~et** baronet; **~etsrang** baronetcy; **~in** baroness; **~srang** barony
Barre bar; *(Metall)* ingot; **~n** ingot; *(Gold)* bar, bullion; 🤸 parallel bars
Barriere barrier, bar; 🚂 gate
Barrikade barricade
Barsch *zool* perch, bass; *adj* harsh, gruff, rude, cavalier
Bart beard (*e-n ~ tragen* to wear a b.; *e-n ~ stehenlassen* to grow a b.); *(Hahn)* wattle; *(Katze)* whiskers; *zool* barb; *(Schlüssel)* bit ♦ *e. Streit um d. Kaisers ~* a quarrel about trifles; *d. ~ ist ab* we're sunk; **¨ig** bearded; **~los** beardless
Bas|e cousin; *chem* base; **~ball** baseball; **~edow** ⚕ Graves' disease, exophthalmic goitre; **~ieren** *vt* to base, to found (*auf* on); *vi* to be based (*auf* on); **~ilika** basilica; **~ilisk** basilisk; **~is** 🏛, *math, mil* base; *fig* basis; **~isch** basic
Bask|e Basque; **~enmütze** beret; **~isch** Basque
Basketball basket-ball
baß *adv* very; *su* ♪ bass; **~geige** bass viol; **~instrument** bass (instrumnent)
Bassist bass singer
Baß|sänger bass (singer); **~spieler** bass; **~stimme** bass (voice)
Bassin basin, reservoir; *(Schwimm-)* swimming-pool
Bast bast, bass; **~a:** *damit ~a!* so that's that, that's final!; **~ard** bastard, hybrid; **~ei** = **~ion**; **~eln** to work at a hobby, to be engaged in amateur handicrafts; to tinker, to potter (*an* at); **~ler** amateur; do-it-yourselfer; **~ion** bastion
Bataillon battalion
Batist cambric
Batterie ⚡, *mil* battery
Batzen lump; *e. hübscher ~ (Geld)* a tidy sum
Bau building, construction; edifice; structure; build, organism ♦ *vom ~ sein* to know the ropes, to be an expert; *(Fuchs)* kennel, earth; hole, burrow; **~abschnitt** stage of construction; **~amt** Board of Works; **~arbeiten** building works, construction works; **~arbeiter** building worker; **~art** style (of construction); ⚙ construction; **~behörde** building authority; **~fällig** dilapidated, tumble-down, ramshackle; **~führer** building foreman; **~genossenschaft** building cooperative, building society; **~gerüst** scaffolding; **~gewerbe** building industry, builder's trade; **~herr** promoter, sponsor; employer; purchaser, owner; client; **~klotz** block ♦ *~klötze staunen* to have the surprise of one's life; **~kosten** building costs; **~kostenzuschuß** housing subsidy; **~kunst** architecture; **~leute** workmen, builders; **~lich** architectural, constructional; **~meister** architect, (master-) builder; **~plan** building (*od* construction) plan; ⚙ blueprint; **~platz** (building) site, lot; **~polizei** official inspectors of buildings; **~polizeilich** official; ~polizeiliche Vorschriften building-code provisions; **~sparen** saving through building and loan associations; **~sparkasse** building and loan association; **~sparvertrag** building society savings contract; **~stahl** engineering steel, structural steel; **~stein** brick; **~stelle** building site, construction site; **~stil** architectural style; **~stoff** building-material; **~unternehmer** building contractor; **~weise** construction method; **~werk** structure; building; **~wirtschaft** building trade; **~zeichnung** architectural plan
Bauch *(bes Tier, Gegenstand)* belly; *(Magen)* stomach, *umg* tummy; *(Unterleib)* abdomen ♦ *auf d. ~ liegen vor* to lick s-b's boots; *s. d. ~ halten vor Lachen* to split one's sides with laughing; *s. d. ~ vollschlagen* to gorge o.s.; **~ig** bellied, bulging; **~höhle** abdominal cavity; **~landung** ✈ belly landing; **~redner** ven-

triloquist; **~speicheldrüse** pancreas; **~weh** stomach-ache, *umg* the gripes
bauen to build, to construct; ⚘ to cultivate; *fig* to rely (*auf* on)
Bauer farmer, peasant; *(Bau)* builder, constructor, erector; *(Vogel)* bird-cage; *(Karten)* knave; *(Schach)* pawn; *fig* boor; **⁓in** farmer's wife, peasant woman; **⁓lich** rural, country; rustic; **⁓isch** rustic, boorish; **~nbursche** country lad; **~nfänger** crook; **~nhaus** farmhouse; **~nhof** farm; barnyard; **~nschaft** peasantry; **~nschlau** canny; **~nschläue, ~nschlauheit** canniness, native cunning; **~sfrau** farmer's wife; **~sleute** peasants
Baum tree; pole; *(Web-)* warp beam; ⚓ boom ♦ *um auf die ⁓e zu klettern* enough to drive one crazy; **~eln** to dangle; **⁓en** *vt* to beam; *refl* to rear, to prance; **~heide** brier; **~lang** tall as a lamp-post; **~los** treeless; **~rinde** bark; **~schere** pruning-shears; **~schule** nursery; **~schütze** sniper; **~stamm** trunk; **~wolle** cotton; **~wollen** (made of) cotton; **~wollspinnerei** cotton-mill
Bausch pad, bolster; *in ~ und Bogen* lock, stock and barrel; in the lump; indiscriminately; **~en** to bag, to bulge, to belly; to swell out; **~ig** baggy, puffy
Bay|er Bavarian; **~risch** Bavarian
Bazar bazaar
Bazillus bacillus
beabsichtigen to intend, to mean
beacht|en to mark, to take notice of; to observe; **~enswert** worth consideration; noteworthy; **~ung** consideration; attention; *~ung schenken* to attend to
Beamte|napparat staff of officials; **~ngesetz** Civil Service Act; **~nlaufbahn** civil service career; *d. ~nlaufbahn einschlagen* to enter the civil service; **~nschaft** civil servants, public officials; **~ntum** officialdom; **~nwirtschaft** red-tapism, bureaucracy; **~r** (public) official; civil servant
beängstig|en to alarm
beanspruch|en to claim, to demand; *(Aufmerksamkeit)* to engross; *(Zeit)* to take up; *s-e Zeit wird sehr ~t* he has many calls on his time; *für s. ~en* to arrogate; **~ung** resort to; taking up; demands made on; arrogation
beanstand|en to object to; to criticize; to reject; **~et** claimed to be defective; **~ung** objection; complaint
beantrag|en to apply for, to make application for; *schriftlich ~en* to apply for in writing; to move, to propose
beantwort|en to answer, to reply to; **~ung** answer(ing), reply; *in ~ung* in answer to, answering . . .
bearbeit|en to work (on, at); *chem* to process; to fashion; to deal with; 🎭, 🎞 to adapt; *(redigieren)* to edit; *(als Vertreter)* to canvass; ⚘ to cultivate, to till; to treat, to prepare; **~er** editor; adapter; author; **~ung** adaptation; ♪ arrangement; *chem* process(ing); canvassing; ⚙ machining; manufacturing
beargwöhnen to suspect
beaufsichtigen to supervise, to superintend; to keep an eye on
beauftrag|en to commission; to instruct; **~ter** agent; deputy; representative; ⚖ mandatary
bebau|en to build on; ⚘ to cultivate; **~t** built-up
beben to tremble, to shake (*vor* with); *su* trembling, shaking
be|bildert illustrated; **~brillt** bespectacled
Becher cup; tumbler; mug; *(Würfel-)* dice-box; **~n** to tipple, to booze
Becken basin; ⚕ pelvis; swimming-pool; ♪ cymbals
Bedacht consideration; deliberation; *adj* mindful (of); intent (on); *~ sein auf* to be anxious to do, to be intent (on doing); **⁓ig** prudent, circumspect; slow; **⁓igkeit** circumspection; slowness; **~sam** considerate; careful; **~samkeit** considerateness, thoughtfulness; caution
bedank|en *refl* to thank; *ich ~e mich dafür!* no, thank you very much!
Bedarf requirement; demand (*für* for); *(dringend)* want, need; *~ haben an* to require, to be in need of; *nach ~* according to requirement; **~sartikel** article of consumption; *pl* = ~sgüter; **~sfall:** *im ~sfall* in case of need, if necessary; **~sgüter** consumer goods, necessaries; **~shaltestelle** request stop; **~sträger** user, consumer; **~sweckung** consumptionism
bedauer|lich regrettable, deplorable; **~n** to regret; to pity, to be sorry for s-b; *su* regret (*zu m-m großen ~n* to my great r.); sympathy; **~nswert** deplorable; pitiable
bedeck|en to cover; *refl* to put on one's hat; **~t** *(Himmel)* overcast; **~ung** covering; protection; *mil* escort, convoy
bedenk|en *vt* to consider, to think over; to bear in mind; to provide (*mit* with); *(vererben)* to bequeath; *refl* to reflect; *s. anders ~en* to change one's mind; *su* consideration; hesitation; scruple; misgiving(s); *~en tragen* to hesitate; **~lich** doubtful, uncertain; critical, risky; scrupulous; **~zeit** time for reflection
bedeut|en to mean, to signify; *(durch Zeichen)* to motion (s-b to do); to inform; to be of importance; *es hat nichts zu ~en* it is of no consequence; *was soll d. ~en?* what does that mean?; **~end** important; significant; great; **~sam** significant; **~ung** meaning; significance; account, bearing (*von ~ung sein für* to have a b. on); **~ungsgleich** synonymous; **~ungslos** without significance, insignificant, of no account; meaningless; **~ungsvoll** momentous; significant
bedien|en to serve, to attend; ⚙ to work, to operate; *(Karten)* to follow suit; *refl* to help o.s., to make use of, to avail o.s. of; **~ter** servant; **~ung** service, attendance; servants
beding|en to stipulate; to imply; **~t** conditional; qualified; *adv* provisionally; **~ung** condition; stipulation; *pl a.* terms; **~ungslos** unconditional; **~ungssatz** conditional clause; **~ungsweise** conditionally

bedräng|en to press hard, to beset; to oppress; **~nis** distress; oppression; trouble
bedroh|en to threaten, to menace; **~lich** threatening, menacing; **~ung** threat, menace; *(tätliche)* assault
bedruck|en to imprint; **¨en** to oppress, to harass; **¨er** oppressor; **¨t** depressed, blue; **¨ung** oppression; distress, vexation
bedürf|en to need, to require; to want; **~nis** need, want; necessity; desire; **~nisanstalt** lavatory, public convenience; **~nislos** having no wants; frugal; unassuming; **~tig** needy; helpless; indigent; **~tigkeit** need(iness); indigence
Beefsteak (fillet-)steak; *deutsches ~* rissole steak
beehren to honour; to favour (*mit* with); *refl* to have the honour (to do)
beeidig|en to confirm by oath; to tender an oath to; **~t** sworn
beeilen *refl* to make haste, to hurry
beeindrucken to impress
beeinfluss|en to influence; to bias; **~ung** influencing
beeinträchtig|en to impair; to prejudice, to infringe; **~ung** impairment; prejudice; injury
beend(ig)|en to finish, to end; to terminate; **~ung** finish, end; termination
beeng|en to narrow; to hamper; *s. ~t fühlen* to feel oppressed
beerben to be heir to, to inherit s-b's property
beerdig|en to bury, to inter; **~ung** burial, funeral; **~ungsgottesdienst** funeral service
Beere berry; **~nobst** soft fruit
Beet bed; **~e** (red) beet, *bes BE* beetroot
befähig|en to enable, to qualify; **~t** qualified, fit; talented; **~ung** aptitude, capacity; qualification
befahr|bar passable, practicable; ⚓ navigable; **~en** to drive over; ⚓ to navigate
befallen to befall, to attack
befangen embarrassed, self-conscious; prejudiced, biased; *in e-m Irrtum ~ sein* to labour under a misapprehension; **~heit** confusion; prejudice, bias
befassen *vt* to ask s-b to deal with; *refl* to occupy o.s. (*mit* with), to be engaged (*mit* in)
befehden to be at feud with, to make war upon
Befehl order, command; mandate; *zu ~!* Right, Sir!; **~en** to order, to command; to dictate, to bid; *refl* to command o.s. to; **~end** imperative, commanding; mandatory; **~igen** to command; to lead; **~sausgabe, ~serteilung** issue of orders; briefing; **~sform** imperative (mood); **~shaber** commander; **~shaberisch** imperious, dictatorial
befestig|en to fasten; *mil* to fortify; *(Straße)* to pave; *fig* to strengthen; **~ung** fastening; fortification; pavement
be|feuchten to wet, to moisten
befind|en to find, to think; *refl* to be; to feel; *su* (state of) health; state of affairs; *s. nach j-s ~en erkundigen* to inquire after s-b; **~lich** being, existing; contained in
befingern to finger
be|flaggen to adorn with flags, to (be)flag; **~flecken** to blot; to stain, to spot; *fig* to pollute; **~fleißigen** *refl* to take great pains; to endeavour; to devote o.s. to
beflissen studious, assiduous; intent on; **~heit** assiduity
beflügeln to wing; to lend speed to
befolg|en to follow, to obey, to observe; **~ung** observance (of); adherence (to)
beförder|n to forward, to dispatch, to transport; to ship, to convey; *fig* to promote; **~ung** forwarding, dispatch; conveyance; *fig* promotion; **~ungskosten** (cost of) carriage
be|frachten to load, to freight; **~fragen** to question, to interrogate, to examine
befrei|en to (set) free; to deliver; to liberate; to release; *~en von* to exempt from, to excuse *(he has been excused gym)*; **~er** liberator; **~ung** liberation; deliverance; exemption, immunity
befremd|en to appear strange to, to surprise; to impress unfavourably; *su* surprise; dislike; **~lich** strange
befreund|en to befriend; *s. ~en mit* to make (*od* become) friends with
befried|en to pacify, to bring peace to; **~igen** to satisfy; to appease; **~igend** satisfactory; **~igung** satisfaction; appeasement
befrist|en to time, to limit (in time); to set a deadline for; **~et** time ...
befrucht|en to fertilize; to impregnate; *fig* to inspire, to stimulate; **~ung** fertilization; impregnation
Befug|nis authority; right, permission; *(schriftl.)* warrant; ⚖ competence; *s-e ~nisse überschreiten* to override one's commission; **~t** authorized; entitled
befühlen to feel, to touch
Befund state; finding; report; ⚕ diagnosis
befürcht|en to fear, to apprehend; **~ung** fear, apprehension
befürwort|en to recommend; to advocate; **~ung** recommendation
begab|en to endow s-b (with); to bestow upon s-b; **~t** gifted, talented; **~ung** gift, talent; aptitude, abilities
be|gaffen to gape at; **~gaunern** to cheat
begeben *vt (Wechsel)* to negotiate; *refl* to go (*nach* to), to proceed (*nach* to); *s. ins Bett ~* to go to bed; *s. auf e-e Reise ~* to start on a journey; *es begab s.* it came to pass; **~heit** occurrence, happening
begegn|en to meet (with), to encounter; to treat; to deal with, to take measures against; **~ung** meeting, encounter; reception
begeh|en to walk on, to go over; to traverse; to celebrate; *(Irrtum etc)* to commit; **~ung** traversing; celebration; commission
Begehr desire; demand; **~en** to desire; to covet; to demand; *~t sein* to be sought after; to be in demand; *su* desire; **~enswert** desirable; **~lich** desirous; covetous

begeifern to beslaver, to beslobber; *fig* to slander
begeister|n to inspire, to rouse; to fill with enthusiasm, *umg* to enthuse; *refl* to be enthusiastic (*über* about); **~t** enthusiastic; **~ung** enthusiasm, ardour
Begier|de longing; avidity; lust; **~ig** desirous, covetous; avid (*nach* of, for)
begießen to sprinkle; *(Land)* to water; *(Braten)* to baste
Beginn beginning, outset; **~en** to begin, to start; *su* undertaking
beglaubig|en to certify, to attest; to prove true; *pol* to accredit (*bei* to); *~te Abschrift* certified copy; **~ung** authentication; *(durch Notar)* attestation
begleichen to settle, to pay; to honour, to meet, to make good
begleit|en to accompany; to attend; *mil* to escort; ⚓ to convoy; *nach Hause ~en* to see s-b home; **~er** companion; attendant; ♪ accompanist; **~erscheinung** concomitant (symptom, phenomenon); **~ung** company; attendance; escort; ♪ accompaniment
beglück|en to make happy; to bless (*mit* with); **~t** happy; **~wünschen** to congratulate (*zu* on)
begnad|en to bless (*mit* with); **~igen** to pardon; **~igung** pardon, reprieve; *bedingte ~igung (BE)* release on ticket of leave, *US* release on parole
begnügen *refl* to be satisfied, to content o.s. (*mit* with)
begraben to bury ♦ *da liegt d. Hund ~* that's the rub (*od* snag); *du kannst dich ~ lassen!* go and boil your head!, go jump in the lake!
Begräbnis burial, *(-feier)* funeral; **~platz** burial ground
begreif|en to understand, to grasp, to comprehend; *in s. ~en* to include, to imply; **~lich** comprehensible, understandable; conceivable; **~licherweise** as may be imagined, naturally, of course
begrenz|en to bound, to border; to limit, to confine; **~theit** limitation; **~ung** limitation; boundary
Begriff notion, idea; concept, *schwer von ~* dull (of apprehension); *im ~ sein* to be on the point of (doing), to be about (to do); *~en sein in* to be engaged in, to be now (doing); *im Bau ~en* in the course of building; **~lich** notional; conceptual; abstract; **~sbestimmung** definition; **~sstutzig** dull-witted; **~sverwirrung** confusion of ideas
begründ|en to found, to establish; to confirm, to prove; *~en mit* to state the reason on which . . . is based; *er ~et es damit, daß . . .* he argues that . . ., he states as a reason that . . .; **~et** *adj* reasonable; **~ung** foundation, establishment; motivation; reasons
begrüß|en to greet; to salute; to welcome; **~ung** greeting; salute; welcome
begucken to have a look at
begünstig|en to favour; to promote; to patronize; ⚖ to act as an accessary after the fact; **~ter** beneficiary; **~ung** patronage; preferential treatment
begutacht|en to give an expert opinion on, to give one's judgment of; **~end** consulting; **~ung** (forming a) judgment on, expert opinion on
begüt|ert wealthy, well-off; **~igen** to soothe, to placate; to appease
behäbig comfortable; portly, stout
behaftet afflicted (with); burdened (with); subject (to)
behag|en to please, to be agreeable to; *d. ~t mir nicht* I don't like (*od* want) that; *su* comfort, ease; **~lich** comfortable, snug, cosy; **~lichkeit** comfort, cosiness
behalt|en to keep (*bei sich* to o.s.; *d. Fassung ~en* to k. one's countenance); to retain; to remember; *recht ~en* to prove right; **¨er** container, receptacle; bin, case, box; reservoir; tank
behand|eln to handle; to treat; to deal with; to manage; ⚕ to attend, to treat, (Wunde) to dress; ⚙ to work; **~lung** management; ⚕ treatment, attendance; **~lungszimmer** *BE* surgery, consulting-room
Behang hanging; drapery; **¨en** to hang (with); to drape (with)
beharr|en to persist, to persevere; to insist (*auf* on); **~lich** persistent, persevering; assiduous, steady; **~lichkeit** persistence; assiduity; determination
behauen to hew; to trim, to lop
behaupt|en to assert, to maintain; to claim, to allege; to argue; *refl* to hold one's own, to assert o.s.; to survive; *(Preis)* to be maintained, to keep up; **~ung** assertion; allegation; statement
Behausung lodging, dwelling; home
beheben to remove; to remedy
Behelf expedient, help; makeshift; **~en** *refl* to make shift; to manage (with); to make do (with); to do (*ohne* without); to resort to; **~sheim** (emergency) prefabricated dwelling, makeshift home; **~smäßig** makeshift, improvised; temporary, emergency
behellig|en to molest, to trouble; **~ung** molestation
behend|e nimble, agile; **~igkeit** nimbleness, agility, alacrity
beherbergen to lodge, to put up; to shelter
beherrsch|en to rule (over); to govern; to have command of; *refl* to control o.s.; **~er** ruler; **~ung** rule; command; mastery; self-control; *d. ~ung verlieren* to lose one's temper
beherz|igen to take to heart; to think over; to mark; **~igenswert** worthy of consideration; **~igung** consideration, serious thought; **~t** plucky, brave; **~theit** pluck, daring
be|hexen to bewitch; **~hilflich** helpful
behinder|n to hinder, to hamper, to handicap; **~ung** handicap, obstacle
Behörd|e authority, official agency, board; **~lich** official; administrative
Behuf: *zu diesem ~* for this purpose; **~s** on behalf of, for the purpose of

behüten to guard, to keep
behutsam cautious, prudent; careful; **~keit** caution; prudence; care
bei at, by, near; among; with; on; *~ d. Hand* at hand; *~ d. Hand nehmen* to take by the hand; *~ meiner Tante* at my aunt's; *~m Bäcker* at the baker's; *~ sich* about one, with one; *~ Tage* by day; *~ Nacht* at night; *~ Gott* by God; *~ diesem Wetter* in this weather; *~ guter Gesundheit* in good health; *~ dieser Gelegenheit* on this occasion; *~ e-m Glas Wein* over a glass of wine; *~zeiten* in good time; *~ weitem* by far; *~ weitem nicht* far from being, by no means; *~ alledem* for all that; *~ Smith* ✉ c/o Smith
bei|behalten to keep, to retain; to maintain; **~bringen** to bring; to produce; to adduce; to inflict, to administer; to teach; to give an idea of
Beicht|e confession; **~en** to confess; to go to confession; **~kind** penitent; **~stuhl** confessional; **~vater** father confessor
beide both, the two; either; *wir ~* both of us, we two; *alle ~* both of them; *einer von ~n* one (*od* either) of the two, one of them; *keiner von ~n* neither of them; *er hat ~ Hände* he has both his hands; **~mal** both times; **~rlei** of both sorts, of either sort; *~rlei Geschlechts* of both sexes; **~rseitig** on both sides; mutual, reciprocal; **~rseits** on both sides; mutually
beidrehen ⚓ to heave to
beieinander together; *noch ganz gut ~* still quite able
Beifahrer front-seat passenger; assistant driver
Beifall applause; approval; *~ finden* to meet with a warm reception; *stürmischen ~ finden* to bring down the house; *~ klatschen, ~ spenden* to applaud; **⁓̈ig** favourable, approving; **~srufe** acclamation
Beifilm supporting film
beifüg|en to add; to enclose; to affix; **~ung** addition; enclosure; *gram* apposition
Beigabe addition, extra; free gift; supplement
beigeben to add to, to enclose; *klein ~* to climb down, to draw in one's horns
Beige|schmack flavour, smack
Bei|heft supplement; **~hilfe** aid, assistance; allowance, grant in aid; ⚖ aiding and abetting
Beil axe, hatchet
Beilage enclosure; *(Zeitung)* supplement; inset; *(Essen)* vegetables, salad
beiläufig incidental, casual
beileg|en to enclose, to add; *(Wert)* to attach to; to attribute to; *(Titel)* to confer on; *(Streit)* to settle; *s. ~en* to assume *(a name)*; *vi* ⚓ to heave to
Beileid sympathy; condolences; *sein ~ aussprechen* to condole with s-b (upon the loss of); **~sbesuch** visit of condolence; **~sbrief** letter of condolence
beiliegen to lie with; to be enclosed; ⚓ to lie to; **~d** enclosed
bei|mengen to add, to mix with; **~messen** to attribute to, to ascribe to
Bein leg; *(Knochen)* bone ♦ *j-m e. ~ stellen* to trip s-b up, to play s-b a trick; *s. e. ~ ausreißen* to do one's level best; *s. auf d. ~e machen* to be off; to take o.s. off; *auf d. ~en sein* to be on the move, to go out; *d. ~e in die Hand nehmen* to hurry, to get a move on; *s. d. ~e in d. Bauch stehen* to cool one's heels; *j-m ~e machen* to make s-b stir one's stumps; **~bruch** fracture of a leg; **~kleid(er)** trousers; **~schiene** ⚕ (leg-) splint
beinah(e) nearly, almost; all but *(it is all but done)*
Bei|name nickname; surname; **~ordnen** to adjoin; to co-ordinate; **~pflichten** to agree to (*od* with); to approve of; **~rat** advisory board (*od* council); adviser
beirren to confuse; to divert from
beisammen together; **~sein** being together; *geselliges ~sein* social gathering
Bei|schlaf sexual intercourse; **~sein** presence; **~seite** aside, apart
beisetz|en to put beside; to bury, to inter; ⚓ to spread; **~ung** burial, interment
Beisitzer assessor; member
Beispiel example (*zum ~* for e.), instance (*zum ~* for i.); warning; **~haft** exemplarey; **~los** unparalleled, unprecedented; **~sweise** for instance, by way of example
beispringen to come to help, to succour
beiß|en to bite (*s. auf d. Lippen ~en* to b. one's lips); to smart, to burn; to sting ♦ *ins Gras ~en* to bite the dust; *in d. sauren Apfel ~en* to swallow a bitter pill; **~end** biting, piercing; pungent, acrid; acrimonious; **~korb** muzzle; **~zange** pincers
Beistand assistance; counsel; *~ leisten* to assist; **~spakt** treaty of assistance
beistehen to assist, to stand by
Beisteuer contribution; **~n** to contribute
bei|stimmen to agree to, to assent to; **~strich** comma
Beitrag contribution; subscription; premium; **~en** to contribute (*zu* to), to add (*zu* to); **~leistung** contribution
bei|treiben to collect; to requisition; **~treten** to join, to enter; *(Vertrag)* to accede to; to assent to; **~tritt** joining, entering; enrolment; accession; **~trittserklärung** declaration of accession; **~wagen** side-car; **~werk** accessories; **~wohnen** to attend, to be present at; to cohabit with; **~wort** adjective; epithet; **~zählen** to reckon among
Beiz|e corrosive; corrosion; *(Färben)* mordant; *(Metall)* pickle; stain; ⚕ caustic; *(Jagd)* hawking; **~en** to corrode; to mordant; *(Holz)* to stain; *(Haut)* to drench, to tan; *(Tabak)* to sauce; ⚕ to cauterize
beizeiten betimes, early
bejah|en to answer in the affirmative, to affirm; to accept; **~end** affirmative; **~ung** affirmation
bejahrt aged

bejammern to bewail, to lament; **~swert** deplorable, lamentable
bekämpf|en to combat; to oppose; **~ung** combat; struggle; control (of)
bekannt (well-)known; acquainted (*mit* with); **~er** aquaintance; **~enkreis** circle of friends; **~ermaßen, ~lich** as is (well-)known; **~geben, ~machen** to announce, to publish, to publicize; **~machen** to acquaint (*mit* with), to introduce (*mit* to); **~machung** publication, announcement; notice; **~schaft** acquaintance
bekehr|en to convert, to proselytize; **~ter** convert; **~ung** conversion
bekenn|en to confess, to admit; *(Religion)* to profess; *Farbe ~en* to follow suit, *fig* to be frank; *s. ~en zu* to avow (o.s. to be); to acknowledge; *s. schuldig ~en* to plead guilty; **~er** confessor; **~tnis** confession; avowal; creed, denomination; *~tnis zu* whole-hearted support of
beklag|en to lament, to bemoan; *refl* to complain (*über* of, about); **~enswert** lamentable, deplorable; **~ter** defendant
be|klatschen to applaud; to gossip about; **~kleben** to paste (on), to stick (on); to line (with paper); **~kleckern, ~klecksen** to blot, to spot; to bespatter
bekleid|en to dress, to clothe; *(Wand)* to wainscot; *(Amt)* to hold, to occupy; to invest; **~ung** clothes, clothing; tenure
beklemm|en to oppress; **~ung** oppression *(in the chest)*, difficult breathing
be|klommen uneasy, oppressed; **~klopfen** to tap; **~kloppt** dim-witted
bekomm|en to get, to have; *nichts zu ~en* nothing to be had; to receive, to obtain; ⚕ to catch; *vi (Essen, mst negativ gebraucht)* to agree with s-b; **¨lich** digestible, wholesome
beköstig|en to board, to provide with food; **~ung** board; food, fare
bekräftig|en to confirm, to corroborate; **~ung** confirmation, corroboration
be|kränzen to decorate with garlands (*od* flowers); **~kreuzigen** to cross; *refl* to cross o.s.; **~krönen** to crown (*mit* with)
bekümmer|n to distress, to grieve; to trouble; *refl* to be anxious, to worry (*um* about); to mind *(one's own business)*; **~nis** grief, affliction; trouble
be|kunden to manifest, to prove; ⚖ to depose; **~lächeln** to smile at; **~lachen** to laugh at; **~laden** to load; to burden
Belag *(Brot)* spread, meat, relish; coating; *(Straße)* pavement; *(Zunge)* fur; *(Zahn)* film; *(Spiegel)* foil; **~ern** to besiege, to beleaguer; **~erung(szustand)** (state of) siege
Belang importance; (*von ~ sein* to be of i.); *nicht von ~* of no consequence; *pl* interests (*d. ~e vertreten* to represent the i.); **~en** to hold s-b liable; *gerichtlich ~en* to sue, to prosecute; **~los** unimportant, trifling; **~voll** considerable
belast|en to load, to burden; ⚖ to incriminate, to accuse (*mit* of); *Konto ~en mit* to charge s-th to an account, to debit s-b with; *fig* to handicap; *(Grundstück)* to encumber; *(erblich) ~et sein* to be afflicted with a hereditary taint; **~eter** ⚖ offender; **¨igen** to molest; to trouble, to bother; **¨igung** molestation; annoyance; **~ung** load, burden; debit; *(Grundstück)* encumbrance; charge; *erbliche ~ung* hereditary taint; *fig* strain, depressive effect; **~ungsprobe** trial of strength; strain; ⚙ load test; **~ungszeuge** witness for the prosecution
be|laubt covered with foliage, leafy; **~lauern** to waylay; **~laufen** *refl* to amount (*auf* to); **~lauschen** to listen to; to overhear; **~leben** to animate, to put life into; to enliven; **~lebt** animated, lively; alive (with); busy, crowded; **~lebung** animation; stimulation, growth
Beleg proof, evidence; document; voucher, receipt; *(Text-)* reference; **~en** to cover; *(Sitz)* to reserve; *(vormerken)* to earmark; *(Stunden)* to take (lessons); to prove, to support by documentary evidence; *(Strafe)* to inflict upon s-b, *mit Geldstrafe ~en* to fine; **~exemplar** voucher copy; **~schaft** personnel, staff, workers and employees; **~stellen** *(Text)* authorities; **~t** ☏ busy, engaged; *(Stimme)* husky, hoarse, *(Zunge)* coated, furred; *(Platz)* reserved; taken; *~tes Brötchen* sandwich
belehr|en to instruct, to inform; to enlighten; *e-s Besseren ~en* to set right, to enlighten (about s-th); **~end** instructive; **~ung** instruction, information; correction
beleibt stout, corpulent
beleidig|en to offend, to affront; to insult; **~end** offensive; insulting; **~ung** offence; insult
be|leihen to grant (*bzw* obtain) a loan (*bzw* mortgage) on; **~lesen** well-read
beleucht|en to light up, to illuminate; *fig* to throw light on; **~er** illuminator; **~ung** lighting; illumination; **~ungskörper** lighting fixture
beleum(un)det in (good, bad) reputation
Belg|ien Belgium; **~ier** Belgian; **~isch** Belgian
belicht|en 📷 to expose; **~ung** exposure; **~ungsmesser** exposure meter
belieb|en to deign; *wie Sie ~en* as you like; *su* pleasure, will; *nach ~en* ad-lib; *ganz nach ~en* just as you like; **~ig** any, to any extent desired; **~t** popular, beloved; *s. ~t machen bei* to ingratiate o.s. with; **~theit** popularity
beliefer|n to supply (*mit* with); **~ung** supply
bellen to bark, *(laut)* to bay ♦ *Hunde, d. ~, beißen nicht* his bark is worse than his bite; *su* bark(ing)
Belletristik belles-lettres
belob(ig)|en to praise, to commend; **~ung** praise, commendation
belohn|en to reward; **~ung** reward, remuneration
Be|lüftung ventilation; **~lügen** to lie to
belustig|en to amuse; *refl* to be amused (*mit* with); **~ung** amusement; entertainment

be|mächtigen *refl* to seize, to take possession of; **~mäkeln** to find fault with; **~malen** to paint (on, over); **~mängeln** to criticize, to find fault with; **~mannen** to man; **~mannung** manning; ⚓, ✈ crew; **~mänteln** to disguise, to cloak, to palliate; **~meistern** to master; *refl* to master one's temper

bemerk|bar noticeable, perceptible; *s. ~bar machen* to draw attention to o.s., to become apparent; **~en** to (take) notice, to note; to perceive; to remark, to say; **~enswert** noteworthy, remarkable; **~ung** remark; annotation, note

bemess|en to rate, to assess, to determine; to measure out

bemitleiden to pity, to be sorry for; **~swert** pitiable

be|mittelt well-to-do, well-off; **~mogeln** to cheat; **~moost** mossy; *fig* old

bemüh|en *vt* to trouble; *refl* to take (great) pains, to try hard; to apply (*um* for); *~en Sie s. nicht* don't trouble, don't bother; **~ung** effort, endeavour; trouble

bemüßigt: *s. ~ fühlen* to feel obliged, bound (to do)

be|muttern to mother; **~nachbart** neighbouring

benachrichtig|en to inform, to let know, to advise (of); **~ung** information

benachteilig|en to prejudice; to discriminate against; **~t** *sein* to be at a disadvantage; **~ung** prejudice; disadvantage; discrimination against

benehmen *vt* to take away from; to free s-b from; *refl* to behave, to act; *benimm dich!* behave yourself! *su* behaviour; manners; *s. ins ~ setzen mit* to get in touch with

beneiden to envy; **~swert** enviable

benenn|en to name, to call; **~ung** name, appellation; term; denomination

benetzen to moisten, to bedew

Bengel boy, urchin; rude fellow, lout

benommen confused; stunned

benot|en to mark, *US* to grade; **~̈igen** to be in need of, to require

benutz|bar usable; available; **~en** to use, to make use of; to employ; **~ung** use; utilization

Benz|in 🚗 *BE* petrol, *US* gasoline, *umg* gas, juice; *chem* benzine; **~ol** benzene

beobacht|en to observe, to watch; *fig* to keep; **~er** observer; **~ung** observation; *(Regel)* observance

be|ordern to order; **~packen** to load; *fig* to burden; **~pflanzen** to plant; **~pflastern** to pave; ⚕ to plaster

bequem suitable; comfortable; *(gut gelegen)* convenient; *(Person)* easy-going, lazy; *~ sitzen* to fit like a glove; **~en** to condescend (to do); **~lich** easy-going, lazy; **~lichkeit** comfort, ease; convenience; laziness

berappen *umg* to fork over

berat|en to advise; *refl* to deliberate; **~end** consultant, advisory; **~er** adviser; **~schlagen** to deliberate; to confer (*mit* with); **~schlagung** deliberation; **~ung** deliberation; consultation; advice

beraub|en to rob of, to deprive of; **~ung** robbing, deprivation

berausch|en to intoxicate; *fig* to enchant; *refl* to get drunk; *fig* to become enraptured (*an* with); **~t** drunk

berech|enbar calculable; **~nen** to calculate; *(Preis)* to charge; **~nend** calculating; selfish; **~nung** calculation, computation; **~tigen** to justify; to entitle, to authorize; **~tigt** entitled; eligible; **~tigter** person entitled (to), beneficiary; **~tigung** authorization; qualification; justification

bered|en to persuade s-b, to argue (*zu tun* into doing, *nichts zu tun* out of doing); to cajole; to talk s-th over; *refl* to confer (*mit* with); **~sam, ~t** eloquent; **~samkeit** eloquence

Bereich reach, range; sphere; branch, sector; field; *(Fragen-)* group; **~ern** to enrich; **~erung** enrichment

bereif|en 🚗 to fit with tyres; *(Faß)* to hoop; to cover with hoar-frost; **~ung** set of tyres; hoar-frost

be|reinigen to settle, to clear up; **~reisen** to travel about, through

bereit ready, prepared; willing (to do); **~en** to prepare, to get ready; *(bearbeiten)* to dress; to cause; *~ halten* to keep ready; **~machen** to prepare; **~s** already; **~schaft** readiness; preparedness; *mil* stand-to, alert; **~stellen** to provide, to place at s-b's disposal, to hold available; **~ung** preparation; dressing; **~willig** ready, willing; **~willigkeit** readiness, willingness; alacrity

be|rennen to run against, to assault; **~reuen** to repent (of); to regret

Berg hill, *(hoher)* mountain ♦ *~e versetzen* to move mountains; *goldene ~e versprechen* to promise castles in Spain; *über alle ~e sein* to be out of sight, far away; *hinterm ~e halten mit etw* to beat about the bush, to hold s-th back (*od* dark); *zu ~e stehen* to stand on end; **~ab** downhill; *~ab gehen mit (fig)* to go from bad to worse; **~an** uphill; **~arbeiter** miner; **~auf** uphill; **~bau** mining; **~bewohner** mountaineer; **~fahrt** ⚓ voyage upstream; **~fink** *zool* brambling; **~führer** mountain guide; **~geist** mountain sprite, pixie; **~gipfel** mountain top, summit; **~ig** mountainous, hilly; **~kamm** crest; **~kette** mountain chain; **~kristall** rock crystal; **~kuppe** brow (of a hill); **~lehne** mountain slope, hillside; **~mann** miner; **~predigt** Sermon on the Mount; **~rennen** 🏇 hillrace; **~rücken** mountain-ridge; **~rutsch** landslip, landslide; **~steigen** mountaineering; **~steiger** mountain-climber, mountaineer; **~stock** alpenstock; **~straße** mountain road; **~-u.-Tal--Bahn** *BE* switchback, roller coaster; **~wacht** mountain rescue service; **~wand** mountain side; **~werk** mine

berg|en to save, to salvage; ⚓ to take in; **~ung** salvage; **~ungsarbeit** salvage operations, rescue work

Bericht report; account; bulletin; commentary; **~en** to report (to s-b), to inform (s-b of s-th); **~erstatter** reporter, correspondent; ⛹ (sports) commentator; **~igen** to correct, to amend; to settle; **~igung** correction; amendment

be|riechen to smell at; **~rieseln** to irrigate; **~ringt** ringed; covered with rings; **~ritten** mounted; on horseback

Bernhardiner St Bernard (dog)

Bernstein amber

bersten to burst (*vor* with); to crack, to split

berüchtigt notorious

berücken to entrap, to ensnare; to fascinate

berücksichtig|en to consider, to bear in mind; to take into account, to make allowance for; **~ung** consideration

Beruf calling, vocation; occupation; *(Gewerbe)* trade; *(bes akademisch)* profession; *was sind Sie von ~?* what is your occupation (*od* trade, profession)?; *er ist ... von ~* he is a ... by trade; **~en** to call; to summon, to convoke; *(ernennen)* to appoint; *umg* to tempt providence; *refl* to refer (*auf* to); to appeal (*auf* to); *darf ich mich auf Sie ~en?* may I mention you(r name)?; *s. ~en fühlen* to feel called upon (to do); *adj* competent, well-qualified; **~lich** vocational; professional; **~sausbildung** vocational (occupational) training; **~sberatung** vocational guidance; **~sgruppe** occupational group (*od* category); **~skrankheit** industrial disease; **~smäßig** professional; **~smusiker** professional musician; **~sschule** vocational school; **~sspieler** professional player; **~sstatistik** occupational statistics; **~stätig** gainfully employed; **~swahl** choice of occupation; **~swechsel** change of occupation (*od* trade); **~sweg** career; **~ung** ⚖ appeal; call, summoning; *fig* calling; *~ung einlegen* to (make an) appeal (*gegen* from); **~ungsgericht** appellate court, cout of appeal

beruh|en *auf* to rest on, to be based on; to be due to; *auf s. ~en lassen* to let ride (*od* rest); **~igen** to quiet, to calm, to soothe; *refl* to calm down; to acquiesce (*bei* in); **~igung** calming down, quieting; comfort; **~igungsmittel** sedative, tranquillizer; **~igungspille** palliative, sweetener

berühmt famous, celebrated, **~heit** fame; celebrity; star

berühr|en to touch; *fig* to touch upon, to allude to; **~ung** touch, contact

besä|en to sow; **~t** covered, studded (*mit* with)

besag|en to say; to mean, to signify; **~t** aforesaid

besait|en to string; *zart ~et* sensitive, touchy

Besan ⚓ mizzen

besänftig|en to soften, to calm; to soothe, to appease; **~ung** softening, appeasement

Besatz trimming, facing; **~ung** *mil* garrison; ⚓, ✈ crew; occupation; **~ungskosten** occupation costs; **~ungsmacht** occupying power; **~ungsstatut** Occupation Statute; **~ungstruppen** occupation forces; **~ungszone** zone of occupation

besaufen *refl* to booze, to get drunk

beschädig|en to damage, to injure; **~ung** damage, injury

beschaff|en to procure, to supply; to obtain, to secure; *adj* constituted, conditioned, qualified; in ... condition; **~enheit** state, condition; description; **~ung** procurement; supply

beschäftig|en to employ, to occupy; to engage; *s. ~en mit* to be occupied, to busy o.s. with; **~ung** occupation, employment; job; **~ungslos** out of work, unemployed

beschäm|en to make ashamed, to put to shame; to confuse; **~end** degrading; **~ung** (feeling of) shame; confusion

beschatten to overshadow

beschau|en to look at, to behold; to contemplate; to inspect; **~er** spectator, looker-on; inspector; **~lich** contemplative; cosy; quaint; **~lichkeit** contemplation; cosiness

Bescheid answer; information; decision; *j-m ~ geben* to inform; *j-m gehörig ~ sagen* to give s-b a piece of one's mind; *~ wissen* to know (what's what); *j-m ~ sagen lassen* to send s-b word; **~en** *vt* to instruct, to inform; *s. ~en mit* to acquiesce in; *adj* modest, unassuming, unpretentious; moderate, lowly; **~enheit** modesty

beschein|en to shine upon; **~igen** to certify; to attest; *(Empfang)* to acknowledge; **~igung** certificate; voucher; receipt; certification

beschenken to present (*mit* with)

bescher|en to present (*mit* with), to give s-b Christmas presents; **~ung** giving of (Christmas) presents; *e-e schöne ~ung* a nice mess (*od* state of affairs)

beschick|en to send to; *(Ausstellung)* to send goods to; ⚙ to charge *(furnace)*

beschießen to fire upon, to bombard *(a. phys)*; ✈ to strafe; **~ung** bombardment; strafing

beschimpf|en to abuse; to insult; to call s-b names; to berate; **~ung** abuse; insult

beschirm|en to protect, to shield (*gegen* from); **~er** protector; defender

beschlafen to lie with; *fig* to sleep on s-th

Beschlag *(Metall)* mounting, ornamental fitting; *(Buch)* clasp; *(Pferd)* shoe; *(auf Glas)* moisture; mould(iness); *mit ~ belegen* to seize, to confiscate, *(Aufmerksamkeit)* to engross, *(Zeit)* to take up; **~en** to mount; to stud; to fit (*mit* with); *(Pferd)* to horse; *(Stein)* to square; *refl* to mist over, to become coated (with moisture); *~en sein in* to be conversant with, to be well-versed in; **~nahme** confiscation, requisition; ⚖ distraint, seizure, attachment; **~nahmen** to confiscate, to requisition; to distrain on, to seize, to attach

beschleichen to steal upon (*od* up to); *fig* to overcome, to seize

beschleunig|en to hasten; to accelerate; **~ung** haste(ning); acceleration

beschließ|en to close, to conclude, to finish; to decide (to, on)

Beschluß conclusion, close; decision, resolution; ruling; **~fähig** competent to pass resolutions, forming a quorum; **~fassung** passing (of) a resolution
be|schmieren to smear; *(Brot)* to spread *(jam etc)* on, to butter; to besmear, *(Farbe)* to bedaub; *(Papier)* to scribble on; **~schmutzen** to dirty, to foul; to soil; to besmirch
beschneid|en to clip, to trim; ⚘ to prune; *eccl* to circumcise; *fig* to curtail; **~ung** curtailment; *eccl* circumcision
beschnei|en to cover with snow
be|schnüffeln, ~schnuppern to sniff at; *fig* to stick one's nose into
beschönig|en to gloss over, to explain away; to palliate; **~ung** excuse; palliation
beschottern to rubble, to ballast
beschränk|en to limit, to restrict, to confine; *refl* to confine o.s. to; **~t** limited, restricted; *in ~ten Verhältnissen* in reduced circumstances; *fig* narrow-minded; **~theit** narrowness; scantiness; narrow-mindedness; **~ung** limitation, restriction
beschreib|en to describe *(a. math)*; *(Bahn)* to follow *(path)*; **~ung** description
beschreiten to walk on; to take *(the road)*
beschrift|en to letter; to inscribe; **~ung** lettering; inscription
beschuldig|en to accuse of, to charge with; **~ung** accusation, charge
beschummeln to bilk, to gyp
beschütz|en to protect; **~er** protector; **~ung** protection
beschwatzen to talk s-th over; to talk s-b (into doing)
Beschwer|de complaint (*a.* ⚕), grievance; *(Last)* hardship, trouble; *~de führen über, ~de einlegen gegen* to state a grievance, to lodge a complaint about; **~en** to weight, to burden; to lie heavy on; *refl* to complain (*über* about); **~lich** troublesome, fatiguing, tiresome
be|schwichtigen to allay, to appease; *(Streit)* to compose; **~schwindeln** to swindle, to cheat; **~schwipst** tipsy
beschwör|en to affirm, to confirm on oath; *(anflehen)* to implore; *(Geist)* to raise, *(vertreiben)* to exorcize; **~er** sorcerer; exorcist; **~ung** confirmation by oath; conjuration; exorcism
beseel|en to animate, to inspire; **~ung** animation, inspiration
besehen to look at; (*Haus)* to look over; *fig* to look into
beseitigen to remove, to do away with; to set aside
Besen broom, *(Reisig-)* besom; *(Frau)* shrew ♦ *neue ~ kehren gut* new brooms sweep clean; *mit eisernem ~ auskehren* to make a clean sweep; **~stiel** broomstick
besessen possessed (*von* by, with)
besetz|en to occupy *(a. mil)*; *(Edelstein)* to set; *(Kleid)* to face, to trim; ⚓ to man; *(Amt)* to fill; *(Teich)* to stock; 🎭 to cast *(an actor for a part, a part to an actor)*; **~t** occupied; engaged (*a.* ☎); ☎ busy; *(Sitz)* taken, occupied; **~ung** occupation; *(Posten)* filling; 🎭 cast
besichtig|en to inspect, to examine; *(Haus)* to go over; to view; to see the sights of; **~ung** inspection; view, sightseeing
besiedel|n to settle in; to colonize; **~ung** colonization
besieg|eln to seal; **~en** to conquer, to defeat
besinn|en *refl* to reflect, to recollect; to think (it) over, to consider; *s. ~en auf* to remember; *s. e-s Besseren ~en* to think better of it; **~lich** thoughtful, pensive; contemplative; **~ung** reflection; recollection; *(Bewußtsein)* consciousness; **~ungslos** unconscious, insensible
Besitz possession; property; assets; *(Boden)* estate; *im ~e Ihres Briefes* in receipt of your letter; **~anzeigend** *gram* possessive; **~en** to possess, to own; to have; **~er** owner, possessor; proprietor; **~ergreifung, ~nahme** taking possession of, occupation; **~tum, ~ung** property, possession; estate
besoffen *umg* tight, canned
besohlen to sole
besold|en to pay; **~et** *(Richter etc)* stipendiary; **~ung** pay, salaries and wages; *(Lehrer, Geistliche etc)* stipend
besonder special; specific; particular; peculiar; *(einzeln)* separate; *nichts ~es* nothing very special; **~heit** speciality; particularity; peculiarity; **~s** especially; particularly; *(speziell)* specially
besonnen thoughtful, prudent; sensible; discreet; **~heit** thoughtfulness, prudence; discretion; circumspection
besonnt sunlit, sunny
besorg|en to procure, to provide; to see to; to do; to take care of; **~nis** apprehension, alarm; **~t** anxious (to do); apprehensive (*wegen* of); concerned (for); *~t machen* to cause anxiety to; **~theit** anxiety; concern; **~ung** commission; purchase; management; settlement; *~ungen machen* to go shopping
bespann|en *(Wagen)* to put horses to; ♪ to string; to cover (*mit* with)
be|spiegeln *refl* to look at o.s. in the glass; **~spitzeln** to spy on
besprech|en to talk over, to discuss; *(Buch etc)* to (write a) review (on); *(Geist)* to conjure; *refl* to confer (*mit* with), to talk s-th over (with); **~ung** conversation; discussion, conference (*e-e ~ung haben* to be in c.); review
be|sprengen to (be)sprinkle, to water; **~spritzen** to splash; to spray
besser better; more; *um so (desto) ~* so much the better; **~gestellt** better off; **~n** to improve, to make better; to mend; *refl* to improve, to get better; **~stellung** betterment; **~ung** improvement; betterment; ⚕ recovery; *gute ~ung!* I hope you'll soon be better
best best; *d. erste ~e* the first comer; *aufs ~e* in the best manner possible; *j-n zum ~en haben* to tease s-b, to poke fun at s-b; *etw zum ~en geben* to relate s-th, to make a show of s-th; *das ~e machen aus* to make the most (*od*

best) of; *s-n ~es hergeben* to put one's best foot forward; *zum ~en von* to the benefit of; *adv* best; **~enfalls** at best; **~ens** as well as possible, in the best manner; **~möglich** best possible; optimum; **~zeit** 🏇 record (time)
bestall|en to appoint (to); to invest (with); **~ung** appointment; investiture
Bestand *(Dauer)* duration, continuation; stability; *(Waren)* stock; *(Vieh)* livestock; 🌲 stand, amount of timber; *(Kapital)* balance in hand; *(Kasse)* cash (in hand); amount; *~ an Aufträgen* backlog of orders; *von ~ sein, ~ haben* to last; **~saufnahme** stock-taking, inventory; **⁓̈ig** steady; stable; *(Wetter)* settled; constant, continual; *(Farbe)* fast; *(treu)* steadfast; *(Liebe)* constant; **⁓̈igkeit** steadiness; stability; steadfastness; constancy; **~teil** (integral) part; ingredient; component
bestärk|en to confirm; to support; **~ung** confirmation; support
bestätig|en to confirm, to bear out; to corroborate; *(Brief)* to acknowledge; *(Vertrag)* to ratify; *refl* to prove (true), to be confirmed; **~ung** confirmation; acknowledgment; ratification
bestatt|en to bury, to inter; **~ung** burial, interment; funeral
bestaub|en to cover with dust; to get dusty; **⁓̈en** *bot* to pollinate; to powder
bestech|en to bribe, to corrupt, to buy over; **~lich** corrupt, open to corruption; **~ung** bribery, corruption
Besteck knife, fork and spoon; *pl* cutlery; ⚓, ✈ position, fix; ⚕ set of instruments, instrument case; **~en** to stick (with)
bestehen *vt* to undergo, to stand, to endure; to overcome; *(Prüfung)* to pass, *nicht ~* to fail; *vi* to last; to exist; *~ auf* to insist on; *~ aus* to consist of; *~ ohne* to do without; *bestanden mit* planted with, covered with; *su* existence; *seit ~* since the foundation (*od* inauguration) of
bestehlen to rob s-b, to steal from s-b
besteig|en to climb; to mount; *(Thron)* to ascend; **~ung** climb, ascent; mounting; *(Thron)* accession
bestell|en to order; *(Brief)* to deliver; *(Grüße)* to send; *(Platz, Karte)* to book; 🌾 to till, to cultivate; *(ernennen)* to appoint; *(ordnen)* to set in order, to arrange; *zu s. ~en* to send for; **~er** orderer; **~t** reserved, booked; *ich bin auf zwei Uhr ~t* I have an appointment at two; *es ist schlecht um sie ~t* she is in a bad way; **~ung** order; *(Botschaft)* message; appointment; 🌾 tillage; delivery; management; **~zettel** order--form
besteuer|n to tax; **~ung** taxation
besti|alisch bestial savage, fiendish; inhuman; **~e** bestial (*od* savage, fiendish) man (*od* woman)
bestimm|en to determine; to decide; to define; to designate; *(befehlen)* to decree; *(zuweisen)* to assign; *j-n ~en* to appoint s-b; *(veranlassen)* to induce; *chem* to test for; *~en über* to dispose of; **~t** determined; fixed, firm; *(Schicksal)* destined; *(gewiß)* certain; *gram* definite; ⚓ bound (for); *adv* definitely, certainly; **~theit** determination; certainty; precision; *mit ~theit* positively; **~ung** determination, definition; *(Geschick)* destiny; *(Entscheidung)* decision; *(Anordnung)* regulation; **~ungsgemäß** under the arrangements made; according to the terms (of the contract); **~ungsmethode** method of determination; **~ungsort** destination
bestraf|en to punish; **~ung** punishment
bestrahl|en to shine upon; ⚕ to X-ray, to irradiate; **~ung** X-ray treatment; irradiation
bestreb|en *refl* to endeavour, to strive; *su*, **~ung** endeavour; effort
bestreichen to spread over, to (be)smear; *mil* to sweep
bestreit|en to deny, to dispute; *(Kosten)* to defray, to pay (for); **~ung** *(Kosten)* defraying; contesting
be|streuen to strew, to sprinkle over; to powder (with); **~stricken** *fig* to ensnare; **~stürmen** to storm; *fig* to assail, to entreat
bestürz|en to bewilder, to perplex, to disconcert; **~t** disconcerted, dismayed, in bewilderment; **~ung** consternation, bewilderment
Besuch call, visit; visitor(s); attendance, frequentation; *~ beim Zahnarzt* appointment with the dentist; **~en** to visit, to call on, to see; *(Schule etc)* to attend; *(oft hingehen)* to frequent, to patronize; **~er** caller, visitor; guest; frequenter; customer, patron
be|sudeln to soil, to dirty; *fig* to stain; **~tagt** aged; **~tasten** to touch, to finger; to handle
betätig|en to set going, to set in motion; to practise; *refl* to work, to take (an active) part (*bei* in); **~ung** activity, activities; participation
betäub|en to deafen, to stun; to render insensible; to benumb; ⚕ to anaesthetize; *fig* to deaden; to stupefy; *(Gewissen)* to stifle; **~ung** deafening; stupor, torpor; ⚕ anaesthesia; **~ungsmittel** anaesthetic
Bete (rote) beet, *BE mst* beetroot
beteilig|en to give a share (*bei* in); *refl* to take part (*an, bei* in), to join; *~t sein* to participate (in), to have a share (in); **~ung** share; participation; attendance; interest
bet|en to pray, *(Gebet)* to say; **~er** worshipper
beteuer|n to assert, to asseverate; to protest; **~ung** asseveration; protest
betiteln to entitle, to give a title to
Beton concrete; **~ieren** to (build with) concrete; **~mischer** concrete mixer
beton|en to stress, to accent; *fig* to emphasize, to accentuate; **~ung** stress, accent(uation); emphasis
betören to (be)fool, to beguile, to delude
Betracht consideration, account (*in ~ ziehen* to take into a., c.; *in ~ kommen* to be taken into a., c., to come into question); *nicht in ~ kommen* to be out of the question; **~en** to look at; to consider; to examine; **~er** beholder, on-

looker; **"lich** considerable; **~ung** view; consideration; contemplation, meditation
Betrag amount; total; **~en** *vt* to amount to; *refl* to behave (o.s.), to bear o.s.; *su* behaviour, conduct; deportment
betrau|en to entrust s-b with; **~ern** to bemoan, to mourn for
Betreff: *in ~* with regard to, referring to; *(Brief)* subject; re; **~en** to concern, to apply to; cover; *was betrifft* as to, as for; *was mich betrifft* as for me, so far as I am concerned; **~end** concerning, about; in question, concerned; *d. ~ende Sache* the matter in hand (*od* under consideration); **~s** concerning, as to
betreiben *(Geschäft)* to carry on; to pursue; *(Studium)* to prosecute; *fig* to urge (on), to push on (forward); *(su) auf ~ von* at the instigation of
betreten to walk on, to tread on; to enter; *~ verboten!* no entrance!, keep off!; *(Haus) BE* out of bounds, *US* off limits *(to, for s-b)*; *adj* embarrassed
betreu|en to look after, to take care of; **~ung** care of, welfare; maintenance
Betrieb *(Betreiben)* carrying on; management; *(Grube)* working; service; *(Fabrik)* works, plant; business, firm; farm; traffic; *fig* bustle, activity; *in ~ sein* to be working, to be in operation; *außer, nicht in ~* not working, not in operation; *in ~ nehmen* to open, to put into operation; *in ~ setzen* to start, to set in motion; **~lich** operational; business, company; **~sam** industrious, active; **~samkeit** industry, activity; bustle
Betriebs|angehörige workers and employees; **~anlagen** installation, plant; **~arzt** works doctor; **~ausgabe** operating expenditure; **~berater** industrial adviser; **~einnahme** operating receipt; **~erfahrung** industrial know-how, managerial experience; **~fähig** usable; in working order; **~ferien** works holidays; **~fertig** ready for service (*od* operation); **~führung** management; **~kapital** working capital; **~kosten** operating costs; **~leiter** production (*od* works) manager; **~leitung** (works) management; **~mittel** working funds, capital; working material; **~personal** staff; **~rat** works council, shop committee, *(Person)* shop steward; **~sicher** safe, reliable (in service); **~stillegung** closing-down (of a plant etc); **~stoff** fuel; **~störung** breakdown, stoppage; **~technisch** technical; **~wirtschaft(slehre)** business management, applied economics
betrinken *refl* to get drunk
betroffen perplexed, taken aback, amazed; concerned, involved; *su* ⚖ respondent
betrüb|en to grieve, to distress; **~lich** sad; **~nis** grief, distress; **~t** distressed, sad(dened)
Betrug fraud, deception; swindle; **"en** to deceive, to defraud; to cheat, to trick (*um* out of); **"er** deceiver, fraud, cheat; **"erei** fraud; swindle; **"erisch** fraudulent; tricky
betrunken drunk(en), intoxicated
Betstuhl praying-desk

Bett bed; feather-pillow; ⚓ berth; *zool* lair; *d. ~ machen* to make the bed; *ins, zu ~ gehen* to go to bed; *zu ~ bringen* to put to bed; **~bezug** bedlinen; **~decke** blanket; quilt; *(Zier-)* bedspread; **~en** to put to bed, to make (up) a bed; to bed ♦ *wie man s. ~et, so liegt man* as you have made your bed, so you must lie in it; **~gehzeit** bedtime; **~gestell** bedstead; **~lägerig** bedridden, bedfast; *~lägerig sein* to be confined to one's bed(room), to be laid low; **~lektüre** bed-time reading; **~stelle** bedstead; **~tuch** (linen) sheet; **~wäsche, ~zeug** bedclothes, bedlinen
Bettel begging; *fig* trash; *d. ganze ~* the whole bag of tricks; **~ei** begging, beggary; **~n** to beg (*um* for)
Bettler beggar
betupfen to dab; to dot
beug|en to bend, to bow; *gram* to inflect; *refl* to submit to, to humble o.s.; **~sam** pliable, pliant; flexible; **~samkeit** pliability; flexibility; **~ung** bending; *(Licht)* diffraction; *gram* inflexion
Beule bump, lump; swelling; bruise; *(Einbeulung)* dent
beunruhig|en to disturb, to alarm; to trouble; to upset; to harass; **~ung** disturbance, alarm; trouble
beurkunden to authenticate, to verify; to attest
beurlaub|en to give leave to, to grant leave (of absence); *refl* to take (one's) leave; **~t** absent on leave; **~ung** giving (*bzw* taking) leave
beurteil|en to assess; to judge; to criticize; **~ung** assessment; judgment; criticism; appraisal
Beute booty, loot; catch; spoil; prey; ⚓ prize
Beutel bag; purse; pouch *(a. zool)*; ⚕ cyst; **~n** to shake; to bolt; *refl* to bag
bevölker|n to people, to populate; **~ung** population; **~ungspolitk** population policy; **~ungsschutz** civil defence
bevollmächtig|en to authorize, to empower; ⚖ to give power of attorney; **~ter** plenipotentiary; representative; ⚖ attorney; **~ung** authorization; power of attorney
bevor before; **~munden** to act as guardian for; *fig* to patronize; to domineer over; **~rechtigen** to privilege; **~rechtigt** *(Straße)* major; **~stehen** to be lying ahead for s-b, to be in store; to be imminent; to impend; **~stehend** imminent; coming, to come *(the years to come)*; **~zugen** to prefer, to favour; to affect; **~zugung** preference; favouritism
bewachen to guard, to watch (over)
bewachsen overgrown (*mit* with)
bewaffn|en to arm; **~ung** arming; armament; ⚙ armature
bewahr|en to keep, to preserve; to guard, to protect (*vor, gegen* from); *Gott ~e!* Heaven forbid!, Good gracious!; *i ~e!* never!, oh nonsense!; **"en** *refl* to prove true, efficient; to stand the test; **~heiten** to verify; *refl* to prove

true; **⁓t** tried, time-tested; proved, proven; trustworthy; **~ung** protection; **⁓ung** proof; verification; ⚖ probation; **⁓ungsfrist** probation period
be|waldet wooded, woody; **~wältigen** to overcome; to master; **~wandert** versed (in), experienced (in); skilled (in)
Bewandtnis state of affairs, case; *damit hat es folgende ~* the state of affairs is as follows, the case is this
bewässer|n to irrigate; **~ung** irrigation; **~ungsanlage** water supply
beweg|bar movable; **~en** to move; to stir, to budge; *fig* to induce, to incline (s-b to do); *refl* to move (about); **~grund** motive; **~lich** movable; mobile; nimble; lively; **~lichkeit** mobility; nimbleness, liveliness, agility; **~ung** movement; motion; *phys* locomotion; *(heftige)* commotion; *(Gemüts-)* emotion; *(Erregung)* excitement; **~ungsfähigkeit** locomotion; **~ungskrieg** mobile warfare; **~ungslos** motionless, immobile
be|wehrt armed; **~weibt** married; **~weihräuchern** to cense; *fig* to flatter, to butter up; **~weinen** to cry over
Beweis proof, evidence; **~aufnahme** taking evidence; **~bar** provable, demonstrable; **~en** to prove; to demonstrate; **~führung** reasoning; argumentation; **~grund** argument; evidence; **~kraft** power of argument; **~kräftig** conclusive; convincing
bewenden: *es ~ lassen bei* to acquiesce in; *es dabei ~ lassen* to let it rest at that
bewerb|en *refl* to apply (*um* for); to compete (for); *(Mädchen)* to court, to woo; **~er** applicant, candidate; competitor; suitor; **~ung** application; candidature, candidacy; courtship, wooing
be|werfen to throw at; to plaster; **~werkstelligen** to accomplish, to manage; to effect
bewert|en to assess; to value; to appraise; **~ung** assessment; valuation; appraisal
bewillig|en to grant, to concede; to approve; *pol* to appropriate; **~ung** grant; concession; *pol* appropriation; *(Betrag)* amount voted
be|willkommnen to welcome; **~wirken** to effect, to cause, to bring about
bewirt|en to entertain; **~schaften** to manage; ⚘ to farm; *(Gut)* to manage; *(Waren)* to ration, to control; **~schaftung** administration; management; cultivation; *(Waren, Preise)* control
bewitzeln to make light (*od* fun) of
bewohn|bar inhabitable, fit for habitation; **~en** to inhabit, to live in; **~er** inhabitant, resident
bewölk|en to cloud (over); *refl* to become cloudy; **~ung** cloud(iness)
Bewunder|er admirer; **~n** to admire; **~nswert** admirable; **~ung** admiration
Bewurf plaster(ing); rough-cast
bewußt conscious of; known; deliberate, intentional; *s. ... ~ sein* to be aware of; *s. ~ werden (fig)* to awake to; **~los** unconscious; senseless; **~losigkeit** unconsciousness; blackout; **~sein** consciousness; knowledge; *im ~sein des ...* in full cognizance of
bezahl|en to pay; *fig* to repay; *s. ~t machen* to pay; **~ung** payment
bezähm|en to tame; *fig* to restrain, to check; *refl* to control o.s.; **~ung** taming; *fig* control
bezaubern to bewitch, to enchant; to charm; **~d** charming
bezeichn|en to mark; *(Waren)* to label; *(benennen)* to call, to term; **~end** significant; characteristic (*für* of); **~ung** marking; mark, sign; designation; name
bezeig|en to show, to express, to manifest; **~ung** manifestation
bezeug|en to (bear) witness (to); to testify to, to certify; **~ung** testimony; attestation
bezichtig|en to accuse of, to charge with; **~ung** accusation, charge
bezieh|bar habitable, ready for use; *(erhältlich)* obtainable; **~en** to cover; *(Bett)* to change the bedlinen (of); *(Haus)* to move into, to come to live in; *(Univ.)* to enter; *(Wache)* to mount; ♪ to string; *(Gehalt)* to draw, to receive; *(Waren)* to buy, to obtain; *(Zeitung)* to take, to take in, to subscribe for; to apply (*auf* to); *refl* to refer, to relate (*auf* to); *(Himmel)* to become overcast; **~er** subscriber; customer; **~ung** relation, connection; reference; respect; *in jeder ~ung* in all respects, in every way; **~ungsweise** respectively; and/or, as the case may be, mutatis mutandis; or rather
beziffer|n to mark with figures, to number; *er ~te d. Betrag auf* he said the figure was ...; *refl* to amount (*auf* to)
Bezirk district; area; borough; **~sgericht** county (*od* district) court
Bezogener *(Wechsel)* drawee
Bezug cover(ing), case; receipt; supply *(of goods)*; *pl* income, salary; *in ~ auf,* **⁓lich** with regard to, as to, as for; **~nahme** reference (*unter ~nahme auf* with r. to); **~sbedingungen** terms of purchase (*od* delivery); **~sberechtigter** beneficiary; **~sschein** ration card; **~sfertig** ready for occupation; **~squelle** source of supply
be|zwecken to aim at; **~zweifeln** to doubt, to query; **~zwingen** to conquer, to overcome; *refl* to control o.s.
Bibel Bible, Scripture, The Book; **~fest** well-versed in the Bible; **~spruch** text (from the Bible); **~stelle** biblical passage
Biber beaver; **~pelz** beaver (fur)
Bibliograph bibliographer; **~isch** bibliographical; **~ie** bibliography
Bibliothek library; **~ar** librarian
biblisch biblical
bieder honest, upright; worthy; **~keit** honesty, uprightness; **~mann** upright (*od* honest) man
bieg|en to bend, to bow; *vi* to turn (*um e-e Ecke* the corner); *su: auf ~en u. Brechen* by hook or by crook, come what may; **~sam** flexible, pliant; *fig* pliable, yielding; **~ung** bend(ing), turn(ing)

Biene bee; **~nfleiß** assiduity; **~nkorb** beehive; **~nkönigin** queen bee; **~nschwarm** swarm of bees; **~nstand** stand of hives; **~nstock** beehive; **~nzucht** bee-keeping; **~nzüchter** bee-keeper
Bier beer; *helles ~* ale, *dunkles ~* porter; **~brauer** brewer; **~brauerei** brewery; **~faß** beer-barrel; **~filz** mat; **~krug** beer-mug, pot; **~lokal** tavern, *BE* pub(lic house)
Biese piping
Biest beast; brute
biet|en to offer; to bid (*für, auf* for); *Trotz ~en* to defy s-b; *s. alles ~en lassen* to put up with everything; **~er** bidder
Bilanz balance (sheet); **~ieren** to make out a balance-sheet; **~prüfer** auditor; **~prüfung** balance-sheet audit
Bild picture; portrait, likeness; representation; illustration; 📷 photo, snapshot; *(Thema)* subject; *fig (Spiegel-)* image; 📖 face; *s. e. ~ von etw machen können* to imagine what it is really like; *im ~e sein* to have a clear idea of, to understand; **~band** illustrated volume; **~bericht** illustrated report; **~en** to form, to shape, to fashion; to make, to model, to mould; *(erziehen)* to educate, to train; *(ausmachen)* to make, to constitute, to be; **~end** formative; instructive; *(Kunst)* plastic; **~erbogen** sheet of pictures; **~erbuch** picture-book; **~ergalerie** picture gallery; **~errahmen** picture frame; **~errätsel** picture puzzle; **~erreich** flowery, picturesque; **~erschrift** hieroglyphics; **~ersprache** metaphorical language; **~erstürmer** iconoclast; **~fläche:** *auf d. ~fläche erscheinen* to appear on the scene, to put in an appearance; *von d. ~fläche verschwinden* to leave the scene, to vanish into thin air; **~funk** phototelegraphy; **~hauer** sculptor; **~hauerei** sculpture; **~karte** *(Karten) BE* court card, face card; *(Land-)* decorative map; **~lich** pictorial; figurative; **~nis** portrait, likeness, figure; **~reporter** press photographer; **~sam** easily moulded; *(Mensch)* receptive, adaptable; **~säule** statue; **~schnitzer** wood-carver; **~schön** most beautiful, a picture of beauty; **~seite** face; *(Münze)* head; **~schärfe** 📷 definition; **~telegramm** telephotograph; **~telegrafie** telephotography; **~text** caption, legend; **~ung** forming, formation, constitution; *(Erziehung)* breeding, education, culture; **~ungsanstalt** educational establishment, school
Billard billiards; **~kugel** (billiard) ball; **~stock** cue
Billet ticket; *(Brief)* note
Billiarde *BE* a thousand billions, *US* quadrillion
billig just, fair, reasonable; *(Ware, preislich)* reasonable, moderate, inexpensive; cheap; *recht u. ~* only fit, only proper; **~en** to approve of; to sanction; **~erweise** justly; **~keit** justice, fairness, reasonableness; cheapness; **~ung** approval, sanction
Billion *BE* billion, *US* trillion
bimbam ding-dong
bimmeln to tinkle, to ring
Bimsstein pumice(-stone)
Binde band ♦ *d. ~ fiel ihm von d. Augen* the scales fell from his eyes; *(umg) e-n hinter d. ~ gießen* to have one to wet one's whistle; badge; ⚕ bandage; *(Schlinge)* sling; *(Damen-)* sanitary towel; **~gewebe** connective tissue; **~glied** connecting link, unifying element; **~haut** conjunctiva; **~hautentzündung** conjunctivitis; **~maschine** ⊥ binder; **~mittel** binding agent, binder; **~n** to bind; to tie (up); to fasten; *(Suppe)* to thicken; 📖 to bind; *(Geld)* to immobilize, to freeze; *fig* to tie down; *refl* to feel bound (*od* compelled) (to do); **~nd** binding (*für* on, upon), obligatory; **~r** binder (*a.* ⊥, 📖); (neck-) tie; **~strich** hyphen; *mit ~strich schreiben* to hyphen(ate); **~wort** conjunction
Bind|faden string, twine; *es regnet ~fäden* it's raining cats and dogs; **~ung** binding *(a. Ski-)*; *(Web-)* weave, texture; ♪ slur, ligature; *(Geld)* immobilization, freezing; control; *fig* obligation
binnen within; **~-** inland; **~gewässer** inland waters; **~hafen** inland harbour; **~handel** inland trade, home trade; **~markt** domestic market, home market; **~meer** land-locked sea; **~schiffahrt** inland navigation; **~verkehr** inland traffic (*od* trade)
Binse rush ♦ *in d. ~n gehen* to get lost, to be a complete failure; **~nwahrheit** truism, commonplace
Biochemie biochemistry
Biograph biographer; **~ie** biography; **~isch** biographic(al)
Biolog|e biologist; **~ie** biology; **~isch** biological
Birk|e birch; **~hahn** black cock, heath cock; **~huhn** moor-hen
Birn|e pear; ↯ bulb; *(Kopf) sl* crumpet, conk; **~baum** pear-tree; **~enförmig** pear-shaped; **~enmost** perry
bis to; up to, down to; *(zeitl.)* till, until; *(~ spätestens) by; (~ hin zu)* as far as; or *(three or four men)*; *~ auf* except, but; *~ auf weiteres* for the present; *~ jetzt* so far, up to now, as yet; **~her** hitherto, till now; *(bei Superlativ)* ever recorded, on record; **~herig** hitherto existing, old; up to now; **~lang** so far, up to now; **~weilen** occasionally
Bisam musk; **~ratte** muskrat
Bischof bishop; **⁼lich** episcopal; **~smütze** mitre; **~ssitz** see; **~sstab** crosier
Biskuit sponge cake; *(Keks)* biscuit
Biß bite; *(Stich)* sting; **~chen** bit
Biss|en bite, morsel; mouthful; **~ig** biting, snappish; sarcastic, cutting; **~igkeit** sarcasm; snappishness
Bistum diocese; bishopric
Bitt|e request; entreaty; *~e! (mit folg. Bitte)* please; *(Antwort auf danke)* not at all, you're welcome; *(etw reichend)* here you are; *~e, mach d. Tür zu!* shut the door, will you?; *wie ~e?* I beg your pardon; **~en** to ask (*um* for), to request; *(dringend)* to beg, to appeal (to s-b for

s-th); *zu Gast ~en* to invite; **~gesuch, ~schrift** petition; **~steller** petitioner

bitter bitter; severe; **~böse** very angry; **~keit** bitterness; **~lich** *adv* bitterly; **~nis** bitterness; **~salz** Epsom salt

Biwak bivouac; **~ieren** to bivouac

bizarr bizarre

Bizeps biceps

bläh|en to inflate, to swell (out); ⚕ to cause flatulence; **~ung** flatulence, wind

blak|en to smoke; **~ig** smoky

Blam|age disgrace, shame; **~ieren** *vt* to make s-b look a fool, to expose to ridicule; *refl* to make a fool of o.s., to show o.s. up, to show up one's ignorance (*bzw* lack of manners)

blank bright; polished; *(nackt)* bare; **~o** blank; *~o lassen* to leave blank; **~okredit** unsecured loan; **~ovollmacht** unlimited power, carte blanche

Bläschen bubble; ⚕ pustule, blister

Blas|e bubble; blister; *(Glas)* bleb; *(Harn-, Gallen-)* bladder; **~ebalg** bellows; **~en** to blow; ♪ to play, to sound *(a. mil)*; **~enpflaster** blistering plaster; **⁓er** blower; ♪ player on wind-instruments; **~instrument** wind-instrument, *pl mst* the wind **~musik** brass band

blasiert blasé

Blasphem|ie blasphemy; **~isch** blasphemous

blaß pale; **~blau** pale blue; **~rot** pink, pale red

Blässe paleness, pallor

Blatt leaf, *(schmal)* blade; *(Blüten-)* petal; *(Säge-, Ruder-, Schwert-)* blade; *(Papier)* sheet; (news)paper ♦ *e. unbeschriebenes ~ (fig)* an unknown quantity; *kein ~ vor d. Mund nehmen* not to mince one's words; *vom ~ singen* to sing at sight; **⁓chen** leaflet; **~er** blister, pustule; *pl* smallpox; **~ernarbig** pock-marked; **⁓erlos** leafless; **⁓erpilz** agaric; **⁓ern** to turn over the leaves (of); *refl* to scale off; **⁓erteig** puff-pastry; **~feder** leaf-spring; **~gold** gold-leaf; **~laus** plant-louse; **~pflanze** foliage plant; **~salat** (young) lettuce; **~stiel** stalk, stem; **~werk** foliage

blau blue; *~es Auge* black eye ♦ *e. ~es Wunder erleben* to have the surprise of a lifetime; *~machen* to take a day off; *j-n ~ u. grün schlagen* to beat s-b black and blue; *d. ~e vom Himmel herunterreden (-lügen)* to talk s-b's head off (to talk through one's hat); *ins ~e* at random, haphazard; *Fahrt ins ~e* mystery tour; *mit e-m ~en Auge davonkommen* to get off lightly; **~äugig** blue-eyed; **~beere** bilberry, blueberry; **~blütig** aristocratic; **⁓e** blue(ness); **⁓en** to blue; **⁓lich** bluish; **~meise** tomtit; **~papier** carbon paper; **~pause** blueprint; **~säure** prussic acid; **~stift** blue-pencil; **~strumpf** bluestocking

Blech ⚙ sheet, *(über 5 mm)* plate; ♪ the brass; *fig* rubbish; **~büchse, ~dose** *BE* tin, can; **~geschirr** *mil* mess-tin; **~instrument** brass-wind instruments, the brass; **~schmied** tinsmith, *(für Wasser)* plumber, *(für Öfen)* stove-fitter

blecken: *d. Zähne ~* to show one's teeth

Blei lead; ⚓ plummet; *(-stift)* pencil; *Pulver u. ~* powder and shot; *es liegt mir wie ~ in d. Gliedern* my limbs feel like lead; **~bergwerk** lead-mine; **~ern** leaden; **~erz** lead ore; **~gewicht** dead weight; **~glas** lead glass, crystal glass; **~kugel** bullet; **~soldat** lead soldier; **~stift** pencil; **~stiftspitzer** pencil-sharpener; **~weiß** white lead

bleib|en to remain, to stay; *(gesund etc)* to keep *(well etc)*; to last, to continue; *ich ~e nicht lange* I won't be long; *es ~t dabei* (that's) agreed; *er ~t dabei, daß* he insists that . . .; *s. gleich~en* to be always the same; *stehen~en* to stand still; to stop; *fern(weg)~en* to stay away, to keep away from; *etw ~en lassen* to let alone; **~end** abiding, permanent; lasting

bleich pale, wan; faint; faded; **~e** paleness; bleaching(-ground); **~en** *vt* to bleach, to blanch; to whiten; *vi* to grow pale; to blanch; to fade; **~mittel** bleaching-agent; **~sucht** anaemia

Blend|e blind window (*bzw* door); sham window (door); niche; 📷 diaphragm, aperture, (*~enstellung*) stop; *(Pferd)* blinker; *chem* blende; ⚓ dead-lights; **~en** to blind, to dazzle; *fig* to deceive; **~end** dazzling; brilliant; **~laterne** dark-lantern; **~leder** blinker; **~schutz** antiglare; **~werk** illusion, mirage; deception

bleuen to beat, to thrash

Blick look, glance; view; *auf d. ersten ~* at first sight; **~en** to look, to have a look at; *s. ~en lassen* to appear; *tief ~en lassen* to be revealing, to be an eye-opener; **~fang** eye-catcher; **~feld** field of vision; **~punkt** visual point; *fig* point of view

blind blind (*gegenüber* to); *(Glas)* dull; *(Schuß)* blank; *~er Gehorsam* implicit obedience; *~er Lärm* false alarm; *~er Passagier* stowaway; **~band** 📖 dummy; **~darm** blind gut, caecum; **~darmentzündung** appendicitis; **~ekuh** blindman's buff; **~enanstalt** blind-asylum; **~enhund** guide dog; **~enschule** school for the blind; **~enschrift** braille; **~er** blind man, blind person; **~flug** blind flying, instrument flying; **~gänger** misfire, dud; **~gläubig** bigoted; **~heit** blindness; **~lings** blindly, blindfold; **~material** 📖 quads and spaces; **~schleiche** blindworm

blink|en to sparkle; to glitter, to gleam; *astr* to twinkle; to signal (with lamps); **~feuer** signal fire; **~licht** blinker; 🚗 indicator (light); **~zeichen** lamp-signal; revolving light

blinzeln to blink, to wink

Blitz lightning; flash, bolt ♦ *wie e. ~ aus heiterem Himmel* like a bolt from the blue; *wie d. ~* quick as lightning; *wie e. geölter ~* like greased lightning; **~ableiter** lightning-conductor; **~artig** like lightning; *~artiger Überfall* blitz; **~blank** shining, very clean; **~en** to lighten; to flash, to sparkle; **~krieg** lightning war, blitzkrieg; **~licht** flashlight; **~lichtaufnahme** flashlight (photo); **~lichtgerät** flash gun; **~sauber** spotlessly clean; **~schnell** quick as lightning; **~strahl** flash of lightning

Block block; log; *(Papier)* pad; mass, body; *pol* bloc; **~ade** blockade; **~adebrecher** blockade-runner; **~buchstabe** block letter, block capital; **~en** to polish *(the floor)*; **~flöte** recorder; **~haus** log-hut, log-cabin; **~ieren** to blockade, to block up; to obstruct; **~schrift** block letters; **~stelle** signal-box

blöd|e weak-minded, imbecile; timid; absurd; *s. ~e benehmen* to act the fool; **~heit** stupidity; **~igkeit** weak-mindedness; shyness, bashfulness; absurdity; **~kopf** blockhead, loggerhead; **~sinn** nonsense, rubbish, trash; **~sinnig** idiotic, nonsensical

blöken to bleat; *(Vieh)* to low

blond fair; **~er** blond(e); **~ine** blonde

bloß naked, bare; uncovered; *fig* mere, pure; *adv* merely, barely

Blöße nakedness, bareness; *fig* weakness, weak spot; *s. e-e ~ geben* to betray one's weak spot, to lay o.s. open to attack

bloß|legen to lay bare; **~stellen** *vt* to expose; *refl* to compromise o.s.

Bluff bluff; **~en** to bluff

blühen to (be in) blossom; to (be in) bloom; to flower; *fig* to flourish

Blume flower; blossom, bloom; *(Wein)* bouquet; *(Hase)* tail ♦ *durch d. ~ sprechen (sagen)* to speak (say s-th) in a veiled manner; **~nausstellung** flower show; **~nbeet** flower-bed; **~nblatt** petal; **~ngeschäft** florist shop, flower-shop; **~nkohl** cauliflower; **~nmuster** floral pattern; **~nstock** flower-pot, pot-plant; **~nstrauß** bouquet, bunch of flowers; **~ntopf** flower-pot; **~nzucht** floriculture, flower culture; **~nzwiebel** bulb

blumig flowery; *(Stoff)* flowered

Bluse blouse

Blut blood; *fig* race, lineage, parentage, family; *ruhig ~!* keep calm! ♦ *es liegt ihm im ~e* it is his nature, it's in his blood; *bis aufs ~ quälen* to worry the life out of s-b, to torment s-b to the quick; *böses ~ machen* to cause bad blood; *er hat ~ geleckt* he has tasted blood, it has whetted his appetite; *es ist ihm in Fleisch u. ~ übergegangen* it has become a part of himself; *ihm gefror d. ~ in d. Adern* his blood ran cold (*od* froze); **~ader** blood-vessel, vein; **~andrang** congestion; **~arm** anaemic; *fig* very poor; **~armut** anaemia; **~bad** carnage, slaughter; **~bahn** bloodstream; **~bank** blood bank; **~bild** (differential) blood-count; **~buche** copper beech; **~druck** blood pressure; *zu hoher ~druck* hypotertension; *zu niedriger ~druck* hypotension; **~durstig** bloodthirsty; **~egel** leech; **~en** to bleed; **~er** bleeder, haemophiliac; **~erguß** blood effusion; **~erkrankheit** haemophilia; **~gefäß** blood-vessel; **~gerinnsel** blood-clot; **~gerinnung** coagulation; **~gerüst** scaffold; **~gierig** bloodthirsty; **~gruppe** blood group; **~hund** bloodhound; **~ig** bloody, bleeding; blood-stained; sanguinary; *~iger Anfänger* raw beginner, greenhorn; **~igrot** blood-red; **~jung** very young; **~körperchen** (blood) corpuscle; **~kreislauf** circulation (of the blood); **~leer, ~los** bloodless; anaemic; **~probe** blood-test; **~rache** blood-feud, vendetta; **~rünstig** bloody; blood-shot; **~sauger** blood-sucker; extortioner; **~schande** incest; **~schänderisch** incestuous; **~senkung** blood sedimentation (rate); **~spender** (blood-)donor; **~stillend** styptic; **~sturz** haemorrhage; **~sverwandt** related by blood, consanguineous; **~sverwandtschaft** blood relationship, consanguinity; **~tat** bloody deed, murder; **~übertragung** blood transfusion; **~ung** bleeding, *(innere)* haemorrhage; **~unterlaufen** blood-shot; **~vergießen** bloodshed, slaughter; **~vergiftung** blood-poisoning; **~verlust** loss of blood; **~wenig** extremely little; **~wurst** black pudding; **~zeuge** martyr

Blüte blossom, flower; bloom; *fig* prime, heyday; **~zeit** great age, peak-time, the time when ... flourished; **~nblatt** petal; **~nkelch** calyx; **~nknospe** (flower-)bud; **~nstaub** pollen; **~nstengel** peduncle stalk; **~nweiß** snow-white, pure white

Bö gust, (Regen-) squall; **~ig** gusty, squally

Bob bobsleigh, bobsled; **~bahn** bob run; **~sport** bobbing

Bock *(Schemel)* stool, *(Gestell)* trestle; *(Kutsche)* box; horse; *zool* buck, *(Schaf)* ram, *(Ziege)* he-goat ♦ *e-n ~ haben* to be pig-headed, to be terribly obstinate; *e-n ~ schießen* to make a blunder; *d. ~ zum Gärtner machen* to put the cat among the pigeons; **~beinig** pig-headed; **~bier** bock beer; **~en** to buck; *(Ziege)* to butt; to prance; to be obstinate; **~ig** obstinate; **~shorn**: *ins ~shorn jagen* to intimidate; to scare; **~ssprung** caper

Boden ground; *(d. Unterste, Meeres-)* bottom; *(Acker-)* soil; *(Fuß-)* floor; *(Dach-)* loft; *(Hosen-)* seat; *auf fruchtbaren ~ fallen* to fall on good ground; **~abwehr** *mil* ground defence; **~akrobat** tumbler; **~bearbeitung** cultivation of the soil, tillage; **~beschaffenheit** soil condition; **~erhebung** rising ground; **~ertrag** crop yield; **~fenster** attic window; **~kammer** garret; **~los** bottomless; unheard of; **~mannschaft** ✈ ground staff (*od* crew); **~reform** land (*od* agrarian) reform; **~satz** residue, sediment; dregs; **~schätze** minerals, mineral wealth; **~see** Lake (of) Constance; **~senkung** declivity; **~ständig** native, indigenous; stationary; **~turnen** free exercises; tumbling

Bofist *bot* puff-ball

Bogen bow; ♪ *(Geigen-)* bow; *(Waffe)* bow, *(modern)* self-bow; *(Kreis-)* arc; *(Trag-)* arch; *(Papier)* sheet; *in Bausch u. ~* in the lump; *e-n weiten ~ machen um* to give a wide berth to ♦ *d. ~ überspannen* to shoot beyond the mark, to go too far; **~fenster** bay-window, bow-window; **~förmig** curved, arched; **~führung** ♪ = ~strich; **~gang** arcade, archway; **~lampe** arc-lamp; **~schießen** archery; **~schütze** archer; **~strich** ♪ bowing; **~zahl** number of sheets

Bohle board

Bohne bean; (*grüne ~ BE* French b., runner b.; *dicke ~* broad b.; *weiße ~ BE* haricot b.,

US bush b.) ♦ *blaue ~n* bullets; *nicht d. ~!* not (in) the least; **~nkaffee** pure coffee
Bohner|maschine electric polisher; **~n** to polish, to (rub with) wax; **~wachs** floor (*od* wax) polish
bohr|en (*mit Spiralbohrer*) to drill; (*mit Bohrstahl*) to bore; (*Holz*) to bore; to pierce; *in d. Grund ~en* to sink, to scuttle; **~er** (twist) drill; tap; (*Holz*) auger; (*Nagel-*) gimlet; ⚕ (*Zahn-*) burr; **~leier** brace; **~loch** bore-hole; drill--hole; **~maschine** drill press; boring (*od* drilling) machine; **~turm** derrick; **~ung** bore-hole; drill-hole; **~werkszeug** (*Holz*) boring tool; drilling tool
Boiler water-heater
Boje buoy
Bollwerk bastion, rampart; ⚓, *fig* bulwark
bolschew|isieren to communize; **~ist** Bolshevik, Bolshevist; **~ismus** Bolshevism
Bolzen bolt; pin; (*Pfeil*) arrow
Bombard|ement bombardment; **~ieren** *mil* to bomb; *bes phys* to bombard; **~ierung** = ~ement
bombastisch bombastic
Bombe bomb, shell; (ice-cream) bombe; *mit ~n belegen* to bomb; *fig* bombshell (*jetzt ist d. ~ geplatzt* now the b. has burst); **~nabwurf** dropping of bombs; **~nangriff** bombing attack, bombing raid, bombardment; **~nerfolg** huge success; **~nfest** bomb-proof; *fig* unshakable, firm; **~nflugzeug** bomber; **~nkerl** a grand chap; **~nrolle** 🎭 a grand part; **~schütze** ✈ bombardier; **~nsicher** bomb-proof; *fig* absolutely certain; **~r** bomber
Bonbon sweet, bonbon
Bonität soundness; reliability
Bonze (party) boss, bigwig, big noise
Boot boat; **~sfahrt** boating; **~shaus** boathouse; **~smann** boatman, boatswain; **~svermieter** boatman
Bor boron; **~ax** borax; **~salbe** boric ointment; **~säure** boric acid; **~wasser** boracic lotion
Bord edge, border, rim; board; shelf; *an ~* aboard; *an ~ gehen* to go aboard; *über ~ gehen* to go by the board; *über ~ werfen (fig)* to throw aside, to throw to the winds; **~buch** ⚓ log-book
Bordell brothel
Bord|funker radio (*od BE* wireless) operator; **~kanone** (aircraft) cannon; **~linie** water-line; **~schütze** ✈ air gunner; **~schwelle** *BE* kerb(-stone), *US* curb(stone); **~sprechanlage** ✈ intercom; **~wand** ship's wall (*od* side)
Borg borrowing; *auf ~* on credit; **~en** to borrow, to lend; **~is** 🕮 bourgeois
Borke bark
Born spring, well; **~iert** narrow-minded, stupid
Borretsch borage
Börse (*Geldbeutel*) purse; (*Wertpapier-*) stock exchange; (*Waren-*) exchange; **~nbericht** stock-exchange list, market report; city article; **~ngeschäft** stock-exchange transaction; **~nkurs** market rate; **~nmakler** stockbroker; **~nnotierung** (daily) quotation; **~nspekulant** stock-jobber
Borst|e bristle; **~ig** bristly *fig* irritable
Borte border; (*Kleid*) trimming, edging; braid(ing)
bös|(e) bad; ill, evil; wicked; (*wütend*) angry; sore; (*Kind*) naughty *~er Blick* evil eye; *~e Zeiten* hard times; *~er Geist* evil spirit; **~artig** ill-natured, wicked; malignant (*bes* ⚕); **~artigkeit** wickedness; malignancy; **~ewicht** villain; **~willig** malevolent, wicked; wilful
Böschung slope; declivity; bank
bos|haft spiteful; malicious, malevolent; wicked; **~haftigkeit** spitefulness, wickedness; **~heit** malice, spite
Botan|ik botany; **~iker** botanist; **~isch** botanical; **~isieren** to go botanizing; **~isiertrommel** vasculum
Bot|e messenger; **~engang** errand; **~enjunge** errand-boy, office-boy; **~mäßig** subject; **~mäßigkeit** dominion; rule; jurisdiction; **~schaft** message; news; *pol* embassy; **~schafter** ambassador; *päpstlicher ~schafter* nuncio
Böttcher cooper; **~arbeit, ~ei** cooperage
Bottich vat, tub
Bouillon bouillon, broth, beef-tea; **~würfel** soup cube
Bowle (claret-)cup; (*Frucht-*) cobbler; **~schüssel** bowl
box|en to box; **~er** boxer; **~handschuh** boxing glove; **~kamera** box camera; **~kampf** boxing--match; bout; **~ring** (boxing-)ring; **~staffel** boxing team
Boy boy servant, messenger boy, page
Boykott boycott; **~ieren** to boycott
brach fallow (*~ liegen* to lie f.); **~e, ~land** fallow (land); **~monat** June
Brack refuse; brackish water; **~e** hound, setter; **~ig** brackish; **~wasser** brackish water
Bramsegel topgallant sail
Branche (particular) trade, (particular) industry; **~nüblich** usual in the industry concerned
Brand burning; fire; (*Groß-*) conflagration; ⚕ gangrene; *bot* smut; *in ~ stecken* to set fire, to set on fire; *in ~ geraten* to catch fire; *e-n ~ haben (umg)* to be very thirsty (for a drink); **~blase** blister; **~bombe** incendiary bomb; **~brief** most emphatic letter, threatening letter; **~en** to break (into foam), to surge; **~er** fire-ship; **~fackel** (incendiary) torch; **~ig** blighted; ⚕ gangrenous; **~mal** brand, scar; **~marken** to brand (with a hot iron); *fig* to stigmatize; **~mauer** fireproof wall (*od* partition); **~opfer** burnt-offering; **~rot** fiery red; **~salbe** ointment for burns; **~schaden** damage by fire; **~sohle** welt; **~stifter** incendiary, arsonist; **~stiftung** arson, incendiarism; **~ung** breaker(s), surf; **~wunde** burn, scald
Branntwein brandy; **~brenner** brandy distiller; **~brennerei** distillery; **~monopol** spirits monopoly
Brasil|ien Brazil; **~ianisch** Brazilian; **~nuß** Brazil nut
Brassen *zool* bream; *vt* ⚓ to brace

Brat|apfel baked apple; **~en** *vt (in Pfanne)* to fry; *(über Feuer, Rost)* to broil, to grill; *(im Bratrohr)* to roast; to bake; *su* rost (meat), joint ♦ *d. ~en riechen* to smell a rat; **~enfett** dripping; **~ensaft** gravy; **~huhn** roast chicken; **~kartoffeln** fried potatoes; **~pfanne** frying-pan; **~rohr** oven; **~rost** broiler; gridiron, grill; **~spieß** spit; barbecue; **~wurst** fried sausage

Bratsch|e viola, bass-viol; **~ist** viola player

Brauch usage, use; custom; **~bar** useful; fit to use; serviceable; *zu nichts ~bar* of no use; **~barkeit** usefulness; fitness; **~en** to use, to make use of; to employ; *(nötig haben)* to need, to require; to want; *lange ~en* to be long in (doing), to take a long time; *ich ~e 5 Minuten* it takes me 5 minutes *(to shave)*; *Sie ~en nur zu* . . . you have only got to *(write)*; **~tum** custom

Braue eyebrow

brau|en to brew; **~er** brewer; **~erei** brewery

braun brown; *(Pferd)* bay; *(Haut)* tanned; **¨~e** brown colour, brownness; ⚕ quinsy; **¨~en** to (make) brown; *(Haut)* to tan; *refl* to (get) brown, to get tanned; **¨~lich** brownish; **~kohl** kale, borecole; **~kohle** brown coal, lignite; **~rot** reddish brown

Braus bustle, tumult ♦ *in Saus u. ~* riotously

Brause shower, douche; *(Gießkanne)* rose; **~kopf** hot-headed fellow; **~limonade** fizzy lemonade; **~n** to roar, to rush; to storm, to rage; to hum; *chem* to effervesce; **~pulver** effervescent powder

Braut *(Verlobte)* fiancée, *umg* intended; *(am Hochzeitstag)* bride; **~ausstattung** trousseau; **~bukett** bride's bouquet; **~führer** best man; **¨~igam** fiancé, *umg* intended; *(am Hochzeitstag)* bridegroom; **~jungfer** bridesmaid; **~kleid** wedding-dress; **~leute, ~paar** engaged couple; bride and bridegroom; **¨~lich** bridal; **~schleier** wedding-veil

brav good-, well-behaved; honest; brave; capable; **~heit** good behaviour; honesty

bravo! well done!; **~ruf** acclamation, *pl* cheers

Brech|bohnen kidney beans, *(grün) BE* French beans; **~durchfall** diarrhoea with vomiting; **~eisen** crowbar; **~en** to break *(a. Rekord)*; to smash; *(Blumen)* to pick; *(Steine)* to quarry; *(Licht)* to refract; ⚕ to vomit, *(Knochen)* to fracture; *refl* to be refracted; ⚕ to vomit, to be sick; *vi* to break; *mit j-m ~en* to sever one's friendship with; *d. Ehe ~en* to commit adultery; **~er** *(Welle)* breaker; **~mittel** emetic; loathsome fellow; **~reiz** retching; nausea; **~stange** crowbar; **~ung** breaking; *(Licht)* refraction

Brei pap; pulp ♦ *wie die Katze um d. heißen ~ gehen* to act like a cat on hot bricks, to keep beating about the bush; **~umschlag** poultice

breit broad, wide; *(Rede)* long, windy; **~beinig** straddling; **~e** breadth, width; *geogr* latitude; *fig* verbosity; **~en** to spread; to extend, to expand; **~engrad** degree of latitude; **~schlagen** to persuade; **~schultrig** broad-shouldered; **~seite** broadside; **~spurig** wide-gauge; **~wandfilm** wide-screen film

Brems|e brake; *zool* gad-fly; **~en** to (apply the) brake, to put the brake on; **~hebel** brake-lever; **~klotz** brake-shoe, -block; **~licht** stop-light; **~spur** skid mark; **~weg** stopping distance

brenn|bar inflammable; combustible; **~en** to burn; *(hell)* to blaze, to burn up; *(keramisch)* to bake; *(Kaffee)* to roast; *(Branntwein)* to distil; *(Haare)* to wave; ⚕ to cauterize; *refl* to burn o.s., *(mit Wasser)* to scald o.s.; *vi* to burn, to be on fire; *(Wunde)* to smart, to sting; *es ~t!* fire!; *darauf ~en (zu tun)* to be dying (to do); **~er** distiller; *(Ofen)* burner; **~erei** distillery; **~glas** burning-glass; **~holz** firewood; **~material** fuel; **~nessel** stinging nettle; **~ofen** kiln; furnace; **~punkt** focus; **~schere** curling-tongs; **~spiegel** concave mirror; **~spiritus** methylated spirits; **~stoff** fuel; **~weite** focal distance

brenzlig burnt, smelling of burning; *fig* risky, suspicious

Bresche breach, gap; *e-e ~ schlagen* to make a breach in, to drive a wedge into; *in d. ~ springen* to step into the breach; to help s-b out of a dilemma

Brett board, plank; *(Wand- etc)* shelf; notice board; *pl* stage, boards; **~erbude** booth, shed; **~erwand** wooden partition; **~erzaun** wooden fence, palisade; **~spiel** board game, game like draughts, chess etc

Brevier breviary

Brezel cracknel *(in the form of a B)*, pretzel

Brief letter; **~ablage** letter-file; letter-sorter; **~beschwerer** letter-weight, paper-weight; **~bote** = ~träger; **~fach** pigeon-hole; **~geheimnis** secrecy of mail; **~kasten** letter-box, *BE* pillar-box, *US* mailbox; **~klammer** clip; **~kopf** letter-head; **~lich** by letter; written; **~marke** (postage-)stamp; **~öffner** paper-knife; **~ordner** letter-file; **~papier** note-paper; writing-paper; **~porto** postage; **~post** mail; **~schaften** letters and documents; **~steller** guide for letter-writing; **~stempel** post-mark; **~tasche** wallet, pocket-book, *US* billfold; **~taube** carrier-pigeon; **~träger** postman, *bes US* mail carrier; **~umschlag** envelop; **~waage** letter balance; **~wechsel** correspondence

Brigade brigade; **~general** brigadier (general)

Brikett briquet(te)

brillant brilliant; *su* diamond, brilliant

Brille spectacles, glasses; **~nfutteral** spectacle-case; **~nglas** lens

bringen *(her-)* to bring, *(hin-)* to take; to fetch; to convey; 📯 to deliver; *(Artikel)* to print, to publish; *(Opfer)* to make; *j-n zu s. ~* to bring to (*od* round); *j-n dazu ~ (zu tun)* to bring, to induce s-b (to do); *es zu etw ~* to achieve s-th; *um etw ~* to deprive of; *zu Papier ~* to put down in writing; *es mit s. ~* to involve

Brise breeze, air

Brit|annien Britain; **~e** Englishman, Briton, *US* Britisher; **~isch** British

bröckel|ig crumbly, friable; **~kohl** broccoli; **~n** to crumble

Brocken morsel, crumb; fragment, scrap; *vt* to break; **~weise** bit by bit, piecemeal
brodeln to bubble
Brokat brocade
Brom bromine; **~beere** blackberry, *BE a.* bramble; **~silber** silver bromide
Bronchi|alkatarrh bronchial catarrh; **~en** bronchi; **~tis** bronchitis; **~tisch** bronchitic
Bronnen = Born
Bronz|e bronze; **~efarben** bronze (-coloured); **~ezeit** Bronze Age; **~ieren** to bronze
Brosame crumb
Brosch|e brooch, *bes US* breastpin; **~ieren** to stitch, to sew; **~iert** in paper covers, in paper binding; **~üre** brochure; pamphlet; booklet
Brösel crumb; **~n** to crumble
Brot bread (*ein ~* a loaf of b.); *sein ~ verdienen* to earn one's living (*od* bread); **~aufstrich** spread; **~beutel** haversack; **˝chen** roll; **~erwerb** gaining one's living; livelihood; **~herr** employer, master; **~getreide** bread grains; **~korb** bread-basket ♦ *j-m d. ~korb höher hängen* to keep s-b on short commons; **~krume** bread-crumb; **~los** unemployed; unprofitable; **~messer** bread-knife; **~neid** professional jealousy, trade rivalry; **~rinde** crust; **~röster** toaster; **~scheibe** slice of bread; **~studium** study for one's own career; **~teig** dough; **~trommel** bread-bin
Bruch[1] marsh, bog
Bruch[2] break(ing); *(Versicherung)* breakage; breach; ⚖ infringement, violation; *pol* rupture; ⚕ *(Knochen-)* fracture, *(Leisten- etc)* rupture, hernia; *(Metall)* flaw; *(Stein-)* quarry; *math* fraction (*gemeiner ~* vulgar f., *echter ~* proper f.); *(Trümmer)* debris, rubble; *umg* trash, rubbish; *in d. ˝e gehen* to go to pieces, to come to nothing; *~ machen* ✈ to crash; **~band** ⚕ truss; **˝ig** fragile; brittle; full of cracks; **~landung** ✈ crash-landing; **~rechnung** fractions; **~strich** division sign; **~stück** fragment; **~teil** fraction; **~zahl** fractional number
Brücke bridge; *(Zahn-)* bridge; *(Teppich)* rug ♦ *alle ~n hinter s. abbrechen* to burn one's boats; **~nkopf** bridgehead, beachhead; **~npfeiler** pier; **~nwaage** weigh-bridge
Bruder brother; *(wissenschaftl)* sibling; *eccl* friar; *pl* brothers, *eccl* brethren; **~krieg** internecine conflict; **˝lich** brotherly, fraternal; **~schaft** fraternity; **˝schaft** brotherhood; association; close friendship; **~volk** sister nation
Brüh|e broth; gravy; sauce; **~en** to scald; **~warm** boiling-hot; *fig* fresh
brüllen to roar; *(Ochse)* to bellow *(a. fig)*; *(muhen)* to low; to bawl
Brumm|bär bear; *fig* grumbler; **~baß** bass voice; double bass; **~en** to growl, to grumble; *(Insekt)* to hum, to buzz; *(murmeln)* to mutter, to mumble; *umg* to do time; **~ig** grumbling, grumpy; **~schädel** splitting headache, hang over
brünett brown, brunette
Brunft rut, heat; **~zeit** rutting-time

Brunnen well; spring, fountain; ⚕ mineral spring; **~kresse** water-cress; **~wasser** well water
Brunst passion, lust; *(Hund)* heat; *(Hirsch)* rutting; **˝ig** lustful; *zool* on heat; *fig* ardent
brüsk gruff, brusque
Brust chest; breast; bosom; *er hat es auf d. ~* he is chesty, he has a weak chest; **~bein** breastbone; **~bild** half-length portrait; **˝en** *refl* to give o.s. airs, to brag; **~kasten, ~korb** chest, thorax; **~schwimmen** breast stroke; **~ton** chest-note; *mit d. ~ton d. Überzeugung* with conviction; **˝ung** parapet; **~warze** nipple; **~wehr** breastwork, parapet
Brut brood *(a. fig)*; *(Laich)* fry, spawn; *fig* pack, rabble; **~apparat** incubator; **~ei** hatching egg; **˝en** to sit (on eggs), to hatch; to brood (*a. fig, über* over); to breed; **~henne** sitting-hen; **˝ig** broody; **~ofen** incubator; **~stätte** breeding-place; *fig* hotbed; **~zeit** brooding-time
brutal brutal; **~ität** brutality
brutto gross; **~bestand** gross total; **~einkommen** gross income; **~einnahme(n)** gross receipts; **~gehalt** gross salary; **~gewicht** gross weight; **~lohn** gross wages; **~registertonne** gross register ton; **~sozialprodukt** gross national product
brutzeln to splutter
Bub|e boy; *(Karten)* jack, knave; *fig* rogue, rascal; **~enstreich, ~enstück** a roguish trick, an act of vandalism; **~ikopf** bob(bed hair); **˝isch** mischievous, boyish; villainous
Buch book; *e. offenes ~ (fig)* an open book; *e. ~ mit sieben Siegeln* a complete mystery; *reden wie e. ~* to have the gift of the gab; **~binder** (book-)binder; **~binderei** book-binding; **~deckel** cover, binding; **~druck** typography; letterpress printing; **~drucker** printer; **~druckerei** printing-works, printing-office; **~druckerkunst** art of printing; typography; **~en** to make an entry of, to book, to post, to enter; **~führung, ~haltung** book-keeping, accountancy; *doppelte ~führung* double entry (book-keeping); **~halter** book-keeper, accountant; **~gemeinschaft** book-club; **~handel** book-trade; **~händler** bookseller; **~handlung, ~laden** book-shop, *US* bookstore; **˝lein** booklet; **~macher** book-maker; **~prüfer** auditor; **~rücken** spine; **~stabe** letter; *(Dokument)* subparagraph; 🕮 character, type; *großer ~stabe* capital letter; *auf d. ~staben genau* to the letter; **~stabenrätsel** anagram; **~stabieren** to spell; **~stäblich** literal; *adv* literally; *fig* straight; **~zeichen** bookmark
Buch|e beech(-tree); **~ecker** beechnut; **~fink** chaffinch; **~weizen** buckwheat
Bücher|brett bookshelf; **~ei** library; **~gestell** bookshelves; **~liebhaber** bibliophile; **~narr** bibliomaniac; **~regal** bookshelves; **~revisor** accountant, auditor; **~schrank** bookcase; **~stütze** book-end; **~wurm** *fig* bookworm; **~zettel** (book) order-form
Buchsbaum box(wood)

Buchse bush(ing)
Büchse tin; box; case; canister; *(Gewehr)* rifle; **~nfleisch** *BE* tinned meat, canned meat; **~nmacher** gunsmith, gunmaker; **~nmilch** *BE* tinned milk, canned milk; **~nöffner** *BE* tin-opener, can opener
Bucht bay; creek, inlet
Buckel hump(back), hunchback; *(Kamel)* hump; *umg (Rücken)* back ♦ *e-n breiten ~ haben* to have a broad back, to be able to stand a lot; *du kannst mir d. ~ herunterrutschen (hinaufsteigen)* I'll see you further first; **~ig** hunchbacked
bück|en *refl* to bend down, to stoop; to bow; **~ling** bow; *(Fisch)* smoked herring, bloater
buddeln to dig
Bude booth, stall; *(Studenten-) BE* digs, *BE* diggings, den
Budget budget; **~ieren** to budget
Büfett buffet, refreshment bar; *(Möbel)* sideboard, dresser
Büffel buffalo; *umg* blockhead; **~n** to cram up, to cram *(for an exam)*, *US sl* to bone (up on)
Bug ⚓ bow; shoulder-bone; **~spriet** bowsprit
Bügel handle; *(Kleider-)* coat-hanger; *(Steig-)* stirrup; **~brett** ironing-board; **~eisen** flat-iron; **~falte** crease; **~horn** ♪ saxhorn; **~n** to iron, to press
bugsieren to (take in) tow *(a. fig)*
Buhle paramour, mistress; **~n** to make love to; to vie; *um j-s Gunst ~n* to curry favour with
Buhne *BE* groyne, *US* groin
Bühne stage, boards; platform; scaffold; **~nbild** setting; stage-design; **~nbildner** stage-designer; **~ndichter** playwright, dramatist; **~nleiter** stage-manager; **~nsprache** standard speech (*od* pronunciation)
Bukett bouquet
Bulette rissole, meat-ball
Bull|auge port-hole; bull's-eye; **~e** bull *(a. eccl)*; **~dog** tractor; **~dogge** bulldog; **~dozer** bulldozer
Bumerang boomerang *(a. fig)*
bumm|eln to stroll (about); to dawdle; to loiter (about); **~elei** dawdling; **~elstreik** go-slow strike; **~elzug** slow train; **~ler** loafer, dawdler; loiterer
bums! bang!; **~en** to (fall with a) bump
Bund waistband; tie; *(Bündnis)* league, alliance; *(-esstaat)* confederacy, confederation; *eccl* covenant; *(Bundesrepublik)* Federal Government, Federal Republic; *(Bündel)* bundle; *(Schlüssel-)* bunch; *(Heu, Stroh)* truss; *(Holz, Stahl)* faggot; **¨~el** bundle; bunch; package; *(Strahlen-)* pencil; *s-n ¨~el schnüren* to pack one's traps; **¨~eln** to bundle (up)
Bundes|bahn Federal Railways; **~bank** Federal Bank; **~bediensteter** federal civil servant; **~dienststelle** Federal Government department; **~eigen** owned by Federal Government; **~gebiet** federal territory; **~genosse** ally; **~gericht** federal court; **~gerichtshof** Federal High Court of Justice; **~gesetz** federal law; **~grenzschutz** Federal Frontier Guard; **~haushalt** federal budget; **~land** Land (in the Federal Republic); **~minister** Federal Minister; **~ministerium** Federal Ministry; **~parlament** Federal Parliament; **~post** Federal Postal Administration; **~präsident** Federal President; **~rat** *(Westdeutschland)* Bundesrat, Senate of the Federal Parliament; *(Schweiz)* Federal Council; **~regierung** federal government; *(Westdeutschland)* Federal Government; **~republik** Federal Republic of Germany; **~staat** federal state; **~stelle** Federal Agency; **~tag** Federal Diet; *(Westdeutschland)* Bundestag; **~verfassung** federal constitution; **~verfassungsgericht** Federal Constitutional Court; **~verwaltung** Federal Administration; **~wehr** German Federal Armed Forces
bünd|ig convincing; concise; ⚙ flush; *kurz u. ~ig* in short, to the point; **~nis** alliance; **~nispolitik** alliance policy; **~nisvertrag** treaty of alliance
Bunker *mil* pillbox, concrete shelter; *(Luftschutz-)* air-raid shelter; *(Kohlen-, Holz-)* bunker; ⚓ sleeping berth; **~kohle** bunkering coal; **~n** to coal
bunt colourful, coloured; variegated; spotted; *(Glas)* stained; *(Wiese)* gay (with flowers) ♦ *das ist mir zu ~!* that's put the lid on it!; *~er Abend* variety show, concert, music-hall; **~druck** colour printing; **~farbig** variegated; many-coloured; **~gefiedert** of gay plumage; **~fleckig** spotted; **~papier** coloured paper; **~metall** non-ferrous metal; **~scheckig** motley; speckled; *(Pferd)* piebald; **~specht** spotted woodpecker; **~stift** coloured pencil, crayon
Bürde burden, load; charge
Bure boer; **~nkrieg** Boer Wars
Burg castle; stronghold, fort
Bürge surety; guarantor, sponsor; **~n** to go bail (*für* for); to vouch (*für* for); to stand surety (*für* for); to guarantee
Bürger citizen; middle-class man; **~krieg** civil war; **~kunde** civics; **~lich** civic; civil; bourgeois; middle-class; *(einfach)* simple, plain; *~liches Essen* good plain food; **~liches Gesetzbuch** Civil Code; **~meister** mayor, *(Deutschland)* burgomaster; **~pflicht** civic duty; **~recht** civic rights; freedom of a city; **~schaft** citizens; townspeople; **~steig** pavement, *bes US* sidewalk; **~steuer** poll-tax; **~tum** citizens, citizenry; middle classes
Bürgschaft bail, surety; security; guarantee; *~ leisten* to grant a guarantee
burlesk burlesque; **~e** burlesque
Büro office; (travel-, information-) bureau; **~arbeit** clerical work; **~bedarf** stationery; **~chef** head clerk; **~gebäude** office building; **~klammer** paper clip; **~kraft** clerical worker; **~krat** bureaucrat; **~kratie** officialdom; bureaucracy; *(Unwesen)* bureaucratism; **~vorsteher** = ~chef; **~zeit** office hours
Bursch|e fellow, youth, lad; *mil* batman; **~ikos** boisterous; impertinent; free and easy

Bürste brush; **~n** to brush; **~nabzug** 🕮 galley proof; **~nbinder** brushmaker
Bus bus; **~fahrer** busman
Busch shrub, bush; *(Dickicht)* thicket; *(Austral.)* the bush; *(Haar)* shock; bunch, tuft ♦ *auf d. ~ klopfen* to sound, to pump s-b; **⁓̈el** bunch, tuft; cluster; **~ig** bushy; *(Braue)* beetle
Busen bosom; bust, breast; *fig* heart; *(Meer-)* bay, gulf; **~freund** bosom friend
Bussard buzzard
Buß|e penitence, *(Reue)* repentance; atonement; *(Geld-)* fine; *~e tun* to do penance, to atone; **⁓̈en** to atone (*für* for); to expiate; **⁓̈er** penitent; **~fertig** penitent; contrite
Büste bust; **~nhalter** brassière, *umg* bra
Bütte vat, tub; **~l** beadle; bailiff; jailer, *bes BE* gaoler; **~npapier** handmade paper; **~nrand** 🕮 deckle edge
Butter butter ♦ *es ist alles in ~* everything is just perfect; **~blume** buttercup; **~brot** (a slice of) bread and butter ♦ *es j-m aufs ~brot schmieren* to rub it in; *für e. ~brot (ver)kaufen* to buy (sell) for a song; **~brotpapier** grease-proof paper; **~dose** butter-dish; **~faß** churn; **~maschine** churn; **~milch** buttermilk; **~n** to churn; **~teig** short pastry; **~weich** (as) soft as butter
Butzen *(Obst)* core; **~scheibe** bull's-eye pane

C

C (the letter) C; **C-Dur** C major; **c-Moll** C minor
Café café; tea-room, tea-shop
caritativ charitable
Cell|ist cellist, cello player; **~o** (violon) cello
Cembalo harpsichord
Cent cent; **~ime** centime
Ces ♪ C flat
Chaiselongue couch, divan
chamois 🕮 cream, beige
Champagner champagne
Champignon mushroom, *bot* field agaric
Chance chance; opportunity; *umg* break; *er hat geringe ~n* he has little chance of *(winning etc)*; *d. ~ s-s Lebens* the chance of a lifetime
Chao|s chaos; **~tisch** chaotic
Charakter character; nature; 🕮 type, print; *(Würde)* dignity; energy; will-power; **~fest** morally strong, of a strong character; **~isieren** to characterize; **~istik** characterization; **~istikum, ~zug** characteristic; **~istisch** characteristic; **~los** unprincipled, weak; **~zug** trait (in s-b's character)
Chassis 🚗, ✈ chassis
Chauffeur driver
Chaussee main road, public road; **~graben** roadside ditch
Chef head, chief; boss; manager; employer; **~redakteur** chief editor
Chem|ie chemistry; **~iefasern** chemical fibres, man-made fibres; **~igraphie** 🕮 photo-engraving; **~ikalien** chemicals; **~iker** (analytical) chemist; **~isch** chemical
Chesterkäse Cheshire cheese
chic *siehe* schick
Chiffr|e cipher, code; *(Annonce)* box number; **~schlüssel** code; **~ieren** to code, to codify
Chimäre chimera
Chin|a China; **~arinde** Peruvian bark; **~ese** Chinese, Chinaman; **~esisch** Chinese; **~in** quinine
Chir|omantie palmistry; **~opraktik** chiropractic; **~opraktiker** chiropractor; **~urg** surgeon; **~urgie** surgery; **~urgisch** surgical
Chlor chlorine; **~haltig** containing chlorine; **~kalk** chloride of lime; bleaching powder
Chloroform chloroform; **~ieren** to chloroform
Chlorophyll chlorophyll
Choler|a cholera; **~isch** choleric, hot-tempered
Chor *eccl* choir, 🎭 chorus; 🏛 chancel, choir; **~al** hymn, chorale; **~eograph** choreographer; **~gesang** (singing in) chorus, choral song; **~hemd** surplice; **~knabe** choir-boy; **~sänger** choir-singer, chorister; **~stuhl** choir-stall
Christ Christian; **~abend** Christmas Eve; **~baum** Christmas tree; **~enheit** Christendom; **~entum** Christianity, Christian religion; **~kind** Christ-child; **~lich** Christian; *~lich teilen* to share s-th fairly; **~mette** Midnight Mass; **~nacht** Christmas Eve; **~us** Christ, Our Lord
Chrom chromium; **~atisch** chromatic; **~farbe** chrome; **~stahl** chrome steel
Chron|ik chronicle; **~ikschreiber, ~ist** chronicler; **~isch** chronic; **~ologie** chronology; **~ologisch** chronological; **~ometer** chronometer
cis ♪ C sharp
Citrusfrüchte citrus (fruit)
Clique clique, coterie, cabal
Conférencier *BE* compère; *US umg* emcee
Coup coup, trick; **~é** 🚂 compartment; **~on** coupon
Courage courage, pluck
Creme cream

D

D (the letter) D; ♪ D; **D-Dur** D major; **d-Moll** D minor
da *adv* there; then, at that time; *conj (zeitl.)* when; *(kausal)* as, *(weil)* because, *(da ja)* since
dabei near (by), close; *(außerdem)* besides, moreover; *(doch)* yet, but; at the same time; *fig* at that; *~sein, etw zu tun* to be on the point of doing; *es blieb nicht ~* that was not the end of it; *~ bleibt es!* there the matter rests!; *es bleibt ~!* done!, agreed!; *was ist ~?* what does that matter?, what difference does it make?; *~ kommt nichts heraus* it's of no use; **~bleiben** to remain *(where one is)*; to persist (in); to insist (on); **~sein** to be present; **~stehen** to stand near
dableiben to stay, to remain

da capo encore
Dach roof *(a. Zelt)*; *fig* canopy ♦ *unter ~ und Fach bringen* to accomplish, to complete; *unter ~ und Fach sein* to be under cover, to be safe; *j-m aufs ~ steigen (umg)* to come down on s-b; **~decker** tiler, slater; **~en** to roof; **~fenster** dormer(-window); **~first** ridge (of a roof); **~gesellschaft** holding company; **~hase** cat; **~kammer** attic, garret; **~luke** skylight; **~pappe** roofing felt; **~rinne** gutter; eaves *pl*; **~schiefer** roofing-slate; **~sparren** rafter; **~stuhl** (roof-) truss; **~ziegel** (roofing-)tile
Dachs badger; **~bau** burrow; **~hund** basset
Dackel dachshund, *umg* sausage dog
dadurch *adv* through that; by that, thereby; by that means; *~, daß* by *(doing etc)*, through the fact that
dafür for that, for it; in return for that; instead; *~ sein* to be in favour of s-th ♦ *er kann nichts ~* it is not his fault
dagegen against that; in comparison with that; in return for that; *nichts ~ haben* to have no objections (*gegen* to); *conj* on the other hand; whereas
da|heim at home; **~her** from there; *conj* therefore, hence
dahin to that place; so far (that); *(entlang)* along; *(weg)* away, gone; *... steht ~* is (still) doubtful; **~ bringen** to persuade, to induce (to do); to manage (to do); **~geben** to give up; to sacrifice; **~gehen** to walk along; *(Zeit)* to pass (away); **~stellen** to put; *~gestellt sein lassen* to leave undecided; **~ten** behind; **~ter** behind that; after it; **~terkommen** to find out
Dam *(Hirsch)* buck, *(-wild)* fallow-deer
damal|ig then; of (at) that time; **~s** then, at that time
Damas|t damask; **~zene** damson
Dame lady; *(Karten, Schach)* queen; *(Tanz)* partner; **~brett** *BE* draught-board, *US* checkerboard; **~nsattel** side-saddle; **~nwahl** ladies' choice; **~nwelt** fair sex, ladies; **~spiel** *BE* draughts, *US* checkers
damit with that; therewith; *conj* (in order) that; *~ nicht* that not, lest
dämlich foolish, stupid
Damm dam, dike; *(Hafen)* pier; mole; embankment, bank; barrage; *(Knüppel-)* causeway ♦ *auf d. ~* quite well (again); *nicht auf d. ~* below the mark, out of sorts; **⁓en** to dam; *fig* to check, to restrain; **⁓platte** sound-reducing board
Dämmer dusk, twilight; **~ig** dusky; twilight; **~n** to grow light, to dawn; to get dark; *fig* to dawn upon s-b; **~schlaf** twilight sleep; **~ung** dawn; dusk, twilight; **~zustand** semiconscious state
Dämon demon; **~isch** demoniac; *(wild)* demoniacal
Dampf vapour; *(Wasser-)* steam; *(Rauch)* smoke, fume ♦ *~ dahinter machen* to speed things up, to ginger s-b up; **~bad** vapour-bath, Turkish bath; **~boot** steamboat; **~en** to give off vapour; to steam; to smoke, to fume; **⁓en** to damp; *(Farbe)* to tone down; *(Feuer)* to put out; *(Hitze)* to lower; *(Ton)* to deaden; *(Geige)* to mute; *(Trommel, Stimme)* to muffle; *(Kochen)* to steam; *fig* to check, to suppress; **~er** steamer; **⁓er** damper; silencer; ♪ mute; **~kessel** boiler; **~kraft** steam-power; **~maschine** steam-engine; **~schiffahrt** steam navigation; **~walze** steam roller
danach after that; thereafter, thereupon; *(entsprechend)* accordingly, according to that; *er sieht nicht ~ aus* he doesn't look like it
Dän|e Dane; **~emark** Denmark; **~isch** Danish
daneben near it, next to it; close by; *conj* besides; also; at the same time
danieder on the ground, down; **~liegen** to be laid up; *fig* not to flourish, to perish
Dank thanks (*herzlichen ~* many th.); *(-barkeit)* gratitude; *(Lohn)* reward (*zum ~* as a r.); *~ wissen* to be grateful to s-b; *zu ~ verpflichten* to oblige; *ist das d. ~?* is that all the thanks I get?; *prep* thanks to; **~bar** grateful, thankful; **~barkeit** gratitude thankfulness; **~e** *(~e ja)* thanks, *(~e nein)* no thank you; *~e schön* thank you very much; **~en** to thank, to return thanks; to decline with thanks; *(lohnen)* to reward; to owe s-th to s-b, to be indebted to s-b for s-th; **~enswert** deserving of thanks, meritorious; **~gebet** blessing; **~opfer** thank-offering; **~sagung** thank; acknowledgment; *eccl* thanksgiving
dann then; thereupon; *selbst ~ nicht* not even then; *~ u. wann* now and then
daran at it, on it etc (*siehe* an); in regard to it; *es liegt mir nichts ~* I don't care for it; *was liegt ~?* what does it matter?; **~gehen** to set to work; **~setzen** to add; to risk, to stake; *alles ~setzen* to go to any length (to do); (*siehe* dran)
darauf on it (*siehe* auf); after that, thereupon; *e. Jahr ~* a year later; *wenige Tage ~* a few days later; *~ aus sein* to be out (to do), to aim at (doing); **~hin** thereupon; on the strength of that; *siehe* drauf
daraus out of that; from that; from there (*siehe* aus); hence; *nicht ~ klug werden* to be none the wiser for it; *es wird nichts ~* nothing will come of it; *ich mache mir nichts ~* I don't care for it (much); *~ folgt (nicht), daß* it (does not) follow(s) that; (*siehe* draus)
darben to be starving, to suffer want
darbiet|en to offer; to present; **~ung** entertainment; performance; turn
darein in(to) it; therein; **~schicken** *refl* to put up with it
darin in it; therein; **~nen** within, inside
darleg|en to explain, to state; to expound; **~ung** explanation; statement
Dar|lehen loan; advance
Darm *(Gedärm)* bowels; gut, *bes* ⚕ intestine; **~blutung** intestinal haemorrhage; **~fieber** enteric fever; **~saite** catgut
darnach *siehe* danach
Darre kiln; kiln-drying
darreichen to present; to administer

darstellen to (re)present; to describe; 🎭 to perform, to act; **~er** actor, performer; **~erin** actress; **~ung** (re)presentation; description; performance
dartun to demonstrate; to explain, to state
darüber over it; above it; about it (*siehe* über); *und ~* and more; *soviel ~* so much for that; **~ hinaus** beyond that, moreover, in addition; *siehe* drüber
darum round it; for it; about it (*siehe* um); *(deshalb)* therefore, for that reason; *s.* drum
darunter under it, below it (*siehe* unter); *(zwischen)* among them, in the midst of them; *(weniger)* less; *siehe* drunter
das that; which; *~ heißt* that is, i. e.; *~ sind* those are; *auch ~ noch!* that is the last straw, too bad!; *~ will ich meinen!* I should think so!; *~ habe ich ihm gesagt* I told him so, that's what I told him; *~ sage ich ja* that's what I say
dasein to be present; to exist; *ist d. Briefträger dagewesen?* has the postman been (yet)?; *su* being, existence; life; **~sberechtigung** right to exist
daselbst in that very place
daß that; *so ~* so that; *es sei denn, ~* unless; *nicht ~* not that
dat|ieren to date; **~iv** dative
Dattel date; **~palme** date palm
Datum date; *pl* data; *welches ~ haben wir heute?* what's the date today?; **~sgrenze** date-line; **~sstempel** date-stamp; **~szeile** date-line
Daube stave
Dauer duration; length; period; *auf d. ~* in the long run; *für d. ~* for the duration (of); **~auftrag** *(Bank)* standing order; **~brandofen** slow-combustion stove; **~flug** duration flight; **~haft** durable, lasting; **~karte** *BE* season-ticket, *US* commutation ticket; **~lauf** trot; *(Lang-)* long-distance race; **~marsch** forced march; **~n** to last, to continue; *lange ~n* to take a long time; to make s-b sad (*od* sorry); **~nd** durable, permanent; constant; **~stellung** permanent job; **~welle** perm, permanent wave
Daumen thumb ♦ *~ drehen* to twiddle one's thumbs; *j-m d. ~ drücken* to cross one's fingers; **~abdruck** thumb-print
Daune down; eider; **~ndecke** eider-down, quilt
Davit ⚓ davit
davon from it; of it, about it (*siehe* von); *(weg)* away, off; *das kommt ~!* that's the result, that serves you right!; **~kommen** to escape; **~machen** *refl* to make off; **~tragen** to carry away; to carry off *(a. fig)*; *(Sieg)* to bear away
davor in front of it; before it; from it, against it (*siehe* vor)
dawider against it
dazu to it; for it (*siehe* zu); for that purpose; in addition (to that); *noch ~* as well, into the bargain; *er kann nichts ~* it is not his fault; **~gehören** to belong to it; **~mal** at that time; **~tun** to add

dazwischen between (among) them; in the midst (of) (*siehe* zwischen); **~fahren** to interfere brusquely; **~kommen** to come between; to intervene
Debatt|e debate; discussion; **~ieren** to debate
Debet debit
Debit sale, market; **~ieren** to debit, to charge to s-b's account
Debüt début; **~ieren** to make one's début
dechiffrieren to decipher, to decode
Deck deck; **~adresse** cover (address); **~bett** feather-bed; **~blatt** *(Zigarre)* wrapper; **~e** cover; *(Woll-)* blanket; *(Zimmer-)* ceiling; *(Tisch-)* table-cloth; *(Eis-)* sheet ♦ *unter e-r ~e stecken* to conspire together, to make common cause; *s. nach d. ~e strecken* to cut one's coat according to one's cloth; **~el** cover, lid; **~en** to cover; to guard, to protect; *(Dach)* to roof; *(Tisch)* to lay; *(Kosten)* to meet; *(Schaden)* to make good; *refl* to coincide; to be identical (*mit* with); **~enbeleuchtung** ceiling lighting, ceiling fixtures; **~mantel** *fig* cloak, pretence; **~name** pseudonym; alias; code-word; **~ung** cover, shelter; guard, protection; covering; *mil* cover (*in ~ung gehen* to take c.); *(Boxen)* guard; *(Geld)* reimbursement; *(Gelder)* funds; security; **~wort** code-word
Defät|ismus defeatism; **~ist** defeatist; **~istisch** defeatist
Defekt defect; deficiency; *adj* defective; damaged
defensiv defensive; **~e** *su* defensive
defin|ieren to define; **~itiv** definite; final; **~ition** definition
Defizit deficit
Deflation deflation; **~istisch** deflationary
Degen épée, small sword; warrior
Degener|ation degeneration, degeneracy; **~ieren** to degenerate
degradier|en to degrade, to demote; **~ung** degradation, demotion
dehn|bar extensible; elastic; *(Metall)* ductile; *fig* vague; **~en** to extend, to stretch (out); to expand; *(Wörter)* to drawl; *refl* to stretch (o.s.) **~ung** extension; lengthening; stretching
Deich dike, dam; **~en** to make a dike
Deichsel pole, shaft; **~n** to manage, to wangle
dein your; *poet* thy, thine; **~(ig)e** yours; *poet* thine; *pl* your people, your folks; **~erseits** on your part; **~esgleichen** such as you; **~ethalben, ~etwegen, ~etwillen** for your sake; on your account
Dekad|e (a period of) 10 days; **~ent** decadent; **~enz** decadence
Dekan dean; **~at** deanery
Deklam|ation declamation; recitation; **~ieren** to recite; to declaim
deklarieren to declare
Deklin|ation declension; *astr* declination; **~ieren** to decline
Dekollet|é décolletage; **~iert** décolleté, low-necked

Dekor|ateur decorator; upholsterer; **~ation** 🎭 scenery, décor; **~ationsmaler** decorator; 🎭 scenic painter; **~ieren** to decorate

Dekret decree; **~ieren** to decree

Deleg|at delegate; **~ation** delegation; **~ieren** to delegate; **~ierter** delegate

delikat delicate, tender; *(köstlich)* delicious; *(heikel)* ticklish; **~esse** *(Leckerei)* dainty; *(Zartgefühl)* delicacy (of feeling), tact; **~essengeschäft** delicatessen (shop)

Delinquent delinquent

Delle dent

dem *siehe* der, das; *~ ist nicht so* that is not true; *wie ~ auch sei* however that may be; *wenn ~ so ist* if that is so; **~entsprechend, ~gemäß, ~nach, ~zufolge** accordingly; therefore; **~nächst** soon, shortly

Demagog|e demagogue; **~ie** demagogy, demagoguery; **~isch** demagogic

Demarkationslinie line of demarcation

demaskieren to unmask

Dement|i denial, démenti; **~ieren** to deny; to disclaim; to issue a démenti

Demobilis|ation demobilization; **~ieren** to demobilize

Demokrat democrat; **~ie** democracy; **~isch** democratic

Demonstr|ant demonstrator; **~ation** demonstration; **~ativ** ostentatious; **~ativpronomen** demonstrative pronoun; **~ieren** to demonstrate

Demont|age dismantling, dismantlement; **~ieren** to dismantle, to disassemble

demoralisieren to demoralize

Demut humility; **~̈ig** humble, submissive, lowly; **~̈igen** to humble, to humiliate; to abase; **~̈igung** humiliation; abasement

den *siehe* der; **~en** *siehe* der, die das

Denk|art way of thinking; **~bar** conceivable; imaginable; *~bar einfach* most simple; **~en** to think (*an* of); *daran ~en* to bear in mind, to remember (to do); *refl* to imagine; *~ dir nur!* just fancy!; *wo ~en Sie hin!* what are you thinking about!; *d. Mensch ~t, Gott lenkt* Man proposes, God disposes; **~er** thinker; **~faul** mentally lazy, slow; **~freiheit** freedom of thought; **~kraft** intellectual power, brain-power; **~mal** monument, memorial; **~malspflege** preservation of works of art; **~münze** medal; **~schrift** memorial; memorandum; **~sport** mental jerks; **~stein** memorial stone; **~weise** = ~art; **~würdig** memorable, remarkable; **~zettel** object-lesson; *j-m e-n ~zettel geben* to give s-b a lesson

denn for; then; *(nach Komparativ)* than; *es sei ~* unless, except; *mehr ~ je* more than ever; **~och** yet, still, however

Denunz|iant informer, delator; **~iation** informing against, denunciation, delation; **~ieren** to inform against, upon; to denounce to the authorities

Depesch|e telegram; **~ieren** to telegraph

deponieren to deposit

deportieren to deport, to transport

Depot stores, storehouse; depot; deposit (of securities etc)

Depression depression

deprimieren to depress

der the, the one; *pron* who, that, which; **~art** in such a way; to such an extent; **~artig** of that kind, such; *etw ~artiges* something like it; **~einst** one day, some day, in years to come; **~einstig** future; **~en** whose, of them; **~enthalben, ~entwegen, ~entwillen** for her (their, whose) sake; on her (their) account; **~gestalt** in such a manner; **~gleichen, ~lei** of that kind, such; **~jenige** the one, that one, he (who etc); **~maßen** to such an extent, so much; **~selbe** the same; *eben ~selbe* the very same; **~zeitig** at the time, for the time being; current, present, actual

derb compact, solid; *(kräftig)* stout, robust; *(grob)* blunt, rough, rude; coarse; **~heit** compactness, solidity; bluntness, roughness; coarseness

des *siehe* der, das; ♪ D flat; **~gleichen** likewise, ditto; **~halb,** therefore, for that reason, that is why . . .

Desert|eur deserter; **~ieren** to desert

Desinf|ektion disinfection; **~ektionsmittel** disinfectant; **~izieren** to disinfect

Despot despot; **~isch** despotic

desillusionier|en to disillusion; **~ung** disillusionment

Desinflation disinflation

desinteressiert uninterested

desodorierend(es Mittel) deodorant

Desorganis|ation disorganization; **~iert** disorganized, confused

des|sen *siehe* der; **~senungeachtet** nevertheless, notwithstanding; **~wegen** on that account; on account of which; = deshalb

Dessin design; **~ateur** designer

Destill|at distillate; **~ieren** to distil

desto the, so much the

Detail detail; *pl* particulars; *bis ins letzte ~* to the minutest detail; retail (*~handel* r. trade); **~lieren** to detail

Detekt|iv detective; **~or** detector

Deut doit, *BE* farthing; *keinen ~ wert* not worth a brass farthing; **~eln** to subtilize; to twist (the meaning of); to quibble; **~en** to point (*auf* to, at); to interpret, to explain; **~lich** distinct, clear; **~lichkeit** distinctness, clearness; **~ung** interpretation, explanation; construction (*e-e ~ung zulassen* to bear a c.)

deutsch German ♦ *auf gut ~* to speak plainly; *~ mit j-m reden* to call a spade a spade, to give s-b a piece of one's mind; **~er** German; **~land** Germany; **~tum** German nationality; German heritage

Devise motto, device; foreign currency, foreign exchange; **~nbewirtschaftung** currency control

Dezember December

dezent unobtrusive; decent; ♪ soft

dezentral (in) decentralized (form); **~isieren** to decentralize

Dezi|gramm decigramme; **~liter** decilitre; **~mal-** decimal; **~malbruch** decimal (fraction); **~malsystem** decimal system; **~me** ♪ tenth; **~meter** decimetre; **~mieren** to reduce in numbers, to decimate
Diabet|es diabetes; **~iker** diabetic
diabolisch diabolic; *bes fig* diabolical
Diagnos|e diagnosis; *fig* analysis; **~tizieren** to diagnose
Diakon deacon; **~isse** (trained) Lutheran nurse
Dialekt dialect; **~isch** *(mundartlich)* dialectal; *(Logik)* dialectic; **~ik** dialectic; *(Methode)* dialectics
Dialog dialogue
Diamant diamond; *geschliffener ~* brilliant; *bes fig* adamant; **~hart** adamantine
Diapositiv (lantern) slide
Diät diet; *pl* daily allowance; *~ halten* to diet (o.s.); **~arzt, ~assistentin, ~köchin** dietitian; **~kunde** dietetics
dich *siehe* du
dicht dense, thick; tight; close; *(undurchlässig)* impervious (*für* to); **~e** density; closeness; tightness; **~en** to make tight (airtight, watertight); to tighten; ⚓ to caulk, *US* calk; to write poetry; to compose; to rhyme; **~er** poet; **~erin** poetess; **~ergabe** poetic gift; **~erisch** poetic(al); **~erling** versifier, poetaster; **~halten** to keep a secret, not to breathe a word; **~igkeit** = ~e; **~kunst** poetry, poetic art; **~ung** ⚙ seal, packing; poetry; poetical work; fiction
dick thick; fat; stout, corpulent; *(groß)* big, large; voluminous ♦ *durch ~ u. dünn* through fair and foul, through thick and thin; *etw ~ haben* to be fed up with; *s. ~etun* to boast, to brag; **~bauch** paunch; **~bäuchig** paunchy; **~darm** large intestine; **~e** thickness; stoutness, corpulence; bigness; **~fellig** thick-skinned; **~flüssig** viscous, viscid; **~häuter** pachyderm; **~icht** thicket, brake; **~köpfig** pig-headed, obstinate; **~leibig** stout, corpulent; **~schädel** pig--headed person; **~te** 📖 thickness, set; **~wanst** paunch
die *siehe* der
Dieb thief; burglar; **~erei** thieving; **~esgut** stolen goods; **~essicher** burglar-proof; **~isch** thievish; *s. ~isch freuen* to be as pleased as Punch; **~stahl** theft, larceny; *(Einbruch)* burglary
Diele board, deal, plank; floor; hall; **~n** to floor; to board
dien|en to serve; *womit kann ich (Ihnen) ~en?* can I help you? ♦ *von d. Pike auf ~en* to rise from the ranks; **~er** (man-)servant; butler; buttons; **~erin** maid; **~lich** useful, serviceable
Dienst service; duty (*im ~* on d.; *außer ~* off d., *mil* retired); situation, post; *j-m e-n ~ leisten* to do (render) s-b a service, to oblige; *was steht zu ~en?* what can I do for you?; *j-m zu ~en stehen* to be at s-b's disposal; **~abzeichen** badge; **~alter** seniority; **~bar** subject; subservient; **~bote** (domestic) servant; **~eid** official oath; **~eifrig** very eager; zealous; officious; **~gebäude** office(s); **~grad** *(Mannschaften)* rank, *US* grade; *(Offiziere)* rank; ⚓ rating; **~leistung** service; **~lich** official; **~mädchen** maid (-servant); **~mann** porter; messenger; **~pflicht** compulsory military service; **~reise** official journey; **~stelle** agency, office, authority; **~stempel** official stamp; **~stunden** office hours; **~tauglich** fit for (military) service; **~verhältnis** term of employment; **~weg;** *auf d. ~weg* through (the) official channels; **~wohnung** official residence; **~zeit** period (*od* time) of service; **~zimmer** office; **~zulage** service bonus
Dienstag Tuesday
dies|bezüglich referring to this; **~er** this; **~jährig** of this year; **~mal** this time; **~malig** this, present; **~seitig** on this side; **~seits** on this side; *su* this life, this world
diesig misty, hazy
Dietrich skeleton key, picklock
Differenz difference; **~ieren** to differentiate; to discriminate; to make distinctions; **~iert** varied, dissimilar; **~iertheit** variety; **~ierung** differentiation
differieren to differ; to vary
Dikt|at dictation; *pol* dictated treaty, *das ~at von Versailles* the Treaty of Versailles; **~atorisch** dictatorial; **~atur** dictatorship; **~atzeichen** reference; **~ieren** to dictate (to s-b); **~iergerät** dictating machine
Dilemma dilemma
Dilettant amateur, dilettante; **~isch** amateurish
Dill dill
Ding thing; object; *guter ~e sein* to be in good spirits, cheerful; *über d. ~en stehen* to be above petty things; *vor allen ~en* above all; *das geht nicht mit rechten ~en zu* there's s-th fishy about it; *wie d. ~e liegen* as it is; **~en** to hire; **~fest:** *~fest machen* to arrest; **~lich** real; material; physical; **~nsbums, ~sda** thingamy, thingumbob
dinieren to dine
Dinkel spelt
Diözese diocese, bishopric
Diphtherie diphtheria
Diphthong diphthong
Diplom diploma, certificate; **~arbeit** dissertation; **~at** diplomat(ist); **~atie** diplomacy; **~atisch** diplomatic; **~dolmetscher** certificated interpreter; **~iert** certificated; **~ingenieur** diploma engineer, certificated engineer
dir *siehe* du
direkt direct; ☎ through; *nicht ~ falsch* not exactly wrong; first-hand; actual; **~ion** management; instruction, direction; **~ive** directive; **~or** managing director, manager; headmaster; **~orat** directorate; directorship; **~orin** manageress; headmistress; **~orium** board of directors, board of managers, managing board, directorate; **~rice** manageress; **~übertragung** 📻 live transmission

Dirig|ent conductor; 🕮 music director; **~ieren** ♪ to conduct; to direct, to rule; **~ismus** controlled economy, statism
Dirn|dl lass; *(Kleid)* dirndl; **~e** *(Mädchen)* girl; prostitute
Dis ♪ D sharp
Disharmon|ie disharmony; discord; **~isch** disharmonious
Diskant treble, soprano; *(Überstimme)* descant; **~schlüssel** treble clef
Diskont discount; **~ieren** to discount; **~satz** (official) discount rate
diskreditieren to (bring) discredit (on)
diskret tactful, discreet; reserved, unobtrusive; **~ion** tact; secrecy; discretion
diskrimin|ieren to discriminate against, to disparage; **~ierung** discrimination against, defamation
Diskus ⛩ discus, *umg* platter; **~werfen** discus throw
Disku|ssion discussion; **~tieren** to discuss
Dispens exemption, dispensation; **~ieren** to exempt (from); to excuse (from)
dispo|nieren to plan ahead; to make (preliminary) arrangements; **~sition** planning ahead, making arrangements; instruction; § disposition
Disput dispute; **~ieren** to dispute
Disqualifi|kation disqualification; **~zieren** to disqualify
Dissonanz dissonance
Distanz distance; **~ieren** *refl* to dissociate o.s. (*von* from)
Distel thistle; **~fink** goldfinch
Distrikt district
Disziplin discipline; ⛩ event; **~arisch** disciplinary; **~arstrafe** disciplinary sentence; **~arverfahren** disciplinary investigation (*od* procedure); **~ieren** to discipline
divers sundry
Dividend dividend; **~e** dividend; bonus
Diwan divan, settee
doch yet, however; after all; though *(am Satzende)*; but; yes, oh yes; *ja ~ !* yes, yes!; yes certainly; but of course; *nicht ~ !* certainly not!, don't! *(im Englischen oft durch Betonung des Hilfsverbs oder Hinzufügen von* to do *ausgedrückt)*
Docht wick
Dock dock; **~e** skein; **~en** ⚓ to dock
Dogge bulldog; (*englische ~*) mastiff
Dogma dogma; **~tiker** dogmatist; **~tisch** dogmatic
Dohle jackdaw
Doktor doctor; *US oft* physician; *d. ~ machen* to take one's doctor's degree; **~arbeit** thesis (for doctorate); **~würde** doctorate, doctor's degree
Doktrin doctrine; **~är** doctrinaire; *adj* doctrinal
Dokument document; **~arfilm** documentary film; **~arisch** documentary; **~ieren** to prove (by documents)
Dolch dagger; **~stoß** stab (with a dagger)
Dolde *bot* umbel; **~nförmig, ~ntragend** umbelliferous
doll awful; fantastic; *e-e ~e Sache* quite an event
Dollar dollar, *US sl* buck
Dolle ⚓ oarlock, *bes BE* rowlock
dolmetsch|en to interpret; **~er** interpreter
Dom cathedral; *(Kuppel)* dome; *fig* vault; **~herr** canon; **~pfaff** *zool* bullfinch
Domäne landed estate; *fig* field of activity, domain
domin|ant dominant; **~ante** dominant factor; ♪ dominant; **~ieren** to domineer
Domino *(Stein)* domino; *(Spiel)* dominoes
Domizil domicile; **~ieren** to domicile (with s-b)
Dompteur trainer, tamer
Donner thunder; *vom ~ gerührt* thunderstruck, stunned; **~n** to thunder, to roar; *fig* to fulminate (*gegen* against); **~nd** thunderous; **~schlag** thunder-clap, thunderbolt; **~wetter** thunderstorm; *~wetter!* damn it!; *was zum ~wetter ist das?* what the dickens (*od* the hell) is that?
Donnerstag Thursday
Doppel duplicate; **~adler** two-headed eagle; **~decker** ✈ biplane; **~deutig** ambiguous, equivocal; **~gänger** double; **~gleisig** double-track; **~griff** ♪ double stop; **~kreuz** ♪ double sharp; **~läufig** double-barrelled; **~laut** diphthong; **~punkt** colon; **~reihig** *(Anzug)* double-breasted; **~schlag** ♪ turn; **~seitig** on both sides; **~sinn** double meaning, double entendre; **~sinnig** ambiguous; **~spiel** double game; **~stecker** two-way plug; **~stück** duplicate; **~t** double, twofold; *etw ~t haben* to have two copies (etc) of s-th; **~züngig** double-tongued, double-faced
Dorf village; *(Weiler)* hamlet; **~bewohner** villager; **~gasthaus, ~krug** village inn; **~leute** countryfolk; **⁓ler** villager; **⁓lich** rustic
Dorn thorn; ⚙ pin, mandrel, arbor; *ein ~ im Auge* a thorn in one's side; **~enhecke** hedge of thorns; **~envoll, ~ig** thorny; **~röschen** Sleeping Beauty
dörr|en to dry, to bake; to desiccate; **~obst** dried fruit
Dorsch cod
dort there; *~ oben* up there; *~ unten* down there; **~her** from there; **~hin** there, that way; **~ig** of that place, there; **~zulande** in that country
Dos|e box; *(Einmach-)* can, *BE* tin; *(Zucker-)* basin, *bes US* bowl; ⚡ socket; = ~is; **~enmilch** tinned (canned) milk, *(ungezuckert)* evaporated milk, *(süß)* condensed milk; **~enöffner** *BE* tin-opener, can opener; **~ieren** to measure out; to apply in appropriate instalments; to regulate; **~is** dose
dös|en to doze; **~ig** sleepy, dull
Dotter yolk (of an egg); **~blume** marsh marigold; **~gelb** yolk-coloured
Doz|ent lecturer *(at a German university)*; **~ieren** to lecture, to teach

Drache dragon; *(Luft-)* kite; *(Weib)* shrew, termagant; **~nhaupt** 🏛 gargoyle
Dragoner dragoon
Draht wire; cable; *per ~* by wire ♦ *auf ~ sein* to be on the beam; **~anschrift** telegraphic address; **~antwort** telegraphic reply; **~en** to wire; **~esel** *umg* iron horse; **~haarig** wire-haired; **~los** wireless; **~netz** wire netting; **~schere** wire-cutters; **~seilbahn** funicular (*od* aerial) railway; **~verhau** wire entanglements; **~walzwerk** wire rod mill; **~zange** pliers; **~zieher** *fig* wire-puller
Draisine 🚂 (inspection) trolley
drakonisch Draconian, harsh
drall buxom; robust; *su* ⚙ twist; bias; *(Elektronen-)* spin
Drama drama; **~tiker** playwright, dramatist; **~tisch** dramatic; **~tisieren** to dramatize; to take too seriously; **~turg** dramatic critic, literary adviser; stage producer; **~turgie** dramaturgy
dran *siehe* daran; *ich bin ~* it is my turn; *gut ~ sein* to be well off; *~ denken* to keep in mind, to remember; **~kommen:** *er kommt ~* it's his turn; *wer kommt (ist) ~ ?* whose turn is it?; **~kriegen** to get the better of s-b; **~sein:** *ich war ~* I had my turn
Drän|age drainage; **~ieren** to drain
Drang urge, impulse; throng; pressure; **~̈eln** to push, to shove; **~̈en** to press, to crowd; to hurry, to urge; *refl* to force one's way; **~sal** hardship, affliction; distress; **~salieren** to harass, to worry; to oppress
drapieren to drape
drastisch drastic; *~ ausgedrückt* put crudely
dräuen *siehe* drohen
drauf *siehe* darauf; *~ u. dran sein* to be on the point of (doing); **~gänger** dare-devil; pushful person; **~gehen** to break up, to catch one's death; **~kommen** to remember, to find out; *eins ~kriegen* to get a slap in the face
draus *siehe* daraus; **~bringen** to confuse, to puzzle; **~kommen** to lose the thread (of what one is doing)
draußen out of doors; outside; abroad
drechs|eln to turn (on a lathe); **~ler** (wood) turner; **~lerbank** wood turning lathe; **~lerei** turnery
Dreck dirt, filth, *(Straße)* mud ♦ *das geht dich e-n ~ an* that's none of your damned business; **~ig** dirty, muddy
Dreh turn ♦ *den (richtigen) ~ herausbekommen (herauskriegen)* to get the hang of it, to get the knack of it; **~bank** (turning) lathe; **~bleistift** propelling pencil; **~brücke** swing bridge; **~buch** *(Roh-)* scenario, *(kurbelfertig)* script, continuity; **~buchverfasser** scenarist; script (*od* continuity) writer; **~bühne** revolving stage; **~en** to turn, to rotate, to revolve; ⚙ to turn; *(Tau)* to twist; to roll, to wind; *(Film)* to shoot; *s. ~en um (fig)* to hinge on, to be a question of *(weather etc)*; **~er** lathe operator, turner; **~moment** torque; **~orgel** barrel-organ; **~punkt** fulcrum; pivot; **~scheibe** potter's wheel; 🚂 turntable; **~strom** ⚡ three-phase current; **~stuhl** revolving chair; **~tür** revolving door; **~ung** turn; rotation; revolution; **~zahl** revolutions per minute, r.p.m.; speed
drei three ♦ *er kann nicht bis ~ zählen* he doesn't know how many beans make five; *ehe man bis ~ zählen kann* before you can say Jack Robinson; **~achteltakt** three-eight time; **~eck** triangle; **~eckig** triangular; **~einigkeit** trinity; **~erlei** of three kinds; **~fach** threefold; triple; **~faltigkeit** Trinity; **~farbendruck** three-colour print (*od* process); **~felderwirtschaft** three-field system; **~fuß** tripod; **~hundert** three hundred; **~hundertste** three-hundredth; **~jährig** three-year-old; triennial; **~jährlich** triennial; **~käsehoch** midget, little fellow; **~klang** triad; **~mal** three times; **~malig** repeated three times, thrice repeated; **~monatig** three-month-old; lasting three months; **~monatlich** quarterly; **~rad** tricycle; **~seitig** three-sided; trilateral; **~silbig** trisyllabic; **~sprung** 🏅 hop, step and jump; **~ßig** thirty; **~ßigste** thirtieth; **~stellig** of three digits; **~stimmig** for three voices; **~stöckig** three-storied; **~tausend** three thousand; **~tausendste** three-thousandth; **~teilig** in three parts, tripartite; **~vierteltakt** triple time, three-four time; **~zehn** thirteen; **~zehnte** thirteenth; **~zimmerwohnung** three-room flat
drein *siehe* darein; **~reden** to interrupt, to object; **~schlagen** to strike (hard)
dreist bold, daring; impudent, cheeky; **~igkeit** boldness; impudence
Drell drill; *(Matratzen-)* tick(ing)
Dresch|e thrashing; **~en** to thresh; *(prügeln)* to thrash; **~er** thresher; **~flegel** flail; **~maschine** threshing machine, thresher
Dress|eur trainer; **~ieren** to train; *(Pferd)* to break in; **~ur** training; breaking in; **~urreiten** dressage
Drill *mil* drill; **~bohrer** (automatic) drill; **~en** to drill; **~ich** drill; **~ichanzug** *mil* fatigue uniform; **~ing** triplet; *(Gewehr)* three-barrelled gun; **~maschine** ⚒ drill
dring|en to penetrate (*in* into, *durch* through); to force one's way (*in* into); *~en auf* to insist on; *~en in j-n* to urge s-b (to do); **~end** urgent; *adv* badly; **~lich** urgent; **~lichkeit** urgency; **~lichkeitsstufe** (degree of) priority
dritt|e third; **~el** third (part); **~eln** to divide into three; **~ens** thirdly; **~er** third party, other party; **~letzt** last but two
droben up there; (there) above; on high; upstairs
Drog|e (crude) drug; **~erie** (German-type) drugstore, *BE* chemist's shop; **~ist** druggist
Droh|brief threatening letter; **~en** to threaten, to menace; **~ung** threat, menace
Drohne drone; **~̈n** to resound, to roar; to boom; *su* roar(ing); boom
drollig droll, funny, comical
Dromedar dromedary
Droschke cab; **~nkutscher** cabman; **~nplatz** cabstand

Drossel *zool* thrush; *(Wild)* throat; ⚙ throttle; **~klappe** throttle valve; **~n** to throttle; to strangle; *fig* to curb
drüben over there, beyond
drüber *siehe* darüber
Druck pressure; compression; squeeze; *(Last)* burden, strain; 📖 print(ing), impression; *(~type)* type; *im ~* in the press, *fig* in a tight place; *in ~ gehen* to go to the press; in *~ geben* to send to the press; **~buchstabe** type; **~bogen** proof(-sheet), signature; **̈~eberger** shirker; **~en** to print; **̈~en** to press, to squeeze; *(Schuh etc)* to pinch; *̈~en auf* to bear on; *fig* to depress, to worry; *refl* to shirk; to steal away; **̈~end** heavy; burdensome; *(Luft)* close, sultry; **~er** printer; **~erei** printing-office, printing-works, *US a.* printery; **~erschwärze** printer's ink; **̈~er** latch; *(Gewehr)* trigger; **~farbe** printer's ink; **~fehler** misprint, printer's error; *pl (in Büchern)* errata; **~fertig** ready for the press; **~form** form, *BE mst* forme; **~knopf** press-stud, patent fastener; ⚡, 🚗 push-button; **~legung** printing, going to print; **~luft** compressed air; **~luftbremse** pneumatic brake; **~messer** pressure gauge; **~posten** *umg* soft job; **~presse** printing-press; **~pumpe** pressure pump; **~reif** ready for the press; **~sache** printed matter; **~schrift** type; publication; **~sen** to hesitate; to dawdle; **~stock** wood-block; plate; **~text** letter-press, (printed) text; **~type** letter; **~verfahren** printing-process; **~vorlage** copy
drum *siehe* darum; *d. ~ u. Dran* the extras, incidentals; *mit allem ~ u. Dran* hook, line and sinker
drunt|en below, down there; **~er** *siehe* darunter; *~er u. drüber* topsy-turvy, higgledy-piggledy; in great confusion
Drüse gland
Dschungel jungle
du you; *poet* thou; *auf ~ u. ~ stehen mit* to be on terms of intimacy, on very familiar terms with s-b
Dübel dowel (pin), peg
Dublette doublet
duck|en to duck, to stoop; *fig* to humble; *refl* to duck, to stoop; *fig* to humble o.s., to knuckle under; **~mäuser** coward, sneak
dudel|n to play on the bagpipe; **~sack** bagpipe(s)
Duell duel; **~ieren** *refl* to fight a duel (*mit* with)
Duett duet
Duft fragrance, scent, aroma; odour; **~en** to be fragrant, to smell sweet; **~end** fragrant; **~ig** = ~end; airy, light
duld|en to bear, to endure; to suffer; to tolerate; **~er** sufferer; **~sam** tolerant, patient; **~samkeit** tolerance, patience; **~ung** toleration
dumm stupid, dull; ignorant; **~dreist** impudent; **~heit** stupidity, dullness; a stupid thing; **~kopf** stupid fellow, blockhead, loggerhead; **~köpfig** stupid
dumpf *(Ton)* hollow; *(Schmerz)* dull; *(Luft)* heavy, close; muggy; *(muffig)* musty, stuffy; *fig* gloomy; **~ig** stale, musty
Düne dune
Dung dung; **̈~en** to manure, to dung, to fertilize; **̈~emittel** fertilizer, manure; **̈~er** fertilizer, manure; **̈~erhaufen** dunghill; **~grube** manure pit
dunkel dark; dusky; *(düster)* gloomy; *(Brot)* brown, dark; *fig* obscure ♦ *im ~n tappen* to be in the dark; *j-n im ~n lassen* to leave s-b in the dark about s-th; *su* = **~heit** darkness; obscurity; **~farbig** dark-coloured; **~kammer** dark room; **~n** to grow dark
Dünkel conceit; arrogance; **~haft** conceited, arrogant
dünk|en to seem; *es ~t mich, mich ~t* it seems to me; *refl* to fancy o.s.
dünn thin; dilute; slender; *(Stoff)* fine, flimsy; rare; weak ♦ *~ gesät* few and far between; *s. ~emachen* to make o.s. scarce; **~darm** small intestine; **~heit** thinness; weakness
Dunst haze; *(dichter)* mist; fume ♦ *j-m blauen ~ vormachen* to bamboozle s-b; *keinen blassen ~ haben* not to have the faintest idea; **~en** to evaporate; to steam; **̈~en** to stew; **~gebilde** phantom; **~glocke** blanket of smog; **~ig** hazy, misty; **~kreis** atmosphere
Duplikat duplicate
Dur ♪ major (key)
durch through; by (means of); because of; during, throughout; *d. ganzen Tag ~* all day long, *d. ganze Nacht ~* all night long; *d. ganze Zeit ~* all the time; *~ und ~* through and through, thoroughly
durcharbeiten to work through; to study thoroughly; to go carefully through; *refl* to get through, to work one's way through
durchaus quite, thoroughly; all right; absolutely, by all means; *(vor adj)* enough; *~ nicht* not at all, by no means, *(vor adj)* far from
durch|beißen to bite through; *refl* to fight one's way through; **~betteln** *refl* to live by begging; **~bilden** to train, to educate thoroughly; **~blättern** to leaf through; to run through, to skim through
Durchblick view, vista; insight; **~en** to look through, to see through; *~en lassen* to (give a) hint, to suggest
durch|bohren to bore through, to pierce; to perforate; **~brechen** to break through; to penetrate; **~brochen** *(Stoff)* open-work; **~brennen** to burn through; ⚡ to blow out, *BE* to fuse; *fig umg* to bolt; **~bringen** to carry through, to bring through; *(Geld)* to squander, to throw away; *refl* to support o.s.; **~bruch** break-through; breach; rupture; **~denken** to think over; **~dringen** *vt* to penetrate, to permeate; *vi* to get through; *fig* to succeed; **~dringend** penetrating; piercing, shrill; **~drücken** to press through; *fig* to force
durcheinander in disorder; confusedly; *su* confusion, disorder; muddle; **~bringen** to confuse, to befuddle

durchfahr|en to drive through, to travel through; *fig* to flash across; **~t** passage, thoroughfare; *(Tor)* gateway
Durchfall failure, fall; ⚕ diarrhoea; **~en** to fall through; *(Prüfung)* to fail; *~en lassen* to fail
durch|fechten to fight out; *refl* to fight one's way through; **~finden** *refl* to find one's way through; **~fließen** to flow through; **~fluß** flowing through; **~forschen** to search through; to investigate; *(Land)* to explore; **~fragen** to interrogate; **~fressen** to eat through; to corrode; *refl* to struggle through; **~frieren** to freeze through and through
Durchfuhr transit
durchführ|bar practicable; feasible; **~en** to convey through; *fig* to carry through, to accomplish; **~ung** accomplishment, execution; **~ungsbestimmung, ~ungsverordnung** (implementing) regulation (*zu* under)
Durchgang passage; *(astr, Waren)* transit; *kein ~!* no thoroughfare!; **¨ig** throughout, without exception, commonly; **~slager** transit camp; **~sverkehr** transit traffic; 🚂 through-traffic; **~svisum** transit visa
durchgehen *vt* to examine, to work through; *vi* to go through; *(Pferd)* to run away, to take the bit between one's teeth; *~der Zug* through train, nonstop train
durch|greifen to put one's hand(s) through; *fig* to take vigorous action; **~greifend** decisive, thorough; **~halten** to hold out, to carry through; *umg* to stick it out; **~hauen** to cut through; to thrash; *refl* to hack one's way through; **~hecheln** to hackle; *fig* to slate, to pull to pieces; **~helfen** to help through (out); **~jagen** *vt* to drive through; *vi* to rush through; **~kämpfen** to fight out; *refl* to fight one's way through; **~kochen** to boil thoroughly; **~kommen** to get through (along); to come through; to pass (*durch e-e Prüfung* an examination); *fig* to succeed; ⚕ to get over; **~kreuzen** to cross; *fig* to frustrate; **~laß** passage, opening; outlet; **~lassen** to let through; to let pass; to filter; **~lässig** pervious, permeable; penetrable
Durchlauf passing through; passage; **~en** *vt* to run through; to run from one end to the other; *(Schuhe)* to wear out; *vi* to run through; to filter through
durch|leben to live through, to go through; **~lesen** to read through
durch|leuchten to light up, to illuminate; ⚕ to X-ray; *vi* to shine through; **~liegen** to get bedsore; **~lochen** to punch; **~löchern** to perforate; to make holes in; **~löchert** ragged; *(voll Löcher)* holey; **~machen** to go through, to experience; to suffer
Durchmarsch march through; **~ieren** to march through
durch|mengen to mix; **~messen** to measure; to traverse; **~messer** diameter; **~müssen** to be forced to pass; to have to pass; **~nässen** to wet through, to soak; **~nehmen** to go through (over), to work through; to deal with; **~pausen** to trace; **~peitschen** to whip soundly; **~prügeln** to thrash soundly; **~queren** to cross, to traverse; **~rasseln** to rattle through; *(Prüfung)* to fail; **~rechnen** to reckon up, to count over; to check
Durchreise journey through, passage; *auf d. ~ durch* on the (his etc) way through; **~n** *vt* to travel extensively through (*od* over); *vi* to pass through, to cross; **~nder** passing tourist, through-passenger; **~visum** transit visa
durch|reißen to tear (in two); to break; *vi* to get torn, broken; **~rennen** to run through; **~rieseln** to run through, to flow through; *fig* to thrill; **~sacken** ✈ to stall; **~schauen** *vt* to look through; **~schauern** to shudder
durchscheinen to shine through; **~d** transparent
durch|scheuern to rub through; *vi* to wear bare; **~schießen** to shoot through; 📖 *(Buch)* to interleave, *(Druck)* to lead out; **~schimmern** to glimmer through; **~schlafen** to sleep (the night) through
Durchschlag colander, *(Sieb)* strainer; (carbon) copy; **~en** to beat through, to drive through; to strain; *vi* to strike through; to penetrate; to blot; *fig* to be effective, successful; *refl* to fight one's way through; to rough it
durch|schlängeln *refl* to wind through; **~schleusen** to pass through (the locks); **~schlüpfen** to slip through (off); **~schneiden** to cut through, *(Straße)* to cross; *refl* to intersect
Durchschnitt cut(ting through); *math* intersection; *(Quer-)* cross-section; average (*d. ~ nehmen* to average); **~lich** *adj* average; *adv* on an average; **~s-** average
durch|schreiben to (make a) copy; **~schrift** (fair) copy; **~schuß** *(Weben)* weft, woof; 📖 lead, space-line, *(Blatt)* interleaf; ⚕ a shot through; **~schütteln** to shake well, thoroughly; **~schwitzen** to perspire profusely; **~sehen** to look over, through; *vi* to see through, to look through; **~seihen** to strain, to filter; **~setzen** to mix, to intersperse (*mit* with); to carry through, to achieve; *(mit Gewalt)* to enforce; *s-n Willen ~setzen* to have one's way; *refl* to succeed; to make one's way; *... hat s. ~gesetzt* has come to stay
Durchsicht view, vista; inspection, review; revision; **~ig** transparent, open, clear; **~igkeit** transparency
durch|sickern to seep, to trickle through; to leak (through); *fig* to leak out; **~sieben** to sift; **~sprechen** to talk over; **~spülen** to rinse; to flush
durchstech|en to pierce through; to prick; to cut, to dig through; *vi* to pierce, to penetrate; **~erei** *pl* underhand dealings
durch|stecken to put through; **~stich** cut(ting); piercing; tunnel; **~stöbern** to rummage through; **~stoßen** to push through, to thrust through; to stab; to transfix; to break through; **~streichen** to cross out, to strike out; to cancel; **~streifen** to roam through, to rove; **~strömen** to flow through; **~suchen** to search

(through, all over); **~suchung** search; police raid; **~tanzen** to dance all (night), to dance through (all the dances); *(Schuhe)* to wear out by dancing ; **~tränken** to impregnate, to saturate, to permeate; **~treiben** to drive through; *(Kochen)* to strain; **~treten** to tread through; to press down completely; *(Schuh)* to wear out by walking; **~trieben** cunning, artful; **~wachsen** to grow through; *adj* streaky; **~wärmen** to warm thoroughly; **~waten** to wade through; **~weg** throughout; consistently; on the whole; *su* passage; **~weichen** to soak (through); *vi* to become soaked (wet); **~winden** to wind through; *refl* to wind through, to struggle through; **~wirbeln** to agitate, to whirl; **~wirken** to interweave; **~wühlen** to root up; to rummage; *refl* to dig one's way through (out); **~zählen** to count over (one by one); **~zeichnen** to trace; **~ziehen** to draw through; *(Nadel)* to thread; to interlace, to interweave; *(Fluß)* to run through; to pass, to march through; *vi* to pass, to march through; **~zucken** to flash through; **~zug** passage; march through; *(Luft)* (through) draught, *US* draft

dürfen may (might), to be allowed to, to be permitted to; to dare, to venture; *darf nicht* may not, must not, is not permitted to; *darf ich bitten?* please!, will you kindly ...?; *ich darf Sie bitten* may I ask you (to do), I must ask you (to do); *darf s. nicht wundern, wenn* must not be surprised if; *dürfte ich* ... may I *(accompany you)*; *dürfte* (= *wahrscheinlich*) will *(that will be the solution)*, probably *(that is probably a mistake)*; *er dürfte kaum* ... I doubt that he ...

dürftig needy, indigent; *(schlecht)* poor; insufficient; **~keit** need, indigence; poorness

dürr arid, barren; dry, parched; dried, withered; *(mager)* lean, skinny; **~e** aridity; dryness; drought

Durst thirst; *e-n über d. ~ trinken* to have a drop too much; **¨~en, ~en** to be thirsty; *fig* to thirst (*nach* after), to crave (*nach* for); **~ig** thirsty

Dusche shower-bath, douche; *e-e kalte ~* a cold douche, a damper; **~n** to douche

Düse *(zerstäubend)* nozzle; *(strahlbildend)* jet; **~nantrieb** jet propulsion; **~nflugzeug** jet(-propelled) aeroplane; **~njäger** jet fighter

Dusel luck, fluke; *großen ~ haben* to have a run of luck, to hit the jackpot; *(Schwindel)* giddiness, dizziness; **~ig** giddy, dizzy; **~n** to doze

Dussel blockhead, mug

düster gloomy, lurid; melancholy; **~keit** gloom; melancholy

Dutzend dozen; *12 ~* gross; **~mal** dozens of times; **~weise** by the dozen

duz|en = *auf d. ~fuß stehen mit* to say „du" to, to thou; **~freund** chum, intimate friend

Dyn dyne; **~amik** dynamics; *fig* strength, force; motive; **~amisch** dynamic *(a. fig)*; **~amit** dynamite; **~amo** dynamo, generator; **~astie** dynasty; **~astisch** dynastic

D-Zug express train, *BE* fast train; *(Durchgangszug)* corridor-train

E

E, e (the letter) E, e; ♪ E; **E-Dur** E major; **e-Moll** E minor

Ebbe ebb, low tide ♦ *bei ihm ist ~ (in d. Kasse)* he is hard up; **~n** *vi* to ebb

eben *adj* even, flat; smooth; level; *math* plane; *zu ~er Erde* on the ground floor; *adv* just (*das ist es ~* that's just it), even; evenly; exactly; *~ erst* just now; *~ deshalb, deswegen* for that very reason; **~bild** (the very) image, likeness; **~bürtig** equal; equal in birth; **~da, ~dort** in that place, there; **~derselbe** the very same; **~e** plain; *fig* level; *math* plane (*schiefe ~e* inclined pl.) ♦ *auf d. schiefe ~e geraten* to go wrong, to get into crooked ways; **~falls** likewise, too, also; **~maß** symmetry, harmony; (due) proportion; **~mäßig** symmetrical, proportionate; **~so** *adv* just as, so; quite as; *~so wie* and, as well as; **~sogern, ~sogut** *adv* just as soon, just as well

Ebenholz ebony

Eber boar; **~esche** mountain ash

ebnen to level, to smooth; *(fig Weg)* to pave

Echo echo; **~en** *vi* to echo; **~lot** echo-sounder

echt genuine, true, real; *(Wein)* unadulterated; *(Metall)* pure; *(Farbe)* fast; *(Haar)* natural, own; *(Text, Urkunde)* authentic; legitimate; *(Bruch)* proper; **~heit** genuineness; fastness; authenticity; legitimacy

Eck|e corner; angle; edge; *(Kurve)* turning; *an allen ~en und Enden* everywhere ♦ *j-n um die ~e bringen* to murder, *sl* to do s-b in; **~ball** ⚽ corner-kick; **~ig** angular; cornered; **~stein** corner-stone; *(Karten)* diamond; **~zahn** eye-tooth, canine tooth

Ecker acorn; beechnut

edel noble, well-born; *(großmütig)* generous; *(Metall)* precious; **~mann** nobleman; **~metall** precious metal; **~mut** magnanimity, generosity; **~mütig** magnanimous, generous; **~stein** precious stone, jewel; **~tanne** silver fir; **~weiß** *bot* edelweiss

Efeu ivy; **~bewachsen** ivy-clad

Effekt effect, result; **~en** belongings, movable estate, property; movables; *(Wertpapiere)* securities, stocks, bonds; **~enbörse** stock exchange; **~enmakler** stockbroker; **~hascherei** claptrap, showing-off; **~iv** real, positive, actual; **~voll** effective

egal alike, the same; *das ist mir ganz ~* it's all the same to me

Egel leech

Egge harrow; **~n** to harrow

Ego|ismus egoism; selfishness; **~ist** egoist; **~istisch** egoistic(al); selfish

ehe *conj* before, until; **~dem, ~mals** *adv* formerly, once, before this time; **~malig** *adj* former, late; *~malige(r) Schüler(in)* alumnus (alumna); **~r** *adv* sooner, rather (*als* than); before *(he would die b. he lied)*; *nicht ~r als* not until; **~stens** *adv* as soon as possible, at the earliest; very soon

Ehe marriage, matrimony; *wilde ~* concubinage; **~brechen** to commit adultery; **~brecher(in)** adulterer (adulteress); **~brecherisch** adulterous; **~bruch** adultery; **~bund, ~bündnis** marriage-tie; matrimony; **~frau** wife, spouse; **~gatte** husband; **~hälfte** better half; **~leben** married, wedded life; **~leute** married couple, spouses; **~lich** matrimonial, conjugal, nuptial; marital; *(Kind)* legitimate; **~lichen** to marry; **~los** unmarried; single; **~losigkeit** celibacy; **~mann** husband; **~paar** married couple; **~recht** marriage law; **~ring** wedding ring; **~scheidung** divorce; **~scheidungsklage** divorce suit; **~schließung** marriage; **~schließungsurkunde** marriage certificate; **~stand** married state; wedlock; **~stifter** matchmaker; **~versprechen** promise of marriage; **~vertrag** marriage contract; **~weib** wife, spouse

ehern brazen; brass; bronze

Ehr|abschneider slanderer; **~abschneidung** defamation, slander; **~bar** honest, respectable; honourable; decent; **~barkeit** respectability; decency; **~e** honour; respect; *(Ruf)* reputation; *auf ~(e) u. Gewissen* on one's honour; *j-m d. letzte ~e erweisen* to pay s-b the last tribute of respect; **~en** to honour, to revere; to respect

Ehren|amt honorary post; **~amtlich** *adj* honorary; non-professional; **~bezeigung** mark of respect; reverence; salute; **~bürger** honorary citizen; *~bürger werden* to receive the freedom of the city; **~bürgerrecht** freedom of a city; **~doktor** honorary doctor; **~gast** guest of honour; distinguished guest; **~geleit** retinue, suite; **~gericht** court of honour; **~(grab)mal** cenotaph; war memorial; **~haft** *adj* honourable, honest; high-principled; **~hain** memorial grove; **~halber** *adv* for honour's sake; **~handel** affair of honour; **~karte** complimentary ticket; **~kleid** ceremonial dress; **~kränkung** insult, affront, *(schriftl.)* libel; **~mal** monument; *siehe ~*(grab)mal; **~mann** man of honour; *dunkler ~mann* shady character; **~mitglied** honorary member; **~preis** prize; *bot* speedwell; **~rechte** *(bürgerliche)* civic rights; **~rettung** rehabilitation; apology; vindication; **~rührig** defamatory, libellous; **~titel** honorary title; title of honour; **~voll** creditable, honourable, respectable; **~wert** respectable, honourable; **~wort** word of honour; **~zeichen** decoration, medal; mark of distinction

ehr|erbietig respectful, reverent(ial); **~erbietung** respect; veneration, reverence; deference; **~furcht** awe; respect, reverence; **~furchtgebietend** awe-inspiring, awesome; **~fürchtig** reverential; **~gefühl** sense of honour; self-respect; **~geiz** ambition; **~geizig** ambitious; **~lich** honest, fair, sincere; bona fide; **~lichkeit** honesty; **~los** dishonourable; **~losigkeit** dishonesty, infamy; **~sam** respectable, decent; **~verlust** loss of civic rights; **~würden** Reverend; **~würdig** venerable, reverend

ei *interj* why!, ah!, indeed!

Ei egg; *verlorene ~er* poached eggs; *wie e. ~ d. andern* as like as two peas ♦ *wie aus dem ~ gepellt* as if he had just come out of a bandbox; spick and span; *d. ~ d. Kolumbus* Columbus's egg, *the* solution; *wie e. rohes ~ behandeln* to handle with kid gloves; *wie auf ~ern gehen* to walk like a cat on hot bricks; **~dotter, ~gelb** yolk; **~erbecher** egg-cup; **~erkuchen** omelette; **~erlöffel** egg-spoon; **~erpflanze** egg-plant; **~erschale** egg-shell; **~erstock** § ovary; **~förmig** oval, egg-shaped, oblong; **~leiter** § oviduct; **~schnee** whipped white of an egg; **~weiß** white of an egg, albumen; protein; **~weißhaltig** containing protein; **~weißstoff** protein

Eib|e yew(-tree); **~isch** hibiscus

Eich|amt Office of Weights and Measures; **~baum** oak(-tree); **~e** oak; **~el** acorn; **~elhäher** jay; **~en** *vt* to gauge, to calibrate; *adj* oaken, of oak; **~enlaub** oak leaves; **~horn, ~hörnchen, ~kätzchen** squirrel; **~maß** gauge

Eid oath; *(j-m) e-n ~ leisten (abnehmen)* to take (*od* administer) an oath (to s-b); *falscher ~* false oath, perjury; **~am** son-in-law; **~brecher** perjurer; **~bruch** perjury; **~brüchig** (having) perjured; **~esformel** form of oath; **~es Statt:** *an E. S. erklären* to declare on oath; **~esstattliche Erklärung** *(schriftl.)* affidavit; statement given as an oath; *(mündl.)* deposition; **~genossenschaft** confederation, league; the Swiss Confederation; **~lich** on (by) oath; sworn; **~genössisch** Swiss

Eidechse lizard

Eider|daunen *pl* eider(down); **~ente** eider-duck

Eifer zeal, ardour, fervour; eagerness ♦ *im ~ d. Gefechts* in the heat of the fray; **~er** zealot; **~n** to be zealous; to strive (*nach* after); *~n gegen* to inveigh against; *~n um* to vie (with s-b) in (doing s-th); *~n über* to get angry about; **~sucht** jealousy; **~süchtelei** petty jealousy; **~süchtig** jealous (*auf* of)

eifrig eager; zealous; keen, ardent

eigen *adj* own, proper; *(eigenartig)* peculiar, strange, odd; *(besonders)* separate, special; *(wählerisch)* fussy, choosy; *(innewohnend)* inherent, intrinsic; *s. etw zu ~ machen* to adopt, to utilize s-th; **~art** peculiarity, individuality; feature; **~artig** peculiar; **~artigkeit** peculiarity; **~brötler** crank, eccentric; **~dünkel** self-conceit; **~gewicht** dead (*od* net) weight; **~händig** with one's own hand(s); *(Brief)* autograph; **~heit** peculiarity; idiosyncrasy; idiom; **~liebe** egotism, self-complacency; amour-propre; **~lob** self-praise; **~mächtig** arbitrary, unauthorized; by one's own decision (*od* power); **~name** proper name; noun; **~nutz** selfishness, self-interest; **~nützig** selfish, self-seeking; **~s** *adv* on purpose; particularly; expressly, specially; **~schaft** quality; property, feature; attribute; capacity (*in m-r ~ als* in my c. as); **~schaftswort** adjective; **~sinn** obstinacy, stub-

bornness; wilfulness; **~sinnig** stubborn, wilful; obstinate; **~ständig** independent; **~tlich** *adj* true, real; actual; proper, essential; intrinsic; *adv* really, exactly; actually; in a way; *es ist ~tlich schade* it's a pity in a way; rather *(I rather wanted the pencil)*
Eigentum property (*an* in); *bewegliches ~* personal property, movables; *unbewegliches ~* real estate, immovables; **⁓er** owner, proprietor; *rechtmäßiger ⁓er* rightful owner; holder in due course; **⁓lich** proper; specific; peculiar, odd, strange; **⁓lichkeit** peculiarity; *(Merkmal)* feature, characteristic; **~sanspruch** claim of ownership; **~srecht** (legal) title (to property); **~sübertragung** transfer of title; **~surkunde** title deed; **~swohnung** owner-occupied flat (*od* house), condominium
Eigen|versorgung self-sufficiency; **~wärme** specific heat; body heat; **~wechsel** promissory note; **~wille** wilfulness; **~willig** wilful; self--willed
eign|en *refl* to be suited, adapted, qualified (*zu, für* for); **~er** owner; **~ung** *(Person)* qualification, aptitude; *(Sache)* suitability; **~ungsprüfung** aptitude (*od* ability) test
Eiland island, isle
Eil|bestellung 📯 express delivery; **~bote** courier; *durch ~boten* by express, *(Briefaufschrift)* express; **~brief** *BE* express letter, *US* special delivery letter; **~e** hurry, haste; speed; *ich habe (bin in) ~e* I'm in a hurry; *es hat keine ~e* there's no hurry; **~en** *(a. refl)* to hurry, to hasten; to make haste; *es ~t* it is urgent; *~t! (auf Brief)* urgent; **~ends** *adv* hastily, speedily, quickly; **~fertig** hasty, rash; **~fertigkeit** speediness; hastiness; alacrity; **~fracht, ~gut** express goods; **~ig** urgent; quick, hurried; *es ist ~ig* it is urgent; *es ~ig haben* to be in a hurry; **~marsch** forced march; **~post** express delivery; **~zug** limited stop passenger train; **~zustellung** 📯 *BE* express delivery, *US* special delivery
Eimer bucket, pail
ein *(Artikel)* a, an; *(Zahlw., pron)* one; *~es Tages* one day; *~ und derselbe* the very same; *manch ~er* many a one; *~ ums andere Mal* alternately; *j-s ~ u. alles sein* to be the apple of s-b's eye; *~er von beiden* either; *~ für allemal* once and for all; *in ~em fort* continuously, incessantly; *(adv) nicht ~ noch aus wissen* to be at one's wit's end; *~ und aus gehen* to frequent
ein|achsig two-wheeled; **~akter** one-act play; **~ander** each other, one another; **~arbeiten** *vt* to train on the job; *refl* to familiarize o.s. (*in* with); to work o.s. in; **~armig** one-armed
einäscher|n to burn to ashes; *(Leiche)* to cremate; **~ung** cremation; incineration; **~ungshalle** crematorium
ein|atmen to breathe, to inhale; **~atmung** breathing, inhalation; **~äugig** one-eyed
Ein|bahnstraße one-way street; **~balsamieren** to embalm; **~band** 📖 binding; *(Buchdeckel)* cover, case; **~bändig** in one volume; **~bauen** to build in; to install, to fit; **~baumöbel** built-in furniture; **~baum** log-canoe, dug-out; **~begreifen** to include, to comprise; **~begriffen** included, inclusive; **~behalten** to keep back, to detain; to withhold; **~beinig** one-legged
einberuf|en *parl* to convene, to summon, to convoke, to call together; *mil* to call out, up; **~ung** summoning; calling up; *mil* call-up, *US* induction
einbett|en *vt* ⚙, *fig* to embed; *fig* to surround (*in* with); **~ig** single(-bedded); **~zimmer** single(-bedded) room
ein|biegen *vt* to bend inwards; *vi* to turn (*in e-e Straße* into a street); **~bilden** *refl* to imagine, to fancy, to think, to believe; *s. etw ~bilden (auf)* to pride o.s. (on); to flatter o.s., to fancy o.s.; *sie bildet s. zu viel ein* she thinks too much of herself; *darauf brauchst du dir nichts einzubilden* this is nothing to be proud of; **~bildung** *(Vorstellung)* imagination, fancy; *(Dünkel)* conceit, presumption; **~binden** 📖 to bind; **~blasen** to blow into; *fig* to whisper, to prompt; **~bläser** prompter, insinuator; **~blenden** 📻, 🎞 to fade in; **~bleuen** to beat into s-b; to inculcate (*j-m* on s-b); **~blick** insight (*~ gewähren in* to give i. into)
einbrech|en *vt* to break open; *vi* to break in, to give way; to break through *(the ice)*; *(Dieb)* to break in *(to a house)*, *umg* to burgle, *bes US* to burglarize; *(Kälte)* to set in, to begin; *die Nacht bricht (her)ein* night is falling; **~er** burglar, housebreaker
ein|brennen to brand; to burn; *(Glasur)* to bake; ⚕ to cauterize; **~bringen** to bring in; ⚖ to file; *(Ertrag)* to yield; *(aufholen)* to make up for, to retrieve; 📖 to get in; **~brocken** *vt* to crumble; *s. etw ~brocken* to get o.s. into trouble; to put one's foot in it
Einbruch burglary; housebreaking; *fig, mil* breakthrough, a breaking into; *~ der Nacht* nightfall; *~ der Dunkelheit* dusk
Einbuchtung dent; bay
einbürger|n *vt* to naturalize; to adopt; *refl* to become naturalized; *(Wörter etc)* to be adopted; **~ung** naturalization
Einbuße loss, damage; **⁓n** to lose, to forfeit; to suffer a loss
ein|dämmen to dam up, to bank up; *fig* to check; **~decken** *refl* to lay in a store (*mit* of); **~decker** ✈ monoplane; **~deutig** clear, plain; definite; obvious
eindring|en to penetrate; to invade (*in e. Land* a country); to break in (*in* on); to force one's way in(to); *(auf j-n)* to press upon (s-b); **~lich** impressive; urgent; emphatic; **~ling** intruder
Eindruck *konkr, fig* impression (*auf* on); *~ machen auf j-n* to impress s-b; **~en** to imprint; **⁓en** to squash, to crush; to impress; **~svoll** impressive
ein|ebnen to level, to even (up); **~ehe** monogamy; **~en** to unite; **~engen** to narrow; to compress; to cramp
einer *pron* one, somebody; *su (Zahl)* digit; *math* unit; 🚣 single-sculler; **~lei** *adj* one and

the same; all the same; *~lei ob* regardless whether; *su* sameness; monotony; **~seits, einesteils** on the one hand
einexerzieren to drill, to train
einfach *adj* single; simple; plain; modest; primitive; primary; elementary; low-born; *adv fig* simply; **~heit** simplicity; plainness; modesty
einfädeln to thread; *fig* to contrive
einfahr|en *vt* to bring in; (🚗, *Pferd*) to break in; 🚗 to run in; *vi* to enter *(a port)*, to drive in; to pull in; *(Grube)* to descend; **~t** drive, entrance, gateway; ⚓ entrance; *(Grube)* descent
Einfall falling down, downfall; collapse; *mil* invasion, inroad; *(Idee)* idea, brain-wave, whim; *phys* incidence; **~en** to fall down, to collapse; ♪ to join in, to chime in; *mil* to invade; *phys* to be incident; *mir fällt ein* it occurs to me; *es fällt mir nicht ein* I cannot remember (think of) it; *es fällt mir nicht ein, das zu tun* I wouldn't dream of doing it; catch me doing that; *was fällt dir ein?* what do you mean by it?; who do you think you are; **~swinkel** angle of incidence
Einfalt innocence; simplicity; naiveté; **ᐟᐟig** simple, innocent, foolish; naive; **~spinsel** simpleton
Einfamilienhaus self-contained house, one-family dwelling
ein|fangen *(a. fig)* to catch; to capture; **~farbig** of one colour; *(Stoff)* plain; **~fassen** to border; to trim, to edge; to bind; *(mit e-r Borte)* to braid; *(in Gold)* to mount *(in gold)*; *(Stein)* to set; to enclose; **~fassung** border; edging, trimming; binding; mounting; setting; enclosure; **~fetten** to grease; ⚙ to lubricate; **~feuchten** to wet; **~filtrieren** to infiltrate; **~finden** *refl* to appear, to turn up; **~flechten** *(Haare)* to plait; *(Rede)* to interlard with; to put in; **~fließen** to flow in; *~fließen lassen (fig)* to remark (*od* mention) casually; **~flößen** to administer, to give; *fig* to inspire (with s-th), to instil; **~fluß** influx; flowing in; *fig* influence (*auf* on); **~flußreich** influential; **~flüstern** to whisper to, to insinuate; **~flüsterung** insinuation; **~fordern** to demand back; *(Schulden)* to call in; *(Steuern)* to collect
einförmig uniform; monotonous; **~keit** uniformity; monotony
einfried|en to enclose, to fence; **~ung** enclosure
ein|frieren to freeze *(a. Guthaben)*; **~fügen** *vt* to insert; *refl* to fit in, to adapt o.s. (*in* to); **~fühlen** *refl* to understand; **~fühlung(svermögen)** empathy
Einfuhr import(ation); *(-waren)* import(s); **~beschränkung** import restriction; **~bewilligung, ~schein** import licence; **~handel** import trade; **~sperre** embargo (on imports); **~überschuß** import surplus; **~zoll** import duty; **ᐟᐟen** to introduce (*a. vorstellen* s-b to s-b); *(in e. Amt)* to install; to inaugurate; to bring into fashion; to import (goods); **ᐟᐟung** introduction; installation; inauguration; importation; **ᐟᐟungslehrgang** orientation course
ein|füllen to fill in, to pour in; *(in Flaschen)* to bottle; **~gabe** petition
Eingang entrance; entry; *(Brief)* receipt, arrival; coming in; *kein ~* no entry; *nach ~* on receipt; **~s** *adv* at (in) the beginning
eingeb|en to give, to administer; ⚖ to present, to file, to send in; *fig* to inspire with, to prompt; **~ung** inspiration
einge|baut built-in; **~bildet** imaginary; conceited, stuck-up; **~boren** native; *fig* innate; *bibl* only-begotten; **~borener** native; **~denk** mindful of, remembering; **~fallen** *adj* emaciated, hollow (-cheeked); sunken *(eyes)*; **~fleischt** inveterate; confirmed *(bachelor)*
eingehen *vt (Ehe)* to contract; *(Wette)* to make; *(Verpflichtung)* to incur; *(Risiko)* to run; *vi* to come (go) in, to arrive; *(aufhören)* to cease, to stop, to come to an end; *(Tier)* to die; *(Pflanze)* to wither; to decay; *(Wolle)* to shrink; *~ auf* to consider, to agree to; **~d** *adj* thorough; detailed; exact; *nicht ~d (Stoff)* shrink-proof
einge|legt inlaid; *(Obst)* preserved; *(in Essig, Salz)* pickled; **~machtes** preserves; jam; *(in Essig)* pickles; **~meinden** to incorporate; **~nommen** prepossessed (*für* in favour of); prejudiced (*gegen* against); *von s. ~nommen* conceited; **~rückt** 📖 inserted; **~schrieben** ☎ registered; **~sessen** resident, established (*alt ~sessen* old-e.); **~ständnis** confession; avowal; **~stehen** to admit, to confess; to avow; *offen ~stehen* to make a clean breast of; **~strichen** ♪ once-accented; **~tragen** registered; **~weide** intestines, bowels; entrails; **~weiht** initiated; **~wöhnen** *refl* to accustom o.s. (to); **~wurzelt** deep-rooted; inveterate; **~zogen** *mil* called up
ein|gießen to pour in, out; **~gittern** to fence in; **~glas** monocle; **~gleisig** single-track; **~gliedern** to incorporate; to insert; to fit into; to integrate; **~graben** *vt/i* to dig in, to entrench; to bury *(a. fig)*; *fig* to engrave; **~gravieren** to engrave; **~greifen** *vi* to catch; ⚙ to interlock; 🚗 to gear; *mil* to come into operation; *fig* to intervene; to interfere; to interrupt, to enter into *(a conversation)*; **~griff** ⚕ operation; *fig* intervention, interference; ⚖ encroachment, infringement; **~haken** to hook into; to fasten; to catch, pin down; *fig* to cut in, to begin; *refl* to link arms
Einhalt stop, check; *~ gebieten* to put a stop to, to check; **~en** *vi* to stop, to pause; *vt* to observe, to follow, to keep *(an agreement)*; **~ung** observance
ein|händigen to hand over, to deliver; **~hängen** to hang, to put in; *(Tür)* to put on hinges; ☎ to hang up; **~hauchen** to instil; to inspire with; **~hauen** to hew in, to cut (into); *umg* to tuck in; **~heimisch** native; home, domestic; *bot* indigenous; **~heimische(r)** native; **~heimsen** *fig* to reap, to rake in; **~heiraten** to marry (into)

Einheit unity, union; *mil, math* unit; **~lich** uniform; centralized; homogeneous; **~lichkeit** uniformity; homogeneity; **~s-** standard; uniform; unity; **~spreis** uniform price, standard price; **~swert** taxable value

ein|heizen to light a fire, to heat; **~hellig** unanimous; unambiguous

einher *adv* along, forth; **~fahren** to drive (*od* ride) along; **~gehen** to walk along

einholen *vt* to bring in; to collect, to gather; to seek *(counsel)*; ⚓ to haul in, down; *(Zeit)* to make up for; *j-n* ~ to catch up with s-b; to come level with s-b; *vt/i* to shop; ~ *gehen* to go shopping

Ein|horn unicorn; **~hüllen** to wrap up, to envelop

einig in agreement; united; unanimous; at one; *s.* ~ *sein* to (be) agree(d); **~en** *vt* to unite, to unify; *refl* to come to terms, to agree (*auf* on); **~keit** harmony, union, concord; agreement; **~ung** agreement; settlement

einig|e *pron* some, a few, several; **~emal** several times; **~ermaßen** *adv* to some extent, somewhat; **~es** something, anything

ein|impfen to inoculate, to vaccinate; *fig* to instil into; **~jagen:** *j-m Angst ~jagen* to alarm, to frighten s-b; **~jährig** one-year old; *bot* annual; **~kalkulieren** to take into consideration; **~kapseln** to capsule; ⚕ to encyst; **~kassieren** to cash, to collect

Einkauf purchase, buying; **~en** to buy, to purchase; to shop; *~en gehen* to go shopping; **⁓̈er** buyer; **~sgenossenschaft** purchasing co-operative; **~spreis** purchase price; **~stasche** shopping bag

Einkehr stop (at an inn); *fig* contemplation; **~en** to stop; to call at

ein|keilen to wedge in, to hem in; **~kellern** to cellar, to put into cellar-storage; **~kerben** to notch, to score; **~kesseln** to encircle; **~klagbar** actionable, enforceable; **~klagen** to sue for; **~klammern** to bracket, to put in parentheses (*od* brackets); to cramp; **~klang** harmony; unison; agreement; **~kleiden** to fit out; to invest with; *eccl* to robe; **~klemmen** to squeeze, to jam; ⚕ *eingeklemmt* strangulated *(hernia)*; **~klinken** to latch; **~knicken** *vt/i* to bend in; to turn down; *vi* to give way; **~kochen** to boil down; to make jam of, to preserve

Einkommen income, emoluments; *(Staats-)* revenue; *(vt)* ~ *um* to apply for; **~steuer** income-tax; **~steuererklärung** income-tax return

ein|kreisen to encircle, to surround; **~künfte** income, revenue

einlad|en *vt* to load, to ship; *(j-n)* to invite, to ask s-b; **~end** inviting; enticing, tempting; **~ung** invitation (*~ungsschreiben* letter of i.)

Einlage *(Brief)* enclosure; *(Bank)* deposit; *(Spiel)* stake; *(Zahn)* filling; *(Schuh)* instep raiser, support; **~rn** to store

Einlaß entrance; admission; inlet; **~geld** admission (fee); **~karte** ticket; **~ventil** ⚙ inlet valve

ein|lassen *vt* to admit, to let in; ⚙ to insert; *refl* to have dealings (*mit* with); to engage (*auf* in); to meddle (*auf* with); **~lauf** arrival; ⚕ enema; **~laufen** to arrive, to come in; to enter (*in e-n Hafen* a port); 🚗 to run in; *(Stoff)* to shrink ♦ *j-m d. Haus ~laufen* to pester s-b (with one's wishes); **~leben** *refl* to settle down; to familiarize o. s. (with); to accustom o.s. (to); **~legen** *(Brief)* to enclose; to put in; to inlay; to insert; *(e-n Film)* to load *(a camera, a film)*; *(Lebensmittel)* to preserve, *(in Essig)* to pickle; **~legesohle** insole; sock

einleit|en to begin, to initiate; to introduce; ⚖ to open, to institute; **~ung** introduction; prelude (♪, *a. fig*); preamble; *(schriftl.)* preface

ein|lenken to turn (in); *fig* to give in, to become more reasonable; **~leuchten** to be evident, to be clear; to sound convincing; **~leuchtend** evident, clear; convincing; **~liefern** to deliver (up); to take to; **~liegend** enclosed; **~lösen** to redeem; *(Wechsel)* to meet, to honour; **~lösung** redemption; **~lullen** to lull to sleep; to lull (into)

einmach|en to preserve, *(in Gläser, Flaschen)* to bottle; *(in Büchsen) BE* to tin, to can; *(in Essig, Salz)* to pickle; **~glas** preserving jar, bottle

einmal *adv* once, one time; *(früher)* once (upon a time); formerly; *(in Zuk.)* one day, some time; *auf* ~ all at once, suddenly, *(zusammen)* all together; ~ *dies,* ~ *das* now this, now that; *noch* ~ once again, once more; *nicht* ~ not even; *nicht nur* ~ more than once; ~ *ist keinmal* once is no custom; **~eins** *su* multiplication table; **~ig** unique; unequalled; single, solitary

Einmarsch entry, marching in; **~ieren** to march in

ein|mauern to wall in; to immure; to embed; **~mengen, ~mischen** *refl* to interfere (with), to intervene (in); **~mischung** interference (with), intervention (in); **~motten** to protect against moths, to mothball *(a. fig)*; **~münden** *in* to flow into, to discharge into *(river)*; to run into *(street)*; to join

einmütig unanimous; **~keit** unanimity; harmony

Einnahme *mil* capture; occupation, conquest; *(Geld)* receipt, proceeds; *(Einkünfte)* income, revenue

einnehmen to occupy, to take; ⚕ to take *(medicine)*; *(Geld)* to receive; *(Steuern)* to collect; *fig* to charm, to captivate; **~d** taking, engaging

ein|nicken to fall asleep, to nod (off); **~nisten** *refl* to build one's nest; *fig* to settle down; *umg* to squat

Ein|öde desert, solitude; **~ölen** to oil, to grease; **~ordnen** to arrange; to classify; *(Briefe)* to file; **~packen** to pack; to wrap up; **~pauken** to coach, *umg* to cram; **~peitscher** *pol* (party) whip; **~pferchen** to pen in, to box up; to coop up; **~pflanzen** to plant; *fig* to implant, to inculcate; **~pfropfen** to cram in; ⚘ to engraft; **~pökeln** to salt, to pickle, to brine

einpräg|en to impress (*a. fig,* upon); to imprint; *s. ~en* to remember, to note; **~sam** impressive; easily remembered
einquartier|en to billet (*bei, in* on); *mil* to canton, to quarter troops; **~ung** billeting; *mil* cantonment, quartering
ein|rahmen to frame; **~rammen** to ram in; **~räumen** *vt* to put in order; to furnish *(a room)*; *(abtreten)* to give up (for); *(zugestehen)* to concede, to grant, to admit; **~rechnen** to include, to allow for
Einrede objection; contradiction, protest; ⚖ defence plea; **~n** to persuade; to make (s-b) believe
ein|regnen to be caught in a deluge (of rain); **~reiben** to rub (into); **~reichen** to hand in, to deliver; to present; ⚖ to file, to submit; to lodge
ein|reihen to include, to insert; to arrange; to classify; to enrol; **~reihig** single-breasted *(suit)*
Einreise entry (into a country); **~bewilligung, ~erlaubnis, ~genehmigung** entry permit; **~n** to enter
ein|reißen *vt* to pull down, to tear down; to demolish, to dismantle; *vi fig* to spread, to gain ground; **~reiten** to break (in); **~renken** to set; *fig* to set right; **~rennen** to run against, to dash against; *(Tür)* to force open
einricht|en to arrange; to manage; to furnish *(a house)*; ⚕ to set; ⚙ to install; to establish, to set up, to institute; *s. auf etw ~en* to prepare for; *wir sind noch nicht eingerichtet* we aren't straight yet; **~ung** arrangement; *(Möbel)* furniture, furnishings; *(Ausstattg.)* equipment, outfit; *(Anlage)* installation, fittings; establishment, institution; *städtische ~ungen* municipal services
ein|rollen to roll up; **~rosten** to rust; *fig* to get rusty; **~rücken** *vi* to enter, to march into; *mil* to join up; 📖 to indent
eins one; *adv* the same; *~ sein* to be at one; *~ werden* to come to terms, to agree; *es läuft auf ~ hinaus* it comes to the same thing; *es ist mir ~* it is all the same to me
ein|salben to rub with ointment; *eccl* to anoint; to embalm; **~salzen** to salt, to pickle
einsam lonely, lonesome, solitary; *adv* alone; **~keit** loneliness
ein|sammeln to gather, to collect
Einsatz insertion; inset; container; *(Spiel)* stake, pool; ♪ entry, striking up; *(Pfand)* pledge; deposit; *(Hemd-)* shirt front; *(Gestell)* tray; *mil* employment, use; effort; ✈ sortie (*~ fliegen* to fly [on] a s.); *unter ~ des Lebens* at the risk of one's life; *zum ~ bringen* to put (send) into action; to apply; **~bereit** ready for use (action); **~bereitschaft** readiness for action; **~fähig** employable
einsaugen to suck in; to absorb
einschalt|en to insert; ⚡ to switch on; to plug in; 📻 to tune in, to switch on; 🚗 to engage (the gear); to interpolate, to intercalate; **~ung** insertion; interpolation; intercalation

ein|schärfen to impress upon; to inculcate; **~scharren** to bury; **~schätzen** to assess, to value; to estimate (*auf* at); *(richtig)* to appreciate; **~schätzung** assessment; appraisal; appreciation; **~schenken** to pour in, out ♦ *reinen Wein ~schenken* to tell the unvarnished truth
einschieb|en to put in; to insert; to intercalate; **~sel** interpolation, intercalation
einschießen to shoot down; *(Waffe)* to test; *(Geld)* to pay in
einschiff|en *vt/refl* to embark; **~ung** embarkation
einschlafen to fall asleep; *fig* to die
einschläfern to lull to sleep; ⚕ to narcotize; **~d** lulling, somnolent; ⚕ narcotic
Einschlag impact, burst *(of a bomb)*; *(Gewebe)* woof, weft; *fig* touch; **~en** *vt (Nagel)* to drive in; *(Glas)* to break; to wrap up; *(Kleid)* to shorten; *(Straße)* to take; *(Laufbahn)* to take up *(career)*; *vi (Blitz)* to strike; to agree; **⁓̈ig** respective; pertinent to; relevant; *(Buch)* on the subjetc; bearing on the point; **~papier** wrapping-paper
ein|schleichen to steal in; to creep in; **~schleppen** to bring in
einschließ|en to lock up; to enclose; *mil* to encircle, to surround; *fig* to include; **~lich** inclusive, including
Einschluß inclusion; *mit ~* inclusive, including
ein|schmeicheln *refl* to insinuate o.s. into, to ingratiate o.s. with; **~schmelzen** to melt down; **~schmieren** to grease, to oil; to smear; to rub in; **~schmuggeln** to smuggle in; **~schnappen** to click, to catch; *fig* to take offence (*bei* at)
einschneiden to cut into, to notch; **~d** decisive; drastic; far-reaching
ein|schneien to snow up (in); **~schnitt** incision, cut; cutting; *fig* turning-point
einschränk|en to limit, to restrict; to curtail; *refl* to retrench; to economize; **~ung** restriction, limitation; curtailment; retrenchment
Einschreibe|brief registered letter; **~gebühr** registration fee; **~n** to enter, to note down; to register *(a letter)*; *refl* to enrol; to matriculate; to enter one's name; *su* = ~brief
ein|schreiten to intervene (*bei* in); to interfere (*bei, gegen* with); to take steps; ⚖ to proceed against; **~schrumpfen** to shrink; **~schüchtern** to intimidate
einsegn|en to consecrate; to confirm; **~ung** consecration; confirmation
einsehen to look into; to examine; *(Bücher)* to have access to; *fig* to comprehend, to realize, to understand; *su* comprehension, understanding; *ein ~ haben* to be reasonable; *(Wetter)* to be kind
einseifen to soap, to lather; *fig* to take in, to dupe
einseitig one-sided; partial; unilateral; **~keit** one-sidedness; partiality
einsend|en to send in; *(Beitrag)* to contribute (*an* to); **~er** sender; contributor
einsenken to sink; to plant

einsetz|en *vt* to put in; to insert; to employ, to use; to appoint, to install; to set up; *(Pfand)* to pledge; ⚘ to plant; *fig* to stake, to risk; *refl* to stand up for s-b, to side (with); *s. voll ~en* to pull one's weight; *vi* to set in, to begin; ♪ to strike up; **~ung** institution; appointment; installation
Einsicht insight; inspection, examination; *fig* understanding, judgment, reason; **~ig** sensible, prudent, judicious; **~nahme** inspection, examination
einsickern to soak into, to trickle in
Einsied|elei hermitage; **~ler** hermit; **~lerisch** solitary, secluded
einsilbig monosyllabic; *fig* taciturn
ein|sinken to sink in; to give way; **~sitzig** single-seated; **~spannen** to harness *(horses)*; to stretch; *(j-n für)* to obtain the support of s-b for; **~spänner** one-horse vehicle; **~sparen** to save, to economize; *(Kosten)* to cut down; **~sperren** to lock in; *(ins Gefängnis)* to (take to) jail; to arrest; **~spielen** 🎭 to yield; *refl* 🏋 to train; ♪ to become practised in playing together; *fig* to settle down (at a level); **~spinnen** *refl zool* to cocoon; *fig* to be absorbed (in); to seclude o.s.; **~sprengen** *(Wäsche)* to sprinkle, to damp; *geol* to intersperse; **~springen** *(Türschloß)* to snap, to catch; *(Ecke)* to re-enter; fig to help; to act (*für* for); to step into the breach
einspritz|en to inject; **~ung** injection
Einspruch objection, protest; *~ erheben* to object (to), to protest (against), to raise an objection, to lodge a protest; to appeal (*bei* to, *gegen* against); **~srecht** veto
einspurig 🚂 single-track
einst *adv (früher)* one, formerly; *(zukünftig)* one day, in days to come; **~ig** *adj* former; **~mals** *adv* once, formerly; **~weilen** *adv* meanwhile, in the meantime, for the present; **~weilig** temporary; ⚖ interim, provisional
ein|stampfen to pulp; **~stand** 🏋 deuce ♦ *~stand feiern* to give a house-warming party; **~standspreis** cost price; **~stecken** to put in; to pocket; *(einsperren) umg* to jail, to run in; *fig* to swallow, to take *(an insult)*; ϟ to plug in; **~stehen** to make o.s. responsible (*für* for); to guarantee, to answer (*für* for); **~steigen** to get in (to); *US* to go aboard; *~steigen!* take your seats, please!, *US* all aboard!; *fig (bei j-m)* to join s-b's business
einstell|bar adjustable; **~en** to put in; 🚗 to garage; 📻 to turn on, to tune in; ⚙ to adjust, to set; 📷 to focus; *(Arbeiter)* to engage, to employ; *mil* to enlist; 🏋 to equal; *(aufhören)* to cease, to stop, to leave off; to suspend *(payments)*; ⚖ to discontinue; *(Arbeit)* to (go on) strike; *refl* to come, to appear; *s. ~en auf* to adapt o.s. to; **~ig** of one figure; **~skala** front scale; **~ung** adjustment; engagement; enlistment; cessation, stoppage; suspension; *fig* attitude, views
einstimm|en to chime, to join (in); *fig* to agree with, to consent to; **~ig** ♪ for one voice; *fig* unanimous; **~igkeit** *fig* unanimity; **~ung** agreement, consent
ein|stöckig one-storied; **~stoßen** to push in, to smash, to break; **~streichen** *(Geld)* to pocket; **~streuen** to strew in; *fig* to interlard, to intersperse; **~studieren** to study; 🎭 to rehearse; **~stufen** to classify (*als* as); to categorize; to range; **~stufung** placement; classification; **~stündig** one hour's; **~stürmen** *vi* to assail *(auf j-n s-b)*; to rush (upon); **~sturz** collapse; *geol* caving-in, subsidence; **~stürzen** to collapse, to tumble down
eintägig one day old; lasting one day; ephemeral
Eintagsfliege May-fly; *fig* a short-lived thing
Eintänzer gigolo
ein|tauchen *vt/i* to dip (in), to plunge; **~tauschen** to exchange (*für* for), to swop
ein|teilen to divide; to budget *(money, time)*; to arrange; to classify; *(Skala)* to graduate; **~ung** division; arrangement; classification
eintönig monotonous; **~keit** monotony
Eintopf(gericht) hotchpotch; one-course dish
Eintracht harmony, union, concord; **⁓̈ig** united; harmonious
Eintrag *(in e. Buch)* entry; *(Schaden)* damage, harm; **~en** *(in Buch, Liste)* to enter, to register, to book; *(Schule)* to enrol; *fig* to yield, to profit; **⁓̈lich** lucrative, profitable, remunerative; **~ung** entry; registration
ein|träufeln to instil drop by drop; **~treffen** to arrive; *fig* to happen, to come true; **~treiben** to drive home; *(Steuer)* to collect; *(Schuld)* to recover
eintreten *vt* to kick open; *vi* to go in, to enter, to step in; to join *(a firm, the army)*; *~ für j-n* to stand up for s-b, to intercede for s-b, *(für etw)* to advocate s-th; *fig* to happen, to occur; to set in, to take place
eintrichtern *fig* to drum s-th into s-b's head
Eintritt entrance, entry; *(Geld)* admission (fee); commencement, setting in; **~sgeld** admission (fee); **~skarte** ticket
ein|trocknen to dry up; **~tröpfeln** to drop in, to instil; **~tunken** to dip in, to dunk; **~üben** to practise; to drill, to train; **~verleiben** *refl* to imbibe; to incorporate; to annex; to assimilate
Einvernehmen understanding; agreement; *gutes ~* amity; *in gutem ~ leben mit* to be on good terms with; *im ~ mit* in agreement with
einverstand|en agreed; *~en sein* to agree, *(mit etw)* to approve (of) s-th; **⁓̈nis** agreement, consent; approval
Einwand objection, protest; exception; *e-n ~ erheben gegen* to raise an objection to, to take exception to; **~frei** faultless, flawless, blameless; incontestable, irreproachable, unimpeachable; perfect
Einwander|er immigrant; **~n** to immigrate; **~ung** immigration
ein|wärts *adv* inward(s); turned-in; **~wechseln** *(Geld)* to change; **~wecken** to bottle, to preserve; **~weichen** to soak, to steep

einweih|en to consecrate, to inaugurate; to initiate (*in* into); to open; *(ein Haus)* to give a house-warming party; **~ung** consecration; inauguration; initiation; opening
einwend|en to object (*gegen* to); **~ung** = Einwand
ein|werfen to break, to throw in; *(Brief)* to post, *US* to mail; *fig* to interject; to object; **~wertig** univalent
einwickel|n to wrap up, to envelop; **~papier** wrapping-paper
einwillig|en to consent; to agree (*in* to); to acquiesce (in); **~ung** (previous) consent; acquiescence (in s-th)
einwirk|en *(auf)* to influence, to impress; to act on; **~ung** influence; effect; action (upon)
einwohn|en *refl* to begin to feel at home; **~er** inhabitant; **~erschaft** inhabitants
Ein|wurf slit; slot; aperture; *fig* remark, objection; **~wurzeln** to take root
Einzahl singular (number); **~en** to pay in; *(bei e-r Bank)* to deposit; **~ung** (in-)payment; *(Bank)* deposit
einzäun|en to fence in; **~ung** fence, enclosure
einzeichnen *vt* to draw in; to mark; *refl* to enter one's name
Einzel|arrest solitary confinement; **~fall** single case; individual case, particular case; **~gänger** outsider; **~haft** = ~arrest; **~handel** retail trade (business); **~handelsfirma** retail firm; **~händler** retailer; **~heit** detail, particular; **~kampf** hand-to-hand-fight; **~spiel** ⛩ singles; **~teil** single (*od* component) part; **~unterricht** private tuition; **~zimmer** single room
einzeln *adj* single; particular; individual; odd *(glove etc)*; isolated, lonely; *(ohne Hilfe)* single-handed; *adv* singly, one by one; in detail; individually; ~ *anführen, angeben* to specify, to particularize; **~e(r)** *su* the individual (man, woman); *im ~en* in detail, in particular; *ins ~e gehen* to go into detail
einziehen *vt* to draw in, to pull in; to thread *(a needle)*; *(Fahne, Segel)* to lower, to haul down; ✈ to retract; *mil* to call up, to draft, to conscript; *(Geld, Steuern)* to collect; *(Banknoten)* to call in, to withdraw from circulation; 📖 to indent; ⚖ to confiscate, to seize; *Erkundigungen ~* to make inquiries; *(einsaugen)* to suck in; to absorb; *vi* to march in; to move in (to a house); to soak in
einzig *adj* only; sole; single; **~(artig)** unique; *~ u. allein* only, solely
ein|zuckern to sugar; **~zug** entry, entrance; moving in (to a house); 📖 indention; **~zugsgebiet** catchment basin; **~zwängen** to squeeze in, to wedge in
Eis[1] ice (*das ~ ist gebrochen* the ice is broken, *a. fig*); *Speise-)* ice-cream; *auf ~ legen* to ice ♦ *s. auf dünnes ~ wagen* to skate on thin ice; **~bahn** (skating) rink; **~bär** polar bear; **~bein** knuckle of pork; **~berg** iceberg; **~beutel** ice-bag; **~bombe** ice-pudding; **~brecher** ice-breaker; **~decke** sheet of ice; **~feld** ice-field, floe; **~frei** free of ice; **~gang** drifting of the ice; **~gekühlt** all chilled, iced; **~grau** hoary; **~heiligen:** *die drei E.* the 11th, 12th, and 13th of May; **~hockey** ice hockey; **~ig** icy; **~kalt** icy-cold; as cold as ice; **~kunstlauf** figure-skating; **~lauf** skating; **~laufen** to skate; **~läufer** skater; **~maschine** freezer; **~meer** polar sea; **~pickel** ice-axe; **~schrank** ice-box, *(elektr.)* refrigerator, *BE umg* fridge; **~segler** ice-boat; **~vogel** *zool* kingfisher, halcyon; **~zapfen** icicle; **~zeit** ice-age, glacial period
Eis[2] ♪ E sharp
Eisen iron; *(Huf-)* horseshoe; *(Werkzeug)* iron implement, iron tool ♦ *zum alten ~ werfen* to scrap
Eisenbahn *BE* railway, *US* railroad; train; *(zum Aufziehen)* clockwork train ♦ *es ist höchste ~* it's high time; **~arbeiter** railwayman, gangman; **~beamter** railway official; **~damm** embankment; trackway; **~direktion** Railway Head Office; **~endstation** *BE* (railway) terminus, *US* railroad terminal; **~er** railwayman; **~fähre** train ferry; **~fahrt** railway journey; **~gesellschaft** railway company; **~knotenpunkt** railway junction; **~kreuzung** railway crossing; **~linie** line; **~netz** network of railway lines; **~schwelle** *BE* sleeper, *US* tie; **~übergang** *BE* level crossing, *US* grade crossing; **~wagen** *BE* railway carriage, *US* railroad car
Eisen|beton reinforced concrete; **~blech** sheet iron; **~erz** iron ore; **~fresser** bully, fire-eater; **~gießerei** iron-foundry; **~guß** *(Werkstoff)* cast iron; *(Stücke)* iron castings; **~handlung** *BE* ironmongery, *US* hardware store; **~haltig** containing iron; *(Wasser)* chalybeate, ferruginous; **~hut** *bot* aconite, monkshood; **~stange** iron bar; **~walzwerk** iron-rolling mill; **~waren** *BE* ironmongery, hardware
eisern iron; *fig* inflexible, hard (and fast); *~er Bestand* reserve stock; permanent fund; iron rations; **~e Lunge** ⚕ iron lung; **~es Kreuz** Iron Cross; **~er Vorhang** 🎭 safety-curtain; *pol* Iron Curtain
eitel vain, conceited; idle; empty; pure *(gold)*; *(nur, nichts als)* only, nothing but; **~keit** vanity, conceit
Eiter matter, pus; **~beule** abscess, boil; **~ig** purulent, festering; **~n** to fester, to suppurate; **~ung** suppuration
Ekel aversion, disgust; *(mit Brechreiz)* nausea; *(Person)* nasty fellow; **~haft, ~ig** disgusting, loathsome, revolting, nasty; **~n** *vt* to disgust; *refl* to loathe, to be (*od* feel) disgusted (at); *es ekelt mich an* I loathe it, it disgusts me
Eksta|se ecstasy; **~tisch** ecstatic
Elan vitality, verve
elasti|sch elastic; flexible; **~zität** elasticity; buoyancy
Elch elk
Elefant elephant; **~enzahn** tusk ♦ *s. wie e. ~ im Porzellanladen benehmen* to act like a bull in a china shop
elegan|t elegant; **~z** elegance
Ele|gie elegy; **~gisch** elegiac

elektri|fizieren to electrify; **~ker** electrician; **~sch** electric, *(a. fig)* electrical; **~sche** *su BE* tram, *US* streetcar; **~sieren** *(a. fig)* to electrify; to give electric treatment; **~zität** electricity, *(Strom)* current; **~zitätswerk** power-plant, power station

Elektro|analyse electroanalysis; **~herd** electric cooker; **~industrie** electrical industry; **~lyse** electrolysis; **~technik** electrical engineering; **~techniker** electrical engineer, electrician; **~technisch** electrical

Elektro|de electrode; **~n** electron; **~nik** electronics; **~nisch** electronic

Element element (*in s-m ~ sein* to be in one's e.); component; factor; ↯ cell

elementar elementary, first; elemental, violent; *(Schule)* abecedarian; **~buch** primer; **~gewalt** elemental power; **~kenntnisse** elementary (*od* basic) knowledge, the three R's; **~schule** primary (*od* elementary) school; **~teilchen** elementary particle

Elend *su* misery; misfortune; distress; wretchedness, need, want; *adj* miserable, wretched; *(to look, feel)* ill; *adv* miserably; wretchedly; **~sviertel** slums

elf eleven; **~meter** ⚽ penalty kick; **~te** eleventh

Elfe elf, fairy; **~nbein** ivory; **~nhaft** like a fairy

eliminieren to eliminate

Elite the élite, the cream, the pick, the best (of s-th); **~truppen** picked troops

Ell|e ell; ⚕ ulna; **~bogen** elbow; **~bogenfreiheit** elbow-room; **~er** *bot* alder

Ellip|se *math* ellipse; *gram* ellipsis; **~tisch** *math* elliptic; *gram* elliptical

Elritze *zool* minnow

Elsaß Alsace; **~-Lothringen** Alsace-Lorraine

Elsäss|er(in) Alsatian; **~isch** Alsatian

Elster magpie

elter|lich parental; **~n** parents ♦ *nicht von schlechten ~n* not to be despised, the real thing; **~nlos** orphaned; **~nteil** parent

Email|(le) enamel; **~lack** enamel (varnish); **~lieren** to enamel

Emanzip|ation emancipation; **~ieren** to emancipate

Em|bolie ⚕ embolism; **~bryo** embryo, foetus, *US* fetus

Emigr|ant emigrant, refugee; *(politischer)* émigré; **~ation** emigration; **~ieren** to emigrate

Eminenz *eccl* eminence; *(fig) graue ~* éminence grise

Emission *phys* emission; *(Bank)* issue; **~sbank** issuing bank; **~skurs** rate of issue

emittieren *phys* to emit; *(Bank)* to issue

Empfang *(Personen,* 📻*)* reception, *(Sachen)* receipt; *(Willkomm)* welcome; *(privater)* at-home (day); *e-n ~ geben* to give a reception; *in ~ nehmen* to receive, to take delivery of; *bei ~* on receipt; **~en** to receive, to take; to welcome; ⚕ to conceive; **⁓̈er** 📻 receiver; recipient; ✉ addressee; consignee; *(e-r Versicherung, Erbschaft)* beneficiary; **⁓̈lich** susceptible (*für* of); responsive (*für* to); impressionable; **⁓̈lichkeit** susceptibility, impressionability; **⁓̈nis** ⚕ conception; **⁓̈nisverhütend(es Mittel)** contraceptive; **⁓̈nisverhütung** contraception; **~sberechtigter** beneficiary; **~sbescheinigung** *(Geld)* receipt; *(Waren)* delivery note; **~sdame** receptionist; **~sstörung** 📻 atmospherics; (radio) interference; jammings; **~szimmer** reception room

empfehl|en *vt* to recommend; to advise; *~en Sie mich ...* give my regards to ...; *refl* to take one's leave; *es empfiehlt sich* it is advisable (*zu tun* to do); **~enswert** recommendable; **~ung** recommendation; *(Grüße)* compliments

empfind|en to feel, to experience; to perceive; **~lich** sensitive (to); *(leicht beleidigt)* touchy; *(zart)* delicate; *(reizbar)* irritable; *(schmerzlich)* painful; **~lichkeit** sensitiveness, sensitivity; touchiness; **~sam** sentimental; sensitive; **~samkeit** sentimentality; sensitiveness; **~ung** feeling; sensation; sentiment; *(Wahrnehmung)* perception; **~ungslos** insensitive; unfeeling; ⚕ anaesthetic

emphatisch emphatic

Empir|iker empiric; **~isch** empirical

empor *adv* up, upwards, *poet* on high; **~arbeiten** *refl* to work one's way up; **~blicken** *vi* to look up; **~e** loft; **~kömmling** upstart, parvenu; **~ragen** to tower up; **~schwingen** *refl* to soar (upward); to rise; **~streben** to aspire

empör|en *vt* to excite, to shock; to rouse to indignation; to make s-b's blood boil; *refl* to rebel (against); to be furious (about); **~end** shocking; **~er** rebel; insurgent; **~t** indignant *(with s-b, at s-th)*; up in arms; **~ung** indignation; *(Aufstand)* rebellion, revolt

emsig busy; industrious; diligent; assiduous; *sehr ~ sein* to be as busy as a bee; **~keit** industry; diligence; assiduity

End|bahnhof *BE* (railway) terminus, *US* (railroad) terminal; railhead; **~e** end; *(Ergebnis)* result, conclusion; *(Schluß)* close; *(Zweck)* aim, purpose; *(äußerstes)* extremity; *(Stiel-, Griff-)* butt; *am ~e (konkr)* at the end of, *fig* done up, at one's wit's end, *adv* in the end, after all; perhaps ♦ *am ~ e d. Welt* at the back of beyond; *letzten ~es* when all is said and done; after all; *zu ~e* over; *zu ~e gehen* to run low (short), to come to an end; *von Anfang bis ~e (Buch)* from cover to cover ♦ *~e gut, alles gut* all's well that ends well; *kein gutes ~e nehmen* to come to no good; *d. dicke ~e kommt noch* the sting is in the tail; **~en, ~igen** *vt* to finish, to end; *vi* to cease, to stop; to terminate (in); *fig* to die; **~ergebnis** final result; **~esunterzeichnete(r)** (the) undersigned; **~geschwindigkeit** terminal velocity; **~gültig** final, ultimate; **~kampf** ⚽ finish, final (match); **~lauf** ⚽ final heat, final(s); **~lich** *adj* finite; final, ultimate; *adv* at last, finally; **~lichkeit** finiteness; **~los** endless; infinite; **~produkt** finished product; **~punkt** end-point; farthest point; **~silbe** final syllable; **~spurt** ⚽ finish(ing sprint); (last-lap)

burst; **~station** = ~bahnhof; **~summe** total; **~ung** ending, termination; **~zweck** goal, aim, purpose
Endivie endive
Energie energy; *fig* vigour, force, verve; **~los** lacking in energy; **~versorgung** supply of (electric) power; **~wirtschaft** energy-supply industry
energisch energetic; vigorous
eng narrow; (*~anliegend*) tight; close *(a. fig)*; *fig* intimate; *~er machen* to tighten; *im ~eren Sinne* strictly speaking; **~e** narrowness; tightness; closeness; *fig* straits; *in die ~e treiben* to corner; **~herzig** narrow-minded; strait-laced; **~maschig** close-meshed; **~paß** defile; *(a. fig)* bottle-neck
Engag|ement 🎭 engagement; *(Börse)* commitment; **~ieren** to engage, to employ, to hire; to commit; *(Kapital)* to lock up, to sink; to ask for a dance
Engel angel; *rettender ~* good angel; **~gleich, ~haft** like an angel; angelic
Engerling cockchafer grub
England England; **⁓̈er** Englishman, *bes US* Britisher; *die ⁓̈er (als Volk)* the English, the British, *(einzeln)* the Englishmen; ⚙ adjustable spanner, monkey-wrench; **⁓̈erin** Englishwoman
englisch English; *bes pol, mil* British; *(in Zus.setzg.)* Anglo-; *poet* angelic; *das ~e (Sprache)* (the) English (language); *~e Kirche* Anglican church; *~e Krankheit* rickets; *~er Gruß* Ave Maria; *~es Pflaster* court-plaster; **~horn** ♪ cor anglais
engros wholesale
Enkel grandson, grandchild; **~in** granddaughter; **~kind** grandchild
enorm enormous, huge; bumper
Ensemble 🎭 cast, company; ♪ ensemble; **~tänzerin** chorus girl
entart|en to degenerate; **~ung** degeneration
entäußer|n *refl (e-r Sache)* to give up (s-th), to part with (s-th); **~ung** parting with; ⚖ alienation
entbehr|en to be without, to lack, to miss; *(s. behelfen ohne)* to do without; *(erübrigen)* to spare; **~lich** superfluous; needless, unnecessary; **~ung** privation
entbieten to send; *(zu sich)* to send for
entbind|en to set free; to release (*von* from); to disengage (*von* from); to absolve; ⚕ to deliver; *entbunden werden* to give birth (to); **~ung** setting free, release; disengagement; absolution; ⚕ confinement, accouchement, lying-in; **~ungsanstalt** maternity hospital
ent|blättern *vt* to strip of leaves; *refl* to shed leaves; **~blößen** to bare, to uncover; to expose; to strip; *(berauben)* to deprive (of); **~blößt** bare(-headed); uncovered; **~blößung** baring, exposing; deprivation; **~brennen** *vt* to kindle; *vi fig* to be inflamed (with); to be seized (with)
entdeck|en to discover; *(Verbrechen)* to detect; *(Wahrheit)* to find out; *(Geheimnis)* to reveal; *refl* to confide the secret (*od* truth) (to); **~er** discoverer; **~ung** discovery; *(Enthüllung)* diclosure
Ente duck; *fig* canard, hoax; *kalte ~ (etwa:)* hock-cup; **~nbraten** roast duck; **~njagd** duck-shooting; **~rich** drake
entehren to dishonour; to disgrace; to degrade; *(schänden)* to ravish, to rape; to deflower; **~d** disgraceful
enteign|en to expropriate; to dispossess; **~ung** expropriation
ent|eilen to hurry away; to escape; **~eisen** *(Kühlschrank etc)* to defrost; ✈ to de-ice; **~erben** to disinherit
ent|fachen to kindle, to set ablaze; *fig* to fan; **~fahren** *vi* to escape; **~fallen** to fall from; *fig* to slip from s-b's memory; *~fallen auf* to fall (come, go) to; **~falten** *konkr* to unfold; to unfurl; to unroll; *fig* to develop; to display; *refl* to develop
entfern|en *vt* to remove; to take away; *refl* to go away; to depart; **~t** distant, remote; far off; far (from); *fig* slight, faint; *nicht im ~testen* not in the least; not in the slightest degree; **~ung** *(räuml.)* distance, range; *(Wegschaffen)* removal; **~ungsmesser** 📷 range-finder
entfesseln to unchain; to let loose; to provoke
entfett|et defatted; **~ungskur** treatment for obesity
entflamm|bar inflammable; **~en** *vt/i* to kindle; to inflame
entflecht|en to decartelize, to deconcentrate, to decentralize; **~ung** decartelization, deconcentration, decentralization
ent|fliegen to fly away; **~fliehen** to run away, to escape; *(Zeit)* to pass quickly
entfremd|en to alienate; to estrange; **~ung** alienation; estrangement
entführ|en to carry off; to elope with; to abduct; *(Kinder)* to kidnap; **~ung** elopement; abduction; kidnapping
entgegen *adv, prep* contrary to; opposed to; in face of; despite of; against; **~arbeiten** to counteract, to work against; to oppose; **~gehen** *(j-m)* to go to meet; *(Gefahr)* to face; **~gesetzt** opposite, contrary; **~halten** to object; to contrast (with); **~kommen** to come to meet, to meet half-way; *fig* to meet s-b's wishes; *su* kindness, willingness to oblige; **~kommend** accommodating, obliging; kind, helpful; *(Auto)* oncoming; **~laufen** to run to meet; **~nehmen** to receive, to accept; **~sehen** to look forward to; to expect; **~setzen, ~stellen** to oppose; to contrast; **~strecken** to stretch out towards; **~treten** to advance towards; *(Gefahr)* to brave, to face; *fig* to oppose; **~wirken** to thwart, to counteract
entgegn|en to reply, to answer; to retort; **~ung** reply, answer; retort
entgehen to escape (from); to elude, to avoid; *j-s Aufmerksamkeit ~, daß* to escape s-b's notice that . . .; *s. etw ~ lassen* to miss s-th, to let slip (by)

ent|geistert flabbergasted, thunder-struck; **~gelt** remuneration; reward; recompense, compensation; *(Vertrag)* consideration; **~gelten** to pay for; *fig* to atone for; **~geltlich** against payment; for a (monetary) consideration; **~giften** to decontaminate; ⚕ to detoxicate

entgleis|en *vi* to run off the rails, to be derailed; *zum ~en bringen* to derail; *fig* to make a faux pas; **~ung** derailment; *fig* faux pas

ent|gleiten to slip from; **~gräten** to bone

enthalt|en to contain, to hold; *fig* to include; *~en sein in* to be included in; *refl* to refrain from, to abstain from; **~sam** abstemious; **~samkeit** abstemiousness, abstinence; temperance

enthaupt|en to behead, to decapitate; to execute; **~ung** beheading, decapitation; execution

entheb|en to relieve of; to free, to exempt, to release (from); *(Amt)* to suspend from; **~ung** exemption; dismissal

entheilig|en to profane, to desecrate; **~ung** profanation, desecration

enthüll|en to unveil, to expose; *fig* to reveal; **~ung** unveiling, exposure; revelation

enthülsen *(Getreide)* to husk; *(Hülsenfrüchte)* to pod

Enthusias|mus enthusiasm; **~t** enthusiast; **~tisch** enthusiastic

ent|jungfern to deflower; *(schänden)* to ravish; **~kernen** to stone; **~kleiden** *vt, refl* to undress; *fig* to divest (of); **~kommen** to escape from; **~korken** to uncork, to open; **~kräften** to weaken, to exhaust; *fig* to refute; *umg* to knock the bottom out of; **~kräftung** enervation, exhaustion; **~kuppeln** 🚗 to declutch; **~laden** to unload; ⚙ to discharge; *refl* to go off, to burst; **~ladung** unloading; ⚙ discharge

ent|lang *prep* along; **~larven** to unmask

entlass|en *vt* to dismiss, to discharge; *(Haft)* to release (from); **~ung** dismissal, discharge; release

entlast|en to relieve (s-b of s-th); to ease, to unburden; to credit with, to clear s-b's account; *(Vorstand)* to exonerate; ⚖ to defend; **~ung** relief; easing; help; exoneration; defence

ent|laubt leafless; **~laufen** to run away; **~lausen** to delouse; **~ledigen** *refl* to get rid of; *(Pflicht)* to perform, to execute; **~leeren** to empty; **~leerung** emptying; ⚕ evacuation

entlegen remote, distant

ent|lehnen to borrow; **~leiben** *refl* to commit suicide; **~leihen** to borrow; **~locken** to draw s-th from, to elicit s-th from s-b; **~lohnen** to pay off; **~menscht** inhuman; brutal; **~militarisieren** to demilitarize; **~militarisierung** demilitarization; **~mündigen** to place under tutelage; **~mutigen** to discourage, to dishearten; **~nahme** taking (out), drawing; *(Geld)* withdrawal; **~nazifizieren** to denazify; **~nazifizierung** denazification; **~nehmen** to take from; *fig* to gather (*aus* from), to understand (*aus* from), to draw upon; to withdraw; **~nerven** to enervate, to weaken

Entomolog|e entomologist; **~ie** entomology; **~isch** entomological

ent|puppen *refl* to burst the cocoon; *fig* to turn out to be, to reveal o.s. (as); **~rahmen** *(Milch)* to skim; **~raten** to do without, to dispense with; **~rätseln** to decipher; to solve; **~rechten** to deprive of rights; **~reißen** to tear from, to snatch from; *dem Tod ~reißen* to save s-b's life; **~richten** to pay; *(Dank, Gruß)* to give; **~ringen** to wrest from; *refl (Wort, Seufzer)* to escape; **~rinnen** to run away, to escape; **~rollen** to unroll; *(Fahne)* to unfurl

entrück|en to remove; *fig* to enrapture; **~t** entranced, carried away

ent|rümpeln to clear out, to clear of rubbish

entrüst|en *vt* to make angry, to irritate, to provoke; *refl* to become angry; **~et** angry, indignant; **~ung** anger, indignation

entsag|en to give up; to renounce, to waive, to abandon; to abnegate; *d. Thron ~en* to abdicate; **~ung** renunciation; resignation

entsalzen to desalinate

Entsatz relief

entschädig|en to compensate; *(für Verluste)* to indemnify (for); *(f. Auslagen)* to reimburse; **~ung** compensation, indemnification; reimbursement

entschärfen *(Bomben etc)* to disarm, to defuse; *fig* to render less harsh

Entscheid answer; decision; **~en** *vt* to decide (*über* on); ⚖ to pass sentence; *refl* to decide, to make up one's mind; to be decided; **~end** decisive; critical, crucial; **~ung** decision; ⚖ judgment, sentence, arbitration; 🏅 final(s); **~ungsbefugnis** ⚖ jurisdiction; competence; **~ungskampf, -spiel** 🏅 play-off, decider

entschieden *adj* decided, determined; firm, resolute; peremptory; *adv* certainly; **~heit** determination, firmness

ent|schlafen to fall asleep; *fig* to die; **~schleiern** to unveil; **~schließen** *refl* to decide, to make up one's mind, to resolve; **~schließung** resolution

entschlossen determined; resolute; **~heit** determination; resolution

ent|schlummern to fall asleep, *umg* to doze off; *fig* to die; **~schlüpfen** to slip away from, to escape

Entschluß resolution, decision; **~los** undecided; inconstant; **~losigkeit** indecision

entschlüssel|n to decipher, to decode

entschuld|bar excusable; **~igen** *vt* to excuse; *refl* to apologize (*bei* to, *wegen* for); *~igen Sie bitte!* please, excuse me!, I beg your pardon; *sie läßt sich ~igen* she asks to be excused; **~igung** excuse; apology; *j-n um ~igung bitten* to beg s-b's pardon; **~ung** sinking (*od* wiping out) of debts, reduction of indebtedness

ent|schwinden to disappear, to vanish; **~seelt** lifeless, dead; **~setzen** *vt (Amt)* to dismiss from; *mil* to relieve; to frighten; *refl* to be frightened, to be horrified, to be shocked; *su* horror, terror; **~setzlich** horrible, terrible, appalling; dreadful; **~seuchen** to decontaminate; **~sichern** *(Gewehr)* to release the safety catch of; **~sinnen** *refl* to remember, to recollect, to recall

entspann|en *vt (Gewehr)* to uncock; *refl* to relax; **~ung** relaxation, relief, recreation; *pol* detente

entspinnen *refl* to begin, to ensue, to develop

entsprechen to correspond to, to answer to, to comply with, to be in accordance with; **~d** *adj* adequate, appropriate, suitable; corresponding, matching; *adv* corresponding to, in accordance with, in conformity to; mutatis mutandis

ent|springen to escape (from), to run away (from); *(Fluß)* to have its source; to rise, to spring from; *fig* to arise, to originate (in); **~staatlichen** to denationalize; **~stammen** to descend from; **~stehen** to originate (in); to arise (from); to break out, to begin; **~stehung** rise; origin; formation

entstell|en to disfigure, *(durch Tränen)* to blubber; *fig* to distort, to misrepresent; **~ung** disfigurement; distortion

entstör|en 📻 to screen, to eliminate jamming; ⚡ to suppress; **~er** suppressor

enttäusch|en to disappoint; *(Hoffnung)* to belie; **~ung** disappointment

ent|thronen to dethrone; **~trümmern** to remove the rubble from; **~völkern** to depopulate; **~wachsen** to outgrow; **~waffnen** to disarm *(a. fig)*; **~walden** to deforest; **~warnen** *mil* to sound the "all clear"; **~wässern** to drain; to dehydrate; **~wässerung** draining; *chem* desiccation

entweder *(conj)* ~ ... *oder* either ... or; ~ *oder!* take it or leave it!

ent|weichen to escape (from); to abscond; **~weihen** to desecrate, to profane; **~weihung** desecration, profanation; **~wenden** to pilfer, to purloin; to misappropriate, to embezzle; **~wendung** pilfering, purloining; embezzlement, misappropriation; **~werfen** to sketch, to outline; (*Kleid,* ⚙) to design; *(Vertrag, Gesetz)* to draft; to plan, to blueprint

entwert|en to depreciate, to devaluate; *(Marken)* to cancel; **~ung** depreciation, devaluation; cancellation

entwick|eln *vt* to develop (*a.* 📷); to explain; *(Fähigkeit)* to evolve; *mil* to deploy; *refl* to develop; **~ler** 📷 developer; **~lung** development, evolution; trend; 📷 developing; **~lungsjahre** (period of) adolescence, puberty

ent|winden to wrest (s-th from s-b); **~wirren** to disentangle (*aus* from), to unravel; **~wischen** to slip away, to escape (from); **~wöhnen** *(Kind)* to wean; *refl* to break of, to give up; **~würdigen** to degrade, to disgrace

Entwurf sketch; design; *(Gesetz)* draft; plan, project; blueprint; *erster* ~ rough copy (*od* draft)

ent|wurzeln to uproot; **~zerren** to correct, to rectify, to straighten out

entzieh|en *vt* to take away from; *(j-m etw)* to deprive s-b of s-th; *refl (e-r Pflicht)* to shrink from, to shun

entziffer|n to decipher, to decode; *umg* to make out; **~ung** deciphering, decoding

entzück|en *vt* to delight; to charm, to enchant; *su* delight; enchantment; rapture; transport; **~end** charming, delightful, lovely; *umg (Kind, Hund)* a (little) love of ...; **~t** delighted (with); enraptured

entzünd|bar inflammable, combustible; **~en** to kindle, to set on fire, to set fire to; ⚕ to inflame; *refl* to catch fire; ⚕ to become inflamed; **~et** ⚕ angry, sore, inflamed; **~lich** inflammatory; **~ung** inflammation

entzwei *adv* in two; asunder; to pieces; *adj* torn, broken; **~en** *vt* to disunite; to estrange, to alienate; *refl* to fall out (with), to quarrel; **~gehen** to break; **~schlagen** to smash; **~t** hostile, at daggers drawn; **~ung** estrangement; quarrel, dissension

Enzian *bot* gentian

Enzy|klika encyclic; **~klopädie** encyclopaedia

Epi|demie epidemic; **~demisch** epidemic; **~diaskop** epidiascope; **~gone** epigone; descendant (of great men); **~gramm** epigram; **~k** epic poetry; **~ker** epic poet; **~lepsie** epilepsy; **~leptiker, ~leptisch** epileptic; **~log** epilogue; **~sch** epic; **~stel** epistle

Epo|che epoch, era; **~s** epic poem

er *pron* he; ~ *selbst* he himself

erachten to think, to consider; *(su) m-s ~s* in my opinion

erarbeiten to get (*od* to obtain) by working, to earn

Erb|adel hereditary nobility; **~anlage** character(istic); **~anspruch** title to an inheritance; **~begräbnis** family vault; **~berechtigt** entitled to inherit; **~e** *(Person)* heir; *(Sache)* heritage; inheritance; **~en** to inherit (*von* from); to be heir of; **~fehler** inherited defect; **~hof** hereditary farm; **~in** heiress; **~krank** suffering from hereditary disease; **~krankheit** hereditary disease; **~lasser** testator, legator; **~lich** hereditary; **~prinz** hereditary prince; **~recht** right (*bzw* law) of succession; **~schaft** inheritance; legacy; **~schaftsmasse** ⚖ estate; **~schaftssteuer** *BE* death-duty, *bes US* inheritance tax; **~schleicher** legacy-hunter; **~stück** heirloom; **~sünde** original sin; **~teil** part-inheritance; **~vertrag** contract of inheritance

erbarm|en *refl* to have mercy (*über* on); to feel pity (for); *su* mercy, pity; compassion; **⁓̈lich** miserable, pitiable; *(gemein)* mean; **~ungslos** pitiless, merciless; remorseless, ruthless, relentless

erbau|en to build, to erect, to construct; *fig* to edify; **~er** builder, constructor; founder; **~lich** edifying; **~ung** building, erection; *fig* edification

erbeben to tremble (*vor* with), to shake (with), to quiver (with)

er|beuten to capture; **~bieten** *refl* to offer, to volunteer; **~bitten** to beg, to ask, to request

erbitter|n to embitter, to exasperate; **~t** exasperated; *(Streit)* fierce; **~ung** exasperation, animosity

erblassen, erbleichen to turn pale, to blanch (from)

er|blicken to catch sight of, to behold; to see, to perceive; **~blinden** to grow blind, to be blinded; **~blindet** blind; **~blindung** loss of sight; **~blühen** to blossom, to bloom; **~bosen** *vt* to make angry; to exasperate; *refl* to get (*od* grow) angry; **~bötig** willing, ready; **~brechen** *vt* to break open; *refl* to vomit; *su* vomiting; **~bringen** to bring (in); to yield; *(Beweis)* to furnish

Erbse pea; **~nmehl** pea-flour; **~nsuppe** pea-soup

Erd|achse axis of the earth; **~antenne** ground aerial; **~anziehung** pull of the earth; **~apfel** potato; **~arbeiter** *BE* navvy, excavator; **~ball** terrestrial globe; **~beben** earthquake; **~beere** strawberry; **~boden** ground; soil; earth; *d. ~boden gleichmachen* to level to the ground; **~drehung** rotation of the earth; **~e** earth; ground; soil; *auf ~en* on earth; *zu ebener ~e* on the ground (*US* first) floor; *j-n unter d. ~e bringen* to be the death of s-b; *zu ~e werden* to return to dust; **~en** 📻 to earth, to ground; **~geboren** earth-born, mortal; **~geist** gnome; **~geschoß** *BE* ground floor, *US* first floor; **~ig** earthy; **~innere** interior of the earth; **~kreis** globe; **~kugel** globe; **~kunde** geography; **~leitung** ⚡, 📻 earth connection, ground wire; **~nuß** peanut, groundnut; **~nußbutter** peanut butter; **~öl** crude oil, petroleum; **~reich** earth; ground; soil; *eccl* Earthly Kingdom; **~rinde** earth's crust; **~rutsch** landslide *(a. fig)*; **~scholle** clod; **~strich** region, zone; **~teil** continent; **~umdrehung** rotation of the earth; **~ung** ⚡, 📻 earth connection

er|denken to think out; to conceive; to invent; **~denklich** imaginable; possible; *s. alle ~denkliche Mühe geben* to try one's utmost; **~dichten** to invent, to make up, to fabricate; **~dichtet** fictitious; **~dolchen** to stab; **~dreisten** *refl* to venture, to dare, to have the cheek (to do); **~dröhnen** to resound; to rumble; to roar; **~drosseln** to strangle, to throttle; **~drücken** to squeeze to death, to crush; to stifle; *~drückende Übermacht* overwhelming superiority; **~dulden** to suffer, to endure; **~eifern** *refl* to get excited; angry, to fly into a passion

ereig|nen *refl* to happen, to occur, to come to pass; **~nis** event, occurrence, incident; **~nislos** uneventful; **~nisreich** eventful

ereilen *fig* to befall *(a sad fate, a sudden death befell him)*

erfahr|en *vt* to hear, to learn (*von* from); to experience, to come to know; *adj* experienced, skilled, expert; an old hand at; **~ung** experience; practice; *in ~ung bringen* to find out, to ascertain

erfass|en *vt* to catch hold of; to seize; to include; to register; *fig* to grasp, to understand; **~ung** registration; stock-taking

erfind|en to invent; to discover; *(Geschichte)* to make up, to cook up ♦ *er hat das Pulver nicht erfunden* he won't set the Thames on fire; **~er** inventor; **~erisch** ingenious, inventive; **~ung** invention, device; fiction

erflehen to implore, to beg for

Erfolg success; result, outcome; *~ haben* to succeed (*mit* in); **~en** to ensue, to result, to follow; **~los** unsuccessful, fruitless, without avail; **~reich** successful; **~versprechend** promising

erforder|lich necessary, requisite (*für* to, for); required; **~n** to require, to need, to call for; **~nis** exigency; requisite; necessity

erforsch|en to search (into); *(Land)* to explore; to investigate; to scrutinize; **~ung** exploration; investigation; inquiry (into)

er|fragen to inquire about (*bei* of s-b); to ascertain; to find out by inquiring; **~frechen** *refl* to dare; to have the cheek (to do)

erfreu|en *vt* to gladden, to give pleasure, to please; *refl* to enjoy (s-th), to rejoice in; **~lich** delightful, pleasant; gratifying; satisfactory; **~licherweise** fortunately; **~t** glad (about), delighted (with)

er|frieren to freeze to death, to die of cold; ↓ to be killed by the frost; **~frierung** frostbite; **~frischen** *vt* to refresh, to freshen; *refl* to refresh o.s.; **~frischung** refreshment; **~froren** frozen; *(Glieder)* frostbitten

erfüll|en *vt* to fill; *(Aufgabe)* to fulfil; *(Bitte)* to comply with, to grant; *(Versprechen)* to keep; *(Vertrag)* to carry out; *(Pflicht)* to do *(one's duty)*; *refl* to come true, to be realized; **~t** *von* full of, filled with, brimful of; **~ung** fulfilment

ergänz|en to supplement, to complete; to restore; *(Vorräte)* to replenish; **~ung** supplement, completion; restoration; replenishment; **~ungs-** supplementary

ergattern to get hold of; to pick up

ergeb|en *vt* to produce, to yield; to make, to amount to; to result in; *refl* to surrender; to devote o.s. to; *(dem Trunk)* to take to; to acquiesce (*in* in), to resign o.s. to; to follow, to result (*aus* from); to happen; *adj* devoted (to); obedient; *Ihr ~ener* Yours faithfully; **~enheit** devotion; resignation; **~enst** obedient, respectful; *ich danke ~enst* I am very much obliged; **~nis** result; outcome; *(wissenschaftl.)* findings; ⛹ score; **~nislos** without result; futile; **~ung** surrender; submission, resignation

ergehen *vi* to be published, to be issued; to be promulgated; ⚖ to be passed; *refl* to walk, to stroll; *fig* to dwell upon, to indulge in; *über s. ~ lassen* to endure, to bear; *(unpersönl.)* to do, to go, to fare with (*wie ist es Ihnen ergangen?* how did you get on?); *su* condition, state of health; way of living

ergiebig rich, productive; lucrative, profitable; fertile; **~keit** productiveness; fertility; abundance (of)

er|gießen *refl* to flow into, to discharge; **~glühen** to glow; **~götzen** *vt* to amuse, to delight; *refl* to enjoy o.s.; *su* delight, joy;

~götzlich delightful, amusing, funny, diverting
ergreif|en to seize, to grasp; to take (hold of); to take up; *fig* to touch, to move; *d. Wort ~en* to take the floor; **~end** moving, touching; **~ung** seizure; capture
ergriffen moved, touched, affected
er|grimmen to get angry; **~gründen** to fathom, to sound; to probe, to look into; to get to the bottom of; **~guß** discharge (*a.* ⚕); ⚕, *fig* effusion
erhaben raised, elevated; projecting; *fig* sublime; noble; lofty; *~e Arbeit* relief; *~ sein über* to be above (*... ist über jede Kritik ~* is above criticism); **~heit** eminence, sublimity, majesty, grandeur
Erhalt receipt; **~en** to receive, to get, to obtain; to preserve, to keep, to save; to support, to maintain; *gut ~en* in good condition; **~er** supporter; **~ung** preservation; maintenance, upkeep; **⁓̈lich** obtainable; available
er|hängen *vt* to hang; *refl* to hang o.s.; **~härten** to harden; *fig* to confirm
erheb|en *vt* to raise, to lift up; *fig* to praise, to extol; *(Anspruch)* to claim (*auf* s-th); ⚖ *(Klage)* to bring *(action)* against; *(Steuern)* to collect, to levy, to gather; *ins Quadrat ~en* to square; *refl* to (a)rise, to get up; to rebel (against); *(Frage)* to arise; **~end** elevating; impressive; **~lich** considerable; important; **~ung** elevation; levy, collection; rebellion, revolt; *pl* data; *~ungen anstellen* to make inquiries
er|heischen to require, to demand; **~heitern** to cheer, to amuse; **~heiterung** amusement, diversion; **~hellen** to light up, to illuminate, to brighten; *(Frage, Problem)* to elucidate; *refl* to become clear, to be evident; **~hitzen** *vt* to heat, to warm; *refl* to grow hot, to become heated; *fig* to fly into a passion
erhoffen to expect, to hope for
erhöh|en to raise; *(Person)* to exalt; to increase; *(Preis)* to advance, to raise; ♪ to sharp; *~t(e Note, Ton)* ♪ sharp; **~ung** elevation; increase, advance, rise
erhol|en *refl* to recover, to get better; to recuperate; to rest, to relax; to improve; *(Börse)* to rally; **~ung** recovery; rest, relaxation; **~ungsheim** rest home; holiday home; **~ungsort** resort; **~ungsreise** convalescent trip
erhör|en to listen to s-b (and do what he wants); to grant s-th; **~ung** granting, fulfilment
Erika *bot* heath
erinner|lich present to one's mind; **~n** *vt* to remind (*j-n an* s-b of); *refl* to remember, to recollect; **~ung** remembrance, memory; recollection; reminiscence, reminder; *zur ~ung an* in memory of; **~ungsvermögen** memory
erkalt|en to cool down, to grow cold; **⁓̈en** *refl* to catch (a) cold; **⁓̈ung** cold, chill
er|kämpfen to get by fighting; **~kaufen** to buy
erkenn|bar recognizable, perceptible; **~en** to recognize (*an* by); to know; to perceive; *fig* to understand, to realize, to see; to credit; ⚖ *auf e-e Strafe ~en* to impose a sentence, to pass a judgment; *zu ~en geben* to show, to indicate; *s. zu ~en geben* to make o.s. known; **~tlich** recognizable; grateful; *s. ~tlich zeigen mit* to reciprocate with; **~tnis** knowledge; cognition; perception; understanding; finding; **~ung** recognition
Erker alcove; bay
erklär|en to explain; to account for; to declare, to state; **~lich** explicable; understandable; **~ung** explanation; declaration, statement
er|klecklich considerable; **~klettern, ~klimmen** to climb; **~klingen** to (re)sound, to ring; **~koren** chosen; **~kranken** to fall (*od* be taken) ill (*an* with), to contract (*an etw* s-th); **~krankung** illness, sickness; **~kühnen** *refl* to venture (to do), to dare
erkund|en to ascertain; to spot; *mil* to reconnoitre; **~igen** *refl* to inquire *(for s-b, about s-th)*; to make inquiries; **~igung** inquiry; **~ung** reconnaissance
er|lahmen to become lame; *fig* to get tired; to lose one's energy; **~langen** to reach, to attain; to get; to obtain; to acquire; **~laß** order, decree; *(e-r Schuld)* pardon, remission; *(Preis)* deduction; **~lassen** to issue, to publish, to promulgate; *(Strafe, Schuld)* to remit, to release s-b from; to dispense from
erlaub|en *vt* to allow, to permit, *refl* to presume, to dare; *s. ~en können* to be able to afford; *~en Sie bitte!* excuse me, please!; **~nis** permission; allowance, leave; courtesy (*mit freundlicher ~nis* by, through, the c. of s-b); licence; *um ~nis bitten* to beg leave; **~t** permitted, allowed
erlaucht illustrious, noble
erläuter|n to explain; to illustrate, to comment on; **~ung** explanation; illustration, comment; note
Erle alder(-tree)
erleb|en to experience; (to live) to see; to have *(he had s-b break into his home; he had his home broken into)*; **~nis** event, occurrence; experience; adventure
erledig|en to settle, to execute; to carry through; to wind up, to finish; **~t** settled, finished; *~t sein* to be worn out, dead tired, done up; **~ung** execution, carrying out, completion; dispatch
er|legen to kill, to bag; to pay (down); **~leichtern** to ease, to lighten; to facilitate; to relieve, to alleviate; **~leichterung** facilitation; relief, alleviation; **~leiden** to suffer, to endure, to bear; **~lernen** to learn, to acquire; **~lesen** *adj* select, exquisite, choice; **~leuchten** to light up, to illuminate; *fig* to enlighten; **~leuchtung** illumination; *fig* enlightenment; **~liegen** to be defeated; to succumb to, to give way to
erlogen false, untrue; fabricated
Er|lös (net) proceeds; **~löschen** to go out; *fig* to cease to exist; to die; (*bes* ⚖) to expire; to become null and void; **~lösen** to save, to redeem, to deliver; *(Verkauf)* to get; **~löser** de-

liverer; Redeemer, Saviour; **~lösung** redemption; release, deliverance

ermächtig|en to empower, to authorize; **~ung** authorization, authority

ermahn|en to admonish, to exhort; **~ung** admonition, exhortation

ermangel|n to lack; to be in want of; *in ~ung von* in default of, failing, for lack (*od* want) of, in the absence of

ermäßig|en to abate, to reduce, to lower; *zu ~ten Preisen* at reduced prices; **~ung** abatement, reduction

ermatt|en *vt* to weaken, to tire, to exhaust; *vi* to grow weary (*od* tired), to feel exhausted; **~ung** weariness, fatigue; exhaustion

ermessen *vt* to judge; to conceive, to understand; *su* judgment; opinion; discretion; *nach ~ von* at the discretion of

ermitt|eln to find out, to ascertain; investigate; **~lung** inquiry, ascertainment; (criminal) investigation

ermöglichen to make (*od* render) possible (*od* feasible); *es j-m ~* to enable s-b (to do)

ermord|en to murder, to assassinate; **~ung** murder, assassination

ermüd|en *vt* to tire out, to weary; *vi* to get tired, to grow weary; **~end** tiresome; **~ung** fatigue, weariness

er|muntern to wake up; *fig* to rouse; to incite; to encourage; **~mutigen** to encourage

ernähr|en to nourish; to feed; to support, to maintain; *s. ~en von* to feed on, to live on; **~er** bread-winner; **~ung** nourishment; food; feeding; nutrition; support, maintenance

ernenn|en to appoint, to nominate; **~ung** appointment, nomination

erneu|ern to renew, to renovate; to restore; to replace; to repeat; 🚗 *(Öl)* to change; **~erung** renewal, renovation; replacement; repetition; **~t** again

erniedrig|en to lower; to humble, to humiliate, to abase; to degrade *(a. mil)*; ♪ to flatten, *US* to flat; *~t(e Note, Ton)* ♪ flat; **~ung** lowering; humiliation; degradation

Ernst *su* seriousness; earnest(ness); severity; gravity; *im ~, allen ~es* in earnest, in all seriousness; seriously; *das ist nicht Ihr ~!* you don't say so!; you don't mean it!; *ich meine es ~, es ist mein ~* I mean it!; *es ist (bitterer) ~* it is no joke!; *~ machen mit* to put into practice; *~ adj*, **~haft** serious; earnest; grave; severe; **~fall** emergency (*im ~fall* in case of e.); **~haftigkeit** seriousness; **~lich** *adj* serious, earnest

Ernte harvest, crop; **~arbeit** harvesting; **~arbeiter** harvester, reaper; **~dankfest** harvest festival, h. thanksgiving; **~jahr** crop year; **~maschine** harvester; **~n** to harvest, to reap *(a. fig)*, to gather in

ernüchter|n to sober (down); to disillusion; **~ung** sobering down; disillusionment

erober|n to conquer, to capture, to win; **~er** conqueror; **~ung** conquest

eröffn|en to open, *(feierl.)* to inaugurate; to start; *fig* to disclose, to inform; **~ung** opening, inauguration; communication, disclosure; **~ungsbilanz** opening balance; **~ungsrede** opening address; **~ungssitzung** opening session; **~ungsvorstellung** 🎭 first night

erörter|n to discuss, to argue; **~ung** discussion, argument

Erpel *zoll* drake

erpicht *(adj)*: *~ sein auf* to be keen (*od* bent) on

erpress|en to extort (*von* from), to blackmail; **~er** blackmailer; **~ung** extortion, blackmail

erprob|en to try, to test, to assay; **~t** tested, (well-)tried; **~ung** trial, test(ing)

erquick|en to refresh; *fig* to comfort; **~ung** refreshment; comfort

er|raten to guess, to find out; **~ratisch** erratic; **~rechnen** to compute, to calculate, to reckon out, to figure out

erreg|bar excitable, irritable; **~en** to excite, to stir up; to agitate; **~end** exciting, agitating, stimulating; **~er** ⚕ germ; *(wissenschaftl.)* agent; **~ung** excitement; agitation; excitation

erreich|bar attainable; within reach; *umg* get--at-able; **~en** to reach, to attain, to get; *(Ziel)* to achieve; *(Zug)* to catch; to arrive; **~ung** reaching; attainment

errett|en to save, to rescue (*aus* from); *eccl* to deliver (from); **~ung** saving; rescue; deliverance

erricht|en to erect, to build, to put up; to found, to establish; **~ung** erection; founding, establishment

er|ringen to gain, to win, to achieve; **~röten** to blush (*vor, über* at); *su* blush(ing); **~rungenschaft** acquisition, achievement; *pl* attainments

Ersatz substitute, surrogate, makeshift; ersatz; compensation, amends, equivalent; *mil* reserve, drafts; *~ leisten* to make amends; **~blei, ~mine** refill (lead); **~lieferung** replacement (delivery); **~mann** substitute; **~spieler** ⚽ stand-by, stand-in, emergency man (*od* player); **~stoff** substitute, surrogate; ersatz; **~teil** spare part, *pl a.* spares; **~weise** as a substitute (*od* makeshift, stopgap) for

ersauf|en to be drowned; **¨en** to drown

erschaff|en to create, to produce; **~er** creator; **~ung** creation

er|schallen to sound, to resound; to ring; **~schauern** to shudder, to shiver

erschein|en to appear (*a.* ⚖, 📖); ⚖ to attend; 📖 to come out, to be published (*od* issued); to seem; to loom; *~t demnächst* (is going) to be published (soon); *soeben erschienen* just published; *es ~t möglich* it seems possible; *su* appearance, attendance; publication; **~ung** appearance, figure; *(Geist)* apparition; vision; 📖 publication; *(wissenschaftl.)* phenomenon; ⚕ symptom; *(eccl) ~ung Christi* Epiphany; *in ~ung treten* to loom large

er|schießen to shoot (dead); *refl* to shoot o.s.; **~schießung** shooting, execution; **~schlaffen** to droop; to slacken, to grow slack; to relax; **~schlagen** to slay

erschließ|en to open, to make accessible; to develop; to infer; to conclude; *refl* to become accessible; **~ung** opening up (to exploitation); *(Finanzen)* tapping; development
erschöpf|en *vt* to exhaust; *refl* to be exhausted; to consist merely in; **~end** exhaustive *(a. fig)*; **~ung** exhaustion
er|schrecken *vt* to frighten, to startle, to alarm, to appal; *refl* to be frightened, to be alarmed; **~schrocken** frightened
erschütter|n to shake, to upset *(a. fig)*; *fig* to shock, to affect deeply; **~ung** shaking, concussion; *fig* shock; violent emotion
erschweren to aggravate, to make more difficult; to complicate
erschwindeln to swindle out of s-b (*od* s-b out of s-th)
er|sehen to see, to learn, to note (from); **~sehnen** to long for; **~setzen** to replace, to take the place of; *(Verlust)* to make up for, to make good, to compensate for; *(Geld)* to reimburse, to recover, to refund; **~sichtlich** obvious, evident; **~sinnen** to think out, to devise; **~sparen** to save, to economize; **~sparnis** saving(s); **~sprießlich** profitable, useful
erst *adj* first; *fig* best, leading, foremost, prime; *d. ~e beste* the first that comes; *fürs ~e* for the present; *in ~er Linie* first of all, primarily; *zum ~en, zweiten, dritten!* going, going, gone!; *adv* first; at first, first of all; at the beginning; only, just; *eben ~* just now; *~ als* not till, only when; *~ recht* all the more, a fortiori; *~ heute* only today; *~ (5 Jahre) alt* not older than ...; *~ um 5 Uhr* not until (*od* before) 5 o'clock; *das muß sich ~ zeigen* that remains to be seen; **~aufführung** first night; **~besteigung** first ascent; **~druck** first edition; **~enmal:** *(adv) zum ~enmal* for the first time; **~ens** *adv* first(ly), in the first place; **~ere:** *d. ~ere* the former; **~geboren** first-born; **~geburt(srecht)** primogeniture; **~klassig, ~rangig** A 1, first-class; first-rate; *(Wertpapier)* gilt-edged; **~lich** first(ly); **~ling** first-born; *(Obst)* first-fruit(s); first production; **~malig** *adj* first; *adv* for the first time
erstarr|en to grow stiff; *(Wasser)* to freeze; to congeal, to solidify; *(vor Schreck)* to be paralysed *(with fear)*; *fig* to ossify; **~t** benumbed; **~ung** stiffness, numbness; freezing; coagulation, solidification; rigidity; torpor
erstatt|en to replace; to refund, to repay; to make up (for); *Bericht ~en* to report (*über* on); **~ung** compensation; return; restitution; **~ungsanspruch** claim to reimbursement
erstaun|en *vt* to astonish, to amaze; *vi* to be astonished; *su* astonishment, amazement; **~lich** astonishing, amazing
er|stechen to stab; **~stehen** *vt* to buy, to purchase; *vi* to (a)rise; **~steigen** to climb, to ascend; to mount
erstick|en *vt* to suffocate, to choke; to stifle; to asphyxiate ♦ *im Keim ~en* to nip in the bud; *vi* to be suffocated; **~end** *(Gas)* asphyxiating; **~ung** suffocation
erstreben to strive for, to aspire to (*od* after); **~swert** worth aspiring after, desirable
er|strecken *refl* to extend; to stretch to, to reach to; **~stürmen** to (take by) storm; **~stürmung** storming; **~suchen** to request (for), to apply (for); *su* request; **~tappen** to catch, to surprise
erteil|en to give, to impart; *(Auftrag)* to place; *(Titel)* to bestow on, to grant; **~ung** giving, imparting; granting
ertönen to (re)sound; *(Pfeife)* to blow
Ertrag yield, produce, profit; proceeds, earnings, returns; **~en** to bear, to endure; to tolerate, to suffer; *(bei Frage-, verneint. Satz a.)* to abide, to brook; **~fähig** productive, profitable; **~fähigkeit** productivity; **⁓̈lich** bearable; tolerable; **⁓̈nis** = ~; **~reich** profitable, productive
er|tränken *vt* to drown; **~trinken** *vi* to be drowned
ertüchtig|en to make fit, to train; to harden; **~ung** training; hardening
er|übrigen *vt* to spare; to save; to put by; *refl* to be unnecessary; **~wachen** to wake (up); *bes fig* to awake
erwachsen *vi fig* to arise, to spring (*aus* from); to accrue (from); *adj* grown-up, adult, *umg* big; **~er** grown-up, adult
erwäg|en to consider, to weigh; **~ung** consideration, reflection; *in ~ung ziehen* to take into consideration
erwähl|en to choose, to elect; **~ung** choice; election
erwähn|en to mention; **~ung** mention
erwärm|en *vt* to warm; to heat; *s. ~en für* to warm to; **~ung** warming
erwart|en to expect; to wait for, to await; to anticipate; **~ung** expectation; anticipation; **~ungsvoll** expectant, full of hope
erweck|en to wake up; *fig* to awake(n), to rouse; *(vom Tode)* to resuscitate; *(Gefühle)* to arouse, to raise; **~ung** awakening; resuscitation, revival
er|wehren *refl* to defend o.s. against; to refrain from, to keep off; **~weichen** *fig* to move
Erweis proof, evidence; **~en** *(Dienst etc)* to render, to do, to pay; *s. ~en als* to prove to be; to turn out to be
erweiter|n to widen; to expand *(bes fig)*, to extend; to broaden, to amplify, to enlarge; **~ung** widening; expansion; extension, enlargement; amplification
Erwerb acquisition; gain, profit; living; **~en** *(a. refl)* to acquire; to gain; to earn; **~sfähig** capable of gainful employment (of earning one's living); **~sleben** gainful activity; **~slos** unemployed, out of work; **~slosenunterstützung** *BE* dole, unemployment relief; **~squelle** source of income; **~stätig** (gainfully) employed; working; **~sunfähig** unfit for work; incapacitated
erwider|n to return; to reply, to retort, to rejoin; **~ung** return, reply, retort, rejoinder
erwiesenermaßen *adv* as has been proved

er|wirken to bring about; to achieve; to procure; **~wirtschaften** to produce; to earn; **~wischen** *umg* to catch; **~wünscht** *adj* desired; **~würgen** to strangle

Erz ore; metal, brass, bronze; **~ader** vein of ore, lode; **~bergwerk** ore mine; **~betrüger, ~gauner** thorough scoundrel; **~bischof** archbishop; **~bistum** archbishopric; **~dumm** extremely (*od* hopelessly) stupid; **~en** *adj* metal, brazen, bronze; **~engel** archangel; **~feind** arch-enemy; **~förderung** output of ore; **~gang** lode; **~gießerei** brass-foundry; **~haltig** containing ore; **~herzog** archduke; **~herzogin** archduchess; **~lügner** archliar; **~vater** patriarch; **~vorkommen** ore deposit

erzähl|en to tell, to relate; to narrate; *man ~t sich* they say (that); **~er** narrator, story-teller; writer, novelist; **~ung** story, tale; narrative, narration; report

erzeug|en to beget, to procreate; to produce, to manufacture; *fig* to cause, to create; to bring forth; *chem* to generate; **~er** father; producer, manufacturer; **~erpreis** producer's price; **~nis** produce; product; production; **~ung** procreation; production; generation

erzieh|en to bring up, to raise, to rear, to breed; to educate; to train; *gut (schlecht) erzogen* well-(ill-)bred, well (badly) educated; **~er** educator, education(al)ist; *(negat.)* pedagogue; teacher; tutor; **~erisch** educational, pedagogic; **~ung** education; upbringing, bringing up; breeding; **~ungsanstalt** educational establishment; reformatory, *BE* community home; **~ungsbeihilfe** educational grant; **~ungsberechtigt** having parental power; **~ungswesen** education(al matters)

erzielen to obtain, to attain, to achieve; to produce; *(Gewinn)* to realize; ⚽ to score

erzittern to shake, to shiver, to tremble (*vor* with)

erzürn|en *vt* to anger, to enrage; *refl* to get angry; to fall out (with s-b)

erzwingen to force, to enforce; to extort (*etw von j-m* s-th from s-b)

es *pron* it; ♪ E flat; *ich hoffe ~* I hope so; *tun Sie ~!* do so!; *sagen Sie ~!* say so!; *da haben wir ~!* there you are!; *~ war einmal* once upon a time there was; *(oft persönl. übersetzt:) ~ juckt mich am ganzen Körper* I itch all over; *~ steht Ihnen frei* you are free (to do s-th); *~ wird getanzt* they are dancing; *(unübersetzt:) ich weiß ~* I know; *ich werde ~ versuchen* I shall try

Esche *bot* ash(-tree)

Esel ass, donkey; **~ei** stupidity, folly; **~in** she-ass; **~sbrücke** crib; **~sohr** *fig* dog's ear, crease; *das Buch hat viele ~sohren* the book is very dog-eared

Eskapade escapade

Eskort|e escort, convoy; **~ieren** to escort

Espe asp, *bes US* aspen; *wie ~nlaub zittern* to tremble like an aspen leaf

eß|bar eatable, edible; **~geschirr** dinner-service; *mil* mess-tin; **~löffel** table-spoon; **~lust** appetite; **~nische** *(Küche)* dinette; *(Wohnzimmer)* dining recess; **~tisch** dining-table; **~waren** food-stuff; provisions, victuals; **~zimmer** dining-room

Esse chimney; forge, smithy

esse|n to eat; to dine; *mil* to mess; *zu Mittag ~n* to (have) lunch; *zu Abend ~n* to have supper; *~n gehen, auswärts ~n* to eat out; *su* food; meal; **~nszeit** dinner-time; **~r** eater

Essenz essence *(chem, philos)*; perfume

Essig vinegar ♦ *damit ist es ~* it ends in smoke; **~gurke** pickled cucumber, gherkin; **~sauer** acetic, acetate of; *~saures Salz* acetate; *~saure Tonerde* aluminium acetate; **~säure** acetic acid

Estr|agon tarragon; **~ich** plaster floor

etablieren *vt* to establish, to set up; to found; *refl (als)* to settle *(as a)*

Etage floor, story; flat; **~nwohnung** self-contained flat, *US* apartment; **~re** stand

Etappe stage, phase; ✈ hop; *mil* base; **~nschwein** *umg* base wallah

Etat budget; estimate; **~isieren** to enter in the budget; **~mäßig** budgetary; *(Beamtenstelle)* on the establishment; **~sjahr** financial year

etepetete *umg* finicky, prudish; particular

Ethi|k ethics; **~sch** ethical

Etikett ticket, label; **~e** (the rules of) etiquette; **~ieren** to label, to ticket

etliche *pron* some, several, a few

Etui case

etwa *adv* nearly, about; in case, perhaps; **~ig** *adj* possible, that may occur; *(nachgestellt)* if any; **~s** *pron* something, anything; *adj* some, any, a little; *adv* somewhat; a little; rather

Etymolog|e etymologist; **~ie** etymology; **~isch** etymological

eu|ch *pron* you; **~er** your; yours

Eule owl ♦ *~n nach Athen tragen* to carry coals to Newcastle; **~nspiegelei** tomfoolery

Euphemis|mus euphemism; **~tisch** euphemistic

eur|erseits on your part; in your turn; **~esgleichen** of your kind, like you; **~etwegen** for your sake; because of you; on your account; **~ig** your; yours

Eur|asien Eurasia; **~opa** Europe; **~opäer** European; **~opäisch** European; **~oparat** Council of Europe

Euter udder

evakuier|en to evacuate; **~ter** evacuee, person evacuated; **~ung** evacuation

evangel|isch evangelical; Protestant; **~ist** evangelist; **~ium** gospel

Eventu|alität contingency; **~ell** *adj* possible; *adv* perhaps, possibly; if desired, if required, if need

Ewer (fishing-)smack

ewig eternal, everlasting; *(Schnee)* perpetual; endless, continual; *ich habe dich ~ nicht gesehen* I haven't seen you for ages; *der ~e Jude* the wandering Jew; *auf ~* for ever; *~es Leben* eternal life, immortality; **~keit** eternity; age(s); aeon; **~lich** for ever; eternally

exakt exact; **~heit** exactness, exactitude
exaltiert high-strung; eccentric
Exam|en examination, *umg* exam; **~ensarbeit** thesis, paper; **~inator** examiner; **~inieren** to examine
Exemp|el example; *math* problem, sum; *ein ~el statuieren* to make an example of s-b; **~lar** sample; specimen; *(Buch)* copy; **~larisch** exemplary; **~lifizieren** to exemplify
exerzier|en to drill; **~platz** drill-ground
Exil exile; **~regierung** government in exile
Exist|entialismus existentialism; **~enz** existence; livelihood; **~enzfähig** fit for survival; **~enzminimum** subsistence minimum (*od* level); **~ieren** to exist; to live, to subsist
ex|klusiv exclusive; **~kommunizieren** to excommunicate;; **~libris** ex-libris, book-plate; **~matrikulieren** *refl* to leave the university, to go down; **~orzieren** to exorcise
exotisch exotic
Exped|ient forwarding clerk; **~ieren** to dispatch; to forward; **~ition** forwarding; forwarding department; expedition
Experiment experiment; **~ell** experimental; **~ieren** to experiment
Expert|e expert; **~ise** expert's report
explo|dieren to explode; to burst; **~sion** explosion; burst; **~siv(stoff)** explosive
exponieren to expose; to explain, to expound
Export export(ation); *konkr mst* exports; **~eur** exporter; **~ieren** to export; **~prämie** export bonus; **~wirtschaft** export trade
express *(Brief)* by express; **~ionismus** expressionism
Extempor|ale exercise in class; **~ieren** to extemporize
extra extra, especially; **~blatt** special edition; **~hieren** to extract; **~kt** extract
extrem extreme; exaggerated; *su* extreme; *von e-m ~ ins andere fallen* to go from one extreme to the other; **~itäten** extremities
Exzellenz Excellency
ex|zentrisch eccentric; **~zeß** excess

F

F (the letter) F; ♪ F; **F-Dur** F major; **f-Moll** F minor
Fabel fable; story; *(Spiel)* plot; **~haft** fabulous; amazing; marvellous; **~n** to tell tales; **~tier** fabulous being
Fabrik factory; plant; *(bes in Zssg)* mill; works; **~anlage** plant; **~ant** factory owner; manufacturer; **~arbeiter** factory worker; **~at** manufacture, make; article; **~ation** making, manufacture; **~mäßig** machine-made; **~neu** brand-new; **~zeichen** trade-mark
fabrizieren to manufacture, to produce, to make
fabulieren to invent stories, to spin yarns
Fach compartment; shelf; drawer; pigeon-hole; *fig* subject; branch, line, field; department; *das schlägt nicht in mein ~* that is not in my line; *vom ~ sein* to be a specialist (in); **~arbeiter** skilled worker; specialist; **~arzt** specialist, consultant; **~ausbildung** professional education (*od* training); **~ausdruck** technical term; **~ausschuß** committee of experts; **~blatt** trade journal; **~gebiet** specialty; **~gelehrter** specialist; **~gemäß** expert, skilled; **~geschäft** special shop, speciality store; **~gruppe** *(Bank)* functional group; **~kenntnisse** expert knowledge, specialized kn.; **~kundig** expert, competent; **~lich** professional; specialist, technical; **~literatur** technical literature; **~mann** expert, authority, specialist; **~männisch** professional, expert; **~messe** trade fair; **~schule** technical school; **~simpeln** to talk shop; **~werk** framework; truss; **~wissen** expert knowledge; **~wissenschaft** special branch of knowledge; **~zeitschrift** (trade) journal
fäch|eln to fan; **~er** fan; **~erförmig** fan-shaped
Fackel torch; **~n** to hesitate; *nicht lange ~n* not to let the grass grow under one's feet; **~zug** torch-light procession
fade stale, tasteless; *fig* dull, insipid
Faden thread (*d. ~en verlieren* to lose the t.); *(Näh-)* cotton; twine, string; ϟ, *bot* filament; fibre; ⚓ fathom ♦ *an e-m ~ hängen* to hang by a thread; *keinen guten ~ an j-m lassen* not to have a good word to say for, to pull s-b to pieces; **~nudeln** vermicelli; **~scheinig** threadbare *(a. fig)*
Fagott bassoon
fähig capable (of), able (to do); clever; ⚖ qualified to, entitled to; **~keit** capability; ability; faculty; talent
fahl fallow; pale; livid
fahnd|en to search for; **~ung** search (*nach* for)
Fahne flag; standard; banner; *mil* colours; 🕮 proof, slip, pull; *mit fliegenden ~n (fig)* with colours flying ♦ *die ~ nach dem Wind hängen* to trim one's sails to the wind; **~nabzug** 🕮 galley-proof; **~neid** *mil* oath of loyalty; **~nflucht** desertion; **~nflüchtiger** deserter; **~nstange** flagstaff, flagpole
Fähn|lein pennon; squad, troop; **~rich** cadet, ensign; ⚓ midshipman
Fahr|bahn, ~damm roadway, *BE* carriage-way; track; **~bar** passable; navigable; ⚙ mobile; **~bereitschaft** motor pool; **~dienstleiter** station-master; **¨e** ferry(-boat); **~en** *vt* to drive, to take, to convey; to cart; *vi* to drive, to ride, to go; to travel; *mit d. Zug ~en* to go by train; *mit d. Rad ~en* to cycle; *mit d. Schiff ~en* to sail; *spazieren ~en* to go for a drive; *wohl (übel) ~en bei (fig)* to come off well (badly) with; *~en lassen* to let go, to give up, to abandon; *in die Höhe ~en* to start up ♦ *aus d. Haut ~en s.* Haut; *was ist in ihn gefahren;* what has come over him?; *rechts (links) ~en!* keep right (left)!; *in d. Hölle ~en* to descend to hell; *in d. Kleider ~en* to throw on one's clothes; **~ende Habe** movables; **~ender Ritter** knight-errant; **~endes Volk** vagrants, tramps; **~er** driver; chauffeur; **~erflucht** hit-and-run offence; **~gast** passenger; **~geld** fare; **~gelegen-**

heit conveyance; **~gestell** ✈ under-carriage; 🚗 chassis; **~ig** *adj* fidgety; **~karte** ticket; **~kartenausgabe, ~kartenschalter** ticket-(*BE* booking-)office; **~kartenautomat** automatic ticket machine; **~lässig** negligent, careless; **~lässigkeit** negligence, carelessness; **~lehrer** driving-instructor; **⁓mann** ferryman; **~plan** timetable; **~planmäßig** regular; (according) to schedule, to time; **~preis** fare; **~prüfung** driving test; **~rad** bicycle, *umg* bike; **~rinne** waterway; fairway; **~schein** ticket; **~schule** driving school; **~straße** road, *BE* carriage-way; **~stuhl** *BE* lift, *US* elevator; **~stuhlführer** lift (*US* elevator) operator; **~t** ride, drive; journey; trip ♦ *~t ins Blaue* mystery trip; *in ~t kommen (fig)* to get into one's stride; *(See-)* voyage, cruise; course; *in voller ~t* at full speed; *~t verlieren (aufnehmen)* ✈, ⚓ to lose (gather) speed; **~tausweis** ticket; **~unterricht** driving instruction; **~wasser** channel, fairway; *fig* element; **~zeug** vehicle; ⚓ vessel, craft

Fährte track; scent

fakt|isch real, actual; de facto; **~or** 🕮 (printing) foreman; factor; circumstance; **~otum** factotum; **~ura** invoice

Fakult|ät faculty; **~ativ** optional

falb fallow, dun; **~e** dun horse

Falke falcon; *allg* hawk

Fall fall; downfall; *allg, gram,* $, ⚖ case, instance; *zu ~ bringen* to trip s-b up; *fig* to ruin; *den ~ setzen* to suppose; *gesetzt den ~* supposing (that), assuming (that); *auf keinen ~* not on any (on no) account; by no means; *auf alle ⁓e, auf jeden ~* in any case, at all events; at any rate; be sure and . . .; *im ~ daß* in case; *von ~ zu ~* as the case may be; according to its merits; *das ist der ~* that's the case ♦ *das ist ganz mein ~* that suits me down to the ground; *ist nicht mein ~* isn't my cup of tea; **~grube** *(a. fig)* pitfall, trap; **~obst** windfall, fallen fruit; **~reep** accommodation ladder, gangway steps; **~schirm** parachute; **~schirmspringer** parachutist; **~schirmtruppen** paratroops; **~strick** snare, noose; *fig* trap; **~sucht** epilepsy; **~tür** trap-door; **~weise** ad hoc

Falle trap; snare; *umg* bed; *in d. ~ gehen* to walk straight into the trap, *umg* to go to bed; **~nsteller** trapper

fallen to fall; to drop; to sink; *(Krieg)* to die, to be killed; *(Preis)* to fall, to decline; **~lassen** to drop, to let fall; *unter ein Gesetz ~* to come (*od* fall) under a law ♦ *aus allen Wolken ~* to be thunder-struck; *in Ohnmacht ~* to faint ♦ *in d. Augen ~* to strike (s-b); *in d. Rede ~* to interrupt; *in d. Rücken ~* to attack from behind, to stab in the back; *mit d. Tür ins Haus ~* to blurt out (what one wants to say); *leicht-(schwer)~* to find it easy (hard)

fäll|en to fell; to cut down; to lumber; *(Bajonett)* to lower; ⚖ to pass; *math* to let fall; *chem* to precipitate; **~ig** due (*am* on), payable, mature; *~ig werden* to mature, to become payable (*od* due); **~igkeit** expiration, maturity; *bei ~igkeit* on (*od* at) maturity, when due

falls in case, if, in the event, provided that

falsch wrong, incorrect; false, artificial; *(Geld)* forged, counterfeit; deceitful; dishonest, insincere; *(Schmuck)* sham; 🂠 *(Spiel)* foul ♦ *mit j-m ~es Spiel treiben* to play s-b false; *~ aussprechen* to mispronounce; *~ singen* to sing out of tune; *~ schwören* to perjure, to commit perjury; *~es Geldstück* counterfeit (*bzw* wrong) coin; *ohne ~* guileless, without guile; **~heit** falsity, falseness, falsehood; duplicity; **~münzer** forger; **~spieler** card-sharper, cheat

fälsch|en to falsify; to forge; *(Lebensmittel)* to adulterate; *(Geld)* to counterfeit; **~er** forger; **~lich** false; **~licherweise** by mistake; wrongly, falsely; **~ung** falsification; forgery; adulteration

Falt|blatt folder; **~boot** folding boat (*od* canoe), collapsible boat, foldboat; **~e** *allg* fold; *(Gesicht)* wrinkle; *(Rock)* pleat; *(Bügel-, Stoff)* crease; *~en werfen* to pucker; *~en ziehen* to wrinkle, *(Stirn)* to knit one's brows; **⁓eln** to fold in small pleats; **~en** *vt* to fold; to plait; to ruffle; **~enlos** smooth, without crease; **~enrock** pleated skirt; **~enwurf** drapery; **~er** butterfly; **~ig** folded; pleated; wrinkled; **~prospekt** folder

Falz fold; groove; notch; rabbet; **~bein** folder, paper-knife; **~en** to fold; to groove; to rabbet

famili|är familiar; intimate; *~äre Gründe* family reasons; **~e** family; *es liegt in d. ~e* it runs in the family; **~enähnlichkeit** family likeness; *mit* **~enanschluß** as one of the family; **~enanzeigen** *(Zeitg)* births, deaths and marriages, *umg* hatch, match and dispatch column; **~enbad** mixed bathing; **~enbeihilfe** family allowance; **~enbetrieb** family business; **~enerbstück** heirloom; **~engruft** family vault; **~enname** surname, family name; **~enstand** personal status; **~envorstand** the head of the family; **~enwappen** family crest

famos grand, great, fine; *umg* swell

Fanat|iker fanatic; **~isch** fanatical; **~ismus** fanaticism

Fanfare flourish of trumpets; (high-pitched) trumpet

Fang catch; capture; prey; haul; **⁓e** *zool* talons, claws; tusks, fangs; **~eisen** iron trap; **~en** to catch, to capture; to trap; *Feuer ~en* to catch fire; **~vorrichtung** safety grip; **~zahn** tusk, fang

Farb|aufnahme colour photograph; **~band** typewriter ribbon; **~e** colour; hue, tint; dye, stain, paint; *(Spiel)* suit; *~e bekennen* to follow suit, *fig* to reveal one's true colours; **~dia(positiv)** colour slide; **~druck** colour-print(ing); **~echt** (of) fast (colour); **~echtheit** colour fastness; **~enblind** colour-blind; **~enfreudig** colourful, gay; **~enlehre** theory of colours, chromatics; **~enmeer** blaze of colour; **~enspiel** opalescence; **~film** colour film, technicolor (film); **~foto(grafie)** colour photograph; **~gebung** colouring; **~ig** coloured; stained; **~kissen** ink-pad; **~los** colourless; pale; **~stift** coloured pencil, crayon; **~stoff** dye-stuff, col-

ouring matter, pigment; **~ton** tint, hue, colour-tone
färb|en to colour; *(Haar, Stoff)* to dye; to stain; to tinge; **~emittel** colouring agent, dye; **~erei** dye-works; **~ung** tinge, hue; *fig* touch
Farc|e farce; 🎭 burlesque; *(Kochen)* stuffing; forcemeat; **~ieren** to stuff
Farm colonial settlement; *(Hühner- etc)* farm; ranch; **~er** colonial settler; farmer; rancher
Farn(kraut) fern; bracken, brake
Farre bullock, young bull
Färse heifer
Fasan pheasant; **~erie** pheasant preserve
Fasch|ine fascine; bundle of faggots; **~ing** carnival; **~ismus** fascism
Fasel|ei twaddle, drivel; silly talk; **~ig** silly, drivelling; **~n** to twaddle, to drivel
Faser fibre; filament; thread; *(Bohnen)* string; **~ig** fibrous; stringy; **~n** to fray out, to ravel out; **~pflanzen** fibre crops; **~stoff** fibrin; fibrous material
Faß cask, barrel; *(Butter-)* firkin, churn; tun; tub, vat; *frisch vom ~* on draught; **~band** hoop; **~bier** draught beer; **~binder** cooper; **¨chen** keg; **~weise** in (by) barrels
Fassade façade, front; **~nkletterer** cat-burglar
fassen *vt* to take hold of, to seize; to take, to hold; to comprise; to contain; ⚙ to mount, to set; *fig* to comprehend, to grasp, to take in; *refl* to pull o.s. together; *s. kurz ~* to be brief; *ins Auge ~* to envisage; to consider
faßlich comprehensible, conceivable
Fasson shape, form, cut; way
Fassung mounting, *(Juwel)* setting; ϟ socket; draft(ing), wording, version; *in d. ~ vom* § as amended; *fig* composure, self-control; *aus d. ~ bringen* to upset, to disconcert; *die ~ verlieren* to lose one's composure; **~sgabe** power of comprehension; mental capacity; **~slos** upset, disconcerted; **~svermögen** holding (seating, loading) capacity; *fig* mental capacity
fast almost, nearly; *~ nie* hardly ever, scarcely ever, almost never; *~ schon* practically; **~en** to fast; **~enzeit** Lent; **~nacht** Shrove Tuesday; carnival
Faszi|kel file; 📖 fascicle; **~nieren** to fascinate; **~nierend** fascinating
fatal awkward, embarrassing; umfortunate; disagreeable, annoying; *das ist ~* that's a nuisance; **~ismus** fatalism
Fatzke dandy, coxcomb; fool
fauchen *(Tier)* to spit; *(Maschine)* to hiss
faul rotten, putrid; bad; *(Ei)* addle; *fig* lazy, idle ♦ *s. auf d. ~e Haut legen* to lead an idle life; *~e Ausrede* lame excuse; *~er Witz* bad joke; **~en** to rot, to putrefy; **~enzen** to be lazy, to idle; to lounge; **~enzer** idler, lazy-bones; **~enzerei** idling laziness; **~heit** laziness, idleness, sloth; **~ig** rotten, putrid; decayed; **¨nis** rottenness; **~pelz** lazy-bones, idler, sluggard; **~tier** *zool* sloth; = ~pelz
Faust fist; *auf eigene ~* on one's own (responsibility), **~dick** as big as one's fist ♦ *es ~dick hinter den Ohren haben* to be sly; *~dicke Lüge* a thumping lie, a whopper; *etw ~dick auftragen* to lay it on thick; **~handschuh** mitt(en); 🥊 boxing-glove; **~kampf** boxing(-match); **~kämpfer** boxer; **¨ling** mitten; **~pfand** pledge; **~recht** club-law; **~regel** rule of thumb; **~schlag** cuff, punch
Favorit favourite (*bes* 🥊); minion
Faxen tricks, (tom)foolery; **~macher** buffoon
Februar February
Fecht|boden fencing-room; **~bruder** beggar; tramp; **~en** to fight; to fence; *umg* to go begging; **~er** fighter; fencer
Feder feather; plume; pen; nib; ⚙ spring; *in d. ~n kriechen* to creep into bed ♦ *s. mit fremden ~n schmücken* to deck o.s. out with borrowed plumes; **~ball** *(Ball)* shuttlecock; *(Spiel)* badminton; **~bett** feather-bed; **~fuchser** scribbler, quill-driver; **~führend** responsible, in charge; centrally handling the policy (of); **~gewicht** 🥊 feather-weight; **~halter** penholder; **~kasten** pen-case; pencil-box; **~kiel** quill; **~kleid** plumage; **~leicht** light as a feather; **~n** to moult; ⚙ to be elastic; *gefedert* ⚙ cushioned; **~nd** springy, elastic; **~strich** stroke of the pen; **~ung** springiness, elasticity; 🚗 spring suspension; **~vieh** poultry; **~wild** game birds
Fee fairy; **~nhaft** fairylike; **~nland** fairyland
Fege|feuer purgatory; **~n** to sweep, to clean
Fehde feud; quarrel; challenge
fehl *adv* amiss, wrong; *~ am Platz sein* to be out of place; *su* blame, blemish; **~bestand** shortage, deficienty; **~betrag** deficit; **~bitte** vain request; *e-e ~bitte tun* to meet with a refusal; **~en** to be missing, to be absent; to err, to make a mistake; to make a blunder; to sin; to be wanting, to lack; *was ~t ihm?* what's the matter with him?, what ails him?; *es an nichts ~en lassen* to spare no pains; *du wirst mir ~en* I'll miss you; *wo ~t es?* what's the trouble?; *das hat mir gerade noch gefehlt!* that's all I needed!, that was the last straw; *weit gefehlt!* right off the mark!; **~er** fault; mistake, blunder, error; defect; blemish; flaw; irregularity; **~erfrei, ~erlos** faultless; flawless; correct; **~ergrenze** margin of error; **~erhaft** faulty, defective; deficient; incorrect; **~erquelle** source of error; **~geburt** miscarriage, abortion; **~gehen** to go (*od* take) a wrong road; *fig* to make a mistake; to fail; **~griff** mistake, blunder; **~leistung** mistake, slip; **~meldung** *mil* nil return; **~menge** shortage; **~schlag** failure, *umg* washout; **~schlagen** to fail, to come to nothing; to go by the board; **~schluß** false conclusion, wrong inference; **~spekulation** bad speculation; **~tritt** false step, slip; *fig* mistake, faux pas, lapse; **~urteil** false judgment, miscarriage of justice; **~zündung** 🚗 misfire
Feier celebration, festival; ceremony; rest; **~abend** evening leisure; off-time; *~abend machen* to knock off work; **~lich** solemn, ceremonious; festive; **~lichkeit** solemnity; ceremony; festivity; **~n** *vt* to celebrate; *vi* to rest, to take a holiday; to be idle; **~stunde** leisure

hour; festive hour; solemnity; **~tag** holiday; festival

feig|e *adj* cowardly; *su bot* fig; **~enblatt** fig--leaf; **~heit** cowardice; **~ling** coward

feil for sale; *fig* mercenary; **~e** file; **~en** to file; *fig* to polish, to refine; **~bieten** to offer for sale; **~halten** to have for sale; **~schen** to bargain (for), to chaffer, to haggle (about); **~späne** filings

fein fine, delicate; thin; distinguished, refined, elegant; subtle; *(Gehör)* sharp; keen; *das ist ~! (umg)* that's grand (*od* wonderful)!; *nicht ~* not gentlemanlike; **~heit** fineness; delicacy; grace, elegance, refinement; subtlety; **~kosthandlung** delicatessen (shop); **~mechanik** precision engineering; precision instruments; **~mechaniker** precision engineer; precision-tool maker

Feind enemy, foe; *poet* fiend; *s. j-n zum ~ machen* to make an enemy of s-b; **~esland** hostile territory; **~lich** hostile, enemy; inimical; antagonistic; **~schaft** hostility, enmity; antagonism; **~selig** hostile; **~seligkeit** hostility, animosity

fei|st fat, plump; **~xen** to grin

Feld field (*a.* ⛏); open country; 🏛 panel; *(Schach)* square; *fig* domain; sphere, scope; *~-, Wald- und Wiesen-* common or garden . . . ♦ *d. ~ räumen* to give in, to make way for s-b; *d. ~ behaupten* to win the day; *im ~(e) gefallen* killed in action; **~arbeit** agricultural labour; **~flasche** flask, canteen; **~früchte** field crops; **~grau** field-grey; **~herr** commander-in--chief; **~jäger** military police; **~küche** field-kitchen; **~lazarett** ambulance, field-hospital; **~marschall** field-marshal; **~maus** field-mouse; **~messer** surveyor; **~polizei** rural guard force; **~post** military post service; **~prediger** army chaplain; **~scher** army surgeon; **~spat** feldspar; **~stecher** field-glasses, binocular; **~webel** sergeant; **~weg** lane; **~zeichen** ensign, standard; **~zug** campaign

Felge felloe; wheel-rim

Fell skin, hide; fur coat ♦ *e. dickes ~ haben* to be thick-skinned; *j-m d. ~ über die Ohren ziehen* to fleece s-b

Fels|(en) rock; cliff; crag; **~block** block, boulder; **~enfest** as firm as a rock; unshakable, unwavering; *~enfest überzeugt* dead certain; **~enriff** reef; **~ig** rocky, craggy; **~klippe** cliff; **~vorsprung** ledge; **~wand** wall of rock

Fem|e, ~gericht vehmgericht, vehmic court

feminin feminine

Fenchel fennel

Fenster window ♦ *zum ~ hinauswerfen* to pour (money) down the drain; **~bank** window seat; **~bank, ~brett, ~sims** window-sill, w.--ledge; **~flügel** casement, (hinged) window--sash; **~kreuz** cross-bars; **~laden** shutter; **~leder** chamois (leather); **~nische** embrasure; **~rahmen** frame; **~riegel** sash-bolt, window--catch; **~scheibe** pane; **~sturz** lintel

Ferien holidays, *bes US* vacation; *parl* recess; *~ machen* to take one's (*od* go on) holidays; **~kolonie** holiday camp; **~kurs** summer school; **~reise** holiday trip

Ferkel young pig, piglet; *fig* mucky pup

fern far, distant, remote; *von ~* from afar, at a distance; *das sei ~ von mir* far be it from me; **~amt** *BE* trunk exchange, *US* central; **~anruf** *BE* trunk call, long-distance call; **~bedienung** remote control; **~bleiben** to absent o.s. (from); *su* absence; absenteeism; **~e** distance; *aus der ~e* from the distance, from afar; *in d. ~e* in the distance, at a d.; *das liegt noch in weiter ~e* that's still a long way off (*od* a far cry); **~empfang** 📻 long-distance reception; **~er** *adj* farther, further; *adv* furthermore, moreover, besides; *~er liefen* ⛏ also ran; **~gas** long-distance gas; **~gespräch** call; = ~anruf; **~gesteuert** remote-controlled, radio-controlled; *mil* guided; **~glas** telescope; binoculars; **~halten** *refl (von)* to keep aloof from, to keep clear of; **~heizung** district heating; **~leitung** trunk-line; **~leitungsnetz** trunk-line system; **~meldewesen** telecommunications; **~mündlich** by telephone; **~rakete** ballistic rocket; **~rohr** telescope; **~schreiber** teleprinter, teletype; *(Person)* teletype operator; **~schriftlich** by teleprinter; **~sehen** television (*Abk* TV); video; **~sehstudio** telestudio; **~sicht** view; **~sprechamt** = *amt;* **~sprecher** telephone; **~sprechzelle** *BE* call-box, *US* telephone booth; **~unterricht** postal tuition; correspondence course; **~verkehr** long-distance traffic; **~wirkung** remote (*od* indirect) effect; telekinesis; **~ziel** remote (*od* long-term) object; **~zug** main-line train

Ferse heel ♦ *j-m auf den ~en sein* to be hard upon s-b's heels

fertig ready; finished, done; ready-made; *umg fig* done in, finished, ruined; dead tired; *~ werden mit, es ~bringen* to manage; *s. ~machen* to get ready; *~ sein mit (fig)* to have done with; *ohne etw ~ werden* to do without; **~bringen** to manage, to accomplish, to bring about; **~en** to make, to manufacture; **~fabrikat, ~ware** ready-made (*od* finished, manufactured) goods; **~haus** prefab(ricated) house; **~keit** skill, dexterity; knack; fluency; acquirement; **~keiten** accomplishments; **~machen** to complete, to finish; *(fig umg) j-n ~machen* to dress down, to tell off, *(ermüden)* to tire to death, to do up; **~produkt** finished product; **~stellen** to finish, to get ready; **~ung** making, manufacture, production; **~waren** finished goods

Fes ♪ F flat

fesch smart, stylish

Fessel chain, fetter, shackle; *anat* ankle; *(Pferd)* pastern-joint, fetlock; **~ballon** captive balloon; **~n** to chain, to fetter, to shackle; *fig* to fascinate, to captivate; **~nd** fascinating, absorbing

fest[1] firm; rigid; *(Körper)* solid, compact; *(Holz)* hard, fast; *(Regel, Geld)* fixed; tight; strong; permanent, constant; *~ überzeugt* fully convinced; *s. ~ vornehmen* to make it a point; *~e Nahrung* solid food; *~e Preise* fixed prices; *~e Stellung* permanent post; *~en Fuß fassen* to gain a firm footing; *~er Schlaf* sound sleep; *~es Angebot* firm offer; **~binden** to tie up (fast), to fasten; **~e** stronghold; fortress; citadel; **~fahren** to stick fast, to get stuck; *fig* to come to a deadlock; **~halten** *vt* to hold (fast); to seize, to arrest; to write down; *~halten an* to adhere to; *fig* to abide by; *refl* to hold on; **~igen** to make firm, to strengthen; to consolidate; to stabilize; *refl (Preise)* to stiffen; **~igkeit** firmness; solidity; strength; stability; **~land** mainland, continent; **~legen** to fix, to lay down, to determine; *(Summe)* to assess; *(Geld)* to invest; *refl* to commit o.s., to tie o.s. down (*auf* to); **~machen** to fasten, to tighten; *fig* to fix, to settle; **~meter** (solid) cubic metre; **~nahme** arrest, seizure; **~nehmen** to arrest, to seize, to apprehend; **~setzen** to fix, to arrange; to imprison; *refl* to settle down; to gain a footing; **~sitzen** to be stuck; to fit tightly; **~stehen** to be certain, to be a matter of fact; **~stellen** to say, to state, to point out; to find out, to discover, to ascertain; to check, to verify; to notice, to see, to find; to assess, to determine, to fix; *d. Identität ~stellen* to identify; **~stellung** statement; determination; identification; **~ung** fortress; **~ungsgraben** moat; **~ungswall** rampart; **~verzinslich** at a fixed rate of interest; fixed-interest-bearing

Fest[2] festival; celebration; feast; party; **~essen** banquet, anniversary dinner; **~gabe** gift; **~halle** banqueting hall; **~lich** festive; solemn; **~lichkeit** festivity; solemnity; **~schrift** publication in honour of s-b; **~spiel** festival performance; 🎭 drama festival; **~spielhaus** Memorial Theatre; **~tag** holiday, feast; **~zug** (festive) procession

Fetisch fetish

fett *adj* fat; plump; *(Boden)* fertile; *(Essen)* rich; lucrative; 🕮 bold; *su* fat; dripping; grease; adipose ♦ *sein ~ bekommen* to get it in the neck; *~ ansetzen* to grow fat, to put on flesh; *mit ~ begießen* to baste; **~arm** poor in fat; *(Fleisch)* lean; **~auge** drop of grease; **~darm** ⚕ rectum; **~druck** 🕮 heavy type, bold-faced type; **~drüse** sebaceous gland; **~fleck** grease spot; **~haltig** fatty, adipose; **~ig** fat(ty), greasy; **~leibig** corpulent; **~leibigkeit** corpulence; **~näpfchen:** *ins ~näpfchen treten* to put one's foot in it, to drop a brick; **~sucht** obesity, adiposity; **~wanst** big paunch

Fetzen rag; shred; scrap

feucht damp, moist; humid; muggy; **~fröhlich** convivial, full of fun and wine; **~igkeit** dampness; moisture; humidity; **~igkeitsmesser** hygrometer

feudal feudal; splendid, magnificent

Feuer fire; *(im Freien)* bonfire; *mil* firing, bombardment; brilliance, lustre; *fig* ardour, verve ♦ *wie ~ und Wasser* as like as chalk and cheese; *~ fangen* to catch fire *(a. fig)*; *fig* to fall in love; *j-m ~ geben* to give s-b a light ♦ *~ und Flamme sein für* to be heart and soul for; *zwischen zwei ~n* between the devil and the deep sea; *für j-n durchs ~ gehen* to go through fire and water for s-b; *mit ~ u. Schwert ausrotten* to destroy s-th root and branch; **~bestattung** cremation; **~bohne** *bot* scarlet runner; **~eifer** ardent zeal; **~einstellung** cease fire; **~fest** fire-proof; **~gefährlich** (highly) inflammable; **~haken** pot-hook; poker; **~leiter** (fire-) escape; fire-ladder; **~lilie** orange lily; **~linie** front line; **~löschapparat, ~löscher** fire-extinguisher; **~melder** fire alarm; **~n** *mil* to fire, to shoot; **~probe** acid test, crucial test, ordeal (by fire); **~sbrunst** fire, conflagration; **~schiff** light-ship; **~sgefahr** danger of fire; **~speiend** volcanic; *~speiender Berg* volcano; **~spritze** fire engine; **~stein** flint; **~stelle** fireplace, hearth; **~taufe** baptism of fire (*a. fig: d. ~taufe erhalten* to undergo one's b.); **~überfall** strafe; **~ung** firing, heating; fuel; **~versicherung** fire--insurance; **~wache** fire-station; **~waffe** fire-arm, gun; **~wehr** *BE* fire brigade *US* f. department; *wie die ~wehr fahren* to drive like blazes; **~werk** fireworks *(a. fig)*; **~zange** tongs; **~zeug** lighter

feurig fiery; *fig* ardent, fervent

Fi|aker cab; **~bel** primer; brooch, clasp; **~ber** fibre

Fichte spruce

fid|el merry, jolly; **~ibus** spill

Fieber fever; *kaltes ~* ague; *~ messen* to take the temperature; *~ haben* to have a temperature (*od* a touch of fever), to be feverish; **~frost, ~schauer** shivering fit (*od* attack), shivers, ague; **~haft** feverish; **~ig** febrile, feverish; **~n** to be feverish, to have a temperature; *fig* to be consumed with desire for; **~mittel** antipyretic, febrifuge; **~phantasie, ~wahn** delirium; **~tabelle** temperature chart; **~thermometer** clinical (*od* surgical) thermometer

Fied|el fiddle; **~elbogen** bow, fiddlestick; **~eln** to fiddle

Figur figure; form; *math* diagram; *(Schach)* chessman; **≃lich** figurative

Fikt|ion fiction; invention; pretence; a figment of s-b's imagination; **~iv** fictitious

Filet netting, network; *(Fleisch)* fillet

Filial|e branch (establishment); affiliate; **~betrieb, ~geschäft** chainstore, *BE a.* multiple shop

Film film, *BE a.* cine(ma)-film, motion picture, *umg* movie; **~atelier** studio; **~aufnahme** shooting (of film scenes); **~autor** screen author; **~bearbeitung** film adaptation; **~en** to film; **~gelände** (studio) lot; *(Außenaufnahmen)* location; **~gesellschaft** film company; **~industrie** the films, film industry; **~kamera** *BE* cine--camera, *US* motion-picture camera; **~kassette** film magazine; **~schauspieler** film (*BE* cinema, screen) actor; **~schauspielerin** film (*BE* cinema, screen) actress; **~selbstkontrolle** Board of Film Censors; **~streifen** film strip; **~theater** *BE* cinema, *US* motion-picture theater; **~verleih** film renters' society

Filter filter (*a.* 📺, 📻, ⚡); 📺 *a.* screen; ⚡, 📻 *a.* sifter; **~n** to filter, to strain

Filz felt; *fig* skinflint, miser; **~en** to felt; **~ig** felt-like; *fig* mean, stingy; **~schuh** felt slipper
Fimmel craze
Finanz|amt (inland) revenue office; **~ausgleich** financial adjustment (*od* equalization); **~ausschuß** committee of ways and means; **~en** finances; **~iell** financial; **~ieren** to finance; to support; to provide money to pay for s-th; **~jahr** fiscal (*od* financial) year; **~lage** financial standing (*od* position); **~minister** *allg* Minister of Finance; *BE* Chancellor of the Exchequer, *US* Secretary of the Treasury; **~ministerium** *allg* Ministry of Finance; *BE* the Treasury, *US* Treasury Department; **~politik** financial policy; **~schwach** financially weak; **~verwaltung** finance department; taxation authorities; **~wesen** finances, financial matters; **~wirtschaft** public finances; business financing
Find|elkind foundling; **~en** to find; to meet with; to discover, to hit upon; *fig* to think, to consider; *refl* to pan out all right; *das wird s. ~en* we shall see; *das wird sich schon alles ~en* it will be all right; *s. in etw ~en* to put up with, to resign o.s. to; **~er** finder; **~derlohn** finder's reward; **~ig** clever; ingenious; **~igkeit** cleverness; ingenuity
Finger finger ♦ *j-m auf die ~ sehen* to have a strict eye upon; *d. ~ lassen von* to keep away from; *überall s-e ~ drin haben* to have a finger in every pie; **~abdruck** fingerprint; **~fertig** dexterous, quick-(*od* nimble-)fingered; **~fertigkeit** dexterity, skill; **~hut** thimble; *bot* foxglove; **~ling** fingerstall; **~n** to finger; **~satz** ♪ fingering; **~spitze** finger-tip; **~spitzengefühl** flair; tact; intuitive feeling; **~zeig** hint, tip
fingier|en to feign, to sham; **~t** feigned
Fin|k finch; **~ne** pimple, acne; fin
Finn|land Finland; **~e** Finn; **~isch** Finnish
finster dark, gloomy, obscure; **~nis** darkness, gloom, obscurity; *astr* eclipse
Finte ⛩ feint; *fig* trick
Firlefanz foolery, nonsense
Firm|a firm, business; *(Anschrift)* Messrs.; *(Firmenname)* trade name; **~ament** firmament, sky; **~en** to confirm; **~eninhaber** owner of the firm; **~enschild** sign-board; **~enverzeichnis** trade directory; **~enwert** good will; **~ieren** to trade under the name (*als* of); **~ling** candidate for confirmation; **~ung** confirmation
Firn névé, firn; **~is** varnish; **~issen** to varnish
First ridge (of a roof); mountain ridge
Fis ♪ F sharp
Fisch fish; *astr* Pisces; 🕮 wrong fount ♦ *kleine ~e (umg)* mere trifles; *weder ~ noch Fleisch* neither fish nor flesh nor good red herring; *wie e. ~ auf dem Trockenen* like a fish out of water; *stumm wie ein ~* as mute as a fish, as silent as the grave; **~adler** osprey; **~bein** whalebone; **~blut haben** to be cold-blooded; **~en** to fish; *su* fishing, angling ♦ *im trüben ~en* to fish in troubled waters; **~er** fisherman; **~erdorf** fishing village; **~erei** fishery; fishing; **~geruch** fishy smell; **~gräte** fish-bone; **~händler** fishmonger; **~laich** spawn; **~leim** fish-glue, isinglass; **~otter** otter; **~reiher** heron; **~tran** fish-oil, train-oil; **~zucht** fish-hatchery, pisciculture; **~zug** catch, haul, draught (of fish)
fisk|alisch fiscal; relating to taxation; **~us** exchequer, treasury
Fistel fistula; **~stimme** falsetto
Fitt|ich wing, pinion ♦ *j-n unter s-e ~iche nehmen* to take s-b under one's wing; **~ing** fitting
fix fixed; quick; *~ und fertig* complete, cut and dried, quite ready; *~e Idee* fixed idea, obsession, monomania; **~ierbad** 📷 fixing-bath; **~ieren** to fix; to stare (at s-b); **~iermittel** fixing agent, fixative; **~igkeit** speed; **~preis** fixed price; **~stern** fixed star; **~um** fixed sum (*od* salary)
Fjord fiord
flach flat, plain; level; open; *(a. fig)* shallow; *~ machen* to flatten; **~druck** 🕮 planograph; **~drucktechnik** planography; **~land** plain (*od* open, flat) country; plain, lowlands; **~relief** bas-relief; **~rennen** flat race; **~zange** pliers
Fläche area; acreage; surface; plane; **~nausdehnung** square dimension; **~ninhalt** area; **~nmaß** square measure
Flachs flax; **~samen** linseed; **~spinnerei** flax-mill
flackern to flicker, to flare
Fladen flat cake
Flagg|e flag ♦ *unter falscher ~e segeln* to sail under false colours; **~en** to fly a flag; **~enmast** flagstaff, flagpole; **~leine** flag-line; **~schiff** flagship
Flak anti-aircraft; *umg* ack-ack; **~geschütz** anti-aircraft gun, aerial gun
Flakon phial; scent bottle, flacon
Flamm|e flame; blaze; *(Herd)* burner; *umg* flame, sweetheart; **~en** *vi* to flame, to blaze
Flammeri blancmange
Flanell flannel: **~jacke** blazer
Flank|e flank; ⛩ side-vault; **~ieren** to flank; to enfilade
Flansch ⚙ flange
flapsig boorish, uncouth
Flasche bottle; flask; phial; **~nbier** bottled beer; **~nhals** neck of bottle; **~nzug** block and tackle, set of pulleys
flatter|haft unsteady, fickle; inconstant; **~haftigkeit** fickleness, unsteadiness; **~n** to flutter; to wave, to stream
flau weak, feeble; dull, flat; faint
Flaum down, fluff; **~feder** down feather; **~ig** downy, fluffy
Flaus, Flausch *(Stoff)* fleecy woollen cloth
Flause humbug ♦ *j-m ~n in d. Kopf setzen* to put silly ideas into s-b's head
Flaute calm; *com* dullness, slackness
Flecht|e plait; braid; *bot* lichen; ⚕ lichen, tetter; **~en** to plait, to braid; to bind; **~werk** wickerwork; wattle
Fleck spot, place; stain, mark, blot, blur; patch; blemish, fault; *blauer ~* bruise ♦ *vom ~ weg* straight away; *vom ~ kommen* to get

on, to make headway; **~chen:** *ein schönes ~chen (Erde)* a beauty spot; **~en** *siehe ~*; market town, country town; **~enlos** spotless; **~entferner, ~enwasser** spot (*od* stain) remover; **~fieber** typhus (fever); **~ig** spotted, stained, speckled; **~typhus** = **~fieber**

Fleder|maus bat; **~wisch** feather-duster

Flegel flail; *fig* boor, churl, cad; **~ei** rudeness, insolence; **~haft** boorish, churlish, caddish, rude; **~jahre** the teens, the awkward age; *in d. ~jahren sein* to be a hobbledehoy; **~n** *refl* to lounge about (in s-th)

flehen *vi* to implore, to beseech, to entreat (*um* for); *su* entreaty, supplication; **~tlich** beseeching, imploring

Fleisch flesh; meat; *(Obst)* pulp ♦ *in ~ und Blut übergehen* to become second nature; to become a habit; *s. ins eigene ~ schneiden* to cut off one's nose to spite one's face; **~brühe** broth; beef-tea; clear soup; **~er** butcher; **~eslust** carnal desire, lust; **~faser** muscular fibre; **~fliege** blow-fly; **~fressend** carnivorous; **~geworden** incarnate; **~ig** fleshy; beefy; pulpy; plump; **~kloß** meat-ball; **~konserve** canned (*BE a.* tinned) meat; **~lich** carnal, sensual; **~vergiftung** botulism; **~waren** meat (products); **~werdung** incarnation; **~wolf** *BE* mincer, *US* meat grinder

Fleiß diligence, industry, assiduity; *(Zeugnis)* effort; *ohne ~ kein Preis* no pains, no gains; *mit ~* intentionally, on purpose; **~ig** diligent, industrious

flennen to blubber, to whine, to snivel

fletschen: *die Zähne (mit den Zähnen) ~* to bare one's teeth

Flexion *gram* inflection

flick|en to mend, to patch, to repair; *(bes Schuhe)* to cobble; *su* patch; **~erei, ~werk** patchwork; **~schneider** jobbing tailor; **~schuster** cobbler; **~wort** expletive; **~zeug** sewing kit; 🚗 repair outfit, puncture kit

Flieder elder; *spanischer ~* lilac; **~tee** elder-blossom tea

Fliege fly; *(Bart)* imperial; *(Krawatte)* bow-tie ♦ *zwei ~n mit einer Klappe schlagen* to kill two birds with one stone; **~n** *vi* to fly, to wing; *umg* to get the sack; *(in e-r Prüfung)* to flunk *(an examination)*; *vt* to fly, to pilot; **~nfänger** fly-paper; *zool* fly-catcher; **~ngewicht** ⚔ fly-weight; **~nklappe, ~nklatsche** fly-swatter; **~npilz** fly agaric, toadstool; **~nschnäpper** *zool* fly-catcher; **~nschrank** meat safe; **~r** airman, aviator; pilot; **~rabwehr** anti-aircraft defence; **~rabwehrkanone** anti-aircraft gun; **~ralarm** air-raid alarm, alert; **~rangriff** air-raid; **~rei** aviation

flieh|en *vi* to flee, to run away (from); *vt* to avoid, to shun; **~kraft** centrifugal force

Fliese tile; *mit ~n auslegen* to tile

Fließband conveyor belt, assembly line; **~produktion** assembly-line production

fließen to flow; to stream; to float; to run; *~des Wasser* running water; *~d sprechen* to speak fluently

Flimmer glimmer, glitter; **~n** to flicker, to glitter, *(Sterne)* to twinkle

flink quick, agile; alert; brisk, nimble

Flinte gun, rifle ♦ *die ~ ins Korn werfen* to throw up the sponge

Flirt flirtation; *(Person)* flirt; *sie ist ein netter ~* she is a nice (girl to) flirt (with); **~en** to flirt, to make love (*mit* to)

Flitter spangle, tinsel; **~glanz** false lustre; hollow pomp; **~kram** cheap finery; **~wochen** honeymoon

flitzen to dash along

Flock|e flake; *(Wolle)* flock; **~ig** flaky; fluffy

Floh flea ♦ *j-m e-n ~ ins Ohr setzen* to put (silly) ideas into s-b's head

Floskel flowery language (*od* phrase)

Flor blossom(ing time), bloom; gauze; crape, crêpe; **~ett** ⚔ foil; **~ieren** to flourish, to prosper

Floß raft, float; **⁓̈er** raftsman, rafter

Flosse fin; *umg (Hand)* paw

Flöt|e flute, pipe; *(Block-)* recorder; **~en** to play the flute; to whistle ♦ *~en gehen* to go whistling down the wind

flott afloat, floating; fast; gay, smart; *~ leben* to lead a fast (*od* free and easy) life; **~e** fleet, navy; **~machen** ⚓ to get afloat; 🚗 to get going again

Flöz layer, stratum; seam

Fluch curse, imprecation; oath; bane; *pl* bad language; **~en** to curse, to swear; *su* swearing, cursing; abuse

Flucht flight, escape; *(kopflose)* stampede; 🏛 straight line, row; *(Zimmer-)* suite (of rooms); *(Treppen-)* flight (of stairs); **~en** to align; **⁓̈en** to flee, to escape (*vor* from); **⁓̈ig** fugitive; *fig* brief, absconding; hasty, hurried; careless, superficial; *chem* volatile; **⁓̈igkeit** hastiness; carelessness; volatility; **⁓̈ling** refugee; *pol* émigré

Flug flight; *(Vögel)* flock, swarm; *(Rebhühner)* covey; *im ~e (fig)* as quick as lightning, in haste; **~abwehr** anti-aircraft defence; **~bahn** trajectory **~blatt** leaflet; **~boot** flying boat; **~gast** air-passenger; **~gesellschaft** air-line; **~hafen, ~platz** air-port, aerodrome; **~kilometer** flight mile; **~klar** ready for flight; **~lehrer** flying-instructor; **~linie** airway; *(Gesellschaft)* air-line; **~post** air-mail; **~sand** quicksand; **~wetter** flying weather

Flügel wing (🏛, ✈, *zool, mil*); *(Windmühle)* arm, sail; *mil a.* flank; ♪ grand (piano) ♦ *d. ~ hängen lassen* to hang down one's head; **~fenster** casement window; **~lahm** with crippled wings; *fig* despondent; **~mutter** ⚙ wing-nut; **~roß** winged horse, Pegasus; **~schlag** beat of wings; **~schraube** thumb-screw; **~spanne** spread of wings; **~tür** folding-door

flügge fledged; *~r Vogel* fledgling; *~ werden* to grow wings; *fig* to stand on one's own feet

flugs instantly, quickly

Flugzeug (*BE* aero)plane, aircraft; *US* airplane, *a.* airship; **~aufnahme** aerial photograph; **~führer** pilot; **~halle, ~schuppen** han-

gar, shed; **~staffel** air-squadron; **~träger** aircraft-carrier
Fluidum fluid; *fig* atmosphere, tone
Fluktu|ation fluctuation, flow; **~ieren** to fluctuate
Flunder flounder
Flunker|ei fib(bing); **~n** to (tell) fib(s)
Fluor fluorine; **~eszieren** to fluoresce; **~eszierend** fluorescent
Flur field, meadow, plain; hall, corridor; **~bereinigung** farmland consolidation; **~garderobe** hall-stand
Fluß river; flow, flux; ⚙ fusion, state of melting; ⚕ catarrh; *fig* fluency *d. Sache in ~ bringen* to set the ball rolling; *in ~ kommen* to get going; *im ~ sein* to be in a state of flux; **~abwärts** downstream; **~arm** *su* tributary; **~aufwärts** upstream; **~bett** bed, channel; **~fahrzeug** river craft; **~krebs** crayfish, crawfish; **~lauf** course of a river; **~mündung** mouth of a river; **~pferd** hippopotamus; **~schiffahrt** river traffic; **~spat** fluor-spar, fluorite
flüssig liquid, fluid; *(Metall)* molten; *(Geld)* ready, available; *fig* flowing, fluent; *Geld ~ machen* to realize money; **~keit** liquid, fluid; fluidity
flüstern to whisper; *su* whisper; **~d** whispering, below (under) one's breath
Flut flood *(a. fig);* flood-tide, high tide; *Ebbe und ~* the tides; *es ist ~* the tide is in; **~en** to flood; to flow, to stream; *hin u. her ~en* to fluctuate; **~licht** floodlights; *mit ~licht anstrahlen* to floodlight
Födera|lismus federalism; **~list** federalist; **~listisch** federalist; **~tion** federation, confederacy; **~tiv** federative, confederate
Fohlen foal; *(männl.)* colt; *(weibl.)* filly; *vi* to foal
Föhn *(Wind)* foehn; hair-dryer
Föhre pine, Scotch fir
Folge sequence; succession, series; order; set, suite; consequence, result; aftermath; conclusion, inference; *in d. ~* subsequently, in future; *~ leisten* to comply with; to obey; to accept; to answer; **~erscheinung** effect, consequence; **~n** to follow, to succeed; to result (from); to obey, to listen to; *daraus folgt* hence it follows; *Fortsetzung folgt* to be continued; *Schluß folgt* to be concluded; *j-s Rat ~n* to take s-b's advice; **~nd** *adj* following; *er schreibt ~ndes* he writes as follows; **~ndermaßen** as follows; **~nschwer** momentous, weighty; **~richtig** logical, consistent; **~rn** to conclude, to infer, to deduce; **~rung** conclusion, inference, deduction; **~widrig** illogical, inconsistent; **~wirkung** consequent effect
folg|lich consequently, hence, thus; so; therefore; **~sam** obedient; **~samkeit** obedience
Foli|ant folio (volume); **~e** foil; background
Folter torture; *auf d. ~ spannen* to put to the rack; *fig* to torment; **~n** to torture; to torment; **~ung** torture
Fond 🚗 back seat; foundation; **~s** funds; capital, stock

Font|äne fountain, artificial jet of water; **~anelle** fontanel
foppen to hoax, to tease, to chaff, to kid
forcieren to force; to hurry; to overurge; to overdo
Förder|anlage hauling plant; **~ausfall** decline in production; **~band** conveyor belt; **~korb** cage; **~lich** useful; **~n** ⚙ to haul; *allg* to promote, to further; to encourage; to advance; **~schacht** winding shaft; **~ung** ⚙ hauling; output; *allg* promotion, help; furtherance
forder|n to ask, to demand; to claim; to require; ⚖ to summon; *(Duell)* to challenge; **~ung** demand; claim; challenge
Forelle trout
Forke pitchfork, manure fork
Form form, shape (*feste ~ annehmen* to take definite sh.); cut, fashion; model, pattern; ⚙ mould; *in guter ~ sein* to be in good form; *d. ~ wahren* to keep up appearances; **~al** formal; in form; **~alität** formality; **~at** size, format; *fig* weight, importance; *e. Mann von ~at* a man of parts; **~el** formula; **~ell** formal; **~en** to form, to shape, to mould; to fashion, to model; to make; **~enlehre** *gram* accidence; **~fehler** informality; social blunder, offence against etiquette; flaw; ⚖ want of form; **~gebung** fashioning, moulding; industrial design; **~gestalter** industrial designer; **~ieren** to form; **~ierung** formation; **⁓̈lich** formal, ceremonious; *sehr ⁓̈lich sein* to stand upon ceremony; *adv* really; **⁓̈lichkeit** formality, ceremony; **~los** formless, shapeless; unceremonious; in no specific form; **~losigkeit** formlessness, shapelessness; rudeness; **~sache** formality; *es ist nur e-e ~sache* it is merely a matter of form; **~ular** form, blank; **~ulieren** to formulate; to define; **~ung** formation; forming
forsch smart; plucky, dashing; **~en** to search, to seek (after), to inquire (after); to (do) research (work); **~er** (research) scientist, research worker; **~ung** inquiry; research; **~ungsarbeit** research work; **~ungsreisender** explorer
Forst wood, forest; **~amt** forestry office; **⁓̈er** forester; **⁓̈erei, ~haus** forester's house; **~meister** (head) forester; **~wesen, ~wirtschaft** forestry
fort away, off; gone; forth, forward; on(ward); *in einem ~* continually, ceaselessly, without interruption; *und so ~* and so on, and so forth; *~ mit dir!* away with you!; **~an** from this time, henceforth, hereafter; **~bestand** continuation, duration; survial; **~bestehen** to continue (to exist); **~bewegung** locomotion, progression; **~bildung** further instruction (development); **~dauer** continuance; duration, permanence; **~dauernd** continual, recurrent; **~fahren** *vt* to drive away, to remove; *vi* to drive off, to depart; *fig* to continue, to go on; **~fall** cessation, discontinuing; **~fallen** to be omitted; **~führen** to go on with, to continue; to carry on; **~gang** departure, leaving; progress, continuation; **~gehen** to go away, to leave; to

go on, to continue; **~geschritten** advanced; **~gesetzt** incessant, continuous; **~kommen** to get away; *fig* to get on; *su* progress, advancement; living, livelihood; **~laufen** to run away; to escape; to go on; **~laufend** *adj* continuous, running; *adv* consecutively; **~pflanzen** *vt, refl* to propagate; to reproduce; to transmit; **~pflanzung** propagation; reproduction; transmission; **~schaffen** to remove; to get rid of; **~scheren** *refl* to be gone; **~schreiten** to proceed; to advance; to make progress; **~schreitend** progressive, ever-increasing; **~schritt** progress, advance(ment); **~schrittlich** progressive; **~setzen** to continue, to carry on, to pursue; **~setzung** continuation; pursuit; **~stehlen** *refl* to steal away; **~während** *adj* continuous, incessant, perpetual; **~werfen** to throw away; **~ziehen** *vt* to draw away, to drag away; *vi* to march off, to move on; to leave

Foto photo(graph); **~album** photo album; **~apparat** camera; **~gramm** photogram; **~graf** photographer; **~grafie** photography; photo(graph); **~grafieren** to photograph, to take a photo (of s-b); ... *läßt sich gut ~grafieren* ... photographs well; **~kopie** photostat; xerox; **~kopieren** to photostat; xerox; *siehe* Photo(-)

Fracht freight; *bes* ⚓ cargo; load; *(~kosten)* freightage, carriage; **~brief** bill of lading; 🚆 consignment note; **~dampfer, ~er** cargo vessel, freighter; **~frei** carriage-paid, -free; **~gut** freight; goods, package; **~raum** freight capacity; shipping space; **~stück** package, parcel; bale; **~versicherung** cargo insurance

Frack evening dress, tailcoat

Frage question; inquiry, query; *ohne ~* undoubtedly, doubtless; *in ~ stellen* to (call in) question, to doubt; *in ~ kommen* to come into question; to be suitable (possible, appropriate, practicable); *nicht in ~ kommen* to be out of the question; *das ist e-e ~ der Zeit* that's only a matter of time; **~bogen** questionnaire; **~n** to ask (*nach* after, about), to inquire; *(Arzt)* to consult; *(gründlich)* to catechize; *nichts danach ~n* not to care about; *es fragt sich ob* the question is whether; **~satz** interrogative sentence; **~stellung** formulation of the question; **~zeichen** question-mark

frag|lich in question; doubtful, questionable; **~los** *adv* unquestionably, undoubtedly, doubtless; **~würdig** doubtful, questionable; suspicious

Fragment fragment; **~arisch** fragmentary

Fraktion parliamentary group

Fraktur 🕮 Gothic type, German text

frank free, frank, open; *~ u. frei* frankly; **~ieren** to stamp, to pay postage for

Frankreich France

Franse fringe

Franz|band calf-binding; **~branntwein** brandy, rubbing alcohol; **~ose** Frenchman; *die ~osen* the French; ⚙ adjustable spanner, monkey wrench; **~ösin** Frenchwoman; **~ösisch** French (*sich auf ~ösisch empfehlen* to take F. leave)

frapp|ant striking, astonishing; **~ieren** to strike, to astonish

fräs|en to mill, to cut; **~maschine** milling machine

Fraß *umg* grub; *(Tier-)* feed; ⚕ caries

Fratz (naughty) child, little devil; **~e** grimace; caricature; *~en schneiden* to make faces; **~enhaft** grotesque

Frau woman; *d. ~ des Hauses* the lady of the house; *(Brief)* Mrs.; *meine ~* my wife; *gnädige ~* Madam; *Unsere liebe ~ (eccl)* Our Lady; *sich e-e ~ nehmen* to marry; **~enarzt** gynaecologist; **~enrechtlerin** suffragette; **~ensleute** women(-folk); **~enstimmrecht** women's suffrage; **~enzimmer** woman, female; slut; **¨~lein** young lady; unmarried lady; *(Anrede)* Miss; **~lich** womanly

frech impudent, insolent, cheeky, brash; *~ werden* to answer back; **~dachs** cheeky fellow (*od* young rascal, devil); **~heit** impudence, insolence; cheek

Fregatte frigate; **~nkapitän** commander

frei free; independent; loose, at liberty; vacant, disengaged; free of charge, gratis; frank, candid, open; liberal; *Eintritt ~!* admission free!; *~ an Bord* free on board *(Abk f.o.b.)*; *ich bin so ~* allow me; *aus ~er Hand* freehand; offhand; *unter ~em Himmel, im ~en* in the open air, outside; alfresco; *d. ~en Berufe (Künste)* the liberal professions (arts); *e-n ~en Tag nehmen* to take a day off; *e-e ~e Minute* a spare moment; *~e Stelle* vacancy; **~beruflich** professional; *~beruflich tätig sein* to free-lance; **~beruflicher** free-lance; **~beuter** filibuster, buccaneer, freebooter; **~bleibend** not binding, without obligation, subject to alteration, without notice; **~brief** carte blanche; **~denker, ~geist** free-thinker; **~en** to woo, to court; to marry; **~er** wooer, suitor; *auf ~ersfüßen gehen* to be on the look-out for a wife, to go courting; **~exemplar** free specimen, presentation copy; **~frau** baroness; **~gabe** release; decontrol; **~geben** to release; to decontrol; **~gebig** generous, liberal; bounteous, bountiful; **~gebigkeit** generosity, liberality, bounty; **~gelassener** freedman; **~grenze** free quota; exemption limit; **~hafen** free port; **~halten** to keep free; to treat; **~händig** free-hand, without support; ⚖ by private contract, off-hand; **~heit** freedom, liberty; independence; *dichterische ~heit* poetic licence; **~heitlich** liberal; **~heitsberaubung** ⚖ deprivation of liberty, unlawful detention; **~heitskrieg** war of independence; **~heitsstrafe** imprisonment; **~herr** baron; **~herrin** baroness; **~herrlich** baronial; **~karte** complimentary ticket; **~lassen** to release, to set free; **~lassung** release; **~lauf** free wheel(ing); **~lich** of course, certainly, indeed; **~lichtbühne** open-air theatre; **~lichtmalerei** open-air painting; **~machen** to set free; *(räumen)* to vacate; to pay postage, to stamp, to prepay; **~marke** stamp; **~maurer** freemason; **~maurerei** freemasonry; **~mütig** frank, candid, open; **~mütigkeit** frankness, candour, openness; **~schar** volunteer corps, irregulars; ~**schärler** volunteer, insurgent, guerilla; ~**sinnig** liberal(-minded), free-thinking; ~**sprechen** to absolve (from), to acquit (of); ~**sprechung** absolution; ~**spruch** ⚖ acquittal, verdict of not-guilty; ~**staat** free state; ~**stehen** *fig* to be at liberty (*od* free) to do; ~ *stehen* to stand detached (*od* isolated); ~**stehend** exposed, detached; ~**stelle** scholarship, bursary; ~**stellen** *mil* to exempt; *fig* to leave it to s-b's discretion; ~**stellung** *mil* exemption; ~**stilringen** catch-as-catch-can; ~**stoß** ⚽ free kick; ~**tag** Friday; ~**tod** suicide; ~**tragend** 🏛 cantilever; ~**übungen** callisthenics; *umg* Swedish exercises, physical jerks; ~**willig** voluntary, spontaneous; ~**williger** volunteer; ~**zeit** spare (*od* free, leisure) time; (camp) meeting of study-groups; ~**zügig** free to move; unhampered, liberal; ~**zügigkeit** freedom of movement

fremd strange, foreign; unknown, unfamiliar; alien; outside, extraneous; exotic; ~ *sein* to be a stranger; *sich ~ werden* to become strangers; *~es Geld* s-b else's money, other people's money; (a bank's) borrowed funds; *unter ~em Namen* under an assumed name; *~e Länder* foreign countries; ~**artig** odd, strange; ~**e** *su* foreign countries; *in d. ~e* abroad; ~**enbuch** visitors' book; hotel register; ~**enführer** guide; ~**enindustrie** (hotel and) tourist industry; ~**enlegion** Foreign Legion; ~**enverkehr** (hotel and) tourist trade; tourism; ~**enverkehrsort** tourist centre; ~**enzimmer** spare room, guest room; "room to let"; ~**herrschaft** foreign rule; ~**kapital** borrowed funds; ~**körper** foreign body; extraneous element; ~**ländisch** foreign; exotic; ~**ling** stranger; foreigner; ~**sprache** foreign language; ~**wort** foreign word

Frequenz frequency, wave-length

fress|en to eat; *(gierig essen)* to devour; to gorge, to wolf down; *chem* to corrode; *su* food; ~**erei** gluttony; ~**gier** voracity

Frettchen ferret

Freud|e joy, gladness, delight, pleasure; bliss; *~e haben an* to enjoy s-th, to delight in; ~**enfeuer** bonfire; ~**estrahlend** beaming with joy, radiant; ~**ig** joyful, cheerful; ~**los** joyless, cheerless

freuen *vt* to gladden, to please, to delight; *refl* to be glad (about), to be pleased (with), to rejoice (in, at); *s. ~ auf* to look forward to

Freund friend; *sie hat e-n ~* she has a young man (*od* a steady); *alter ~* old friend, *umg* chum; *(Anrede)* old boy; *kein ~ sein von* not to care for, not to be keen on; *ein ~ sein von* to like, to be fond of, to be a lover of; *dicke ~e* fast friends; ~**in** girl friend; ~**lich** friendly, kind; amiable, pleasant; affable; ~**lichkeit** friendliness, kindness, pleasantness; ~**schaft** friendship; amity; *~schaft schließen mit* to make friends with; ~**schaftlich** friendly, amicable; *mit j-m auf ~schaftlichem Fuß stehen* to be on friendly terms with s-b; ~**schaftsdienst** good offices, kind service

Frev|el sacrilege; crime; wantonness, outrage; ~**elhaft** sacrilegious; criminal; wanton, malicious, wicked; ~**eln** to commit a crime; to blaspheme; ~**ler** criminal; evil-doer; blasphemer

Fried|e peace; harmony; tranquillity; *im ~en* in peace-time; *ich traue d. ~ nicht* I have my suspicions; *laß mich in ~en!* leave me alone!; *~en schließen* to make peace; ~**ensbruch** breach of the peace; ~**ensrichter** Justice of the Peace; ~**ensschluß** conclusion of peace; ~**ensstifter** peacemaker; ~**ensvertrag** peace treaty; ~**fertig,** ~**liebend** peace-loving; ~**hof** churchyard, cemetery; ~**lich** peaceful, peaceable; ~**liebend** peace-loving [*friere* I am cold

frieren to freeze; to be cold; *mich friert, ich*

Fries baize; 🏛 frieze; ~**eln** ⚘ purples

frisch fresh; cool, chilly; refreshing; brisk, lively; new, recent; clean; ~ *gestrichen!* wet paint!; ~ *auf!* look alive! come on!; *es ist recht ~ (draußen)* there is quite a nip in the air; *auf ~er Tat* in the very act (of); *~e Eier* new-laid eggs; *~es Grab* newly-dug grave; *~e Wunde* green (*od* raw) wound; ~**e** freshness, coolness; briskness; liveliness; brightness; ~**stahl** natural steel

Fris|eur, Friseuse hairdresser; ~**ieren** to dress (*od* to do) the hair; *s. ~ieren lassen* to have one's hair done; *(Auto)* to soup up; ~**iermantel** dressing-jacket, peignoir; ~**iersalon** hairdressing salon; ~**ierkommode,** ~**iertoilette** dressing-table, *US* dresser, *US* vanity; ~**ur** hair-do, coiffure

Frist time, period; term; respite; delay; *binnen kürzester ~* at a very short notice; in no time; *3 Tage ~* 3 days' grace; ~**ablauf** expiry of time limit; ~**en**: *sein Leben ~en* to keep the pot boiling, to rub along, *(knapp)* to scrape along, to scrape a living; ~**gemäß** at due date; ~**gerecht** punctual(ly); ~**los** without notice; ~**verlängerung** extension of time

frivol frivolous; immoral, low, obscene; ~**ität** frivolity; obscenity

froh glad, gay, happy, joyous, joyful, bright; ~ *sein (über)* to be pleased (with), glad (about); ~**gemut** cheerful; ~**locken** to rejoice (at), to exult (at), to triumph (over); ~**sinn** gaiety, cheerfulness

fröhlich cheerful, merry, happy, beaming; ~**keit** cheerfulness, mirth

fromm pious, religious, devout; good, patient; ⁓̈**elei** bigotry; hypocrisy; ⁓̈**eln** to affect piety; ~**en** to be of use, to benefit; ⁓̈**igkeit** piety, devotion

Fron, ~**arbeit,** ~**dienst** compulsory labour (*od* service) servitude; ~**en** to do compulsory labour; ⁓̈**en** to be addicted to, to indulge in; ~**leichnam(sfest)** Corpus Christi (Day)

Front front (*a. mil,* 🏛); face, fore part; *auf breiter ~* on a wide scale; *~ machen gegen* to stand up to s-b, to turn against, to make a stand (against); ~**al** frontal; head-on *(collision)*

Frosch frog; *sei kein ~!* don't be such a freak!; *(Feuerwerk)* cracker; ~**schenkel** hind-leg of a frog

Frost frost; chill; **~beule** chilblain; **⸚eln** to shiver, to feel chilly; **~ig** frosty; chilly; **~schaden** frost damage; **~schutzmittel** antifreeze
frottier|en to rub; **~(hand)tuch** terry towel
Frucht fruit (*verbotene ~* forbidden f.); crop; ⚕ foetus; *fig* result; *~ tragen* to bear fruit; **~bar** fruitful; fertile; **~barkeit** fruitfulness; fertility, fecundity; **~boden** *bot* receptacle; **~bonbon** fruit(-flavoured) sweet (*od* bonbon); **~bringend** fruit-bearing, fertile; productive; **~en** to have effect; to be of use; **~fleisch** pulp; **~getränk** fruit beverage; **~knoten** *bot* ovary; **~los** fruitless; **~saft** syrup, fruit-juice
frugal frugal
früh early; in the morning; *heute ~* this morning; *von ~ bis spät* from morning till night; *morgen ~* tomorrow morning; *am ~en Nachmittag* in the early afternoon; *~morgens* first thing in the morning; **~aufsteher** early riser; **~beet** hotbed; **~e** (early) morning; dawn; *in aller ~e* very early; early in the morning; **~er** *adj* former, late; earlier, sooner; *adv* formerly, years ago; **~estens** at the earliest; **~geburt** premature birth; premature baby; **~geschichte** early history; **~jahr, ~ling** spring; **~jahrsbestellung** spring tilling; **~messe** early mass, matins; **~reif** premature; *fig* precocious, forward; **~schoppen** morning pint; **~stück** breakfast; *zweites ~stück (BE)* elevenses; **~stücken** to (have) breakfast; **~zeitig** early, premature
Frust|(ration) frustration; **~rieren** frustrate
Fuchs fox; chestnut horse; freshman, fag, fresher; **~bau** kennel, foxhole; **~eisen** foxtrap; **~en** *vt* to vex, to make angry; to annoy; *refl* to feel (*od* be) annoyed; **⸚in** vixen, bitch(-fox); **~schwanz** brush; ⚙ hand-saw; *bot* love-lies-bleeding; **~teufelswild** furious, in a fearful rage, boiling with rage
Fuchtel rod, whip, ferule; *unter j-s ~ stehen* to be under s-b's thumb; **~n** to gesticulate violently
Fuder cart-load
Fug: *mit ~ und Recht* justly, with full authority (*od* justice); **~e** joint; ♪ fugue; *aus den ~en sein* to be out of joint; *aus den ~en gehen* to fall to pieces, to get out of joint; **⸚en** *refl (in)* to submit to, to acquiesce in, to accommodate o.s. to; *es ⸚te sich* it happened; **⸚sam** obedient; docile; submissive, yielding, acquiescent; **⸚ung** coincidence; submission (to), resignation (to); providence, fate
fühl|bar tangible; perceptible; marked, felt; **~en** to feel; to sense, to perceive; *s. gut ~en* to feel well; **~er, ~horn** *zool* feeler, antenna; **~ung** contact; *in ~ung sein mit* to be in touch (*od* contact) with; **~ungnahme** (making of) contact
Fuhr|e conveyance, carriage, cart; (cart-)load; **~lohn** cartage; **~mann** carter, driver, wagoner; **~werk** vehicle, cart, carriage
führ|en to lead, to guide; to convey, to conduct; to direct; to handle, to control, to manage; *(Waren)* to keep, to carry; *(Namen)* to bear; *(Beweis)* to show; *(Feder)* to wield; *(Krieg)* to make (war) (*gegen* upon); *d. Haushalt ~en* to run the house; *d. Bücher ~en* to keep the books; *zum Munde ~en* to raise to one's lips; *das Wort ~en* to be spokesman; **~end** leading, prominent; **~er** leader; captain; 🚗 driver; ✈ pilot; guide(-book); **~erschaft** leadership, guidance, command; the leaders; **~erschein** *BE* driving licence; *US* driver's license; ✈ pilot's certificate; **~ersitz** driver's seat; ✈ cockpit; cab
Führung leadership, command; guidance; management, direction; behaviour, conduct; *(Zeugnis)* deportment; **~szeugnis** certificate of good conduct
Füll|e abundance (*an* in), amplitude; profusion; fullness; stoutness, plumpness; **~en** to fill (up); *(Kochen)* to stuff; *in Flaschen ~en* to bottle; **~feder(halter)** fountain pen; **~horn** horn of plenty, cornucopia; **~sel** stop-gap; *(Kochen)* stuffing; **~ung** filling; 🏛 panelling; *(Kochen)* stuffing; **~wort** expletive
Füllen foal; *(männl.)* colt; *(weibl.)* filly
fummeln to fumble, to grope about
Fund finding; discovery; find; thing found; **~büro** lost-property office; **~grube** mine; *fig* bonanza
Funda|ment foundation, basis; basement; **~ieren** to lay a foundation; to consolidate; **~ierung** foundation; basis
fünf five; *nicht für ~ Pfennig...* not a halfpennyworth (of)...; **~eck** pentagon; **~eckig** pentagonal; **~erlei** of five different kinds; **~fach** fivefold, quintuple; **~hundert** five hundred; **~kampf** ⛩ pentathlon; **~linge** quintuplets; **~mal** five times; **~seitig** pentahedral; **~stellig** of five digits; **~stöckig** five-storied; **~tausend** five thousand; **~te** fifth ♦ *das ~te Rad am Wagen sein* to be superfluous; **~tel** fifth (part); **~tens** fifthly, in the fifth place; **~uhrtee** five o'clock tea; **~zehn** fifteen; **~zehnte** fifteenth; **~zig** fifty; **~zigste** fiftieth
fungieren to function, to act as; to officiate
Funk wireless, radio; **~apparat, ~gerät** radio (*BE* wireless) set; **~bearbeitung** radio adaptation; **~bild** facsimile, radio-photogram; **~e, ~en** spark(le), flash; *fig* bit, particle; **~empfang** wireless reception; **~en** to radio; 📻 to broadcast; **~ensprühend** sparkling, scintillating; **~er** radio operator; telegraphist; **~ortung** radiolocation; **~peilstation** radiolocation station; **~sprechverkehr** radio telephony; **~spruch** radiogram; **~station, ~stelle** radio (*od* broadcasting) station; **~streife** radio patrol car; **~telegraphie** radio-telegraphy; **~turm** radio tower; **~wagen** radio car; **~zeitung** radio magazine
funkel|n to sparkle, to glitter, to twinkle; **~nagelneu** brand-new
Funktion function; **~är** functionary; **~ieren** to function, to work; **~sfähig** efficient; adequately functioning
Funzel weak (*od* miserable) lamp
für for; in favour of, on behalf of; *(um... willen)* for the sake of; *(anstatt)* instead of; in

return for; *Tag ~ Tag* day after day; *Mann ~ Mann* man by man; *an und ~ sich* in (of) itself; *d. ~ und Wider* the pros and cons; *ich ~ meine Person* as for me, I for one; *was ~ (ein)?* what (kind of) ...?; *~ und ~* for ever and ever; **~baß** *adv* further, forward, on; **~bitte** intercession; *~bitte einlegen* to intercede (*bei* with, *für* for); **~bitter** intercessor; **~sorge** care; relief; *öffentliche ~sorge* public welfare (*od* charity); social work; **~sorgeamt** welfare office (*od* centre); **~sorgeanstalt** remand home; approved school; **~sorgeeinrichtungen** social services; **~sorgeerziehung** correctional education, education in a remand home; **~sorger(in)** welfare officer (*od* worker), social worker; almoner; **~sorglich** careful, thoughtful; **~sprache** intercession; **~sprecher** intercessor; mediator; advocate; **~wahr** truly, indeed, certainly; **~wort** pronoun

Furage forage, fodder

Furche ⸸ furrow; wrinkle; **~n** to furrow; to wrinkle

Furcht fear, dread, fright; anxiety, apprehension; *aus ~ vor* from fear of; **~bar** dreadful, terrible, horrible, formidable; awful; **⁓en** *vt* to fear, to dread, to be afraid of; *refl (vor)* to be afraid of; **⁓erlich** terrible, horrible, frightful; **~los** fearless, intrepid; **~losigkeit** fearlessness, intrepidity; **~sam** timid, chicken-hearted; nervous; **~samkeit** timidity; nervousness

Fur|ie termagant, fury; **~nieren** to veneer, to inlay; **~nierholz** wood for inlaying; **~nier** veneer(ing), inlaying

Fürst prince; **~engruft** royal burial-vault; **~entum** principality; **~in** princess; **~lich** princely; *~lich leben* to live like a lord

Furt ford, passage, crossing

Furunkel furuncle, boil

füsilieren *mil* to execute, to shoot (to death)

Fusion amalgamation, merger; *chem* fusion

Fuß foot; *(Stand)* footing; *(Glas)* stem; bottom; *(Säule)* pedestal, base; *zu ~* on foot; afoot; *etwa 10 Min. zu ~* about ten minutes' walk; *zu ~ gehen* to walk; *~ fassen* to gain a footing ♦ *auf großem ~ leben* to live in grand style; *auf dem ~e folgen* to follow hard on; *auf freien ~ setzen* to set at liberty (free); *auf freiem ~* at large; at liberty; *stehenden ~es* immediately; *von Kopf bis ~* from top to toe; *auf eigenen Füßen stehen* to be independent; to pay one's way; *gut zu ~ sein* to be a good walker; *auf gutem (gespanntem) ~ stehen mit* to be on good (bad) terms with; **~abstreifer, ~matte** door-mat, door-scraper; **~abdruck** footprint; **~angel** man-trap; **~ball** *(Ball)* football; *(deutscher)* Association Football, *umg* soccer; *(amerikanischer) BE* American football, *US* football; **~bank** footstool; **~boden** floor; **~breit:** *(fig) jeder ~breit* every inch; **~bremse** footbrake; **~en** *(auf) fig* to depend on, to rely on; to be based on, to be founded on; **~ende** foot, bottom-end; **~fall** prostration; *e-n ~fall tun* to prostrate o. s., to go down on one's knees; **~gänger** pedestrian; walker; **~gelenk** ankle joint; **~note** footnote; **~pflege** chiropody; **~reif(en)** bangle; **~sack** foot-muff; **~spitze** point of the toe, tiptoe; **~spur, ~stapfe** footprint, footstep; track, trace; **~tritt** kick; **~volk** infantry; **~wanderung** walking tour, ramble; hike; **~weg** footpath

Fussel fluff; **~ig** fluffy

futsch *umg* gone, off, lost; ruined

Futter food, *umg* grub; ⸸ fodder, forage, bait; lining; casing; **~al** case; box; sheath; **~n** *umg* to tuck in; to eat heartily; **~napf** food-dish; **~neid** *fig* professional jealousy; **~rübe** mangold, mangel(-wurzel); **~seide** silk for lining; **~stoff** lining; **~trog** trough, manger

fütter|n to feed; to line, to pad; ⚙ to case; **~ung** feeding; lining; casing

Futur future; *gram* future (tense)

G

G (the letter) G; ♪ G; **G-Dur** G major; **g-Moll** G minor

Gabardine gabardine

Gabe present, gift; bounty; talent; *milde ~n* alms

Gabel fork; *(Wagen-)* shafts; *bot* tendril; **~bissen** snack, titbit; **~frühstück** small warm meal (before lunch); **~n** *refl* to fork, to bifurcate; to branch off; **~ung** bifurcation, forking; **~weihe** *zool* kite; **~zinken** prong

gackern to cackle; *su* cackling

Gaff|el ⚓ gaff; **~en** to gape, to stare; **~er** gaper, idle onlooker

Gage fee, honorarium

gähnen to yawn, to gape; *su* yawning

Gala gala; *in ~* in full dress

Galan lover; **~t** courteous, gallant; **~terie** courtesy; **~teriewaren** fancy goods, trinkets

Galeere galley

Galerie gallery

Galgen gallows, gibbet; ⛴ boom; *an den ~ kommen* to be hanged; **~frist** respite; **~humor** grim humour; **~strick, ~vogel** gallows-bird, hangdog, rogue

Gall|apfel gall-nut; **~e** bile *(a. fig)*, gall; *fig* rancour; **~en-** bilious; **~enanfall** bilious attack; **~enblase** gall-bladder; **~enstein** gall-stone; **~ig** bilious; **~isch** Gallic; **~wespe** gall-fly, gall-wasp

Gallert|(e) jelly, gelatine; **~artig** gelatinous

Galopp gallop; *leichter ~* canter; *im gestreckten ~* at full speed; **~ieren** to gallop; to canter

Galoschen galoshes, overshoes, rubbers

galvan|isch galvanic; **~isieren** to galvanize, to electroplate; **~o** electrotype, electroplate; **~oplastik** electrotype, electrotypy

Gam|asche gaiter; spat; legging; **~sbart** goatee beard

Gang gait, walk; carriage; *(Pferd)* pace; stroll, walk; message, errand; *(Essen)* course; 🚗 gear; 🤺 bout; *(Fechten)* assault; 🏛 corridor, passage; *(Bergb.)* lode, vein, seam; ⚕ duct, canal; 🎭 *BE* gangway, aisle; *in ~ bringen* to set going, to start; to activate; *in ~ kommen* to start, to get under way; *in vollem ~* in full swing; *es ist etw im ~e* s-th is going on; *~ und gäbe* customary, usual; **~art** gait, walk; pace; ⚙ gangue; **~bar** passable; practicable; current; *(Ware)* marketable, salable; **~hebel** gear-shift lever; **~spill** ⚓ capstan; **~ster** gangster, racketeer

Gängel|band leading-strings (*j-n am ~band führen* to keep s-b in l.); **~n** to lead by the string

gängig marketable, salable; current

Gans goose; *dumme ~* a silly; **⁓chen** gosling; **⁓eblume** daisy; **⁓ebraten** roast goose; **⁓füßchen** *BE* inverted commas, quotation marks; **⁓ehaut** goose-skin; *fig* goose-flesh; *j-m e-e ⁓ehaut über den Rücken jagen* to make s-b's flesh creep; **⁓eklein** giblets (of a goose); **⁓eleberpastete** pâté de foie gras; **⁓emarsch** single file, Indian file; **⁓erich** gander; **⁓eschmalz** goose-dripping; **⁓ewein** Adam's ale (*od* wine)

ganz *adj* whole, entire; all; undivided; full, complete; total; intact; *den ~en Tag* all the day, all day long; *~ London* the whole of L.; *~e zehn Tage* full ten days; *~e Note* semibreve; *~ Ohr sein* to be all ears; *im ~en* on the whole, in the lump; on balance; *von ~em Herzen* with all one's heart; *ein ~er Mann* a true man, every inch a man; *adv* wholly, entirely; altogether; thoroughly, all; *(ziemlich)* quite, fairly; *~ anders* quite different; *~ und gar* altogether, absolutely; lock, stock and barrel; *~ und gar nicht* not at all, by no means; ..., *~ gleich, was er sagt* no matter what he says; *~ recht* quite right; *soweit ~ gut* so far, so good; *~ der Vater* a chip of the old block; *su* **~e(s)** whole, totality, bulk, lot; *aufs ~e gehen* to be (*od* go) all out (for), to go the whole hog; **~heit** totality; **~leder** leather-binding; calf; **~leinen** cloth; **⁓lich** *adv* entirely, completely, totally, altogether

gar ready, done, cooked; *(Leder)* dressed; *(Metall)* refined; *adv* fully, quite, very; even; *~ nicht* not at all, by no means; *~ nichts* nothing at all; *~ mancher* many a man; **~aus:** *den ~aus machen* to finish s-b off, to do away with

Garage garage

Garant guarantor; **~ie** guarantee, warranty; **~ieren** to guarantee; **~ieschein** certificate of warranty

Gar|be sheaf; **~de** guard(s); **~dist** guardsman

Garderobe clothes; wardrobe; *BE* cloakroom, checkroom; 🎭, ⛸ dressing-room; **~nständer** hat-stand

Gardine curtain ♦ *hinter schwedischen ~n* behind prison bars; **~npredigt** curtain-lecture; **~nstange** curtain-rail

gär|en to ferment; **~ung** fermentation; unrest, agitation

Garn yarn; thread; cotton; *fig* snare; **~rolle** reel of thread

Garn|ele shrimp; **~ieren** to trim; *(Essen)* to garnish; **~ierung** trimming; **~ison** garrison; **~itur** set; outfit, equipment; fittings, accessories

garstig nasty, loathsome; ugly

Garten garden; **~architekt** landscape gardener; **~bau** gardening, horticulture; **~haus, ~laube** summer-house; **~weg** alley; **~zaun** garden fence

Gärtner gardener; **~ei** gardening; market garden; *(Baumschule)* nursery; **~isch** horticultural; **~n** to do gardening

Gas gas; *~ geben* 🚗 to step on the gas; **~abwehr** anti-gas defence; **~anstalt** = ~werk; **~brenner** gas-burner; **~förmig** gaseous; **~hahn** gas-tap; **~hebel** 🚗 accelerator; **~leitung** gas pipes, gas supply; **~maske** gas mask; **~messer, ~uhr** gas-meter; **~olin** petroleum ether; **~ometer** gasometer, *US* gas tank; **~vergiftung** gas poisoning; **~werk** gas-works

Gasse alley, lane, (narrow) street; **~nbube, ~njunge** street-arab, urchin; **~hauer** popular song, hit

Gast guest, visitor; customer, client, patron; 🎭 (guest) star; *j-n zu ~ bitten* to invite s-b; *zu ~ sein bei* to be staying with; **~bett** spare bed; **⁓ebuch** visitor's book; **⁓ezimmer** spare room; **~frei, ~freundlich** hospitable; **~freundschaft** hospitality; **~geber(in)** host(ess); **~haus, ~hof** inn, restaurant, *umg* pub; (small) hotel; **~hörer** guest student, *bes US* auditor; **~ieren** 🎭 to give a guest performance; **~mahl** banquet, dinner-party; **~rolle** 🎭 guest part; **~spiel** guest performance; **~spielreise** tour; **~stätte** restaurant; **~stättengewerbe** catering trade; **~stube** bar room, parlour; **~wirt** innkeeper; hotel-keeper; **~wirtschaft** inn, *BE* pub, *US* saloon

Gatt|e husband; spouse, consort; *umg* hubby; **~in** wife; spouse, consort; **~ung** kind, sort; genus; species, family

Gatter railing, fence; enclosure

Gau district; **~ch** fool, simpleton; **~di** carousal, bit of fun

Gauk|elbild illusion, phantasm, mirage; **~elei, ~elspiel, ~elwerk** juggling, conjuring; trickery, fraud; **~eln** to juggle; to trick; to flutter (about); **~ler** juggler, conjurer

Gaul horse, *umg* nag

Gaumen palate, roof of the mouth; **~laut** palatal sound; **~segel** ⚕ soft palate

Gauner swindler, cheat, scoundrel; **~ei** cheating, swindling, *sl* chisel; **~n** to swindle, to cheat; **~sprache** thieves' Latin

Gaze gauze; **~lle** gazelle

Ge|ächteter outlaw; **~ächze** moaning, groaning; **~ädert** veined; *(Holz)* grained, marbled; **~äst** branches

Gebäck pastry, tea-bread; *feines ~* fancy cakes

Gebälk beams, timber work

Gebärde gesture, movement; **~n** *refl* to behave, to conduct o. s.; **~nspiel** gesticulation, gestures; dumb show, pantomime; **~nsprache** (deaf and dumb) sign language; 🎭 mimicry

Gebaren behaviour, deportment

gebär|en to give birth to, to bear, to bring forth; **~mutter** womb, uterus
Gebäude building, edifice, structure
Ge|bein bones, skeleton; limbs; **~belfer** yelping, barking; **~bell** barking
geben to give, to present (s-b with), to hand over, to bestow upon; *(Karten)* to deal; ⚲ to serve; ⚲ to perform, to act, to play; *refl* to behave; to get better; to stop; *es gibt* there is, there are; *von s. ~* to utter, to express; *phys* to emit; ⚕ to vomit; *etw ~ auf* to set great store by, to attach value to; *verloren ~* to give up (for lost); *was gibt es?* what's going on?; *das gibt es nicht* that's impossible, there is no such thing; I will not stand it; *zu denken ~* to make s-b think, to set s-b thinking; *er hat es ihm ordentlich ge~ (umg)* he really let him have it; *ein Wort gibt das andere* one word brings on another
Geber giver, donor
Gebet prayer; *sein ~ sprechen* to say one's prayers; *ins ~ nehmen* to question closely, to read s-b a lesson; *das ~ des Herrn* the Lord's Prayer
Gebiet district, area, territory; *fig* sphere, province; **~en** to command, to order; *(über)* to rule over, to govern; *(verfügen)* to have at one's disposal; **~er** master, lord; arbiter; commander, governor, ruler; **~erin** mistress; **~erisch** imperious; peremptory; **~sanspruch** territorial claim; **~shoheit** territorial sovereignty
Gebilde creation, structure; form, figure; image; creature; formation; **~t** educated, cultivated, well-bred, cultured
Gebimmel ringing, tinkling, jingle
Gebinde ⚓ bundle; sheaf; skein, hank; 🏛 truss; barrel, cask
Gebirg|e mountains, mountain range; highlands; **~ig** mountainous
Ge|biß set of teeth; *(Pferde)* bit; denture, artificial teeth; **~bläse** bellows, blast apparatus; ⚙ blower; ✈ supercharger; **~blöke** bleating; lowing; **~blümt** flowery; figured, sprigged; **~blüt** blood; descent, lineage; race
geboren born; *Frau X, ~e Y* Mrs X, née Y; *er ist ein ~er Deutscher* he is a German by birth; *~er Münchner* a native of Munich
geborgen safe, out of danger; **~heit** security
Gebot order, command; law; *eccl* commandment; *(An-)* offer; *zu ~ stehen* to be at s-b's disposal
Gebräu brew(ing); mixture, concoction
Gebrauch use; custom; practice, habit; employment; *pl* rites; *~ machen von* to make use of; **~en** to use, to make use of; *zu nichts zu ~en sein* to be good for nothing; **⁓lich** customary, usual, in use; current; **~sanweisung** directions for use; **~sgegenstand** utensil; (personal) belongings; **~sgraphik** commercial art; **~sgraphiker** commercial (*od* graphic) artist; **~sgüter** durable goods, utility goods; **~smuster** registered design, utility model; **~t** used; second-hand; **~twagen** used car; **~twaren** second-hand articles
gebrech|en *vi: es gebricht mir an* I am short of, I am in need of; *su* malady, infirmity; defect; weakness; **~lich** feeble, weak; fragile, frail; decrepit; **~lichkeit** feebleness, weakness; infirmity; frailty; decrepitude
gebrochen broken *(English etc)*; not uniform throughout
Ge|brüder brothers; *(Firmenname)* Bros *(nachgestellt)*; **~brüll** roar; lowing
Gebühr fee; charge; tax; rate; due; *über ~* unduly, immoderately; **~en** to be due (to); to be proper (*od* fitting); **~end** *adj* proper, due; becoming; *adv* duly, properly; **~enfrei** free of charge; tax-free, duty-free; **~enordnung** tariff; fees order; **~enpflichtig** subject to tax, liable to a fee; **~lich** = ~end
gebunden tied; blocked; *(beschränkt)* subject to restriction; *(Preise etc)* controlled; *(vorgesehen)* earmarked
Geburt birth; *fig* rise, origin; *von ~* by birth; *bei d. ~* at birth; *vor Christi ~* before Christ (B. C.); *nach Christi ~* A. D. ♦ *e-e schwere ~* a tough job; **~enziffer** birth-rate; **~enzunahme** increase in the birth-rate; **⁓ig** born (in), native (of); **~sfehler** congenital infirmity; **~shelfer** obstetrician, accoucheur; **~shelferin** midwife, accoucheuse; **~sjahr** year of birth; **~sort** place of birth; **~srecht** birth-right; **~sschein** birth certificate; **~stag** birthday; *Mozarts 100. ~stag* the 100th anniversary of Mozart's birth; **~swehen** labour pains
Gebüsch bushes; thicket, underwood, undergrowth
Geck dandy, coxcomb, fop; **~enhaft** dandified
Gedächtnis memory (*e. ~ wie e. Sieb* a m. like a sieve); remembrance, recollection; *zum ~ von* in memory of; *aus dem ~* by heart, from memory; *j-m ins ~ zurückrufen* to remind s-b of s-th; *s. ins ~ zurückrufen* to recall to one's mind; **~feier** commemoration; anniversary; **~hain** memorial grove; **~übung** mnemonic exercise
Gedanke thought; conception, idea; intention, plan; *mit s-n ~n woanders sein* to be absent-minded; *in ~n sein* to be engrossed, to be preoccupied; *in ~n versunken* absorbed in thought; *s. ~n machen* to bother one's head (o. s.), to worry (*wegen* about); *nur ~n haben für* to have s-th on the brain; *kein ~!* not a bit, not at all; *d. Wunsch ist Vater des ~ns* the wish is father to the thought; **~nblitz** brain-wave; **~ngang** train of thoughts; **~nlos** thoughtless; **~nlosigkeit** thoughtlessness; light-heartedness; **~nlyrik** philosophical poetry; **~nstrich** dash, 📖 *mst* rule; **~nübertragung** telepathy; **~nvoll** thoughtful; pensive; full of ideas; **~nwelt** thought, (range of) ideas
gedanklich intellectual, mental
Ge|därm bowels, intestines; **~deck** cover; knife and fork; restaurant meal
gedeih|en to grow, to thrive, to develop; to prosper; to succeed; *unrecht Gut ~et nicht* ill-gotten gains never prosper; *su* growth; *auf ~*

und Verderb for better (or) for worse; **~lich** prosperous, thriving
gedenk|en to think of, to remember; to mention; to intend (to do); *su* memory, recollection (*an* of); **~feier** commemoration; **~stein** memorial (stone), monument; **~tag** anniversary
Gedicht poem; **~band, ~sammlung** anthology
gediegen pure, genuine; solid; reliable; thorough; odd, strange; **~heit** purity; solidity; reliability; thoroughness
Gedräng|e crowd, throng; *fig* difficulty, embarrassment; **~t** crowded; concise, terse; **~theit** conciseness, terseness
ge|drückt depressed, oppressed; **~drungen** stout, thickset
Geduld patience; indulgence; forbearance; *~ haben* to be patient; **~en** *refl* to have patience, to wait patiently; **~ig** patient; indulgent; forbearing; *Papier ist ~ig* paper does not blush; **~sfaden:** *ihm riß d. ~sfaden* he lost his patience; **~sprobe** trial of patience; **~spiel** puzzle
ge|dunsen bloated, puffy; **~ehrt:** *sehr ~ehrter Herr!* Dear Sir; **~eignet** suitable, appropriate, fit
Gefahr danger, peril; menace, jeopardy; risk; *~ laufen* to run the risk (of); *in ~ bringen* to endanger, to jeopardize; **¨den** to endanger, to imperil, to expose to danger; **~engebiet, ~enzone** danger zone; **¨lich** dangerous, perilous; **¨lichkeit** danger; **~los** safe, secure, without danger; **~voll** dangerous, perilous
Gefährt vehicle; **~e, ~in** companion, comrade
Gefälle fall, incline; slope; *(Straße)* gradient, downhill grade; differential; *fig a.* gap, margin
gefall|en *vi* to please; *es ¨t mir* I like it; *s. ~en lassen* to put up with, to submit to; *das lasse ich mir nicht ~en* I won't stand (*od* have) it; *su* pleasure (*an* in); kindness, favour (*j-m e-n ~en tun* to do s-b a f.); *pp mil* killed in action; *die ~enen* the killed, the fallen; **¨ig** pleasing; obliging, accommodating, helpful, complaisant; **¨igkeit** favour, kindness; complaisance; **¨igst** *adv* if you please; **~sucht** coquetry; **~süchtig** coquettish
gefangen caught, captive; **~er** prisoner; captive; **~nahme** capture; arrest; imprisonment; **~nehmen** to capture, to take prisoner; to arrest; *fig* to captivate; **~schaft** captivity, confinement; *in ~schaft geraten* to be taken prisoner
Gefängnis prison, jail, *BE oft* gaol; ⚖ imprisonment; **~strafe** imprisonment; **~wärter** jailer, *BE oft* gaoler
Gefäß (*a.* ⚕) vessel; receptacle; container, pot
gefaßt calm, composed, collected; *s. ~ machen auf* to be prepared for
Gefecht fight, combat; action, engagement; *außer ~ setzen* to put out of action *(a. fig)*, to knock out; **~sklar** clear for action; **~sstand** command post
gefeit immune (from), proof (against)
Gefieder feathers, plumage; **~t** feathered; *bot* pinnate

Gefilde fields, open country; *fig* domain; *~ der Seligen* Elysium
Ge|flecht wickerwork; network; texture; ⚕ plexus; **~fleckt** speckled, spotted; freckled; **~flissentlich** intentional, wilful; on purpose
Geflügel birds; poultry, fowls; **~farm** poultry farm; **~händler** poulterer; **~schere** poultry shears; **~t** winged; *~te Worte* familiar quotations, household words; **~zucht** poultry-farming
Geflüster whispering
Gefolg|e suite, entourage; train; followers; **~schaft** followers; staff, employees; **~smann** adherent, follower; vassal
gefräßig greedy, gluttonous; **~keit** greediness, gluttony
Gefreiter private; ⚓ *BE* ordinary seaman, *US* seaman apprentice; ✈ *BE* aircraftman 1st class, *US* airman 3rd class
gefrier|en to freeze; to congeal; **~fleisch** frozen meat; **~punkt** freezing-point
gefroren frozen; **~es** ice(-cream)
Gefüg|e structure, construction, frame; texture; **~ig** pliable, flexible; *fig* docile, tractable; adaptable; **~igkeit** pliancy; docility; adaptability; tractableness
Gefühl feeling (*seinen ~en freien Lauf lassen* to give vent to one's feelings); sentiment; emotion; sense; sensation; touch; *das ~ haben, als ob* to feel as if; *~ für* sense of ♦ *s-e ~e offen zur Schau tragen* to wear one's heart upon one's sleeve; **~los** numb; heartless, unfeeling, bloodless; **~losigkeit** numbness; heartlessness; **~swert** sentimental value; **~voll** feeling; tender, affectionate; sentimental
gefüllt filled, stuffed; *bot* double
gegeben|enfalls *adv* in case (of need), as the case may be; if the occasion arises; **~heiten** facts, conditions
gegen *prp* against; contrary to; to, towards; *(etwa)* about; compared with; for, in return (*od* exchange) for; ⚖ versus; *~ 5 Uhr* about 5 o'clock; *mit 12 ~ 5 Stimmen* by 12 votes to 5; **~angriff** counter-attack; **~dienst** return service; *~dienst leisten* to return s-b's favour; **~einander** against each other; towards each other; **~füßler** antipode; **~gewicht** counterpoise, counterweight; compensating factor; **~gift** antidote, antitoxin; **~leistung** return service; consideration; **~lichtblende** 📷 sunshade, lens shade; **~liebe** mutual love; **~maßnahme** countermeasure; **~mittel** antidote; remedy; **~rede** contradiction; reply; **~satz** contrast; opposition; *im ~satz zu* contrary to; in opposition to; **~sätzlich** contrary, adverse; opposite; **~schlag** counter-blow; **~schrift** refutation; rejoinder; **~seite** opposite side; opponent; the other party; **~seitig** mutual, reciprocal; *(Abkommen)* bilateral; **~seitigkeit** reciprocity; *das beruht auf ~seitigkeit* that is reciprocal; **~spieler** opponent, antagonist; **~stand** object; subject, topic; **~standslos** superfluous, unnecessary; purposeless; devoid of object; invalid; **~ständlich** objective;

graphic; **~stoß** counter-thrust; *mil* counter-attack; **~stück** counterpart; companion-picture; complement(ary part); **~teil** opposite, contrary, reverse; *im ~teil* on the contrary; **~teilig** opposite; to the contrary; **~über** *adv, prp* opposite to, facing, *US* across from; in the face of; as against; *su* vis-à-vis; **~überstellen** to oppose to; to confront with; to contrast; **~überstellung** confrontation; contrast; juxtaposition; **~wart** presence; present time; *gram* present tense; **~wärtig** *adj* present; actual, current; *adv* at present, now, nowadays; **~warts-** contemporary; **~wehr** defence; **~wert** equivalent; **~wind** head wind

Gegend region, area, district

Gegner adversary, opponent (*a.* ⛹); enemy; **~isch** opposing, hostile; of the enemy, the opponent's; **~schaft** opposition, antagonism; opponents

Gehalt *(Inhalt)* contents; *(Gold-, fig)* content; proportion (*an* of); capacity; standard; value; *(Geld)* salary, pay; **~los** worthless; **~sempfänger** salaried employee; **~serhöhung** increase in salary; **~voll** valuable; substantial

gehässig malicious, spiteful; **~keit** malice, spitefulness

Gehäuse box, case, capsule; ⚙ housing, casing; *(Obst)* core; *(Schnecken-)* shell

Gehege preserve, deer-forest; pen, enclosure ♦ *j-m ins ~ kommen* to spoil s-b's game; to poach on s-b's preserves

geheim secret, clandestine; concealed, hidden; *streng ~* top secret; **~dienst** secret service; **~fach** private safe, secret drawer; **~lehre** esoteric doctrine; **~nis** secret (*e. offenes ~nis* an open s.); mystery; *das ist das ganze ~nis* that's the long and the short of it; **~niskrämer** mystery-monger; **~nisvoll** mysterious; **~polizei** secret police

Geheiß order, command, behest (*auf ~ von* at the b. of)

geh|en to go, to walk; to go away, to leave; ⚙ to work, to run; *(Zug)* to leave; *(Teig)* to rise; *(Wind)* to blow; *(Ware)* to sell well; *(Fenster)* to face *(north etc)*; *(umg) mit j-m ~en* to go out with; *wie ~t es dir?* how are you?; *das ~t nicht* that won't do; *~en lassen (vt)* to let go; *refl* to let o. s. go; *in s. ~en* to repent; *vor s. ~en* to take place; to go on; *es ~t nichts über* there is nothing better than; *worum ~t es?* what's it all about?; *danke, es ~t schon* thank you, I can manage; *es ~t sehr ins Geld* it runs into a good deal of money; *so ~t es, wenn* that's always the way when; *es ist mir genauso gegangen* the same happened to me; *wohin ~t es hier?* where does this way lead to?; *su* walking, going; ⛹ walking race, *(als Tätigk.)* race-walking; **~rock** frock-coat; **~steig, ~weg** *BE* pavement, footpath, *US* sidewalk; **~werk** works; **~werkzeuge** limbs

ge|hemmt self-conscious; inhibited; **~henk** sword-belt; **~heuer** safe; *nicht ~heuer* unsafe; haunted; fishy; **~heul** howling, yelling; **~hilfe** assistant, help, adjunct; *mil* aide; *(Golf)* caddie

Gehirn brain, *bes fig* brains; **~erschütterung** concussion (of the brain); **~hautentzündung** meningitis; **~schlag** apoplexy of the brain; **~trust** brain trust

Ge|höft farm(stead); farm premises; **~hölz** wood, copse

Gehör hearing, ear; *fig* attention; *nach d. ~* by ear; *~ schenken* to listen to; to grant; **~gang** acoustic duct, auditory canal; **~nerv** auditory (*od* acoustic) nerve; **~sinn** sense of hearing

gehorchen to obey

gehör|en *vi* to belong (to, *bes US* in, with); to be affiliated (with, to); to be among(st); *refl* to be fitting, to be proper, to be right; *er ~t bestraft* he ought to be punished; *er ~t mit dazu* he is one of them; **~ig** belonging to; due, necessary; sound, healthy, good, proper

Gehörn horns; antlers; **~t** horned, antlered; horny

gehorsam obedient; *su* obedience

Gehr|e, ~ung ⚙ mitre, mitring; **~en** ⚙ to mitre

Gei|er vulture; **~fer** drivel, slaver; spittle; *fig* venom; **~fern** to slaver, to drivel; *fig* to foam with rage

Geige violin ♦ *die erste ~ spielen* to play first fiddle; **~n** to play (on) the violin; to bow; **~nbogen** bow; **~nkasten** violin-case; **~r** violinist; **~rzähler** ⚙ Geiger counter

geil voluptuous, lascivious; luxuriant; **~heit** lasciviousness; luxuriance

Gei|sel hostage; **~ser** geyser

Geiß goat; **~blatt** honeysuckle, woodbine; **~bock** he-goat, billy-goat; **~el** whip, lash; *fig* scourge; **~eln** to whip, to lash, to castigate; to flagellate; *fig* to reprimand, to censure; **~elung** lashing, flagellation; condemnation

Geist spirit; mind, intellect; genius; wit; *(Gespenst)* ghost, spectre; *d. Heilige ~* the Holy Ghost; *den ~ aufgeben* to give up the ghost; *wes ~es Kind ist er?* what sort of a man is he?; **~erhaft** ghostly, ghostlike; **~ern** to haunt; **~erseher** visionary, seer of ghosts; **~erstunde** ghostly hour; **~esabwesend** absent-minded; **~esabwesenheit** absence of mind, absent-mindedness; **~esblitz** brainwave, stroke of genius; **~esgabe** talent; **~esgegenwart** presence of mind; **~esgestört** insane, mentally deranged; **~eshaltung** mentality; attitude of mind; **~eskrank** = ~esgestört; **~eskrankheit** insanity; **~esleben** intellectual activity; **~esprodukt** brain-child; **~esschärfe** wit, cleverness; **~esschwach** feeble-minded; **~esverfassung** frame of mind; state of mind; **~esverwandt** congenial; **~eswissenschaften** the Arts, humanities; **~eszustand** state of mind; **~ig** spiritual; intellectual, mental; *(Getränke)* spirituous, alcoholic; *~ige Arbeit* brain work; *~ig umnachtet* deranged; *~ig anspruchslos(er Mensch)* low-brow; **~igkeit** spirituality; intellectuality; **~lich** spiritual, religious; clerical, ecclesiastical; sacred; **~licher** clergyman, vicar, minister; **~lichkeit** clergy, ministers; **~los** spiritless; dull; **~reich, ~voll** ingenious; witty; **~tötend** dull, monotonous

Geiz avarice; stinginess; **~en** to stint; to economize (with); **~hals, ~kragen** miser, skinflint; **~ig** avaricious, stingy

Ge|jammer wailing, lamentation; **~jauchze, ~jubel** jubilation, shouting; **~johle** yelling, hooting; **~kachelt** tiled; **~keife** squabbling, scolding; **~kicher** tittering; **~klapper** rattling; **~klingel** tinkling, jingling; **~knatter** crack(l)ing, roaring; **~knister** rustle, rustling; crackling; **~kritzel** scribbling, scrawl; **~kröse** pluck, giblets; mesentery; **~künstelt** artificial; affected

Gelächter laughter, laughing; laughing-stock (*s. zum ~ machen* to make o. s. a l.); *s. dem ~ aussetzen* to expose o. s. to ridicule

Gelage banquet, carousal, drinking-bout

Gelände tract of country (*od* land); countryside; terrain, area, ground; territory, lands; **~abschnitt** sector, area; **~aufnahme** land survey; **~fahrt** cross-country drive; **~lauf** cross-country race; **~ritt** point-to-point race; **~sport** field-sports; scouting exercises

Geländer railing; balustrade; banister; parapet; **~langen** to reach, to arrive (at); to attain (to), to get (to)

gelassen calm, collected, composed; **~heit** calmness, composure

Gelauf|e running to and fro, bustle; **"ig** fluent; familiar; current; **"igkeit** fluency, ease

gelaunt disposed, tempered; *gut ~* in good humour; *schlecht ~* bad-tempered, cross, ill--humoured

Geläute ringing of bells, chime, peal (of bells)

gelb yellow; *~e Rübe* carrot; **~filter** yellow filter, light-filter; **~sucht** jaundice

Geld money; *bares ~* cash; *kleines ~* change; *nicht für ~ u. gute Worte* not for love or money; *bei ~ sein* to be in funds; *ins ~ laufen* to mount up; *zu ~ machen* to turn into ready money; *~ wie Heu haben* to be rolling in money; **~abfindung** cash settlement; service gratuity; **~anweisung** money order, postal order; **~beutel** purse, money-bag; **~einwurf** slot for coins; **~entwertung** inflation; **~geber** lender of capital, financier; *sl* angel; **~gier** avarice; **~institut** financial institution, bank; **~mittel** funds; pecuniary (*od* financial) resources (*od* means); **~politik** monetary policy; **~reform** currency reform; **~quelle** source of income (*od* capital); **~sachen** money matters; **~schein** banknote; **~schrank** safe; **~sorten** notes and coin; **~spende** donation; contribution; **~strafe** fine; **~stück** coin; **~verlegenheit** financial difficulty **~verleiher** lender; **~wert** monetary value; **~wesen** monetary system (*od* matters)

Gelee jelly

gelegen situated; convenient, opportune; *es ist mir sehr daran ~* I am anxious (to do); *mir ist nichts daran ~* I don't care, it's unimportant; **~heit** occasion; opportunity; chance; *bei ~heit* occasionally; **~heitsarbeiter** casual labourer; **~heitskauf** chance purchase, bargain; **~tlich** *adj* occasional, incidental; *adv* some time, when occasion arises (*od* offers), one of these days; at one's convenience

gelehr|ig docile; teachable; intelligent; **~igkeit** docility; intelligence; **~samkeit** learning, erudition, scholarship; **~t** learned, erudite, scholarly; **~ter** scholar, learned man; *(großer)* savant

Geleise track, rut; rails, line; *fig* routine, beaten track

Geleit accompanying, conducting; *mil* escort; convoy; *freies ~* safe conduct; **~en** to accompany; to escort, to convoy; **~wort** preface; motto; **~zug** convoy

Gelenk joint, articulation; *(Kette)* link; **~entzündung** arthritis; **~ig** pliable, supple, limber; **~igkeit** pliability, suppleness, flexibility; **~pfanne** socket (of a joint); **~welle** drive shaft

ge|lernt *adj* skilled; **~lichter** gang, set, rabble; **~liebte(r)** lover; sweetheart, beloved; mistress; **~liefert sein** to be done for; **~lieren** to gelatinize, to set; **~linde** soft, gentle; mild; moderate; slight, lenient, light; *~linde gesagt* to put it mildly; **~lingen** to succeed (in doing s-th); to manage (to do); *su* success; **~lispel** lisping

gellen to yell, to scream, to shrill; *(im Ohr)* to tingle; **~d** yelling, shrill

gelob|en to promise, to vow; *das G~te Land* the Holy Land; **"nis** solemn promise, vow

gelt|en to matter, to mean; to be worth; to have influence; to be valid, to be current; to be intended for, to be aimed at; to be a question of; *~en für* to be (held) true of, to apply to, to concern; *~en als* to be considered as, to be taken for, to earn a reputations as; *~en lassen* to let pass, to accept; *~end machen* to assert, to maintain, to plead, to claim; *refl* to make o.s. felt; *das gilt nicht!* that doesn't count!; *es gilt sein Leben* his life is at stake; *es gilt!* agreed!; *das gilt auch für* . . . that goes for . . . too; **~endmachung** assertion; **~ung** value, worth; validity, currency; recognition, respect; *zur ~ung bringen* to assert; *zur ~ung kommen* to be effective (*od* appreciated); **~ungsbedürfnis** the desire to assert o. s., self-assertion; **~ungsbereich** area of application (*od* validity); **~ungstrieb** desire to dominate

Ge|lübde vow, solemn promise; *e. ~lübde ablegen* to take a vow; **~lungen** *adj* successful; funny; **~lüst** desire (for); **~lüsten** *(nach)* to hanker after, to long for, to feel a strong desire for

Gemach room; *adv* slowly, quietly, gently; **"lich** slow; comfortable; *adv* slowly, easily; **"lichkeit** ease, comfort

Gemahl husband, consort; **~in** wife, consort

ge|mahnen to remind (*an* of); **~mälde** painting, canvas; **~mäß** *adj* suitable; *prp* according to, pursuant to; **~mäßigt** moderate, temperate; **~mäuer** masonry; ruins

gemein common, general, ordinary; low, vulgar, base; mean, beastly; *~ haben mit* to have in common with; *s. ~ machen mit* to chum up with, to be hail-fellow-well-met; **~eigentum** public (*od* collective) ownership; **~gefährlich** dangerous to the public; **~gut** common property; **~heit** vulgarity, meanness, lowness; mean trick; **~hin** generally; **~nutz** common good; **~nützig** beneficial to the community; charitable, welfare; non-profit; **~platz** commonplace, platitude; **~sam** joint, common; mutual; together; *~sam haben mit* to have in common with; **~schaft** community; communion; association; intercourse; *in ~schaft mit* together with; **~schaftlich** common, joint; in common; **~schaftsarbeit** team work; **~schuldner** bankrupt; **~sinn** public spirit; **~verständlich** easy to understand; popular; **~wesen** public affairs; community; commonwealth; **~wohl** common weal, public welfare

Gemeinde community; municipality; local authority; parish; *eccl* congregation; **~anger** common green, village green; **~bezirk** parish; borough, district; **~haus** town (*od* village) hall; **~helfer(in)** deacon(ess); **~schule** council school, elementary school; **~schwester** district nurse; **~steuer** local tax, *BE* rate; **~verwaltung** local administration; **~vorsteher** mayor, burgomaster

ge|messen *adj* measured; precise; slow; formal, dignified; **~metzel** slaughter, massacre, carnage; **~misch** mixture, mixing; **~mischt** mixed; joint; of mixed type

Gemse chamois

Ge|munkel whispers, rumours; **~münzt** *sein auf* to be meant for; **~murmel** babble, murmur(ing)

Gemüse vegetables, greens; *junges ~* small fry *(a. fig)*; **~händler** greengrocer; **~konserve** canned vegetables

Gemüt soul, heart; mind; feeling; nature, temperament; *s. zu führen* to treat o. s. to s-th; **~lich** good-natured, genial; cosy, snug, comfortable; **~lichkeit** cosiness, comfort; **~sart** disposition, temper; **~sbewegung** emotion; **~skrank** ⚕ melancholic; **~sruhe** peace of mind; calmness, serenity; **~sverfassung** frame (*od* state) of mind; **~voll** affectionate; warm--hearted

genau exact, accurate, precise; strict; particular, scrupulous, sparing; detailed; close, tight; *~ das Richtige!* the very thing!; *~ genommen* strictly speaking; *~er gesagt* more specifically; **~igkeit** exactness, accuracy, precision; economy

Gendarm policeman, gendarme; **~erie** rural police; police station

Genealogie genealogy

genehm agreeable; convenient, suitable; **~igen** to approve (of), to agree to, to authorize; to grant; *US* to approbate; **~igung** approval, assent; permit, licence; permission; authorization; *US* approbation; *mit (freundlicher) ~igung von* by favour of, by courtesy of; **~igungspflichtig** subject to authorization

geneigt inclined (to); willing to; gentle, friendly

General general; **~baß** thoroughbass; **~direktor** managing director, director general; **~feldmarschall** field-marshal; **~gouverneur** governor general; **~ität** the (body of) generals, general officers; **~leutnant** lieutenant general, *BE (Luftw.)* Air Vice Marshal; **~major** major--general, *BE (Luftw.)* Air Marshal; **~probe** dress rehearsal; ♪ full rehearsal; **~staatsanwalt** chief public prosecutor; **~stab** General Staff; **~stabskarte** ordnance (*od* survey) map; **~streik** general strike; **~überholung** 🚗 general overhaul; **~versammlung** general meeting (*od* assembly); **~vertreter** general agent; **~vollmacht** general authority, unlimited power of attorney

Gener|ation generation; **~ell** general

genes|en to recover, to get better; **~ender** convalescent; **~ung** recovery, convalescence

gen|ial ingenious; highly gifted, full of genius; **~ialität** originality; ingeniousness, ingenuity; **~ie** genius

Genick nape, (back of the) neck; *s. d. ~ brechen* to break one's neck

genieren *vt* to trouble, to inconvenience, to bother, to embarrass; *refl* to feel embarrassed (*od* awkward), to be shy

genieß|bar eatable; drinkable; **~en** to eat, to drink; to enjoy; to have the benefit of; *er ist nicht zu ~en* he is unbearable

Genitalien genitals

Genitiv genitive

Genosse companion, comrade, mate; *umg* chum, buddy; *sl* pal; **~nschaft** co-operative (society), *umg* co-op; **~nschaftler** co-operator; **~nschaftlich** co-operative

Genrebild genre-painting

genug enough, sufficient; *~ davon!* no more of this!; **~tun** to give satisfaction to s-b, to satisfy s-b; **~tuung** satisfaction; compensation, reparation

Genüg|e *j-m ~e tun (leisten)* to satisfy s-b, to please s-b; *zur ~e* sufficiently, enough; **~en** to suffice, to be enough; to satisfy; *das ~t* that will do; **~end** enough, sufficient; **~sam** easily satisfied; modest, unassuming; **~samkeit** contentedness; modesty

Genus genus; *gram* gender

Genuß enjoyment, delight, pleasure; treat; eating, drinking; taking; ⚖ usufruct, profit; **~mensch** epicure(an); **~mittel** coffee, tea, tobacco, spirits; **~reich** enjoyable, delightful; **~sucht** craving for pleasures; **~süchtig** pleasure-seeking

Geo|däsie geodesy; **~graph** geographer; **~graphie** geography; **~graphisch** geographical; **~logie** geology; **~meter** surveyor; **~metrie** geometry, *umg* Euclid; **~metrisch** geometrical; **~physik** geophysics

Georgine dahlia

Gepäck luggage, *bes US* baggage; *sein ~ aufgeben* to check in (*od* register) one's luggage; **~abfertigung** luggage office; luggage (registration) counter; **~aufbewahrung** *BE* left-luggage office, *US* checkroom; **~ausgabe** luggage office; **~halter** carrier; **~netz** luggage rack; **~schein** *BE* registered-luggage receipt, *US* baggage check; **~stück** piece of luggage; **~träger** porter; **~troß** baggage train; **~wagen** 🚂 luggage-van, *US* baggage car

ge|panzert armour-clad, armoured; **~pfeffert** peppered; **~pflegt** well-kept; well-groomed; **~pflogenheit** habit, custom; **~plänkel** skirmishing; **~plapper** babbling, chatter; **~plätscher** splashing; **~plauder** chat(ting); **~polter** rumble, din; **~präge** coinage, impression; *fig* stamp, salient feature; **~pränge** pomp, splendour; **~prassel** crackling, clatter; *(Regen)* pattering; **~quake** croaking

gerad|e *adj* straight; even; erect; upright, straightforward; direct; honest; *adv* just, exactly, directly, precisely; *nun ~e* now more than ever; *nicht ~e freundlich* not exactly (what you would call) friendly; *~e etw tun wollen* to be just about to do s-th; *das ist es ja ~e* that's just it; that's the point ♦ *fünf ~e sein lassen* to stretch a point, to be lenient, to close one's eyes to shortcomings; *d. ~e Weg ist d. beste* honesty is the best policy; *su* straight line; **~eaus** straight on; *fig* straightforward; **~eheraus** *adv* frankly, bluntly, outright; **⁓ert:** *wie ⁓ert sein* to be aching all over; **~estehen** *dafür* to stand by one's opinion; **~ewegs** immediately, at once, straightway; **~ezu** straight on; sheer, plain; indeed; frank, candid; **~heit** straightness; uprightness; **~linig** rectilinear; **~sinnig** straightforward

Geranie geranium, pelargonium

Gerassel clatter, rattling

Gerät tool, implement, utensil; apparatus, equipment; fitting; appliance; 📻 radio set; **~eschnur** ⚡ appliance cord; **~eturnen** heavy gymnastics with apparatus; **~schaften** tools, implements, utensils

geraten to succeed; to turn out well; *(irgendwohin)* to get into, to come, to come upon, to hit upon; *aneinander ~* to come to blows; *außer sich ~* to get worked up, to lose one's temper; *in Brand ~* to catch fire; *in Zorn ~* to fly into a passion; *in Vergessenheit ~* to fall into oblivion

Geratewohl: *aufs ~* at random, haphazard(ly)

geraum ample; long; **⁓ig** spacious, roomy, capacious; **⁓igkeit** spaciousness

Geräusch noise; **~kulisse** 🎭 the noises off; *fig* noisy background; **~los** noiseless; **~voll** noisy

gerb|en to tan; *weiß~en* to taw; *(Metall)* to refine; **~er** tanner; **~erei** tannery; **~säure** tannic acid; **~stoff** tannin

gerecht just, righteous; fair, equitable; *~ werden* to do justice to; to master; **~igkeit** justice, righteousness; fairness

Gerede talk; rumour, gossip; *ins ~ kommen* to get talked about

gereichen to bring, to cause; *zur Ehre ~* to be credit to

gereizt irritated, angry; **~heit** irritation; irritability

Gericht dish, course; judgment; court of justice, tribunal; law court; *d. Jüngste ~* the Last Judgment, Doomsday; *vor ~* in court; *mit j-m ins ~ gehen (fig)* to take s-b to task; **~lich** judicial, judiciary; legal; forensic; **~sbarkeit, ~swesen** jurisdiction; **~sbefehl** court order; **~sbehörde** judicial authority; **~sbezirk** judicial district; circuit; **~sdiener** usher; **~shof** court of justice, tribunal; bench; **~skosten** court fees; **~smedizin** medical jurisprudence; **~sstand** place of jurisdiction; **~svollzieher** bailiff, sheriff; **~sweg** legal procedure; **~swesen** judicial system

gerieben *adj fig* cunning, sly

gering little, small; trifling, slight, unimportant; inferior, low; humble, modest; *nicht im ~sten* not in the least; **~achten, ~schätzen** to think little of, to despise; **~achtung, ~schätzung** disdain, contempt; **~fügig** unimportant, insignificant, trifling, trivial; **~schätzig** disdainful, derogatory, contemptuous

Gerinn|e running, flowing; **~en** *bes* ⚕ to coagulate; to curdle; to clot, to congeal; **~sel** rivulet; ⚕ clot, coagulated mass

Geripp|e skeleton; framework; **~t** ribbed; corded; fluted

gerissen cunning, sly, wily, cagey

German|e Teuton; German; *die alten ~en* the (ancient) Teutons; **~isch** Teutonic, Germanic; **~ist** teacher (*od* student) of German philology; **~istik** German philology

gern *adv* with pleasure, gladly, readily; *~ haben* to like, to be fond of ♦ *er kann mich ~ haben* he can go to blazes; *~ tun* to like to do; *~ geschehen!* don't mention it!, you are welcome!; **~egroß** upstart

Geröll rubble, boulders

Gerste barley; **~nkorn** barley-corn; ⚕ sty

Gerte rod, switch; twig

Geruch smell; scent, odour; *fig* reputation; **~dicht** airtight; **~los** odourless; **~ssinn** sense of smell

Ge|rücht rumour, report; *es geht d. ~rücht* there's a rumour abroad; **~ruhen** to condescend, to deign; **~ruhsam** leisurely; **~rümpel** lumber, rubbish, junk

Gerundium *gram* gerund

Ge|rüst scaffold(ing); stage, frame; **~rüttel** shaking, jolting

Ges ♪ G flat

gesamt whole, entire; all; together; total; aggregate, blanket, all-round; **~ausgabe** 📖 complete edition; **~betrag** sum total, total amount; aggregate; **~deutsch** all-German; **~ertrag** entire proceeds; total output; **~heit** the whole; totality; **~schuld** joint and several debt; **~summe** total amount, sum total; **~wohl** common weal, public welfare

Gesandt|er minister resident; *(besonderer)* envoy; **~schaft** legation

Gesang singing; song; canto; **~buch** hymnbook; book of songs; **~lehrer** singing-teacher; **~lich** vocal; choral; **~verein** choral society

Ge|säß bottom, buttocks; **~säusel** murmuring, rustling
Geschäft business; transaction; deal; commerce, trade, occupation; affair; commercial firm; shop; office; *e. ~ machen* to strike a bargain; **~ig** busy, active; **~igkeit** activity, industry; busyness; **~lich** commercial, business; on business; **~sabschlüsse** orders (*od* contracts) secured; **~santeil** share; **~saufgabe** giving-up of business; **~sbereich** sphere of activity (*od* business); jurisdiction; **~sbericht** annual report; **~sfähig** legally capable; **~sführer** manager; **~sführung** conduct of business; **~sgang** course (*od* run) of business; **~sgegend** business quarter; **~shaus** business premises; **~sjahr** business year, financial year, accounting y.; **~sleitung** management; administrative office; **~smann** business man, tradesman; **~sordnung** rules of procedure; standing orders; **~sreise** business trip (*or* tour); **~sreisender** commercial traveller; representative; **~sschluß** closing time; **~ssitz** place of business; **~sstelle** office, bureau; agency, (sub-)branch; **~sträger** representative; *pol* chargé d'affaires; **~sviertel** shopping district; **~svolumen** balance sheet total; **~swelt** business community; **~szeit** office (*od* business) hours; **~szimmer** office; **~szweig** branch (*od* line) of business
geschehen to happen, to occur, to come about; to take place; to be done; *was ist ~?* what's the matter?; *es geschieht ihm recht* it serves him right; *es ist um ihn ~* he is done for; *~ lassen* to allow, to permit, to tolerate; *su* event, happening
gescheit clever, intelligent, bright
Geschenk present, gift; *e. ~ d. Himmels* windfall, godsend; *etw zum ~ machen* to make a present of s-th
Geschicht|e history; story; *umg* affair, thing; *e-e alte ~e* a twice-told story; *mach k-e ~en!* don't be fussy (*od* silly)!; **~enbuch** story-book; **~enerzähler** story-teller; **~lich** historical; *(bedeutsam)* historic; **~sbuch** history-book; **~sforscher** historian; **~sforschung** historical research; **~sschreibung** historiography
Geschick *(Schicksal)* fate, destiny; *(~lichkeit)* skill, dexterity; fitness, aptitude; **~lichkeit** = ~ ; **~t** skilful; apt, fit, capable; clever
Ge|schiebe *geol* boulders, detritus; **~schieden** separated; divorced; **~schirr** crockery; dishes; *(Porzellan)* china; ⫰ harness
Geschlecht sex; *(Art)* genus, kind, species; race, blood, family, stock; generation; *gram* gender; *das schöne (schwache) ~* the fair (weaker) sex; **~lich** sexual; **~sakt** coition; **~skrankheit** venereal disease (V. D.); **~slos** sexless; *bot* agamous; *gram* neuter; **~sname** family name, surname; **~sreife** puberty; **~steile** genitals; **~strieb** sexual instinct; **~sverkehr** sexual intercourse; **~swort** article
geschliffen *(Glas)* cut; *mil* well-trained
Geschlinge pluck, giblets
geschlossen whole, complete; united, unanimous; *adv* as a whole, en bloc

Geschmack taste; flavour; *über d. ~ läßt sich nicht streiten* there is no accounting for tastes; *nach m-m ~* to my taste; *d. ⁓er sind verschieden* tastes differ; *~ finden an* to take a fancy to, to relish; **~los** insipid, flat; in bad taste; **~losigkeit** bad taste, lack (*od* want) of good taste; **~sache** matter of taste; **~voll** tasteful; in good taste, elegant
Geschmeid|e jewels, jewellery; **~ig** supple, pliant, flexible; soft; **~igkeit** suppleness, flexibility; softness
Ge|schmeiß vermin; *fig* dregs, scum, the rabble; **~schmiere** daub, scrawl; *wie ~schmiert* like clockwork; **~schnatter** cackling; chatter(ing); **~schniegelt** smart, spruce; dressed-up; *~schniegelt und gebügelt* spick and span; **~schöpf** creature, being; **~schoß** projectile, missile; *(Granate)* shell; bullet; *(Etage)* story, floor; **~schraubt** affected, stilted; bookish; **~schrei** shouting, screaming; clamour; *fig* fuss, ado
Geschütz gun, *bes* ✈ cannon; **~bedienung** gun-crew, gunners; **~feuer** gun fire, cannonade; barrage; **~rohr** gun barrel; **~stand** (gun) emplacement
Geschwader ✈ *BE* group, *US* wing; ⚓ squadron; **~flug** flight in formation
Geschwätz idle talk, blabber, balderdash; gossip; **~ig** talkative, loquacious; **~igkeit** talkativeness, loquacity
geschweige denn not to mention, to say nothing of, let alone; much less
geschwind fast, swift, quick, speedy; **~igkeit** quickness, rapidity; speed, velocity; **~igkeitsmesser** speedometer
Geschwister brothers and sisters; **~lich** brotherly, sisterly
geschwollen swollen; *fig* bumptious, tumid
Geschworen|er juryman; *die ~en* the jury; **~enliste** panel, jury-list
Ge|schwulst swelling, tumour; **~schwür** ulcer, abscess, boil
Gesell|e mate, companion, fellow; journeyman, apprentice; **~en** *refl* to join, to associate with; **~enprüfung** journeyman's examination; **~enstück** journeyman-work; **~enzeit** journeyman's time of service; **~ig** sociable, social; companionable; **~igkeit** sociability; social life; company; social gathering, party; **~schaft** society; association, company; party, social gathering; group; *j-m ~schaft leisten* to keep (*od* bear) s-b company; **~schafter** partner, associate; *er ist ein guter ~schafter* he is good company; **~schafterin** lady companion; **~schaftlich** social; **~schaftsanzug** evening (*od* full, party) dress; **~schaftsfeindlich** anti-social; **~schaftskapital** corporate capital; **~schaftsreisen** organized tours; **~schaftsspiel** round game, party game; **~schaftstanz** social dance (*od* dancing); **~schaftsvertrag** articles (*od* deed) of partnership
Gesetz law, act, statute; commandment; **~buch** statute-book, code; **~entwurf** bill, draft law; **~esübertretung** transgression (*od* viola-

tion) of the law; **~gebend** legislative; **~geber** legislator; legislature; **~gebung** legislation; **~lich** legal, lawful; statutory; *~lich geschützt* legally protected; **~lichkeit** legality; **~los** anarchic(al); **~losigkeit** anarchy; **~mäßig** lawful, legitimate; conforming to law; ⚙ regular; **~mäßigkeit** legality; legitimacy; regularity; **~t** calm, sedate, grave, dignified; mature; *~t den Fall, daß* supposing that; **~tafeln** decalogue; **~widrig** unlawful, illegal

Gesicht face (*j-m ins ~ sagen* to tell s-b to his f.); countenance; *(Sehen)* sight, vision; hallucination; *fig* aspect, appearance; *zu ~ bekommen* to catch sight of; *zu ~ stehen* to suit, to be becoming to; *d. zweite ~* second sight; *~er schneiden* to make faces (at); **~sfarbe** complexion; **~sfeld** field of vision, range; **~skreis** (mental) horizon; *s-n ~skreis erweitern* to broaden one's mind; **~smassage** facial (massage); **~spuder** face powder; **~spunkt** point of view, angle; aspect; factor; criterion; **~srose** ⚕ erysipelas; **~ssinn** sense of sight; **~sspannung** ⚕ face-lifting; **~swinkel** optic angle; facial angle; **~szug** feature

Ge|sims cornice; ledge, sill; **~sinde** servants; **~sindel** rabble, mob

gesinn|t minded, disposed; **~ung** way of thinking; mind; view; conviction; disposition; **~ungsgenosse** partisan, follower; **~ungslos** unprincipled; **~ungstreu** loyal; **~swechsel** change of mind (*od* opinion, heart); change of front, reversal of one's policy

gesitt|et well-mannered; civilized; **~ung** good manners; civilization

ge|sondert separate; **~sonnen** disposed, inclined, resolved (to do); **~spann** team *(of horses etc)*; *fig* pair, couple; **~spannt** stretched, taut, tight; *(Gewehr)* cocked; *fig* intent, eager, anxious, agog

Gespenst spook, phantom, spectre; apparition; **~isch** ghostly; ghostikle

ge|sperrt blocked, barred; closed; *mil BE* out of bounds, *US* off limits; 📖 spaced; **~spiele** playmate; **~spinst** spun yarn; web, tissue; **~spött** mockery, derision; laughing-stock

Gespräch talk, conversation; discourse; ☎ call; **~ig** talkative, chatty; **~sgegenstand, ~sstoff, ~sthema** topic of conversation, subject; **~spartner** ☎ caller; **~sweise** in the course of conversation

ge|spreizt wide apart; *fig* stilted, pompous, affected; bookish; **~sprenkelt** speckled, mottled; **~stade** shore, bank; **~staffelt** graded; graduated; differentiated; staggered

Gestalt form; figure, shape; build, stature; manner, aspect, kind, fashion; character; ⚙ construction; **~en** *vt* to form, to shape, to mould; to arrange; to construct; *refl* to take shape; to turn out; **~los** shapeless, amorphous; **~ung** formation; fashioning, shaping; organization; construction

Gestammel stammering, stuttering

geständ|ig confessing; *~ig sein* to plead guilty, to confess; **~nis** confession, admission; *e. ~nis ablegen (umg)* to make a clean breast of s-th

Gestank stink, stench, bad smell

gestatten *vt* to allow, to permit; *~ Sie bitte!* I beg your pardon

Geste gesture

gesteh|en to confess, to admit; **~ungskosten** prime cost

Gestein rock, stone; **~sgang** streak, lode

Gestell frame, stand; rack; trestle; **~ungsbefehl** calling-up (*od* induction) order

gest|ern yesterday ♦ *nicht von ~ern sein* not to be as green as that; *~ern abend* last night; **~rig** of yesterday

ge|stiefelt booted, in boots; *d. ~stiefelte Kater* Puss in Boots; **~stikulieren** to gesticulate; **~stirn** star; constellation; luminary; **~stirnt** starry, starred; **~stöber** shower; snow-drift, (snow) flurry; storm; **~stochen** stilted; *wie ~stochen* like copperplate; **~stotter** stammering, stuttering; **~sträuch** shrubs, copse; bushes, shrubbery; **~streift** striped; streaky; **~streng** severe, rigorous, strict; **~strichen** painted; *frisch ~strichen* wet paint; *~strichen voll* brimful; **~strüpp** brushwood, underwood, bushes; **~stühl** pew(s); chairs; **~stüt** stud (farm)

Gesuch application, petition; request; **~t** in demand, sought after; *(geziert)* affected, far-fetched

gesund healthy, well *(nur pred)*; healthful, good, wholesome; beneficial; sound, natural; *~ u. munter* as fit as a fiddle; *~er Menschenverstand* common sense; **~beterei** faith-healing; **~brunnen** mineral well; **~en** to recover, to regain health; **~heit** health; soundness; wholesomeness; sanity; *~heit!* God bless you!; *auf Ihre ~heit!* your health!; *auf j-s ~heit trinken* to drink s-b's health; **~heitlich** as regards health; hygienic; sanitary; **~heitsamt** Board of Health; **~heitspflege** hygiene; preventive medicine *(öffentliche)* public health service; *aus ~heitsrücksichten* for reasons of health; **~heitszustand** state of health, physical condition

Ge|täfel wainscoting, panelling; **~tändel** trifling, dallying; **~tier** animals, beasts; **~töse** noise, din; roaring; blatancy, bluster; **~tragen** *fig* solemn, grave, ceremonious; **~trampel** trampling; **~tränk** drink, beverage; *pl* spirits; **~tränkesteuer** beverage tax; **~trauen** *refl* to dare, to venture

Getreide corn, grain; cereal crops; **~arten** cereals; **~bau** corn-growing; **~halm** corn-stalk; **~mühle** corn mill; **~speicher** granary; **~wirtschaft** grain trade

getreu faithful, true, trusty, loyal; *d. ~en* the faithful followers

Ge|triebe bustle; ⚙ gear, drive; machinery; **~trost** confident; in good spirits; **~trösten** *refl* to wait patiently; **~tue** ado, dalliance, fuss; **~tümmel** bustle, tumult; **~übt** skilled, experienced; **~vatter** godfather; *fig* friend; **~vatterin** godmother; **~viert** square

Gewächs plant; vegetable; *(Wein)* vintage; ⚕ growth, tumour; **~haus** conservatory, greenhouse

gewachsen grown; *j-m ~ sein* to be equal to, to be a match for

ge|wagt risky, bold; **~wählt** choice; selected

gewahr aware (of); *~ werden* = **~en** to become aware of; to perceive; **~sam** charge, custody; lock-up

Gewähr security, surety, guaranty; **~en** to grant, to accord; to allow, to afford; *j-n ~en lassen* to let s-b do as he pleases; **~leisten** to vouch for, to guarantee; **~leistung** warranty, guaranty; **~smann** informant, authority; guarantor; warrantor; **~ung** granting, concession

Gewalt power, might; authority; force, violence; *höhere ~* Act of God, force majeure; *mit aller ~* with all one's might; by hook or by crook; *j-m ~ antun* to do violence to, to violate s-b; *in d. ~ haben* to have command of, to master; *s. in d. ~ haben* to have self-control; **~herrschaft** despotism, rule of force; **~ig** powerful, mighty; violent; huge, immense; **~sam** violent, forcible; **~samkeit** violence; **~streich** violent measure, arbitrary act; coup de main; **~tätig** violent, brutal

Ge|wand garment, apparel, attire, gown, dress; **~wandt** agile; skilful; adroit, clever; **~wandtheit** agility, skill; cleverness; fluency; **~wärtig** expecting, expectant of; **~wärtigen** to expect, to await; to be resigned to; **~wäsch** idle talk, twaddle, blether; **~wässer** waters; **~webe** weaving, web; fabric, tissue; texture; **~weckt** alert, bright, clever

Gewehr gun, rifle; weapon; *an die ~e!* to arms!; **~lauf** (rifle) barrel

Geweih antlers, horns; **~zacken** prong of antler

Gewerb|e trade, business; profession, calling; industry, craft; **~efreiheit** freedom to carry on a trade; **~ekammer** Board of Trade; **~eschein** trade licence; **~esteuer** trade tax; **~eschule** trade (*od* vocational) school; **~etreibend** industrial, manufacturing, producing; engaged in gainful activity; **~lich** industrial, trade; **~smäßig** professional

Gewerkschaft trade union, *US* labor union; **~ler** trade-unionist; **~sbund** Federation of Trade Unions, *BE* Trades Union Congress, *US* Federation of Labor; **~swesen** Trade Unionism

Gewicht weight; *fig* importance, significance; *ins ~ fallen* to weight with, to be of great (*od* to carry) weight (*od* importance); **~heben** ⚒ weight-lifting; **~ig** weighty, important, influential

gewickelt wrapped (up) ♦ *schief ~ sein* to be on the wrong tack

ge|wiegt experienced; smart; shrewd; **~wieft** cagey, smart, shrewd; **~wieher** neighing; **~willt** willing, ready, inclined; **~wimmel** swarm(ing); crowd, throng; **~wimmer** wailing, whimpering; **~winde** garland, festoon; ⚙ thread, worm; **~windebohrer** (screw-)tap

Gewinn profit, gain; advantage; prize; ⚒ winnings; acquisition, lucre; **~anteil** profit share; dividend; **~beteiligung** profit-sharing; **~bringend** profitable, lucrative; **~en** *vt* to win; to gain, to earn; to produce, to extract; *chem* to prepare; *vi* to improve; ⚒ *(gegen)* to defeat; *damit ist viel gewonnen* that helps a great deal; **~end** winning, taking; **~er** winner; **~spanne** profit margin; **~sucht** greed, lucre; **~verteilung** distribution of profits

Ge|winsel whining, whimpering; **~winst** winnings; gain, profit; **~wirr** confusion, mass; jumble, maze; tangle

gewiß certain, sure; fixed; *adv* certainly, indeed; **~heit** certainty; *s. ~heit verschaffen über* to make sure about

Gewissen conscience (*j-m ins ~ reden* to appeal to s-b's c.); *nach bestem ~* to the best of one's belief; *sein ~ beruhigen* to square one's conscience; **~haft** conscientious; scrupulous; **~haftigkeit** conscientiousness; scrupulousness; **~los** unscrupulous; **~losigkeit** unscrupulousness; **~sbisse** twinge of conscience, remorse; **~skonflikt** conscientious doubt; **~szwang** coercion of conscience

gewissermaßen in a way, as it were

Gewitt|er thunderstorm; **~ern** to thunder; **~erregen, ~erschauer** thunder shower, deluge; **~erschwül** sultry; **~störung** 📻 atmospherics; **~rig** thundery

gewitz(ig)t taught by experience; shrewd

gewogen well-disposed (towards)

gewöhn|en *vt* to accustom (to); *refl* to get accustomed (*od* used) to, to get into the habit of; to become familiar with; *(an ein Klima)* to acclimatize; **~lich** *adj* usual, customary; ordinary, average; common, vulgar; *adv* usually, as a rule; **~ung** accustoming, habit

Gewohnheit habit, custom; practice, usage; *d. Macht der ~* the force of habit; *zur ~ werden* to grow into a habit; **~smäßig** customary, habitual; **~srecht** customary law; **~ssünde** besetting sin; **~stier** *umg* creature of habits

gewohnt *(zu tun)* accustomed to do(ing); used to, inured to; usual

Ge|wölbe vault, arch; **~wölbt** vaulted, arched; domed; **~wölk** clouds; **~wühl** turmoil; crowd, throng; **~wunden** winding; spiral; sinuous; *fig* tortuous; **~würfelt** *BE* chequered, checkered

Gewürz spice, seasoning, condiment; **~gurke** pickled cucumber, gherkin; **~händler** grocer; **~ig** spiced; spicy, aromatic; **~nelke** clove

ge|zackt pronged, indented; jagged; **~zahnt** toothed; notched; *bot* dentate; **~zänk** quarrelling, wrangling; **~zappel** fidgeting; struggling; **~zeiten** tides

geziem|en *refl* to befit, to become; **~end** proper; becoming, due

ge|ziert affected, minced; **~zirpe** chirping; **~zisch** hissing; **~zischel** whispering; **~zücht** brood, breed; **~zwitscher** twittering, chirping; **~zwungen** unnatural, affected, stiff

Gicht ⚕ gout; ⚙ furnace-mouth; **~brüchig** gouty; palsied; paralytic

Giebel gable(-end); **~feld** pediment, tympanum; **~fenster** gable-window
Gier greed; lust, avidity; **~en** to long eagerly (for); to lust (for, after); **~ig** greedy (*nach* for)
Gieß|bach torrent; **~en** to pour; to water; ⚙ to cast; *es ~t* it is pouring (with rain); *es ~t in Strömen* it is pouring cats and dogs; **~er** caster, founder; **~erei** foundry; **~kanne** watering-can
Gift poison; *(Tier-)* venom; ⚕ virus; toxin; *fig* malice, blight ♦ *da kannst du ~ drauf nehmen* you can bet your life on that, you bet; *~ u. Galle spucken* to boil with rage; **~becher** poisoned cup; **~hauch** blight; **~ig** poisonous, venomous; **~mischer** poisoner; **~natter** asp; **~pilz** toadstool; **~zahn** poison-fang
Gigant giant; **~isch** gigantic
Gilde guild, corporation
Gimpel bullfinch; *fig* noodle, simpleton
Ginster broom; gorse, furze
Gipfel summit, top, peak; *fig* climax; height; zenith; **~höhe** ✈ ceiling; **~konferenz** summit conference; **~leistung** record; **~n** to culminate (in); **~punkt** limit; peak
Gips gypsum; calcium sulphate; ⚕ plaster of Paris; **~abdruck** plaster cast; **~en** to plaster; **~verband** plaster dressing, plaster cast
Giraffe giraffe
girieren to circulate; to endorse
Girl professional dancer, chorus girl
Girlande garland, festoon
Giro endorsement; the giro system (of transferring money); **~bank** clearing bank; **~gelder** funds available for transfer; **~konto** giro account; current account; **~verkehr** clearing (business); **~zahlung** clearing transfer; **~zentrale** clearing-house
Gis ♪ G sharp
Gischt spray, foam
Gitarre guitar
Gitter grating; *(Eisen)* iron bars; *(Spalier)* trellis, lattice; railing; fence; ⚡ grid; **~bett** cot; **~fenster** lattice-window; barred window; **~tor** iron gate
Glacéhandschuh kid-glove ♦ *mit ~en anfassen* to handle s-b with velvet gloves
Glad|iator gladiator; **~iole** gladiolus
Glanz shining; brightness, brilliance, brilliancy, lustre, glamour; glitter; gloss, polish; *fig* splendour; pomp; disinction; **⁼en** to shine, to gleam, to glitter, to sparkle, to glisten; *in etw ⁼en* to be brilliant in, to excel in; **⁼end** shining, lustrous; glittering, bright; *fig* splendid, glorious; brilliant; **~leder** patent leather; **~leistung** brilliant achievement; record; **~los** dull, dead; **~papier** flint(-glazed) paper; **~punkt** highlight; climax; **~voll** brilliant, splendid, glorious
Glas glass; tumbler; field-glass; jar; *mattes ~* cut glass; *buntes (gefärbtes) ~* stained glass; *Vorsicht ~!* Fragile! ♦ *zu tief ins ~ gucken* to have one over the eight; **~auge** glass eye; ⚕ wall-eye; **~bläser** glass-blower; **~er** glazier; **⁼ern** glassy, of glass; vitreous; **~glocke** glass bell; **~hütte** glass-factory; **~ig** glassy, vitreous; **~ieren** to glaze; to varnish; to ice, to frost; **~kolben** glass flask; **~maler** glass-painter; **~scheibe** pane (of glass); **~scherbe** broken glass; **~schleiferei** glass-grinding, glass-cutting; **~tür** French window; glass door; **~ur** glazing; varnish; *(Kuchen)* icing; **~ware** glassware
glatt even, smooth; slippery; polished; *fig* flattering, oily, bland; *das ist e-e ~e Lüge* that's an outright lie; *~ sitzen* to fit close; **⁼e** smoothness; slipperiness; polish; **~eis** glazed frost ♦ *j-n aufs ~eis führen* to lead s-b up the garden-path; **⁼en** to smooth; *(hobeln)* to plane; to polish; **~weg** *adv* plainly, flatly; bluntly
Glatz|e bald head; **~köpfig** bald-headed
Glaub|e(n) faith (*an* in); confidence, trust; belief (*an* in); creed; credit; *in gutem ~en* bona fide; *Treu und ~en* good faith; **~en** to believe (*j-m* s-b; *an* in); to trust; to think, to suppose ♦ *dran ~en müssen* to have to pay the price; *ich ~e wohl...,* I daresay...; *ob du es ~st oder nicht* believe it or not; **~ensbekenntnis** creed, confession of faith; *pol* platform; **~ensfreiheit** freedom of religion; **~ensgenosse** fellow believer; **~enslehre, ~enssatz** belief, doctrine (of faith); **~haft** credible, authentic; **~würdig** credible, reliable; *(Bericht)* authentic; **~würdigkeit** credibility, reliability; authenticity
gläubig believing, faithful, religious; **~er** believer; *(Geld)* creditor; **~keit** faith, confidence
gleich *adj* same, equal; like, similar; even, plain, level; direct; identical; equivalent; *das sieht ihm ~* that's just like him; *~ sein* to be equal to; *s. immer ~bleiben* to remain always the same; *~ und ~ gesellt sich gern* birds of a feather flock together; *~es mit ~em vergelten* to return like for like, to pay s-b back; *das bleibt s. ~* that's the same; *mir ist es ~* it's all the same to me; *sie sagt das ~e* she says the same thing; *adv* equally, just, alike; at once, immediately, directly; *~ darauf* immediately afterwards; **~altrig** of the same age; **~artig** of the same kind, homogeneous; **~bedeutend** *mit* synonymous with; **~berechtigt** entitled to the same rights; on an equal footing; **~berechtigung** equality of rights; **~bleibend** steady; constant; **~denkend** congenial; **~en** to resemble, to be like; **~ermaßen** likewise, in like manner; **~falls** likewise, also; **~förmig** uniform; monotonous; **~gesinnt** congenial, like-minded; **~gewicht** equilibrium, balance, equipoise; *aus dem ~gewicht* off one's balance; **~gültig** indifferent, unconcerned; disinterested; callous; *~gültig ob* irrespective of whether, no matter whether; **~gültigkeit** indifference; **~heit** equality; parity; identity; similarity; **~klang** unison, consonance; **~kommen** to equal s-b; **~lauf** consistency; **~laufend** parallel; **~lautend** consonant; identical; **~machen** to make like; to equalize; to level; *dem Erdboden ~machen* to raze to the ground; **~maß** symme-

try, proportion; **~mäßig** proportionate, symmetrical; equal, even; uniform, regular; **~mäßigkeit** proportion, symmetry; regularity; **~mut** equanimity; **~mütig** calm, even-tempered; **~namig** having (*od* of) the same name; correspondent; homonymous; **~nis** simile; image; parable; **~richten** ϟ to rectify; **~richter** ϟ rectifier; **~sam** as it were; **~schalten** *pol* to put on an equal footing; **~schaltung** *pol* co-ordination; bringing into line; **~schenklig** *math* isosceles; **~seitig** equilateral; **~setzen** to treat as equivalent (to); **~stellen** to put on an equal footing; **~strom** ϟ direct current; **~takt** synchronous rhythm; **~tun:** *es j-m ~tun* to rival s-b; *es j-m ~tun wollen* to vie with s-b; **~ung** equation; **~viel** no matter; all the same; **~wertig** equivalent, of equal value; equally good; **~wertigkeit** equivalence; **~wie** (just) as, even as; **~wohl** yet, however; **~zeitig** simultaneous; contemporary; *adv* all at once, at the same time

Gleis = Geleise; **~anschluß** siding; **~los** trackless

Gleisner hypocrite; **~isch** hypocritical

gleißen to glisten, to glitter

Gleit|bahn slide(way), slips; **~en** to glide, to slide, to slip; **~flug** gliding flight; **~flugzeug** glider

Gletscher glacier; **~spalte** crevasse

Glied ⚕ limb; member; link; *mil* rank, file; *math* term ♦ *in d. ~er fahren* to upset s-b; *an allen ~ern zittern* to tremble all over; *in Reih und ~* in rank and file; **~erbau** structure of body; **~erfüßler** arthropod; **~ern** to articulate; to arrange, to classify; to organize; to form up, to form into ranks; *refl* to form, to be composed (of), to be divided (into); **~erpuppe** puppet, marionette; **~erung** articulation; arrangement, classification; formation, organization; structure; pattern; **~maßen** limbs, extremities

glimm|en to burn faintly; to smoulder; to glimmer, to glow; **~er** mica; **~erschiefer** slate mica; **~stengel** fag, *BE* gasper

glimpflich mild, gentle; light, easy; *~ davonkommen* to get off lightly

glitsch|en to slide, to slip, to glide; **~ig** slippery

glitzern to glisten, to glitter; to sparkle, to twinkle, to scintillate

glob|al global; overall, comprehensive, aggregate; **~us** globe

Glocke bell; shade; clock ♦ *an d. große ~ hängen* to make s-th publicly known; **~blume** bellflower, bluebell, harebell; **~nförmig** bell-shaped; **~ngießer** bell-founder; **~nhell** clear as a bell; **~nrock** flared skirt; **~nschlag** stroke of the clock; **~nspiel** chime; carillon (*a.* ♪); **~nstrang** bell-pull; **~nstube, ~nstuhl** belfry; **~nturm** steeple

Glöckner bell-ringer, sexton

Glor|ie glory; **~ienschein** halo; aureola; **~ifizieren** to glorify; **~reich** glorious

Gloss|ar glossary; **~e** gloss; comment; **~ieren** to gloss; to comment on

Glotz|auge goggle-eye; **~äugig** goggle-eyed; **~e** gogglebox; **~en** to goggle, to stare, to gape

Glück (good) luck; fortune; blessing; happiness; prosperity; *~ auf!* Good luck!; *~ haben* to be lucky; *sein ~ machen* to make one's fortune; *ein ~, daß* good thing that; *auf gut ~* at a venture; by trial and error; *zum ~* fortunately; *~ wünschen zu* to congratulate on; *~ im Unglück* a blessing in disguise; *~ und Glas, wie leicht bricht das* glass and luck, brittle muck; **~bringend** blessed, fortunate; **~en** to succeed (in doing); to turn out well; **~lich** fortunate, lucky; happy; **~licherweise** fortunately, luckily; **~selig** blissful, happy, radiant; **~seligkeit** bliss, happiness; **~sfall** lucky chance; stroke of luck; **~sgüter** earthly goods; **~skind** (one of) Fortune's favourite(s); **~spfennig** lucky penny; **~spilz** lucky fellow (*od* dog); **~sritter** fortune-hunter; adventurer; **~ssache** matter of chance, lottery; **~sspiel** game of hazard, gamble, gambling; **~ssträhne** stroke of luck; **~stag** red-letter day; **~verheißend** auspicious, propitious; **~wunsch** congratulation; good wishes, compliments of the season

Glucke clucking hen; **~n** to cluck, to chuck

glucksen to gurgle; to chuckle

Glüh|birne electric bulb; **~en** to glow, to be red-hot; **~end** glowing, red-hot; *fig* ardent, fervent; *~end heiß* burning hot; **~faden** filament; **~kerze** heater plug; **~lampe, ~licht** incandescent light; **~strumpf** mantle; **~wein** mulled wine (*od* claret), negus; **~würmchen** glow-worm

Glut glow, heat; blaze; *fig* ardour, fire, fervency, passion; **~rot** as red as fire

Glyzerin glycerine

Gnade mercy, pardon, clemency; favour; grace; *von Gottes ~n* by the grace of God; *auf ~ und Ungnade* at discretion, unconditionally; *~ vor Recht ergehen lassen* to temper justice with mercy; **~nbild** miraculous image; **~nbrot** bread of charity; *d. ~nbrot essen* to live on charity; **~nerlaß** general pardon, amnesty; **~nfrist** days of grace; **~ngesuch** petition (for clemency); **~nmittel** means of grace; **~nreich** merciful; gracious; **~nsold** gratuity; **~nstoß** coup de grâce; death-blow, knock-out; **~nwahl** predestination; **~nweg:** *auf dem ~nweg (eccl)* by the grace of God

gnädig merciful; gracious, benevolent; condescending; *~e Frau* Madam; *~es Fräulein* Mademoiselle

Gneis gneiss

Gnom gnome, goblin; **~enhaft** gnomish

Gobelin tapestry, gobelin

Gockel(hahn) cock, rooster

Gold gold; *treu wie ~* as true as steel ♦ *sie hat ~ in d. Kehle* her voice is a gold-mine; *es ist nicht alles ~ was glänzt* all that glitters is not gold; **~ammer** yellow-hammer; **~arbeiter** goldsmith; **~en** gold(en), of gold; *~ene Hochzeit* golden wedding; *d. ~ene Mittelweg* the golden mean; **~feder** gold nib, fountain-pen; **~finger** ring-finger; **~fisch** gold-fish; **~folie**

gold foil; **~gewicht** troy weight; **~grube** goldmine *(a. fig)*; *fig* bonanza; **~haltig** containing gold; auriferous; **~ig** *fig* sweet; **~käfer** rose-beetle; **~kind** darling; **~klumpen** nugget; **~lack** *bot* wall-flower; **~leiste** gilt cornice; **~regen** *bot* laburnum; **~schmied** goldsmith; **~schnitt** gilt edge(s); *mit ~schnitt* 🕮 gilt-edged; **~stück** gold coin; **~waage**: *jedes Wort auf d. ~waage legen* to weigh every word; to be over-particular; **~währung** gold standard

Golf *geol* gulf; ⛳ golf; **~platz** golf links (*od* course); **~schläger** golf-club, golf-stick; **~spieler** golfer; **~strom** Gulf Stream

Gondel gondola; *(Luftschiff)* car

gönn|en not to begrudge; to grant, to allow; to wish; *refl* to allow o. s.; **~er** patron; **~erhaft** patronizing, condescending; **~ermiene** patronizing air

Göpel horse-gin, horse-whim

Gör(e) child, brat

gordisch Gordian; *d. ~en Knoten durchhauen* to cut the Gordian knot

Gösch ⚓ jack

Gosse gutter, drain ♦ *durch d. ~ ziehen* to throw mud at

Got|e Goth; **~ik** 🏛 Gothic; **~isch** Gothic; *~ische Schrift* 🕮 black letter

Gott God, the Supreme Being; god; *~ sei Dank* thank God!, thank goodness!; *um ~es willen!* for God's sake, for goodness' sake; *von ~es Gnaden* by the grace of God; *in ~es Namen* for goodness' sake; *leider ~es* alas, most regrettably, sad to say; *weiß ~* goodness knows; **⁓erdämmerung** Twilight of the Gods; **~erspeise** ambrosia; cream trifle; **~esacker** churchyard; **~esdienst** (religious) service, public worship; **~esfurcht** fear of God; **~esfürchtig** pious, god-fearing; **~gelehrter** theologian; **~esgericht, ~esurteil** ordeal; **~eshaus** church, chapel; **~eslästerer** blasphemer; **~eslästerung** blasphemy; **~gefällig** pleasing to God; **~heit** deity; divinity; godhead; **⁓in** goddess; **⁓lich** divine; godlike; **⁓lichkeit** divinity; godliness; **~los** godless, ungodly; **~losigkeit** ungodliness; godlessness; **~seibeiuns** the devil; **~selig** godly, pious; **~serbärmlich** wretched, terrible; **~verlassen** god-forsaken

Götze idol, false deity; **~nbild** idol; **~ndiener** idolater; **~ndienst** idolatry

Gouvern|ante governess; **~eur** governor

Grab grave; tomb; sepulchre; *d. Heilige ~* the Holy Sepulchre; *zu ~e tragen* to bury ♦ *s. im ~ umdrehen* to turn in one's grave; *sein eigenes ~ graben* to ruin o. s.; **~en** to dig; *su* digging; ditch; *mil* trench; **~esstimme** sepulchral voice; **~esstille** peace of the grave; deathlike silence; **~geläute** tolling of bells; knell; **~geleite** procession of mourners; **~gesang** dirge; **~hügel** mound, barrow, tumulus; **~inschrift** epitaph; **~legung** burial, interment; **~mal** tomb, monument; **~rede** funeral sermon (*od* oration); **~stätte** burial-place; tomb, sepulchre; **~stein** tombstone, headstone; **~stichel** chisel; **~tuch** winding-sheet, shroud

Grad degree; rank; grade; rate; *in hohem ~e* highly, extraordinarily, to a high degree; *Vetter ersten (zweiten) ~es* first (second) cousin; *adj* = gerade; **~bogen** protractor; **~einteilung** graduation; **~ieren** to graduate; to refine; **~ierung** graduation; **~ierwerk** graduation works; **~messer** graduator, indicator; **~uell, ~weise** gradually, by degrees

Graf earl; count; **~enkrone** earl's coronet; **~enstand** earldom; dignity of a count; **⁓in** countess; **⁓lich** belonging to an earl; **~schaft** shire; county

Gral grail

Gram grief, sorrow; *j-m ~ sein* to be cross with s-b, to bear a grudge against s-b; **⁓en** *refl* to grieve; to worry, to fret; **⁓lich** peevish, morose, fretful; **~voll** sorrowful, sad, gloomy

Gramm gramme, gram

Grammat|ik grammar; **~ikalisch, ~isch** grammatical; **~iker** grammarian

Grammophon gramophone, *US* phonograph; **~anschluß** gramophone pick-up; **~platte** record, disk

Gran grain

Granat|apfel pomegranate; **~e** grenade, shell; **~splitter** shell splinter; **~stein** garnet; **~trichter** shell crater

Granit granite ♦ *auf ~ beißen* to knock one's head against a brick wall; **~en** granite

Granne awn, beard

granulier|en to granulate; **~ung** granulation

Graph|ik graphic arts; **~iker** commercial artist, illustrator; art designer; **~isch** graphic; diagrammatic; printing; *~ische Darstellung* diagram, graph; *~ischer Betrieb* printing works (*od* firm); **~it** black-lead, graphite; **~ologe** graphologist; **~ologie** graphology

graps(ch)en to grab (at), to snatch (at)

Gras grass ♦ *ins ~ beißen* to bite the grass (*od* dust), to die; . *~ wachsen hören* to get wind of everything; **~en** to graze; **~fressend** graminivorous; **~frosch** brown frog; **~halm** blade of grass; **~hüpfer** grass-hopper; **~ig** grassy; **~mücke** *orn* hedge-sparrow; **~narbe** turf; **~platz** green, lawn, grassplot

grassieren to rage; to prevail, to spread

gräßlich horrible, terrible, nasty, ghastly

Grat ridge, edge, crest; 🕮 groin

Grät|e fish-bone; **~ig** full of fish-bones; **~sche** straddling, splits; **~schen** to straddle, to do the splits

Gratifikation bonus; gratuity; benefit; supplement (to a salary), extra pay

gratis free (of charge), gratuitously; into the bargain; **~exemplar** 🕮 presentation copy

Gratul|ant congratulator, well-wisher; **~ation** congratulation (on); **~ieren** to congratulate (*zu* on), to felicitate (on), to compliment (on); *~iere!* congratulations!; *zum Geburtstag ~ieren* to wish many happy returns of the day

grau grey, *bes US* gray; *fig* remote, ancient; *~ in ~* dark, sombre ♦ *s. k-e ~en Haare wachsen lassen* not to worry one's head about; **~brot** mixed rye and wheat bread; **~en** *vi* to dawn;

(unpers.) to be afraid of, to shudder at, to dread; *su* horror, fear, dread; **~enhaft, ~envoll** horrible, dreadful; awful, ghastly, terrible; **~len** *refl* to be afraid of, to dread; **~meliert** grey-mottled, sprinkled with grey; **~tier** donkey, ass

Graupe hulled barley; pearl barley; groats; **~ln** sleet, hailstones; *vi* to sleet

Graus horror; **~am** cruel; barbarous; **~amkeit** cruelty; barbarity; **~en** *refl* to shudder at; *su* horror, terror; **~ig, ~lich** dreadful, horrible; horrid, hideous; awful

Grav|eur engraver; **~ieren** to engrave; *su* engraving; **~ierend** aggravating; serious; important; **~ierkunst** engraving; **~üre** engraving

Gravi|tation gravitation; **~tationsgesetz** law of gravitation; **~tätisch** grave, ceremonious; *umg* bumptious

Graz|ie grace, charm; *d. drei ~ien* the three Graces; **~iös** graceful; willowy, supple

gregorianisch Gregorian; **~er Gesang** Gregorian chant, plainsong

Greif griffin

greif|bar tangible, palpable; on hand, available; **~en** to seize, to grasp (at); to catch (hold of); to reach for; ♪ to strike, to touch, to reach; *ineinander ~en* to interlock; *zu d. Waffen ~en* to take up arms; *um s. ~en* to spread, to gain ground ♦ *j-m unter d. Arme ~en* to help, to support; **~er** ⚙ claw, catcher, gripper; 🕮 rapper; **~zange** pliers

greinen to whimper, to whine

Greis old man; *adj* old; **~enalter** old age; **~enhaft** senile; **~in** old woman

grell dazzling, glaring; loud; shrill, piercing; crude

Gremium group; body; committee; corporation

Grenz|berichtigung rectification of the boundary, frontier adjustment; **~bewohner** borderer; **~e** frontier, border; bound(ary); limit; **~en** *an* to border on *(a. fig);* to abut upon; *fig* to be next to, to verge on; **~enlos** boundless; infinite; **~enlosigkeit** boundlessness; infinitude; **~fall** marginal (*od* border-line) case; **~gänger** frontier commuter; **~gebiet** border area (*od* district); *fig* borderland; **~land** borderland; **~linie** border line, boundary line; **~mark** borderland; **~polizei, ~schutz, ~wache** frontier police; **~stein** boundary-stone; **~streit** boundary controversy; frontier dispute; **~übergang** frontier crossing; **~verkehr** border traffic; **~wert** limit(ing value); marginal value

Greu|el horror, abomination; atrocity; outrage; *er ist mir ein ~* I detest him; **~eltat** atrocity, horrible deed; **~lich** horrible, atrocious, frightful

Grieben greaves; core (of an apple)

Griech|e, ~in Greek; **~enland** Greece; **~isch** Greek

Gries|gram grumbler, grouser; **~grämig** grumbling, grousing, sullen

Grieß *BE* semolina, *US* farina; ⚕ gravel; **~mehl** = ~

Griff grip; grasp; hold; catch; ♪ touch; handle, knob; *(Dolch)* hilt ♦ *e-n guten ~ tun* to make a good choice; *e-n falschen ~ tun* to touch a wrong note; **~bereit** at hand; **~brett** ♪ fretboard; keyboard; **~el** slate-pencil; *bot* style, pistil

Grill grill; **~fleisch** grill(ed meat)

Grille cricket; *fig* whim, fad, freak; *~n fangen* to be in low spirits; **~nfänger** whimsical (*od* capricious) person; pessimist; **~nhaft** whimsical, capricious

Grimasse grimace, ugly face; *~n schneiden* to pull (*od* make) faces

Grimm anger, rage; **~darm** colon; **~en** gripes, colic; **~ig** angry, furious, grim

Grind scab, scurf; *(Schuppen)* dandruff; ⚕ eschar; **~ig** scabby, scurfy

grinsen to grin, to smirk; to sneer; *su* grin

Grippe influenza, *umg* flu

Grips brains, intelligence

grob coarse, rough; clumsy; thick, big, stout; brute, brutish, barbarian; uncouth, rude; blatant; gross, bad, serious; *aus d. ≃sten heraus sein* to have got over the worst; **~heit** coarseness; roughness, rudeness; *j-m ~heiten an den Kopf werfen* to be rude to; **~ian** boor, rude fellow; brute; **~körnig** coarse-grained; **~maschig** coarse-meshed, wide-meshed; **~schlächtig** uncouth; barbaric; **~schmied** blacksmith

Grog grog

grölen to bawl, to squall

Groll resentment, rancour, grudge; anger; *~ hegen gegen* to bear a grudge against, to be angry with; **~en** to be resentful, to be angry; *(Donner)* to peal, to roll

Gros gross, twelve dozen; main body; battle fleet; *en ~* wholesale

Groschen penny ♦ *d. ~ ist gefallen* the penny has dropped; **~roman** penny dreadful, dime novel

groß great; large; big; *(hoch)* tall, high; *(riesig)* vast, huge; grand, important, eminent; *(erwachsen)* grown-up; *im ~en* in bulk; *(en gros)* wholesale; *im ~en und ganzen* on the whole, by and large; *den ~en Mann spielen* to play the big shot; *da geht es ~ her* they live in grand style; *~er Buchstabe* capital letter; *~ schreiben* to capitalize; **~artig** grand, great; sublime, lofty; splendid, excellent; **~aufnahme** close-up; **~betrieb** large enterprise; **~buchstabe** capital letter; 🕮 upper case; **~eltern** grandparents; **~enteils** mostly; **~formatig** large-sized; **~fürst** grand duke; **~grundbesitz** landed property; **~grundbesitzer** landed proprietor; **~handel** wholesale trade; **~handelspreis** wholesale price; **~handelsrabatt** wholesale discount; **~handelsspanne** wholesale margin; **~händler** wholesaler, wholesale dealer; **~herzig** magnanimous, generous; **~herzigkeit** magnanimity; generosity; **~herzog** grand duke; **~hirn** cerebrum; **~industrie** big industry; **~industrieller** captain of industry, tycoon; **~jährig** of age; **~jährigkeit** majority; **~kaliber** full-bore; **~macht** great power; **~mächtig** high and mighty; **~mannssucht** megalomania; **~maul** braggart; **~mäulig** bragging, swaggering; **~mut, ~mütigkeit** magnanimity, generosity; **~mütig** magnanimous, generous; **~mutter** grandmother ♦ *das kannst du deiner ~mutter erzählen* tell that to the marines; **~oktav** large octavo; **~raum** *im ~raum von X* in Greater X; **~reinemachen** spring cleaning; **~sprecherei** boasting, bragging; **~sprecherisch** boastful, bragging, swaggering; magniloquent; **~spurig** big, arrogant, boasting; **~stadt** large town, city (with 100 000 inhabitants); **~städter** inhabitant of a large town; **~tante** grand-aunt; **~tat** achievement, exploit, feat; **~vater** grandfather; **~ziehen** to bring up; **~zügig** on a large scale; generous

Größ|e size; dimension; largeness, bigness; tallness, height; greatness, grandeur, magnitude; *math, astr* magnitude; *fig* celebrity, star; *welche ~e haben Sie?* what size do you take?; *in allen ~en* assorted; **~enordnung** dimension; order of magnitude; **~enverhältnis** size, proportion; **~enwahn** megalomania; **~enwahnsinnig** megalomaniac; **~tenteils** mostly, for the most part; **~tmöglich** greatest possible

Grossist wholesale dealer, wholesaler

grotesk grotesque, absurd; **~e** grotesque; 📖 sanserif

Grotte grotto

Grüb|chen dimple; **~elei** brooding, musing, brown study; **~eln** to brood, to ponder (over), to meditate (on, over), to muse; **~ler** ponderer

Grube pit, mine; *fig* grave ♦ *wer andern e-e ~ gräbt, fällt selbst hinein* he who sets a trap for others gets caught himself; **~narbeiter** miner; **~nbrand** fire in pit; **~ngas** mine gas, methane, fire-damp; **~nlampe** miner's lamp; **~nwetter** fire-damp

Gruft grave, vault, tomb

Grummet aftermath; second crop of hay

grün green; *fig* immature, inexperienced ♦ *e. ~er Junge* a greenhorn; *~e Welle* linked signals; *auf keinen ~en Zweig kommen* not to get on; *~ und blau schlagen* to beat s-b black and blue; *s. ~ u. blau ärgern* to be simply furious; *j-n über den ~en Klee loben* to praise s-b to the skies; *vom ~en Tisch aus* only in theory; *j-m nicht ~ sein* to bear s-b a grudge; *su* green; greenery, verdure; *im ~en* in country surroundings; **~donnerstag** Holy Thursday; **~en** to grow green, to sprout; *fig* to prosper, to thrive; **~fink** greenfinch; **~futter** green fodder; **~kern** green rye; **~kohl** kale, borecole; **~land** grass lands, meadows; **~lich** greenish; **~schnabel** greenhorn, unexperienced person; **~span** verdigris; **~specht** green woodpecker; **~streifen** park strip; **~zeug** greens, green-stuff, herbs

Grund ground, soil; base, basis, foundation; bottom; land, estate; valley; *fig* reason, ground, cause, motive; argument; *aus welchem ~?* for what reason?, why?; *im ~e* after all, at bottom; *im ~e genommen* after all; strictly speaking; *auf ~ von* on account of, based on, on the strength of; *von ~ auf* completely, from the beginning; *auf den ~ gehen* to get to the bottom (*od* root) of, to investigate thoroughly; *in ~ und Boden verdammen* to condemn down to the ground; **~akkord** fundamental chord; **~begriff** fundamental idea (concept); **~besitz** landed property, real estate; **~besitzer** land owner; **~buch** real-estate register, Land Register; **~buchamt** Land Registry, land registration office; **~ehrlich** thoroughly honest; **~eis** ground-ice; **~falsch** radically wrong; **~feste** foundation (*in d. ~festen erschüttern* to shake to the very f.s), basis; **~fläche** base, area, basal surface; **~gedanke** fundamental idea; **~gehalt** basic salary; **~gesetz** fundamental (*od* basic) law; the Basic Law; **~herr** lord of the manor; **~ieren** to prime; to size; **~ierschicht** priming coat; **~industrie** basic industry; **~kapital** capital stock, nominal capital; **~lage** foundation, base; **~lagenforschung** basic research; **~legend** basic, fundamental, bedrock; **~los** bottomless, baseless; unfounded, groundless; **~recht** basic right; *pl* civil rights; **~riß** ground-plan, sketch, outline; compendium; **~satz** principle; **~sätzlich** fundamental; *adv* on principle; as a matter of principle; **~schuld** land charge, mortgage; **~schule** primary (*od* elementary) school; **~stein** foundation-stone; **~steuer** land tax, real estate tax; **~stimmung** underlying tone; **~stock** basis, foundation, stock; **~stoff** basic material, raw material; **~stoffindustrie** basic industry; **~stück** plot of land, site, piece of real estate; **~stücksmakler** real-estate broker, *BE* estate agent; **~ton** ♪ key-note *(a. fig)*; **~vermögen** real property; **~verschieden** entirely different; **~wasser** ground-water; **~wasserspiegel** ground-water level (*od* table); **~zahl** cardinal number, unit; **~zug** characteristic, main feature

gründ|en to found, to establish; *(Firma)* to float, to promote; *refl (auf)* to rest on, to be based on; **~er** founder; promoter; **~lich** thorough; solid, profound; careful; **~lichkeit** thoroughness, solidity; **~ung** foundation, establishment

grunzen to grunt

Grupp|e group, section, category, class; batch, bevy; **~enmord** genocide; **~enunterricht** group work, team work; **~enweise** in sections, in groups; **~ieren** to group, to arrange; *refl* to form groups; to be arranged (*od* grouped)

Grus coal-slack; **~elig** uncanny; creepy; **~eln:** *mich ~elt* my flesh creeps

Gruß greeting; *mil* salute; *j-m freundliche* ⁓̈*e bestellen* to give (*od* send) s-b one's love; **~botschaft** welcoming message; **⁓̈en** to greet; *mil* to salute; *j-n* ⁓̈*en lassen* to give (*od* send) one's love (*od* regards) to; ⁓̈*en Sie Ihre Mutter von mir* remember me to your mother

Grütze groats, grits; *fig umg* brains, gumption; *rote ~* fruit shape

guck|en to look, to peep; **~loch** peep-hole, spy-hole

Guillotin|e guillotine; **~ieren** to guillotine
Gulasch goulash; **~kanone** *mil umg* field-kitchen
Gulden florin; *holländischer ~* guilder
gültig valid; binding; in force; current, good; available; *~ ab* effective as from; **~keit** validity, currency; legality; availability
Gummi rubber; india-rubber; gum; **~absatz** rubber heel; **~band** elastic (band); **~baum** gum-tree; **~eren** to gum; **~erung** gumming; **~handschuhe** rubber gloves; **~knüppel** *BE* truncheon, *US* nightstick; **~mantel** mac(kintosh), waterproof; **~schuhe** galoshes; **~sohlen** rubber soles; **~stiefel** rubber boots; **~zelle** padded cell; **~zug** elastic
Gunst kindness; favour; partiality; *zu ~en von* in favour of, for the benefit of, *(Konto)* to s-b's credit; **⁓ig** favourable, propitious, benign; advantageous, good; convenient; **⁓ling** favourite
Gurgel throat, gullet; **~n** to gargle; **~wasser** gargle
Gurke cucumber; *(Essig-)* gherkin
gurren to coo
Gurt girth, strap; girdle, belt; **⁓el** belt (*d. ⁓el enger schnallen* to tighten one's b.), girdle; **⁓elrose** ⚕ shingles; **⁓eltier** armadillo; **⁓en** *refl* to gird
Guß ⚙ casting, founding; *(Regen)* downpour, torrent; 🕮 fount; ♦ *aus e-m ~* a perfect whole; **~eisen, ~eisern** cast iron; **~stahl** cast steel
gut good; kind, good-natured, friendly; pleasant, beneficial; *adv* well; *~!* all right!; *~ u. gern* easily, fully, quite; *kurz u. ~* in short; *es ~ meinen mit j-m* to mean well by s-b; *es ist ~* that'll do, all right; *schon ~* never mind; *für ~ finden* to think proper; *im ~en* amicably, friendly; *Ende ~, alles ~* all's well that ends well; *mir geht es ~* I'm well; *es ~ haben* to be well off; *das ~e* the good (thing); *die ~en* the good; *su* property; asset; commodity; farm, estate; **~achten** (expert) opinion; **~achter** expert; valuer, assessor; **~artig** good-natured; ⚕ benign; **~dünken** opinion, discretion (*nach ~dünken* at d.); **~gehend** flourishing; **~gelaunt** in a good temper, in good spirits; **~gläubig** credulous; **~haben** (credit) balance; assets; **~heißen** to approve of, to sanction; **~herzig** kind-hearted; **~machen** to make up for, to make amends for, to compensate for; to repair; **~mütig** good-natured; **~mütigkeit** good nature; **~sagen** to be security (for); **~sbesitzer** landowner, gentleman farmer; **~schein** voucher; token; scrip; **~schreiben** to credit; *j-m etw ~schreiben* to credit s-b with; **~schrift** credit (note); **~sherr** lord of the manor, squire; **~shof** farm, estate; **~sverwalter** estate manager, steward; **~tun** to do s-b (a lot of) good; **~willig** ready, willing, voluntary
Güt|e kindness, goodness; quality, excellence; grade, class; *du meine ~e!* my goodness!, bless my soul!, good gracious!; **~ig** kind, good; benevolent, benignant; **~lich** amicable, friendly; *sich ~lich tun* to enjoy, to indulge in
Güter goods, merchandise, commodities; **~abfertigung** goods office; **~bahnhof** goods station, *US* freight yard; **~gemeinschaft** joint property; **~makler** estate agent; **~trennung** division of property; **~wagen** van, truck; *BE* goods waggon, *US* freightcar; **~zug** *BE* goods train, *US* freight (train)
Guttapercha gutta-percha
Gymnasi|albildung classical education; **~ast** pupil of a secondary (grammar) school; **~um** secondary school, grammar school
Gymnast|ik callisthenics, setting-up exercises; **~isch** gymnastic
Gynäkolog|e gynaecologist; **~ie** gynaecology

H

H (the letter) H; ♪ B (natural); **H-Dur** B major; **h-Moll** B minor
Haar hair; *(Tiere a.)* wool; *(Tuch)* nap, pile; *(Pelz)* coat ♦ *an e-m ~ hängen* to be touch-and-go (whether; with); *um e. ~* within a hair's breadth; very nearly, narrowly; *s. d. ~e machen* to do one's hair ♦ *~e lassen (müssen)* to get fleeced, to suffer loss; *~e auf d. Zähnen haben* to be a tough customer; *aufs ~* exactly, precisely; *s. in d. ~en liegen* to be at loggerheads with, to be at daggers drawn; *kein gutes ~ an e-m lassen* to pull s-b to pieces, to cut s-b up mercilessly; *bis aufs ~* to a hair's breadth; *s. in d. ~e geraten* to come to blows; *e. ~ in d. Suppe finden* to find a fly in the ointment; *um kein ~ besser* not a whit better; *um e. ~ treffen* to miss by a hair; *an d. ~en herbeigezogen* far-fetched; **~ausfall** loss of hair; **~band** hair-lace, bandeau; **~bürste** hairbrush; **~büschel** tuft of hair; **~en** to lose hair; **~esbreite:** *um ~esbreite* by a hair's breadth; **~genau** very exact, meticulous; dead true; **~ig** hairy, haired; *umg* stunning, tough; **~klammer** hair-grip, bobby pin; **~klein** minutely, in full detail; to a hair; **~künstler** hairdresser, *US* hair stylist; **~nadel** hairpin; **~scharf** keen-edged, very sharp; very exact; **~spalterei** hair-splitting; **~sträubend** hair-raising, startling, shocking; **~trockner** hair-dryer; **~waschen** shampoo(ing); **~waschmittel** shampoo; *(Tube)* cream shampoo; **~wasser** hair tonic
Hab|e property; belongings, effects; *bewegliche ~e* movables; *unbewegliche ~e* immovables; *~ u. Gut* goods and chattels, *umg* bag and baggage; *mit ~ u. Gut* with all one's belongings; **~en** to have, *umg* to have got; *(besitzen)* to own, to possess; *(bekommen)* to get; *(vorrätig)* to (keep in) stock; *zu ~en sein* to be obtainable, to be had; *s. ~en* to be fussy; *was ~e ich davon?* what good is it to me?, where do I come in?; *unter s. ~en* to be in charge of; *nichts auf s. ~en* to be of no consequence; *was hat er?* what is the matter with him?; *etw dagegen ~en* to mind, to object (to); *wo ~en Sie das her?* where did you pick that up?, who did you get this from?; *Sorge ~en* to worry; *Eile ~en* to

be in a hurry; *da hast du's!* there you are!; *hat s. was!* nonsense!; *Soll u. ~en* debit and credit; **~enichts** have-not, pauper; **~gier** greed(-iness); *(Geiz)* avarice; covetousness; **~gierig** greedy; avaricious, covetous; **~haft:** *e-r Sache ~haft werden* to obtain possession of, to seize; **~seligkeiten** belongings; property; **~sucht** avarice; **~süchtig** avaricious

Habicht hawk; *(Hühner-)* goshawk

habilitieren *refl (etwa:)* to qualify for lecturing (in a university)

Habit official dress (of religious order)

Hack|beil chopper; **~brett** chopping-board; **~e** hoe, mattock; *(Fuß)* heel; *d. ~en zusammenklappen* to click one's heels; **~en** *(Holz)* to chop; *(Fleisch)* to mince; *(picken)* to pick, to peck; **⁼sel** chopped straw, chaff; **~fleisch** minced meat; **~frucht** root-crop; *pl* potatoes and root-crops

Hader *(Zank)* quarrel, dispute; *(Lumpen)* rag; **~n** to quarrel, to dispute, to argue; **~lumpen** = ~

Hafen port, harbour; haven *(a. fig; ~ of marriage)*; *fig* shelter; *e-n ~ anlaufen* to make a port, to call at a port; *aus e-m ~ auslaufen* to leave port; **~anlagen** port installations (*od* facilities); docks; **~arbeiter** docker, dockyard labourer, longshoreman; **~damm** jetty, mole; **~polizei** harbour police; **~sperre** embargo; *(im Krieg)* blockade; **~stadt** seaport, port-town; **~überwachung** port control

Hafer oats; **~brei** porridge; **~flocken** rolled (*od* flaked) oats, Quaker oats; **~grütze** groats; **~schleim** gruel

Haff (Baltic Sea) bay

Hafner potter and tiled-stove maker

Haft detention; custody; arrest; imprisonment; *in ~* under arrest, in custody, committed; *in ~ nehmen* to put under arrest, to take into custody; **~bar** liable (*für* for), responsible (*für* for); *~bar machen* to hold liable (responsible) for; **~befehl** warrant of arrest; **~en** *(kleben)* to adhere (to), to cling (to), to stick (to); *(einstehen)* to be liable, to be responsible (for); to stand security (for); to answer (for); **~grund** reason for arrest; **~gläser** contact lenses; **⁼ling** prisoner; detainee; **~pflicht** liability, responsibility; **~pflichtig** liable, responsible; **~pflichtversicherung** liability insurance; third-party insurance; **~ung** liability, responsibility; ⚙ adhesion; *chem* adsorption; *mit beschränkter ~ung* with limited liability; *e-e ~ung übernehmen* to undertake (*od* assume) a responsibility; **~vollzug** imprisonment

Hag hedge; grove; **~ebutte** hip, haw; **~edorn** hawthorn; **~estolz** confirmed bachelor

Hagel hail; *fig* shower; **~korn** hailstone; **~n** to hail; **~schlag, ~wetter** hailstorm

hager *(mager)* thin, lean; *(abgezehrt)* haggard, worn, emaciated; **~keit** leanness, thinness; emaciation

Häher jay

Hahn cock; *(Sperrhahn)* stopcock; *(Gefäß)* tap; *(Hydrant)* cock ♦ *~ im Korbe* cock of the roost (*od* walk); **⁼chen** cockerel; **~enfuß** crowfoot; **~enkamm** cock's comb, crest; *bot* cockscomb; **~enschrei** crowing of the cock, cock-crowing; *mit d. ersten ~enschrei* at daybreak, at cock-crow; **~rei** cuckold

Hai(fisch) shark

Hain grove, wood

Häkel|arbeit crochet work; **~garn** crochet yarn; **~n** to crochet; **~nadel** crochet needle

Haken hook; *(Kleider)* peg; *(Liste)* mark, tick; *(Hase)* double; *(Boxen)* hook; *fig* catch, snag; *vb* to hook on; *e-n ~ schlagen* to double; *~ und Öse* hook and eye; **~kreuz** swastika, fylfot

halb half; *adv* half, by halves; *(in Zssg)* half-, semi-; *~ zwei* half past one; *e. ~es Pfund* half a pound; *auf ~em Wege* midway, halfway; *auf ~er Höhe* halfway up; *~ so schlimm* nothing to get excited about; *~ soviel* half as much; *~ und ~* half and half, fifty–fifty, *umg* more or less, half; *~e Note* ♪ minim, *US* half note; *~e Pause* minim rest, *US* half rest; **~amtlich** semi-official; **~bildung** superficial education; smattering (of knowledge); **~blut** half-caste; half-blood; **~dunkel** dusk, twilight; **~edelstein** semi-precious stone; **~er** *prep* for the sake of; on account of, for; by reason of; **~fertigwaren** semi-finished goods (*od* products); **~fett** 🕮 bold (print); **~gebildet** semi-literate, half-educated; **~gott** demigod; **~heit** incompleteness, imperfection; half-measure; **~ieren** to halve, to cut in half; *math* to bisect; **~insel** peninsula; **~jährig** six months old; of (*od* lasting) six months; **~jährlich** half-yearly, biannual; **~kreis** semicircle; **~kugel** hemisphere; **~laut** in an undertone; low; **~leder** half-calf; **~lederband** half-calf binding; **~leinenband** half-cloth binding; **~messer** radius; **~militärisch** paramilitary; **~monatlich** bimonthly, biweekly; *BE a.* fortnightly; **~mond** crescent moon, half-moon; **~part:** *~part machen* to go halves; **~rund** semi-circular, half-round; **~schlaf** doze, drowsy sleep; **~schuh** (low) shoe, slipper, oxford; **~strumpf** sock; **~tagsarbeit** part-time work (*od* job); **~waise** fatherless (motherless) child; **~wegs** midway, halfway; *(leidlich)* tolerable; **~welt** demi-monde; **~wertzeit** half-life; **~wöchentlich** biweekly; **~wüchsig** half-grown, teenage; adolescent; **~zeit** half(-time)

Halde slope, hillside; *(Schutt)* waste heap; *min* dump; pithead; **~nbestand** *(Kohle)* pithead stocks

Hälfte half; *s-e bessere ~* his better half; *zur ~* half of; *bis zur ~* to the middle

Halfter halter; **~n** to tie by the halter

Hall sound, peal, clang; **~en** to sound, to resound

Halle hall; porch; *(Vorhalle)* vestibule; *(Vorbau)* veranda, porch; *(Hotel)* lounge, lobby; ⛩ covered court; ✈ hangar; **~nbad** indoor swimming-pool, baths; **~nhandball** indoor hand-ball; **~nsport** intramural athletics, indoor sports

Hallig marsh-islet, holm

hallo! hallo(o)!, hello!; I say!, hey!, hey there!, *US* say!; ☎ hello! are you there? *su* hullabaloo
Halm blade; *(Stroh)* straw; *(Stengel)* stalk; **~früchte** cereals
Hals neck; *(Kehle)* throat (*e-n rauhen ~ haben* to have a sore th.) ♦ *~ über Kopf* headlong, helter-skelter, head over heels; *steifer ~* stiff neck; *aus vollem ~e* loudly, immoderately; *um d. ~ fallen* to fly into s-b's arms ♦ *bis an d. ~, bis zum ~e* up to one's neck, over head and ears; *auf d. ~ haben* to be saddled with; *s. vom ~e schaffen* to get rid of; *j-m zum ~e heraushängen* to be bored to death with, to be sick of (fed up with) s-th; *d. kostet ihn d. ~* that will cost his life; *s. d. ~ verrenken (um etw zu sehen)* to crane one's neck; **~abschneider** cutthroat; **~ader** jugular vein; **~band** necklace, collar; **~binde** tie; **~brecherisch** dangerous, risky, perilous; breakneck (speed); **~entzündung** sore throat, inflammation of the throat; **~krause** frill, ruffle; **~länge:** *um eine ~länge* by a neck; **~schmerzen, ~weh** sore throat; **~starrig** stubborn, obstinate; **~tuch** neckerchief; scarf; muffler
Halt stop, halt; *(Stand)* foothold, footing; *(Festhalten)* hold; *(Stütze)* support; *fig* steadiness, firmness; *interj* stop!; *ohne ~* unsteady, unstable; *d. ist ~ so* that's just the way it is; **~bar** tenable; *(dauerhaft, fest)* durable; lasting; *fig* defensible; **~barkeit** durability, solidity; *fig* defensibility; **~en 1.** *vt (fest-)* to hold; *(stützen)* to support; *(Fest etc)* to celebrate; *(behalten)* to keep; *(beachten)* to observe; *(folgen)* to follow; *(Rede)* to deliver; *(Zeitung)* to take in; *(halten für)* to think, to take for; **2.** *vi* to stop; *(haltbar sein)* to last; *(Eis)* to bear; *refl* to keep (o.s.); *(aushalten)* to hold out, to endure; *(fortfahren)* to continue; *(Körper)* to carry; *an s. ~en* to restrain o.s.; *s. an etw ~en* to hold on (to); to keep to, to comply with; *es mit j-m ~en* to be on s-b's side; to hold (*od* side) with s-b; *viel ~en von* to think highly of; *schwer~en* to be difficult; *s. links ~en* to bear to the left; *es ~en, wie man will* to do as one likes (*od* pleases); to suit o.s.; *s. an d. Regeln ~en* to adhere to (*od* observe) the regulations; *auf Lager ~en* to keep in stock; *seinen Mund ~en* to hold one's tongue, to keep one's mouth shut; *s. abseits ~en* to hold o.s. aloof; *bereit ~en* to hold in readiness; *was ~en Sie davon?* what do you make of it?; *s. in d. Nähe ~en* to keep near, *sl* to hang (*od* stick) around; **~er** holder; ✈, 🚗 legal owner; *(Stütze)* support, hold; *(Griff)* handle; ⚙ clamp, clip; **~estelle** stop; 🚆 station; **~etau** mooring cable; guy-rope; **~everbot** „stopping prohibited"; **~los** without support; unsteady, unstable; *(pflichtvergessen)* unprincipled; *(unhaltbar)* untenable; **~losigkeit** instability; unsteadiness; absurdity; **~machen** to stop, to halt; to pause; **~ung** *(Körper)* carriage, bearing; *(Einstellung)* attitude; *(Benehmen)* conduct, behaviour, demeanour; *(Beherrschung)* control; *~ung annehmen (mil)* to come (*od* to snap) to attention; *ruhige ~ung* composure
Halunke rogue, rascal, scoundrel
Hamamelis witch-hazel, *BE a.* wych-hazel
Hamen fishing-hook; net
hämisch spiteful, malicious; *~ lächeln* to sneer
Hammel wether; **~beine:** *j-m d. ~beine langziehen* to lick s-b into shape; **~braten** roast mutton; **~fleisch** mutton; **~rippchen** mutton chop
Hammer hammer ♦ *unter d. ~ kommen* to be sold by auction; *(Krocket)* mallet; *(Eisenschmiede)* forge; **¨~n** to hammer; **~schmied** blacksmith; **~werfen** hammer throw, throwing the hammer
Hämorrhoiden haemorrhoids, piles
Hampelmann puppet, jumping-jack
Hamster hamster; **~er** hoarder, grabber; **~n** to hoard
Hand hand; *unter d. ~* secretly; from under the counter; *~ legen an* to set to work upon ♦ *j-s rechte ~* right-hand man; *~ anlegen* to bear a hand; *~ an s. legen* to commit suicide; *letzte ~ anlegen* to put the finishing touches to; *~ u. Fuß haben (fig)* to hold water; to be to the purpose; *d. ~ im Spiele haben* to have a finger in the pie; *an d. ~ geben* to deliver *(goods)* for sale or return; *j-m d. ~ geben* to shake hands with; *d. ¨~e in d. Seite stemmen* to set one's arms akimbo ♦ *e-e ~ wäscht die andere* one good turn deserves another; *s-e ¨~e in Unschuld waschen* to wash one's hands of s-th; *an d. ~ (zur ~) gehen* to help, to lend a hand; *auf d. ~ liegen* to be clear, to be obvious; *an ~ von* with the aid of; by means of, on the basis of; *bei d. ~ sein* to be ready; to be handy; *von d. ~ gehen* to work well; *aus zweiter ~* second-hand, used; *von langer ~ vorbereiten* to prepare beforehand; *von d. ~ weisen* to reject, to decline ♦ *e. Spatz in d. ~ ist besser als e-e Taube auf dem Dach* a bird in the hand is worth two in the bush; *auf ¨~en tragen* to spoil, to treat with great care; *mit ¨~en und Füßen* with might and main; *öffentliche ~* public authorities; **~arbeit** manual work; needlework; sewing, knitting and crochet work; **~ball** handball; **~bibliothek** reference library; **~breit** of a hand's breadth; **~breite** handbreadth; **~bremse** handbrake; **¨~edruck** shaking (*od* clasp) of the hands, shake-hands; **~feger** brush, broom; **~fertigkeit** manual skill; dexterity; **~fesseln, ~schellen** handcuffs; **~fest** robust; sturdy; **~feuerwaffen** small arms; **~fläche, ~teller** palm of the hand; **~geld** earnest; *(Vorschuß)* advance; **~gelenk** wrist; **~gemein:** *~gemein werden* to come to blows; **~gemenge** hand-to-hand fighting, skirmish, scuffle; **~gepäck** hand luggage; **~gerecht** handy; **~granate** hand grenade; **~greiflich** obvious, manifest; *(fühlbar)* palpable; *~greiflich werden* to use one's fists; **~greiflichkeit** act of violence, assault; **~griff** handle; manipulation; **~habe** handle, hold; *fig* ways, means; **~haben** to handle, to manage; **~koffer** suitcase, (tra-

velling) bag; **~langer** handy-man, odd job man; accomplice; **~lesekunst** palmistry; **~lich** handy, manageable; **~pferd** led horse; **~reichung** assistance, help; **~rücken** back of the hand; **~satz** 🕮 hand composition, hand setting; **~schlag** shake of the hand, hand-shake; **~schrift** handwriting; hand; manuscript; **~schriftendeutung** graphology; **~schriftlich** written, in writing; manuscript; **~schuh** glove; **~streich** surprise (*od* sudden) attack, coup de main; **~tasche** handbag; **~tuch** towel; **~tuchhalter** towel-horse, towel-rail; **~umdrehen:** *im ~umdrehen* in a jiffy, in (next to) no time; **~werk** handicraft, craft; trade ♦ *j-m d. ~werk legen* to put a stop to s-b's game; **~werker** craftsman; artisan; **~werklich** relating to handicraft; **~werksbursche, -geselle** travelling journeyman; **~werkskammer** Chamber of Handicrafts; **~werksmäßig** workmanlike; **~werkszeug** tools, implements; **~wurzel** wrist; ⚕ carpus; **~zeichnung** (free-hand) drawing; **~zettel** hand-bill, *US* dodger

Handel trade (*mit* in, *nach* with); commerce, traffic; *(Geschäft)* bargain, business, transaction; *(Markt)* market; traders; *im ~* on the market; *~ treiben* to trade; *e-n ~ abschließen* to conclude (*od* strike) a bargain; *~ u. Gewerbe* trade and industry; *~ u. Handwerk* trade and handicraft; *~ u. Wandel* trade and commerce, living conditions; **~bar** negotiable; **~n** to act, to do; *~n von* to treat of, to deal with, to be about; *~n mit* to trade (*od* do business) with; to deal in; *~n um* to bargain for, to haggle for; *s. ~n um* to be a matter of, to be a question of; *su* action; trade; dealing; **~sabkommen** trade agreement; **~sbank** commercial bank; **~sbedingungen** terms of trading; **~sbilanz** balance of trade; **~sdampfer** cargo steamer, merchantman; **~seinig** *werden* to come to terms; **~sflotte** merchant fleet; **~sgärtnerei** market-garden; **~sgeist** commercialism; **~sgenossenschaft** trading co-operative; **~sgericht** commercial court; *~sgerichtlich eingetragen* legally registered; **~sgewicht** avoirdupois weight; **~sherr** principal; wholesale merchant; **~skammer** *BE* Chamber of Commerce, *US* Board of Trade; **~skredit** commercial credit; **~smarine** merchant marine; **~smarke** trademark; **~smäßig** relating to trade; from the trade point of view; **~spolitisch** from the point of view of trade policy; **~srecht** commercial law; **~srechnung** commercial invoice; **~sschiff** merchant-vessel; **~sschule** commercial school; **~sspanne** trade margin; **~steil** *(Zeitung)* financial section, commercial section; **~süblich** customary in trade, in accordance with ordinary trade usage; **~sunternehmen** commercial enterprise; **~svertrag** commercial treaty, trade agreement; **~swechsel** commercial bill; **~sweg** trade route; *pl a.* channels of trade; **~treibend** trading

Händel quarrel; *~ suchen* to pick a quarrel; **~süchtig** quarrelsome

Handikap 🏇, *fig* handicap

Händler dealer; trader; tradesman; merchant

Handlung act, action; *(Tat)* deed; *(Geschehen)* story; 🎭 plot; transaction; *(Geschäft)* shop; business; trade; *strafbare ~* punishable act, criminal offence; **~sreisender** commercial traveller, travelling salesman; **~sunkosten** business expenses; **~sweise** way of acting; method of dealing

hanebüchen unheard of; preposterous

Hanf hemp; **~en** hempen; **⁓̈ling** linnet; **~seil** manila rope, hemp(en) rope

Hang slope; *fig* tendency (to), inclination (to); trend; propensity; bent (*zu* for)

Hänge|bauch paunch, potbelly; **~boden** loft; hanging floor; **~brücke** suspension bridge; **~kartei** vertical file; **~lampe** hanging lamp; **~matte** hammock; ⚓ cot; **~n** *vt* to hang, to suspend, to attach, to fix; *vi* to hang, to be suspended; *(kleben)* to adhere (to), to stick (to); *(befestigt)* to be attached (to); *fig* to depend (on) ♦ *d. Mantel nach d. Winde ~n* to sail with the wind; **~nbleiben** to be caught (by, on)

hänseln to tease, *umg* to rib

Hansestadt Hanse (Hanseatic) town (city)

Hans|narr tomfool; **~wurst** buffoon, clown; *d. ~wurst spielen* to play the fool

Hantel dumb-bell; *(Gewichtheben)* bar

hantier|en to handle, to operate, to manipulate; to manage; **~ung** manipulation, handling

haper|n to stick; to be amiss, to be wrong; *es ~t mit etw* there is s-th wrong

Happ|en mouthful, piece, morsel; **~ig** greedy

Happy End happy ending

Harfe harp; **~nist, Harfner** harpist

Harke rake ♦ *j-m zeigen, was e-e ~ ist* to show s-b what's what; **~n** to rake

Harm grief, affliction; *(Kränkung)* insult, injury, wrong; **⁓̈en** *refl* to grieve (about), to worry (about), to fret (over); **~los** harmless, inoffensive, innocuous; quiet, tame; **~losigkeit** harmlessness; innocence

Harmon|ie harmony *(a. fig)*; ♪ concord; **~ielehre** theory of harmony; **~ieren** to harmonize *(a. fig)*; *fig* to agree with; **~ika** *(Mund-)* mouth-organ, harmonica; *(Zieh-)* accordion, concertina; **~isch** harmonious *(a. fig)*, harmonic; **~ium** harmonium, *US a.* reed organ

Harn urine, water; **~blase** bladder; **~en** to urinate, to pass water; **~fluß** incontinence of urine; **~glas** urinal; **~röhre** ureter; **~säure** uric acid; **~stoff** urea; **~treibend** diuretic

Harnisch armour, harness; *in ~ geraten* to fly into a rage; *in ~ bringen* to infuriate

Harpun|e harpoon; **~ieren** to harpoon

harren to wait, to await

harsch harsh, hard, rough; **~schnee** crusted snow

hart hard; *(fest)* firm, solid; *(streng)* severe; *(gefühllos)* ruthless; cruel; *~ an* hard by, close to; **~faserplatte** fibreboard; **~futter** oats and grain; **~geld** coins, metallic currency; **~gesotten** hard-boiled; *fig* inflexible, hardened; **~gummi** hard rubber, ebonite; **~guß** chill(ed) casting; **~herzig** hard-hearted, adamant; **~her-**

zigkeit hard-heartedness; **~holz** hardwood; dogwood; **~hörig** hard of hearing, rather deaf; **~köpfig** headstrong; **~leibigkeit** constipation, costiveness; **~näckig** obstinate, stubborn; *(Krankheit)* chronic; **~näckigkeit** pertinacity, stubbornness; **~riegel** cornel; dogwood; **~spiritus** solid alcohol

Härte hardness; *(Gemüt)* roughness, cruelty; *(Schicksal)* severity, hardness; **~fall** case of hardship; extreme case; hardship; **~n** to harden; *(Stahl)* to quench

Harz resin; rosin; **~ig** resinous

Hasard hazard; **~spiel** game of chance, gambling

Hasch|ee hash; **~ieren** to hash

haschen to catch, to seize; to snatch at; *fig* to strive for, to aspire to; to take hashish

Häscher bailiff; catchpole

Has|e hare; *fig* coward; *falscher ~e* meat roll ♦ *da liegt d. ~e im Pfeffer* there's the rub; *sehen, wie d. ~e läuft* to see how the cat jumps; **~enbraten** roast hare; **~enfuß** coward; poltroon; scared cat; **~enhund** harrier; **~enklein** jugged hare, hare-ragout; **~enpanier:** *d. ~enpanier ergreifen* to take to one's heels; **~enscharte** hare-lip; **⁓̈in** doe, female hare

Hasel|huhn hazel-hen; **~maus** dormouse; **~nuß** *(Baum)* hazel; *(Frucht)* hazel-nut, filbert, *(große)* cobnut

Haspe hasp, hinge; staple; **~l** *(Garn)* reel; *(Winde)* windlass; winch; **~ln** to reel

Haß hatred, hate; animosity; *(Zorn)* spite; *seinen ~ an j-m auslassen* to vent one's spite upon s-b; *aus ~ gegen* out of hatred of, out of spite against

hassen to hate; to detest; **~swert** hateful, odious

häßlich ugly, hideous, nasty; **~keit** ugliness; *(Charakter)* badness

Hast hurry, haste; *(Überstürzung)* precipitation; **~en** to hurry, to hasten; **~ig** hurried, hasty; *(überstürzt)* precipitate; **~igkeit** hastiness; precipitation

hätscheln to caress; to coddle, to pamper; to pet

hatschi! atishoo!, kerchoo!

Haube cap, hood; 🚗 bonnet, *US* hood; ✈ cowling ♦ *unter die ~ bringen* to marry off; **~nlerche** crested lark

Haubitze howitzer

Hauch breath; *(Luft)* breeze, whiff; *fig* touch, trace, spirit; **~dünn** filmy; **~en** to breathe; *(blasen)* to blow; *(leise sprechen)* to whisper softly; *gram* to aspirate; **~laut** aspirate; **~zart** delicate; flimsy, filmy

Hau|degen broadsword; *fig* warrior, bully; *alter ~degen* battle-scarred old fellow; **~e** hoe; pick; mattock; *fig* thrashing, spanking; **~en** *(Bäume)* to hew, to chop; *(schlagen)* to beat, to hit; *umg* to thrash, to spank; *(Steine)* to break; *(ausmeißeln)* to carve; *refl* to fight; *um s. ~en* to lay about one ♦ *j-n übers Ohr ~en* to cheat s-b, to take s-b in; **~er** hewer, cutter; woodcutter; *zool* fang, tusk

Hauf|en heap; pile; *(Zahn)* quantity; great number; *(Menschen)* crowd; *(Masse)* mass; *(Partie)* batch; lot ♦ *über d. ~en werfen* to upset, to overthrow, to throw aside; **~enweise** in (*od* by) heaps, in crowds; **⁓̈eln** to heap; *(Kartoffeln)* to earth; **⁓̈en** to heap, to pile up, to accumulate; *refl* to multiply, to increase; **⁓̈ig** frequent; abundant; *adv* often, frequently; **⁓̈igkeit** frequency; **⁓̈ung** accumulation

Haupt head; *(Oberhaupt)* chief, leader; *(Geschäft)* principal; *(in Zssg)* chief, main, principal; *d. ~ entblößen* to uncover one's head, to take off one's hat; *aufs ~ schlagen* to defeat totally; *zu ⁓̈en* at the head of; **~amtlich, ~beruflich** full-time, whole-time; **~anliegen** main objective; **~aufgabe** main task; **~ausschuß** main committee; **~bahnhof** main (*od* central) station; **~bedeutung** primary meaning; **~bestandteil** chief constituent; principal ingredient; **~buch** ledger; **~darsteller** leading man (lady); **~ernährer** main breadwinner; **~fach** principal subject, *US* major; *als ~fach belegen* to major in; **~hahn** main tap, main cock; **~leitung** *(Wasser, Gas etc)* mains; **⁓̈ling** chieftain, captain; **~mann** captain; *(Flieger)* flight lieutenant; **~merkmal** chief characteristic, characteristic feature; **~nenner** *math* common denominator; **~niederlassung** head establishment; **~note, ~gedanke** key-note; **~person** principal person; 🎭 leading character; **~postamt** general post office; **~probe** 🎭 dress rehearsal; full rehearsal; **~quartier** headquarters; **~rolle** leading part, lead; **~sache** main thing, main point; **~sächlich** principal, chief, main; *adv* mainly, especially; **~schlagader** aorta; **~stadt** capital; metropolis; **~städtisch** metropolitan; **~träger** main support; main factor; chief person (institution) carrying responsibility for; **~treffer** *(Lotterie)* first prize; **~verkehrszeit** rush hours; **~versammlung** general meeting; *(AG)* shareholders' meeting; **~verwaltung** head office; chief administration; **~wort** noun, substantive

Haus house; building; *(Wohnung)* home, dwelling; *(Familie)* family; firm; *freistehendes ~* detached house; *öffentliches ~* brothel, house of low repute; *im ~e* indoors; *aus d. ~e, außer ~e* out of doors; *nach ~e* home; *zu ~e* at home *(a. fig: at h. in a subject)*; *von ~e aus* originally; *d. ~ hüten* to be confined to the house; *d. ~ bestellen* to put one's house in order; *nicht zu ~e sein* not to be in; *s.* Tür; *~ an ~ mit j-d wohnen* to live next to s-b; **~angestellte** servant; **~apotheke** medicine chest; **~arbeit** house-work; *pl* chores; **~arzt** family doctor; *(Krankenhaus)* resident medical officer; *(Kurhaus)* resident doctor; **~aufgabe** homework; **~backen** home-made; *fig* prosaic; plain; **~besetzer** squatter; **~besitzer** house-owner; possessor of a house; **~boot** barge, house-boat; **~brand** domestic fuel (*od* coal); **~dame** lady housekeeper; **~eigentümer** house-owner, landlord; **~en** to dwell, to live, to reside; *fürchterlich ~en* to play havoc, to ransack, to ravage; **~flur** hall, corridor; **~frau** housewife; landlady; **~friedensbruch** unlawful entry; **~halt** household; budget; **~halten** to keep house; *(sparsam)* to husband, to economize ♦ *mit seinen Kräften nicht ~halten* to burn the candle at both ends; **~hälterin** housekeeper; **~hälterisch** economical; **~haltsausschuß** committee of ways and means; **~haltsführung** running of the house; housekeeping; **~haltsgerät** domestic appliance; **~haltsjahr** financial year; **~haltsplan** *(Staat)* budget; *(Stadt)* finances; **~herr** master; landlord; **~ieren** to peddle, to hawk, to cadge; **~ierer** pedlar, *US* peddler; **~ierschein** pedlar's licence; **~lehrer** private tutor; **~mädchen** housemaid; **~mannskost** plain fare, plain cooking, **~marke** family mark; **~meister** caretaker, porter; janitor, superintendent; **~miete, ~zins** rent; **~mittel** household remedy; **~rat** household goods (*od* equipment); **~sammlung** house-to-house collection; **~schlachtung** domestic slaughtering; **~schuh** slipper; **~schwamm** dry rot; **~stand** household; **~suchung** house search; raid; **~tier** domestic animal; **~tür** front door; **~wappen** family coat-of-arms; **~wirt** landlord; **~wirtschaft** *(Fach)* home economics; **~wirtschaftlich** economical; household; domestic; **~wirtschaftslehre** domestic science(s)

Häus|chen small house; cottage ♦ *aus d. ~chen sein* to be beside o. s., to hit the ceiling; **~erblock, ~erkomplex** block (of buildings); **~erkampf** house-to-house fighting; **~ermeer** ocean of houses; **~ler** cottager; **~lich** domestic, household; domesticated, home-loving; economical; **~lichkeit** home; family life; domesticity

Hausse advance (of prices), boom, bull movement; **~spekulant** bull; **~spekulation** bull operation

Haut skin; *(abgezogen)* hide; *(mit Haar)* coat; *(Schlange, abgeworfen)* slough; *(bei Flüssigkeit)* membrane (*a.* ⚕); film ♦ *ehrliche ~* honest fellow; *mit ~ u. Haar* completely, thoroughly; *e-e dicke ~ haben* to be thick-skinned; *s. s-r ~ wehren* to defend o. s.; *aus d. ~ fahren* to lose one's patience; *ich möchte nicht in Ihrer ~ stecken* I shouldn't like to be in your shoes; **~creme** cold cream, skin cream; **¨en** *vt* to skin; to flay; *refl* to slough, to cast one's skin; **~farbe** complexion; **~schere** manicure scissors, cuticle scissors; **~wasser** skin lotion

Havarie average, damage by sea

Heb|amme midwife; **~ebaum** lever; pole; crowbar; **~ekraft** leverage, purchase; **~el** lever, handle ♦ *alle ~el in Bewegung setzen* to leave no stone unturned; **~en** to lift, to raise, to heave (up); *(hochwinden)* to hoist; *math* to reduce; *(Ansehen)* to aggrandize; *(verbessern)* to improve; *refl* to rise; to improve; **~er** lever; *(Saug-)* siphon; **~erolle** register of dues and taxes; **~esatz** rate of tax levied; **~ewerk** lifting-tackle, hoisting-gear; **~ung** raising; lifting; elevation; improvement; *(Stimmung)* encouragement; *(Vermehrung)* increase; *(Ansehen)* aggrandizement; *(Silbe)* accented syllable

Hechel hackle; **~n** to hackle

Hecht pike ♦ *~ im Karpfenteich* pike in a fish-pond

Heck stern; 🚗 rear; ✈ tail

Heck|e hatch, brood, breed; *bot* hedge; **~en** to hatch, to breed; *fig* to devise; to concoct; **~enrose** wild rose, brier; **~enschütze** sniper

Hederich field mustard

Heer army (*stehendes ~* regular a.); *(Schar)* host; *(Menge)* mass, crowd; **~bann** levies; **~esbericht** official army communiqué; **~esdienst** army service, military service; **~esleitung:** *Oberste ~esleitung* Supreme Command Staff; **~eszeugamt** army supply depot; **~führer** general, army-leader; **~schau** review, parade

Hefe yeast, *(bes Bier-)* barm; *fig* scum; **~teig** (leavened) dough

Heft *(Griff)* handle, haft; *(Schwert)* hilt; *(Schreib-)* exercise-book, note-book; *(Schönschreib-)* copy-book; *(Druck-)* number, part; *(Broschüre)* pamphlet ♦ *d. ~ in d. Hand haben* to be master of the situation; **~el** hook; clasp; **~en** to fasten, to fix; *(feststecken)* to pin; *(anheften)* to baste, to tack; *(mit Garn)* to tack; to stitch; *(zus.heften)* to staple; *refl* to stick to; **~faden** tacking (basting) thread; **~klammer** paper-clip; **~maschine** stapler; **~nadel** stitching-needle; **~pflaster** sticking (*od* adhesive) plaster; adhesive; **~stich** tacking stitch; **~zwecke** drawing-pin, *US* thumbtack

heftig violent; *(stark)* strong; *(laut)* boisterous; *(Leidenschaft)* passionate; *(Kopfweh)* splitting; *(Streit)* acrimonious; *(Schmerz)* acute; **~keit** violence; vehemence; intensity

hege|n *(Wild)* to preserve; *(Pflanzen)* to nurse; *(pflegen)* to foster; to tend; to take care of; *(Gefühle)* to entertain, to cherish, to nourish; *Groll ~n* to bear a grudge; *Hoffnung ~n* to entertain hope(s); **~r** forester, (game)keeper; **~zeit** close season

Hehl secrecy, concealment; *kein ~ machen aus* to make no secret of; **~en** to conceal; to receive stolen goods; to fence; **~er** fence; **~erei** receiving of stolen goods

hehr sublime; high

Heiabett bye-bye

Heid|e heath; *eccl* pagan, heathen; **~ekraut** heather; ling; **~eland** heath, moor; **~elbeere** bilberry, whortleberry, blueberry; **~enangst** blue funk; **~engeld** pots (*od* no end) of money; **~enlärm** hullabaloo; **~entum** paganism; **~erose** wild rose, dog-rose; **~nisch** heathen(ish), pagan; **~schnucke** (German) heath-sheep; moorland sheep

heikel *(delikat)* delicate, ticklish; *(schwierig)* difficult; *(kritisch)* critical; *(wählerisch)* dainty, fastidious

heil *(unversehrt)* unhurt, intact, unscathed; safe and sound; *(geheilt)* healed, cured, restored; *su* welfare; *(Glück)* happiness; *eccl* salvation; *interj* hail!; *im Jahr d. ~s* in the year of grace; *sein ~ versuchen* to try one's luck; *sein*

~ *in d. Flucht suchen* to seek safety in flight; ~ *d. König!* God save the king!; ~ *dem, der...* blessed be he who...; **~and** Saviour, Redeemer; **~anstalt** sanatorium; hospital; *(privat)* nursing home; **~bad** spa, watering-place; **~bar** curable; **~bringend** salutary, wholesome; **~butt** halibut; **~en** *vt* to cure; *vi* to heal; **~froh** jolly glad, delighted; **~gehilfe** surgical (*od* medical) assistant; **~gymnastik** physical therapy, physiotherapy; remedial exercises; **~gymnastiker** physiotherapist; **~kräftig** curative, restorative; **~kraut** medicinal herb; **~kunde** medical science, therapeutics; **~kundig** skilled in medicine; **~los** wicked; hopeless; terrible; **~mittel** remedy, medicament; drug; **~quelle** mineral spring, medicinal spring; **~sam** salutary, wholesome; *fig* beneficial, good; **~sarmee** Salvation Army; **~serum** antitoxic serum, antitoxin; **~sgeschichte** Life and Sufferings of Christ; **~stätte** sanatorium; **~ung** healing, cure; recovery; **~verfahren** medical treatment; therapy

heilig holy, godly, saintly; sacred, hallowed; **~abend** Christmas Eve; **~en** to sanctify, to hallow; to keep holy; *(rechtfertigen)* to justify, to sanction; *d. Zweck ~t d. Mittel* the end justifies the means; **~enschein** halo; **~er** saint; **~keit** holiness, godliness, sanctity (*~keit d. Verträge* s. of treaties); sacredness; **~sprechen** to canonize; **~sprechung** canonization; **~tum** shrine, sanctuary; *(Gegenstand)* relic; **~ung** sanctification; consecration

heim *adv* home; *su* home; *(Wohnung)* dwelling; *(Gemeinschaft)* centre; *(karitativ)* asylum; **~arbeit** outwork; cottage industry; **~arbeiter** outworker, person working in his own home; **~chen** cricket; **~fahrt** return journey; **~fall** ⚖ reversion; **~führen** to take home; to marry; **~gang** death, decease; **~gegangen** deceased; **~isch** home, domestic; *(eingeboren)* native, indigenous; *(vertraut)* familiar; at home; *~industrie* home industry; **~kehr, ~kunft** return, homecoming; **~kehren** to come back, to return home; **~kehrer** homecomer; repatriated prisoner of war; **~leuchten** to reprove, *sl* to tell off; **~lich** secret; *(verstohlen)* furtive, stealthy; *~lich, still u. leise* on the quiet; *(versteckt)* clandestine, backdoor, hidden; *(privat)* private; *(heimelig)* snug, comfortable; **~lichkeit** secrecy; secret; **~stätte** home; **~suchen** *(Geister)* to haunt; *eccl* to visit; to inflict; to trouble; to plague; **~suchung** visitation; *fig* trial; misfortune; **~tücke** malice; **~tückisch** malicious; insidious; dastardly; *~tückischer Kerl* dastard; **~wärts** homeward(s); **~weg** way home, return; **~weh** home-sickness; *~weh haben* to be home-sick; **~wehr** home guard; **~zahlen** to pay out; *fig* to be revenged on, to get even with ♦ *mit gleicher Münze ~zahlen* to pay s-b back in his own coin

Heimat native land (*od* place, country); home, homeland; *zool* home; *in d. ~* at home; **~boden** native soil; **~dichter** regional writer; **~dichtung** local literature; **~gefühl** feeling for one's country; **~hafen** port of registry; **~kunde** local topography; **~lich** native, home; homelike; **~los** homeless; outcast

Hein: *Freund ~* Death

Heinzelmännchen brownie

Heirat marriage; *(Partie)* match; *(Hochzeit)* wedding; **~en** to marry, to get married; **~santrag** proposal (of marriage); **~sfähig** marriageable; **~sgut** dowry; **~skandidat** suitor, wooer; **~slustig** eager to marry; **~surkunde** marriage certificate; **~svermittler** marriage broker; **~sversprechen** promise to marry (*od* of marriage); *Bruch d. ~sversprechens* breach of promise

heischen to demand

heiser hoarse; *(belegt)* husky; ~ *sein* to be hoarse; to have a sore throat; **~keit** hoarseness; sore throat

heiß hot; *fig* burning; fervent, ardent ♦ *j-m d. Hölle ~ machen* to frighten s-b out of his wits; *kochend ~* boiling hot; **~blütig** hot-blooded, choleric; hot-tempered; **~hunger** ravenous hunger; **~laufen** ⚙ to (over)heat; to run hot; **~sporn** hotspur

heißen *vt* to call, to name; *(bedeuten)* to mean, to signify; *(befehlen)* to bid, to order; *vi* to be called; to mean; *es heißt* they say, it is said; *d. heißt* that is, that is to say; *soll d. (etwa) ~ ...?* am I to understand...?, do you mean to say...?; *was soll d. ~!* what's the meaning of this?, what is it all about?; *wie ~ Sie?* what is your name?; *was heißt d. auf Englisch?* what's that in English?, what's the English for that?

heiter serene; *(Wetter)* bright, fair; *(fröhlich)* gay, cheerful; **~keit** serenity; airiness; brightness, clearness; cheerfulness

heiz|bar to be heated; with heating; **~en** to heat, to make a fire; **~er** stoker, heater; 🚂 fireman; **~gas** fuel gas; **~kessel** boiler; furnace; **~kissen** electric pad, heating pad; **~körper** radiator; **~material** fuel; **~öl** fuel oil; **~raum** furnace room; *(im Ofen)* stoke hole; **~rohr** flue; **~sonne** electric fire; **~ung** (central) heating; firing; fuel; *d. ~ung abstellen* to turn off the heat; **~wert** heat value

hektisch violent, feverish, hectic

Held hero (*~ d. Tages* h. of the hour); **~enhaft, ~enmütig** heroic(al); **~entat** heroic deed; **~entod** heroic death; death in action; **~entum** heroism; **~in** heroine

helf|en to help, to aid, to support, to assist; *(nützen)* to be of use, to avail; **~er** helper, assistant; **~erin** *(Schwester)* nurse; **~ershelfer** accomplice, abettor, accessory; *(Politik)* henchman

hell bright, lucid; shining; *(klar)* clear; *(Farbe)* high, light; *(deutlich)* distinct; *(Bier)* pale; *(Haar, Farbe)* fair; *fig* clear-sighted; penetrating; bright; *~er Wahnsinn* sheer madness; **~igkeit** brightness; clearness; lucidity; **~hörig** keen of hearing; **~icht:** *am ~ichten Tage* in broad daylight; **~sehen** clairvoyance; **~seher, ~seherin** clairvoyant; **~sichtig** clairvoyant; clear-sighted; **~tönend** sonorous

Hellebarde halberd

Heller farthing; *er hat keinen ~* he has not a penny

Helling ⚓ slips, slipway

Helm helmet; ⚓ helm, rudder; *(Turm)* dome; **~busch** plume, crest

Hemd shirt; (man's) undervest, *BE* singlet; (woman's) vest, chemise; *ohne ~* shirtless; **~bluse** shirt-blouse; **~brust** shirt-front, dicky; **~einsatz** shirt-front, *US* bosom; **~enstoff** shirting; **~hose** cami-knickers *BE* combinations, *US* union-suit; **~knopf** stud; **~särmelig** in one's shirt sleeves

hemm|en *(anhalten)* to stop, to check; to slow up; *(hindern)* to hinder, to hamper; to restrain; to handicap; **~nis** check, obstruction; hindrance, impediment; barrier, balk; **~schuh** brake, drag; **~ung** check, stoppage; restraint; ⚕ inhibition; ⚙ *(Uhr)* escapement; *(Waffe)* jam, catch; *(seelisch)* inhibition; **~ungslos** free, unrestrained, unchecked; desperate; **~ungslosigkeit** impetuosity

Hengst stallion, horse; **~füllen** colt

Henkel handle, ear, hook; **~korb** basket with a handle, market basket

henk|en to hang; **~er** hangman, executioner ♦ *zum ~er mit dem Zeug!* confound that thing!

Henne hen; *fette ~ (bot)* orpine

her hither, here; from; *(zeitlich)* ago, since; *von alters ~* of old, from time immemorial; *hin u. ~* to and fro; *von oben ~* from above; *~ damit!* let's have it!, out with it!; *nicht weit ~ sein* to be of little value

herab down, downwards; *von oben ~* from above, from on high; **~hängen** *(schlaff)* to lop; **~lassen** to lower, to let down; *refl* to condescend, to deign; **~lassung** condescension; **~rieseln** to trickle down; **~sehen** to look down upon; **~setzen** to lower; *(Ansehen)* to degrade; to belittle; *(Strafe, Preis)* to reduce; *fig (unterschätzen)* to disparage; **~setzung** lowering; degradation; disparagement; **~würdigen** to degrade; to debase; **~würdigung** degradation; abasement

Heraldik heraldry

heran on, up, near, along; **~bilden** to train, to educate; **~kommen** to come near, to draw near; to approach; *(Vergleich)* to come up to; *man kann nicht an ihn ~kommen* he is elusive, he is a hard man to see, he is unget-at-able; **~pirschen** to stalk up (to); **~reichen** to reach up to; **~reifen** to grow up, to grow to maturity; to mature; to bud; **~wachsen** to grow up; to rise; **~wachsend** growing; young; *d. ~wachsende Generation* the rising generation; **~ziehen** to draw near, to pull up; *(interessieren)* to attract; *(zur Zahlung)* to call upon; *(benutzen)* to use; *(Arzt)* to consult; *(beschäftigen)* to engage, to employ

herauf up, upwards; *von unten ~* from below, in rising; **~beschwören** to conjure up; to bring on, to cause; **~setzen** *(Preise)* to raise, to mark up; **~ziehen** *vt* to draw up; *vi* to draw near, to approach

heraus out; forth; from within; from among; *~ damit!* out with it!; *~ mit d. Sprache!* speak up!; *frei ~, gerade ~, rund ~* plainly, bluntly, downright; **~bekommen** *(Geld)* to get back, to get change; *(herausfinden)* to find out; *(Geheimnis)* to worm out, to ferret out; *(Sinn)* to make out; **~bringen** to bring out, to get out; *(Buch)* to edit, to publish, to bring out; 🎭 to put on, to stage; *(Erzeugnis)* to market, to turn out; *(Rätsel)* to solve; *(erraten)* to find out; *versuchsweise ~bringen (Waren)* to test-market; **~finden** to discover, to make out, to find out; to spot; **~fordern** to challenge, to provoke; *Kritik ~fordern* to invite criticism; **~forderung** challenge, provocation; **~gabe** *(Übergabe)* delivering up, giving up; *(Freigabe)* setting free; *(Buch)* publication, editing; bringing out; **~geben** to give up, to deliver up; *(Buch)* to edit, to publish; *(Erlaß)* to promulgate; *können Sie mir ~geben?* can you give me change?; **~geber** editor, publisher; **~greifen** to single out; to choose; **~hängen** *(Zunge)* to loll out; **~holen** *(Gewinn)* to derive profit from; to make the best (most) of; **~kommen** to come out; *(Buch)* to be published, to be edited, to appear; *(bekannt werden)* to become known; *(Folge)* to result in; *auf eins ~kommen* to be all one; **~kristallisieren** *refl* to take shape, to crystallize; **~nehmen** to take out, to pull out, to extract; *s. etw ~nehmen* to presume; *s. zuviel ~nehmen* to make too bold; **~platzen** to blurt out, to burst out; *mit etw ~platzen* to let fly with; **~putzen** to dress up, to doll up; *(mit Farbe)* to bedaub, to bedizen; **~reden** to speek freely; *refl* to make excuses, to hedge off; **~reißen** to tear out, to extract; *fig* to extricate; **~rücken** to march out; *fig* to come out (with); *(Geld)* to fork out; **~schlagen** to make a profit; to make money by; **~stellen** to put out; to display; *refl* to turn out, to appear, to prove; *es stellte s. ~, daß* it was found that; **~streichen** to extol, to praise; **~treten** to step out; ⚕ to protrude; **~wirtschaften** to extract, to obtain

herb *(scharf)* sharp, acrid; *(sauer)* acid, sour; *(Wein)* dry; *(Apfel)* tart; *fig* bitter; austere; *(sarkastisch)* caustic; **~heit** acerbity; harshness; bitterness

herbei hither, here, near; **~führen** to bring about, to cause; *(nach s. ziehen)* to entail, to involve; **~lassen** *refl* to condescend (to); **~schaffen** to bring near; *(beschaffen)* to procure, to produce; *(Geld)* to raise; **~ziehen** to draw in, to drag in

herbemühen *refl* to trouble to come

Herberge *(Gasthof)* inn; *(Obdach)* shelter; lodging; *(Jugend-)* youth hostel

Herbst autumn, *US* fall; **~lich** autumnal, *adv* in autumn; **~zeitlose** meadow saffron

Herd *(Küche)* stove, kitchen-range, cooker; *(Kaminplatz)* hearth; *(Kamin)* fire-place; *fig* house, home, hearth; *(Mittelpunkt)* centre, focus, seat; **~platte** hot plate

Herde herd; flock; *(getriebene)* drove; *fig* crowd; **~ntier** gregarious animal; *fig* just one of the common herd; **~ntrieb** gregarious instinct

herein in, into; *~!* come in!; *hier ~, bitte!* this way, please! **~bekommen** *(Ware)* to get in, to have in; to receive; **~bitten** to ask in, to invite to come in; **~brechen** to fall, to set in; *(Dunkelheit)* to close in; *über j-n ~brechen* to befall, to overtake s-b; **~fallen** *fig* to be taken in, to fall for, to be cheated; to be disappointed; **~legen** *fig* to take in; to let down; *umg* to do; **~schauen** to look in (*bei j-m* on s-b); **~schneien** to arrive unexpectedly, to turn up

her|fallen *über j-n* to fall upon, to come upon s-b; *(angreifen)* to attack; *(über etw)* to get at; **~gang** course of events; proceedings; **~geben** to deliver, to hand over, to give up, to let have; *fig* to permit; *refl* to lend o. s. to; **~gebracht** traditional, customary; **~gehen** to walk along; *(vor s. gehen)* to go on, to be going on; *(s. zutragen)* to happen; *es ging heiß ~* there was hot work; **~gelaufener Kerl** stray fellow, vagabond; **~halten** to suffer, to bear the brunt

Hering herring

her|kommen to come near, to approach; *(abstammen)* to come from, to originate; *(abgeleitet sein)* to be derived from; *su* custom; descent; extraction, origin; **~kömmlich** customary, traditional; **~kunft** descent; *(Ursprung)* origin, extraction; *soziale ~kunft* social antecedents; **~leiten** to conduct; *(ableiten)* to derive (*von* from); *(entwickeln)* to deduce; **~machen** *refl* to set about; *refl (über j-n)* to fall upon s-b

Herkulesarbeit Herculean task

Hermelin ermine

hermetisch hermetic(al)

hernach afterwards, hereafter, after this; subsequently

hernehmen to take from, to get from

hernieder down

Hero|in heroin; **~ine** heroine; **~isch** heroic(al); **~ismus** heroism; **~s** hero

Herold herald

Herr gentleman; *(Vorgesetzter, Meister)* master; *(Gebieter)* lord; *(Gott)* the (our) Lord; *(Anrede)* Mr, Sir; *~ werden* to master, to overcome; *sein eigener ~ sein* to be one's own master; *d. großen ~n spielen* to lord it; *aus aller ~en Ländern* from every country under the sun; **~enartikel** gentlemen's outfitting; **~friseur** barber('s shop); **~enhaus** manor, mansion; **~enlos** without a master, ownerless; stray; unidentified; **~enschnitt** Eton crop; shingled hair; **~gott** the Lord God; *~gott noch mal!* God bless my soul!; **~in** mistress, lady; **~isch** imperious; domineering; dictatorial; **~je!** Goodness!, Gracious!, dear me!; **~lich** magnificent, splendid, glorious; *(wunderbar)* wonderful; lovely; **~lichkeit** magnificence, splendour, glory ♦ *die ganze ~lichkeit* the whole bag of tricks; **~schaft** *(Macht)* power; dominion; *(Befehl)* command (*über* over); *(persönlich)* rule; *(Fürst)* reign; *(Vorgesetzte)* master and mistress; *(Ländereien)* estate, domain; lordship; **~schaftlich** belonging to a lord (*od* master); high-class; **~schaftsgewalt** jurisdiction (of the state); power; sovereignty

herrichten to arrange, to prepare, to get ready; *(Möbel)* to touch up; *(j-n)* to make up

herrsch|en to rule, to reign; to govern; *(bestehen)* to exist, to be; *(überwiegen)* to prevail; *(Krankheit)* to rage; **~er** ruler; *(Fürst)* sovereign; *(Regierender)* governor; **~sucht** love of power; **~süchtig** fond of power, tyrannical

her|rühren to come from, to be due to; **~sagen** to recite, to repeat; **~schaffen** to bring near; *fig* to procure, to get; to produce; **~stellen** to put here; *(erzeugen)* to produce, to manufacture, to make; *(reparieren)* to repair; *(wieder-)* to restore; *(Verbindung)* to put through; to establish; **~steller** maker, producer; manufacturer; **~stellung** production, manufacture, making; restoration; recovery; **~stellungsland** producer country, country producing ...; country of manufacture; **~stellungsverfahren** method of production, process of manufacture

herüber over, across, to this side

herum round; about; near; round about; *umg* over, finished; *rund ~* all round; *um 3 Uhr ~* about three o'clock; *hier ~* here about, around here; **~drehen** to turn round; *(Worte im Munde)* to misconstrue; **~drücken** *refl* to hang about (*od* around); **~fahren** to take a drive, to drive about; *fig* to be knocking about, to jerk round; **~fuchteln** to fidget (*mit* with); to bustle about; **~führen** to lead round, about; to show over, to take around; **~hämmern** *(Klavier)* to bang away *(at the piano)*; **~irren** to wander about; **~kommen** to come round; to travel about; to get around; to become known; **~kriegen** to talk over, to win round; **~reden** *(um etw)* to beat about the bush; **~reichen** to hand round; **~reiten:** *auf etw ~ reiten* to harp upon s-th; **~treiben** *refl* to rove about, to gad about; to hang around; **~werfen** to turn sharply; **~ziehen** to wander about; **~ziehend** wandering; nomadic

herunter down; off; *von oben ~* from above; *hier ~* down here; *gerade ~* straight down; **~handeln** to beat down; **~hauen** to box *(j-m e-e* s-b); **~holen** to fetch down; ✈ to shoot down; **~klappen** to turn down; **~kommen** to come down; *(verkommen)* to decay, to fall off; to be pulled down; to go down in the world; **~lassen** to let down, to lower; **~machen** *fig* to run down, to cut up; to upbraid; **~reißen** to pull down; *fig* to pull to pieces; to excoriate; **~schalten** 🚗 to change down to low gear; **~setzen** to put down, to lower; *(Preis)* to reduce; *fig* to disparage; **~wirtschaften** to run down

hervor forth, forward, out; *unter ... ~* from under; **~brechen** to break through, forth; to rush out; **~bringen** to produce, to bring forth; *(erzeugen)* to generate; *(schaffen)* to create; *(Worte)* to utter; **~gehen** to go forth; *(~gehen als)* to come off; *(s. ergeben)* to result; *(entstehen)* to arise; *(folgern)* to be seen from; **~heben**

to make prominent; to feature; *(betonen)* to stress, to emphasize, to accent, to accentuate; *(herausheben)* to highlight; 🎨 to set off; 📖 to display; **~ragen** to stand out, to project, to jut out; *umg* to stick out; to show; *fig* to be prominent; **~ragend** prominent, salient; *fig* eminent; outstanding; admirable; excellent; **~rufen** to bring about, to cause; to call forth; to give birth to; **~stechen** to stand out; *(Farben)* to come out; *fig* to be conspicuous; **~stechend** conspicuous, striking; **~stehen** to project, to stand out; **~treten** to step forth, to come forward; *(auftauchen)* to emerge; *(Augen)* to bulge; *fig* to be prominent; **~tun** *refl* to distinguish o. s.

her|wärts this way, hither; **~weg** way here; *auf d. ~weg* on the way here

Herz heart; *(Seele)* soul; *(Gemüt)* mind; *(Mut)* courage; *(Gefühl)* feeling; *(Kern)* core; *fig* bosom, breast; *(Karten)* hearts; *aus tiefstem ~en* from the bottom of one's heart ♦ *j-m etw ans ~ legen* to enlist s-b's goodwill for, to recommend warmly to s-b's care; *sein ~ ausschütten* to unbosom o.s.; *auf d. ~en haben* to have on one's mind; *ins ~ schließen* to become fond of; *s. ein ~ fassen* to pluck up (*od* summon up) courage; *s. zu ~en nehmen* to take to heart; *s-m ~en e-n Stoß geben* to overcome one's scruples; *e. Kind unterm ~en tragen* to be with child; *von ~en gern* with the greatest of pleasure; with all one's heart ♦ *e. ~ u. e-e Seele sein* to be hand and glove together; *d. ~ auf d. Zunge haben* to wear one's heart on one's sleeve; **~blatt** *fig* darling; **~bube** knave of hearts; **~dame** queen of hearts; **~eleid** sorrow, grief; **~en** to embrace, to hug, to caress; **~enseinfalt** simplicity, simple-mindedness; **~enserguß** unbosoming, confidences; **~ensgut** kind-hearted, dear; **~ensgüte** loving--kindness; benignity; **~enslust:** *nach ~enslust* to one's heart's content; **~erweiterung** dilatation of the heart, enlarged heart; **~fehler** heart disease; cardiac defect; **~gegend** cardiac region; **~grube** pit of the stomach; **~haft** hearty; brave, stout-hearted; **~ig** sweet, lovely; *umg* cute; **~innig** hearty, heart-felt; **~klappe** cardiac valve; **~klopfen** palpitation; *(schnell)* throbbing; **~leidend** suffering from heart-trouble; **~lich** hearty, cordial; affectionate; **~lichkeit** heartiness; affection; **~los** heartless; unfeeling; **~losigkeit** heartlessness; unfeelingness; **~mittel** cardiac (remedy); **~muskel** heart muscle, cardiac muscle; **~schlag** heart-beat; *(schnell)* throbbing; heart attack; **~spezialist** cardiologist; **~zerreißend** heart-rending, heart-breaking

herziehen *vt* to draw near; *vi* to come to live (in a place); *über j-n ~* to rail at s-b, to speak ill of s-b

Herzog duke; **~in** duchess; **~lich** ducal; **~tum** duchy; *(Würde)* dukedom

herzu here, hither, near; up, up to; towards

Hetäre courtesan

heterogen heterogeneous; **~ität** heterogeneity

Hetz|e *(Eile)* hurry, rush, haste; *(Jagd)* hunt; *(Aufhetzung)* instigation; baiting; **~en** to hunt, to drive; to hurry, to rush; to instigate, to agitate; to bait; *(gegeneinander)* to set at variance; **~er** instigator, inciter; baiter; **~jagd** hunt(ing) (with dogs); *(Eile)* great hurry, rush; **~kampagne** smear campaign; **~propaganda** rabble rousing

Heu hay; *~ wenden* to toss hay ♦ *Geld wie ~ haben* to be rolling in cash; **~boden** hayloft; **~en** to make hay; **~fieber, ~schnupfen** hay-fever, pollen catarrh; **~gabel** pitchfork; **~miete** hayrick, haystack; **~schober, ~stadel** hayrick; barn; **~schrecke** locust, grasshopper

Heuch|elei hypocrisy; cant; **~eln** *vt* to feign; to simulate, to affect; *vi* to dissemble, to play the hypocrite; **~ler** hypocrite; **~lerisch** hypocritical, dissembling, deceitful

heu|er this year; *su* ⚓ pay, hire; **~ern** to hire, to ship; *(Schiff)* to charter; **~rig** this year's, of this season, current

heulen to howl, to cry; *(laut)* to yell

heut|e today, this day; *~e früh* this morning; *~e abend* tonight, this evening; *~e vor 8 Tagen* a week ago today; *~e nacht* tonight, last night; *~e in 14 Tagen* today fortnight; *noch ~e* this very day; **~ig** of today; of the present time, modern; **~igentags, ~zutage** nowadays, in these days

Hex|e witch; hag; **~en** to practise witchcraft; **~enkessel** *fig* hubbub; **~enmeister** wizard, magician; **~enprozeß** trial for witchcraft; **~enring** *bot* fairy ring; magic circle; **~enschuß** lumbago; **~erei** witchcraft, magic, sorcery

Hieb blow, stroke; *(Schnitt)* cut; *(Bemerkung)* hit, cut(ting remark); **~fest** proof against blows; **~waffe** slashing weapon; *~- und Stoßwaffen* cut-and-thrust weapons

hienieden here below, on earth, in this life

hier here; *(auf Briefen)* in town, present, *US* City; *~ u. da* now and then; *~ ist es! (Gegenstand)* here you are!; **~an** to that; hereat; hereupon; by that; after that; **~auf** hereupon, upon this; *(zeitlich)* then; **~aus** from this, hence; **~bei** hereby, herewith; enclosed; **~durch** through this; this way; by this means, thereby; **~für** for this; **~gegen** against this; **~her** here, hither; *bis ~her* so far, thus far; hitherto, up to now; **~herum** hereabouts; **~hin** to this place, this way, in this direction; there; **~in** herein, in this; **~mit** herewith, with this; **~nach** hereupon, after this; according to this; **~orts** here, in this place; **~über** over here; about this; hereat; **~um** about (*od* round) this place; concerning this; **~unter** beneath this, under this; among these; by that, by this; **~von** hereof, of (*od* from) this; **~zu** to this, moreover; in addition to this; **~zulande** in this country, with us, *US* on this side of the ocean; **~zwischen** between these

Hierarch|ie hierarchy; **~isch** hierarchical

Hieroglyphe hieroglyph

hiesig of this place (*od* country); local; *(Ware)* native

Hilf|e help; assistance; aid; support; succour; relief; *~e leisten* to help, to assist, to aid; *Erste ~e* first aid; *zu ~e!* help!; *etw zu ~e nehmen* to make use of s-th; **~eleistung** help, assistance, aid; **~eruf** cry (*od* call) for help; **~los** helpless, defenceless; destitute; **~losigkeit** helplessness; **~reich** helpful; charitable; *~reich sein* to befriend; **~sarbeiter** unskilled worker; temporary worker; assistant; **~sassistent** ancillary; **~sbedürftig** needing help; indigent; **~sfonds** relief fund; **~skraft** additional helper, assistant; **~skreuzer** auxiliary cruiser; **~slehrer** assistant teacher; **~slinie** *(Geometrie)* auxiliary line; ♪ ledger line; **~smittel** help, resource; *(Ausweg)* expedient; instrument; *(Unterricht)* teaching aids; ⚙ auxiliary; **~sorganisation** relief agency, relief organization; **~spolizei** auxiliary police; **~squelle** resource; **~sschule** school for the mentally subnormal; **~struppen** auxiliary troops; **~sverb** auxiliary verb; **~szug** relief train

Himbeere raspberry

Himmel *(sichtbar)* sky; *(abstr)* heaven (*im siebten ~* in the seventh h.); *(Himmelbett, Decke)* canopy; *am ~* in the sky ♦ *aus allen ~n fallen* to be bitterly disappointed; *aus heiterem ~* out of the blue; *zwischen ~ und Erde* between heaven and earth; *~ u. Hölle* heaven and hell; *(Spiel)* hopscotch; *~ u. Hölle in Bewegung setzen* to move heaven and earth; **~an** to the skies, heavenwards; **~angst** mortal fear; *adv* terribly frightened, scared stiff; **~bett** four-poster; **~blau** azure, sky-blue; **~fahrt** Ascension; *Mariä ~fahrt* Assumption; **~fahrtskommando** *mil* dangerous mission; **~hoch** sky-high; *~hoch jauchzend* riotously happy; **~reich** kingdom of heaven; **~sgegend, ~srichtung** quarter, direction; point of the compass; *d. vier ~srichtungen* the four cardinal points; **~sgewölbe** canopy (*od* vault) of heaven; **~skörper** celestial body; **~sschlüssel** cowslip; **~sstrich** zone, region; climate; latitude; **~szelt** vault of heaven; firmament; **~weit** miles apart; enormous; *~weit verschieden sein* to differ widely

himmlisch heavenly, celestial; *(köstlich)* delicious, delightful

hin thither, there; along; *umg* gone, lost; exhausted; *oben ~* on the surface; *~ u. her* to and fro; there and back; back and forth; *~ u. her überlegen* to consider a matter over and over again; to turn (an idea) over in one's mind; *(Fahrkarte) ~ u. zurück BE* return ticket, *US* round-trip ticket; *~ u. wieder* now and then; *über d. ganze Welt ~* all over the world

hinab down, downward(s); *d. Berg ~* down the hill, downhill; *d. Strom ~* down the river, downstream

hinan up, up to, upward(s); *d. Berg ~* uphill

hinarbeiten to aim (*auf* at)

hinauf up, up to, upwards; *da ~* up there; *~ u. hinab* up and down; *d. Straße ~* up the street; **~arbeiten** *refl* to work one's way up

hinaus out; outside; out of; *(dar)über ~ (räumlich)* beyond; *(zeitlich)* past; *(übersteigend)* above; *hier ~* out here; **~gehen** to go out; *nach Süden ~gehen* to be exposed to the south; *(Zimmer, Fenster)* to face, to look out on, into; *~gehen über* to go beyond; to surpass, to exceed; **~kommen** to come out; *auf eins ~kommen* to come to the same thing; **~laufen** to run out; *fig (auf)* to amount to; to boil down to; **~schieben** to defer, to postpone, to put off; **~schießen** *(übers Ziel)* to carry s-th to excess; **~sehen** to look out (*aus* of, at); **~werfen** to throw out, to expel; **~ wollen** to want to go out; *fig* to be driving at; *worauf ich ~ will, ist ...* my point is that ...; *darauf will ich nicht ~* that is not my point; *hoch ~ wollen* to aim high; **~ziehen** to draw out, to drag out; to put off, to prolong

Hin|blick: *im ~blick auf* with regard to, with a view to; **~bringen** to take, to bring, to carry to; *(Zeit)* to spend, to pass

hinder|lich in the way, obstructive, hindering; *~lich sein* to hinder from; *(j-m)* to stand in s-b's way; **~n** to hinder; to hamper; to prevent; to balk; **~nis** *(Verhinderung)* prevention; *(zeitweilig)* hindrance; *(im Wege)* obstacle; *(Hemmnis)* impediment; *(Sperre)* bar, barrier; **~nislauf** steeplechase; **~nisrennen** *(Pferde)* racing over hurdles and fences; steeplechase

hindeuten to point (to); to hint (at); to indicate

Hindin hind

hindurch through, throughout; across; *(zeitlich)* during, throughout; *d. ganze Jahr ~* all the year round, throughout the year; *d. ganzen Tag ~* all day long

hinein into, in; inside ♦ *in d. Tag ~ leben* to lead an easy life; **~gehen** to go into; *(fassen)* to hold, to contain; to accommodate; **~knien** *(in) refl* to put one's back into; **~lachen:** *in s. ~lachen* to chuckle; **~legen** to put in; *fig* to take in; **~stehlen** *refl* to sneak in, to steal in

hin|fahren *vt* to convey, to carry, to drive *(to a place)*; *vi* to drive to, to go to; to sail along; *fig (sterben)* to die, to pass away; **~fahrt** outward journey (*od* voyage); *~- u. Rückfahrt* ⚓ journey there and back, *US* round trip; voyage out and back; **~fallen** to fall (down); *ich bin ~gefallen* I fell; **~fällig** frail, weak; *fig (unhaltbar)* untenable; *(ungültig)* null and void; *~fällig werden* to come to nothing, ⚖ to be cancelled; *~fällig machen* to render superfluous; **~fort** henceforth, in future; **~gabe** *(Übergabe)* surrender, abandonment; *(Ergebenheit)* devotion; *(Fleiß)* application; **~gang** decease, death; **~geben** to give away; *(opfern)* to sacrifice, to devote; *s. e-r Sache ~geben* to indulge in; **~gebend** devoted, self-sacrificing; **~gebung** devotion; surrender; **~gegen** on the contrary; whereas; **~gehen** to go there; *(vergehen)* to pass (away); *~gehen lassen* to let pass, to overlook, to wink at; **~gehören** to belong; **~halten** to hold out; *(Geld)* to tender; *j-n ~halten* to put s-b off

hinken to limp, to (go) lame; *(humpeln)* to hobble; *d. Vergleich hinkt* that's a poor comparison

hin|länglich sufficient, adequate; **~legen** to lay down, to put down; *refl* to lie down; **~nehmen** to take, to accept; *(ertragen)* to put up with, to suffer; **~neigen** *refl* to lean to, to incline to

hinnen: *von ~* away from here, from hence

hin|raffen to carry off; *(durch Tod)* to cut off; **~reichen** *vt* to hand over, to give; *vi* to suffice, to be sufficient; **~reichend** sufficient; **~reise** = ~fahrt; **~reißen** to carry along; *fig* to carry (away), to charm, to transport; **~richten** to execute; to behead; *(elektr.)* to electrocute; **~richtung** execution; beheading; electrocution; **~scheiden** to pass away, to die; **~schlagen** to fall down; **~schwinden** to vanish, to dwindle (away); **~sehen** to look at; **~setzen** *vt* to set down, to put down; *refl* to sit down, to take a seat; **~sicht** respect, regard, view; *in jeder ~sicht* in every respect, on all accounts; **~sichtlich** with regard to; concerning; as to, as for; **~siechen** to pine away; **~sinken** to sink down, to fall, to collapse; **~stellen** to put down, to place; *fig* to represent; *j-n als etw ~stellen* to describe s-b as; **~strecken** *vt* to stretch out; *(töten)* to kill, to shoot (dead); *refl* to lie down; **~werfen** to throw down; *sl* to chuck it

hintan|setzen, ~stellen to set aside; *(vernachlässigen)* to slight, to neglect; **~setzung** slighting, neglect; *unter ~setzung* regardless of; **~stehen** to stand back

hinten behind, in the rear, at the back; ⚓ aft; *nach ~* backwards; *nach ~ (hin)* behind, to the rear; *von ~ (her)* from behind, from the back; *Zimmer nach ~ hinaus* back room; **~nach** behind, in the rear; afterwards; **~über** backward(s); upside down

hinter behind, back; backward(s); at (on) the back of; after; *~ d. Hause* at the back of the house; *~ d. Kulissen* 🎭 backstage; *~ mir* behind me; *~ Schloß u. Riegel* under lock and key; *~ etw kommen* to find out, to discover; *(verstehen)* to get the hang of s-th; *~ s. bringen* to get (s-th) over; *(Entfernung)* to cover; *~ s. lassen* to distance, to leave behind; **~backe** buttock; **~bein** hind leg; **~bliebener** survivor; (surviving) dependant; the bereaved; **~bliebenenfürsorge** welfare service for surviving dependants; **~bringen** to inform, to bring charge against; *(heimlich)* to give notice of s-th; **~drein** behind, after, at the end; **~e** back, hind; at the back, posterior; *su umg* bottom, behind; **~einander** one after the other (another), one by one; successively; *2 Tage ~einander* two days running; **~fuß** hind foot; **~gedanke** mental reservation; ulterior motive; **~gehen** to deceive, to fool; to cheat, to impose on; **~grund** background (*im ~grund halten* to keep in the b.); **~halt** ambush; *(Falle)* trap; *im ~halt liegen* to lie in ambush (for); *aus d. ~halt angreifen* to ambush; **~hältig** insidious, malicious; **~hand** *(Pferd)* hind quarter; **~haus** back (of the) house, back premises; **~her** behind; afterwards; **~kopf** back of the head; **~lassen** to leave, to leave behind; *(testamentarisch)* to bequeath (*j-m etw* s-th to s-b); *(Nachricht)* to leave word; **~lassenschaft** property left; ⚖ estate; **~legen** to deposit (*bei* with); to give in trust; **~legung** deposition; *gegen ~legung von* on deposition of; **~leib** *(Tiere)* hind quarters; back, dorsum; **~list** artifice; *(Betrug)* fraud; *(Verschlagenheit)* cunning; **~listig** artful; cunning; deceitful; **~mann** *mil* rear-rank man; *fig* backer; *bes pl* lobbyists, the lobby; **~pfote** hind paw; **~rad** back-wheel; **~radantrieb** rear axle drive; **~rücks** from behind; behind one's back; *fig* stealthily; **~ste** hindmost, last; **~steven** stern post; **~teil** hind part, back part; *(Hintern)* buttocks; bottom; ⚓ stern; **~treffen** reserve, rearguard ♦ *ins ~treffen geraten* to be handicapped; to have to take a back seat; to be outdistanced by s-b; **~treiben** to hinder, to thwart; **~treppe** backstairs; **~treppenroman** shilling shocker, dime novel; **~tür** backdoor; *fig* escape; **~wäldler** backwoodsman; **~wärts** backwards, behind; **~ziehen** to defraud

hinüber across, over (there), to the other side; *er ist ~ (fig)* he is dead and gone

hinunter down(wards); downstairs; *d. Straße ~* down the street; **~gehen** to go down; **~schauen** to look down *(auf upon)*; **~schlucken** to swallow; **~spülen** to wash down

Hinweg (the) way there; *adv* away, off; *interj* off!; **~kommen** *(über)* to get over; **~setzen** *refl (über)* to disregard, to brush aside; **~täuschen** *(j-n darüber, daß)* to mislead s-b, to disregard the fact that, to blind people to the fact that . . .

Hinweis indication (*auf* to); *(Anspielung)* reference to; *(Anweisung)* direction; **~en** *(j-n auf)* to direct s-b to, to refer s-b to; *(zeigen)* to show; *(auf etw)* to direct (*od* draw) attention to; to point at, to

hin|werfen to throw (down); *(Bemerkung)* to make a remark; **~wiederum** in return; again; **~ziehen** to draw (to), to attract; *refl* to drag on, out; **~zielen** to aim (at); to be intended (for)

hinzu to, near; there; in addition to; **~fügen** to add; **~kommen** to come up (to); to be added; *(zufällig)* to drop in by chance; **~ziehen** to add, to include; *(Arzt)* to consult, to call in; *(Gutachter)* to direct the attendance of; **~wählen** to elect (*od* choose) in addition; to designate by co-option, to co-opt

Hippe bill-hook; scythe

Hirn brain; *(Verstand)* brains: **~gespinst** fancy, whim, bogy; chimera; **~hautentzündung** meningitis; **~schale** skull, cranium; **~verbrannt** *umg* crazy, mad, crack-brained

Hirsch stag, hart; *(Rotwild)* (red) deer; **~fänger** hunting-knife; **~käfer** stagbeetle; **~kalb** fawn, young deer; **~keule** haunch of venison; **~kuh** hind; **~leder, ~ledern** buck-skin, deerskin

Hirse millet; **~brei** millet gruel

Hirt|e herdsman, shepherd; *(Seelen-)* pastor; **~enamt** pastorate; **~enbrief** pastoral letter (of a bishop); **~in** shepherdess

His ♪ B sharp
hissen to hoist (up)
Histor|iker historian; **~isch** historical; *(bedeutsam)* historic
Hitz|e heat; hot weather; *(Eifer)* zeal; *(Erregung)* violence; *(Leidenschaft)* passion; *fig* ardour; **~ebeständig** heat-resisting, heat-proof; **~eempfindlich** sensitive to heat; **~kopf** hot-headed person, hotspur; spitfire; **~köpfig** hot-headed; **~schlag** heat stroke
Hobel plane; **~bank** joiner's bench; **~n** to plane; **~späne** shavings, chippings
hoch high; *(Gestalt)* tall; *(erhaben)* lofty; sublime; noble; great; *(Preise)* high, dear; ♪ high-pitched; *adv* highly, greatly; very (much); *su* toast, cheer; *meteor.* high pressure area; *vier – sechs* four to the sixth (power); *hohes Alter* old age; *hohe See* open sea; *im hohen Norden* in the far North; *Hohe Behörde* the High Authority; *Hohe Schule (Reiten)* haute école; *Hände ~!* hands up!; *~ anrechnen* to value greatly; *in hoher Blüte* (to be) very prosperous ♦ *s. aufs hohe Pferd setzen* to mount the high horse; *~ zu Roß* on horseback; *~ u. heilig versprechen* to make a most solemn promise; *es geht ~ her* things are pretty lively, everybody has a grand time; *wenn es ~ kommt* at the most; *d. ist mir zu ~* that's above (*od* beyond) me; *~ lebe!* long live!; *höhere Gewalt* force majeure, Act of God; **~achten** to esteem, to respect; to value; **~achtung** esteem, respect; **~achtungsvoll!** Yours faithfully; **~amt** high mass; *~amt halten* to say high mass; **~antenne** overhead aerial; **~bahn** elevated railway; **~bau** building construction, construction above ground level; **~betagt** aged; **~betrieb** intense activity; rush (*od* peak) time; hustle, bustle; **~burg** stronghold; **~deutsch** High German; standard German; **~druck** high pressure; 🕮 relief process, relief printing, letterpress, **~druckgebiet** high pressure area; anticyclone; **~ebene** tableland, plateau; elevated plain; **~fahrend** haughty; **~fein** superfine; first-rate; *(auserlesen)* very choice; **~fliegend** lofty, ambitious; **~flut** high tide (*od* water); *fig* great mass, excessive supply; *in ~form sein* to be in tip-top condition, to be on the beam; **~format** upright picture; upright size (*od* format); **~frequenz** high frequency; **~frisur** upsweep; **~gebirge** high mountains; **~gehen** *(steigen)* to rise, to mount; *fig* to fly into a passion; **~gespannt** at a high tension; *(groß)* great, high; **~gradig** to a high degree; high-grade; *fig* intense, extreme; **~halten** to raise; *fig* to cherish; to esteem; **~haus** skyscraper; **~herzig** high-minded, noble-minded; magnanimous; **~kommen** *com* to boom; **~konjunktur** boom (conditions); prosperity, peak season; **~land** highlands; uplands; *~leben lassen* to give three cheers for, to toast; **~mut** pride; arrogance; **~mütig** proud; arrogant; haughty; **~näsig** supercilious, *umg* stuck-up; **~ofen** blast furnace; **~rot** bright (*od* deep) red, crimson; **~saison** height of the season, peak season; **~schule** university, college; *~schule für Leibesübungen* Physical Training Institute; **~seefischerei** deep-sea fishing; **~selig** late, of blessed memory; **~sinnig** high-minded; **~sommer** midsummer; **~spannung** high tension; **~spannungsanlage** power station; **~spannungsleitung** high-tension cable; **~sprung** high jump; **~stämmig** tall; *(Rosen)* standard; **~stand** *(Ausguck)* lookout post; *(Wasser)* high-water mark; *fig* height, prosperity; **~stapelei** swindling; **~stapler** swindler, impostor, confidence-man, **~stimmung** animal spirits; **~tour:** *auf~touren* at high pressure (*od* speed); at a high level of activity (*od* capacity); *auf~touren bringen* to throw into high gear; **~tourist** mountaineer; alpine climber; **~trabend** high-sounding, bombastic; **~verrat** high treason; **~wald** timber forest; high forest; **~wasser** high tide, high water; flood water; **~wassergefahr** danger of floods; **~wertig** of high value; first rate; high-quality (-grade); *chem* of high valence; **~wild** big game; **~wohlgeboren** right honourable; *(Titel)* Right Honourable; **~würden** Your Reverence, Reverend Sir; **~würdig** right reverend
höchlich highly, exceedingly
höchst highest, greatest; utmost, extreme; maximum; uppermost; *adv* very, most, extremely, highly; *es ist ~e Zeit* it is high time; **~ens** at (the) most, at best; **~belastung** maximum load; **~eigen:** *in ~eigener Person* in person; **~gebot** highest bid; **~geschwindigkeit** top speed; *zulässige ~geschwindigkeit* speed limit; **~grenze** limit; **~leistung** maximum output, record performance; 🤸 record; **~stand** peak (level); **~wahrscheinlich** most likely, in all probability
Hochzeit wedding; marriage; nuptials ♦ *man kann nicht auf zwei ~en tanzen* you can't have the cake and eat it; *silberne ~* silver wedding; *goldene ~* golden wedding; **~er** bridegroom; **~lich** bridal, nuptial; **~skuchen** wedding-cake, bridecake; **~snacht** wedding-night; **~sreise** honeymoon, wedding-trip; **~stag** wedding-day; wedding anniversary
Hock|e heap of sheaves; *(Turnen)* squat; **~en** to squat, to crouch, *umg (lange sitzenbl.)* to sit tight, to stick to; **~er** stool
Höcker protuberance, bump; *(Buckel)* hump, hunch; *e-n ~ haben* to be hunchbacked; **~ig** humpy, hunchbacked
Hockey hockey; **~ball** hockey ball; **~stock** hockey stick
Hoden testicle; **~sack** scrotum
Hof yard, court(yard); *(Bauern~)* farm; barnyard; *(Fürsten~)* court; *(Hinter~)* backyard; *astr* halo; *bei (am) ~e* at court; *j-m d. ~ machen* to make love to s-b, to court s-b; to woo; **~dame** lady in waiting; maid of honour; **~fähig** *umg* presentable; **~fart** pride, haughtiness; **~haltung** royal household; **~hund** watch-dog; **~lieferant** purveyor to His Majesty (*od* the Court); **~mann** courtier; **~marschall** master of the ceremonies; *BE* Lord Chamberlain; **~meister** steward; tutor; **~narr**

court-jester; **~rat** Privy Councillor; **~schranze** courtier, flunkey; **~trauer** court mourning

hoff|en to hope (for); *(Zuversicht)* to trust (in); to reckon (upon), to look forward to; *(erwarten)* to expect, to await; *d. Beste ~en* to hope for the best; *ich ~e es* I hope so; **~entlich** it is to be hoped; I hope so; hopefully; **~nung** hope; expectation; trust; ♦ *guter ~nung sein* to be pregnant, to be expecting a baby, *umg* to be in the family way; **~nungslos** hopeless, beyond hope; **~nungsvoll** hopeful; promising

höf|isch courtly, courtier-like; **~lich** courteous, polite, civil (*gegen* to); **~lichkeit** courtesy, politeness; **~ling** courtier

Höhe height; *math, geog, astr* altitude; *(geog Breite)* latitude; ♪ pitch; *(Gipfel)* summit, top; hill; *(Geldbetrag)* amount; *(Preis)* level; dearness; *aus d. ~* from on high; *auf (in) d. ~ von Dover* ⚓ off Dover ♦ *auf d. ~ sein* to be at one's best; to be up to date; to be at the height of one's power; *nicht auf d. ~* not well (fit, up to the mark); *~ über d. Meeresspiegel* above sea-level; *auf d. ~ bleiben* to keep abreast with the times; *auf gleicher ~* on a level with; *in d. ~ fahren* to start up; *in d. ~ gehen* to go up, to soar, to rise; *d. ist d. ~!* that's the limit!, *US* can you beat it!; *~ gewinnen* ✈ to climb; **~nflug** high-altitude flying; **~nkurort** high-altitude health resort; **~nlinie** contour-line; **~nmesser** altimeter; **~nsonne** ultraviolet lamp, sunlamp; **~nsteuer** elevator (control); **~nstraße** mountain road; scenic highway; **~nzug** mountain chain, range of hills; **~punkt** height; *(Gipfel)* peak, summit, top; *astr, fig* zenith; *fig* acme; culminating point; climax; high point; crisis; **~r** higher, superior (to); upper; *fig* loftier; *~re Schule* secondary school, *US* high school

Hoheit *(Erhabenheit)* grandeur, sublimity; *(Majestät)* majesty; *(Titel)* Highness; *pol* sovereignty, supreme power; **~lich** pertaining to sovereignty; by act of sovereign power; sovereign; **~sgewässer** territorial waters; **~svoll** majestic; **~szeichen** national emblem; ⚓ national marking

Hohe|lied Song of Solomon; **~priester** high priest

hohl hollow; concave; *(klingend)* dull; *(Meer)* choppy; *fig* empty; vain; *~er Zahn* hollow (*od* carious) tooth; **~äugig** hollow-eyed; **~̈e** cave, cavern; *(Tier)* den, hole; ⚕ cavity; ventricle ♦ *s. in d. ~̈e d. Löwen begeben* to beard the lion in his den; **~̈enbewohner** cave-man, cave-dweller; **~kehle** hollow, groove, channel; **~linse** concave lens; **~maß** dry measure; measure of capacity; **~raum** hollow space, cavity; **~saum** hemstitch; **~schliff** hollow grinding; **~spiegel** concave mirror; reflector; **~̈ung** cavity; hole; excavation; **~weg** defile; gorge; narrow pass

Hohn *(Geringschätzung)* scorn; *(Lachen)* sneer; *(Spott)* mockery, derision; *(Beleidigung)* insult; *j-m zum ~ u. Spott* in defiance of s-b; **~̈en** to sneer at, to mock; **~̈isch** sneering, scornful; **~lachen** to jeer, to deride; *su* sneer, scornful laughter; **~sprechen** *(trotzen)* to defy; *(verächtlich)* to flout

Höker hawker, costermonger; **~n** to hawk, to huckster

hold lovely, charming, gracious; *(zugeneigt)* propitious, favourable; *j-m ~ sein* to favour s-b, to be kind to s-b; *d. Glück war ihm nicht ~* fortune was against him; **~selig** most charming, lovely; **~seligkeit** loveliness, charm

holen to fetch, to get; to go for, to come for; *(Arzt)* to call for, to send for; *refl* ⚕ to catch, to contract; *(Rat)* to consult, to ask s-b's advice; *Atem ~* to draw breath; *d. Teufel soll es ~!*; hang it!

Höll|e hell; *fig* hot place, furnace; *in d. -e* in hell; *d. ~e ist los* hell is let loose ♦ *j-m d. Leben zur ~e machen* to lead s-b a dog's life; to make life hell for s-b; **~enlärm** infernal noise, a hell of a noise; **~enmaschine** infernal machine; **~enqual** pains of hell; *~enqualen ausstehen* to suffer martyrdom; **~enrachen** jaws of hell; **~enstein** lunar caustic, silver nitrate; **~isch** hellish, infernal; diabolic

Holm *(Querholz)* beam, transom; ✈ spar; ⊓ bar; ⚓ dockyard

holp|ern to jolt, to jog; **~rig** uneven, rough; *(Bewegung)* stumbling

holterdiepolter helter-skelter

Holunder elder (tree); **~beere** elderberry

Holz wood; *(Bau~, Waldbestand)* timber, *US* lumber; *(Gehölz)* forest, wood, grove; *dürres ~* dead wood; *lufttrockenes ~* air-dried (*od* seasoned) wood; *~ auf d. Stamm* standing timber; *frisches ~* green wood; **~apfel** crab apple; **~arbeiter** woodworker, lumberman, lumberjack; **~bau** timber-construction; **~bearbeitung** woodworking; **~blasinstrument** wood-wind instrument; **~bock** sawing-block; *zool* tick; **~bohrer** auger; **~en** to fell wood; **~̈ern** wooden, made of wood; *fig* clumsy; awkward; **~fäller, ~hacker** wood-cutter; **~faser** woodfibre; **~frei** free from wood-pulp; **~frevel** illegal cutting of timber; offence against forest laws; **~gas** wood-gas; **~gasgenerator** charcoal generator; **~ig** woody, ligneous; *(Rettich)* stringy; **~klotz** block of wood; **~kohle** charcoal; **~lagerplatz** timber-yard, *US* lumber-yard; **~mehl** saw-dust; **~schnitt** wood-cut, engraving; **~schnitzer** wood-carver; **~schuh** wooden shoe; clog; sabot; patten; **~schuhtanz** clog-dance; **~stoß** wood-pile; **~verarbeitung** wood processing; **~weg** cart-track in wood ♦ *auf d. ~weg sein* to be on the wrong tack; **~wolle** wood-wool, *US* excelsior; **~wurm** wood worm; death-watch beetle; **~zeug** wood pulp

homogen homogeneous; **~ität** homogeneity

Homöopath homœopath(ist); **~ie** homœopathy; **~isch** homœopathic

homosexuell homosexual; **~er** homosexual; pervert; *umg* homo, queer

Honig honey; **~mond** honeymoon; **~seim** liquid honey; **~wabe** honeycomb

Honor|ar fee, honorarium; *(Autor)* royalty; **~atioren** people of rank, notables, dignitaries; **~ieren** to pay (a fee for); *(Wechsel)* to honour a bill

Hopfen hop ♦ *bei ihm ist ~ u. Malz verloren* he is a hopeless case, it is love's labour lost; **~bau** hop culture; **~darre** oast-house; **~stange** hop--pole; *fig* lamp-post

hopsen to hop, to jump

hör|bar audible; within earshot; **~bild** sound picture; feature

horch|en to listen (*auf* to); *(spionieren)* to spy; **~er** listener; *(Spion)* spy; *(an d. Tür)* eavesdropper; **~gerät** sound detector; **~posten** listening post (*od* sentry)

Horde horde, tribe; *(Bande)* gang

hör|en to hear; *(zuhören)* to listen (to); *(gehorchen)* to obey; *(erfahren)* to understand, to learn; to listen in; *(Vorlesung)* to attend; *London ~en* to listen in to London; *auf d. Namen B. ~en* to answer to the name of B.; *schwer ~en* to be hard of hearing; *von s. ~en lassen* to give news of o.s.; *d. läßt s. ~en* that's the thing; that sounds well; *~en Sie mal!* look here!; I say!; **~ensagen** hearsay (*vom ~ensagen* by, from h.); **~er** *(Person)* hearer, auditor, *pl* audience; *(Radio)* listener; *(Universität)* student; receiver; *(Kopf-)* earphone, headphone; **~erbriefe** *(Radio)* fan mail; **~ermeinungsforschung** listener research; **~erschaft** audience, auditory; listening audience; *(Universität)* students; **~fehler** mistake (in hearing); misapprehension; **~folge** feature programme, features; **~gerät** hearing-aid; **~ig** living in bondage, bond; a slave to; **~iger** bond(s)man; **~igkeit** bondage, serfdom; **~muschel** ear-piece; **~rohr** ear-trumpet; **~saal** auditorium, lecture-room; **~spiel** radio play; **~weite** ear-shot

Horizont horizon; *(Linie)* skyline; *fig* sphere of ideas ♦ *d. geht über meinen ~* that's above me; **~al** horizontal

Hormon hormone; **~drüse** ductless gland

Horn horn; ♪ bugle, French horn; *(Fühler)* feeler ♦ *j-m ¨~er aufsetzen* to make a cuckold of; *d. Stier bei d. ¨~ern packen* to take the bull by the horns; *s. d. ¨~er ablaufen* to learn the hard way; **~bläser, ~ist** horn-blower, bugler; **~brille** horn spectacles; **¨~chen** small horn; *(Gebäck)* crescent; **¨~ern** of horn; **~haut** callosity, horny skin; *(Auge)* cornea; **~signal** bugle call; **~vieh** horned cattle; *fig* blockhead

Hornisse hornet

Horoskop horoscope (*e. ~ stellen* to cast a h.)

Horst aerie, eyrie; *(Gebüsch)* thicket; BE air station, air base; **~en** to build an aerie

Hort treasure; hoard; *(Zuflucht)* protection; refuge; *(Schützer)* protector; **~en** to hoard; to stock-pile; **~nerin** nursery-school teacher

Hortensie hydrangea

Hose *(lang)* trousers, *US* pants; *(kurz)* shorts; *(lang, sportlich)* slacks; *(blaue Arbeits-, Träger-)* overalls, dungarees; *(Golf)* plus-fours; *(Knickerbockers)* breeches, knickerbockers; *(Flanell)* flannels; *(Unterhose)* BE pants, drawers; *(Damenunterhose)* panties, BE knickers, *(beinlos)* briefs ♦ *d. ~n anhaben* to wear the breeches; **~naufschlag** turn-up; **~nbandorden** Order of the Garter; **~nboden** seat (of the trousers) ♦ *j-m d. ~nboden versohlen* to smack s-b's bottom; **~nklappe, ~nlatz** fly, flap; **~nrolle** man's part; **~nträger** braces, *US* suspenders

Hospit|al hospital, infirmary; **~ant** temporary auditor (of lectures), guest member; **~ieren** to audit, to listen in, to attend lectures as guest

Hospiz hospice

Hostie the Host; **~ngefäß** pyx

Hotel hotel; **~boy, ~page** page, bellboy, *US umg* bellhop; **~ier** hotel-keeper; **~zimmer** hotel room

Hub lift(ing); *(Kolben)* stroke; **~schrauber** helicopter; **~stapler** fork-lift truck

hüben on this side, on our side; *~ u. drüben* on either side

hübsch pretty, nice, charming; *(schön)* beautiful; good-looking; *(lieblich)* lovely; *fig* considerable, pretty, rather; *~es Mädchen* pretty girl; *~er Mann* handsome man; *~es Vermögen* nice fortune; *~ warm* nice and warm; *~ teuer* rather expensive

huckepack pick-a-back; **~verkehr** road-rail service

hudeln to scamp

Huf hoof; **~eisen** horseshoe; **~lattich** coltsfoot; **~nagel** hobnail; **~schlag** kick; hoofbeat; **~schmied** shoeing smith, farrier; **~tiere** hoofed animals, ungulates

Hufe *(Land)* hide (of land)

Hüft|bein hip-bone, ilium; **~e** hip; *(Tiere)* haunch; **~gelenk** hip joint; **~gürtel, ~halter** suspender-belt, *US* garter-belt; roll-on; **~lahm** having a dislocated hip, hip-shot

Hügel hill; hillock, knoll; **~ig** hilly

Huhn *allg* fowl; *(Henne)* hen; *(Federvieh)* poultry; *junges ~* chicken; *gebackenes ~* fried chicken; *gebratenes ~* roast chicken; *¨~er halten* to keep hens (chickens) ♦ *mit j-m e. ¨~chen zu rupfen haben* to have a bone to pick with s-b; *da lachen ja d. ¨~er* how absurd!

Hühner|auge corn; **~augenpflaster** corn-plaster; **~braten** roast chicken; **~farm** poultry-farm, chicken-farm; **~hof** poultry yard; **~hund** pointer, setter; **~leiter** hen-roost; miniature ladder ♦ *d. Leben ist e-e ~leiter* (those are) the ups and downs of life; **~stall** hen-house; **~stange** perch, roost; **~zucht** chicken farming (*od* breeding)

Huld grace, favour; *(Freundlichkeit)* charm; *(Milde)* clemency; **~igen** to pay homage to; *(e-r Ansicht)* to hold an opinion; **~igung** homage; **~reich, ~voll** gracious; kind; benevolent

Hülle cover, wrapper; *(Brief, Ballon)* envelope; *(Gehäuse)* case; jacket; *(Schleier)* veil; *(Schicht)* layer; *bot* integument; *d. sterbliche ~* earthly (*od* mortal) remains; *in ~ u. Fülle* in abundance; enough and to spare; **~n**

to wrap; *(bedecken)* to cover; *s. ~n in* to array o.s. in
Hülse *(Schale)* husk, shell; *(Schote)* pod; ⚙ case; shell; cover; *(Geschoß)* cartridge case, shell case; **~nfrucht** leguminous vegetable, legume, pulse
human humane; **~ismus** humanism; **~istisch** humanistic; *~istische Bildung* classical education; **~itär** humanitarian
Hummel bumble-bee ♦ *wilde ~* tomboy
Hummer lobster; **~nschere** claw of lobster
Humor (sense of) humour; *~ haben* to have a sense of humour; **~eske** humorous sketch; **~istisch** humorous; funny, comic; **~los** humourless; devoid of humour
humpeln to limp, to hobble
Humpen bumper, tankard
Humus humus, vegetable mould
Hund dog; junger ~ puppy, pup ♦ *vor d. ~e gehen* to go to the dogs (*od* the devil); *auf d. ~ kommen* to sink very low, to go down in the world; *mit allen ~en gehetzt sein* to be as sly as a fox, to be up to a thing or two; **~earbeit** hard work, drudgery; **~ehütte** kennel; **~ekälte** beastly cold; **~eleben** dog's life; *e. ~eleben führen* to lead a dog's life; **~eleine** (dog-)lead; **~emarke** dog's licence, disk; **~emüde** dog-tired, dead-tired; **~esteuer** dog tax; **~ewetter** dirty (*od* filthy) weather; **⸚in** bitch; **⸚isch** *fig* cringing, fawning; **~sfott** cur, scoundrel; **~sgemein** very low, vulgar, mean; **~sstern** dog-star; **~stage** dog-days
hundert hundred; *su* hundred; *zu ~en* in (by) hundreds; **~er** hundred; **~erlei** of a hundred kinds; **~fach** hundredfold; **~füßler** centipede; **~jahrfeier** centenary; **~jährig** centenary, centennial; *~jähriges Jubiläum* centenary, *US* centennial; **~jähriger** centenarian; **~mal** a hundred times; **~ste** hundredth ♦ *vom ~sten ins Tausendste kommen* to rush from one subject to another
Hüne giant; **~ngrab** barrow, cairn; **~nhaft** gigantic
Hunger hunger (*nach* after, for); *fig* violent desire, craving, yearning (*nach* for); *~ haben* to be hungry; *~s sterben* to starve to death, to die of hunger; *~ leiden* to starve, to go hungry; **~kur** fasting cure; **~leider** poor devil; **~lohn** starvation wage; pittance; **~n** to be (*od* go) hungry; to hunger (*nach* after, for); **~ödem** nutritional oedema; **~snot** famine; **~streik** hunger strike; **~tuch:** *am ~tuche nagen* to be starving
Hupe horn, klaxon; **~n** *BE* to hoot, to toot, to honk; to sound one's horn; *(laut)* to blare
hüpfen to hop, to skip, to jump, to bounce; *Seil ~* to skip rope ♦ *d. ist gehüpft wie gesprungen* that's all the same
Hürde ⛩ hurdle; fold, pen; *~n laufen* to hurdle; *~n nehmen* to take the hurdles; **~nläufer** hurdler; **~nrennen** hurdle race
Hure whore, harlot; prostitute; *sie ist e-e ~* she walks the streets
Hurrapatriotismus jingoism
hurtig quick, swift; brisk, agile; **~keit** quickness, swiftness; agility
Husar hussar
huschen to slip away, to whisk; to scurry
hüsteln to cough slightly, to hack
husten to (give a) cough; *su* cough; *~ haben* to have a cough; **~bonbon** (cough) lozenge; **~reiz** throat irritation; **~stillend** pectoral
Hut hat; *(steifer)* bowler (hat), *US* derby (hat); *(Aufsicht)* guard, charge; *(Schutz)* protection ♦ *unter e-n ~ bringen* to reconcile (conflicting opinions); *auf d. ~ sein* to be on the alert, to be on one's guard; **~krempe** brim; **~macher** hatter; **~macherin** milliner; **~schachtel** hat-box; **~schnur** hat-string ♦ *d. geht über d. ~schnur* that's past a joke, that's about the limit
hüt|en *vt* to guard, to take care of, to keep; *(Vieh)* to tend cattle, to herd; *(Bett, Zimmer)* to be confined to, to keep to; *refl* to take care; to beware of; to be on one's guard; **~er** guardian; *(Wärter)* keeper; warden; *(Vieh)* herdsman
Hütte hut; *(arm)* cabin; *(kleines Haus)* cottage, cot; *(Eisen-)* foundry; forge; iron works; *(Glas-)* glassworks; **~nkunde, ~nwesen** metallurgy; **~nwerk** smelting works, iron works, foundry
hutzelig shrivelled
Hyäne hyena
Hydrat hydrate
Hydraul|ik hydraulics; **~isch** hydraulic
Hydrogen hydrogen
Hygien|e hygiene, hygienics; **~isch** hygienic
Hymne hymn; anthem
Hyperbel hyperbola; *(Redekunst)* hyperbole
Hypno|se hypnosis; **~tisch** hypnotic; **~tiseur** hypnotist; **~tisieren** to hypnotize
Hypochond|er hypochondriac; **~rie** hypochondria
Hypothek mortgage (loan); *e-e ~ aufnehmen* to mortgage, to raise money on mortgage; **~arisch** hypothecary; *adv* on (by) mortgage; **~enaufnahme** mortgage; **~engläubiger** mortgagee; **~enpfandbrief** (mortgage) bond; **~enschuldner** mortgagor
Hypothe|se hypothesis; supposition; **~tisch** hypothetical
Hyster|ie hysteria; **~isch** hysterical; *~ische Anfälle bekommen* to go into hysterics

I

I (the letter) **I**; *~ wo!* nonsense!; certainly not!; **~punkt** i-dot
i.A. *(im Auftrage)* by order of
ich I; *su* self, ego; *~ selbst* I myself; *~ bin es* it is me; *~ Arme(r)* poor me!; *mein liebes ~* my own dear self; *mein zweites ~* my second self
Ideal ideal; *adj* ideal, perfect; *umg* choice; **~isieren** to idealize; **~ismus** idealism; **~ist** idealist; **~istisch** idealistic
Idee idea; notion; thought; brain-wave; *e-e ~ (umg)* a little (bit); *e-e ~ dunkler* a shade

darker; *Bücher, d. e-e ~ vermitteln von* books which will give a slant on; *fixe ~* obsession, fixed idea; **~ll** ideal; spiritual; imaginary; **~nreichtum** inventiveness; resourcefulness; **~nwelt** imagination; world of ideas; mentality

Iden *pl* Ides

Identi|fizieren to identify; **~sch** identical; **~tät** identity

Idiosynkrasie (strong) aversion (*gegen* to); high susceptibility (*gegen* towards)

Idiot idiot; **~ie** idiocy; **~isch** idiotic

Idyll idyl; **~isch** idyllic

Igel hedgehog; *mil* all-round defence

Ignor|ant ignoramus; **~anz** ignorance; **~ieren** to ignore; *j-n ~ieren* to cut s-b (dead); to slight; to disregard

Ihm him; *(Sachen)* it

Ihn him; *(Sachen)* it; **~en** them; you

Ihr her; *(Sachen)* it; *pl* you; *poss pron, adj* her(s); its; their(s); your(s); **~er** of her; of it; of them; of their; of you; of your; **~erseits** in her (its, their) turn; in your turn; **~esgleichen** of her (its, their) kind; like her (it, them); of your kind, like you; **~ethalben, ~etwegen, ~etwillen** for her (its, their) sake; on her (its, their) account; on your account; **~ig** hers (its, theirs); yours

Illeg|al illegal; **~itim** illegitimate; **~itimität** illegitimacy

Il|liquid insolvent; unable to pay one's debts; **~loyal** disloyal

Illuminieren to illuminate; to light up

Illus|ion delusion; illusion; **~orisch** delusive; illusory

Illustr|ation illustration; **~ieren** to illustrate, to explain

Iltis polecat, fitchew

Imaginär imaginary

Imbiß snack, bite; **~stube** snack bar, lunchroom; *US* lunch counter

Imit|ation imitation; **~ieren** to imitate

Imker bee-keeper; **~ei** bee-keeping

Immateriell immaterial

Immatrikul|ation enrolment (at a university); matriculation; **~ieren** to entrol; to matriculate

Imme bee

Immer always; every time, all the time; *für ~* for ever, for good; *~ mehr* more and more; *noch* still; as yet; *~ wieder* again and again; *sie hat es schon ~ gesagt* she said so all along; *~ größer* bigger and bigger; *wer auch ~* who(so)ever; *wie auch ~* how(so)ever; **~dar** for ever (and ever), evermore; **~fort** continually, constantly; **~grün** evergreen, periwinkle; **~hin** nevertheless, still; **~während** endless, everlasting, perpetual; **~zu** all the time, continually; *nur ~ zu!* go on!

Immobilien real estate; immovables; **~händler** estate agent, *US* realtor

Immortelle *BE* everlasting (flower), *US* immortelle

Immun immune (*gegen* from); **~isieren** to render immune, to immunize; **~ität** immunity (*gegen* to, against)

Imper|ativ imperative; **~fekt** past tense; **~ialismus** imperialism; **~tinent** impertinent, insolent; **~tinenz** impertinence

Impf|arzt vaccinator; **~en** to inoculate, *(Pocken)* to vaccinate; **~pflicht** compulsory vaccination; **~stoff** vaccine, lymph; **~ung** inoculation; vaccination

Imponderabilien imponderable substances; *fig* imponderables

Imponieren to impress; **~d** impressive, imposing; *~de Leistungen* marvellous achievements

Import import(ation); *(-waren)* import(s); **~e** (imported) Havana cigar; **~eur** importer; **~geschäft** import business; **~ieren** to import

Impoten|t impotent; **~z** impotence

Imprägnier|en to impregnate; to (make) waterproof; **~ungsmittel** waterproofing liquid

Im|pressum imprint; **~primatur** erteilen 📖 to pass s-th for press

Improvis|ation improvisation, extemporization; **~ieren** to improvise, to extemporize; *umg* to ad-lib

Impuls stimulus, impulse; **~iv** impulsive

Imstande able, in a position to; *ich fühle mich dazu nicht ~* I don't feel up to it

In in; into; within; among(st); *~ Kürze* shortly; *im vorigen Jahr* last year ♦ ... *hat's ~ sich* (this wine) has got a kick in it, (he) is a deep one

In|angriffnahme start, setting about; **~anspruchnahme** utilization; strain on; *(Kredit)* availment; recourse to; ⚖ claim; *mil* requisition; **~artikuliert** inarticulate; **~augurieren** to inaugurate; **~begriff** essence; embodiment; **~begriffen** included, including, inclusive of; **~betriebnahme** opening; starting; ⚙ setting to work; **~brunst** ardour; fervour; **~brünstig** ardent; fervent; **~danthren** colour-fast dye, indanthrene

In|dem while, whilst; in, by (doing); because, since; **~des, ~dessen** *adv* meanwhile, while; *conj* however, while

Inder Indian; Hindu

Index index; **~klausel** escalator clause; **~lohn** index-linked wage; **~zahl** index number

Indi|aner (Red) Indian; **~anisch** Red Indian; **~en** India; **~sch** Indian

Indi|goblau indigo-blue; **~kativ** indicative (mood); **~rekt** indirect; **~skret** inquisitive; tactless; gossipy; **~skretion** inquisitiveness, tactlessness; breach of confidence

Individu|alität individuality; **~ell** individual

Indiz, ~ium circumstantial evidence; pointer

Indogerman|e Aryan, Indo-European; **~isch** Aryan, Indo-European

Indoss|ament endorsement; **~ieren** to back, to endorse

Industr|ialisieren to industrialize; **~ie** (manufacturing) industry; **~iealkohol** industrial alcohol; **~ieanlage** factory, works, plant; **~ieberater** management consultant; **~ieerzeugnisse** manufactured goods, manufactures; **~iegebiet** industrial area; **~iekreise** industrial circles; **~ieller** industrialist, producer; **~iemagnat** *umg* big shot, *US* tycoon; **~iezweig** branch of industry; **~- und Handelskammer** Chamber of Commerce and Trade

ineinander into one another, into each other; **~greifen** ⚙ to gear, to mesh; **~passen** to fit together

infam infamous; *~e Lüge* thumping *(od* big) lie; **~ie** infamy

Infant infante; **~il** mentally underdeveloped, puerile; childish; **~erie** infantry; **~erist** infantryman

Infekti|on infection; **~ionskrankheit** infectious disease; **~ös** infectious

Inferiorität inferiority; **~skomplex** inferiority complex

infi|ltrieren to infiltrate; **~nitiv** infinitive; **~zieren** to infect

Inflation inflation; **~istisch** inflationary; **~sspirale** inflationary spiral; **~szeit** inflation(ary) period

Influenza influenza, *umg* flu

infolge in consequence of, owing to, due to, as a result of; **~dessen** hence, therefore, consequently, because of that

Inform|ation information; news; *~ation einholen* to make inquiries; **~ieren** to inform; to brief; to notify; *refl* to inform o.s. (*über* of); *falsch ~ieren* to misinform

infrarot infra-red

Ingenieur engineer; **~beruf** engineering; **~büro** engineering office; **~wesen** (civil) engineering

Ingredienz ingredient, component

Ingrimm anger, wrath; **~ig** very angry; enraged; fierce

Ingwer ginger; **~bier** ginger beer

Inhaber *(Wohnung)* occupant; *(Scheck)* bearer; *(Patent)* holder; *(Geschäft)* owner, proprietor, principal; *(Konzession)* licensee; possessor; **~aktie** bearer share; **~scheck** cheque (*US* check) to bearer

Inhal|ationsapparat inhaler; **~ieren** to inhale

Inhalt content(s); volume, capacity; area, extent; tenor, subject; **~lich** with regard to the contents; **~sangabe** summary; **~sreich** significant, full of meaning; **~sverzeichnis** table of contents, index

Initiative initiative (*aus eigner ~* on one's own i.); *keine ~ haben* to have no enterprise

In|jektion injection, *umg* shot; **~jizieren** to inject; **~jurie** *(verbal)* slander, insult; *(real)* assault

Inkasso collection; **~spesen** collecting charges; **~wechsel** bill for collection

inklusive included, including

inkonsequen|t inconsistent; contradictory; **~z** inconsistency; contradiction

In|krafttreten entry into force, taking effect; effective date; **~kubation** ⚕ incubation; **~kunabel** incunabulum

Inland inland; interior; home; *im In- und Ausland* at home and abroad; **~̈er** national (resident); **~̈isch** internal, domestic; within the country; home (-made); **~sabsatz** (sales in the) home market; **~sauftrag** order for the home market; **~sbedarf** home consumption; **~sbelieferung** supplies to domestic users; **~serzeugung** production within the country; domestic (*od* home) production; **~smarkt** home market; **~spreis** domestic price

In|lett bed-tick; ticking; **~liegend** enclosed, herewith; **~mitten** amid(st), in the midst of

inne|haben to hold; to occupy; **~halten** *vi* to stop, to pause; **~werden** *vi* to perceive, to become aware of; **~wohnen** to be inherent in; **~wohnend** inherent

innen inside, within, in; *nach ~* inward(s); *von ~* from within; **~architekt** interior designer (*od* decorator); **~architektur** interior designing (*od* decoration); **~hof** patio; **~leben** inner life; **~minister** (Federal) Minister of the Interior; *BE* Secretary of State for the Home Department, *umg* Home Secretary; *US* Secretary of the Interior; **~ministerium** Ministry of the Interior; *BE* Home Office; *US* Department of the Interior; **~politisch** relating to domestic affairs (*od* policy); **~stadt** City, centre of a city

inner inner, internal; domestic; interior; intrinsic; **~es** *su* inside, interior; soul; heart; *anat, fig* bowels; **~halb** inside, within; **~lich** internal, interior, inward; intrinsic; *(Gefühle)* profound, deep; *~lich anzuwenden* ⚕ for internal use; **~lichkeit** warmth; inwardness; intimacy; **~politisch** of internal policy; domestic; **~st** innermost; **~stes** *fig* heart, core; intrinsic nature; centre

inn|ig intimate; hearty, heart-felt; **~igkeit** intimacy; cordiality; fervour; **~ung** guild, corporation; association; **~ungswesen** guild system; trade associations

inoffiziell unofficial

Inquisit|ion inquisition; **~orisch** inquisitorial

Insasse ⚖ inmate, occupant; inhabitant; 🚗 passenger

ins|besondere especially, particularly, in particular; **~geheim** secretly; **~gemein** generally, in common; **~gesamt** altogether, collectively; in all

Inschrift inscription; *(Münze)* legend; caption; *(Stein)* epigraph; **~enkunde** epigraphy; **~lich** epigraphic

Insekt insect, *US umg* bug; **~enkunde** entomology; **~enpulver** insecticide; **~envertilger** insecticide, exterminator

Insel island; **~bewohner** islander; inhabitant of an island; **~lage** insularity; **~meer** archipelago

Inser|at advertisement, *umg* ad; **~ent** advertiser; **~ieren** *vt/i* to advertise, *vi* to put an ad(vertisement) in a newspaper

Insignien insignia

Inskription enrolment; registration

In|sofern, ~soweit *adv* so far, to that extent; *conj* inasmuch (forasmuch) as, as far as, in so far as; **~sonderheit** *adv* especially, particularly

Insolven|t insolvent, unable to pay one's debts; **~z** insolvency

Inspir|ation inspiration; **~ieren** to inspire
Inspiz|ient 🎭 stage-manager; inspector; **~ieren** to inspect; to superintend; to examine
Install|ateur plumber; electrician; fitter; *(Heizung)* steam-fitter; **~ation** installation; **~ationsmaterial** builders' fittings; **~ieren** to install; to lay on; to introduce
Instand: ~ *halten* to maintain; to keep up; ⚙ to service; ~ *setzen (j-n)* to enable s-b; to repair, *umg* to fix; ⚓ to re-float; to put in working order; **~haltung** maintenance, upkeep; **~haltungskosten** costs of maintenance; upkeep; **~ig** pressing, urgent; earnest; *~ig bitten* to implore
Instanz authority; court (of justice); instance; *höchste ~* supreme court of appeal; *letzte ~* last resort; **~enweg** ⚖ stages of appeal; *auf d. ~enweg* through official channels
Instinkt instinct, flair; **~iv** instinctive
Institut institute; institution; laboratory; (private) school
Instru|ieren to instruct, to brief; **~ktion** instruction; ⚖ brief; **~ktiv** instructive; representative; **~ment** instrument; ⚙ tool, implement; *umg* gadget; ⚖ deed; **~mentalmusik** instrumental music; **~mentation** orchestration; **~mentieren** to instrument
Insulaner islander
inszenier|en to produce; 🎭 to stage; **~ung** production; 🎭 staging; get-up
Integral|e integral; **~rechnung** integral calculus
intell|ektuell intellectual; *umg* highbrow; **~ektueller** intellectual, *umg* egghead; **~igent** intelligent; **~igenz** intellect; intelligence, understanding; brains; *(Schicht)* intelligentsia, the intellectuals
Inten|dant 🎭 stage director; 🎭, *mil* superintendent; official in charge; **~dantur** office of superintendent; *mil* commissariat; **~danturoffizier** commissary; **~sität** intensity; **~siv** intensive; thorough; concentrated; intense; **~sivieren** to intensify; **~sivierung** increase; gain in strength; gaining strength; development; intensification
Interess|ant interesting; **~e** interest; advantage; concern; *in j-s ~e* on (in) behalf of, on (in) s-b's behalf, in (for, to) s-b's behoof; *~e nehmen an* to take an interest in, to be interested in; *miteinander nicht zu vereinbarende ~en* conflicting interests; **~engruppe** pressure group; lobbyists; **~ent** party interested; person interested; prospective buyer, prospective; **~ieren** to be interested in, to take an interest in
interim|istisch provisional, temporary; **~skonto** suspense account; **~squittung** provisional receipt
Intermezzo interlude
Intern internal; **~at** boarding-school; *(Univers.)* residential college; **~atshaus** boarding-house; **~atsschüler** boarder; **~ieren** to intern; **~ierter** internee; **~ierung** internment; **~ist** specialist in internal diseases
inter|national international; **~pellieren** to interpellate; **~polieren** to interpolate; **~pretieren** to interpret; **~punktieren** to punctuate; **~punktion** punctuation; **~punktionszeichen** punctuation mark; **~vall** interval; **~viewen** to interview; *e. ~view gewähren* to give an interview; **~zonengrenze** interzonal boundary; **~zonenverkehr** interzonal traffic; interzonal transactions
Inthronis|ation enthronement; **~ieren** to enthrone
Inton|ation cadence; **~ieren** to intone
Intoxikation intoxication, poisoning
intransitiv intransitive
Intri|gant intriguer, 🎭 villain; *adj* insidious, scheming, plotting; **~ge** intrigue; **~gieren** to intrigue, to plot
Invalid|e disabled person, invalid; **adj** invalid(ed), disabled; **~enrente** industrial disablement pension, disability pension, *US* disablement benefit; **~enversicherung** disability insurance; **~ität** disablement, disability, invalidism
Invent|ar inventory, stock (*totes, lebendes ~* dead, live stock); ⸸ implements and machinery; **~arisieren** to take stock of, to draw up an inventory of; **~ur** stock-taking; **~urverkauf** clearance sale, stock-taking sale
Invest|ieren to invest; **~ition** (capital) investment; **~itionsboom** capital goods boom; **~itionstätigkeit** investment in capital goods, investments
in|wärts inwards; **~wendig** *adj* inside, inward, interior; **~wiefern, ~wieweit** to what extent, how far, in what way
In|zest incest; **~zucht** in-breeding; intermarriage
inzwischen meanwhile, in the meantime
Ird|en earthen; *~enes Geschirr* earthenware, crockery; **~isch** earthly, worldly; terrestrial; mortal
irgend some; any; at all; *wenn ich ~ kann* if I possibly can; *wenn ~ möglich* if at all possible; **~einer, ~ jemand, ~wer** somebody, someone; anybody, anyone; **~wann** at some time or other, sometime; **~wie** somehow; anyhow; **~wo** somewhere; anywhere; **~woher** from somewhere, from anywhere; from some place (or other); **~wohin** to some place (or other), to any place
Iris *bot* iris, flag; **~ierend** iridescent
Ir|e Irishman; **~in** Irishwoman; **~isch** Irish; **~land** Ireland; **~länder(in)** = Ire (Irin); **~ländisch** = irisch
Iron|ie irony; **~isch** ironical, bland; **~isieren** to treat ironically
irre astray, wrong; *(geistig)* confused; mad, crazy, insane; ~ *werden an* to lose confidence in, to doubt (s–b); *in d. ~ führen* to mislead, to lead astray; to bluff; **~r** *su* lunatic, madman (madwoman); **~gehen** to lose one's way, to go astray; *(Brief)* to miscarry; **~machen** to confuse, to puzzle, to bewilder; *s. nicht leicht ~ machen lassen* not to be easily put out; **~n** *vi* to

err, to make a mistake, to be wrong; to lose one's way, to wander (about)

Irr|enanstalt lunatic asylum; **~enarzt** alienist, mad-doctor; **~fahrt** vagary, wandering; **~garten** maze, labyrinth; **~glaube** heresy, heterodoxy; **~gläubig** heretical, heterodox; **~enhaus** madhouse, bedlam; **~ig** erroneous, wrong; **~läufer** ✉ lost letter; 🚂 misrouted railroad car; **~lehre** false doctrine, heresy; **~licht** *(a. fig)* will-o'-the-wisp, Jack-o'-lantern; **~sinn** insanity, madness, alienation; lunacy; **~sinnig** insane, mad; *~sinnig werden* to go mad; **~tum** error, mistake; *im ~tum* all abroad; *~tümer vorbehalten* errors excepted; **~tümlich** erroneous, mistaken; *adv* by mistake; **~ung** error, misunderstanding; **~weg** wrong path; **~wisch** = *~licht;* tomboy

irritieren to irritate

Ischias sciatica

Isol|ation isolation, ⚡ insulation; **~ationsschicht** insulating layer; **~ator** ⚡ insulator; **~ieren** *a.* ⚕ to isolate; ⚡ to insulate; **~ierband** insulating tape; **~ierflasche** vacuum flask; **~ierschicht** dampproof course, insulating layer; **~ierstation** ⚡ insulation; ⚕ isolation; **~ierungsanstrich** protective coating; **~ierungsleitung** insulated wire (*od* cable); **~ierzelle** padded cell; cell for solitary confinement

Isotop isotope; **~isch** isotopic

Ist is; **~stärke** *mil* actual strength; actual inventory

Isthmus isthmus

Italien Italy; **~er** Italian; **~isch** Italian

J

J (the letter) J

ja yes; *umg* ay(e), *US* yea(h), yep; indeed, really; be sure to, by all means; *~ sogar* even; *~ sagen zu* to consent to, to agree; *~ u. Amen sagen zu* to say amen to; *ich habe es Ihnen ~ gesagt!* I told you so!; *da sind Sie ~!* well, there you are!; *tu es ~ nicht!* don't you dare do it!; *wenn ~* if so; *er konnte ~ nicht kommen* he could not come, could he; **~wohl** yes, certainly, indeed; **~wort** consent; yes

Jacht yacht; **~klub** yachting-club

Jacke jacket; coat; 🦌 blazer ♦ *d. ist ~ wie Hose* six of one and half a dozen of another; **~nkleid** lady's suit; **~tt** (short) coat, jacket

Jagd 🦌 hunt(ing), shooting; chasing; *fig* pursuit, hunting; *auf d. ~ gehen* to go hunting (*od* shooting); *~ machen auf (fig)* to hunt, to chase; *~ nach e-r Wohnung* house-hunting; **~bares Wild** fair game; **~beute** bag, kill; game; booty; **~flieger** fighter pilot; **~flinte** sporting gun, fowling piece; **~flugzeug** fighter (aircraft); interceptor; **~frevel** poaching; **~gesetz** game law; **~glück** *haben* to make a good bag; **~gründe:** *d. ewigen ~gründe* happy hunting-grounds; **~haus** hunting lodge, *BE* shooting-box; **~hund** hound, setter, hunting dog; **~recht** hunting (*od* shooting) right(s); **~revier** game preserve, hunting-ground; **~schein** game (*od* shooting) licence; **~schloß** hunting seat (*od* lodge); **~staffel** ✈ fighter formation; **~tasche** gamebag; **~verband** ✈ fighter unit; **~wagen** dog-cart; **~zeit** hunting (*od* shooting) season

jagen *vt* 🦌 to hunt; *fig* to pursue, to chase; to career, to rush, 🚗 to drive at full speed; to dash; *aus d. Hause ~* to turn out of doors; *su* shooting

Jäger huntsman (*d. wilde ~* the wild h.), hunter, ranger, sportsman; ✈ fighter; *mil* rifleman; **~isch** sportsmanlike; **~latein** (huntsman's) tall talk, travellers' tales; **~sprache** hunting terms, sporting language

jäh sudden, quick; steep *(Abgrund);* abrupt; **~lings** suddenly, abruptly, precipitously; **~zorn** irascibility, sudden anger, rage; **~zornig** irascible, hot-tempered; hasty

Jahr year; *in d. ~e kommen* to begin to grow old, to be getting on in years; *d. ganze ~ hindurch* all the year round; *im ~e* in (the year); *in d. letzten ~en* of late (*od* recent) years; *in d. besten ~en* in the prime of life; *in d. neunziger ~en* in the nineties; *nach ~ und Tag* after many years; *seit ~ und Tag* for many years; *über ~ und Tag* a year and a day; **~aus, ~ein** year in, year out; **~elang** (lasting) for years; **~buch** almanac, annual; *pl* annals; **~esabschluß** annual balance(-sheet); annual statement of accounts; **~esbedarf** yearly requirement; **~esbericht** annual report; **~esrente** annuity; **~esring** *bot* annual ring; **~estag, ~esfeier** anniversary; **~eszahl** year, date; **~eswende** turn of the year, New Year; **~gang** age group, 📖 year of publication; *(Wein)* year's vintage; **~hundert** century; **~hundertfeier** centenary, hundredth anniversary; **~markt** (fun) fair; **~tausend** a thousand years, millennium; **~zehnt** decade; **~zehntelang** for decades

jähr|en *refl* to be a year ago (*od* since); **~lich** annual, yearly; *einmal ~lich* once a year; **~ling** yearling

Jalousie venetian blind

Jamaikapfeffer allspice, *BE* a. pimento

Jamb|us iambus; **~isch** iambic

Jammer misery; moaning, wailing; *was für e. ~-!* what a pity!; **~lappen** cry-baby, weakling; **~leben** life of misery; **≈lich** miserable, wretched, pitiable; **~n** *vt* to make s-b feel sorry (for), to pity; *vi* to wail, to moan, to lament (*um* for, *über* over); *su* lamenting, complaining, moaning; **~schade** a thousand pities; **~tal** vale of tears (*od* of woe); **~voll** deplorable, lamentable, piteous

Janhagel mob, rabble

Januar January

Jas|min jasmine, jessamine; **~pis** jasper

jäten to weed

Jauche liquid manure; **~grube** liquid manure tank; cesspool

jauch|zen to exult, to jubilate, to rejoice; **~zer** loud cheers, shouts of joy

jaulen to howl

Jazz jazz; *~en* to play jazz; **~kapelle** jazz band

je always, at all times; ever; at a time; each, apiece; *sie bekamen ~ e-n Apfel* they received an apple each; ~ *nachdem* in proportion as, according to; *~... desto, ~... um so* the ... the (~ *eher, desto besser* the sooner, the better); *von ~her s.* jeher; ~ *zwei* two at a time; **~denfalls** at all events, in any case; however; most probably

jeder each; every; any; either; ~, *der* whoever; **~mann** everyone, everybody; **~zeit** at any time

jedesmal every time, each time; ~ *wenn* whenever, as often as; in each case

jedoch however, nevertheless, yet

jedweder, jeglicher every, everyone, each

jeher: *von* ~ from time immemorial, at all times

Jelängerjelieber honeysuckle, woodbine

je|mals ever, at any time; **~mand** somebody, someone; anybody, anyone

Jenaer Glas Pyrex

jen|er that, that one; *pl* those, those ones; the former; the other; **~seitig** opposite, on the other side; **~seits** beyond, across, yonder, on the other side of; *su* the other world, the next world, the beyond; *ins ~seits befördern* to kill off; to do in

Jersey jersey (cloth)

jetz|ig actual, present; modern, current; **~t** now, at present; **~tzeit** the present day, these days (of ours)

Jeunesse dorée gilded youth

jeweil|ig actual, for the time being, at the moment; respective; **~s** at times; at any given time; in each case

Jiu-Jitsu *BE* ju-jutsu, *US* ju-jitsu; judo

Joch yoke; *geog* ridge; *(Brücke)* piles; 🏛 cross-beam ♦ *unter d. ~ bringen* to subjugate; **~bein** cheek-bone

Jockey jockey

Jod iodine; **~haltig** containing iodine; iodiferous; **~tinktur** tincture of iodine

jod|eln to yodel; **~ler** yodel

Joghurt yog(h)urt

Johannis|beere red currant; (*schwarze ~beere* black c.); **~brot** carob (bean); **~tag** Midsummer Day; **~würmchen** glow-worm

johlen to howl, to yell, to boo

Joker *(Karten)* joker

Jolle jolly-boat, yawl

Jongl|eur juggler; **~ieren** *vt* | *vi* to juggle

Joppe jacket

Journalist journalist, newspaperman; **~ik** journalism

Jubel jubilation, rejoicing; **~feier** jubilee; **~jahr** year of jubilee ♦ *alle ~jahre einmal* once in a blue moon; **~n** to shout with joy, to rejoice; to cheer

Jubil|ar one who celebrates his jubilee; **~äum** jubilee, anniversary; **~äumsausgabe** 🕮 anniversary (*od* jubilee) edition; **~ieren** to exult, to jubilate

Juchten Russia leather

Jauchzer shout of joy

jucken *vt* to scratch, to rub; *vi* to itch, to feel itchy; *su* itching, ⚕ pruritus

Jugend youth; young people; *(Zeit)* adolescence; *frühe ~* childhood ♦ ~ *hat keine Tugend* boys will be boys; *in m-r ~* when I was a boy (girl); *von ~ an* man and boy, from one's youth; **~amt** youth welfare office; **~arbeit** youth activities, youth work; **~erzieher** educator of young people; **~film** children's film; **~frei** 📽 U-film; **~freund** friend of one's youth, school-chum; **~fürsorge** youth welfare; **~fürsorgeheim** youth detention centre; **~gericht** Juvenile Court; **~herberge** youth hostel; **~leiter** youth worker; **~lich** youthful, juvenile; **~liche(r)** boy; girl; *pl* young people, juveniles; **~liebe** first love, *(iron.)* calf-love; *(Person)* old sweetheart; **~schriften** books for the young, children's books; **~verbot** 📽 X-film; **~zeit** young days, youth

Juli July

Jumper jumper

jung young, youthful; *(Wein)* new; *(Gemüse)* fresh, early; *(Erbsen)* green ♦ ~ *gewohnt, alt getan* once a use and ever a custom; **~brunnen** fountain of youth; **~e** boy, lad, youngster; apprentice; *umg* cub; *blaue ~en* ⚓ blue-jackets; *grüner ~e* greenhorn; *schwerer ~e* notorious criminal, thug; *(Tiere)* young; **~enhaft** boyish; **~enzeit** boyhood; **~fer** maid, virgin; spinster, lady's maid; *alte ~fer* spinster, old maid; **~fernfahrt** ⚓ maiden voyage; **~fernschaft** maidenhood, virginity; **~frau** virgin, maid(en); *astr* Virgo; **~fräulich** maidenly, virginal; **~geselle** bachelor; **~gesellin** bachelor girl; **~vieh** young cattle

jüng|er younger, later, junior; of a later date; *su* disciple; adherent; follower; **~ferlich** maidenly, coy; **~ling** young man, youth, *umg* lad; **~lingszeit** adolescence; **~st** youngest; latest; last; recent; *d. ~ste Gericht* Doomsday, the last judgment; *d. ~sten Ereignisse* the latest events; *adv* lately, recently, newly, of late

Juni June

Junker country gentleman; squire; aristocrat; titled landowner

Jupiterlampe klieg light

Jur|a law (*~a studieren* to study l., *BE* to read l.); **~ist** jurist; law-student; **~istisch** legal, juridical; *~istischer Beistand* counsel; *~istische Person* juridical person; legal entity; corporate body; **~y** jury; panel of experts

just just, exactly; just now, only just

Justiz administration of the law (*od* of justice); **~dienst** judicial service; **~minister** Minister of Justice; *US* attorney general; **~mord** judicial murder; **~rat** Judicial Councillor; King's Counsel; **~wesen** judicial affairs; = ~

Juwel jewel, gem, precious stone; *pl* jewelry, *BE mst* jewellery; **~ier** jeweller; *(Laden)* jeweller's shop

Jux joke, *umg* lark; *aus ~* (just) for a joke; *s. e-n ~ machen* to lark

K

K (the letter) K
Kabale cabal, intrigue
Kabarett cabaret; night-club
kabbeln *refl* to bicker
Kabel cable; ✆ cablegram; **~telegramm** = ~; **~n** *vt/vi* to cable; **~jau** cod
Kabine cabin; cubicle; ✈ cabin; *(Piloten-)* cockpit; *(Bad)* bathing-box, *US* bath-house; *(Wahl-,* ✆*)* booth; ⚓ berth; cabin; **~nkoffer** cabin trunk; **~tt** cabinet, closet; *pol* cabinet; **~ttskrise** ministerial crisis; **~ttsitzung** meeting of the cabinet
Kabriolett cabriolet, hansom; convertible
Kachel (glazed, Dutch) tile; **~n** to tile; **~ofen** tiled stove
Kadaver carcass, *(Mensch)* corpse, body
Kadenz cadence
Kader cadre
Kadett cadet; **~enanstalt** cadet-school
Käfer beetle, *US* bug; *(umg) sie ist e. netter ~* she's a cute (*od* sweet) little thing
Kaff *sl* poor village, chaff
Kaffee coffee; *(Haus)* café, coffee-house; *~ verkehrt* milk with a dash (of coffee); **~ersatz** coffee surrogate; **~grund, ~satz** grounds; **~kanne** coffee-pot; **~kränzchen** ladies' coffee-party; *umg* hen party; **~löffel** tea-spoon; **~maschine** percolator; **~mühle** coffee-grinder, coffee-mill; **~mütze** cosy, *US* cozy; **~strauch** coffee-shrub; **~tasse** coffee-cup
Käfig cage
Kaftan kaftan; gaberdine
kahl bald; *(Land)* barren; bare; bleak; callow; empty; naked; blank; **~geschoren** close-cropped; **~heit** baldness; barrenness; bleakness *(unfruchtbar)*; **~köpfig** bald-headed; **~schlag** ♣ clearing, clear felling
Kahm mould; **~ig** mouldy, stale
Kahn boat; *(Last-)* barge, lighter; punt; skiff; *~ fahren* to go boating; **~führer** bargee
Kai quay, wharf; pier; *(Fluß* embankment
Kaiman cayman, alligator
Kaiser emperor ♦ *dem ~ geben, was des ~s ist* to render unto Caesar the things which are Caesar's; **~in** empress; **~lich** imperial; *s-e ~liche Majestät* His Imperial Majesty; **~pfalz** Imperial Palace; **~reich** empire; *(Dtschld.)* the German Empire; **~schnitt** Caesarean operation; **~tum** empire
Kajak canoe; *(Eskimo)* kayak
Kajüte cabin; stateroom; *~ erster Klasse* first-class saloon
Kaka|du cockatoo; **~o** cocoa; *(Frucht)* cacao ♦ *(umg) durch d. ~o ziehen* to ridicule, to sneer at s-b
Kakerlak cockroach
Kaktus cactus
Kalauer stale joke; pun
Kalb calf; **~en** to calve; **~ern** to behave foolishly; **~fleisch** veal; **~sbraten** roast veal; **~shaxe** knuckle of veal; **~sleder** calf; **~slende** fillet of veal; **~sschnitzel** veal cutlet
Kaldaunen intestines; tripe
Kalender calendar, almanac; *hundertjähriger ~* perpetual calendar; **~block** block-calendar; tear-off calendar
Kalesche light carriage, chaise
kalfatern to caulk
Kali potash; potassium hydroxide; **~düngemittel** potash manure, potash fertilizer; **~haltig** containing potash; **~salpeter** potassium nitrate
Kaliber calibre *(a. fig); umg* sort, kind
Kalif caliph
Kalk lime; calcium; *gebrannter ~* quicklime; *gelöschter ~* slaked lime; *mit ~ tünchen* to whitewash; **~ablagerung** calcareous deposit; **~grube** lime-pit; **~haltig** containing lime; calcareous; **~ofen** lime-kiln; **~spat** calc-spar; **~stein** limestone
Kalku|lation calculation, computation; **~latorisch** from the calculation point of view; calculative; **~lieren** to calculate, to compute; to cost
Kalmenzone doldrums
Kalorie calorie; **~ngehalt** calorific content
kalt cold; frigid, freezing; *fig* cold, cool, frosty; indifferent; *~er Krieg* cold war; *es überläuft mich ~* I have the shivers; *~er Brand* mortification; **~blüter** cold-blooded animal; **~blütig** *(a. fig)* cold-blooded; **⁓̈e** cold, coldness; frigidity; frostiness; **⁓̈eanlage** refrigerating plant; **⁓̈ebeständig** cold-resisting, antifreezing; **⁓̈empfindlich** sensitive to cold; **⁓̈egrad** degree below zero; **⁓̈eperiode** cold spell; **⁓̈ewelle** cold spell; **~herzig** cold-hearted, unkind; **~-lächelnd** cynical; sneering; **~machen** to finish s-b off, to do s-b in; **~schnäuzig** impertinent, saucy; **~stellen** *fig* to shelve
kalzi|nieren to calcine; **~um** calcium
Kambüse caboose
Kamee cameo
Kamel camel; **~haar** camel's hair
Kamelie camellia; japonica
Kamera camera; **~mann** camera man; **~wagen** 🎥 camera truck
Kamerad comrade, mate; *umg* pal, chum, *US umg* buddy; *(Offizier)* brother; **~schaft** comradeship, companionship, fellowship; **~schaftlich** friendly, companionable, *sl* pally; *adv* friendly, as comrades, in a spirit of camaraderie; **~schaftsehe** companionate marriage
Kamille camomile
Kamin chimney; *(Zimmer)* fire-place, fireside; **~aufsatz, ~sims** mantelpiece; **~feger** chimney-sweep; **~vorsatz** fender
Kamm comb; *(Berg-, Wellen-, Vogel-)* crest; *(Berg-)* ridge; *(Rind)* neck ♦ *über e-n ~ scheren* to apply the same yardstick to everything, to treat all alike; *ihm schwillt d. ~* he bristles up, he is cocky; **⁓̈en** to comb; *(Wolle)* to card; *s. ⁓̈en* to comb one's hair; **~garn** worsted (yarn); **~garnstoff** worsted (cloth)
Kammer small room, closet; chamber (*a.* ⌂); ⌂ panel; *(Herz)* ventricle; *mil* unit clothing stores; **~diener** valet; **⁓̈er** chamberlain;, treasurer; **~frau, ~jungfer** chambermaid, lady's

maid; **~gericht** Supreme Court (of Judicature); **~herr** chamberlain; gentleman of the bedchamber; **~jäger** vermin exterminator; **~musik** chamber-music; **~ton** concert-pitch

Kämpe champion

Kampagne campaign

Kampf fight, combat, battle; *fig* conflict, fight, strife, struggle; *(Wett-)* contest; *~ ums Dasein* struggle for existence; *~ auf Leben und Tod* life-and-death struggle; *~ bis aufs Messer* war to the knife; *~ d. Meinungen* conflict of opinions; *im ~e fallen* to be killed in action; **~bahn** ⚑ stadium, arena; **~einheit** fighting unit; **~er** camphor; **⸚en** to battle, to fight, to combat; *US* to buck (*gegen* with); ⚑ to contend (*mit* with); *fig* to conflict, to battle, to war; to struggle (*um* for); *mit d. Tode ⸚en* to struggle with death; *mit d. Wellen ⸚en* to buffet the waves; *mit s. selber ⸚en* to be undecided; **⸚er** fighter, combatant; warrior; ⚑ champion; **⸚erisch** warlike; *fig* pugnacious; **~erprobt** battle-tried; **~flieger** bomber pilot; **~flugzeug** bomber (aircraft); **~führung** battle command; **~gefährte** fellow combatant, comrade-in--arms; **~geschwader** *BE* bomber group, *US* bomber wing; **~hahn** fighting cock; *fig* quarrelsome fellow, wrangler; **~lust** pugnacity, love of fighting; **~platz** battle-field, scene of action; ⚑ arena; *fig* scene of conflict; **~schwimmer** frogman; **~spiel** ⚑ (athletic) contest, match, game; tournament; **~stärke** combative force; **~unfähig** disabled; *~unfähig machen* to put out of action; *(Boxen)* to knock out; **~wagen** tank, combat vehicle

kampieren to camp

Kanad|a Canada; **~ier** Canadian; ⚑ Canadian canoe; **~isch** Canadian

Kanal ⚓, ⚕, *fig* channel; *(künstl.)* canal; ditch; *(Abfluß)* drain, sewer ♦ *ich habe d. ~ voll* I'm browned off, I'm fed up; **~einstiegschacht** manhole; **~isation** drainage (and sewerage); (municipal) water-system; *(Fluß)* canalization; **~isieren** to drain, to sewer; to canalize; **~netz** drainage (and sewerage) system (*od* network); **~rohr** drain-pipe; **~wasser** sewage

Kanapee sofa, settee; canapé

Kanarienvogel canary

Kandare bit, curb ♦ *an d. ~ nehmen* to break in, to discipline

Kandela candela; **~ber** candelabrum; chandelier

Kandid|at candidate; applicant, aspirant; nominee; **~atenliste** *pol* ticket; **~atur** candidature, *US* candidacy (for); **~ieren** to be a candidate (*für* for); *pol* to contest a seat; to stand, to run (for election)

kand|ieren to candy; **~iert** candied; **~is** candy-sugar

Känguruh kangaroo

Kaninchen rabbit; **~bau** rabbit-burrow

Kanister canister, container; can

Kanker *BE* harvestman, *US* daddy-longlegs

Kanne can; mug, tankard; jug; pot; **~lieren** to channel, to flute

Kannibal|e cannibal; **~isch** cannibal

Kanon *eccl,* ♪ canon; **~ade** cannonade, bombardment; **~isch** canonical

Kanon|e cannon; gun; ⚑ ace, a big noise ♦ *unter aller ~e (umg)* beneath contempt; **~enfutter** cannon-fodder; **~enkugel** cannon-ball; **~enofen** iron stove; **~enstiefel** jack-boots; **~ier** gunner

Kantate cantata

Kant|e edge; corner; edging; *(Stoff)* selvage; *(Abgrund)* brink, edge ♦ *auf d. hohe ~e legen* to lay by for a rainy day; **~el** square ruler; **~en** *(Brot)* (top-)crust, heel; *vt* to square; to tilt, to capsize; **~haken** cant-hook ♦ *j-n beim ~haken kriegen* to get hold of s-b by the scruff of the neck; **~ig** edged; *(a. Gesicht)* angular

Kantine canteen; mess

Kanton canton; **~ist:** *e. unsicherer ~ist (fig)* an unreliable fellow

Kantor precentor; organist; choir-master

Kanu canoe; **~fahrer, ~te** canoeist; **~sport** canoeing

Kanüle ⚕ cannula, tubule; nozzle

Kanz|el pulpit; ✈ cockpit, turret; **~lei** law office; chancellery; **~ler** chancellor

Kap cape; promontory

Kapaun capon

Kapazität capacity; *fig* authority; eminent scholar; **~sausnützung** employment of capacity; working at full capacity

Kap|ee: *schwer von ~ee* slow on the uptake; **~ieren** *umg* to catch, to get (s-th), to take in

Kapell|e chapel; ♪ band; **~meister** conductor, bandmaster, band leader

Kaper *bot* caper; *(See)* pirate, freebooter; **~n** to capture, to seize; **~schiff** privateer; corsair; **~nstrauch** caper-bush

Kapital capital, *(Geld)* funds; stock; *~ und Zins* principal and interest; *~ aufbringen* to raise capital; *~ flüssig machen* to realize capital; *~ schlagen aus* to capitalize, *fig* to profit by; **~anlage** investment; *feste ~anlage* lock--up; **~bildung** formation (*od* accumulation) of capital; **~isieren** to capitalize; **~ismus** capitalism; **~ist** capitalist; **~kräftig** well-funded; **~markt** capital market; **~steuer** capital tax; **~verbrechen** capital crime; **~zufluß** influx of capital

Kapitäl 🏛 capital; **~chen** 📖 small caps

Kapitän captain, skipper; **~leutnant** *BE/US* lieutenant

Kapit|el chapter; section; *d. ist e. ~el für sich* that's another story; **~ell** 🏛 capital; **~ulation** capitulation, surrender; **~ulieren** to capitulate

Kaplan curate, chaplain

Kapotthut bonnet

Kappe *cap; (Kapuze)* hood; *(Mönch)* cowl; *(Schuh)* tip, toe-piece; 🏛 dome, cup, cap ♦ *auf s-e ~ nehmen* to take the responsibility for; **~n** *vt* to cut, to sever; *(Baum)* to lop, to trim, to top; ⚕ to castrate

Kapriole caper; *~n machen (fig)* to play tricks

kaprizi|eren *refl* to stick obstinately to; to take a fancy to; **~ös** capricious

Kapsel *bot,* ⚕ capsule; case, box; cover, cap

kaputt broken, in pieces; ruined, spoiled; *(Maschine, Motor)* out of order, out of kilter, wrecked; *fig* worn out, all in; **~gehen** to (go) bust; *(Maschine)* to break down, to conk out, to get broken; **~machen** to bust, to ruin, to spoil, to break

Kapuz|e hood; (Mönch) cowl; **~iner** Capuchin (friar); **~inerkresse** nasturtium

Karabiner carbine, rifle; **~haken** spring safety hook

Karaffe carafe, decanter

Karambol|age collision; *(Billard) BE* cannon, *US* carom; **~ieren** *BE* to cannon, *US* to carom; to collide

Karamel caramel

Karat carat; **~gold** alloyed gold

Karawane caravan; **~nstraße** caravan route

Karbe caraway

Karbid carbide; **~lampe** carbide lamp

Karbolsäure carbolic acid; phenol

Kar|bonade chop, cutlet; **~bunkel** carbuncle, boil; **~damom** cardamom

Kardätsche *(Spinnerei)* hand-card; *(Pferd)* horse-brush; **~n** to groom with a horse-brush; to card *(wool)*

Kardinal cardinal; *adj* cardinal

Kar|freitag Good Friday; **~samstag** Easter Saturday; **~woche** Passion Week, Holy Week

Karfunkel carbuncle

karg *(Land)* barren, sterile; poor, scanty; **~en** to be very economical, *umg* to be stingy, penny-pinching; **~heit** parsimony, stinginess; poverty; scantiness; **⁼lich** poor, scanty

kariert checked, *BE* chequered, *bes US* checkered; *~er Stoff* check, *bes US* checkers

Kari|es caries; **⁼ös** carious

Karik|atur caricature, cartoon; **~ieren** to caricature, to cartoon; **~aturist** caricaturist, cartoonist

karm|esin crimson; **~in** carmine

Karneol cornelian, *US* carnelian

Karneval (Shrove-tide) carnival

Karnickel bunny, rabbit

Karo square; *(Karten)* diamonds; **~stoff** check, *bes US* checkers

Karosse state coach; **~rie** 🚗 coachwork, body(-work); **~riebauer** coach-builder; **~rieblech** body sheet

Karotte carrot

Karpfen carp; **~teich** carp-pond

Karre|(n) cart; wheel-barrow; (small, old) carriage ♦ *d. ~ aus d. Dreck ziehen* to pull the ship off the rocks, to clean up the mess; **~n** to cart

Karree square

Karriere career; *~ machen* to get on well in the world; **~macher** careerist

Kärrner carter; barrow-man; carrier

Karst *(Hacke)* mattock, hoe; *(Land)* karst, naked rock

Karte card; *geog* map; *(See)* chart; 🎭 *(Verkehr)* ticket; menu, bill of fare; (♡, *Spiel*) card; *~n legen* to tell the fortune; *s-e ~n aufdecken, auf d. Tisch legen (a. fig)* to show one's hand; *nach d. ~ essen* to eat à la carte ♦ *alles auf e-e ~ setzen* to put all one's eggs in one basket; *e. Spiel ~n* a pack (*(US* deck) of cards; *~n spielen* to play at cards; *~n abheben* to cut cards; *~n geben* to deal cards; *~n mischen* to shuffle cards; **~nlegerin** fortune-teller; **~nlegekunst** cartomancy; **~nschalter** 🚂 booking-office; 🎭, 🎥 box-office; **~nskizze** sketch map; **~nstelle** food office; *mil* mapping office

Kartei card-index; filing cabinet; card-index record; **~karte** index card; **~schrank** filing cabinet

Kartell cartel, combine; **~isieren** to cartelize, to concentrate; **~wesen** cartelism

Kartoffel potato, *umg* spud; **~brei** mashed potatoes; **~käfer** Colorado beetle

Karton *(Pappe)* cardboard, pasteboard, 🎥 mount; *(Behälter)* cardboard box; fancy box; **~age** boarding; **~einband** 📖 boards; **~ieren** to bind in boards; **~iert** in boards

Kartothek card-index

Kartusche cartridge

Karussell merry-go-round, *US a.* carrousel

Karzer prison; lock-up

kaschieren to conceal, to cover up

Kaschmir cashmere; **~stoff** cashmere

Käse cheese; **~blatt** *umg* rag; local newspaper; **~glocke** cheese-cover; **~made** hopper; **~n** to curd, to curdle; **~rinde** rind of cheese; **~weiß** *umg* chalky white

Kasematte casemate

Kasern|e barracks; **~enarrest** confinement to barracks; **~enhof** barrack-yard; **~ieren** to quarter in barracks, to barrack; **~iert** quartered in barracks

Kasino casino; *mil* officers' mess

Kaskade cascade

Kaskoversicherung ⚓ hull insurance; 🚗 insurance against damage to one's own car

Kasperletheater Punch and Judy show

Kassabuch cash-book

Kasse cashbox, till; *(Laden)* pay-desk, cash-desk; 🎭 🚂 booking-(box)office; *(Geld)* cash (*bei ~* in c., *nicht bei ~* out of c.); *(Zahlstelle)* cash-office; *(Bank)* teller's department; *bei ~ sein (umg)* to be in funds (*od* flush with money); *nicht bei ~ sein* to be hard up (*od* short of cash); *gegen ~* for cash; *d. ~ führen* to keep the cash; **~nabschluß** closing of accounts; cash results; **~narzt** panel-doctor; *als ~narzt eingetragen sein* to be on the panel; **~nbeitrag** contribution, fee; **~nbestand** cash in hand; **~nbuch** cash-book; **~nkonto** cash-account; **~nmäßig** cash, relating to cash; **~npatient** panel-patient; **~nschlager** hit; **~nschrank** safe; **~nstunden** cash-desk hours; banking hours; **~nsturz** counting of cash receipts; **~nvorschuß** cash advance; **~nzettel** sales slip (*US* check); receipt

Kasserolle dipper, stewpan

Kassette cash-box; casket; 🏛 coffer; 🎥 plate-holder; cassette; **~nrecorder** cassette recorder

kassie|ren to cash, to take in, to receive (money); to dismiss, *mil* to cashier; **~r** *(Bank)* cashier, teller; *(Büro, Verein)* treasurer; ticket clerk; purser; *mil* paymaster
Kastagnette castanet
Kastanie chestnut, *(Roß-)* horse chestnut
Kaste caste; **~ngeist** caste spirit
kastei|en to castigate, to mortify; **~ung** castigation, mortification
Kastell Roman fortification; citadel; fort; **~an** governor (of a castle); caretaker
Kasten chest, box, case; box horse; *alter ~ (Haus)* hovel, barrack, floating coffin; **~wagen** box cart; open boxcar, *US* lorry, box-type delivery van
Kastr|at eunuch; **~ieren** to castrate
Kasu|ar cassowary; **~istik** casuistry; **~s** case
Kata|kombe catacomb; **~log** catalogue, list; **~logisieren** to catalogue; **~lysator** catalyser; **~pult** catapult; **~rakt** cataract
Katarrh catarrh, cold
Kataster land-register, cadastral register; **~amt** land registry office
katastroph|al disastrous, catastrophic, calamitous; **~e** disaster, catastrophe, calamity, cataclysm
Kate hut, cottage
Katech|ese *eccl* catechizing; **~et** catechist; **~ismus** catechism
Kategor|ie category; **~isch** categorical
Kater male cat, tom-cat ♦ *e-n ~ haben* to have a hangover; *Gestiefelter ~* Puss-in-Boots; **~idee** absurd idea
Kat|fisch catfish; **~gut** catgut
Kathed|er desk, chair; rostrum; **~rale** cathedral
Kathode cathode; **~nstrahl** cathode ray
Kathol|ik Catholic; **~isch** Catholic; **~izismus** Catholicism
Kätner cottager, peasant, *BE a.* crofter
Kattun cotton cloth, *bes US* calico; *(bedruckt)* print
katz|balgen to scuffle, to fight; **~buckeln** to cringe, to toady, to crouch; **⁓chen** kitten; *bot* catkin, pussy(-willow); **~e** cat, *umg* puss(y); *neunschwänzige ~e* cat-o'-nine-tails ♦ *wie d. ~e um d. heißen Brei gehen* to act like a cat on hot bricks; *wie ~e und Hund leben* to lead a cat-and-dog life; *d. ~e im Sack kaufen* to buy a pig in a poke; *d. ~e läßt d. Mausen nicht* cats will catch mice; **~enauge** cat's eye; (rear) reflector; **~enbuckel** cat's back; round shoulders; *e-n ~enbuckel machen* to arch one's back; **~enjammer** hangover; **~enmusik** caterwauling, tin-kettle serenade; charivari; **~ensprung** *fig* a stone's throw; **~enwäsche** cat's lick, a lick and a promise
Kauderwelsch gibberish, double Dutch; jargon
kau|en to chew, to masticate; *(laut)* to munch; *an d. Nägeln ~en* to bite the nails; **~gummi** chewing gum; **~tabak** chewing tobacco, *US* chew
kauern: *refl* to squat, to crouch, to cower

Kauf buy(ing), purchase, *(günstig)* bargain; acquisition ♦ *etw in ~ nehmen* to take one's chances on, to put up with; *leichten ~en davonkommen* to get off lightly; *~ gegen bar* cash purchase; *~ auf Ziel* purchase on terms; **~en** to buy, to purchase; **⁓er** buyer, purchaser; **~haus** store(s), department store; *(billiges)* sixpenny store, *US* five-and-ten; **~interessent** potential buyer; **~kraft** purchasing power; **~kräftig** able to buy, wealthy, moneyed; **~kraftüberhang** excess purchasing power; **~laden** shop, *US* store; **⁓lich** marketable, to be bought; for sale; *fig* corruptible, venal; **~lustig** keen to buy; **~mann** dealer, retailer; shopkeeper, *US* storekeeper; trader; merchant; **~männisch** mercantile, commercial; trade; **~zwang** obligation to buy
Kaulquappe tadpole
kaum barely, hardly, scarcely, with difficulty; *~ ... als* no sooner ... than
Kaution security, bail; *gegen ~ freigelassen* out on bail; *durch ~ auf freien Fuß bringen* to bail out; *e-e ~ fahren lassen* to jump bail; *e-e ~ stellen* to give (*od* stand) bail (*od* security) for
Kautschuk rubber, caoutchouc
Kauz (little) owl; *fig* queer fellow
Kavalier gentleman, cavalier
Kavaller|ie cavalry; **~ist** cavalryman, trooper
Kaviar caviar(e)
Kebse concubine
keck bold, daring; impudent; dashing; *umg* cheeky, saucy; **~heit** audacity, boldness; *umg* cheek
Kegel *math* cone; ninepin, *BE* skittle; body; *fig* dumpy person; *~ schieben* to play at ninepins; *mit Kind und ~* (with) bag and baggage; **~bahn** *BE* skittle-alley, bowling alley; **~förmig** conical, cone-shaped; tapering; **~junge** *BE* skittle-boy, *US* pin-boy; **~kugel** skittle-ball; **~n** to play at skittles, *US* to bowl; *su* skittles, *US* bowls; **~rad** bevel wheel; bevel pinion; **~schnitt** conic section; **~stumpf** truncated cone
Kehl|e throat, gullet; channel, flute; *aus voller ~e* at the top of one's voice; *mir ist die ~e wie zugeschnürt* there is a lump in my throat; **~kopf** larynx; **~kopfmikrophon** laryngophone; **~kopfspiegel** laryngoscope; **~kopfverschlußlaut** glottal stop; **~laut** guttural sound; **~leiste** moulding
Kehr|aus last dance (of a ball) **~besen** broom; **~e** sharp bend; U-turn, hairpin bend; flank vault; **~en** *(Besen)* to sweep, to broom; *(Drehung)* to turn; *refl* to pay attention (*zu* to), to follow, to mind ♦ *neue Besen ~en gut* new brooms sweep clean; *d. Oberste zuunterst ~en* to turn everything upside down; *in s. gekehrt* retired into o.s.; *s. um nichts ~en* not to care a fig for; **~icht** dust, rubbish; *(Abfall)* garbage, *bes US* junk; **~ichteimer** = Abfalleimer; **~reim** refrain; **~seite** reverse (side), *(Stoff)* wrong side; inverse effect; *fig* drawback; *(Münze)* tail; *d. ~seite d. Lebens* the seamy side

of life; **~tmachen** to face about, to turn back; **~twendung** *mil, fig* about-face

keifen to scold; to brawl

Keil wedge; ⚙ key; *(Schneidern)* gusset, gore; ✈ V-Formation; 🕮 quoin; *hölzerner ~* jack; **~absatz** wedge-heel, *umg* wedgie; **~en** *vt* ⚙ to wedge, to key; 🕮 to quoin; *(schlagen)* to thrash; *(werben)* to win s-b over; *refl* to fight; **~er** boar; **~erei** fight, row; **~förmig** wedge-shaped, cuneiform; **~hacke** pickaxe; **~inschrift** cuneiform table; **~kissen** wedge-shaped bolster; **~rahmen** adaptable (*od* adjustable) frame; **~schrift** cuneiform writing, cuneiform characters

Keim *zool, bot, fig* germ; *bot* bud, shoot; *(Frucht)* embryo ♦ *im ~e ersticken* to nip in the bud; *~e treiben* to germinate; **~blatt** cotyledon; **~drüse** gonad; **~en** to germ(inate); *bot* to sprout, to bud; *fig* to arise, to spring up; **~frei** sterile, free from germs; **~ling** germ, embryo; *bot* seedling; **~tötend** germicidal; **~träger** ⚕ carrier; **~zelle** germ-cell

kein no, no one, not any, not a, not one, none; *~er von beiden* neither of them; *~ Wort mehr!* not another word!; **~erlei** of no sort, not of any sort, no ... whatsoever; **~esfalls** on no account, by no means; **~eswegs** by no means, not at all; **~mal** not once, never; *einmal ist ~mal* once does not count

Keks biscuit, *US* cookie; *(ungesüßt)* cracker

Kelch cup, goblet; *bot* calyx; *eccl* chalice, communion-cup; **~blatt** sepal; **~förmig** cup-shaped; **~glas** goblet

Kelle ladle; *(Maurer-)* trowel

Keller cellar; **~ei** wine-cellar; cellarage; **~geschoß** basement; **~meister** cellarer; butler; **~wechsel** accommodation bill

Kellner waiter; barman; ⚓, ✈ steward; **~in** waitress; barmaid; ⚓, ✈ stewardess

Kelter wine-press, cider-press; **~n** to press, to tread

Kem(e)nate bower

kenn|en to know; to be acquainted with; **~enlernen** to get to know, to become acquainted with, to meet; *umg* to strike up acquaintance with ♦ *s-e Pappenheimer ~en* to know one's customers; *d. Menschen ~en* to be a good judge of people; **~er** connoisseur, professional; adept; expert; **~ermiene** air of a connoisseur; **~karte** identity card; **~wort** key word, password; code word; **~zeichen** characteristic (*od* distinguishing) mark; symptom; **~zeichnen** to mark, to characterize; **~ziffer** index number; reference number; characteristic

kennt|lich recognizable, distinguishable; **~nis** knowledge; information; acquaintance; *in ~nis setzen* to inform; *zur ~nis nehmen* to take note (notice) of; **~nisreich** well-informed, learned

kentern to capsize, to overturn

Keram|ik *(Fein- u. Grob-)* ceramics; *(Kunst-)* ceramic art; *pl* ceramics; pottery; **~isch** ceramic; *~isches Gewerbe* pottery industry; clay-working industry

Kerb|e notch; nick; groove; **~el** chervil; **~en** to notch; to groove; to indent; *(Münze)* to mill; **~holz** tally ♦ *viel auf d. ~holz haben* to have much to answer for; **~schnitzerei** chip-carving; **~tier** insect

Kerker prison, jail *BE a.* gaol; bastille; **~meister** jailer, *BE a.* gaoler

Kerl fellow; *umg* chap, beggar, bloke, guy; lad; *elender ~* wretch; *ganzer ~* fine fellow, *sl* swell egg

Kern *(Obst)* pip, seeds, stone, *US* pit; *(Nuß)* kernel; ⚙, ⚡ core; *phys* nucleus; *(Holz)* pith; *(Getreide)* grain; *fig* gist; core, heart; essence, nucleus, crux; marrow, best part; root; *~ d. Sache* core of the matter; **~beißer** hawfinch; **~brennstoff** nuclear fuel; **~energie** atomic energy, nuclear energy; **~forschung** nuclear research; **~gehäuse** core; **~gesund** as sound as a bell, thoroughly healthy; **~holz** heartwood; **~ig** full of pips, full of kernels; *fig* vigorous, strong; **~kraftwerk** atomic power plant; **~obst** pome-fruit; **~physik** nuclear physics; **~physiker** nuclear physicist; **~punkt** central issue; crucial point; crux; **~schuß** point-blank shot; **~seife** curd soap, washing soap; **~spaltung** nuclear fission; **~technik** nuclear engineering; **~truppen** elite, picked (*od* crack) troops; **~verschmelzung** nuclear fusion; **~waffe** nuclear weapon; **~waffenverbot** ban on nuclear weapons; **~wolle** prime wool; **~zeitalter** atomic age; **~zelle** elementary cell, cytoplast

Kerze candle; taper; 🚗 sparking-plug; **~ngerade** bolt upright; **~nhalter** candlestick; **~nstärke** candle power

Kessel kettle; *(Dampf-, Wasser-)* boiler; *(groß)* cauldron; *mil* pocket of encircled troops; *geog* hollow, valley; **~flicker** tinker; **~pauke** kettle-drum, timpano; **~schmied** coppersmith, boiler-maker; **~stein** fur, boiler scale; **~steinablagerung** scale deposit; **~treiben** battue; **~wagen** tanker, fuel truck

Kette chain; *(Hals)* necklace; *(Berge)* range; *(Gewebe)* warp; *(Wagen-)* vehicle track; *(Sperre)* cordon; *fig* train, series; **~n** to chain, to tie (to); to link, to connect; **~nbriefe** chain(-prayer) letters; **~nbruch** *math* continued fraction; **~nbrücke** suspension bridge; **~nfaden** warp-thread; **~nglied** link, member; **~nhandel** trade through intermediaries; **~nhemd, ~npanzer** coat of mail; **~nhund** watch-dog; **~nrad** sprocket wheel; *(Uhr)* chain wheel; **~nraucher** chain-smoker

Ketzer heretic; **~ei** heresy; **~gericht** inquisition; **~isch** heretical; **~verbrennung** auto-da-fé; burning of heretics

keuch|en to pant, to gasp; **~husten** whooping-cough

Keule club; 🤸 (Indian) club, *(Kricket)* bat; mace; *(Fleisch)* leg, joint; *(Geflügel)* drumstick; **~nförmig** club-shaped; **~nschwingen** club-swinging

keusch chaste, pure; modest; virtuous; **~heit** chastity, purity; modesty

Khaki khaki; **~farbig** khaki

Kicher|erbse chick-pea; **~n** to titter, to giggle; *su* giggle, tittering

Kiebitz pewit, lapwing; *fig* kibitzer

Kiefer jaw(bone), mandible; *(in Zssg)* maxillary; *(Tiere)* chop; *bot* pine, Scotch fir; **~knochen** jawbone; **~nspanner** *zool* pine-moth; **~nzapfen** pine-cone

Kiel *(Feder)* quill; ⚓ keel; **~holen** to careen; **~raum** hold; **~wasser** wake, deadwater

Kieme gill; **~natmung** gill breathing

Kien resinous pine (-wood); **~apfel** pinecone; **~span** splinter of pine-wood

Kiepe back-basket; basket

Kies gravel; *(grob)* pebbles, *BE a.* shingle; **~grube** gravel-pit; **~haltig** gravelly; **~weg** gravel path

Kiesel pebble; *min* flint; **~erde** silica; **~haltig** siliceous; **~säure** silicic acid; **~stein** pebble

Kilo|gramm kilogramme, *US* kilogram; **~hertz** kilocycle; **~meter** kilometre, *US* kilometer; **~meterzähler** mileage recorder, hodometer; **~watt** kilowatt; **~wattstunde** kilowatt-hour

Kimme notch; *(Gewehr)* rear-sight

Kimono kimono

Kind child, *umg* kid; *kleines ~* baby, infant; tot; *~ d. Liebe* illegitimate child; *totgeborenes ~* still-born child; *fig* a project doomed to failure; *~ und ~eskinder* children and grandchildren ♦ *d. ~ mit d. Bade ausschütten* to throw out the baby with the bath-water; *s. wie ein ~ freuen* to be as pleased as Punch; *von ~ auf* from infancy, from childhood; *~ d. Todes* doomed (man); *e. ~ erwarten* to be with child, to be in the family way ♦ *d. ~ beim rechten Namen nennen* to call a spade a spade; *wir werden d. ~ schon schaukeln* we'll manage somehow; **~bett** childbed; **~bettfieber** puerperal fever; **~heit** childhood; **~isch** childish; **~lich** childlike; filial; **~skopf** silly person; **~(s)taufe** christening

Kinder children ♦ *aus ~n werden Leute* boys will be men; *~ und Narren sagen d. Wahrheit* children and fools speak the truth; **~arzt** child specialist, paediatrician; **~beihilfe** family allowance; **~buch** children's book; **~ei** nonsense, childishness; *fig* trifle; **~frau, ~fräulein, ~mädchen** nurse, nanny; *US (farbig)* mammy; **~fürsorge** child care; **~garten, ~hort** nursery school, day nursery, kindergarten; **~gärtnerin** kindergarten teacher; **~heim** children's (holiday) home; **~krippe** crèche; **~lähmung** polio, infantile paralysis; **~landverschickung** evacuation of children to the country; **~krankheit** children's disease; *pl fig* teething troubles; **~leicht** child's play, very easy; **~lieb** fond of children; **~los** childless, without (any) child(ren); *~los sterben* to die without issue; **~raub** kidnapping; **~reich** large; **~schreck** bogy-man; **~spiel** *fig* child's play, trifle; **~sterblichkeit** infant mortality; **~stube** nursery; *fig* (good) upbringing (*od* manners); **~stühlchen** high chair; **~wagen** *BE* perambulator, *umg* pram, *US* buggy; **~zulage** children's allowance

Kindes|beine: *v. ~beinen an* from infancy; **~kind** grandchild; **~mörder** infanticide

Kinematograph cinematograph

Kinkerlitzchen gewgaw, gimcrack

Kinn chin; **~backen** jaw(bone); **~bart** imperial, beard on the chin; **~haken** 🥊 uppercut; **~lade** jawbone, maxilla; **~riemen** chin strap

Kino cinema, the pictures, *US* movie theater; *ins ~ gehen (BE)* to go to the pictures, *(US)* to go to the movies; **~besucher** *BE* cinema-goer, film-goer, *US* movie goer; **~enthusiast** film-fan, *US* movie fan; **~reklame** cinema publicity, screen advertising; **~vorstellung** (cinema-)-show, the pictures

Kintopp flicks, *US* movies

Kiosk kiosk

Kippe tilt; edge, brink; *(Zigarette)* cigarette end, butt ♦ *auf d. ~ stehen* to be in a critical position, to hang in the balance, to be on the brink of ruin, it's touch-and-go (whether . . ., with s-b); **~n** *vt* to tilt, to tip up; *vi* to lose one's balance; **~r** 🚗 tipper, tipping truck

Kirch|e church; **~gang** church-going; **~gänger** church-goer; **~hof** churchyard; **~lich** ecclesiastical; **~spiel** parish; **~turm** church steeple; **~turmspitze** spire; **~weih** (annual) parish fair

Kirchen|ältester church-warden, elder; **~anzeiger** church notice-board; **~bann** excommunication; interdict; **~buch** parish register; **~chor** church choir; **~diener** sexton, sacristan; **~gemeinde** parish; **~gesang** chant; **~jahr** ecclesiastical year; **~licht** church candle ♦ *kein ~licht sein* not to be a shining light; **~lied** hymn; **~musik** sacred music, church music; **~rat** church council, consistory; church-wardens; **~raub** sacrilege; **~recht** canon law; **~schiff** nave; **~spaltung** schism; **~staat** Pontifical State, Papal States; **~steuer** church tax; **~stuhl** pew; **~vater** Father of the Church; **~väter** the Early Fathers

kirre tame; tractable; **~n** to tame; to allure

Kirsch|e cherry; *saure ~e* morello; **~wasser** kirsch

Kissen cushion; *(Kopf-)* pillow; bolster; **~bezug** cushion cover; pillow-slip (-case)

Kiste box, chest; packing-case; *(Latten-)* crate; *(Wein-)* case; *fig umg* 🚗, ✈ *BE* bus, jalopy, *(Rad)* machine

Kitsch trash, rubbish; kitsch; 🎭, 🎞 sob-stuff, twaddle; **~ig** inartistic, trashy; kitschy

Kitt cement; lute; *(Glaser-)* putty; **~en** to cement; to glue; to putty

Kittchen lock-up, clink, jug

Kittel overall, smock; (child's) frock

Kitz kid, fawn

Kitzel itching; tickling, tickle; *fig* desire; **~n** to tickle; **~ig** ticklish; *fig* difficult, delicate

Klabautermann bogy-man

Kladde rough copy; daybook

klaffen to yawn, to gape

kläff|en to bark, to yelp; *fig* to brawl; **~er** yelping dog; *fig* brawler

Klafter fathom; cord (of wood); **~holz** cordwood

klag|bar actionable, enforceable; *~bar werden gegen j-n* to go to law (*wegen* about), to sue s-b (*wegen* for); **~e** lament, complaint; ⚖ law(suit), action, case; *(Anklage)* charge; *(Scheidung)* petition; plaintiff's statement of claim; *(Schiedsgericht)* statement of complaint; *~e abweisen* to dismiss a case; *~e anstrengen (einreichen)* to institute legal proceedings (against); to bring an action (against); **~elied** dirge, lamentation; **~emauer** wailing wall; **~en** to lament, to complain; ⚖ to go to law (*gegen* against, *wegen* about), to sue s-b (for); **~̈er** plaintiff; *(Schiedsgericht)* complainant, complaining party *(Scheidung)* petitioner; accuser; **~̈erisch** of the plaintiff; **~esache** matter, legal action; **~eschrift** statement of claim, bill of complaint; **~̈lich** lamentable, deplorable; miserable, poor

klamm tight, close; *(feucht)* clammy; *(starr)* numb, stiff; *su* ravine; **~er** ⚙ clamp, cramp; *(Papier)* (paper-)clip; *(Wäsche)* peg; 📖 bracket, parenthesis; *runde ~er* 📖 round bracket; *eckig ~er* 📖 (square) bracket; *geschwungene ~er* 📖 brace; *~er auf, ~er zu!* bracket on, bracket off!; *in ~ern setzen* to include in parentheses; **~ern** *vt* to fasten; to clasp, to clamp; *refl* to cling (*an* to)

Klampfe guitar

Klang sound; *(Glocke)* ringing; **~farbe** timbre; **~los** soundless; mute; unaccented; **~regler** 📻 tone control; **~stufe** interval; **~voll** sonorous

Klapp|bett folding bed, camp bed; **~e** flap; *(Deckel)* lid; ♪ damper; *(Blasinstrument)* key, stop; *(Tisch)* flap, leaf; ⚙ *bot, zool* valve; *(Tasche, Umschlag)* flap; *umg* bed; *(Mund)* mouth ♦ *zwei Fliegen mit e-r ~e schlagen* to kill two birds with one stone; **~en** *vt* to clap, to flap, to fold, to tilt; *(Geräusch)* to bang, to rattle; *vt* to come off, to work well, to click; *es hat alles geklappt* everything clicked; *zum ~en kommen* to come to a head, to come off; **~hornvers** limerick; **~kamera** folding camera; **~kragen** turn-down collar; **~messer** jack-knife; **~sitz** tip-up seat; **~stuhl** camp stool; folding chair; **~tisch** folding table; **~tür** trap-door; *(Falttür)* folding doors

Klapper rattle; *(Mühle)* clapper; **~dürr** thin as a rake; **~ig** rattling; *fig* shaky, weak; **~kasten** old piano, tin-kettle; 🚗 rattletrap, *umg* jalopy; **~schlange** rattlesnake; **~storch** stork

Klaps smack, slap; *e-n ~ haben* to be balmy; **~en** to smack, to slap; **~kiste** loony-bin, nut-house, *US* booby hatch

klar clear; *(hell)* bright; *(deutlich)* distinct; *(durchsichtig)* limpid; ⚓ ready; *fig* luminous, apparent, evident; *(Linie)* bold; *~e Antwort* plain answer ♦ *j-m ~en Wein einschenken* to tell the plain truth; **~̈en** to purify, to clarify; to clear (up); *fig* to explain, to elucidate; **~̈gefäß** clarifier; **~̈grube** cesspit, cesspool; **~heit** clearness, brightness; lucidity; **~ieren** ⚓ to clear; **~ierung** clearance; **~legen, ~stellen** to clear up, to explain; **~machen:** *j-m etw ganz ~ machen* to bring s-th home to s-b; **~̈mittel** clarifying agent; **~text** clear text; **~werden** *über (refl)* to realize

Klarinett|e clarinet; **~ist** clarinet-player, clarinettist

Klasse class; category; *(Güte, Ordnung)* order; *(Schule)* class, form, standard, *US* grade; ⚓ *(Dienst)* rating; *(Steuer)* bracket; *(Gesellschaft)* class; *in ~n einteilen* to classify; **~nbester** top boy, top of the class; **~nbewußt** class-conscious; **~nbewußtsein** class-consciousness; **~nbuch** class-book; **~nhaß** class hatred; **~n-kampf** class-warfare, class struggle, class conflict; **~nlehrer** form-master, class-teacher; *US* home room teacher; **~nsprecher** monitor, class spokesman; **~nziel** required standard (of a class); **~nzimmer** class-room, form-room, *US* home room

klass|ifizieren to classify; **~ik** classical art; classical literature; classical period; **~iker** classic, classical author; classicist; **~isch** classical; traditional; conventional; *~ische Philologie* the humanities

Klatsch smack, slap, crack; *fig* gossip, tittle-tattle; **~base** gossip, chatterbox; **~e** fly-flap; **~en** to clap, to smack; 🎭 to applaud; *fig* to gossip, to spread stories; *(Regen)* to splash, to patter; *in d. Hände ~en* to clap one's hands; *Beifall ~en* to applaud; **~erei** gossip; **~haft** gossiping; **~maul** gossip, chatterbox; **~mohn** wild poppy; **~naß** soaking wet, sopping; **~nest** scandal-shop; **~sucht** love of gossiping

klaube|n to pick; *Worte ~n* to split hairs; **~rei** hair-splitting

Klaue paw; *(Vogel)* talon; *(Raubtier)* claw; ⚙ clutch, claw, dog; *(Schrift)* scrawl, poor handwriting; *j-s ~en* s-b's clutches; *~n d. Todes* jaws of death; **~n** *sl* to filch, to pinch; **~nfett** neat's-foot oil; **~nseuche** foot-and-mouth disease

Klaus|e cell, hermitage; *geog* defile, mountain pass; **~el** clause; proviso; stipulation; **~ner** hermit, recluse; **~ur** cloister, monastic seclusion; *(Prüfung)* examination paper, *(Übersetzung)* unseen

Klaviatur keyboard, keys

Klavier (upright) piano; *~ spielen* to play the piano; **~abend** piano recital **~auszug** pianoforte arrangement, arrangement for the use of piano-players; **~spieler** pianist, piano-player; **~stimmer** piano-tuner

Kleb|emuster 📖 paste-up; **~en** *vt* to glue, to gum, to stick, to paste; *vi* to stick, to adhere (to); *(Ohrfeige)* to paste; **~er** *bot* gluten; **~estreifen** gummed tape, **~gummi** glue, gum Arabic; **~mittel, ~stoff** glue, adhesive paste; **~rig** sticky, adhesive; glutinous

kleckern to dribble, *(Essen)* to drop (one's food)

Klecks blot, stain, spot; **~en** to blot, to stain; *fig* 🎨 to daub

Klee clover, trefoil; *weißer ~* shamrock ♦ *über d. grünen ~ loben* to praise s-th excessively; **~blatt** clover leaf; 📖 trefoil; *fig* trio, triplet; **~salz** salt of sorrel

Kleid dress, frock, gown; *pl* clothes, garments; **~en** to dress, to clothe; *(gut stehen)* to become, to suit; *in Worte ~en* to couch (to express) in words; *geschmackvoll ~en* to dress in good taste; *s. ~en in* to array o.s. in; **~erablage** cloak-room, *US* checkroom; **~erbügel** coat-hanger; **~erbürste** clothes-brush; **~erpuppe** lay figure, dummy; **~erschrank** wardrobe; **~erständer** hat tree, hat and coat stand; **~sam** becoming; **~ung** clothes, apparel, clothing; **~ungsstück** article of clothing, garment
Kleie bran; **~nmehl** pollard
klein little, small; minor; *(sehr ~)* tiny, wee, minute; diminutive; *umg* weeny, teeny; *(Frau)* petite; *(Wuchs)* short; *(unbedeutend)* petty; trifling; slight; ♪ minor; *im ~en* in detail; *von ~ auf* from infancy, from childhood; *ein ~ wenig* a tiny bit, a wee bit; *~ beigeben* to back (*od* climb) down, to eat humble pie; *d. ~en* the young, the little ones ♦ *im ~en sparsam, im großen verschwenderisch* to be penny-wise and pound-foolish; **~anzeigen** classified advertisements; **~arbeit** detail work; **~bahn** miniature railway, narrow-gauge railway; **~betrieb** small enterprise; **~bildkamera** miniature camera, 35-millimetre camera; **~buchstabe** 🕮 lower case; **~bürger** common citizen, little man, philistine; **~bürgerlich** petty-bourgeois, conventional, stuffy; **~garten** allotment garden; **~gärtner** allotment-holder; **~geld** (small) change; **~gewerbe** small-scale industry; small industries; **~grundbesitzer** small-holder; **~handel** retail trade; **~heit** littleness, smallness; pettiness; **~hirn** cerebellum; **~holz** sticks, firewood ♦ *zu ~holz machen* to make mincemeat of; **~igkeit** trifle, bagatelle, small matter; detail; **~kaliber** small-bore; **~kaliberschießen** small-bore rifle-shooting; **~kind** baby, infant; **~kinderbewahranstalt** crèche, day nursery; **~kram** trifle, bagatelle; **~krieg** guerilla warfare; **~küche** kitchenette; **~laut** meek, subdued, dejected; **~lich** petty, mean, paltry; narrow-minded; *~licher Mensch* pettifogger, fussy fellow; **~malerei** miniature painting; **~mut** despondency; cowardice; **~mütig** despondent; coward(ly); **~rentner** small pensioner; **~schneiden** to cut in pieces; **~schreiben** to write with small letters; **~siedler** small-holder; **~staat** small state, minor state; **~staaterei** particularism; **~stadt** small town, provincial town; **~städter** resident of a small town; **~städtisch** provincial
Kleinod jewel, gem; treasure
Kleister paste; **~n** to paste
Klemme clamp, clip; ⚡ terminal; *fig* difficulty; fix; *umg* tight spot; shortage; **~n** *vt* to pinch, to squeeze, to press; *vi* to stick, to jam, to catch; *s. d. Finger ~n* to catch one's finger; **~r** pince-nez
Klempner plumber; tinsmith; **~n** to do plumbing; **~laden** plumbing shop; tinsmith's workshop; *fig* fruit-salad
Klepper nag, hack
Kleptoman kleptomaniac; **~ie** kleptomania
Kler|ikalismus clericalism; **~iker** cleric, clergyman; **~isei** clerical set, the parsons; *fig* clique; **~us** clergy
Klette *bot, fig* bur; *fig* barnacle; *(Frucht)* burdock; **~n** to hang on (to)
Kletter|eisen climbing iron; **~er** climber; **~n** to climb, *(auf allen vieren)* to clamber; *bot* to creep; **~partie** climb, ascent; **~pflanze** climber, creeper, vine; **~rose** rambler; **~schuhe** climbing-boots; **~seil** (climbing-)rope; **~stange** climbing pole
Klient client, customer
Kliesche *zool* dab
Klima climate *(a. fig)*; *fig* prevailing conditions; **~anlage** air-conditioning; *mit ~anlage* air-conditioned; **~kterium** climacteric; **~tisch** climatic; **~tisiert** air-conditioned
Klimbim caboodle (*d. ganze ~* the whole c.); junk, fuss, loud noise
klimm|en to climb; **~zug** pull-up
klimpern *(Klavier)* to peck away at the keys, to strum, *US* to bang; *(Metall)* to tinkle
Klinge blade, sword ♦ *über d. ~ springen lassen* to put to the sword
Klingel alarm-bell, (door-)bell; *(Summer)* buzzer; **~beutel** collection bag, alms-bag; **~knopf** bell-button; **~leitung** bell-wire; **~n** to ring (the bell); to tinkle; to sound; **~schnur** bell-rope; **~zug** bell-pull
klingen *(Glocke)* to ring; to sound; *(Metall)* to tinkle; *(Glas)* to chink, to clink; *~de Münze* hard cash; *mit ~dem Spiel* with drums and fifes; *mir klingt d. Ohr* my ear tingles; *su (Glocke)* dingdong
Klinik (clinical) hospital, *(privat) BE* nursing-home; *(Augen-)* eye-hospital; *(Frauen-)* hospital for women's diseases; *(Haut-)* hospital for skin diseases; *(Kinder-)* children's hospital; *(Nerven-)* hospital for nervous diseases; *(Ohren-)* ear and nose hospital
Klinke latch; door-handle; ⚡ jack, socket-board; **~n** to press the latch; **~r** clinker; brick(s), brickwork
klipp und klar quite clear(ly), frankly
Klipp|e reef; cliff; crag; *fig* hazard, snag; **~fisch** dried cod; **~ig** rocky, craggy
klirren to clink, to jingle, to clank
Klisch|ee 🕮 (process) block; stereo plate; electro (type); **~eeabzug** block pull, *US* engraver's proof; **~eeherstellung** block-making, photoengraving; **~ieren** to photoengrave; to stereotype
Klistierspritze enema (syringe)
Klitsch|e hovel; **~ig** doughy, sodden, soggy; **~naß** sopping wet, soaked
Kloake sink, sewer; cesspool
Klob|en *(Holz)* log; *(Rolle)* block, pulley; *fig* coarse fellow; **~ig** clumsy, rude; heavy
klopf|en *vt/i* to knock, to beat; *(sanft)* to tap; *(Herz)* to throb, to pound; 🚗 to knock; *(Tür)* to knock (*an* at); *(Steine)* to break; *su* beating, knocking; throbbing; palpitation; **~er** (carpet-) beater; *(Tür)* knocker; *(Signal)* sounder; **~fest** 🚗 antiknock

Klöppel *(Spitze)* bobbin; *(Glocke)* clapper, tongue; *(Trommel)* drumstick; **~n** to make lace; **~spitze** pillow-lace, bone-lace
Klöpplerin lace-maker
Klops meat ball
Klosett *W.C.*, toilet, lavatory; **~papier** toilet--paper
Kloß lump, clod; *(Knochen)* dumpling; meat ball; ~ *im Halse* lump in the throat; *klar wie ~brühe* as clear as mud
Kloster monastery; *(Frauen)* convent, nunnery; **~bruder** friar; **~frau** nun; **¨~lich** monastic, conventual
Klotz block; *(Holz)* log; *fig* blockhead; **~ig** heavy, enormous, mighty
Klub club, association; **~sessel** armchair (with upholstered sides) chair, easy chair
Klucke sitting hen
Kluft chasm, abyss, gulf; *fig* gap; *(Schlucht)* ravine, gorge
klug intelligent, clever; prudent; bright; *(vernünftig)* sensible; *(schlau)* astute; *(listig)* cunning; *ich werde nicht ~ aus* I can't make head or tail of ♦ *durch Schaden wird man ~* bought wit is best, one learns by one's mistakes; *d. ¨~ere gibt nach* the wiser head gives in; **¨~eln** to brood; to split hairs; **~heit** intelligence, cleverness; prudence; good sense; **¨~lich** wisely, sensibly
Klump|en *(Erde, Blut)* clod; *(Gold)* nugget; *(Mehl, Erz)* lump; *(Masse)* mass; bulk; *vb* to lump **¨~chen** small particle; clot; blob; *(Butter)* dab; **~fuß** club-foot; **~ig** lumpy; cloddy
Klüngel faction, coterie
Klunker tassel; clod
Kluppe pincers, die-stock
Klüse hawse
Klüver ⚓ jib
knabbern to nibble, to gnaw
Knabe boy, lad; **~nalter** boyhood; **~nhaft** boyish; **~nkraut** orchis
knack|en *vt* to crack; *(Rätsel)* to solve; *vi* to crack; *(Feuer)* to crackle; *(Schloß)* to click; **~er**: *alter ~er* old fogy; **~mandel** almond in the shell, shell-almond; **~s** cracking noise; crack ♦ *e-n ~s weghaben* to be shaky in health; **~wurst** *(etwa)* saveloy
Knäckebrot crisp bread, *BE* ryevita
Knall *(schwach)* clap; pop; *(Tür)* bang; *(Peitsche)* crack, smack; detonation; *(Gewehr)* report; ~ *und Fall* all of a sudden, without warning; **~bonbon** cracker; **~effekt** stage-effect, sensation; **~en** to crack, to pop; to explode, to detonate; *d. Tür ~en* to bang the door; **~erbse** firework cracker; **~gas** oxyhydrogen gas; detonating gas; **~rot** bright red, glaring red
knapp tight, narrow, close; *(unzulänglich)* scanty, poor; barely sufficient; *(Stil)* concise, terse; *(nicht ganz)* just under, a little less than; *(Worte)* brief; *~e Mehrheit* bare majority; ~ *werden* to run low; ~ *sitzen* to fit tightly, to be close-fitting; **~halten** to keep (s-b) short; **~heit** narrowness; scantiness; shortage; conciseness
Knapp|e page, esquire; miner; **~schaft** miners' association
Knarre rattle; **~n** to creak, to squeak; to jar
Knaster tobacco; *fig* old man
knattern to crackle, to rattle; *(Motor)* to roar
Knäuel *(Wolle)* ball, clew; *(Draht)* coil; *(Menschen)* crowd, throng, knot; **~förmig** convoluted; **~n** to ball
Knauf knob; *(Degen)* pommel; 🏛 capital
Knauser stingy person, niggard; **~ig** stingy (*mit* of), mean; **~n** to be stingy
knautschen to crumple, to crease
Knebel *(Mund)* gag; *(Knüttel)* cudgel, short stick, toggle; **~bart** turned-up moustache, twisted moustache; **~n** to gag; *fig* to suppress, to fetter
Knecht farm-labourer, farm-hand; *(Haus) BE* boots
kneif|en *vt* to nip, to pinch; to gripe; *vi* to dodge, to flinch; **~er** pince-nez; **~zange** pincers, nippers
Kneipe tavern, *BE* public house, *umg* pub, *US* saloon; **~n** to pinch; to drink, to tipple
Kneippkur hydropathic treatment
knet|en to knead; *(Lehm)* to pug; **~gummi** plasticine
Knick *(Biegung)* bend; *(Riß, Bruch)* crack, break; *(Winkel)* angle; *(Hecke)* quickset hedge; **~en** to bend; to crack; to break; ⚙ to buckle; **~er** niggard, miser; **~erig** mean, niggardly; **~s** curtsy, bob; **~sen** to curtsy
Knickerbocker breeches; plus-fours; knickerbockers
Knie knee; *(Weg)* bend; ⚙ angle, elbow; *mil* salient; *in d. ~ sinken* to go down on one's knees ♦ *übers ~ brechen* to make short work of, to force things; **~beuge** bend of the knee; **~fall** genuflexion; **~fällig** upon one's (bended) knees; **~gelenk** knee-joint; **~holz** dwarf-pine, dwarf-fir; **~hosen** breeches; plus-fours; **~kehle** hollow of the knee; **~kissen** hassock; **~n** to kneel; **~riemen** shoemaker's stirrup; **~scheibe** knee-pan, patella; **~schützer** knee-pad
Kniff pinch; *(Falte)* fold, crease; *fig* trick; dodge, knack; artifice; helpful hint; **~en** to fold; *(Buch)* to dog's-ear; **~lig** tricky; difficult, intricate
knipsen to punch; 📷 to snap, to take a snapshot of
Knirps little fellow, dwarf; *umg* hop-o'-my-thumb; *(Schirm)* folding umbrella
knirschen *(Schnee)* to crunch; *(Zähne)* to gnash; to grate
knistern *(Seide)* to rustle; to crackle
Knittelvers doggerel
knitter|frei non-crease, crease-resisting; uncrushable; **~n** to crease, to crumple
knobeln to throw dice (*um* for); to rack one's brains
Knoblauch garlic
Knöchel *(Fuß)* ankle; *(Hand)* knuckle
Knochen bone; *naß bis auf d. ~* wet to the skin; **~bau** frame, skeleton; **~bruch** fracture; **~dürr** (all) skin and bone; **~fraß** caries; **~-**

gerüst skeleton; **~mann** *umg* Death; **~mehl** bone-meal

knöchern, knochig bony, *(Person)* angular

Knödel dumpling

Knoll|e lump; *bot* bulb, tuber; **~enblätterpilz** *(grüner) BE* death cap, *US* death cup; **~en** lump; protuberance; **~engewächs** bulbous plant; **~ig** bulbous; knobby

Knopf button; *(Kragen)* stud; *(Tür)* knob; *bot* bud, knot; head; **¨en** to button; **~loch** buttonhole

Knorpel cartilage; gristle; **~ig** cartilaginous, gristly

Knorr|en gnarled branch, tree stump; **~ig** gnarled *(a. fig)*

Knosp|e bud; burgeon; *voller ~en* in bud; **~en** to bud, to sprout; **~ig** budding, full of buds

Knot|en knot; *bot, astr* node, nodule; ⚕ tubercle; *(Nerven)* ganglion; ⚓ knot; *(Holz, Tuch)* burl; *fig* difficulty; cad; *(Haar)* bumpkin; *e-n ~en machen* to tie a knot; *e-n ~en lösen* to undo a knot; *vb* to knot; **~enpunkt** 🚆 junction; nodal point; **~enstock** knotted stick; **~ig** knotty; *fig* vulgar, coarse

Knöterich knot-grass

Knuff cuff, push; **~en** to cuff, to push

knüllen to crumple, to crease

knüpfen to tie, to knot; *(Freundschaft)* to form; *(Tau)* to bend; *(Netz)* to braid; to join

Knüppel cudgel, club; *(Holz)* round timber; *(Polizei) BE* truncheon, *US* nightstick; ✈ (control) stick; *(Keule)* bludgeon ♦ *j-m e-n ~ zwischen d. Beine werfen* to put a spoke in s-b's wheel; **~damm** corduroy road; **~dick** thick and fast, lots of it

knurr|en to growl, to grumble *(bes fig)*, to snarl; *(Magen)* to rumble; **~ig** growling, grumbling

knusp|ern to crunch, to nibble; **~erflocken** corn-flakes; **~rig** crisp

Knute knout

knutschen to squeeze, to crumple; *fig* to cuddle

Knüttel cudgel, club; **~vers** doggerel

K. o. k. o., kayo, knock-out; *~ gehen* to be knocked out

Kobalt cobalt; **~blau** cobalt blue, smalt; **~bombe** C-bomb

Koben pigsty

Kobold bogy, goblin, sprite

Kobolz: *~ schießen* to turn somersaults

Koch cook ♦ *viele ¨e verderben d. Brei* too many cooks spoil the broth; *Hunger ist d. beste ~* hunger is the best sauce; **~apfel** cooking apple; **~buch** cookery book, *US* cookbook; **~en** *vt* to cook, to boil; to stew; *vi* to boil, to be cooking; *(leicht)* to simmer; *Kaffee ~en* to make coffee; *selbst ~en* to do one's own cooking; *gut ~en* to be a good cook ♦ *vor Wut ~en* to be boiling with rage; *zum ~en bringen* to bring to the boil; *gekochtes Obst* stewed fruit; *gekochte Eier* boiled eggs; *su* cooking, cookery; boiling; **~er** cooker; **~gerät** cooking utensil; **~geschirr** pots and pans; *mil* mess tin; **~herd** kitchen-range, cooking-stove; **~kessel** cauldron, *US* caldron; **~kiste** hay-box; **~kunst** cookery, culinary art; cuisine; **~löffel** ladle; **~nische** kitchenette; **~punkt** boiling point; **~salz** common salt; **~topf** saucepan, pot

Köcher quiver

Köder bait, lure; *fig* enticement, attraction; **~n** to bait; to lure, to decoy

Kod|ex code; **~ifizieren** to codify; **~izill** codicil

Koffein caffeine; **~frei** decaffeinated

Koffer *(Hand)* suitcase, bag; *(Kabinen)* trunk; *(Wochenend)* weekend case; **~deckel** trunk-lid; **~empfänger** 📻 portable receiver; **~gerät** portable receiver; protable gramophone; **~grammophon** portable gramophone; **~zettel** luggage tag, label

Kognak cognac, brandy

Kohä|renz coherence; **~sion** cohesion; **~sionskraft** cohesive power

Kohl cabbage; *fig* rubbish, nonsense ♦ *d. macht d. ~ (auch) nicht fett* that won't get you far; **~dampf** hunger; *~dampf haben* to be hollow; **~rabi** kohlrabi; **~rübe** Swedish turnip, *BE* swede, *US* rutabaga; **~weißling** cabbage butterfly

Kohl|e coal; *(Stein-)* (mineral) coal; *(Holz-)* charcoal ♦ *wie auf ~en sitzen* to be on tenterhooks; **~ehydrat** carbohydrate; **~en** to blacken, to char; ⚓ to coal; *fig* to talk rubbish; **~enarbeiter** coal-miner, collier; **~enbecken** brazier; **~enbergbau** coal-mining; **~enbergwerk** coal-mine, colliery; **~eneimer** coal-box, scuttle; **~enfadenlampe** carbon filament lamp; **~enmeiler** charcoal-pile; **~enoxyd** carbon monoxide; **~ensauer** carbonate of; **~ensäure** carbon dioxide, carbonic acid; **~enstoff** carbon; **~enwasserstoff** hydrocarbon; **~enzange** tongs ♦ *ich würde ihn nicht mit der ~enzange anfassen* I would not touch him with a barge pole; **~epapier** carbon-paper; **~etablette** charcoal tablet; **~ezeichnung** charcoal drawing; **~meise** great tit, titmouse; **~rabenschwarz** (as) black as coal, jetblack

Köhler charcoal-burner; **~glaube** blind faith

Koitus coition

Koje cabin; berth, bunk

Kokain cocaine

Kokarde cockade; badge

kokett coquettish; **~erie** coquetry; **~ieren** to flirt, to coquet with

Kokon cocoon

Kokos|baum coconut-tree; **~faser** coco fibre, coir; **~fett** coconut-oil; **~matte** coconut matting; **~nuß** coconut; **~palme** coco palm

Koks coke; **~kohle** coking coal

Kolben *(Gewehr)* butt; *(Keule)* club, mace; *(Glas-)* flask; *chem* retort; alembic; ⚙ piston; *bot* spadix; *(Löt-)* soldering iron; *(Mais-)* cob; **~bolzen** gudgeon pin, piston pin; **~förmig** club-like; **~hub** 🚗 piston stroke; **~stange** piston rod

Kolchos kolkhoze, collective farm

Kolibri humming-bird

Kolik colic; *umg* gripes; **~artig** colicky

Kolkrabe common raven

Kollaborateur *pol* collaborationist; collaborator

kollationieren ✈, ⚙ to collate, to check

Kolleg course of lectures; ~ *halten* to lecture (*über* on); **~e, ~in** colleague; **~gelder** lecture fees; **~ial** as a good colleague, of a colleague; loyal; **~ium** *(Lehrer)* teaching staff, *US* faculty; *(Lehranstalt)* college; *(Behörde)* board; council

Kollekt|e collection; collect; **~ion** collection; set, range (of goods); **~iv** collective; *~ive Sicherheit* collective security; *su* community; team

Koller $ staggers; *fig* rage; *(Kragen)* collar; *(Wams)* jerkin, doublet; **~n** to roll; *fig* to be furious; *(Truthahn)* to gobble; *(Taube)* to coo; *(Darm)* to rumble

kolli|dieren to collide; **~sion** collision; conflict

Kollo package, parcel

Kollodium collodion

Kolonel 📖 minion

kolonial colonial; **~gebiet** colonial territory; **~herrschaft** colonial rule; **~mächte** colonial powers; **~waren** groceries; **~warenhändler** grocer; **~warenhandlung** grocer's shop, *US* grocery

Kolon|ie colony; **~isieren** to colonize; **~ist** colonist, settler

Kolonne column

Kolophonium colophony

Kolor|atur 𝄞 grace(-notes), coloratura; **~atursopran** coloratura soprano; **~ieren** to colour; **~it** colour(ing), hue, shade

Koloß colossus

kolossal colossal, huge; awful; *adv* very, extremely

Kolport|age hawking of (cheap) books; dissemination of rumours; **~ageroman** cheap sensational novel, *BE* penny dreadful, shocker; **~eur** hawker (of cheap books); **~ieren** to hawk (goods, cheap literature); to disseminate (rumours)

Kolumne 📖 column; page; **~ntitel** running title, headline

Kombiwagen estate car, station wagon, *US* beach wagon

Kombin|ation combination; *fig* conjecture; **~ieren** to combine; *fig* to conjecture

Kombüse caboose; ship's galley

Komet comet; **~enschweif** train (*od* tail) of a comet

Komfort luxurious comfort, luxury, ease; *(in e-m Zimmer)* conveniences; **~abel** (luxurious and) comfortable, easy, snug

Komi|k comicality; fun; humour; **~ker** comedian, comic (actor); **~sch** comical; funny; strange

Komma comma; *math* decimal point; *3,14* three point one four *(3.14)*; *0,5* point five *(.5)*

Kommand|ant commander, commanding officer; **~antur** commander's office; *(Standort-)* garrison; headquarters; **~ieren** to command, to order; to detach, to detail; to boss; **~itgesellschaft** limited partnership; **~itist** limited partner; **~o** command, order; *(Abteilung)* detachment, detail, squad; *d. ~o führen* to be in command of; *~o zurück!* as you were!; **~obrücke** ⚓ bridge; **~ostab** baton; **~ostelle** *fig* position of authority; **~oturm** ⚓ conning-tower; ✈ control tower

kommen to come; to arrive, to get to; to approach, to draw near; *(s. ergeben)* to result, to arise, to proceed from; *(s. ereignen)* to happen, to take place, to occur; *im ~ sein* to be in the ascendant; *~ lassen* to send for; *~ sehen* to foresee; *dazu ~ (zeitl.)* to find time to; *gelegen ~* to come in handy; *~ auf* to cost, to amount to; *auf etw ~* to think of, to hit upon s-th; *hinter etw ~* to discover; *in Betracht ~* to come into question; *nicht in Betracht ~* to be out of question; *um etw ~* to lose; *zu s. ~* to recover one's senses; *in schlechte Verhältnisse ~* to fall on hard times; *j-n nicht zu Wort ~ lassen* to cut s-b short; *zu kurz ~* to fall short of; *zu spät ~* to be late; *zum Vorschein ~* to turn up, to make one's appearance; *d. kommt davon!* that's the result; *das kommt davon, wenn...* that's what comes of...; *wie kommt es, daß...?* how is it that...? *was kommt nun?* what will be next?; **~d** coming; forthcoming; *~de Woche* next week

Komment|ar commentary; **~ator** commentator; **~ieren** to comment on

Kommer|s students' social gathering, drinking-bout; **~sbuch** students' song-book; **~ziell** commercial

Kommiliton|e fellow student; **~in** = *~e;* co-ed

Kommiss|ar commissary; *(Bevollmächtigter)* commissioner; *(Rußl.)* commissar; *(Polizei)* inspector; **~arisch** provisional, commissarial; **~ion** commission; committee; board; *in ~ion* on commission, on consignment; **~ionär** (general) commission agent; *(Makler)* broker

Kommiß barrack-room life; army; **~brot** army bread, *US* G.I. bread; **~stiefel** army boots, ammunition-boots

Kommode *bes BE* chest of drawers, *US* bureau, dresser

kommunal communal; municipal; of (relating to) local authorities; **~beamter** local government official; **~steuer** local tax. *BE* rate; **~verband** association of communities; **~verwaltung** municipal (*od* local) administration

Kommuni|kant *eccl* communicant; **~on** (Holy) Communion; **~zieren** *eccl, phys* to communicate; *eccl* to receive Holy Communion

Kommun|ismus communism; *dem ~ismus unterwerfen* to communize; **~ist** communist; **~istisch** communist(ic)

Komöd|iant comedian (actor); *fig* hypocrite; **~ie** comedy, play; *fig* farce; *~ie spielen (fig)* to sham

Kompagnon partner, associate; joint proprietor

Kompanie company; **~chef** company commander; **~geschäft** joint business, partnership

Komparativ comparative (degree)
Komparse super, dumb actor
Kompaß compass; **~häuschen** binnacle; **~peilung** compass bearing; **~strich** point of the compass
Kompensation compensation; clearing; offsetting effect; **~sgeschäft** barter transaction, compensation transaction
kompeten|t authoritative, competent; responsible; appropriate; **~z** competence; ⚖ jurisdiction; ability, fitness; responsibility
komplett complete; everything included
Komplex complex, inhibition; *(Häuser)* group (of houses); *(Menge)* mass, body; group (*od* series) of factors
Komplice accomplice
Kompliment compliment; bow; *gerne ~e hören wollen* to fish for compliments; **~ieren** to compliment
kompliz|ieren to complicate; **~iert** complicated, intricate; complex; *~ierter Bruch* ⚕ compound fracture; **~iertheit** complexity; **~ierung** complication
Komplott plot, conspiracy
Kompo|nente component (element); factor; **~nieren** to compose; **~nist** composer; **~sition** composition
Kompott stewed fruit, compote
Kompr|esse compress, bandage; **~eß** 📖 solid; *~eß setzen* to set solid; **~imieren** to compress
Kompro|miß compromise; **~mittieren** *vt* to compromise; *refl* to compromise o.s.
Komtesse (unmarried) countess
Kondens|ator capacitor, condenser; **~ieren** to condense; **~milch** tinned (*od* canned) milk; evaporated milk; **~streifen** ✈ vapour (*od* exhaust) trail, contrail
Kondition term; condition, state; ⛹ state of health; **~alsatz** conditional clause; **~ieren** ⚙ to condition
Konditor confectioner; pastry-cook; **~ei** confectioner's (shop), sweetmeat shop; café; **~eiwaren** cakes, pastries, confectionery, tea-bread
Kondol|enzbesuch visit of condolence; **~ieren** to condole with, to express one's sympathy with
Kondor condor
Konfekt sweets, chocolates, confectionery; **~ion** ready-made clothes; making-up industry, garment manufacture; **~ionär** clothier, outfitter, maker-up; **~ionsartikel** ready-made clothing; **~ionskleidung** ready-made clothes, *umg* reach-me-downs; *US* ready-to-wear clothes, *umg* hand-me-downs
Konfer|enz conference, meeting; **~ieren** to confer, to deliberate (*über* on); to meet for discussion, to discuss, to have a discussion about; *(Varieté)* to act as compère of, *US* to act as master of ceremonies of, *umg* to M. C. (a show)
Konfession confession, creed; **~ell** confessional, denominational; **~slos** undenominational, unattached
Konfetti confetti (*~schlacht* c. battle)
Konfirm|and candidate for confirmation, confirmand; **~ation** confirmation; **~ieren** to confirm
konfiszier|en to confiscate, to seize; **~ung** confiscation
Konfitüre preserves; *pl* confectionery, sweets; **~laden** sweet-shop, *US* candystore
Konflikt conflict; *in ~ geraten mit* to run afoul of
konfus confused, muddled; **~machen** to mix up
Konglomerat *bes geol* conglomerate; conglomeration, congeries
Kongreß congress, *US* convention, Congress
kongru|ent congruent; **~enz** congruity; *fig* equality (in all respects), (perfect) concordance; **~ieren** to coincide, to agree
König king; *d. Heiligen drei ~e* the Wise Men of the East, the (three) Magi; **~in** queen; **~lich** royal, regal; kingly, queenly; **~reich** kingdom, realm; **~skerze** *bot* Aaron's rod; **~sschlange** boa; **~tum** royalty, kingship
Kon|jugation conjugation; **~jugieren** to conjugate; **~junktiv** subjunctive (mood)
Konjunktur business cycle; economic situation; economic trend; market conditions; market activity; upward trend; boom; **~aufschwung** cyclical upswing; **~belebung** increase in business activity; **~gewinn** boom profit; **~gewinnsteuer** excess profits tax; **~kurve** economic trend; **~ritter** opportunist, time-server, *US* big time operator; **~theorie** theory of economic cycles; **~zusammenbruch** complete slump
kon|kav concave; **~kret** concrete; solid; tangible; real
Konkorda|nz concordance; **~t** concordat
Konkubinat concubinage
Konkurr|ent competitor, rival; contestant; **~enz** competition, rivalry; the competitors; *scharfe ~enz* keen competition; *unlautere ~enz* unfair competition; *d. ~enz d. Spitze bieten* to defy competition; **~enzkampf** trade rivalry, competitive struggle; ⛹ event; *(auf Leben und Tod)* cut-throat competition; **~ieren** to compete (with)
Konkurs bankruptcy; failure; *(Gesellschaft)* compulsory winding-up; **~erklärung** declaration of insolvency; **~masse** bankrupt's assets (*od* estate); **~reif** insolvent; **~verfahren** bankruptcy proceedings; **~vergehen** bankruptcy offence; **~vergleich** composition (in bankruptcy); **~verwalter** trustee in bankruptcy; liquidator
können 1. *vt* to know, to understand; to know how to; *Englisch ~* to know English; *er kann nichts* he does not know a thing; **2.** *vi* to be able, to be capable of; to be in a position (to do); to be permitted (to do); *ich kann* I can, I may; *d. kann sein* that is possible; *nicht mehr ~* to be done up, to be exhausted; *er kann nichts dafür* he can't help it, it is not his fault; *er kann gehen* he may go; *man kann nur hoffen*

it is to be hoped; *er hätte es tun ~* he could have done it; *ich kann nicht umhin (zu lachen)* I cannot help (laughing); *etw nicht mehr ~* to forget how to do s-th; *su* ability, power, faculty; knowledge; talent, skill

Konnossement bill of lading, B/L; *reines (unreines) ~* clean (foul) B/L

kon|sekutiv consecutive; **~sekutivdolmetschen** consecutive interpreting; **~sequent** consistent; **~sequenz** consistency; consequence, result; *~sequenzen ziehen* to draw conclusions, to take a step

konserv|ativ conservative; **~ator** curator; **~atorium** conservatory, conservatoire, academy of music; **~e** *BE* tin, can; preserve; *pl* tinned (*od* canned) food; *Bohnen in ~en* canned beans; **~endose** *BE* tin, can; **~enfabrik** tinning (*od* canning) factory, cannery; canning industry; **~ieren** to preserve, to conserve, *BE* to tin, to can; **~ierung** preservation, conservation; *BE* tinning, canning; **~ierungsmittel** preservative, preserving agent

konsist|ent firm, compact, durable; **~enz** firmness, durability; *(Dichte)* consistency; *(Zustand)* state, quality; **~orium** consistory

Konsol|e 🏛 bracket, console; **~idieren** to consolidate; **~idierung** consolidation

Konsonant consonant

Konsort|en associates; syndicate members; *(Mitschuldige)* accomplices; confederates; **~ium** consortium; syndicate

kon|spirieren to conspire, to plot; **~stant** constant, permanent; **~stante** constant; **~stanz** constancy; stability, steadiness; **~statieren** to confirm; to state; to recognize; to take note of; to place on record; **~stellation** constellation; *fig* state of affairs, situation, pattern, set of conditions (existing in a given case); **~sterniert** taken aback; **~stituieren** to constitute; *~stituierende Versammlung* constituent assembly; **~stitution** constitution; **~stitutionell** constitutional

konstru|ieren to design; *(herstellen)* to construct; **~kteur** designing engineer, designer; draftsman; constructor; **~ktion** construction; design; scheme; device; structure, set-up; **~ktionsfehler** structural defect, fundamental fault

Konsul consul, consular officer; **~at** consulate; **~atsfaktura** consular invoice; **~ent** counsel, advocate; **~tieren** to consult, to ask s-b's advice; *(Arzt)* to see the doctor, to take medical advice

Konsum consumption, consuming; consumers; *(Laden)* co-op(erative store); **~ent** consumer; **~genossenschaft** consumer co-operative (society); **~güter** consumer goods; **~ieren** to consume; **~verein** consumer, co-operative

Kontakt contact; *d. ~ aufnehmen mit* to contact s-b; **~arm** unsociable; **~mann** informant; contact

Konter|admiral rear-admiral; **~bande** contraband; **~fei** portrait, likeness; **~n** to counter; **~tanz** square dance, quadrille

Kontinent continent; **~al** continental

Kontingent quota; allotment; **~ieren** to fix the quotas (of); to limit; **~iert** subject to quota, quota (goods)

Kontinuität continuity

Konto account; *gesperrtes ~* blocked account; *laufendes ~* current account; *überzogenes ~* overdrawn account; **~auszug** statement of account, *BE* pass-sheet; **~bestand, ~stand** account balance; **~buch** bank-book, account book; **~korrent** current account

Kontor office; **~ist(in)** clerk

kontra counter; ⚖ versus; *pro und ~* pro and con; **~baß** double bass, *US* bass viol; **~hent** the party to contract, contracting, party; **~punkt** counterpoint; **~punktisch** contrapuntal

Kontrakt contract, bargain; agreement; *(Urkunde)* deed; *e-n ~ abschließen* to conclude a contract, to enter into a contract; **~bruch** breach of contract; **~brüchig** breaking a contract; **~lich** by contract, contractual

Kontrast contrast; **~ieren** to contrast

Kontroll|e control; *(Überwachung)* supervision; *(Prüfung)* examination, verification, checking; **~eur** controller; *(Zähler)* reader; **~ieren** to control; to check, to examine; to supervise; to verify; *(Bücher)* to audit; **~nummer** reference (*od* code) number; **~rat** Control Council; **~uhr** time-clock; *zu ~zwecken* for verification purposes

Kontur contour; outline; skyline

Konvention convention; agreement; treaty; **~alstrafe** penalty for breach of contract; **~ell** conventional

Konversation conversation; **~slexikon** (small) encyclopedia

konvert|ierbar convertible; **~ieren** to convert; **~it** convert

Konvikt boarding-house (for Catholic students)

Konzentr|ationslager concentration camp; **~ieren** to concentrate; to centre; **~isch** concentric

Konzept rough (*od* foul) copy, draft, sketch; *aus d. ~ bringen* to put s-b out, to disconcert; *j-m ins ~ passen* to fit s-b's bill; **~ion** *(feststehender Begriff)* concept; *(Auffassung)* conception; **~papier** rough (*od* scribbling) paper

Konzern combine; trust; pool; **~feindlich** antitrust

Konzert concert; *(Solo-)* concerto; **~flügel** concert grand (piano); **~ieren** to give a concert; **~meister** concertmaster; **~saal** concert hall; **~sänger** singer

Konzession concession; licence (to trade); **~iert** licensed; **~spflicht** *besteht für* . . . is operating under licence, . . . can be carried out under licence

Konzil council

Köper twill; **~bindung** twill weave

Kopf head; top; *(Hut-)* crown; *fig* brains, sense; *(Mensch)* thinker, talented man; 🕮 title, heading; *~ an ~* closely packed ♦ *s. in d. ~ setzen* to take it into one's head; *s. etw (noch*

einmal) durch d. ~ gehen lassen to turn s-th over in one's mind, to have second thoughts about s-th; *s. d. ~zerbrechen* to rack one's brains (*über* over); *auf d. ~, pro ~* each, a head, per capita ♦ *nicht auf d. ~ gefallen sein* to be no fool, to know what's what; alles auf d. ~ *stellen* to turn everything topsy-turvy; *aus d. ~* by heart; *s. etw aus d. ~ schlagen* to dismiss s-th from one's mind; *es geht um ~ u. Kragen* everything is at stake, it is a matter of life and death ♦ *vor d. ~ stoßen* to hurt, to offend; *d. Nagel auf d. ~ treffen* to hit the nail on the head; *j-m d. ~ verdrehen* to turn s-b's head; *s-n ~ durchsetzen* to insist on having one's own way; *j-m d. ~ waschen* to give s-b a good dressing-down, to haul s-b over the coals; *j-m d. ~ zurechtsetzen* to give s-b what for; to bring s-b to reason; **~arbeit** brain work; **~arbeiter** brain worker; **~bedeckung** head-covering, head-gear; **~betrag** per capita quota; **~bogen** letterhead; **¨chen** *fig* brains; **¨en** to behead; **~ende** head (of bed); **~haut** scalp; **~hörer** headphone, ear-phone; **~kissen** pillow; **~länge** head; **~los** headless; confused; silly; **~nicken** nod; **~rechnen** mental arithmetic; **~salat** (cabbage, round, garden) lettuce; **~scheu** *(Mensch)* shy, timid; *(Pferd)* restive; *~scheu machen* to intimidate; **~schmerz** headache; **~schuppen** dandruff; scurf; **~schützer** headprotector; Balaclava helmet; **~sprung** header; **~steinpflaster** cobbled pavement; **~steuer** poll tax; **~tuch** kerchief, head-square (-scarf); **~über** headlong, head foremost ♦ *s. ~über in d. Arbeit stürzen* to plunge into work head foremost; **~wäsche** shampooing; **~zahl** number of persons; **~zerbrechen** racking of the brain; *ohne viel ~zerbrechen* without much pondering; *~zerbrechen machen* to puzzle, to give s-b a headache

Kop|ie copy; 📷 print; *(Nachbildung)* reproduction, imitation; *(Abschrift)* transcript; **~ieren** to copy; 📷 to print; to transcribe; to trace; **~ist** copyist

Koppel *mil* belt; *(Gehege)* enclosure; *(Pferdeweide)* paddock; *(Hunde)* couple, leash; **~n** to link; ⚙ to couple; *(Pferd)* to string; *(Hund)* to leash, to couple; **~ung** coupling; **~ungsgeschäft** linked transaction; **~ungsverkauf** tie-in sale

kopulieren to couple; to unite; to marry

Koralle coral; **~nbank** coral reef; **~nfischer** coral-fisher; **~ntier** coral

Korb basket; hamper; *(Bienen-)* hive; *fig* refusal, denial ♦ *j-m e-n ~ geben* to give s-b the go-by, to refuse s-b; *Hahn im ~ sein* to be cock of the walk; **~ball** basket-ball; **~blütler** composite plant; **~flasche** carboy; demijohn; **~flechter** basket-maker; **~möbel** wicker furniture; **~sessel** basket (*od* wicker) chair; **~weide** osier, basket wicker

Kord corduroy; **~el** cord; twine; **~hosen** (pair of) corduroys

kör|en to select for breeding; **~ung** selection of stud animals

Korinthe currant

Kork cork; **~en** to cork; *adj* (of) cork, corky; *su* cork stopper; **~enzieher** corkscrew

Korn grain; *(Getreide)* corn; *(Gewehr)* (fore-) sight; *(Metall)* standard ♦ *aufs ~ nehmen* to keep a weather eye on s-b, to lash out at s-b; **~ähre** ear of corn; **~blume** corn-flower, bluebottle; **~boden, ~kammer** granary; **¨en** to granulate; *(Leder)* to grain; **~feld** *BE* cornfield, *US* grain field; **~garbe** sheaf; **¨ig** granular

Kornett cornet (*a* ♪), standard-bearer

Körper body; *phys* substance, compound; *(Schiff)* hull; ✈ fuselage; *(fester ~)* solid; *e-n schönen ~ haben* to have a fine physique; **~bau** bodily structure, build; **~behindert** disabled, physically impaired; **~beherrschung** body control; **~fülle** corpulence; **~kraft** physical strength; **~lich** bodily; physical; material; corporeal; *~liche Strafe* corporal punishment; **~los** incorporeal; bodiless; immaterial; **~maß** cubic measure; **~pflege** beauty culture; hygiene; **~pflegemittel** toilet requisite; **~schaft** corporation; body; *~schaft d. öffentlichen Rechts* public-law corporation; **~schaftssteuer** corporation tax; **~(teil)chen** particle; corpuscle; **~wärme** body heat

Korpor|al corporal; **~alschaft** section, squad; **~ation** corporate body, corporation; (academic) fraternity

Korps *mil* corps; body; *d. diplomatische ~* the diplomatic corps; **~geist** esprit de corps; team spirit; **~student** member of a duelling fraternity

korrekt correct; **~heit** correctness; **~or** 🕮 proof-reader; **~ur** correction; revision; 🕮 proof correction; *~ur lesen* to proof-read; corrective adjustment; **~urbogen** proof-sheet; **~urleser** proof-reader; reviser

Korrespond|enz correspondence; **~ieren** to correspond

Korridor corridor; *d. Polnische ~* the Polish Corridor

kor|rigieren to correct; **~rumpieren** to corrupt; **~ruption** corruption; bribery

Korsar pirate, corsair

Kors(el)ett corslet, *US* corselet, all-in-one; corset, a pair of corsets; *(früher)* stays; **~stange** bone

Koryphäe celebrity, star; outstanding authority

koscher kosher

kose|n *vt* to caress, to fondle; *vi* to make love (*mit* to) **~name** pet name

Kosinus cosine

Kosmeti|k beauty culture; cosmetic surgery; **~kerin** beauty specialist, beautician; **~salon** beauty parlour; **~sch** cosmetic

kosm|isch cosmic; *~ische Strahlen* cosmic rays; **~opolit** cosmopolitan; **~os** universe

Kost food, victuals; *(Nahrung)* diet; *(Pension)* board; *magere (schmale) ~* meagre fare, short commons; ⚕ low diet; *fleischlose ~* vegetarian diet; *in ~ sein bei...* to board with; *~ und*

Wohnung board and residence (*od* lodging); **~bar** precious, valuable; costly; **~barkeit** preciousness; object of value; **~frei** with free board; **~gänger** boarder; **~geld** board, board-wages; **~happen, ~probe** dainty morsel; **¨lich** delicious, delightful, tasty; luscious; excellent, exquisite; capital; **~spielig** costly, expensive; *kein* **~verächter** *sein* to enjoy one's food

Kosten cost(s); *(Unkosten)* expenses; *(Gebühren)* charges, fees; *(Ausgaben)* expenditure; *auf ~ von* at the expense of; *fig* at the cost of; *auf eigene ~* at one's own expense; *auf seine ~ kommen* to recover expenses; *fig* to get one's money's worth; to get what suits one; *d. ~ bestreiten* to defray the expenses; *mit ~ verbunden sein* to involve charges; *vt (Geld)* to cost; *(erfordern)* to require, to take; *(versuchen)* to try, to taste; *koste es, was es wolle* cost what it may, at any cost; *Zeit und Mühe ~* to take time and trouble; *was kostet es?* how much is it?, how much does it cost?; *was kostet diese Bluse?* how much is this blouse?; **~anschlag** estimate; **~ausgleich** cost equalization; **~los** free, for nothing, free of charge; **~pflichtig** liable to (pay the) costs; with costs; **~punkt** expenses; **~rechnung** bill of costs; cost accounting; **~vorschuß** advance on costs

Kostüm costume, suit; dress; fancy dress; **~bildner** 📽, 🎭 costume designer; **~fest** fancy-dress ball; **~ieren** to dress up, to disguise; **~probe** dress rehearsal

Kot mud, muck, dirt; *(Schlamm)* mire; *(menschl.)* excrements, faeces; *(tierisch)* droppings ♦ *in den ~ ziehen* to drag into the dust; **~flügel** *BE* wing, *US* fender; **~ig** dirty, muddy

Kotau kotow, *US* kowtow; *~ machen* to kotow, *US* to kowtow

Kotelett chop; *(Kalbs-)* cutlet; **~en** side-whiskers

Köter cur, dog

kotzen *sl* to vomit, to puke, to have the pukes

Krabbe crab; *(klein)* shrimp

krabbeln *vt* to tickle, to scratch; *vi* to crawl, to creep

Krach crash, slam; *(Lärm)* noise, din; *(Streit)* quarrel, row; scene; *mit Ach und ~* with difficulty, only just; **~en** to crack, to crash; *(bersten)* to burst; *(donnern)* to roar; *(Tür)* to bang

krächzen to croak, to caw; *~de Stimme* hoarse voice

Kraft strength; *(Stärke)* force; ⚙, *fig* power; potency; *(Wirksamkeit)* efficacy; *(Energie)* energy; *(seelisch, geistig)* faculty; *(Rüstigkeit)* vigour; *(wirkende ~)* agent; worker, professional; hand, assistant; *in ~ treten* to take effect, to become valid, to come (*od* enter) into force; *in ~ bleiben* to remain in force; *in ~ setzen* to put into force; *außer ~ setzen* to annul, to abrogate; *mit aller ~* with might and main, by main force; *nach besten ¨en* to the best of one's ability; *zu ¨en kommen* to regain one's strength; *prep* by virtue of, on the strength of; **~anlage** power plant, power station; **~aufwand** expenditure of force, effort, exertion; **~ausdruck** strong language; **~brühe** clear soup; beef-tea; **~droschke** taxi; **~fahrer** motorist; driver; **~fahrtechnisch** automobile; **~fahrzeug** motor vehicle; **~fahrzeugindustrie** *BE* motor (*US* automotive) industry; **~feld** *phys* field of force; **~los** weak, feeble; powerless; **~meier, ~mensch** brawny person, tough; **~messer** dynamometer; **~probe** trial of strength, showdown; **~rad** motorcycle; **~stoff** liquid fuel, *BE* petrol; **~voll** vigorous, powerful; pithy; **~wagen** *BE* motor car, *US* automobile, *umg* car; **~wagenpark** motor pool; motorvehicle fleet

Kräft|eersparnis economy of manpower; **~emangel** labour shortage; **~epotential** potential labour force; **~everlagerung** shift of power; **~ig** strong, powerful, robust; *(Nahrung)* nourishing; *(wirksam)* forcible; *(Linie)* bold; lusty; **~igen** to strengthen, to invigorate; to harden, to steel; **~igung** strengthening, invigoration

Kragen collar; *(Umhang)* cape; *beim ~ nehmen* to (seize by the) collar ♦ *d. kann ihn d. ~ kosten* that may cost his neck; **~knopf** (collar-)stud. *US* collar-button; **~spiegel** *mil* facing, collar patch; **~weite** collar size

Kragstein corbel

Krähe crow; *(Saat-)* rook; **~nfüße** *(Schrift)* scrawl; *(Runzeln)* crow's feet

Krake octopus

Krakeel brawl, squabble, quarrel; **~en** to brawl, to roister, to kick up a row; **~er** brawler, rowdy, roisterer

Kralle claw; *(Vögel)* talon; **~n to claw**

Kram small wares; *(Plunder)* trash, stuff, rubbish; *fig* business, affair ♦ *d. paßt mir nicht in d. ~* that does not suit my purpose (*od* book); **~en** to rummage; **~laden** small shop, general store

Krämer local retail merchant; grocer; philistine; **~seele** petty spirit, mercenary spirit

Krammetsvogel fieldfare

Krampe cramp(-iron); staple

Krampf cramp; ⚕ spasm, convulsion; fit; ridiculous fuss; pomposity; **~ader** varicose vein; **~en** to contract, to clench; **~haft** convulsive, spasmodic; *fig* frantic, desperate; **~stillend** sedative; antispasmodic

Kran crane; derrick; hoist; **~ausleger** crane jib (*od* boom); **~führer** craneman, crane operator; **~ich** crane

krank ill, sick; *~ sein* to be ill, *US* to be sick; *~ werden* to fall ill, to become ill, to be taken ill; *wieder ~ werden* to have a relapse; *~ darniederliegen* to be laid up, to be confined to bed, to be bedridden; *s. ~ lachen* to split one's sides (with laughter); **~en** to be ill (with), to suffer (from); *(fehlen)* to lack; **~enabteilung** sick-ward; **~enauto** ambulance; **~enbett** sickbed; **~engeld** sickness benefit; **~engeschichte** case history; **~enhaus** hospital; **~enkasse** health insurance (fund); **~enkassenpatient** panel patient; **~enkost** invalid diet (*od* cooking); **~enlager** sick-bed; **~enpflege** nursing;

~enpfleger male nurse; **~enschwester** (sick-) nurse; *(staatlich geprüft)* registered nurse, S.R.N.; **~enstand** *(Anstalt)* number of inmates; *(Bevölkerung)* sickness figure; **~enträger** stretcher-bearer; **~enversicherung** health insurance, sickness insurance; **~enwärter** male nurse; attendant; hospital orderly; **~er** patient, sick person; *die ~en* the sick; **~haft** pathological; unhealthy; morbid; **~heit** illness, disease, malady; *innere ~heiten* internal diseases; *englische ~heit* rickets; *ansteckende ~heit* infectious disease, contagious disease; *s. e-e ~heit zuziehen* to contract a disease; **~heitserreger** agent of a disease; **~heitsherd** focus of the disease

kränk|eln to be ailing (*od* sickly) to be in poor health; **~en** to vex, to offend, to hurt; *refl* to worry; to fret; **~lich** invalid; ailing, sickly; **~ung** insult; offence

Kranz wreath, garland; **≃chen** *fig* ladies' (*od* coffee) circle; **≃en** to wreathe, to crown, to adorn; **~gesims** cornice; **~jungfer** bridesmaid; **~spende** funeral wreath

Krapfen doughnut

kraß crass, gross; exaggerated; *(Lüge)* thumping, big; *im krassesten Fall* in the most extreme case; *e. krasses Beispiel* a glaring example

Krater crater *(a. mil)*; **~öffnung** orifice

Kratz|bürste scrubbing-brush; *fig* cross-patch; **~bürstig** cross, irritable; gruff; **~eisen** scraper; **~en** *vt/i* to scratch, to scrape; **~fuß** bow

Krätz|e itch; ⚕ scabies; ⚙ waste; **~er** bad wine; **~ig** itchy

krau(l)en *vt* to rub gently (*od* softly); *vi* to (swim, do the) crawl; **~schwimmen** crawl-(stroke)

kraus curly, crinkled, crisp; *(Stoff)* ruffled, nappy; *d. Stirne ~ ziehen* to knit one's brows, to frown; **~e** ruffle, frill; **≃eln** to curl, to crimp; *(plissieren)* to goffer; *(Stoff)* to gather; *(Wasser, Federn)* to ruffle; **~haarig** curly--haired; **~kopf** curly-head

Kraut herb; plant; *(Kohl)* cabbage; *ins ~ schießen* to run into leaves, to shoot up, to run wild; **≃erbuch** herbal; **≃erkäse** herb-flavoured cheese; **≃ertee** herb-tea

Krawall uproar, row, riot, affray

Krawatte tie, cravat

kraxeln to clamber up, to climb

Kreatur creature

Krebs crab, crayfish; *astr* Cancer; ⚕ cancer; carcinoma; canker; *(in Zssg)* cancerous, carcino-; **~artig** cancerous; **~erzeugend** carcinogenic; **~geschwulst** cancer; tumour; **~schaden** cancerous sore; *fig* canker, deep-seated evil; **~schere** claw of crayfish; **~tiere** crustaceans

Kredenz sideboard; **~en** to present, to serve, to offer

Kredit credit; loan; *(Vorschuß)* advance; *(Ruf)* reputation, trust; *~ haben bei* to have an account with; *kurzfristiger ~* short-term credit; *langfristiger ~* long-term credit; *~ aufnehmen* to raise a loan; *~ einräumen* to grant a credit; **~aufnahme** borrowing; **~bank** commercial bank; **~brief** letter of credit; **~fähig** solvent, sound; **~fähigkeit** solvency, financial soundness; **~genossenschaft** credit co-operative; **~ieren** to credit; **~institut** credit institution, bank; **~iv** credentials; full power; **~schöpfung** creation of credit; **~sperre** stoppage of (*od* ban on) credit; **~würdig** credit-worthy; trustworthy

Kreide chalk; 🎨 crayon; **~ehaltig** containing chalk, cretaceous; **~weiß** white as a sheet; **~ig** chalky, cretaceous

Kreis circle; ring; ⚡ circuit; *astr* orbit; *(Gebiet)* district; *(Verwaltung)* district, county; *(Menschen)* set; circle; group; *fig* sphere; *(Reichweite)* range; *e-n ~ ziehen* to describe a circle; *s. im ~e drehen* to rotate; *~e der Wirtschaft* business circles (*od* quarters); **~abschnitt** segment; **~arzt** district medical officer; **~ausschnitt** sector; **~bahn** orbit, circular path; **~baumeister** government surveyor of works; **~el** top; gyro(scope); **~en** to revolve; to circulate; to circle round; **~förmig** circular, round; **~lauf** circulation, circular course; rotation; **~laufstörung** circulatory disturbance; **~laufsystem** cardiovascular system; **~säge** circular saw; **~stadt** county town; **~umfang** circumference, periphery; **~verkehr** *BE* roundabout (traffic), *US* traffic circle

kreischen to shriek, to scream, to screech

kreißen ⚕ to be in labour; *su* labour

Krematorium crematorium, crematory

Krempe brim; **~l** stuff, rubbish

Kremser char-a-banc

krepieren to kick the bucket; *mil* to burst, to explode

Krepp crêpe; **~gummi** crêpe rubber; **~papier** crêpe paper; **~sohle** crêpe(-rubber) sole

Kresse *(Brunnen-)* water-cress; *(Garten-)* garden-cress; *(Kapuziner-)* nasturtium

Krethi und Plethi Tom, Dick, and Harry; rag-tag and bobtail

Kreuz cross; ♪ sharp; ⚕ the small of the back; *(Karten)* clubs; *(Pferd)* croup; 🕮 obelisk, dagger; *fig* affliction, grief, sorrow; *d. ~ schlagen* to cross o.s.; *ans ~ schlagen* to nail to the cross; *~ und quer* criss-cross, in all directions, all over ♦ *zu ~e kriechen* to eat humble pie, to sing small; *über ~* crosswise; **~abnahme** descent from the cross; deposition; **~band** wrapper; *unter ~band schicken* to send at printed--matter rate; **~bein** sacrum; **~brav** thoroughly honest; **~en** *vt* to cross; *vi* to cross, ⚓ to cruise; *refl (Briefe)* to cross in the post (with); **~er** cruiser; **~fahrer, ~ritter** crusader; **~feuer** cross-fire; **~fidel** as lively as a cricket; **~gang** cloisters; **~igen** to crucify; **~igung** crucifixion; **~lahm** broken-backed; *~lahm sein* to have backache; **~otter** adder, common viper; **~schmerzen** lumbago, pains in the small of the back; **~schnabel** crossbill; **~stich** cross-stitch; **~unglücklich** despondent, downcast; **~ung** crossing; crossroads (*an d. ~ung* a the c.); intersection; *(Rasse)* hybrid, mongrel; *(Tiere,*

Pflanzen) cross-breed(ing), hybridization; **~verhör** cross-examination; *ins ~verhör nehmen* to cross-examine; **~weg** crossroad(s), crossing; *eccl* way of the cross; **~weise** crosswise, crossways, across; **~worträtsel** crossword puzzle; **~zug** crusade

kribbeln to crawl, to swarm; *(jucken)* to tickle, to itch

Kricket cricket; **~schlagholz** bat, willow; **~spieler** cricketer

kriech|en to creep, to crawl; *fig* to cringe (before s-b), to fawn (on s-b); *aus d. Ei ~en* to hatch; **~er** *fig* sneaker, toady; **~erei** cringing, servility; **~erisch** fawning, slavish; abject; **~tier** reptile

Krieg war; *fig* warfare; *im ~* in war-time; *es ist ~* there is a war on; *im ~ sein mit* to be at war with; *~ führen* to make (*od* wage) war (*mit* on); *kalter ~* cold war; **~er** warrior, soldier; **~erisch** warlike, bellicose; martial; **~führend** belligerent; **~führung** conduct of war; warfare; **~sbeil** hatchet (*d. ~sbeil begraben* to bury the h.); **~beschädigt** disabled on active service; **~sbeschädigter** disabled ex-serviceman, war-disabled person; **~sdienst** military service; **~sdienstpflicht** conscription; **~sdienstverweigerer** conscientious objector, C. O.; **~sdiensttauglich** A 1, *US* class A; **~serklärung** declaration of war; **~serprobt** battle-tried; **~sflotte** navy; **~sfolgelasten** war-induced burdens; charges resulting from the war; **~sgefahr** danger of war; *(Versicherung)* war risks; **~sgefangener** prisoner of war; **~sgefangenenlager** prisoner-of-war camp; **~sgefangenschaft** captivity; **~sgericht** court martial; **~sgewinnler** war-profiteer; **~sgrund** casus belli; **~shafen** naval port; **~shandwerk** military profession; **~shetzer** warmonger; **~shinterbliebener** person bereaved as a result of war; surviving dependant (of service-man); **~slazarett** military hospital; **~slist** stratagem; **~sminister** Minister of War; *BE* Secretary of State for War; *US* Secretary of War; **~srecht** martial law, the law of war; **~ssachgeschädigter** person who has suffered material damage through war; **~ssachschaden** war damage to property; **~sschauplatz** theatre of operations (*od* war); **~sschiff** battleship, warship; **~sschuld** war-guilt; *(materiell)* war debt; **~steilnehmer** veteran; ex-serviceman; **~sverbrechen** war crime; **~sverbrecher** war criminal; **~sversehrt(er)** = ~beschädigt(er); **~sware** war-time goods; **~swichtig** strategic, of military importance; **~szustand** state of war

kriegen *vt* to get, to obtain; *(Zug)* to catch; to reach

Kriminal|film crime film, *umg* whodunit; **~polizei** criminal investigation department; plain-clothes police; **~polizist** detective; **~roman** detective story, crime novel (*od* story), *umg* whodunit; **~stück** detective play

kriminell criminal; of a criminal character

Kringel ring, circle; biscuit; *(Rauch-)* curl

Krinoline crinoline; hoop skirt

Krippe crib, manger; *(Kinder-)* crèche; **~nspiel** *eccl* nativity play

Krise crisis; depression; **~nhaft** critical; crucial; *~nhafte Ausmaße* crisis proportions

Kristall crystal; **~en** of crystal; **~isieren** to crystallize; **~klar** crystal-clear, transparent; **~zucker** preserving sugar

Krit|ik criticism; *(Besprechung)* critique, review; *unter aller ~ik* incredibly bad, beneath contempt; **~ikaster** carper, criticaster; **~iker** critic; *(Schreiber)* reviewer; **~iklos** uncritical, undiscriminating; **~isch** critical; *~isch besprechen* to review; precarious; **~isieren** to criticize; 📖, 🎞, 🎭 to review; to censure; **~teln** to carp (*über* at); to find fault with; **~tler** carping critic, fault-finder

kritzeln to scrawl, to scribble

Krock|et croquet; **~ethammer** mallet; **~ieren** to croquet

Krokodil crocodile; **~stränen** crocodile tears

Krokus crocus

Kron|anwalt attorney general; **~e** crown; *(Adel)* coronet; *(Baum)* top; *(Zahn)* cap, crown ♦ *d. setzt allem d. ~e auf* that puts the lid on it; *e-n in d. ~e haben* to have had a little too much; **~̈en** to crown; **~erbe** heir to the crown; **~gut** crown-lands; **~insignien** regalia; **~leuchter** chandelier; **~prinz** crown prince; **~sbeere** cowberry, mountain cranberry; **~̈ung** coronation; crowning; **~zeuge** chief witness; King's evidence, *US* State's evidence

Kropf crop; ⚕ goitre; **~ig** goitrous; **~taube** pouter (pigeon)

Kröte toad; *fig* brat; *e. paar ~n* a few coppers

Krück|e crutch; **~stock** hooked stick

Krug jug; *(Wasser)* pitcher; *(Becher)* mug; *(Wirtshaus)* inn, tavern

Kruke stone jar, stone bottle

Krume crumb; *(Acker)* mould, topsoil; **~̈ln** to crumble

krumm crooked; *(gekrümmt)* curved, bent; *(unehrlich)* fraudulent, sneaking; *(Betrag)* odd, broken; **~beinig** bandy-legged; knock-kneed; **~̈en** to crook, to bend; *refl* to bend down, to stoop; *(Fluß)* to wind; *(vor Schmerzen)* to writhe; *fig* to cringe, to grovel; **~holz** crooked timber; *bot* dwarf mountain pine; **~linig** curvilinear; **~nasig** hook-nosed; **~nehmen** to take s-th amiss; **~säbel** scimitar; **~stab** crosier; **~̈ung** bend, curve, turn; ⚕ contortion; *(Fluß)* winding; *(Rückgrat)* curvature; ⚓ camber; loop

Kruppe crupper

Krüppel cripple; *zum ~ machen* to maim, to cripple; **~haft, ~ig** crippled, maimed

Krust|e crust; ⚕ scurf; **~entier** crustacean; **~ig** crusty, crustaceous

Kruzifix crucifix

Krypta crypt

Kübel tub; pail, bucket; *(Bottich)* vat

Kubik|inhalt cubic contents; **~maß** cubic measure; **~wurzel** cube root; **~zahl** cube; **~zentimeter** cubic centimetre; millilitre

kub|isch cubic; **~ismus** cubism; **~us** cube

Küche kitchen; ~ *u. Keller (fig)* the larder; *(Kochen)* cuisine, cooking; *kleine* ~ kitchenette; *kalte* ~ cold meats; *bürgerliche* ~ plain (home) cooking; *frisch aus d.* ~ just up; **~nbenützung:** *Zimmer mit ~nbenützung* room with use of kitchen; **~ngerät** kitchen utensil; *(Maschinen)* appliance; **~nherd** range, stove; **~nlatein** dog-Latin; **~nzettel** menu

Kuchen cake, pastry; **~bäcker** pastry-cook; **~blech** baking-tin; *(rund)* griddle; **~form** cake-tin

Küchlein chicken

Kuckuck cuckoo; *zum ~!* bother!; bother it!; hang it!; *wer zum ~ hat...* who the devil has...; **~sei** cuckoo's egg

Kuddelmuddel hugger-mugger

Kufe vat, barrel; *(Schlitten-)* runner

Küfer cooper; cellarman

Kugel ball; *(Erde)* globe; *math* sphere; *(Flinten-)* bullet; *(Geschoß)* ball; ⛏ shot; *(Kegeln)* bowl; *(Glas-, Holz-)* bead; *s. e-e ~ durch d. Kopf jagen* to blow out one's brains; **~blitz** ball lightning; **~fang** butts; **~fest** bullet-proof; **~förmig** globular; spherical; **~gelenk** ball-and-socket joint; **~lager** ball-bearing; **~lampe** beacon; **~n** *vt/vi* to roll, to bowl; **~schreiber** ball(-point) pen, *BE* biro; **~stoßen** putting the shot, *BE* putting the weight, *US* shotput; **~stoßer** shot-putter, *BE* weight-putter

Kuh cow; *blinde ~* blind-man's buff; **~blume** marsh-marigold; **~fladen** cow-pat; **~handel** horse-trading, foul bargaining; **~haut:** *d. geht auf keine K.* that beats everything; **~mist** cow-dung; **~stall** cowshed, -house

kühl cool, chilly; fresh; *fig* cool, reserved; ~ *aufbewahren* to keep in a cool place; *j-n ~ behandeln* to turn the cold shoulder on s-b; **~anlage** cold-storage plant, refrigeration plant; **~e** coolness; freshness; *fig* coldness; **~en** to cool; to refresh; ⚙ to refrigerate; **~er** 🚗 radiator; **~erfigur** radiator mascot; **~erhaube** *BE* bonnet, *US* hood; **~haus** cold-storage depot; **~raum** cold store, cold-storage chamber; **~schrank** refrigerator *BE* fridge, *bes US* icebox; **~ung** cooling, refrigeration; freshness

kühn bold, daring, audacious; **~heit** boldness, daring, audacity

Küken chicken *fig* flapper, *US* chicken

Kuli coolie; *fig* drudge; = Kugelschreiber

Kulisse side-scene, wing; scenery; **~nmaler** scene-painter; **~nschieber** scene-shifter

Kult cult; worship; **~ivieren** ⚘ to cultivate; to till; *(geistig)* to culture; to cultivate; **~iviert** cultured; cultivated; **~ur** *(geistig)* culture; *(soziale Entwicklung)* civilization; *(Boden)* cultivation; **~urell** cultural; **~urfilm** educational film; documentary (film); **~urgeschichte** history of civilization; **~urpolitisch** politico-cultural; *~urpolitische Erwägungen* considerations of educational or cultural policy; **~us** = ~; **~usminister** Minister of Education; **~usministerium** Ministry of Education

Kümmel caraway(-seed); *(römischer)* cumin; *(Getränk)* kümmel

Kummer grief, affliction, sorrow; worry; **¨~lich** miserable; *(arm)* poor; scanty; **¨~n** to grieve, to worry, to trouble; *refl (um)* to look after, to care for; to worry about; to mind; **¨~nis** grief, anxiety; **~voll** grievous, sorrowful, afflicted

Kummet horse-collar

Kum|pan companion, crony, pal; **~pel** *min* pitman; *fig* comrade, mate, pal, *US umg* buddy

kumulieren *refl* to accumulate; to be added to

kund known, public; **~bar** known, manifest; **¨~bar** recallable; *(Anleihe)* redeemable; **~e** customer, client; *(voraussichtlicher)* prospect, prospective customer; *(Nachricht)* information, news; *(Lehre)* lore; *(Wissen)* knowledge, science; **¨~en** to publish, to announce; **~endienst** after-sales service; ⚙, ⚡ (maintenance) service; **~enfang** touting; **~enkredit** consumer credit; **~enkreis** range of customers; category of customers; body of customers; clientele; **~geben, ~machen, ~tun** to notify, to inform; to manifest; to publish; **~gebung** manifestation, demonstration; **~ig** learned, well-informed; experienced; **¨~igen** *(Geld)* to call in; *(Wohnung, Arbeit)* to give notice (of termination); *(Vertrag)* to abrogate, to cancel; to denounce; *ich ¨~ige ihm* I give him notice; **¨~igung** *(Wohnung, Arbeit)* notice, warning; *(Geld)* calling in; *(Vertrag)* cancellation; *fristlose ¨~igung* dismissal without notice; *Wohnung mit monatlicher ¨~igung* flat on a month-to-month lease; **¨~igungsfrist** period of notice (*monatliche K.* one month's notice); *auf Einhaltung d. ¨~igungsfrist verzichten* to waive notice requirements; **¨~igungsklausel** cancellation clause; **~machung** publication, notification; **~schaft** customers, clients, clientele

künftig future; next; forthcoming; *~e Generationen* generations yet unborn; **~hin** henceforth, in future

Kunkel distaff

Kunst art; *(Geschicklichkeit)* skill; *(Kniff)* trick, knack; *schöne ¨~e* fine arts; *bildende ¨~e* plastic arts; *mit seiner ~ am Ende sein* to be at one's wit's end; **~ausstellung** fine-art exhibition; **~beflissen** arty; **~begabt** artistic; **~druckpapier** art paper; **~dünger** artificial manure, fertilizer; **¨~elei** affectation; **¨~eln** to over-refine, to subtilize; **~faser** manmade fibre; **~fehler** physician's professional blunder, malpractice; **~fertigkeit** (artistic) skill; **~fliegen** aerobatics; **~flieger** ace, stunt pilot; **~flug** stunt-flight; **~freund** lover of fine arts; **~gegenstand** work of art, objet d'art; **~gerecht** skilful, correct; **~geschichte** art history; **~gewerbe** arts and crafts, industrial arts; **~griff** artifice; trick, knack; **~gummi** synthetic rubber; **~handel** fine art trade; **~händler** art dealer; **~kenner** connoisseur, expert, judge of art; **~keramik** ceramic art; **~lauf** figure-skating; **~läufer** figure-skater; **~leder** leatherette, imitation (*od* artificial) leather; **¨~ler** artist; **¨~lerisch** artistic, artist-like; *¨~lerisches Können* artistry; **¨~lertum** artistry; artistic gift; **¨~lerviertel** artists' district; **¨~lich** artificial; false; synthetic; *(Texti-*

lien) manmade; **~maler** artist, painter; **~-pause** pause for effect; awkward pause; **~reiter** equestrian performer; circus-rider; **~-schlosser** art metal worker; **~seide** rayon, artificial silk; **~springen** fancy diving; **~springer** fancy diver; **~stickerei** art needlework; **~stoff** plastic; **~stopferei** invisible mending; **~stück** feat; trick; sleight of hand; **~tischler** cabinet-maker; **~tischlerei** cabinet-making; cabinet shop; **~verständig** artistic; aesthetic; **~voll** artistic, ingenious; elaborate; **~werk** work of art; *(Marmor)* marbles; **~wissenschaft** science of art

kunterbunt higgledy-piggledy, topsy-turvy

Kupfer copper; **~druck** copper-plate (printing); **~geld** coppers; **~n** copper; **~schmied** brazier; **~stecher** copper-plate engraver; **~stich** copper-plate; copper engraving; **~tiefdruck** photogravure, rotogravure

kupieren *(Schwanz)* to dock

Kuppe dome; rounded hill-top; *(Finger)* head; **~l** cupola, dome

Kupp|elei matchmaking; procuring; **~eln** *vt* to couple, to join, to unite; 🚗 to clutch; ⚙ to engage, to connect; *vt/i* to make a match; ⚖ to procure; **~elpelz:** *s. e-n ~elpelz verdienen* to play the matchmaker; **~ler** matchmaker; pimp, procurer; **~lung** ⚙ coupling; joint; 🚗 clutch; **~lungspedal** clutch pedal

Kur treatment, cure; *s. e-r ~ unterziehen* to go through a cure; *j-m d. ~ machen* to court, to make love to; **~abgabe, ~taxe** visitor's tax; **~arzt** spa doctor; **~aufenthalt** stay at a spa (sanatorium); **~fürst** elector; **~fürstentum** electorate; **~gast** visitor (*od* patient) at a spa (*od* health resort); **~halle** pump room; **~haus** casino, spa hotel; *(mit Bädern)* hydropathic establishment, *umg* hydro; **~ort** spa, watering-place; health resort; **~pfuscher** quack, charlatan; **~pfuscherei** quackery

Kür free exercise (*od* skating, diving); **~en** to elect

Kura|tel guardianship; **~tor** guardian, trustee; *(Museum)* curator; **~torium** board (of curators)

Kurbel crank; handle; 🚗 starting-handle; **~kasten** 🚗 crank-case; 🎥 film-camera; **~n** 🚗 to crank; 🎥 to reel off; **~stange** connecting rod; **~welle** crank-shaft

Kurbett|e curvet; **~ieren** to curvet

Kürbis pumpkin; *(Flaschen-)* gourd; **~kern** pumpkin seed, gourd seed

Kurie curia

Kurier courier; **~en** to cure

kurios odd, strange, funny; **~ität** curiosity, rare object; oddity

Kurs ⚓ course; *(Wechsel-)* rate of exchange; *(Preis)* quotation, market price; ✈ heading; *(Lehrkurs)* course; *fester ~* standard (*od* fixed) rate; *steigender ~* rising exchange; *fallender ~* falling exchange; *außer ~ setzen* to call in; **~bericht** *(Geld)* statement (of exchange rates); *(Ware)* market-report, list of quotations; **~buch** railway guide, time-table; **~ieren** to circulate, to be current; **~ivschrift** italics; *in ~ivschrift drucken* to italicize; **~schwankungen** fluctuations, variations in rates of exchange; **~sturz** decline in stock-market quotations; slump; **~us** course; **~verlust** loss on (in, by) the exchange; depreciation; **~wagen** 🚂 through carriage; **~wert** market value; **~zettel** stock-exchange list

Kürschner furrier

Kurve curve, bend, turn; *fig* graph, trend; **~n** to turn

kurz short; *(bündig)* brief, short; *(Worte)* laconic; *(Stil)* concise; *(schroff)* abrupt; *adv* in short, briefly; *s. ~ fassen* to be brief; *zu ~ kommen* to be the loser; *~ u. bündig* concise(ly), short and to the point; *~ u. klein schlagen* to smash to bits ♦ *~ angebunden sein* to be blunt, to give a curt answer; *in ~em* soon, shortly; *vor ~em* recently, the other day; *über ~ od. lang* sooner or later; *⍨er machen* to shorten ♦ *d. ⍨eren ziehen* to be left out in the cold, to be the loser; **~arbeit** short-time work; **~arbeiter** short-time worker; **~atmig** short--winded; **⍨e** shortness; brevity; **⍨el** *(Steno)* grammalogue, logogram; **⍨en** to shorten; to abridge; *(verringern)* to cut, to reduce; to abbreviate; **~erhand** briefly; on the spot; **~form** abbreviation; **~fristig** short-term; *(Wechsel)* short-sighted, short-dated; urgent, prompt; **~gefaßt** concise; **~geschichte** short story; *j-n ~ halten* to keep s-b short; **~lebig** short-lived; **⍨lich** lately, recently; **~nachrichten** news summary; **~schluß** short circuit; **~schrift** shorthand; **~sichtig** short-sighted *(a. fig)*; **~sichtigkeit** short-sightedness; **~streckenlauf** sprint race; **~streckenläufer** sprinter, short-distance runner; **~um** in short; **⍨ung** abbreviation; shortening; reduction, cut; contraction; **~waren** *BE* haberdashery, trimmings, *US* notions; **~warenhändler** *BE* haberdasher; **~weil** pastime, amusement; **~welle** short wave; **~wellensender** short-wave transmitter

kuscheln *vt, refl* to nestle, to nuzzle

kuschen *(Hund)* to lie down; *fig* to crouch

Kusine cousin

Kuß *kiss;* **~echt** kiss-proof, indelible; **~hand** blown kiss ⍨ *mit ~hand* with the greatest pleasure

küssen to kiss, to caress; *sl* to neck

Küste coast, shore; *an d. ~* on shore; *an d. ~ entlangfahren* to coast; **~ndampfer** coaster, coasting-vessel; **~ngebiet** coastal area; **~ngewässer** territorial waters; **~nhandel** coasting-trade; **~nstrich** coast-line; **~nwache** coast--guard (station)

Küster verger, sexton, sacristan

Kutsch|bock coachman's seat, box; **~e** coach; carriage; **~er** coachman, driver; *umg* cabby; **~ieren** to drive *(in a carriage, a coach)*

Kutte cowl, frock; **~ln** trip; **~r** cutter

Kuvert envelope, wrapper; *(Gedeck)* cover; **~ieren** to put in an envelope

Kux registered mining share

L

L (the letter) L

Lab rennet; **~magen** rennet

labbern to lap

Lab|e, ~sal, ~ung refreshment; *(Stärkung)* tonic; *fig* comfort; **~en** *vt* to refresh; to comfort; *refl* to refresh o.s., to enjoy

labil *(schwankend)* unstable, fluid; *phys, chem* labile; *(veränderlich)* variable; **~ität** instability, fluidity; variability

Labor laboratory, *umg* lab; **~ant** laboratory assistant; **~atorium** = ~; **~ieren** to do laboratory work; to toil (*an* at); *(leiden)* to suffer from, to be afflicted with

Lach|e *(Pfütze)* pool, puddle; *(Gelächter)* laughter, laugh; **~en** to laugh (*über* at); *leise vor sich hin ~en* to titter; *höhnisch ~en* to sneer; *d. wäre ja gelacht* nothing to it ♦ *s. ins Fäustchen ~en* to laugh up one's sleeve; *su* laughter; *in ~en ausbrechen* to burst into laughter; *d. ist nicht zum ~en* that's no laughing matter; *vor ~en platzen* to split one's sides with laughter; **~er** laugher; **̈~eln** to smile (*über* at); *süßlich ̈~eln* to smirk; *su* smile; *über d. ganze Gesicht ̈~eln* to be all smiles; **̈~erlich** ridiculous, laughable, ludicrous; *(unbedeutend)* derisory; *̈~erlich machen* to ridicule; *s. ̈~erlich machen* to make a fool of o.s.; **̈~erlichkeit** ridicule, absurdity; **~gas** laughing-gas, nitrous oxide; **~haft** ridiculous, laughable; **~krampf** fit of laughter; **~taube** ring-dove

Lachs salmon; **~farben** salmon-coloured; **~schinken** smoked ham

Lack *(Gummi-, Harz-)* lac; *(Zellulose-)* lacquer; *(Öl-)* varnish; *(Japan-)* japan; **~farbe** lake; lac dye; enamel; varnish colour; **~firnis** lac varnish; lacquer; **~harz** gum-lac; **~ieren** to lacquer; to varnish; *schwarz ~iert* japanned; **~leder** patent leather; **~mus** litmus; **~muspapier** litmus paper; **~schuh** patent-leather shoe; pump, dress shoe

Lade *(Kasten)* box, chest; *(Schub-)* drawer; **~baum** derrick; **~fähigkeit** tonnage; **~hemmung** jam, stoppage; **~luke** hatchway; **~platz** loading-place, wharf; **~raum** (ship's) hold; loading capacity; **~schein** bill of lading (B/L); **~stock** ramrod, rammer

Laden shop, store; *(Fenster)* shutter ♦ *d. ~ schmeißen* to bring home the bacon, to get the thing done; *vt (Fracht)* to load; to ship; ⚡ to charge; *(Waffe)* to load, to charge; *(vorladen)* to summon; *(Gäste)* to invite ♦ *geladen sein (umg)* to be mad, to be furious (at s-b); **~besitzer, ~inhaber** shopkeeper, *US* storekeeper; **~dieb** shoplifter; **~einbruch** smash-and-grab raid; **~fenster** shop-window; **~hüter** drug in the market, unsalable article; **~kasse** till; cash-desk; **~mädchen** salesgirl, *BE* shop-girl; **~preis** (fixed) retail price, selling price; 📖 published price; **~schild** shopsign; **~schluß** closing-time, shop closing; **~schwengel** counter-jumper; **~tisch** counter; **~verkaufszeiten** shop-hours

lädieren to hurt; to injure, to damage

Ladung *(Fracht)* load, freight, cargo; (⚡, *Waffe*) charge; *(Gericht)* summons, citation; **~sraum** hold (of a ship)

Lafette gun-carriage

Laffe fop, puppy

Lage situation, position, site; *(Haltung)* posture, attitude; *(Zustand)* condition, state; *(Umstände)* circumstances; *(Schicht)* layer, stratum; coating; ♪ pitch, compass; position; *(Papier)* quire; *mil* position; *(Bier)* round; *(Schicksal)* fate, lot; ⚓ *volle ~* broadside; *d. ~ der Dinge* state of affairs; *finanzielle ~* financial status; *versetzen Sie s. in meine ~* put yourself in my place

Lager bed, couch; *(Tier)* lair; *mil* camp, encampment; *(Vorrat)* depot; stock, supply, store; *geol* layer, stratum, deposit; ⚙ bearing; support; *fig* party, side, camp; *auf ~* on hand, in stock; *direkt vom ~ weg kaufen* to buy off the shelf; *d. ~ aufschlagen* to pitch one's camp; *ab ~* ex warehouse; **~aufnahme** stocktaking, inventory; **~aufseher** storekeeper; warehouse-keeper; **~bestand** stock, inventory; **~buch** stock-book; **~fähig** fit for storage; **~feuer** camp-fire; **~gebühr, ~geld, ~miete** storage, warehouse charges; **~haus** warehouse, storehouse; depository; **~n** *vt* to store, to warehouse; to lay down; ⚙ to support, to bed; *vi* to lie (down); to camp, to encamp; to be warehoused (*od* stored); *fig* to brood over; **~platz** resting place; camp site; *(Waren)* storage place, depot; **~schein** warehouse warrant (*od* receipt); **~statt, ~stätte** *geol* deposit; resting place; bed, couch; **~ung** storage, warehousing; **~wache** camp watch (*od* guard)

Lagune lagoon

lahm lame, paralysed; *(schwach)* weak; **~en** to be (*od* walk) lame; to limp; **̈~en** to cripple, to paralyse; *fig* to hinder, to stop; **~heit** lameness; **~legen** to render useless; to bring to a standstill; to paralyse; **~legung** paralysation; crippling; stoppage; **̈~ung** paralysis; paralysation; lameness

Laib loaf

Laich spawn; **~en** to spawn

Laie layman; amateur; *fig* uninitiated person; **~nbruder** lay brother; **~nhaft** lay; amateurish; unprofessional; **~npriester** lay priest; **~nspiel** amateur theatricals; **~nspielbewegung** amateur drama movement; **~ntheater** amateur dramatic club

Lakai lackey, footman; flunkey

Lake brine, pickle; **~n** sheet; *(Toten-)* shroud, pall

Lakritze liquorice, *US* licorice

lallen to stammer; to babble

Lamelle lamella; ⚡ lamina; commutator; ▶ leaf, blade; ⚙ plate, disk; *bot* gill; **~nkupplung** 🚗 disk-clutch

lamentieren to lament (*über* over); *(klagen)* to wail

Lametta silver tinsel; *fig* fruit salad

Lamm lamb; **~braten** roast lamb; **̈~chen** little

lamb, lambkin; **~en** to lamb, to cast lambs; **~̈ergeier** lammergeyer; **~̈erwolke** cirrus; **~fell** lambskin; **~fromm** lamblike, as meek as a lamb

Lampe lamp; **~ndocht** lamp-wick; **~nfieber** stage fright; **~nkugel** lamp-globe; **~nruß** lamp-black; **~nschirm** lamp-shade; **~nzylinder** lamp-chimney

Lampion Chinese lantern, Japanese lantern

Lamprete lamprey

lancieren *(starten)* to launch; *(fördern)* to promote; *(werfen)* to push

Land land; *(Fest-)* mainland, continent; *(Acker-)* earth, ground, soil; *(Gegensatz zu Stadt)* country; *(Gebiet)* territory; *(Staat)* state, land; *(Bundesrepublik)* Land; *fig* realm; *~ u. Leute* the country and the people; *an ~ gehen* to land, to go ashore; *aufs ~ gehen* to go into the country; *ins ~ gehen (fig)* to pass, to elapse; *außer ~es gehen* to go abroad; *~ sichten* to make (the) land; *auf d. ~e* in the country; **~adel** landed gentry; **~arbeiter** farm-worker; **~auer** landau; **~aus, ~ein** far afield; **~bau** agriculture; **~besitz** land, landed, property; **~bevölkerung** rural population; **~butter** farm butter; **~einwärts** inland, up country; **~ekopf** beachhead; **~en** to land; to put ashore; to disembark; to reach port; ✈ to land, to alight; to touch down; *e-n Kinnhaken ~en* to land an uppercut; **~enge** isthmus; **~̈erei** landed property, estates; **~̈erkammer** *(Deutschl.)* Laender Chamber; **~̈errat (German)** State Co-ordinating Agency; Council of States; **~̈erregierung** land (*od* state) government; **~erziehungsheim, ~schulheim** private boarding school in the country; **~esangehörigkeit** nationality; **~esaufnahme** ordnance survey; topography; **~esbehörde** state authority; Land authority; **~esbrauch** national custom; **~eserzeugnis** home produce; **~esfarben** national colours; **~esherr** sovereign, ruler; **~eshoheit** sovereignty; **~eskind** native; **~eskirche** established church; **~esobrigkeit** government; supreme authority; **~espolizei** state police; **~essprache** vernacular (tongue); **~estracht** national costume; **~estrauer** public mourning **~estreifen** ✈ air-strip; **~esüblich** customary, usual (in a country); **~esvater** sovereign; **~esverrat** high treason; **~esverräter** traitor (to his country); **~esverteidigung** defence of the country, national defence; **~esverweisung** expulsion, exile; **~esverweser** viceroy; governor; **~esverwiesen** exiled, banished; **~eswährung** standard currency; **~eszentralbank** Land Central Bank; **~ezeichen** landing-signal; **~flucht** rural exodus; drift of country people to the towns; **~flüchtig** fugitive, exiled; **~friede** public peace; **~gericht** regional court, higher district court; **~-graf** landgrave; **~gräfin** landgravine; **~gut** estate, manor, country-seat; **~haus** country-house; bungalow; **~jäger** rural policeman, *US* rural constable; **~jugend** rural youth; **~karte** map; **~kreis** rural district, county; **~krieg** land warfare; **~läufig** customary, ordinary, **~̈ler** (kind of) slow waltz; **~leute** country-people; farmers, peasants; **~̈lich** rural, rustic; agricultural; **~macht** army, land-forces; **~mann** farmer, peasant; **~messer** surveyor; **~partie** picnic, excursion; **~pfleger** governor; **~plage** scourge; *fig* calamity; *e-e wahre ~plage* quite a nuisance; **~pomeranze** country girl, country cousin; **~rat** country president; **~ratte** land-lubber; **~regen** persistent rain; **~rücken** ridge of hills; **~schaft** *(Gebiet)* district, country; 🎞, 🎨 landscape, -scenery; countryside; **~schaftlich** provincial; rural, scenic, of the landscape; **~schaftsbild** landscape, scene; *(Umgegend)* surroundings, environment; **~ser** common soldier, private, *US* doughboy, GI Joe; **~sitz** country-seat; **~sknecht** mercenary, foot-soldier; **~smann** compatriot, fellow-countryman; **~spitze** cape, promontory; **~straße** highroad, highway; **~streicher** tramp, vagrant, vagabond; **~strich** region, tract of land; countryside; **~sturm** Territorial Reserve; **~tag** diet; Parliament of a Land; **~ung** landing, disembarkation; **~ungsbrücke** landing-stage, pier; **~ungsplatz** landing-place, pier; **~verschickung** evacuation to the country; **~vogt** governor of district; bailiff; **~volk** rural population; country-people; **~wehr** Territorial Reserve; **~wirt** farmer; agriculturist; **~wirtschaft** farming; agriculture; **~wirtschaftlich** agricultural; relating to agriculture (*od* farming); **~wirtschaftsschule** agricultural school; **~zunge** neck (*od* tongue) of land

lang long; *(Mensch)* tall; *adv* long; *auf ~e Sicht* long-dated ♦ *auf d. ~e Bank schieben* to put off; *~e Finger machen* to be light-fingered, to pilfer; *e-n ~en Hals machen* to crane forward; *e. ~es Gesicht machen* to pull a long face; *d. ~en Rede kurzer Sinn* to cut a long story short; *(zeitl.)* long; *~(e) her* long ago; *~(e) hin* a long time yet; *über kurz oder ~* sooner or later; 2 Jahre ~ for two years; *e-n Tag ~* for a day; *~(e) machen* to be long (in) doing s-th; *~(e) aufbleiben* to stay up late; *~(e) schlafen* to sleep late; *in nicht zu ~er Zeit* in good season; before long; **~atmig** long-winded, lengthy; **~beinig** long-legged; **~eweile** boredom; **~finger** thief; **~fristig** long-term; durable *(Wechsel)* long-dated, long-sighted; *(Vorhersage)* long-distance; **~holz** long timber, planks; **~jährig** of long standing; **~lauf** *(Ski)* cross-country run(ning), langlauf; **~lebig** long-lived, longeval; **~lebigkeit** longevity; **~mut** long-suffering, patience; **~mütig** long-suffering, patient; **~sam** slow, tardy; *~sam aber sicher* slowly but surely; **~samkeit** slowness; *fig* dullness; **~schiff** 🏛 nave; **~schläfer** late riser; **~schrift** longhand; **~sichtig** long-sighted; **~spielplatte** long-playing record, L.P. record; **~streckenflug** long-distance flight; **~streckenlauf** long-distance race; **~streckenläufer** long-distance runner; **~weilen** to bore; *refl* to feel (*od* be) bored; *s. zu Tode ~weilen* to be bored to death; **~weilig** boring, tedious; *(Mensch)* dull; *(langsam)* slow; **~welle**

long wave; **~wierig** lengthy; protracted; tedious; lingering
Läng|e length; *(Größe)* size; *(Dauer)* duration; *astr, geog, math* longitude; *(Quantität)* quantity; *auf d. ~e* in the long run; *d. ~e nach* lengthwise; longitudinally; *~en haben* to have tedious passages, to be full of longueurs; *in d. ~e ziehen* to prolong, to draw out; *refl* to drag on, to spin out; **~engrad** degree of longitude; **~enmaß** linear measure; **~er** longer; *~er als 10 Uhr* beyond 10 c'clock; *schon ~er* for some time; *je ~er je lieber* the longer the better; **~lich** oblong; longish; **~lichrund** oval; elliptical
langen *vt (greifen)* to seize, to grasp; *(geben)* to hand, to give; *vi (genügen)* to suffice, to be enough; *~ nach* to reach for; *j-m e-e Ohrfeige ~* to box s-b's ear; *~ Sie zu!* help yourself!
längs along, alongside of; **~achse** longitudinal axis; **~schnitt** longitudinal section; **~seits** alongside
längst *adj* longest; *adv* long ago, for a long time; *schon ~* long ago; *noch ~ nicht* not nearly; *am ~en* the longest; **~ens** at the latest; at the most; at the longest
Languste spiny lobster, (sea) crawfish
Lanze lance, spear ♦ *e-e ~ brechen für* to take up the cudgels for, to stand up for; **~tte** lancet; **~ttenförmig** lanceolate
Lappalie trifle
Lapp|en rag, cloth; *(Staub-)* duster; §, *bot* lobe ♦ *durch d. ~en gehen* to slip through one's fingers, to elude; **~ig** flabby; §, *bot* lobed
Läpper|ei trifle; **~n** to lap, to sip
läppisch foolish, silly, childish
Lärche larch
Lärm noise, din, row; *~ schlagen* to give the alarm, *(umg)* to kick up a row; *viel ~ um nichts* much ado about nothing; **~en** to make a noise, to be noisy; *(schreien)* to shout; **~end** noisy; blatant; **~ig** noisy, clamorous, loud
Larve mask; *zool* larva
lasch flabby, limb; languid; **~e** tongue; *(Klappe)* flap; 🚆 fish-plate; ⚙ joint; groove; **~heit** flabbiness, laxity
lassen *(zu-)* to let, to allow, to permit; *(dulden)* to suffer; *(unter-)* to omit, to abstain from; *(veran-)* to have (s-b do), to make, to cause, to get; *(befehlen)* to order, to command; *(übrig-, zurück-)* to leave, to let go, to abandon, to part with; *es beim alten ~* to let things remain as they were; *aus d. Spiel ~* to leave (s-th) out of the question; *sagen ~* to send word; *holen ~* to send for; *mit s. reden ~* to be reasonable; *warten ~* to keep waiting ♦ *j-n sitzen lassen* to jilt, to throw over; *j-n im Stich ~* to leave s-b in the lurch; *j-m nichts ~* to strip, to rob, to deprive s-b of everything; *d. Tür offen ~* to leave the door open; *das kann s. sehen ~* that will pass muster, that will stand inspection; *s. nötigen ~* to stand on ceremony; *es fehlen ~* to be wanting (*an* in); *d. läßt s. schwer erklären* that's difficult to explain; *s. d. Haare schneiden ~* to have (*od* get) one's hair cut; *s. fotografieren ~* to have one's photo taken; *laß das!* don't!; *d. läßt s. hören* that sounds good; *darüber ließe s. reden* that's a thing to be considered; *Tun und ~* commissions and omissions; demeanour, conduct
lässig lazy, idle; indolent; *(nach-)* careless, negligent; casual, nonchalant; **~keit** laziness; indolence; negligence
läßlich pardonable; venial
last not least last but not least
Last load; *(Fracht)* cargo; freight; *(Bürde)* burden; *(Mühe)* trouble; *(Gewicht)* charge, weight; *(Ladefähigkeit)* tonnage; *(Steuern)* taxes; *zur ~ fallen* to be a burden to; *zu ~en von* to the debit of, for account of; *zur ~ legen* to lay (the blame for s-th) at s-b's door, to charge with; **~auto** *BE* motor lorry, van, *US* motor truck; **~en** to weigh upon, to press heavily upon; *d. Verantwortung ~et auf ihr* the responsibility rests on her; **~enaufzug** goods elevator; **~enausgleich** Equalization of Burdens; **~enausgleichsgesetz** Equalization of Burdens Law; **~flugzeug** freight(-carrying) plane; **~enfrei** tax-free, free of tax; *(Grundstück)* free from encumbrances; **~gebühr** tonnage; **⸚ig** troublesome; annoying; irksome; *⸚iger Mensch* nuisance; *j-m ⸚ig fallen* to inconvenience s-b; **~kahn** barge, lighter; **~kraftwagen** *BE* lorry, *US* truck; **~pferd** pack-horse; **~schrift** debit (-item); **~tier** beast of burden; **~träger** porter; **~wagen** load-carrying vehicle; van; *BE* lorry, *US* truck; cart
Laster vice; depravity; **~haft** vicious; wicked; **~haftigkeit** viciousness; wickedness; depravedness; **~höhle** den of iniquity; **~leben** wicked life
Läster|er slanderer; blasphemer; **~lich** slanderous; scandalous; blasphemous; **~maul** scandalmonger; slanderer; **~n** to slander; to calumniate; to blaspheme; **~ung** slander; calumny; defamation; **~zunge** slanderous tongue; *(Person)* slanderer, scandalmonger
Latein Latin ♦ *mit s-m ~ zu Ende sein* to run dry, to be at one's wits' end; **~isch** Latin; **~lehrer** Latin teacher
Laterne lantern; lamp; light; *(mit Mast a.)* standard; *(Straßen)* street-lamp, streetlight; **~nanzünder** lamp-lighter; **~nmast** electric light standard; **~npfahl** lamp-post
Latrine latrine
Latsch|e old slipper; *bot* dwarf-pine; **~en** to shuffle along; to slouch; **~ig** shuffling; *(träge)* drowsy, sluggish
Latte lath, batten; *(Hochsprung)* bar; *aus ~n bestehend* lathen; *lange ~ (fig)* lanky fellow, maypole; **~nkiste** crate; **~nverschlag** crate; *(Wand)* partition; **~nzaun** lattice fence
Lattich lettuce
Latwerge electuary
Latz *(Kinder-)* bib; *(Hosen-)* flap; *(Blusen-)* stomacher; **⸚chen** bib; **~schürze** pinafore, bib apron
lau lukewarm, tepid; *~es Wetter* mild weather; **~heit** lukewarmness, tepidity *a. fig;* **~warm** = ~

Laub foliage, leaves; **~baum** deciduous tree; **~dach** leafy canopy; **~e** arbour, summer-house; arcade; **~engang** arcade; pergola; **~frosch** tree-frog; **~holz** hardwood; **~hüttenfest** Feast of Tabernacles; **~säge** fret-saw, jigsaw; **~sägearbeit** fretwork; **~tragend** deciduous; **~wald** deciduous (*od* broad-leaved) forest; **~werk** foliage

Lauch leek

Lauer *(Hinterhalt)* ambush; *(Wache)* look-out, watch; *auf d.* ~ on the look-out; **~n** to lurk, to be on the watch, to lie in wait for

Lauf run(ning), pace; *(Wette)* race; *(Gewehr)* barrel; *(Tiere)* leg, foot; *(Wasser)* current, flow; *(Bewegung)* action, motion; ♪ run; *fig* course, way; scope; *d. ~ der Dinge* the way things go; *in vollem ~* at full gallop; at top speed; in full swing; *im ~e von* in the course of; *freien ~ lassen* to give free play (*od* full scope) to; *s-n Gefühlen freien ~ lassen* to vent one's feelings; **~bahn** career; ✈ runway; *(Bahn)* course; **~band** tread of tyre; **~brett** running board; **~brücke** plank bridge; pontoon; gangway; **~bursche, ~junge** errand boy; office boy; **~dorn** 🏃 spike; **~en** to run; to walk; *(Maschine)* to go, to work; *(fließen)* to flow; *(Gefäß)* to leak, to run out; *(Zeit)* to pass, to go by, to go on; *umg* to go, to move; 🎞 to be shown; *lange ~en* 🎭, 🎞 to have a long run; *~en lassen* to let go; to let (things) slide; *s. heiß ~en* to run hot; *leer ~en (Motor)* to idle; *j-m in d. Arme ~en* to bump into s-b; *e-e Zeit v. 10 Sek. ~en* 🏃 to return a time of 10 seconds; **~end** running, current, present; *(folgend)* consecutive; *~ende Nummer* consecutive (*od* serial) number ♦ *auf d. ~enden bleiben* to keep abreast (of things); *auf d. ~enden sein* to be up to date, abreast of affairs; *~endes Band* conveyor belt, assembly line; *~enden Monats* instant; **⁓er** *(Person)* runner; *(Teppich)* stair-carpet, runner; *(Tisch)* table runner; *(Schach)* bishop; **~erei** running-about; **⁓erstange** stair-rod; **~feuer** wildfire, running fire; **~getriebe** mechanism, gear; **~graben** communication trench; **⁓ig** in heat; **~katze** crane crab; **~kundschaft** passing trade; **~masche** ladder, slipped stitch, run; **~paß** dismissal, notice; *j-m d. ~paß geben* to fire (*od* sack) s-b; *(Liebhaber)* to jilt; **~schiene** guide rail; **~schritt** double (-time); *im ~schritt* at (*US* on) the double; *im ~schritt rennen* to double (-time); **~steg** ⚓ gangway; footbridge; **~vogel** flightless bird; **~zeit** *bes BE* currency, *US* period to run; *(Wechsel)* term; *(Patent, Anleihe, Wertpapier)* life; 🏃 time; 📻 duration, transmission time

Lauge lye; *(Bleich-)* buck; *(Metall)* leach; **~n** to steep (in lye); to leach **~nhaltig** containing lye; **~nsalz** alkali(ne salt)

Laun|e *(Stimmung)* mood, temper; *(Grille)* whim, caprice, fancy; *guter ~e sein* to be in a good temper, to be in high spirits; *~en haben* to be full of whims; *gute ~e* animal spirits; *schlechte ~e haben* to be out of temper; **~enhaft, ~isch** moody, changeable, capricious; *(Wetter)* fitful; **~enhaftigkeit** moodiness, capriciousness; **~ig** humorous, comical, funny

Laus louse; **~bube, ~ejunge** little rascal, young devil; **~en** to delouse, to rid of lice; **⁓epulver** insect-powder

lausch|en to listen to; to eavesdrop; **~er** listener; eavesdropper

laut *adj* loud, noisy; audible; *adv* aloud, loud(ly); *prep* according to, in accordance with; *su* sound, tone; *~ werden* to become known, to get about; *~er!* speak up!; *~ sprechen* to speak up; *~ Befehl* by order, as ordered; *~ Rechnung* as per account; *~ geben (Hund)* to give tongue; **~bar** known; **~e** lute; **~en** to sound; to say, to run, to read; *wie folgt ~en* to run as follows; *~en auf (Fälligkeit)* to be valid for, to last for; *(Person)* to be issued to; **~enschläger** lute-player; **~gesetz** phonetic law; **~ieren** to read phonetically; **~lehre** phonetics; **~los** silent, muted, hushed; **~losigkeit** silence; **~malerei** onomatopoeia; **~er** pure; *(aufrichtig)* candid, true; *(echt)* honest; genuine; *(klar)* clear; *(ungemischt)* unmixed; *(nichts als)* nothing but, only, mere; *~ere Gesinnung* a spirit of integrity; **~erkeit** purity; integrity; **~schrift** phonetic spelling; **~sprecher** 📻 loudspeaker; megaphone; **~sprecheranlage** public address system; **~sprecherwagen** loudspeaker van; **~stärke** sound intensity; loudness; volume; **~verschiebung** sound-shifting; Grimm's law; **~verstärker** volume amplifier; **~wandel** sound change; **~zeichen** phonetic symbol

läut|en to ring, to peal; *(feierlich)* to toll; *(laut)* to sound ♦ *etw ~en hören* to hear a (vague) rumour of; **~ern** to purify; to purge; to clarify; to refine; **~erung** purification; refining; **~erungsprozeß** refining process; **~werk** bells; sounder; ringing device

Lava lava; **~strom** torrent of lava

Lavendel lavender

lavieren ⚓ to tack; to beat about; to manœuvre

Lawine avalanche; **~ngefahr** danger of avalanches

lax lax, loose; **~heit** laxity; **~ieren** to take an aperient; to purge; **~iermittel** aperient, laxative, purge

Lazarett hospital; ⚓ sick-bay; **~schiff** hospital-ship; **~wagen** ambulance

Lebe|hoch cheer, cheers; *(beim Trinken)* toast; **~mann** man about town; bon vivant; playboy; **~männisch** epicurean; **~n** *su* life; existence; *(Sein)* being; *(~nskraft)* vitality; *(Lebhaftigkeit)* liveliness, stir, activity; *am ~n sein* to be alive; *am ~n bleiben* to survive; *~n bringen in* to animate; *~n in d. Bude bringen* to make things hum; *auf ~n u. Tod* a matter of life and death; *ins ~n rufen* to start, to originate; *s. d. ~n nehmen* to commit suicide; *nur einmal im ~n* only once in a lifetime; *(e-m Kind) d. ~n schenken* to give birth to; *nach d. ~n (fig)* from life; *ums ~n bringen* to kill; *ums ~n kommen* to lose one's life, to die; *langes ~n* longevity; *d. Blüte d. ~ns* the prime of life; *vi* to live, to be alive; to exist; *(wohnen)* to live, to dwell, to stay; ~ *von* to subsist on, to live by (on); *auf großem Fuße ~n* to live in great style; *~n u. ~n lassen* live and let live; *so wahr wir ~n!* upon our lives!; *es lebe d. Freiheit!* liberty for ever!; *lebe wohl!* adieu!; **~nd** alive; living; live; *d. ~nden u. d. Toten* the quick and the dead; *~nde Bilder* tableaux vivants; *~nde Blumen* natural flowers; *~nde Hecke* quickset hedge; *~ndes Wörterbuch (umg)* walking dictionary; **~ndgewicht** live weight; **~ndig** alive, living; lively, vivid; *e. ~ndiger Mensch sein* to be a live wire; **~ndigkeit** liveliness; animation; **~wesen** living creature; organism; **~wohl** farewell, good-bye

Lebens|abend old age; **~abriß** biographical sketch; **~alter** age; **~art** way of living; *fig* manners, behaviour; **~bedürfnisse** necessaries of life; **~berechtigung** right to exist, raison d'être; **~beschreibung** life; biography; **~dauer** duration of life span; *mutmaßliche ~dauer* expectation of life; **~echt** life-like, real(-life); **~erwartung** life expectancy; **~fähig** capable of living; full of vitality; ⚕ viable; **~fähigkeit** vitality; ⚕ viability; **~frage** vital question; *umg* bread-and-butter question; **~fremd** unfitted for life; **~freude** joy of life, joie de vivre; **~gefahr** danger to life; **~gefährlich** dangerous; perilous; **~gefährte** life's companion; husband, wife; **~geist** animus; **~geister** animal spirits; **~größe** life-size; **~haltung** standard of living; **~haltungsindex** cost-of-living index; **~haltungskosten** cost of living, living costs; **~klugheit** practical (*od* worldly) wisdom; **~kraft** vitality; vital energy; **~lage** position in life; situation; **~länglich** for life; perpetual; *~längliches Mitglied* life member; **~lauf** life, career; *(geschrieben)* curriculum vitae; **~lustig** fond of life, gay, merry; **~mittel** food, provisions, victuals; *(Laden)* groceries; **~mittelkarte** (food) ration book (*od* card); *~mittelkartenstelle* food office; **~mittelmarke** (food) ration coupon; **~mittelversorgung** food supply, **~mittelzwangswirtschaft** food rationing; **~müde** tired (*od* weary) of life; **~nerv** *fig* mainspring; **~raum** living space, lebensraum; **~retter** life-saver; oxygen-breathing apparatus; **~standard** standard of living; **~stellung** social position; *(Beruf)* appointment for life; **~strafe** capital punishment; **~trieb** life force, will to live; **~überdrüssig** weary (*od* sick) of life; **~unterhalt** livelihood; subsistence; living; *umg* bread and butter; **~versicherung** life insurance, *BE a.* life assurance; **~wahr** true to life, lifelike; **~wandel** life, conduct; *schlechter ~wandel* disorderly life; **~weise** way of living, mode of life; **~wichtig** vital; essential; *~wichtige Güter* essentials; **~zeichen** sign of life; **~zweck** aim in life

Leber liver ♦ *frei von d. ~ weg reden* to speak one's mind, to speak frankly; **~blümchen** liverwort; **~fleck** mole; **~käse** liverloaf; **~tran** cod-liver oil

leb|haft lively, vivacious, animated; brisk; *(munter)* bright, spirited; **~haftigkeit** liveliness, vivacity; briskness; **~kuchen** gingerbread; **~los** lifeless; *(flau)* inanimate; *(fig, Börse)* dull, flat; **~tag**: *mein ~tag* all my life; **~zeiten** life(time); *zu ~zeiten* in the lifetime; while alive

lechzen *(Durst)* to be thirsty; *fig* to long (for), to languish (for)

Leck leak, leakage; *adj* leaky, leaking; *~ werden* to spring a leak; **~en¹** to leak, to run

leck|en² to lick; **~er** adj tasty, delicious; *(Aussehen)* dainty, delicate; *(wählerisch)* fastidious; **~erbissen** delicacy, titbit; choice morsel; **~erei** delicacy, toothsome dainty; appetizer; **~ermaul** sweet tooth; gourmet; *e ~ermaul sein* to have a sweet tooth

Leder leather; *(weiches)* skin, kid; ⚒ *fig* leather; *in ~ gebunden* 🕮 bound in calf; **~band** leather binding; **~hose** leather shorts; **~n** leather, leathery; *(zäh)* tough; *fig* dull; **~rücken** leather-back; *Buch mit ~rücken* leather-back (volume)

ledig unmarried, single; *(frei von)* free, exempt; **~ensteuer** bachelor's tax; **~keit** celibacy; **~lich** solely, merely, only

Lee lee(side)

leer empty; unoccupied; *(Stellung)* open; vacant; *(unbeschrieben)* blank; *(Gespräch)* idle, unfounded; *(eitel)* vain; *mit ~en Händen* empty-handed; *~e Ausrede* lame excuse; *~es Zimmer* free room; *~ ausgehen* to be left out in the cold; *~ laufen* to run idle; **~e** emptiness; vacancy; blank; *phys* vacuum; **~en** to empty; *(räumen)* to clear, to evacuate; *e. Glas ~en* to finish a glass; *Briefkasten ~en* to collect the letters; **~gewicht** dead (*od* empty) weight; **~gut** empties; **~lauf** 🚗 running idle, idling; *(Maschine)* ticking over; *fig* waste; **~laufen** to empty; **~ung** emptying, clearing; *(Briefkasten)* collection

Lefze lip

Legat *eccl* legate; ⚖ legacy; bequest

legen to lay, to put; to place; *refl* to lie down; *(aufhören)* to die down, to abate, to lull; *(nachlassen)* to fall, to drop; *(Haare)* to set; *Schlingen ~ (fig)* to put snares to s-b; *zur Last ~* to impute; *s. ~ auf (fig)* to apply o.s. to; *s. ins Mittel ~* to intervene, to mediate

Legende legend; *(Bildtext)* caption, legend

legier|en to alloy; *(Suppe)* to thicken; **~ung** alloy(ing)

Legislative legislative power; legislature

Legislatur legislature; **~periode** legislative period

legitim legitimate; genuine; **~ation** legitimation; proof of identity; **~ieren** to legitimate; *refl* to prove one's identity; *(Urkunde)* to legalize, to have s-th legalized; **~ität** legitimacy

Leguan iguana

Leh(e)n fief, feudal tenure; **~sherr** feudal lord, liege lord; **~smann** vassal; **~srecht** feudal law; **~swesen** feudalism

Lehm loam; *(Ton)* clay, mud; **~boden** clay soil; **~form** loam mould; **~grube** clay-pit,

loam-pit; **~ig** clayey, loamy; **~ziegel** sun-dried brick, clay brick
Lehn|e back (of a chair); arm; *(Stütze)* support, rest; *(Abhang)* slope, declivity; **~en** to lean (against), to lean (*od* rest) (upon); *refl* to lean, to recline, to lie back; *s. aus d. Fenster ~en* to lean out of the window; **~stuhl** armchair, easy chair
Lehnwort loan-word
Lehr|amt teacher's profession, teacher's post; professorship; **~amtskandidat** probationary teacher; **~anstalt** educational establishment; school, college, academy; *höhere ~anstalt* secondary school, *US* high school; **~auftrag** teaching assignment; invitation to lecture on a subject; **~befähigung** teaching skill; qualification to teach; **~beruf** teaching profession; **~buch** text-book; *(Lesebuch)* primer; *(Handbuch)* manual; **~e** lesson, instruction; *(Warnung)* warning, lesson; *(Folgerung)* moral; *(Theorie)* doctrine, dogma; theory; science; *(Handwerk)* apprenticeship; ⚙ gauge; *in d. ~e geben* to apprentice to, to bind apprentice to; *in d. ~e gehen* to work as an apprentice; **~en** to teach, to instruct; *(beweisen)* to prove, to show; **~er** teacher, instructor; *(Grundschule)* schoolmaster; *(höhere)* master; *(Haus-)* tutor; *(privat)* coach; **~erbildungsanstalt** college of education; *US* normal school; **~erin** (woman, lady) teacher; mistress; *(Haus-)* governess; **~erkollegium** staff; *(Univ.)* faculty; **~erschaft** staff of teachers, the teachers; *(e-s Gebietes)* community of teachers; **~erseminar** teacher training college; **~erzimmer** staff-room; common-room; **~fach** teaching profession; *(Gegenstand)* subject; **~film** instructional (*od* educational) film; **~gang** course of instruction; **~geld** premium; *~geld zahlen (fig)* to pay (dearly) for one's experience; **~geschick** teaching skill; **~haft** didactic; **~herr** master; employer, *US a.* boss; **~jahre** years of apprenticeship; **~junge** apprentice; **~körper** teaching staff, body of teachers; *(Univers.)* professorate; **~kraft** teacher; **~ling** apprentice, trainee; **~lingszeit** apprenticeship; **~mädchen** girl apprentice; **~methode** teaching method; **~mittel** teaching equipment (*od* aids), means (*od* material) of instruction; educational materials; **~mittelfreiheit** exemption from fees for educational material; **~plan** *(Schule)* curriculum; course of instruction; **~probe** trial lesson; **~reich** instructive; representative; **~saal** lecture-room; class-room; **~satz** thesis; dogma; precept; theorem; **~stand** teaching profession; scholastic profession; **~stelle** apprenticeship; *(Familie)* tutorship; *(Schule)* mastership; *(Univers.)* professorship; **~stuhl** chair; *e-n ~stuhl innehaben* to hold a chair; **~vertrag** indentures; contract of apprenticeship; **~zeit** apprenticeship; **~ziel** fixed standard of achievement
Leib body; *(Unterleib)* abdomen, belly; *(Mutter-)* womb; *(Oberkörper)* waist; *(Rumpf)* trunk; *~ des Herrn* the Bread, host; *~ u. Leben* life and limb; *am ganzen ~e* all over; *bei lebendigem ~e* while alive; *an ~ und Seele* in body and mind; *mit ~ und Seele* with heart and soul; *s. vom ~e halten* to hold at arm's length; *zu ~e rücken* to attack; *nur d., was man am ~e hat* only what one stands up in; *wie er ~t und lebt* the very image of, his very self; **~arzt** personal physician; **~binde** sash; body-belt; ⚕ body bandage; **~chen** bodice, corset; **~eigen** in bondage; in thrall; **~eigene(r)** serf, bondman (bondwoman); **~eigenschaft** serfdom, bondage; **~eserbe** legitimate heir; **~eserziehung** physical training, *umg* P. T., physical education; **~esfrucht** foetus, embryo; offspring; **~eskraft** physical strength; *aus ~eskräften* with might and main, with all one's might, at the top of one's voice; **~esstrafe** corporal punishment; **~esübungen** gymnastics; *(Gymnastik)* physical exercises, *umg* physical jerks; **~garde, ~wache** body-guard; **~gericht, ~speise** favourite dish; **~haftig** true, real; embodied, incarnate; *d. ~haftige Teufel* the very devil, the devil incarnate; **~lich** corporeal, bodily; material; *sein ~licher Sohn* his own son; *sein ~licher Vetter* his first cousin, his cousin german; **~rente** life annuity; **~schmerzen** abdominal pains; stomach-ache, *umg* tummy-ache; **~wäsche** underwear, linen; *(Damen)* lingerie
Leiche dead body, corpse; cadaver; *(Tier)* carcass; *(Begräbnis)* funeral; *nur über m-e ~* only over my dead body ♦ *über ~n gehen* to stop at nothing; **~nbegängnis** funeral; **~nbeschauer** coroner; **~nbestatter** undertaker; **~nbittermiene** woe-begone look; **~nblaß** pale as death; **~nfrau** layer-out; **~ngeruch** cadaverous smell; **~nhaft** cadaverous; **~nhalle, ~nschauhaus** mortuary; **~nhemd** shroud; **~nöffnung** autopsy, post-mortem (examination); **~nrede** obituary; **~nschmaus** funeral festivity; **~nstarre** rigor mortis; **~nstein** tombstone; **~nträger** pall-bearer; **~ntuch** shroud; pall; **~nuntersuchung** coroner's inquest; **~nverbrennung** cremation; **~nwagen** hearse; **~nzug** funeral procession
Leichnam corpse; dead body; remains
leicht light; *(zu machen)* easy; *(unwichtig)* insignificant, trifling, little; *(gering)* slight; *(Tabak)* mild; *(leichtfertig)* careless, frivolous; *adv* lightly, easily; *~ möglich* very probable; *~ entzündlich* highly inflammable; *~ zugänglich* of easy access; *etwa ~nehmen* to take it easy, to make light of s-th; *es ist ihm e. ~es* it comes easy to him; **~athlet** athlete; **~athletik** athletics, track and field events; **~blütig** sanguine; **~faßlich** popular, plain; easily understood; **~fertig** careless, unthinking, thoughtless; frivolous; superficial; **~fertigkeit** thoughtlessness; frivolity; **~flüssig** easily fusible; mobile; **~fuß** happy-go-lucky fellow, gay young spark; **~füßig** nimble, light-footed; **~gewicht** light weight; **~gläubig** credulous; gullible; **~gläubigkeit** credulity; gullibility; **~herzig** light-hearted; cheerful; **~hin** lightly, care-

lessly; **~igkeit** *(Gewicht)* lightness; *(Mühelosigkeit)* ease; facility; **~lebig** easy-going, happy--go-lucky; **~matrose** ordinary seaman; **~metall** light metal; **~sinn** carelessness, thoughtlessness; frivolity; **~sinnig** careless, thoughtless; frivolous; irresponsible; **~verderblich** perishable; corruptible

Leichter lighter, barge; **~n** to lighter

Leid *(Betrübnis)* sorrow, grief; *(Schaden)* hurt, harm, injury; *(Schmerz)* pain; *~ tragen* to mourn; *s. e. ~ antun* to put an end to one's life; *in Freud u. Leid* for better, for worse; *es ist mir ~, es tut mir ~* I regret it, I am sorry (about); *er tut mir ~* I am sorry for him; *es ist mir ~* I am sick of it, I am fed up (with it); **~eform** passive voice; **~er** unfortunately, I am sorry to say ...; *interj* alas!; what a pity!; *~er muß ich gehen* I am afraid I must be going; **~ig** tiresome; unpleasant; nasty **~lich** tolerable; *(mittelmäßig)* middling; passable; reasonable; **~tragender** mourner; **~voll** sorrowful; **~wesen** sorrow; affliction; *zu meinem ~wesen* to my regret

leiden to suffer; *(erdulden)* to bear; to endure; to tolerate; *(zulassen)* to permit, to allow; *~ können* to like; *su* suffering; *(Krankheit)* disease, ailment; complaint; *(Schmerz)* pain; *(Kummer)* affliction; *Christi ~* Passion of our Lord; **~d** suffering; *(krank)* sickly, ailing; afflicted (*an* with); **~schaft** passion; **~schaftlich** passionate; vehement; enthusiastic; **~schaftslos** dispassionate; apathetic; **~sgefährte** companion in misfortune; **~sgeschichte** story of woe; *eccl* Christ's passion; **~skelch** cup of sorrow; **~sweg** Way of the Cross; **~swoche** Passion Week

Leier lyre ♦ *d. alte ~* the same old story; **~kasten** barrel-organ, *umg* hurdy-gurdy; *fig* worn--out piano; **~kastenmann** organ-grinder; **~n** to grind a barrel-organ; ⚙ to turn (a winch); *fig* to drawl (out)

Leih|bibliothek lending (*od* circulating) library *(m. Gebühr)* rental library; *(o. Gebühr)* public library; **~e** loan; **~en** to lend (*an* to); to borrow (*von* of, from); to hire out; *j-m Gehör ~en* to give ear to s-b; **~haus** pawnshop, pawnbroker's (shop); **~schein** pawn ticket; *(Buch)* slip; *~- u. Pachtabkommen* lend-lease agreement; **~weise** as a loan; *(gegen Miete)* on hire

Leim glue; *(Papier, Wand, Stoff)* size ♦ *auf d. ~ gehen* to fall into a trap, to fall for; *aus d. ~ gehen* to fall to pieces, to fall apart; *fig* to become completely shapeless; **~en** to glue; to size; *fig* to cheat, to take s-b in; **~farbe** distemper; **~ig** gluey; glutinous; **~rute** lime-twig; **~topf** glue-pot

Lein linseed; *(Flachs)* flax; **~e** line; *(Tau)* rope; *(Hunde-)* lead, leash; *(Schnur)* cord; **~en** *adj* (made of) linen; *su* linen, linen goods; **~enband** tap; *(Buch)* cloth binding; **~enschuh** canvas shoe; **~enweberei** linen factory; manufacture of linen; **~enzeug** linen (goods); linen fabric; **~öl** linseed oil; **~pfad** towing-path; **~saat, ~samen** linseed, flaxseed; **~tuch** linen (cloth); *(Bett)* sheet; **~wand** linen; *(⚓, Zelt)* canvas; 🎞, 📺 screen; *auf d. ~wand bringen* to bring to the screen; **~wandbindung** *(Weben)* plain weave

leise low; *(schwach)* weak, faint; *(leicht)* slight; *(sanft)* soft, gentle; *~ berühren* to touch lightly; *~ stellen* 📻 to tune down; *~ sprechen* to speak low, in a low voice; **~treter** *fig* sneak

Leiste *(Tischler)* ledge, beading, ridge, batten; 🏛 fillet; ⚕ groin; 📖 head-piece, border; **~nbruch** (inguinal) hernia (*od* rupture)

Leist|en last; boot-tree ♦ *alles über e-n ~en schlagen* to measure everything with the same yardstick, to treat all alike; *vb (arbeiten)* to do, to work; *(ausführen)* to carry out, to perform; *(erfüllen)* to fulfil; *(liefern)* to afford, to accomplish; *s. etwa ~en* to treat o.s. to; *es s. ~en können* to be able to afford; *e-n Dienst ~en* to render a service; *e-n Eid ~en* to take an oath; *Folge ~en* to comply (with); to attend to; *Genüge ~en* to satisfy; *j-m Gesellschaft ~en* to keep s-b company; *Widerstand ~en* to offer resistance; *Zahlung ~en* to make payment, to pay; **~ung** *(Durchführung)* accomplishment, performance; *(Geld)* payment; disbursement; *(Arbeit)* work (done); output; production; *(Dienst)* service (rendered); *(Ergebnis)* result, effect; *(Versicherung)* payment, benefit; *(Errungenschaft)* achievement, attainment; **~ungsfähig** able, fit; efficient; productive; solvent; **~ungsfähigkeit** ability; efficiency; capacity for work; *(Fabrik, Maschine)* output, capacity, performance; *(Geld)* solvency; **~ungsfaktor** power factor; efficiency factor; **~ungslohn** payment by results; **~ungsprüfung** efficiency test; **~ungsreserve** reserve capacity; **~ungsschau** trade exhibition; **~ungsschwach** inefficient; *(Radio)* low-powered; **~ungsstark** efficient; *(Radio)* high-powered; **~ungszulage** supplementary payment for work performed; production bonus; merit bonus

Leit|artikel *BE* leader, leading article, editorial; **~bild** ideal; guiding principle; **~en** to lead; *(Unternehmen)* to manage, to direct, to boss; *(Geschäft)* to run, to operate, to conduct; ϟ, *phys* to conduct, to lead; *(lenken)* to guide, to direct; *(beaufsichtigen)* to control, to oversee; **~end** leading; directing, managing; *(anweisend)* directive; ϟ conductive; *in ~ender Stellung* in managerial capacity (*od* status), in a key position; **~er** *(Führer)* leader; *(Chef)* principal; head; boss; *(Geschäftsführer)* manager; director; ϟ, *phys, (Dirigent)* conductor; **~faden** manual, text-book, guide; **~fähigkeit** conductivity; **~gedanke** key-note; main thought; **~hammel** bell-wether; **~motiv** leitmotif; **~planke** crash barrier; **~schiene** live rail; **~seil** leash; guide-rope; **~stelle** head office; **~stern** pole-star, *(a. fig)* lodestar; **~strahl** radius vector; 📻, ✈ beam; glide path; **~tier** leader; **~ton** ♪ leading tone; **~ung** direction; guidance; *(Verwaltung)* management; *(Aufsicht)* control; charge; ϟ circuit; *(Draht)* wire;

lead; cable; ☏ line; *(Rohre)* pipe, piping; tube; conduit; *(Wasserleitung)* tap ♦ *e-e lange ~ung haben* to be slow-witted; **~ungsdraht** conducting wire, line wire; **~ungsfähigkeit** conductivity; conductive capacity; **~ungsnetz** supply-network, ⚡ electricity grid; **~ungsrohr** conducting pipe; conduit (pipe); *(Gas)* main; **~ungsschnur** flex, cord; lead; **~ungsstörung** defect in line; **~ungswasser** tap-water; **~ungswiderstand** line resistance

Leiter ladder *(a. fig)*; ♪ gamut; *(Wagen)* rack; *(Feuerwehr)* scaling-ladder; *(Haushalt)* steps; step-ladder; **~sprosse** rung of a ladder; **~wagen** open-rack waggon; (wooden) handcart

Lekt|ion lesson (*e-e ~ion erteilen [fig]* to read s-b a. l.); *(Lehre)* rebuke; **~or** *(Univ.)* lecturer; teacher, tutor; *(Verlag)* reader; **~türe** reading; books, literature; *e-e gute ~üre sein* to make good reading; *bei d. ~üre von ...* (on, when) reading ...

Lende loin; *(Hüfte)* hip; *(Schenkel)* thigh; **~nbraten** roast sirloin; **~nschurz, ~ntuch** loincloth; **~nstück** loin, undercut, fillet; **~nwirbel** lumbar vertebra

lenk|bar dirigible; *fig* tractable; **~ballon** dirigible (*od* steerable) balloon; **~en** *(steuern)* to steer, to pilot, to drive; *(leiten)* to guide; (führen) to lead; *(Wirtschaft)* to control; *(wenden)* to turn, to bend; *(Auge, Schritt)* to bend; to turn; *(Aufmerksamkeit)* to call upon; to call attention to; *(verwalten)* to manage; **~er** manager; guide; ruler; driver; ✈ pilot; **~rad** steering-wheel; **~sam** guidable; tractable; docile; **~säule** steering-column; **~stange** *(Fahrrad)* handle-bars; **~ung** steering; driving; *(Wirtschaft)* control; *(Leitung)* direction; guidance; **~ungsmaßnahme** measure of control; **~ungsvorrichtung** steering-gear, guiding-device

Lenz spring; *fig* prime (of life)

Lepra leprosy; **~krank** leprous; **~kranker** leper

Lerche lark

Lern|begierde eagerness to learn; love of study; **~begierig** eager to learn, studious; **~en** to learn; to study; *auswendig ~en* to learn by heart ♦ *man lernt nie aus* one lives and learns; *gelernt* skilled, trained; by trade; *gelernter Mechaniker* mechanic by trade; **~jahre** years spent in learning a trade

Les|art reading; version; interpretation; **~bar** *(leserlich)* legible; *(lesenswert)* readable, worth reading; **~barkeit** legibility; readableness; **~e** *(Ähren-)* gleaning; *(Wein-)* vintage; **~ebuch** reading-book, reader; *(Fibel)* primer; **~ehalle** reading-room; **~elampe** reading-lamp; **~en** *(Ähren)* to glean; *(Früchte etc)* to gather; *(auslesen)* to pick, to select; to read; to lecture (*über* on); **~enswert** worth reading; **~eprobe** 🎭 first (reading) rehearsal; extract (from a book); **~er** reader; gleaner; gatherer; **~eratte** book-worm; bookish person; **~erbrief** *(Presse)* letter to the editor; **~erkreis** circle of readers; **~erlich** legible; **~erschaft** readers; audience; **~esaal** reading-room; **~estück** reading-passage; **~ewelt** reading public; **~ezeichen** bookmark; **~ung** reading

letal lethal

Letharg|ie lethargy; **~isch** lethargic

Letter 🕮 type, printing-letter

Lettner rood-screen

letzt last; *(neuest)* latest; final; ultimate; extreme; recent; *~en Sonntag* last Sunday; *in ~er Zeit, ~hin* lately, recently, of late; *in d. ~en Jahren* during the last few years, of late years; *zu guter ~* at good long last, at the last moment; *~e Nachrichten (Presse)* stop-press news; *~e Neuheit* latest novelty; *~e Ölung (eccl)* extreme unction; *Ereignisse d. ~en Zeit* recent occurrences; *~en Endes* after all; *bis auf d. ~en Mann* to a man; *sein ~es hergeben* to do one's utmost; **~ere** the latter; **~ens, ~lich** in the last analysis; **~willig** testamentary

Leu lion

Leucht|e lamp; *fig* shining light, star; *e-e ~e d. Wissenschaft* a luminary of science; **~en** to (give) light; to beam; to shine; to phosphoresce; *su* shining; glow, illumination; phosphorescence; **~end** bright, shining, luminous; aflame (*vor* with); **~er** candlestick; *(Kron-)* lustre; chandelier; *(Wand-)* branch; **~farbe** luminous paint; **~feuer** beacon (lamp, light); ✈ flare; **~gas** gas (for lighting); coal gas; **~geschoß, ~granate** star (*od* flare) shell; **~käfer** glow-worm, fire-fly; **~kraft** luminosity, illuminating power; **~kugel** Very light, signal flare; **~pfad** flare path; **~pistole** Very pistol, signal pistol; **~rakete** *mil* Very light; ✈ landing (*od* signal) rocket; **~stoffröhre, ~röhre** fluorescent lamp; **~turm** lighthouse; **~uhr** luminous clock (watch); **~zahl, ~ziffer** luminous figure; **~zifferblatt** luminous dial

leugnen to deny; *(verneinen)* to disavow; ⚖ to traverse; *entschieden ~* to deny flatly; *su* denial; disavowal

Leukoplast adhesive tape

Leumund character, reputation; **~szeugnis** testimonial, character

Leut|e people; persons; folk; the world, public; *(Diener)* servants; *wir sind geschiedene ~e it's good-bye to our friendship; unter d. ~e kommen* to mix with other people, *(Gerede)* to be noised abroad; **~eschinder** slave-driver, sweater; **~selig** affable; **~seligkeit** affability

Leutnant second lieutenant; *~ d. Flieger BE* pilot officer, *US* second lieutenant; *~ zur See BE* acting sublieutenant, *US* ensign; **~sstelle** lieutenancy

Levit levite ♦ *j-m d. ~en lesen* to take s-b to task, to haul s-b over the coals

Levkoje gilly-flower, stock

Lexiko|graph lexicographer; **~n** dictionary; *(Konversations-)* encyclopaedia

Libelle dragon-fly; ⚙ water-level, spirit-level

liberal liberal; broad-minded

Licht light; *(Kerze)* candle; *(Beleuchtung)* illumination, lighting; *(Helligk.)* brightness; *(Wild)* eye; *~ anmachen* to turn (*od* switch) on the light ♦ *bei ~e besehen* looked at closely, on reflection; *vt* to examine closely; *ins rechte ~ rücken* to put in its proper perspective, to show up in its true colours; *j-m ein ~ aufstecken* to open a person's eyes; *hinters ~ führen* to pull the wool over s-b's eyes; to dupe s-b; *e. schlechtes ~ werfen auf* to throw discredit on; *sein ~ unter d. Scheffel stellen* to hide one's light under a bushel; *in e. falsches ~ setzen* to misrepresent; *adj* light, bright, shining; clear; thin; *~e Augenblicke* lucid intervals; *am ~en Tage* in broad daylight; **~anlage** lighting plant; lighting system; **~bad** ⚕ light-bath, *(Sonnen-)* insolation; **~bild** photo(graph); *(Diapositiv)* slide; **~bildervortrag** lantern-slide lecture; **~bildner** photographer; **~blick** *fig* ray (*od* spark) of hope; **~blond** fair; **~bogen** arc; **~brechung** refraction of light; **~bündel** pencil of light; **~druck** collotype; **~durchlässig** translucent, transmitting light; **~durchlässigkeit** transparency, permeability; **~echt** fast to light; fadeless, nonfading, sunfast; **~empfindlich** sensitive to light, light-sensitive; *~empfindlich machen* to sensitize; *~empfindliches Papier* photographic paper; **~erglanz** brightness; brilliance; **~erloh** blazing, in full blaze, all ablaze; **~hof** 🏛 well, inner court; *astr,* 📷 halo; **~kegel** cone of light; *(Scheinwerfer)* beam of searchlight; **~lehre** optics, science of light; **~leitung** lighting circuit; **~maschine** 🚗 dynamo, *US* generator; **~meß** Candlemas; **~meßtrupp** flash-spotting troop; **~messung** photometry; *mil* flash-ranging; **~pause** blueprint; photographic tracing; **~quelle** source of light; **~reklame** illuminated advertisement; sky-sign; neon-advertisement; **~schacht** light-shaft; 📷 focusing hood; **~schalter** lighting switch; **~scheu** shunning the light; aphotic; *fig* shunning publicity; **~schwach** *(Linse)* slow; **~seite** *fig* bright side; **~signal** light signal; flash signal; *(Verkehr)* traffic light; **~spielhaus** cinema, picture-house, *US* motion picture theater; **~stark** *(Linse)* fast, high-speed; **~stärke** intensity of light; *(Linse)* speed of a lens, lens speed; *(Birne)* wattage; **~strahl** light ray, ray (*od* beam) of light; **~tonaufnahme** 📷 photographic sound-film recording; **~tonverfahren** sound-on-film system; **~umflossen** bathed in light, radiant; **~undurchlässig** light-proof, opaque to light; **~voll** luminous; clear, lucid; **~werbung** light advertising; **~zelle** visual cell; photo(electric) cell

licht|en *(Wald)* to clear; *(Anker)* to weigh; *(Reihen, Haar)* to thin out; *refl* to thin out; to grow thinner; to clear up, to grow brighter; **~ung** *(Wald)* clearing

Lichter ⚓ lighter, barge

Lid eyelid

lieb dear, beloved; *(angenehm)* agreeable; *(gut)* good; kind; *es ist mir ~* I am glad (*od* pleased); *es wäre mir ~* I should like; *s-e ~e Not haben* to have no end of trouble (*mit* with); *um d. ~en Friedens willen* for peace' sake; *du ~er Himmel!* Good Heavens!; *du ~e Zeit!* Good Gracious!; Dear me!; **~äugeln** to ogle (*mit j-m, etw* s-b); **~chen** sweetheart, darling, love, *US* honey; **~e** love; *(Zuneigung)* affection; *(christliche)* charity; *~e macht blind* love is blind; *aus ~e zu* for love of; *dir zu~e* for your sake; **~edienerei** cringing, servility; **~eleer** loveless; **~elei** flirtation, amour, dalliance; **~eln** to flirt, to make love; **~en** *vt* to love; to like; to be fond of; to adore; *vi* to be in love (with); **~enswert** worthy of love, lovable; **~enswürdig** amiable; kind; **~enswürdigkeit** amiability; kindness; **~** *(Komparativ)* dearer, more agreeable; *adv* rather; better; sooner; *~er als* in preference to; *~er haben* to prefer, to like better; **~esabenteuer** love-affair, intrigue; **~esbrief** love-letter; billet-doux; **~esdienst** good turn; (act of) kindness; **~eserklärung** declaration of love; **~esgabe** charitable gift; **~esgeschichte** love-story; **~eshandel** love-affair, intrigue; **~esheirat** love-match; **~eskrank** love-sick; **~esmühe:** *verlorene ~esmüh'* Love's labour's lost; **~espaar** (pair of) lovers; couple; **~espfand** love-token; **~esrausch** transport of love; **~estrank** love-potion, love-philtre; **~esverhältnis** love-affair, liaison; **~eswerbung** courtship; **~eswerk** work of charity; **~evoll** loving; affectionate; caressing; tender; **~gewinnen** to grow fond of; to take a fancy to; **~haben** to love, to like; to be fond of; **~haber** lover; beau; *(Kunst)* amateur, dilettante; *(Enthusiast)* fan; **~haberei** fancy; liking; hobby; **~haberpreis** fancy price; **~haberrolle** role of lover; **~habertheater** amateur theatricals; **~kosen** to caress, to fondle; *umg* to neck; *(Kind)* to cuddle; **~kosung** caress; petting; fondling; **~lich** lovely; charming, sweet; **~ling** favourite; darling, love, *US* honey; **~reich** kind, loving; **~reiz** charm, grace; attraction; **~schaft** love-affair, amour; **~ste(r)** dearest, beloved; lover, sweetheart

Lied song; *(Weise)* air; tune; melody; *(deutsches)* lied; *(Kirche)* hymn; *(Schlager)* hit (song); *(lustiges)* carol; *mehrstimmiges ~* part-song ♦ *immer d. alte ~!* (it's) always the same old story!; **~erabend** concert (of songs); **~erbuch** song-book; hymn-book; **~ertafel** choral union, choral society; glee-club

liederlich slovenly, careless, disorderly; *(Leben)* immoral, dissolute, dissipated; **~keit** slovenliness; carelessness; *(Leben)* loose conduct

Liefer|ant supplier; purveyor; *(Vertrags-)* contractor; *(Lebensmittel)* caterer; **~bar** available (for delivery); deliverable; **~barkeit** deliverability; marketability; **~firma** supplying firm; supplier; contracting firm; **~frist, ~zeit** term (*od* date) of delivery; **~n** to deliver; *(versorgen)* to supply; to furnish; *(Ertrag)* to yield; to produce; *(Schlacht)* to give battle ♦ *geliefert sein (umg)* to be done for, to be sunk; **~schein** delivery note; advice note; **~spesen** delivery charges; **~ung** delivery; *(Versorgung)* provision, supply; 📖 instalment, fascicle; *(Wehrmacht)* issue; **~ungsbedingungen** terms of delivery; **~ungsweise** *adv* in parts; in issues; in numbers; **~ungswerk** 🕮 serial; **~wagen** delivery van

Lieg|e couch, divan; **~egeld** demurrage; **~ekur** rest cure; **~en** to lie; to rest; *(gelegen sein)* to be situated, to be placed; *mil* to be quartered, to be billeted; *(s. befinden)* to be, to stand; *laß das ~en!* leave that alone!; *d. Fenster ~en nach Süden* the windows face south; *im Sterben ~en* to be at the point of death; *in d. letzten Zügen ~en* to be breathing one's last; *zugrunde ~en* to underlie; *vor Anker ~en* to lie at anchor; *mir ~t daran* I am interested in the matter, I am anxious to; *es ~t daran, daß...* the reason is that...; *es ~t bei ihm* it rests with him (to do); *soviel an mir ~t* as far as I am concerned; as far as lies in my power; *mir ~t nichts daran* I don't care for it; *das ~t mir nicht* that is not my line; that does not suit me; **~enbleiben** *(Bett)* to stay in bed; to keep one's bed; *(Waren)* to be unsalable; *(Auto etc)* to break down; *(unerledigt)* to stand over; to lie over; to be left; **~end** lying; situated; horizontal; **~enlassen** to leave lying about; *(Arbeit)* to leave off; *(zurücklassen)* to leave behind; **~enschaften** landed property, real estate, immovables; **~eplatz** ⚓ berth; **~estuhl** deck-chair, *bes US* beach-chair

Lift lift, *US* elevator; **~boy, ~junge** lift-boy, *US* elevator boy

Liga ⛹ league; **~spiel** league match

Ligatur 🕮, ⚕ ligature

Liguster *bot* privet

Likör liqueur; cordial

lila lilac, pale violet, lavender

Lilie lily; *(Wappen)* fleur-de-lis

Liliputaner Lilliputian

Limon|ade flavoured soda water; *(Zitronen-)* lemonade; lemon-squash; **~elle** lime

Limousine limousine, saloon-car, *US* sedan

lind soft, gentle; mild; **~e** lime-tree, linden-tree; **~enblüte** lime-tree blossom; **~enblütentee** lime-blossom tea; **~ern** *(erleichtern)* to assuage; to allay; to alleviate; to relieve; *(mildern)* to soothe; *(weich machen)* to soften; *(mäßigen)* to mitigate; *(Strafe)* to commute; **~ernd** anodyne; **~erung** softening; relief, alleviation; abatement; **~erungsmittel** anodyne; lenitive, palliative

Lindwurm dragon

Linea|l ruler; **~r** linear; uniform; in equal proportion all round; at a flat rate

Linie line; 🕮 rule; *(Tendenz)* course; trend, tendency; *(Abstammung)* descent, lineage; branch (of a family); *(Straßenbahn)* number; *mil* front; *auf gleicher ~ mit* on the same footing as; *in erster ~* primarily; above all, first and foremost; *in e-e ~ bringen, in e-r ~ stehen* to align; *~n ziehen* to draw lines; **~nblatt** sheet with guide-lines; **~nbus** town (*od* scheduled) bus; **~nschiff** ship of the line; liner; **~ntreu** toeing (*od* true to) the party-line; **~ren** to rule; *~rtes Papier* ruled paper

link left; *(Stoff)* wrong (side); *(Münze)* reverse; *~e Seite* left hand (side); *~er Hand, zur ~en* on (to) the left; *d. ~en Flügel angehörend* leftist; **~e** left hand, left (side); **~erhand** on the left; **~isch** awkward, clumsy; **~s** to the left, on the left; *~s von* to the left of; *~s sein* to be left-handed ♦ *~s liegenlassen* to cold-shoulder, to ignore s-b completely; *~s um!* left about turn!; **~saußen** ⛹ outside left; **~sdrehung** anti-clockwise rotation; **~shändig** left-handed; **~spartei** leftist party; **~sradikal** leftist; **~sverkehr** left-hand traffic

Linnen linen

Linoleum linoleum, lino; **~schnitt** lino cut

Linse *bot* lentil; *opt* lens; 📷 objective; *(Auge)* crystalline lens

Lippe lip; *bot* labellum; ⚕ labium; **~nbekenntnis** lip service; **~nblütler** labiate plants; **~nlaut** labial (sound); **~nstift** lipstick

liquid liquid; *(Geld)* solvent; **~ation** liquidation, winding up; *(Rechnung)* settlement; *(Arzt)* doctor's bill; *(Realisierung)* realization; **~ieren** to wind up; to liquidate; to realize; *(Arzt etc)* to charge (as a fee); **~ität** liquidity; liquid resources; solvency

lispeln to lisp; to whisper

List cunning, craft, artfulness; *(Kriegs-)* stratagem; trick; **~ig** cunning, crafty; artful; sly, astute

Liste list; catalogue; *(Register)* roll, register; *(Aufzählung)* specification; *e-e ~ aufstellen* to draw up a list, to bill; *schwarze ~* Black List; *auf d. schwarze ~ setzen* to blacklist

Litanei litany

Liter litre; **~weise** by litres

literarisch literary; bookish; **~at** man of letters, writer; **~atur** literature, letters; **~aturgeschichte** history of literature; **~aturverzeichnis** bibliography

Litfaßsäule advertisement pillar

Lithograph|ie litho(graphy); **~ieren** to lithograph; **~isch** lithographic

Liturg|ie liturgy; **~isch** liturgical

Litze lace, cord, braid; ⚡ flex

Livree livery

Lizen|tiat licentiate; **~z** permit, licence; poetic licence; *in ~z* under licence; **~zgebühr** licence fee; 🕮 (copyright) royalty; **~zieren** to license, to certificate; **~znehmer** licensee

Lob praise; commendation; *über alles ~ erhaben* above all praise; **~en** to praise, to commend; to applaud; **~end** laudative, commendatory; **~enswert** praiseworthy; **~gesang** song of praise, hymn; **~hudelei** fulsomeness, fulsome praise, base flattery; **~hudeln** to praise in fulsome terms; **̈~lich** praiseworthy, laudable; commendable; **~preisen** to praise, to extol; **~preisung** praise; **~rede, ~spruch** speech of praise, eulogy

Loch hole, gap; *(Lochung)* perforation; *(Höhlung)* hollow, cave; cavity; *(Käse-)* eye; *(Reifen-)* puncture; *(Hecke, Wand)* break, breach; *(Wohnung)* dirty hole; *(Gefängnis)* jail, *sl* clink ♦ *auf d. letzten ~ pfeifen* to be on the rocks, to be on one's last legs; **~en** to punch; to perforate, to pierce; **~er** punch, perforator; **̈~erig** full of holes, porous; **~karte** punched card, perforated card; **~ung** perforation, punching; **~zange** punch pliers

Lock|e curl, lock; *(Ringel-)* ringlet; **~en** to curl; **~enkopf** curly-head; **~enwickel** curler, curling pin; *(Papier-)* curl-paper; **~ig** curly, curled

lock|en to lure, to allure, to entice; *(mit List)* to decoy; *(versuchen)* to tempt; *(mit Köder)* to bait; **~mittel** bait; inducement; bribe; **~ruf** *(Vogel)* call; **~spitzel** agent-provocateur, stool pigeon; **~ung** attraction; lure; enticement; temptation; **~vogel** decoy (-bird); *fig* decoy, enticer, allurer

locker loose *(a. fig)*; *(schlaff)* slack; *(Leben)* frivolous, dissolute, loose; *(Boden)* light, loose; *(Teig)* spongy; ~ *machen* to loosen; to slacken; ~ *werden* to work loose; *nicht ~ lassen* to be firm, to be insistent; **~n** to loosen, to slacken; *(Boden)* to break up; *(Sitten)* to demoralize; *(entspannen)* to relax; *refl* to work loose

Loden loden, unmilled cloth; **~mantel** waterproof woollen coat

lodern to blaze, to flame; to burn

Löffel spoon; *(Hasen-)* ear; *(Bagger-)* bucket ♦ *d. Weisheit mit ~n gefressen haben* to know all the answers; *drei ~ voll* three spoonfuls; *gehäufter ~* a heaped (*od* heaping) spoon; **~n** to sup; ⚙ to bail; **~stiel** spoon handle; **~weise** by spoonfuls; **~zange** scoop forceps

Log log; **~buch** log(-book); **~gen** to log; **~ger** lugger

Logarithmus logarithm

Loge 🎭 box; *(Freimaurer-)* lodge; **~nbruder** brother mason; **~nmeister** master of a lodge; **~nschließer** attendant

Logier|besuch visitors, guests; **~en** to stay, to lodge (*bei* with s-b); **~zimmer** spare room, guest room

Logi|k logic; **~ker** logician; **~sch** logical

Loh|e tan(ning-bark); flame; **~en** to (treat with) tan; *(Flamme)* to blaze up, to flare up; **~gerber** tanner; **~gerberei** tanning; tannery

Lohn wages; *(Monats-, Gehalt)* salary; *(Bezahlung)* pay(ment); *(Vergütung)* compensation; **~arbeit** jobbing work; **~arbeiter** workman, labourer; jobber; **~ausgleich** wage adjustment; **~diener** hired servant, extra help; **~drückerei** sweating; **~empfänger** wage-earner; wage--earning population; **~en** to compensate, to reward; *(bezahlen)* to pay; *(wert sein)* to be worth (while); to make worth while; *d. Sache ~t s. nicht* the game is not worth the candle; *es ~t s.* it is worth while; *es ~t s. nicht* it does not answer, it does not pay; **¨en** to pay (wages); *mil* to pay; **~end** profitable, lucrative, advantageous; **~erhöhung** pay (*od* wage) increase, *US* raise; **~kürzung** wage cut; **~kutscher** cabman; **~liste** pay-list; **~pfändung** garnishment of wages; **~steuer** wages tax; income tax (on wages and salaries); **~stopp** wage freeze; **~streik** wage strike; strike for higher wages; **~tag** pay-day; **~tarif** rate of pay, wage scale; **~tüte** pay envelope, wage-packet; **¨ung** pay; *mil* (army) pay; **~verhandlungen** wage negotiations, collective bargaining

Loipe course

lokal local; suburban; *su* (wine-)restaurant; inn, *BE* pub(lic-house); *(Lokalität)* locality, place; **~blatt** local paper; **~isieren** to localize

Lokomotiv|e engine, railway engine; **~fabrik** engine works; **~führer** *BE* engine-driver, *US* engineer; **~schuppen** engine shed

Lokowaren spots

Lorbeer laurel, bay ♦ *s. auf seinen ~en ausruhen* to rest on one's laurels; **~baum** = ~; **~blatt** bayleaf; **~kranz** laurel wreath

Lord lord; **~schaft** lordship

Lore 🚂 lorry, truck; (open) waggon

Los destiny, fate; *(Lotterie)* lottery ticket; *(Anteil)* lot, share, portion; *d. große ~* the first prize; *durch d. ~* by lot; *d. ~ werfen (ziehen)* to cast (*od* draw) lots; **~en** to draw lots; **~ung** password, watchword; battle-cry; *(Tier-)* droppings, dung

los loose, slack; *(frei)* free, flowing; *(getrennt)* off, detached; *etw ~ sein* to be rid of; *was ist ~?* what's the matter?, what's up?; *hier ist viel ~* there's plenty going on here; *es ist nichts ~* nothing doing; *mit ihr ist nicht viel ~* she's not up to much; *~!* go on!, fire away!, begin!, go ahead!; **~arbeiten** to work away; *refl* to extricate o.s.; **~binden** to untie, to loosen; **~brechen** to break off; to break loose; *(Sturm)* to burst (out); **~bröckeln** to crumble off; **~drücken** to fire (off); **~eisen** to free; **~fahren** to depart; *fig* to fly out at, to bear down on; **~gehen** to set off; *(s. lösen)* to loosen, to become loose; *(Gewehr)* to go off; *(beginnen)* to begin, to start; *~gehen auf* to attack, to go at; *schnurstracks ~gehen* to make a bee-line for; **~haken** to unhook; **~kaufen** to ransom, to redeem; **~kommen** to get away, to come off; **~lassen** to let go, to let loose; to let off; to release; *(Hund)* to set (*auf* on); **~legen** to begin, to start; **~lösen** to untie, to detach; *refl* to disengage o.s., to come off; **~machen** to make loose, to free, to release; ⚓ to unmoor, to cast off; **~platzen** to explode; *fig* to burst out, to blurt out; **~reißen** to tear off; to separate; *refl* to break loose, to burst from; **~rennen** to take the bit between one's teeth; **~sagen** *refl* to part from, to renounce (*von etw* s-th); **~schießen** to fire off (*od* away); *fig* to start, to begin; **~schlagen** *vt* knock off, to sell off; *vi* to attack, to strike; **~schnallen** to unbuckle; ✈ to undo one's belt; **~sprechen** to absolve, to acquit; to (declare) free; **~stürmen** to rush at, to rush forth; **~trennen** to undo, to separate; *(reißen)* to rip off; **~werden** to get rid of, to dispose of; **~ziehen** to set out; to march (*auf etw* against); *fig* to rail (*über, gegen* at), to inveigh (against)

Lösch|blatt blotting-paper; **~dienst** fire-fighting (service); **~en** *(Feuer)* to extinguish; *(Durst)* to quench; *(Licht)* to put out; *(Kalk)* to slake; *(Tinte)* to blot; *(annullieren)* to cancel; *(streichen)* to efface; *(Forderung)* to liquidate; ⚓ to unload, to discharge; **~er** *(Feuer)* extinguisher; *(Tinte)* blotter; *(Arbeiter)* docker, longshoreman; **~gerät** fire-fighting apparatus; extinguisher; **~mannschaft** fire-brigade; **~papier** = ~blatt; **~ung** *(Feuer)* extinction; *(Streichung)* cancellation; *(Firma)* dissolution, extinction; ⚓ unloading, discharging; **~zug** fire engine

lose loose, slack; *(unverbunden)* disconnected, incoherent; *(unverpackt)* unpacked; in bulk; *(Moral)* frivolous, dissolute; *e-e ~ Zunge haben* to have a loose tongue; *~r Mund* malicious tongue; *~r Vogel* wag; *~s Mädchen* wanton girl

Lös|egeld ransom; **~en** to loose(n), to untie, to undo; *chem* to dissolve; *(Karte)* to buy, *(im voraus)* to book; *(Problem)* to solve; *(Schwierigkeit)* to settle; *(Vertrag)* to annul, to cancel; *(Beziehungen)* to give up, to break off; *(Schuß)* to fire; *(Frage)* answer; **~lich** soluble; **~lichkeit** solubility; **~ung** loosening; discharge; answer; *chem* solution

Löß loess

Lot plummet, plumb-line; *math* perpendicular; *(Lötmetall)* solder; *(Gewicht)* half an ounce; *wieder im ~* all right again; **~en** ✡ to plumb; ⚓ to sound; **¨en** to solder; **¨kolben** soldering iron; **¨lampe** *BE* blowlamp, blow torch; **~recht** perpendicular; **¨rohr** blowpipe

Lotse pilot; **~n** to pilot

Lotter|bube rascal, vagrant; **~ig** slovenly; dissolute; **~leben** dissolute life

Lotterie lottery; **~los** lottery ticket

Löw|e lion; *astr* Leo ♦ *s. in d. Höhle d. ~en begeben* to beard the lion in his den; **~enanteil** lion's share; **~engrube** lion's den; **~enmaul** snapdragon, antirrhinum; **~enzahn** dandelion; **~in** lioness

loyal loyal; **~ität** loyalty

Luchs lynx ♦ *Augen wie e. ~ (~augen) haben* to have eyes like a hawk, to be lynx-eyed

Lücke gap; opening, hole; *(leere Stelle)* blank; *(Mangel)* deficiency; defect; *(Auslassung)* omission; *e-e ~ schließen* to step into the breach; *e-e ~ ausfüllen* to fill a gap; **~nbüßer** makeweight; stop-gap; **~nhaft** full of gaps; *(unvollständig)* incomplete, deficient, defective; **~nlos** unbroken, uninterrupted; complete

Luder carrion; *umg* wretch, hussy; *(Schimpfwort)* beast; **~jan** rake; **~leben** dissolute life

Luft air; *(leichter Wind)* breeze; *(Atem)* breath; *(Atmosphäre)* atmosphere ♦ *d. ~ ist rein* the coast is clear; *an d. ~ gehen* to take (*od* go for) an airing; *~ schnappen gehen* to have (*od* go for) a blow; *in d. ~ gehen* to blow up, to storm and rage; *keine ~ bekommen* not to be able to breathe; *an d. ~ setzen* to throw out, to show s-b the door ♦ *aus d. ~ gegriffen* unfounded, a pure invention; *in d. ~ sprengen* to blow up; *in d. ~ schweben (hängen)* to hang in mid-air, to be undecided as yet; *s. ~ machen* to give vent to one's feelings; *an d. ~ trocknen* to air-dry; **~abwehr** air defence, anti-aircraft (defence); **~amt** Air Ministry; **~angriff** air raid; **~antenne** overhead aerial; **~aufklärung** aerial reconnaissance; **~bild** aerial photograph, aerophoto; **~bildgerät** aerial camera; **~bildwesen** aerial photography; **~blase** air-bubble; ⚕ vesicle; **~bremse** air-brake; pneumatic brake; **~brücke** air lift; *über d. ~brücke befördern* to airlift; **¨chen** breeze, zephyr; **~dicht** air-tight; **~druck** atmospheric pressure; *(bei Explosion)* blast; **¨en** to air, to give an airing, to ventilate; *fig* to reveal, to disclose; **~fahrt** aviation; **~fahrtministerium** Air Ministry; **~flotte** air fleet; **~förmig** gaseous, aeriform; **~fracht** air freight (*od* cargo); **~geräusche** 📻 atmospherics; **~gewehr** air-gun; **~hafen** airport, aerodrome; **~heizung** hot-air heating; **~herrschaft** air supremacy; **~ig** airy, breezy; *(dünn)* thin, flimsy; **~igkeit** airiness; **~kampf** air battle; **~kissenfahrzeug** hovercraft; **~klappe** air-valve; ✈ air flap; **~krieg** aerial warfare; **~kurort** climatic health resort; **~landetruppen** airborne troops; **~leer** void of air; *~leerer Raum* vacuum; **~linie** bee-line; *(Flugverkehr)* air-line, airway; **~loch** air pocket, air-hole; **~matratze** air mattress, *BE* lilo; **~polizei** air police; **~post** air mail; **~pumpe** pneumatic pump; **~raum** air space; **~reifen** pneumatic tyre; **~reklame** sky advertisement; **~röhre** 🩺 windpipe, trachea; air tube; **~rüstung** air armament; **~sack** wind-sock; wind-direction indicator; **~schacht** air-shaft; **~schaukel** swing-boat; **~schiff** airship; **~schiffahrt** aeronautics, aerial navigation; **~schlange** paper streamer; **~schloß** castle in the air, castle in Spain; **~schutz** air defence; air-raid protection; **~schutzkeller, ~schutzraum** air-raid shelter; **~schutzsirene** siren; **~schutzwart** (air) warden; **~schwingung** vibration of air; **~spiegelung** mirage, fata morgana; **~sprung** leap, caper; *e-n ~sprung machen* to jump for joy; **~störungen** atmospherics; **~stoß** gust of air; blast; **~strecke** air-lane; **~streitkräfte** air force; **~strom** air current; air blast; **~transport** air transport; air lift; **¨ung** airing, ventilation; *fig* lifting, disclosing; **~veränderung** change of air; **~verkehr** air traffic; **~verkehrsgesellschaft** air-line company; **~verkehrslinie** air-line; **~waffe** (German) Air Force; **~weg:** *auf d. ~weg* by air; **~ziel** aerial target; **~zufuhr** air supply; **~zug** draught, *US* draft; current of air

Lug lying, falsehood; *~ u. Trug* a pack of lies

Lüg|e lie, untruth; falsehood; *(unverschämte)* whopper; *j-n ~en strafen* to give the lie to s-b; **~en** to lie, to tell a lie; *~en wie gedruckt* to tell whopping lies, to lie like the devil; **~engewebe** tissue of lies; **~enhaft, ~nerisch** lying, mendacious; untrue; deceitful; **~enmaul** impudent liar; habitual liar; **~ner** liar

lugen to peep, to look out

Lugger ⚓ lugger; **~segel** ⚓ lugger-sail

Lukas St. Luke ♦ *Haut den ~* try-your-strength machine

Luke *(Dach)* dormer-window; skylight; ⚓ hatch; trap-door

lukrativ lucrative

lullen to lull
Lümmel lout, boor, hooligan; **~haft** loutish, boorish; **~n** *refl* to slouch
Lump scamp, rascal, blackguard; **~en** *su* rag, clout; *vi* to go on a spree; *s. nicht ~en lassen* to do the handsome thing, to come down handsomely; **~engesindel, ~enpack** riff-raff, rabble; **~enhändler** ragman; **~ensammler** ragman; last bus (*od* tram); **~erei** shabby trick; *(Kleinigkeit)* trifle; **~ig** ragged; shabby; *(unbedeutend)* trifling
Lunge lungs ♦ *s. d. ~ aus d. Hals schreien* to scream o.s. hoarse; **~nentzündung** pneumonia; **~nflügel** (lobe of the) lung; **~nkrank** consumptive; **~nkranker** tubercular person, consumptive; **~nschaden** lung lesion; **~nschwindsucht** phthisis, (pulmonary) consumption; **~ntuberkulose** tuberculosis (of the lungs)
Lunte match (cord); *(Fuchs)* fox's brush ♦ *~ riechen* to smell a rat
Lupe magnifying glass; magnifier ♦ *unter d. ~ nehmen* to scrutinize closely
Lupine lupin, *bes US* lupine
Lurch amphibian
Lust joy, delight; pleasure; *(Verlangen)* desire, lust; *(Neigung)* inclination, mind; *~ haben* to be inclined, to want (to do), to feel like (doing); *mit ~ u. Liebe* with a will, with heart and soul; *keine ~ haben* to have no mind, not to be keen (*zu* about); **~barkeit** entertainment, amusement; festivity; **⁓ern** *(gierig)* greedy (for); desirous (of); longing (for); *(sinnlich)* lascivious, lustful; **⁓ernheit** greediness; lasciviousness, lust; **~ig** gay, merry, jolly; funny, comical, blithe; *s. ~ig machen* to make fun (*über* of); **~igkeit** gaiety, merriment; fun; **⁓ling** voluptuary, sensualist; **~los** dull, without desire; *(Börse)* dull, inactive; **~mord** murder and rape; **~spiel** comedy; **~wandeln** to stroll (about), to take a walk
Lüster chandelier; lustre
lutschen to suck
Luv luff, weather-side; **~en** to luff
luxuriös luxurious; sumptuous; costly
Luxus luxury; sumptuousness; extravagance; *s. e-n ~ gestatten* to splurge; *in ~ leben* to live in luxury (in grand style); to live extravagantly, expensively; **~artikel** luxury article; **~ausgabe** édition de luxe; **~einband** superior binding; **~gegenstand** luxury; **~güter** luxury goods; **~steuer** tax on luxuries; **~waren** fancy goods, luxury articles
Luzerne lucerne, alfalfa
Lyzeum secondary school (for girls)
Lymph|drüse lymphatic gland; **~e** lymph; *(Impfstoff)* vaccine; **~gefäß** lymphatic (vessel)
lynch|en to lynch; **~justiz** lynch law, mob law
Lyr|a lyre; **~ik** lyric poetry; **~iker** lyric poet, lyrist; **~isch** lyric; *fig* lyrical; *~isches Gedicht* lyric

M

M (the letter) M
Maat mate; ⚓ *BE* leading rating, *US* petty officer 3rd class
Mach|art make; *(Art)* description, kind, sort; *(Stil)* style; *(Mode)* fashion; **~e** making; *fig* pretence, show; **~en** to make, to do; *(bewirken)* to effect; *(verursachen)* to cause; to bring about; *(herstellen)* to manufacture; *(kosten)* to come to, to amount to; *(in e-n Zustand versetzen)* to render; *(in Ordnung bringen)* to tidy, to bring to rights; *(ernennen)* to appoint; *s. ~en an* to begin on, to start work on; *s. viel ~en aus* to care much about; *s. fertig ~en* to get ready; *zurecht~en* to prepare; *s. wichtig ~en* to assume an air of importance; to be a busybody; *zunichte ~en* to frustrate, to upset; to annihilate; *s. gefaßt ~en auf* to be prepared for, to look out for; *j-n wahnsinnig ~en* to drive s-b mad (*od* crazy); *s. zu schaffen ~en an* to tamper with; *(s.) etw ~en lassen* to have (*od* to get) s-th made (*od* done); *s. gut ~en* to look all right; *wie ~en Sie es, daß ...* how do you manage (to do); *s-m Ärger Luft ~en* to give vent to one's anger; *e-e Bemerkung ~en* to (pass a) remark, to observe; *es kurz ~en* to put it briefly; to cut a long story short; *s. d. Haare ~en* to do one's hair; *e-e Aufnahme ~en* to take a snap (*od* photo); to snap; *e-n Witz ~en* to crack a joke; *Schulden ~en* to contract (*od* to run into) debts; *Umstände ~en* to take trouble, to go to (a lot of) trouble; *s-e Aufwartung ~en* to pay one's respects to; *Übung macht d. Meister* practice makes perfect; *d. macht nichts* that does not matter; *was ~en Sie?* how are you?; *mach schnell!* hurry up!; *mach, daß du fort kommst!* off with you!, be gone!, clear off (out)!; *wieviel macht es?* how much is it?; how much does it come (*od* amount) to?
Macht power; *(Stärke)* strength; *(Kraft)* force; might; *(Einfluß)* influence; control; *(Heer)* forces, army; *(Befugnis)* authority; **~befugnis** competency, authority; **~ergreifung** accession to power; seizure of power; *d. ~ergreifung (1933)* the Nazi Revolution; **~gruppe** pressure group; **~haber** ruler; lord; dictator; **⁓ig** powerful; mighty, strong; *(Bergb.)* thick; *adv* extremely, enormously, mighty; *e-r Sache ⁓ig sein* to be master of a thing; **~los** powerless; **~spruch** peremptory order, (word of) command; **~stellung** strong position, political power; **~übernahme** assumption (*od* seizure) of power; **~vollkommenheit** authority; *aus eigener ~vollkommenheit* on one's own authority; *~wort* = ~spruch ♦ *e. ~wort sprechen (umg)* to put one's foot down; **~zusammenballung** concentration of power
Mädchen girl; maid(en); *(Dienst-)* servant(-girl); *wildes ~* tomboy; *~ für alles* maid-of-all-work; **~haft** girlish, maidenly; **~handel** white slave traffic; **~jäger** Don Juan, dangler after women, *US sl* wolf; **~name** maiden name; **~zimmer** maid(-servant)'s room

Mad|e maggot, worm; **~ig** maggoty, worm-eaten
Mädel girl, lass, *US sl* babe, gal
Madonna madonna, the Holy Virgin
Madrigal madrigal
Magazin store(s), storehouse, warehouse; depot, dump; *(Gewehr-)* magazine, clip; *(Waffen-)* magazine; *(Zeitschrift)* periodical, review; **~verwalter** store-keeper, warehouse-keeper
Magd maid(-servant), servant; **≃lein** little girl
Magen stomach, *umg* tummy; **~bitter** bitters; **~brennen** heartburn; **~grube** pit of the stomach; **~knurren** intestinal rumbling; **~säure** gastric acid; **~schmerzen** stomach-ache, *umg* tummy-ache; **~verstimmung** stomach upset
mager *(Mensch)* thin; slender; *(Fleisch)* lean; spare; *(sparsam)* frugal; *(dürftig)* meagre, poor; *(Boden)* barren; 📖 lean-faced, standard; *~e Jahre* lean years; *~e Kost* meagre diet, short commons; ~ *werden* to grow thin; to reduce; **~käse** skim-milk cheese; **~keit** leanness; poorness; **~milch** skimmed milk, skim milk
Mag|ie magic; **~ier** magician; **~isch** magic(al); *~isches Auge* 📻 tuning indicator, magic eye
Magist|er school-master, tutor; **~rat** town council; municipal authority; *Sache d. ~rats sein* to fall within the scope of the local (*bzw* municipal) authorities
Magnat magnate, *US* tycoon
Magnet magnet; *(~zünder)* magneto; **~isch** magnetic; **~iseur** magnetist; mesmerist; **~isieren** to magnetize; **~ismus** magnetism; **~nadel** magnetic needle; **~ophon** tape recorder; **~zünder** magneto; **~zündung** magneto ignition
Mahagoni mahogany
Mahd mowing; *(Schwaden)* swath
Mäh|binder reaper and binder, reaper-binder; **~drescher** harvester-thresher, combine; **~en** *vt* to mow, to cut, to reap; **~er** mower, reaper; **~maschine** reaper; *(Rasen)* mower
Mahl meal, repast; **~en** to grind, to mill; *(sehr fein)* to pulverize; **~gang** set of millstones; **~stein** millstone; **~zahn** molar; **~zeit** meal, repast; *gesegnete ~zeit!* God bless this food!
Mahn|brief dunning letter, reminder; request to pay; follow-up letter; **~en** to admonish, to exhort; to remind, to dun; to warn; **~er** admonisher; dun; **~mal** memorial(-stone); **~ung** reminder; dunning; admonition; *(Warnung)* warning
Mähne mane
Mähre mare; *(schlechtes Pferd)* jade
Mai May; **~baum** maypole; **~feier** May-day demonstration; **~glöckchen** lily of the valley; **~käfer** cockchafer
Mais maize, *US* (Indian) corn, sweet corn; **~kolben** corn cob; **~mehl** Indian meal, *US* corn meal
Maische mash; **~n** to mash
Majestät majesty; **~isch** majestic; **~sbeleidigung** lese-majesty
Major major; *BE (Luftwaffe)* squadron leader; **~at** primogeniture; **~enn** of age; **~ität** majority; **~srang** majority
Majoran marjoram
Majuskel capital letter
Makel stain, spot; *fig* blemish, fault; **~los** stainless, spotless; *fig* faultless, immaculate
Mäk|elei fault-finding, censoriousness; *(wählerisch)* daintiness; **~elig** censorious; fastidious; dainty; **~eln** to find fault with, to carp at; *umg* to pick at; **~ler** fault-finder, caviller
Makkaroni macaroni
Makler broker; real-estate broker, *BE* estate agent; **~gebühr** brokerage; **~geschäft** brokering, brokerage; broker's business
Makrele mackerel
Makrone macaroon
Makul|atur waste-paper, waste printed matter; *fig* waste; **~ieren** to pulp, to repulp
Mal monument; *(Wahrzeichen)* landmark; *(Mutter-)* mole; *(Wund-)* scar; *fig* mark, token; *(Fleck)* spot; stigma; *(Zeit)* time; turn; *adv* once; just; *zum ersten ~* for the first time; *mit e-m ~* suddenly, all of a sudden; *e. für alle~* once and for all; *e. ums andere ~* alternatively, by turns; *denk dir ~!* just imagine!; *2 ~ 3 ist (macht) 6* twice three are (is) six; *4 ~ 3 ist (macht) 12* 4 times 3 are (is) twelve; **~nehmen** to multiply
Malaria malaria; **~fieber** malarial fever, ague; **~kranker** malaria patient
Mal|buch painting-book, colouring-book; **~en** to paint; to portray; *(bildlich darstellen)* to represent; *s. ~en lassen* to have one's portrait painted; *nach d. Natur ~en* to paint from nature; **~er** painter, artist; *(Dekorateur)* decorator; house-painter; *(Anstreicher)* whitewasher; **~erei** painting; picture; **~erisch** picturesque; pictorial; artistic; **~erleinwand** canvas; **~ermeister** decorator, house-painter; **~kasten** paint-box
Malve mallow; **~nfarbig** mauve
Malz malt; ~ *werden* to malt; *mit ~ versetzen* to malt; **~bier** malt beer; **~bonbon** cough-lozenge; **≃er** maltster
Mama mamma, *umg* ma, mummy, *US* mom
Mammut mammoth
Mamsell miss; *(Haushälterin)* house-keeper; *(Kellnerin)* waitress
man one, they, people; ~ *hat mir gesagt (gegeben, etc)* I was told (given, etc)
manch many a, many a one (*od* person, man); **~e** some; **~erlei** diverse, various, all manner of; **~es** many a thing, many things; **~mal** sometimes, now and again
Mand|ant client; **~at** mandate; authorization; *unter e. ~at stellen* to mandate; **~atarstaat** mandatory; **~atsgebiet** mandated territory
Mandarine tangerine (orange)
Mandel almond; ⚕ tonsil; *(Getreide-)* stook; *(Maß)* (set of) fifteen; *gebrannte ~n* sugared almonds; **~blüte** almond blossom; **~entzündung** tonsillitis; **~förmig** almond-shaped, amygdaloid
Mandoline mandolin

Manege arena; (circus) ring; riding-school

Mangan manganese; **~haltig** manganiferous; **~sauer** manganate of

Mangel *(Wäsche)* mangle, rolling-press; *(Fehlen)* need, want of; absence, lack; *(Fehler)* defect, fault; flaw; *(Knappheit)* shortage, deficiency; shortcoming; dearth (of); *aus ~ an* for want of; *~ leiden an* to be deficient in; **~beruf** critical occupation; **~haft** faulty, defective; *(unbefriedigend)* unsatisfactory, below the mark; **~haftigkeit** faultiness; imperfection; defectiveness; **~krankheit** deficiency disease; **~lage** shortage; **~n** *(Wäsche)* to mangle; *(fehlen)* to want, to be wanting; to lack, to fail; *es ~t mir an* I am short of, I am in want of; *~nde Bereitschaft* unwillingness; **~s** in default of; **~waren** goods in short supply, scarce commodities

Mangold chard, beet; **~gemüse** chard

Man\|ie mania; **~isch** manic

Manier manner, habit; *(Betragen)* deportment; *(Stil)* style; **~iert** affected, mannered; **~lich** polite, civil, mannerly; **~lichkeit** politeness, civility

Manifest manifesto; **~ieren** to manifest, to declare

Maniküre manicure; *(Person)* manicurist; **~n** to manicure

Manipul\|ation manipulation; **~ieren** to manipulate; to adjust, to manage

Manko deficiency, defect, deficit

Mann man; *(Ehe-)* husband; *(Soldat)* soldier, man; *(Geschlecht)* male; *d. gemeine ~* the man in the street, the common people; *wenn Not am ~ ist* if the worst comes to the worst; *~s genug sein* to be quite capable (of doing), to be a match for it ♦ *mit ~ u. Maus* with all on board, with every soul; *an d. ~ bringen* to dispose of; to find a taker for; to find a husband for; *s-n ~ stehen* to hold one's own; *e. ~ von Welt* a man of the world; **~bar** marriageable; virile; **~barkeit** puberty; manhood; **⁓̈chen** little man; *(Tiere)* male; *⁓̈chen machen* to sit up and beg; **~equin** model; **⁓̈ergesangverein** men's choral society, men's glee club; **~esalter** manhood; **~eskraft** manly vigour, virility; **~esstamm** male line; **~haft** manly, manful; **~haftigkeit** manliness; **~heit** manhood, virility; **⁓̈lich** male, masculine; manly; *⁓̈liches Tier* male; **~sbild** male; **~schaft** personnel; ⛩ team; ⚓ crew; *mil* (enlisted) men, ranks; *d. ~schaften* ⚓ lower deck; **~shoch** as tall as a man; head-high; shoulder-high; **~sleute** men, men-folk; **~stoll** mad about men, nymphomaniac; **~weib** virago, mannish woman; hermaphrodite

mannig\|fach, ~faltig manifold, various; **~faltigkeit** variety, multiplicity

Manöv\|er manœuvre, *US* maneuver; *(List)* trick; **~rieren** to manœuvre, ⚓ to handle

Mansarde attic; **~nfenster** dormer-window, attic-window

manschen to mix (up); to splash about

Manschette cuff; ⚙ collar, packing ring ♦ *~n haben* to be in fear and trembling; **~nkopf** cuff- (*od* sleeve-) link

Mantel coat, cloak; *(ärmellos)* mantle; *(Winter-)* overcoat; ⚙ jacket, casing, case; *(Reifen-)* outer cover; *fig* mantle ♦ *d. ~ nach d. Winde hängen* to trim one's sails to the wind; **~aufschlag** lapel; **~sack** valise, portmanteau; **~tarif** framework collective agreement

Manufaktur *(Erzeugnis)* manufacture; manufacturing; *(Fabrik)* factory; **~waren** manufactured goods

Manuskript manuscript; 🕮 copy; 🎞, 🎭 script, scenario

Mappe *(Akten-)* briefcase, attaché case; portfolio; *(Schreib-)* writing-case; *(Ordner)* file (cover), folder; *(Schule)* satchel

Mär tale, story; news, tidings; **~chen** fairy tale; *(Lüge)* fib; **~chenhaft** fabulous, legendary; **~chenland** wonderland, dreamland

Marathonlauf marathon race

Marder marten

Margarine margarine, *BE umg* marge

Margerite marguerite, daisy

Marien\|bild image of the Virgin Mary; **~glas** mica, selenite; **~käfer** lady-bird

Marine marine; *(Kriegs-)* navy; *(Handels-)* merchant marine; *(Schiffswesen)* shipping; **~blau** navy(-blue), marineblue **~flieger** naval airman; **~flugzeug** seaplane, naval aircraft; **~minister** *BE* First Lord of the Admiralty, *US* Secretary of the Navy; **~ministerium** *BE* Admiralty, *US* Navy Department; **~offizier** naval officer; **~soldat** marine; **~station** naval base

marinieren to pickle

Marionette marionette, puppet; **~nregierung** puppet government; **~nspieler** wire-puller; **~ntheater** puppet theatre, puppet-show

Mark *(Münze)* mark; ⚕ marrow; *bot* pith, pulp; *(Gebiet)* boundary, frontier, marches; *fig* essence, core; *bis aufs ~* to the bone; *ins ~ treffen* to cut s-b to the quick ♦ *j-m durch ~ u. Bein gehen* to thrill s-b to the marrow; **~erschütternd** blood-curdling; **~graf** margrave; **~gräfin** margravine; **~ig** marrowy, pithy; strong; **~scheider** mine-surveyor; **~stein** boundary-stone; *fig* landmark, milestone

markant characteristic; *(auffallend)* striking; *(bezeichnet)* well-marked

Mark\|e mark, sign, token; *(Waren-)* brand, trade-mark; type; ✉ stamp; *(Spiel-)* counter, chip; 🚗, 🎭 make; *(Wein)* vintage, growth; *(Rationierung)* coupon, point; **~enalbum** stamp album; **~enartikel, ~enware** branded goods; **~enbutter** standard butter; **~enfrei** non-rationed, coupon-free; **~enpflichtig** rationed; **~enschokolade** chocolate of proprietary brands; **~enschutzgesetz** Trade Marks' Registration Act; **~ieren** to mark, to indicate; to label; *(Waren)* to brand; *(umreißen)* to outline; *(Baum)* to blaze; *fig* to simulate, *umg* to put on

Marketender sutler; **~in** canteen-woman; **~ei** canteen, military (naval, air-force) stores; *BE* NAAFI, *US* PX

Markise awning, *BE* sun-blind
Markt market; *(Ort)* market-place; *(Absatz)* outlet, market; *(Geschäft)* business, trade; *schwarzer ~* black market; **~bude** booth, stall; **~en** to bargain, to haggle; **~flecken** small market-town; **~gängig** current, marketable; **~gerecht** in line with the real market conditions; *(Preis)* fair; **~halle** market-hall, covered market; **~lage** state of the market, market situation; **~platz** market-place; **~politisch** from the point of view of the effect on the market; **~schreier** puffer, barker; **~schreierisch** showy; **~wirtschaft** *(freie)* free-market economy, free-enterprise economy
Marmelade jam; *(Orangen-)* marmalade
Marmor marble; **~bruch** marble quarry; **~ieren** to marble, to vein, to grain; **~n** (of) marble; **~platte** marble slab
marod|e tired, weary; ill; **~eur** marauder; **~ieren** to pillage
Marone edible (*od* sweet) chestnut
Maroquin morocco
Marotte fancy, whim, caprice; fad
Mars ⚓ top; **~segel** topsail
Marsch march; tramp, hike; *(Land)* marsh, fen; *auf d. ~* en route, marching ♦ *j-m d. ~ blasen* to give s-b a piece of one's mind; **~boden** marshy soil; **~ieren** to march; **~ig** marshy; **~kolonne** marching column; **~mäßig** in marching order; **~tanz** Paul Jones; **~tempo** rate of marching; **~verpflegung** supply on the march
Marschall marshal; **~stab** marshal's baton
Marstall royal stables (*od* stud)
Marter torture, torment; pang, agony; **~bank** rack; **~holz** the Cross; **~n** to torture; to torment, to agonize; **~pfahl** stake; **~voll** excruciating
martialisch martial
Märtyrer martyr; **~tum, Martyrium** martyrdom, ordeal
Marxis|mus Marxism; **~t, ~tisch** Marxian, Marxist
März March
Marzipan marzipan, marchpane
Masch|e mesh; *(Strick-)* stitch; **~endraht** chicken (*od* screen) wire; **~enwerk** network; **~ig** meshy, (meshy) netted; reticulated
Maschin|e machine; engine; *(Schreib-)* typewriter; *auf d. ~e schreiben* to type(-write); *(Näh-)* sewing-machine; **~ell** mechanical; *~elle Bearbeitung* machining; **~enanlage** mechanical equipment; **~enbau** mechanical engineering; machine building; **~enbauer** mechanical engineer; **~enfabrik** engineering works; machine factory; **~engarn** machine-spun yarn, machine thread; **~engewehr** machine-gun; **~enkonstruktion** machine designing; **~enmeister** machinist; engine-driver; **~enpark** machinery; **~enpistole** tommy-gun, submachine gun; **~enschaden** engine trouble; **~enschlosser** (engine) fitter; **~enschreiben** typewriting; **~enschreiber** typist; **~enschrift** typing; typescript; **~enwärter** engine (*od* machine) operator; machine attendant; **~erie** machinery; **~ist** machinist; mechanic; engineer, engine-driver; 🎭 machinery man
Maser spot, speckle; *(Holz)* grain, vein; **~ig** speckled; veined; mottled; grained; **~n** ⚕ measles; *vb* to vein, to grain
Mask|e mask; *(Verkleidung)* disguise; ⚔ visor; 🎭 make-up; *fig* pretext, pretence; *d. ~e fallenlassen (fig)* to drop pretence, to throw off one's mask; *d. ~e abnehmen* to unmask; **~enball** fancy-dress ball; **~enkostüm** fancy dress; **~enverleih** hire of theatrical properties; **~erade** masquerade; **~ieren** to mask
Maskulinum masculine (noun)
Maß measure; *(Ausdehnung)* dimension, extent; *(Größe)* size; *(Grad)* degree; *(Grenzen)* limit, bounds; *(Bier)* quart; *(Mäßigung)* moderation; *(Verhältnis)* proportion; *~nehmen* to measure, to take the measurement of; *nach ~ gemacht* made to measure; *in hohem ~e* highly, in a high degree; *über alle ~en* exceedingly, excessively; *in d. ~e, daß* to such an extent that; *über d. ~en* beyond measure, exceedingly; *in d. ~e wie* in the same measure as; *ohne ~ u. Ziel tun* to overdo it; *mit zweierlei ~ messen* to apply a different yardstick; *d. ~ ist voll* that's put the lid on it, that'll do!; **~analyse** volumetric analysis; **~arbeit** made to measure; **~gabe** measure, proportion; *nach ~gabe von* according to; **~gebend, ~geblich** authoritative, standard; decisive; leading; competent; **~halten** to keep within limits, to be moderate; **~krug** tankard, mug; **~liebchen** daisy; **~los** immoderate; boundless; *(übertrieben)* exorbitant; *(überspannt)* extravagant; **~nahme** measure, step; **~regeln** to reprimand, to inflict disciplinary punishment on; **~regelung** disciplinary punishment; **~schneider** bespoke tailor; **~schneiderei** tailoring to measure; **~stab** yard measure, ruler; *(Karten-)* scale; ⚙ gauge; *fig* standard; criterion; *e-n ~stab anlegen* to apply a standard to; **~voll** moderate; **~werk** 🏛 tracery
Mass|age massage; **~eur** masseur; **~euse** masseuse; **~ieren** to massage
Massak|er massacre; **~rieren** to massacre
Mass|e mass; quantity; lot; *(Haufen)* heap; *(Körper)* substance; mass; body; bulk; lump; *(Menschen-)* crowd, the masses, multitude, the people; ⚖ assets, property; estate; *d. breite ~e* the rank and file; **~enabsatz** mass sale; **~enartikel** mass-produced article; **~enaufgebot** large, number (*od* crowd); **~enbefragung** public opinion poll; **~engrab** common grave; mass-grave; **~engüter** bulk goods; **~enhaft** in large quantities, numerous; **~enkundgebung** mass-meeting, rally; **~enmord** general massacre, slaughter; **~enproduktion** mass production, production in bulk; **~enquartier** billets for large numbers; **~enverhaftung** mass arrests; **~enversammlung** mass-meeting, rally; **~enweise** in large numbers, wholesale; **~enverwalter** ⚖ official receiver; **~ieren** *refl* to accumulate, to pile up; to combine; **~ierung** accu-

mulation, large amount; **~ig** bulky, solid, heavy; **~iv** massive, solid; heavy; *umg* rude; *su geol* massif
mäßig moderate, conservative; *(sparsam)* frugal; *(Preis)* reasonable, moderate; *(bescheiden)* modest; *(mittelmäßig)* middling; *(Schule)* poor, mediocre; **~en** to moderate; *(beschränken)* to restrain, to check; to slacken; *refl* to moderate o.s.; to restrain o.s.; to control o.s.; *gemäßigte Zone* temperate zone; **~keit** moderation; frugality; *(Gefühle, Genuß)* temperance; **~ung** moderation; restraint; self--control
Mast *(Stange)* mast; pole; pylon; ⚓ mooring mast; *(Futter)* mast; pig's food; acorns, beech nuts; **~darm** rectum; **¨en** to feed, to fatten; *s. ¨en an (a. fig)* to batten on; **~kalb** fatted calf; **~korb** masthead, crow's nest; **~kur** fattening diet; **~vieh** fattened cattle, fatstock
Mastix mastic
Mater matrix
Material material; *(Stoff)* substance; *(Vorrat)* stock, stores; *rollendes ~* 🚂 rolling stock; **~ersparnis** economy of materials; **~isieren** to materialize; **~ismus** materialism; **~ist** materialist; **~istisch** materialistic; **~knappheit** stringency of materials; **~schaden** fault (*od* flaw) in material; **~schwierigkeit** difficulty in procuring materials
Materie matter, stuff; *(Gegenstand)* subject; **~ll** material; actual, materialistic; *(geldlich)* financial; *adv* in fact, de facto
Matetee maté
Mathemat|ik mathematics; **~iker** mathematician; **~isch** mathematical
Matratze mattress
Mätresse (kept) mistress
Matri|kel register, roll; **~ze** matrix; *(Stempel)* die; *(Schablone)* stencil; **~zenschreiben** stencil cutting
Matrone matron
Matrose sailor; blue-jacket
Matsch mud, slush; **~ig** muddy, slushy
matt *(körperlich)* weak, feeble, faint; *(stumpf)* mat(t), dull, unpolished; *(dumpf)* muffled; *(Augen)* dim; *(Licht)* soft; *(Stimme)* faint; *(Schach)* (check-)mate; *~ setzen* to mate; **~glas** frosted glass, ground glass; **~heit, ~igkeit** tiredness; debility; dullness; **~herzig** faint--hearted; **~scheibe** 📷 focusing screen; *er hat e-e ~scheibe* he's a bit dim; **~weiß** dull white
Matte ⛰ mat; *(Wiese)* (alpine) meadow
Mätzchen tricks and pranks; antics; *~ machen* to play the fool; to be fussy
mau: *das ist ~* this is poor; *mir ist ~* I feel miserable (*od* rotten)
Mauer (brick) wall; **~anschlag** poster; **~blümchen** *fig* wall-flower; **~brecher** battering--ram; **~haken** ⛰ piton; **~n** to build (with stone); (⛰, *fig*) to stonewall, to play out time; **~schwalbe, ~segler** swift; **~werk** stonework, brickwork, masonry
Maul mouth; *~- u. Klauenseuche* foot-and--mouth disease; *halt's ~!* hold your tongue!, shut up!; *e. ~ ziehen* to make a face; *j-m d. ~ stopfen* to shut s-b up, to silence s-b ♦ *einem geschenkten Gaul guckt man nicht ins ~* don't look a gift horse in the mouth; **~affe** gaper; *~affen feilhalten* to stand gaping; **~beerbaum** mulberry-tree; **~en** to sulk, to pout; **~esel** mule; **~eseltreiber** muleteer; **~held** braggart; **~korb** muzzle; **~schelle** slap, box on the ear; **~sperre** lock-jaw; **~trommel** Jew's harp; **~wurf** mole; **~wurfshügel** mole-hill
Maurer bricklayer; mason; **~geselle** journeyman mason; **~meister** master mason; **~polier** head mason
Maus mouse; **~efalle** mousetrap; **~eloch** mouse-hole; *fig* loophole; **~en** *vt* to pinch, to pilfer, to filch; *vi* to catch mice; **~er** moulting; **~ern** *refl* to moult; **~etot** stone-dead; *s.* **~ig** *machen* to put o.s. forward, to give o.s. airs
mauscheln to talk sheeny
mäus|chenstill quiet as a mouse, stock-still; **~ebussard** common buzzard; **~edreck** mouse dung; **~egift** ratsbane
maximal maximum, maximal; highest (permissible); *adv* at the most (*od* best); utmost; **~geschwindigkeit** top speed; **~gewicht** maximum weight; **~leistung** maximum capacity (*od* output); **~preis** maximum price, ceiling price
Maxim|e maxim; **~um** maximum; limit
Mayonnaise mayonnaise
Mäzen Maecenas
Mechan|ik mechanics; mechanism; **~iker** mechanic, engineer, fitter; **~isch** mechanical; routine; **~isieren** to mechanize; **~isierung** mechanization; **~ismus** mechanism; machinery
Mecker|er grumbler, carper, *sl* grouser; **~n** to bleat; *fig* to grumble, to grouse, to nag
Medaill|e medal; **~on** medallion; locket
medial psychic; mediumistic
Medi|kament medicament, remedy; **~zin** *(Arznei)* medicine; physic; *(Wissenschaft)* (science of) medicine; **~ziner** medical man; medical student, student of medicine; **~zinisch** medical; medicinal; *vom ~zinischen Standpunkt* from a medical point of view, medically speaking; *~zinische Bäder* medicinal baths; *~zinische Forschung* medical research; *~zinische Seife* medicated soap
meditieren to meditate
Medium medium
Meer sea, ocean; high sea; **~aal** conger; **~busen** gulf, bay; **~enge** straits, channel; **~esbrandung** surf (of the sea); **~esgrund** bed, sea--bottom; **~eshöhe, ~esspiegel** sea-level, surface of the sea; **~esleuchten** phosphorescence of the sea; **~katze** guenon; **~mädchen** mermaid, siren; **~rettich** horse-radish; **~schaum** meerschaum; **~schaumpfeife** meerschaum (pipe); **~schweinchen** guinea-pig; **~ungeheuer** sea monster
Mega|hertz megacycle (per second); **~phon** megaphone
Megäre termagant, vixen
Mehl flour; *(grob)* meal; *(mit Backpulver)* self--raising flour; **~ig** floury, mealy, farinaceous;

~speise (dish of) farinaceous food; **~wurm** meal-worm

mehr more; *immer ~* more and more; *~ als* more than; the better part (*od* half) of; *nicht ~* no more, no (not any) longer; *~ noch* even worse; *je ~ (desto)* the more... (the more); *um so ~ als* all the more as; *nie ~* never again; *nur ~* only, nothing but; *es war nichts ~ da* nothing was left; *nicht ~ viel Zeit haben* not to have much time to spare; *es ist nicht ~ als billig* it's only fair; *was noch ~?* what else?; *d. schmeckt nach ~* it whets one's appetite for more; **~arbeit** overtime; additional work; **~ausgabe** additional expenditure; increase in expenditure; **~bändig** in several volumes; **~betrag** additional amount; **~deutig** ambiguous; **~einnahme** surplus of (*od* increase in) receipts; **~en** to augment, to increase; *refl* to multiply, to grow; **~er** augmenter; enlarger; **~ere** several; more than one, two or more; **~eres** several things; sundries; **~erlei** various, diverse, divers; **~fach** manifold, several; several times, repeatedly; **~farbendruck** colour print(-ing), process printing; **~farbig** (multi)colour(ed); **~heit** majority; multiplicity; *überwältigende ~heit* overwhelming majority (*od* odds); *d. ~heit ist dafür* the ayes have it; **~malig** repeated, reiterated; **~mals** several times, again and again; **~porto** additional postage, surcharge; **~seitig** *math* polygonal, with many sides; multilateral; **~silbig** polysyllabic; **~stimmig** arranged for several voices; *(Lied)* part (song); **~stöckig** multi-storey; **~stündig** of several hours' duration, lasting for hours; **~zahl** majority, most of; *gram* plural; **~zweck** general purpose, multiple purpose; *(in Zssg)* all-purpose

meiden to avoid, to shun

Meier dairy-farmer; *(Verwalter)* steward; **~ei** (dairy-)farm

Meile mile; league; *englische ~* British (statute) mile; **~nstein** milestone; **~nweit** for miles; miles off, very far

Meiler charcoal-pile

mein *pron* my; *adj* mine; *d. ~en* my people; *ich für ~en Teil* as far as I am concerned, as to me; *~es Wissens* as far as I know; *~ und dein* mine and thine ♦ *~ u. dein verwechseln* to be light-fingered; **~eid** perjury; **~eidig** perjured; **~erseits** as far as I am concerned, for my part; **~esgleichen** such as I, my equals, people like me; **~esteils** on my part; **~ethalben, ~etwegen** for my sake; I don't mind; as for me, for me, for all I care; *um ~etwillen* for my sake; **~ig** my, mine

mein|en to think, to believe, to be of (the) opinion; *(irrtümlich denken)* to suspect; *(vermuten)* to suppose; *(sagen wollen)* to mean, to intend; *(sagen)* to say; *(anspielen)* to refer to; *wie ~en Sie?* I beg your pardon?, what did you say?; *j-n ~en* to speak of s-b; *es gut ~en* to mean well; **~ung** opinion, view; *(Absicht)* intention; *(Auffassung)* meaning; *(Urteil)* judgment; *(Anschauung)* way of thinking, belief; *meiner ~ung nach* in my opinion, to my mind (*od* thinking); as I take it; *j-m seine ~ung sagen* to give s-b a piece of one's mind; *vorgefaßte ~ung* prejudice; **~ungsbefragung** (public) opinion poll

Meise titmouse

Meißel chisel; **~n** to chisel, to carve

meist most; *d. ~en* most; most people; *adv* most, mostly; *am ~en* most, more than all; best; *d. ~e Zeit* most of the time; **~begünstigungsklausel** most-favoured-nation clause; **~bietend** offering most; **~bietender** highest bidder; **~ens, ~enteils** mostly; for the most part; **~gebot** highest bid, best offer

Meister master; *umg* boss; champion; **~haft, ~lich** masterly; **~in** fully qualified (dressmaker, hairdresser etc.); master's wife; *(Anrede)* mistress; (woman) champion; **~n** to master, to overcome; to control; **~prüfung** trade examination; **~schaft** mastery championship; **~schaftsspiel** league match; **~schaftstitel** title; **~schule** technical college; *~schule für Mode* school for fashion, tailoring and designing; **~schütze** crack shot; **~singer** mastersinger; **~stück** masterpiece, masterwork; **~werk** masterpiece; highest achievement

Melancho|lie melancholy; **~liker** hypochondriac; **~lisch** melancholy; pensive; *~lisch sein (umg)* to have the blues

Melasse molasses

Meld|eamt registration office; **~efahrer** mounted messenger, dispatch-rider; **~egänger** messenger; *mil* dispatch-rider; **~en** to announce, to inform; to register; *refl* to report (to); *(Stellung)* to apply (for); *(antworten)* to answer; *(Examen)* to enter (for); *(Finger heben)* to put up one's hand; *s. ~en lassen* to send in one's name; *s. freiwillig ~en* to volunteer; **~ereiter** dispatch-rider; **~estelle** registration office; local reporting office; *(Feuer)* fire alarm; **~ezettel** registration form; **~ung** news, announcement; *(Mitteilung)* information, notification; message; *(dienstlich)* report; entry; *(Bewerbung)* application; *nach bisherigen ~ungen* according to reports so far to hand

meliert mottled, speckled; *(Haar)* greying

Melioration amelioration, land improvement

melk|en to milk; **~er** milker; **~erei** dairy(-farm); **~gerät** milking utensils; milking machine; **~kübel** milking-pail, milking tub

Melod|ie melody; *(Weise)* tune, air; **~isch** melodious, tuneful

Melone melon; *(Zucker-)* musk-melon; *(Wasser-)* water-melon; *(Hut)* bowler (hat), *US* derby hat

Meltau blight, mildew

Membran membrane; diaphragm

Memme coward; craven; funk; *elende ~* cur

Mem|oiren memoirs, personal reminiscences; **~orandum** memorandum; diary, notebook; **~orieren** to memorize, to learn by heart

Menage cruet(-stand); set (of dishes)

Menge quantity; amount; lot(s); great deal, a great many; *(Überfluß)* abundance;

(Menschen) crowd, throng, multitude; *d. ganze ~* the lot; *e-e ~* a lot of; *e-e große ~* lots of; *in ~n* plenty of, in abundance; *jede beliebige ~* any desired amount (*od* quantity); *e-e ganze ~ halten von* to think no small beer of; **~n** to mix, to blend; *refl* to mingle, to mix; *(einmischen)* to meddle, to interfere (with); **~nbestimmung** quantitative determination; **~nmäßig** quantitative, in terms of quantity

Mennig(e) minium, red lead

Mensch man, human being; *(Einzelwesen)* person, individual; *d. ~en* people; *(~heit)* mankind; *nur e. ~ sein* to be only human; *nur e. halber ~ sein* not to be o.s.; *kein ~* not a soul, nobody; *d. ~en kennen* to know human nature; *e. lieber ~* a dear fellow; *e-e Menge ~en* a great many people; **~enaffe** anthropoid ape; **~enähnlich** anthropoid; manlike; **~enalter** generation, age; **~enfeindlich** misanthropic; **~enfresser** cannibal, man-eater; **~enfreundlich** philanthropic; **~engedenken:** *seit ~engedenken* from time immemorial, within the memory of man; **~engeschlecht** mankind, the human race; **~enkunde** anthropology; **~enleer** deserted; **~enmaterial** man-power; **~enmenge** crowd of people; **~enmöglich** humanly possible; **~enraub** kidnapping; **~enrechte** rights of man, human rights; **~enreich** populous; **~enscheu** unsociable, shy; **~enschinder** extortioner; slave-driver; **~enschlag** race of men; **~enskind** oh boy!; **~ensohn** the Son of Man; **~enverstand** human understanding; *gesunder ~enverstand* common sense; *praktischer ~enverstand (umg)* horse-sense; **~enwürde** dignity of man; **~enwürdig** worthy of human beings; **~heit** human race, mankind; **~lich** human; *fig* humane; *~liche Behandlung* humane treatment; *nach ~lichen Begriffen* humanly speaking; **~lichkeit** human nature; humanity; humaneness; **~werdung** incarnation; *d. ~gewordene Gott* God incarnate

Menstru|ation menstruation; **~ieren** to menstruate

Mensur students' duel

Mentalität mentality

Menü menu; set meal; table d'hôte

Menuett minuet

Mergel marl; **~boden** marly soil; **~grube** marl-pit; **~n** to manure with marl

Meridian meridian

Meringe meringue

merk|bar, ~lich noticeable, perceptible, appreciable; **~blatt** leaflet; (instructional) pamphlet; memorandum; **~buch** notebook; **~en** to notice, to perceive, to observe, to note; *(gewahr sein)* to be aware of; *(fühlen)* to feel; *(argwöhnen)* to suspect; *refl* to bear in mind; to remember; *s. nichts ~en lassen* to appear to know nothing; *s. etw ~en lassen* to betray; to let on s-th; *~en lassen* to give to understand; **~mal** characteristic; feature; *(Zeichen)* sign, mark; *(Eigenschaft)* attribute; **~würdig** strange, curious; remarkable; striking; peculiar; **~würdigerweise** strange to say; strangely enough; **~würdigkeit** strangeness; curiosity; peculiarity; **~zeichen** characteristic; sign, mark

meschugge loony, barmy, *US* buggy

Mesner sacristan, sexton

meß|bar measurable; **~becher** graduated (*od* measuring) jug; **~buch** missal; **~diener** acolyte; **~funkgerät** radar; **~gewand** vestment; chasuble; **~kelch** chalice; *chem* measuring cup; **~opfer** (sacrifice of the) mass; **~sucher** 📷 view-and-range finder; **~tisch** surveyor's table; ⚡ test desk; **~tischblatt** ordnance survey map; plane table map; **~trupp** survey section; ☎ testing crew

Messe *eccl* mass; *(Waren-)* fair; *mil* (officers') mess; *~ besuchen* to attend (to visit, to see) the fair; *~ lesen* to say mass; *gelesene ~* low mass

messen to measure; *(Land)* to survey; *(loten)* to sound; *refl* to compete (with); to try one's strength (with); *s. ~ können mit* to measure up to; *s. nicht ~ können mit* to be no match for; *mit Blicken ~* to eye, to take stock of

Messer knife; ⚕ scalpel ♦ *auf d. ~s Schneide* on (the) razor's edge, (it is) touch and go; *ans ~ liefern* to send to one's doom; **~bänkchen** knife-rest; **~griff** knife-handle; **~rücken** back of a knife; **~schärfer** knife-sharpener; **~schleifer** knife-grinder; **~schmied** cutler; **~stich** stab (with a knife)

Messing brass; **~beschlag** brass mounting; **~en** brazen, (made of) brass; **~schild** brass plate

Met mead

Metall metal; **~arbeiter** metal worker; **~baukasten** meccano; **~en, ~isch** of metal, metallic; brazen; **~geld** coin, specie, hard cash; **~haltig** containing metal; **~urgie** metallurgy; **~waren** (metal) hardware

Meta|morphose metamorphosis; **~pher** metaphor; **~phorisch** metaphorical, figurative; **~physik** metaphysics; **~physisch** metaphysical

Meteor meteor; **~ologe** meteorologist; *umg* weatherman; **~ologie** meteorology; **~ologisch** meteorological; **~stein** meteoric stone

Meter metre; **~maß** metre rule; tape measure; **~ware** *(Textil)* yard goods

Method|e method; ✲ technique; approach; **~isch** methodical; as regards the method used; *aus ~ischen Gründen* for reasons of method

Methusalem Methuselah *(as old as M.)*

Metr|ik prosody; versification; metrics; **~isch** metrical; **~um** metre

Metropole metropolis

Mette matins

Metteur 🕮 maker-up

Mettwurst German sausage, *US* Bologna sausage, *sl* boloney

Metzel|ei massacre, slaughter; **~n** to butcher, to massacre

Metzger butcher; **~ei** butcher's (shop); **~sgang** a fool's errand

Meuch|elmord assassination; **~elmörder** assassin; **~eln** to assassinate; **~lerisch** treacherous, murderous; **~lings** treacherously

Meute pack of hounds; **~rei** mutiny; **~rer** mutineer; **~risch** mutinous; **~rn** to mutiny
miauen to mew, to caterwaul
mich me
Michaelistag Michaelmas
Mieder bodice; corset; **~waren** corsetry
Miene air; countenance, face; *(~nspiel)* mien; *keine ~ verziehen* not to bat an eye ♦ *gute ~ zum bösen Spiel machen* to make the best of a bad job, to grin and bear it; **~nspiel** changing expressions (of the face)
mies bad, miserable; **~macher** alarmist, defeatist; **~muschel** mussel
Miet|e ⚘ stack, rick; *(Garben-)* shock; *(Kartoffel-)* potato clamp; *(Entgelt)* rent; hire; *(~verhältnis)* lease; *zur ~e wohnen* to be a tenant, to live in lodgings; **~en** *(Wohnung)* to rent; *(Sachen)* to hire; ⚓ to charter; *(Grund)* to (take on) lease; **~er** tenant; *(Untermieter)* lodger; *(Grund)* leaseholder; ⚖ lessee; **~erschaft** tenantry; **~erschutzgesetz** law for the protection of tenants; **~frei** rent-free; **~ling** mercenary, hireling; **~preis** rent; **~sauto** taxi(-cab); hired car; **~shaus** *BE* block of flats, *US* apartment house; tenement house; **~skaserne** tenement house, *umg* rookery, barracks; **~vertrag** contract of tenancy, tenancy agreement; **~zins** rent; **~zuschlag** rent allowance; **~zuschuß** rent subsidy
Miezekatze pussy-cat
Migräne sick headache; migraine
Mikado *(Spiel)* jack-straws; **~stäbchen** jack-straw
Mikro|be microbe; **~dokumentation** microphotography; **~phon** microphone; **~photographie** photomicrography; **~skop** microscope; **~skopieren** to examine with the microscope; **~skopisch** microscopic(al); *~skopisches Lebewesen* animalcule
Milbe mite
Milch milk; *(Fisch)* soft roe; *saure ~* curdled milk; *wie ~ u. Blut* like milk and roses; **~bart** downybeard; stripling; **~bruder** foster-brother; **~drüse** lacteal gland; **~en** to give milk; **~erzeugnisse** dairy produce; **~geschäft** dairy; **~gesicht** baby face; **~glas** milk glass; **~ig** milky; **~kuh** milch-cow; **~ner** milter; **~pantscher** adulterator of milk; **~säure** lactic acid; **~straße** Milky Way, Galaxy; **~vieh** dairy cattle; **~wirtschaft** dairy farm; **~zahn** milk-tooth; **~zucker** milk sugar, lactose
mild mild; *(gütig)* kind, gentle, tender; *(Klima)* bland; *(wohltätig)* charitable; generous; *(weich)* mellow; *(leicht)* light; **~e** mildness; kindness; **~ern** to assuage, to mitigate, to alleviate; to soften; **~ernd** ⚕ mitigant, lenitive; *~ernde Umstände* extenuating circumstances; **~herzigkeit** benevolence; **~tätig** benevolent
Milieu background, surroundings, environment; local colour
Militär military, soldiery, army; *(Person)* military man, soldier; **~arzt** army surgeon; **~dienst** military service; **~dienstpflicht** compulsory military service; **~gericht** military court; **~isch** military; **~musik** military music; *(Kapelle)* military band; **~regierung** military government
Militar|ismus militarism; **~ist** militarist
Miliz militia; **~soldat** militiaman
Milli|arde *BE* a thousand millions, milliard; *US* a thousand millions, billion; **~on** *BE, US* million; **~onär** millionaire
Milz spleen, milt; **~brand** anthrax; **~krank** splenetic
Mim|e actor; *(Rolle)* mime, mimic; **~en** to mime, to act; *fig* to pretend, to feign; **~ik** miming; mimic art; **~ikry** mimicry; mimesis; protective colouring; **~isch** mimic
Mimose mimosa
Minarett minaret
minder less, lesser; *(geringer)* inferior; minor; **~bemittelt** of moderate means; in straitened circumstances; **~belasteter** lesser offender; probationer; **~betrag** deficit, deficiency; **~einnahme** shortfall in receipts; **~heit** minority; minority nation; *in d. ~heit sein* to be in the minority; **~jährig** under age, minor, not of age; **~jährigkeit** minority; **~n** to diminish, to lessen; *(herabsetzen)* to abate, to reduce; **~ung** diminution, decrease; reduction, abatement; **~wertig** inferior; *(Waren)* sub-standard; lower-grade; **~wertigkeitsgefühl** inferiority complex; **~zahl** minority
mindest least; *(klein)* smallest; *(niedrig)* lowest; minimum; *nicht im ~en* not in the least, not at all, by no means; **~ens** at least; **~lohn** minimum wage; **~maß** minimum; **~verdienst** minimum pay
Mine *(Bleistift)* lead; refill (lead); *mil* mine; *auf e-e ~ laufen* to hit a mine ♦ *alle ~n springen lassen* to use all one's skill; **~nfeld** mine-field; **~ngang** gallery, tunnel; **~nleger** mine-layer; **~nräumboot** mine-sweeper; **~nsperre** mine barrier; **~nsuchgerät** land mine detector; **~nwerfer** trench mortar
Mineral mineral; **~isch** mineral; **~oge** mineralogist; **~ogisch** mineralogical; **~öl** mineral oil; petroleum; **~quelle** mineral spring; **~vorkommen** mineral deposit; **~wasser** mineral water, soda water, minerals
Miniatur miniature
minieren to (under)mine; to sap
minimal lowest; smallest; least; minimum; very small; negligible; infinitesimal; **~lohn** minimum wage(s); **~satz** minimum (*od* lowest) rate; **~thermometer** minimum thermometer; **~wert** minimum value
Minister minister; *BE* Secretary of State; *US* Secretary; *~ d. Äußeren (BE)* Secretary of State for Foreign Affairs, the Foreign Secretary; *US* State Secretary, Secretary of State; *~ d. Inneren (BE)* the Secretary of State for Home Affairs, Home Secretary, *US* Secretary of the Interior; **~ialdirektor** head of a ministerial department; **~ialdirigent** head of a section of a ministerial department; **~ialerlaß** ministerial order; **~ialrat** Ministerial Councillor; **~iell** ministerial; **~ium** ministry, *BE* Office,

US Department; *~ium d. Äußeren (BE)* Foreign Office, *US* State Department; *~ium d. Inneren (BE)* Home Office, *US* Department of the Interior; **~präsident** Minister President; *BE* Prime Minister; **~rat** Cabinet, council of ministers
Ministr|ant server; **~ieren** to serve (at the altar)
Minn|e love; **~en** to love; **~esang** old love song, lyric poem; **~esänger** minnesinger, minstrel; **~iglich** lovely, charming
minorenn under age, minor; **~ität** minority
minus *adv* minus, less; *su* deficit; shortage; shortfall; **~kel** minuscule
Minu|te minute; *in d. ~te* per minute; **~tenlang** for (several) minutes; **~tenzeiger** minute hand; **~ziös** minute
Minze mint
mir me, to me; myself ♦ *~ nichts, dir nichts* unceremoniously, without any more ado; *wie du ~, so ich dir* tit for tat
Mirabelle (small) yellow plum
Mirakel miracle
Misch|ehe mixed marriage; intermarriage; **~en** to mix, to mingle; *(Kaffee, Tabak)* to blend; *(Metall)* to alloy; *(Karten)* to shuffle; *refl* to mix (*unter* with); *(teilnehmen)* to join (in); *(einmischen)* to interfere (with), to meddle (with); **~gericht** hotchpotch; **~ling** hybrid, mongrel, cross(-breed); *(Mensch)* half-caste; **~masch** hotchpotch, medley; **~rasse** mongrel race; cross-breed; **~sprache** hybrid (language); **~ung** mixture; *(Tabak, Tee etc)* blend; *(Verbindung)* composition, compound, combination; **~ungsverhältnis** ratio of components; **~wald** mixed forest
miserabel miserable, wretched
Mispel medlar
miß|achten to despise; to disregard, to neglect; **~achtung** disdain; disregard, neglect; **~behagen** *su* discomfort; dislike; *vb* to displease; **~bilden** to mis-shape; **~bildung** malformation; deformity; disfigurement; **~billigen** to disapprove (of); **~billigung** disapproval; **~brauch** misuse; abuse; **~brauchen** to misuse; to abuse; *(ausnützen)* to take advantage of; *(mißhandeln)* to outrage; *(Vertrauen)* to betray; *(Namen Gottes)* to say in vain; **~bräuchlich** abusive; improper; wrong; **~deuten** to misinterpret; **~deutung** misinterpretation
missen to miss; *(entbehren)* to do without, to dispense (with)
Miß|erfolg failure; fiasco; **~ernte** bad harvest, crop failure
Misse|tat misdeed; *(Verbrechen)* crime; **~täter** evil-doer; *(Verbrecher)* criminal
miß|fallen to displease; *su* displeasure, dislike; dissatisfaction; **~fällig** displeasing; unfavourable; disparaging; **~geburt** monster, freak of nature, deformity; *(Fehlgeburt)* miscarriage, abortion; **~gelaunt** bad-tempered, sulky; **~geschick** bad luck, misfortune; adversity; **~gestalt** deformity, monster; **~gestaltet** deformed, mis-shapen; **~gestimmt** bad-tempered; **~glücken** to fail; **~gönnen** to (be) grudge; to envy; **~griff** mistake, blunder; **~gunst** envy; ill will; jealousy; **~handeln** to maltreat, to ill-treat; to abuse; **~handlung** ill treatment, cruelty; **~heirat** misalliance; **~hellig** dissentient, discordant; **~helligkeit** dissonance; dissension, disagreement; unpleasant consequence
Mission mission; *Innere ~* home mission; **~ar** missionary
Miß|jahr bad year; bad harvest; **~klang** dissonance, discord; **~kredit** discredit; *in ~kredit bringen* to bring into disrepute; **~leiten** to mislead; **~lich** awkward; unpleasant; *(unsicher)* critical, precarious; *(unglücklich)* unfortunate; **~liebig** unpopular; *s. ~liebig machen bei* to incur the displeasure of; **~lingen** to fail; *su* failure; **~mut** ill humour; **~mutig** bad-tempered, sulky, cross; **~raten** to fail, to turn out badly; *(Kind)* naughty, ill-bred; **~stand** inconvenience, nuisance; grievance; **~stimmen** to upset, to depress; **~stimmung** ill humour, depression; **~ton** dissonance, discord; **~tönend** discordant, out of tune; **~trauen** to distrust, to mistrust; *su* distrust, mistrust; **~trauensvotum** vote of censure (*od* no-confidence); **~trauisch** suspicious; distrustful; askance; *j-n ~trauisch ansehen* to look askance at s-b; **~vergnügen** displeasure; discontent; **~vergnügt** displeased; discontented, malcontent; **~verhältnis** disproportion; incongruity; **~verständlich** misleading; **~verständnis** misunderstanding; misconception; dissension; **~verstehen** to misunderstand, to get s-th wrong; to mistake; **~wirtschaft** maladministration, mismanagement
Mist dung, manure; *(Schmutz)* dirt; *fig umg* trash, rubbish, junk, *US* baloney; **~beet** hotbed; **~beetfenster** garden-frame; **~en** to manure, to dung; to clean; **~fuhre** load of manure; **~gabel** dung-fork; **~haufen** manure heap, dung-hill; **~ig** *sl* lousy; **~käfer** dung-beetle
Mistel mistletoe
mit with, along with; by, at; at the same time; also, likewise; *~ Tinte* in ink; *~ d. Post* by post; *~ e-m Wort* in a word; *~ e-m Schlag* at a blow; *~ e-m Mal* all at once, all of a sudden; *~ Muße* at leisure; *~ 10 Jahren* at the age of ten; *~ d. Zeit* gradually, in time; *~ dabeisein* to be one of the party, to be there (too); *~ d. heutigen Tage* from this day on (*od* forth); *~ d. Auto* by car; *komm ~!* come along!; **~angeklagter** co-defendant; **~arbeiten** to collaborate; to co-operate with; to assist; to work together; to contribute (*bei* to); **~arbeiter** collaborator; colleague; member of the staff; *(Zeitung)* contributor, correspondent; **~besitzer** joint proprietor; **~bestimmung** co-determination; co-management; **~bestimmungsrecht** right of co-determination; joint labour-management control of industry **~bewerber** competitor; **~bewohner** fellow lodger; coinhabitant; **~bringsel** present; souvenir; **~bürger** fellow citizen; **~einander** with one an-

other, together, jointly; amongst; between; *gut ~einander auskommen* to get along well; **~empfinden** to sympathize with, to feel for; *su* sympathy, fellow-feeling; **~erbe** co-heir; **~essen** to eat (*od* dine) with; **~esser** ⚕ blackhead; **~fahren** to ride with; *(per Anhalter)* to hitchhike; *~fahren lassen* to give s-b a lift; **~geben** to give, to give along with, to give as dowry; **~gefühl** sympathy, fellow-feeling; **~gehen** to go (along) with: to accompany ♦ *~gehen lassen* to walk off with, to pinch; **~gift** dowry, dot, marriage-portion; **~giftjäger** fortune-hunter; **~glied** member; **~gliedsbeitrag** membership fee, subscription; **~gliedschaft** membership; **~gliedsstaat** member state (*od* country, nation); **~haftung** joint liability; **~halten** *vt* to share; *vi* to take part (in); to be there; **~hilfe** assistance, co-operation; **~hin** consequently, therefore; **~kämpfer** fellow combatant; fellow soldier; **~kommen** to come along with, to accompany; *fig* to be able to follow, to keep up with; **~kriegen** *fig* to catch; **~läufer** *(Partei)* nominal member, follower; *(Sympathisierender)* fellow traveller: *(Opportunist)* time-server, trimmer; **~laut** consonant; **~leid** sympathy; pity; *(Gnade)* mercy; **~leidenschaft:** *in ~leidenschaft ziehen* to affect, to involve; **~leidig** pitiful, compassionate; **~leidslos** pitiless, ruthless; **~machen** to take part in, to join in; to keep up (with), to keep pace (with); *(Mode)* to follow; *(leiden)* to go through; **~mensch** fellow creature; **~nehmen** to take with one, to take along with; *(Auto)* to give s-b a lift; *(beanspruchen)* to exhaust, to wear out; *fig* to profit (by); **~nichten** by no means; **~reißen** to tear (*od* to drag) along; *fig* to carry (with), to sweep along; **~samt** together with; **~schuldig** partly responsible; implicated (in); **~schuldiger** accomplice, accessory; **~schuldner** joint debtor; **~schüler** fellow pupil, schoolfellow; **~spielen** to join in with; ♪ to accompany; *fig* to play a part; to take part; *j-m übel ~spielen* to play s-b a nasty trick; **~spieler** participant; **~sprechen** to join in; to come into consideration

Mittag midday, noon; *(Süden)* south; *(Mahlzeit)* lunch, dinner; *zu ~ essen* to lunch, to dine; **~essen** lunch, dinner; **⁓ig, ⁓lich** noonday, midday; meridional, southern; **~s** at noon; at lunch-time; **~spause** lunch hour; **~stisch** table; lunch, dinner

Mit|te middle, midst; *(Punkt)* centre; *math* mean, medium; *~te Vierzig* in the middle forties; *d. goldene ~te* the golden mean, the middle course; *in d. ~te nehmen* to take between; *in d. ~te* in the middle, amidst; **~teilen** to inform (of), to impart, to pass on, to tell, to break; *(amtlich)* to communicate, to notify; *refl* to unbosom oneself; **~teilsam** communicative; **~teilung** information, communication; bulletin; notice; notification; intelligence, news

Mittel means, expedient, way; *(Heilmittel)* remedy, medicine; *(Durchschnitt)* average; *math* mean; *phys* medium; *(Geld)* means, funds, money; *~ u. Wege* ways and means, some way (of doing); *s. ins ~ legen* to mediate, to intervene; *ihre eigenen ~* their own resources; *~ zum Leben* means of life; *~ zum Zweck* means to an end; *bloßes ~ zum Zweck* stepping-stone; *andere ~ anwenden* to change one's tactics, to adopt a new policy; *adj* middle, medium; middle-sized, middling; average; *(in Zssg)* mid-, middle, median; **~alter** Middle Ages; **~alterlich** medieval; **~bar** indirect, mediate; **~betrieb** medium-sized enterprise; **~ding** intermediate thing, s-th between ... and ...; **~ernte** average crop; **~finger** middle finger; **~fristig** medium-term; **~gewicht** medium weight; **~groß** of medium height; medium-sized; **~hochdeutsch** Middle High German; **~ländisch** Mediterranean; **~läufer** ⚽ centre half back; **~los** without means, destitute; poor; *~los dastehen* to be stranded; **~mächte** the Central (European) Powers; **~mäßig** mediocre, middling; of medium quality; fair; average; **~mäßigkeit** mediocrity; **~meer** Mediterranean; **~ohrentzündung** otitis media; **~parteien** centre (*od* moderate) parties; **~punkt** centre; *in d. ~punkt stellen* to centre; **~s** by means of; through; by; **~schule** central school; *(Deutschland)* lower-grade secondary school; **~smann** mediator, go-between; middleman; intermediary; ⚽ umpire; **~stand** middle classes; small-sized industry and craftsmen; **~ständisch** middle-class; small and medium-sized; **~stürmer** centre forward; **~weg** middle course; compromise, mean; *d. ~weg finden* to strike a balance (between); **~welle** 📻 medium wave; **~wert** mean value, average

mitten midway; in the middle of, amidst; in the centre of; *~ in, auf, unter* in the midst (*od* middle) of; *~ am Tage* in broad daylight; **~drin** right in the middle (of); **~durch** right through, right across, through the middle

Mitternacht midnight; *(Richtung)* north; *um ~* at midnight; **⁓ig, ⁓lich** midnight; northern

mittler middle, central; *(mittelmäßig)* mediocre, middling; *(durchschnittlich)* average, medium; *math* middle, mean; *su* mediator, intercessor; third party; *~en Alters* middle-aged; *~e Abweichung* standard deviation; *~e Qualität* middling (fair, average) quality; **~weile** meanwhile, (in the) meantime

mittschiffs amidships

Mittwoch Wednesday

mit|unter sometimes, now and then; **~verdienen:** *~verdienende Ehefrau* wife earning a wage (*od* salary); **~welt** the present generation; our age; our contemporaries; **~wirken** to take part (in); to co-operate; **~wirkende** ♪ players; 🎭, 🎬 actors, the cast; **~wirkung** co-operation, assistance; **~wissen** (joint) knowledge; **~wisser** one on the secret, confidant; accessory; **~wisserschaft** complicity; collusion

Mixtur mixture

Möbel piece of furniture; furniture; **~händler** furniture dealer; **~kattun** chintz; **~spediteur**

removal contractor, furniture remover; **~speicher** furniture repository; **~tischler** cabinet-maker, joiner; **~wagen** removal (*od* furniture) van, *BE* pantechnicon
mobil mobile; active, nimble; **~iar** furniture; movables; **~ien** movables; **~isation, ~machung** mobilization; **~isieren** to mobilize; *fig* to marshal
möblier|en to furnish; *~tes Zimmer* furnished room
Modalität method; procedure; proviso
Mode fashion, mode, vogue; *(Brauch)* use, custom; *in ~* in fashion, in vogue; *aus d. ~ kommen* to grow out of fashion; *nach d. ~* fashionably; *~ werden* to come into fashion; *d. ~ bestimmen* to set the fashion; **~artikel, ~waren** fancy goods, novelties; **~dame** lady of fashion; **~nschau** fashion show (*od* parade); **~salon** fashion house; **~schöpfer** dress designer; couturier; **~schriftsteller** popular writer; **~schmuck** costume jewellery; **~welt** fashionable world; **~wort** vogue-word; **~zeichnung** fashion plate; **~zeitung** fashion magazine
Modell *(Person)* model; *(Muster)* pattern, design; type; *(Form)* mould; *~ stehen* to pose for an artist; **~ieren** to model, to mould, to fashion; **~kleid** model (dress)
modeln to mould, to form; to modulate
Moder mould; decay; **~geruch** musty smell; **~ig** mouldy, musty; **~n** to moulder; to rot, to decay
modern modern, fashionable; up-to-date, alamode; **~isieren** to modernize, to bring up to date, to streamline
mod|ifizieren to modify, to alter; **~isch** fashionable, stylish, alamode; **~istin** milliner; to modulate; **~us** mode, method; *gram* mood
Mogel|ei cheating; **~n** to cheat
mögen to like, to be fond of; *(wünschen)* to want, to wish, to be inclined; *(Erlaubnis)* to be allowed; may, might; *ich möchte* I should like to; *lieber ~* to prefer, to like better; *ich möchte lieber* I would rather; *d. mag sein* that may be so; *was ich auch tun mag* no matter what I do; *d. mag ich nicht* I don't like that; *ich möchte nicht* I don't want to; *ich möchte wissen* I should like to know; *wie dem auch sein mag* be that as it may; *sie mochte 10 Jahre alt sein* she looked about ten years old
möglich possible; *(durchführbar)* practicable, feasible; *(wahrscheinlich)* likely; *alles ~e* all sorts of things, everything one can think of; everything possible; *es ist ihr nicht ~* she can't possibly (do that); *nicht ~!* it can't be!; not really!; *sein ~stes tun* to do one's utmost; *~st schnell* as quickly as possible; **~enfalls, ~erweise** possibly, if possible; perhaps; **~keit** possibility, chance; *(Durchführbarkeit)* practicability, feasibility; *(Kraft)* potentiality
Mohn poppy; **~samen** poppy-seed
Mohr moor, darky, blackamoor; *fem* negress; **~enwäsche** *fig* attempting the impossible; **~rübe** carrot
Moir|é moiré; **~ieren** to moiré, to water
mok|ant mocking; **~ieren** *refl* to mock, to sneer at
Mokka Mocha (coffee); **~tasse** demitasse
Molch newt, salamander
Mole mole, pier, jetty; **~nkopf** pier head
Molekül molecule
Molke whey; **~rei** dairy; **~reiprodukte** dairy products
Moll ♪ minor (key); **~ig** cosy, snug; cuddly; *(weich)* soft; *(rundlich)* rounded; **~uske** mollusc, *US* mollusk
Moloch juggernaut; *fig* maelstrom
Moment moment, instant; ✡ momentum; *(Antrieb)* impulse, impetus; *(Anlaß)* motive; *(Merkmal)* feature, main point; *(Faktor)* fact, factor; **~an** momentary, temporary; *adv* just now; **~aufnahme** instantaneous photograph, snapshot
Monarch monarch; **~ie** monarchy; **~isch** monarchical; **~ist** monarchist
Monat month; **~elang** for months; of months' duration; **~lich** monthly; **~sabschluß** monthly balance; **~sausweis** monthly return; **~sfluß** menstruation, period; menses; **~skarte** monthly season-ticket; **~sschrift** monthly magazine; monthly (publication); **~swechsel** monthly allowance
Mönch monk, friar; **~isch** monastic, monkish; **~sleben** monastic life; **~stum** monasticism; **~szelle** friar's cell
Mond moon (*zunehmender ~* increasing m.; *abnehmender ~* waning m.); *astr* satellite; *poet* month ♦ *hinter d. ~ wohnen* to be behind the times; *auf d. ~ leben* to live in a dreamworld; **~finsternis** eclipse of the moon; **~gebirge** mountains of the moon; **~hell** moonlit; **~hof** halo round the moon; lunar aurora; **~kalb** moon-calf; *fig* ugly (*od* stupid) person; **~scheibe** disk of the moon; **~schein** moonlight; **~sichel** crescent (moon); **~stein** moonstone; **~süchtig** somnambulistic
Moneten money, *umg* tin, *sl* brass, *US sl* dough
monieren to censure, to criticize; to give a reminder (*od* warning)
Mono|gamie monogamy; **~gramm** monogram; **~kel** monocle; **~log** monologue, soliloquy; **~pol** monopoly; **~polisieren** to monopolize; **~theismus** monotheism; **~ton** monotonous; **~tonie** monotony
Monstranz monstrance
monstr|ös monstrous; **~um** monster; freak
Monsun monsoon
Montag Monday
Mont|age setting up, fitting; erection; assembly, assembling; **~agehalle** erecting shop, assembling shop (*od* hall); **~agezeichnung** assembly drawing; **~eur** fitter; mechanic; assembly worker; **~ieren** to erect; to set up; to assemble; to fit; **~ierung** setting-up; mounting, erection; **~ur** uniform
Montan|industrie coal, iron and steel industries; **~union** the European Coal and Steel Community, Coal and Steel Pool

Monument monument; **~al** monumental; **~albau** monumental structure
Moor bog, swamp; **~bad** mud-bath; **~boden** marshy soil; **~ig** marshy; boggy; **~see** moorland lake
Moos moss; **~beere** cranberry; **~ig** mossy
Mop mop; **~pen** to mop
Moped moped
Mops pug; **~en** to pinch; to fidget s-b; *refl* to be bored; to be vexed
Moral *(Lehre)* moral; *(Grundsätze)* morals; *(Zucht)* morale; *(Sittlichkeit)* morality; *u. d. ~ von d. Geschicht'* the moral of the fable is; **~isch** moral; **~isieren** to moralize; **~ität** morality; **~pauke, ~predigt** lecture, severe reprimand
Moräne moraine
Morast morass, marsh, slough, bog; **~ig** marshy, boggy
morbid morbid
Morchel morel, edible fungus
Mord murder, homicide; *e-n ~ begehen* to commit a murder; *es gab ~ u. Totschlag* it ended in bloodshed, it came to blows; **~anschlag** murderous attack; **~brenner** incendiary; **~en** to murder, to kill; to assassinate; *su* murder; massacre; **⁓er** murderer; assassin; **⁓ergrube:** *aus seinem Herzen keine ⁓ergrube machen* to be very outspoken; **⁓erin** murderess; **⁓erisch** murderous, bloody; **⁓erlich** fearful, terrible; **~gierig, ~lustig** bloodthirsty; **~kommission** homicide squad; **~sangst** blue funk; **~shunger:** *~shunger haben* to be ravenously hungry; **~skerl** strapping fellow; devil of a fellow; stunner; **~smäßig** awful, terrific; **~sspektakel** fearful, din, hullabaloo; **~versuch** attempt to (commit) murder
Mores: *~ lehren* to teach (s-b) manners
Morgen morning; *(Tagesanbruch)* dawn, daybreak; *(Vormittag)* forenoon; *(Maß)* acre; *(Osten)* east; *(Zukunft)* morrow; *(des) ~s* in the morning; *früh ~s* early in the morning; *heute ~* this morning; *guten ~!* good morning!; *~ adv* tomorrow; *~ früh* tomorrow morning; *~ in 8 Tagen* tomorrow week, a week from tomorrow; **~dlich** morning, matutinal; **~gabe** bridegroom's gift to bride; **~grauen** dawn (of day), break of day; **~gruß** morning salute; **~land** the East, the Orient; **~ländisch** eastern, oriental; **~luft** morning breeze ♦ *~luft wittern* to scent an advantage; **~post** first mail; morning post; **~rock** dressing-gown, housecoat, peignoir; **~rot** dawn, red morning-sky; *poet* aurora; **~stunde** morning hour ♦ *~stunde hat Gold im Munde* it's the early bird that catches the worm; **~tau** morning dew
morgig of tomorrow, next (day)
Morphi|nist morphinist morphine addict; **~um** morphia, morphine; **~umspritze** morphia injection
morsch rotten, decayed; ramshackle; *~es Eis* soft ice
Mörser mortar; *mil* mortar; heavy howitzer; **~keule** pestle
morse|n to Morse; **~schrift** Morse code; **~zeichen** Morse signal
Mörtel mortar; *mit ~ bewerfen* to plaster, to rough-cast; **~n** to (join with) mortar
Mosaik mosaic; **~fußboden** mosaic floor
Moschee mosque
Moschus musk; **~tier** musk-deer
Moskito (tropical) mosquito
Most must, new wine; *(Apfel)* cider; **~rich** mustard
Motel motel, *BE a.* motor inn
Motiv *(Beweggrund)* motive; *(Kunst)* motif, theme; **~ieren** to motivate
Motor ϟ motor; *(Verbrennungs-)* engine; *mit laufendem ~* engine on; *mit abgestelltem ~* engine off; **~boot** motor boat; **~endrehzahl** engine speed; **~gondel** ✈ engine nacelle; **~haube** *BE* bonnet, *US* hood; ✈ cowl(ing); **~isieren** to motorize; *mil* to mechanize; **~jacht** motor yacht; **~rad** motor-cycle, *umg* motorbike; **~roller** (motor) scooter; **~schaden** engine trouble, engine failure, engine defect; **~schlepper** traction engine; **~störung** engine trouble; **~wagen** motor car, trolley car
Motte moth; flighty girl; **~nfraß** damage done by moths; **~nmittel** mothproofer; **~npulver** moth-powder, insecticide; **~nzerfressen** moth-eaten
moussieren to effervesce, to sparkle
Möwe sea-gull, mew
Mucke whim, caprice; mood
Mücke midge, gnat; *(Stechmücke)* mosquito ♦ *aus e-r ~ e-n Elefanten machen* to make a mountain out of a molehill; **~nstich** midge-bite, gnat-bite
muck|en to stir (faintly); *fig* to be up in arms; **~er** hypocrite, bigot; **~ertum** bigotry, cant; **~s:** *k-n (nicht) ~s sagen* not to say a word; **~sen** to stir (faintly)
müd|e tired, weary; *(erschöpft)* exhausted, worn-out; *~e werden* to tire, to get tired; **~igkeit** tiredness, weariness, fatigue
Muff muff; *(Geruch)* musty (*od* mouldy) smell; **~e** ⚙ sleeve, socket; coupling (-box); **~el** ⚙ muffle; *fig* snout; **~elofen** muffle furnace; **~ig** musty, fusty, mouldy; **~lig** sulky, cross
Müh|e trouble, pains; *(Anstrengung)* toil, labour, effort; *(Verdruß)* bother; *s. ~e geben* to take pains; *~e machen* to give trouble; *nicht d. ~e wert* not worth while (*od* the trouble); *s. d. ~ machen* to take the trouble to; *der ~ wert* worth the trouble; *mit ~ u. Not* barely, with difficulty, only just; *keine ~e scheuen* to grudge no pains; **~elos** easy, effortless; **~en** *refl* to take pains (*od* trouble); **~evoll** laborious, difficult, irksome; **~sal** trouble, toil; *(Not)* distress; *(Ungemach)* hardship; **~sam, ~selig** troublesome, difficult, intricate; *(schwer)* hard
muhen to low
Mühl|e mill; windmill; *(altes Auto) umg* bus, *(Rad)* machine ♦ *d. ist Wasser auf seine ~e* that's grist to his mill; **~enflügel** sail of a windmill; **~rad** millwheel; **~stein** millstone

Muhme aunt; female relative
Mulatt|e, in mulatto
Mulde tray, trough; *(im Gelände)* valley, hollow, depression
Mull mull, (fine) muslin; **~binde** (gauze) bandage
Müll dust, rubbish, garbage, refuse; **~abfuhr** *BE* refuse collection *US* garbage dispolsal; = ~ wagen; **~eimer** *BE* waste bin, *US* trash bin; **~grube** ash-pit; **~haufen** rubbish-heap; dump; **~kutscher** *BE* dustman, *US* ash-man; **~tonne** *BE* dustbin, *US* garbage can; **~wagen** *BE* dustcart, garbage truck
Müller miller; **~in** miller's wife
mulmig rotten *(a. fig)*, worm-eaten; *fig* precarious
Multipli|kation multiplication; **~kator** multiplier; **~zieren** to multiply
Mumi|e mummy; **~fizieren** to mummify
Mumm gut, spunk; *er hat keinen ~ in d. Knochen* he has no guts, he wouldn't say boo to a goose; **~elgreis** geezer, old fogey
Mummenschanz masquerade
Mumpitz bosh, stuff, fiddlesticks, bunk
Mund mouth; *d. ~ halten* to hold one's tongue, *umg* to shut up; *reinen ~ halten* to keep s-th a secret ♦ *d. ~ vollnehmen* to talk big, to brag; *s. d. ~ verbrennen* to put one's foot in it; *nicht auf d. ~ gefallen sein* to have a ready tongue; *kein Blatt vor d. ~ nehmen* not to mince (any) words; *über d. ~ fahren* to cut short; *j-m d. ~ wässerig machen* to make s-b's mouth water; *nach d. ~e reden* to flatter; **~art** dialect; **~artlich** dialectical, provincial; **~en** to taste good, to be appetizing; **~faul** too lazy to talk; taciturn; tongue-tied; **~fäule** thrush, stomatitis; **~gerecht** easy, palatable; **~geruch** bad breath; **~harmonika** mouth-organ; **~höhle** oral cavity; **~raub** theft of comestibles; **~schenk** cup-bearer; **~sperre** lockjaw; **~stück** mouthpiece; *(Zigarette)* tip; *mit ~stück* corktipped; **~tot**: *~tot machen* to (reduce to) silence, to gag; **~voll** mouthful; **~vorrat** victuals, provisions; **~wasser** mouth-wash, gargle; **~werk** glib tongue, the gift of the gab; *e. loses ~werk haben* to have a sharp tongue; **~winkel** corner of the mouth
Münd|el ward; minor; **~elgelder** trust moneys; **~elsicher** gilt-edged; absolutely safe; **~en** to flow (into), to run (into); **~ig** of age; *~ig werden* to come of age; *~ig sein* to be of age; **~igkeit** majority, full age; **~lich** verbal; *(Examen)* oral; *adv* by word of mouth; **~ung** mouth; *(Meeresbucht)* estuary; *(Gewehr)* muzzle
Munition ammunition; **~slager** ammunition dump; **~swagen** ammunition car(rier)
munkeln to whisper
Münster minster, cathedral
munter alive, lively, gay, blithe; *(wach)* wide awake; **~keit** liveliness, gaiety
Münz|e coin; *(Denk-)* medal; *(Stätte)* mint; *umg* bit ♦ *für bare ~e nehmen* to take words at their face value, to believe implicitly; *mit gleicher ~e heimzahlen* to pay s-b (back) in his own coin; **~einheit** monetary unit; standard of currency; **~en** to coin, to mint coin; *gemünzt sein auf* to be meant for, to be aimed at; **~fälscher** coiner, forger; **~fälschung** forging of coin; **~fernsprecher** coin-box telephone, pay phone, **~fuß** standard (of coinage); **~kunde** numismatics; **~stempel** die; **~vergehen** offence against the coinage
mürbe *(Teig)* short, crips; *(brüchig)* brittle; *(zart)* tender, soft; *(reif)* mellow; *fig* worn-down, unnerved; down and out; *~ machen* to break s-b's spirit; *mil* to soften up; *~ werden* to give in; **~kuchen** shortcake; **~teig** shortbread, (short) pastry
Mure landslip
Murmel (toy) marble; **~n** to mumble, to murmur; *su* murmur; **~tier** marmot, *(Wald-)* woodchuck ♦ *wie e. ~tier schlafen* to sleep like a top (*od* dormouse)
murren to murmur, to grumble
mürrisch gloomy; sullen, surly, morose
Mus purée; *(Obst)* stewed fruit, jam
Muschel *zool* mussel, scallop; *(Schale)* shell; conch; ☎ ear-piece; *(Ohr)* auricle, external ear; **~kalk** shell lime (-stone)
Muse muse; **~nsohn** *poet* university student; **~um** museum
Musik music; *(Kapelle)* band; **~alienhandlung** music shop; **~alisch** musical; *~alisch sein* to be musical, to have a gift for music; **~alität** musicality; **~ant** musician; fiddler, piper; **~antenknochen** funny-bone, *US* crazy bone; **~automat** juke-box, **~er** musician; *(einer Kapelle)* bandsman; **~hochschule** academy of music, conservatory; **~korps** band; **~lehrer** music-master; **~pavillon** bandstand; **~truhe** *BE* radiogram, *US* radiophonograph; **~verleger** music publisher
musizier|en to play; to have music; to make music; *es wurde ~t* there was some music
Muskat *(~blüte)* mace; *(~nuß)* nutmeg; **~eller** muscatel (wine)
Muskel muscle; **~band** ligament; **~faser** muscular fibre; **~fleisch** brawn; **~kater** stiffness and soreness, *US umg* charley horse; **~kraft** muscular strength; **~krampf** crick; **~zerrung** sprained muscle
Musket|e musket; **~ier** musketeer
Muskul|atur muscular system; **~ös** muscular; beefy, brawny; *(sehnig)* sinewy
Muße leisure; *(Freizeit)* spare time; *mit ~* at one's leisure, in a leisurely way; **~stunde** leisure-hour; *in ~stunden* during one's spare hours
Musselin muslin
müssen must; to have (to do), to be obliged (to do); *(gezwungen)* to be forced (*od* compelled, constrained) (to do); to be bound (to do); *ich muß* I must; *sie muß fort sein* I suppose she is gone; *ich muß lachen, wenn* I cannot help laughing when; *d. muß erst noch kommen* that is yet to come; *Sie ~ es nicht tun* you need not (*od* you don't have to, there is no

need for you to) do it; *es mußte s. gerade so fügen, daß* ... chance would have it that ...; *d. Krieg mußte kommen* the war was bound to come; *du hättest pünktlicher sein* ~ you ought to have been more punctual; *es muß einfach* ... it cannot but ...

müßig idle, unemployed; **~gang** idleness, laziness; **~gänger** idler, loafer

Muster model, specimen; *(Vorbild)* example, paragon; *(Zeichnung)* design, pattern; *(Probe)* sample; specimen; ~ *ohne Wert* sample; **~betrieb** model factory; ⚘ model farm; **~brief** specimen letter; **~entwerfer** commercial artist; **~gatte** model husband; **~gültig, ~haft** model, exemplary, perfect; **~karte** pattern card, sample book; **~klammer** paper-fastener; **~knabe** prig, model boy; **~koffer** box of samples, sample-bag; **~n** *(prüfen)* to examine; *mil* to review, to inspect; *(Stoffe)* to figure, to pattern; *(Papier)* to emboss; *j-n von oben bis unten ~n* to look s-b up and down; *gemustert* figured, fancy; **~prozeß** ⚖ test case; **~schule** model school; **~schutz** protection of registered designs; **~schutzgesetz** Copyright in Designs Act; **~ung** examination; *mil* review, inspection; muster; pattern, design; **~zeichner** designer, draftsman

Mut courage; *(seelisch)* fortitude; *(Schneid)* pluck; *(Ausdauer)* endurance, *sl* guts; *(Stimmung)* mood, state of mind; ~ *fassen* to summon up courage, to take heart; ~ *machen* to encourage; *guten ~ es sein* to be of good cheer; to be full of hope; *ihm sank d.* ~ his heart failed him; **~̈chen**: *sein ~̈chen kühlen* to vent one's anger (on); **~ig** brave, courageous; **~los** despondent, discouraged; **~losigkeit** despondency, discouragement; **~maßen** to suppose, to guess, to surmise, to conjecture; **~maßlich** conjectural, probable, presumable; **~maßung** surmise, conjecture; *(Verdacht)* suspicion; *d. sind alles nur ~maßungen* that is all guesswork; **~wille** wantonness, mischievousness; **~willig** mischievous, roguish; malevolent, wanton

Mutter mother; *(Tier)* dam; ⚙ nut, female screw; *d. ~ Gottes* Our Blessed Lady, the Virgin Mary; **~boden, ~erde** native soil; *(Krume)* to soil; **~gesellschaft** parent company; **~korn** ergot; **~kuchen** placenta; **~land** mother country; **~leib** womb; *vom ~leibe an* from birth; **~mal** birth-mark, mole; **~mord** matricide; **~schaf** ewe; **~schaft** motherhood; maternity; **~schlüssel** wrench, spanner; **~schwein** sow; **~seelenallein** all alone; **~söhnchen** mother's pet, *umg* milk-sop; **~sprache** mother tongue; **~tag** Mother's Day; **~tier** dam; **~witz** mother-wit, common sense

Mütter|beratungsstelle maternity centre; baby clinic; **~chen** little mother; little old woman; **~heim** convalescent home for mothers; **~lich** motherly, maternal; **~licherseits** on one's mother's side; **~- und Säuglingsheim** maternity hospital

Mutung claim, demand

Mütze cap; **~nschirm** peak of a cap, shade of a cap

Myrrhe myrrh

Myrte myrtle; **~nkranz** myrtle-wreath

myst|eriös mysterious; **~erium** mystery; **~ifizieren** to mystify; **~ik** mysticism; **~iker** mystic; **~isch** mystic(al)

Myth|e myth, fable; **~isch** mythical; **~ologie** mythology; **~ologisch** mythological

N

N (the letter) N

na! well!; why!; come now!; *~nu!* well, I never! ~ *warte!* just you wait!; ~ *wenn schon!* so what!

Nabe nave, hub

Nabel navel, umbilicus; **~bruch** umbilical hernia; **~schnur** umbilical cord, navel-string

nach to, towards, for, at; *(Reihe, Zeit)* after, past, on, behind; *(gemäß)* according to, as regards, by, from; along; *d. Zug ~ London* the train for London; *e-r ~ d. andern* one by one, one after the other; *(e.) Viertel ~ 8* a quarter past eight; ~ *Empfang* on receipt; *er kam ~ mir* he was behind me; ~ *u.* ~ gradually, bit by bit; ~ *wie vor* still, as usual, as (much as) ever; ... *ist ~ wie vor* ... continues to be, is still; *allem Anschein* ~ to all appearances; ~ *d. Natur malen* to paint from nature; *urteilen* ~ to judge from, by; *d. Namen ~ kennen* to know by name; ~ *meiner Uhr* by my watch; *meiner Meinung* ~ in my opinion; ~ *etw schmecken* to taste of s-th; *es sieht ~ Regen aus* it looks like rain; ~ *Hause* home

nachäffen to ape, to mimic

nachahm|en to imitate, to copy; *j-n ~en* to take a leaf out of s-b's book; **~enswert** worthy of imitation, worth imitating; **~er** imitator; **~ung** imitation; *(Fälschung)* forgery; **~ungstrieb** imitative instinct

nacharten to resemble, to take after

Nachbar neighbour; **~haus** neighbouring house; *im ~haus* next door; **~lich** neighbourly; **~schaft** neighbourhood; vicinity

nach|bestellen to order some more; to place repeat orders; **~bestellung** repeat order; **~beten** *fig* to repeat mechanically; **~bilden** to copy; to imitate; to reproduce; **~bildung** copy, imitation; replica; **~bleiben** to remain behind, to be left; *(nachhinken)* to lag; *~bleiben müssen* to be kept in; **~blicken** to look (*od* gaze) after; **~datieren** to postdate

nachdem after; *adv* afterwards; *je* ~ according as, it depends

nach|denken to reflect (on), to meditate (on), to think (over, about), to cogitate; *su* reflection, meditation; **~denklich** thoughtful, pensive, meditative; **~dichtung** free version; paraphrase; imitation; **~drängen** to crowd after, to press after; **~dringen** to pursue (after)

Nachdruck stress, emphasis, force; 🕮 reprint(ing), reproduction; *(unerlaubt)* piracy,

plagiarism; pirated edition; *mit ~* emphatically; *~ verboten* all rights reserved; **~en** to reprint; *(unerlaubt)* to pirate; **~srecht** copyright; **~svoll, ⁓lich** emphatic; strong; forcible
nach|dunkeln to deepen, to darken (subsequently); *(Färberei)* to sadden; **~eifern** to emulate; to take a leaf out of s-b's book; **~eiferung** emulation; **~eilen** to hasten after; **~einander** after each other, successively; *4 Tage ~einander* on four days running; **~empfinden** to sympathize with, to feel for
Nachen boat, skiff; *(flach)* skuller, punt
Nach|erbe next heir; **~ernte** second crop; aftermath, gleaning; **~erzählen** to repeat; to reproduce; **~erzählung** reproduction; **~fahre** descendant; **~fahren** to drive after; to follow; **~feier** later (*od* extra) celebration
Nachfolge succession; **~n** to succeed, to follow; **~nd** following, subsequent; *im ~nden* hereafter; **~r** successor
Nach|forderung extra charge; additional claim; **~forschen** to inquire into; to investigate; to search for; **~forschung** investigation; inquiry; research; **~frage** inquiry; *(Waren-)* demand; requirements; *d. Gesetz von Angebot u. ~frage* the law of supply and demand; **~fragen** to inquire (about, after), to ask after; to demand; **~fühlen** to feel for, to sympathize with; **~füllen** to fill up, to replenish; 🚗 to top up; to refuel; **~geben** to give in, to yield; to give way; *(Kurse)* to decline, to slacken; *j-m nichts ~geben* to be in no way inferior to s-b; **~geboren** posthumous; **~gebühr** 📯 excess postage, surcharge; **~geburt** after-birth; **~gehen** to follow; *(Sache)* to investigate, to inquire into; *(Spur)* to trace; *(Geschäften)* to pursue, to attend to; *(Uhr)* to lose, to be slow; **~gerade** gradually; by this time, by now; after all; **~geschmack** aftertaste; **~gewiesenermaßen** as has been proved; **~giebig** indulgent, easy-going, obliging, acquiescent; *(elastisch)* flexible, ductile; pliable; **~giebigkeit** indulgence; tractability; softness; **~grübeln** to ponder (over), to brood; **~hall** echo; resonance; **~hallen** to echo, to resound; **~haltig** lasting; durable; *(wirksam)* effective; *(hartnäckig)* persistent; *(Interesse)* unremitting; **~hängen** to give way to, to be addicted to; *Gedanken ~hängen* to muse; **~heizen** to put on coal; to make up the fire; **~helfen** to assist; to lend s-b a (helping) hand; **~her** afterwards; later; *bis ~her!* so long!, see you later!; **~herig** subsequent, later; **~hilfe** help, aid; *(Schule)* coaching; **~hilfestunde** private lesson; **~hinken** to lag behind; **~holbedarf** backlog demand; **~holen** to make up for; to recover; *(Stunde)* to take later; **~hut** rear-guard; **~jagen** to pursue, to chase; **~klang** echo; *fig* reminiscence; *(Wirkung)* after-affect; **~komme** descendant, offspring; **~kommen** to come later, to follow on; *(Schritt halten)* to keep up (with); *fig* to comply with, to fulfil; to meet; **~kommenschaft** posterity, descendants, issue, progeny; **~kömmling** descendant; **~kriegs-** postwar ...; **~kur** after-treatment
Nachlaß estate, assets, inheritance; *(Strafe)* remission; *(Preis)* reduction; allowance; discount; **~verwalter** executor
nachlass|en to leave; *(Preis)* to reduce; *(Strafe)* to remit; *(vermindern)* to diminish, to abate, to grow less; *(aufhören)* to stop, to cease; *(Metall)* to temper, to anneal; *(entspannen)* to slacken; *(in d. Arbeit)* to fall off (in); **~enschaft** estate, inheritance; **⁓ig** careless, negligent; **⁓igkeit** carelessness, negligence
nachlaufen to run after; ⚙ to lag
nach|leben to live up to; *su* after-life; **~legen** to put on more coal, to make up the fire; **~lese** gleaning; *lit* supplement; **~lesen** to glean; *(Buch)* to read (again); to look up (a passage); **~liefern** to deliver later (*od* subsequently); **~lieferung** subsequent delivery; **~lösen** 🚆 to pay the additional fare, to buy a ticket en route; **~machen** to imitate; *(parodieren)* to mimic; *(zweites Exemplar)* to copy, to duplicate; *d. soll mir j-d ~machen* I'd like to see anybody else do that; **~malig** subsequent; **~mals** subsequently, afterwards; **~mittag** afternoon; *heute ~mittag* this afternoon; **~mittags** in the afternoon; **~mittagskleid** afternoon dress, tea-gown; **~mittagsvorstellung** matinée; **~nahme** cash on delivery, C.O.D.; *per ~nahme schicken* to send C.O.D.; **~nahmetelegramm** collect telegram; **~name** surname, family name, *US* last name; **~plappern** to repeat mechanically; to parrot; **~porto** excess postage, surcharge; **~prüfen** to examine, to check; to verify; to test; to make sure; **~prüfung** checking; verification; testing; inspection; **~rechnen** to check, to audit, to go over the figures; **~rede** epilogue; *(üble)* slander; *(Klatsch)* gossip; **~reden** *(schlecht)* to speak ill of; to slander; *(wiederholen)* to repeat
Nachricht news; tidings; *(Auskunft)* information; *(Bericht)* report, account; *mil* intelligence; *(Meldung etc)* advice; **~enagentur** news agency; **~endienst** news service; *mil* intelligence service; signals service; **~ensendung** 📻 newscast; news report; **~ensprecher** newsreader; **~enübermittlung** communications; transmission of intelligence; **~enwesen** communications (system); **~lich** for information
nach|rücken to move forward; to follow; to move up; **~ruf** obituary (notice); **~ruhm** posthumous fame; **~rühmen** to say in praise of (*od* to one's credit); **~sagen** to repeat mechanically; to speak of; **~saison** off-season; **~satz** postscript; *gram* final clause; minor proposition (*od* term); **~schicken** 📯 to forward; to send after; **~schlagen** to look up (*etw* s-th); to consult (a book); **~schlagewerk** reference book; **~schleichen** to creep after; **~schleppen** to drag after, to trail after; ⚓, 🚗 to tow; **~schlüssel** master-key, false key; *(Dietrich)* skeleton-key; **~schmecken** to leave a taste (of); **~schreiben** to copy; to take down; **~schrift** *(Abschrift)* copy, transcript; *(Brief)* postscript; *(Notizen)* notes; **~schub** *mil* reinforcements; reserves; supply, flow of supplies; **~sehen** to

gaze (*j-m* after s-b); *(sorgen)* to look after; *(prüfen)* to revise, to check, to examine; *(s. informieren)* to look up, to see (whether), to have a look (at); *(Maschinen)* to overhaul; *(entschuldigen)* to excuse, to condone, to overlook; *d. ~sehen haben* to be left behind (*od* holding the baby), to go empty-handed, to have one's trouble for nothing; **~senden** to send after; 📯 to redirect, to forward; *bitte ~senden* please forward (to); **~setzen** *vt* to think less of, to set aside; *vi* to hunt after, to pursue

Nachsicht indulgence; forbearance, leniency; *~ haben mit* to have patience with; **~ig, ~svoll** indulgent, lenient

Nach|silbe suffix; affix; **~sinnen** to muse, to meditate (on); to reflect (on); **~sitzen** to be kept in; *su* detention; *~sitzen lassen* to keep in; **~sommer** Indian summer, late summer; **~speise** sweet; dessert; **~spiel** 🎭 epilogue; ♪ postlude; *eccl* voluntary; *fig* sequel; **~sprechen** to repeat; **~spüren** to spy after; *(suchen)* to trace, to track s-b

nächst *(Entfernung)* nearest; shortest; closest; *(Reihenfolge)* following, next; *prep* next to, next after; *in d. ~en Zeit* soon, in the near future, shortly; *für d. ~e Zeit* for some time to come, for the time being; *in d. ~en Zukunft* in the visible future; *~en Mittwoch* on Wednesday next; *Mittwoch ~er Woche* Wednesday week, a week on Wednesday; *d. ~en Angehörigen* next of kin; **~beste** second best; **~dem** soon; **~enliebe** charity; love for one's fellow men; **~ens** soon, shortly; **~er** fellow creature, neighbour; **~liegend** nearest

nach|stehen to be inferior to; to make way for; **~stehend** hereafter; following; mentioned below; **~stellen** *vt (Uhr)* to put back; ⚙ to regulate, to adjust; *vi* to pursue, to lie in wait for; **~stellung** pursuit, persecution; **~streben** to strive for, after; to aspire (to); *j-m ~streben* to emulate; **~suchen** *vt* to petition (for), to apply (for); *vi* to search, to look for; **~tanken** to refuel

Nacht night; *(Dunkelheit)* darkness; *bei ~, des ~s* at night; *bei ~ u. Nebel* under cover of darkness; *mit einbrechender ~* at nightfall; *über ~* overnight, during the night; *heute ~* tonight; *über ~ bleiben* to stay the night; *zu ~ essen* to sup; *s. d. ~ um d. Ohren schlagen* to get no sleep; **~asyl** night-shelter, common lodging-house; **ⁿelang** for whole nights; **~essen** supper; **~falter** moth; **~geschirr, ~topf** chamber-pot; **~gleiche** equinox; **~hemd** night-dress, *umg* nightie; *(Herren-)* night-shirt; **ⁿigen** to spend the night; **~jäger** night-fighter; **~lager** night's lodgings, night quarters; **ⁿlich** nightly; nocturnal; **~mahr** nightmare; **~portier** night-porter; **~s** at night, by night; *bis 2 Uhr ~s* till two in the morning; **~schatten** *bot* nightshade; **~schicht** night-shift; **~schlafend**; *zu ~schlafender Zeit* when everyone is asleep; **~seite** *fig* seamy side, dismal side; **~stunde** night-hour; *späte ~stunden* small hours; **~tisch** bed-side table; **~wache** night-watch, vigil; **~wächter** night-watch-man; **~wandeln** to walk in one's sleep; **~wandler** sleep-walker, somnambulist; **~wandlerisch** : *mit ~wandlerischer Sicherheit* infallibly, with absolute certainty; **~zeug** night-clothes; **~zug** night-train

Nachteil disadvantage (*im ~ sein* to be at a d.); drawback; *(Schädigung)* loss, damage, injury; ⚖ damage; detriment, prejudice; *zum ~ von* to the prejudice of; *sehr zum ~von* to the great damage of; **~ig** disadvantageous; prejudicial, detrimental; derogatory

Nachtigall nightingale; **~enschlag** nightingale's song

Nach|tisch dessert; sweets, sweet course; **~tönen** to resound, to echo; **~trab** rear(-guard); **~trag** supplement, addition; addendum; *(Brief)* postscript; *(Testament)* codicil; **~tragen** to carry after; to add; *fig* to bear a grudge against; **~tragend** resentful, vindictive; **~träglich** additional, supplementary, further; *(zeitlich)* later, a posteriori; **~tragszahlung** additional payment; **~trupp** rear-guard; **~tun** to copy, to imitate; to emulate; **~urlaub** additional leave; **~wachsen** to grow again; to grow up; **~wahl** by-election, *US* special election; **~wehen** after-pains; (painful) after-effects; *umg* backwash; **~weinen** to mourn, to bewail; to deplore (s-b); **~weis** evidence, proof; *(Unterlage)* record, list; **~weisbar** demonstrable, evident; **~weisen** to establish, to prove, to demonstrate; *(Arbeit)* to get (work etc) for s-b; *(Anspruch)* to substantiate; **~weislich** demonstrable, evident, authentic; **~welt** posterity; **~winter** second winter; **~wirken** to have an after-effect; to be felt afterwards; **~wirkung** after-effect; **~wort** epilogue; *(Buch)* postscript; **~wuchs** after-crop; the rising generation; *mil* recruits; *(Berufe)* junior staff; 🎭 newcomer; **~wuchskräfte** *(Industrie)* new recruits; fresh generation of workers; **~zahlen** to pay in addition; *(Verkehr)* to pay an additional fare; **~zählen** to count (over) again; to check; **~zahlung** additional payment, late payment; 🚂 excess fare; **~zeichnen** to copy; **~ziehen** *vt* to drag along; *(Striche)* to trace; *(Schraube)* to tighten; *(Augenbrauen)* to pencil; *vi* to follow (along, behind), to march after; **~zügler** late-comer; straggler; delayed case

Nacken nape of the neck, neck; **~schlag** blow from behind; *fig* misfortune; setback

nackt *(Person)* naked, nude; *(Tatsachen, Land, Wände, Körperteile)* bare; 🎨 nude; *fig* plain; *(Vogel)* unfledged; *(Zahlen)* cold; **~heit** nakedness; bareness; **~kultur** nudism

Nadel *(Näh-)* needle: *(Steck-, Haar-)* pin; *(Zeiger)* hand; ♪ needle, stylus; **~arbeit** needlework; **~baum** conifer; **~geräusch** needle scratch; ♪ surface noise; **~hölzer** conifers; **~kissen** pin-cushion; **~öhr** eye of a needle; **~stich** prick; stitch; *fig* pin-prick; **~wald** coniferous forest

Nagel nail; *(Zier-)* stud; *(Teppich-)* tack; *(großer)* spike; *(Holz)* peg ♦ *etw an d. ~ hängen* to give up; *d. ~ auf d. Kopf treffen* to

hit the nail on the head; *auf d. ¨~n brennen* to be urgent; *an d. ¨~n kauen* to bite one's nails; **~bohrer** gimlet; **~bürste** nail-brush; **~feile** nail-file; **~geschwür** whitlow; **~kuppe** head of the nail; **~lack** nail enamel; **~n** to nail; to spike; **~neu** brand-new; **~pflege** manicure; **~schere** nail-scissors
nag|en to gnaw, to nibble; *(zerfressen)* to corrode; to erode, to eat into; *fig* to wear out; to prey (up)on ♦ *am Hungertuch ~en* to be starving; **~er, ~etier** rodent
nah near, close to; close; *(zeitlich)* imminent, approaching; ~ *daran sein* to be about (to do), to be on the point (of doing); **~aufnahme** close-up; **¨~e** nearness; proximity; vicinity; neighbourhood; *in d. ¨~e* near (to), close at hand; *aus nächster ¨~e (beobachten)* (to observe) at close range; **~egehen** to affect, to grieve; **~einstellgerät** 📷 close-up focusing device; **~ekommen** to come near, to approach; to get at; *fig* to approximate; **~elegen** to suggest, to urge upon; **~eliegen** to border on, to be adjacent; *fig* to suggest itself, to be obvious; **~en** to approach, to draw near; *su* approach; **~estehen** to be closely connected with; to be friends with; **~etreten** to come into close contact with; *j-m zu ~e treten* to hurt s-b's feelings; **~kampf** close combat; hand-to-hand fighting; **~verkehr** local traffic; 📯 junction (*od* toll) service; **~verteidigung** close defence; **~ziel** immediate goal (*bzw.* aim)
näh|en to sew, to stitch; ⚕ to suture; **~erei** needlework, sewing; **~erin** needle-woman, seamstress; **~garn** (sewing-)cotton; **~korb** sewing-basket; **~maschine** sewing-machine; **~maschinengarn** twist; **~nadel** needle; **~seide** (sewing-)silk; **~zeug** sewing things
näher nearer, closer (to); *(kürzer)* shorter; more direct; *(vertrauter)* closer, more intimate; *(genauer)* more detailed, further; **~es** details, particulars; *~es bei...* apply to...; **~n** to place near, to bring near; *refl* to approach; to draw near; to get near; **~ungswert** approximate value
Nähr|boden fertile soil; culture medium; **~en** *vt* to nourish, to feed; *(Mutter)* to nurse, to suckle; *fig* to nourish, to cherish, to entertain; *vi* to be nourishing; *refl* to live (on); to maintain o.s.; **~mittel** food, nutriment; *pl* cereal products; **~stand** the peasants; **~wert** nutritive value
nahr|haft nourishing, nutritious, nutritive; *(Mahlzeit)* substantial; *fig* lucrative; **~ung** nourishment, food, *a. fig* aliment; *(Unterhalt)* support, maintenance, sustenance; *(Tiere, umg)* feed; **~ungsaufnahme** absorption of food; **~ungsmittel** food, foodstuffs; victuals; **~ungssorgen** struggle for livelihood
Naht seam *(falsche ~* mock s.); ⚕, *bot* suture; ⚙ join; weld; **~los** seamless; jointless, weldless
naiv naïve, ingenuous, artless, simple; **~ität** naïveté, simplicity
Nam|e name; appellation; *(Ruf)* reputation, character; *d. ~en nach* by name ♦ *d. Kind beim rechten ~en nennen* to call a spade a spade; *mit vollem ~en unterschreiben* to sign in full; *im ~en von* on behalf of; *im ~en d. Gesetzes* in the name of the law; *s. e-n ~en machen* to make a name for o.s.; **~engebung** christening; naming; **~enlos** nameless; *fig* inexpressible, unspeakable; **~ens** named, called, by name of; *(im Auftrag von)* in the name of, on behalf of; **~ensaufruf** roll-call; **~ensfest, ~enstag** Saint's day; name-day; **~ensschild** brass-plate; **~ensvetter** namesake; **~enszug** signature; **~entlich** by name, named; *(besonders)* especially, particularly; **~haft** renowned, well-known; *(beträchtlich)* considerable; *~haft machen* to name, to specify; *(finden)* to find out the name of s-b; to establish the identity of s-b; **¨~lich** same, very; *adv* namely, that is to say, and that is; of course
Napf bowl, basin; **~kuchen** (kind of) sponge-cake, pound-cake
Narb|e scar, ⚕ cicatrice; *bot* stigma; *(Leder)* grain; **~en** to grain; **~ig** scarred; cicatriced; grained
Narde spikenard
Narko|se narcosis, ⚕ anaesthesia; **~searzt** anaesthetist; **~tikum** anaesthetic; **~tisch** narcotic; anaesthetic; **~tisieren** to narcotize; to anaesthetize
Narr fool; buffoon, jester; *j-n zum ~en halten* to make a fool of s-b, to pull s-b's leg ♦ *e-n ~en gefressen haben an* to fall for, to be gone on, to take a great fancy to; **~en** to fool; **~enhaus** madhouse, lunatic asylum; **~enpossen** foolery, tomfoolery, tricks; **~ensicher** foolproof; **~etei** folly, madness; **~heit** foolishness, craziness; **¨~in** fool, foolish woman; **¨~isch** foolish, mad; strange, peculiar
Narzisse narcissus; *gelbe ~* daff(odil)
Nasal(laut) nasal (sound)
nasch|en to nibble; to pilfer; to eat sweets on the sly; **~er** sweet-tooth; **¨~erei** sweets; titbits; eating sweets on the sly; **~haft** sweet-toothed, fond of sweet things; **~werk** sweets; delicacies
Nas|e nose; *(Tier)* snout; *(Geruch)* scent; *fig* rebuke; *vor d. ~e* before one's very eyes; *s. d. ~e putzen* to blow one's nose ♦ *e-e ~e drehen* to make a fool of; *j-m e-e lange ~e machen* to cock a snook at s-b; *j-m auf d. ~e herumtanzen* to do with s-b what one pleases; *s-e ~e in jeden Quark stecken* to poke one's nose in everywhere; *d. ~e ins Buch stecken* to stick to one's books; *zupf dich an d-r eigenen ~e* think of your own failings; *auf d. ~e binden* to tell, to reveal; *auf d. ~liegen* to be laid up; *j-m etw unter d. ~e reiben* to bring s-th home to s-b, to rub it in to s-b; *d. ~e voll haben von* to be fed up with; **¨~eln** to nasalize, to speak through the nose; **~enbein** nasal bone; **~enbluten** nose-bleeding; **~enflügel** side of the nose; **~enlänge:** 🏇 *um e-e ~enlänge schlagen* to nose out; **~enloch** nostril; **~enrücken** bridge of the nose; **~enspitze** tip of the nose; **~enstüber** *fig* snubbing, fillip; **~eweis** cheeky, saucy, pert;

~führen to fool, to dupe, to hoax; **~horn** rhinoceros

naß wet; *(feucht)* damp, moist, humid; *(regnerisch)* rainy; *su* liquid; *poet* drink; rain; water; **~kalt** raw, dampish

Nässe wetness; *(feucht)* dampness; humidity; *vor ~ schützen* to keep dry; **~n** to wet; to moisten

Nation nation; *verbündete ~en* allied nations; **~al** national; **~alhymne** national anthem; **~alisieren** to nationalize; **~alität** nationality; **~alitätenstaat** multinational state; **~alökonomie** political economy; **~alversammlung** national assembly

Natrium sodium; *aus ~ bestehend* sodaic; **~lampe** sodium lamp

Natron soda, sodium hydroxide; *(doppeltkohlensaures)* bicarbonate (of soda), *umg* bicarb; **~haltig** containing soda; **~lauge** soda lye, caustic soda solution; **~salz** sodium salt

Natter adder, viper

Natur nature; *(Körpergestalt)* constitution; *(Veranlagung)* temperament, disposition; *von ~* by nature, inherent; *nach d. ~* from the life, from nature; *e-e starke ~* a strong constitution; *in ~a (bezahlen)* in kind; *wider d. ~* against the grain; **~aleinkommen** income in kind; **~alien** natural produce; fruits of the soil; *(Naturgeschichte)* natural history specimens; **~alisieren** to naturalize; **~alismus** naturalism; **~alistisch** naturalistic; **~alleistung** payment in kind; **~bursche** child of nature; **~ell** nature, disposition, temper; **~ereignis, ~erscheinung** natural phenomenon; **~forscher** scientist; **~gemäß** natural, according to nature; *adv* naturally; **~geschichte** natural history; **~getreu** true to nature, life-like; **~heilkunde** nature cure; **~kunde** natural science; **~lehre** physics; **~notwendigkeit** physical necessity; **~produkt** natural product, native substance; **~schutzgebiet** nature reserve; national park; **~trieb** instinct; **~volk** primitive race; **~widrig** unnatural, abnormal; **~wissenschaft** (natural) science; **~wissenschaftler** scientist; **~wissenschaftlich** scientific; **~wüchsig** natural, original; **~wunder** prodigy; natural wonder

natürlich natural; *(angeboren)* innate; *(Wesen)* genuine, unaffected; *(ungekünstelt)* artless; *adv* certainly; of course; **~keit** naturalness; genuineness, simplicity

Naut|ik nautics, nautical science; navigation; **~isch** nautical

Navig|ationsraum chart-room; **~ator** navigator; **~ieren** to navigate

Nebel fog; *(dünn)* mist, haze; *(Rauch-Dunstglocke)* smog; *(künstlich)* smoke-screen; *fig* veil, mist; **~bank** fog-bank; **~fleck** *astr* nebula; **~haft** foggy; misty, hazy; nebulous, dim; **~ig** foggy; hazy, misty; **~krähe** hooded crow; **~mond** November; **~regen** drizzle; **~scheinwerfer** 🚗 fog lamp; **~schleier** veil of mist; **~schwaden** damp fog; **~werfer** rocket mortar; **~wetter** foggy weather

neben beside, next to, near, close to; *(dazu)* in addition to, besides; *(in Zssg)* accessory, collateral, secondary; **~absicht** secondary objective; **~an** next door; close by; **~anschluß** ϟ shunt; ☎ extension; **~arbeit** extra work; spare-time work; **~ausgaben, ~kosten** petty expenses, incidental expenses; **~bedeutung, ~sinn** connotation; secondary meaning; **~bei** by the way, incidentally; *(außerdem)* besides, moreover; *(räumlich)* adjoining; **~beruf, ~beschäftigung** additional occupation, part-time employment; sideline; avocation; **~beruflich** part-time; **~buhler** rival, competitor; **~buhlerschaft** rivalry; **~bürgschaft** collateral security; **~einander** side by side, abreast, next to each other; *su* co-existence; **~einanderstellung** juxtaposition; **~eingang** side entrance; **~einnahme** additional income, casual earnings; **~erwerb** subsidiary occupation (*od* earnings); perquisite, *umg* perks; side-line; **~erzeugnis** by-product; **~fach** subsidiary subject, *US* minor; *als ~fach haben* to minor in; **~fluß** affluent, tributary; **~frage** side-issue, corollary issue; **~gebäude** adjacent building; annex(e); **~gedanke** mental reservation; secondary thought; **~gelaß** adjoining room, box-room; **~geleise** siding, branch line, *US* side-track; **~geordnet** co-ordinate; **~geräusch** 📻 atmospherics, interference; *(durch Störsender)* jamming; **~geschmack** by-taste, flavour, tang; **~her, ~hin** by the side of, along with; by the way; **~kläger** accessory prosecutor; **~kosten** additional expenses; **~linie** collateral line; 🚂 branch-line; ☎ extension (line); **~mann** man next to one; **~mond** satellite; **~niere** adrenal gland, suprarenal gland; **~person** 🎭 subordinate character (*od* figure); **~produkt** by-product; **~rolle** subordinate part; **~sache** matter of secondary importance; **~sächlich** unimportant, immaterial; **~satz** subordinate clause, dependent clause; **~sender** 📻 relay station, substation; **~stehend** *(Brief)* as per margin; annexed, marginal; **~stelle** ☎ extension; **~straße** side-street, by-street; **~umstände** accidental circumstances; minor details, accessories; **~zimmer** adjoining room

nebst (together) with, along with, besides, in addition to

Necessaire toiletry kit

neck|en to tease, to chaff, to banter; **~erei** chaff, teasing, banter, badinage

Neffe nephew

negativ negative; adverse, unfavourable; *su* negative; *~e Wirkung* harmful effect (on)

Neger negro, coloured man; *(verächtlich)* nigger; **~in** negress

negieren to deny; to answer in the negative

nehmen to take; *(an-)* to accept, to receive; *(weg-)* to take away, to remove; *(ergreifen)* to seize, to capture; *etw zu s. ~* to eat s-th, to have s-th; *es s. nicht ~ lassen* to insist on; *Abschied ~* to say good-bye, to take leave; *etw auf s. ~* to undertake ♦ *auf d. leichte Schulter ~* to make light of; *e. böses Ende ~* to come to a bad end; *d. Mund voll ~* to brag, to boast, to talk big; *kein Blatt vor d. Mund ~* to be plain-spoken, to speak outright (freely); *s. d. Freiheit ~ zu* to take leave (to do s-th); *woher ~ u. nicht stehlen?* where on earth con I get some (*od* it)?; *es genau ~* to be pedantic, to be very particular; *genau-(*od *streng-)genommen* strictly speaking; *im Grunde genommen* generally speaking; *wie man's nimmt!* that depends!

Nehrung (sand) spit

Neid envy, *(Eifersucht)* jealousy; *(Mißgunst)* grudge; *vor ~ platzen (vergehen)* to burst (be eaten up) with envy; **~en** to envy; **~er, ~hammel** envious person, dog in the manger; **~isch** envious, jealous

Neig|e decline; slope; *(Rest)* remnant; *zur ~e gehen* to be on the decline; to come to an end; *bis zur ~e leeren (a. fig)* to drink (*od* to drain) to the dregs; **~en** *vt* to lower, to tilt; *(Kopf)* to bow; *vi* to be inclined (to do), to tend (to do); *refl* to slope, to dip; *(enden)* to draw (to a close); **~ung** declivity, inclination; *(Abhang)* slope; *(Straße,*) gradient, grade, incline; *(Nadel)* dip; *(Hang)* inclination, bent (*zu* for), bias (towards, in favour of), tendency (towards); *(Vorliebe)* preference; *(Zuneigung)* liking (for), inclination; *seiner ~ung folgen* to follow one's bent; **~ungsehe** love match; **~ungswinkel** angle of inclination

nein no; *~ u. abermals ~* a thousand times no; *mit ~ antworten* to answer in the negative

Nektar nectar

Nelke carnation, pink; *(Gewürz)* clove

nenn|en to name, to call; *(be-)* to term; *s. ~en* to be called; *e. Ding beim rechten Namen ~en* to call a spade a spade; **~enswert** worth mentioning; appreciable; **~er** *math* denominator; *auf e-n gemeinsamen ~er bringen* to reduce to a common denominator; **~ung** naming, nomination; entry; **~wert** nominal value; *(Wertpapier)* face value; *zum ~wert* at par; **~wort** noun

neppen to fleece, to gyp

Nerv nerve ♦ *j-m auf d. ~en gehen* to get on s-b's nerves, to drive s-b mad; *er hat d. ~en verloren* his nerves have given out; **~enbahn** nerve tract; **~enbündel** bundle (*od* bag) of nerves; **~enheilanstalt** clinic for nervous diseases, mental hospital; **~enknoten** (nerve) ganglion; **~enkrank** neurotic, neurasthenic; **~enkrieg** war of nerves; **~enschwäche** nervous debility, neurasthenia; **~enstrang** nerve-cord; **~ensystem** nervous system; **~enzelle** nerve cell, neuron; **~ig** nervous; sinewy, pithy; **~ös** nervous, nervy, *sl* jittery, fidgety; *~ös sein* to be jittery, to have (got) the jitters, to be highly strung; *d. macht e-n ~ös (sl)* it gives one the jitters; **~osität** nervousness, jumpiness, restlessness, fidgetiness, *sl* jitters

Nerz mink; **~mantel** mink coat

Nessel nettle; *(Gewebe)* nettle cloth ♦ *s. in d. ~n setzen* to get into hot water; to put one's foot in it; **~fieber** nettle-rash, urticaria; **~tuch** cotton cloth

Nest nest; *(Horst)* aerie; *fig* hole, small provincial town; **~eln** to fasten, to lace up; **~häkchen** pet, baby

nett nice, neat, pretty, canny; kind; **~igkeit** neatness; prettiness; kindness

netto net; **~einkommen** net income; **~gehalt** net salary, take-home pay; **~gewicht** net weight; **~lohn** net wages, take-home pay; **~preis** net price; **~sozialprodukt** net national product

Netz net, netting; , network; ⚡ grid; system; ⚡ mains; *(Gepäck-)* rack; *(Einkaufs-)* bag, string-bag ♦ *ins ~ gehen* to fall into the trap; **~anschluß** mains connection (*od* supply); **~antenne** mains antenna; **~artig, ~förmig** reticular, netlike; **~ätzung** half-tone; **~empfänger** mains receiver, mains-set; **~en** to wet, to moisten; **~haut** retina; **~hemd** string vest; **~karte** area season ticket; **~werk** network

neu new; fresh; modern; *(~artig)* novel; *(neuest)* latest; *(kürzlich)* recent; *aufs ~e, von ~em* anew, afresh, again; *in ~ester Zeit* quite recently, in most recent times; *wieder ~ anfangen* to start all over again; *~ere Sprachen* modern languages; *~este Mode* latest fashion (*od* style); *~e Kartoffeln* young potatoes; *was gibt es ~es?* what's the news?; *d. ist mir nichts ~es* that's no news to me; **~auflage** new edition; **~bau** new building, reconstruction, new erection; **~bearbeitung** revised edition, revision; **~bildung** new formation, new growth; **~druck** reprint; **~erdings** recently, lately; **~erer** innovator; **~erlich** late, recent; renewed, repeated; **~erscheinung** new book, current publication; **~erung** innovation; novelty; **~erungssüchtig** fond of innovations; **~gestaltung** reorganization; **~gier** curiosity; inquisitiveness; **~gierig** curious, inquisitive; *~gierig sein, ob* to wonder if (*od* whether); **~heit** novelty; newness; **~hochdeutsch** Modern High German; **~igkeit** news; **~landgewinnung** reclamation of land; **~lateinisch** New Latin; **~lich** the other day, recently; **~ling** beginner, novice, neophyte, acolyte; *umg* greenhorn; **~modisch** fashionable; **~mond** new moon; **~ordnung** reorganization; readjustment; reform; **~philologe, ~sprachler** student (*bzw* teacher) of modern languages; **~reich** newly rich; **~reicher** nouveau riche, wealthy parvenu; **~silber** German silver; **~vermählt** newly married; **~wertig** having original value; **~wort** neologism; **~zeit** modern times; **~zeitlich** modern; up-to-date

neun nine; **~auge** lamprey; **~eck** nonagon; **~fach** ninefold; **~jährig** nine-years-old; **~malkluger** wiseacre; **~te** ninth; **~tel** ninth (part); **~zehn** nineteen; **~zehnte** nineteenth; **~zehntel** nineteenth (part); **~zig** ninety; **~zigste** ninetieth; **~zigstel** ninetieth (part)

Neur|algie neuralgia; **~algisch** neuralgic; *fig* critical, delicate; *~algischer Punkt (fig)* critical factor; **~asthenie** neurasthenia; **~astheniker** neurasthenic; **~ose** neurosis

neutral neutral; impartial; **~isieren** to neutralize; **~isierung** neutralization; **~ismus** neutralism; **~ität** neutrality
Neutrum neuter
nicht not; *auch* ~ not even; not ... either; *ich auch* ~ nor I either; *durchaus* ~ by no means, in no way; *noch* ~ not yet; *gar* ~ not at all; ~ *einmal* not even; ~ *mehr* no longer; ~ *wahr?* isn't it? are you not?; ~ *ohne* quite good; ~ *daß ich wüßte* not that I know of; **~achtung** disregard; **~angriffspakt** non-aggression treaty; **~benötigt** surplus; **~betroffener** non-chargeable person; **~bewirtschaftet** non-rationed; **~eisenmetall** non-ferrous metal; **~ig** null, void; *(eitel)* vain, empty; *~ig sein* to be null and void; *für ~ig erklären* to declare null and void; to cancel, to nullify; **~igkeit** nullity, invalidity; vanity; **~igkeitsbeschwerde** plea of nullity; **~igkeitserklärung** annulment, cancellation; **~raucher** non-smoker; **~zutreffendes** *streichen* delete what is not applicable
Nichte niece
nichts nothing; ♠ love; *gar* ~ nothing at all; ~ *als* nothing but; ~ *anderes* nothing else; ~ *mehr* nothing more; ~ *weniger als* anything but ♦ ~ *für ungut* no harm meant; *für* ~ *u. wieder* for no reason at all; *mir* ~, *dir* ~ quite coolly, bold as brass; *es macht* ~ it doesn't matter; *soviel wie* ~ next to nothing; *su* nothing; nothingness; trifle; nonentity; *vor d.* ~ *stehen* to be faced with utter ruin; **~destoweniger** nevertheless; **~nutz** good-for-nothing, ne'er-do-well; **~nutzig** useless, worthless, good-for-nothing; **~sagend** meaningless, insignificant; flat, dull; **~tuer** idler; **~tun** to idle; *su* idling; **~würdig** vile, base; **~würdigkeit** vileness, baseness
Nickel nickel
nick|en to nod, to bow; *(schlafen)* to nap, to snooze; **~erchen** nap, snooze
nie never, at no time; *fast* ~ hardly ever
nieder low; base, mean; *adv* down, low; *auf u.* ~ up and down; **~brennen** to burn down; **~brüllen** to boo, to bully; **~deutsch** Low German; **~drücken** to weigh down, to bear down, to press down; *(Stimmung)* to depress; **~fahren** to descend, to come down; **~fallen** to fall down; **~frequenz** low frequency; **~gang** going-down; decline; *(Sonne)* sunset; depression, slump, recession; **~gehen** to go down; ✈ to land, to alight; *(Regen)* to fall; **~geschlagen** depressed, down-hearted, *umg* blue; **~geschlagenheit** depression; **~holen** to lower, to haul down; **~kämpfen** to overpower, to put out of action; to silence (the enemy's fire); **~kommen** to be confined, to lie in; **~kunft** confinement, lying-in; **~lage** defeat; *(Magazin)* depot, warehouse; agency, branch; **~lassen** *vt* to lower, to let down; *refl* to sit down; to alight; to establish o.s. in, to settle; **~lassung** settling; settlement; establishment; agency; branch; **~legen** to lay down, to deposit; *(aufgeben)* to give up; *d. Krone ~legen* to abdicate; *(Amt)* to resign (from); *(Arbeit)* to cease work, to knock off; to down tools, to walk out; *refl* to lie down; **~machen, ~metzeln** to kill, to slay; to wipe out; **~reißen** to pull down, to demolish; **~schlag** *(Regen)* rain, precipitation; *chem* precipitate, precipitation; *(Ablagerung)* sediment, deposit; *(Boxen)* knock-out (blow); *fig* reflection; repercussion; effect; **~schlagen** to knock down, to fell; *(Augen)* to cast down; *(unterdrücken)* to suppress; ⚖ to squash; *chem* to precipitate; *fig* to discourage; *refl* to be reflected, to occur, to take place; **~schmettern** to strike down; *fig* to crush, to overwhelm; to depress; **~schmetternd** shattering; **~schreiben** to write down; **~schrift** writing-down; notes; minutes; **~setzen** *vt* to put, to set down; *refl* to sit down; **~sinken** to sink down, to drop; **~stoßen** to knock down; **~strecken** to knock down; to cut down; **~tracht** meanness, baseness; **~trächtig** mean, base; **~ung** lowland; marsh; plain; **~wärts** downwards; **~werfen** to throw down; *(unterdrücken)* to crush, to suppress; *(überwältigen)* to overwhelm
niedlich pretty, nice, neat, *umg* sweet, cute
Niednagel agnail, hangnail
niedrig low; *(Wert)* inferior; *(Stand)* humble; *(Preis)* low, moderate, cheap; *fig* mean, base; **~keit** lowness; humbleness; *fig* meanness; **~ste** lowest; bottom; **~wasser** low tide
niemals never, at no time
niemand nobody, no one, not ... anybody; **~sland** no-mans' land
Niere kidney; **~nbraten** roast loin of veal; **~nentzündung** nephritis; **~nstück** loin
niesel|n to drizzle; **~regen** drizzle
nies|en to sneeze; **~wurz** hellebore
Nieß|brauch usufruct, benefit; **~nutzer** usufructuary
Niet rivet, pin; *~- u. nagelfest* firmly fixed, nailed fast; **~e** blank; *fig* failure, flop; **~en** to rivet; **~nagel** riveting-nail
Nihilismus nihilism
Nikolaus *BE* Father Christmas, Santa Claus
Nikotin nicotine; **~arm** denicotinized; **~frei** nicotine-free; **~haltig** containing nicotine
Nilpferd hippo(potamus)
Nimbus nimbus; *fig* prestige
nimmer, ~mehr never, nevermore; on no account; **~satt** insatiable; *su* glutton; wolf; **~wiedersehen:** *auf ~wiedersehen* farewell for ever
Nippsachen knick-knacks, trinkets, bric-á-brac
nirgends nowhere, not ... anywhere
Nische niche; *(Zimmer)* alcove
Niß, Nisse nit
nist|en to build a nest; **~kasten** nesting-box
Nitrat nitrate
Nive|au level, standard; **~llieren** to level; **~llierwaage** spirit-level
Nixe water-nymph
nobel noble, distinguished; *(freigebig)* generous, free-handed; **~preis** Nobel prize; **~preisträger** Nobel prize winner
noch *(Dauer, Steigerung)* still; *(Verneinung)* yet; *(bei Zahl)* more; *(dazu)* beside, in addi-

tion; ~ *ein* another; ~ *einmal* once again, over again; ~ *immer* still; ~ *nicht* not yet; ~ *nie* never (before); ~ *dazu* in addition, into the bargain; ~ *etwas* s-th more, s-th else, some more; ~ *so* so, ever so; ~ *einmal soviel* twice as much, as much again; ~ *gestern* only yesterday; **~malig** repeated; **~mals** once more, again; ~ *und* ~ plenty (of), no end (of)
Nocke dumpling; **~n** cam; **~nwelle** camshaft
Nomad|e nomad; **~isch** nomadic
Nomin|albetrag nominal value; **~ativ** nominative
None ♪ ninth
Nonne nun; **~kloster** convent; nunnery
Noppe nap, burl, pile; **~n** to burl, to nap; *su* nap finish; **~nfarbe** burl dye; **~ngarn** nap yarn; **~nmuster** nap pattern
Nord north; *poet* north wind; **~en** the north; **~isch** northern; *(skandinavisch)* Norse, Nordic; **⁓lich** northern, northerly; arctic; **~licht** aurora borealis, northern lights; **~östlich** north-east(ern); **~pol** North Pole; **~polarkreis** Arctic, Circle; **~polfahrt** arctic expedition; **~see** North Sea; **~wärts** northward
Nörg|elei nagging, grumbling, fault-finding; **~eln** to nag, to grumble, to carp, to criticize; **~ler** grumbler, carper
Norm standard, rule; norm; *fig* yardstick; **~en** to standardize; **~al** normal; standard; *(üblich)* regular; **~ale** perpendicular (line); **~algeschwindigkeit** normal speed; **~algewicht** standard weight; **~algröße** standard size; **~alspur** 🚂 standard gauge; **~alzeit** mean time; **~en,** **~ieren** to standardize; *(regulieren)* to regulate; to lay down a rule (for); **~satz** standard
Not *(Mangel)* want, need, necessity; *(Unglück)* distress; *(Schwierigkeit)* trouble, difficulty; *(Gefahr)* danger, emergency; *(Sorge)* grief, sorrow; *(Lage)* plight; *mit knapper* ~ only just, narrowly; *ohne* ~ needless, without real cause; *zur* ~ if need be, at a pinch; *in* ⁓*en sein* to be hard pressed; ~ *tun, vonnöten sein* to be necessary; *seine liebe* ~ *haben mit* to have no end of trouble with; *in* ~ ⚓ on her beam-ends; *aus d.* ~ *e-e Tugend machen* to make a virtue of necessity; ~ *macht erfinderisch* necessity is the mother of invention ♦ *in d.* ~ *frißt der Teufel Fliegen* beggars can't be choosers; **~abgabe** emergency levy; **~anker** sheet-anchor; **~ausgang** emergency exit; **~behelf** makeshift; expedient; **~bremse** emergency brake; 🚂 communication cord; **~durft** necessity, pressing need; *s-e* ~*durft verrichten* to relieve nature; **~dürftig** scanty; *(bedürftig)* poor, needy, necessitous; *(behelfsmäßig)* makeshift; ~*dürftig ausbessern* to make a rough and ready repair; **~fall** case of emergency; **~flagge** flag of distress; **~gedrungen** forced, compulsory; **~hafen** harbour of refuge, emergency port; **~helfer** emergency helper; **~hilfe** emergency service; **~lage** distress, calamity; state of need; **~landen** to make a forced landing; to be forced down; **~landung** forced landing; **~leidend** suffering, distressed; *(arm)* needy, poor; *(Wechsel)* dishonoured; **~leine** communication cord; **~lüge** white lie; **~maßnahme** emergency measure; **~opfer** emergency property tax; ~*opfer Berlin* Berlin emergency levy; **~pfennig** savings, nest-egg; **~ruf, ~schrei** cry of distress; emergency-call; **~schlachtung** forced slaughter; **~signal** signal of distress; ⚓ SOS; **~sitz** dickey-seat, bucket seat; **~stand** state of emergency (*od* distress); critical state; *d.* ~*-stand erklären* to proclaim a state of emergency; *im* ~*stand handeln* to act under duress; **~standsarbeiten** unemployment relief projects; **~standsgebiet** distressed (*od* development) area; **~taufe** private baptism (in emergency); **~verband** first aid dressing, temporary dressing; **~verordnung** emergency decree; **~wehr** self-defence; **~wendig** necessary (*für* to, for; *daß* for s-b to do); urgent; indispensable; **~wendigkeit** necessity; urgency; **~wohnung** makeshift dwelling (*od* quarter); **~zeichen** distress signal; **~zucht** rape; **~züchtigen** to rape, to assault
Notar notary (public); **~iat** notary's office; **~iell** notarial, attested by a notary; ~*iell beglaubigen* to attest, *US* to notarize
Note ♪ note, *pl* music; *(Geld-)* banknote; *(Rechnung)* bill, memorandum; *(Schule)* mark, grade; *ganze* ~ ♪ semi-breve, *US* whole note; *halbe* ~ minim, *US* half note; *nach* ~*n singen* to sing at sight; *nach* ~*n (fig)* thoroughly, downright; *fig* aspect, tone; **~ausgabe** issue of banknotes; **~nbank** Central Bank; **~nblatt** sheet of music; **~nschrank** music cabinet; **~nständer** music-stand; **~nsystem** ♪ staff
notier|en to note (down), to make a note of; *(Liste)* to enter (in), to record; *(Börse)* to quote (at), to state; **~ung** note, noting; *(Börse)* quotation; *(Liste)* entry
nötig necessary, needful; ~ *haben* to need, to want; *ich habe d. nicht* ~ I don't have to stand for that; **~en** to urge, to compel, to press; *s.* ~*en lassen* to need pressing; **~enfalls** if need be; in case of need; **~ung** coercion, compulsion; pressing; ⚖ duress
Notiz note, memo(randum); *(Zeitung)* notice; ~ *nehmen von* to take notice of s-th; to pay attention to; **~block** memo pad, note-pad; **~buch** note-book
notorisch notorious; evident
Novelle novella, short novel; *(Gesetz)* supplementary (*od* amending) law, amendment
November November
Nov|ität novelty; **~ize** novice; **~iziat** novitiate; **~um** new feature
Nu moment; *im* ~ in an instant, in no time, in a flash; ~*!* well!, now!
Nuance nuance, shade
nüchtern *(ohne Essen)* empty, fasting; *(vernünftig)* clear-headed, sensible; *(mäßig)* sober, prudent; *(geistlos)* dry, dull, insipid; *(geschmacklos)* flat; *fig* matter-of-fact; *bei* ~*er Betrachtung* on a conservative view; **~heit** emptiness; sobriety; dryness, dullness; *fig* jejuneness

Nuckelpinne *umg* flivver, jalopy [bird
Nudel macaroni; *(Faden)* vermicelli; *fig* funny
null nil, null; *(Tennis)* love; ~ *u. nichtig* null and void; *su (Ziffer)* naught; *(Skala)* zero; O; *fig* a mere cipher; **~punkt** *(Skala)* zero (point); *(Thermometer)* freezing point; *(Maschine)* neutral point; *math* origin of coordinates; **~zeit** zero hour
numer|ieren to number; *~ierter Platz* reserved seat; **~isch** numerical
Numismatik numismatics
Nummer number; *(Zeitung)* copy, issue, number; *(Lotterie)* ticket; event; number; *(Größe)* size ♦ *e-e große ~ sein* to be a big pot; *e-e gute ~ haben (bei)* to be well-thought of, to be in s-b's good books; *laufende ~* serial (*od* lot) number; **~nfolge** numerical order; **~nscheibe** dial; **~nschild** number plate
nun now, at present; then, henceforth; *~?* well?; *~ u. nimmermehr* never, nevermore; *von ~ an* henceforth; **~mehr** now; then; by this time; since then; **~mehrig** present, actual
Nuntius nuncio
nur only, solely, merely, alone; *(ausgenommen)* except, but; *(eben)* just; *~ mehr* still (more), only; *wer ~ immer* whoever; *wenn ~* if only, provided that; *~ zu!* go on!
Nuß nut; *fig* a hard nut to crack; **~knacker** nut-cracker; **~kohle** small coal, nuts; **~schale**
Nüstern nostrils [nut-shell
Nute rabbet, slot, groove
Nutria nutria, coypu
nutz|e, nütze useful; *zu nichts ~e sein* to be good for nothing, quite useless; *zu ~ und Frommen* for the benefit of; **~anwendung** utilization, practical application; *(Lehre)* useful lesson, practical application; **~bar** useful; utilizable, realizable; **~barmachung** utilization; **~bringend** profitable, advantageous; beneficial; **~en** *su* use; *(Vorteil)* profit, advantage, gain, benefit; *(Nützlichkeit)* usefulness, utility; *(Ertrag)* return, yield, proceeds; *~en haben von* to benefit by; *zum ~en von* for the benefit of; **⸚en** *vt* to use, to utilize, to make use of; *vi* to be of use, to be profitable; *(dienen)* to serve for; *(vorteilhaft)* to be of advantage, to be of benefit; *e-e Gelegenheit ⸚en* to avail o.s. of an opportunity; *es ⸚t nichts* it is no use; **~garten** kitchen-garden; **~gegenstand** utensil; **~holz** timber; **~last** loading capacity, working (*od* pay) load; **~leistung** mechanical power, effective force, efficiency; **⸚lich** useful, of use; *(vorteilhaft)* advantageous, profitable; *(dienlich)* serviceable; **⸚lichkeit** usefulness, utility; advantage; **~los** useless; unprofitable; bootless, of no avail; **~losigkeit** uselessness, futility; **~nießen** to derive the profits from, to have the usufruct of; **~nießer** usufructuary, beneficiary; *(Politik)* profiteer; **~nießung** usufruct, benefit; **~ung** *(Gebrauch)* use; utilization; exploitation; *(Ertrag)* produce; yield; *(Einkommen)* revenue; **~ungsrecht** right of usufruct,
Nymphe nymph [right to use

O

O (the letter) O; *interj* oh!, ah!
O-Bein|e bandy legs; **~ig** bandy-legged
Oase oasis
ob *conj* whether, if (*I wonder if*); *als ~* as if, as though; *nicht als ~* not that; *und ~!* you bet!, rather!, I should say so!, and if *(we talked!)*; *prep* (up)on, above, over, beyond; *~ (= wegen) ihres Irrtums* for, on account of her mistake; **~gleich, ~schon, ~zwar** although, though
Obacht heed, care; *~ geben* to pay attention (to), to care, to take care (of)
Obdach shelter, lodging, *fig* dwelling; **~los** unsheltered, homeless; **~loser** casual (poor); **~losenasyl** (common) lodging-house, *umg* doss-house
Obduktion post-mortem (examination), autopsy
oben *adv* above, aloft, on high, at the top; upstairs, on the surface; *da, dort ~* up there; *nach ~* upwards; *weiter ~* higher up, further up; *von ~ bis unten* from top to bottom; *von ~ bis unten ansehen (umg)* to give s-b the once-over; *~ erwähnt* above-mentioned; *von ~ herab behandeln* to treat in a condescending manner (*od* with disdain); **~an** *adv* at the top; **~auf** *adv* on the top of; *~auf sein* to be in great form; **~drein** into the bargain, in addition; **~hin** superficially, perfunctorily ♦ *alles Gute kommt von ~* all blessings come from above
ober *adj* upper, higher, supreme; senior; leading; *~ su* (head-)waiter; **~arm** upper arm; **~arzt** senior physician, *bes mil* chief medical officer; **~aufseher** chief warden, chief custodian; **~aufsicht** superintendence; **~bau** , superstructure, overhead construction; **~befehl** supreme command; **~befehlshaber** commander in chief; **~bett** feather-bed; **~bürgermeister** Lord Mayor; *(auf d. Kontinent)* chief burgomaster; **~feldwebel** *BE* staff sergeant, *(Marine)* chief petty officer; *US* sergeant 1st cl., *(Marine)* petty officer 1st cl.; **~fläche** surface, area; *an der ~fläche schwimmen* to float on the surface; **~flächlich** superficial, flimsy, shallow; **~flächlichkeit** superficiality, frivolity, futility, shallowness; **~gefreiter** *US* private 1st cl.; BE lance corporal; **~gewalt** sovereignty; supremacy; **~halb** above, *US a.* atop; **~hand** upper hand; *d. ~hand gewinnen (haben)* to get (have) the upper hand, to get the better of s-b; **~haupt** chief, head, leader; **~haus** House of Lords; **~hemd** (white) shirt; **~herrschaft** supremacy; sovereignty; **~hirt** *eccl* bishop; **~hofmeister** Lord High Steward; **~in** hospital matron; *eccl* Mother Superior; **~ingenieur** chief engineer; **~irdisch** surface, above ground, overground; overhead; **~kellner** head-waiter; **~kiefer** upper jaw; **~kirchenrat** High Consistory; **~kommando** supreme command; **~körper** upper part of the body; **~landesgericht** Regional Appeal Court; **~längen** ascenders; **~lastig** top heavy; **~lauf** upper course (of a river); **~leder** upper; **~leh-**

rer senior assistant master; **~leitung** direction; ⚡ overhead system; **~leutnant** *BE* lieutenant, *(Marine)* sublieutenant, *(Luftw.)* flying officer; *US* first lieutenant *(Marine)* lieutenant (junior grade); **~licht** skylight, fanlight; **~lippe** upper lip; **~maat** petty officer; **~meister** head foreman; **~priester** high priest; **~postdirektion** Superior Postal Directorate; **~prima** Upper Sixth, **~schenkel** upper (part of the) thigh; **~schicht** upper classes; **~schwester** head nurse, matron, senior sister; **~schwingung** ♪ overtone, harmonic vibration; **~st** colonel, *BE/US (Marine)* captain, *BE (Luftwaffe)* group captain; **~stabsarzt** staff surgeon; **~staatsanwalt** attorney general; **~steiger** foreman of the mine; **~stimme** treble, soprano; **~stleutnant** lieutenant colonel; *BE/US (Marine)* commander, *BE (Luftw.)* wing commander; **~stübchen:** *er ist nicht ganz richtig im ~stübchen* he is not quite right upstairs; **~studiendirektor** headmaster, *US* principal; **~stufe** senior class, seniors; **~tasse** cup; **~ton** ♪ harmonic; **~wasser** *(Schleuse)* upper water *(Mühle)* overshot water ♦ *~wasser haben* to have the whip-hand, to be top dog; **~welt** upper world

obgleich although, though

Obhut protection, care, custody; guardianship; aegis (under the a. of . . .); *in ~ nehmen* to take care (*od* charge) of

obig above-mentioned, above, aforesaid, foregoing

Objekt object; project, transaction; amount at stake, issue involved; *Versuch am lebenden ~* experiment on a living subject; **~glas** (*Mikroskop)* slide, mount; **~halter** specimen holder; **~iv** objective; unbiased, impartial; practical; *adv* in practice; really; *e-e ~ive Gefahr* an actual danger; *su* 📷 lens, objective; **~ivieren** to substantiate, to confirm; **~ivität** objectivity, impartiality; **~ivlinse** objective lens; **~ivöffnung** lens aperture; **~ivring** lens ring, adapter; **~ivsatz** lens combination; **~ivträger** lens carrier; **~ivverschluß** diaphragm shutter

Oblate wafer, *eccl* host

obliegen to apply o.s. to, to be devoted to; to have the task of; to be in charge of; **~heit** obligation, duty

obligat necessary, indispensable; **~ion** debenture, bond; obligation; **~ionsinhaber** bondholder; **~ionsschuldner** bond debtor; **~orisch** compulsory, obligatory, mandatory

Obligo liability, commitment

Obmann chairman; *(Schiedsmann)* umpire; foreman (of a jury)

Obo|e oboe; **~ist** oboe player, oboist

Obrigkeit authorities; magistrate; government; **~lich** magisterial, official; governmental; by authority; **~sstaat** authoritarian state

ob|schon = obgleich; **~servatorium** observatory; **~siegen** to triumph over; to prevail; to overcome, to get the better of; to carry the day; **~sorge** care (*über* of); supervision, inspection

Obst fruit; **~bau** fruit-growing; **~baum** fruit-tree; **~ernte** fruit-crop; **~garten** orchard; **~händler** *BE* fruiterer, *US* fruitseller; **~kelter** fruit-press; **~kern** stone, kernel; *(klein)* pip; **~schädlinge** fruit pests; **~tag** fruit diet day; **~torte** (fruit) tart, *BE* fruit flan, *US* fruit pie; **~züchter** fruit-grower

Obstruktion blocking; *parl* obstruction

ob|szön obscene, filthy; **~walten** to exist, to prevail; *unter den ~waltenden Umständen* under the (*od* these) circumstances; as matters stand; **~wohl** = obgleich

Obus trolley-bus

Ochse ox; bull(ock); *fig* duffer, blockhead; **~n** to cram, to fag; *umg* to swot; **~nfleisch** beef; **~ngespann** team of oxen; **~nhaut** oxhide; **~nleder** buff; **~nschwanz(suppe)** oxtail (soup); **~nziemer** horse-whip

Ocker ochre

Ode ode

Öd|e waste; desert; solitude; *geistige ~e* ennui; *adj* empty, bare; bleak; dreary, dull; *(unbebaut)* waste; **~land** fallow land, waste(land), wild, desert

Odem breath; ⚕ oedema

oder or, else; *~ aber* or else, or instead; *~ auch* or rather instead; *entweder . . . ~* either . . . or; *(sonst)* otherwise

Odium odium

Odyssee Odyssey *(a. fig)*

Ofen stove; *(Back-)* oven; *(Brenn-)* kiln; *(Hoch-)* furnace; **~kachel** Dutch tile; **~klappe** damper; **~rohr** stove-pipe; **~schirm** fire-screen; **~setzer** stove-fitter; **~vorsetzer** fender

offen open, free; vacant; unsettled; outstanding; *fig* frank, sincere, outspoken; *~ gesagt* to be honest, to tell the truth; *~e Rechnung* current account; *~er Wechsel* blank cheque; *~e Handelsgesellschaft* general mercantile partnership; *~e Stadt* unfortified town; *~e Sprache* plain language, open (*od* uncoded) language; *~e Stelle* vacancy ♦ *~e Türen einrennen* to flog a dead horse; *~es Geheimnis* open secret; **~bar** obvious; manifest; evident; apparent; **~baren** to reveal, to disclose; to manifest; **~barung** revelation, disclosure; manifestation; **~barungseid** oath of manifestation; **~heit** frankness, openness; candour; **~herzig** sincere, open-hearted; frank, candid; **~herzigkeit** sincerity, frankness; **~kundig** evident, public; notorious; **~sichtlich** obvious, apparent; *(Lüge)* downright; **~stehen** to stand open; to remain unpaid *(bill);* to be allowed; *~ u. ehrlich* frank, above-board

offensiv, ~e offensive

öffentlich public; open; official; *~ beglaubigt* certified by public notarial act; *~e Anleihe* public loan; *~e Bedürfnisanstalt* public conveniences; *~e Betriebe* public utilities; *~e Hand* public authorities; *~es Interesse* public interest; *Befragung d. ~en Meinung* (public-)opinion poll; *~es Wohl* public welfare; **~keit** public; publicity; *unter Ausschluß d. ~keit* behind closed doors, ⚖ in camera; **~-rechtlich** under public law

offer|ieren to offer; **~te** offer; tender; bid; *e-e ~te einreichen* to submit an offer

offiz|iell official; **~ier** (commissioned) officer; (*~ier vom Dienst* o. on duty); **~iersanwärter** officer candidate; **~iersbursche** batman, orderly; **~ierskasino** officers' mess; **~ierskorps** the (body of) officers; **~ierspatent** commission; **~in** workshop; dispensary; chemist's shop; printing establishment, *US* printery; **~iös** semi-official

öffn|en to open; to dissect *(a body);* to unlock; *(mit Dietrich)* to pick a lock; **~ung** opening; aperture; hole; gap; *(Schlitz)* slot, slit; *(Fluß)* mouth; outlet; orifice; **~ungszeit** hours of opening

Offsetdruck offset printing; **~walze** offset roller

oft, ~mals often, frequently; *je ⁓er ... desto* the more ... the; **⁓ers** often, frequently

Oh(ei)m uncle

ohn|e without, but for; except; devoid of; lacking; *nicht ~e (umg)* not to be sneezed at; *~e Gewähr* without engagement; *~e-mich-Politik* count-me-out policy; **~egleichen** unequalled; **~edies, ~ehin** apart from this; besides; anyhow, anyway; all the same; **~macht** faint, unconsciousness; ✈ blackout; powerlessness; weakness; impotence; **~mächtig** in a faint; unconscious; helpless, powerless; *~mächtig werden* to faint; **~machtsanfall** fainting-fit

Ohr ear; *fig* hearing; *ganz ~ sein* to be all ears; *s. aufs ~ legen* to take a nap ♦ *auf dem ~ hört er nicht (fig)* he is deaf in this ear; *j-n übers ~ hauen* to cheat s-b; *bis über d. ~en* up to the eyes, over head and ears; *es (faustdick) hinter d. ~en haben* to be very wily, to be as cute as they make them; *j-m in d. ~en liegen* to pester s-b; *viel um d. ~en haben* to be up to the eyes in work; **~enarzt** ear specialist, aurist; **~enbeichte** auricular confession; **~enklingen** ringing in the ears; **~enleiden** disease of the ear; **~ensausen** buzzing in the ears; ⚕ tinnitus; **~enschmalz** ear-wax; **~enschmaus** a real (musical) treat; **~enschmerzen** ear-ache; **~enschützer** ear-flap; **~enzerreißend** ear-splitting; **~enzeuge** auricular witness; **~feige** box on the ear; *(moralische)* slap in the face; **~läppchen** lobe of the ear; **~muschel** ear conch, external ear; **~wurm** earwig

Öhr *(Nadel)* eye; *(Stoff-, Segel-)* eyelet

okkult occult; **~ismus** occultism

Ökonom economist; ⚘ farmer; *(Verwalter)* manager, steward; **~ie** economy; economics; agriculture; housekeeping; **~isch** economical

Okt|aeder octahedron; **~avband** octavo (volume); **~ave** octave; **~avflöte** flageolet; **~ett** octet; **~ober** October; **~ogon** octagon

Okul|ar ocular, eye-piece *(of a telescope);* eyeglass; **~arlinse** ocular lens; **~aröffnung** pinhole; **~ieren** to graft, to bud, to inoculate; **~iermesser** budding-knife; **~ierreis** grafting twig

ökumenisch oecumenical

Okzident occident

Öl oil; *(Maschinen-)* lubricating oil; *(Speise-)* salad oil ♦ *~ ins Feuer gießen* to add fuel to the flames; *~ auf d. Wogen gießen* to pour oil on troubled waters; **~ablaß** oil drain; **~abscheider** oil separator; **~anstrich** coat of oil, oil paint; **~baum** olive tree; **~berg** *eccl* Mount of Olives; **~bohrung** oil well; **~brenner** oil-burner; **~druck** 🎨 oleograph; 🕮 oil printing; ⚙ oil pressure; **~druckbremse** oil brake; hydraulic brake; **~druckschmierung** oil-pressure lubrication; **~en** to oil; to anoint; ⚙ to lubricate; **~farbe** oil paint, oil colour; **~fleck** oil stain; **~frei** without oil; **~fresser** ⚙ oil hog; **~getränkt** oil-impregnated; **~haltig** oil-bearing, containing oil; *geol* oleiferous; **~heizung** oil heating; **~ig** oily, oleaginous; *fig* unctuous; **~igkeit** oiliness; unctuousness; **~kanister** oil-can; **~kohle** oil carbon (*von ~kohle befreien* 🚗 to decarbonize); **~kuchen** oil cake; **~lack** oil varnish; **~leitung** pipe-line; 🚗 oil-pipes; **~malerei** oil painting; **~meßstab** 🚗 oil dipper; **~papier** oil-paper; **~säure** oleic acid; **~schlägerei** oil-press; **~stand** oil level; **~standsanzeiger** oil gauge; **~spritze** oil-gun; **~tuch** oilcloth, oilskin; **~ung** oiling, 🚗 lubrication; *letzte ~ung (eccl)* extreme unction; **~wanne** 🚗 sump, *US* oilpan; **~zeug** oils, tarpaulin, oilskins; **~zuführung** oil feed; **~zweig** olive branch

Oleander oleander

Oliv|e olive; *wilde ~e* oleaster; **~enbaum** olive tree; **~enfarben** olive(-coloured); **~enförmig** olivary; **~grün** olive-green; drab

Olymp Olympus; **~iade** Olympiad; **~isch** *(göttl.)* Olympian, Olympic; *d. ~ischen Spiele* the Olympic Games

Omelette omelet(te)

Om|en omen; augury; **~inös** ominous

Omnibus omnibus, bus; *~ fahren* to ride a bus, to go by bus; **~haltestelle** bus stop; **~linie** bus line, coach line; **~park** bus fleet; **~verkehr** bus service

ondulieren to wave (hair)

Onkel uncle

Opal opal; **~isieren** to opalesce; **~isierend** opalescent

Oper opera; opera-house; *e-e ~ aufführen* to perform an opera; **~ette** operetta; **~nglas** opera-glass; **~nmusik** operatic music; **~nsänger** opera (*od* operatic) singer; **~ntext** libretto, book

Oper|ateur operator; operating surgeon; **~ation** operation; *s. e-r ~ation unterziehen* to submit to (*od* undergo) an operation; **~ationsabteilung** *mil* operations section; **~ationsbasis** *mil* base of operation; **~ationsgebiet** *mil* theatre of operations; **~ationsnarbe** post-operative scar; **~ationsradius** operating radius; **~ationssaal** (operating) theatre (*od US* room); **~ationsverfahren** method of operation; **~ationsziel** *mil* tactical objective; **~ativ** operative; *mil* operational, strategic; **~ieren** to operate on s-b; to perform an operation

Opfer sacrifice; offering; victim; martyr; *e. ~*

bringen to make a sacrifice; *e. ~ werden von* to fall a victim to; **~altar** sacrificial altar; **~becken** sacrificial vessel; **~büchse** offering box; **~flamme** sacrificial flame; **~freudig** self-sacrificing; **~gabe** offering; **~gebet** offertory; **~geld** money-offering; **~kasten** poor-box; **~lamm** sacrificial lamb, Lamb of God; *fig* victim; **~n** to sacrifice; *(Tiere)* to immolate; to offer up; **~priester** sacerdotal priest; **~stätte** place of sacrifice; **~stock** poor-box; **~tod** sacrifice of s-b's life; *eccl* expiatory death; **~trank** libation; **~wein** sacramental wine; **~ung** sacrifice; sacrificing; *(Tiere)* immolation

Opi|at opiate; **~um** opium; **~umhaltig** opiated; **~umtinktur** laudanum

Oppon|ent opponent, adversary; **~ieren** to oppose, to resist

opportun opportune, expedient; **~ist** opportunist; *pol* trimmer

Opposition opposition; *(pol) d. ~ angehören* to be in the opposition; **~sführer** leader of the opposition

opt|ieren *pol* to choose; to decide in favour of; **~ik** optics; 📷 lens system; *fig* aspect, appearance; **~iker** optician; *(Verkauf nach Rezepten)* dispensing optician; *(eigene Rezepte)* ophthalmic optician, *US* optometrist; **~isch** optical

optim|al optimum; **~ismus** optimism; **~istisch** optimistic

Orakel, ~spruch oracle; **~haft** oracular; **~n** to speak in riddles

Orange orange; **~rie** orangery; *bittere ~ (Pomeranze)* bitter orange

Orang-Utan orang-outang

Oratorium oratorio

Orchester orchestra; band; **~partitur** orchestral score; **~raum** orchestra pit; **~sessel** orchestra stalls

Orchidee orchid

Orden order *(a. eccl)*; decoration; medal; badge; **~sband** ribbon of an order; medal ribbon; **~sbruder** member of an order; friar, monk; **~sgeistlicher** ecclesiastic; regular; **~sgelübde** vow, profession; **~skleid** monastic garb; **~sregel** statutes of an order; **~sschwester** sister, nun; **~sverleihung** awarding a medal; conferring an order; **~szeichen** badge, order

ordentlich orderly; tidy; steady; decent; ordinary, regular; proper; downright; good; respectable; *~er Professor* professor in ordinary; **~keit** regularity, orderliness; respectability

Order order; command; *an die ~ von* to the order of

Ordinalzahl ordinal number

ordin|är ordinary, common; low; vulgar, mean; **~ariat** *eccl* office; professorship; **~arius** professor in ordinary; **~ate** ordinate; **~ieren** to ordain; to invest; *~iert werden* to take orders

ordn|en to tidy (up); to put in order; to classify; to arrange; to sift, to sort out; to regulate; *(Papiere)* to file; to organize; *mil* to marshal; **~er** organizer; file, (letter) sorter; **~ung** order, tidiness; arrangement; classification; class; regulation; *öffentliche ~ung* public order (*od* regulations); *zur ~ung rufen* to call to order; **~ungspolizei** (uniformed) regular police; **~ungsstrafe** administrative (*od* disciplinary) penalty; **~ungswidrig** contrary to orders (*od* to regulations); irregular; illegal; **~ungszahl** ordinal number; number in a series

Ordonnanz *(Verordnung)* ordinance; *mil* orderly

Organ 𝄞 organ; voice; journal, periodical *(of a society)*; *(Amt, Stelle)* agency, part, organ; executive; agent; **~dy** organdy; **~isation** organization; **~isationsstab** organization staff; **~isationstalent** organizing abilities; **~isator** organizer; **~isatorisch** organizing, organizational; **~isch** organic; natural; sound, rational; coherent; **~isieren** to organize; *(stehlen)* to scrounge, to lift; *~isierter Arbeiter* unionist; **~ismus** organism; system; **~ist** organist

Orgel organ; **~bauer** organ builder; **~konzert** *(Darbietung)* organ recital; *(Komposition)* organ concerto; **~pfeife** organ-pipe ♦ *wie die ~pfeifen* like steps and stairs

Orgie orgy; *~n feiern* to celebrate orgies

Orient orient; **~ale** oriental; **~alisch of** the east, oriental; **~ieren** to orientate, to locate; to give information (to); to set right; to fix (*od* find) a position; *~iert sein über* to be familiar with; **~ierung** information, orientation; direction; survey; *(Neigung)* trend; inclination; *d. ~ierung verlieren* to lose one's bearings, *umg* to be all at sea; **~ierungsfeuer** ✈ route beacon; **~ierungspunkt** check point

Original original; **~aufnahme** 🎥 original recording; **~ausgabe** *(Buch)* original (*od* first) edition; **~ität** originality; **~modell** master pattern

originell original; ingenious *(device)*

Orkan hurricane; typhoon

Ornament ornament, decoration; design; **~ik** ornamentation

Ornat official robes, vestments

Ort place, spot; locality; site; *(Stelle)* point; position; *(Gegend)* region; *am ~ wohnend* resident; *an ~ und Stelle* on the spot, in the actual place; *~ d. Handlung* 🎭 scene of action; *höheren ~es* at high quarters; **~en** to orientate; ✈ to locate, to take bearings; **⸚lich** local; **~schaft** place, village; ⚖ hamlet; **~sgedächtnis** sense of direction; *(Tiere)* homing instinct; **~sgespräch** local call; **~skundig** familiar with the locality; **~ssinn** bump of locality; **~süblich** local, usual, customary; **~svorsteher** mayor, magistrate; **~szeit** local time; **~ung** orientation, location, bearing; position, finding; **~ungspunkt** reference point; landmark

ortho|dox orthodox; **~doxie** orthodoxy; **~graphie** orthography, spelling; **~graphisch** orthographic; **~pädie** orthopaedics; **~pädisch** orthopaedic

Öse *(Ring)* loop; ear; ring; eye; *(Schuh)* eyelet; **~nhaken** eyehook

Ost east; **~afrika** East Africa; **~asien** Eastern Asia; **~blockstaaten** countries of the Eastern

Bloc; **~en** east, orient; *d. Nahe (Ferne) ~en* the Near (Far) East; **~gebiete** Eastern territories; **¨~lich** eastern; easterly; oriental; **~mark** East German mark; East Mark; **~see** Baltic; **~wärts** eastward(s); **~zone** *(Deutschl.)* Eastern Zone

ostentativ ostentatious

Oster|abend Easter eve; **~ei** Easter egg; **~fladen** Easter cake; **~glocke** daffodil; **~hase** Easter-bunny, Easter-rabbit; **¨~lich** of Easter; **~n** Easter

Österreich Austria; **~er, ~isch** Austrian

Oszill|ation oscillation; **~ator** oscillator, generator; **~ieren** to oscillate; **~ograph** oscillograph

Otter adder, viper; *(Fisch-)* otter

Ouvertüre overture

oval oval

Oxyd oxide; **~ieren** to oxidize; **~ation** oxidation

Ozean ocean; *d. Große (Stille) ~* Pacific; *Atlantischer ~* Atlantic Ocean; **~isch** oceanic

Ozon ozone

P

P (the letter) P

Paar pair, couple; *(Tiere)* brace; *e. ~ Ochsen* yoke of oxen ♦ *zu ~en treiben* to put to flight, rout; *e. ~* a few, some, a couple of; several; *vor e. ~ Tagen* a few days ago; *~ oder un~* odd or even; **~en** to pair; to couple; to mate; to join; **~ig** in pairs; **~laufen** ⛸ pair-skating; *e.* **~mal** several times, a few times, a couple of times; **~ung** copulation; **~ungszeit** rutting season; **~weise** in couples, by pairs, two by two

Pacht tenure; lease; rent; *in ~ geben* to let on lease; *in ~ nehmen* to take on lease; **~brief** lease; **~en** to lease, to rent, to farm; *fig* to monopolize; **¨~er** tenant, leaseholder; ⚖ *(Mieter)* lessee; **~ertrag** rental; **~frei** rent-free; **~geld** (farm-)rent; **~grundstück** leasehold property; **~gut** farm; tenement, leasehold estate; **~land** leasehold land; **~ u. Leihvertrag** Lend-Lease Act; **~ung** taking on lease; farming; **~vertrag** lease; **~weise** on lease; **~zins** rent

Pack pack; *(Ballen)* bale; bundle; packet, parcel; *(Gesindel)* rabble; *mit Sack u. ~* (with) bag and baggage; **¨~chen** small parcel, packet; *(Zigaretten)* packet, *US* pack; **~eis** pack ice; **~en** to seize, to grasp; to pack (up); *(weg-)* to stow away; *fig* to affect, to thrill; *sich ~* to clear out; **~end** thrilling, absorbing; **~er** packer, ⚓ stevedore; **~esel** pack-ass; *fig* drudge; **~papier** wrapping paper, brown paper; **~raum** packing (*od* shipping) room, ⚓ stowage; **~schnur** pack-thread, pack-twine; **~träger** porter, carrier; **~ung** wrapper, packing; package; ⚕ (cold-)pack, cold compress; **~wagen** luggage van, *US* baggage car; **~zettel** packing slip

Pädagog|e education(al)ist; educator; pedagogue; **~ik** pedagogy, pedagogics, education; **~isch** educational, pedagogic(al)

Padd|el paddle; **~elboot** canoe; **~eln** to paddle, to canoe; **~ler** canoeist, canoer

Pärchen couple; lovers

paff! bang!; **~en** *umg* to whiff; *(schießen)* to pop

Pag|e page; *(Hotel-)* buttons, *US* bellboy; **~enkopf** bobbed hair; **~inieren** to page; to paginate; **~inierung** pagination

Pagode pagoda

Pair peer; **~swürde** peerage

Paket parcel, package, packet; *(Aktien-)* block; *e. ~ aufgeben* to mail a parcel; **~adresse** parcel-post sticker; **~annahme** parcels-receiving office; parcels counter; **~ausgabe** parcel-delivery; **~boot** mail-boat; **~karte** parcel form; **~post** parcel post

Pakt pact, agreement; **~ieren** to agree (on s-th), to come to terms (with s-b)

paläolithisch pal(a)eolithic

Palast palace; **~artig** palatial; **~dame** lady-in--waiting; **¨~ina** Palestine; **¨~inensisch** Palestinian

Paletot overcoat

Palette palette

Palm|e palm; **~kätzchen** catkin; **~sonntag** Palm Sunday; **~wedel** palm-branch

Palisade palisade; **~nzaun** stockade

Palisanderholz rosewood

Pampelmuse pomelo; *kleine ~* grapefruit

Pamphlet *(Flugblatt)* pamphlet; *(Schmähschrift)* lampoon; **~ist** lampoonist

panamerikanisch Pan-American

Paneel panel; wainscot; **~ieren** to panel, to wainscot

Panier banner, standard; **~en** to dress with egg and bread-crumbs

Pan|ik panic; **~isch** panic; *(-erfüllt)* panicky

Panne motor trouble; break-down; *(Reifen-)* puncture, flat; *fig* mishap; blunder

Panoptikum waxworks

panschen to dabble; to splash; to adulterate; *(Wein)* to mix

Panslawismus Panslavism

Panthe|ismus pantheism; **~ist, ~istisch** pantheist

Panther panther

Pantine clog, patten

Pantoffel slipper, mule ♦ *unter d. ~ stehen* to be hen-pecked; **~held** hen-pecked husband

Pantomim|e pantomime; dumb show; **~isch** pantomimic

Panzer *(-ung)* armour; *(Rüstung)* coat of mail; *(-kampfwagen)* tank; **~abwehr** anti-tank defence; **~brechend** armour-piercing; **~brigade** tank brigade; **~faust** anti-tank grenade launcher, bazooka; **~gewölbe** *(Bank)* strong-room, vault; **~granate** armour-piercing shell; **~hemd** coat of mail; **~jäger** anti-tank troops; **~(kampf)wagen** tank; armoured car; **~korps** armoured corps; **~kreuzer** armoured cruiser, pocket-battleship; **~n** to armour, to plate; to arm; *s. ~n* to arm o.s.; **~platte** armoured plate; **~regiment** tank regiment; **~schrank** safe; strongbox; **~spähtrupp** armoured reconnais-

sance unit; **~spähwagen** armoured (reconnaissance) car; **~truppe** tank corps; **~ung** armoured plating; **~zug** tank platoon; ✿ armoured train
Papagei parrot; **~enkrankheit** psittacosis
Papier paper; **~e** identity papers; *(Wert-)* securities, shares, stocks; *liniertes ~* ruled paper; *zu ~ bringen* to put on paper, to put down in writing; ... *steht nur auf d. ~* exists only on paper; **~abfälle** waste paper; **~bogen** sheet of paper; **~en** of paper; **~fabrik** paper-mill; **~fabrikation** manufacture of paper; **~geld** paper money; **~handlung** stationer's shop, *US* stationery; **~korb** waste-paper basket; **~krieg** red tape; **~maché** papier-mâché; **~schlange** paper streamer; **~schnitzel** scrap of paper; **~serviette** paper napkin; **~taschentuch** paper handkerchief, tissue; **~tüte** paper-bag; **~währung** paper currency
Pap|ismus popery; **~ist** papist; **~istisch** papistic, popish
Papp *(Brei)* pap; *(Kleister)* paste; **~band** pasteboard-binding; (book) bound in boards; **~deckel** pasteboard; **~e** paste-, cardboard; ... *ist nicht von ~* ... is the real thing; is not to be sneezed at; **~el** poplar; **¨eln** to feed *(a child); (verzärteln)* to coddle; **~endeckel** pasteboard; **~enstiel** trifle; **~erlapapp!** fiddlesticks!, nonsense!; **~ig** sticky; **~kasten, ~schachtel** cardboard box
Paprika paprika, red pepper; *gefüllter ~* stuffed peppers
Papst pope; **~tum** papacy; **¨lich** papal, apostolic
Parabel parable; *math* parabola
Parad|e parade, show; *mil* review; ⚔ parry; ward; *e-e ~e abnehmen* to hold a review, to take the salute; **~emarsch** march past; **~epferd** parade-horse; *fig* show-boy; **~eplatz** parade ground; **~eschritt** goose-step; drill-step; **~euniform** full-dress uniform, gala uniform; **~ieren** to parade; to make a show
Paradentose paradentose
Paradies paradise; **~apfel** tomato; **~vogel** bird of paradise; **~isch** paradisiac(al); *fig* heavenly, delightful
Para|digma paradigm; model; **~dox** paradoxical; **~doxon** paradox; **~ffin** white wax, paraffin (wax); **~ffinkerze** paraffin candle; **~graph** section, paragraph; *(Zeichen)* section-mark; ⚖ article (of a law); **~graphenreiter** litigious (*od* pettifogging) person
parallel parallel; **~e** parallel; **~ität** parallelism; state of balance; **~ogramm** parallelogram; **~schalten** ϟ to connect in parallel, to shunt; **~schaltung** ϟ connection in parallel, shunt connection
Paraly|se (general) paresis; ⚕ dementia paralytica; *(a. fig)* paralysis; **~sieren** to paralyse; **~tiker, ~tisch** paralytic
Para|nuß Brazil nut; **~ph** signature, initials; **~phieren** to initial (an agreement); **~phrase** paraphrase; **~psychologie** psychical research, parapsychology; **~sit** parasite; **~sitisch** parasitic; **~typhus** paratyphoid fever
Parenthese parenthesis
Parforce|jagd hunting on horse-back; **~ritt** steeple-chase
Parfüm scent, perfume; **~erie** perfumery; **~flasche** scent-bottle; **~ieren** to perfume, to scent; **~zerstäuber** scent-spray, atomizer
pari at par; *über (unter) ~* above (below) par; **~grenze** parity; **~kurs** par of exchange; **~tät** parity; equality; **~tätisch** proportional, pro rata; at par; on an equal footing; in equal numbers
Paria pariah
parieren *(Stoß)* to parry; to ward (off); *(Pferd)* to rein in; *(gehorchen)* to obey
Pariser, ~in Parisian; condom
Park park, grounds; *(Lager)* depot; dump; distributing point; *(Wagen-)* fleet; *(Maschinen-)* stock; **~anlagen** park; **~aufseher** park-keeper; **~en** to park; *~en verboten!* no parking!; **~platz** *BE* car park; *US* parking ground (*od* lot); *(Fahrräder)* bicycle parking place; **~uhr** parking meter; **~verbot** „no parking!"; **~weg** alley
Parkett inlaid floor, parquet(ry) ♦ *e-n aufs ~ legen (umg)* to shake a leg; 🎭 stalls, pit stall, *US* parquet; *zweites ~* pit, *US* parterre; **~ieren** to parquet; **~wachs** floor wax
Parlament parliament; *d. ~ auflösen* to dissolve parliament; *d. ~ einberufen* to convene p.; *e-n Sitz im ~ haben* to hold a seat in parliament; **~är** bearer of a flag of truce; parlementaire; **~arier** parliamentarian; **~arisch** parliamentary; legislative; **~ieren** to parley, to negotiate; **~sbeschluß** vote of parliament; **~sdauer** session; **~sferien** recess (-ing); **~sschluß** prorogation of parliament; **~ssitzung** sitting of parliament; **~sverhandlung** parliamentary debate (*od* proceedings)
Parodie parody; **~ren** to parody
Parole watchword, password, parole; *pol* slogan
Partei party; faction; ⚖ (party) side, party (to a dispute); *(Haus-)* tenant; *~ ergreifen* to take sides, to side with; *e-r ~ beitreten* to join a party; *nicht beteiligte ~* third party; *vertragschließende ~* contracting party; *herrschende ~* party in power; **~abzeichen** party badge; **~apparat** party organization, machine; **~ausschuß** party committee; **~buch** party book; membership card; **~direktive** party line; **~disziplin** party-discipline; *~disziplin halten* to follow the party line; **~enverkehr** *(etwa)* office hours; **~führer** party leader; **~gänger** partisan; **~isch** partial, biased; one-sided; **~lichkeit** partiality, bias; **~kandidat** party nominee; **~kongreß** party conference, *US* party convention; **~los** *parl* independent, non-party; unattached; **~nahme** partisanship; **~organisation** party organization, machine; **~politisch** party--political; **~programm** platform, party programme; **~programmpunkt** *bes US* plank; **~tag** party congress; **~versammlung** party meeting, rally; **~zugehörigkeit** party affiliation
Parterre *BE* ground floor, *US* first floor; 🎭 pit, *US* orchestra (circle); *erstes ~* stalls; **~loge** pit-box

Partie *(Land-)* excursion; party; *(Spiel)* game; *(Tennis)* set; *(Heirat)* match; *(Waren)* lot, parcel; *e-e gute ~ machen* to marry fortune; *sie ist e-e gute ~* she's a good catch; **~ll** partial; localized; **~ware** job-goods

Partikel particle

Partikular|ismus particularism; parochial (*od* parish-pump) attitude; dog-in-the-manger habits; **~istisch** particularistic

Partisan partisan; guerilla; **~enbewegung** partisan movement

Part|itur score; **~izip** participle; **~ner** partner, associate; (fellow-)party; **~nerschaft** partnership

Parze Fatal Sister; *d. ~n* the Fates

Parzell|e (building) lot; lot; allotment; plot; claim; parcel; **~ieren** to parcel out; to divide into lots

Pasch doublets (in throwing dice); **~a** pasha; **~en** to throw doublets; *(Waren)* to smuggle; **~er** smuggler

Paspel piping; edging (on dress); **~ieren** to edge with piping

Paß pass; passage; *(enger Durchgang)* defile; *(Reise-)* passport; *(Gangart)* pace, amble; *im ~ gehen* to amble; **~amt** passport-office; **~gänger** ambling horse; **~kontrolle** examination of passports; **~nummer** passport number

Passagier passenger; *blinder ~* stowaway; **~flugzeug** air-liner; **~gut** passenger's luggage, *US* baggage

Passah(fest) Passover

Passant passer-by; chance (*US* transient) guest

Passat(wind) trade wind

passen to fit; to suit; to become; to be to the purpose; *(Spiel)* to pass; *~ zu* to go with, to match; *(zueinander)* to blend; to harmonize; *genau ~ zu (fig)* to dovetail into; **~d** appropriate, convenient; proper; fit; suitable; apt; *~d machen* to condition; to adjust

Passepartout *(Schlüssel)* master-key; free-admission ticket; mount

passier|en to happen, to occur, to take place; to go through, to pass; to cross; *(Kochen)* to sieve; **~schein** permit, pass

Passion passion; fondness; **~iert** ardent; passionate, impassioned; **~swoche** passion week

passiv passive; *gram* passive (voice); **~a, ~en** liabilities, debts; **~ität** passivity; **~seite** debit side, left side; **~ieren** to enter on the liabilities side; **~zinsen** interest payable to creditors

Paste paste

Pastell pastel; **~bild, ~farbe, ~stift** crayon

Pastete (meat-, *US* pot-)pie; pastry

pasteurisieren to pasteurize

Pastille lozenge

Pastinake parsnip

Pastor pastor; vicar; minister; clergyman; **~in** clergyman's wife

Pat|e godfather; (*~ stehen* to stand g. to); sponsor; **~enkind** godchild; **~enstelle** sponsorship; *bei e-m Kind ~enstelle vertreten* to act as godfather to a child; **~in** godmother

Patent (letters) patent; licence; *mil* commission; *e. ~ anmelden* to apply for a patent; *angemeldetes ~* pending patent; *~ verletzen* to infringe a patent; **~amt** patent office; **~anmeldung** patent application; **~anspruch** patent claim; **~anwalt** *BE* patent agent, *US* patent attorney (*od* solicitor); **~erteilung** patent grant; **~fähig** patentable; **~ieren** *(lassen)* to (protect by) patent; **~ierung** patenting, grant of patent; **~inhaber** patent owner; patentee; **~lösung** patent solution; **~recht** patent law; **~schutz** patent protection; **~verfahren** patent procedure; **~verschluß** patent stopper; snap-fastener; **~wesen** patent system

Pater father; **~noster** paternoster, the Lord's Prayer; continuous lift, hoist

path|etisch solemn, elevated, lofty; melodramatic; **~ologe** pathologist; **~ologie** pathology; **~ologisch** pathological; **~os** melodramatic style (*od* diction); emotional tone

Patient patient; *stationärer ~* in-patient

Patin|a patina; **~iert** patinated

Patriarch patriarch; **~alisch** patriarchal

Patriot patriot; **~isch** patriotic; **~ismus** patriotism

Patriz|e top die, punch; **~ier** patrician

Patron patron; protector; *umg* fellow; **~at** patronage; **~in** patroness; **~e** cartridge (*a.*); *(Textil)* pattern, model; *scharfe ~e* ball (*od* live) cartridge; **~engurt** cartridge belt; **~enhülse** cartridge case; **~entasche** cartridge pouch

Patrouill|e patrol; **~ieren** to patrol

patz|en to make blots, to spot; **~ig** rude; saucy, cheeky

Pauke timbal, kettle-drum; *umg* lecture, dressing-down; **~n** to beat the kettle-drum; *fig* to swot, to cram; *(Fechten etc)* to fight a duel; **~nwirbel** roll of the kettle-drum; **~r** kettle-drummer; *(Lehrer)* crammer, coach; **~rei** duel; cramming; *mit ~n u. Trompeten* with drums beating and trumpets sounding; with flying colours, out-and-out

pausbäckig chubby-faced

pauschal overall, global; lump-sum; **~gebühr** flat rate, lump sum; **~preis** flat price; all-in price; **~reise** inclusive journey, package tour; **~summe** lump sum; round amount; **~tarif** flat-rate tariff; **~versicherung** blanket insurance; **~zahlung** lump-sum payment

Paus|e pause, stop; interval, intermission; *(Schule)* break, *US* recess; lull; rest; *(Zeichnung)* tracing, traced design; **~en** to trace, to pounce; **~enzeichen** interval tune, signal tune, (in der Schule) bell; **~papier** tracing paper

Pavian baboon

Pavillon pavilion

Pazifis|mus pacifism; **~t** pacifist, advocate of peace; **~tisch** pacifist(ic)

Pech pitch; *(Schuster-)* cobbler's wax; *fig* bad luck, ill luck, mishap; *vom ~ verfolgt sein* to be down on one's luck; **~artig** pitchy, bituminous; **~blende** pitch-blende; **~draht** shoe-

maker's thread; **~fackel** torch; **~finster** pitch-dark; **~nelke** catchfly; **~schwarz** pitch-black; **~strähne** run of ill luck; *~strähne haben* to strike a bad patch; **~vogel** unlucky devil
Pedal pedal
Pedant pedant; **~erie** pedantry; **~isch** pedantic, meticulous
Pedell beadle; *(Schule)* janitor, porter
Pegel water-gauge; level
Peil|anlage ✈ direction-finding installation; ⚓ sounding device; **~bake** radio beacon; **~en** to take bearings; to take a fix; to locate; to sound
Pein pain, torture, agony; anguish; **~igen** to torment, to harass; *fig* to distress; **~iger** tormentor; **~igung** torment, torture; **~lich** painful; embarrassing, awkward; *(genau)* exact, careful; scrupulous, meticulous; **~lichkeit** painfulness; awkwardness; embarrassment; scrupulousness; exactness, carefulness
Peitsche whip, lash; **~n** to whip, to flog, to lash; *e. Gesetz durchs Parlament ~n* to rush a bill through the House; **~nhieb** lash, cut with the whip; **~nknall** whip crack; **~nschnur** thong (*od* lash) of a whip; **~nstiel** whip-stick
pekuniär pecuniary
Pelikan pelican
Pell|e skin, peel ♦ *j-m auf d. ~ rücken*; *siehe* Pelz; **~en** to peel; **~kartoffeln** potatoes in their jackets
Pelz pelt; *(zubereitet)* fur; *(Fell)* skin; hide; fur coat ♦ *j-m auf d. ~ rücken* to press s-b hard; **~besatz** fur trimming; **~händler** furrier; **~jäger** (fur) trapper; **~ig** furry; **~mantel** fur coat; **~tiere** fur-bearing animals; **~waren, ~werk** furriery, furs, skins
Pendel pendulum; **~betrieb, ~verkehr** 🚆, ✈ shuttle-service; **~bewegung** movement of pendulum, gyratory movement; **~n** to oscillate, to swing, to vibrate, to undulate; 🚆 to commute; to divine (*od* dowse) with a pendulum; **~rahmen** cradle frame; **~tür** swinging door; **~uhr** pendulum clock
Pendler commuter; dowser
Penn|al (secondary) school; **~äler** schoolboy; **~bruder** (homeless) tramp, bum; **~e** school; **~en** *umg* to snooze, to doss (down)
Pension pension, boarding-house; (retirement) pension; *mit ~ verabschiedet* pensioned off; **~är** pensioner, boarder; **~sberechtigt** entitled to a pension; **~gast** border; **~skasse** pension fund
Pensum task, lesson
Pentagramm pentacle, pentagram
per by, per; *(Datum)* (as) on, (as) at; ✉ *~ Adresse* care of, c/o; *~ Post* by post; **~ennierend** perennial; **~fekt** *gram* perfect tense *adj* perfect; complete; *umg* watertight; **~fid** perfidious, insidious; **~fidie** perfidy; **~forieren** to perforate; **~gament** parchment
Period|e period *(a. gram)*; *geol* age; ⚕ menstruation, period; ⚡ cycle, period; *parl* duration of a session; **~isch** periodical; *chem* periodic; *~isch wiederkehren* to cycle
peripher peripheral; *fig* less(er); **~ie** periphery; circumference; *(Stadt-)* outskirts
Perl|e pearl; *(künstl.)* bead; *fig* gem; *(Wasser-)* bubble ♦ *~en vor die Säue werfen* to cast pearls before swine; **~en** to sparkle, to effervesce; **~enkette** pearl necklet, string of pearls; **~farben** pearl-coloured; **~grau** pearl-grey; **~huhn** guinea-fowl; **~mutter** mother-of-pearl; **~on** perlon; **~schrift** pearl; **~stickerei** beading
permanen|t permanent; **~z** permanence
Per|pendikel perpendicular (line); pendulum; **~petuum mobile** perpetual motion (machine); **~plex** dumbfounded; **~ron** platform; **~senning** tarpaulin
Pers|er Persian; **~ianer** Persian lamb (coat); **~ien** Persia; **~isch** Persian
Person person; personage; 🎭 character, role, part; ⚖ juridical person; corporation; entity; *in ~* in person, personally; personified; **~al** personnel, staff; employees; servants; attendants; *mit ~al versehen* to staff; *mit zu wenig ~al* understaffed; **~alabteilung** personnel department (*od* division); **~alakte** case history; personnel file (*od* record); **~alangaben** personal data; **~alausweis** identity card; identification papers; **~albeschreibung** description of a person; **~albüro** personnel office; **~alchef** personnel (*od* staff) manager; **~algesellschaft** partnership; **~alien** particulars about a person; **~alunion** personal union; **~enaufzug** passenger lift; **~enbeförderung** conveyance of passengers; **~en- und Güterverkehr** passengers and goods traffic; **~en(kraft)wagen** motor-car; **~enkreis** category of people; **~enschaden** personal damage; **~enstand** (legal) status; *~enstandsgesetz* Births and Deaths Registration Act; **~enverzeichnis** register of persons; dramatis personae; **~enzug** passenger train; **~ifizieren** to personify, to impersonate; **¨lich** personal; in person; **¨lichkeit** personality, individuality
Perspektiv|e perspective; *fig* prospect, chance; **~isch** perspective
Perücke (peri)wig
pervers perverse; **~ität** perversity
Pessimis|mus pessimism; **~t** pessimist; **~tisch** pessimistic
Pest pestilence; plague; epidemic; *hassen wie d. ~* to hate like poison; **~artig** pestilential; **~beule** plague-boil, *fig* plague-spot; **~hauch** pestilential miasma; **~krank** infected with the plague
Petersilie parsley
Petit brevier
Petroleum *(Roh-)* petroleum, *US* (mineral) oil; *(Leucht-) BE* paraffin (oil), lighting-oil, *US* kerosene; **~gesellschaft** petroleum (*bes US* oil) company; **~lampe** oil-lamp, *US* kerosene lamp; **~quelle** oil-well; **~rückstand** mazut
Petrus St. Peter; the Clerk of the Weather
Petschaft seal, signet
Petz Bruin; **~e** informer; **~en** to inform, to tell tales
Pfad path; **~finder** Boy Scout; *mil* pathfinder;

~finderin *BE* Girl Guide, *US* Girl Scout; **~los** pathless

Pfaffe priest, parson; **~ntum** clericalism

pfäffisch priestlike; priest-ridden

Pfahl stake; *(Stange)* pole; post; prop; *(Zaun-)* pale; picket; *(Grund-)* pile; *(Schand-)* pillory; **~bau(siedlung)** lake-dwelling, pile-work; **~̈len** to fence in, to impale; **~gründung** pile foundation; **~rost** pile support; **~werk** paling, palisade; **~wurzel** tap-root

Pfalz imperial palace; *geog* Palatinate; **~graf** Count Palatine

Pfand pledge; security; forfeit; deposit; *zum ~ einsetzen* to pawn, to pledge; *e. ~ einlösen* to redeem a pledge; **~̈bar** distrainable, attachable, seizable; **~brief** mortgage bond; **~̈en** to seize, to distrain, to take in pledge; *(beschlagnahmen)* to impound; **~̈erspiel** game of forfeits; **~gläubiger** pledgee; lienholder; **~inhaber** pawnee, mortgagee; **~leiher** pawnbroker; **~recht** (right of) lien; **~schein** pawn ticket; certificate of pledge; **~schuld** mortgage debt; **~schuldner** pledgor; **~̈ung** seizure, distraint (*~̈ung beantragen* to sue for a d.); **~̈ungsauftrag** distress-warrant; **~̈ungsbeschluß** attachment order; **~̈ungsverfahren** attachment proceedings; **~verschreibung** mortgage deed

Pfann|e pan; copper, boiler; ⚕ socket; *(Ziegel)* pantile; **~kuchen** pancake; *Berliner ~kuchen* doughnut

Pfarr|amt, ~bezirk, ~gemeinde parish; **~e, ~ei** parsonage, vicarage, parish; **~er** pastor, minister; *(engl. Kirche)* rector, vicar; chaplain; **~haus** rectory, vicarage; *(schott.)* manse; **~kind** parishioner; **~kirche** parish church

Pfau peacock; **~enauge** peacock-butterfly; **~enfeder** peacock's feather; **~enrad** peacock's fan; **~henne** peahen

Pfeffer pepper ♦ *da liegt der Hase im ~* there's the rub, that's where the hitch comes in; **~büchse** pepper-castor; **~gurke** (pickled) gherkin; **~korn** peppercorn; **~kuchen** gingerbread; **~minze** peppermint; **~n** to pepper; *fig* to throw; **~nuß** ginger nut, *BE* ginger snap

Pfeife whistle; *(Tabaks-)* pipe ♦ *nach j-s ~ tanzen* to dance to s-b's tune; **~n** whistle, to pipe; (⛴, *Wind*) to howl; *(Maus)* to squeak ♦ *~n auf* not to give a hoot about, not to care a straw for; *auf d. letzten Loch ~n* to be on one's last legs; **~nkopf** pipe-bowl; **~nrohr** pipe-tube; **~nspitze** mouth-piece; **~nstopfer** pipe-stopper; **~r** whistler, fifer

Pfeil arrow; *(Wurf-)* dart; **~gerade** as straight as an arrow; **~gift** arrow-poison; **~schnell** as swift as an arrow; **~schütze** archer; **~spitze** arrow-head

Pfeiler pillar; post, prop, pier

Pfennig pfennig; *fig* penny; **~fuchser** miser; *umg* pinch-penny, skinflint; **~fuchserei** stinginess

Pferch fold, pen; **~en** to fold, to coop up

Pferd horse; *(Stute)* mare; *(Hengst)* stallion; *(Mähre)* jade; 🤸 pommel horse ♦ *sich aufs hohe ~ setzen* to ride (*od* to mount) the high horse; *d. ~ beim Schwanz aufzäumen* to put the cart before the horse; *keine zehn ~e bringen mich dazu* wild horses wouldn't drag me to it; **~ebremse** horse-fly; **~edecke** saddle-cloth; **~efuß** *fig* cloven hoof; snag; **~egeschirr** harness; **~ehändler** horse-dealer; **~eknecht** groom, ostler; **~ekoppel** paddock; **~ekraft** horsepower (HP); **~elänge** length (of a horse); **~erennen** horserace, horseracing; **~eschwemme** horse-pond; **~estall** stable; **~estärke** (metric) horsepower; **~ezucht** horse-breeding

Pfiff whistle; *fig* trick; **~erling** chanterelle ♦ *keinen ~erling wert* not worth a fig (*od* farthing); **~ig** sly, cunning; **~ikus** sly fellow

Pfingst|en Whitsuntide; **~montag** Whit Monday; **~rose** peony; **~sonntag** Whitsunday

Pfirsich peach; **~bowle** peach-cup

Pflanz|e plant; **~en** to plant, to set, to lay out; **~enbutter** vegetable butter; **~enfaser** vegetable fibre; **~fressend** graminivorous, herbivorous; **~enkost** vegetable diet; **~enkunde** botany; **~enleben** vegetable life, plant life; **~enöl** vegetable oil; **~ensaft** sap; **~ensammlung** collection of plants, herbarium; **~enschädling** pest; **~enschutzmittel** pesticide; **~enwelt** vegetable kingdom; **~er** settler, planter, colonist; **~gut** seedlings; **~lich** vegetable; **~reis** scion; **~schule** nursery; **~stätte** settlement; *fig* nucleus; hotbed, source; **~ung** planting, plantation; settlement

Pflaster plaster; *englisches ~* court-plaster; *(Heft-)* adhesive plaster; *(Straßen-)* pavement; **~er** *BE* paviour, *US* paver; **~n** to pave; to plaster; **~stein** (paving) sett, paving-stone; **~treter** loiterer, idler; **~ung** paving (with setts)

Pflaume plum; *gedörrte ~* prune; **~nmus** plum purée

Pfleg|e care; ⚕ nursing; rearing *(child)*; attention; *(Kunst-)* cultivation; 🚗 maintenance; **~ebefohlene(r)** warden; **~eeltern** foster-parents; **~ekind** foster-child; **~en** to care for; to cherish; ⚕ to nurse; to attend to; *(Äußeres)* to groom; to foster; to rear; to cultivate; *vi* to be accustomed (to do); to be in the habit (of doing); *Rat ~en mit* to consult with; **~er, ~erin** guardian; ⚕ nurse; curator; **~lich** careful; **~schaft** guardianship, tutelage; curatorship; trust

Pflicht duty, obligation; *(Zwang)* compulsion, constraint; restraint; *s-e ~ verletzen* to fail in one's duty; *~ u. Schuldigkeit* bounden duty; **~anker** sheet-anchor; **~beitrag** compulsory contribution; **~eifer** zeal; **~erfüllung** performance of a duty; **~exemplar** statutory copy; **~gefühl** sense of duty; **~gemäß** dutiful; conformable to duty; as in duty bound; **~schuldig** obligatory, as in duty bound; **~teil** compulsory portion; **~treu** dutiful, conscientious; **~vergessen** undutiful, disloyal; **~widrig** contrary to duty

Pflock peg; plug, pin; **~̈en** to peg, to plug

pflücken to pick, to pluck; to gather

Pflug plough, *US* plow; **~eisen** coulter, *US* colter; **~̈en** to plough, *US* to plow; to till; **~̈er**

ploughman, *US* plowman; **~schar** ploughshare, *US* plowshare

Pforte door; gate; entrance; portal; *(Öffnung)* opening; ⚓ port(-hole); *d. ~n d. Ewigkeit* the portals of eternity

Pförtner doorman; doorkeeper, gatekeeper; ⚕ pylorus; *(Hausmeister)* janitor; **~wohnung** porter's lodge

Pfosten post; *(Tür-)* jamb; *(Pfahl)* pale, stake; *(Mittelpfosten d. Fensters)* mullion; *(Bohle)* plank

Pfote paw

Pfriem awl; punch; 📖 bodkin

Pfropf|en cork; stopper; *(Watte-)* wad; plug; ⚕ thrombus, embolus; clot (of blood); tampon; **~en** to cork; to stopper; to cram into; to stuff; ⚘ to graft, to bud, to inoculate; **~enzieher** corkscrew; **~messer** grafting-knife; **~reis** graft; scion; **~säge** pruning (*od* grafting) saw

Pfründ|e *eccl* prebend; living; benefice; *fig* sinecure; **~ner** prebendary, beneficiary, incumbent

Pfuhl pool, puddle; ⁖ pillow, bolster

pfui! fie!, for shame!, pooh!, phew!

Pfund pound ♦ *mit s-m ~ wuchern* to make the most of one's talents; *~ Sterling* pound (sterling); **~ig** *umg* grand, swell; **~ssache** *umg* slasher, whopper; **~weise** by the pound

pfusch|en to bungle, to botch; to meddle with; **~er** bungler, botcher; *(Kurpfuscher)* quack; **~erei** bungling; scamped work

Pfütze puddle, pool

Phänomen phenomenon; **~al** phenomenal

Phantasie imagination, fancy, inventive faculty; fantastic vision; chimera; reverie; **~los** unimaginative; **~ren** to day-dream, to imagine (things); ♪ to improvise; ⚕ to ramble, to rave, to be delirious; **~voll** fanciful

Phantast dreamer, visionary; **~isch** fanciful, phantastic

Phantom phantom

Pharisäer Pharisee

Pharma|kologie pharmacology; **~zeut** pharmacist; *US a.* druggist; **~zeutisch** pharmaceutical; **~zie** pharmaceutics, pharmacy

Phase ϟ, *astr* phase; stage; **~nschwankung** phase variations; **~nspannung** phase voltage

Philanthrop philanthropist; **~isch** philanthropic

Philister philistine; **~haft** narrow-minded; **~haftigkeit** narrow-mindedness

Philolog|e philologist; **~ie** philology; **~isch** philological

Philosoph philosopher; **~ie** philosophy; **~ieren** to philosophize; **~isch** philosophical

Phiole phial, *bes US* vial

Phlegma phlegm, sluggishness, dullness; **~tiker** phlegmatic person; **~tisch** phlegmatic, sluggish, dull

Phonet|ik phonetics; **~iker** phonetician; **~isch** phonetic

Phönix phenix

Phönizier Phoenician

Phosphat phosphate; **~dünger** phosphate fertilizer

Phosphor phosphorus; **~eszieren** to phosphoresce; **~eszierend** phosphorescent; **~ig** phosphorous; **~säure** phosphoric acid

Photo|apparat camera; **~chemie** photochemistry; **~elektrisch** photo-electric; **~gen** photogenic; **~grammetrie** photogrammetry; **~graph** photographer; **~graphie** photography; photograph; photo; **~graphieren** to photograph; to take photographs; **~graphisch** photographic; **~montage** photomontage, photographic layout; **~zelle** photoelectric cell; *siehe* Foto(-)

Phrase phrase; trite remark; cliché; *~n dreschen* to talk platitudes, *umg* to flannel; **~ndrescher** phrase-monger, *umg* flanneller; **~ndrescherei** claptrap; **~nhaft** bombastic; **~ologie** phraseology

Physik physics; **~alisch** physical; **~er** physicist; **~um** ⚕ preliminary examination

Physio|gnomie physiognomy; **~logie** physiology; **~logisch** physiological

physisch physical; material; bodily

Pian|ino upright piano; **~ist** pianist; **~o** piano; *su (a. ~oforte)* piano(forte)

picheln to tipple

pichen to pitch; *(Schuh)* to wax

Pick|e pickaxe; **~en** to pick; to peck

Pickel pimple; pickaxe; **~flöte** piccolo; **~haube** spiked helmet; **~hering** pickled herring; **~ig** pimply

Picknick picnic

pieken *umg* to prick; to sting

piep|(s)en to chirp, to cheep; to peep; *(zirpen)* to chirrup; *(Mäuse)* to squeak; *zum ~en!* funny, a scream; **~matz** dicky-bird

Pier pier, jetty; mole

piesacken *umg* to torment; to pester; to nag

Piet|ät piety; reverence; **~ismus** Pietism, bigotry; cant; **~ist** Pietist; **~istisch** pietistic; bigoted, sanctimonious; **~ätlos** irreverent; **~ätvoll** reverent

Pik pique, grudge; *(Karten)* spade; **~ant** piquant; **~anterie** spicy joke (*bzw* story); **~e** pike ♦ *von d. ~e auf dienen* to rise from the ranks; **~fein** smart; slap-up, dressed-up; **~iert** irritated, piqued; offended; vexed; **~kolo** boy waiter, page, *US* bell-hop; **~koloflöte** piccolo

Pikee piqué

Pikrinsäure picric acid

Pilger pilgrim; **~fahrt** pilgrimage; **~n** to wander; to go on pilgrimage; **~stab** pilgrim's staff

Pille pill; *e-e bittere ~* a bitter pill; **~nschachtel** pill-box

Pilot pilot

Pilz mushroom; fungus; *(giftiger)* toadstool; *wie ~e aus d. Erde schießen* to spring up like mushrooms; **~förmig** fungiform

Piment allspice, pimento

pimpelig sickly; soft; flabby; effeminate; whining

Pinasse ⚓ pinnace

Pinguin penguin

Pinie stone-pine

pinkeln to piddle, to make water

Pinne drawing-pin; peg, pin; tack; ⚓ tiller; *(Hammer-)* peen; *(Zapfen)* pivot, tenon

Pinscher pinscher
Pinsel brush; paint-brush; (hair-)pencil; *(Einfalts-)* noodle, simpleton, dunce; **~ei** daubing; **~führung** touch; **~n** to paint, to daub; **~strich** stroke of the brush
Pinzette tweezers
Pionier pioneer; sapper; engineer; **~bataillon** engineer battalion; **~truppe** engineer troops
Pips ⚕ pip
Pirat pirate; buccaneer; **~erie, ~entum** piracy
Pirol oriole
Pirsch hunting; deer-stalking; **~en** to hunt, to stalk deer
Pistazie pistachio
Piste ski run, piste; beaten track (*od* path); ✈ runway
Pistole pistol, *umg* gun, automatic ♦ *wie aus d. ~ geschossen* as quick as a flash, like a shot; *j-m d. ~ auf d. Brust setzen* to put a pistol to s-b's head; **~ngriff** butt-end (of a pistol); **~nschuß** pistol-shot; **~ntasche** holster
pitschnaß wet through, soaking wet
placke|n *refl* to drudge; to toil; **~rei** drudgery
pläd|ieren to plead; to argue (*für* in favour of); **~oyer** final (oral) pleading; address, speech
Plafond ceiling, limit
Plage plague; torment, vexation; worry; nuisance; **~geist** bore, plague, tormentor; **~n** to pester, to harass; to bother; to grind; *refl* to drudge; to slave; to struggle
Plagiat plagiarism; *e. ~ begehen* to plagiarize; **~or** plagiarist
plagiieren to plagiarize, to lift
Plakat bill, poster, placard; *~e ankleben verboten* post no bills; **~ankleber** bill-sticker, bill-poster; **~anschlag** bill-posting, placarding; **~fläche** *BE* hoarding, *US* billboard; **~ieren** to stick (*od* post) bills; **~säule** advertisement pillar; **~träger** sandwich-man
Plan plan; project; scheme; draft; layout; *(Blaupause)* blueprint; *(Karte)* map; *(Fahr-)* time-table, schedule; *(graphisch)* diagram; intention; design; **~e** awning, tarpaulin; cover; **~en** to plan, to project; to scheme; to map out, to lay out; to arrange; **⁓eschmied** schemer; **~feuer** *mil* plotted (*od* scheduled) fire; **~ieren** to plane, to smooth; to grade, to level; **~ierraupe** bulldozer; **~los** aimless, desultory; at random; **~losigkeit** lack of plan; **~mäßig** according to plan; as planned; methodical; **~pause** overlay, traced chart; **~quadrat** map square; **~schießen** map (*od* scheduled) fire; **~stelle** permanent established post; **~ung** planning, plan; **~voll** methodical; systematic; **~wagen** covered wagon; **~wirtschaft** planned economy; **~ziel** planned output, target
Planet planet; asteroid; **~arium** planetarium; **~engetriebe** planetary gear; **~ensystem** planetary system
Planke plank; board
Plänkel|ei skirmish; **~n** to skirmish
Plankton plankton
Plansch|becken paddling-pool; **~en** to splash, to dabble; to paddle
Plantage plantation
Plapper|ei babbling; **~maul** chatterbox; **~n** to prattle; to babble; to chatter
plärren to cry, to blubber
Plasti|k plastic art, sculpture; ⚕ plastic surgery; **~sch** plastic; in clear relief
Plastilin plasticine
Platane plane-tree, *US* sycamore
Platin platinum; **~haltig** platiniferous
plätschern to splash, to dabble; *(Bach)* to ripple, to murmur
platt flat; level, flattened; *fig* insipid, silly, dull; *~ sein* to be dumbfounded; **~deutsch** Low German; **~e** plate; slab, flag; plateau; ♪ record, disk; *(Tablett)* tray; bald head; *kalte ~* cold meats; **~enabzug** stereotyped proof; **~enspieler** record player; **~enteller** turntable; **~erdings** absolutely, decidedly; **~form** platform, ✈ tarmac; **~fuß** flat-foot; 🚗 flat tire, puncture; **~fußeinlage** arch-support; **~heit** flatness; staleness; platitude; dullness; **~ieren** to plate
Plätt|brett ironing-board; **~eisen** iron; flat-iron; **~en** to iron, to press; **~erin** ironer; **~wäsche** linen (to be ironed)
Platz place; spot; locality; space; room; 🎭 seat; *(öffentl.)* square, circus; *~ da!* make way!; *fehl am ~* out of place; *~ machen* to make room; *~ nehmen* to take a seat; *~ greifen* to gain ground, to spread; *am ~ sein* to be pertinent, to be opportune ♦ *auf d. ~e sein* to be on the alert; **~angst** agoraphobia; **~anweiserin** usherette; **~en** to burst, to explode; to split; *(Glas)* to crack; 🚗 to blow out; **~karte** ticket for a reserved seat; **~kommandant** commandant of a military post; **~mangel** lack of space; **~nummer** seat number; *(Bücher)* shelf number; **~patrone** blank cartridge; **~raubend** encumbering; **~regen** downpour, torrential rain; **~sparend** space-saving; **~wechsel** change of place; *(Geld)* local bill; **~wunde** laceration
Plätzchen little place; fancy biscuit, *US* cookie; (chocolate) drop
Plauder|ei chat, (small) talk; conversation; **~er** conversationalist, talker, speaker; chatterbox; **~n** to talk, to chat, to gossip ♦ *aus d. Schule ~n* to let out stable secrets; to tell tales out of school; **~tasche** chatterbox; gossip; **~ton** conversational tone
Pleb|ejer, ~ejisch plebeian; **~s** mob; rabble
Pleite bankruptcy; failure; flop; *adj* bankrupt, *umg* broke, bust; *~ gehen* to go broke *(od* bust); **~geier** bankruptcy
Plenarsitzung plenary meeting
plemplem *umg* off one's nut, nutty, nuts
Pleuelstange connecting-rod
Plexiglas safety glass, perspex
Pliss|ee pleating; **~eerock** pleated skirt; **~ieren** to pleat
Plomb|e lead seal; ⚕ *(Zahn-)* filling; plug; stopping; **~ieren** to lead; ⚕ to plug, to fill; to seal with lead
Plötze roach, dace
plötzlich sudden; abrupt; *adv* suddenly, all of a sudden, all at once; **~keit** suddenness; abruptness

Pluderhosen wide breeches; plus-fours
Plumeau feather-bed
plump awkward, clumsy; *(grob)* crude; tactless; dumpy; unwiedly; shapeless; **~heit** shapelessness; heaviness; awkwardness, clumsiness; **~sen** to plump, to plop
Plunder lumber, trash, rubbish, junk; **⁓̈er** plunderer; looter; **⁓̈n** to plunder, to pillage, to loot; to rifle; *(Orte)* to sack; *(durchsuchen)* to ransack; **⁓̈ung** plundering; pillage; sack, looting
Plural plural
Plus plus; surplus; increase; **~pol** positive pole; **~quamperfekt** pluperfect; **~zeichen** plus sign
Plüsch plush, shag
Pneumat|ik pneumatic tyre; **~isch** pneumatic
Pöbel mob, rabble; populace; **~haft** low, vulgar; **~herrschaft** mob rule
poch|en to knock; *(leicht)* to rap; to beat, to throb; to pound; to palpitate; *~en auf* to insist on; *vt* to crush; *(Erz)* to pound; **~werk** stamping-mill
Pock|e pock; *d. ~en* smallpox; **~enimpfung** vaccination; **~ennarbe** pock-mark; **~ennarbig** pock-marked
Podium rostrum, platform
Poesie poetry
Poet poet; **~ik** poetics; **~isch** poetic(al)
Point|e point, punch line; *(Witz)* witticism; pungency, sharpness; **~iert** pointed, sharp, captious
Pokal goblet, (drinking-)cup
Pökel brine; **~fleisch** pickled meat, salt meat; **~hering** pickled herring; **~n** to pickle, to salt
Pol pole; ϟ pole, terminal ♦ *d. ruhende ~* one solid rock (amid the shifting sands)
polar polar, arctic; **~eis** polar ice; **~forscher** polar explorer; **~fuchs** arctic fox; **~gürtel** frigid zone; **~hund** husky; **~isieren** to polarize; **~ität** polarity; **~kreis** arctic circle; **~licht** northern lights; aurora borealis; **~luft** polar air; **~meer** Arctic Ocean; **~stern** pole-star; **~strom** arctic current
Pole Pole; **~n** Poland ♦ *noch ist ~n nicht verloren* there is still hope
Polem|ik polemics, controversy; **~isch** polemic; **~isieren** to carry on a controversy
Polente *umg BE* bobbies, cops
Police policy (*e-e ~ ausstellen* to issue a p.); *(Lebensversicherungs-)* life policy
Polier foreman; **~en** to polish, to burnish; **~er** polisher; **~wachs** polish
Poliklinik policlinic; out-patients' department (of a hospital); dispensary
Polit|ik politics; *(e-e polit. Linie)* policy; **~iker** politician, statesman; **~isch** political; policy-forming; *~ischer Standpunkt* platform; **~isieren** *vt* to make political-minded; to talk politics; to dabble in politics
Politur shellac varnish, polish(ing)
Polizei police; **~aufgebot** body of policemen; **~aufsicht** police supervision; **~beamter** policeman, constable; police officer; **~bericht** charge sheet, *US* police blotter; **~gewahrsam** lock-up; **~knüppel** *BE* truncheon, *US* nightstick; **~kommissar** police superintendent; **~lich** (of the) police; by order of the police; **~richter** police magistrate; *US* police-court judge; **~staat** police state; **~spitzel** police spy, *umg* nark; **~streife** police patrol; **~stunde** closing-hour; curfew; **~verordnung** police regulation; **~wache** police station; **~widrig** contrary to police regulations
Polizist policeman, *BE* constable, *umg BE* bobby, cop; *(Geheim-)* detective; *US* plainclothes man; *umg* dick
polnisch Polish
Polo polo; **~feld** polo ground; **~hemd** *umg* T-shirt
Polonäse polonaise
Polster cushion *(a. fig)*; pillow; bolster; **~möbel** upholstered furniture; **~n** to upholster; to pad; to stuff; **~sessel** easy chair; **~ung** upholstery, stuffing, padding; wadding
Polter|abend wedding-eve (party); **~geist** goblin, poltergeist; **~n** to make a noise; to rumble; to rattle; to bluster; to scold
polygam polygamous; **~ie** polygamy
polymer polymeric; **~ie** polymerization; polymerism; **~isieren** to polymerize
Polyp polyp; ⚕ polypus; *umg BE* bobby, cop
polyphon polyphonic, polyphonous; **~ie** polyphony
Polytechnik polytechnics; **~um** technical college
Pomad|e pomade; **~ig** *umg* phlegmatic, sluggish
Pomeranze bitter orange
Pommes frites *BE* chips; *US* French fried potatoes, *umg* French fried
Pomp pomp; **~haft** pompous
Ponton pontoon; **~kran** floating crane
Pony pony; *(Haar-)* fringe
Popanz bugbear, bogy; bugaboo
Popelin poplin
Popo *umg* bottom, backside
popul|är popular; **~arisieren** to popularize; **~arität** popularity
Por|e pore; **~ös** porous; **~osität** porosity
Porphyr porphyry
Porree leek
Portal portal; porch; front gate; **~kran** portal crane
Porte|feuille portfolio; **~monnaie** purse; **~pee** sword-knot
Portier doorkeeper, porter; *US* doorman
Portion portion, helping; ration; *(Tee)* pot
Porto postage; **~frei** postage paid, postfree; carriage paid; prepaid, postpaid; **~gebühren** postal rates; **~kasse** petty cash; **~pflichtig** liable to postage; **~satz** rate of postage; **~zuschlag** surcharge
Porträt portrait; likeness, picture; **~ieren** to portray; **~maler** portrait painter
Porzellan porcelain; china ♦ *wie e. Elefant im ~laden* like a bull in a china shop; *Meißner ~* Dresden china; **~artig** porcellanic; **~erde**

porcelain clay, kaolin; **~manufaktur** china factory; **~service** set of china

Posament|en trimmings; **~ierer** lace-maker; trimming-maker; *BE* haberdasher; **~ierwaren** lacework; trimmings; *BE* haberdashery, *US* notions

Posaune trombone; trumpet; **~n** to play the trombone, to trumpet; **~nbläser** trombonist

Pos|e pose, attitude; posture; *(Angabe)* showing off; affectation; **~ieren** to pose, to strike an attitude; **~ition** position; *(Buchhaltg.)* item; **~itionslampe** navigation light; **~itiv** positive; favourable; genuine; *~itives Zeichen* sign of improvement; **~itur** posture; *sich in ~itur setzen* to square one's shoulders, to strike an attitude

Poss|e jest, farce; **~en** antics, trick; *grobe ~en* buffoonery; **~enreißer** jester, buffoon; **~ierlich** droll, funny, quaint

Post post, mail; post office; *(Eil-)* express post, *US* special delivery; *(Luft-)* airmail; *mit d. ersten ~* by the first delivery; *gewöhnliche ~* surface mail; *mit umgehender ~* by return of mail; **~alisch** postal; **~amt** post office; **~anweisung** money-order, postal order; **~auto** post-van, *US* mail-car; *(Omnibus)* motorbus; **~beamter** post-office clerk; **~bote** postman, *US* mailman; **~fach** post-office box (P. O. B.); **~geheimnis** secrecy of the mail; **~karte** postcard; **~kasten** post-box; letter-box; **~kutsche** stage-coach, mail; **~lagernd** poste restante; **~scheck** postal giro form; **~scheckamt** postal giro office; **~schließfach** post-office box; pigeon hole; **~sparkasse** post office savings bank; **~wendend** by return of post; **~wertzeichen** stamp; **~wurfsendung** unaddressed mailing; sample packet; **~zustellung** delivery

Postament pedestal, base

Posten post; place; position, job; outpost; sentry; item; sum; entry; lot; amount; quantity; parcel; shipment; *(Streik-)* picket; *~ ablösen* to relieve sentries; *~ stehen* to be on sentry (*od* duty, guard); **~jäger** place-hunter, job-hunter; **~kette** *mil* outpost line; **~weise** by items

postieren to post, to place

potent powerful

Potenti|al potential, potential function; **~ell** potential

Potenz potency, effectiveness; sexual power; potency *(of a drug)*; **~ieren** *math* to raise to a higher power; to intensify; to potentiate, to increase the potency of *(a drug)*; **~ierung** *math* involution; potentiation

Potpourri (musical) selection, medley, potpourri

Pott|asche potash; **~wal** sperm-whale

potztausend! good gracious!

poussieren to flirt, to spoon

Pracht magnificence; pomp; state; splendour; luxury; **~ausgabe** édition de luxe; **~kerl** fine fellow; **~liebend** ostentatious; **~voll** splendid, gorgeous, fine

prächtig magnificent; splendid; fine; lovely, gorgeous; pompous

Prädikat predicate; title; (school-)mark; *fig* designation; **~snomen** complement

Präfix prefix

Präg|e stamp; **~eanstalt** mint; **~edruck** relief print; **~eform** matrix, mould; **~emaschine** coining machine; embossing machine; **~en** to stamp, to coin, to impress; to block; **~ung** coinage; shaping; character

prägnan|t significant, suggestive; concise, terse; exact; **~z** conciseness, terseness

prähistorisch prehistoric

prahl|en to boast, to brag; to show off; **~erei** boastfulness; boasting; bragging; **~erisch** boastful, bragging, ostentatious; **~hans** boaster; braggart

Prahm barge, flat-bottomed boat, lighter

Prakti|k practice; trick; **~kant** trainee; **~ker** practical man, expert; **~kum** practical course; **~kus** old hand, old stager; **~sch** clever, handy, useful; practical; experienced; *~scher Arzt* general practitioner (G. P.); *bes US oft* physician; **~zieren** to practise, *US* to practice

Prälat prelate

Präliminarien preliminaries

Praline chocolate (*~schachtel* box of ch-s)

prall taut, tight, tense; plump, chubby; stout; *(Sonne)* blazing; *in d. ~en Sonne* in the full glare of the sun; *(Auf-)* collision, rebound; **~en** to dash (against); to bounce; *(Sonne)* to shine dazzlingly

Präludium prelude

Prämi|e premium, prize; award; bounty; **~engeschäft** option dealing; **~engewährung** bonus issue; **~ieren** to award a prize to

prang|en to glitter; to shine; to make a show; to boast; **~er** pillory; *j-n an d. ~er stellen* to pillory s-b

Pranke, Pratze claw, paw

Präpar|at ⚕ preparation; *(Mikroskop)* slide; **~ierbesteck** dissecting case; **~ieren** to prepare; to dissect

Präposition preposition

Prärie prairie

Präsen|s *gram* present (tense); **~t** gift; present; **~tieren** to present, to offer; **~zbibliothek** reference library

Präsid|ent president, chairman; *Amtszeit d. ~enten* presidential term; **~entenwahl** presidential election; **~ieren** to preside (over); **~ium** chair, presidency; presiding board

prasseln to crackle; *(Regen)* to patter

prass|en to feast, to carouse; *(schwelgen)* to revel; **~er** glutton, spendthrift; **~erei** gluttony, revelry; debauchery; feasting

Prätendent pretender

Präteritum preterite; past tense

Präventivkrieg preventive war

Praxis practice; ⚕ consulting-room, *BE* surgery, *US* doctor's office

Präzedenzfall precedent

präzis precise, exact; punctual; **~ieren** to state more precisely; to specify; **~ion** precision, accuracy; **~ionsarbeit** precision work; **~ionskamera** high-precision camera

predig|en to preach; **~er** preacher, minister, clergyman; **~t** sermon (*e-e ~t halten* to preach a s.); *fig* lecture (*j-m e-e ~t halten* to give s-b a lecture)

Preis price, cost, rate; terms; prize; praise, glory; value; *um keinen ~* not at any price; *äußerster ~* lowest price; *~e erzielen* to fetch prices; *unter d. ~ losschlagen* to let go under price; **~abbau** reduction of prices; **~abzug** rebate, discount; **~angabe** quotation of prices; **~ausschreiben** prize competition; **~drückerei** close bargaining; **~en** to praise, to extol; **~erhöhung** rise in prices, mark-up; **~frage** subject for prize competition; vital question; **~geben** to surrender, to give up; to abandon, to sacrifice, to expose; **~gebunden** price-controlled; **~gestaltung** price structure (*od* formation); **~grenze** price limit; ceiling; **~index** price level, index number; **~krönen** to award a prize to; **~lage** price range; **~notierung** quotation; **~prüfungsamt** price control office; **~richter** arbiter, umpire; **~schießen** shooting competition; **~schleuderei** undercutting of prices; **~schrift** prize-essay; **~schwankungen** fluctuations in prices; **~senkung** price reduction, mark-down; **~spanne** price margin; **~sturz** fall in prices, slump; **~stützung** price support; **~träger** prize-winner; **~treiberei** forcing up of prices; **~überhöhung** overcharging, excessive prices; **~unterbietung** price dumping; **~wert** cheap; reasonably priced

Preiselbeere (mountain) cranberry, cowberry

Prell|bock buffer-stop; **~en** to toss; to cheat; to swindle; *~en um* to fleece of, to fool out of; *~en auf* to bump against; **~erei** swindle, fraud; **~stein** kerb(-stone); **~ung** ⚕ contusion; bruise

Premiere first night; **~nbesucher** first-nighter

Presse press; ⚙ press; *(Schule)* crammer, tutorial college; **~amt** public relations office; **~büro** news agency; **~fehde** press feud; **~feldzug** news campaign; **~freiheit** freedom of the press; **~stimme** press comment, review; **~zensur** press curb, censorship

pressen to press; to squeeze; to urge

Preß|fehde press feud; **~kohle** briquet(te); **~kopf** brawn, *US* headcheese; **~luft** compressed air; **~luftbohrer** pneumatic drill

prickeln to prick, to prickle; to itch; **~d** piquant, spicy

Priem quid (of tobacco)

Priester priest; **~amt** priesthood; **~herrschaft** hierarchy; **~in** priestess; **~lich** priestly, sacerdotal; **~rock** cassock; **~schaft** clergy; **~tum** priesthood; **~weihe** ordination of a priest

Prima Sixth Form, highest class of secondary school; *adj* prime; first-rate; **~ner** sixth-form boy; **~s** primate; **~t** primacy; priority; **~wechsel** first bill of exchange

primär primary, protogenic

Primel primrose, primula, cowslip

primitiv primitive; **~ität** primitiveness

Primzahl prime number

Prinz prince; **~essin** princess; **~gemahl** prince consort; **~lich** princely

Prinzip principle; **~al** principal, head; manager; employer; **~iell** on principle; **~ienreiter** pedant, stickler for principles

Prior prior; **~ität** priority; **~itätsaktien** preference shares; **~itätsanspruch** priority claim

Prise pinch (of snuff); ⚓ prize

Pris|ma prism; **~menglas** prism

Pritsche platform; plank bed

privat private; confidential; **~adresse** home address; **~angelegenheit** private affair; **~dozent** Privatdocent, university lecturer; **~im** privately; **~isieren** to live on one's means; **~recht** private law

Privileg privilege; **~ieren** to privilege

probat proved, tried; excellent

Probe trial, experiment; proof, test; probation; *(Metall-)* assay; pattern; *com* sample, specimen; 🎭 rehearsal; *~ ablegen* to give proof of; *auf d. ~ stellen* to put to the test; *e-e ~ machen* to (make a) check; **~abzug, ~druck** proof(-sheet); **~band** dummy; **~fahrt** trial trip, trial run; **~jahr** year of probation; **~nummer** specimen number; **~sendung** sample (sent on approval); **~weise** on approval, on trial; **~zeit** time of probation, qualifying period

proben to rehearse; to try, to check; to test; to sample

probier|en to try; to taste

Problem problem; *fig* puzzle; *e. ~ lösen* to solve a problem; *sich mit e-m ~ auseinandersetzen* to come to grips with a problem; **~atik** (the) problems (involved); **~atisch** problematic

Produkt produce, product; result; *pl* goods; commodities; **~enbörse** produce exchange; **~enhandel** trade in home produce; **~ion** production, producing, output; yield; **~ionsgemeinschaft** production pool; **~ionsgüter** production goods; **~ionskapazität** productive capacity; **~iv** productive; **~ivität** productivity

Produz|ent producer; manufacturer; grower; **~ieren** to produce; *refl* to show off; to exhibit

profan profane; **~bau** secular building; **~ieren** to profane; **~ierung** profanation

Profess|ion profession; trade; **~or** *(außerordentlicher)* assistant professor; *(ordentlicher)* professor in ordinary; **~ur** professorship

Profil profile; section; cross-section; *im ~ darstellen* to draw in profile; to profile

Profit profit, gain, proceeds; **~ieren** to profit, to gain (by); **~jäger, ~macher** profiteer

pro forma nominal, for the sake of form; **Proformarechnung** pro forma invoice

Prognos|e forecast; ⚕ prognosis; **~tisch** prognostic; forecasting

Programm programme, *US* program; prospectus; schedule; **~punkt** item

Prohibit|ion prohibition; **~iv** prohibitive; prohibitory; **~ivzoll** prohibitive duty

Projekt project, scheme; **~ieren** to project, to plan, to scheme; **~ionsapparat** projector; **~ionsschirm** screen

Proklam|ation proclamation; **~ieren** to proclaim

pro Kopf per capita; per head *(of the population)*

Pro|kura procuration; general power of attorney; *per ~kura* by procuration (*od* per pro., pp.); **~kurist** chief clerk, authorized manager

Prolet proletarian; cad; **~ariat** proletariat; **~arier** proletarian; **~arisch** proletarian, caddish

Prolog prologue

prolong|ieren to prolong; *(Wechsel)* to renew; **~ation** prolongation, continuation

Promen|ade promenade; *US* avenue; walk; **~ieren** to take a walk; **~nmischung** alley dog; dustbin cat

prominent prominent, leading, well-known; **~er** prominent person; *BE umg* big shot, *US umg* big wheel

Promo|tion conferring (*bzw* obtaining) a doctorate; **~vieren** *vt* to confer a doctorate; *vi* to obtain a doctorate

prompt prompt; ready, quick

Pronomen pronoun

Propag|anda propaganda, boost; *(~andarummel)* ballyhoo; **~andafeldzug** propaganda campaign; **~andaministerium** Ministry of Propaganda; **~andist** propagandist; **~andistisch** propagandist; **~ieren** to propagate; to propagandize; to spread; ⚙ to plug

Propeller air-screw, propeller

Prophe|t prophet ♦ *d. ~t gilt nichts in s-m Vaterlande* a prophet is without honour in his own country; **~tie, ~zeiung** prophecy; **~tin** prophetess; **~tisch** prophetic; **~zeien** to prophesy, to foretell

Proportion proportion; **~al** proportional; **~iert** proportionate; well-proportioned

Propst *eccl* provost

Prosa prose; **~isch** prosaic; commonplace; **~schriften** prose writings; **~schriftsteller** prose writer

prosit, prost cheers; *(Niesen)* (God) bless you

Prospekt prospect, view; *(Werbe-)* prospectus, folder

prostitu|ieren to prostitute; **~ierte** prostitute, street-walker; **~tion** prostitution

Proszeniumsloge stage-box

prote|gieren to patronize, to encourage; **~ktion** protection; **~ktionswirtschaft** protectionism; **~ktorat** protectorate; patronage; auspices

Protest protest; *~ erheben (Wechsel)* to protest a bill; *mit ~ zurückkommen* to be dishonoured; **~ant, ~antisch** Protestant; **~antismus** Protestantism; **~ieren** to protest, to make a formal declaration against; **~versammlung** meeting of protest

Prothese artificial limb

Protokoll minutes; record; register; *zu ~ nehmen* to take down; *nicht für d. ~ bestimmt* off the record; **~arisch** upon records; in the minutes; **~buch** minute-book; records of the proceedings; **~chef** chief of protocol; **~führer** recording clerk; keeper of the minutes; registrar; **~ieren** to keep the minutes; to enter; to record; to register

Proton proton

Protz purse-proud person; braggart; **~en** to put on airs; to show off; to be purse-proud; **~erei** bragging; showing off; **~ig** bragging; showy

Protze *mil* limber

Prov|enienz origin, source, provenance; **~iant** provisions, victuals; supplies; stores

Provinz province; **~iell** provincial; **~ler** provincial; **~lertum** provincialism

Provis|ion commission, brokerage; **~ionsreisender** traveller working on commission; **~ionsweise** on commission; **~or** manager of a pharmacy; **~orisch** provisional, temporary; **~orium** provisional arrangement

Provo|kation provocation; **~zieren** to provoke; to challenge

Prozedur procedure; proceeding

Prozent per cent; **~satz** percentage; **~ual** expressed as percentage; *~ualer Anteil* percentage

Prozeß lawsuit; (legal) proceedings; process; action; *(Rechtsstreit)* litigation; *gegen j-n einen ~ anstrengen* to bring an action against; to sue s-b; *in e-n ~ verwickelt sein* to be involved in a lawsuit; *kurzen ~ machen mit* to make short work of; **~akten** documents, files; *(Anwalt)* brief; **~führer** litigant; **~führung** conduct of case; **~gegenstand** matter in dispute; **~gegner** opposing party; **~ieren** to go to law with, to carry on a lawsuit; **~kosten** law costs; **~ladung** writ of summons; **~ordnung** rules of the court; **~partei** party to an action; **~recht** procedural (*od* adjective) law; **~vollmacht** power of attorney

Prozession procession

prüde prudish; **~rie** prudery

Prüf|abzug proof; **~en** to test, to investigate, to inspect; to examine, to audit; to check *(account)*; to scrutinize; ⚙ to overhaul; to study; **~er** examiner; *com* auditor; inspector; **~ling** examinee; **~stein** touchstone, test; **~ung** examination, *umg* exam; trial; investigation; affliction; testing; checkup; *sich e-r ~ung unterziehen* to undergo an examination; **~ungsausschuß** board of examiners

Prügel stick, cudgel; thrashing; **~ei** fight, row; brawl; **~knabe** scapegoat; **~n** to fight, to thrash, to beat; **~strafe** corporal punishment

Prunk splendour, show; ostentation; **~en** to show off; to parade, to make a show of; **~sucht** (love of) ostentation; **~voll** gorgeous, splendid

prusten to snort; to burst out (laughing)

Psalm psalm; **~buch** psalter; **~ist** psalmist

Pseudonym pseudonym; pen-name; *adj* pseudonymous; fictitious

Psych|iater psychiatrist; alienist; **~iatrie** psychiatry; **~isch** psychic(al); **~oanalyse** psychoanalysis; **~ologe** psychologist; **~ologisch** psychological; **~opath** psychopath; **~ose** psychosis; **~otherapie** psychotherapy

Pubertät puberty

Publi|kum public, audience; **~zieren** to pub-

lish; **~zist** publicist, writer; **~zistik** journalism
Pudding jelly; blancmange; **~pulver** blancmange powder
Pudel poodle; *wie e. begossener ~* dumbfounded; **~mütze** bobble hat; **~naß** drenched, sopping
Puder (toilet) powder; **~dose** powder-box; *(Tasche)* vanity-box, compact; **~kaffee** instant coffee; **~n** to powder; **~quaste** powder-puff; **~unterlage** foundation cream; **~zucker** powder(ed) sugar, icing sugar
Puff push, nudge, thump; report; bang; *(Sitz-)* pouffe; *(öffentl. Haus)* brothel; **~ärmel** puffed sleeve; **~bohne** horsebean; **~en** to push, to nudge, to thump, to pummel; to shoot, to pop; to puff; **~er** ⚙ buffer; *US* bumper; *(Kartoffel-)* potato pancake; **~erstaat** buffer-state; **~spiel** backgammon
Pulk *mil* unit; collection; group *(of planes etc)*
Pulle *umg* bottle; *mil* ⚙ throttle; **~n** ⚓ *vi* to pull, to row
Pullover pull-over; slip-on sweater; jumper
Pullunder tank top
Puls pulse; heart-beat; **~ader** artery; *(große)* aorta; **~ieren** to pulsate; *fig* to pulse, to throb; **~schlag** pulse beat; pulsation; **~zahl** pulse rate
Pult desk
Pulver powder; gun-powder; *er ist k-n Schuß ~ wert* he's not worth powder and shot (*od* ... a brass farthing); money; **~artig, ~ig** powdery; **~faß** powder keg; *auf d. ~faß sitzen* to sit on top of a volcano; **~isieren** to pulverize, to powder; **~magazin** powder magazine; **~schnee** powder snow
Pump credit; *auf ~* on tick; on the cuff; **~e** pump; **~en** to pump; *fig* to borrow, to lend; to give on tick; **~s** *BE* court shoes, *US* pumps; **~station, ~werk** pumping station
Pumpernickel pumpernickel *(Westphalian rye-bread)*
Punkt point; *BE* full stop, period; dot, spot; place; item, point; clause; term; matter, subject; *(Karten)* pip; *~ ein Uhr* one o'clock sharp; *auf d. toten ~ gelangen* to come to a deadlock; *wunder ~* sore spot; *nach ~en verlieren* to lose on points; *in allen ~en* in every respect; *d. wesentlichen ~e* ⚖ merits; *d. springende ~* salient point; *~ auf d. Tagesordnung* item on the agenda; **~förmig** punctiform, in lumps; **~ieren** to punctuate; to point, to dot; ⚕ to tap, to puncture; *(Kupferstecher)* to stipple; *~ierte Linie* dotted line; **~richter** ⛩ referee; umpire; **~roller** massage roller; **~schweißung** spot welding; **~sieg** winning on points; **~um** full stop, end; *damit ~um* there's an end of it; **~ur** ⚕ puncture; **~weise** point-by-point; **~wertung** classification by points; **~zahl** ⛩ score; **~ziel** *mil* pin-point target
pünktlich punctual, prompt, in (*od* to, on) time; accurate, exact; **~keit** punctuality, promptness
Punsch punch
Punt punt
Punze punch; **~n** to punch
Pupille pupil
Püppchen little doll; *umg* moppet
Puppe doll; *(häßliche)* golliwog; *(Marionette)* puppet; *(Kleider-, Strohmann)* dummy; *zool* chrysalis, pupa; *(Seidenspinner)* cocoon; **~ngesicht** doll's features; **~nhaus** doll's house; *US* dollhouse; **~nspiel** puppet-show; **~nwagen** doll's pram
Püree purée, mash
pur pure, sheer; **~gieren** *vi* to purge; **~giermittel** purgative
Puritan|er Puritan; *US* blue-nose; **~ertum** Puritanism; **~isch** Puritan
Purpur purple; **~farben, ~n, ~rot** purple (coloured)
Purzel|baum somersault; *~baum schlagen* to turn somersaults; **~n** to stumble, to tumble
Puste *umg* breath; **~n** to puff, to blow
Pustel pustule, pimple, bubble
Pute turkey-hen; **~r** turkey-cock; **~rrot** scarlet
Putsch revolt; insurrection; putsch; **~en** to revolt; *(auf-)* to goad on; **~ist** rebel, rioter, insurgent
Putz trimmings, ornaments; dress, finery; attire; millinery; *(Ver-)* rough-cast; plaster; **~bürste** (polishing-)brush; **~en** to clean, to cleanse; to polish; to trim *(lamp)*; to groom *(horse)*; to blow (*od* wipe) one's nose; to brush *(teeth)*; to plaster *(wall)*; *refl* to dress up; **~frau** charwoman, char; **~ig** funny, droll; **~laden** milliner's shop; millinery; **~lappen** cleaning rag; scouring cloth; **~leder** chamois (leather); **~macherin** milliner; **~mittel** cleanser, detergent; **~waren** millinery; **~wolle** cotton waste; **~zeug** cleaning utensils
Puzzlespiel jigsaw puzzle
Pyjama pyjamas, *US* pajamas
Pyramide pyramid; *(Gewehr-)* stack; **~nförmig** pyramidal

Q

Q (the letter) Q
quabbel|ig flabby; wobbly; jelly-like; **~n** to wobble
Quacksalber charlatan, quack; *(Marktschreier)* mountebank; **~n** to doctor, to play the quack
Quader square stone; ashlar; block; **~mauerwerk** ashlar facing (*od* masonry)
Quadrant quadrant
Quadrat square; *ins ~ erheben* to square; **~fuß** square foot; **~isch** quadratic, square; **~meter** square metre; **~netz** square grid, grid net; **~ur** quadrature; **~wurzel** square root; *d. ~wurzel ziehen* to extract the square root; **~zahl** square number; **~zentimeter** square centimetre
quadrieren to square, to raise to second power
Quadrillion *BE* quadrillion, *US* septillion
quak! squawk!, quack; **~en** to quack; to croak
quäk|en to squeak; **~er** member of the Society

of Friends; Quaker; **~erbund** Society of Friends
Qual anguish, agony; pain; torment; torture; *fig* grief; **¨en** *vt* to torment, to worry, to harass; to torture; to annoy; to pester; to tease; to bother; *vi* to toil hard; to drudge, to struggle; **¨end** painful, tormenting, agonizing, harrowing, distressing, vexing; **¨er** tormentor; bore; **¨erei** tormenting, torture; *(Necken)* teasing; *(Bitten)* importunity, importuning; pestering; worry; **¨geist** plague, nuisance; **~voll** agonizing, very painful; full of anguish
Quali|fikation qualification, capacity; ability; **~fizieren** to qualify; **~tät** quality; rate, grade, class; **~tätserzeugnis** high-quality product; **~tativ** qualitative, in quality
Qualle jelly-fish
Qualm dense smoke; fumes; vapour, steam; **~en** to smoke; to emit thick smoke; **~ig** smoky
quant|itativ quantitative; **~um** quantity, amount; *phys* quantum
Quappe eel-pout; *(des Frosches)* tadpole
Quarantäne quarantine; *unter ~ stellen* to quarantine; **~flagge** yellow flag
Quark curds; *fig* rubbish, trifle; **~käse** cottage cheese, whey-cheese
quarren to whine; to grumble
Quart quart; ♪ fourth; **~al** quarter (of year); quarter-day; term; **~band** quarto volume; **~e** fourth, quart; *(Fechten)* carte; **~ett** quartet
Quartier quarters; billets; quarter, district; **~en** to quarter, to billet; **~macher, ~meister** quartermaster; **~schein** billet, billeting paper
Quarz quartz; **~artig** quartzous
quasi as it were
quasseln *umg* to talk nonsense, to twaddle
Quast(e) tassel, brush, tuft
Quatsch rubbish, nonsense; bosh; foolish talk; baloney, bunk; **~en** to talk rubbish, to twaddle; to blather; **~kopf** twaddler, gas-bag, windbag
Quecksilber quicksilver, mercury; **~artig** mercurial; **~ig** lively, mercurial; **~n** of quicksilver; **~stand** mercury level
Quell spring; **~bach** river source; **~e** spring, source; *(oil)* well, fountain; *fig* origin; *aus erster ~e* first-hand information; **~en** to gush, to well, to flow from; to spring; to arise; *(einweichen)* to soak, to steep; *fig* to arise, to originate, to spring from; **~enangabe** mention of sources used; **~enforschung** critical investigation (of sources), original research work; **~enmaterial** source material; **~wasser** spring-water, well-water
Queng|elei whining, nagging; grumbling; **~elig** grumbling, cranky; **~eln** to nag, to whine, to grumble, to jangle; **~ler** grumbler, crank
Quentchen dram; *fig* trifle
quer cross, transverse, transversal; diagonal; slanting, oblique; *(seitl.)* lateral, crosswise; crossway, across; *kreuz u. ~* criss-cross, all over; in all directions; **~balken, ~holz** cross-beam, transom
Quer|e: *d. ~e nach* athwart, crosswise; *j-m in d. ~e kommen* to thwart (*od* to cross) s-b's plans; **~en** to traverse; **~feldein** across country; **~flöte** German (*od* cross) flute; **~format** horizontal format; **~kopf** queer fellow, crank; **~leiste** cross-piece; **~pfeife** fife; **~schiff** transept; **~schläger** ricochet; **~schnitt** cross-section, cross-cut, profile; **~straße** cross-road, side-road; **~strich** dash, stroke; cross-line; *(fig) e-n ~strich machen durch* to cross s-b's plans; **~summe** total of the digits of a number; **~treiber** schemer, obstructionist; **~treiberei** obstructionism, sabotaging; **~über** (right) across; **~verbindung** link; correlation; **~verweis** cross reference
Querul|ant querulous person, grumbler; *US* griper; **~ieren** to grumble, to be querulous
Quetsch|e pinch, presser, squeezer; ♪ squiffer; **~en** to press, to squash, to smash; to squeeze, to pinch; ⚕ to bruise, to crush, to contuse; **~falte** box pleat; **~kartoffeln** mashed potatoes; **~kommode** *umg* squeeze-box; **~ung, ~wunde** contusion, bruise; contused wound
quick lively, brisk
quieken to squeak, to squeal
quietsch|en to squeak, to scream, to squeal; *(Tür)* to creak; **~vergnügt** as gay as a lark
Quint|e quinte; ♪ fifth; **~essenz** quintessence; essence; **~ett** quintet
Quirl twirling-stick; *bot* whorl; **~en** to twirl; to whisk, to beat
quitt quits, even, square; free, rid; *~ sein mit* to be quits with; **~ieren** to receipt *(a bill)*; to quit, to abandon, to leave; **~ung** receipt; *gegen ~ung* against receipt
Quitte quince; **~nmus** quince preserve
Quot|e quota; share, portion; *anteilsmäßige ~e* pro rata share; **~ient** quotient; **~ieren** to quote

R

R (the letter) R
Rabatt discount, rebate; abatement; reduction; *bei Barzahlung ~ geben* to allow discount for cash; **~e** bed, border; *(Kleid)* facing; **~ieren** to grant discount (*od* rebate) on; **~marke** trading stamp
Rabbin|er rabbi; **~isch** rabbinical
Rabe raven; *weißer ~ (fig)* rare bird, outsider; *stehlen wie e. ~* to steal like a magpie; **~naas** bitch, rat; **~nmutter** unnatural mother; **~nschwarz** raven-black; **~nstein** place of execution
rabiat rough; ruthless; furious
Rach|e revenge, vengeance; *~e nehmen* to take revenge on; **~eakt** act of vengeance; **~edurst** thirst for revenge; **~egöttin** avenging goddess; **¨en** to avenge, to revenge; to take revenge on s-b; to be brought home (to one); **¨er** avenger, revenger; **~eschwur** oath to revenge o. s.; **~egier, ~esucht** lust for revenge, vindictiveness; **~esüchtig** revengeful, vindictive
Rachen throat; ⚕ pharynx; fauces; oral cav-

ity; *(Maul)* mouth, jaws; *fig* abyss, jaws; **~höhle** pharyng(e)al cavity
Rachit|is rachitis, rickets; **~isch** rickety
Racker rascal
Rad wheel; bicycle; *aufs ~ flechten* to break on the wheel ♦ *unter d. ¨~er kommen* to go to the dogs; **~bremse** hub-brake; **~dampfer** paddle-steamer; **~fahren** to cycle; **~fahrer** cyclist; **~fahrweg** cycle track; **~felge** felloe; **~kappe** wheel cap, hub cap; **~kranz** rim; **~nabe** wheel hub; **~reifen** tyre, *US* tire; **~rennbahn** cycling track; **~rennen** cycle race; **~schaufel** sweep *(of water-mill)*; paddle-board; **~scheibe** wheel disk; **~schlagen** to turn cartwheels, *US* to turn handsprings; *(Pfau)* to spread the tail; **~schuh** slipper-brake; **~speiche** spoke; **~sport** cycling; **~spur** rut; wheel track; **~stand** wheel-base; **~welle** wheel-shaft; **~zahn** cog *(of a wheel)*; **~zapfen** spindle, pivot
Radar radar; **~gesteuert** radar-guided; **~leuchtschirm** radar screen; **~steuerung** radar guiding *(of missiles)*; **~zeichen** radar trace, blip
Radau noise, row, racket, riot, rumpus; *~ machen* to kick up a row; **~lustig** quarrelsome, cantankerous, rambunctious
Rade *bot* cockle
radebrechen to stammer and stutter; to jabber; to murder a language
Rädelsführer ringleader
räder|n to break on the wheel; **~werk** gearing, wheels; *(Uhr)* clock-work
radier|en to rub out, to erase; *(Kupfer)* to etch; **~er** etcher; **~gummi** (india-)rubber, eraser; **~kunst** etching; **~messer** eraser, penknife; **~ung** etching
Radieschen *bot* radish
radikal radical; **~er** radical, extremist; **~isieren** to radicalize; **~ismus** radicalism
Radio wireless, radio; wireless set; *im ~* on the radio; *im ~ sprechen* to speak over the radio, to broadcast; **~aktiv** radioactive; *~aktiv machen* to make radioactive, to activate; *~aktiver Niederschlag* radioactive fall-out; *~aktive Teilchen* radioactive particles; *~aktive Umwandlung* radiactive transformation; **~aktivität** radioactivity; **~anlage** radio installation; **~ansager** radio announcer; **~apparat** radio set, radio (receiver); **~ausrüstung** radio equipment; **~bastler** home constructor; **~durchsage** spot announcement; **~empfang** broadcast reception; **~gehäuse** receiver cabinet; **~geschäft** radio shop, radio store; **~gramm** wireless message, radiogram; **~händler** radio dealer; **~hörer** (radio) listener; **~indikator** tracer; **~inserent** radio advertiser, *US* sponsor; **~isotop** radioisotope; **~kanal** *(Frequenz)* radio channel; **~loge** radiologist; **~logie** radiology; **~logisch** radiological; **~röhre** radio valve, *US* (radio) tube; **~schlager** radio hit; **~sender, ~station** broadcasting station, transmitter, (radio) station; **~sendung** radio transmission, broadcast; **~technik** radiotechnology; **~techniker** radio engineer; **~telegramm** radiogram; **~telegraphie** radio telegraphy; **~telephon** radio telephone; **~telephonie** radio telephony; **~übertragung** radio transmission; **~werbesendung** radio advertising, commercial
Radium radium; **~strahlen** radium rays; **~strahlung** radium radiation; **~zerfall** disintegration of radium
Radius radius
raff|en to snatch up; to gather up; to pick up; to carry off; to tie up *(a dress)*; **~gier** rapacity; **~gierig** rapacious
Raffin|ade refined sugar; **~ement** *fig* refinement; subtlety; **~erie** refinery; **~ieren** to refine; **~iert** refined; *fig* cunning, shrewd, clever; **~iertheit** cunning; *fig* craftiness
ragen to tower (up); to project, to be prominent
Ragout stew, hash; ragout
Rah|e yard; **~segel** yard-sail
Rahm cream; *d. ~ abschöpfen (fig)* to take off the cream
Rahmen frame; *(Gestell)* rack; picture-frame; window-frame; *(Stick-)* tambour; *(Schuh)* welt; edge; *fig* limit, compass; *(Bereich)* scope, framework; setting; milieu, surroundings; *in engem ~* within a close compass, within narrow bounds; *vt* to skim, to cream off; *(Bild)* to frame; **~antenne** frame (*od* loop) aerial
Raiffeisen-Bank farmers' mutual savings--bank
Raigras rye grass
Rain balk, ridge; edge
räkeln *refl* to loll (about), to lounge, to have a lounge
Rakete rocket; missile; *(Signal-)* sky-rocket; *e-e ~ abfeuern* to launch a rocket; **~nantrieb** rocket propulsion; rocket power; *mit ~nantrieb* rocket-propelled; **~nforschung** rocket research; **~nstart** rocket-assisted take-off; **~ntechnik** rocket technology; rocketry
Ramm|bär, -bock rammer, ram; **~e** rammer, paving-beetle, pile-driver; **~eln** to buck, to ram; to rut; **~en** to ram, to beat down; *(Beton)* to tamp, to drive in; **~ler** buck, male hare; ram
Rampe ramp, ascent; drive, slope, 🚂 platform; ⚓ landing-place; 🎭 apron; **~nlicht** foot-lights; floats
ramponieren to damage, to bash, to spoil
Ramsch junk, job lot; rubbish; *im ~* in the lump, in lots; **~händler** junk-dealer; **~verkauf** rummage sale; jumble sale; **~waren** job lots
Rand rim, edge; brim, margin, border; *fig* brink, verge; *außer ~ u. Band* out of bounds, beyond control; *am ~e* by the way; incidentally; **~bemerkung** marginal note; **¨~ern** to border, to rim; *(Münze)* to mill; **~fassung** rim; **~leiste** ledge, cornice; **~los** rimless; **~noten** marginal data; **~stein** *BE* kerb-, *US* curbstone; **~voll** filled to capacity, brimful
Ranft crust (of bread)
Rang rank, order, position; class; rate, quality; 🎭 *erster ~* dress circle, *US* first balcony; *zweiter ~* upper circle, balcony; *dritter ~* gallery; *d. ~ ablaufen* to get the better of, to

outdo; *ersten ~es* first-rate, first-class; **~abzeichen** badge of rank; **~ältester** senior officer; **~liste** ranking list, *mil* Army List; **~ordnung** order of precedence; **~stufe** order, rank; degree
Range young scamp; romp; *(girl)* tomboy
Rangier|bahnhof marshalling-yard, *US* switch yard; **~en** to arrange, to classify; 🚂 to shunt, *US* to switch; *vi* to be classed; to rank; **~gleis** marshalling siding, *US* switching track; **~lokomotive** shunting-engine
rank slim, slender; **~e** tendril, string; *(Rebe)* (vine-)shoot; branch; **~en** to climb, to creep
Ränke intrigues, tricks; machinations; plots; *~ schmieden* to intrigue, to plot, to scheme; **~schmied** intriguer, plotter, schemer; **~süchtig** full of tricks; plotting, tricky
Ranzen knapsack; satchel; school-bag
ranzig rancid; spoilt; rank
Rappe black horse
Rappel madness; *e-n ~ haben* to be crazy (*od* barmy); **~ig** restless; crazy; **~n** to rattle; *bei ihm rappelt's* he is crazy
Raps, ~saat rape-seed
rar rare, scarce; exquisite; *sich ~ machen* to make o. s. scarce; **~ität** rarity, curiosity
rasant very fast; *fig* breath-taking
rasch speedy, swift, quick; brisk; **~heit** swiftness, speediness
rascheln to rustle
rase|n to rave, to rage; to be mad; to be frantic; to race, to speed; to scorch; **~nd** furious, raving, raging; delirious, mad; *~nd machen* to enrage, to drive mad; **~rei** raving, rage, fury; madness; speeding, scorching, reckless driving
Rasen grass, turf, lawn, sod; **~platz** grass-plot, green
Rasier|apparat safety-razor; **~en** to shave; **~klinge** razor-blade; **~messer** razor; **~pinsel** shaving-brush; **~seife** shaving-soap; **~zeug** shaving things (*od* kit)
räsonieren to reason; to argue noisily; to grumble
Raspel rasp; **~n** to rasp; *Süßholz ~n* to spoon, to flirt, to whisper sweet nothings
Rass|e race, breed; stock; **~entrennung** segregation, racial discrimination; **~ig** *(rein-)* thoroughbred; racy; **~isch** racial
Rassel rattle; **~n** to rattle, to rustle, to clatter
Rast rest, repose; resting; recreation; *mil* halt; **~en** to rest, to repose; **~los** restless; indefatigable; **~losigkeit** restlessness; **~tag** day of rest
Raster screen; **~bild** frame
Rasur erasure; shave
Rat advice, counsel; consultation; deliberation; council, board; *(Person)* councillor, adviser; *um ~ fragen* to ask sb's advice, to consult; *mit ~ u. Tat* by word and deed; **~en** to advise, to give advice; to counsel; to guess, to solve; **~geber** adviser; **~haus** town hall, *US* city hall; **~los** helpless, at a loss; **~losigkeit** helplessness, perplexity; **~sam** expedient, advisable; **~schlag** counsel, advice; **~schluß** decree, resolution, decision; **~sdiener** messenger; **~sherr** town-councillor; senator; alderman; **~skeller** town-hall cellar; *US* rathskeller; **~sschreiber** town clerk
Rate instalment; *in ~n* by instalments; **~nkauf** instalment purchase; **~nzahlung** payment by instalments; deferred payment
Ratifi|kation ratification; **~kationsurkunde** ratification instrument; **~zieren** to ratify
Ration ration; *eiserne ~* iron ration; allowance, portion, share; **~al** rational; **~alisierung** rationalization; **~ell** rational, reasonable; systematic, economical; **~ieren** to ration; **~ierung** rationing
Rätsel riddle; conundrum; puzzle; mystery; *es ist mir e. ~* it puzzles me; **~haft** mysterious, enigmatic; puzzling
Ratte rat; **~nfalle** rat-trap
rattern to rattle, to clatter
Raub robbery, plundering, piracy; rape; prey; booty; *auf ~ ausgehen* to go plundering, to go on the prowl; **~bau** unrestricted exploitation; overcutting *(of wood)*; overcropping, robber farming; *~bau treiben* to exhaust the soil, to ruin; **~en** to rob, to plunder, to deprive of; to steal; to kidnap; **¨~er** robber; *(Straßen-)* highwayman; **¨~erisch** rapacious, predatory; **~gier** rapacity; **~mord** murder with robbery; **~ritter** robber-knight; **~tier** beast of prey; **~überfall** (armed) robbery, holdup; **~vogel** bird of prey; **~zug** raid, incursion; depredation
Rauch smoke; haze; fume; **~abzugskanal** flue; **~bombe** smoke-bomb; **~dicht** smoke--tight; **~en** to smoke, to reek, to fume; *~en verboten* no smoking; **~er** smoker; **~erabteil** smoking compartment; **~fang** chimney, flue; **~fleisch** smoked meat; **~geschwärzt** smoke--stained; **~glas** tinted glass; **~ig** smoky; **~los** smokeless; **~schleier** *(künstlicher)* smoke--screen; **~schwarz** black as soot; **~tabak** tobacco; **~waren** tobacco products; *(Pelze)* furs, peltry; **~wolke** smoke cloud
Räucher|essenz aromatic essence; **~ig** smoky, reeking; **~hering** kipper, smoked herring; **~kerze** fumigating candle; **~n** to smoke; *(Fisch)* to cure; to burn incense
Räud|e mange, scab; **~ig** mangy, scabby; *~iges Schaf (fig)* black sheep
Rauf|bold bully, ruffian, brawler; tough; **~en** to pull, to tear, to pluck; *refl* to fight, to tussle; **~erei** row, scuffle; brawl; **~lust** pugnacity; **~lustig** pugnacious, quarrelsome
Raufe rack
rauh uneven, rough; rugged; bleak, bluff; hoarse, harsh *(voice)*; inclement; coarse; rude; raw *(climate)*; *~ behandeln (umg)* to manhandle; *~e Wirklichkeit* hard facts; **~bein** *fig* rough diamond; **~beinig** gruff; **~en** to roughen; *(Tuch)* to dress, to tease; **~futter** coarse food, roughage; **~haarig** shaggy, hirsute; wire-haired *(dog)*; **~heit** roughness, inclemency; hoarseness, harshness; rudeness; **~reif** hoar-frost; rime
Raum place; room; space; expanse; locality;

district; area; territory; neighbourhood; hold *(of ship)*; capacity; volume; *fig* scope; *luftleerer ~* vacuum; *~ geben* to give way to, to indulge in; **~einheit** unit of space; **~fähre** space shuttle; **~fahrer** astronaut, spaceman; **~fahrt** space travel; **~fahrzeug** spacecraft; **~gehalt** volume, capacity; **~höhe** headroom; **~inhalt** cubic content, volume; **~klang** stereophonic sound; **~kunst** interior decoration; **~lehre** geometry; **~los** spaceless, roomless; **~mangel** shortage of space; lack of room; **~maß** measure of capacity; cubic measure; **~meter** (staked) cubic metre (of wood); **~schiff** spaceship; **~schiffahrt** interplanetary navigation (*od* travel), space travel; **~sonde** space probe; **~station** space station (*od* platform)

räum|en to clear (away); to remove; to clean, to make room; to leave; to evacuate; to vacate; *d. Feld ~en* to quit the field; **~lich** relating to space, spatial, steric; **~lichkeit** room, premises; **~pflug** bulldozer, scraper; snow plough (*US* plow); **~ung** removal; evacuation; quitting; clearing; **~ungsbefehl** eviction order; **~ungsgebiet** evacuation area; **~ungsverkauf** clearance sale

raun|en to whisper; **~zen** to grumble, to grouse, *US* to gripe, *US* to beef

Raupe *zool* caterpillar; **~nantrieb** caterpillar drive; **~nfahrzeug** track-laying vehicle; **~nfraß** damage done by caterpillars

Rausch intoxication, drunkenness; frenzy; transport; ecstasy; **~en** to rustle, to rush, to roar, to thunder; to murmur; rustling, murmuring, roaring; **~gift** narcotic (drug); (hallucinogenic) drug; **~gifthandel** drug trade, drug-trafficking; **~giftsucht** drug addiction; **~giftsüchtig(er)** drug addict, dope addict; **~gold** tinsel, leaf-gold

räuspern *refl* to clear one's throat

Rausschmeißer *BE* chucker-out, *US* bouncer

Raute rue; lozenge; diamond-shaped figure; rhombus; **~nförmig** diamond-shaped; rhombic

Raygras rye-grass

Razzia crackdown; (police) raid

Reag|ens reagent; **~enzglas** test-tube; **~ieren** *auf* to react upon

Reaktion reaction; **~är** reactionary; **~sfähigkeit** ability to react; reactivity

Reaktor reactor

real real; **~ien** real facts; realities; **~isieren** to put into reality, to realize; **~ismus** realism; **~ist** realist; **~istisch** realistic; **~ität** reality; **~lohn** real wages

Reb|e *BE* vine, *US* grapevine; grape; **~enhügel** vine-clad hill; **~ensaft** grape-juice; wine; **~huhn** partridge; **~laus** phylloxera; **~stock** (grape)vine

Rebell rebel; mutineer; **~ieren** to rebel, to mutiny, to revolt; **~ion** rebellion; mutiny; **~isch** rebellious, mutinous

Rechen rake;; *vt* to rake

Rechen|aufgabe sum, problem; **~brett** abacus; **~buch** arithmetic book; **~fehler** miscalculation; **~lehrer** arithmetic teacher; **~maschine** calculating machine; **~probe** check calculation; **~schaft** account; *zur ~schaft ziehen* to call to account; **~schaftsbericht** statement of account; **~schieber** slide-rule; **~tabelle** calculator, ready reckoner

rechnen to count; to reckon; to do sums; to calculate; *~ zu* to class with, to rank amongst; *~ auf* to count upon

Rechner computer; **~isch** arithmetical; mathematical; by computation

Rechnung calculation; sum; account; bill; *(Waren-)* invoice; *laut ~* as per account of; *auf ~ setzen* to charge, to put to s-b's account; *auf ~* on account; *~ ziehen* to take into account; *e-e ~ bezahlen* to settle an account; *auf eigene ~ (fig)* at one's own risk; *die ~ ohne d. Wirt machen* to reckon without one's host; *~ tragen* to allow for; **~sabschluß** balancing of accounts; **~sbeleg** voucher; **~sbetrag** amount invoiced; **~sführer** accountant, book-keeper; **~sführung** accountancy; **~shof** Audit Office; **~sjahr** financial (*od* fiscal) year; **~sprüfer** auditor; **~sstelle** account section

recht right, right-hand; correct; proper; fitting; just; genuine; lawful; legitimate; suitable; real; genuine; *zur ~en Zeit* in due time, in the nick of time; *~ u. schlecht* not bad, fairly good; *es geschieht ihm ~* it serves him right; *es ist mir ~* I agree; *~ haben* to be right; *~ behalten* to be right in the end; *~ geben* to agree with; *an d. ~en kommen* to meet one's match; *erst ~* now all the more, just; *adv* right, very, really, quite

Recht right (to); privilege; title; claim; justice; law; *~ sprechen* to administer justice; *von ~s wegen* by rights, according to the law; *zu ~ bestehen* to be valid; *alle ~e vorbehalten* all rights reserved; *für ~ erkennen* to decide; **~e** *(Hand)* right hand; *parl* the right; **~eck** rectangle; **~eckig** rectangular; **~en** to contest, to plead; **~ens** legally, by law; **~er Hand** on the right-hand side; **~fertigen** to justify, to defend; to vindicate; **~fertigung** justification; defence; **~gläubig** orthodox; **~haberisch** dogmatic; obstinate; **~lich** just; lawful; legitimate; legal; in law; fair; honest; *ohne ~lichen Grund* without a sufficient legal ground; **~lichkeit** integrity, honesty; **~linig** rectilinear; **~los** without rights; **~mäßig** lawful, legitimate; **~mäßigkeit** legality, legitimacy; **~schaffen** honest, just; true; upright; *adv* very; exceedingly; **~schaffenheit** honesty, probity; **~schreibung** orthography, spelling; **~sprechung** administration of justice; jurisdiction; **~winklig** rectangular; **~zeitig** opportune; in good time, timely; *adv* on time; punctually

rechts on the right, to the right; **~angelegenheit** legal matter; **~anspruch** legal claim; **~anwalt** lawyer, solicitor; *(plädierender)* counsel, barrister; **~anwendung** application of the law; **~außen(-stürmer)** outside right; **~befugnis** legal right; **~beistand** counsel, legal adviser; **~beratungsstelle** legal aid office; **~beugung**

perversion of justice; **~bruch** infringement of the law; **~deutung** legal interpretation; **~drehung** clockwise rotation; **~einwand** demurrer, objection; *(Einspruch)* protest; *~einwand erheben* to put in a plea, to raise an objection; **~erwerb** acquisition of title; **~fähigkeit** legal capacity; **~fall** suit, law case; **~form** legal form; **~gelehrter** jurist, lawyer; **~geschäft** legal transaction; **~grund** cause in law; **~grundsatz** principle of law; **~gültig, ~kräftig** legal, valid; **~gutachten** legal expert opinion; **~handel** lawsuit, legal action; **~hilfe** legal aid; **~irrtum** judicial error; **~kräftig** final and absolute, unappealable; **~lage** legal status, legal situation; **~mittel** legal remedy, right of appeal; legal redress; **~nachfolger** legal successor; **~person** body corporate, legal personality; **~pflege** administration of justice; **~sache** legal affair; **~spruch** *(Geschworene)* verdict; *(Strafsache)* sentence; *(Zivil)* judgment, decision; *(Schiedsgericht)* award; **~staat** constitutional state; **~stellung** legal status; **~streit** legal contest; litigation; **~titel** legal title; **~um!** right turn!; **~ungültig** invalid, illegal; **~verbindlich** legally binding; **~weg** course of law; *d. ~weg beschreiten* to go to law; **~wesen** judicial system; **~widrig** illegal; **~widrigkeit** illegality; **~wirksam** effective; **~wissenschaft** jurisprudence

Reck horizontal bar; **~e** warrior, hero; **~en** to stretch, to extend; *d. Glieder ~en* to stretch one's limbs

Redakt|eur editor; **~ion** editors; editorial staff; editing; **~ionell** editorial; **~ionsschluß** editorial deadline

Rede talk, speech; address; discourse; oration; conversation; *(Gerücht)* rumour; *e-e ~ halten* to make a speech; *in d. ~ fallen* to interrupt; *~ stehen* to answer for; *zur ~ stellen* to call s-b to account; *nicht d. ~ wert* not worth mentioning; *es geht d. ~* it is rumoured that; *davon kann keine ~ sein* it is out of the question; *in ~ stehend* in question, material; **~fertig** glib, fluent, eloquent; **~fluß** flow of words; **~freiheit** freedom of speech; **~kunst** rhetoric; **~n** to speak, to talk; to converse, to make a speech; *mit s. ~n lassen* to listen to reason; *von s. ~n machen* to cause a stir; *offen ~n* to speak out; *nicht zu ~n von* to say nothing of; **~nsart** phrase, idiom; locution; empty phrase; *bloße ~nsarten* mere words; **~rei** prattle, nonsense; **~schwall** burst of eloquence; **~weise** manner of speech, style; **~wendung** phrase (*stehende R.* set phrase)

redigieren to edit, to revise

redlich honest, just; *umg* square; fair; upright; candid; **~keit** honesty; uprightness, integrity, probity

Redner speaker, orator; **~bühne** platform, tribune; *d. ~bühne besteigen* to take the floor; **~gabe** oratorical gift; speech power; **~isch** oratorical, rethorical

Redoute *mil* redoubt; *(Masken)* masquerade, masked ball

redselig talkative; garrulous; loquacious; voluble; *er ist sehr ~* he has the gift of the gab; **~keit** talkativeness; loquacity

Redu|ktion reduction; **~zieren** to reduce, to decrease, to lower; to cut, to diminish; **~zierung** reduction

Reede roadstead; **~r** shipowner; **~rei** shipping-firm, shipping company

reell good, honest; fair; reputable

Reep rope

Refa time-and-motion study; **~fachmann** time-and-motion expert

Refektorium refectory

Refer|at talk, report; lecture; section; subject department; **~endar** Bachelor of Arts (B. A.); junior barrister, law graduate in the preparatory service; **~ent** specialist adviser; reporter; speaker; **~enz** reference; referee; **~ieren** to report upon, to lecture on

Reff basket, dosser; ⚓ reef; **~en** to reef

Reflekt|ant prospective buyer; **~ieren** to reflect; *(denken)* to reflect upon; to consider; *~ieren auf* to have one's eye on; **~or** reflector

Reflex reflex; reflection; **~bahn** reflex path; **~bewegung** reflex movement; **~ion** reflection; **~iv** reflective; reflexive *(pronoun)*; **~kamera** reflex camera

Reform reform; **~bedürftig** in need of reform; **~bestrebungen** reformatory efforts; **~ation** reformation; **~ator** reformer; **~atorisch** reformatory; **~haus** health-food store; **~ieren** to reform; **~ierter** member of the Reformed Church; **~maßnahmen** reformatory measures

Refrain burden, refrain; chorus

Regal (set of) shelves; stand; filing-shelves; **~ieren** to regale, to treat (*mit* on)

Regatta regatta, boat-race

reg|e active; lively, brisk; nimble; alert; *~e werden* to be stirred up; **~sam** agile, active, quick; **~samkeit** agility, activity; quickness; **~ung** movement, emotion; agitation; impulse; **~(ungs)los** motionless

Regel rule, regulation; precept, principle; ⚕ menses, menstruation; *d. Ausnahme bestätigt d. ~* the exception proves the rule; *in d. ~* as a rule; generally; **~ausführung** standard design; **~bar** adjustable; **~belastung** normal load; **~fall** normal case; **~los** irregular; random, haphazard; **~mäßig** regular, normal; ordinary, clock-wise; periodical; **~mäßigkeit** regularity; **~n** to regulate, to arrange, to put in order, to administer; to settle, to control; **~recht** regular; correct, proper; thorough; **~ung** control; regulation; adjustment; settlement; arrangement; **~widrig** contrary to rule; abnormal; ⚽ foul; **~widrigkeit** irregularity; abnormality

regen *refl* to stir, to move; to budge; *(Gefühle)* to rise; to arouse

Regen rain; *(Sprüh-)* drizzle; *(Schauer)* shower; scud ♦ *vom ~ in d. Traufe* out of the frying-pan into the fire; **~bekleidung** rainwear; **~bö** squall; **~bogen** rainbow; **~bogenfarben** colours of the rainbow; rainbow-coloured; **~bogenhaut** iris; **~dicht** rainproof;

~flut deluge; **~fall** rainfall; **~grau** grey with rain; **~guß** shower; downpour; *umg* drencher; **~haut** oilskin coat; plastic mac; **~mantel** raincoat; rainproof mac(kintosh); trenchcoat; **~pfeifer** plover; **~reich** rainy; **~schauer** shower of rain, flurry; **~schirm** umbrella; **~tropfen** raindrop; **~wolke** rain-cloud; **~wurm** angleworm, earthworm

Regene|ration regeneration; **~ieren** to regenerate; **~rierung** regeneration, reclaiming, recovery

Regent regent; ruler; sovereign; **~in** (female) regent; **~schaft** regency, regentship

Reg|ie administration, management; state monopoly; production, direction; stage-management; *~ie führen* to direct; **~ieassistent** assistant director; **~iekosten** overhead expenses; **~iepult** control desk, mixing table; **~isseur** producer, director; stage-manager

regieren to reign, to rule; to govern *(a. gram)*

Regierung reign; rule; government; *US* administration; **~sanleihe** government loan; **~santritt** accession (to the throne); coming into office; **~sapparat** government machinery; **~sbeamter** government official, civil servant; **~sbefehl** government order; **~sbehörde** government office (*od* department); **~sbezirk** administrative district; **~sbildung** forming of a cabinet; **~sblatt** official gazette; **~sform** form of government; **~sentwurf** government draft; **~sgewalt** supreme power; **~skreise** government circles; **~spolitik** government's policy; **~spresse** government-controlled press; **~sstellen** governmental authorities; **~ssystem** political system; **~svorlage** government bill; **~szeit** reign

Regime regime; *(Diät)* regimen

Regiment government, rule; command; *mil* regiment

Regist|er register; index; record; list; table of contents; *(Orgel)* step; **~ratur** registry; registrar's office; **~rierapparat** recording apparatus, recorder; **~rieren** to register, to record; to enter; to file; to index; **~rierkasse** cash register; **~rierung** registration; recording

Regler regulator; controller; *(Widerstand)* rheostat

regne|n to rain; to drizzle; to pour; **~risch** rainy

Regreß recourse; *(Schaden)* recovery (of damage); **~pflichtig** liable to recourse

regul|är regular; **~ator** regulator; **~ierbar** controllable, adjustable; **~ieren** to regulate, to govern; to adjust; **~ierung** regulation, adjustment; **~iervorrichtung** regulating device

Reh roe(-deer); **~bock** roebuck; *(Ricke)* doe; **~braten** roast venison; **~keule** haunch of venison; **~kitz** fawn; **~rücken, ~ziemer** saddle of a roe; **~wild** roe-deer

rehabilitier|en to rehabilitate; **~ung** rehabilitation

Reib|e, ~eisen grater; rasp; **~en** to rub; to grate; *(Farben)* to grind, to pulverize; *s. ~en an (fig)* to quarrel with, to provoke; **~erei** friction; collision; conflict; **~festigkeit** resistance to abrasion; **~fläche** rough surface, striking surface; **~ung** friction; rubbing, grating; *fig* collision, clash; **~ungslos** frictionless; smooth

reich rich, wealthy; well-off; plentiful; abundant; copious; ample; *e-e ~e Auswahl* a wide selection; *d. ~en* the rich; **~haltig** rich, copious, full; abundant; comprehensive; ample, plentiful; **~haltigkeit** fullness, richness; abundance; variety; **~lich** ample, bountiful *(food)*; plentiful, abundant; copious; *(Ertrag)* plenteous; *mehr als ~lich* enough and to spare; **~tum** riches, wealth; abundance; opulence

Reich empire; kingdom; realm; *(Kaiser-)* empire; *d. Deutsche ~* the German Empire; *d. Dritte ~* the third Reich, Nazi Germany; *(Pflanzen- etc)* kingdom; **~sadler** German Eagle; **~sangehöriger, ~sdeutscher** German national; **~sanleihe** government loan; **~sapfel** mound, orb; **~sautobahn** (German) autobahn; **~sgebiet** territory of the Reich; **~skanzler** Chancellor of the Reich; **~smark** reichsmark; **~sstände** estates of the realm; **~stag** German Diet; Reichstag; **~sverfassung** the constitution of the German Reich; **~swehr** German army and navy; Defence Forces of the Reich

reich|en to present, to hand (over); to pass; to reach; to offer; *(aus-)* to do, to last, to suffice; to hold out; *(s. erstrecken)* to stretch (*bis* to); *das ~t* that will do; *er kann ihm nicht d. Wasser ~en* he can't hold a candle to him; *Hände ~en* to join hands; **~weite** reach; range; radius (of influence); transmission range; *außer ~weite* out of reach, out of range; *in ~weite* within reaching distance

reif ripe, mature; mellow; fully developed; **~e** ripeness, *fig* maturity; puberty; **~en** to ripen, to mature; to grow ripe; *e-n Plan ~en lassen* to mature a plan; **~eprüfung** (school-)leaving examination; **~ezeit** age of maturity; **~ezeugnis** (school-)leaving certificate; **~lich** mature, careful; *nach ~licher Überlegung* after thorough consideration; **~ung** maturing

Reif[1] *(Rauh-)* hoar-frost, white frost; frozen fog; **~bildung** frozen-fog formation; **~en** to become white with hoar-frost

Reif[2] *(Faß-)* hoop; ring; circlet; collar; **~förmig** hoop-shaped; **~rock** crinoline

Reifen hoop; ring; circlet; bracelet; tyre, *US* tire; *e-n ~ aufmontieren* to fit a tyre; **~panne, ~schaden** puncture; blowout; flat (tyre)

Reigen round dance

Reih|e row, range; line; series; suite; sequence; succession; order; rank; file; *in e-r ~e* in a line; in a row; *d. ~e nach* in turn, by turns; *er ist an d. ~e* it is his turn; *außer d. ~e* out of turn; *~e u. Glied* rank and file; **~en** to put in a row, to file; to rank; to (ar)range; to string *(pearls)*; **~enaufnahme** serial survey; **~enflug** line formation; **~enfolge** turn; succession; sequence; order; **~ennummer** serial number; **~enweise** in rows; in dozens; **~um** in turns, by turns

Reiher heron; *(Silber-)* egret; **~feder** heron feather; aigrette
Reim rhyme; **~en** to rhyme; *fig refl* to make sense; to agree with; **~er, ~schmied** rhymer, rhymester; **~erei** rhyming, verse-making
rein clean; neat; tidy; proper; clear; pure; genuine; absolute *(alcohol)*; undiluted *(wine)*; chaste; net *(profit)*; *fig* sheer, mere; quite, entirely ♦ *d. Luft ist ~ (fig)* the coast is clear; *~es Gewissen* clear conscience; *~e Lüge* downright lie; *~en Tisch machen* to make a clean sweep; *~er Unsinn* sheer nonsense; **~ertrag** net proceeds; **~fall** let-down; failure; *umg* flop; sell; **~gewinn** net profit; **~heit** purity, pureness; cleanness; cleanliness; **~igen** to clean, to cleanse; to purify; *(chemisch)* to dry-clean; to refine *(metals)*; to clarify *(liquids)*; to rectify *(spirits)*; to purge, to disinfect; **~igend** cleansing; ⚕ abluent; detergent; **~igung** cleaning; washing; *(Abscheidung)* separation; purification; purging; *in d. ~igung geben* to send to the cleaner's; **~igungsanstalt** dry cleaner; **~igungsmittel** cleaner; detergent; ⚕ purgative; **~igungsprozeß** purification process, refining process; **~kultur** pure culture; bacilli culture; **~lich** cleanly, neat, tidy; **~lichkeit** cleanliness, tidiness; **~machefrau** charwoman; **~rassig** thoroughbred; pure-bred; **~schrift** fair copy, final copy; **~seiden** all-silk; **~waschen** *refl* to exculpate o.s.; to whitewash o.s.
Reineclaude greengage
Reinkarnation reincarnation
Reis[1] rice; **~auflauf** rice pudding; **~brei** boiled rice; **~feld** rice field; paddy; **~mehl** rice flour
Reis[2] twig, sprig; *(Pfropf-)* scion; **~ig** twigs, brushwood
Reise journey, travel; trip; tour; (sea-)voyage; passage; **~beschreibung** book of travels; travelogue; **~büro** tourist office; travel agency; **~decke** (travelling-)rug; **~führer** guide-book; **~genehmigung** travel permit; **~gepäck** luggage, baggage; **~koffer** suitcase, trunk; **~lustig** fond of travelling; **~n** to travel, to journey; to make a trip; to go (to); **~nder** traveller, passenger, tourist; *(Handels-)* travelling salesman; commercial traveller; **~paß** passport; **~plan** itinerary; **~route** route; **~scheck** traveller's cheque; **~schreibmaschine** portable typewriter; **~spesen** travelling expenses; **~vergütung** travelling allowance; **~verkehr** tourist traffic; **~ziel** destination
Reiß|aus *~aus nehmen* to take to one's heels; to decamp; **~brett** drawing-board; **~en 1.** *vt* to tear; to pull; to drag; to rip; *an sich r.* to seize hold of; to snatch up; to monopolize *(the conversation)*; *in Stücke r.* to tear to pieces; *Witze r.* to crack jokes; **2.** *vi* to tear, to tear off; to burst, to split; **3.** *refl* to get scratched; *s. ~en um* to scramble for; **4.** *su* rheumatic pains; **~end** rapid, ravenous; torrential; *~ender Strom* torrent; **~er** thriller; box-office success; **~feder** drawing-pen; **~festigkeit** tensile strength; **~kohle** charcoal-crayon; **~verschluß** *BE* zip-fastener, *US* zipper; **~zeug** drawing instruments; **~wolle** re-used wool; **~zwecke** drawing-pin, *US* thumbtack
reit|en to ride, to go on horseback; *Schritt ~en* to pace; *Trab ~en* to trot; *Galopp ~en* to gallop; *su* riding; equitation; **~er** horseman, trooper, rider; *(Kartei)* tab; **~erei** cavalry, horsemen; **~erin** horsewoman; **~erregiment** cavalry regiment; **~erstandbild** equestrian statue; **~gerte** riding-whip; **~hose** riding--breeches; **~knecht** groom; **~kunst** art of riding; **~schule** riding-school; **~stall** stable for saddle-horses; **~stiefel** riding-boot; **~stunde** riding-lesson; **~weg** riding-track; bridle-path
Reiz charm; attraction; allurement; attractiveness; fascination; enticement; *(An-)* stimulus, incentive; irritation; **~bar** irritable; brittle; **~barkeit** irritability; **~en** to excite, to stir up, to irritate; to provoke, to stimulate; to entice, to lure; to charm; to instigate; to bid (at cards); *d. Appetit ~en* to whet one's appetite; **~end** charming, fascinating; enticing; enchanting; sweet; *US umg* cute; **~los** charmless, unattractive; **~losigkeit** unattractiveness; **~mittel** incentive, stimulus; ⚕ stimulant; **~stoff** stimulating substance; irritant (substance); **~ung** irritation; incitation; incitement; provocation; enticement; **~voll** charming; attractive; alluring; glamorous; **~wirkung** irritating effect
rekeln *refl* to loll (about), to wriggle, to lounge
Reklam|ation claim; complaint; **~ieren** to protest, to object; to complain
Reklame advertising; advertisement; publicity; boost; *~ machen* to advertise; *intensiv ~ machen* to boost, to plug; **~artikel** advertising article; **~feldzug** advertising campaign; **~schild** advertisement sign; **~tafel** hoarding; **~trick** promotional stunt
rekognoszier|en *mil* to reconnoitre; **~ung** reconnoitring; reconnaissance
rekonstru|ieren to reconstruct; **~ktion** reconstruction, rebuilding
Rekonvaleszent convalescent; **~z** convalescence
Rekord record; **~besuch** record attendance; **~brecher** record breaker; **~ernte** record crop; bumper crop; **~inhaber** record-holder; **~zeit** record time
Rekrut recruit; *umg* rooky; **~enaushebung** recruitment, enlistment; conscription; **~ieren** to recruit; **~ierung** recruitment, draft
rektifizier|en to rectify, to adjust; **~ung** rectification
Rektor *(Universität)* rector, Chancellor, *US* President; *(Schule)* headmaster, *US* principal; **~at** office of chancellor; office of president; headmastership
Relais ϟ relay; **~sender** 📻 relay station; **~steuerung** relay control
Relation relation; relationship
relativ relative; relating (to); **~ität** relativity; **~itätstheorie** theory of relativity
relegieren to exclude, to expel, *(BE Univ.)* to send down; *(zeitweilig) BE* to rusticate

Relief relief; embossment
Religion religion; faith; confession; creed; denomination; *(Schulfach)* Scripture; **~sfreiheit** religious freedom; freedom of worship; **~sgemeinschaft** religious community; **~slos** irreligious
religi|ös religious, pious; **~osität** religiousness
Reling ⚓ rail (of ship)
Reliquie relic; **~enschrein** reliquary
Remitt|enden 🕮 returned books, returns; **~ieren** to return, to remit; **~ierung** remittance
Rempel|ei jostling; rumpus; **~n** to jostle; ⛹ to barge; to bump together
Ren reindeer; **~schlitten** reindeer sledge
Renaissance renaissance
Rendezvous meeting; date; *e. ~ haben* to have a date with; **~partner** *umg* date
renitent refractory, obstinate
Renn|bahn race-course, race-track; *(Aschenbahn)* cinder track; *(Pferde)* turf; **~boot** racing-boat; speedboat; **~en** to run; to race; to run a race; to dash; to rush (along); *ins Verderben ~en* to rush headlong into destruction; *mit d. Kopf gegen d. Wand ~en* to run one's head against the wall; *su* rush, run; race; *(Hindernis-)* steeple-chase; *totes ~en* dead heat; **~er** runner; race horse; **~fahrer** racing driver; **~reiter** racing jockey; **~schuh** spike; **~sport** racing; *(Pferde)* turf; **~stall** racing stable; **~strecke** course; race track; circuit; **~wagen** racing-car; racer; **~ziel** winning post
Renomm|ee reputation; fame, renown; **~ieren** to boast, to swagger; to brag; **~iert** highly reputed; well-known (for); **~ist** bully, bragger; boaster; big talker
renovier|en to renovate, to redecorate; to repair, to do up; **~ung** renovation, redecoration
rent|abel lucrative; profitable; productive; **~abilität** profitableness; lucrativeness, profits; earning capacity; **~abilitätsgrenze** margin of profitableness, break-even point; **~amt** revenue office; **~e** *(Alters-)* (old age) pension; rent, annuity; revenue; *(Unterstützung)* benefit; **~enbrief** annuity bond; **~enempfänger** pensioner; annuitant; **~engesetz** Old Age Pension Law; **~enschuld** mortgage debt; **~ner** pensioner; rentier; man of private means; **~ieren** *refl* to pay, to yield profit; to be worth while
reorganisier|en to reorganize; **~ung** reorganization
Reparation reparation; *~en leisten* to pay reparations
Reparatur repair; recondition; mending; *in ~* under repair; **~bedürftig** in need of repair; **~dienst** repair service; **~fähig** mendable, repairable; **~kosten** (cost of) repairs; **~werkstatt** repair shop
reparieren to repair, to mend
repatriier|en to repatriate; **~ung** repatriation
Repertoire stock (of plays); repertory; repertoire; **~stück** stock-play
repet|ieren to repeat; **~itor** coach, tutor; *umg* crammer
Replik reply; retort; *(Kopie)* replica
Report report; *(Börse)* contango; **~age** commentary, account; eyewitness account; on-the-spot report; **~er** reporter, correspondent
Repräsent|ant representative; **~antenhaus** House of Representatives; **~ation** representation; **~ativ** representative; **~ieren** to represent; to cut a fine figure
Repressalien reprisals; retaliation; *~ anwenden gegen* to make reprisals on
reprivatisier|en to denationalize; **~ung** denationalization; reversion to private ownership
Reprodu|ktion reproduction; rendering; **~ktionskraft** reproductive power; **~zieren** to render, to reproduce
Reptil reptile
Republik republic; **~aner** republican; **~anisch** republican
requi|rieren to requisition; to commandeer; **~siten** requisites; 🎭 properties, *umg* props; **~sition** requisition
Reseda mignonette
Reserv|at reservation; reserved right; nature reserve; **~e** reserve; backlog; *in ~e* in store; *stille ~e* undisclosed reserves; *d. ~ einberufen (mil)* to call up the reserves; **~efonds** reserve fund; **~erad** spare wheel; **~eteile** spare parts, spares; **~ieren** to reserve, to set aside; to book in advance, to make reservations; **~ierung** reservation; **~ist** reservist; **~oir** tank, reservoir
Resid|enz seat of the court; residence; *(Hauptstadt)* capital; **~ieren** to reside
Resign|ation resignation; **~ieren** to resign
resolut resolute, determined; **~ion** resolution
Resonanz resonance, echo; **~boden** sounding-board
Respekt respect, regard; **~abel, ~ierlich** respectable; **~ieren** to respect, to honour; **~ive** respectively; **~los** without respect; irreverent; **~sperson** person (to be) held in respect; **~voll** respectful; **~widrig** disrespectful
Ressentiment secret grudge, prejudice
Ressort department, province; sphere; *d. gehört nicht zu m-m ~* that's out of my line; **~besprechung** interdepartmental conference
Rest rest, remainder; remnant; residue; residuum; balance; relic ♦ *j-d d. ~ geben* to finish s-b; **~auflage** remainders; **~betrag** remainder, balance; residue; **~e** odds and ends *(of material)*; **~lich** remaining, left over; *chem* residual; **~los** complete; without a rest; thoroughly, entirely; completely; **~posten** remaining stock; **~zahlung** final payment
Restant person in arrears; **~en** arrears; odd lots
Restaur|ant restaurant; tavern, inn; **~ateur** restaurateur; restorer; restaurant keeper; **~ation** restoration; restaurant, inn, pub(lichouse); **~ator** restorer (of paintings); **~ieren** to restore, to repair; *s. ~ieren* to recover
Result|at result; effect, outcome; ⛹ score; **~ieren** to result (from)
Retorte retort; test tube
rett|en to save; to rescue; to deliver; to release; to bring through *(a patient)*; *refl* to es-

cape; *s-e Ehre ~en* to vindicate one's honour; *~e sich wer kann!* every man for himself!; **~er** rescuer, deliverer; *(Heiland)* Saviour, Redeemer

Rettich (white) radish

Rettung rescue, saving; deliverance; escape; help; redemption, salvation; **~sanker** sheet-anchor; **~sboje** life-buoy; **~sboot** life-boat; **~sdienst** rescue (*od* life-guard) service; **~sgürtel, ~sring** life-belt; **~skolonne** rescue squad; **~sleine** life-line; **~sleiter** fire-escape; **~slos** irrecoverable, irretrievable; past help; **~smedaille** life-saving medal; **~smittel** remedy; **~sstation** first-aid post; **~swagen** ambulance; **~swerk** rescue work

retuschieren to retouch; to touch up

Reu|e regret, repentance; remorse; contrition; **~en** to repent, to regret; to be sorry for; **~evoll, ~ig** repentant; **~egeld** forfeit; forfeiture; **~mütig** repentant, penitent; remorseful

Reuse wicker-trap; eel-basket; eel-pot

Revanch|e revenge, satisfaction; **~epartie, ~espiel** return-match; **~ieren:** *s. ~ieren für* to take one's revenge; to return a kindness

Reverenz reverence; bow; curtsey

Revers lapel; reverse *(coin)*; reciprocal obligation

revidieren to revise; to examine; to check; *(Bücher)* to audit

Revier district; quarter; preserve; hunting-ground; beat *(of constable)*; *mil* sick-bay

Revision revision, revisal; *(Bücher)* audit; auditing; *(Zoll-)* inspection; ⚖ *(Rechtsmittel)* appeal; *(Wiederaufnahme)* rehearing, new trial; *~ einlegen* to lodge an appeal; *e-r ~ stattgeben* to allow appeal; *e-e ~ verwerfen* to dismiss an appeal; **~sbogen** 📖 revise

Revisor reviser; *(Bücher-)* examiner of accounts, auditor

Revolt|e revolt, rising; insurrection; **~ieren** to revolt, to rise

Revolution revolution; **~är** revolutionary; **~ieren** to revolutionize

Revolver revolver, *umg* gun

Revue 🎭 revue, musical show; *mil* review; *(Zeitschrift)* review, periodical; *~ passieren lassen* to pass in review

Rezens|ent critic, reviewer; **~ieren** to review, to criticize; **~ion** criticism, review; **~ionsexemplar** review copy

Rezept ⚕ prescription; *(Koch-)* recipe; **~ieren** to make out a prescription; **~ion** reception desk

rezessiv recessive

rezi|prok reciprocal; **~tativ** recitative; **~tator** reciter; **~tieren** to recite

Rhabarber rhubarb

Rhapsodie rhapsody

Rhein Rhine; **~isch** Rhine; **~wein** hock, Rhine wine

Rhetor|ik rhetoric; **~isch** rhetorical

Rheuma, ~tismus rheumatism; **~tisch** rheumatic

Rhinozeros rhino(ceros)

Rhombus *bes math* rhomb(us); diamond; ⚕ lozenge

rhythm|isch rhythmical; **~us** rhythm

Richt|antenne directional aerial; **~balken** traverse beam; **~blei** plummet, plumb-line; **~block** executioner's block; **~en** to set straight, to put in order; to adjust, to direct; to turn, to lay; to aim *(gun)*; to address; to prepare *(meal)*; to regulate, to set *(watch)*; to judge, to pass sentence on; to arrange; to fix; to repair; *s. ~en nach* to conform to, to comply with; to be guided by; *gram* to agree with; *d. Segel nach d. Wind ~en* to trim the sails to the wind; *zugrunde ~en* to ruin; **~fernrohr** *mil* telescope sight; **~fest** topping-out ceremony; **~kanonier** *mil* gun pointer; **~linie** directive, guiding principle; direction; **~linien** rules, policy; **~lot** plumb-line; **~maß** standard; gauge; **~preis** recommended retail price; **~satz** standard rate, guiding rate; **~schnur** canon; ⚙ plumb--line; *fig* guiding principle, rule of conduct; **~strahler** beam aerial (*od* antenna); *mit ~strahler senden* to beam (at a country); **~ung** direction, line; course; bearing; tendency; trend, drift; orientation; *d. ~ung verlieren* to lose one's bearing; **~ungsweiser** signpost; 📡 radio beacon; **~wert** standard value; determing factor; **~zahl** coefficient

Richter judge; *(Friedens-)* justice of the peace (*Abk.* J. P.); *(Polizei-)* magistrate; *(Schieds-)* arbiter; umpire; *~ sein* to sit on the bench; *vor d. ~ bringen* to bring to justice; **~amt** office of judge; **~kollegium** bench; **~lich** judicial; **~spruch** *(Zivilprozeß)* judgment, decision; *(Strafprozeß)* sentence; *(Schieds-)* award; *(Geschworene)* verdict; **~stand** judges; judiciary; **~stuhl** *fig* judgment seat

richtig right, correct; accurate; fit; genuine; real; regular; suitable; adequate; *interj* quite right!, just so!; **~gehend** keeping good time; real, regular; **~keit** rightness, correctness, justness; accuracy, fairness; **~stellen** to put right, to correct, to rectify; **~stellung** rectification

Ricke *zool* doe

riech|en to smell; to scent; to stink; *(ausfindig machen)* to detect; to sniff *(danger)*; *nach etw ~en* to smell of ♦ *d. Braten ~en, Lunte ~en* to smell a rat; **~er** nose; *e-n guten ~er haben* to have a fine nose; **~fläschchen** smelling-bottle; **~organ** olfactory organ

Ried *(Schilf)* reed; marsh; **~gras** sedge

Riefe flute; groove; channel; chamfer; **~ln, ~n** to chamfer, to channel, to flute

Riege 🤸 section, group

Riegel bolt, sliding bolt; bar *(of soap)*; peg *(of dress)*; *mil* switch line ♦ *e-n ~ vorschieben* to put a spoke in s-b's wheel; **~n** to bolt up, to bar; **~stellung** bolt position

Riemen strap, sling; *(Treib-)* belt; shoulder strap; *(Gürtel-)* brace, belt; *(Ruder)* oar; *d. ~ beinehmen* to ship oars; **~antrieb** belt drive; **~blatt** oar blade; **~scheibe** pulley; **~zeug** harness, straps

Ries ream (of paper)

Ries|e giant ♦ *nach Adam ~e (fig)* according to Gunter; **~enbomber** superbomber; **~enerfolg** smash hit; **~engroß, ~ig** gigantic, huge, vast, immense, colossal; *umg* whopping; terribly; **~enrad** Ferris wheel, high wheel; **~enschlange** boa constrictor; **~in** giantess

Riesel|felder irrigated fields; sewage farm, sewage fields; **~n** to ripple, to trickle; to drizzle; to gush, to percolate

Riff reef; sand-bank, shelf; *(Korallen-)* coral reef

Riffel flax-comb; **~blech** checkered plate; **~glas** frosted glass; **~n** to corrugate, to chamfer, to groove; *(Flachs)* to ripple; **~ung** corrugation, groove, knurl

rigoros rigorous; strict; stern; rigid; stringent

Rille groove; 🏛 flute, chamfer; *(Kornfeld)* drill; **~npflug** drill-plough (*US* -plow)

Rimesse draft

Rind ox, cow; cattle; *(Färse)* heifer; **~erbouillon** beef broth; **~erbraten** roast beef; **~erhirt** herdsman; cowboy; **~erpest** cattle-plague; **~erzucht** cattle breeding; **~fleisch** beef; **~fleischsorten** beefs; **~sleder** ox-hide; cowhide; **~vieh** (horned) cattle; beeves; *fig (Schimpfwort)* duffer, blockhead

Rinde *(Baum, Hirn)* cortex (*pl* cortices); *(Baum-)* bark; *(Käse)* rind; *(Brot)* crust

Ring ring; circle; link *(of chain)*; *umg* pool; *e-n ~ bilden (fig)* to pool; **~bahn** circular railway; **~förmig** ring-shaped; cyclic; annular; **~mauer** city wall; **~tausch** exchange between several parties; **~richter** umpire; **~wall** rampart

Ringel ringlet, small ring, circlet; *(Locke)* curl; ringlet; **~n** to ring, to curl, to coil; **~natter** ring-snake, grass-snake; **~reigen, ~reihen** round dance; **~taube** ring-dove

ring|en to wrestle; to struggle (against, for); to fight for; to strive; to wring; to wrench; to wrest (out of); **~er** wrestler, catcher; **~kampf** wrestling match

rings round, around; **~um, ~umher** all round, round about

Rinn|e groove; *(Fluß-)* channel; *(Fahr-)* gutter; **~en** to run, to flow; to leak, to trickle, to drip; **~sal** streamlet, trickle; **~stein** sink *(kitchen)*; gutter

Ripp|e 🏛 groin; *anat* rib; bar; **~en** to rib, to groin; **~enatmung** costal breathing; **~enfell** (costal) pleura; **~enfellentzündung** pleurisy; **~enstoß** nudge in the ribs; *j-d e-n ~enstoß versetzen* to nudge; **~enspeer** (smoked) spare-ribs of pork

Rips rep

Risiko risk; *e. ~ übernehmen* to incur a risk

risk|ant risky, perilous; **~ieren** to (run a) risk

Rispe *bot* panicle

Riß tear, rent; hole, gap; chink, cleft; scratch; sketch, plan; leakage; fracture; *fig* breach, schism; **~wunde** lacerated wound

rissig full of rents; full of crevices; cracked *(skin)*; chappy, chinky *(soil)*; *~ werden* to get brittle; to crack

Rist instep; wrist; withers *(horse)*

Ritt ride (on horse); **~lings** astride, astraddle (*auf* of); **~meister** captain of cavalry

Ritter knight; cavalier; *fahrender ~* knight-errant; *~ des Hosenbandordens* Knight of the Garter (K. G.); *~ d. Ehrenlegion* chevalier of the Legion of Honour; *zum ~ schlagen* to knight; *arme ~* fritters; **~gut** manor, estate; **~gutsbesitzer** lord of a manor; **~lich** knightly, chivalrous; gallant; **~orden** order of knighthood; **~schaft** knighthood; **~schlag** knighting, accolade; *d. ~schlag erhalten* to be dubbed a knight; **~sporn** *bot* larkspur, delphinium; **~tum** chivalry; **~zeit** age of chivalry

Rit|ual, ~uell ritual; **~us** rite

Ritz, ~e chink, crack, scratch; abrasion; slit; **~en** *(s.)* to graze (o. s.), to scratch; to cut *(glass)*; to carve; **~ig** crannied; scratched; **~wunde** scratch wound

Ritzel ⚙ pinion; driver; **~welle** pinion shaft

Rival|e rival; **~isieren** to rival, to compete, to be in competition with; **~ität** rivalry, competition

Rizinusöl castor oil

Robbe seal; **~n** to creep, to crawl; **~nfang** sealing; **~nfänger** sealer, seal-hunter; **~ntran** seal oil

Robe robe, gown

Roboter robot; drudge

robust robust, strong, hard, sturdy; **~heit** robustness, brutality

Roche *zool* ray

röcheln to rattle (in one's throat)

rochieren *(Schach)* to castle one's king

Rock coat, jacket; skirt; **~falte** pleat of a dress; **~schoß** coat-tail; **~zipfel** lappet

Rocken *(Spinn-)* distaff

Rodel toboggan, sled; **~bahn** toboggan-run; **~n** to toboggan, to coast (downhill)

rod|en to root out; to clear *(forest)*; to make arable; **~ung** cleared woodland

Rogen roe, spawn; **~er** spawner

Roggen rye; **~brot** rye-bread

roh raw; unwrought, crude; coarse; rough; rude; brutal; cruel ♦ *wie e. ~es Ei behandeln* to treat with kid gloves; *~e Gewalt* brute force; *~er Mensch* brute; *~er Stein* unhewn stone; **~bau** shell of building; *im ~bau fertig* structurally complete; **~eisen** pig iron; **~eit** raw state; crudeness; rudeness; brutality; **~ertrag** gross receipts; **~erzeugnis** raw product; **~gewicht** gross weight; **~gummi** crude rubber; **~kost** uncooked vegetarian food, *umg* rabbit food; **~leder** untanned leather; **~ling** beast; brute; ⚙ casting; **~material, ~stoff** raw material; **~metall** crude metal; **~öl** crude oil; **~seide** tussore silk, raw silk; **~zucker** unrefined sugar

Rohr reed; cane, pipe; *(Geschütz-)* barrel; *indisches ~* bamboo; tube; **~ammer** reed-bunting; **~bruch** pipe burst; **~dommel** bittern; **~förmig** tubular; **~geflecht** basket-work; wickerwork; **~gewinde** pipe thread; **~leger** pipe-fitter, plumber; **~leitung** pipe line; **~mündung** muzzle of a gun; **~netz** pipes, conduit; **~post** pneumatic post; **~spatz** reed-sparrow ♦ *wie e. ~spatz schimpfen* to scold like a fishwife; **~stock** cane; **~stuhl** basket chair, cane-bottomed chair; **~weite** bore, internal diameter; **~zucker** cane sugar; *brauner ~zucker (BE)* demerara

Röhre tube, conduit; pipe; *(Kamin-)* funnel; ⚕ duct, channel; *(Röhrchen)* tubula, cannula; capillary tube; shaft; tunnel; ⊕ valve, *US* tube; *Braunsche ~* cathode ray tube; *(Elektronen-)* electronic valve, *US* electron tube; *(Radio-)* radio valve, *US* radio tube; *(Speise~-)* gullet; **~nartig** tubular, tube-like; ⚕ fistular; **~nleitung** conduit-pipes; pipe line; *mit ~n versehen* to fit with pipes, to pipe; **~nwalzwerk** tube-rolling mill; **~nwerk** tubing, piping

röhr|en *(Hirsch)* to bell; **~icht** reeds, reed-bank

Rokoko rococo

Roll|aden roller-blind; shutter; *US* shade; **~bahn** *mil* main supply route; ✈ runway; **~dach** sliding roof; **~e** roll, roller; cylinder; pulley; mangle *(wash);* scroll; 🎭 role, part; *Geld spielt keine ~e* money is no object; *aus d. ~e fallen* to misbehave; **~en** to roll, to roll up; to wheel; to mangle; to curl; to trundle; **~enbesetzung** cast; **~enlager** roller bearing; **~entabak** roll tobacco; **~er** rolling sea; scooter; canary; **~film** roll-film; **~fuhrdienst** carrier service: **~kommando** raiding-squad; "murder" squad; **~mops** rollmop; **~o** = Rouleau; **~schiene** rail; **~schinken** rolled ham; **~schuh** roller skate; **~sitz** sliding-seat; **~stuhl** Bath-chair; wheel-chair; **~treppe** escalator; **~wagen** truck

Roman novel; fiction; romance; *e-n ~ in Fortsetzungen erscheinen lassen* to serialize; **~dichter** novelist, novel-writer; **~haft** fictitious; fantastic; **~literatur** fiction; **~tik** romanticism; **~tiker** romanticist; **~tisch** romantic; **~ze** romance; ballad

Röm|er Roman; rummer; **~isch** Roman

Rommé rummy

Rond|e round; circle; ronde; **~ell** round [flower-bed; **~o** rondo

röntgen to X-ray; *(Einheit)* roentgen; **~analyse** X-ray analysis; **~anlage** X-ray equipment; **~aufnahme, ~bild** X-ray photograph, radiogram, radiograph; **~bestrahlung** radiotherapy; **~ologe** radiologist; **~ologisch** radiographic; **~reihenuntersuchung** radioscopy; mass radiography; **~strahlen** X-rays, roentgen rays; **~strahlung** X-radiation; **~therapie** radiotherapy; **~untersuchung** X-ray test

rosa rose, pink

Ros|e rose; ⚕ erysipelas; **~enkohl** Brussels sprouts; **~enkranz** wreath of roses, rosary; *d. ~enkranz beten* to say the rosary; **~enmontag** last Monday before Lent, Shrove Monday; **~enöl** attar of roses; **~enstock** rose-bush; **~enwasser** rose-water; **~enzüchter** grower of roses; **~ig** rose, rose-coloured, rosy; **~ine** raisin; currant; **~inenkuchen** fruit-cake; **~marin** rosemary

Roß horse; steed; **~arzt** veterinarian; **~bändiger** horse-tamer; **~haar** horsehair; **~händler** horse-dealer; **~kastanie** horse chestnut; **~kur** drastic treatment; **~schlächter** horse-butcher

Rösselsprung *(Schach)* knight's move

Rost[1] rust; wheat rust; *von ~ zerfressen* rust-eaten; **~beständig** rust-resisting; rustless; **~bildung** rust formation; **~fleckig** rust-spotted; **~frei** *(Stahl)* stainless *(steel)*; **~ig** rusty, corroded

Rost[2] gridiron, roaster, grill; grate; **~braten** roast beef, roast joint

Röst|e *(Flachs-)* steeping; **~en** to broil, to grill, to roast; *(Korn)* to parch; *(Mais)* to pop; **~kartoffeln** roast potatoes; **~mais** pop-corn; **~ung** roasting; calcination

rot red, ruddy; *~ werden* to blush; *su* red, redness; **~bäckig** rosy-cheeked; **~bart** red-beard; **~blond** sandy(-haired); **~braun** reddish brown; bay; **~buche** red beech; copperbeech; **~dorn** pink hawthorn; **~fuchs** sorrel (*od* bay) horse; **~glühend** red-hot; **~haut** redskin; **~käppchen** Little Red Riding Hood; **~kehlchen** robin; **~kohl** red cabbage; **~lauf** ⚕ swine erysipelas; **~schwänzchen** redstart; **~spon, ~wein** red wine, claret; **~stift** red pencil; **~welsch** thieves' Latin; gibberish; **~wild** red deer

Röt|e red, redness, blush; **~el** ruddle, red ochre; red chalk; **~eln** German measles; **~en** to flush, to get red; **~lich** reddish, ruddy

Rotation rotation, revolution; **~sbewegung** rotary motion; **~sdruck** rotary press printing; **~sgeschwindigkeit** velocity of rotation; **~smaschine** rotary press; **~svermögen** rotatory [power

rotieren to rotate, to revolve

Rotor rotor; armature

Rotte gang, band, troop; file; *mil* a number of men in file; flock *(of animals)*

Rotz mucus; *umg* snot; ⚕ glanders; **~ig** snotty; **~nase** snotty nose; brat

Roul|ade olive (of beef); Swiss roll; **~eau** roller-blind, *bes US* window shade; **~ette** roulette; ⚙ ring-roll mill

Routin|e routine; **~iert** experienced; versed, trained

Rowdy hooligan, *US a.* thug

Rüb|e rape; *gelbe ~e* carrot; *weiße ~e* turnip; **~enzucker** beet-sugar; **~öl** rape-oil; **~samen** rapeseed

Rubel rouble ♦ *d. ~ rollen lassen* to make the money fly

Rubin ruby

Rubri|k rubric; column; **~zieren** to arrange in columns; to head; to tabulate

ruch|bar notorious; *~bar werden* to become known; **~los** wicked, infamous; impious; **~losigkeit** wickedness, infamy; wicked act

Ruck jolt, start; jerk; *s. e-n ~ geben* to pull o. s. together; **~artig** jerky; **~sack** knapsack, rucksack; **~weise** in snatches, by jerks, by fits and starts

Rück|ansicht back view; **~antwort** reply; **~blende** 🎞 cutback, flashback; **~blick** retrospect; glance back; **~datieren** to antedate; **~datierung** dating back; **~erinnerung** reminiscence; **~erstattung** repayment, refund, restitution; **~fahrkarte** *BE* return-ticket, *US* round-trip ticket; **~fahrt** return journey; **~fall** relapse; **~fällig** recidivous; relapsing; **~fenster** rear window; **~flug** return flight; **~frage** query, checkback; **~gabe** return; **~gang** drop, fall; recession; **~gängig** retrograde, retrogressive; *~gängig machen* to cancel, to annul; to break off; **~gewinnung** reclamation, recovery; **~gliedern** to reintegrate; **~grat** spine, backbone, vertebral column; **~gratverkrümmung** spinal curvature; *(seitliche)* scoliosis; **~griff** recourse; **~halt** support, reserve; *e-n ~halt haben* to be backed up by; **~haltlos** unreserved, without reserve; **~kauf** buying, redemption; **~kehr** return; come-back; **~koppelung** ⚡ feedback; **~lage** reserve (fund); **~läufig** retrograde; **~lings** backwards; from behind; **~marsch** march back; retreat; **~porto** return postage; **~prall** recoil, rebound; **~reise** return journey; return trip; **~schein** ✉ advice of delivery; **~schlag** recoil; *fig* reverse, set-back; **~schluß** conclusion; *e-n ~schluß ziehen* to draw a conclusion from; **~schritt** step back; falling--off; relapse; retrogression; **~seite** back, reverse; **~sicht** regard, consideration; **~sichtslos** inconsiderate; **~sitz** back-seat; **~sprache** discussion, consultation; *~sprache nehmen* to discuss, to talk over; **~stand** arrears; old-fashioned, backward; **~stellen** to reset, to replace; **~stellung** reserve; **~stoß** repulsion, thrust; recoil *(of weapon)*; **~strahlen** to reflect; **~strahler** rear reflector; **~strom** return current; **~tritt** resignation, retirement; **~trittbremse** back-pedalling (*od* coaster) brake; **~vergütung** refund, reimbursement; **~versicherung** reinsurance, counter-insurance; **~verweisung** recommitment; *(Vorinstanz)* remittal; **~wanderer** returning emigrant; **~wärtig** rear, rearward, behind the lines; **~wärts** backwards; *~wärts fahren* 🚗 to back up, to reverse; **~wärtsgang** reverse (gear); **~wirken** to react; **~wirkend** retroactive, retrospective; **~wirkendes Gesetz** ex post facto law; **~wirkung** retroaction, reaction; **~zahlen** to repay, to refund; **~zahlung** repayment; reimbursement, refund; **~zug** withdrawal, defeat; **~zugsgefecht** running fight

rücken to move, to push; to shift; *vi* to move away, to make room; *ins Feld ~* to take the field ♦ *j-m zu Leibe ~* to press s-b hard

Rücken back, rear; ⚕ dorsum, tergum; ridge, bridge *(of nose)*; *hinter j-s ~* behind s-b's back; *~ gegen ~* back to back; *d. ~ kehren* to turn one's back; *in d. ~ fallen* to attack in the rear; **~deckung** rear cover, protection for the rear; **~flosse** dorsal fine; **~flug** upside--down flying; **~lehne** (chair-)back; **~mark** spinal cord; **~markslähmung** spinal paralysis; **~schmerz** back-ache; **~schwimmen** backstroke; **~wind** wind from behind, tail wind; **~wirbel** dorsal vertebra

Rüde male dog (fox, wolf); large hound; *adj* rude, coarse, brutal

Rudel herd, troop, pack; pack *(of boats)*; flock *(sheep)*; **~weise** in troops, in gangs

Ruder oar, rudder; helm ♦ *ans ~ kommen* to come into power; **~bank** thwart; **~boot** rowing-boat, *US* rowboat; **~er** rower, oarsman; **~n** to row, to pull; **~regatta** boat-race; **~sport** rowing

Ruf cry, call; summons; reputation; name; *im ~e stehen* to be reputed (to be); *e-n guten (schlechten) ~ haben* to be in high (bad) repute, to have a good (bad) reputation; **~en** to call, to summon, to hail, to cry; to shout; *~en lassen* to send for; *um Hilfe ~en* to cry for help; *wie ge~en kommen* to come at the right moment; **~name** Christian name; **~nummer** telephone number; **~weite:** *in ~weite* within call; **~zeichen** exclamation mark; call signal

Rüffel reprimand; **~n** to reprimand, to scold

Rüge censure, reprimand; admonition; **~n** to censure, to reprimand

Ruh|e rest, repose; calm, calmness; quiet; quietness; peace; stillness; repose; composure; sleep; *zur ~e setzen* to retire; *in aller ~e* very calmly; *in ~e lassen* to leave alone; *immer mit d. ~e!* take it easy; **~egehalt** pension, retiring allowance, retired pay; **~elos** restless; **~en** to rest, to sleep; to stand still; to be idle; *~en auf* to rest on, to be based on; **~estand** retirement; *in den ~estand versetzen* to pension off; **~estätte** resting-place; **~estellung** ⚙ unoperated position; *mil* stand at ease position; **~estörer** disturber of the peace; rioter, brawler; **~estörung** breach of peace, riot; **~etag** day of rest; **~ezeit** time of rest, leisure; **~ig** still, quiet; motionless; silent; calm; composed; peaceful; *(Gewissen)* serene; *adv* safely

Ruhm glory, fame; renown; **~begier** thirst for glory; ambition; **⁼en** to praise, to extol; to boast of, to brag; **⁼enswert** praiseworthy; **⁼lich** glorious, honourable; **~los** inglorious; obscure; **~redig** vainglorious, boastful; **~voll** glorious, famous

Ruhr dysentery

Rühr|ei scrambled eggs; **~en** to stir, to move; *refl* to be active; *s. nicht ~en* to make no move; *fig (j-n)* to touch, to move; **~end** touching, moving; **~faß** churn; **~ig** active, bustling, quick; **~igkeit** activity; nimbleness; **~selig** sentimental, emotional; **~stück** melodrama; sob-stuff; **~ung** emotion, feeling

Ruin ruin, decay; downfall; **~e** ruins; *fig* wreck; **~ieren** to ruin

rülps|en to belch; **~er** belch

Rum rum

Rummel activity; racket; noise; hubbub; tumult; amusement park, fair [bustle

Rumor noise, bustle; **~en** to make noise, to

Rumpel|kammer lumber-room; **~kasten** *fig (Kutsche)* rattletrap; **~n** to rumble; to rattle; *(Wagen)* to jolt

Rumpf trunk; body; torso; hull; ✈ fuselage; **~beuge** trunk bending; **⁼en:** *d. Nase ⁼en* to sneer at; to turn up one's nose at

Rumpsteak rump(-steak); *US* sirloin

rund round, circular; plump; rotund; *fig* plain, frank; *~ ein Dutzend* about a dozen; *in*

~en Zahlen in round numbers; **~bau** circular building; **~blick** view all round; panorama; **~bogen** Roman arch; **~e** circle; lap; round; beat; *d. ~e machen* go one's rounds; **~enrichter** lap judge; **~enstand** lap status; **~envorsprung** lap lead; **~enzeit** lap time; **~erlaß** circular order; **~fahrt** circular tour; round trip; **~frage** inquiry, questionnaire; **~funk** radio, wireless; broadcasting; **~funkgerät** radio set; **~funkhörer** listener; **~funksender** radio transmitter; **~gang** walk round s-th; stroll; **~gesang** glee; roundelay; *(Kanon)* round; **~heraus** straight out; flatly; **~(her)um** all around, round about; **~lauf** giant-stride; **~lich** round, rounded; plump; **~reise** round trip; **~reisebillet** circular tour ticket; **~schau** panorama, review; **~schreiben** circular (letter); **~schrift** round-hand (writing); **~ung** curve, rounding; roundness; **~verkehr** round-about traffic; **~weg** roundly, plainly; flatly; **~zange** round--nose pliers

runden to make round, to round *(lips)*

Rune rune; **~nartig** runic; **~nstab** runic wand; **~nstein** runic inscription

Runkelrübe mangold, beetroot

Runzel wrinkle, pucker; **~ig** wrinkled, puckered; **~n** to wrinkle; *(im Alter)* to shrivel; *d. Stirn ~n* to frown

Rüpel lout; boor; **~ei** rudeness, insolence; **~ig** boorish; **~haft** caddish

rupfen to pluck, to pull out; *fig* to fleece, to cheat

ruppig shabby, rude

Rüsche ruche, frilling

Ruß soot; *(Kien-)* lamp-black; **~en** to smoke, to blacken; to smut; **~ig** sooty

Rüssel snout; trunk; proboscis

rüst|en to prepare, to fit out; to equip; to arm, to prepare for war; to mobilize; to prepare for, to get ready; **~ig** strong; robust, vigorous; **~igkeit** vigour; **~kammer** armoury, arsenal; **~ung** preparation; equipment; arming; armament; armour; **~ungsanlage, ~ungsbetrieb** armament factory, war factory; munition works; **~zeug** tools; implements; *fig* capacities; knowledge

Rüster elm

Rute rod; birch; twig; switch; tail; *(Wünschel-)* divining-rod; **~nbündel** bundle of rods; fasces; **~ngänger** diviner, dowser

Rutsch slide, glide; *(Erd-)* landslip; **~bahn** slide, chute; water-chute; **~en** to glide, to slide; to slip; to skid; to side-slip; *(Erde)* to give way to; to crumble; **~ig** slippery; **~tuch** (fire) canvas chute

rütteln to shake, to jog, to jolt; *e. gerüttelt(es) Maß* a full measure

S

S (the letter) S

Saal (assembly) hall; (assembly) room

Saat seed; *(Säen)* sowing; standing corn; *d. ~ steht gut* the crops look well; **~feld** corn field; **~gut (~korn)** (agricultural) seeds; **~kartoffeln** seed potatoes; **~krähe** rook; **~zeit** seed-time

Sabbat Sabbath

sabbern to slaver

Säbel sabre; **~beine** bow-legs; **~hieb** sabre cut; (*od* stroke); **~n** to cut (with a sabre), to sabre

Sabot|age sabotage; **~ieren** to sabotage

Saccharin saccharin

Sach|bearbeiter official in charge of; specialist; case worker; **~dienlich** relevant, pertinent; **~e** thing; matter; affair; business; subject; cause; fact, circumstance; *pl* goods, clothes, things; ⚖ case; point (*zur ~e kommen* to come to the p. *bei d. ~e bleiben* to keep to the p.; *von d. ~e abkommen* to get away from the p.); *gemeinsame ~e machen mit* to make common cause with; *s-e ~e gut machen* to aquit o.s. well; *d. tut nichts zur ~e* it doesn't matter, it makes no difference ♦ *s-e sieben ~en* all one's belongings; **~gemäß** appropriate, proper; *adv* appropriately; properly; suitably; in a manner appropriate to the case; **~geschädigter** person who has suffered material damage; **~katalog** subject catalogue; **~kenner** expert; **~kenntnis** intimate (*od* expert) knowledge; **~kunde** expert knowledge; **~kundig** expert, competent; experienced; having knowledge of the subject; **~lage** state of affairs; circumstances; facts of the situation; **~lich** factual; objective; material; pertinent, to the point; relating to the matter (in question); business-like; unemotional; *~licher Unterschied* difference of fact; *aus ~lichen Gründen* for reasons of fact, on material grounds; *es ist ~lich nicht haltbar* it will not stand the test of fact; **⁓̈lich** *gram* neuter; **~lichkeit** objectivity; reality; **~register** index; **~schaden** damage to property; **~verhalt** state of affairs; facts of a case; **~vermögen** material assets; **~verständiger** expert; **~walter** advocate; counsel, legal adviser; **~wert** real value; material value; *pl* capital goods; **~wörterbuch** encyclopedia

sacht(e) soft, gentle; slow

Sack bag ♦ *mit ~ u. Pack* bag and baggage; lock, stock and barrel ♦ *d. Katze aus d. ~ lassen* to let the cat out of the bag; *d. Katze im ~ kaufen* to buy a pig in a poke; **⁓̈el** purse, money-bag; *(a. fig)*; **~en** to put into a bag; to sag, to sink (down); **~gasse** cul de sac, blind alley, *bes US* dead end; *~gasse!* No Through Road!; **~hüpfen** sack-race; **~leinwand** sacking, burlap; **~pfeife** bagpipe

sä|en to sow; **~mann** sower; **~maschine** sowing-machine; seed drill

Saffian morocco (leather)

Safran saffron

Saft juice; *bot* sap; fluid, liquid ♦ *ohne ~ u. Kraft* without vigour (*od* backbone); **~ig** *(Obst)* juicy; *(Wiese)* lush; *fig* spicy, coarse; **~los** dry, sapless; *fig* insipid

Sage legend, epic; myth; **~nhaft** legendary; mythical; fabulous; **~nschatz** lore

Säge saw; *(Maschine)* machine saw; *(Blatt)*

saw blade; **~mehl** sawdust; **~n** to saw, to cut; **~späne** shavings; **~werk** sawmill
sagen to say, to tell; to mean (*was wollen Sie damit ~?* what do you m. by that); *d. ist schwer zu ~* that is hard to tell; *d. hat nichts zu ~* that doesn't matter; *von Glück ~ können* to consider o. s. fortunate; *was Sie nicht ~!* just fancy that!, you don't say so!; *sage u. schreibe* believe it or not
Sago sago
Sahne cream; **~bonbon** *BE* toffee, *US* taffy; **~käse** cream-cheese; **~torte** layer cake
Saison season; **~bedingt, ~üblich** seasonal
Saite string, chord ♦ *andere ~n aufziehen* to change one's tune; **~eninstrument** stringed instrument
Sakko lounge-suit jacket; **~anzug** lounge suit
sakr|al ♪ *allg* sacred; **~albau** ecclesiastical building; **~ament** sacrament; **~istei** vestry
Säkular|feier centenary; **~isieren** to secularize
Salamander *zool* salamander
Salami salami (sausage)
Salat *bot* lettuce; *(Gericht)* salad; **~öl** salad-oil
Sal|band, ~leiste selvage
Salb|e ointment; *(flüssig)* liniment; **~ei** *bot* sage; **~en** to anoint; **~ung** anointment; *fig* unction; **~ungsvoll** unctuous, oily
sald|ieren to balance; to settle; to offset; **~o** balance; net effect (*od* result)
Sali|ne salt-works; **~zyl** salicyl; **~zyl-säure** salicylic acid
Salm *zool* salmon
Salmiak sal ammoniac, ammonium chloride; **~geist** ammonia solution
Salon drawing-room; ⚓ saloon; **~fähig** fit for society; decent; **~löwe** ladies' man; **~stück** 🎭 drawing-room play
salopp casual; somewhat slovenly
Salpeter saltpetre, nitre; **~haltig** containing saltpetre, nitrous; **~säure** nitric acid
Salto somersault (*e-n ~ schlagen* to turns a s.)
Salut salute *(of guns)*; *~ schießen* to fire a salute; **~ieren** to salute
Salve volley *(of rifles)*; salvo *(of guns)*; ⚓ broadside
Salz salt; **~bergwerk** salt-mine; **~en** to salt; **~faß** salt-cellar; **~gehalt** salt content; **~gurke** pickled gherkin; **~haltig** containing salt; saliferous; **~hering** pickled herring; **~ig** salty, salt; **~kartoffeln** boiled potatoes; **~säure** hydrochloric acid; **~wasser** brine; sea water
Same|(n) seed; *zool* sperm; *fig* germ; **~nbildung** seed formation; **~nkorn** grain of seed; **~nstaub** pollen; **~ntierchen** spermatozoon; **~ntragend** seed-bearing; **⁓reien** seeds
Sämischleder chamois leather
Sämling seedling
Sammel|band omnibus volume; anthology; **~büchse** collecting-box; **~n** to gather, to collect; to pick; *(aufhäufen)* to amass, to accumulate; *refl* to compose o. s.; **~name** collective noun; **~platz, ~stelle** assembly point, rallying point; meeting-place; dump; depot; **~surium** medley, jumble, omnium gatherum

Samml|er collector; ϟ accumulator; **~ung** collection; *fig* composure; concentration
Samstag Saturday; **~s** on Saturdays
samt together with; *~ u. sonders* one and all, completely; *su* velvet; **~band** velvet ribbon; **~ig** velvet, velvety; velvet-like; **⁓lich** all (together); all of them
Samum simoom
Sanatorim sanatorium
Sand sand; *(grob)* grit ♦ *j-m ~ in d. Augen streuen* to throw dust in s-b's eyes; *im ~e verlaufen* to end in smoke, to come to nothing; **~bank** (sand)bank; **~boden** sandy soil; **~grube** sand-pit; **~ig** sandy; **~männchen** dustman; **~sack** sandbag; **~stein** sandstone; **~torte** Madeira cake; **~uhr** hour-glass; **~wüste** sandy de- [sert
Sandale sandal
Sandelholz sandalwood
sanft soft, gentle; mild, delicate; *(zart)* tender; *(glatt)* smooth; *(Schlaf)* quiet; **~heit** softness, gentleness; mildness; **~mut** gentleness; meekness; **~mütig** gentle; meek
Sänfte sedan-chair, litter
Sang song; singing; **~bar** fit for singing, melodious; **⁓er** singer; bard, minstrel; *zool* songster; **⁓erin** singer; cantatrice
Sanguin|iker sanguine person; **~isch** sanguine
sanier|en to improve the sanitary conditions of; to rehabilitate; to reform, to reorganize; **~ung** rehabilitation; reform, reorganization
sanitä|r sanitary; **~ter** medical orderly; ambulance man; **~tsdienst** medical service; **~tsoffizier** medical officer; **~tstruppe** Medical Corps; **~tswagen** ambulance; **~tswesen** medical service
Sanktion sanction; **~ieren** to sanction
Saphir sapphire
Sappe *mil* sap; **~rlot!** confound it!
Sard|elle anchovy; **~ine** sardine
Sarg coffin; *US a.* casket; **~deckel** coffin-lid; **~tuch** pall
Sarka|smus sarcasm; **~stisch** sarcastic
Sarkophag sarcophagus
Satan Satan, the Evil One; **~isch** Satanic
Satellit satellite *(a. pol)*; **~enstaat** satellite (state); *pl* the Iron Curtain countries
Satin satin; *(Baumwoll-)* sateen; **~ieren** to glaze, to satin; *(Papier)* to calender
Satir|e satire; **~iker** satirist; **~isch** satirical
Satisfaktion satisfaction
satt satisfied, full; saturated; *(Farbe)* deep, rich; *ich bin ~* I've enough, I'm satisfied, *umg* I'm full; *ich bin es ~ (fig)* I am tired of it, *umg* I am fed up with it; *s. ~ essen* to eat one's fill; *etw ~ haben* to be fed up with s-th; **~e** milk-bowl; **~heit** satiety; **⁓igen** to satisfy; to saturate, to satiate; to impregnate; **⁓igung** saturation; impregnation; **~sam** sufficiently
Sattel saddle; *(Nase)* bridge; *(Berg)* ridge; *in allen ⁓n gerecht* fit to take any hurdle ♦ *aus d. ~ heben* to unhorse, *fig* to put s-b out of action; **~fest** having a good seat, *fig* well up (in s-th); **~n** to saddle; **~pferd** riding-horse; **~zeug** saddle and harness

Sattler saddler; **~ei** saddlery

Satyr satyr

Satz bound, jump; *(Service)* set; *chem* deposit, sediment; dregs, grounds; *gram* sentence, *(Haupt-, Neben-)* clause; *math* proposition; thesis; ♪ movement; sum, rate; 🕮 composition, *(Text)* matter; *in ~ geben* to give (send) to the printer; **~bau, ~bildung** construction; **~bild** 🕮 setting; **~fehler** printer's error, misprint; **~gefüge** complex sentence; **~glied** part of a sentence; **~lehre** syntax; **~reihe** compound sentence; **~spiegel** 🕮 face; **~ung** statute; ordinance; by-laws; **~ungsmäßig** statutory; **~zeichen** punctuation-mark, *BE a.* stop

Sau sow; wild sow; *fig* slut, dirty fellow; luck ♦ *Perlen vor d. ~̈e werfen* to cast pearls before swine; **~blöd** loony; **~bohne** broad bean; **~dumm** as stupid as a donkey; **~stall** pigsty; *fig* nasty mess; **~wirtschaft** filthy mess; dirty household; maladministration; **~wohl** as snug as a bug in a rug

sauber clean; neat, tidy; *(hübsch)* pretty; *fig* fine, nice; **~keit** cleanliness; neatness; **~̈lich** cleanly; careful; **~̈n** to clean; to clear; to tidy; *(Buch)* to bowdlerize; *mil* to mop up; *pol* to purge; **~̈ung** cleaning; mopping up; purge

Sauc|e sauce, *(Fleisch-)* gravy; **~iere** (sauce-)boat

sauer sour; *(Gurke)* pickled; *(Boden)* marshy; *chem* acid; *(ermüdend)* hard, fatiguing; *(mürrisch)* morose, surly; *~ reagieren* to react unfavourably; *~e Drops* acid drops; **~ampfer** sorrel; **~kirsche** *(wild)* sour cherry, *(angebaut)* morello; **~̈lich** sourish, acidulous; **~̈n** to acidify; *(Teig)* to leaven; **~kraut** sauerkraut; **~milch** curdled milk; **~stoff** oxygen; **~stoffhaltig** containing oxygen; **~teig** sour dough, *(Backhilfe)* leaven; **~töpfisch** cross, peevish

Sauf|bold, ~bruder boozer, drinker; **~en** *(Tier)* to drink; *(Mensch)* to booze; *wie e. Loch ~en* to drink like a fish; **~̈er** hard drinker, drunkard; **~erei, ~gelage** drinking bout, booze

saug|en to suck; to absorb; **~̈en** to suckle, to nurse; **~er** sucker; *(Flasche)* nipple; **~̈etier** mammal; **~flasche** feeding-bottle **~heber** siphon; **~kolben** ⚙ valve-piston; **~̈ling** baby; **~̈lingsalter** babyhood; **~̈lingsheim** crèche; **~̈lingssterblichkeit** infant mortality; **~pumpe** suction pump; **~rüssel** *zool* proboscis

Säule pillar, column; pile; **~ngang** arcade, colonnade; **~nhalle** portico; pillared hall

Saum seam, hem; edge, border; fringe; **~̈en** *vt* to hem; to border; *vi* to delay; to be slow; *ohne zu ~̈en* without delay; **~̈ig** slow; dilatory; in default; **~pfad** mule track, mountain trail; **~selig** slow, dilatory; negligent; **~seligkeit** slowness, dilatoriness; negligence; **~tier** beast of burden

Sauna sauna

Säure sourness; acidity; acid; **~frei** free from acid; **~gehalt** acidity; **~haltig** containing acid

Sauregurkenzeit silly season

Saus: *in ~ u. Braus leben* to have a grand time; to live high; **~̈eln** to rustle, to whisper; **~en** rush (along), to dash; *(Wind)* to blow hard, to bluster

Saxophon saxophone

Schab|e *zool* cockroach, *BE a.* black-beetle; *(Reibeisen)* grater; **~efleisch** scraped meat; **~eisen** scraper; **~en** to scrape; to rub; **~ernack** trick, practical joke; **~̈ig** shabby, worn; mangy; mean; **~̈igkeit** shabbiness; meanness

Schablone pattern, model; stencil; **~nhaft** routine, mechanical, stereotyped

Schabracke caparison

Schach chess; *~!* check!; *~ bieten* to defy; *in ~ halten* to keep in check (*od* at bay); **~brett** chessboard; **~feld** square; **~figur** chessman; **~matt** checkmate *(a. fig)*, tired out; *~matt setzen* to checkmate *(a. fig)*; **~partie** game of chess; **~spieler** chess-player; **~zug** move (at chess); *fig* gambit

Schacher petty dealing, chaffering, bargaining; **~er** haggler; **~n** to chaffer, to haggle

Schacht pit, shaft; **~el** box; *alte ~el* old frump; **~elhalm** shavegrass; **~̈en** to kill according to Jewish law

schade: *es ist ~* it is a pity; *wie ~!* what a pity!; *zu ~ für etw* too good for s-th

Schädel skull; **~bruch** fracture of the skull

schaden to damage, to harm; *(verletzen)* to hurt, to injure; to prejudice; *d. schadet nichts* that doesn't matter, never mind; *su* damage; loss (*mit ~ verkaufen* to sell at a l.); *zu ~ kommen* to come to grief; **~ersatz** compensation, damages (*~ersatz beanspruchen* to claim d.); indemnification; **~ersatzklage** action for damages; **~feuer** destructive fire; **~freude** delight in another's misfortune, schadenfreude; **~froh** rejoicing over another's misfortune, malicious

schad|haft defective, faulty; damaged, spoiled; **~̈igen** to damage, to injure; **~̈igung** damage; prejudice; **~̈lich** injurious; harmful, noxious; bad, hurtful; detrimental, prejudicial (to); **~̈lichkeit** injuriousness, noxiousness; harm; disadvantage; **~̈ling** *zool* pest; destructive weed; vile person; **~̈lingsbekämpfung** pest control; **~̈lingsbekämpfungsmittel** pesticide, insecticide; **~los** free from injury; *s. ~los halten an j-m für* to indemnify o.s. from s-b for s-th

Schaf sheep; *umg* stupid; *e. räudiges ~* black sheep; **~bock** ram; **~̈chen** lamb(kin) ♦ *sein ~̈chen ins trockene bringen* to feather one's nest; **~̈chenwolke** fleece; **~̈er** shepherd; **~̈erin** shepherdess; **~̈erhund** sheep-dog; *(deutscher) BE* Alsatian, *US* German shepherd; **~̈erstündchen** lover's hour; **~fell** sheepskin; **~garbe** *bot* milfoil, yarrow; **~herde** flock of sheep; **~hürde** sheep-fold, pen; **~schur** sheep-shearing; **~skopf** *fig* blockhead; **~zucht** sheep-breeding

schaffen 1. to create, to produce; *(tun)* to do, to make; *(fertigbringen)* to bring about, to accomplish; to bring off, *(Flucht)* to make; to provide, to procure; to convey (to), to remove (to); **2.** *vi* to be busy, to work; *wie ge~ für* just cut out for; *beiseite ~* to remove, to kill; *j-m*

zu ~ machen to give s-b a lot of trouble, to worry s-b; *s. zu ~ machen* to be busy, to busy o. s. with s-th, to potter about; *er hat hier nichts zu ~* he has no business here; **3.** *su* creating; (intellectual) work; production; **~d** creative; working; **~sdrang** creative impulse; **~sfreudig** vigorous, energetic; **~sfreudigkeit** delight in creating (*od* working)
Schaffner 🚂 *BE* guard, *US* conductor; *(Bus etc)* conductor
Schafott scaffold
Schaft *(Lanze)* shaft; *(Flinte)* (gun-)stock; *(Stiefel)* leg; *(Baum)* trunk; *(Blume)* stem, stalk; **~stiefel** *BE* high boot, *US* boot
Schakal jackal
Schäker joker, wag; **~n** to flirt; to joke
schal stale; insipid, flat
Schal scarf; muffler
Schale *(Obst, Kartoffel)* peel; *(Ei, Nuß, Muschel)* shell; *(Getreide)* husk; *(Hülsenfrucht)* pod; crust; *(Gefäß)* dish, bowl; basin; *(Waage)* scale; *fig* outside; *(Anzug)* rig, togs; **⁓n** to peel, to pare; to shell; *(Baum)* to bark; *refl* to peel (off); to shed the bark; **~ntier** crustacean, shellfish; *pl* snails and bivalve molluscs
Schalk rogue, wag; fool; **~haft** roguish, waggish
Schall sound; *(Glocken)* peal; **~dämpfer** silencer; (🚗, *Pistole*) *BE* silencer, *US* muffler; **~dicht** sound-proof; **~dose** sound-box; pick-up; **~en** to sound; to ring, to peal; *~endes Gelächter* roars of laughter; **~lehre** acoustics; **~platte** record, disk; **~plattenmusik** recorded music, *sl* canned music; **~welle** sound-wave
Schalmei shawm; *pl* the reeds
Schal|otte *bot* shallot; **~uppe** ⚓ shallop
Schalt|brett switchboard; instrument panel; **~en** *vt* ⚡ to switch; 🚗 to change gears; *(vi) ~en mit* to use, to deal with; to direct, to rule; **~er** 🚂 ticket office; booking office; 🎭 box office; **~erbeamter** booking-clerk; counter-clerk; **~hebel** ⚡ switch; 🚗 gear lever; **~jahr** leap year; **~plan** circuit diagram; **~schlüssel** 🚗 ignition key; **~tafel** switchboard; **~tag** intercalary day; **~ung** connection; gear-change; **~vorrichtung** switch
Scham shame; modesty; ⚕ private parts, genitals; **⁓en** *refl* to be ashamed (*wegen* of), to blush (for); **~gefühl** sense of shame; **~haft** bashful; modest; **~haftigkeit** bashfulness; modesty; **~los** shameless; barefaced; **~losigkeit** shamelessness; **~rot** blushing; **~röte** blush
schand|bar infamous, abominable; **~e** disgrace, shame(ful thing); discredit; **⁓en** to dishonour; *(Mädchen)* to rape; to disfigure, to spoil; **~fleck** blot, stain; **⁓lich** disgraceful, infamous; abominable, vile; **⁓lichkeit** infamy; **~mal** stigma, brand; **~maul** evil tongue; **~pfahl** pillory; **~preis** scandalous price; **~tat** misdeed; abominable crime; **⁓ung** dishonouring; rape, violation; disfiguring
Schank|erlaubnis licence; **~stätte** = ~wirtschaft; **~tisch** bar; **~wirt** *BE* publican, *US* saloonkeeper; **~wirtschaft** *BE* public house, pub, *US* saloon
Schanz|arbeiten entrenchments; **~e** field work; **~en** to dig, to entrench
Schar troop, band; crowd, host, flock; ⚒ ploughshare; **~en** to collect, to assemble; *refl* to assemble, to flock together; to rally; **~enweise** in bands (*od* crowds, troops)
scharf sharp; *(spitz)* pointed; piercing; pungent, acrid; *(Pfeffer)* hot; piquant; *(Wind, Kälte, Worte)* biting; *(Sinn, Verstand)* acute; corrosive; strong, violent; *(Sinn, Wettbewerb)* keen; *(Munition)* live; 📷 well-focused; *~ ansehen* to look hard, to scan, to stare; *~ machen* to sharpen; *(Mine etc)* to activate; **~blick** quick eye; acuteness; **⁓e** sharpness; acidity, pungency, piquancy; edge; keenness, acuteness; 📷, 📻 definition; strictness, severity; **⁓en** to sharpen; to grind, to whet; *fig* to increase, to strengthen; **~kantig** sharp-edged; **~richter** executioner; **~schießen** live shooting (*od* firing); **~schütze** sniper; **~sichtig** keen-sighted; penetrating; **~sinn** sagacity; acumen; ingenuity; **~sinnig** sagacious; ingenious, discerning
Scharlach scarlet-fever, scarlatina; **~rot** scarlet, bright red
Scharlatan charlatan, quack; **~erie** quackery
Scharnier hinge, joint
Schärpe sash
scharren to scratch, to scrape; *(Pferd)* to paw
Schart|e notch; dent; crack; gap; *mil* loophole ♦ *e-e ~e auswetzen* to make amends; **~ig** notched, indented; jagged
Schatt|en shade *(let's go into the s.)*; shadow (*~en werfen* to cast a s.); phantom, spirit ♦ *in d. ~en stellen* to put in the shade, to eclipse; **~enbild** shadow, silhouette; **~enhaft** shadowy; **~enriß** silhouette; **~enseite** shady side; *fig* dark side; **~ieren** to shade; *(schraffieren)* to hatch; **~ierung** shade, shading; hatching; **~ig** shady
Schatulle box *(for jewels etc)*; privy purse
Schatz treasure; riches, store; *fig* darling, love *(a. Anrede)*; **~amt** Treasury, Exchequer; **~anweisung** Treasury Bond; **⁓en** to estimate, to value (*auf* at); *(hoch-)* to appreciate; to esteem; **⁓enswert** estimable; **⁓er** *BE* valuer, valuator, appraiser; **~gräber** digger for treasure; **~kammer** treasury; **~kanzler** Chancellor of the Exchequer; **~meister** treasurer; **⁓ung** taxation, valuation; *(Summe etc)* estimate; **~wechsel** Treasury Bill
Schau view, sight; show, exhibition; *fig* interpretation; *zur ~ stellen* to exhibit, to display; **~bild** diagram, graph; **~bude** booth; **~en** to look (at), to gaze (upon); **~fenster** shop window; **~fensterbummel** *machen* to go window-shopping; **~kasten** show case; **~lustig** curious, eager to see; **~lustiger** onlooker; **~packung** dummy; **~platz** scene; arena; *fig* theatre *(of war etc)*; **~prozeß** show trial; **~spiel** spectacle, scene; sight; 🎭 play, drama; **~spieler(in)** actor (actress); **~stellung** show, exhibition; **~stück** show-piece; specimen

Schauder horror, terror, shudder; **~haft** horrible; dreadful; awful; **~n** to shudder (at); to have a horror (of); to shiver

Schauer shiver(ing fit) *(a. fig)*; awe; thrill; horror; *(Regen)* shower; **~lich** blood-curdling, ghastly, lurid; awful; **~roman** thriller; **~voll** blood-curdling

Schaufel shovel; *(Kehricht-)* dust-pan; *(z. Nehmen)* scoop; ⚓ paddle; **~n** to shovel; to scoop; **~rad** ⚓ paddle-wheel

Schaukel swing; *(Balken)* seesaw; **~n** to swing, rock; *(auf d. Schoß)* to dandle; **~pferd** rocking-horse; **~stuhl** rocking-chair, rocker

Schaum *(Wasser, Mund)* foam; *(Bier)* froth; *(Ab-)* scum; *(Seifen-)* lather; *zu ~ schlagen* to beat up; **¨~en** to foam; to froth; to lather; to boil (*vor Wut* with rage); **~gummi** foam rubber; **~ig** foamy; frothy; *~ig schlagen* to beat up; **~kronen** white crests, white horses

schaurig horrid, gruesome; awful

Scheck cheque, *US* check; **~buch** chequebook, *US* checkbook

Schecke piebald horse, dappled horse

Scheck|formular cheque form; **~ig** piebald, dappled; **~zahlung** payment by cheque

scheel squint(ing); *fig* envious

Scheffel bushel; **~n** to rake in; to heap up; **~weise** in bushels, by the bushel

Scheibe disk *(a. astr)*; *(Eishockey)* puck; *(Glas)* pane; *(Ziel-)* target; *(Töpfer-)* potter's wheel; *(Brot)* slice; *(Speck)* rasher; **~ngardine** net curtain; **~nhonig** honey in the comb; **~nschießen** target practice; **~nwischer** *BE* windscreen wiper, *US* windshield wiper

Scheid|e sheath; ⚕ vagina; *(Grenze)* boundary, limit; **~en** to separate, to divide; to part, to sever; *(Ehe)* to divorce; *chem* to analyse; *vi* to go away, to depart; to part; *s. ~en lassen von* to divorce (o.s. from) s-b; **~ewand** partition; **~eweg** cross-roads; **~ung** separation; divorce; **~ungsklage** divorce suit

Schein light, shine; brilliance; *(Bescheinigung)* certificate; *(Fahr-, etc)* ticket; *(Geld-)* banknote, *US* bill; *(Aussehen)* air, look; appearance; *d. ~ wahren* to keep up appearances; *d. ~ trügt* appearances are deceptive; **~bar** seeming; apparent; ostensible; **~blüte** apparent prosperity, fictitious boom; **~en** to shine; to seem, to appear; *mir (es) ~t, er hat recht* he seems to be right; **~fromm** hypocritical; **~grund** fictitious reason; **~heilig** sanctimonious; hypocritical; **~tod** suspended animation, asphyxia; **~tot** seemingly dead; **~werfer** reflector; *mil* search-light; 🚗 headlight; (*Such-*, 🎭) spotlight

Scheitel *(Haar)* parting, *US* part; top, crown; apex; summit; *math* vertex ♦ *vom ~ bis zur Sohle* from head to foot; **~linie** vertical line; **~n** to part *(the hair)*; **~punkt** *math* vertex; *astr* zenith; *fig* peak

Scheiter|haufen funeral pile; stake; **~n** to be wrecked; *fig* to miscarry, to fail

Schell|ack shellac; **~e** (little) bell; *(Hand-)* handcuff; *(Maul-)* box on the ear; *(Karten)* diamonds; **~en** to ring the bell; **~fisch** haddock

Schelm rogue; **~engesicht** roguish face; **~enstreich** piece of roguery; **~isch** roguish, arch

Schelt|e scolding; rebuke; *~e bekommen* to be scolded; **~en** to scold; to blame (for); **~wort** abusive word

Schema (schematic) diagram; pattern, arrangement; schedule, table ♦ *nach ~ F* in a routine manner; **~tisch** diagrammatic; mechanical; in accordance with a given formula; **~tisieren** to standardize; to simplify systematically; **~tismus** routine manner (of handling things)

Schemel footstool

Schemen phantom, shadow; **~haft** shadowy, unreal

Schenke *BE* public house, *umg* pub; tavern *US* saloon

Schenkel thigh; *(Unter-)* shank; *(Keule)* haunch; *(Bein)* leg; *(Winkel)* side

schenk|en to give, to present with s-th; to grant; to forgive; *(ein-)* to pour out; *(aus-)* to retail; *j-m Gehör ~en* to listen to; *j-m Glauben ~en* to believe; **~ung** donation; grant; **~ungssteuer** gift tax; **~ungsurkunde** deed of gift

Scherbe potsherd; piece, fragment

Scher|e (a pair of) scissors; *(groß)* shears; *(Draht-)* wire cutters; clippers; *zool* claws; *fig* gap, scissors; **~en 1.** to cut; *(Schaf)* to shear; *(Gras)* to mow; *(Bart)* to shave; *(Baum, a. Haare)* to clip; *(Weben)* to warp; *fig* to bother, to worry; **2.** *refl* to bother (*um* about), to care (for); to go off; **~enfernrohr** stereo-telescope; **~enschleifer** knife-grinder; **~enschnitt** scissor(s) cut; **~erei** trouble, bother

Scherflein mite; *s. ~ beitragen* to contribute one's mite.

Scherge myrmidon of the law, catchpole; executioner

Scherz jest, joke; *im ~* for a joke; *e-n ~ machen* to crack a joke; *~ beiseite* joking apart; **~en** to jest, to joke; to have fun (with s-b); **~haft** joking, jocular; funny, playful; **~wort** joke

scheu shy, timid; *(Pferd)* shying, skittish; *su* shyness, timidity; awe; skittishness; **~en 1.** *vt* to avoid, to shun; *k-e Mühe ~en* to spare no pains; *d. Kosten ~en* to grudge the expense; **2.** *refl* to be afraid (of), to shrink (from); to hesitate; **3.** *vi* to take fright, *(Pferd)* to shy, to be skittish; **~klappe** *BE* blinker, *US* blinder

Scheuch|e scarecrow; **~en** to shoo (away); to scare, to frighten away

Scheuer *siehe* Scheune; **~bürste** scrubbing-brush; **~frau** charwoman; **~lappen** = ~tuch; **~n** to scour, to scrub; ⚕ to chafe, to rub; **~tuch** scouring-cloth

Scheune barn; granary; *(Geräte-)* shed

Scheusal monster; (perfect) fright

scheußlich atrocious, frightful; hideous; **~keit** atrocity; hideousness

Schi = Ski

Schicht layer; *geol* stratum *(a. Gesellschafts-)*; *(Stand)* class; *(dünn)* film, coat; 🎞 emulsion;

(Arbeits-) shift; **~en** to arrange in layers (*od* beds); to stratify; *(auf-)* to pile, to stack; to classify; **~ung** arrangement; stratification; classification; strata; **~wechsel** change of shift; **~weise** in layers (*od* strata); by the shift

schick stylish, smart, chic; *su* stylishness, smartness; elegance

schick|en to send (*nach j-m* for s-b); *(Geld)* to remit; *refl* to come to pass; *(s. gehören)* to befit, to beseem; *s. ~en in* to be resigned to; **~lich** becoming, decent; **~sal** destiny; fate (*s. ~sal ist besiegelt* his f. is sealed); fortune; **~sals-frage** vital (*od* fateful) question; **~salsschlag** catastrophe; **~ung** dispensation (of Providence)

Schieb|efenster sash window; **~en** to shove, to push; to wheel *(a barrow)*; *fig umg* to racketeer; **~er** ⚙ slide; *(Rechen-)* slide-rule; *(Gauner)* racketeer; **~etür** sliding door; **~karren** wheelbarrow; **~ung(en)** underhand dealings, racketeering

Schieds|gericht court of arbitration, arbitral tribunal; **~richter** arbiter; umpire; referee; **~richterlich** arbitral; *adv* by arbitration; **~spruch** (arbitral) award

schief oblique, slanting; crooked; *(Lachen etc)* wry; *(ganz) ~ u. krumm* crooked, all awry; *(Gefährt etc)* lop-sided; askew (*d. Schlips sitzt ~* the tie is a.); *~er Turm* leaning tower; *~e Ebene* inclined plane; *~er Vergleich* false analogy; *~ ansehen* to look askance at; **~e** slant; obliqueness; incline; sloping position; **~gehen** to go awry (*od* wrong), to be a wash-out; **~winklig** oblique-angled

Schiefer slate; *geol* schist; **~bruch** slate quarry; **~dach** slate roof; **~tafel** (school-)slate; **~ton** shale, clay slate

schielen to squint; *fig* to leer (*nach* at); *su* squint(ing); *(leicht)* cast (in the eye); **~d** cross--eyed

Schien|bein shin-bone, tibia; **~e** rail; ⚕ splint; **~en** *vt* to splint, to put in splints; **~enfahrzeuge** rolling stock; **~ennetz** railway system; **~enstrang** railway track; **~enweite** gauge

schier almost; *adj* sheer, pure; **~ling** hemlock; **~lingstanne** hemlock spruce

Schieß|bude shooting gallery; **~en** to shoot, to fire; *(Tor)* to score; *~en lassen* to give up ♦ *d. ist zum ~en!* that's a scream!; *vi* to tear along; to rush (to); to flash *(through the mind)*; *(Vogel)* to sweep (down on); *(hoch-)* to shoot up, to spring up; *(Salat)* to bolt, to go to seed; **~gewehr** gun, fire-arm; **~platz** rifle range, artillery range; **~pulver** gun-powder; **~scharte** loop-hole, embrasure; **~scheibe** practice target; **~stand** rifle range, butts

Schiff ship, boat; vessel; *eccl* nave; *(Weben)* shuttle; 🕮 galley; **~bar** navigable; **~bau** shipbuilding; **~bruch** shipwreck; *~bruch erleiden* to be shipwrecked, *fig* to come to grief; **~brüchig** shipwrecked; **~chen** small boat; *(Weben)* shuttle; **~en** *vt* to ship; *vi* to sail; to piss; **~er** sailor; skipper; ship-owner; ship's master; **~erklavier** accordion; **~erknoten** running knot; **~fahrt** navigation; **~fahrtgesellschaft** *siehe* Reederei; **~sarzt** ship's surgeon; **~sbesatzung** ship's crew; **~sbrücke** pontoon bridge; **~sjunge** cabin-boy; **~sladung** cargo, bulk; **~smakler** ship-broker; **~sraum** hold; tonnage; **~srumpf** hull; **~swerft** dockyard; **~szwieback** ship-biscuit

Schikan|e vexation, annoyance, bullying; **~ieren** to vex, to irritate, to bully; **~ös** vexatious, done merely to annoy

Schild sign(board); door-, name-plate; label; *(Tafel)* notice-board; *(Waffen-)* shield; *(Wappen-)* escutcheon, coat-of-arms ♦ *etw im ~e führen* to have s-th up one's sleeve; *nichts Gutes im ~e führen* to be up to no good; **~drüse** thyroid gland; **~erhaus** sentry-box; **~ern** to describe, to depict; **~erung** description; **~kröte** tortoise; *(See-)* turtle; **~patt** tortoise-shell; **~wache** sentry

Schilf rush, reed; **~rohr** reed

schillern to change colours, to iridesce, to fluoresce; **~d** iridescent, fluorescent

Schilling shilling, *umg* bob

Schimäre chimera

Schimmel mould, *US* mold, mildew; *(Pferd)* white horse; **~fleck** mildew stain, mouldy stain; **~ig** mouldy; musty; **~n** to turn mouldy, *US a.* to mold; **~pilz** mould fungus

Schimmer glitter, glimmer, gleam ♦ *k-n (blassen) ~ haben* not to have the faintest idea (of s-th); **~n** to glitter, to glisten; to blink; to shine

Schimpanse chimpanzee, *umg* chimp

Schimpf insult (*für* to); disgrace ♦ *mit ~ u. Schande* ignominiously; **~en** to scold; to insult, to abuse; to grumble; **~lich** disgraceful, infamous; **~name** abusive nickname; **~wort** term of abuse

Schindanger knacker's yard

Schindel shingle; **~dach** shingle roof

schind|en to skin, to flay; to exploit, to sweat; to harass, to oppress; *fig* to try to get for nothing; *refl* to drudge, to slave; **~er** knacker; sweater; **~erei** *fig* sweating; drudgery; **~luder:** *~luder treiben mit* to play a dirty trick on s-b; **~mähre** miserable hack

Schinken ham; *fig* old (large) book; **~wurst** ham sausage

Schinn dandruff

Schippe shovel, spade; *(Karten)* spades; **~n** to shovel; to scoop

Schirm umbrella; screen; *(Schutz)* shelter, protection; *(Lampen-)* shade; *(Mützen-)* peak; **~en** to screen; to guard, to protect; **~herr** protector, patron; **~mütze** peaked cap; **~ständer** umbrella-stand

schirren to harness

Schisma schism

Schlacht battle; fight, engagement; **~bank** slaughter-house, shambles; **~beil** butcher's axe; **~en** to slaughter, to kill; *fig* to butcher; **¨~er** butcher *(a. fig)*, slaughterer; **¨~erei** butcher's shop; *fig* slaughter; **~feld** battle--field (*od* -ground); **~gewicht** slaughtered weight; **~hof** slaughter-house, abattoir; **~kreuzer** battle-cruiser; **~linie** line of battle; **~opfer** victim; sacrifice; **~roß** charger; **~ruf** battle-cry; **~schiff** battleship; **~ung** slaughtering; **~vieh** animal for slaughter, fat stock

Schlack|e slag; *(Metall)* dross; *(Kohle)* clinker; *(Satz)* dregs, scum; **~en** to (form) slag; **~ig** slaggy; **~wurst** cervelat, *BE* saveloy

Schlaf sleep; *d. ewige ~* one's last sleep; *e-n leichten ~ haben* to be a light sleeper; *im ~ liegen* to be asleep; **~anzug** pyjamas, *US* pajamas; **~bringend** soporific; **⁓̈chen** nap, forty winks; **~en** to sleep, to be asleep; *~en gehen, s. ~en legen* to go to bed; *mit j-m ~en* to sleep with s-b, to make love to s-b; **~enszeit** bed-time; **⁓̈er** sleeper; **~krankheit** sleeping-sickness; **~lied** lullaby; **~los** sleepless; **~losigkeit** sleeplessness, insomnia; **~mittel** soporific; **~mütze** nightcap; *fig* sleepyhead, sluggard; **~mützig** sleepy, slow; **⁓̈rig** sleepy, drowsy; **⁓̈rigkeit** sleepiness, drowsiness; **~rock** dressing gown; **~saal** dormitory; **~sack** sleeping-bag; **~trunken** very drowsy, overcome with sleep; **~wagen** sleeping-car, sleeper; **~wandeln** to walk in one's sleep; **~wandler** sleep-walker, somnambulist; **~zimmer** bedroom

Schläfe temple

schlaff slack, loose; ⚕ weak, relaxed; feeble, limp; *fig* lax; **~heit** slackness, looseness; weakness, feebleness; laxity

Schlafittchen *umg* collar ♦ *am (beim) ~ nehmen* to take s-b by the scruff of his neck

Schlag blow; *(Glocke, Maschine)* stroke; *(Boxen)* punch, cut; *(Uhr)* stroke, striking; *(Donner)* clap, peal; *(Pferd, Flinte)* kick; *(Vogel)* song, warbling; *(Herz, Trommel)* beat; ⚡ shock; ⚕ apoplectic fit, stroke; *(Ruder)* stroke; *(harter ~)* bang; *(Tür-)* carriage-door; *(Tauben-)* pigeon-loft, dovecot; *(Feld)* field; *(Wäldchen)* copse; *~ ein Uhr* one o'clock sharp; *mit e-m ~* at one (*od* a) blow; *~ auf ~* in quick succession; *e. ~ ins Gesicht* a slap in the face ♦ *das ist e. ~ ins Kontor* that's a blow!; *e. ~ ins Wasser* failure, flop; **~ader** artery; aorta; **~anfall** apoplectic fit; cerebral catastrophe; **~artig** sudden and violent; prompt, surprise *(attack etc)*; **~baum** turnpike; **~en** to beat; *(Glocke, Wurzeln)* to strike; *(treffen)* to hit; to knock, to punch; *(Nagel)* to drive; *(Eier)* to beat up; *(Öl)* to press; *(Pferd, Flinte)* to kick; *(Brücke)* to build; *(einwickeln)* to wrap up; *(Münze)* to coin; *(besiegen)* to beat, to defeat; *vi (Herz)* to beat, to pulsate, *(schnell)* to throb; to strike; *(Vogel)* to sing, to warble; *~en nach* to take after; *refl* to fight (a duel); *s. ~en zu j-m* to side with; **~end** striking; convincing, conclusive; *~ende Wetter* fire-damp; **~er** 🎭 success, piece that draws a full house; *(Erfolgsartikel)* hit; ♪ song hit, hit tune; **⁓̈er** beater; *(Tennis)* racket; *(Kricket)* bat; *(Golf)* club; *(Wasser)* rapier; **⁓̈erei** fight, brawl; **~fertig** quick at repartee; *(Antwort)* ready; **~fertigkeit** quickness at repartee; readiness for battle; **~instrument** percussion instrument; *pl* the percussion, the battery; **~kraft** striking power, striking force; **~licht** strong light; highlight; **~loch** road hole, pothole; **~ring** knuckle-duster; ♪ plectrum; **~sahne** whipped cream; **~schatten** cast shadow; **~seite** ⚓ list; *(Rudern)* stroke side; *~seite haben* ⚓ to list; to be swaying (*od* reeling); **~teig** batter; **~wort** catchword, byword; slogan; **~zeile** headline, banner; **~zeug** *(Orchester)* the percussion, the battery; *(Tanz)* drums; **~zeuger** drummer

Schlaks hobbledehoy; **~ig** gangling, gawky

Schlamassel mess, scrape

Schlamm mud, slime; **⁓̈en** to wash, to clean; **~ig** muddy, slimy; **⁓̈kreide** whiting, washed chalk

Schlamp|e slut, slattern; sloven; **~en** to lap; to shuffle along; to work in a slovenly manner; **~ig** untidy; *(Kleider)* sloppy; *fig* slipshod

Schlange snake, serpent; *(Reihe)* queue (*~ stehen* to q. up); *falsch wie e-e ~* as false as a snake; **⁓̈ln** *refl* to wind, to meander; **~nbeschwörer** snake-charmer; **~nbiß** snake-bite; **~nlinie** wavy line; **~nmensch** contortionist

schlank slim, slender; svelte; **~heit** slimness, slenderness; *~heitskur machen* to be on a (reducing) diet; **~weg** flatly, downright

schlapp slack, limp; tired; **~machen** to break down, to collapse; **~e** rebuff; defeat, check; **~heit** slackness; exhaustion; **~hut** slouch hat; **~ohren** lop-ears; **~schwanz** weakling, milksop

Schlaraffen|land Cockaigne, fool's paradise; **~leben** life of idleness and luxury

schlau sly, crafty; cunning; astute; **~berger, ~meier** sly old fox, a smart one; **⁓̈e, ~heit** slyness; cunning; astuteness

Schlauch *(Garten-)* hose; *(Rad,* 🚗*)* inner tube; **~boot** rubber dinghy; *US* pneumatic boat; **~ventil** tyre valve

Schlaufe loop

schlecht bad; wicked; poor, wretched; inferior; *(Luft)* stale; *(Zeiten)* hard; *(verdorben)* spoiled, rotten; *~ u. recht* after a fashion, somehow; *mir ist ~* I feel sick, I don't feel well; *~ werden* to go bad, *(Milch)* to turn sour; **~erdings** absolutely, utterly; by all means; *~erdings nicht* by no means; **~gelaunt** in a bad temper; **~heit** = ~igkeit; **~hin** simply, quite; **~igkeit** badness; wickedness; poorness; *(Gemeinheit)* meanness; *(Verderbtheit)* depravity; **~machen** to speak ill of s-b, to run s-b down; **~wetter** bad weather

schlecken to lick; to like (to eat) sweets

Schlegel wooden hammer, mallet; *(Trommel-)* drumstick; gongstick *(Glocke)* clapper; *(Fleisch)* leg *(of veal etc)*

Schleh|dorn, ~e blackthorn, sloe; *(Frucht)* sloe

schleich|en to creep; *(heimlich)* to slink, to steal; *(nachts)* to prowl; *s. davon~en* to steal away; *(Zeit)* to drag; **~end** creeping; furtive; ⚕ lingering, slow; **~er** creeper; *fig* sneak; **~handel** black marketeering; illicit trade; **~ware** black-market goods; contraband; **~weg** secret path; *fig* secret (*od* underhand) means

Schleie *zool* tench

Schleier veil; *(Dunst-)* haze; *mil* smoke-screen; *d. ~ lüften* to lift the veil ♦ *e. ~ fiel mir von d. Augen* the scales fell from my eyes; **~eule** barn-owl; **~haft** mysterious, inexplicable

Schleif|e 🚂, ⚙ loop(-line); *(Kleid)* bow; knot; *(Kurve)* bend, curve; ✈ looping; **~en** to glide, to slide; *(zerren)* to drag, to pull; *(~en lassen)* to draggle, to trail along; *(zerstören)* to demolish, to raze; ♪ to slur; *(schärfen)* to sharpen, to grind, to polish; *(Glas, Diamant)* to cut; **~er** grinder; polisher; **~lack** enamel (varnish); **~mittel** abrasive; **~stein** whetstone, *(Dreh-)* grindstone; **~ung** grinding; polishing; cutting; razing; ♪ slurring

Schleim slime; ⚕ mucus, phlegm; **~haut** mucous membrane; **~ig** slimy; mucous; **~suppe** gruel

schleißen to tear, to split

schlemm|en to feast; to gormandize; **~er** gourmand; **~erei** feasting; gormandize

schlend|ern to stroll, to saunter; **~rian** the old jog-trot (*od* humdrum) way (of doing things)

schlenkern to swing, to dangle

Schlepp|boot boat in tow; **~dampfer** steam tug; **~e** train; **~en** to carry, to tug; ⚓, 🚗 to tow; *(Kleid)* to drag, to trail; *(Kunden)* to tout; **~er** ⚓ tug; 🚗 tractor; tout; **~kleid** dress with a train; **~lift** rope tow; **~netz** drag, dredge; **~tau** tow-rope, tow-line; *ins ~tau nehmen* to take s-th in tow *(a. fig)*; **~zug** train of barges

Schleuder sling, *US* slingshot; ✈ catapult; *(Milch)* separator; **~honig** strained honey; **~maschine** centrifugal machine, separator; **~n** *vt* to hurl, to fling; *vi* 🚗 to skid, to swerve; ⚓ to roll; ✈ to catapult

schleunig speedy, prompt; swift; **~st** as quickly as possible; in all haste

Schleuse sluice, gate; *(Kanal-)* lock; **~n** ⚓ to lock (a ship) up (*od* down); *fig* to manœuvre; **~ntor** lock-gate, flood-gate; **~nwärter** lock-keeper

Schlich trick, dodge; *hinter j-s ~e kommen, j-m auf d. ~e kommen* to see through s-b's game, to find s-b out

schlicht simple, plain; smooth; sleek; *fig* modest, artless, unpretentious; **~en** to make even, to smooth; to put right, to adjust, to settle; to arbitrate, to accommodate; **~er** mediator, arbitrator; **~heit** simplicity, plainness; modesty, artlessness; **~ung** settlement, adjustment; arbitration; **~ungsverfahren** mediation proceedings

Schlick mud, slime; *(Meer)* clay containing silt

schließ|bar admitting of being closed; **~e** clasp; fastening; hook; catch; **~en** to shut, to close; *(ver-)* to lock, to bolt; *(beenden)* to finish, to conclude; to stop, to end; *(Schule etc)* to break up; *in d. Arme ~en* to embrace; *fig* to infer (*aus* from), to judge (*aus* by); *woraus ~en Sie das?* what makes you think so?; *~en lassen auf* to suggest; *in s. ~en* to include, to involve, *(unausgesprochen)* to imply; **~er** door-keeper; *(Gefängnis)* turnkey; **~fach** safe; post-office box; baggage locker; **~lich** final; conclusive; *adv* finally; after all; in the long run; **~ung** close, closing; breaking-up

Schliff *(Glas)* cut; *(Messer)* grinding; *mil* hard drill, rigid training; *fig* good manners, polish

schlimm bad; *(unwohl)* not well, ill, *(übel)* sick; *(wund)* sore; nasty, evil; **~stenfalls** at the worst, if the worst comes to the worst

Schling|e running knot, noose, loop; *(Falle)* snare ♦ *in d. ~e gehen* to put one's neck in the noose; *s. aus d. ~e ziehen* to get one's head out of the noose, to save one's skin; **~el** naughty boy, rascal; **~elhaft** naughty, rascally; **~en** to swallow, to devour; *(binden)* to interlace; to tie; to wind, to twist; **~ern** ⚓ to roll; **~gewächs, ~pflanze** climbing plant, creeper

Schlips (neck-)tie

Schlitt|en *(Rodel-)* sledge, *bes US* sled; *(Sport-)* toboggan; *(Last-)* sledge; *(Pferde-)* sleigh ♦ *mit j-m ~enfahren* to wipe the floor with s-b; **~enfahrt** sleigh-ride; **~enkufe** sledge runner; **~ern** to slide; **~schuh** skate; **~schuhlaufen** to skate; **~schuhläufer** skater

Schlitz slit; *(Spalt)* cleft, split; *(Riß)* fissure; *(Kleid)* slash; *(an Automat)* slot; **~augen** slits (of eyes); **~äugig** almond-eyed; **~en** to slit; to slash; **~verschluß** 📷 focal-plane shutter

schlohweiß snow-white

Schloß *(Burg)* castle, palace; *(Tür-)* lock; *(Schließe)* clasp; *(Gewehr)* (gun-)lock; *ins ~ fallen* to snap to; **~garten** castle-garden; **~hof** castle-yard, palace-yard

Schloße hail-stone

Schlosser locksmith; fitter, mechanic; **~ei** locksmith's shop; fitting shop; **~n** to forge, to hammer; to tinker (up)

Schlot chimney (*rauchen wie e. ~* to smoke like a ch.); flue; **~feger** chimney-sweep

schlotter|n *(Kleid)* to hang loosely; to shake, to wobble; **~ig** wobbly, shaky, tottery

schluchzen to sob

Schluck gulp, draught; swig (*e-n großen ~ nehmen* to take a long s.); **~en** to gulp, to swallow; *su* hiccup; **~er** (poor) wretch

Schlummer slumber, doze; **~lied** lullaby; **~n** to slumber, to doze

Schlump|e slattern, slut; **~ig** slatternly

Schlund gullet, fauces; *(Abgrund)* abyss

schlüpf|en to slip, to slide; **~er** *BE* knickers, panties; *(kurze)* briefs; **~rig** slippery; *fig* indecent, obscene; **~rigkeit** slipperiness; obscenity

Schlupf|loch hiding-place; **~winkel** hiding-place, refuge; lurking-place

schlurf|en to drag one's feet; **¨en** to sip, to lap; *vi* to shuffle, = ~en

Schluß closing, shutting; close, end; conclusion, inference, deduction; *(Schule)* break-up; **~akt** last act; **~bemerkung** concluding remark; **~bestimmung** final provision; **~bilanz** final balance; **~ergebnis** final result; **~folgerung** cause of argument; conclusion; **~formel** closing-phrase; *(Brief)* complimentary ending; **~licht** 🚗 tail-light; **~runde** final round; **~satz**

conclusion, final proposition; ♪ finale; **~stein** keystone; **~verkauf** summer sales, winter sales; end-of-season sale; **~verkaufspreis** sale price; **~wort** last word; summary; **~zeit** closing time
Schlüssel key; code, cipher; ♪ clef; formula; **~bart** key-bit; **~bein** collar-bone, clavicle; **~blume** cowslip; **~brett** key-rack; **~bund** bunch (of keys); **~fertig** ready for (immediate) occupancy; **~gewalt** wife's authorization to buy necessaries; **~kraft** key member of the staff; **~loch** keyhole; **~stellung** *mil* key position; **~wort** keyword; code-word
schlüssig decided, resolved; logical; convincing, conclusive; *s. ~ werden* to make up one's mind
Schmach disgrace, dishonour; humiliation; **~voll** disgraceful; humiliating
schmacht|en to languish (for), to pine (for); **¨ig** slim, thin; delicate; **¨igkeit** slimness, thinness; delicate health
schmackhaft tasty, savoury; appetizing; **~igkeit** savour(iness)
schmäh|en to abuse; to slander; **~lich** ignominious, disgraceful; humiliating; shameful; *(fürchterlich)* frightful; **~schrift** libel; lampoon; **~ung** abuse; slander, defamation
schmal narrow; thin, slim; *(knapp)* scanty, poor; *~e Kost* meagre fare; **¨en** to scold, to chide; **¨ern** to lessen, to diminish; to belittle; **~film** 8 mm. film, substandard film; **~hans:** *hier ist ~hans Küchenmeister* they are on short commons; **~heit** narrowness; thinness; scantiness; **~spur** narrow gauge; **~spurig** narrow-gauge(d)
Schmalz lard; *umg* strength; **~en** to lard; **~ig** greasy; *fig* sentimental, unctuous; corny
schmarotz|en to sponge (*bei* on); **~er** sponger; parasite; **~erhaft, ~erisch** sponging; parasitic; **~erpflanze, ~ertier** parasite; **~ertum** parasitism
Schmarre scar; cut, lash; **~n** *umg* trash(y play)
Schmatz hearty kiss; **~en** to champ; to smack (the lips)
schmauchen to smoke, to puff (at a pipe)
Schmaus feast, banquet; **~en** to feast, to banquet; **~erei** feasting, banquet
schmecken *vt* to taste, to try; *vi* to taste (*nach* of); to be (*od* taste) nice (*od* good); *(wie) schmeckt es Ihnen?* do you like it?; are you enjoying it?
Schmeichel|ei flattery; adulation, cajolery; *pl* blandishments; **~haft** flattering; **~n** to flatter; to wheedle; to adulate, to cajole (into doing s-th); *(widerlich)* to beslaver
Schmeich|ler flatterer, wheedler, adulator; **~lerisch** flattering, wheedling
schmeiß|en to fling, to hurl; to chuck; **~fliege** bluebottle, blowfly
Schmelz enamel (*a.* ⚕), glaze; *fig* bloom, freshness; ♪ mellowness; **~bar** fusible; meltable; **~e** melt(ing); **~en** to melt; *(Erz)* to smelt; to fuse; *(dahin-)* to melt away; *fig* to soften; **~hütte** smelting-works; foundry; **~ofen** (melting) furnace; **~punkt** melting-point; **~sicherung** ⚡ safety fuse; **~tiegel** crucible; *a. fig* melting-pot
Schmerbauch paunch, *umg* corporation
Schmerz pain; *(dumpf, lang)* ache; *(plötzlich)* pang; *(stechend)* twinge, stitch; *(krampfartig)* throe; *(brennend)* smart; *(höchster ~)* agony, anguish; *(Kummer)* sorrow, grief; *mit ~en (fig)* impatiently, anxiously; *ich habe ~en* I've got a pain, I'm in a great pain; **~en** to pain; to hurt; to ache; *fig* to grieve, to afflict; **~ensgeld** smart money; **~erfüllt** deeply afflicted; **~haft** painful, sore; **~lich** sad, grievous, painful; **~los** painless; **~stillend** soothing, anodyne; *~stillendes Mittel* anodyne
Schmetter|ling butterfly; **~lingsstil** 🏊 butterfly stroke; **~n** to smash, to throw down; *vi* ♪ to blare; *(Vogel)* to warble
Schmied (black)smith; **~e** forge, smithy; **~eeisen** wrought iron; **~eeisern** wrough-iron; **~ehammer** forging-hammer; sledge-hammer; **~en** to forge; *(von Hand)* to hammer, to smith; to put in irons; *fig* to plan, to scheme; to hatch (a plot); to concoct, to contrive
schmieg|en *vt* to bend; *refl* to nestle (against), to cling (to); to snuggle down; **~sam** flexible; pliant, supple; malleable; **~samkeit** flexibility; pliancy, suppleness; malleableness
Schmier|e grease; dirt; 🎭 *BE sl* penny-gaff ♦ *~e stehen* to be look-out man, to keep a look-out; **~en** to grease, to oil; 🚗 to lubricate; *(Farbe)* to daub; *(schreiben)* to scrawl; to smear, to spread *(butter etc)*; *fig* to bribe s-b; **~enschauspieler** ham; **~fink** dirty fellow; **~geld** palm-oil; **~ig** greasy, dirty; *fig* sordid, mean; **~mittel** lubricant; **~öl** lubricating oil; **~plan** lubricating chart; **~seife** soft soap; **~ung** lubrication
Schminke make-up; rouge; paint; **~n** to make up; to rouge; to paint the face
Schmirgel emery; **~n** to (rub with) emery; **~papier** emery paper
Schmiß cut, lash; scar; blow; *fig* dash, go; verve
Schmöker *BE* penny dreadful, *US* dime novel; **~n** to browse
schmollen to pout (at), to be sulky (with)
schmor|en to braise, to stew; **~braten** braised meat
Schmu cheat, trickery, swindle; *~ machen* to cheat, to swindle
Schmuck decoration; jewels; jewellery (and trinkets); *adj* smart; neat; handsome; **¨en** to decorate, to adorn, to ornament; to trim; **~kasten** jewel-box, casket; **~los** plain, unadorned; **~sachen** jewels; **~steine** ornamental jewellery, semi-precious stones; **~stück** piece of jewellery; **~waren** ornaments and trinkets
Schmugg|el smuggling; **~eln** to smuggle; **~ler** smuggler
schmunzeln to grin, to chuckle; *su* grin, broad smile
Schmus blarney, soft soap; **~en** to blarney; to pet, to caress

Schmutz dirt; mud, filth; **~blech** 🚘 mudguard; **~en** to dirty, to soil; **~fink** dirty fellow, regular sweep; **~ig** dirty; filthy, soiled; *fig* mean, shabby; **~igkeit** dirtiness; meanness, shabbiness; **~titel** 📖 bastard title, half-title; **~- und Schundliteratur** obscene and other undesirable literature

Schnabel beak, *(spitz, flach)* bill; ⚓ prow; *(Topf)* spout; *umg* mouth; *d. ~ halten* to hold one's tongue; *wie e-m d. ~ gewachsen ist* (quite) naturally; **⁓̈n** to bill and coo; **~tier** duckbill, platypus

Schnack talk, gossip; **~en** to chatter

Schnake crane-fly, *BE* daddy-longlegs; **~nstich** crane-fly bite

Schnalle buckle; **~n** to buckle, to fasten; **~nschuh** shoe with a buckle

schnalzen to smack; to click one's tongue; to snap one's fingers

schnapp|en to snap, to snatch (at); to bite (at); *(zu-)* to snap to; *nach Luft ~en* to gasp for breath; *fig umg* to cop s-b; **⁓̈er** ⚕ lancet; *zool* fly-catcher; **~schloß** spring-lock

Schnaps brandy, gin, schnapps; **~bruder** tippler; **~en** to tipple; **~idee** absurd idea; **~ig** silly, crazy

schnarchen to snore

Schnarre rattle; **~n** to rattle; to rasp, to jar

schnatter|haft chattering, gabbling; **~n** *(Gans etc)* to cackle *(a. fig)*; to prattle; *su* cackling; prattling

schnauben to snort; *Rache ~* to breathe vengeance; *vor Wut ~* to fume with rage; *refl* to blow one's nose

schnaufen to breathe heavily; *(keuchen)* to plant

Schnauz|bart walrus moustache; **~bärtig** with a moustache; **~e** *(Tier)* snout, muzzle; ⚙ nozzle; *(Kanne)* spout; *fig umg* jaw; *halt d. ~e!* shut up!; **~en** to jaw; to bark; **~er** schnauzer; **~ig** rude

Schnecke *zool (mit Haus)* snail, *(ohne Haus)* slug; ⚕ cochlea; 🏛 volute; *math* helix; ⚙ (endless) screw; *(Uhr)* fusee; spiral; **~nförmig** spiral; **~nhaus** snail-shell; **~ntempo** snail's pace (at a s's p.)

Schnee snow; *zu ~ schlagen* to beat up (to froth); **~ammer** snow-bunting; **~ball** snowball; *bot* guelder rose; **~ballen** to snowball; **~brille** snow-goggles; **~fall** snowfall; **~flocke** snowflake; **~gestöber** snowdrift, snowstorm; **~glöckchen** snowdrop; **~grenze** snow-line; **~huhn** ptarmigan; **~kette** tyre chain; **~könig:** *s. freuen wie e. ~könig* to be as pleased as Punch; **~mann** snow man; **~mensch** Abominable Snow-man; **~pflug** snow-plough, *US* -plow; **~schläger** egg-beater, whisk; **~schuh** snowshoe; *(Ski)* ski; **~sturm** snowstorm; *(stark)* blizzard; **~treiben** heavy snowfall; **~wächte** snow cornice; **~wehe** snowdrift; **~weiß** as white as snow; **~wittchen** Snow White

Schneid dash, pluck; *k-n ~ haben* to have no guts; **~brenner** cutting torch; **~e** cutting edge; blade; ♦ *auf d. Messers ~e* at a very critical juncture; **~en** to cut; *(Fleisch)* to carve; *(Gras)* to mow; *(be-)* to trim; 🚘 to cut in; *fig* to cut s-b; *refl* to intersect, to meet; to be mistaken; **~end** *fig* sharp; bitter; biting, sarcastic; **~er** tailor; *(Damen-)* dressmaker; **~erin** dressmaker; **~ern** *vt* to make; *vi* to do tailoring (*od* dressmaking); **~erpuppe** dummy; **~erspeck** wadding; **~ezahn** incisor; **~ig** dashing, plucky

schnei|en to snow; **~se** forest aisle; ✈ flying lane

schnell quick, fast; swift, speedy; rapid; *(plötzl.)* sudden; *(bereit)* prompt; *(lebhaft)* brisk; **~boot** motor torpedo boat, *BE* E-boat; **~en** to jerk, to dart; to fling; to flick; *vi* to spring, to jerk; **~feuer** rapid fire; **~hefter** rapid letter-file; **~gang** 🚘 overdrive; **~igkeit** *bes* ⚙ speed, velocity; quickness, swiftness; **~kraft** elasticity; **~presse** 📖 cylinder-press, cylinder machine; **~straße** express road, *US* expressway; **~waage** rapid scale; **~zug** fast train, express train

Schnepfe snipe; *(Wald-)* woodcock; **~nstrich** flight of snipe

schneuzen *(Nase)* to blow; *(Kerze)* to snuff; *refl* to blow one's nose

Schnickschnack chitchat; tittle-tattle

schniegeln to dress up

Schnipp|chen: *j-m e. ~chen schlagen* to play a trick on s-b; **~el** snip; bit, shred; scrap; **~eln** to snip; to cut up; **~en** to snip, to clip; to snap one's fingers; **~isch** pert, saucy

Schnipsel = Schnippel

Schnitt cut; *(Kleid)* cut, pattern; 📖 edge; *(Scheibe)* slice; *(Schneidepunkt)* intersection; *math* section(al view); *(Ein-)* incision; *(Ernte)* crop, harvest; *(Gestalt)* shape, contour (of the face); *umg* profit; *(Quer-)* cross-section; average (*im ~* on an a., on the whole); *d. goldene ~* golden section; **~blumen** cut flowers; **~bohnen** *BE* French beans, *US* string beans; **~e** slice; **~er(in)** reaper; **~fläche** cut, section(al area); **~holz** sawn timber; **~ig** smart; ⚙, 🚘 streamlined; **~lauch** chive; **~linie** *math* secant; **~muster** pattern; **~punkt** point of intersection; **~ware** = Meterware *od* ~holz; **~wunde** cut, gash

Schnitz|arbeit wood-carving, carving work; **~el** chip; scrap; *pl* parings, shavings; *(Fleisch)* escalope; **~eljagd** paper-chase, hares and hounds; **~eln** to chip, to cut (up); **~en** to carve, to cut (in wood); *su* carving; **~er** carver; *fig* blunder, *sl* boner; *e-n ~er machen* to blunder; **~erei** carving (work)

schnodderig pert, flippant; boastful

schnöde contemptible; base, mean; vile; *~r Mammon* filthy lucre

Schnorchel ⚓ *BE* snort, snorkel

Schnörkel flourish; 🏛 scroll, volute; **~haft** full of flourishes; overloaded with ornaments

schnorr|en to cadge; **~er** cadger

schnüff|eln to sniff, to smell; *fig* to snoop (about); **~ler** snoop(er); spy

Schnuller *BE* dummy, *US* pacifier

Schnulz|e ♪ corn; **~ig** corny

Schnupf|en common cold, cold in the head; catarrh; *vi* to take snuff; **~tabak** snuff; **~tuch** handkerchief

Schnuppe *(Kerze)* snuff; *astr* shooting star ♦ *d. ist mir ~* I don't care two hoots (*od* tuppence); **~rn** to sniff, to nose (out)

Schnur string, cord; ⚡ flex ♦ *über d. ~ hauen* to be rash, to kick over the traces, to overstep the mark; **¨band** lace; **¨boden** 🎭 gridiron; **¨chen:** *wie am ¨chen gehen* to go like clockwork; **¨en** to tie up, to cord; to lace; *refl* to tight-lace; **~gerade** as straight as an arrow, in a bee-line; **¨loch** eyelet; **¨schuh** laced shoe; **¨senkel** shoe-lace; **¨stiefel** lace-up boot; **~stracks** straight (away); at once

Schnurr|bart moustache, *US* mustache; **~e** jest, joke; funny story; **~en** to hum, to buzz; *(Rad)* to whir; *(Katze)* to purr; **~ig** droll, funny; queer, odd

Schnute snout; spout; *e. ~ ziehen* to purse one's lips up

Schober stack, rick; *(Scheune)* barn

Schock *(60)* threescore; ⚕ shock; **~therapie** ⚕ shock therapy

schofel shabby, mean; inferior

Schöffe lay assessor; **~ngericht** magistrates' court

Schokolade chocolate *(a. Getränk)*; **~npulver** chocolate powder; **~ntafel** bar of chocolate

Schola|r medieval student; **~stik** scholasticism; **~stisch** scholastic

Scholle *(Erd-)* clod, sod; *(Eis-)* floe; *zool* plaice; *fig* soil, land ♦ *an d. ~ hängen* to be bound to the soil

schon *(~ vorher, früher als erwartet)* already; *(wie lange ~) ausgedrückt durch Present Perfect Continuous (+ for . . .)*; *(jetzt ~)* yet (need you go y.?); so far, by this time; *(~ damals)* as early as, as long ago as; *(mit anderen Adverbien: unübersetzt) ~ wieder* again, *~ immer* always; *(als Füllwort) ~ d. Gedanke* the very idea; *ich muß ~ sagen* well, I must say; *d. ist ~ wahr, aber* that is certainly true, but; *er wird ~ kommen* I am sure he will come; *ich komme ~* I am (just) coming; *werden Sie ~ bedient?* are you being attended to?; *es wird ~ gehen* we'll manage, it will be all right

schön fine; *(ästhetisch)* beautiful; lovely; *(Wetter)* fair; *(eindrucksvoll)* handsome; noble; great, considerable; *(Mann)* handsome, good-looking; *d. ~en Künste* the fine arts; *d. ~e Literatur* belles-lettres; *d. ~e Geschlecht* the fair sex; *~!* certainly!; very well!; all right!; *~en Dank* many thanks; *~e Grüße* kind regards; *~ warm* nice and warm; *zu ~, um wahr zu sein* too good to be true; *d. wäre noch ~er!* that would be a fine thing, wouldn't it?, certainly not!; **~e** a beauty, a belle; **~färberei** colouring, heightening; **~geist** wit, bel esprit; **~geistig** aesthetic; *~geistige Literatur* belles-lettres; **~heit** beauty; *(Person)* beauty, belle; **~heitsfehler** minor blemish, flaw; **~heitsmittel** cosmetic, toilet preparation; **~heitspflästerchen** patch, beauty spot; **~heitspflege** beauty treatment; **~heitssalon** beauty parlour; **~machen** *refl* to smarten o.s. up; **~redner** speechifier; flatterer; **~schreiben** penmanship; **~schreibheft** copy-book; **~schrift** calligraphy; *(Schule)* penmanship; **~tun** to flatter, to soft-soap; to flirt

schon|en to spare, to save; *(Gesundheit etc)* to take care of; *(Wild)* to protect; *refl* to look after o.s.; **~end** careful, considerate; **~frist** close season; period of respite (*od* grace); **~kost** bland diet; **~ung** mercy; consideration; indulgence; 🌲 nursery (for young trees); **~ungslos** unsparing; pitiless, relentless; **~zeit** close season

Schoner *(Möbel)* antimacassar; ⚓ schooner

Schopf *(Kopf)* crown, top; *(Haare)* tuft, forelock ♦ *beim ~ ergreifen* to take by the forelock, to take by the scruff of the neck; **¨brunnen** draw-well; **¨eimer** bucket; **¨en** *(Wasser)* to draw; *(aus-)* to scoop (out), to ladle; *(Atem)* to draw (in); *(Mut)* to take; *(Verdacht)* to conceive; **¨er** creator, maker *(a. eccl)*; **¨erisch** creative; **¨erkraft** creative power; **¨kelle** ladle; **¨löffel** scoop; *(mit Löchern)* skimmer; **¨rad** bucket-wheel; **¨ung** creation; **¨werk** water-engine

Schoppen a pint (*od* glass) (of beer etc)

Schöps wether; *fig* blockhead

Schorf scab, scurf

Schornstein chimney; ⚓ funnel; **~feger** chimney-sweep

Schoß lap; womb; *(der Familie)* bosom; *(Rock-)* coat-tail; *bot* sprig, shoot; **~hund** lap dog, pet dog; **~kind** pet; darling; **¨ling** shoot, sprout

Schote pod, shell; *pl* green peas; ⚓ sheet

Schott ⚓ bulkhead; **~er** road stone, macadam; 🚂 ballast; *geol* coarse gravel; **~ern** to cover with road stone, to macadamize

Schott|e Scotchman, Scot; *(in Schottl.)* Scot; *pl* the Scotch; **~enstoff** tartan; **~in** Scotchwoman, *(in Schottl.)* Scot; **~isch** Scotch, Scottish *(literature, poetry, etc)*, Scots; *(~ische Sprache)* Scotch, *(in Schottl.)* Scots; **~land** Scotland, North Britain

schraff|ieren to hatch; to shade in; **~ierung** hatching

schräg oblique; *(quer)* diagonal, transversal; *(geneigt)* slanting, sloping; *(Stoff)* biased; **~e** obliquity; slope, slant; bevel; bias; **~en** to bevel; **~lage** ✈ bank; **~schrift** italics; **~strich** 📖 diagonal, virgule

Schramm|e scratch; scar; abrasion; **~en** to scratch; to graze; **~ig** scratched, full of scratches

Schrank cupboard; *(Kleider-)* wardrobe; *(Bücher-)* bookcase; *(Wäsche-)* (linen-)press; *(Spind)* locker; **~e** 🚂 railway gate; toll-bar, turnpike; ⚖ bar; enclosure; *(Turnier) pl* lists; *fig* limit, bound(s) ♦ *s. in ~en halten* to keep within bounds, to be moderate; *etw e-e ~e setzen* to bound, to restrain; **~enlos** boundless; unbridled, unrestrained; **~enwärter** 🚂 gatekeeper

Schranze (servile) courtier, toady
Schrapnell shrapnel
schrappen to scrape
Schraub|e *(ohne Mutter)* screw, *(mit Mutter)* bolt; ✈ propeller, air-screw; *e-e ~e ohne Ende* an endless screw *(a. fig); e-e alte ~e* a crazy old creature; *bei ihm ist e-e ~e locker* he has a screw loose; **~en** to screw; to turn, to twist, to wind; **~endampfer** screw-steamer; **~enfeder** helical spring, coil spring; **~enförmig** screw-shaped; spiral; **~engewinde** screw-thread; **~enmutter** nut; **~enschlüssel** wrench; **~enzieher** screw-driver; **~stock** vice, *US* vise
Schreber|garten allotment (garden); **~gärtner** allotment holder
Schreck terror, fright; fear, dread; *in ~en setzen* to terrify; *mit d. ~en davonkommen* to get off with a bad fright; **~en** *vt* to frighten; **~enerregend** terrifying, dreadful; **~ensbleich** pale with terror; **~ensherrschaft** reign of terror; **~ensruf** cry of terror; **~gespenst** bogy, bugbear, bugaboo; **~haft** easily frightened, timid; **~lich** terrible, dreadful; frightful; *umg* awful (awfully sorry etc); **~schuß** shot fired in the air; *fig* false alarm
Schrei cry, shout; *(gellend)* yell; *(kreischend)* scream, shriek; roar; howl; *(Hahn)* crow; *(Esel)* bray; **~en** to cry (out), to shout; to scream, to shriek; to howl; to bray; *(Katze)* to caterwaul ♦ *d. ist zum ~en* it's a scream, it's too funny for words; **~end** *fig* flagrant, monstrous; *(Farbe)* loud, gaudy; glaring; **~er, ~hals** crier, shouter; *(Kind)* cry-baby, noisy brat
Schreib|abteil 🚂 secretarial compartment; **~block** writing-pad; **~en** to write; *(buchstabieren)* to spell; *Maschine ~en* to type; *su* writing; letter, note; communication; **~er** writer; clerk; **~erei** writing; correspondence; clerical work; **~faul** lazy in writing; **~feder** pen, *BE a.* nib; **~fehler** slip of the pen, error in writing; **~heft** writing-book, exercise-book; *(Schönschreiben)* copy-book; **~mappe** blotter; writing-case; **~maschine** typewriter; **~papier** note--paper, writing-paper; **~pult** writing-desk; **~schrift** 📖 script; **~stube** *mil* orderly room, office; **~tisch** writing-table, bureau; **~waren** stationery, writing-materials; **~warenhändler** stationer; **~weise** style; spelling; **~zeug** pen and ink; inkstand
Schrein shrine; **~er** joiner; *(Möbel)* cabinet--maker; *(Zimmermann)* carpenter; **~erei** joiner's shop; cabinet-making; **~ern** to do joinery (*od* cabinet-making)
schreiten to stride, to stalk; *fig* to set about (doing s-th), to proceed (to do s-th)
Schrift writing; handwriting; book, publication; pamphlet; 📖 fount, type; ⚖ writ; *d. Heilige ~* the Holy Scriptures; **~art, ~bild** 📖 (type-)face; **~deutsch** literary German; **~enreihe** series of publications; **~führer** secretary; **~gelehrter** scribe; **~gießer** type-founder; **~gießerei** type-foundry; **~grad** 📖 size (of type); **~leiter** editor; **~leitung** editorship; editors; newspaper office; **~lich** (done) in writing; written; by letter; *etw ~lich beantragen* to apply in writing; **~material** stock of types; **~probe** specimen of writing (*od* type); **~satz** brief, pleadings; **~setzer** compositor, typesetter; **~sprache** literary language, written language; **~stelle** passage; **~steller** author, writer; 🎭 playwright, dramatist; **~stellerisch** literary; writing; **~stellern** to write, to do literary work; **~stück** piece of writing; document, record; **~tum** literature; **~wechsel** correspondence; transmission of documents; **~zeichen** character, letter; **~zug** character; stroke of the pen
schrill shrill; **~en** to sound (*od* ring) shrilly
Schritt step, *(lang)* stride; pace; *(Gangart)* gait, walk; *(Hose)* crotch; *~ für ~* step by step; *~ halten mit* to keep pace with, *fig* to keep abreast with; *j-m auf ~ u. Tritt folgen* to shadow s-b, to dog s-b's steps; *s. j-n drei ~ vom Leibe halten* to keep s-b at arm's length; *~ fahren!* dead slow!; **~macher** pacemaker *(a. fig)*; *mit (ohne) ~macher* 🚴 paced (unpaced); **~weise** step by step; *adj* gradual, successive
schroff steep, precipitous; rugged; *fig* abrupt; blunt, gruff; **~heit** steepness; ruggedness; bluntness, gruffness
schröpfen to cup, to bleed; *fig* to fleece (*um* of)
Schrot small shot; crushed grain, grist; *(Münze)* due weight ♦ *von echtem ~ u. Korn* of the true stamp, of sterling worth; **~brot** wholemeal bread; **~en** to grind, to bruise, to crush; to roll down; **~flinte** shot gun; **~kugel** (grain of) shot; **~mühle** crushing-mill, grist-mill
Schrott scrap (iron)
schrubb|en to scrub; **~er** scrubber, scrubbing--brush; **~ern** = ~en
Schrull|e crank, fad, crotchet; **~enhaft, ~ig** cranky, faddy, crotchety; *~iger Mensch* crank
schrumpel|ig crumpled, creased; wrinkled; **~n** to shrink, to shrivel
schrumpf|en to shrink, to shrivel; to atrophy; to contract; **~ung** shrinking, shrivelling; atrophy; contraction
Schrund crack, chink; *(Hand)* chap
Schub push, shove; ⚙ thrust; *(Haufen)* heap; batch; **~fach, ~lade** drawer; **~karren** wheelbarrow; **~s** nudge; **~sen** to nudge
schüchtern shy, bashful; timid; *(Mädchen)* coy; **~heit** shyness, bashfulness; timidity; coyness
Schuft blackguard, cad, scoundrel; **~en** to drudge, to slave; **~ig** blackguardly, vile, mean; **~igkeit** vileness, meanness
Schuh shoe; *(Stiefel)* boot; *(Maß)* foot ♦ ... *wo d. ~ drückt* ... where the shoe pinches; *j-m etw in d. ~e schieben* to put the blame for s-th on s-b; **~anzieher** shoe-horn; **~bürste** shoe--brush; **~flicker** cobbler; **~krem** shoe-cream; **~macher** shoemaker; **~putzer** shoeblack; *US* bootblack; **~riemen** shoe-lace; **~sohle** sole; **~spanner** boot-tree, shoe-tree; **~waren** boots and shoes; **~werk** footwear, boots and shoes; **~wichse** boot polish, *(schwarz)* blacking

Schul|arbeit lesson, homework, exercise; *s-e ~arbeit machen* to learn one's lessons, to do one's homework; **~bank** form, bench; **~beispiel** typical example, text-book case; **~besuch** attendance at school; **~bildung** schooling, education; **~buch** text-book, schoolbook; **~diener** janitor; **~e** school; college; academy ♦ *~e machen* to find followers, to serve as a model (*od* precedent); *e-e harte ~e durchmachen* to learn things the hard way; *aus d. ~e plaudern* to let out stable secrets; **~en** to train, to teach; to school; *pol* to indoctrinate; **~̈er** pupil, schoolboy; **~̈erhaft** immature, boyish; **~̈erin** pupil, schoolgirl; **~ferien** school holidays, *(große)* vacation; **~freund** school friend; **~geld** school fees, tuition; **~hof** school-yard, playground; **~jahr** school year; **~junge** schoolboy; **~lehrer** school-master; **~leiter** headmaster; **~leiterin** headmistress; **~mappe** school-bag; *(Ranzen)* satchel; **~medizin** allopathy; **~meister** (village) schoolmaster; **~pflichtig** of school age; bound to attend school; *~pflichtiges Alter* compulsory school age; **~rat** *(etwa)* inspector of schools; **~schiff** training-ship; **~schluß** end of school; break-up; **~stunde** lesson, period; **~system** school (*od* educational) system; **~ung** training, schooling; *pol* indoctrination; **~versäumnisse** absences from school; **~wesen** system of education; school affairs; **~zeit** school period; schooling; **~zeugnis** school report

Schuld *(Geld)* debt; indebtedness; *(Ursache)* cause, fault, blame; *(böse Tat)* offence, sin; guilt; *~ sein an* to be the cause of, to be responsible for, to be to blame for; *j-m d. ~ geben an* to accuse s-b of, to blame s-b for; *j-m d. ~ zuschreiben (zuschieben)* to lay the blame on s-b; *e-e ~ auf s. nehmen* to take the blame on o.s.; *in j-s ~ stehen* to be in s-b's debt; *~en machen* to run into debt; **~beladen** burdened with guilt; **~bewußt** conscious of guilt; **~bewußtsein** guilty conscience; **~buch** debt register; **~en** to be in debt; *j-m etw ~en* to owe s-b s-th, to be indebted for s-th to s-b; **~enfrei** free from debt; **~enlast** burden of debt; **~enmacher** contractor of debts; **~forderung** claim (of debt), demand; **~haft** *su* imprisonment for debt; *adj* culpable, guilty; **~ig** guilty; owing, due; *(verpflichtet)* bound, obliged; *j-m Geld ~ig sein* to owe s-b money; *Dank ~ig sein* to be indebted to s-b; **~iger** culprit; **~igkeit** duty, obligation; **~los** innocent; **~losigkeit** innocence; **~ner** debtor; **~schein** certificate of indebtedness; I. O. U.; **~verschreibung** bond; debt certificate

Schulter shoulder ♦ *j-m d. kalte ~ zeigen* to cold-shoulder s-b; *etw auf d. leichte ~ nehmen* to make light of s-th; **~bein** humerus; **~blatt** shoulder-blade; **~frei** strapless; **~klappe, ~stück** shoulder-strap; **~n** to shoulder; **~riemen** shoulder-strap; **~sieg** ⛩ win by fall; **~riemen** baldric

Schultheiß village mayor

schummeln to cheat

Schund rubbish, trash; **~literatur** worthless (*od* trashy) literature; **~roman** trashy novel

Schupo *umg BE* bobby, cop

Schupp|e scale; *(Haar)* dandruff, scurf ♦ *es fiel ihm wie ~en von d. Augen* the scales fell from his eyes; **~en** *vt* to scale; to scrape; *refl* to peel off; *su* shed; *(Scheune)* barn; 🚗 garage; ✈ hangar; 🚂 engine-house; **~ig** *(Haar)* scurfy; scaly, flaky; squamous

Schur shearing; **~̈en** *(Feuer)* to poke; to stir up, to incite ♦ *d. Feuer ~̈en (fig)* to fan the fire; **~̈haken** poker

schürf|en to scratch; to abrade; *(Erz etc)* to prospect for; **~ung** scratch(ing); abrasion; prospecting

Schurk|e rascal, scoundrel; **~enstreich, ~erei** rascally trick; villainy; **~isch** rascally

Schurz apron; **~̈e** apron; pinafore; **~̈en** to pick up; to tie; **~̈enjäger** ladies' man, dangler (after women)

Schuß shot; *(Ladung)* charge; *(Salve)* round; *(Knall)* report; *(Weben)* weft; ⚕ gunshot wound, bullet wound; dash (of wine etc); *e-n ~ abgeben (tun)* to fire a shot (*od* round) ♦ *im ~ (fig)* in working order, in full swing; *zu weit vom ~* too wide of the mark, too far from the scene; *k-n ~ Pulver wert* not worth powder and shot; **~bereich** range; **~bereit** ready to fire; **~waffe** fire-arm; **~weite** range; **~wunde** gunshot wound

Schüssel dish; bowl, basin; *(feuerfest)* casserole

Schuster shoemaker; *(Flick-)* cobbler ♦ *auf ~s Rappen* on Shanks's pony (*od* mare); **~geselle** journeyman shoemaker; **~junge** shoemaker's apprentice; **~n** to cobble; to bungle; **~pech** shoemaker's (*od* cobbler's) wax; **~werkstatt** shoemaker's workshop

Schute barge, lighter; *(Hut)* bonnet

Schutt rubbish, *(Trümmer)* rubble; **~abladeplatz** (rubbish) dump; **~halde** rubble slope; *geol* scree; **~haufen** rubbish heap, *(Trümmer)* rubble pile; **~räumung** rubble clearing

Schüttel|frost shivering fit, rigor; **~n** to shake; *refl* to shiver, to tremble; **~reim** (kind of) Spoonerism

schütt|en to pour (out); to throw; *(Regen)* to pour down; **~gut** bulk material

schütter *adj* sparse, thin

Schutz protection; *(Schirm)* screen; *(Deckung)* cover; *(Verteidigung)* defence; *(Zuflucht)* shelter, refuge; ⚙ insulation; care, keeping; *in ~ nehmen* to defend; *~ suchen* to take shelter; *unter d. ~ d. Nacht* under cover of night; **~̈** ⚡ contactor; *(Schleuse)* floodgate; **~anstrich** baffle (*od* dazzle) paint, camouflage paint; ⚙ protective coat; **~befohlener** charge, ward; protégé; **~blech** mudguard, *US* fender; **~brief** (letter of) safe-conduct; **~brille** protective goggles; **~bündnis** defensive alliance; **~̈e** marksman, *(guter, schlechter)* shot; *mil* rifleman; *astr* Sagittarius, Archer; *(Weben)* shuttle; **~̈en** to protect, to guard; to defend; to preserve; **~̈enfest** shooting-match; riflemen's festival; **~̈engraben** *mil* trench; **~̈enkette, ~̈enlinie** line of riflemen (in extended order); **~̈enloch** *mil* foxhole; **~engel** guardian angel; **~farbe** camouflage; **~färbung** protective colouring; **~frist** 🕮 duration of copyright, period of protection; **~haft** protective custody; **~heiliger** patron saint; **~herr** patron, protector; **~impfung** protective inoculation; **~insel** = Verkehrsinsel; **~̈ling** protégé, charge; **~los** defenceless, unprotected; ⚖ undefendable; **~mann** policeman, *BE* constable; **~mannschaft** constabulary; **~marke** trade mark; **~mittel** preservative; ⚕ prophylactic; *zool* armature; **~polizei** (municipal) police; **~polizist** policeman; **~schicht** protective layer (*od* coat); *zool* armature; **~umschlag** 🕮 (dust-)jacket, dust cover, *BE a.* wrapper; **~wehr** defence work, bulwark; **~zoll** protection tariff, protective duty; **~zöllner** protectionist; **~zollpolitik** protectionism

schwabbeln to spill; to wobble; to babble

Schwab|e Suabian; *zool* cockroach; **~̈eln** to speak in Suabian dialect; **~en** Suabia; **~enstreich** a piece of tomfoolery; **~̈isch** Suabian

schwach weak; feeble, frail; *bes* ⚕ infirm; *(gering)* faint, small; *(spärlich)* sparse, scanty; poor, meagre, low; **~̈e** weakness; debility; *(~e Seite)* foible; failing; *e-e ~̈e haben für* to have a weakness for; **~̈en** to weaken; to lessen, to diminish; to debilitate; *(mildern)* to tone down; *(beeinträchtigen)* to impair; **~heit** weakness; frailty, feebleness; **~kopf** simpleton, imbecile; **~köpfig** weak(-minded), silly; **~̈lich** weak, delicate; *(kränklich)* infirm, sickly; **~̈lichkeit** delicacy; infirmity; **~̈ling** weakling; **~sinn** weak-mindedness, imbecility; **~sinnig** weak-minded, imbecile; **~strom** weak (*od* light) current; **~stromtechnik** light-current engineering; **~̈ung** weakening; lessening, diminution; impairment

Schwaden vapour; fume; gas cloud; fire-damp; *(Mähen)* windrow, swath

Schwadron squadron; **~eur** gas-bag, talker; **~ieren** to talk at random, to jaw

schwafeln to talk nonsense

Schwager brother-in-law; **~̈in** sister-in-law; **~̈schaft** relation by marriage, affinity

Schwalbe swallow; **~nschwanz** swallow-tail *(a. fig)*; ⚙ dovetail

Schwall swell, flood; *fig* torrent (of words)

Schwamm sponge; *bot* fungus; *(eßbar)* mushroom; *(Holz)* dry rot ♦ *~ drüber* let's say no more about it; **~ig** fungous; *(~artig)* fungoid; spongy; *(gedunsen)* bloated

Schwan swan; **~en:** *mir ~t nichts Gutes* I have misgivings of trouble; **~engesang** *fig* swan song; **~enteich** swannery

Schwang swing ♦ *im ~e sein* to be in vogue; **~er** pregnant; **~̈ern** to make pregnant, to impregnate; **~erschaft** pregnancy

Schwank joke, yarn; 🎭 farce; *adj* flexible; unsteady, wavering; **~en** to rock, to toss; to sway; *(wanken)* to stagger, to totter; *(taumeln)* to reel; *(schwingen)* to sway; *fig* to fluctuate, to be in a state of flux; *(zögern)* to hesitate, to waver; **~end** fluctuating; *fig* wavering, doubtful; irresolute; **~ung** unsteadiness; fluctuation, vacillation; variation, change

Schwanz tail; end; *(Kleid)* trail; **~̈eln** to wag one's tail; *fig* to fawn (upon); **~̈en** to idle about; *d. Schule ~̈en* to play truant (*US* hookey); **~ende** tip of the tail; **~fläche** ✈ tail; **~flosse** (fish-)tail; **~riemen** *(Pferd)* crupper; **~taube** fantail pigeon

Schwäre ulcer, abscess; **~n** to suppurate, to fester

Schwarm swarm; flock, flight; *(Menge)* crowd, throng; *fig* idol, hero; craze; **~̈en** to swarm; to riot, to revel; *mil* to deploy; *fig* to gush (over), to be enthusiastic (about); *~̈en für* to have a crush on, to adore; **~̈er** *(Feuerwerk)* squib; cracker; *zool* hawk-moth; *fig* dreamer, visionary; enthusiast, fanatic; **~̈erei** enthusiasm, fanaticism; **~̈erisch** enthusiastic, fanatic, (sentimental) gushing

Schwarte rind (of bacon); *(Braten)* crackling; *umg* old (pigskin) book

schwarz black; dark, swarthy; dirty, smutty; *(düster)* gloomy; *~e Liste (fig)* black-list; *auf d. ~e Liste setzen* to black-list; *d. ~e Mann* bogyman; *~er Tag* black-letter day; *~es Schaf* black sheep; *~ auf weiß* in black and white, in print ♦ *ins ~e treffen* to hit the bull's-eye; **~arbeit** illicit work, work not reported to the labour exchange; **~brot** black bread, rye bread; **~dorn** blackthorn; **~drossel** blackbird; **~̈e** blackness; darkness; *(Mittel)* black(en)ing; 🕮 printer's ink; *fig* baseness; **~̈en** to black; *fig* to blacken; *(verleumden)* to defame; **~er** black(amoor); negro, nigger; **~fahrt** ride without a ticket; drive without a licence; **~handel** black market; **~hörer** pirate listener, broadcasting pirate; **~künstler** magician; **~̈lich** blackish, darkish; **~schlachten** illegal slaughtering; **~sehen** to be pessimistic, to take a dim view of things, to look at the dark side of things; **~seher** pessimist; **~sender** pirate broadcasting station; **~wild** wild boars; **~wurzel** black salsify, viper's grass

Schwatz chat, talk; **~amsel, ~base** chatterbox; **~en** to chat, to chatter, to talk; *(klatschen)* to gossip; *(Bach)* to babble; **~̈en** to chatter, to blab; to babble, to twaddle; **~̈er** babbler, twaddler; gossip; **~̈erei** babbling, twaddle; gossip; **~haft** talkative; **~haftigkeit** talkativeness; **~sucht** love of gossip

Schwebe (state of) suspense, indecision; *in d. ~* in suspense, in abeyance; **~bahn** suspension railway; **~n** to be suspended, to hang; *(Vogel)* to hover, *(fliegend)* to soar; *fig* to be pending (*od* undecided); *in Gefahr ~n* to be in danger; *in Ungewißheit ~n* to be in suspense; *es ~t mir auf d. Zunge* it is on the tip of my tongue; *zwischen Furcht u. Hoffnung ~n* to hover between hope and fear; **~nd** in suspense; pending, provisional

Schwed|e Swede; **~en** Sweden; **~isch** Swedish

Schwefel sulphur, *US* sulfur; **~bad** sulphur

bath; **~gelb** sulphur yellow; **~haltig** containing sulphur, sulphurous; **~holz** match; **~ig** sulphurous; **~n** to sulphurize, to sulphurate; **~säure** sulphuric acid
Schweif tail, train *(a. astr)*; **~en** to furnish with a tail; *vi* to roam, to ramble (about); **~stern** comet; **~wedeln** to wag one's tail; to fawn (upon)
Schweig|egeld hush-money; **~en** to be silent, to say nothing; to hold one's tongue; *su* silence; *zum ~en bringen* to make s-b be quiet; to silence; **~sam** silent, taciturn; **~samkeit** silence, taciturnity
Schwein pig, *bes US* hog; *zool* swine; dirty (*od* mean) fellow ♦ *~ haben* to have a bit of luck, to fall on one's feet; **~ebraten** roast pork; **~efleisch** pork; **~ehirt** swineherd; **~erei** filth(iness); dirty thing (*od* trick); obscenity; **~estall** pigsty; **~igel** *fig* dirty fellow; **~isch** filthy; swinish; obscene; **~skotelett** pork chop; **~sleder** pigskin
Schweiß sweat, perspiration; *(Jagd)* blood; exudation; *fig* toil(ing), hard labour ♦ *d. hat viel ~ gekostet* that was a tough job; *im ~e deines (s-s) Angesichts* in the sweat of thy (his) brow; **~band** sweat-band; **~blatt** dress shield; **~brenner** welding torch; blowpipe; **~drüse** sweat-gland; **~en** to weld; *su* welding; **~er** welder; **~erei** welding shop; **~fuß** sweaty foot; **~hund** bloodhound; **~ig** sweaty; bloody; **~naht** weld(ing seam); **~treibend(es Mittel)** sudorific
Schweiz Switzerland; **~er** Swiss; *~er Käse (bes BE)* gruyère, *(bes US)* Swiss cheese; **~erin** Swiss; **~erisch** Swiss
schwelen to smoulder (*US* smolder)
schwelg|en to feast; to revel (in); *(üppig leben)* to luxuriate (in); ♪ to enjoy; **~er** reveller, epicure; gourmand; **~erei** feasting, revelry; gormandize; **~erisch** gormandizing; luxurious
Schwell|e door-step, threshold (*a.* ⚕, *fig*); 🚂 sleeper, *US* tie; **~en** *vi* to swell; *(Wasser)* to rise; *vt* to swell; to inflate; to distend; **~ung** swelling; lump; ⚕ growth, tumour
Schwemm|e horse-pond; watering-place; *fig* glut; **~en** to water; to wash (up); *(an-)* to deposit; **~land** alluvial soil
Schwengel *(Glocke)* clapper; *(Pumpe)* handle; *(Dresch-)* swingle
schwenk|en to swing (to and fro), to wave; *(Waffe)* to brandish; to flourish; *(b. Kochen)* to shake, to toss; *(waschend)* to rinse; *vi* to turn; *mil* to wheel; **~ung** turn(ing movement); *mil* wheeling (manœuvre); change
schwer heavy; *(gewichtig)* weighty; *(schwierig)* difficult, hard; *(ernst)* grave, serious; severe; *(~fällig)* clumsy; ponderous; *(bedrückend)* oppressive; *(Fehler)* bad, gross; *(Essen)* indigestible, heavy; *(Wein, Zigarre)* strong; **~arbeiter** heavy labourer; **~athletik** heavy athletics; **~blütig** melancholic; **~e** heaviness; weight; *fig* gravity, seriousness; severity; *(Wein)* body; **~efeld** (the earth's) gravitational field; **~enöter** lady-killer; **~fallen** to be difficult for; **~fällig** heavy, ponderous; clumsy; **~fälligkeit** heaviness; clumsiness; **~gewicht** ⚐ heavy-weight; *fig* main emphasis, accent; **~gewichtler** heavy-weight; **~halten** to be difficult; **~hörig** hard of hearing; **~industry** heavy industry; **~kraft** (force of) gravity; **~kriegsbeschädigter** disabled war veteran; **~lich** hardly, scarcely; **~mut** low spirits; depression, melancholy; **~mütig** dejected, melancholy; **~nehmen** to take to heart; **~punkt** centre of gravity; main point, crucial point; point of main emphasis (*od* effort); **~verbrecher** criminal, felon; **~verständlich** abstruse, abstract; **~wiegend** weighty; grave
Schwert sword; **~fisch** sword-fish; **~lilie** iris; **~tanz** sword-dance; **~wal** grampus
Schwester sister; ⚕ hospital nurse; nun; **~lich** sisterly; **~unternehmen** associated company
Schwibbogen flying buttress
Schwieger|eltern parents-in-law; **~mutter** mother-in-law; **~sohn** son-in-law; **~tochter** daughter-in-law; **~vater** father-in-law
Schwiel|e callous, callosity; *(Striemen)* wale; **~ig** callous
schwierig difficult, hard; arduous; complicated, involved; difficult to deal with, awkward; **~keit** difficulty
Schwimm|bad swimming-bath, swimming-pool; **~blase** *zool* air-bladder; **~dock** floating dock; **~en** to swim; *(ohne Bewegung)* to float; *(treiben)* to drift; to be bathed (in tears etc); to roll (in money); **~er** swimmer; *(Angel)* float; **~fähig** buoyant; **~fähigkeit** buoyancy; **~flosse** fin; **~fuß** web-foot, webbed foot; **~gürtel** life-belt; *(z. Üben)* water-wings; **~haut** web; **~kraft** buoyancy; **~lehrer** swimming-instructor; **~kunst** swimming; **~panzer** amphibian tank; **~sport** swimming; **~stil** swimming-stroke; **~weste** life-jacket, *US* life vest; **~wettkampf** swimming-race, swimming-event
Schwindel dizziness, giddiness; vertigo; *fig* swindle, trick; humbug ♦ *d. ganze ~* the whole caboodle (*od* bag of tricks); *d. ~ kenn ich* you can't diddle me; **~anfall** fit of dizziness (*od* giddiness); **~ei** swindle; **~erregend** dizzy; **~firma** bogus firm; **~frei** not liable to giddiness; **~haft** dizzy, causing giddiness; *fig* swindling, fraudulent; bogus; **~ig** dizzy, giddy; *~ig machen* to dizzy; **~meier** fibber; **~n** to swindle, to cheat; to tell fibs; *mir ~t* I feel dizzy (*od* giddy); **~unternehmen** bogus concern
schwind|en to diminish, to decrease; to dwindle; to shrink; *(ver-)* to disappear; *su* diminution, decrease; **~ler** fibber; swindler; charlatan, quack; **~sucht** consumption, phthisis; **~süchtig** consumptive, phthisic
Schwing|e wing; *(Getreide)* fan, winnow; *(Flachs)* swingle; **~en** to swing, to sway; *(Waffe etc)* to flourish, to brandish; to wave; *(Korn)* to fan, to winnow; *(Flachs)* to swingle; to vibrate; to oscillate; *refl* to leap (over), to vault; to swing o.s.; *s. in d. Höhe ~en* to soar (up); **~ung** vibration, oscillation; *(Wellen-)* cy-

cle; **~ungsweite** amplitude of vibration (*od* oscillation); **~ungszahl** vibration frequency
Schwips a drop too much (*er hat e-n ~* he has had a dr., he is tipsy)
schwirren to whir; *(Käfer)* to buzz; *fig* to hum
Schwitz|bad vapour bath, hot-air bath; **~en** to sweat, to perspire
schwören to swear, to take an oath; *fig ~ auf* to swear by, to have (absolute) confidence in
schwül sultry, close; *(drückend)* oppressive; *~e Atmosphäre (fig)* an atmosphere of sex, an erotic atmosphere; **~e** sultriness, closeness; oppressiveness;
Schwulst bombast; **~ig** bombastic, turgid
Schwund falling off; wastage; shrinkage; ⚓ ullage; 📻 fading; ⚕ atrophy; **~regelung** 📻 automatic volume control, A. V. C.
Schwung swing; *(Sprung)* bound, vault; *(Ski)* swing; *fig* impetus, verve; *(Schmiß)* go, dash; *(Phantasie)* flight; *j-n auf (d.) ~ bringen* to spur s-b into action, to show s-b what's what; *etw in ~ bringen* to set going; **~feder** pinion, wing-feather; **~haft** flourishing, lively; **~kraft** momentum; centrifugal force; *fig* impetus, energy; **~rad** fly-wheel; **~voll** spirited, animated; flowing, easy
Schwur oath (*~ leisten* to take an o.); **~gericht** jury; assizes
sechs six; **~achteltakt** six-eight time; **~eck** hexagon; **~eckig** hexagonal; **~erlei** (of) half a dozen kinds; **~fach** sixfold; **~jährig** six years old; sexennial; **~mal** six times; **~seitig** hexagonal; **~tägig** of six days; **~te** sixth; **~tel** sixth (part); **~tens** sixthly, in the sixth place
sechzehn sixteen; **~te** sixteenth; **~tel** sixteenth (part); **~telnote** *BE* semiquaver, *US* sixteenth note; **~telpause** *BE* semiquaver rest, *US* sixteenth rest
sechzig sixty; **~ste** sixtieth; **~stel** sixtieth (part)
See lake; *(Meer)* sea; main; *in ~ stechen* to put to sea; *an d. ~ gehen* to go to the seaside; **~bad** seaside resort; **~bär** *fig* old salt; **~fahrer** seafaring man, sailor; **~fahrt** voyage; cruise; **~fest** seaworthy; *~fest sein* to be a good sailor; **~flugzeug** seaplane; **~frachtbrief** bill of lading; **~frachten** marine freights; marine freight rates; **~gang** motion of the sea; *hoher ~gang* heavy sea, swell; **~gefecht** naval battle (*od* action); **~gras** seaweed; **~hafen** seaport; **~handel** maritime trade; **~herrschaft** naval supremacy; **~hund** seal; **~karte** chart; **~klar** ready to put to sea; **~krank** seasick; **~krankheit** seasickness; **~krieg(führung)** maritime warfare; **~löwe** sea-lion; **~luft** sea air; **~macht** naval power; **~mann** sailor, seaman; **~männisch** seamanlike; **~meile** nautical mile; **~not** distress (at sea); **~pferdchen** sea-horse; **~ratte** *fig* old salt; **~räuber** pirate; **~rose** water-lily; **~schifffahrt** maritime shipping; **~schlacht** naval battle; **~stern** starfish; **~streitkräfte** naval forces; **~sturm** storm at sea; **~taucher** loon; **~transport** sea-borne transport; *pl* marine freights; **~tüchtig** seaworthy; **~wasser** sea water, salt water; **~weg** sea-route; *auf d. ~weg* by sea; **~zunge** sole
Seel|e soul; mind; heart, spirit, feeling; *(Rohr)* bore; *e-e gute ~e* a good creature; *k-e ~e* no living creature ♦ *j-m auf d. ~e binden* to enjoin s-th upon s-b very earnestly; *j-m aus der ~e sprechen* to guess s-b's inmost thoughts; *es brennt mir auf d. ~e* it is badly on my conscience; *auf d. ~e haben* to have on one's mind; **~enfrieden** peace of mind; **~enfroh** heartily glad; **~engröße** magnanimity; **~enheil** salvation, spiritual welfare; **~enhirt** pastor; **~enlos** lifeless; **~enmesse** office for the dead, requiem; **~enruhe** peace of mind; utmost patience; **~envergnügt** perfectly happy; **~envoll** tender, sentimental; **~enwanderung** transmigration of souls; **~isch** psychic, mental; emotional; spiritual; **~sorge** cure of souls, spiritual care; ministerial work; **~sorger** pastor, minister
Segel sail; *d. ~ streichen* to strike sail, *fig* to strike one's flag; **~boot** sailing-boat, *US* sailboat; yacht; **~flieger** glider pilot; **~fliegerei**, **~flug** gliding, soaring; **~flugzeug** glider; **~jolle** (sailing) dinghy; **~klar** ready to sail; **~n** to sail; to yacht; ✈ to glide, to soar; **~schiff** sailing ship (*od* vessel); **~schlitten** ice-yacht; **~sport** sailing, yachting; **~tuch** sailcloth, canvas
Segler sailing-vessel; sailor, yachtsman
Seg|en blessing, *bes eccl* benediction; boon; luck; **~ensreich** beneficent; blessed; **~nen** to bless, to give benediction to; **~nung** blessing, benediction; boon
seh|en to see; *(hin-)* to look; *(plötzl.)* to catch sight (*od* a glimpse) of; *(wahrnehmen)* to perceive; *(beobachten)* to observe; *(s. klarmachen)* to realize; *gern ~en* to like; *schlecht ~en* to have poor eyesight; *... kann s. ~en lassen ...* is a thing to be proud of; *darauf ~en* to be careful, to see to it (that); *~en nach* to look after; **~enswert** worth seeing; remarkable; **~enswürdigkeit** sight, object of interest; **~er** seer, prophet; **~feld** field of vision; **~kraft** (eye)sight, visual faculty; **~nerv** optic nerve; **~rohr** periscope; **~schärfe** (sharpness of) vision; focus; **~weite** range of sight
Sehn|e sinew, tendon; ⚕ string (of a bow); *math* chord; **~enscheide** tendon-sheath; **~enscheidenentzündung** inflammation of tendon-sheath; **~enzerrung** strained tendon; **~ig** sinewy; brawny
sehn|en *refl* to long (*nach* for); *su* longing; **~lich** longing, ardent; passionate; **~sucht** longing, yearning; **~süchtig** longing, yearning
sehr very; *(vor Verben und echten Partizipien)* much, very much; highly, greatly, *umg* pretty; *~ viel* very much, a great deal, a good deal, a lot; *~ viele* very many, a great many, a good many; *zu ~* too much; *wie ~* how much; *wie (so) ~ auch* however much, much as
Seich tattle, gushing; *(Füllsel)* padding; **~en** to tattle, to gush; **~t** shallow; flat; insipid; superficial; **~tigkeit** shallowness; superficiality
Seid|e silk (*echte ~e* real s., natural s.); *(Reyon)*

rayon; **~en** silk(en); **~enpapier** tissue-paper; **~enraupe** silkworm; **~enstoff** silk fabric (*od* tissue); **~enstrumpf** silk stocking; **~enzucht** silkworm breeding, sericulture; **~ig** silky

Seidel mug (of beer); **~bast** *bot* daphne

Seif|e soap; **~en** to soap; **~enblase** soap-bubble; **~endose** soap-box; **~enflocken** soap-flakes; **~enlauge** soap solution, soap-suds; **~enpulver** soap powder; **~enschaum** lather; **~ensieder** soap-boiler; **~enwasser** soap-suds; **~ig** soapy

Seil rope, cord; *(Wäsche-)* line; cable; **~bahn** rope (*od* cable) railway, *(Stand-)* funicular railway; **~en** to lift (*od* to lower) by rope; **~er** rope-maker; **~erwaren** rope-ware, cordage; **~schaft** rope (party); **~tänzer** tight-rope walker; **~winde** rope winch; **~zug** tackle

Seim mucilage; fluid honey

sein *vi* to be; to exist; *nicht mehr ~* to be no more; *etw ~ lassen* to leave alone; *was ist Ihnen?* what's the matter with you?; *mir ist schlecht* I feel sick; *mir ist, als ob* . . . I feel as if . . .; *ich bin's* it's me; *d. ist es ja gerade* that's just the trouble; *su* being, existence; *pron* his, her, its, one's; **~erseits** on his part (*od* side), for his part; **~erzeit** formerly; at the time; one day; in due time (*od* course); **~esgleichen** his like, his equals, people like him; *er hat nicht ~esgleichen* there is no one like him; . . . *sucht ~esgleichen* it would be hard to find his (her, its) equal; **~ethalben, ~etwegen** on his account, for his sake; **~ig** his (own); *d. ~ige* his property (*od* share, part, duty); *d. ~igen* his folk (*od* family)

seit *conj* since; *prep (Zeitpunkt)* since, *(Zeitraum)* for; *wir wohnen hier ~ 1955 (~ fünf Jahren)* we have been living here since 1955 (for five years); *~ wann* how long, since when; *~ wann ist er hier?* how long has he been here?; *~ kurzem* lately, of late; *~ langem* for a long time; **~dem** since then, ever since; from that time; **~her** since then

Seit|e side; flank; page; *math* member; *(e-s Körpers)* face; *fig* aspect, bearing; *von d. ~e (fig)* askance; *schwache (starke) ~e* weak point, foible (strong point, forte); *~e an ~e* side by side; *von ~en* on the part of; *zur ~e treten* to step aside; *zur ~e stehen* to stand by, to help; *auf d. ~e legen* to put aside (*od* by), to save; *auch s-e guten ~en haben* to have one's good points; **~enangriff** flank attack; **~enansicht** side view; **~enflügel** (side) wing; **~engewehr** bayonet; **~enhieb** by-blow; *fig* sarcastic remark, home-thrust; **~enlang** voluminous; **~enlinie** branch(-line); **~ens** on the part of; **~enschiff** aisle; **~ensprung** side-leap, caper; *fig* extramarital escapade; **~enstechen** stitch in the side; **~enstraße** side-street, by-street (*od* -road); **~ensteuer** rudder; **~enstück** pendant; **~enweg** bypath, byway; **~enzahl** page (number), folio; number of pages; **~enzweig** *fig* byway; **~lich** lateral; side; *adv* at the side; **~wärts** sideways; aside; laterally

Sekret secretion; **~är** secretary, clerk; *(Möbel)* secretary, *bes BE* secretaire; **~ariat** office; **~ärin** secretary

Sekt champagne; **~e** sect; **~ierer** sectarian; **~ion** post-mortem, autopsy; *(Abteilung)* section; **~or** sector; section

Sekund|ant second; **~är** secondary; at second hand; **~e** (*Zeit,*) second; **~enzeiger** second-hand; **~ieren** to second

selbst himself (herself, itself); *pl* themselves; *von ~* of one's own accord, voluntarily, automatically; *d. versteht s. von ~* that goes without saying; **~achtung** self-respect; **~ändig** independent; self-reliant; *su pl* self-employed persons; **~ändigkeit** independence; **~anlasser** self-starter; **~anschluß** dial telephone; **~auslöser** self-timer; **~bedienungsladen** self-service shop; **~beherrschung** self-control; **~bestimmung(srecht)** (right of) self-determination; **~betrug** self-deception; **~bewußt** self--confident, self-reliant; **~bewußtsein** self-confidence, self-reliance; **~bildnis** self-portrait; **~binder** (neck-)tie; **~biographie** autobiography; **~erhaltung** self-preservation; **~erhaltungstrieb** instinct of self-preservation; **~erkenntnis** knowledge of oneself; **~fahrend** automotive; **~fahrer** owner-driver; **~gefällig** self-satisfied, complacent; **~gefühl** self-respect, self-confidence; **~gemacht** home-made; *(Stoff)* homespun; **~gerecht** self-righteous; **~gespräch** monologue; soliloquy; **~gezogen** home-grown, home-bred; **~herrlich** autocratic; arbitrary; **~herrschaft** autocracy; **~hilfe** self-defence; **~isch** selfish; **~kosten** prime cost; **~kostenpreis** cost price; *zum ~kostenpreis* at cost (price); **~lader** self-loading (*od* automatic) pistol; **~laut** vowel; **~liebe** self-love; **~los** selfless, disinterested; **~losigkeit** unselfishness; **~mord, ~mörder(in)** suicide; **~mörderisch** suicidal; **~redend** self-evident, obvious; **~sicher** self-confident; **~sucht** selfishness; **~süchtig** selfish; **~tätig** automatic; spontaneous; **~täuschung** self-deception; **~überschätzung** self-conceit; **~überwindung** self-restraint; strength of mind; **~unterricht** self-instruction; **~verlag:** *im ~verlag* published by the author; **~verschuldet** caused by one's own fault; **~versorgung** self-sufficiency; **~verständlich** self-evident, obvious; *es ist ~verständlich* it goes without saying; *für ~verständlich halten* to take for granted; **~verständlichkeit** matter of course; **~vertrauen** self-confidence; **~verwaltung** self-government; decentralized administration; **~wirkend** self-acting; **~zucht** self-discipline; **~zufrieden** self-satisfied; **~zufriedenheit** self-satisfaction, complacency; **~zünder** automatic lighter; **~zündung** self-ignition; **~zweck** end in itself

selig blessed; happy, blissful; *(tot)* deceased; **~keit** happiness, bliss; **~preisung** Beatitude; **~sprechen** to beatify; **~sprechung** beatification

Sellerie *(gebleichte Stengel)* celery; *(Knollen-)* celeriac

selt|en rare, scarce; unusual; *adv* rarely, seldom; **~enheit** rarity, scarcity; curiosity; **~sam**

strange, odd; **~samkeit** strangeness, oddness; oddity
Selterswasser seltzer (water); soda-water
Semester (half-year) term, semester; *(Person) erstes ~* freshman, 3./4. *~ (BE)* second-year man, *(US)* sophomore; 5./6. *~ (BE)* third-year man, *(US)* junior; 7./8. *~ (BE)* fourth-year man, *(US)* senior; **~ende, ~schluß** close of term; **~ferien** holidays (*od* vacation) between terms
Seminar seminar; *(Lehranstalt)* training college; *eccl* seminary; **~ist** student of a training college
Semmel roll ♦ *geht weg wie warme ~n* sells like hot cakes
Senat senate; **~or** senator; **~spräsident** president of the senate
Send|bote messenger; **~ebereich** broadcasting area; **~efolge** radio programme; **~eleiter** (broadcasting) producer; **~en** to send, to dispatch; 📻 to broadcast, to transmit; *(mit Richtstrahlern)* to beam; *(sendend tätig sein)* to be on the air; **~eprogramm** broadcast(ing programme); **~er** broadcasting station; transmitting station, transmitter; **~eraum** studio; **~erechte** broadcasting rights; **~er-Empfänger** transceiver; **~ergruppe** network; **~estärke** transmitter energy; **~estelle** broadcasting station; **~ling** emissary; **~schreiben** circular; missive; **~ung** dispatch; consignment; mission; 📻 broadcast; transmission
Senf mustard ♦ *er gibt s-n ~ dazu* he has to have his say; **~korn** grain of mustard seed
Senge sound thrashing; **~n** to singe, to scorch; to burn
Senk|blei plummet; ⚓ sounding lead; **~el** (shoe-, boot-)lace; **~en** to lower, to sink, to let down; to bring down; *(Augen)* to cast down; *(Kopf)* to bow; **~fuß** fallen arches; **~grube** cess-pit, cess-pool; **~kasten** ✲ caisson; **~recht** perpendicular, vertical; **~ung** sinking; lowering; *(Preis)* reduction; depression, hollow; *(Setzung)* ground settlement; *(Abhang)* declivity
Senn Alpine herdsman; **~erin** Alpine dairymaid; **~hütte** Alpine dairy; chalet
Sennesblätter senna leaves
Sensation sensation; **~ell** sensational; **~slust** desire to cause a sensation; **~snachricht** sensational news; **~spresse** sensational press, yellow press
Sense scythe; **~nmann** Great Reaper, Death
sensi|bel sensitive; **~bilität** sensitivity, sensitiveness; **~tiv** over-sensitive, irritable; *(medial)* sensitive
Sentenz aphorism, maxim
sentimental sentimental; **~ität** sentimentalism; sentimentality
separat separate; **~ismus** separatism
Sepia sepia; *zool* cuttlefish
Sep|sis septicaemia, sepsis; **~tisch** septic
Sept|ember September; **~ett** septet; **~ime** ♪ seventh
Serenade serenade
Serge serge; **~ant** sergeant
Seri|e series; set; **~enherstellung** mass production, serial manufacture; **~enmäßig** standard, regular; **~enschaltung** connection in series; **~ös** respectable, reliable; sound; well-conducted
Serpentine zigzag road, switchback
Serum serum
Serv|ice (dinner, tea) service, set; (maintenance) service; **~ierbrett** tray; **~ieren** to lay the cloth; to wait (at table); to serve; **~iette** (table-)napkin; **~omotor** servo-motor, booster; **~us!** so long!
Sessel armchair, easy chair; **~lift** chairway
setz|en to put, to place; to set; to fix; *(errichten)* to erect, to put up; *(Baum)* to plant; *(Geld)* to stake; ♪, 🕮 to compose; *(auf e. Pferd)* to back; *alles daran ~en* to risk everything, to do all in one's power; *refl* to sit down, to take a seat; *chem* to be deposited, to settle; *vi* to leap (over); *(Fluß)* to cross; **~er** compositor, type-setter; **~erei** composing room; **~kasten** (fount-)case; **~ling** ⚘ seedling; **~maschine** composing machine, type-setting machine; **~reis** = ~ling; **~schiff** 🕮 galley; **~teich** store-pond; **~waage** spirit-level
Seuche epidemic; **~nherd** centre of an epidemic
seufze|n to (heave a) sigh; **~r** sigh
Sext|ant sextant; **~e** sext; ♪ sixth; **~ett** sextet
Sexu|alität sexuality; **~alkunde** sexology; **~altrieb** sexual drive; **~ell** sexual
sezier|en to dissect; to hold a post-mortem; **~messer** scalpel
Shampoo shampoo; **~nieren** to shampoo
sich himself (herself, itself); *pl* themselves; *(2. Pers.)* yourself, *pl* yourselves; *(einander)* one another, each other; *an ~* in itself; in the abstract; *es hat nichts auf ~* it is of no consequence; *d. spricht für ~ selbst* that speaks for itself; *d. ist e-e Sache für ~* that is another story
Sichel sickle; *(Mond)* crescent; **~n** to cut
sicher *(Gefahr)* safe, secure; *(gewiß)* certain, sure; positive; *(bestimmt)* definite; *(fest)* firm, steady; *(verläßl.)* reliable, trustworthy; *aus ~er Quelle* on good authority; *~ wissen* to know for certain; *s-r Sache ~ sein* to be certain of s-th; *... wird ~ kommen ...* is sure to come; *wird ~ sterben* is bound to die; *adv* no doubt, very likely; **~gehen** to keep on the safe side, to make quite sure
Sicherheit safety; *(Bürgsch. etc)* security (*~leisten* to give s.); certainty; reliability; *(Überzeugung)* assurance; confidence; **~sfaktor** safety factor; margin of safety; **~sgarantie** security guarantee; **~sglas** safety-glass; **~shalber** for safety; **~sklausel** escape clause; **~sleistung** security; bail; **~snadel** safety-pin; **~spolizei** security police; **~sprogramm** defence programme; **~srat** Security Council; **~sschloß** safety-lock; **~sventil** safety-valve; **~svorschriften** safety regulations
sicher|lich surely, to be sure; certainly; **~n** to

protect; to secure; *(decken)* to cover; ⚙ to lock, to fasten, *(Gewehr)* to put at "safe"; *finanziell ~n* to ensure finance for; *vi (Wild)* to look about; **~stellen** to put in safe keeping; to secure, to protect; to guarantee; to provide security (for); **~stellung** protection; provision of security for; **~ung** protection; ⚙ safety lock (*od* catch); ϟ fuse, cut-out; *mil* covering party; = ~stellung

Sicht sight; visibility; *auf kurze ~* at short date; *auf lange ~* long-term; in the long run; **~bar** visible; evident; **~barkeit** visibility; **~en** to sight; ⚓ to make; *(sortieren)* to sift, to sort; **~lich** obvious, apparent; **~schutz** camouflage; **~ung** sighting; sifting; **~vermerk** visa; **~wechsel** sight bill; **~weite** range of sight; range of visibility

sickern to trickle, to ooze

sie she, her; *(es)* it; *pl* they, them; *(Anrede)* you

Sieb sieve, strainer; colander; *(grob)* riddle; *(Sand-)* screen; 📻 filter; **~druck** silk-screen print(ing); **~en** to sift, to strain; to riddle; to pick out; to screen; **~tuch** bolting cloth

sieben seven; **~fach** sevenfold; **~gestirn** Pleiades; **~jährig** of seven years; seven-year; **~mal** seven times; **~meilenstiefel** seven-league boots; **~sachen** one's things, one's traps; **~schläfer** lazybones; *zool* dormouse; **~te(l)** = siebte(l)

siebte seventh; **~l** seventh (part)

siebzehn seventeen; **~te** seventeenth; **~tel** seventeenth (part)

siebzig seventy; **~ste** seventieth; **~stel** seventieth (part)

siech ailing, invalid; sickly; **~en** to be ailing; to pine away; **~tum** chronic sickness

siede|heiß scalding hot; **~hitze** boiling heat; **~n** to boil, *(gelinde)* to simmer; *bes fig* to seethe; **~punkt** boil(ing-point)

sied|eln to settle; to colonize; **~ler** settler; colonist; **~lung** *(An-)* settlement, colony; *(Stadt-)* housing estate (*in e-r ~lung* on a h. e.), suburban settlement; *ländliche ~lung* rural settlement

Sieg victory, triumph (over); battle *(youth is half the battle)*; 🏆 win; **~en** to be victorious, to win; **~er** victor; winner; **~esdenkmal** monument of victory; **~esfeier** celebration of a victory; **~esgewiß** certain (*od* confident) of victory; **~essäule** column of victory; **~estor** triumphal arch; **~eszeichen** trophy; **~eszug** triumphal march; **~haft** triumphant; **~reich** victorious (over)

Siegel seal; *unter d. ~ d. Verschwiegenheit* in strict confidence; **~bewahrer** Lord Privy Seal; **~lack** sealing-wax; **~n** to seal; **~ring** signet-ring

Siel sluice (in a dike); **~e** harness (*in d. ~en sterben* to die in h.); **~en** *refl* to wallow; to loll about

Sigel *(Stenogr.)* grammalogue

Signal signal; bugle-call; sign, indication; **~anlage** signalling system; **~ement** (personal) description; **~frequenz** 📻 signal frequency; **~horn** bugle; **~hupe** siren, klaxon; **~isieren** to signal; **~mast** signal mast; 🚂 semaphore; **~pfeife** whistle; **~scheibe** signalling-disk

Sign|atur signature; mark, sign; *(Buch-)* class-mark; 📖 signature; *(-rinne)* nick; *(Karte)* (conventional) sign; **~et** publisher's mark; **~ieren** to sign; to mark; **~um** sign; feature, characteristic

Silbe syllable; **~nrätsel** *(etwa)* syllable composition puzzle; **~ntrennung** syllabification, *bes US* syllabication

Silber silver; **~bergwerk** silver mine; **~blick** cast (in the eye); **~fuchs** silver-fox; **~gehalt** silver content; **~haltig** containing silver; **~hell** silvery; **~legierung** silver alloy; **~münze** silver coin; **~n** silver; **~papier** silver paper; **~pappel** white poplar, abele; **~reiher** egret; **~schmied** silversmith; **~stift** silverpoint; **~waren** silver goods; **~weiß** silvery white; **~zeug** silver plate

Silhouett silhouette

Sili|kate silicate; **~zium** silicon

Silo silo; **~futter** silage

Silvesterabend New Year's Eve

Similistein paste (diamond, stone)

simpel simple, plain; (over)simplified

Sims ledge; cornice moulding; *(Fenster)* (window-)sill; *(Kamin-)* mantelpiece

Simul|ant malingerer; **~ieren** to malinger; to feign, to sham (an illness); **~tan** simultaneous; **~tandolmetschen** simultaneous interpreting; **~tanschule** undenominational school

Sinfon|ie symphony; **~ieorchester** symphony orchestra; **~isch** symphonic

sing|en to sing; *zool* to warble; **~kunst** art of singing; **~lehrer** teacher of singing; **~sang** singsong, chant; **~spiel** kind of comic opera, Singspiel; **~stimme** singing-voice; vocal part; **~stunde** singing-lesson; **~vogel** song-bird, songster

Singular singular; ⁘ unique

sinken to sink; to lower; *astr* to set; to drop, to fall; to decline (*im Wert* in value), to decrease; *auf d. Boden ~* to sink to the ground; *auf d. Knie ~* to go down on one's knees; *in Ohnmacht ~* to faint; *in Schlaf ~* to fall asleep

Sinn sense; mind, understanding; *(Bedeutung)* meaning, sense; opinion; tendency; *im ~e des Gesetzes* within the meaning of, in accordance with (the purpose of) the Act; *in diesem ~e* in this way, with this thought in mind; *im ~ haben* to intend; *~ haben für* to have a feeling (*od* liking) for; *bei ~en sein, s-e fünf ~e beisammen haben* to have all one's wits about one; *im ~ behalten* to bear in mind; *s. aus d. ~ schlagen* to dismiss s-th from one's mind; *d. will mir nicht aus d. ~* I can't get it out of my head; **~bild** symbol, emblem; allegory; **~bildlich** symbolic; allegorical; **~en** to think (over); to speculate, to meditate (upon); to brood (on *od* over); *~en auf* to plot, to scheme; *(auf) Rache ~en* to meditate revenge; *~en u. Trachten* one's every thought and wish; **~enlust** sensual pleasure, sensuality; **~enmensch** sensualist; **~entstellend** distorting the meaning; **~enwelt** material world; **~esänderung** change of mind (*od* heart); **~esart** character, disposition; **~esorgan** organ of sense; **~estäuschung** illusion; **~fällig** obvious; **~gemäß** natural, logical; with the appropriate modifications, mutatis mutandis; *(Übersetzung)* rendering the meaning, not verbatim; **~getreu** faithful; **~ig** thoughtful, considerate; *(iron.)* ill-judged; **~lich** sensual, carnal; *(Eindruck etc)* sensuous; **~lichkeit** sensuality; **~los** senseless; nonsensical, foolish; mad; *~los betrunken* dead drunk; **~losigkeit** senselessness, foolishness; **~reich** ingenious, clever; **~spruch** motto, device; **~verwandt** synonymous; **~voll** sensible, clever; **~widrig** contrary to sense, nonsensical; **~widrigkeit** illogicality

Sinolog|e sinologist; **~ie** sinology

Sinter slag, scale; sinter; **~n** to sinter; to form slag

Sintflut the Deluge, the Flood

Sinus ⚕ sinus; *math* sine; **~kurve** sine curve

Siphon siphon; *(Wasserverschluß)* trap

Sipp|e kin(ship); relatives; tribe; *fig* lot, coterie; **~enforschung** genealogical research; **~schaft** *fig* lot, coterie; *d. ganze ~schaft* the whole gang

Sirene *mil,* 🚘 siren; *(Fabrik-)* buzzer

Sirup *BE* treacle, *US* molasses; *(Frucht-) BE* syrup, *US* sirup

Sisyphusarbeit Sisyphean task

Sitt|e custom; *(Brauch)* usage; *(Gewohnh.)* habit; *pl* morals, manners; **~engesetz** moral code (*od* law); **~enlehre** ethics, moral philosophy; **~enlos** immoral; dissolute, profligate; **~enlosigkeit** immorality; dissoluteness, profligacy; **~enpolizei** vice squad; **~enrein** (morally) pure; chaste; **~enrichter** moralist; **~enstreng** morally austere; **~enverderbnis** corruption of morals; **~lich** moral; **~lichkeit** morality, morals; **~lichkeitsvergehen** indecent assault; **~sam** modest, well-behaved; **~samkeit** modesty

Sittich parakeet

Situation state of affairs, position; situation (*d. ~ retten* to save the s.; *d. ~ nicht gewachsen* not equal to the s. *od* occasion)

situiert: *gut ~* well-to-do, well-off

Sitz seat; chair; place, spot; *(Wohn-)* residence, domicile; *(Kleid)* fit; **~bad** hip-bath; **~en** to sit; *(Vogel)* to perch; *(Kleid)* to fit; *(Schlag)* to hit; *(tagen)* to hold a meeting; *(fest-)* to stick (fast); *umg* to do time, to be in prison; *~en bleiben* to remain seated ♦ *e-n ~en haben* to have had one over the eight; **~enbleiben** *(Schule)* to fail to get one's remove; *(Mädchen)* to be a wallflower, to remain a spinster; **~enlassen** to leave in the lurch, to throw over; *auf s. ~enlassen* to pocket (an insult etc); **~fläche** seat; **~fleisch:** *~fleisch haben* to be perseverant; *kein ~fleisch haben* to have no perseverance, to be unable to keep at a thing; **~gelegenheit** seat(ing accommodation); **~platz** seat; **~stange** perch; **~streik** sit-down strike; **~ung** sitting, meeting; **~ungsbericht** minutes; report; **~ungsperiode** session; **~ungsraum, ~ungssaal** conference hall

Skala scale; ♪, *fig* gamut; 📻, 📞 dial

Skalp scalp; **~ell** scalpel; **~ieren** to scalp

Skandal scandal; disgrace; *(Lärm)* row; **~ös** scandalous, shocking

Skat skat *(unknown in England)*

Skeleton skeleton toboggan

Skelett skeleton

Skep|sis scepticism, *US* skepticism; **~tiker** sceptic, *US* skeptic; **~tisch** sceptical, *US* skeptical

Sketch sketch, vaudeville scene

Ski ski; **~laufen** to ski; *su* skiing; **~läufer** skier; **~lift** ski-lift; **~schanze** ski-jump; **~sport** skiing; **~springen** ski-jumping; **~sprung** ski-jump

Skizz|e (rough) sketch; draft; **~enhaft** in rough outlines, sketchy; **~ieren** to block in, to sketch (roughly)

Sklav|e slave; **~erei** slavery; **~isch** slavish, servile

Skonto discount

Skorbut scurvy

Skorpion scorpion

Skrof|eln scrofula; **~ulös** scrofulous

Skrupel scruple; **~los** unscrupulous; **~losigkeit** unscrupulousness

Skull|boot sculling-boat; **~en** to scull

Skulptur sculpture

Skunk skunk

skurril farcical, ludicrous

Slalom(lauf) slalom race

Slaw|e Slav; **~isch** Slav; *(bes sprachl.)* Slavic; *(bes kulturell)* Slavonic; **~ist** professor (*od* student) of Slavic languages; **~istik** Slavic philology; **~istisch** of (*od* pertaining to) Slavic philology

Smaragd emerald; **~grün** emerald

Smog smog

Smoking *BE* dinner-jacket, *US* tux(edo)

so so (big that ...); as (big as ...); *nicht ~* not so (as) (big as ...); in this way (manner), like this (that), thus *(why did he behave in this way, like this? It ran thus. It goes like this. I want a hat like that)*; that's how (what); *that's how it's done; that's what it says in the paper*; *~ etwas* such a thing, a think like that, that sort of thing; *~ bin ich nun mal* that's how I am, that's the man I am; *~ leicht ist es nicht* it is not as easy as that; ~! *(= das wär's)* that's that!; here we are! *~ ist es* that's right, that's how it is; *es geht nur ~* this is the only way to do it; *(solch)* such *(a fine day, s. lovely weather)*; *um ~ (besser etc)* so much the (better), all the (better); *~?* indeed?, Is that so?; for instance; *conj* therefore; *~ (auch, sehr)* however much, much as *(much as I like him ...)*; *~ ... doch* yet, nevertheless; *~ gut wie* practically; *~ was!* well, well! *~ ziemlich* pretty well, pretty nearly; *~ oder ~* one way or another; *ach ~* (oh) I see; **~bald** as soon as

Socke|l socle, pedestal, base; **~en** sock; **~enhalter** suspender, *US* garter

Sod|a soda; **~awasser** soda-water; **~brennen** hearthburn

so|dann then, afterwards; **~ daß** so that; **~eben** just *(he has just left)*; just now *(he left just now)*; **~fern** so far as; in case

Sofa sofa, settee; **~kissen** sofa cushion

sofort at once, immediately; straight (*od* right) away; *er kommt ~* he'll be here in a minute; forthwith *(shall come into effect f.)*; **~ig** immediate

Sog suction; *(Schiff)* wake; *fig* demand, pressure; drain; force (of attraction)

so|gar even; **~genannt** so-called; what they call . . ., what is known as . . .; **~gleich** at once, immediately (*siehe* ~fort)

Sohle sole; *(Tal)* bottom; **~n** to sole

Sohn son; *d. Menschen ~* the Son of Man

Soja|bohne soy (*od* soya) bean; **~öl** soybean oil, soya-bean oil

solange as long as, so long as

Solawechsel promissory note

Sol|bad salt-water bath, brine-bath; salt-water springs; salt-water resort; **~e** brine

solch such *(s. a large house)*; so *(so large a house)*; **~erlei** such, of such a kind; **~ermaßen, ~erweise** in such a way

Sold pay; **~buch** pay-book; **¨~ling, ¨~ner** mercenary, hireling

Soldat soldier; **~eska** rabble of soldiers; **~isch** soldier-like, military; soldierly

solid strong, firm, solid; sound; reliable, respectable; **~arisch** joint (and several); unanimous; *s. ~arisch erklären mit* to identify o.s. with; **~arität** unanimity, solidarity; **~ität** firmness; solidity; soundness; reliability

Solist soloist; *umg* bachelor

Soll debit (side); debtor; *~ u. Haben* debit and credit; quota; (output) target; objective; **~aufkommen** target yield; **~en** *(Befehl, Gesetz)* shall; *(Vereinbarung)* to be to; *(Schicksal)* to be to *(he was to die young)*; *(es heißt, daß)* to be said to *(the book is said to be very good; it is said to have happened years ago)*; *(moralisch; eigentlich)* should, ought to *(he o. to be ashamed of himself; you sh. send him a card)*; *(ist es mögl.)* can, could *(can he be ill?, could it have been a bird?)*; *(nach Fragewörtern: Infinitiv) . . . was ich tun ~* (I don't know) what to do *(where to go, how to open it)*; *sag ihm, er ~ kommen* tell him to come; *(Erwartung)* to be supposed (*od* expected) to *(we're s. to be there at eight o'clock)*; *was ~ d. heißen?* what's the meaning of this?; *was ~ das?* what's all this (in aid of)? what's this for?; **~stärke** authorized strength; **~zins** debtor interest (rate)

Söller loft, balcony

Solo solo; **~instrument** solo (instrument); **~stimme** solo part; **~tänzer** principal dancer

solven|t solvent; **~z** solvency

somit consequently

Sommer summer; **~fäden** gossamer; **~frische** holiday resort, health resort; **~frischler** *BE* holiday-maker, *US* vacationer; summer visitor; **~früchte** spring crops; **~halbjahr** summer term; second and third quarters (of the calendar year); **~haus** holiday house, *US* summer house; **~lich** summerlike; summery; **~sonnenwende** summer solstice; **~sprossen** freckles; **~sprossig** freckled; **~wetter** summer weather; **~zeit** summertime; *(Uhr vorgestellt) BE* summer time, *bes US* daylight-saving time

Sonat|e sonata; **~enform** sonata form; **~ine** sonatina

Sond|e ⚕ probe; ⚓ plummet; **~ieren** to probe; ⚓ to sound; *fig* to explore the ground

sonder *prep* without; **~abgabe** special levy (*od* tax, rate); **~angebot** special (offer); **~ausgabe** separate edition; *(Zeitg.)* special edition; **~bar** strange, peculiar, odd; *~barerweise* strangely (*od* oddly) enough; **~druck** off-print, separate; *(Nach-)* reprint; **~fall** special case; exceptional case; **~gleichen** unequalled, unparalleled; unprecedented; **~lich** particular; remarkable; **~ling** original, crank; **~meldung** special announcement; **~n** *conj* but; *vt* to separate; to segregate, to sever; **~stellung** exceptional position (*e-e ~stellung einnehmen* to hold an e. p.); **~zug** special train; relief train

sonders: *samt u. ~* all together, each and all

Sonett sonnet

Sonn|abend Saturday; **~e** sun; *mit d. ~e aufstehen* to rise with the lark; **~en** to sun; *(lüften)* to air; *refl* to sun (o.s.), to bask (in the sun)

Sonnen|aufgang sunrise; **~bahn** orbit of the sun, ecliptic; **~blume** sunflower; **~brand** sunburn; **~brille** sun-glasses; **~finsternis** eclipse of the sun; **~fleck** sun-spot; **~geflecht** solar plexus; **~glut, ~hitze** heat of the sun; **~klar** as clear as daylight; **~öl** suntan oil; **~schein** sunshine; **~schirm** parasol; garden umbrella; **~segel** awning; **~seite** sunny side; **~stand** position of the sun; **~stich** sunstroke; **~strahl** sunbeam; **~system** solar system; **~uhr** sun-dial; **~untergang** sunset; **~verbrannt** sunburnt, tanned; **~wende** solstice; **~zeit** solar time

sonnig sunny

Sonntag Sunday; **¨~lich** Sunday; every Sunday, on Sundays; **~sjäger** amateur sportsman, would-be hunter; **~skind** *sein* to be born under a lucky star; **~sschule** Sunday School; **~sstaat** one's Sunday best

sonor sonorous

sonst else; otherwise; in other respects; *(früher)* formerly, before; *(gewöhnl.)* usually, as a rule; *~ etwas* something (*bzw* anything) else; *~ jemand* somebody (*bzw* anybody) else; **~ig** other; former; **~wie** in some other way; **~wo** elsewhere; somewhere (*bzw* anywhere) else; **~woher** from some (*bzw* any) other place; **~wohin** to another place; somewhere (*bzw* anywhere) else

sooft whenever

Sophist sophist; **~erei** sophistry; **~isch** sophistical

Sopran soprano; *(Diskant)* treble; **~ist(in)** soprano (singer); **~schlüssel** treble clef, G clef

Sorg|e *(Kummer)* sorrow, grief; *(Besorgnis)*

uneasiness, concern; anxiety, worry; *(Für-)* care; *(Mühe)* trouble; *k-e ~e!* don't worry;! *s. ~en machen* to worry (about); *~e tragen* to take care, to see to it (that); *~en für* to care for, to look after; to take care (of; that . . .); to see to, to attend to; *refl* to worry (about), to be anxious (about); to be concerned (*um* about); **~enfrei** carefree; **~enkind** delicate child; problem child; **~envoll** full of cares; anxious, worried; **~falt** care; carefulness; accuracy; **~fältig** careful; painstaking; accurate; **~los** light-hearted, carefree; careless, thoughtless; **~losigkeit** light-heartedness; carelessness, thoughtlessness; **~sam** careful; cautious; **~samkeit** carefulness

Sort|e sort, kind; species; *(Qualität)* brand, grade, quality; *pl* foreign notes and coin; **~ieren** to sort; to assort; *(ordnen)* to arrange; *(nach Qualität)* to grade; **~iment** assortment; (assorted) stock; variety, range; (retail) bookshop; **~imentsbuchhändler** (retail) book-seller

sosehr however much, much as

Soße sauce; *(Braten-)* gravy

Soubrette soubrette

Souffl|eur, ~euse prompter; **~eurkasten** prompt-box; **~ieren** to prompt

Soutane cassock

Souterrain basement

so|viel as far as (I know), for all (I know); **~weit** as far as; *~weit nicht* except where; **~wie** as well as; *conj* as soon as; **~wieso** anyway, in any case; **~wohl** . . . *als auch* . . . as well as . . .; both . . . and . . .

Sowjet Soviet citizen; **~isch** Soviet; **~union** Soviet Union, U.S.S.R.; **~zone** Soviet(-occupied) zone

sozial social; welfare; *(nicht privat)* public; **~abgabe** social-security (*od* -insurance) contribution; **~arbeit** social work; **~arbeiter** social worker, almoner; **~demokrat** social democrat; **~demokratie** social democracy; **~demokratisch** social-democratic; **~einrichtung** welfare institution; **~isieren** to nationalize; to socialize, to communize; **~isierung** nationalization; **~last** social expenditure; **~leistung** social-security payment; welfare payment; **~politik** social policy; **~politisch** from the social point of view; relating to social policy; **~produkt** national product; social product; **~rente** social-insurance pension; **~rentner** recipient of social-insurance pension; **~versicherung** (compulsory) social insurance; **~wissenschaft** sociology

Sozietät (professional) partnership; association

Soziolog|e sociologist; **~ie** sociology; **~isch** sociological

Sozius partner; 🚗 pillion rider; **~sitz** 🚗 pillion seat; *auf d. ~ mitfahren* to ride pillion

sozusagen as it were, so to speak; in a way

Spachtel spatula; *(Messer)* putty knife; *(Maler-)* scraper

Spaghetti spaghetti

späh|en to be on the lookout, to watch; *(kundschaften)* to reconnoitre, to patrol; to explore, to scout; *(spionieren)* to spy; **~er** lookout; spy; scout; **~erblick** searching glance; **~trupp** patrol; scouting squad

Spalier espalier, trellis; *(Leute)* lane; *~ stehen* to form a lane; **~baum** espalier; **~obst** wall-fruit

Spalt crevice; fissure; cleft; *(Riß)* crack, split; *(Schlitz)* slit, slot; *(Ritze)* chink; *(Lücke)* gap; *fig* gulf; **~bar** divisible; fissile; *phys (Atom)* fissionable; **~e** = ~; 🕮 column; **~en** to split (up); to divide; *chem* to decompose; to ferment; *(Risse bekommen)* to crack; *refl* to split off, to cleave; to divide; *Haare ~en (fig)* to split hairs; **~fläche** plane of cleavage; **~holz** firewood, sticks; **~pilz** fission-fungus, bacterium; **~ung** split(ting); cleavage; decomposition; *(Atom-)* fission; *(Trennung)* separation; segregation; *(Uneinigkeit)* dissension; *(Meinungen)* division; *fig eccl* schism; *bot, zool, fig* dichotomy; *(Deutschlands)* split(ting), cleavage

Span chip; splinter; *pl* shavings; *(Metall)* turning; cutting; **~ferkel** sucking-pig

Spange *(Schnalle)* buckle; slip; *(Buch-)* clasp; *(Brosche)* brooch; *(Stoffstreifen)* strap; *(Arm)* bracelet; *(Verschluß)* bar; **~nschuh** strap shoe; buckled shoe

Spann instep

Spann|e span; *(Zeit)* short space of time; *com* margin, *(Gewinn-)* profit margin, *(Handels-)* margin of price (allowed to cover trader's profit); **~en** *vt (strecken)* to stretch; to strain; *(fest)* to brace; to clamp; *(Feder)* to subject to tension; *(Schraube)* to tighten; (*Gewehr,* ⚔) to cock; *(Bogen)* to bend; *(Pferd)* to put on, to harness; *vi* to be (too) tight; *fig* to excite; *refl* to arch; *fig* to be very anxious (*od* curious); *auf d. Folter ~en* to put to the rack; *ge~t zuhören* to listen intently; **~end** thrilling, exciting, absorbing; **~er** *(Schuh)* boot-tree; *zool* butterfly; **~kraft** tension, elasticity, spring; ⚙ clamping power; buoyancy; **~kräftig** elastic; **~ung** ⚙, ⚡, *fig* tension; ⚙ strain; *(elastisch)* stress; 🏛 arch; ⚡ voltage; *fig* close attention, intensity; *(Beziehungen)* strained relations; **~ungsmoment** cause of strain; **~weite** span; width; distance; range

Spant ⚓, ✈ frame, rib

Spar|büchse money-box; **~einlage** savings (deposit); **~en** to save; to spare, to economize, to cut down expenses; *(Geld weglegen)* to put by money, to save up; **~er** saver; **~freudigkeit** propensity to save; **~kasse** savings bank; **¨lich** scanty; *(mager)* meagre; *(selten)* scarce, rare; *(zerstreut)* sparse; *(einfach)* frugal; *(dünn)* thin; **¨lichkeit** scantiness; scarcity, rareness, rarity; frugality; **~pfennig** savings, nest-egg; **~sam** saving, economical; thrifty, saving; *(genügsam)* frugal; careful, canny; *adv* sparingly (*~sam zu verwenden* to be used s.); **~samkeit** economy; thriftiness; thrift; frugality

Spargel asparagus; **~kohl** broccoli; **~stecher** asparagus-knife

Sparren spar, rafter; *(Boxen)* sparring ♦ *e-n ~ zuviel haben* to have a bee in one's bonnet, to be cracked; **~werk** rafters
Sparte branch; subject; trade; industry
Spaß jest, joke; fun, sport; amusement; *zum ~* for fun; *~ machen* to banter; *~beiseite!* no joking!, no kidding!; *viel ~!* enjoy yourself! have a good time!; *j-m d. ~ verderben* to spoil s-b's sport; **~en** to joke, to jest; *damit ist nicht zu ~en* it's no joke; **~eshalber** for fun; **~haft, ~ig** joking, jocular, amusing; funny, odd; ludicrous; **~vogel** jester, wag; buffoon; **~verderber** spoil-sport, wet blanket
Spat spar; ⚕ spavin
spät late; belated; slow; backward; tardy; *~ kommen* to be late; *wie ~ ist es?* what time is it?; *es wird schon ~* it is getting late; *von früh bis ~* from morning till night; **~er** later; afterwards; later on; subsequently; by and by; *e-e Woche ~er* a week after; **~erhin** later on; **~estens** at the latest, not later than; **~heimkehrer** late-returning prisoner of war; **~jahr:** *im ~jahr 1954* late in 1954; **~ling** late fruit; *(Mensch)* latest born; **~obst** late (*od* backward) fruit
Spatel spatula; trowel
Spaten spade; **~stich** cut with a spade; *d. ersten ~stich tun* to turn the first sod
Spati|e 🕮 space; **~onieren** to space
Spatz sparrow ♦ *d. ~en pfeifen es von d. Dächern* every schoolboy knows that; **~engehirn** the brains of a bird
spazier|en to take a walk; to stroll; to walk about; **~enfahren** to go for a drive (*od* ride); **~engehen** to go for a walk; **~fahrt** pleasure drive; **~gang** walk; stroll; **~gänger** walker, stroller, promenader; **~stock** walking-stick
Specht woodpecker
Speck bacon; *(Walfisch)* blubber; *(Schmalz)* lard; 🕮 fat; **~ig** fat; *(schmutzig)* dirty, greasy; **~schwarte** rind of bacon; **~seite** flitch of bacon; **~stein** soapstone, steatite
spedi|eren to dispatch, to forward; to send; to ship; **~teur** forwarder, forwarding agent, carrier; shipping agent; furniture remover; **~tion** forwarding, carrying; shipping; forwarding agency, shipping department; **~tionsgeschäft** forwarding agency; furniture removal business; **~tionsgewerbe** forwarding trade, carrying trade
Speer spear; lance; ⛩ javelin; **~werfen** javelin throw, throwing the javelin (*od* spear)
Speiche spoke; ⚕ radius
Speichel saliva, spittle; **~drüse** salivary gland; **~fluß** flow of saliva; salivation; **~lecker** toady, lickspittle
Speicher *(Waren-)* warehouse; storeroom; *(Korn-)* granary, *US* elevator; *(Haus-)* loft; *(Möbel-)* depository; *(Wasser-)* reservoir; **~n** to store, to warehouse; *fig* to hoard, to treasure up
spei|en to spit; *(s. übergeben)* to vomit; *(Feuer)* to belch; **~gatt** ⚓ scupper; **~napf** spittoon
Speise food; meal; dish; *umg* sweet, pudding; **~brei** chyme; **~eis** ice-cream; **~fett** cooking fat; **~kammer** larder; **~karte** bill of fare, menu; **~n** *vt* to feed, to give to eat, to board; to supply; *vi* to eat, to dine, to sup; **~naufzug** service lift; **~nfolge** menu; **~röhre** gullet, oesophagus; **~saal** dining-room; **~wagen** dining-car, restaurant-car
Spektakel noise, row, racket; fuss, uproar; **~n** to be noisy, to kick up a row
Spekul|ant speculator; adventurer; **~ation** speculation, venture; conjecture; **~ativ** speculative; conjectural; **~ieren** to speculate
Spelunke dive, joint
Spelz spelt; **~e** glume (of grains); awn, beard
Spend|e *(Gabe)* gift; bounty; benefaction; *(Geschenk)* present; *(Beitrag)* contribution; *(Stiftung)* donation; *(Almosen)* alms, charity; **~en** to bestow, to give; *(verteilen)* to administer; to dispense; *(beitragen)* to contribute to; **~er** giver, donor; benefactor; **~ieren** to stand, to pay for; *(j-m etw)* to treat s-b to s-th
Spengler plumber; tin-smith
Sper|ber sparrow-hawk; **~ling** sparrow
Sperenz|chen, ~ien: *mach keine ~!* don't make a fuss!
sperr|angelweit *offen* wide open; gaping; **~druck** spaced type; **~e** shutting; closing; *(Straße)* barricade; *(Absperrung)* block; *(Schranke)* barrier; *(Hafen)* blockade; *(Einfuhr)* embargo; *(Konto)* blocking; freezing; *(Hinderung)* ban; prohibition; *~e verhängen* to block; to closure; to ban; **~en** to close, to shut; to bar; to block; to barricade; *(Glas etc)* to cut off; ⚙, ⚕ to lock; 🕮 to space out (*od* the letters of); to embargo; to obstruct; *refl* to struggle, to resist; *ins Gefängnis ~en* to put in prison; **~feuer** barrage (fire); **~flieger** patrol aircraft; interceptor; **~gebiet** prohibited area; blockade zone; **~gut** bulky goods; **~guthaben** blocked account; blocked balance; **~haken** catch; **~holz** plywood; **~ig** bulky; unwieldy; protruding; **~mark** blocked mark; **~sitz** 🎭 stall; reserved seat; **~stunde** closing time; curfew; **~ung** barricade; blocking; *(Waren)* embargo; *(Hafen)* blockade; **~vorrichtung** lock, locking device
Spesen costs; *(Auslagen)* charges, expenses; *(Gebühren)* fees; **~rechnung** bill of expenses
Spezerei spices
Spezial|arzt specialist; **~fall** special case; **~isieren** to specialize; *s. ~isieren auf* to sp. in; **~ität** speciality
speziell special, specific; particular
spezif|isch specific; *~isches Gewicht* specific gravity; **~izieren** to specify
Sphär|e sphere; **~enmusik** music of the spheres; **~isch** spherical
Spick|aal smoked eel; **~en** to lard; *umg* to crib; **~nadel** larding-pin
Spiegel mirror, looking-glass; ⚓ stern; facing, tab; ⚕ speculum; *im ~ des (der)...* as reflected in the...; **~bild** reflected image; **~blank** shining; **~ei** fried egg; **~fechterei** sham fight; humbug; **~glas** plate-glass; **~glatt**

smooth as a mirror, glassy; **~n** *vt* to reflect; *vi* to shine; to sparkle, to glitter; *refl* to be reflected; to look into the glass; **~reflexkamera** reflex camera; **~saal** hall of mirrors; **~scheibe** pane of plate-glass; **~schrank** wardrobe with mirror; **~schrift** mirror writing; **~ung** reflection; *(Luft)* mirage

Spiel play, game, sport; ♪ manner of playing, touch; 🎭 playing, acting, performance; *(Karten)* set, suit, pack; *(Glücksspiel)* gambling; *(Maschine)* working, action; *fig* plaything, sport; *mit klingendem ~* with fifes and drums ◆ *aufs ~ setzen* to stake, to risk; *abgekartetes ~* put-up job; *d. Hand im ~ haben* to have a finger in the pie; *auf d. ~e stehen* to be at stake; *d. ~ verloren geben* to throw up the sponge; *leichtes ~ haben* to have no difficulty; *sein ~ treiben mit* to make game of; *e. falsches ~ treiben* to play a dirty trick on s-b; *mit im ~e sein* to be involved (in the case); *aus d. ~e lassen* to let alone, to leave out of the question; *d. ~ ist aus* the game is up; **~art** manner of playing; *(Abart)* variety; **~automat** *BE* fruit-machine, *US* slot machine; **~ball** ball; *fig* plaything, sport; *~ball sein* to be tossed about like a shuttlecock; **~bank** gambling casino; **~dose** musical box; **~en** to play; to sport; 🎭 to act, to take the part of; to perform; *(mit Einsatz)* to gamble; *(s. abspielen)* to take place; *(Szene)* to be laid; *(glitzern)* to glitter, to sparkle, to flash; *(vorgeben)* to simulate, to feign, to pretend; *mit etw ~en* to trifle with; *mit d. Gedanken ~en* to toy with the idea; **~end** *fig* with the utmost ease, without any effort; **~er** player, actor, performer; gambler; **~erei** play; sport; *fig* trifle; **~feld** ground, field, (tennis-)court; (cricket-)pitch; **~film** feature film; **~führer** (team) captain; **~hahn** heath-cock, blackcock; **~hölle** gambling-hell; **~leiter** 🎭, 🎥 stage-manager; producer; **~mann** musician; *mil* bandsman; *hist* minstrel; **~marke** counter, chip; **~plan** programme; repertory, repertoire; play-bill, theatre bill; **~platz** playground; ⛩ = ~feld; **~raum** elbow-room, free hand, free play; time to play with; scope; swing; *(Preise etc)* margin; ⚙ play; clearance; tolerance; allowance; **~regeln** rules of the game; **~sachen, ~waren** toys; **~schar** amateur players (*od* company); **~tisch** gaming-table; **~uhr** musical clock; **~verderber** spoil-sport, kill-joy, wet blanket; **~werk** *(Uhr)* chime; *(Instrument)* action; **~zeug** toy

Spiere ⚓ boom, spar

Spieß spear, lance, pike; *(Braten)* spit; 🕮 (raised) space ◆ *d. ~ umkehren* to turn the tables (*gegen* on); **~bürger** bourgeois, Philistine, narrow-minded townsman; low-brow; **~bürgerlich** bourgeois; narrow-minded, commonplace; low-brow; **~en** to spear; to spit; *(durchbohren)* to pierce, to transfix; **~er** Philistine; **~geselle** accomplice; **~ig** narrow-minded, uncultured; **~ruten** *laufen* to run the gauntlets

Spill ⚓ capstan, winch; windlass

Spin *phys* spin

Spinat spinach

Spind wardrobe, press; *mil* locker

Spindel spindle; distaff; *(Zapfen)* pinion; *(Dorn, Docke)* mandrel; **~dürr** as lean as a rake

Spinett ♪ spinet

Spinn|e spider; *fig* venomous person; **~efeind** bitterly hostile; **~en** to spin; *(Katze)* to purr; *fig* to be crazy; **~entier** arachnid; **~erei** spinning; spinning-mill; **~erin** spinner; **~fäden** gossamer; floating cobwebs; **~(ge)webe** cobweb; **~rad** spinning-wheel; **~rocken** distaff; **~stoffe** textiles; spinning materials; **~stoffindustrie** textile industry

Spion spy; *(Fenster-)* window mirror; **~age** espionage, spying; **~ageabwehr** counter-espionage (service), *US* counter-intelligence corps, C. I. C.; **~ageorganisation** spy-ring; **~ieren** to spy; *fig* to pry into, to spy upon; **~in** woman spy

Spiral|bohrer twist-drill; auger; **~e** spiral; *(Draht)* coil; *(Schraube)* helix; **~feder** spiral spring; coil

Spirit|ismus spiritualism; **~ist** spiritualist; **~istisch** spiritualistic; **~uosen** spirituous liquors, spirits; **~us** alcohol, spirit; *(denaturierter)* methylated spirit; **~usbrennerei** distillery; **~uskocher** spirit stove

Spital, Spittel hospital

Spitz Pomeranian, spitz; *(Rausch)* slight tipsiness; *adj* pointed; peaked; *(scharf)* sharp, tapering; *math* acute; *fig* sarcastic; *(beißend)* caustic, biting, pointed; *~ auslaufen* to end in a point; to taper; **~bart** pointed beard; **~bogen** Gothic arch, pointed arch; **~bube** rogue, rascal; swindler; **~bübisch** roguish, rascally; **~e** point, spike; *(Zunge, Finger, Nase)* tip; *(Gipfel)* top, summit, peak; *(Zehen)* toe; *(äußerstes Ende)* extremity; *(Rest)* residue; fraction, balance; *math* vertex; *bot* apex; *(Gewebe)* lace; *(Zigaretten-)* holder; *fig* peak, head; *(Bemerkung)* pointed remark, sarcastic observation; *e-m d. ~e bieten* to defy s-b; *etw auf d. ~e treiben* to carry to extremes, to push (things) too far; **~el** *(Spion)* spy; agent; *(Polizei)* police agent, police spy; informer; **~eln** to spy; to pry; **~en** to point, to sharpen; *(Ohren)* to prick up (one's ears); *d. Mund ~en* to purse one's lips; *s. ~en auf* to hope for, to count on; to anticipate; **~enfabrikat** first-class product; **~enklasse** best quality; ⛩ international class, champion class; **~enklöppelei** pillow-lace (making); **~enleistung** record; maximum output (*od* performance); **~enlohn** maximum pay; **~entanz** toe dance; **~enverband** central association, head organization; **~feile** tapered file; **~findig** *(fein)* subtle; *(scharf)* sharp; *(haarspaltend)* hair-splitting; *(gerissen)* cunning, shrewd; cavilling; **~findigkeit** subtlety; sophistry; sharpness; **~hacke** pickaxe; **~ig** pointed; sharp; *fig* caustic, sarcastic; **~kriegen** to find out, to pin down; **~maus** shrew-mouse; **~name** nickname; **~winklig** acute-angled; **~zange** pointed pliers

Spleen eccentricity, caprice, oddity, crotchet; **~ig** crotchety
spleißen to split
Splitter splinter, chip; *(Bruchstück)* fragment; *(Metall)* scale; *(Bibel)* mote; **~n** to splinter, to split; **~nackt** stark naked; **~partei** splinter party; **~sicher** splinter-proof, non-splintering; *~sicheres Glas* safety glass, triplex glass
spontan spontaneous; automatic
Spore *bot* spore
Spor|n spur; ✈ (tail) skid; *fig* spur, stimulus, incentive; *e-m Pferd d. ~en geben* to set spurs to a horse ♦ *s. s-e ~en verdienen* to win one's spurs; **~nen** to spur; **~nstreichs** post-haste, immediately, at once
Sport sport, athletics; *(Liebhaberei)* hobby, pastime; *(Fach)* physical education, physical training; *~ treiben* to go in for sports; **~abzeichen** sports badge; **~art** kind of sport; event; **~funk** radio sports news; **~geschäft** sporting-goods shop; **~jacke** sports jacket, blazer; **~ler, ~smann** sportsman, athlete; **~lich** sporting, athletic; sportsmanlike; **~mütze** tweed cap, sporting cap; **~platz** sports (*od* athletic) field; *(Ball)* court; **~treibend** sporting; **~wagen** 🚗 sports car; *(Kinder-) BE* push-chair, *US* stroller; **~zeitung** sporting paper
Sporteln perquisites, fees
Spott mockery; ridicule; *(Verachtung)* derision; scorn; *(Hänselei)* banter; *(Gegenstand d. ~s)* butt, laughing-stock; **~bild** caricature; **~billig** dirt-cheap; ridiculously cheap; **~drossel** mocking-bird; **⸚elei** mockery, raillery; banter; *(Stichelei)* chaff; **⸚eln** to laugh at; to jeer at; to sneer at; to chaff; **~en** to mock, to rally; *(verächtlich)* to deride, to jeer at; *fig* to defy; *jeder Beschreibung ~en* to beggar description; **~geld, ~preis** trifling sum, a mere song, ridiculous price; **~name** nickname; **~vogel** mocking-bird; *fig* mocker
Sprach|e language, tongue; *(Sprechvermögen)* speech; talk; *(Ausdrucksweise)* diction; *j-m d. ~e rauben* to strike s-b dumb, to take s-b's breath away; *mit d. ~e herausrücken* to speak freely, to speak out (*od* up); *zur ~e bringen* to broach s-th; *d. ~e bringen auf* to bring up; *zur ~e kommen* to be mentioned, to be touched on; *d. ~e verlieren* to lose one's speech; **~endienst** translation and interpreting service; **~fehler** *gram* grammatical mistake; *(Störung)* speech defect; **~fertigkeit** fluency; command of the language; **~forscher** linguist, philologist; **~gebrauch** usage; **~gefühl** speech feeling, speech instinct; the feel of the language; **~gemeinschaft** speech community; **~gewandt** fluent; **~grenze** linguistic frontier; **~kundig** proficient in languages; **~lehre** grammar; **~lehrer** language teacher; **~lich** linguistic; grammatical; **~los** speechless; dumb; mute; *einfach ~los sein* to be simply speechless, to be dumbfounded; **~regelung** official position (*od* version); **~rohr** speaking-tube; *fig* mouthpiece; **~schatz** vocabulary; **~schnitzer** blunder, mistake; solecism; **~störung** speech defect, impediment; **~student(in)** student of language(s); **~unterricht** teaching of languages; instruction in a language; **~werkzeug** organ of speech; **~widrig** ungrammatical, contrary to grammar; incorrect; **~wissenschaft** linguistics; philology; **~zentrum** ⚕ speech centre
sprech|en to speak (*mit* to, with; *über* about, of), to talk (*mit* with, to; *von* about, over); *(unterhalten)* to converse; *(plaudern)* to chat; to talk over, to discuss; to say; *(aus-)* to pronounce; *fig* to be evident; to be written in (one's face); *dafür ~en* to speak in favour of, to support, *(Sache)* to indicate; *d. spricht dagegen* that tells against it; *nicht zu ~en sein* to be engaged; *gut zu ~en sein auf* to be kindly disposed to; *laßt Blumen ~en!* say it with flowers!; *j-d will Sie sprechen* s-b has come for you ♦ *Bände ~en* to speak volumes; **~end** *fig* speaking, striking; conclusive; **~er** speaker; *(offiziell)* spokesman; 📻 announcer; broadcaster; **~erzieher** elocutionist; **~film** talking (*od* sound) film; talkie; **~melodie** intonation, speech melody; **~stunde** *(Arzt)* consulting (*od* consultation) hour; *(Büro)* office hour; **~stundenhilfe** receptionist (at a doctor's); assistant; **~trichter** mouthpiece; **~übung** exercise in speaking; **~weise** manner of speaking; diction; **~zimmer** *(Arzt)* consulting room, *BE* surgery; *(Kloster)* locutory
spreiten to spread, to extend
Spreiz|e strut; stay; **~en** to stretch out, to spread out; to open; *(Beine)* to straddle; *refl fig* to boast; to be affected; *s. ~en gegen* to resist
Sprengel diocese; parish
Spreng|befehl demolition order; **~bombe** demolition bomb, high-explosive bomb; **~en** *vt (aufbrechen)* to burst open; *(in d. Luft)* to blow up, to blast, to explode; *(Bergbau)* to spring; *(Spielbank)* to break; *(Versammlung)* to break up; *(Wasser etc)* to sprinkle, to spray; *(gießen)* to water; *vi* to gallop, to ride hard; to dash (along); **~er** (lawn-)sprinkler, spray; **~granate** high-explosive shell; **~kapsel** detonator; primer cap; **~kommando** bomb disposal unit; demolition party (*od* detail); **~körper** explosive charge; **~kraft** explosive force; **~ladung** explosive charge; demolition charge; **~pulver** blasting-powder; **~stoff** explosive; dynamite; **~trichter** crater; *(Mine)* mine crater; **~trupp** demolition squad; **~ung** blowing up; blasting; explosion; breaking, dispersion; **~wagen** street sprinkler, *BE* watering-cart
sprenkeln to speckle, to spot; *(Haut)* to freckle; *(Wasser)* to sprinkle
Spreu chaff; *d. ~ vom Weizen sondern* to sift the chaff from the wheat
Sprich|wort proverb; adage; saying; byword; **~wörtlich** proverbial
sprießen to sprout; to bud; *(keimen)* to germinate; *(herausschießen)* to spring up, to shoot
Spring|brunnen fountain; jet (of water); **~en** *(weit)* to leap; *(hoch-, ab-, auf-)* to jump; *(hüpfen)* to hop, to spring, to skip; *(rennen)* to

run; *(entzwei)* to crack; to fracture; to split; to snap; *(Haut)* to chap ♦ *in d. Augen ~en* to be obvious; *über d. Klinge ~en lassen* to put to the sword; *etw ~en lassen (fig)* to stand, to treat s-b to s-th; **~er** jumper, vaulter; *(Schach)* knight; **~flut** spring-tide; **~insfeld** young harum-scarum, tomboy; **~quell** fountain, spring; **~seil** skipping-rope

Sprit spirit, alcohol; *BE* petrol, *US* gas

Spritz|e ✿ spray, sprayer, injector; *(Feuer)* fire-engine; ⚕ syringe; ⚕ *(Einspritzung)* injection, shot; *e-e ~e geben* to administer an injection; **~en** *vt (heraus-)* to squirt, to spout; *(besprühen)* to sprinkle, to spray; *(be-)* to splash, to bespatter; *vi* to gush forward (*od* forth); to spurt up; *(sprühen)* to splutter; **~enhaus** fire-station; **~er** squirt; splash; spot; **~fahrt** outing, jaunt; **~ig** prickling; lively; deft; **~kuchen** cruller; **~leder** splash leather; splasher; **~pistole** spray gun; **~tour** = ~fahrt

spröd|e brittle; *(Haut)* rough; *(Eisen)* cold--short, dry; *fig* reserved, shy, prim; **~igkeit** brittleness; coldness, reserve, shyness

Sproß shoot, sprout, burgeon; scion; *(Keim)* germ; *(Abkömmling)* offspring, descendant, scion; **⁓̈ling** sprout, shoot; son

Sprosse step, rung

sprossen to sprout, to shoot, to burgeon

Sprotte sprat

Spruch *(Regel)* maxim, axiom; *(Aus-)* saying; *(Bibel)* text, passage; *(Urteil)* award, sentence, verdict; *(Lehr-)* aphorism; **~band** banner; **~kammer** denazification trial tribunal; **~reif** ripe for decision

Sprudel spring, bubbling well; *(Mineralwasser)* mineral water; **~n** to bubble up, to gush forth; *fig* to sparkle (with), to brim over (with)

sprüh|en *(Funken)* to spark, to emit sparks; *(spritzen)* to fly; to spray; *(Regen)* to drizzle; *vor Wut ~en* to flash with anger; *vor Witz ~en* to sparkle with wit; **~regen** drizzle, drizzling rain

Sprung spring, bound, leap, jump; *(Pferd)* curvet; *(Satz)* bound, bounce; *(übers Pferd)* vault; *(Riß)* crack, fissure, split; *~ mit Anlauf* running jump; *~ ohne Anlauf* standing jump; *auf d. ~ sein zu* to be on the point (of doing); *hinter j-s ⁓̈e kommen* to find s-b out; *e-n ~ haben* to be cracked; **~bein** ankle-bone; jumping leg; **~brett** spring-board; *(Schwimmen)* diving--board; *fig* stepping-stone; **~feder** spring; **~haft** by leaps and bounds; *fig* desultory, discursive, disconnected; abrupt, sudden; unsteady; **~schanze** ski-jump

Spuck|e spittle, saliva; **~en** *vt* to spit out, to expectorate; *(Blut)* to cough up (blood); *vi* to spit; **~napf** spittoon

Spuk *(Erscheinung)* apparition, spectre, ghost, spook; *(Ärger)* trouble, mischief; **~en** to haunt; to be haunted; **~geist** spectre; **~geschichte** ghost-story; **~haft** ghostly, ghostlike

Spul|e *(Weben)* bobbin, spool; *(Nähmaschine)* bobbin; *(Feder)* quill; ⚡ coil; *(Nähgarn, Film, Tonband)* reel; **~en** to spool, to wind; to reel; ⚡ to coil up; **~enkapsel** bobbin-case; **~maschine** bobbin-frame, spooling machine; **~rad** spooling-wheel; **~wurm** mawworm

spül|en to wash; to cleanse, to rinse; *(Klosett)* to flush; *hinunter ~en* to wash s-th down; *an Land ~en* to wash ashore; **~faß** wash-tub; **~icht** dish-water; slops; swill; **~lappen** dishcloth; **~schüssel** *BE* washing-up bowl, *US* dishpan; **~ung** cleansing, rinsing; flush cleaning; flush-pipe; **~wasser** = ~icht

Spund bung, plug; stopper; **~en** to bung; **~loch** bung-hole

Spur trace, track; *(Fährte)* trail; *(Fuß)* footprint, footstep; *(Wagen)* rut; *(Wild)* scent; *(Zeichen)* mark; sign; *(Überrest)* vestige; *(im Wasser)* wake; *umg (kleine Menge)* small quantity; *keine ~!* not at all!, not a bit!; *j-m auf d. ~ kommen* to be on s-b's tracks; *j-m auf d. ~ helfen* to give s-b a clue; **~los** trackless, traceless; *adv* without (leaving) a trace; **~weite** 🚂 gauge; *(Räderabstand)* track

spür|en to feel, to be conscious of; *(merken)* to perceive, to experience; *~en nach* to track, to follow the track of; to trail; to scent out; **~hund** pointer; trackhound; *fig* spy; **~nase** good nose, scenting nose, keen sense of smell; **~sinn** sagacity, shrewdness; flair (for); *~sinn haben für* to have a scent (*od* flair) for

Spurt 🏃 sprint, dash; **~en** to dash

sput|en *refl* to hurry, to hurry up, to make haste, to be quick; *~e dich!* hurry up!, make haste!

Staat state, body politic; government; pomp, show, parade; finery; *in vollem ~* in full dress; *~ machen mit* to make a great show of; **~enbund** confederation, confederacy; **~enlos** stateless, having no nationality; **~lich** state; government, governmental

Staats|akt state ceremony; **~angehöriger** national; **~angehörigkeit** nationality; citizenship; **~anleihe** government loan; **~anstellung** government job; **~anwalt** public prosecutor, *US* district attorney; **~archiv** public record office; **~aufsicht** state control; **~beamter** civil servant, government official; **~begräbnis** state funeral; **~bürger** citizen; **~bürgerkunde** civics; **~bürgerlich** civic, civil; **~diener** civil servant; **~dienst** civil service, public service; **~form** form of government; **~gebiet** territory of a state; **~geschäft** affair of state; **~gewalt** supreme power; executive power; **~haushalt** state economy; (government) budget; **~hoheit** sovereignty; **~kasse** the Exchequer; Treasury; **~kirche** established church; **~klug** politic; diplomatic; **~körper** body politic; **~kunst** statesmanship; statecraft; political science; **~mann** statesman, politician; **~männisch** statesmanlike; **~notstand** state of national emergency; **~oberhaupt** head of the state; **~papier** government bond; *pl* government stock, the funds; **~politisch** from a national policy point of view; **~rat** State Councillor; **~recht** constitutional law; **~schuld** national debt; **~sekretär**

under-secretary of state; **~streich** coup d'état; **~verfassung** constitution; **~verwaltung** administration; **~wirtschaft** political economy; public sector of the economy; **~wissenschaft** political science; **~wohl** common weal; **~zuschuß** government subsidy

Stab stick, rod; *(Eisen)* bar; *(Stange)* pole; ♪, ⛹ baton; *(Amts-)* mace; *eccl* crosier; *(Zauber-)* wand; *mil* headquarters, staff ♦ *d. ~ brechen über* to condemn; ♪ **~führung:** *unter d. ~führung von* conducted by; **~hochspringer** pole-vaulter; **~hochsprung** pole-vault; **~reim** alliteration; **~sarzt** medical officer (*od* captain); **~schef** Chief of Staff; **~sfeldwebel** *BE* warrant officer, *US (Heer)* master sergeant, *(Marine)* chief petty officer; **~soffizier** field officer; *(beim Stab)* staff officer; **~squartier** headquarters

stabil stable; steady; sturdy; **~isieren** to stabilize; to consolidate; *refl* to become steadier

Stachel prickle, prick; *(Dorn)* thorn; *(Insekt)* sting; *(Igel)* spine; *bot* spine; *(Zinke)* prong; *(zum Treiben)* goad; *fig* sting; spur, stimulus; **~beere** gooseberry; **~draht** barbed wire; **~ig** prickly; thorny; **~n** to prick, to goad; to spur on, to stimulate; **~schwein** porcupine

Stadel barn, shed

Stadi|on stadium; arena; **~um** *fig* stage, phase

Stadt town; city; *in ~ u. Land* up and down the country; **~autobahn** *BE* urban motorway, *US* u. freeway; **~bahn** city railway; **~baumeister** municipal architect; **~beamter** municipal officer; **~bekannt** known all over the town, the talk of the town; **~bild** townscape; **⁓chen** small town; **⁓er** townsman; citizen; **⁓erin** townswoman; **~gespräch** the talk of the town; **⁓isch** municipal; town; urban; **~koffer** suitcase; **~köfferchen** attaché case; **~kreis** municipal district; **~leute** townspeople; **~mauer** town wall; **~planung** town planning; **~randsiedlung** suburban estate; **~rat** town council, corporation; *(Person)* town councillor, alderman; **~sekretär** town clerk; **~staat** City State; **~teil, ~viertel** quarter, district; **~verwaltung** local administration; **~wappen** city arms

Stafette (participant in a) relay race; courier; **~nlauf** relay (race)

Staffage accessories

Staffel step; degree; *mil* echelon; ✈ squadron; ⛹ relay; **~ei** easel; **~lauf** relay (race); **~n** to graduate, to grade, to stagger; **~tarif** differential tariff (*od* wages); **~ung** graduation; gradation; staggering

Stag ⚓ stay

Stagn|ation stagnation; absence of change, unchanging level, sluggishness; **~ieren** to stagnate; to be at a standstill; **~ierend** stationary; sluggish; not increasing

Stahl steel; **~artig** steely; **~bau** steel construction; **~beton** reinforced concrete, steel concrete; **~blech** sheet steel; *(Produkt)* steel sheet; **⁓en** to turn into steel; *fig* to harden, to steel; **⁓ern** steel; steely; **~feder** pen-nib; ⚙ steel spring; **~guß** cast steel; *(Stück)* steel casting; **~hart** *fig* adamantine; **~helm** steel helmet; **~stecher** engraver on steel; **~stich** steel engraving; **~waren** hardware, cutlery; **~werk** steelworks; **~werker** steel-maker; **~wolle** steel wool, steel shavings [fence

stake|n ⚓ to punt; *su* punt; **~t** palisade, pale

Stall stable, *US mst* barn; *(Kuh)* cow-house, cow-shed; *(Pferd)* stable; *(Schwein)* pigsty; *(Schaf)* sheep-pen; *(Hühner)* hen-coop; chicken-house; **⁓chen** *(Lauf-)* playpen; **~knecht** stable boy, groom; **~magd** dairy maid; **~laterne** stable-lantern; **~meister** riding-master; equerry; **~ung** stabling; stables, mews

Stamm stem, stalk; root; *(Baum)* trunk, bole; family, clan, race; tribe; breed, stock; *fig* main part; **~aktie** *BE* ordinary share, *US* common stock; **~baum** family tree, genealogical tree; pedigree; **~buch** family album; studbook; **~eltern** first parents, ancestors; **~en** *von* to spring from, to come from, to originate from, to stem from; *(Wort)* to be derived from; **~folge** line of descent; **~gast** regular customer; **~gut** family estate; **~halter** eldest son, son and heir; **⁓ig** sturdy, burly, vigorous; **⁓igkeit** sturdiness, strength; **~kapital** share capital, capital stock; **~lokal** *BE* favourite pub; habitual haunt; **~land** mother country; **~linie** lineage; **~personal** permanent staff; **~rolle** *mil* personnel roster; **~schloß** ancestral castle; **~silbe** root syllable; **~sprache** original language; **~tafel** genealogical table; **~tisch** (table reserved for) regular customers; **~vater** ancestor; **~verwandt** of the same origin, cognate; **~wort** root word, stem

stamm|eln to stammer, to stutter; **~ler** stammerer, stutterer

stampf|en to stamp; *(schlagen)* to pound; *(zu Brei)* to mash; *(zer-)* to crush; *(mühsam gehen)* to trudge; *(Pferd)* to paw the ground; ⚓, ✈ to pitch; **~kartoffeln** mashed potatoes

Stand stand(ing); position; *(Bude)* stall, booth; *(Höhe)* level; *astr* constellation; *pol* estate; *(Ehe-)* status; *(Zustand)* condition, state; *(fig Stellung)* social standing, class, rank; profession; *auf d. neuesten ~ bringen* to bring s-th up-to-date; *unter s-m ~ heiraten* to marry beneath one; *e-n schweren ~ haben* to have a tough job; **~arte** standard; **~bild** statue; **⁓chen** serenade; **⁓er** stand; pillar, post; **~esamt** registry office; **~esbeamter** registrar, R. B. D. (Registrar of Births and Deaths); **~esbewußtsein** caste feeling, class consciousness; **~esehe** marriage for position (*od* rank); **~esehre** professional honour; **~esgemäß** in accordance with one's rank, befitting one's station; **~esgenosse** equal in rank (*od* station), compeer; **~esunterschied** class distinction, social difference; **~esvorurteil** caste prejudice, class prejudice; **~eswidrig** unprofessional, not ethical; beneath one's position; **~fest** steadfast, firm; **~geld** stallage; **~gericht** court martial; **~haft** steadfast; firm; steady; **~haftigkeit** steadfastness; firmness; **~haltend** to hold out,

to stand firm; to hold one's ground against, to withstand; **~̈ig** permanent; constant; **~lager, ~quartier** permanent quarters; **~licht** parking light; **~ort** station; position; location; *mil* garrison; **~pauke** dressing down, harangue ♦ *j-m e-e ~pauke halten* to red s-b a lecture; **~punkt** (point of) view, standpoint, angle; *auf d. ~punkt stehen, daß* to take the view that; **~recht** martial law; **~rechtlich** according to martial law; **~seilbahn** cable-car, funicular railway; **~uhr** grandfather clock
Stang|e pole; *(Metall)* bar; *(Hühner-)* perch; stick; stake; *e-e ~e Geld (fig)* a pretty penny ♦ *von d. ~e kaufen* to buy off the peg; *bei d. ~e bleiben* to stick to the point, to stay the course; *j-m d. ~e halten* to stick up for s-b, to take s-b's part; **~enbohne** runner bean; **~enspargel** asparagus
Stänker quarreller, quarrelsome person; **~ei** incessant squabbling; **~n** to squabble, to wrangle
Stanniol tinfoil
Stanze stamp; *(Vers)* stanza; **~n** to stamp, to punch
Stapel heap, pile; *(Wolle)* staple; stocks, slip; *(Waren)* depot, dump; *auf ~ legen* to lay down; *vom ~ lassen* to launch; *vom ~ laufen* to be launched; **~güter** staple commodities; **~lauf** launching; **~n** to pile up, to stack up; **~platz** depot, dump
stapfen to plod
Star *zool* starling; (film) star; cataract; *j-m d. ~ stechen* to operate on s-b for cataract, *fig* to open s-b's eyes; **~enkasten** nesting-box
stark strong; large, big; *(Person)* stout; thick; *(Regen)* heavy; *(Frost)* hard; considerable, numerous; high-power; intense, great; *adv* much, greatly ♦ *das ist ~* that's a bit thick; **~̈e** strength; power; *(Größe)* size; *(Dicke)* thickness; *(Person)* stoutness; starch; *(~e Seite)* forte, strong point; **~̈egrad** degree of strength, intensity; **~̈emehl** starch-flour, *BE a.* cornflour, *US a.* corn starch; **~̈en** to strengthen; to invigorate, to fortify; to confirm; *(Wäsche)* to starch; *refl* to take some refreshment; **~̈end** strengthening; tonic; **~leibig** stout; **~strom** power current; **~stromleitung** power-line; **~̈ung** strengthening; invigoration; *(Erfrischung)* refreshment; **~̈ungsmittel** tonic, corroborant
starr stiff (*vor* with); rigid; *(Blick)* fixed; *(Auge)* staring; numb (*vor Kälte* with cold); numbed (*vor Kummer* with grief); paralysed (*vor* with); *fig* obstinate, stubborn; **~en** to stare; to be numb; *~en vor* to be covered with, to bristle with; **~heit** stiffness; rigidity; obstinacy, stubbornness; **~köpfig** pig-headed, stubborn; **~krampf** tetanus; **~sinn** stubbornness, obstinacy; **~sinnig** stubborn, obstinate
Start start; *(Bob)* push-off; take-off; **~bahn** runway; **~en** *vt* to start up; *vi* to start; to take off; **~klar** ready for the take-off; **~loch** starting-pit; **~pistole** starting-gun, -pistol; **~zeichen** starting-signal
Stat|ik statics; **~isch** static
Station , , *eccl, wissenschaftl.* station; ward; (bus-, tram-)stop; *freie ~* free board and lodging, *(wenn angestellt)* full maintenance; **~är** stationary; **~ieren** to station; **~sarzt** resident physician, house physician; **~svorsteher** station-master, *US* station agent
Statist super(numerary), extra; *fig* dummy; **~ik** statistics; **~isch** statistical
Stativ tripod; stand
Statt place; stead (*an s-r ~* in his s.); *an Eides ~* in lieu of an oath; *an Kindes ~ annehmen* to adopt; *prep* instead of; **~̈e** place, abode (*bleibende ~̈e* fixed a.); **~finden** to take place; to happen; **~geben** to grant, to allow; **~haft** admissible, allowable; **~halter** governor, satrap; **~lich** stately; imposing, magnificent; **~lichkeit** stateliness; magnificence
Stat|ue statue; **~uieren** to determine; *e. Exempel ~uieren* to set an example; **~ur** figure, build; height, stature; **~us** state of affairs; statement of accounts; **~ut** (set of) regulations; **~uten** statutes; **~utenmäßig** statutory; according to regulations
Stau (traffic) congestion, jam; damming up; turn of the tide; **~becken** reservoir; **~damm** dam (embankment); **~en** *(Wasser)* to dam up; *(Waren)* to stow; *refl* to be banked up; to jam up, to be blocked; **~see** reservoir; **~stufe** barrage; **~ung** damming up; stowing; *(Verkehr)* jam, block; *fig* obstruction; **~wasser** dammed-up water; static water
Staub dust; powder; *bot* pollen ♦ *~ aufwirbeln* to make a tremendous stir; *s. aus d. ~ machen* to take to one's heels, to make off; **~beutel** *bot* anther; **~blatt, ~gefäß** *bot* stamen; **~en** to be dusty; to give off dust; **~̈en** to dust; *vi* to raise dust; **~ig** dusty; **~kamm** fine-tooth comb; **~korn** dust particle; **~lappen, ~tuch** duster; **~saugen** to vacuum, *BE* to hoover; **~sauger** vacuum cleaner, *BE* hoover; **~wedel** feather-duster; **~wirbel** whirlwind of dust; **~wolke** cloud of dust; **~zucker** = Puderzucker
stauchen to kick, to push, to toss; to stook
Staude herbaceous plant; shrub, bush
staunen to be astonished, to be surprised (*über* at); *su* astonishment, amazement; *in ~ versetzen* to amaze; **~swert** astonishing
Staup|e whipping; distemper; **~̈en** to whip; to scourge
Stearin stearin; **~kerze** stearin candle
Stech|apfel thorn-apple; **~becken** bedpan; **~en** to prick; to pierce; *(Insekt etc)* to sting, to bite; *(gravieren)* to engrave; to puncture, to lance; *(Torf)* to cut; *(Sonne)* to burn, to scorch; *(Karte)* to trump, to take; *(Dolch)* to stab; *ins Rote ~en* to have a reddish hue, to have a dash of red ♦ *in d. Augen ~en* to take s-b's fancy; *in See ~en* to put to sea; **~end** piercing; pungent; biting; **~er** engraver; *(Gewehr)* hair-trigger; **~fliege** stable-fly; horse-fly, cleg; **~ginster** gorse, furze; **~heber** siphon; **~mücke** *bes BE* gnat, mosquito; **~palme** holly, ilex; **~schritt** goose-step; **~uhr** time clock; **~zirkel** dividers

Steck|brief warrant of apprehension; **~dose** *BE* wall socket, *BE* point, *US* outlet; **~en** *vt* to put, to stick; to fix; ⚘ to plant; *vi* to be (hiding); to be stuck; to be in(side); to stick fast; *wo ~en Sie?* where are you (hiding)?; *in Schulden ~en* to be in debt; *dahinter ~t etw* there's s'th at the bottom of it; *su (Stock)* stick, cane; **~enbleiben** to be(come) stuck; to break down, to bog down; **~enlassen** to leave; **~enpferd** hobby-horse; *fig* hobby; **~er** ⚡ plug; **~kontakt** plug connection; **~ling** ⚘ cutting; **~nadel** pin; *wie e-e ~nadel suchen* to search for s-th high and low; **~rübe** Swedish turnip, *BE mst* swede, *US* rutabaga; **~schlüssel** socket wrench

Steg footpath; footbridge; ⚕ bridge; 🕮 *pl* furniture; **~reif:** *aus d. ~reif sprechen* to speak impromptu, extempore; to improvise, to ad-lib

Steh|bierhalle public bar; **~en** to stand; to stand still, to stop; *(Kleid)* to become, to suit well; *~en auf (Uhr)* to point to, to show; *~en für* to vouch for, *(darstellen)* to represent; *geschrieben ~en* to be written; *zu ~en kommen* to cost; *d. Hafer ~t gut* oats look well; *es ~t Ihnen frei* you are free (to do); *es ~t bei Ihnen* it rests with you (to do); *wie ~t d. Mark?* how are marks quoted?; **~enbleiben** to stop; *~en bleiben* to remain standing; **~end** standing (*a.* ⚒); *(Wasser)* stagnant; stationary; upright, vertical; permanent; regular; *~enden Fußes* at once, on the spot; *~ende Redensart* stock phrase; **~enlassen** to leave (standing); *~en lassen* to let (*od* have) stand; **~kragen** stand-up collar; **~lampe** standard lamp; **~leiter** step-ladder; **~platz** standing-place; standing-room; **~pult** high desk; **~satz** 🕮 standing type (*od* matter)

stehlen to steal; to take away; *su* stealing, larceny

steif stiff (*vor* with); rigid, inflexible; numb (*vor Kälte* with cold); thick; *fig* formal; *~ u. fest* categorically, obstinately; **~en** to stiffen; **~heit** stiffness, rigidity; formality; **~leinen** buckram

Steig (foot)path; **~bügel** stirrup; **~e** ladder; stairs; *(Kiste)* crate; **~eisen** ⚒ crampon; **~en** to climb, to go up; to ascend; to rise, to increase; *~en lassen (Drachen)* to fly; *(fig) zu Kopf ~en* to go to s-b's head; **~end** growing, increasing; **~er** mine inspector; **~ern** to raise; to boost; to increase, to heighten; (*Auktion*) to bid; *gram* to compare; *refl* to increase; to intensify, to work up; **~erung** raising, increase; gradation, climax; intensification; *gram* comparison; **~erungsbetrag** increment; **~erungsgrad** *gram* degree of comparison; **~fähigkeit** ✈ climbing power; **~höhe** ✈ ceiling; **~ung** ascent, rise; gradient, incline

steil steep; precipitous; bluff; *~ ansteigend (fig)* sky-rocketing; **~felsen** crag; **~feuer** high-angle fire; **~hang** steep slope; **~heit** steepness; **~ufer** bluff

Stein stone, *US a.* rock; *(Fels)* rock; *(Feuer-)* flint; *(Edel-)* precious stone; gravestone; *(Frucht-)* kernel; ⚕ stone, calculus; *(Spiel-)* piece; *~ d. Anstoßes* stumbling-block; *~ d. Weisen* philosophers' stone ♦ *d. ~ ins Rollen bringen* to set the ball rolling; *~ u. Bein schwören* to swear by all that is holy; *bei j-m e-n ~ im Brett haben* to be in s-b's good books; **~adler** golden eagle; **~alt** as old as the hills; **~bock** ibex; *astr* Capricorn, Goat; **~brech** *bot* saxifrage; **~bruch** quarry; **~butt** *zool* turbot; **~druck** litho(graphy); **~ern** (of) stone; **~frucht** stone-fruit; **~garten** rock garden; **~gut** (white) earthenware; **~hart** as hard as a flint (*od* stone); **~hauer** = ~metz; **~ig** stony, rocky; **~igen** to stone; **~kohle** pit-coal, hard coal; **~marder** beech marten; **~metz** stone-mason; **~obst** stone-fruit, drupe; **~pilz** (edible) boletus; **~pflaster** stone pavement; **~platte** flagstone; **~reich** as rich as Croesus; stony; **~schlag** falling stones; **~setzer** paver, *BE* paviour; **~zeit** Stone Age

Steiß backside, buttocks; **~bein** coccyx; **~fuß** *zool* grebe

Stell|age stand; **~bar** adjustable; movable; **~dichein** rendezvous; **~e** place; spot; *(Text)* passage; situation; job; agency; *math* digit; *offene ~e* vacancy; *auf d. ~e* immediately, on the spot; *ich an Ihrer ~e* if I where you; *an ~e von* instead of, in lieu of; *zur ~e sein* to be present; *von d. ~e kommen* to make progress; *auf d. ~e treten* to be marking time; **~en** to put, to set, to place; to regulate, to arrange; *(bereit-)* to provide, to furnish; *(j-m zusetzen)* to corner, to challenge; *(vor Gericht)* to bring up; *(Bürgen)* to find; *mil* to post; *refl* to (take up one's) stand, to station o.s., to present o.s., to give o.s. up; *mil* to enlist; *(s. ver-)* to feign, to pretend; *s. ~en auf* to cost, to amount to; *s. ~en mit* to get on with, *(gut)* to be on good terms with; *s. ~en zu* to behave towards; *auf s. selbst gestellt sein* to be dependent on o.s.; *gut gestellt sein* to be well off; **~enangebot** offer of a post; **~enausschreibung** advertisement of a vacancy (vacancies); **~engesuch** application for a post; **~enjäger** job-hunter; **~enlos** unemployed, out of work; **~ennachweis, ~envermittlung** employment agency; **~enweise** in places, sporadically; **~macher** cartwright; wheelwright; **~mutter** adjusting nut; **~netz** anchored net; **~schraube** set-screw, adjusting screw; **~ung** position, situation; *(Haltung)* attitude, posture; *mil* line; *~ung nehmen (zu)* to express one's opinion (on), to express a view, to comment (on), to adopt an attitude (with regard to); **~ungnahme** opinion; attitude; policy; **~ungsbefehl** call-up order; **~ungskrieg** position warfare; trench warfare; **~ungswechsel** change of position; **~vertretend** deputy; acting; vice-; **~vertreter** deputy; representative; proxy; *(Arzt- etc)* locum (tenens); *eccl* vicar; **~werk** 🚂 signal-box, *US* switch tower

Stelz|bein, ~fuß wooden leg; **~e** stilt; **~en** to walk on stilts; *fig* to stalk along

Stemm|eisen caulking (*US* calking) iron; *(für*

Holz) mortise chisel; *(Stange)* crowbar; **~en** to dam up, to stem; to support, to prop; *d. Hände in d. Seiten ~en* to stand with one's arms akimbo; *refl* to lean firmly (*gegen* against); to resist

Stempel (rubber) stamp; ⚙ *(Präge-)* die, *(Loch-)* punch; *(Bergwerk)* prop; *(Post-)* postmark; *(Datum-)* date stamp; *(Pumpe)* piston; brand; *bot* pistil; **~gebühr** stamp duty; **~kissen** ink-pad; **~n** to stamp; to mark; *(Eier)* to date-stamp ♦ *~n gehen* to draw unemployment pay, *umg BE* to be on the dole; **~pflichtig** subject to stamp duty; **~steuer** stamp duty

Stengel stalk, stem

Steno|gramm shorthand note (*od* report); *etw im ~gramm aufnehmen* to take s-th down in shorthand; **~graf** shorthand writer, *bes US* stenographer; **~grafie** shorthand, stenography; **~grafieren** *vt* to write in shorthand; *vi* to write shorthand; **~grafisch** shorthand, stenographic; *adv* in shorthand; **~typist(in)** (shorthand) typist, *bes US* stenographer

Stentorstimme stentorian voice

Stepp|decke quilt; **~en** to quilt, to (pad and) stitch; **~erei** quilting; **~stich** backstitch

Steppe steppe; **~nwolf** prairie wolf

Sterbe|bett death-bed; **~fall** a death; *im ~fall* in case of death; **~hemd** shroud; **~kasse** burial fund; **~n** to die; *su* dying, death; *im ~en liegen* to be dying; **~enskrank** dangerously ill; **~nswort:** *kein ~nswort (~nswörtchen) sagen* not to breathe a word; **~sakramente** last sacraments; **~stunde** dying hour; **~zimmer** death chamber

sterblich mortal; **~keit** mortality; **~keitsziffer** death rate, mortality rate

Stereo|aufnahme stereo-photograph; stereo recording; **~kamera** stereoscopic camera; **~metrie** stereometry, solid geometry; **~phon** stereo(phonic); **~photographie** stereoscopic photography; **~platte** stereo record; **~skop** stereo(scope); **~skopisch** stereoscopic; **~typ** stereotype; *fig* stereotyped; **~typie** stereo(type); *(Ort)* foundry; **~typieren** to stereotype

steril sterile; **~isation** sterilization; **~isierapparat** sterilizer; **~isieren** to sterilize; **~ität** sterility

Stern star; 📖 asterisk; ⚓ stern; *(Orden)* cross; **~bild** constellation; **~deuter** astrologer; **~enbanner** star-spangled banner; **~(en)himmel** starry sky; **~fahrt** motor rally; **~förmig** star-shaped; **~hagelvoll** as drunk as a lord, dead drunk; **~hell** starlight; **~karte** star map; **~kunde** astronomy; **~schnuppe** shooting star; **~warte** observatory

Sterz tail; plough-handle, *US* plow-

stet|(ig) steady, fixed; continual, constant; **~igkeit** steadiness; continuity, constancy; **~s** always, forever; constantly, continually

Steuer[1] ⚓ helm; *(~ruder)* rudder; *am ~ stehen* to take the helm; **~bord** starboard; **~knüppel** ✈ (control) stick; **~mann** helmsman, ⚓ mate, *(Lotse)* pilot; **~n** to steer; 🚗 to drive; to pilot; *fig* to check, to suppress; **~rad** (steering-)wheel; **~ruder** rudder; **~ung** steering; driving; piloting; ⚙ steering-gear

Steuer[2] tax; *(auf Lebensmittel)* excise; *(auf Aus-, Einfuhr, Verbrauch)* duty; *(Kommunal-) BE* rate; *~ erheben* to levy a tax; **~amt** inland revenue office; **~anschlag** assessment of taxes; **~beamter** revenue officer; **~bescheid** tax assessment; **~bilanz** balance-sheet for taxation purposes; **~erhebung** collection of taxes; **~erklärung** tax return; **~erlaß** tax remission; **~frei** tax-exempt; *(Ware)* duty-free; *~freier Betrag* allowance; **~freiheit** tax exemption, fiscal immunity; **~hinterziehung** tax evasion, tax manipulation; **~jahr** fiscal year; **~klasse** tax bracket; **~lich** fiscal; relating to taxation; **~nachlaß** tax reduction; **~pflicht** tax liability; **~pflichtig** subject to taxation; *(Waren)* subject to duty, dutiable; **~pflichtiger** tax-payer; **~satz** rate of taxation; **~schraube** (increasingly) oppressive taxation; *d. ~schraube anziehen* to raise taxation (*od* the taxes); **~schuld** tax(es) due; **~termin** date for payment of taxes; **~vorlage** tax bill; **~zahler** tax-payer, *BE (Kommunal-)* rate-payer; **~zuschlag** surtax

Steven ⚓ stem(-post)

Stewardeß stewardess; air-hostess

stibitzen to pilfer, to pinch

Stich prick; sting; *(Nähen)* stitch; *(Spaten-)* cut; *(Degen-)* stab, thrust; *(Karten)* trick; ⚕ puncture; sharp pain; engraving; ⚓ knot, hitch; *fig* pointed remark, gibe, taunt; *d. war e. ~ auf (gegen) mich* that was one for me; *e. ~ ins Blaue* a dash of blue, a touch of blue ♦ *e-n ~ haben* to go bad, to turn sour, (the milk) is touched, *fig* to be crazy; *~ halten* to stand the test; *im ~ lassen* to leave in the lurch, to back out; **~el** graving tool; graver; **~elei** gibe, taunt; **~eln** *(nähen)* to stitch, to sew; *fig* to bait, to taunt, to jeer; **~flamme** blast flame; **~haltig** sound, valid; plausible; **~haltigkeit** soundness; **~ling** *zool* stickleback; **~probe** sample check, sample test, spot-check; sampling; **~tag** fixed day; effective date; selected day, (appointed) date; deadline; **~waffe** thrust weapon; **~wahl** second ballot, final ballot; **~wort** 🎭 cue; keyword, note; **~wortverzeichnis** index; **~wunde** stab

stick|en to embroider; **~erei** embroidery; **~garn** embroidery cotton; **~muster** pattern; **~rahmen** tambour frame

Stick|gas suffocating gas; **~ig** close, stuffy; suffocating; **~luft** stuffy air; suffocating atmosphere; **~stoff** nitrogen; **~stoffhaltig** nitrogenous

stieben to start, to scatter, to disperse

Stief|bruder stepbrother; **~kind** stepchild; *fig* ugly duckling; *(Sache)* s-th treated in a stepmotherly way; **~mutter** stepmother; **~mütterchen** *bot* pansy; **~mütterlich** stepmotherly, like a stepmother; **~schwester** stepsister; **~sohn** stepson; **~tochter** stepdaughter; **~vater** stepfather

Stiefel boot ♦ *er kann e-n ~ vertragen* he can

take his pint; *e-n ~ zusammenreden* to talk a lot of rubbish; **~anzieher** shoe-horn; **~knecht** bootjack; **~n** to walk (with great strides); **~putzer** *(Straße)* shoeblack; *(Hotel) BE* boots

Stiege staircase, stairs; *(Kiste)* crate

Stieglitz goldfinch

Stiel handle; *(Besen)* stick; *bot* stalk; **~äugig** stalk-eyed; **~en** to put a handle to; **~pfanne** dipper; **~stich** stem stitch

stier staring, fixed; *su* bull; *astr* Taurus ♦ *d. ~ bei d. Hörnern packen* to seize (*od* take) the bull by the horns; **~en** to stare (hard); **~kampf** bull-fight; **~kämpfer** bull-fighter; **~nackig** bull-necked

Stift[1] pin; peg; *(Draht-)* wire nail; *(Blei-)* pencil; *(Junge) umg* office-boy, apprentice; **~zahn** crown tooth

Stift[2] charitable institution; home for old people, Eventide Home; *eccl* training college, religious establishment; **~en** to donate; to bring about, to cause; *(gründen)* to found, to establish; *(mit Geld, Sachwerten)* to endow; *~en gehen (umg)* to run away; **~er** founder; **~sdame** canoness; **~sherr** canon; **~ung** foundation; establishment; welfare institution (*od* foundation); charitable endowment; **~ungsfest** founder's day, commemoration day

Stil style; *fig* (distinctive) manner; **~blüte** howler, Irish bull; **~gerecht** = ~voll; **~isieren** to write, to compose (in a certain style); to stylize; **~istik** stylistics; **~istisch** with regard to style; stylistic; **~kunde** = ~istik; **~möbel** period furniture; **~voll** in good taste; *(Möbel)* period; *(elegant)* stylish

Stilett stiletto

still quiet, calm; motionless, still; silent; peaceful; soft; *(Geschäft)* dull; *(Partner)* sleeping; *(Reserven)* undisclosed; *s. ~ verhalten* to keep still, to lie low; *~er Freitag* Good Friday; *~er Ozean* Pacific Ocean; **~e** calm, stillness; quietness; lull (*d. ~e vor d. Sturm* the l. before the storm); silence; peace; *in aller ~e* quietly, secretly; **~en** to quiet, to still; to silence; *(Hunger etc)* to appease, to satisfy; *(Durst)* to quench; *(Blut)* to staunch, to arrest; *(Kind)* to nurse, to suckle; *(Schmerz)* to alleviate; **~halten** to keep still; to refrain from action; to stop; *~ halten* to keep quiet (*od* still); **~(l)eben** 🎨 still life; **~(l)egen** to shut down; to stop; **~(l)egung** shut(ing)-down; stoppage; immobilization; **~(l)iegen** to be idle (*od* at a standstill); to be out of production; *~ liegen* to lie quiet; **~schweigen** to be silent; *su* silence; acquiescence; **~schweigend** tacit(ly); in silence; **~sitzen** to sit quiet; to remain inactive; **~stand** standstill, stop; stopping; stagnation; *(völlig)* deadlock; **~stehen** to stand still; to stop; to be at a standstill; *(Maschine)* to be idle, to lie still; *~ stehen* to stand quietly; *~gestanden!* attention!; **~ung** *(Blut)* staunching; *(Kind)* nursing; **~vergnügt** quietly happy, quietly enjoying things

Stimm|abgabe voting; **~band** vocal cord; **~berechtigt** entitled to vote; **~bruch** breaking of the voice; **~e** voice; ♪ part; *(Abstimmen)* vote; *(Zeitung)* comment; **~en** *vt* to tune; *fig* to prejudice s-b in favour of (against); to put s-b in a good (bad) mood, to make s-b glad (sad); *vi (ab-)* to vote; *(richtig sein)* to be correct, to be all right; to suit; to agree (*zu* with), to correspond (*zu* to); **~enfang** canvassing; **~engleichheit** same number of votes; *bei ~engleichheit* in the event of a tie; **~enthaltung** abstention (from voting); **~er** tuner; **~gabel** tuning-fork; **~haft** *(Laut)* voiced; **~lage** register, pitch; **~los** *(Laut)* voiceless; **~recht** right to vote, suffrage; **~ritze** glottis; **~ung** ♪ tuning; ♪ pitch, key; *fig* mood; disposition, frame of mind; temper; atmosphere, impression; *~ung machen für* to make propaganda for; **~ungsvoll** appealing to the emotions; *(Raum)* with real atmosphere; impressive; **~wechsel** breaking of the voice; **~zettel** ballot-paper

Stink|bombe stink-bomb; **~en** to stink; **~faul** *umg* bone-idle; **~tier** skunk

Stint *zool* smelt

Stipendi|at scholar; receiver of a scholarship; *BE a.* exhibitioner; **~um** scholarship, *BE a.* exhibition

stipp|en to dip, to dunk; **~visite** *fig* flying visit

Stirn forehead; 🏛 front; *fig* cheek ♦ *j-m d. ~ bieten* to defy, to face boldly; **~höhle** frontal cavity; **~locke** forelock; **~runzeln** frowning

stöbern to rummage (in s-th); *(Schnee)* to blow about, to drift

stochern to poke, *(Zähne)* to pick

Stock stick, cane; ♪ baton; *(Amts-)* rod, wand; *(Pflanze)* stem; *(~werk)* storey, floor; *über ~ u. Stein* taking all obstacles in one's stride, up hill and down dale; **~dumm** utterly stupid, a blockhead; **¨elschuh** high-heeled shoe; **~en** to stop, to halt; to pause, to stand still; to hesitate, to falter; *(Geschäft)* to fall off; **~engländer** British to the backbone, typical Englishman; **~ente** mallard; **~finster** pitch-dark; **~fisch** dried cod, stockfish; **~fleck** damp stain; spot of mildew; **~ig** fusty, mouldy; decayed; **~schnupfen** chronic nasal catarrh; **~steif** as stiff as a poker; **~taub** as deaf as a post; **~ung** standstill; stoppage; cessation; stagnation; check; *(Verkehr)* block, congestion; **~werk** floor, storey

Stoff *(Substanz)* substance; *(Materie)* matter; *(Gewebe)* stuff, fabric, material; *(Gegenstand, Thema)* subject(-matter), theme, topic; *(für Zeitungsbericht)* copy; **~el** blockhead, clumsy fellow; **~handschuh** fabric-glove; **~lich** material; according to the contents; with regard to the subject-matter; **~reste** (cloth) remnants; cuttings; **~wechsel** metabolism

stöhnen to groan

Sto|iker stoic; **~isch** stoical

Stola stole

Stollen mine gallery; tunnel; *mil* deep dug-out, gallery; *(Gebäck)* fruit loaf

stolpern to stumble, to trip (*über* over); to blunder (on, along)

stolz proud; *(überheblich)* haughty, arrogant;

su pride; haughtiness, arrogance; **~ieren** to strut; to flaunt
Stop ban; control; prohibition
Stopf|arbeit darning; **~en** to stuff, to cram; *(Pfeife)* to fill; *(zumachen)* to plug, to stop up; *(flicken)* to darn, to mend; ⚕ to constipate; *vi* to fill up, to be filling; ⚕ to cause constipation, to constipate; *j-m d. Mund ~en* to silence s-b; **~ei** darning-ball; **~garn** darning-cotton; **~nadel** darning-needle; **~stelle** darn; **~wolle** mending-wool
Stoppel stubble; *pl umg* whiskers; **~bart** stubbly beard; **~feld** stubble field; **~ig** stubbly; **~n** to glean
stopp|en 🤸 to time; **~uhr** stop-watch
Stöpsel stopper; plug; cork; *(großer)* bung; **~n** to plug, to cork, to stopper
Stör *zool* sturgeon
Storch stork; *gehen wie d. ~ im Salat* to stalk with a pompous stride ♦ *da brat mir e-r 'nen ~!* well, I never!; *d. ~ hat sie ins Bein gebissen* the stork has brought her a baby **~schnabel** *bot* crane's-bill; ⚙ pantograph
stör|en to disturb, to inconvenience, to trouble; to intrude, to interrupt; to be in the way, to be an obstacle; *mil* to harass; 📻 to jam; *~e ich?* am I intruding?; *lassen Sie s. nicht ~en* don't let me disturb you, don't inconvenience yourself; *~t es Sie, wenn ich ...?* does my ... disturb you? **~enfried** trouble-maker, mischief-maker; **~er** disturber; **~sender** jamming station; **~ung** disturbance, inconvenience; intrusion, interruption breakdown; 📻 atmospherics, statics, *(durch Sender)* jamming; **~ungsstelle** ☎ faults section; **~ungssucher** linesman, faultsman, *(Trupp)* breakdown gang
stornieren to cancel
störr|isch, ~ig headstrong, obstinate; *(Pferd)* restive; **~igkeit** obstinacy
Stoß push, (*bes* ⚙) thrust; *(Schlag)* blow, stroke, punch; *(Fuß-)* kick; *(Ruck)* jerk, jolt; *(Erschütterung)* shock; *(Einschlag)* impact; *(Haufen)* pile, heap; bundle; *(Bücher)* batch; **~arbeiter** speed-up worker, shock worker; **~dämpfer** shock-absorber; **⁓el** pestle; ⚙ tappet; **~en** to push, to shove, (*bes* 🤸) to thrust; *(schlagen)* to strike, to hit, to punch; *(Fuß)* to kick; *(Ziege etc)* to butt; to buffet; *(Ellbogen)* to nudge; ⚓ to pitch; 🤸 *d. Kugel ~en* to put the shot (*od* the weight); *refl* to knock against; to hurt o.s.; *s. ~en an (fig)* to take offence at; *vi (Ziege)* to butt; 🤸 to thrust, to lunge; *(Wagen etc)* to jolt, to bump; *~en an* to knock, to run against, *(Grenzen)* to border on, to adjoin; *~en auf* to come across (upon), to blunder upon (into); *~en zu* to join (up with); **~gebet** short fervent prayer; **~haft** abrupt; **~klinge** small-sword blade; **~kraft** impetus; ⚙ impact; **~seufzer** deep sigh; **~stange** 🚗 bumper; **~therapie** ⚕ massive dose treatment; **~trupp** raiding party, raiding patrol; *pl* shock troops, assault troops; **~verkehr** rush-hour traffic, peak-time traffic; **~waffe** thrusting weapon; **~weise** jerkily; by jerks, by fits and starts; **~wirkung** shock effect; **~zahn** tusk; **~zeit** rush hours
Stotter|er stutterer, stammerer; **~n** to stutter, to stammer
stracks straight, right away; direct
Straf|anstalt penal institution; prison; **~arbeit** *(Schule) BE* imposition, *umg* impo, lines; **~bar** liable to punishment, punishable; criminal; **~e** punishment, penalty (*a.* 🤸); *(Geld-)* fine; *bei ~e von* on pain of; **~en** to punish; to chastise; *j-n Lügen ~en* to give s-b the lie; **~end** reproachful; **~entlassener** ex-convict; **~erlaß** remission (of punishment); **~fällig** liable to a penalty of, liable to be fined; punishable; **~frei** exempt from punishment; **~freiheit** exemption from punishment; **~gefangener** convict; prisoner; **~gericht** tribunal, criminal court; **~gesetz** penal law; **~gesetzbuch** penal code, criminal code; **⁓lich** punishable; blamable, unpardonable; **⁓ling** *(Gefängnis)* prisoner; *(Zuchthaus)* convict; **~los** exempt from punishment; with impunity; **~losigkeit** impunity; **~maß** measure of punishment; **~mündig** of a responsible age; **~porto** express postage; surcharge; **~predigt** *fig* lecture; (*j-m e-e ~predigt halten* to give s-b a l.); **~prozeß** criminal case, criminal proceedings; **~recht** penal law, criminal law; **~rechtlich** penal, criminal; **~registerauszüge** criminal records; **~richter** criminal judge; **~sache** criminal case; **~verfahren** criminal procedure; **~versetzung** transfer for disciplinary reasons; **~vollstreckung, ~vollzug** execution of sentences; **~würdig** deserving punishment, punishable
straff tight, tense; *(Seil)* taut; *(Haltung)* straight, erect; *fig* strict; *(streng)* severe, stern; **~en** to tighten; to stretch; *refl* to square one's shoulders; **~heit** tightness; tautness; strictness; severity
Strahl ray; beam; *(Wasser)* jet; *(Feuer)* flash; radius; **~en** to shine, to beam; to emit rays, to radiate; *~en vor (fig)* to be ablaze with; **~end** radiant; beaming, shining; lustrous; **~enbrechung** refraction; **~enbündel** pencil of rays; **~enförmig** radiating; **~enforschung** radiology; **~enkrone** halo, glory; **~ung** radiation
Strähn|e strand (of hair); *(Garn)* skein, hank; **~ig** in strands
Stramin (fine) canvas
stramm tight; taut; robust, strapping; *(Weib)* buxom; **~stehen** to stand at attention
Strampel|höschen romper; playsuit; **~n** to kick, to toss; *s. bloß~n* to kick the bed-clothes off
Strand (sea-)shore, *(Bade-)* beach; **~anzug** beach suit; **~bad** bathing beach; seaside resort; **~en** to run aground; to run ashore; to be stranded; **~gut** flotsam (and jetsam), wreckage; **~korb** roofed beach-chair; **~läufer** *zool* sand-piper; **~räuber** beach-comber, wrecker; **~schuhe** beach-shoes; **~wächter** life-guard, beach-guard
Strang rope, cord; halter; *(Garn)* hank; ⚙ track ♦ *am gleichen (an e-m) ~ ziehen* to act in unison, to pull all together; *über d. ⁓e schlagen*

to kick over the traces, to go on the loose; *zum ~ verurteilen* to condemn to the gallows; **~ulieren** to strangle

Strapaz|e exertion, fatigue; hardship; **~ieren** to tire (out), to knock up; *(Sache)* to wear hard; **~iös** fatiguing, exhausting

Straße street; *(Land-)* road; highway; *(Wasser-)* waterway; *(Meeres-)* straits; *auf d. ~* in the street, on the road ♦ *j-n auf d. ~ setzen* to turn s-b out, to give s-b the sack; *auf d. ~ liegen* to be stranded, *(Geld)* to be there to be picked up (in the street); *fig* avenue

Straßen|anzug *BE* lounge-suit, *US* business suit; **~arbeiter** roadman, *(Erd-) BE* navvy; **~bahn** *BE* tramway, *US* streetcar; **~bahnwagen** *BE* tramcar, *US* streetcar; **~bau** road construction; **~damm** roadway; **~dirne** street-walker, prostitute; **~kehrer** scavenger, street-sweeper; **~handel** street hawking; **~händler** costermonger, street vendor, hawker; **~junge** street arab, ragamuffin; **~karte** street map; road map; **~kreuzung** crossroads, intersection; **~lage**: *... hat e-e gute ~lage ...* holds the road well; **~laterne** street-lamp (-lantern); **~raub** highway robbery; **~räuber** highwayman, bandit; **~reinigung** street cleaning, *BE* scavenging; **~rennen** road race; **~sperre** road block; **~unterführung** *BE* subway, underpath; **~verkehrsordnung** *(etwa)* Road Traffic Law; *BE* Highway Code; **~walze** road roller; **~zug** line of streets

Strateg|e strategist; **~ie** strategy; **~isch** strategic

sträuben *vt* to ruffle (up), to bristle; *refl (Haar)* to stand on end; *fig* to resist, to struggle against; *su* resistance

Strauch bush, shrub; **~dieb** footpad; **~eln** to stumble; *fig* to stray; **~werk** bushes, shrubs

Strauß bunch (of flowers), bouquet; *(Streit)* fight; *zool* ostrich; **~enfeder** ostrich feather

Strebe brace; support; **~balken** strut, buttress; **~bogen** flying buttress; **~n** to endeavour (to get), to strive (after); to aspire (to); *su* endeavour; striving; aspiration; effort; **~pfeiler** buttress; **~r** pushing person, place-hunter; *(Schule) BE* crammer, *BE* swot, *US* grind; **~rtum** place-hunting; *BE* cramming, *BE* swot(ting); grind

strebsam zealous; assiduous; **~keit** zeal; assiduity

Streck|e stretch; length, distance; *(Land)* tract; 🚂 section; route; *math* straight line; *(Ski)* course, trail; *(Jagd-)* bag; *auf freier ~e* on the road, 🚂 on the open track; *e-e ~e Weges* some distance ♦ *auf d. ~e bleiben* to be killed, to be knocked out; *zur ~e bringen* to bag, to catch, to kill; **~en** to stretch (out), to extend; *fig* to make s-th last longer; *d. Waffen ~en* to lay down one's arms, to surrender; *j-n zu Boden ~en* to knock s-b down ♦ *s. nach d. Decke ~en* to cut one's coat according to one's cloth; **~enarbeiter** 🚂 platelayer; **~enkarte** route map; **~enwärter** linekeeper, lineman; **~enweise** here and there; **~muskel** extensor(-muscle); **~ung** stretching; extension; **~verband** traction splint

Streich *(Schlag)* blow, stroke; practical joke, prank, trick (*j-m e-n ~ spielen* to play a t. on s-b); **~eln** to stroke, to caress; **~en** to touch gently, to pass lightly over; to paint; *(Butter)* to spread; *(Streichholz)* to strike; ♪ to play; *(Fahne)* to strike; *(Segel)* to furl, to lower; *(aus-)* to cancel, to delete, to strike out; *vi* to rove, to wander, to ramble; to fly; *(verlaufen)* to extend, to run; **~er** ♪ the strings; **~holz** match; **~instrument** stringed instrument; **~käse** processed cheese, cheese spread; **~musik** string music; **~orchester** string band; **~quartett** string quartet; **~quintett** string quintet; **~trio** string trio; **~ung** cancellation; omission

Streif = ~en; **~band** wrapper; *unter ~band* under wrapper; **~e** patrol; **~en** *vt* to touch slightly; to brush (past); to graze; *(hoch-)* to turn up; *fig* to touch upon; *~en an (fig)* to border on; *vi* to rove, to roam, to wander; *mil* to patrol; *su* stripping; grazing; roving; strip, *(Farbe)* stripe; *(Papier)* slip; sector; **~enwagen** police patrol car; **~ig** striped; **~jagd** drive; **~licht** side-light; **~schuß** grazing shot; **~wunde** grazing wound; **~zug** expedition; scouting trip

Streik strike (*in d. ~ treten* to go on s.); **~brecher** *BE* blackleg, scab; **~en** to (go on) strike, *umg* to walk out; **~posten** picket; *~posten stehen* to picket

Streit quarrel (*e-n ~ vom Zaun brechen* to pick a qu.); dispute; fight; **~axt** battle-axe; **~bar** pugnacious, aggressive; **~en** to quarrel; to argue; to fight; to dispute (*über* about, over); **~er** combatant; disputant; **~fall** quarrel; controversy; **~frage** matter in dispute, (point at) issue; **~hammel** quarrelsome fellow, brawler; **~ig** debatable, moot; *j-m etw ~ig machen* to contest (s-b's right to) s-th; **~igkeit** quarrel; dispute, controversy; **~kräfte** military forces; **~lustig** pugnacious, aggressive; **~punkt** = ~frage; **~sache** ⚖ case, cause; **~schrift** polemical pamphlet; **~sucht** quarrelsome disposition; **~süchtig** quarrelsome; cantankerous; disputatious

streng strict; *(Gesetz, Kälte)* severe; *~e Kälte* bitter cold; *(asketisch)* austere; *(unbeugbar)* rigid; *(Person)* stern; harsh; **~e** strictness; severity; sternness; austerity; harshness; **~genommen** strictly speaking; **~gläubig** orthodox

Streu bed of straw; *(Tier)* litter; **~büchse, ~dose** castor, caster; **~en** to strew; *(Samen)* to scatter; *(Mist etc)* to spread; *(Vieh)* to litter; **~feuer** scattered fire; **~mine** stray mine; **~zucker** castor sugar

streunen to roam about

Strich line; stroke, dash *(a. Morse-)*; *(Kompaß)* point; *(Teil-)* mil, graticule; *(Land-)* tract, region; *(Vögel)* flight; *(Stoff)* nap, grain; ♪ *(Geige)* bowing; *unter d. ~* under the line ♦ *j-m gegen d. ~ gehen* to go against the grain with; *j-n auf d. ~ haben* to bear s-b a grudge;

j-m e-n ~ durch d. Rechnung machen to cross (*od* thwart) s-b's plans; *e-n ~ machen unter (fig)* to put an end to; *nach ~ u. Faden* thoroughly, right and left; **~ätzung** *bes BE* line block, *bes US* zincograph, zinc etching; **~einteilung** graduation (in mils); **~eln** to hatch, to shade in; **~punkt** semicolon; **~regen** local shower; **~weise** here and there

Strick cord, rope; halter; *(Schlinge)* snare; *fig* young rogue; **~arbeit** knitting; **~en** to knit; *(Netz)* to net; *rechts ~en* to knit plain; *links ~en* to knit purl; **~erin** knitter; **~erei** knitting; **~garn** knitting-yarn; **~handschuh** knitted glove; **~jacke** cardigan; **~kleid** knitted dress, jersey dress; **~leiter** rope-ladder; **~nadel** knitting-needle; **~strumpf** knitted stocking; knitting (of a stocking); **~ware** hosiery; knitted goods, knitwear; **~wolle** knitting wool; **~zeug** knitting (things)

Striegel curry-comb; **~n** to curry, to rub down

Striem|en weal, wale; streak; **~ig** covered with weals

strikt strict

Strippe string; strap; (boot-)tab; ☎ *umg* phone

strittig debatable; disputed; *~e Frage* question at issue

Stroh straw; *(Dach-)* thatch ♦ *~ im Kopf haben* to be as stupid as an owl, to have no brains; *leeres ~ dreschen* to talk a lot of piffle; **~blume** everlasting flower, immortelle; **~dach** thatched roof; **~decke** straw mat; **~feuer** *fig* short-lived passion; **~halm** straw ♦ *s. an e-n ~halm klammern* to clutch at a straw; **~hut** straw hat, boater; **~ig** strawy; **~mann** *fig* man of straw; figure-head, dummy; **~pappe** straw board; **~sack** straw mattress; **~witwe** grass widow; **~witwer** grass widower

Strolch tramp, vagabond; *(Schurke)* hoodlum; **~en** to be idling about; to roam about

Strom large river; stream; *(Strömung)* current; ϟ current, power; *(Worte)* torrent; **~ab** downstream; **~abnehmer** ϟ collector; **~abschaltung** power cut; **~auf** upstream; **~ausfall** power failure; **~bett** bed (of the river); **⁓en** to stream, to flow; *(Regen)* to pour down; to rush; *(Menschen)* to flock, to crowd; **~erzeuger** dynamo; **~gebiet** basin (of a river); **~kreis** ϟ circuit; **~linie** streamline; **~linienförmig** streamlined; **~messer** ammeter; **~schiene** live rail, third rail; **~schnelle** rapid; **~spannung** voltage; **~stärke** current intensity; **⁓ung** current; stream, flow; flood; *fig* trend, tendency; spirit; **~unterbrecher** circuit-breaker, cut-out; **~verbrauch** power consumption; **~wender** commutator

Stromer tramp, vagabond

Strophe stanza, verse

strotzen to abound (*von* with); to teem (*von* with); to be full (*von* of); *vor Gesundheit ~* to enjoy robust health; **~d** abounding; robust, vigorous; *(Euter)* distended

Strudel whirlpool, eddy, maelstrom; *fig* rush, crush; **~n** to whirl; to eddy; to bubble, to boil

Struktur structure; pattern; set-up; nature, character; **~bedingt** structural; **~ell** structural; basic; fundamental

Strumpf stocking ♦ *s. auf d. ⁓e machen* to make off; **~band** garter; **~halter** *BE* suspender, *US* garter; **~haltergürtel** *BE* suspender (*US* garter) belt; **~waren** hosiery; **~wirkerei** manufacture of stockings

Strunk stalk; stump

struppig shaggy, uncombed; bristly

Strychnin strychnine

Stube room, chamber; *gute ~* parlour, drawing-room; *d. ~ hüten* to keep one's room; **~narrest** confinement to quarters; **~nfliege** common fly; **~ngelehrter** book-worm; **~ngenosse** room-mate; **~nhocker** stay-at-home; **~nmädchen** housemaid; *(Hotel)* chambermaid; **~nrein** *(Hund)* house-trained; **~nweisheit** bookishness

Stuck stucco; **~decke** stucco(ed) ceiling

Stück piece; *(Bruch-)* fragment; *(~chen)* morsel, bit; *(Zucker-)* lump; *(Seife)* bar, cake; *(Text)* passage, extract; 🎭 play; *~ für ~* bit by bit, piece by piece; *aus freien ~en* from choice, of one's own accord; *d. ist e. starkes ~!* that's a bit thick!; *e. schönes ~ Geld* a nice sum of money; *aus e-m ~* all of a piece; *in allen ~en* in every regard; *in ~e gehen* to break in pieces; *große ~e halten auf j-n* to hold s-b in high esteem, to think the world of s-b; **~arbeit** piece-work; **~eln** to cut to pieces, to divide into pieces; to subdivide; **~gut** parcelled freight; mixed cargo; **~lohn** piece wage, piece rate; **~weise** by the piece; **~werk** bungled work; **~zahl** number of pieces; **~zucker** lump sugar

Stud|ent student, undergraduate; **~entenjahre** time at college; **~entenschaft** (body of) students; **~entensprache** students' slang; **~entenverbindung** students' society (*od* club), *US* fraternity, *(Studentinnen)* sorority; **~entin** woman student, *US* co-ed; **~entisch** student-like; **~ie** (writer's, painter's) study, sketch; essay; monograph; **~iendirektor** (deputy) headmaster (of secondary school); **~ienfach** branch of study; **~ienfahrt** study trip; **~iengang** course of studies; **~ienhalber** for the purpose of studying; **~ienplan** course of study, curriculum; **~ienrat** secondary-school teacher; assistant master; **~ieren** to study, to go to college; **~ierstube** study; **~ium** study; curriculum, course of study

Stufe step, stair; *(Leiter)* rung; *fig* shade, nuance; degree, grade; level, stage; *(Einkommens-)* bracket; *auf gleicher ~ mit* on a level with; **~nartig** gradual; **~nfolge** gradation, series; gradual progress; **~nleiter** scale, gradation; *fig* ladder; **~nweise** gradually, by degrees

Stuhl chair; *(Schemel)* stool; *(Sitz)* seat; *eccl* pew; ⚕ evacuation ot the bowels; *d. Heilige ~* the Holy See ♦ *j-m d. ~ vor d. Tür setzen* to turn s-b out of doors; *s. zwischen zwei ⁓e setzen* to fall between two stools; **~bein** chair leg; **~bezug** chair-cover; **~gang** motion, evacuation of the bowels; **~lehne** chair back

Stuka dive bomber
Stulle slice of bread and butter
Stulp|e cuff; (boot-)top; **~̈en** to turn up(side down); to put on; **~enhandschuh** gauntlet; **~enstiefel** top-boot; **~̈nase** snub-nose
stumm dumb, mute; speechless; *~es Spiel* dumb show; **~e(r)** dumb person; **~el** end; *(Bleistift)* stub; stump; **~heit** dumbness
Stump|en stump; (Swiss) cigar; **~̈er** bungler; **~̈erei** bungling; **~̈erhaft** bungling; ignorant; **~̈ern** to bungle
stumpf blunt; dull; *math* obtuse; indifferent, apathetic; *su* stump ♦ *mit ~ u. Stiel* root and branch, completely; **~heit** bluntness; dullness; **~sinn** stupidity; dullness; **~sinnig** stupid; dull; **~winklig** obtuse-angled
Stund|e hour; *(Unterricht)* lesson, period; *zu jeder ~e* at all hours, at any time; *e-e halbe ~e* half an hour; *in 12. ~e* at the eleventh hour; *s-e ~e ist gekommen (hat geschlagen)* his hour is come (has struck); **~en** to grant a respite; to allow time to pay; to defer, to postpone; **~enbuch** prayer-book; **~engeld** fee (for lessons); **~englas** hour-glass; **~enlang** for hours (together); **~enlohn** wage per hour; **~enplan** time-table; **~enschlag** striking of the hour; **~enweise** by the hour; **~enzeiger** hour-hand; **~̈lich** hourly; every hour; **~ung** respite; delay of payment, extension (of a debt etc)
stups|en to nudge; **~nase** snub-nose, turned--up nose
stur stubborn, *umg* cussed
Sturm storm, gale; assault; *fig* tumult, turmoil; fury; *~ im Wasserglas* storm in a teacup; *~ laufen gegen* to assault, to storm; *~ läuten* to ring the alarm; **~angriff** assault; **~boot** assault boat; **~̈en** *vt* to take by storm; to assault; *vi* to be stormy, to be blowing a gale; to dash, to rush (upon, against); **~̈er** ⚓ forward; **~flut** storm tide; **~gepäck** combat pack; **~geschütz** assault gun; **~gewehr** automatic rifle; **~glocke** alarm-bell; **~̈isch** stormy; *~̈ischer Wind* fresh gale; *fig* violent, impetuous; **~laterne** hurricane lamp; **~leiter** scaling--ladder; **~schritt** double time; **~schwalbe** storm petrel; **~segel** storm sail; **~signal** storm signal; **~trupp** assault party; **~warnung** gale warning; **~wind** gale, hurricane
Sturz (sudden) fall, tumble, crash; plunge; *(Fels)* precipice; *fig* overthrow; ruin, downfall; *zum ~ bringen* to overthrow; **~acker** newly ploughed field; **~bach** (mountain) torrent; **~̈en** to throw (down); *(um-)* to upset, to overthrow; to tilt over; *(Glas)* to empty; *(Rock)* to turn; *vi* to fall (down, upon, into); to plunge (into); *(eilen)* to rush, to dash; *(Tränen)* to stream (*aus* from); ✈ to dive; to crash; **~flug** ✈ (nose-)dive; **~güter** bulk goods; **~helm** crash helmet; **~kampfflugzeug** dive-bomber; **~see** heavy sea; **~welle** breaker
Stute mare; **~nfüllen** filly
Stütz|balken brace, supporting beam; **~e** prop, stay; *bes* ⚙ column, buttress; support, help; lady help; **~en** *vt* to prop up; to support; to base, to found (on); *refl* to lean on, to rest (one's arms) on; *fig* to be based upon, to be founded upon; **~mauer** retaining wall; **~pfeiler** pillar, support; **~punkt** base; strong point
Stutz|bart close-cropped beard; **~en** to cut (short), to trim; to curtail; *(Flügel)* to clip; *(Schwanz)* to dock; *vi* to be startled, to be taken aback; *su* short rifle; **~er** fop, dandy; **~flügel** baby grand; **~ig** startled, puzzled; *~ig machen* to startle, to puzzle
subaltern subaltern; subordinate; *fig* mediocre
Subjekt *gram* subject; *(Kerl)* fellow, creature; **~iv** subjective; **~ivität** subjectivity
Sublim|at sublimate; **~ieren** to sublimate
Submission (contract by) tender; *in ~ geben* to invite tenders for
Subskri|bent subscriber; **~bieren** to subscribe for; **~ption** subscription
substant|iell substantial; **~iv** noun, substantive; **~ivieren** to use as a noun; **~ivisch** substantive, substantival
Substanz substance, matter
Substrat substratum
subtil subtle, fine; **~ität** subtlety
subtra|hieren to subtract; **~ktion** substraction
subtropisch subtropical; semi-tropical
Subvention (government) subsidy; **~ieren** to subsidize
Such|anzeige classified ad, *US* want ad; **~dienst** missing person service; **~e** search; quest; *auf d. ~e gehen* to go in search (*nach* of); *auf d. ~e nach* in search for, on the look-out for; **~en** to (try to) find, to look for; to seek (to do); to desire, to want; *(Streit)* to pick; ... *~t seinesgleichen* cannot easily be rivalled; *d. Weite ~en* to run away; *nach Worten ~en* to be at a loss for words; *Sie haben hier nichts zu ~en* you have no business here; **~er** searcher; 📷 view-finder; 🚗 spot-light; **~gerät** locating equipment
Sucht passion, mania; *(Morphium etc)* addiction; disease; **~̈ig** addicted; **~̈iger** addict; **~̈igkeit** addiction
Sud brewing; boiling; decoction; **~elei** slovenly work; daubing, *(Schreib-)* scribbling; **~eln** to do in a slovenly way; to scribble, to scrawl; **~ler** sloven; bungler
Süd|(en) south; *im ~en* (to the) south (of), in the south of; *nach ~en* south, towards the south; **~früchte** tropical and subtropical fruits; **~länder** southerner; **~lich** southern; southerly; lying towards the south; **~ost(en)** south-east; **~östlich** south-east; **~pol** South pole; **~wärts** southward; **~west(en)** south--west; **~westlich** south-west; **~wind** south wind
Suff tippling, boozing
sugge|rieren to suggest; **~stion** suggestion; **~stiv** suggestive; **~stivfrage** leading (*od* suggestive) question
Suhle muddy pool; wallow
sühn|bar expiable; **~e** expiation, atonement; **~en** to expiate, to atone for; **~etermin** concilia-

tion hearing; **~eversuch** attempt at reconciliation

Suite *(Gefolge)* suite, retinue; ♪ suite

sukzessive in successive stages

Sultan sultan; **~ine** sultana, *bes US* seedless raisin

Sülze jellied meat; *(Schweine-)* brawn, *US* headcheese; **~n** to jelly

summ|arisch summary; brief, succinct; **~e** sum; *(Gesamt-)* sum total; total amount; *~e ziehen* to sum up; **~ieren** to add up; *refl* to run up to

summ|en to hum, to buzz; *(Ohr)* to tingle; **~er** buzzer; **~ton** ☎ dial hum

Sumpf swamp, marsh, bog; *(Morast)* morass; 🚗 sump; **~dotterblume** marsh-marigold, *US* cowslip; **~en** *umg* to lead a dissolute life; **~fieber** marsh-fever; malaria; **~huhn** moorhen; *fig umg* boozer; **~ig** swampy, marshy, boggy; **~wiese** swamp meadow

Sund sound, straits

Sünd|e sin; trespass, transgression; offence; *häßlich wie d. ~e* as ugly as sin; *es ist e-e ~e u. Schande* it's a sin and a shame; **~enbock** scapegoat; **~enfall** the fall (of man); **~enregister** list of misdeeds; **~er(in)** sinner; **~haft, ~ig** sinful; **~igen** to sin (*an, gegen* against); **~los** sinless

Super *BE* premium petrol, *US* pr. gasoline

Superintendent dean

Super|lativ superlative; **~oxyd** peroxide

Suppe soup; broth ♦ *s. e-e ~ einbrocken* to let o.s. in for s-th; *d. ~ auslöffeln, d. m. s. eingebrockt hat* as you make your bed, so you must lie on it; *j-m d. ~ versalzen* to spoil s-th for s-b; **~nfleisch** beef (of which soup is made); **~nkräuter** pot-herbs; **~nlöffel** soup-spoon; **~nteller** soup-plate; **~nterrine** soup-tureen; **~nwürfel** soup cube

Supplement supplement; **~winkel** supplementary angle

Support ⚙ (slide) rest

Suppositorium ⚕ suppository

surren to buzz, to hum

Surrogat substitute

suspendier|en to suspend; to discontinue; **~ung** suspension; discontinuance

süß sweet; fresh; *fig* lovely; **~e** sweetness; **~en** to sweeten; **~holz** liquorice, *US* licorice; *~holz raspeln* to talk soft nonsense; **~igkeit** sweetness; *pl* sweets, *US* candy; **~lich** sweetish; mawkish; **~speise** pudding, *bes BE* sweet; **~stoff** saccharin; **~waren** sweets; confectionary; **~wasser** fresh water

Swing *(Waren)* swing; ♪ swing, jive; *~ spielen* to swing, to jive

Symbol symbol; sign, figure; **~ik** symbolism; **~isch** symbolical; figurative

Symmetr|ie symmetry; **~isch** symmetrical

Sympath|ie sympathy; liking; **~isch** likable; agreeable, nice; congenial; (*mitfühlend,* ⚕) sympathetic; **~isieren** to sympathize (*mit* with); to like s-b

Symphon|ie symphony; **~iekonzert** symphony concert; **~ieorchester** symphony orchestra; **~isch** symphonic

Symptom ⚕, *fig* symptom; indicator, sign, pointer; **~atisch** symptomatic (*für* of), indicative (*für* of)

synchron synchronous; **~getriebe** synchromesh; **~isieren** 🎞 to synchronize, to dub; **~motor** synchronous motor

Syndik|at syndicate; **~us** syndic

Synkop|e syncope; **~ieren** to syncopate

Synode synod

synonym synonymous; *su* synonym; **~ik** synonymy; synonymics

synta|ktisch syntactical; **~x** syntax

Synthe|se synthesis; **~tisch** synthetic; **~tisieren** to synthesize

Syphili|s syphilis; **~tisch** syphilitic

Syringe *bot* lilac

System system; **~atik** system; orderly arrangement; make-up; systematology; **~atiker** systematist; **~atisch** systematic; **~atisieren** to systematize

Szen|e scene (*a.* 🎭); 🎞 sequence; *in ~e setzen* 🎭 to stage, *fig* to set in motion, to launch; **~erie** scenery, decor; **~isch** scenic

T

T (the letter) T

Tabak tobacco, **~bau** tobacco growing; **~dunst** fumes of tobacco; **~geschäft** tobacconist's shop; **~händler** *BE* tobacconist, *US* tobacco dealer; **~sbeutel** tobacco-pouch; **~sdose** snuffbox; **~spfeife** tobacco pipe

tabell|arisch tabular, tabulated; **~e** table; schedule

Tabernakel tabernacle

Tablett tray, *(Metall)* salver; **~e** tablet, lozenge

Tachometer speedometer

Tadel blame, fault; *(scharf)* censure, reproof; *ohne ~* blameless; **~los** irreproachable; perfect, excellent; **~n** to find fault with, to blame, to reprimand; **~nswert** blameworthy; **~süchtig** censorious

Tadler fault-finder, critic

Tafel board; *(Wand-)* blackboard; *(Gedenk-)* plaque; tablet; *(Schokolade)* cake; *(Holz, Schiefer)* slab; *(Täfelung)* panel; *(Eß-)* (dinner-)table; meal; banquet; *(Buch-)* plate; *(Tabelle)* table; chart; *(graphisch)* diagram; *d. ~ aufheben* to rise from table; **~aufsatz** centrepiece; **~besteck** knife, fork and spoon; **~butter** best (*od* fresh) butter; **~n** to dine, to feast; **⁓̈n** to panel, to wainscot; **~obst** dessert fruit; **~öl** salad oil; **~runde** guests (at table); **⁓̈ung** panelling, wainscoting; **~werk** = ⁓̈ung; book with full-page plates

Tag day; daylight; light; life(time); *alle ~e* every day; *d. ganzen ~* all day long; *~ für ~* day by day; *dieser ~e* one of these days; *bei ~e* by daylight; *am hellichten ~e* in broad daylight; *in 8 ~en* in a week; *heute in 8 ~en* today week; *heute in 14 ~en* today fortnight; *e-s ~es*

one (fine) day; *~s darauf, d. anderen ~* the day after, the next day; *unter ~e arbeiten* to work underground; *d. ~ X* D-Day; *auf meine alten ~e* in my old age; *etw an d. ~ bringen* to bring s-th to light; *an d. ~ kommen* to come out; *in d. ~ hineinleben* to live for the present, to live from hand to mouth; *verschieden wie ~ u. Nacht* as like as chalk and cheese; *~aus, ~ ein* day in, day out; **~ebau** open-cast mining; **~eblatt** daily paper; **~ebuch** journal, diary; daybook; ⚓ log; **~edieb** idler; **~egeld** daily (travelling) allowance; **~elang** for days and days, for days (on end); **~elohn** wages; **~elöhner** day-labourer; **~en** to get light, to dawn; *(zusammenkommen)* to meet, to confer; **~ereise** day's journey

Tages|anbruch daybreak; **~arbeit** day-work; **~ausflug** day's excursion; **~befehl** order of the day; **~geld** (Bank) call money; **~gespräch** topic of the day; **~kurs** day course; *(Bank)* day's rate of exchange; **~heim** club, centre; **~karte** (today's) bill of fare; day ticket; **~licht** daylight; **~ordnung** agenda; **~presse** daily press; **~zeit** daytime; *zu jeder ~zeit* at any time of the day; **~zeitung** daily paper

tag|eweise on alternate days, by the day; **~ewerk** day's work, daily task; **~falter** butterfly; **~hell** as light as day; **⁼lich** daily, everyday; *⁼lich fällig* payable on demand; **~süber** by day; **~täglich** daily, every day; **~undnachtgleiche** equinox; **~ung** meeting, conference

Tagetes *bot* marigold

Taifun typhoon

Taille waist; *(Kleid)* bodice

Takel ⚓ tackle; **~age, ~ung, ~werk** rigging, tackle; **~n** to rig

Takt ♪ time, bar beat; *fig* tact; ¾-~ three-four time; 4/4-~ common time, four-four time; 6/8-~ six-eight time; *d. ~ schlagen* to beat time; *d. ~ halten* to keep time; *er ist aus d. ~* he is out of time; *im ~* in time, in step; **~fest** keeping good time; reliable, well versed; **~gefühl** tact; **~ieren** to beat time, *fig* to proceed tactically; **~ik** tactics; **~iker** tactician; **~isch** tactical; **~los** tactless; **~losigkeit** tactlessness; indiscretion; **~messer** metronome; **~stock** baton; **~strich** bar (line); **~straße** ⚙ assembly line; **~voll** tactful, discreet

Tal valley; *zu ~* downhill, downstream; **~abwärts** downhill; **~boden** bottom of a valley; **~fahrt** descent; ⚓ down voyage; **~kessel, ~mulde** amphitheatre; basin-shaped valley; **~senke** hollow (of a valley); **~sohle** bottom of a valley; **~sperre** river dam, barrage

Talar *eccl,* ⚖ gown, robe

Talent talent, ability, faculty; talented person; **~iert, ~voll** talented

Taler taler

Talg suet; *(ausgelassen)* tallow; **~drüse** sebaceous gland; **~licht** tallow-candle

Talisman talisman

Talje ⚓ tackle

Talk talc(um); **~erde** magnesia; **~puder** talcum powder; **~um** talc(um)

Talmi pinchbeck, goldbrick

Tamarinde tamarind

Tambour drummer; **~in** tambourine; **~major** drum-major

Tand gewgaw, gimcrack, bauble; trifle, toy; **⁼elei** dallying, dalliance; dawdling; **⁼eln** to dally, to trifle; to dawdle

Tandem tandem (bicycle)

Tang seaweed, brown algae

Tangen|s *math* tangent; **~te** *math* tangent (line)

Tangerine *bot* mandarin

tangieren to affect

Tank tank *(a. mil)*; **~anlage** fuel installation; **~en** to take in petrol, to (re)fuel, to fill up; **~er** ⚓ tanker; **~lager** fuel depot; **~stelle** filling station, service station, *BE* petrol station; **~wagen** 🚘 tank truck; 🚂 tank car; **~wart** *BE* petrol pump attendant, *US* gas station operator

Tann (fir-)forest; **~e** fir; **~enbaum** fir-tree; **~enhäher** nutcracker; **~enholz** deal; **~ennadeln** fir-needles; **~enwald** fir-forest; **~enzapfen** fir-cone

Tantalusqualen the torments of Tantalus

Tante aunt

Tantieme (author's) royalty; percentage (of the profits)

Tanz dance; ball; *d. ~ geht los* there will be a row; *e-n ~ aufführen* to make a terrible to-do; *darf ich Sie um diesen ~ bitten?* may I have the pleasure of this dance?; **~bein:** *d. ~bein schwingen* to dance, to hop; **~boden** dance-hall; **⁼eln** to frisk, to caper; *(Pferd)* to amble; **~en** to dance; to rock; *(wirbeln)* to spin, to go round; **⁼er(in)** dancer; partner; **~erei** dancing, hopping; **~lehrer** dancing-master; **~lokal** dance-hall; **~musik** dance-music; **~schritt** dancing-step; **~schule** dancing-school; **~sport** dancing; **~stunde** dancing-lesson; **~tee** thé dansant

Tapet carpet (*auf d. ~* on the c.); *auf d. ~ bringen* to broach; **~e** wall-paper; **~entür** hidden door, jib-door

tapezier|en to paper; **~er** paper-hanger; upholsterer; decorator

tapfer brave, valiant; **~keit** bravery

Tapioka tapioca

Tapir tapir

Tapisserie tapestry; **~waren** tapestry goods

tapp|en to grope one's way, to grope about, to fumble; *im Dunkeln ~en* to be in the dark; **⁼isch** awkward, clumsy

Tarantel *zool* tarantula; *wie von d. ~ gestochen* as if stung by a hornet; **~la** tarantella

Tarif *(Zoll-)* tariff; scale of charges (*bzw* tax rates); wage scale, salary scale; **~abkommen** collective wage agreement; **~gehalt** agreed-scale salary; **~gruppe** tax bracket; **~ieren** to classify; **~lich** according to agreement; on the agreed scale; in accordance with the tariff; **~lohn** standard wage (according to collective agreement); **~partner** partner to a wage agreement; employers and employed; **~verhandlun-**

gen collective bargaining; **~vertrag** collective wage (and salary) agreement
tarn|en to camouflage; to screen; **~kappe** magic hood; **~ung** camouflage
Tasche pocket; *(Beutel)* pouch, bag; *(Hand-)* handbag; *(Geld-)* purse ♦ *tief in d. ~ greifen* to dip deep(ly) into one's purse; *j-m auf d. ~ liegen* to be a burden on s-b; *j-n in d. ~ stecken* to beat s-b; **~nausgabe** pocket edition; **~nbuch** pocket-book; **~ndieb** pickpocket; **~nformat** pocket-size; **~ngeld** pocket-money, allowance; **~nkamm** pocket comb; **~nkalender** diary; **~nkrebs** common crab; **~nlampe** electric torch, *US* flashlight; **~nmesser** pocket-knife; **~nspiegel** pocket-mirror; **~nspieler** conjurer; **~ntuch** handkerchief; **~nuhr** watch; **~nwörterbuch** pocket dictionary
Tasse cup; cupful; **~nkopf** cup
Tast|atur keyboard, keys; **~e** ♪, ☏ key; **~en** to touch, to feel; to grope; ☏, ✆ to key; **~eninstrument** keyboard instrument; **~enreihe** keyboard; **~er** feeler; **~sinn** sense of touch; **~zirkel** callipers
Tat act, action; fact; deed, feat; *(Leistung)* achievement; *e. Mann d. ~* a man of action; *in d. ~* indeed, as a matter of fact; *auf frischer ~ ertappen* to catch in the very act, to c. red-handed; **~bestand** facts (of a case); state of affairs, situation; **~endrang, ~endurst** thirst for action; **~enlos** inactive; idle; **~̈er** doer; perpetrator; *(Schuldiger)* culprit; **~̈ig** active; busy; *(angestellt)* employed, engaged; **~̈igen** to effect; to conclude; **~̈igkeit** activity, activities; *(Beruf)* occupation; **~̈igkeitswort** verb; **~kraft** energy; **~kräftig** energetic, vigorous; **~̈lich** *werden* to assault s-b; to become violent; **~̈lichkeit** assault; violence; **~sache** fact; **~sachenbericht** factual account; case history; **~sachenkenntnisse** factual knowledge; **~sachenmaterial** factual material; **~sächlich** actual; real; *adv* in fact
tätowieren to tattoo
tätscheln to stroke, to caress
Tatze paw
Tau[1] dew; **~en** to thaw; *es ~t* it is thawing; to fall (as dew); **~feucht** wet with dew; **~frisch** fresh with dew; **~perle, ~tropfen** dewdrop; **~wetter** thaw; **~wind** wind that brings a thaw
Tau[2] rope; cable; **~werk** cordage, ropes; ⚓ rigging; **~ziehen** 🏃, *fig* tug-of-war
taub deaf; *(Ei)* addled; *(Nuß)* hollow; *(Glied)* numb; *fig* empty; dead, barren; **~heit** deafness; **~nessel** dead-nettle; **~stumm** deaf and dumb, deaf-mute; **~stummer** deaf-mute; **~stummenanstalt** deaf-and-dumb school; **~stummensprache** deaf-and-dumb sign language
Täubchen young pigeon, young dove; darling
Taube pigeon; dove; **~nhaus** pigeon-house, loft; **~nschießen** trap-shooting; **~nschlag** dovecot; **~nzüchter** pigeon-fancier; **~̈r(ich)** cock pigeon
Tauch|boot submarine; **~en** to dip, to steep, to plunge; *vi* to dive, to plunge; *(U-Boot)* to submerge; **~er** diver *(a. zool)*; **~eranzug** diving-dress; **~ergerät** aqualung; **~erglocke** diving-bell; **~erhelm** diving-helmet; **~sieder** immersion heater
Tauf|akt christening ceremony; baptism; **~becken** font; **~buch, ~register** parish register; **~e** baptism; christening; *aus d. ~e heben* to be godfather (godmother) to s-b, *fig* to initiate; **~en** to baptize, to christen; **~̈er** baptist; **~kapelle** baptistry; **~̈ling** infant to be christened; candidate for baptism; **~name** Christian name; **~pate** godfather, sponsor; **~patin** godmother, sponsor; **~schein** certificate of baptism; **~zeuge** sponsor
taug|en to be of use, to be useful; to be worth s-th; to be fit (*zu* for); *es ~t nichts* it won't do, it is good for nothing; **~enichts** good-for-nothing, ne'er-do-well; **~lich** useful; suitable; fit *(a. mil)*; capable; *(Mittel)* proper; **~lichkeit** suitability, usefulness; fitness
Taumel giddiness; reeling, staggering; *fig* passion; frenzy; **~ig** giddy; reeling; **~n** to be giddy; to reel, to stagger
Tausch exchange, barter; *e-n guten ~ machen* to make a good bargain; **~en** to exchange, to barter, *umg* to swop; *ich möchte nicht mit ihm ~en* I would not like to change places with him; **~handel** barter; **~weise** by way of exchange
täusch|en to deceive, to delude; *(ent-)* to disappoint; *refl* to be mistaken; to deceive o.s.; *~end ähnlich* as like as two peas; *~ende Ähnlichkeit* striking resemblance; **~ung** deception, fraud; mistake; illusion; **~ungsunternehmen** diversion
tausend thousand; *~undeine Nacht* the Arabian Nights; **~er** thousand; **~erlei** of a thousand (different) kinds; **~fach, ~fältig** a thousandfold, a thousand times; **~füßler** myriapod; **~jährig** a thousand years old; millennial; **~mal** a thousand times; **~sassa** Jack-of-all-trades; conjurer; **~ste** thousandth; **~stel** thousandth part
Tax|ameter taximeter; **~ator** *BE* valuer, valuator; **~e** fixed price (*od* rate, fee); estimate, valuation; taxi(-cab), cab; **~i** taxi(cab), cab; **~ieren** to appraise, to value; to estimate; **~wert** estimated value
Taxus yew(-tree)
Techn|ik technical science(s); engineering; *(Lehre v. d. ~ik)* technology; *(Praxis)* practice, technique; ♪ technique, execution; **~iker** technician, engineer; **~ikum** technical school; **~isch** technical; practical; *(Anlagen, Zwecke)* industrial; *~ische Disziplinen* 🏃 field events; *~ische Hochschule* Institute of Technology, *bes BE* College of Technology, *bes US* Technological Institute; *~ische Messe* engineering fair; *~ische Wissenschaft* engineering science; **~ologe** technologist; **~ologie** technology; **~ologisch** technological
Techtelmechtel love affair, flirtation
Teckel dachshund
Tee tea ♦ *abwarten u. ~ trinken* just wait and

see; **~beutel** tea-bag; **~brett** tea-tray; **~büchse, ~dose** (tea-)caddy; **~-Ei** infuser, tea ball; **~gebäck** small cakes, *US* cookies; **~geschirr** tea service (*od* set); **~gesellschaft** tea party; **~löffel** tea-spoon; **~maschine** tea-urn; **~rose** tea-rose; **~sieb** tea-strainer; **~tasse** tea-cup; **~wagen** tea-wagon, tea-trolley; **~wärmer** cosy, *US* cozy

Teenager teenager, *BE a.* flapper, *US a.* bobby-soxer

Teer tar; **~en** to tar; **~ig** tarried; **~jacke** Jack Tar

Teich pond; *d. große ~* the big ditch, the herring-pond

Teig dough; *(Eier-)* batter; *(Kuchen-)* paste; *(Blätter-)* puff-paste; **~ig** doughy; pasty; **~waren** pasta; macaroni, spaghetti, vermicelli

Teil part; portion; section; share; party; *fig* due; *e. gut ~* a good deal; *zum ~* partly, to some extent; *zum größten ~* for the most part; *s. s-n ~ denken* to have one's own thought about s-th; **~bar** divisible; **~barkeit** divisibility; **~betrag** partial amount; **~chen** particle; **~en** to divide; *(aus-)* to share (out), to portion; *(ver-)* to distribute; to share (*mit* with s-b); *refl* to share in; to give s-b a share of; to branch off, to divide; **~er** divider, divisor; **~haber** partner; participant, sharer; *stiller ~haber* sleeping partner; **~haberschaft** partnership; **~haftig** partaking, sharing; *~haftig werden* to share (*an* in); to participate (*an* in); **~nahme** participation; co-operation; interest; sympathy; **~nahmslos** indifferent, apathetic; **~nahmsvoll** sympathetic, full of sympathy; **~nehmen** *an* to take part in; to assist in; to interest o.s. in; **~nehmer** participant; sharer; subscriber; member; **~s** partly; **~strecke** section; fare-stage; **~ung** division; *pol* partition; graduation; **~weise** partial; *adv* partly, in part; **~zahlung** part(ial) payment, instalment

Teint complexion

Telegramm telegram; **~adresse** telegraphic address; **~formular** telegram form, *US* telegram blank

Telegraph|enamt telegraph office; **~enleitung** telegraph circuit; **~enstange** telegraph pole; **~ie** telegraphy; *drahtlose ~ie* radiotelegraphy; **~ieren** to telegraph, to wire; *(per Kabel)* to cable; **~isch** by telegram, by wire; *~isch überweisen* to wire; **~ist** telegraphist

Tele|objektiv 📷 telephoto lens; **~pathie** telepathy; **~pathisch** telepathic

Telephon telephone; *am ~ bleiben* to hold the line; **~amt** telephone exchange, *BE* trunk exchange, *US* central; **~anruf** phone call; **~anschluß** telephone connection; *~anschluß haben* to be on the phone; **~apparat** telephone set; **~buch** telephone directory; **~gespräch** (telephone) call; **~ieren** to telephone; to ring up, to call up; **~isch** telephonic; *adv* by telephone; **~ist(in)** telephone operator; **~zelle** *BE* call-box, *US* telephone booth; **~zentrale** telephone exchange, *US* central

Telephoto telephoto; **~graphie** telephoto graphy

Teleskop telescope; **~isch** telescopic

Teller plate; *tiefer ~* soup-plate; **~tuch** dish-towel; **~wäscher** dishwasher

Tempel temple; **~herr** Knight Templar; **~orden** order of templars; **~raub** sacrilege

Tempera(farbe) distemper; *mit ~ (an)malen* to distemper

Temperament *(dauernd)* temperament, *(wechselnd)* temper; disposition; character; *(Lebhaftigkeit)* vivacity, spirits; **~los** spiritless, wanting in vivacity; **~voll** high-spirited, vivacious; passionate, ardent

Temper|atur temperature; **~aturschwankungen** variations of temperature; **~enzler** teetotaller; **~ieren** to temper

Temp|o ♪, *mil* time; tempo; speed; **~orär** temporary, for the time being; **~otaschentuch** Kleenex; **~us** *gram* tense

Tendenz tendency, trend; inclination, propensity; **~iös** tendentious; biased, prejudiced; **~roman** novel with a purpose

Tender tender

Tenne threshing-floor

Tennis (lawn-)tennis; **~ball** tennis-ball; **~platz** tennis-court; **~schläger** (tennis-)racket; **~spiel** game of tennis

Tenor ♪, *fig* tenor

Teppich carpet; *(klein)* rug; **~kehrmaschine** carpet-sweeper; **~schoner** drugget

Termin time(-limit); fixed (*od* appointed) day; due date; maturity; ⚖ term; *e-n ~ setzen* to fix a date (*od* time); **~arbeit** scheduled work; **~einlage** *(Bank)* time deposit; **~geschäft** forward business; **~kalender** appointment book; **~ologie** terminology

Termite termite, *umg* white ant

Terpentin turpentine

Terrain ground, country

Terrasse terrace; **~nförmig** terraced

Terri|er terrier; **~ne** tureen; **~torium** territory

Terror terror; **~isieren** to terrorize; **~ist** terrorist

Terz ♪ third; *(Fechten)* tierce; **~ett** trio; **~erol** pocket-pistol

Tesafilm sellotape

Tesching small rifle

Test test, analysis; trial; **~befragung** opinion poll; **~en** to test; to analyse

Testament testament, will; **~arisch** testamentary, by will; **~svollstrecker** executor; **~svollstreckerin** executrix

testieren to testify, to attest; to make a will, to bequeath

teuer expensive; dear; costly; *fig* beloved, dear; *da ist guter Rat ~* it is really difficult to give good advice; *j-m ~ zu stehen kommen* to cost s-b dear; **~ung** high cost of living; dearth, scarcity; famine; **~ungszulage** cost-of-living allowance

Teufel devil; *pfui ~!* how disgusting!; *zum ~ gehen* to go to rack and ruin; *j-n zum ~ jagen* to send s-b packing; *in ~s Küche kommen* to be in the soup, to get into an awkward scrape; *s. d. ~ um etw scheren* not to care a hang; *mal*

doch nicht immer d. ~ an d. Wand talk of the devil and he will appear; *d. ~ war los* the devil broke loose; *weiß d. ~* goodness knows ...; **~ei** devilry, deviltry; **~skerl** a deuce of a fellow; **~slärm** devil of a noise

teuflisch devilish; diabolic, *bes fig* diabolical

teutonisch Teutonic

Text text; 📖 letterpress; ♪ *(Lied)* words, *(Oper)* libretto; *aus d. ~ kommen (bringen)* to (make s-b) lose the thread; **~buch** text, ♪ libretto; **~lich** textual; **~teil** *(Buch)* body

textil textile; **~fabrik** textile mill; **~ien** textiles; **~industrie** textile industry; **~verarbeitung** textile processing; **~wirtschaft** textile industry and trade

Theater theatre; stage; *fig* fuss; *d. reine ~* nothing but a farce; *ins ~ gehen* to go to the theatre; *~ machen (umg)* to (make a great) fuss (*um* over), to create; *mach kein ~* stop fussing; **~besuch** play-going, theatre-going; **~besucher** play-goer, theatre-goer; **~kasse** box-office; **~stück** play; **~vorstellung** performance; **~zettel** theatre-bill, play-bill

theatralisch theatrical

Theke counter, buffet

Thema subject, topic; ♪ theme

Theolog|e theologian; **~ie** theology; **~isch** theological

Theor|etiker theorist; *(reiner)* theorizer; **~etisch** theoretical; academic; in theory; **~etisieren** to theorize; **~ie** theory

Therap|eut therapeutist, therapist; **~eutik** therapeutics; **~eutisch** therapeutic; **~ie** therapy

therm|al thermal; **~albad** thermal baths; th. spa; **~alquelle** thermal spring, hot spring; **~odynamisch** thermodynamic; **~oelement** thermo-couple; **~ometer** thermometer; **~osflasche** thermos flask, vacuum flask; **~ostat** thermostat

These thesis

Thron throne; **~besteigung** accession to the throne; **~en** to be enthroned; *fig* to reign; **~erbe** heir to the throne; **~folger** successor to the throne; **~rede** speech from the throne; **~saal** throne room; **~sessel** chair of state

Thunfisch tunny; tuna

Thymian thyme

ticken to tick

tief deep, profound; low; *(Farbe)* dark; *(weit)* far; *bis ~ ins 15. Jahrhundert* till late in the 15th century; *fig* innermost; extreme, utmost; *zu ~ singen* to sing flat; *~er stimmen* to lower the pitch of; *das läßt ~ blicken* that's very revealing, that tells a tale; *su* (barometric) depression; low point, low; **~angriff** ✈ low-flying attack; **~äugig** with sunken eyes, hollow-eyed; **~bau** civil engineering, below-grade engineering, road construction; **~bewegt** deeply moved; **~blau** dark blue; **~blick** insight; **~denkend** profound; **~druck** low pressure; 📖 intaglio printing; rotogravure; **~e** depth; profoundness; deepness; *(Abgrund)* abyss; low altitude; ⚓ draught; **~ebene** lowland(s), plain; **~enschärfe** 📷 depth of field; **~gang** ⚓ draught; **~garage** underground garage, *BE* u. car park; **~gebeugt** deeply afflicted; **~greifend** far-reaching; radical; violent; **~gründig** profound, deep; **~kühlanlage** deep-freeze; **~land** lowland(s); **~liegend** *(Auge)* sunken; low-lying; *fig* deep-seated; **~schlag** 🥊 hit below the belt; **~schürfend** thorough, profound; **~see** deep sea; **~sinn** deep thought; **~sinnig** profound; melancholy; **~stand** low point, low level, low; **~stehend** of low standing

Tiegel saucepan; *(Schmelz-)* crucible; 📖 platen

Tier animal; *(wild)* beast; *(unvernünftig)* brute; *e. großes ~ (umg)* a big shot, a big pot; **~art** species (of animal); **~arzt** veterinary surgeon, veterinarian; **~garten** zoological garden; **~haft** brute, brutish; **~handlung** pet shop; **~isch** animal(-like); bestial, beastly; **~kreis** *astr* zodiac; **~kunde** zoology; **~quälerei** cruelty to animals; **~reich** animal kingdom; **~schutzverein** Society for the Prevention of Cruelty to Animals

Tiger tiger; **~in** tigress

tilg|en to extinguish; to blot out, to efface; *(vernichten)* to destroy, to eradicate; *(aufheben)* to cancel, to annul; *(Schuld)* to pay off; to amortize; to redeem; **~ung** blotting out, effacement; destruction, eradication; cancellation, annulment; repayment; redemption; **~ungsdarlehen** redeemable loan; **~ungsfond** sinking-fund; **~ungsrate** redemption instalment

Tingeltangel low music-hall, *BE* penny-gaff, *US* honky-tonk

Tinktur tincture

Tinnef junk, trash; nonsense

Tinte ink; *(Farbe)* tint ♦ *in d. ~ sitzen* to be in the soup (*od* in a fix); *du hast wohl ~ gesoffen!* you must be crazy!; **~nfaß** inkstand; **~nfisch** cuttle-fish; **~nfleck, ~nklecks** blot, ink-stain; **~ngummi** ink eraser; **~nstift** copying(-ink) pencil; **~nwischer** pen-wiper

Tipp|elbruder tramp; **~eln** to tramp; **~en** to touch gently, to tap; to type(-write); *(wetten)* to bet; **~fräulein** typist, *bes US* stenographer

Tisch table; *(Essen)* meal, dinner, supper; *d. ~ decken* to lay the table; *d. ~ abdecken* to clear the table; *bei ~* during the meal, at dinner (*od* supper) ♦ *am grünen ~ gemacht* done by red tape, theoretically, it's all planning by the book; *reinen ~ machen* to make a clean sweep (*mit* of); *unter d. ~ fallen* to be lost, to be ignored, to come to nothing; **~dame, ~herr** partner at dinner; **~decke** table-cloth; **~gebet** grace; **~gesellschaft** company at table; **~gespräch** table-talk; **~karte** place card; **~klopfen** table-rapping; **~platte** table-top; **~rede** after-dinner speech; **~rücken** table-turning; **~schublade** table-drawer; **~tennis** table-tennis, ping-pong; **~tuch** table-cloth; **~wein** table-wine; **~zeit** meal-time

Tischler joiner, *(Möbel-)* cabinet-maker; **~arbeit** joiner's work, cabinet work; **~ei** joiner's work, woodwork; joiner's workshop; **~leim**

glue (for wood), joint glue; **~n** to carpenter, to do joiner's work; **~werkstatt** joiner's workshop

Titan *chem* titanium; **~isch** titanic

Titel title; claim; security; **~bild** frontispiece; cover picture; **~blatt** title-page; front-page; **~halter, ~verteidiger** ⛹ title-holder; **~sucht** mania for titles

titul|ar titulary; honorary; *su* titulary; **~atur** titles; **~ieren** to give the title of, to address (*mit* by); *refl* to style o.s.

Tivoli *(Spiel)* bagatelle

Toast toast(ed bread); *(Spruch)* toast, health; **~en** to toast; to drink toasts, to propose toasts

Tobak tobacco; *Anno ~* a long time ago; *starker ~* too much of a good thing

tob|en to rage, to storm; to rave; *(Kinder)* to be wild, to romp; **~sucht** raving madness; **~süchtig** raving mad

Tochter daughter; **~gesellschaft** subsidiary company; **⁻̈lich** daughterly; **⁻̈schule** Lady's College

Tod death *(a. fig)*; decease; *des ~es sein* to be doomed; *s. d. ~ holen* to catch one's death (of cold); *s. zu ~e langweilen* to be bored stiff; *ich kann ihn in d. ~ nicht leiden* I cannot stand him alive or dead; **~bringend** deadly, fatal; **~esangst** agony (of death); mortal fear; **~esanzeige** death notice; obituary; **~esfall** death (*durch* from); *mil* casualty; *im ~esfalle* in case of death; **~esfalle** death-trap; **~esfurcht** fear of death; **~esgefahr** peril of one's life, imminent danger; **~eskampf** (death-)agony, death struggle; **~eskandidat** doomed man; **~esstoß** death-blow; **~esstrafe** capital punishment; death sentence; **~esstunde** dying hour; **~estag** day of (s-b's death); the (hundredth etc) anniversary (of s-b's death); **~esurteil** death sentence; **~esverachtung** contempt of death; **~feind** deadly enemy; **~feindschaft** deadly hatred; **~krank** dangerously ill; **⁻̈lich** deadly; mortal; fatal; lethal; **~müde** dead tired, tired out; **~sicher** dead certain; **~sünde** mortal sin; **~wund** mortally wounded

Toilette toilet (*~ machen* to make one's t.), dress; toilet, lavatory; *öffentliche ~* (public) lavatory, *BE* convenience (station), *US* comfort (station); **~nartikel** toilet article; **~ngarnitur** toilet-set; **~npapier** toilet-paper

toler|ant tolerant; **~anz** toleration; ⚙ tolerance, permissible limit(s); **~ieren** to tolerate

toll mad; insane; raving; *umg* awful; *s. ~ amüsieren* to have a mad time; **~e** tuft, topknot; **~en** to frisk, to gambol, to romp; to fool around; **~haus** madhouse, lunatic asylum; bedlam *(a. fig)*; **~häusler** madman, lunatic; **~heit** madness, frenzy; fury, rage; (piece of) folly; **~kirsche** deadly nightshade, belladonna; **~kopf** madcap; **~kühn** foolhardy, daring; *~kühner Mensch* dare-devil; **~kühnheit** foolhardiness; **~wut** hydrophobia

Tolp|atsch, ⁻̈el lout, bear, clumsy fellow; *zool* gannet; **⁻̈elhaft, ⁻̈isch** bearish, clumsy; gawky

Tomate tomato; **~nsaft** tomato juice

Ton *(Laut, Schall)* sound; *(Klang, ~fall)* tone; (♪, *einzelner ~*) note; *(Farb-)* shade, tone, tint; *(~farbe)* timbre, tone colour; 🎞 sound track; *(Betonung)* stress, accent ♦ *d. ~ angeben* to set the tone (*bzw* fashion); *e. rauher, aber herzlicher ~* a rough, but cordial atmosphere; *dicke ⁻̈e reden* to talk bombastically, to draw the long bow; hast du *⁻̈e (umg)* have you ever heard such a thing?, would you believe it!; *d. gute ~* good manners, good form; *(~erde)* clay, alumina; **~abnehmer** pick-up; **~angebend** setting the fashion, leading; dominant; **~arm** pick-up, tone-arm; **~art** key; *(Kirchen-)* mode ♦ *e-e andere ~art anschlagen* to sing a different tune, to change one's tune; kind of clay; **~artig** clayey; **~artvorzeichnung** key signature; **~band** (recording) tape; **~bandgerät** tape recorder; **~dichtung** (musical) composition; symphonic poem; **~en** 🎞 to tone; *(Papier)* to tint; **⁻̈en** = ~en; to shade (off); to sound, to ring; to resound; **~erde** alumina; *essigsaure ~erde* aluminium (*US* aluminum) acetate; **⁻̈ern** (made) of clay, earthen; **~fall** intonation, speech-melody; ♪ inflection; cadence; **~farbe** timbre, tone colour; **~film** sound film, *US* sound motion picture; *bes hist* talking film, talkie; **~fixierbad** (tone) fixing bath; **~folge** scale, succession of tones; melody; **~frequenz** 📡 audio frequency; **~führung** modulation; **~gedicht** tone-poem, symphonic poem; **~höhe** ♪ pitch; **~ig** clayey; **~ika** ♪ tonic; keynote; **~kunst** music(al) art; **~lage** compass, pitch; **~leiter** scale, gamut; *~leitern üben* to play (*od* run over) one's scales; **~los** soundless; voiceless; **~malerei** onomatopoeia; **~setzer** composer; **~stück** piece of music; **~stufe** pitch; **~taubenchießen** trap-shooting (at clay pigeons); **~techniker** 🎞 sound engineer; **⁻̈ung** tone, toning; tint(ing), shading; **~waren** pottery, earthenware

Tonne *(Faß)* cask, barrel; ⚓ ton, *(Boje)* buoy; *(= 252 Gallonen)* tun; *(= 2000 pounds, = 907,18 kg)* (short) ton; *(= 2240 pounds, = 1016,05 kg)* (long) ton; *(= 1000 kg)* (metric) ton, tonne; *(Register-)* (register) ton; *(Wasserverdrängung)* displacement ton; *(Rauminhalt)* measurement ton, freight ton; **~ngehalt** tonnage; **~ngewölbe** barrel-vault; **~nweise** by barrels, by tuns

Tonsur tonsure

Topas topaz

Topf pot; jar, crock; container ♦ *alles in e-n ~ werfen* to treat everything alike, to lump together, to mix everything up; **~deckel** pot-lid; **⁻̈er** potter; **⁻̈erei** potter's trade; potter's workshop; **⁻̈ererde** potter's clay; **⁻̈erscheibe** potter's wheel; **⁻̈erwaren** pottery, crockery, earthenware; **~gucker** inquisitive person, Nosy Parker; **~kuchen** baba; **~lappen** potholder, pot cloth; **~pflanzen** potted plants

Topinambur Jerusalem artichoke

Topograph topographer; **~ie** topography; **~isch** topographic

topp done!; agreed!, *BE umg* right oh!; *su* ⚓

top, mast-head; **~mast** topmast; **~reep** guy; **~segel** topsail

Tor[1] gate; goal (~ *erzielen* to score a g.), *(Kricket)* wicket; *(Krocket)* hoop; **~(ein)fahrt** gateway; **~hüter** gatekeeper; goal-keeper; **~lauf** ski-slalom; **~linie** goal-line; **~pfosten** door-post; goal-post; **~raum** goal area; **~schluß** closing of the gate(s) ♦ *kurz vor ~schluß (fig)* at the very last moment, at the eleventh hour; **~wart** (goal-)keeper, *umg* goalie; **~weg** gateway

Tor[2] fool; **~heit** foolishness, folly; **⁓icht** foolish, silly

Torf peat; **~boden** peat-soil; **~moor** peat-bog; **~mull** peat-mould; **~stecher** peat-cutter; **~stich** peat-cutting

torkeln to reel, to stagger

Tornado tornado

Tornister knapsack; pack; *(Schüler)* satchel

torped|ieren to torpedo *(a. fig)*; **~o** torpedo; **~oboot** torpedo-boat; **~obootzerstörer** torpedo-boat destroyer

Tors|ion torsion, twist; **~o** torso

Tort wrong, injury; **~e** fancy cake; layer cake; *(Obst-)* tart; **~enheber** cake server; **~enplatte** cake-plate; **~ur** torture; *umg* gruelling task

tosen to rage, to roar; to bluster

tot dead, deceased; late *(the late Mr Smith)*; *(leblos)* lifeless, inanimate; dull; stagnant; *~er Punkt* dead centre, *fig* deadlock; *~es Rennen* dead heat; *~e Stadt* dead-alive place; *~e Zeit* dead season; **~arbeiten** *refl* to kill o.s. with work; **~enacker** burial ground, churchyard; **~enbahre** bier; **~enbett** death-bed; **~enbleich** as pale as death; **~englocke** funeral bell, passing-bell, knell; **~engräber** grave-digger; *fig* wrecker; **~engruft** vault; **~enhaus** deadhouse, mortuary; **~enhemd** shroud; **~enkopf** death's head, skull; **~enliste** death-list, obituary; **~enmarsch** funeral march; **~enmaske** death mask; **~enmesse** mass for the dead; **~enschau** coroner's inquest; post-mortem examination; **~enschein** burial permit, death certificate; **~enstarre** rigor mortis; **~enstill** as still as death; **~enstille** dead calm, silence of death; **~tanz** danse macabre, death dance; **~enwache** deathwatch, wake; **~enwagen** hearse; **~geboren** still-born; **~lachen** *refl* to split one's sides with laughter; **~schlag** manslaughter, homicide; **~schlagen** to kill; *(Zeit)* to waste, to kill; **~schläger** one guilty of manslaughter; *(Knüppel) BE* life-preserver, *BE sl* cosh, *US* blackjack; **~schweigen** to hush up; **~stellen** *refl* to feign death

töt|en to kill; to put to death; *(Nerv)* to deaden; *(ab-, fig)* to mortify; *refl* to commit suicide; **~ung** killing, slaying

total complete; total; **~isator** totalizer, totalizator; **~itär** totalitarian

Toto pools (*im ~ gewonnen* won on the p.); *hast du vorige Woche im ~ gespielt?* did you do the pools last week?

toupieren *BE* to back-comb, *US* to tease

Tour excursion, trip, tour; revolution; turn; *(Stricken)* round, tour; *in e-r ~* at a stretch, without stopping; *auf hohen ~en* at high speed; *auf höchsten ~en* at fullest capacity, full blast; **~enrad** roadster, touring bicycle; **~enwagen** touring-car; **~enzahl** revolutions per minute, r. p. m., speed; **~enzähler** speed counter, speed indicator; **~ist** tourist; **~istenverkehr** tourist traffic; **~istik** tourism; **~nee** tour (*auf ~nee gehen* to go on a t., *umg* to take the road)

Trab trot (*im ~* at a t.) ♦ *j-n auf ~ bringen* to make s-b get a move on; **~en** to trot; **~er** trotter; **~rennbahn** trotting circuit; **~rennen** trotting-race, harness race

Trabant *astr, fig* satellite

Tracht dress, costume; national costume; fashion; *(Last)* load; *e-e ~ Prügel* a sound thrashing; **~en** to strive, to seek (*nach* after), to aspire (*nach* to); *j-m nach d. Leben ~en* to make an attempt on s-b's life; **⁓ig** pregnant, with young; *(Hündin)* in pup, *(Stute)* in foal, *(Kuh)* in calf

Tradition tradition; **~ell** traditional

Trag|bahre stretcher, litter; **~balken** girder, beam; truss; **~bar** portable; *(Kleid)* wearable; *fig* bearable; **~e** barrow; litter; **~en** *(in d. Hand)* to carry; to transport, to convey; to support, to sustain; *(Kleid)* to wear, to have on; *(Frucht, Namen, Kosten, Schuld)* to bear; *(erbringen)* to produce, to yield; *(er-)* to endure, to suffer; *bei s. ~en* to have about one; *d. Baum ⁓t gut* the tree is a good bearer; *Bedenken ~en* to doubt, to hesitate; *Sorge ~en* to take care, to see to it (*daß* that); *refl* to wear; to dress; to carry o.s.; *s. ~en mit* to entertain (an idea), to be thinking of; *ge~en sein von* to be based upon, to be inspired by; **⁓er** bearer; carrier, porter; *(Wäsche)* strap; girder, beam; **⁓erfrequenz** carrier frequency; **⁓erlos** strapless; **⁓erwelle** carrier wave; **~fähig** capable of bearing (*od* carrying); *~fähige Grundlage (fig)* sound basis; **~fähigkeit** (load-)carrying capacity; tonnage; load-limit; productiveness (of the soil); **~fläche** wing; **~himmel** canopy; **~korb** basket, pannier; **~kraft** = ~fähigkeit; *(Kran)* lifting-capacity; *fig* buoyancy; **~last** load; **~mauer** supporting wall; **~riemen** carrying strap; **~tier** pack-animal, baggage animal; **~weite** range; *fig* bearing, importance

träg|e lazy, slow; sluggish; **~heit** laziness, slowness; *phys* inertia; **~heitsgesetz** law of inertia

Trag|ik tragedy; calamity; tragic art; **~ikomisch** tragi-comic; **~ikomödie** tragi-comedy; **~isch** tragic; calamitous; sad; **~öde** tragic actor, tragedian; **~ödie** tragedy; calamity; sad event; **~ödin** tragic actress, tragedienne

Train|er coach, *(bes Tiere)* trainer; **~ieren** *vt* to coach, *(bes Tiere)* to train; *vi* to practise; **~ing** coaching, training; *(bes Einzel-)* workout; **~ingsanzug** track suit

Trajekt train-ferry

Trakt tract; **~at** treatise; *eccl* tract; **~ieren** to

treat; *j-n ~ieren mit* to treat s-b to; **~or** tractor
trällern to trill, to warble
Trambahn tramcar, tramway, *US* streetcar
Tramp tramp; **~en** to hitch-hike
Trampel lout, bumpkin; **~ig** louty; **~n** to trample, to stamp; **~tier** dromedary; *fig* lubber
Tran train-oil; blubber; *im ~ sein* to be drowsy, to be under the influence of drink; **~ig** tasting of train-oil; oily; drowsy; **~funzel, ~suse** slowcoach
Trance trance; *in ~ fallen* to go into a trance
tranchier|en to carve, to cut up; **~besteck** carving-knife and fork; **~messer** carving-knife
Träne tear (*in ~n ausbrechen* to burst into tears); *zu ~n rühren* to move s-b to t.s); **~n** to water, to be full of tears; **~ndrüse** lachrymal gland; **~ngas** tear gas; **~nleer, ~nlos** tearless; **~nreiz** eye irritation; **~nsack** lachrymal sac
Trank drink; beverage; draught; **⁓̈e** watering-place, horse-pond; **⁓̈en** to give to drink; to water; *(einweichen)* to soak, to steep; to impregnate, to saturate; 🌡 to irrigate
trans|atlantisch transatlantic; **~fer** transfer (abroad); **~ferieren** to transfer (abroad); **~formator** ⚡ transformer; **~it** transit; **~itiv** *gram* transitive; **~itverkehr** transit traffic, transit trade; **~kontinental** transcontinental; **~kribieren** (*umschreiben, a.* ♪) to transcribe; to transcribe phonetically; **~literieren** to transliterate, to transcribe into the Latin alphabet; **~mission** ⚙, 🚗 transmission; **~missionswelle** transmission shaft, connecting shaft; **~ozeanisch** transoceanic; **~parent** transparent; *su* transparency; **~pirieren** to perspire; **~ponieren** ♪ to transpose; **~ponierung** transposition
Transport transport(ation); conveyance, forwarding; *(Versand)* shipment; **~abel** transportable; **~arbeiter** transport worker; **~eur** transporter, carrier; *math* protractor; **~fähig** fit for transport, transportable; **~flugzeug** transport; troop-carrying plane; **~gefahr** transport risk; **~geschäft** forwarding business; **~gewerbe** carrying trade; **~ieren** to transport, to convey, to ship; **~knopf** 🎥 film-winder; **~kosten** (cost of) transport, carriage; ✈, ⚓ freight(age); forwarding charges; **~mittel** means of transport (*od* conveyance); **~schiff** (troop-)transport; **~versicherung** transport insurance; **~wesen** transport
transzendent transcendent; **~al** transcendental
Trapez 🤸 trapeze; *math BE* trapezium, *US* trapezoid; **~künstler** trapeze artiste, aerialist; **~oid** *math BE* trapezoid, *US* trapezium
Trappe bustard; **~ln** *(Pferd)* to trot; to patter, to toddle
Trass|ant drawer; **~at** drawee; **~ieren** to draw (*auf* on); **~ierung** drawing (of a bill)
Tratsch gossip, tittle-tattle
Tratte draft
Traualtar marriage altar
Traub|e *bot* raceme; cluster; *(Wein)* grape; bunch of grapes ♦ *d. ~en hängen ihm zu hoch* it's a case of sour grapes; **~enlese** grape-harvest, -gathering, vintage; **~enmost, ~ensaft** grape juice; **~enpresse** wine-press; **~enzucker** grape-sugar, glucose; **~ig** in clusters
trau|en *vt* to marry, to give in marriage; *s. ~en lassen* to get married; *refl* to dare, to venture; *vi* to trust (in), to have confidence in; to rely upon; *s-n Augen (Ohren) nicht ~en* ... can hardly believe my senses (eyes, ears); **~ring** wedding-ring; **~schein** marriage certificate, marriage lines; **~ung** marriage ceremony, wedding; *(standesamtlich)* civil marriage, *(kirchlich)* church marriage; **~zeuge** marriage witness
Trauer sorrow, grief; mourning; black; **~anzeige** announcement of a death; **~band** crape, crêpe; **~botschaft** sad news; **~brief** black-edged letter; **~fall** a death; **~flor** *BE* crape, *US* crêpe; **~gesang** dirge; **~kleid** mourning dress; **~kloß** bore, lame duck; **~marsch** funeral march; **~musik** funeral music; **~n** to mourn (*über* for, over); to be in mourning (*um* for), to grieve (*um* for); to wear mourning; **~rand** black edge; **~rede** funeral oration; **~spiel** tragedy; **~weide** *bot* weeping willow; **~zug** funeral procession
Trauf|e eaves, gutter; *siehe* Regen; **⁓̈eln** to drop; to trickle, to drip
traulich cosy, snug; familiar, intimate
Traum dream; illusion; **~bild** vision; **~deuter** interpreter of dreams; **⁓̈en** to dream; to muse; to day-dream; *d. hätte ich mir nicht ⁓̈en lassen* I never should have dared to hope such a thing; **⁓̈er** dreamer; visionary; **⁓̈erei** dreaming; reverie; brown study; **⁓̈erisch** dreamy; visionary; given to dreaming; **~gebilde** apparition (in a dream); **~haft** dreamlike; **~verloren** lost in dreams; **~welt** dream world
traurig sad, sorrowful, mournful; dismal, lugubrious; *(armselig)* poor; **~keit** sadness, sorrow
traut beloved, dear; intimate; cosy
Treber spent grains, draff
Treff *(Karten)* club; **~en** to hit, to strike; to meet (with), to find; *(be-)* to concern, to affect; to fall (*auf* upon); ♪ to strike *(the right note)*; 🎥, 🎨 to achieve a good likeness, 🎨 to catch s-b's likeness well; *(Maßnahmen)* to take, *(Vorbereitungen)* to make; *j-n ~en (fig)* to cut to the quick; *refl* to happen; *s. gut ~en* to be lucky; *d. trifft s. gut* that's a lucky chance; *s. getroffen fühlen* to be (*od* feel) hurt; *su* meeting; encounter, engagement; battle; *ins ~en führen (fig)* to adduce; **~end** suitable, pertinent; right; well-aimed, to the point; *(Ähnlichkeit)* striking; **~er** hit; winning ticket, prize; luck(y chance); *e-n ~er erzielen* to score a hit; **~lich** splendid, excellent; **~punkt** rendezvous; **~sicher** accurate, *fig* pertinent; *(Urteil)* sound
Treib|eis drift-ice; **~en** to drive, to set in motion, to propel; *(ver-)* to drive out, to expel (*aus, von* from); *bot* to put forth, *(Pflanze)* to force; *(Kreisel)* to whip; *(Tätigkeit)* to do, to carry on, to occupy o.s. with; to study, to practise; *(Metall)* to emboss, to chase; *vi* to drift, to

float; *bot* to blossom forth; *su* doings, activity, -ties; stir; **~er** driver; *(Jagd)* beater; **~gas** power gas; **~haus** hot-house; **~holz** driftwood; **~jagd** battue; **~kraft** motive power; moving, driving force; **~netz** drift-net; **~netzfischer** drifter; **~rad** driving wheel, fly-wheel; **~riemen** driving belt; **~sand** quicksand; **~stoff** motor fuel; propellent, *US* -ant

treidel|n ⚓ to tow (along); **~pfad** tow-path

Trema diaeresis

tremol|ieren to quaver; to sing (with a) tremolo; **~o** tremolo

trenn|bar separable; divisible; **~en** to separate; to divide; to cut off; *(Naht)* to undo; ☏ to disconnect, to interrupt; to disunite, to dissolve; *refl* to separate, to part; to branch off; **~scharf** selective; **~schärfe** selectivity; **~ung** separation; parting; dissolution; **~ungslinie** line of demarcation; **~ungsstrich** dividing line (*e-n ~ungsstrich ziehen* to draw a d. l.); dash

Trense snaffle

trepp|ab downstairs; **~auf** upstairs; **~e** stairs, staircase; *(Einzel-)* a flight of stairs; *eine (zwei) ~e(n) hoch wohnen* to live on the first (second) floor ♦ *d. ~e hinauffallen (fig)* to be kicked upstairs; **~enabsatz** landing; **~enflucht** stairs; **~engeländer** banisters; **~enhaus** staircase, stairwell; **~enläufer** stair-carpet; **~enstab** stair-rod; **~enstufe** stair, step

Tresor strong-room; safe

Tresse galloon, braid stripe

Tret|anlasser 🚗 kick-starter; **~en** *vt* to tread, to trample; *(Pedal)* to push; to work *(a treadle)*; *fig* to press s-b; *mit Füßen ~en* to trample under foot; *ins Leben ~en* to begin the world; *vi* to tread; to step; to walk; *(Fahrrad)* to pedal; ⚙ to treadle; *~en in* to go into, to enter; *~en aus* to leave, to quit; *j-m auf d. Füße ~en* to tread on s-b's toes; **~maschine** treadle sewing-machine; **~mühle** tread-mill *(a. fig)*

treu faithful, loyal; true; *zu ~en Händen* on trust; **~ebruch** breach of faith, disloyalty; perfidity; **~brüchig** faithless, disloyal; perfidious; **~e** faithfulness, fidelity, loyalty; allegiance; accuracy; **~händer** trustee; executor; **~händerisch** in a trust capacity; **~handgesellschaft** trust company; accountancy and auditing company; **~herzig** sincere, frank; trusting; **~lich** faithful, true; *adv* faithfully, loyally; **~los** unfaithful, treacherous; perfidious; **~losigkeit** unfaithfulness; perfidy; treacherous deed

Triangel ♪ triangle

Tribun tribune; **~al** tribunal; **¨~e** *(Redner-)* tribune, rostrum; *(Zuschauer-)* stand, *(bes überdacht)* grand stand

Tribut tribute (*~ auferlegen* to lay under t.); *~pflichtig(er Staat)* tributary

Trichin|e trichina; **~ös** trichinous

Trichter funnel; hopper; crater; **~feld** shell-pitted area; **~förmig** funnel-shaped

Trick trick; stunt; **~aufnahme** trick photograph; **~film** trick film, stunt film; *(gezeichnet)* animated cartoon; **~zeichner** 🎥 animator; **~zeichnung** 🎥 animation

Trieb *bot* sprout, shoot; *(Vieh)* drove; *(~kraft)* motive power; motive, impulse, urge; **~feder** mainspring *(a. fig)*; **~haft** sensual, licentious; **~haftigkeit** animalism; **~rad** driving-wheel; **~sand** quicksand; drift sand; **~stange** push-rod; **~wagen** (motor) railcar; **~werk** mechanism, machinery; gearing

trief|äugig bleary; **~en** to drip (*vor* with); to trickle; *vor Nässe ~en* to be soaking wet; **~naß** soaking wet

triezen to vex, to bother, to nag (*zu tun* into doing)

Trift pasture land; floating (of wood); **~ig** weighty, cogent; good, strong; *ohne ~igen Grund* without good cause

Trigonometrie trigonometry

Trikot tricot; shirt; **~agen** knitted goods, knitwear

Triller trill, shake; quaver; **~n** to trill, to shake; to quaver; *(Vögel)* to warble

Trimester term (third of a year)

Trillion *BE* trillion, *US* quintillion

Trinit|ät trinity; **~atissonntag** Trinity Sunday

trink|bar drinkable; **~en** to drink; to imbibe, to absorb; to tipple; *~en auf j-n* to drink to, to toast; **~er** drinker; drunkard; **~gelage** drinking-bout, carouse; **~geld** tip; gratuity; *j-m e. ~geld geben* to tip s-b; **~glas** drinking-glass, tumbler; **~halle** pump-room; **~spruch** toast; **~wasser** drinking-water

Trio trio; **~le** ♪ triplet

trip|peln to trip; **~per** ⚕ gonorrhoea

trist dreary, cheerless

Tritt step, pace; *(Fuß-)* kick; *(Spur)* footstep, track; *(Leiter)* (small) step-ladder; *~ halten* to keep step; **~brett** footboard; 🚗 running-board; **~leiter** stepladder, pair of steps; **~wechsel** change of step

Triumph triumph; **~ator** victor; **~bogen** triumphal arch; **~ieren** to triumph; to boast, to exult; *(besiegen)* to vanquish

trivial trivial; **~ität** triviality

trocken dry; *(ausgetrocknet)* arid, parched; *fig* boring, dull; bald ♦ *auf d. ~en sitzen* to be stranded, to be left high and dry; **~apparat** desiccator; **~bagger** excavator; **~boden** drying-loft; **~dock** dry dock; **~eis** dry ice; **~element** dry battery; **~futter** fodder; **~gestell** clothes-horse, towel-horse; **~heit** dryness; *(Dürre)* drought; aridity; *fig* dullness; **~legen** to drain; to change (a baby's) napkins; **~milch** milk-powder; **~platz** drying-ground

trocknen to dry (up); to get dry

Troddel tassel

Tröd|el rubbish, lumber; odds and ends; second-hand goods; **~elmarkt** old-clothes and second-hand market; **~eln** to loiter; to dally (*bei* over), to dawdle (*bei* over, on); **~ler** dawdler; second-hand dealer

Trog trough

Troll troll; **~en** *refl* to stroll away, to saunter on

Trommel drum; ⚕ tympanum; canister; **~fell** drum skin; drumhead; ⚕ tympanic membrane; **~feuer** drum fire, heavy barrage; **~n** to

(beat the) drum; to drum one's fingers (on the table); **~schlag** drum-beat; **~schläger** drummer; **~schlegel, ~stock** drumstick; **~wirbel** roll of drums
Trompete trumpet (*in d. ~ stoßen* to blow the t., *a. fig*); **~n** to trumpet (forth); **~nstoß** flourish of trumpets; blast; **~r** trumpeter
Trop|en tropics; **~enhelm** sun helmet; **~enhitze** tropical heat; **~enpflanze** tropical plant; **~isch** tropical
Tropf simpleton, dunce; *armer ~* poor wretch; **⁓̈eln** to trickle, to drip; **~en** to drop, to drip; *su* drop; *(Schweiß-)* bead; blob ♦ *e. ~en auf e-n heißen Stein* a drop in the ocean; *e-n guten ~en lieben* to enjoy a drop of good wine; **~enfänger** drip-catcher; **~enweise** drop by drop, by drops; **~naß** dripping wet; **~stein** stalactite, *(von unten)* stalagmite; **~steinhöhle** stalactite cavern
Trophäe trophy
Tro|ß baggage; train; supply lines; *fig* followers, gang; **~sse** cable, hawser
Trost comfort, consolation ♦ *nicht bei ~ sein* not to be quite all there, to be off one's head; **~bedürftig** in need of consolation; **⁓̈en** to console, to comfort; *refl* to be consoled, to be comforted; to take comfort (*mit* in), to console o.s. (*mit* with); **⁓̈er** comforter; **⁓̈lich** consoling, comforting; cheering; **~los** disconsolate; hopeless, cheerless; bleak, desolate; **~losigkeit** hopelessness; despair; inconsolable grief; **~reich** consoling, comforting; **⁓̈ung** consolation; **~wort** word of comfort
Trott trot ♦ *im gleichen (alten) ~* in the usual humdrum way; **~el** nincompoop, fool; **~en** to trot; **~oir** *BE* pavement, footpath, *US* sidewalk
Trotz obstinacy, stubbornness; defiance (*j-m zum ~* in d. of); *j-m ~ bieten* to defy s-b; *er hat es mir zum ~ getan* he did it to spite me; *prep* in spite of; *~ allem* for all that; **~dem** nevertheless, in spite of that; **~en** to defy, to be defiant; *d. Tod ~en* to brave death; to be obstinate; **~ig** defiant; obstinate; refractory; **~kopf** pig-headed person
trüb|(e) *(Wasser)* muddy, turbid; dull, dim; *(Wetter)* cloudy, gloomy; *(traurig)* sad, dark, gloomy; bleak; *im ~en fischen* to fish in troubled waters; **~en** to make muddy; to dim, to trouble; to black out, to blur; *fig* to spoil, to upset; *d. Himmel ~t sich* the sky is clouding over; **~heit** muddiness, turbid state; dimness; gloom; **~sal** distress, affliction, misery; *~sal blasen* to be downcast (*od* in the dumps), to have the blues; **~selig** sad, woeful; **~sinn** melancholy, blue devils, gloom; **~sinnig** melancholy, gloomy, dejected; **~ung** making muddy (*od* turbid); dimming; *fig* upsetting, spoiling
Trubel bustle, hubbub, to-do
trudeln ✈ to (go into a) spin
Trüffel truffle
Trug deception, deceit; fraud; delusion; **~bild** phantom; optical illusion; **⁓̈en** to deceive, to mislead; to delude; to be deceptive, to prove fallacious; **⁓̈erisch** *(Person)* deceitful, *(Sache)* deceptive; delusive; treacherous; **~schluß** sophism; fallacy; **~vorstellung** delusion
Truhe chest, trunk
Trümmer ruins; debris; ⚓, ✈, 🚂 wreckage; **~beseitigung** rubble removal; **~haft** ruinous; in ruins; **~haufen** heap of ruins, rubble heap
Trumpf trump(-card); s-b's best card; *noch e-n ~ in d. Hand haben* to have a card up one's sleeve; **~en** to trump, to play trumps
Trunk drink(ing); draught; **~en** drunk, intoxicated (*von* with); **~enbold** drunkard; **~enheit** drunkenness, intoxication; **~sucht** dipsomania; **~süchtig** dipsomaniac
Trupp detachment, detail; team; band, gang; **~e** 🎭 company, troupe; *mil* troops, forces; *die ~e* the services; **~enarzt** medical officer; **~engattung** branch (of service), arm; **~enkörper** body (of troops); **~enschau** parade, (military) review; **~enteil** unit; **~enübungsplatz** training area; **~enverband** unit, formation; *(gemischter)* task force; **~enverbandsplatz** regimental aid post; **~weise** in troops, groupwise
Trut|hahn turkey(-cock); **~henne** turkey-hen
Tschech|e Czech; **~ei** = ~oslowakei; **~oslowakei** Czechoslovakia; **~oslowakisch** Czechoslovakian
Tube tube
Tuberk|el tubercle; **~elbazillus** tubercle bacillus; **~ulös** tuberculous; **~ulose** tuberculosis, *umg* tb
Tuch cloth; fabric; shawl, scarf; handkerchief; **~fabrik** cloth-mill, cloth factory; **~fühlung** close touch; **~geschäft** *BE* draper's shop, *US* dry goods store; **~händler** cloth merchant, *BE* draper; **~waren** drapery
tüchtig able, fit; capable, efficient; qualified; sound, proper; thorough; *e. ~er Kerl* a smart fellow; *~ essen* to eat heartily; **~keit** ability, fitness; efficiency
Tück|e malice, spite; falseness; *(Tier)* vice; ⚕ malignity ♦ *d. ~e des Objekts* the cussedness of the matter (*od* of things); **~isch** malicious, spiteful; ⚕ malignant; *(Tier)* vicious
Tuff(stein) tuff, tufa
Tüft|elei hair-splitting, subtleties; **~eln** to split hairs; to puzzle (*bei, über* over); **~ler** punctilious person
Tugend virtue; **~bold** paragon of virtue; **~haft, ~reich, ~sam** virtuous
Tüll tulle; *englischer ~* bobbinet; **~gardine** net curtain; **~spitze** net lace
Tülle nozzle, spout; socket
Tulpe tulip; **~nzwiebel** tulip-bulb
tummel|n *vt (Pferd)* to exercise; *refl* to hurry, to make haste, to bustle about; *(Kinder)* to romp; **~platz** playground; *fig* scene (of action)
Tümpel pool, puddle
Tumult tumult, hubbub, riot; **~uarisch** tumultuous, riotous
tun to do; to make; to act, to execute, to perform; *(arbeiten)* to work, to be busy; *(setzen, legen)* to put; *j-m weh ~* to hurt, to harm s-b; *(Schritt)* to take; *(Farbe)* to ask; *ich habe zu ~*

I have (got) s-th to do; *was ist zu ~?* what is to be done?; *so ~ als ob* to pretend that, to make believe that; *er tut nur so als ob* he only pretends to; *es tut mir leid* I am sorry; *es tut nichts* it is nothing, it does not matter; *es ist mir darum zu ~* what I want to get at is (this), I am most anxious about (this); *des Guten zuviel ~* to overdo s-th; *es zu ~ bekommen mit* to have trouble with; *su* doings, action
Tünche whitewash; *fig* veneer; **~n** to whitewash
Tunichtgut ne'er-do-well
Tunika tunic
Tunke sauce; gravy; **~n** to dip, to steep
tunlich advisable, expedient; practicable, feasible; **~st** utmost; *adv* if possible
Tunnel tunnel
Tüpfel dot, spot; **~n** to dot, to spot; to stipple
tupfen to dab, to touch lightly; to dot; *su* dot, spot; blob
Tür door; *zwischen ~ u. Angel* at the last moment; *siehe* offen; *mit d. ~ ins Haus fallen* to blurt out what one has got to say; *vor verschlossene ~en kommen* to receive a refusal, to come up against closed doors; *vor d. ~ stehen (fig)* to be imminent; **~angel** door-hinge; **~flügel** leaf (of a door); **~griff** door-handle; **~hüter** doorkeeper, porter; **~öffnung** doorway; **~rahmen** door-frame; **~stock** door-post; **~stufe** door-step
Turb|an turban; **~ine** turbine; **~inenschaufel** turbine blade
Türk|e Turk; **~ei** Turkey; **~isch** Turkish; *~ischer Honig* Turkish Delight
Türkis turquoise
Turm tower; turret; *(Kirch-)* steeple; *(Schach)* castle, rook; *(Geschütz-)* turret; *(U-Boot)* conning tower; **⁓̈en** to heap up, to pile up; *refl* to tower up, to rise high; *vi* to buzz off, to scamper off; **⁓̈er** watchman, warder (of a tower); **~fahne** vane; **~falke** kestrel; **~hoch** as high as a tower; *fig* miles above (*od* beyond); **~spitze** spire; **~uhr** church clock; turret clock
turn|en to do gymnastics (*umg* gym); to drill; *su* gymnastics, *umg* drill; *(~unterricht)* physical training, P. T.; **~er** gymnast; **~erisch** gymnastic, athletic; **~gerät** gymnastic apparatus; **~halle** gymnasium; **~hemd** *BE* singlet, *BE* vest, *US* undershirt; **~hose** gym shorts; **~schuhe** gym shoes, *BE* plimsolls, *US* sneakers; **~stunde** gymnastic lesson; **~verein** gymnastic club
Turnier tournament; **~platz** tilting-ground, the lists
Turnus rotation, cycle; **~mäßig** in rotation; regularly recurrent
Turteltaube turtle-dove
Tusch ♪ fanfare, flourish; **~e** Indian ink; **~en** to paint with Indian ink; **~kasten** paint-box
tuscheln to whisper
Tüte paper-bag ♦ *kommt nicht in d. ~* it's quite out of the question
Typ type; model; **~e** type, printing-letter; **~enmuster** standard sample; **~isch** typical (*für* of); **~isieren** to standardize; **~ograph**; typographer; **~ographie** typography; **~ographisch** typographic(al); **~us** = ~
Typhus typhoid; **~kranker** typhoid patient
Tyrann tyrant; **~ei** tyranny; **~isch** tyrannical; **~isieren** to tyrannize over, to bully
Tz: *bis zum ~* to the last detail, thoroughly

U

U (the letter) U; **U-Bahn** underground, *US* subway; **U-Bahnhof** underground station, *US* subway station
übel bad, wrong; evil; ⚕ ill, *(im Magen)* sick; *~ dran sein* to be in a bad way; *mir ist ~* I feel sick; *nicht ~* not bad, rather nice; *es gefällt mir nicht ~* I don't dislike it; *j-m ~ mitspielen* to play a mean trick on s-b; *su* evil; wrong; ⚕ malady, ailment; misfortune; *d. ~ an d. Wurzel packen* to get at the root of the trouble; **~gelaunt** ill-humoured, cross, grumpy; **~gesinnt** evil-minded, ill-disposed; **~keit** sickness, nausea; **~nehmen** to take s-th amiss, to take offence at; **~nehmerisch** touchy, easily offended; **~riechend** malodorous, foul-smelling; **~stand** evil, fault; nuisance; drawback; **~täter** evil-doer, malefactor; **~wollend** malevolent
üben to exercise; to practise *(the piano etc)*; to train
über *prep* over, above; on top of; higher than, superior than; more than; across, beyond, on the other hand; by *(China, the meadow)*; via *(London etc)*; *(während)* during, while; *fig* about, concerning, *(Vortrag etc ~)* on; *d. ganze Zeit ~* all along; *d. Sommer ~* the whole summer; *adv* wholly, completely; over; *~ u. ~* over and over; *etw ~ haben* to be fed up with s-th; *j-m ~ sein* to beat s-b
überall everywhere, anywhere; abroad; all over, throughout; *~ u. nirgends* everywhere and yet nowhere; **~hin** everywhere, anywhere, abroad
überalter|t too old; **~ung** unduly high average age (of the population)
Über|angebot excess supply; glut; **~anstrengen** *vt* to overwork, to overstrain; *refl* to overstrain o.s., to overexert o.s.; **~antworten** to deliver up, to surrender; to make over
überarbeit|en *vt* to go over, to revise; to touch up; *refl* to overwork o.s.; **~ung** revision; touching up; overwork, overstrain
über|aus exceedingly, extremely; **~beanspruchen** to overstrain, to make excessive demands upon; **~bein** ⚕ node; *(Knochen)* exostosis; **~belichten** 📷 to overexpose; **~beschäftigung** over-employment; **~bieten** to excel, to surpass; to outbid
überbleib|en to be left over, to remain; **~sel** remainder, remains; residue
überblenden 📷 to dissolve
Überblick survey; (general) view; *fig* summary, overall picture; **~en** to survey; to overlook

überbring|en to deliver, to bring; **~er** bearer
überbrück|en to bridge, to span; *fig* to bridge over; **~ung** temporary assistance, tiding over; **~ungshilfe** temporary relief
über|bürden to overburden; to overload; **~dachen** to roof; **~dauern** to outlast; **~decken** to think over, to consider; **~dies** besides, moreover; **~drehen** to overwind; **~druck** overprint; *(Marke)* surcharge; ⚙ excess pressure
Überdruß disgust; boredom, ennui; *bis zum ~* till one is sick and tired of it; **⁓ig** sick of, weary of, bored with; disgusted with
Über|eifer overgreat zeal; **~eifrig** too eager; **~eignen** to transfer, to assign; **~eilen** *vt* to hurry too much; *(Arbeit)* to scamp; to precipitate; *refl* to be in too great a hurry, to act rashly; **~eilt** rash, hasty; **~eilung** hastiness, rashness
übereinander one upon (*od* over) another; *d. Beine ~schlagen* to cross one's legs
überein|kommen to agree, to come to an agreement; *su* agreement, convention; **~kunft** = ~kommen; **~stimmen** to agree, to be in agreement (*mit* with); to coincide, to fall in (*mit* with); to correspond (*mit* to); ♪, ⚘ to harmonize; **~stimmung** agreement; harmony; conformity
über|essen to overeat; **~fahren** to pass over, to cross, to traverse; to run over s-b; *(Signal)* to overrun; *fig umg* to bowl over s-b; *vi* to pass over, to cross; **~fahrt** passage, crossing
Überfall (surprise) attack, raid; **~en** to attack suddenly, to surprise; **⁓ig** overdue; **~kommando** *BE* flying squad, *US* riot squad
über|fliegen to fly over; *fig* to glance over, to skim (through); **~fließen** to overflow; to flow over, to brim over; **~flügeln** to outflank; *fig* to surpass, to get the better of
Überfluß abundance (*an* of); plenty; affluence (*to live in a.)*; exuberance, superfluity; *im ~* abundantly; **⁓ig** superfluous, unnecessary; surplus
über|fordern to make an excessive demand on; to overcharge, to overtax; **~fracht** overweight; excess freight; **~fremdung** infiltration of foreigners (*bzw* foreign money)
überführ|en *vt* to transport (from one place to another), to convey; ⚖ to convict (of a crime); *chem* to convert, to transform; **~ung** transportation, conveying; crossing, viaduct; ⚖ conviction; *chem* conversion
Überfüll|e excess, superabundance; **~en** to overload, to cram; to overfill, to overstock; to crowd; **~ung** overloading, cramming; overcrowding
über|füttern to overfeed; **~gabe** handing over, delivery; surrender; ⚖ extradition
Übergang passage, crossing; *fig* transition; **~sbestimmungen** transitional provisions; **~sgesetz** transitional law; **~sschwierigkeiten** difficulties of transition; **~szeit** transition period
übergeben *vt* to hand over, to deliver (up); to surrender; *refl* ⚕ to vomit, to be sick
übergehen *vt* to pass over, to pass by; to skip, to omit; *vi* to cross, to pass over, to go over; to change (*zu* into), to change over (*zu* to); *ineinander ~* to blend; to overflow
übergeschäftig overbusy
Übergewicht overweight, excess weight; *fig* predominance, preponderance; *d. ~ bekommen* to lose one's equilibrium, *fig* to get the upper hand (*über* of)
Über|gewinn excess profit; **~gießen** *vt* to pour over; *(daneben)* to spill; **~glücklich** too happy; **~greifen** to overlap; *fig* to encroach (*auf* on); to spread (*auf* to); to affect; **~griff** encroachment, infringement; **~handnahme** (undue) increase, prevalence; **~handnehmen** to increase (unduly), to spread rapidly
Über|hang projection, overhanging rock; hangings, curtain; carry-over; backlog excess; **~hangen, ~hängen** to hang over
über|häufen to (over)load (*mit* with); to overburden (*mit* with); to overwhelm (*mit* with); **~haupt** in general; at all; altogether
überheb|en *refl* to strain o.s. (by lifting); *fig* to be overbearing; **~lich** overbearing
über|hitzen to overheat; to superheat; **~holen** to fetch over, to haul over; to overtake, to outdistance; to surpass; **~holt** out of date, antiquated; **~hören** not to hear; to ignore; *(Aufgaben)* to hear; **~irdisch** supernatural, unearthly; **~kippen** to tilt over, to tip over; **~kleben** to paste over; **~kochen** to boil over; **~kommen** *vt* to seize; to get, to receive; *vi* to be handed down; *adj* traditional; **~kreuz** crosswise; **~kritisch** censorious; **~laden** to overload; *fig* to overdo, to ornament excessively; *adj* florid; **~lagern** ϟ, ⛴ to superpose; *fig* to superimpose; to outweigh; **~landflug** cross-country flight; **~landleitung** ϟ land line, transmission line; **~lassen** to leave; to give up; to cede, to relinquish; to let s-b have; *refl* to give way to, to give o.s. up to, to abandon o.s. to; *s. s-m Schicksal ~lassen* to turn adrift; **~lasten** to overload, *fig* to overburden; **~laufen** *vt* to seize, to overcome; *vi* to run over, to overflow; *mil* to desert; **~läufer** deserter; **~leben** to survive; to outlive; to live through (a night etc); *d. ~lebt er nicht* he won't get over that; *s. ~lebt haben* to be old-fashioned, out-of-date; **~lebender** survivor; **~lebensgroß** bigger than lifesize; **~legen** *vt* to lay over, to cover; *(Jungen)* to whip; *(denken)* to think over, to consider; *adj* superior; lofty; ahead; *allen ~legen* in a class by itself; **~legt** well-considered; deliberate; ⚖ wilful; **~legung** consideration, calculation
über|leiten to lead over (*od* across); ⚕ to transfuse; to form a transition; **~lesen** to read through (*od* over); to overlook
überliefer|n to deliver; to hand down, to transmit; to surrender; **~ung** delivery; tradition; surrender
überlisten to outwit
übermach|en to make over; to transmit; **~t** supremacy, predominance; superior force(s); **⁓tig** too powerful, overwhelming
über|malen to paint over; **~mannen** to overcome, to overpower

Übermaß excess; excessive volume; *im ~* excessively; **~̈ig** excessive; exorbitant; immoderate; ♪ augmented
Übermensch superman; **~lich** superhuman
übermitt|eln to transmit; to convey; **~lung** transmission; conveyance, conveying
übermorgen the day after tomorrow
übermüd|en to overtire; **~ung** overfatigue
Übermut high spirits; excessive merriment; wantonness; **~̈ig** in high spirits, merry; wanton; mischievous
übernacht|en to spend the night, to stay over night; **~̈ig** sleep-starved; seedy, blear-eyed; **~ung** spending the night; overnight reservation
Über|nahme taking over, taking possession of; assumption; undertaking; **~national** supra-national; **~natürlich** supernatural; **~nehmen** to take over, to take possession of; to seize; to take upon o.s.; *(Arbeit)* to undertake; *(Verantwortung)* to assume; *refl* to overwork; to overeat; **~ordnen** to place above (*od* over), to set over; **~produktion** overproduction; **~prüfen** to check, to verify; to screen s-b; **~quellen** to flow over; **~quer** across, crosswise; **~ragen** to overtop, to rise above; *fig* to surpass; **~ragend** excellent
überrasch|en to surprise; *(völlig)* to astound; **~ung** surprise; **~ungsangriff** surprise attack
überred|en to persuade; **~ung** persuasion
überreich abounding (*an* in); overflowing (*an* with); **~en** to present, to hand over; **~lich** superabundant; **~ung** presentation
über|reif overripe; **~reiten** to ride over; *(Pferd)* to override; to run down; **~reizen** to over-excite; to overstrain; **~rest** remainder, residue; remains, relics; *irdische ~reste* mortal remains; **~rieseln** to irrigate; *fig* to give s-b the creeps
überrumpel|n to surprise, to take unawares; **~ung** surprise, sudden attack
übersatt oversatiated; **~̈igen** to surfeit, to overfill; to cloy; *chem* to supersaturate; **~̈igt** *fig* blasé
über|schatten to overshadow; **~schätzen** to overestimate, to overrate; **~schauen** to look over, to survey; *(Haus)* to overlook; **~schäumen** to foam over; *fig* to exuberate, to abound; **~schicht** extra shift, extra hours worked; **~schicken** to send over; **~schlafen** to consult one's pillow
Überschlag estimate, rough calculation; ⛩ somersault; **~en** to estimate; *(Seiten)* to skip; *refl* to go head over heels, to turn a somersault; ✈ to loop (the loop); *(Stimme)* to break; *adj* cool, lukewarm, tepid; **~̈ig** rough
über|schnappen *(Stimme)* to squeak; *fig* to be cracked, to go crazy; **~schneiden** to intersect, to overlap; **~schreiben** to superscribe; to entitle, to head, to label; to transfer; **~schreien** to cry down; to shout louder than; *refl* to shout o.s. hoarse
überschreit|en to cross; *fig* to exceed, to overstep; to transgress; *(Gesetz)* to infringe; *(Konto)* to overdraw; **~ung** crossing; excess; transgression; infringement; overdraft
Über|schrift heading, headline; title; inscription; **~schuh** galosh, overshoe; **~schuldet** deeply in debts
Über|schuß surplus; excess; balance; **~schüssig** surplus; excess; superfluous
über|schütten to cover (with), to overwhelm (with); **~schwang** exuberance, rapture
überschwemm|en to flood, to inundate; *d. Markt ~en* to overstock the market; **~ung** flood, inundation
überschwenglich exuberant, rapturous
Übersee: *in ~* oversea(s); **~handel** overseas trade; **~isch** oversea(s), transoceanic; **~telegramm** cable(gram)
übersehen to look over, to survey; to overlook, not to notice; *d. Straße gut ~ können* to have a clear view of the road
übersend|en to send, to forward, to transmit; *(Geld)* to remit; **~er** sender; **~ung** transmission; consignment
über|setzbar translatable; **~setzen** to ferry across; *(Text)* to translate; *vi* to jump over; to cross; **~setzer** translator; **~setzt** *fig* overcrowded, excessive; **~setzung** translation; ⚙ (ratio of) gearing
Übersicht (clear, comprehensive) view; review; survey; summary, synopsis; control; statistical table; *aus Gründen d. besseren ~* with a view to greater clarity; **~lich** clear, easily visible; foreseeable; predictable; clearly arranged; **~lichkeit** clearness; lucidity; well-ordered arrangement; **~skarte** general map
übersied|eln to (re)move (*nach* to); to emigrate (*nach* to); **~lung** removal; emigration
übersinnlich transcendental; *(medial)* psychic
überspann|en to cover (with); *fig* to overstrain; to exaggerate; **~t** eccentric; **~theit** eccentricity; **~ung** ⚙ overstraining; ⚡ excess voltage
über|spitzt over-refined; too subtle; excessively ingenious; **~springen** to jump across, to leap over; to skip, to miss out; **~sprudeln** to bubble over; **~stechen** to overtrump; **~stehen** *vt* to endure, to go through; to get over, to survive; *vi* to stand out, to project; **~steigen** to climb over, to cross; *fig* to pass, to exceed; **~steigern** to outbid; to force up; to overdo; **~stimmen** to outvote; **~strahlen** to shine upon; *fig* to outshine; **~streichen** to paint over; to rub over (with); **~strömen** to run over; to overflow (with); to abound (in); **~stülpen** to put on; **~stunden** overtime
überstürz|en to (do in a) hurry, to precipitate; *refl* to act rashly, to be too hasty; **~ung** (too great a) hurry
über|täuben to drown; to deafen; to stifle; **~teuern** to overcharge; **~tölpeln** to take in, to dupe; **~tönen** to drown (the sound of)
Übertrag carrying over; amount carried (*bzw* brought) forward; **~bar** transferable; ⚕ catching, infectious, *(durch Berührung)* contagious; **~en** to transfer, to carry over; to give up to;

(Arbeit) to entrust s-b with; *(Amt)* to confer on s-b; *(in e. Buch)* to enter; *(übersetzen)* to translate; *(umschreiben)* to transcribe; 📻 to transmit, to relay; ⚕ to spread, to communicate, to infect s-b with; *adj* figurative; **~ung** carrying over; transfer; entering; translation; transcription; 📻 transmission, broadcast; ⚕ spreading, communication, infection
übertreffen to surpass, to excel
übertreib|en to exaggerate; to overdo, to push too far; **~ung** exaggeration; excess
übertret|en *vt* to violate, to transgress; to trespass; *vi* to go over, to change over (*zu* to); to change (one's religion), to turn (Catholic, etc); **~ung** violation, transgression; *im ~ungsfalle* in case of transgression; ⚖ petty offence
über|trieben exaggerated, excessive; extravagant; **~tritt** change; going over (*zu* to); **~trumpfen** to overtrump; *fig* to outdo, to cap; **~tünchen** to whitewash; *fig* to gloss over; **~völkert** overpopulated; **~völkerung** overpopulation; **~voll** too full; full to overflowing; **~vorteilen** to take advantage of s-b; to take in, to overreach; to defraud; **~wachen** to watch over; to supervise, to superintend; **~wachung** supervision, control; observation; **~wachsen** *vt* to overgrow; *adj* overgrown
überwältig|en to overpower; to conquer; to overwhelm; **~end** *fig* overwhelming; **~ung** overcoming; conquering; overwhelming
überweis|en to transfer, *(bes Geld)* to remit; to assign (to); **~ung** transfer, remittance; **~ungsformular** transfer form; **~ungsverkehr** money transfer business
überwerfen to throw over; *refl fig* to fall out with s-b
überwiegen to outweigh; to prevail; to predominate; **~d** predominant; *adv* chiefly, mainly; predominantly
überwind|en to overcome, to conquer; to get the better of; *refl* to bring o.s. to, to overcome one's passion; **~er** conqueror; **~lich** surmountable; conquerable; **~ung** overcoming, conquest; victory (over); self-control
über|wintern to winter (at); *zool* to hibernate; **~wölben** to arch over, to vault over; **~wuchern** to overgrow, to overrun; **~wurf** wrap, cloak; *(Tuch)* shawl
Überzahl surplus; superior forces; majority; **¨en** to count over; **¨ig** supernumerary; surplus; superfluous
überzeichn|en to over-subscribe; **~ung** over--subscription
überzeug|en to convince (*von* of); to assure; *s. ~en (davon), daß* to make sure that; **~t** convinced; avowed; **~ung** conviction; belief; *ich komme zu d. ~ung* I am led to believe; *der ~ung sein* to be convinced
überzieh|en to put on, to pull over; *(Kissen etc)* to cover; *(Bett)* to put clean sheets on; *(Konto)* to overdraw; *mil* to invade; *mit Krieg ~en* to make war upon; *refl* to become overcast; **~er** overcoat, greatcoat; **~ung** *(Konto)* overdraft
über|zuckern to sugar; *(Kuchen)* to ice; *(Pille)* to gild; **~zug** cover; slip, case; coat(ing), covering; crust; **~zwerch** across, athwart
üblich usual, customary; *nicht mehr ~* no longer customary, out of use
U-Boot submarine; *(deutsches)* U-Boat; **~-Krieg** submarine warfare
übrig left over, remaining; other; *im ~en* for the rest, in other respects; *~ haben* to have over, (to have) to spare *(can you spare me a cigarette?); etw ~ haben für* to have a soft spot (in one's heart) for s-b; *nichts ~ haben für* to think little of, to care little for; *e. ~es tun* to make a special effort, to do more than is necessary; *~ sein* to be left over; **~bleiben** to be left over, to remain; **~ens** by the way, incidentally; after all
Übung exercise, practice; training, drill; *~ macht d. Meister* practice makes perfect; **~saufgabe** exercise; **~sflug** practice flight
Ufer shore, *(Fluß)* bank; beach; *am (ans) ~* ashore; **~damm** embankment; flood bank, *US* levee; **~los** *fig* boundless, extravagant; leading nowhere; **~straße** embankment
UFO UFO, unidentified flying object
Uhr clock; timepiece; *(Taschen-, Armband-)* watch; *wieviel ~ ist es?* what time is it?; *um wieviel ~?* (at) what time?, when?; **~feder** watch-spring; **~gehäuse** watch-case; **~gewicht** weight; **~glas** watch-glass, crystal; **~kette** (watch-)chain; **~macher** watchmaker; **~werk** works; clockwork; **~zeiger** hand; *im ~zeigersinn* clockwise
Uhu *zool* horned owl
UKW *(bes BE)* V.H.F.; *(bes US)* FM
Ulk fun, lark, joke; **~en** to lark, to joke; **~ig** funny
Ulme elm
Ultimo the last day of the month
Ultra|kurzwelle ultra-short wave, very high frequency (V.H.F.); **~marin** ultramarine; **~mikroskopisch** ultra-microscopic; **~violett** ultraviolet
um round, about; *~ ... herum* around, round; *(Uhr)* at *(at two o'clock)*; *(Preis, Grund)* for; in exchange for; *(Maß)* by *(taller by a head)*; *~ d. Hälfte mehr* half as much again; *~ e. Jahr älter* a year older; *~ so besser* all the better, so much the better; *~ so weniger* all the less (*bzw* fewer); *e-n Tag ~ d. anderen* every other day; *Jahr ~ Jahr* year after year; *Stück ~ Stück* piece by piece; *~ ... willen* for the sake of...; *(conj) ~ zu* in order to; *(adv) ~ u. ~* round about, all round, everywhere; *~ sein* to be over, to be gone
um|ackern to plough (*US* plow) up; **~adressieren** to redirect
umänder|n to alter; **~ung** alteration
umarbeit|en to do over, to work over (again); to rewrite; to recast; to remodel; **~ung** doing over again; rewriting; recasting; remodelling
umarm|en to hug, to embrace; **~ung** hug, embrace
Umbau reconstruction, rebuilding; (constructional) alterations; *fig* recasting; **~en** to recon-

struct, to rebuild; to make alterations (to); to surround with buildings; **~t** surrounded by buildings; *~ter Raum* interior space
um|behalten to keep on; **~betten** to put into another bed; **~biegen** to bend; to turn up (*od* down, back); **~bilden** to remodel, to remould; to reconstruct; to reform; **~binden** to tie round; *(Schürze)* to put on; **~blasen** to blow down (*od* over); **~blättern** to turn over (the leaves of); **~blicken** to look round; to look about one; **~brausen** to roar around
um|brechen to break down; ⚒ to break (up); 📖 to make up; **~bringen** to kill, to do in; **~bruch** radical change; 📖 make-up; **~bruchredakteur** make-up editor; **~buchen** to transfer to another account; to change one's reservation; **~buchung** book transfer; **~dichten** to remodel; **~drängen** to crowd round
umdreh|en to turn (round); *(Hals)* to twist, to wring *(a fowl's neck); es dreht e-m d. Herz um* it wrings one's heart; *refl* to turn round, to revolve, to rotate; **~ung** revolution, rotation; **~ungsgeschwindigkeit** speed of rotation
Umdruck reprint; **~en** to reprint
umdüstert gloomy, melancholy
umfahr|en to drive (*od* sail) round; to run down (*od* over); **~t** circular tour (of)
umfallen to fall down, to tumble down; to be upset (*od* overturned)
Umfang circumference; perimeter, *(bes Kreis-)* periphery; *(Ton-)* compass, range; extent, size; volume, bulk; **~en** to encircle, to enclose; to embrace; **∸lich** voluminous; **~reich** voluminous, comprehensive; bulky
umfass|en to clasp, to embrace; to encircle, to enclose; to surround; *fig* to comprise, to include; **~end** comprehensive; blanket, broad; all-out; **~ung** enclosure; fence; **~ungsmanöver** outflanking movement
umflort *(Stimme)* muffled; *(Blick)* dim
umform|en to reform; to transform (*a.* ϟ); to remodel; **~er** transformer, converter; **~ung** reforming; remodelling
Umfrage (general) inquiry
umfried|en to enclose, to fence in; **~ung** enclosure, fence
umfüllen to pour from s-th into s-th; to decant
Umgang circular passage, circular way; *(Zug)* procession; *(Bekanntschaft)* intercourse, association; relations (with); *~ haben mit* to associate with; **∸lich** manageable; sociable, companionable; **~senglisch** informal (*od* colloquial) English; **~sformen** manners; **~ssprache** colloquial (*od* informal) speech; **~ssprachlich** colloquial, informal
um|garnen to ensnare, to trap; **~gaukeln** to hover (*od* flutter) around
umgeb|en to surround; **~ung** surroundings, environs; company, associates; *(Milieu)* invironment, background
Umgegend neighbourhood, environs
umgeh|bar avoidable; **~en** *vt* to go round; to outflank; *fig* to evade, to by-pass; *vi* to go round; to go a roundabout way; to circulate; *(Geist)* to haunt; *~en mit* to manage, to treat, to deal with; to associate with s-b; to be occupied with s-th; *mit d. Gedanken ~en* to intend, to contemplate; **~end** by return (of post); immediately; **~ung** going round; *fig* evasion; **~ungsmanöver** outflanking movement; **~ungsstraße** by-pass road; **~ungsweg** by-pass
umgekehrt opposite, reverse; contrary; *adv* on the contrary; vice versa; the other way round; upside down; in the opposite direction
um|gestalten to transform, to alter; to reorganize; **~gießen** to pour from s-th into s-th; to decant; to recast; **~gliedern** to reorganize; **~graben** to dig (up); ⚒ to break up; **~grenzen** to encircle, to enclose; to circumscribe, to limit; **~gucken** to look round; *d. wird s. noch ~gucken* he'll be surprised; **~gürten** to put on *(a sword)*, to gird (up); **~haben** to have on (*od* round one); **~hang** cape; wrap; *(Tuch)* shawl; **~hängen** to hang round; to put on; to rehang; **~hauen** to fell, to cut down
umher around, round about, here and there; **~blicken** to look about, to glance round; **~fahren** to drive about; **~gehen** to walk about; **~laufen** to run about
umhin: *ich kann nicht ~* I cannot help (*zu tun* doing)
umhüll|en to wrap (up); to envelop; to cover; to veil; **~ung** wrapping; covering; veil
Umkehr return, turning back; change; revulsion (of feeling); **~en** *vt* to turn round (*od* inside out, upside down); ♪ to invert; ϟ to reverse; *vi* to return, to turn back; **~ung** inversion; reversal
umkippen *vt* to overturn, to upset; *vi* to tilt over; to lose one's equilibrium
umklammer|n to grip, to clasp (firmly); *mil* to encircle; **~ung** encirclement; 🥊 clench
umklappen to turn down
umkleid|en *vt* to change the dress of; *refl* to change; to undress; **~eraum** dressing-room; **~ung** change of clothes
um|knicken to bend over; to fold over; to snap off; ⚕ to sprain; **~kommen** to perish; *(Essen)* to go bad; to be wasted
Umkreis circle, circumference; neighbourhood, vicinity; **~en** to circle round, to revolve round; to encircle; **~ung** encirclement
umkrempeln to tuck up
umlad|en to load from s-th to s-th; to reload; ⚓, ✈ to transship; **~ung** reloading, transshipment
Umlag|e assessment; *(Kommunal-)* rate; levy; **~ern** to surround; to besiege; **~erung** re-direction; switching
Umlauf circulation; revolution; rotation; *(Schreiben)* circular; *in ~ setzen* to put into circulation, to circulate; *(Gerücht)* to spread; **~en** *vt* to walk round; *vi* to circulate; to be in circulation; to take a roundabout way; **~kapital** active capital; **~vermögen** current assets; **~zeit** turn-round time
umleg|en to put on (*od* round); to lay down; *sl* to do s-b in; to change the position of, to shift;

(verteilen) to apportion, to distribute; **~ekragen** turn-down collar

umleit|en to divert; to turn aside; **~ung** *BE* diversion, detour; re-direction

um|lenken to turn round (*od* back); **~lernen** to re-adjust one's views; to learn anew; **~liegend** surrounding, neighbouring; **~mauern** to wall in; **~modeln** to remodel, to alter; **~nachtet** wrapped in darkness; *fig* deranged; **~nebeln** to cloud; *fig* to bewilder; **~packen** to repack; **~pflanzen** to transplant; to plant round; **~pflügen** to plough (*US* plow) up; **~quartieren** to remove to other quarters; **~rahmen** to frame; to surround; **~randen, ~rändern** to border, to edge; **~ranken** to twine round; to clasp with tendrils

umrechn|en to convert, to change; to recalculate; *umgerechnet auf* expressed in terms of; **~ungssatz** conversion rate

um|reisen to go round; **~reißen** to pull down; *fig* to outline; **~rennen** to run over (*od* down); **~ringen** to surround; **~riß** outline, contour; **~rühren** to stir (up); **~sägen** to saw down; **~satteln** *vt* to resaddle; *vi fig* to change one's studies (*bzw* occupation)

Umsatz sales, turnover; **~steuer** turnover tax

umsäumen to hem; to enclose, to surround

umschalt|en ϟ to switch (over); 🚗 to change gear; **~er** switch, commutator; *(Schreibm.)* shift-key; **~hebel** change-lever; gear-lever

Umschau looking round; *~ halten* to look round, to look out (*nach* for); **~en** *refl, vi* to look round

umschicht|en to alter, to change, to switch; to shift (the strata of); **~ig** in layers; *fig* alternately; **~ung** alteration; switch; shifting; *(Arbeiter)* redeployment

umschiffen to sail round, to circumnavigate

Umschlag cover, wrapper; *(Brief-)* envelope; cuff; *(Saum)* hem; ⚕ poultice, compress; traffic, turnover; *fig* turn, change; **~en** *vt* to knock down, to fell; *(Tuch)* to put on; *(Stoffrand)* to turn up; *(Kragen)* to turn down; *(Seite)* to turn over; *vi* to tilt over; ⚓ to capsize; *(Stimme)* to break; *(Wind)* to change; *(Wetter)* to break; **~(e)tuch** shawl; **~hafen** port of reshipment (*od* transshipment); **~papier** wrapping-paper; **~seite** cover

um|schleiern to veil; **~schließen** to enclose, to surround; to clasp; **~schlingen** to embrace, to clasp (round); to entwine; **~schmelzen** to remelt, to recast, to refound; **~schnallen** to buckle on; **~schnüren** to pack, to do (*od* tie) up; cord

umschreib|en to rewrite; to transfer, to make over; to circumscribe; *fig* to paraphrase; **~ung** *fig* paraphrase

Umschrift inscription; *(Münze)* legend; transcription

umschul|en to retrain; to rehabilitate; **~ung** retraining; rehabilitation

um|schütten to upset, to spill; to pour into another vessel; **~schwärmen** to swarm round; *fig* to adore

Umschweif digression; *ohne ~e* frankly, plainly; point-blank

um|schwenken to wheel round; *fig* to change one's mind; **~schwung** change; revulsion (of feeling); revolution; *(völlig)* about-face; **~segeln** to sail round, to circumnavigate

umsehen *refl* to look round (*od* back); to look about; to look out (*nach* for); *im ~* in a moment

um|seitig on the other page, overleaf; **~setzen** to change; to transplant; ♪ to transpose; *(Waren)* to dispose of, to realize, to sell; **~sichgreifen** spreading

Umsicht prudence, caution; **~ig** prudent, cautious, circumspect; **~igkeit** = ~

um|siedeln *vt* to resettle; *vi* to settle elsewhere; **~sinken** to drop, to sink down; to faint; **~sonst** for nothing, gratis; in vain; without a reason; **~spannen** to change *(horses)*; ϟ to transform; to enclose, to encompass; to comprise; **~springen** *vt* to jump round s-b; *vi* to change, to veer (round); *~springen mit* to treat roughly, to manage s-b; **~spülen** to wash (round)

Umstand circumstance; fact; factor, condition; *pl* particulars; formalities; fuss, trouble; *ohne ~̈e* without ceremony; *unter ~̈en* in certain circumstances; *unter allen ~̈en* in any case, at all events; *unter keinen ~̈en* on no account; *machen Sie keine ~̈e* do not stand upon ceremony; *in anderen ~̈en* to be expecting, to be in the family way; *mildernde ~̈e* ⚖ extenuating circumstances; **~̈ehalber** owing to circumstances; **~̈lich** circumstantial; formal; fussy; *(verwickelt)* involved, intricate; **~̈lichkeit** ceremoniousness; fussiness; intricacy; **~sbestimmung** adverbial phrase; **~skleid** maternity dress; **~skrämer** fussy person, fusspot; **~swort** adverb

umstecken to pin anew, to stick anew; to pin (*od* stick) round

umstehen to stand round, to surround; **~d** on the other side, on the following page, overleaf; *d. ~en* the bystanders

Umsteige|karte transfer (ticket); **~n** to change (*nach* for)

umstell|en to re-arrange; to change the position of; to transpose; to convert (to); to surround, to encircle; *refl* to assume a different attitude; to adapt o.s. (*auf* to); **~ung** re-arrangement; change; transposition; conversion; inversion; change-over

um|stimmen ♪ to tune to another pitch; *fig* to make s-b change his mind, to talk s-b into (doing); **~stoßen** to knock down, to upset; *fig* to annul, to reverse; **~stricken** to ensnare; **~stritten** disputed, controversial; (question) at issue; **~stülpen** to turn upside down, to turn over

Umsturz overthrow; revolution; **~bestrebungen** revolutionary tendencies; **~̈en** to throw down, to overturn; *vi* to fall down; **~̈ler** revolutionary; **~̈lerisch** revolutionary, subversive

Umtausch exchange; conversion; **~en** to exchange (*gegen* for)

umtopfen to repot
Um|trieb activity; *pl* intrigues, machinations; **~tun** to put on; *refl* to look (*nach* for); **~wachsen** to grow round
umwälz|en to roll round; *fig* to revolutionize; *refl* to roll about; **~ung** revolution
umwand|eln to change, to transform; ⚖ to commute; to convert; *er ist wie umgewandelt* he has turned over a new leaf; **~lung** change, transformation; commutation; conversion
umwechs|eln *(Geld)* to change; to exchange (*für, gegen* for); **~lung** changing; exchange
Umweg roundabout way, detour; circuitous route; *e-n ~ machen* to (make a) detour
um|wehen to blow down; to blow round; **~welt** surrounding world, the world around us; environment; **~welteinfluß** environmental influence; **~weltgefahr** ecological hazard; **~weltschutz** environment protection; **~weltschützer** environmentalist; **~weltverschmutzung** environmental pollution; **~wenden** to turn (over); to turn upside down; *refl* to turn round (*od* back); **~werben** to woo; to court; *umworben sein* to have many admirers, to be sought after; **~werfen** to upset; to overthrow; to throw round, to put on
umwert|en to revalue; to convert (*1 : 1 ~en* to c. in the ratio 1 : 1); **~ung** revaluation; conversion
um|wickeln to wind round; to wrap up; **~wohner** *pl* neighbours, inhabitants of the vicinity; **~wölken** to overcast; *fig* to darken; **~zäunen** to fence (*od* hedge) round, to enclose; **~ziehen** *vt* to change s-b's clothes; *refl* to change; *vi* to remove, to move (house); **~zingeln** to surround, to encircle
Umzug procession; *pol* demonstration; *(Wohnung)* removal; **~gut** removal goods; **~skosten** removal expenses
un- un-, in-, non- *(hier nicht zu findende Wörter, die mit* un- *zusammengesetzt sind, suche man unter dem Grundwort)*
unab|änderlich unalterable; irrevocable; **~dingbar** unalterable, final; mandatory; **~gekürzt** unabbreviated; *(Text)* unabridged
unabhängig independent (*von* of); **~keit** independence
unab|kömmlich irreplaceable, indispensable; **~lässig** incessant, unremitting; perpetual; **~sehbar** immeasurable; incalculable; immense, vast; **~sichtlich** unintentional; **~weisbar, ~weislich** unavoidable; imperative; **~wendbar** inevitable
unachtsam inattentive; careless; casual; **~keit** inattention; carelessness
unähnlich unlike, dissimilar; **~keit** dissimilarity
unan|fechtbar incontestable, indisputable; **~gebracht** unsuitable, out of place; untimely; malapropos; **~gefochten** unhampered; undisputed; **~gemessen** inadequate; unsuitable; improper; **~genehm** unpleasant, disagreeable; awkward; **~greifbar** unassailable; **~nehmbar** unacceptable; **~nehmlichkeit** inconvenience, annoyance; unpleasantness; trouble; **~sehnlich** poor-looking, ill-favoured; plain, mean; insignificant; **~ständig** indecent, improper; **~ständigkeit** indecency, impropriety; **~stößig** inoffensive, harmless; **~tastbar** inviolable; unassailable; **~wendbar** inapplicable
unappetitlich uninviting; distasteful, repulsive
Unart rudeness; bad behaviour, ill breeding; **~ig** naughty; rude, badly behaved
un|artikuliert inarticulate; **~ästhetisch** in bad taste; repellent; not aesthetic
unauf|fällig inconspicuous; conservative; modest; **~findbar** not to be found; **~gefordert** unasked; **~geklärt** unexplained; unenlightened; **~haltsam** irresistible; uncontrollable; incessant; **~hörlich** incessant, ceaseless; continual; **~lösbar, ~löslich** insoluble; inexplicable; **~merksam** inattentive; **~merksamkeit** inattention; **~richtig** insincere; **~richtigkeit** insincerity; **~schiebbar** not to be put off, pressing, urgent
unaus|bleiblich inevitable; unfailing, certain; **~führbar** impracticable, not feasible; **~geglichen** maladjusted; unbalanced; **~geglichenheit** maladjustment; disequilibrium; **~genutzt** unused; **~gesetzt** uninterrupted, constant; **~löschlich** indelible; *(Feuer)* inextinguishable; **~rottbar** ineradicable; **~sprechlich** inexpressible; indescribable; unspeakable; **~stehlich** intolerable, insufferable; **~weichlich** inevitable, unavoidable
unbändig unruly, unmanageable; excessive, tremendous
unbarmherzig unmerciful, merciless, pitiless; **~keit** mercilessness, unmercifulness
unbe|absichtigt unintentional; **~achtet** unnoticed; disregarded; *~achtet lassen* to ignore, to take no notice of; **~anstandet** unopposed; unhampered; not objected to; **~antwortet** unanswered; **~aufsichtigt** without supervision; **~baut** not built upon; ⚘ uncultivated; **~dacht (-sam), ~dächtig** inconsiderate, thoughtless; rash; **~deckt** uncovered; bare; **~denklich** harmless; unobjectionable; unhesitating; *adv* without hesitation; without scruples; unreservedly; **~deutend** insignificant, trifling; **~dingt** unconditional; absolute; *(Vertrauen, Gehorsam)* implicit; **~eidigt** not sworn (in); **~einflußt** unbiased, unprejudiced; **~fahrbar** impassable; impracticable; **~fangen** natural, unembarrassed; impartial, unprejudiced; **~fangenheit** impartiality; naturalness; **~fleckt** unsullied, unspotted; *fig* immaculate; **~friedigend** unsatisfactory; **~friedigt** unsatisfied, dissatisfied; **~fristet** for an unlimited period; **~fugt** unauthorized; not entitled; incompetent; *adv* without authority; *d. Betreten ist ~fugten verboten* no admission except on business, unauthorized persons not admitted; **~gabt** not gifted, untalented; **~glaubigt** unauthenticated; *pol* unaccredited; **~gleitet** unattended; **~greiflich** incomprehensible, inconceivable; **~grenzt** unboundet, unlimited;

~gründet unfounded, groundless; **~hagen** uneasiness, discomfort; *mit ~hagen* uneasily; **~haglich** uncomfortable; uneasy; awkward; **~helligt** unmolested, undisturbed; **~hilflich** helpless; **~holfen** awkward, clumsy; **~holfenheit** awkwardness, clumsiness; **~hutsam** incautious, careless; **~irrbar** imperturbable, not to be put out; **~irrt** unswerving, unflinching; **~kannt** unknown; unacquainted (with); ignorant (*mit* of); a stranger (to); **~kehrbar** inconvertible; **~kleidet** unclothed, in one's birthday suit; **~kümmert** unconcerned; careless; **~lästigt** unmolested; **~lebt** lifeless; inanimate; dull; **~lehrbar** unteachable; obstinate; **~lesen** illiterate; uneducated; **~liebt** disliked; unpopular; **~liebtheit** unpopularity; **~lohnt** unrewarded; **~mannt** unmanned; **~merkbar** imperceptible; **~merkt** unnoticed, unperceived; **~mittelt** without means, indigent; **~nannt** nameless; *(Zahl)* abstract; **~nommen:** *j-m ~nommen bleiben* to be free (to do); **~nutzt** unused; unoccupied; **~quem** uncomfortable; inconvenient; disagreeable; **~quemlichkeit** discomfort, inconvenience; **~rechenbar** incalculable; whimsical; **~rechtigt** not entitled (to do); unauthorized; unjustified; **~richtigt** not corrected; **~rücksichtigt** not taken into account; disregarded, ignored; **~rufen** uncalled for; unauthorized; *~rufen!* touch wood!; **~rührt** untouched; intact; innocent, chaste; **~schadet** *prep* without prejudice to; **~schädigt** undamaged; uninjured, unhurt; safe and sound; **~schäftigt** unemployed; unoccupied; **~scheiden** immodest; arrogant; exorbitant; **~scheidenheit** lack of modesty; rudeness; arrogance; **~scholten** blameless; irreproachable; **~scholtenheit** blameless reputation; blamelessness; integrity; **~schränkt** unlimited, boundless; absolute; **~schreiblich** indescribable; beyond description; **~schrieben** blank, not written upon; **~schwert** unburdened; unmolested; **~seelt** inanimate; **~sehen** without previous inquiry (*od* examination); without inspection; without hesitation; **~setzt** unoccupied; vacant; **~siegbar, ~sieglich** invincible; **~sonnen** thoughtless, inconsiderate; careless; rash; **~sonnenheit** thoughtlessness; carelessness; rashness; **~sorgt** unconcerned; careless; carefree, easy; *sei ~sorgt!* don't worry!; don't trouble yourself!; **~ständig** unstable, inconstant; fickle; *(Wetter)* unsettled, changeable; **~ständigkeit** instability, inconstancy; fickleness; changeableness; **~stätigt** unconfirmed; **~stechlich** incorruptible; **~stechlichkeit** incorruptibility; integrity; **~stellbar** not deliverable; *(Brief)* dead; **~stellt** undelivered; not ordered; **~stimmbar** undefinable; nondescript; **~stimmt** undetermined; indefinite, indeterminate; uncertain, vague; *gram* indefinite; **~stimmtheit** indeterminateness; indefiniteness; uncertainty, vagueness; inaccuracy; **~stochen** uncorrupted; **~streitbar** incontestable, indisputable; *adv* surely; **~stritten** uncontested, undisputed; **~teiligt** not concerned; not interested (*bei, an* in); not participating; **~tont** unstressed; **~trächtlich** inconsiderable

unbeugsam unbending, inflexible; determined; stubborn; **~keit** inflexibility; determination; stubbornness

unbe|wacht unguarded; unwatched; **~waffnet** unarmed; *(Auge)* naked; **~wandert** not versed (in); inexperienced; **~weglich** immovable; motionless; *(Besitz)* real; **~wegt** unmoved; idle; **~wehrt** unarmed; **~weibt** unmarried, bachelor; **~wiesen** not proved; **~wohnbar** uninhabitable; **~wohnt** uninhabited; **~bewußt** unconscious; involuntary; **~zahlbar** priceless; **~zahlt** unpaid; **~zähmbar** indomitable, untamable; **~zeugt** unattested; **~zweifelt** undoubted; **~zwingbar, ~zwinglich** invincible; indomitable; unsurmountable

unbiegsam inflexible, unbending; unyielding; rigid; **~keit** inflexibility; rigidity

Unbildung lack of education; illiteracy

Unbill injustice, wrong; *(Wetter)* inclemency; **~ig** unfair, unjust; *ich verlange nichts ~iges* I only ask what is fair; **~igkeit** unfairness, injustice

un|blutig bloodless; *eccl* unbloody; **~botmäßig** insubordinate; refractory, unruly; **~brauchbar** useless, of no use; unserviceable; **~brauchbarkeit** uselessness; **~bußfertig** impenitent, unrepentant; **~christlich** unchristian

und and; ~? and then?, and afterwards?; *~ wenn* even if; *~ so weiter* and so on; *~ so weiter, ~ so weiter* and so on, and so forth

Undank ingratitude; *~ ist d. Welt Lohn* the world pays with ingratitude; **~bar** ungrateful; *(Aufgabe)* thankless; **~barkeit** ingratitude

un|datiert undated; bearing no date; **~definierbar** indefinable; **~deklinierbar** indeclinable; **~denkbar** unthinkable, inconceivable; **~denklich** immemorial; *seit ~denklichen Zeiten* from time immemorial; **~deutlich** indistinct; not clear, vague; inarticulate; unintelligible; **~deutsch** un-German; not German; **~dicht** not tight, leaky; *~dicht sein* to leak; **~dienlich** useless; unfitted (for); **~dienstfertig** disobliging; **~ding** monstrosity, monster; absurdity; impossibility; **~duldsam** intolerant; **~duldsamkeit** intolerance

undurch|dringlich impenetrable; impervious, impermeable; **~führbar** impracticable, impossible; **~lässig** impermeable; waterproof; lightproof; gasproof (etc); **~sichtig** opaque, not transparent

uneben uneven; rough, rugged; *nicht ~* not bad; **~bürtig** of inferior rank, inferior; **~heit** unevenness; roughness, ruggedness

un|echt not genuine; spurious; false, sham; *(Geld)* counterfeit; *(Farbe)* not fast; *chem* adulterated; *math* improper; imitation, artificial; **~edel** base, ignoble

unehr|bar indecent, immodest; **~e** dishonour, disgrace; **~enhaft** dishonourable; **~erbietig** disrespectful; irreverent; **~lich** dishonest; infamous; insincere; underhand; **~lichkeit** dishonesty; insincerity

uneigennützig disinterested; unselfish; **~keit** disinterestedness; altruism

uneigentlich not literal, not proper; figurative

unein|begriffen not included; exclusive of; **~bringlich** irrecoverable, irretrievable; **~gedenk** unmindful; **~geschränkt** unlimited; *adv* without qualification; **~geweiht** uninitiated; **~ig** disunited; discordant; at variance (with); *~ig werden* to fall out (with s-b); **~igkeit** discord, dissension; disagreement; disunion; **~nehmbar** impregnable; **~s:** *~s sein* to disagree, to be at variance (with); **~träglich** unprofitable

unelegant inelegant

unempfänglich insusceptible, unreceptive; **~keit** insusceptibility; indifference

unempfindlich insensible; insensitive (to); indifferent (to); **~keit** insensibility; indifference

unendlich infinite; endless; vast; *e-e ~e Menge* an infinite multitude; *umg* no end of...; **~keit** infinity; endlessness; infinite space

unent|behrlich indispensable; **~geltlich** free, gratis; gratuitous; free of charge (*od* payment); **~haltsam** incontinent; intemperate; **~hüllt** unrevealed; **~schieden** undecided; drawn; *~schiedenes Spiel* a drawn game, a draw; *~schieden enden* to end in a draw (*od* in a tie); *fig* irresolute; **~schiedenheit** indecision; uncertainty; **~schlossen** undecided, irresolute; **~schlossenheit** indecision irresolution; **~schuldbar** inexcusable; **~wegt** steadfast, staunch; unflinching, unswerving; **~wickelt** undeveloped; **~wirrbar** inextricable; **~zifferbar** indecipherable

uner|bittlich inexorable, adamant; **~fahren** inexperienced; **~fahrenheit** inexperience; want of experience; **~findlich** mysterious, incomprehensible; **~forschlich** impenetrable; inscrutable; **~forscht** unexplored; occult; **~freulich** unpleasant, disagreeable; unsatisfactory; **~füllbar** unrealizable; impossible to fulfil; **~füllt** unfulfilled; **~giebig** unproductive; sterile; barren; **~gründlich** unfathomable, abysmal; bottomless; impenetrable; **~heblich** irrelevant, insignificant; inconsiderable; trifling; **~hört** unheard of; *(Bitte)* unheard; unprecedented; shocking; scandalous; exasperating; *~hört!* the limit!; exorbitant; **~kannt** unrecognized; incognito; **~kenntlich** ungrateful; **~klärbar, ~klärlich** inexplicable; unaccountable; **~läßlich** indispensable; **~laubt** not allowed; illicit; unlawful; **~ledigt** not finished, not settled; **~meßlich** immeasurable, immense; infinite; vast, huge; **~müdlich** untiring, indefatigable; unflagging; unwearied; **~örtert** not discussed; not decided, unsettled; **~quicklich** unpleasant, disagreeable; unedifying; **~reichbar** unattainable; inaccessible; out of reach; **~sättlich** insatiable; **~schlossen** not opened up; undeveloped; **~schöpflich** inexhaustible; **~schrocken** intrepid, undaunted; fearless; **~schrockenheit** intrepidity; fearlessness; **~schütterlich** unshakable; firm, resolute; **~schütterlichkeit** firmness, resolution; **~schwinglich** unattainable; exorbitant, beyond one's means; beyond price; **~setzbar, ~setzlich** irreplaceable; irreparable; irretrievable; **~sprießlich** unprofitable; unpleasant, disagreeable; **~steigbar** inaccessible; that cannot be climbed; **~träglich** unbearable, intolerable; beyond (all) bearing, beyond endurance; **~wähnt** unmentioned; *~wähnt lassen* to make no mention of; **~wartet** unexpected; abrupt; **~widert** unanswered; *(Liebe)* unrequited, unreturned; **~wiesen** unproved; **~wünscht** undesired; unwished for, unwelcome; **~zogen** uneducated; ill-bred

unfähig incapable (of); unable (to do); incompetent, unfit (for); **~keit** incapacity, inability; unfitness; inefficiency

Unfall accident; breakdown; disaster; *e-n ~ haben* to meet with an accident; **~flucht** hit-and-run offence; **~kommando** breakdown gang; accident assistance squard; **~station** first-aid station; accident ward; **~tod** accidental death; **~versicherung** accident insurance

un|faßbar, ~faßlich inconceivable, incomprehensible; **~fehlbar** infallible; *adv* certainly; **~fehlbarkeit** infallibility; **~fein** rude, coarse; impolite; ungentlemanly; **~fern** not far off, near; *prep* not far from, a little way from; **~fertig** unfinished; not ready; immature; **~flat** filth, dirt; **~flätig** filthy, dirty; obscene; **~fleiß** laziness, idleness; **~folgsam** disobedient; **~folgsamkeit** disobedience; **~förmig, ~förmlich** mis-shapen, shapeless; deformed; monstrous; **~förmigkeit** deformity; monstrosity; **~frankiert** not prepaid; unstamped; carriage forward; **~frei** not free; constrained, embarrassed; = ~frankiert; **~freiwillig** compulsory; involuntary; **~freundlich** unfriendly, unkind; harsh; *(Wetter)* inclement; **~freundlichkeit** unfriendliness; unkindness; inclemency; **~friede** discord, dissension

unfruchtbar barren, sterile; arid; unproductive; **~keit** barrenness, sterility; aridity; **~machung** sterilization

Unfug mischief; disorder; misdemeanour; *(Unsinn)* nonsense; *~ treiben* to do mischief

un|gangbar impassable; not current; unsalable; **~gastlich** inhospitable

Ungar Hungarian; **~isch** Hungarian; **~n** Hungary

unge|achtet not esteemed, not respected; *prep* regardless of, in spite of; notwithstanding; **~ahndet** unpunished; **~ahnt** unthought of, never dreamt of; unexpected, not anticipated; **~bändigt** *(Pferd)* not broken in; *fig* unrestrained; **~bärdig** unruly, wild; **~beten** uninvited; *~betener Gast (umg)* gate-crasher; **~beugt** unbent, uncurbed; **~bildet** uneducated, uncultivated; ill-bred; low-bred; **~bleicht** unbleached; unblanched; **~boren** unborn; **~bräuchlich** unusual; **~braucht** unused; **~brochen** unbroken; *(Strahl)* not refracted; **~bühr** impropriety; **~bührlich** improper, indecent, unbecoming; **~bunden** unbound; *fig* free, unrestrained; loose, dissolute; *ich bin zeitlich*

~bunden my time is my own; **~dankt** without thanks; **~deckt** uncovered, without cover; *(Scheck)* dishonoured; *(Tisch)* not yet laid; **~druckt** unprinted; unpublished; **~duld** impatience; **~duldig** impatient; **~eignet** unsuitable, unfit; inappropriate; **~fähr** *adj* approximate; vague; *adv* about, nearly; approximately; *su* chance, accident; *von ~fähr* by chance; **~fährdet** out of danger, safe; **~fährlich** not dangerous, harmless; **~fällig** disobliging, unobliging, unkind; **~fälligkeit** discourtesy; **~fälscht** unadulterated; **~fiedert** callow; **~fragt** unasked; **~füge** mis-shapen, monstrous; **~fügig** unwieldy; unmanageable; **~gerbt** untanned; **~halten** indignant, angry; **~heißen** unasked; voluntary; *adv* spontaneously; **~heizt** unheated; **~hemmt** unhampered; unchecked; on the loose; **~heuchelt** unfeigned; sincere; **~heuer** *adj* enormous, immense; huge; monstrous; *adv* exceedingly; *su* monster; **~heuerlich** monstrous; **~heuerlichkeit** monstrosity; enormity; **~hobelt** unplaned; *fig* unpolished, uncouth; **~hörig** undue; unsuitable; improper; impertinent; **~hörigkeit** impertinence; impropriety; **~horsam** *adj* disobedient; *su* disobedience; insubordination; **~kocht** unboiled; **~künstelt** unaffected; artless; natural; **~kürzt** unabridged; **~laden** uninvited; *(Gewehr)* unloaded; **~legen** inconvenient, inopportune; *~legen kommen* to arrive at an awkward time, to come amiss; **~legenheit** inconvenience; trouble; **~lehrig** not docile; unteachable; **~lenk** awkward; stiff; **~lernt** unskilled; **~logen** truthfully; **~löscht** unquenched; unextinguished; *(Kalk)* unslaked; **~mach** discomfort; trouble, hardship; **~mein** extraordinary; *adv* uncommonly; extremely; **~messen** unbounded, unlimited; **~mütlich** uncomfortable; unpleasant; *(Person)* disagreeable; **~nannt** unmentioned; nameless; anonymous; **~nau** inaccurate, inexact; loose; **~nauigkeit** inaccuracy, inexactitude; **~neigt** disinclined; indisposed; **~niert** not standing on ceremony, free and easy; making o.s. at home; **~nießbar** uneatable; unfit for human consumption; unbearable, unsociable; **~nügend** insufficient; unsatisfactory, below standard; **~nügsam** discontented; insatiable; **~nutzt** unused; unutilized; unemployed; **~ordnet** not arranged; **~pflastert** unpaved; **~pflegt** neglected; untidy, unkempt; **~pflügt** unploughed; **~prüft** unexamined; untried; **~putzt** uncleaned, unpolished; unadorned; **~rächt** unavenged; **~rade** not straight, uneven, *(Zahl)* odd; **~raten** spoiled, naughty; misshapen; **~rechnet** not counted (*od* included), not taken into account; exclusive of; **~recht** unjust; **~rechtfertigt** unjustified; **~rechtigkeit** injustice; **~regelt** irregular; not (*od* badly) arranged; **~reimt** unrhymed; absurd

ungern unwillingly; reluctantly; *ich sehe es ~* I don't like to see it

unge|rügt uncensured; **~salzen** unsalted; **~sättigt** unsatisfied; unsaturated; **~säuert** unleavened; **~säumt** *(Kleid)* seamless, unseamed; *(sofort)* prompt, immediate; *adv* immediately, without delay; **~schehen** undone; *~schehen machen* to undo; **~schick** misfortune; **~schicklichkeit** awkwardness, clumsiness; **~schickt** awkward, clumsy; stupid; **~schlacht** uncouth; clumsy; **~schliffen** uncut; unpolished; coarse; *fig* ill-bred; **~schmälert** undiminished; **~schmeidig** stiff, not pliant; intractable; **~schminkt** not made up, not rouged; *fig* unvarnished; **~schoren** unshorn; *fig* unmolested; *~schoren lassen* to leave alone (*od* in peace); **~schwächt** unweakened; unbroken; **~sellig** unsociable; **~setzlich** illegal; unlawful; **~setzlichkeit** illegality; unlawfulness; **~sittet** ill-mannered; uncivilized; **~staltet** misshapen, deformed; **~stempelt** unstamped; ✉ not postmarked; **~stillt** unquenched; unappeased; **~stört** undisturbed; uninterrupted; **~straft** unpunished; with impunity; **~stüm** impetuous; boisterous; *su* impetuosity; **~sund** unhealthy; unwholesome; **~teilt** undivided; *fig* unanimous; **~treu** faithless; **~trübt** cloudless, unclouded; clear; *fig* untroubled, pure; **~tüm** *su* monster; **~übt** untrained, unpractised; inexperienced; **~wandt** unskilful; awkward; **~waschen** unwashed; **~wiß** uncertain; **~wisse** *su* uncertainty; *e. Sprung ins ~wisse* a leap in the dark; **~wißheit** uncertainty; **~witter** (violent) storm, thunderstorm; hurricane; **~wöhnlich** unusual, uncommon; strange; abnormal; **~wohnt** unaccustomed, unfamiliar; unusual; **~würzt** unseasoned; **~zählt** uncounted; unnumbered; innumerable; **~zähmt** untamed; **~ziefer** vermin; insects, bugs; **~ziemend** unbecoming; unseemly, improper; **~zogen** naughty; rude; ill-bred; **~zogenheit** rudeness, impertinence; naughtiness; **~zügelt** unbridled, unrestrained; **~zwungen** unaffected, natural; *~zwungene Haltung* easy attitude; *~zwungene Lebensfreude* carefree and happy enjoyment of life; **~zwungenheit** unaffectedness; ease

Unglaub|e disbelief; unbelief; **~̈ig** unbelieving; incredulous; infidel; **~̈igkeit** unbelief; incredulity; **~lich** incredible; *ganz ~lich* past all belief; **~würdig** untrustworthy; unreliable

ungleich unequal; unlike; dissimilar; uneven; different, varying; *adv* incomparably; a great deal; far; **~artig** heterogeneous; dissimilar; **~artigkeit** heterogeneity; **~förmig** not uniform; unlike; irregular; **~förmigkeit** want of uniformity; **~mäßig** unsymmetrical; disproportionate; irregular; **~seitig** with unequal sides; *math* scalene

Unglimpf insult; harshness; **~lich** insulting; harsh

Unglück misfortune; calamity; disaster; bad luck; adversity; *e. ~ kommt selten allein* misfortunes never come singly; **~lich** unfortunate, unlucky; unhappy; ill-starred; *(Liebe)* unrequited; **~licherweise** unfortunately; **~selig** unfortunate; disastrous; miserable; **~sfall** accident; casualty; **~srabe** unlucky devil; **~stag**

black-letter day; **~svogel** bird of ill omen; *fig* unlucky person

Ungnad|e disgrace; disfavour; *in ~e fallen* to incur s-b's displeasure; *auf Gnade u. ~e* at discretion; **¨ig** displeased; ungracious; ill-humoured

ungültig invalid; null and void; not current; not available; *~ erklären* to annul; **~keit** invalidity; nullity

Ungunst disfavour; unpropitiousness; *(Wetter)* inclemency; disadvantage; **¨ig** unfavourable; adverse; disadvantageous

ungut unfriendly, unkind; not well; *nichts für ~!* no harm meant, no offence!; **¨ig** unfriendly, unkind

un|haltbar not durable; *fig* untenable, not to be maintained; **~handlich** unwieldy, awkward; **~harmonisch** inharmonious; discordant

Unheil mischief, harm; disaster, calamity; *~ anrichten* to make mischief; *~ heraufbeschwören* to ask for trouble; **~bar** incurable; irreparable; **~bringend** ominous, unlucky; fatal; **~drohend** portentous; **~ig** unholy; profane; **~schwanger** fraught with disaster; **~stifter** mischief-maker; **~voll** disastrous, calamitous; baleful; pernicious

un|heimlich uncanny, eerie, weird; sinister; *adv* tremendously, awfully; **~höflich** impolite, uncivil; rude; **~höflichkeit** impoliteness; rudeness; **~hold** unkind, ungracious; *su* monster; fiend; **~hörbar** inaudible; **~hygienisch** insanitary

Uniform uniform; **~ieren** to make uniform; **~iert** uniform(ed)

Unikum unique example; original; strange fellow

universal universal; catholic; all-purpose; **~erbe** sole heir; universal legatee; **~mittel** ⚕ universal remedy, panacea; **~motor** universal motor; **~schraubenschlüssel** universal wrench (*BE* spanner)

Universität university; college; *US oft* campus; **~sklinik** university hospital, Medical School; **~sprofessor** university professor

Universum universe

Unk|e toad; **~en** to prophesy evil, *umg* to croak

unkenn|tlich unrecognizable; **~tlichkeit** unrecognizable condition; impossibility of recognition; **~tnis** ignorance

unkeusch unchaste, lewd; incontinent; **~heit** unchastity, lewdness; incontinence

unklar not clear; obscure, ambiguous; turbid, muddy; indistinct, hazy; **~heit** want of clearness; obscurity, ambiguity; indistinctness

unklug imprudent, unwise; foolish; **~heit** imprudence; foolishness

unkörperlich incorporeal; immaterial; spiritual

Unkosten expenses; costs; charges; *s. in ~ stürzen* to go to great expense; *ich kann mich hierfür nicht in große ~ stürzen* I can't waste any money on that

Unkraut weed(s); *~ verdirbt nicht* ill weeds grow apace

un|kultiviert barbaric, barbarous; **~kündbar** irredeemable; consolidated; *(Stellung)* permanent; **~kundig** ignorant of, unacquainted with; **~längst** not long ago; recently, the other day; **~lauter** unfair, mean; insincere; *~lauterer Wettbewerb* unfair competition; **~leidlich** unbearable, intolerable; **~leserlich** illegible; **~leugbar** undeniable; **~lieb** disagreeable; *gar nicht ~lieb* quite agreeable; **~liebenswürdig** unkind, unamiable; **~liebsam** disagreeable, unpleasant; **~liniert** unruled, without lines; **~logisch** illogical; **~lösbar, ~löslich** insoluble; **~lust** dislike, disinclination; aversion; dullness; **~lustig** disinclined, reluctant; listless; dull, flat; **~manierlich** unmannerly; **~männlich** unmanly; effeminate; **~maß** excessive amount, immense number; **~masse** vast quantity (*od* number); **~maßgeblich** without authority; open to correction; *nach meiner ~maßgeblichen Meinung* in my humble opinion; **~mäßig** immoderate; intemperate; excessive; **~mäßigkeit** immoderateness; *(Essen)* intemperance; excess; **~menge** vast quantity (*od* number); **~mensch** monster, fiend; **~menschlich** inhuman, barbarous; *umg* terrible; **~menschlichkeit** inhumanity; cruelty; **~merklich** imperceptible; **~meßbar** immeasurable; **~mittelbar** immediate, direct; **~möbliert** unfurnished; **~modern** old-fashioned, antiquated; **~möglich** impossible; *ich kann es ~möglich tun* I can't possibly do it; **~möglichkeit** impossibility; **~moralisch** immoral; **~motiviert** unfounded; not sufficiently motivated; without motive; **~mündig** minor, not of age; **~mündigkeit** minority; **~musikalisch** unmusical; **~mut** ill humour; displeasure; sadness, lowness of spirits; **~mutig** annoyed; displeased; ill-humoured; sad, low-spirited; **~nachahmlich** inimitable; **~nachgiebig** unyielding; uncompromising; relentless; **~nachsichtig** unrelenting; strict, severe; **~nahbar** inaccessible, unapproachable; **~natürlich** unnatural; affected; **~natürlichkeit** unnaturalness; affectation; **~nennbar** unutterable; inexpressible; ineffable; **~nötig** unnecessary, needless; **~nütz** useless; unprofitable; idle, vain; **~ordentlich** untidy, disorderly; confused; irregular; **~ordnung** disorder, untidiness; irregularity; confusion; mess; *in ~ordnung bringen* to throw into disorder (*od* confusion), to make hay of; *in ~ordnung geraten* to fall into disorder (*od* confusion); **~organisch** inorganic; **~paar** odd, not even; **~parteiisch** impartial; disinterested; **~parteiischer** umpire; **~parteilichkeit** impartiality; **~passend** improper; unbecoming; inopportune; awkward; **~passenderweise** inconveniently (enough); **~päßlich** indisposed; ailing; **~päßlichkeit** indisposition; **~patriotisch** unpatriotic; **~persönlich** impersonal; **~pfändbar** unseizable; **~poliert** unpolished; **~politisch** unpolitical; imprudent; **~praktisch** unpractical; unskilful, inexpert; **~pünktlich** unpunctual; inexact; behind time; **~qualifiziert** unqualified; **~rasiert** unshaven;

~rast restlessness; **~rat** filth; rubbish, refuse; *~rat wittern* to smell a rat; **~rationell** wasteful; **~ratsam** inadvisable; **~recht** *adj* wrong, not right; unfair, unjust; evil, bad; inopportune, unsuitable; *an d. ~rechten kommen* to knock at the wrong door, to catch a Tartar; *am ~rechten Ort sein* to be out of place; *su* wrong; injustice; *~recht haben* to be (in the) wrong, to be mistaken; *j-m ~recht tun* to wrong s-b; *zu ~recht* unlawfully, illegally; wrongly; *j-m ~recht geben* to decide against s-b; **~rechtmäßig** unlawful, illegal; **~rechtmäßigkeit** unlawfulness; illegality; **~redlich** dishonest; **~redlichkeit** dishonesty; **~reell** dishonest, unfair; unsound; **~regelmäßig** irregular; anomalous; **~regelmäßigkeit** irregularity; anomaly; **~reif** unripe; immature; **~reife** unripeness; immaturity; **~rein** unclean, impure; dirty, foul; *ins ~reine schreiben* to jot down, to make a rough copy of; **~reinlich** uncleanly, dirty; **~reinlichkeit** uncleanliness; **~rettbar** not to be saved; ⚕ beyond recovery, past saving; **~richtig** incorrect, wrong; erroneous; **~richtigkeit** incorrectness; error; **~ruh** *(Uhr)* balance wheel; **~ruhe** unrest, restlessness; disturbance; riot; alarm, uneasiness; anxiety; **~ruhig** restless; turbulent; uneasy; *(Wasser)* lumpy; noisy; *(Pferd)* restive; **~ruhestifter** troublemaker; agitator; **~rühmlich** inglorious

uns us; *refl* ourselves

un|sachgemäß careless; unskilful; **~sachlich** not objective, subjective; personal; not pertinent; **~säglich** unspeakable, unutterable; immense; **~sanft** rough; harsh; **~sauber** dirty, filthy; untidy; *fig* unfair; **~sauberkeit** uncleanliness; untidiness; dirt, filth; **~schädlich** innocuous; not injurious; harmless; *~schädlich machen* to render harmless; to neutralize; to disarm; **~schädlichkeit** harmlessness; **~schätzbar** inestimable, invaluable; **~scheinbar** inconspicuous; plain, homely; unpretending; **~schicklich** improper, indecent; **~schicklichkeit** impropriety, indecency; **~schiffbar** not navigable; **~schlitt** tallow; **~schlüssig** irresolute; *~schlüssig sein* to hesitate; **~schlüssigkeit** irresolution, indecision; **~schmackhaft** unsavoury; tasteless; **~schön** unhandsome, plain; unpleasant; unfair; **~schuld** innocence (*d. gekränkte ~schuld* injured i.) ♦ *ich wasche meine Hände in ~schuld* I am innocent of it; **~schuldig** innocent; harmless; **~schwer** not difficult; easy; **~segen** curse; adversity; **~selbständig** non-independent, dependent; helpless; without initiative; **~selbständigkeit** dependence; helplessness; **~selig** unfortunate; accursed; fatal

unser our; ours; **~eins** people like us, such as we; **~erseits** as for us; **~esgleichen** people like us; **~etwegen, ~etwillen** for our sake; on our behalf; because of us

un|sicher unsafe, insecure; *(Wetter)* unsettled; unsteady; uncertain, dubious; **~sicherheit** insecurity; uncertainty; **~sichtbar** invisible; **~sichtbarkeit** invisibility; **~sinn** nonsense; balderdash, humbug; folly; *~sinn!* rubbish!; **~sinnig** nonsensical, absurd; mad; **~sinnigkeit** absurdity; madness; **~sitte** bad habit; abuse; **~sittlich** immoral; **~sittlichkeit** immorality; indecency; **~solide** dissipated; unreliable; **~sozial** antisocial; **~statthaft** inadmissible; not permissible; illicit; **~sterblich** immortal; *~sterblicher Ruhm* immortal fame, immortality; **~sterblichkeit** immortality; **~stern** unlucky star; bad luck, misfortune; **~stet** changeable; unsteady; fitful; restless; **~stetigkeit** changeableness; unsteadiness; inconstancy; restlessness; **~stillbar** insatiable; unquenchable; **~stimmig** inconsistent; discrepant; **~stimmigkeit** inconsistency; discrepancy; **~streitig** incontestable; unquestionable; indisputable; **~sühnbar** inexpiable; **~summe** enormous sum; **~symmetrisch** asymmetrical; **~sympathisch** disagreeable, unpleasant; distasteful; **~tadelhaft, ~tadelig** blameless; irreproachable; **~tat** misdeed; outrage; crime; **~tätig** inactive; idle; **~tätigkeit** inactivity; **~tauglich** useless; unsuitable; unfit; good-for-nothing; **~tauglichkeit** uselessness; unfitness; **~teilbar** indivisible

unten below; beneath, underneath; *(im Haus)* downstairs; at the foot, at the bottom; *von oben bis ~* from top to bottom; *von ~ her* from underneath; *er ist bei mir ~ durch* I'm through with him; **~stehend** as below

unter *prep* under; below; beneath, underneath; *(zwischen)* among, amongst; between; *(während)* during; *~ uns* among (*od* between) ourselves; *adj* lower, inferior

Unter|abteilung subdivision; sub-unit; **~ausschuß** sub-committee

Unterbau foundation; *(Straße)* roadbed; substructure; **~en** to lay a foundation for; to found; to underpin *(a. fig)*

Unter|beamter subordinate official; **~belichten** to underexpose; **~bewußtsein** subconscious; *im ~bewußtsein* subconsciously; **~bieten** to undercut, to undersell; ⛩ *(Rekord)* to lower, to beat; **~bilanz** deficit; **~binden** to neutralize; to cut off, to paralyse; to stop; *(vorbeugen)* to forestall; **~bindung** paralysis; preventing; forestalling; disruption; **~bleiben** to remain undone; not to take place; to cease, to be discontinued; **~brechen** to interrupt; to cut short; to break off; *(Reise)* to break; to discontinue; **~brecher** ⚡ circuit breaker, cut-out; **~brechung** interruption, break; stop; *(Reise)* stop-over; **~brechungsbad** 🎞 (short-)stop bath; **~breiten** to lay before; to submit to; **~bringen** to shelter, to lodge, to accommodate; *mil* to billet; to provide a place for; *(verkaufen)* to dispose of; *(stapeln)* to store; *(Geld)* to invest; **~bringung** lodging, accommodation; billeting; placing; storage; investment; **~bringungsmöglichkeiten** accommodation; **~deck** ⚓ lower deck; **~derhand** secretly, in secret; underhand; **~des(sen)** meanwhile, in the meantime

unterdrück|en to oppress; to suppress, to

crush; to blanket; *(Ärger)* to bottle up; **~er** oppressor; **~ung** oppression; suppression
untereinander among one another, among themselves; mutually, reciprocally; together
unter|ernährt undernourished, underfed; **~ernährung** malnutrition, underfeeding; below-minimum diet; **~fangen** *refl* to dare, to venture; to undertake; *su* venture; undertaking, enterprise; **~fertigen** to sign; **~fertigter** the undersigned; **~führung** subway, underpass; **~futter** lining; **~gang** setting, sinking; decline; destruction, fall, ruin; **~geben** subject; inferior; **~gebener** subordinate; subaltern; **~gehen** *astr* to set; to sink, to perish; **~geordnet** subordinate; ancillary (to); **~geschoben** substituted; forged; *~geschobenes Kind* changeling; **~gestell** underpart; chassis; ✈ undercarriage; **~gliedern** to subdivide; **~graben** to sap, to undermine *(a. fig)*; **~grund** subsoil, foundation soil; *fig* background; *pol* underground; **~grundbahn** underground (railway), *US* subway; **~grundbahnstation** underground station, *US* subway station; **~haken** *umg* to take s-b's arm; **~halb** below, beneath
Unterhalt support, sustenance; maintenance; upkeep; livelihood; **~en** to support, to sustain; to maintain, to keep up; to entertain, to amuse; *refl* to converse with, to talk s-th over with; to enjoy o.s.; **~end, ~sam** entertaining, amusing; **~skosten** maintenance cost; living expenses; **~spflicht** liability to provide maintenance; **~spflichtig** liable to provide maintenance; **~szuschuß** maintenance allowance; **~ung** keeping up; maintenance, upkeep; support; talk, conversation; entertainment, amusement; **~ungskosten** = ~skosten; **~ungsliteratur** light reading, light literature; **~ungsprogramm** 📻 light program(me)
unterhand|eln to negotiate; to treat (with); **ⁿler** negotiator; mediator, go-between; agent; **~lung** negotiation
Unter|haus *pol* lower house; *(England)* House of Commons; **~hemd** *(Herren-) BE* singlet; *BE* vest, *US* undershirt; **~höhlen** to undermine *(a. fig)*; **~holz** brushwood, undergrowth; **~hose** (a pair of) drawers, trunks, *BE a.* pants; *(kurze)* briefs; *(lange) umg* longies; *siehe* Schlüpfer; **~irdisch** underground; subterranean; **~jochen** to subjugate, to subdue; **~jochung** subjugation; **~kellern** to provide with a cellar; **~kiefer** lower jaw; **~kleid** (under)slip; **~kleidung** underwear; undergarment; **~kommen** to find accommodation (*od* lodging); to find employment (*od* situation); to get under shelter; *su* accommodation, lodging; employment; **~körper** lower part of the body; abdomen; **~kriegen** to get the better of; *s. nicht ~kriegen lassen* to hold one's ground; **~kunft** accommodation, lodging; shelter; billet; **~lage** foundation, basis, support; evidence; record, document; *pl* data; *(Schreib-)* blotting-pad; **~land** lowland; **~laß** intermission; *ohne ~laß* without intermission, incessantly; **~lassen** to omit, to neglect; to fail (to do); to stop; **~lassung** omission, neglect; default; **~lauf** lower course (of a river); **~laufen** to occur, to creep in; *ein Irrtum ist ~laufen* an error was made (*od* crept in); *mit Blut ~laufen* bloodshot; **~legen** to lay (*od* put) under; to underlay; *(Bedeutung)* to attach to; ♪ to set (words to music); *adj* vanquished; **~leib** abdomen; **~leibskrankheit** abdominal disease; **~liegen** to succumb, to be subdued (*od* defated); *fig* to go the wall; ⚔ to come off second best; *es ~liegt keinem Zweifel* there is no doubt about, it admits of no doubt; **~lippe** lower lip; **~mauern** to build a foundation to, to underpin *(a. fig)*; *fig* to buttress; **~mengen** to mix with, to (inter)mingle; **~mensch** gangster, goon; **~menschlich** subhuman; **~mieter** subtenant; lodger, *US* roomer; **~minieren** to undermine *(a. fig)*
unternehm|en to undertake; to attempt; *su* undertaking; enterprise; proposition; **~er** entrepreneur; businessman; manufacturer, industrialist; contractor; **~erisch** entrepreneurial; enterprising; daring; **~ertum** free enterprise; **~ung** undertaking; enterprise; **~ungsgeist** enterprising spirit, spirit of enterprise; **~ungslustig** enterprising; adventurous
Unter|offizier non-commissioned officer, NCO; *(Rang) BE* corporal, *(Marine)* leading rating, *US* corporal, *(Luftwaffe)* airman 1st cl., *(Marine)* petty officer 3rd cl.; **~ordnen** to subordinate; *refl* to submit to; **~ordnung** subordination; **~pfand** pledge; security; **~reden** *refl* to confer (with); **~redung** conference; interview; conversation
Unterricht teaching, tuition; instruction; education; lessons, period; *~ im Freien* outdoor classes; **~en** to teach, to instruct; to educate; to train; to give a lesson; to inform (about), to apprise (of); to acquaint with; **~sbriefe** lessons by correspondence; **~serfahrung** teaching experience; **~serfolg** teaching result(s); **~sfach** subject; **~smethode** method of teaching; **~splan** syllabus; **~sstoff** subject matter; **~sstunde** lesson; *(bes zeitl.)* period; **~swesen** education(al matters); public instruction; **~ung** information; instruction, training
Unter|rock slip; petticoat; **~sagen** to forbid, to prohibit; **~sagung** prohibition; **~satz** saucer; base; support; **~schätzen** to underestimate, to underrate; to undervalue; **~schätzung** underestimation; undervaluation
unterscheid|en to distinguish (between); to distinguish (one thing from another); *(erkennen)* to make out; to discriminate, to differentiate; *refl* to differ (from); **~ung** distinction; discrimination, differentiation; **~ungsmerkmal** distinctive mark; characteristic; **~ungsvermögen** power of discernment
Unter|schenkel shank; **~schieben** to push under; to substitute; to father upon, to foist on; *fig* to impute to, to insinuate
Unterschied distinction; difference; disparity; discrepancy; divergence; *zum ~ von* in distinction from; **~en** different, distinct; **~lich** different(iated); differential; varying; *(be-*

nachteiligend) discriminatory; *~liche Behandlung* discrimination (against)
unterschlag|en *(Geld)* to embezzle; *(abfangen)* to intercept; to suppress; **~ung** embezzlement; interception; suppression
Unter|schleif embezzlement; fraud; **~schlupf** shelter, refuge; **~schreiben** to sign; to subscribe to; **~schrift** signature; ▶ caption
Untersee|boot submarine; *(deutsches)* U-Boat; **~bootkrieg** submarine warfare; **~isch** submarine
untersetz|en to set under, to put under; **~t** thickset, lumpish; intermixed (with)
unter|sinken to sink, to go down; **~staatssekretär** Under-Secretary of State; **~stand** dug-out; **~ste** lowest; undermost; bottom ♦ *d. ~ste zu oberst kehren* to turn everything upside down
untersteh|en to stand under; to shelter under; to be under s-b, to be subordinate to s-b; *refl* to dare; *~ dich!* don't dare!
unterstell|en to put under; to put s-th under cover; to place under s-b's command; *fig* to impute to; **~ung** subordination; *fig* imputation, insinuation
unter|streichen to underline *(a. fig)*; **~stufe** lower grade
unterstütz|en to back, to support; to aid, to assist; **~ung** support; aid, assistance; relief; benefit; maintenance; **~ungsbedürftig** in need of public relief, indigent; **~ungsbetrag** relief payment; **~ungsgesuch** application for relief; **~ungsleistung** (public) assistance payment; **~ungszahlung** benefit payment
untersuch|en to look into, to inquire into; to examine, to investigate; to explore; *(genau)* to analyse; **~ung** inquiry; examination, investigation; analysis; **~ungsgefangener** prisoner awaiting trial; prisoner on remand; **~ungshaft** imprisonment on remand; pre-trial confinement; **~ungsrichter** examining magistrate
Untertage|bau underground mining; **~arbeiter** underground worker
Untertan subject; **~̈ig** subject; submissive, humble; **~̈igkeit** submission, humility; **~̈igst** most respectfully
Untertasse saucer; *fliegende ~* flying saucer
untertauchen to dip, to immerse; *vi* to dive, to plunge; *fig* to disappear, to be lost
Unter|teil lower part; base, bottom; **~titel** subheading, subtitle; ▶ title, caption; **~ton** undertone; *mit pessimistischem ~ton* in a pessimistic vein; **~vermieten** to sub-let; **~wärts** downwards; underneath; **~wäsche** underwear, underclothing; **~wasserbombe** depth charge; **~wasserkamera** underwater camera; **~wegs** on the way, en route; *adj* bound (*nach* for); **~weisen** to instruct; **~weisung** instruction; **~welt** underworld; Hades; lower regions; **~werfen** to subject, to subdue; to subjugate; *refl* to submit, to become subject; to yield; to resign o.s. (to); **~werfung** subjection, subjugation; submission, surrender; resignation (to); **~worfen** amenable (to law); subject (to); **~wuchs** undergrowth; **~wühlen** to undermine *(a. fig)*; to root up; **~würfig** submissive; obsequious; **~würfigkeit** submissiveness
unterzeichn|en to sign; to initial; **~er** signatory; **~eter** undersigned; **~ung** signing; signature; *pol* ratification
Unter|zeug underwear, underclothes; **~ziehen** *vt* to subject to; *refl* to undergo; *(Prüfung)* to go in for; to undertake; to put s-th on underneath
un|tief shallow, not deep; **~tiefe** shallow; shoal; *(große Tiefe)* bottomless depth; **~tier** monster; fiend; **~tilgbar** inextinguishable, indelible; irredeemable; **~trennbar** inseparable; **~treu** unfaithful; faithless; **~treue** unfaithfulness; faithlessness; infidelity; **~tröstlich** disconsolate, inconsolable; **~trüglich** infallible, unerring; **~tüchtig** incapable; unfit, incompetent; **~tüchtigkeit** incapacity; unfitness; incompetence; **~tugend** bad habit; vice; *(Gewohnheit)* besetting sin; **~tunlich** impracticable, not feasible
unüber|legt inconsiderate, thoughtless; ill-advised; rash; **~legtheit** inconsiderateness, thoughtlessness; rashness; **~sehbar** immense, vast; immeasurable; incalculable; **~setzbar** untranslatable; **~sichtlich** *(Kurve)* blind; *(Gelände)* not open; **~steigbar** insurmountable; **~tragbar** not transferable; **~trefflich** unequalled, unrivalled; unsurpassable, incomparable; **~troffen** unsurpassed, unexcelled, unequalled; **~windlich** invincible, unconquerable; *(Schwierigkeiten)* insurmountable; *(Abneigung)* utter, extreme
unum|gänglich indispensable; *~gänglich notwendig* absolutely necessary; **~schränkt** unlimited; absolute; *~schränkte Vollmachten* discretionary powers; **~stößlich** irrefutable; irrevocable; **~wunden** artless; candid, frank; *~wundene Antwort* plain answer
ununter|brochen uninterrupted; continuous; **~scheidbar** indistinguishable
unver|änderlich unchangeable, unalterable; invariable; **~änderlichkeit** unchangeableness; **~ändert** unchanged; unvaried; **~antwortlich** irresponsible; inexcusable, unjustifiable; **~antwortlichkeit** irresponsibility; inexcusable (*od* unjustifiable) action; **~arbeitet** unfinished, raw; **~ausgabt** unexpended, unspent; unused; **~äußerlich** inalienable; **~besserlich** incorrigible; **~bindlich** unkind, disobliging; not binding upon s-b; not obligatory, without obligation; unofficial; **~blümt** straightforward; plain, blunt; **~brennbar** incombustible; **~brüchlich** inviolable; absolute; **~bürgt** unwarranted, unauthentic; unconfirmed; **~dächtig** unsuspected; **~daulich** indigestible; **~daulichkeit** indigestibleness; indigestion; **~daut** undigested; **~dient** undeserved, unmerited; **~dienterweise** undeservedly; **~dorben** uncorrupted; unspoiled; pure; **~drossen** indefatigable, unwearied; assiduous; **~ehelicht** unmarried, single; **~einbar** incompatible, incongruous; inconsistent with; irreconcilable; **~einbarkeit** incompatibility; incongruity; in-

consistency; **~fälscht** unadulterated; genuine, real; **~fänglich** innocent, harmless; **~froren** impudent, unabashed; **~frorenheit** impudence, *umg* brass; **~gänglich** imperishable; immortal; **~gessen** unforgotten; **~geßlich** unforgettable; never-to-be-forgotten; immemorial; **~gleichlich** incomparable, matchless; beyond compare; **~golten** unrewarded; **~halten** unreserved; **~hältnismäßig** disproportionate; *e. ~hältnismäßiger Preis* too high a price; **~heiratet** unmarried, single; maiden *(aunt),* bachelor *(uncle)*; **~hofft** unexpected; unforeseen; *adv* unawares; **~hohlen** unconcealed, open; **~käuflich** unsalable; not for sale; **~kennbar** unmistakable; **~kürzt** unabridged; not curtailed; *adv* in full; **~letzbar, ~letzlich** invulnerable; *fig* inviolable; **~letzbarkeit** invulnerability; inviolability; **~letzt** unhurt, uninjured; inviolate; **~lierbar** that cannot be lost; unforgettable; immortal; **~mählt** unmarried; **~meidlich** inevitable, unavoidable; **~meidlichkeit** inevitability; **~mindert** undiminished, unabated; **~mischt** unmixed; *(Metall)* unalloyed; pure; **~mittelt** abrupt; sudden; **~mögen** inability; incapacity; ⚕ impotence; **~mögend** unable, powerless; ⚕ impotent; *(arm)* poor, penniless; **~mutet** unexpected; **~nehmlich** inaudible, indistinct; **~nunft** want of sense; folly; unreasonableness; **~nünftig** unreasonable, unwise; foolish; beyond reason; **~öffentlicht** unpublished; **~packt** unpacked; loose; **~richtet** undone, unachieved; **~richteterdinge, ~richtetersache** without having attained one's object, without having achieved one's purpose; unsuccessfully; **~rückbar** immutable; **~rückt** fixed; unmoved; *adv* immovably; **~schämt** impudent; shameless; brazen; *(Preis)* exorbitant; **~schämtheit** impudence; shamelessness; **~schuldet** undeserved, unmerited; not in debt, unencumbered; **~sehens** unexpectedly, unawares; **~sehrt** uninjured, unhurt; safe, intact; **~siegbar, ~sieglich** inexhaustible; **~söhnlich** irreconcilable, implacable; **~sorgt** unprovided for, destitute; **~stand** want of sense (*od* judg(e)ment); folly; **~standen** misunderstood; **~ständig** unwise, injudicious; foolish; **~ständlich** unintelligible; incomprehensible; **~stellt** undissembled, unfeigned; undisguised; **~sucht** untried; *nichts ~sucht lassen* to leave no stone unturned; **~teidigt** undefended; **~träglich** unsociable; incompatible; quarrelsome; **~träglichkeit** unsociableness; incompatibility; quarrelsome disposition; **~wandt** fixed, unmoved; steadfast; *~wandt ansehen* to look hard (*od* steadily) at; **~wehrt** unprohibited; *es ist Ihnen ~wehrt* you are free (to do); **~weilt** without delay; **~welklich** imperishable; never-fading; immortal; **~welkt** unfaded; **~weslich** incorruptible; **~wundbar** invulnerable; **~wundbarkeit** invulnerability; **~wüstlich** indestructible; *(Humor)* imperturbable; indefatigable, inexhaustible; **~zagt** undaunted, intrepid; **~zeihlich** unpardonable; **~zeihlichkeit** unpardonableness; **~zinslich** non-interest-bearing; paying no interest; **~zollt** duty unpaid; **~züglich** immediate; *adv* without delay

unvoll|endet unfinished, incomplete; *d. ~endete* the Unfinished Symphony; **~kommen** imperfect; **~kommenheit** imperfection; **~ständig** incomplete, defective; **~ständigkeit** incompleteness, defectiveness; **~zählig** incomplete

unvor|bereitet unprepared; extempore; **~denklich** immemorial; **~hergesehen** unforeseen, unexpected; **~sätzlich** unintentional, undesigned; **~sichtig** incautious; imprudent; careless; **~sichtigkeit** imprudence; carelessness; **~teilhaft** unprofitable; disadvantageous; *(Kleid)* unbecoming; *~teilhaft aussehen* not to look one's best

unwägbar imponderable

unwahr untrue, false; **~haftigkeit** untruthful, insincere; **~haftigkeit** untruthfulness, insincerity; **~heit** untruth, falsehood; *d. ~heit sagen* to tell an untruth; **~scheinlich** improbable, unlikely; **~scheinlichkeit** improbability

un|wandelbar immutable; **~wegsam** impassable, pathless; **~weib** virago; **~weiblich** unwomanly; **~weigerlich** unhesitating; obligatory; absolutely certain; *adv* without fail; **~weise** unwise; **~weit** not far off, near; *prep* not far from, near; **~wert** *adj* unworthy; *su* unworthiness; **~wesen** mischief; nuisance; disorder, abuse; *sein ~wesen treiben* to be up to one's tricks, to haunt *(a house)*; **~wesentlich** immaterial, unessential; insignificant; of no account; **~wetter** bad weather; (thunder)storm; **~wichtig** unimportant, insignificant; **~wichtigkeit** insignificance

unwider|legbar, ~leglich irrefutable; **~ruflich** irrevocable; **~setzlich** irresistible; **~widersprochen** uncontradicted; unchallenged, undisputed; **~stehlich** irresistible

un|wiederbringlich irretrievable, irrecoverable; **~wille** indignation, displeasure; reluctance; **~willig** indignant; reluctant; **~willkommen** unwelcome; **~willkürlich** involuntary; instinctive, automatic

unwirk|lich unreal; **~sam** ineffective, ineffectual; *bes* ⚕ inefficacious; null, void; invalid; *~sam werden* to become ineffective, to expire, to cease to be operative; **~samkeit** inefficacy; inefficiency

un|wirsch surly, morose, cross; **~wirtlich** inhospitable; dreary, bleak; **~wirtschaftlich** uneconomic; not economical

unwissen|d ignorant; **~heit** ignorance; **~schaftlich** unscientific; **~tlich** unknowingly; unconsciously

unwohl unwell, indisposed; *ich fühle mich ~* I don't feel well, I feel out of sorts; **~sein** indisposition

unwohnlich uninhabitable; uncomfortable

unwürdig unworthy; *es war seiner ~* it was beneath him (*od* below him); **~keit** unworthiness

Unzahl innumerable quantity, endless number; **¨bar** innumerable; **¨ig** innumerable, countless

un|zähmbar untamable, indomitable; **~zart** indelicate; rude, rough
Unze ounce
Unzeit wrong time; awkward time; *zur ~* at the wrong (*od* an awkward) time, out of season, inopportunely; **~gemäß** out of season; behind the times; **~ig** untimely; unseasonable, unripe; premature
unzer|brechlich unbreakable; **~legbar** indivisible; elementary; **~reißbar** untearable; **~störbar** indestructible; **~teilbar** indivisible; **~trennbar, ~trennlich** inseparable; indissoluble; **~trennliche** *su zool* love-birds; **~trennlichkeit** inseparability; indissolubility
un|ziemlich unseemly, improper; indecent; **~ziemlichkeit** unseemliness; indecency; **~zivilisiert** uncivilized; barbarous; **~zucht** unchastity; lewdness; prostitution; **~züchtig** unchaste; lewd; immoral
unzu|frieden discontented, dissatisfied; **~friedenheit** discontent(edness), dissatisfaction; **~gänglich** inaccessible; *fig* reserved; **~länglich** insufficient, inadequate; **~länglichkeit** insufficiency, inadequacy; **~lässig** inadmissible; forbidden; **~lässigkeit** inadmissibility; **~mutbar** unimputable; unreasonable; too much for s-b to be expected to accept; *diese Regelung ist ~mutbar* (he) cannot reasonably be expected to accept this settlement; **~rechnungsfähig** irresponsible; not criminally responsible; imbecile; **~rechnungsfähigkeit** irresponsibility; imbecility; **~reichend** insufficient, inadequate; **~sammenhängend** disconnected, unconnected; incoherent, abrupt; **~träglich** unwholesome, not good (for); disadvantageous; **~träglichkeit** unwholesomeness; dissension, discord; **~treffend** incorrect; **~verlässig** unreliable, untrustworthy; unsafe; treacherous; **~verlässigkeit** unreliability, untrustworthiness
unzweckmäßig unsuitable, inexpedient; **~keit** unsuitability; inexpediency
unzweideutig unequivocal, unambigous; **~keit** unequivocalness; unambiguity
unzweifelhaft undoubted, indubitable; certain
üppig luxuriant, luxurious; lush; *(Stil)* luscious; voluptuous, sumptuous; *(Figur)* well-developed; **~keit** luxuriance, luxury; plenty
Ur *zool* aurochs
Ur|ahn ancestor; **~ahne** ancestress; **~alt** extremely (*od* very) old; ancient, primeval
Uran uranium; **~erz** uranium ore; **~haltig** uraniferous
ur|anfänglich original, primeval; **~ansässig** aboriginal; **~aufführung** world première
urbar arable; *~ machen* to bring into cultivation, to cultivate; **~machung** cultivation
Ur|begriff primitive notion; original idea; **~bewohner** aborigine; primitive inhabitant; **~bild** prototype; original; **~christentum** primitive Christianity; the early Church; **~eigen** original; innate; **~einwohner** = ~bewohner; **~eltern** first parents, ancestors; **~enkel** great-grandson, great-grandchild; **~enkelin** great-granddaughter; **~fehde** oath to refrain from vengeance; **~form** original form, prototype; **~gemütlich** exceedingly comfortable; very pleasant (*od* cosy); **~geschichte** earliest history, prehistory; **~geschichtlich** prehistoric; **~gestein** primitive rock; **~großeltern** great-grandparents; **~großmutter** great-grandmother; **~großvater** great-grandfather; **~grund** original cause
Urheber author, originator; creator; **~recht** copyright; **~schaft** authorship
Urin urine; **~ieren** to urinate; to make water
Ur|kirche primitive (*od* early) church; **~komisch** screamingly funny, highly amusing; **~kraft** original force; moving principle; elementary power; **~kräftig** extremely powerful (*od* strong)
Urkund|e document; title; record; charter; *(Zeugnis)* diploma; *zu ~ dessen* in faith whereof, in witness thereof; **~enfälscher** forger of a document; **~enfälschung** forgery of documents; **~enlehre** diplomatics; **~lich** documentary; authentic; *adv* in witness thereof; **~sbeamter** clerk of the court
Urlaub leave (of absence); holidays, *US* vacation; *bes mil* furlough; **~ machen** to take a (*od* be on) holiday, *BE* to holiday, *US* to vacation; **~er** holiday-maker, *US* vacationist; soldier on leave
Urmensch primitive man
Urne (funeral) urn, *BE a.* casket; *(Wahl-)* ballot-box
ur|plötzlich very sudden; **~quell** fountainhead; primary source, origin
Ursach|e cause; ground, reason; motive; *keine ~e!* don't mention it!; *er hatte alle ~e* he had plenty of reason (to do); **⁓̈lich** causal; causative; in *⁓̈lichem Zusammenhang mit* having a causal connection with
Urschrift original; **~lich** (in the) original
Ursprache original language
Ursprung origin, source; beginning; cause; **⁓̈lich** original; primitive; first, primary; aboriginal; **~sstoff** primary matter; element; **~szeugnis** certificate of origin
Urteil judg(e)ment, decision; ⚖ verdict, *(Strafmaß)* sentence; *(schiedsgerichtlich)* award; *(Schuldfrage)* finding; *(Scheidungs-)* decree; *(Gottes-)* ordeal; *(Ansicht)* opinion, view; appraisal; *s. e. ~ bilden* to form an opinion (*über* on, about); *e. salomonisches ~* a veritable judgment of Solomon; **~en** to judge; to give one's opinion; to pass a sentence; to sentence; **~seröffnung** pronouncement of a decree, publication of a judgment; **~sfähig** competent to judge, judicious; **~sfällung** passing of a sentence; **~skraft** power of judgment, discernment; **~slos** without judgment; **~sspruch** judgment; verdict, sentence; **~svermögen** = ~skraft; **~svollstreckung** execution (of a sentence)
Ur|text original (text); **~tier** primitive animal, protozoon; **~tümlich** original; native; **~ureltern** forefathers; early ancestors; **~väterzeit**

olden times; **~volk** primitive people; aborigines; **~wald** primeval forest; **~welt** primitive world, primeval world; **~weltlich** primeval; **~wüchsig** original, native; rough, blunt; **~zeit** primitive state, original state (*od* condition)
Utensil utensil
Utop|ie Utopia; utopian idea; **~isch** utopian
uzen *umg* to tease, to chaff; to fool

V

V (the letter) V
Vademecum guide-book
Vagabund vagabond, tramp; **~enleben** vagrant life; *~enleben führen* = ~ieren; **~entum** vagabondism; vagrancy; **~ieren** to lead a vagabond life; to live in vagabond idleness; to tramp
vage vague; uncertain
vakan|t vacant; **~z** vacancy; *(Ferien)* holidays
Valut|a value; currency; *(Devisen)* foreign exchange; **~engeschäft** dealing in foreign notes and coin
Vampir vampire
Vanille vanilla; **~soße** vanilla sauce, custard
Vari|ante variant; **~ation** variation; change; **~etät** variety; **~eté** *BE* music-hall, *US* vaudeville, variety (theatre); **~ieren** to vary
Vasall vassal; **~enstaat** tributary (state)
Vase vase; **~lin** vaseline
Vater father; *umg* dad(dy); *zool* parent, sire; **~haus** parental house (*od* home); **~land** native land (*od* country), fatherland; **~ländisch** national; patriotic; **~landsliebe** patriotism; **~landsliebend** patriotic; **⁓lich** paternal; fatherly; **⁓licherseits** on the father's side; **~los** fatherless; **~mord** parricide; **~schaft** paternity; fatherhood; **~stadt** native town; **~stelle** place of a father; *~stelle vertreten bei* to be a father to, to adopt; **~unser** the Lord's Prayer
Vatikan Vatican; **~isch** Vatican
Veget|abilien vegetables; **~abilisch** vegetable; **~arier, ~arisch** vegetarian; **~ation** vegetation; **~ieren** to vegetate; to lead a useless life; to scrape a living
Vehemenz vehemence
Vehikel (old-fashioned) vehicle
Veilchen violet; **~farbig** violet; **~strauß** bunch of violets
Veitstanz St Vitus's dance, chorea
Vene vein; **~nentzündung** phlebitis; **~risch** venereal
Ventil valve; **~ation** ventilation; **~ator** ventilator, fan; **~ieren** to ventilate *(a. fig)*
verab|folgen to pass s-b, to deliver, to hand over, to let s-b have; **~reden** to agree upon; *refl* to make an appointment, to fix a date; **~redetermaßen** as agreed upon; **~redung** agreement; appointment; *e-e ~redung haben (halten)* to have (keep) an appointment; **~reichen** to give; to administer, to dispense; **~säumen** to neglect, to omit; to fail (to do); **~scheuen** to detest, to abhor; to abominate; **~scheuungswürdig** detestable, abominable; **~schieden** to dismiss, to discharge; *(Truppen)* to disband; *(Gesetz)* to pass; *refl* to say goodbye (to); to take leave (*von* of); **~schiedung** dismissal, discharge; *(Gesetz)* passing
veracht|en to despise, to condemn, to scorn; **⁓er** despiser; **⁓lich** contemptible, despicable; contemptuous, disdainful; **~ung** contempt, scorn, disdain; **~ungswürdig** contemptible
verallgemeiner|n to generalize; **~ung** generalization
veralt|en to become obsolete; **~et** obsolete; out of date; antiquated; archaic
Veranda veranda(h)
veränder|lich changeable, variable; unstable, unsettled; fickle, vacillating; **~lichkeit** changeableness, variability; instability; fickleness; **~n** to change, to alter; to vary; *refl* to change, to alter; to take another job (*od* situation); **~ung** change, alteration; variation
verängstigt intimidated, cowed
verankern to anchor, to moor; *fig* to establish (firmly); to root (in)
veranlag|en *vt* to assess s-b (for taxes); **~t** talented; *er ist so ~t, daß* his character is such that; *gut ~t* highly gifted, cut out (for); **~ung** assessment; *fig* talent, turn (of mind); **~ungszeitraum** tax assessment period
veranlassen to occasion, to cause; to give rise to; to have s-b (do s-th), to induce s-b (to do); *(zwingen)* to make s-b (do s-th)
veranlaßt: *s. ~ sehen* to feel compelled
Veranlassung occasion, cause; motive; inducement; *(Ersuchen)* request; order
veran|schaulichen to illustrate, to demonstrate; **~schlagen** to estimate (*auf* at), to cost; *(Etat)* to make provision for; *zu hoch ~schlagen* to overrate; **~schlagung** estimate; **~stalten** to arrange, to organize; *(Ball etc)* to get up; **~stalter** organizer; entertainer; sponsor; **~staltung** arrangement, organization, preparation; ⛫ event, meeting; show, entertainment; performance; *pl* activities
verantwort|en *vt* to take upon o.s. the responsibility for; *refl* to answer for, to account for; to justify o.s., to defend o.s.; **~lich** responsible; accountable (to s-b for s-th); *j-n ~lich machen für* to hold s-b responsible for; *j-m ~lich sein für* to be answerable to s-b for s-th; **~ung** responsibility; justification, defence; *auf eigene ~ung* at one's own risk; *j-n zur ~ung ziehen* to call s-b to account (*wegen* for); *d. ~ung abwälzen (bes US umg)* to pass the buck (*auf* to); **~ungsfreude** readiness (*od* willingness) to take responsibility; **~ungslos** irresponsible; **~ungsvoll** responsible; involving great responsibility
veräppeln *umg* to tease, to make fun of
verarbeit|en to work up; to use; to process; to make (up) (*zu* into); to finish; to manufacture; *fig* to digest, to assimilate; *~ende Industrie* manufacturing industry; **~er** manufacturer; processor; **~ung** working up; processing; finishing; manufacturing; *fig* digestion, assimila-

tion; **~ungsbetrieb** processing plant, processing enterprise
ver|argen to blame s-b (for s-th), to reproach s-b (with s-th); *ich kann es ihm nicht ~argen* I can fully understand; **~ärgert** annoyed, angry; **~armen** to grow poor, to become impoverished; **~armung** impoverishment, pauperization; **~arzten** *umg* to doctor, to physic; *fig* to deal with, to talk to; **~ästeln** to branch out, to ramify; **~auktionieren** to sell by auction; **~ausgaben** to spend; *refl* to run short of money; to exhaust o.s.; *s. zu sehr ~ausgaben* to burn the candle at both ends; **~äußerlich** alienable, salable; **~äußern** to alienate; to sell; **~äußerung** alienation; sale
Verb verb; **~al** verbal; **~alnote** verbal note
verballhornen to bowdlerize; to distort
Verband ⚕ bandage, surgical dressing; *mil* unit, *bes* ✈, ⚓ formation; union, association; confederation; **~kasten** first-aid box; **~mittel** dressing equipment; **~päckchen** first-aid packet; **~platz** aid station, first-aid post; **~smitglied** member of a society (*od* union); **~stoff, ~zeug** dressing material, dressings and bandages
verbann|en to banish, to exile; to expel; **~ter** exile; **~ung** banishment, exile
ver|barrikadieren to barricade, to block; **~bauen** to build up; to block up, to obstruct; to spend (money) in building; to build badly, to misconstruct; **~beißen** *vt* to suppress, to stifle; *s. d. Lachen ~beißen* to suppress one's laughter; *s. ~beißen in* to stick obstinately to; **~bergen** to hide, to conceal; *(Gefühl)* to disguise; *refl* to hide (*vor* from)
verbesser|n to improve; to correct, to amend; **~ung** improvement; correction; betterment
verbeug|en *refl* to bow; **~ung** bow; *~ung machen* = ~en
verbeul|en to crush, to bump; **~t** battered
ver|biegen to bend, to twist; *refl* to buckle; **~bieten** to forbid, to ban, to prohibit; **~bilden** to spoil; to educate badly; **~billigen** to reduce in price; **~billigung** price reduction
verbind|en to tie, to bind up; ⚕ to bandage, to dress; to join, to unite; to connect; to associate, to affiliate; to bind (*miteinander* together); *chem* to combine; ☏ to put s-b through; *d. Augen ~en* to blindfold s-b; *s. ehelich ~en* to marry; *ich bin Ihnen sehr verbunden* I am greatly indebted to you; **~lich** binding (upon s-b), obligatory; mandatory; *(höflich)* courteous, obliging; **~lichkeit** liability; obligation; commitment; *pl* accounts payable, current liabilities; **~ung** connection; union, combination; alliance; association, club; *siehe* Studentenverbindung; communication; contact; *chem* compound; *s. in ~ung setzen mit, in ~ung treten mit* to get in touch with; **~ungsgang** connecting passage; **~ungslinie** line of communication; **~ungsoffizier** liaison officer; **~ungsstück** coupling, joint
ver|bissen dogged, obstinate; **~bissenheit** doggedness, obstinacy; **~bitten** *refl* to insist on s-b not doing s-th; *ich ~bitte mir das* I won't stand that; **~bittern** to embitter, to exasperate; **~bitterung** bitterness; exasperation; **~blassen** to grow pale; to fade, to lose colour; **~blättern** *vt* to lose one's place (in a book); **~bleib** whereabouts; place; **~bleiben** to remain; to persist (in); **~blenden** 🏛 to face (with bricks etc); *fig* to delude, to beguile; **~blendung** delusion; infatuation; **~blichen** faded; *(tot)* deceased; **~blüffen** to startle; to flabbergast, to disconcert; **~blüfft** taken aback; **~blühen** to fade, to wither; **~blümt** figurative; veiled; **~bluten** to bleed to death; **~bohren** *refl* to bury o.s. completely (in), to go mad (about); **~bohrt** stubborn, crazy; **~borgen** *vt* to lend (out); *adj* hidden, secret; **~borgenheit** concealment; secrecy; seclusion
Ver|bot prohibition, ban; **~brämen** to border, to edge, to trim
Verbrauch consumption; use; expenditure; **~en** to consume, to use (up); to wear out; to spend; to waste; **~er** consumer; user; customer; **~erschaft** consuming public; **~sgüter** consumer goods; *~sgüterindustrie* consumer goods industry; **~skonjunktur** state of consumption; expanding consumption; **~spreise** prices of consumer goods; **~ssteuer** excise (tax), tax on consumption
Verbrech|en *vt* to commit; *su* crime; major offence, felony; **~er** criminal; delinquent; **~erisch** criminal
verbreit|en to spread; to diffuse; to circulate; to disseminate; *refl* to enlarge upon s-th; **~ern** to widen, to broaden; **~erung** widening, broadening; expansion; **~ung** spreading, diffusion; circulating; dissemination
verbrenn|bar combustible; **~en** to burn (up); to cremate; **~ung** burning, combustion; burn, *(Wasser)* scald; cremation; **~ungsmotor** internal combustion engine
verbrief|en to attest, to confirm (by document); to represent; *~te Forderung* bonded claim; *~t u. versiegelt* signed and sealed
ver|bringen to spend, to pass; **~brüdern** to fraternize; **~brüderung** fraternization; **~brühen** to scald; **~buchen** to book
Verbum verb
verbummeln to forget; to waste *(time)*; to come down in the world
Verbund interlocking system; combine; **~betrieb** ⚡ power-plant hook-up; **~en** united; associate; bound; *eng ~en* bound up (*mit* with); obliged; **¨~en** to ally; *refl* to ally o.s. (*mit* with); **~enheit** bond; connection; relationship; **¨~et** allied; in alliance (with); **¨~eter** ally, confederate; **~wirtschaft** ⚡ power-plant hook-up; co-ordinated industrial system, interlinked economy
ver|bürgen *vt* to guarantee, to avouch, to vouch for; *refl* to be answerable for, to vouch for; **~büßen** to serve (one's time); to pay the penalty of; **~chromen** to chromium-plate
Verdacht suspicion; *in ~ haben* to suspect; **¨~ig** suspected; suspicious; **¨~igen** to cast suspi-

cion on; to distrust; ⸗igung (casting) suspicion (on), suspecting s-b of; **~sgründe** reasons for suspicion
verdamm|en to condemn; to damn; **~enswert** damnable; **~nis** damnation; perdition; **~t** *umg* damned, bloody, blooming; **~ung** condemnation; damnation
verdampf|en to evaporate; **~er** evaporator; vaporizer
verdanken to owe (to s-b)
verdau|en to digest; **~lich** digestible; **~lichkeit** digestibility; **~ung** digestion; **~ungsbeschwerden** indigestion; **~ungskanal** alimentary canal; **~ungssystem** digestive tract; **~ungsstörung** indigestion
Verdeck deck; 🚗 *BE* hood, top; **~en** to cover; to hide, to conceal
verdenken = verargen
Verderb ruin, destruction; **~en** *vt* to ruin, to destroy; to spoil; to corrupt, to demoralize; *s. d. Magen ~en* to upset one's stomach; *vi* to go bad, to be spoiled; to perish; *es ~en mit* to incur s-b's displeasure; *su* = ~; **~er** destroyer; corrupter; **~lich** destructive; *(Eßwaren)* perishable; pernicious, baneful; **~lichkeit** destructiveness; perishable nature; perniciousness; **~nis** corruption, depravity; **~t** corrupt, depraved; **~theit** = ~nis
ver|deutlichen to elucidate, to explain; **~deutschen** to translate into German; **~dichten** do condense; to compress; to solidify; **~dichtung** condensation; compression; **~dicken** to thicken; to condense; to concentrate
verdien|en *(Geld)* to make; to earn; to gain; to win; to merit, to deserve; **~st** earnings; gain, profit; reward; merit, deserts; **~stausfall** loss of earnings; **~stlich, ~stvoll** meritorious, (well-)deserving; **~stspanne** profit margin; **~t** (well-)deserving, meritorious; well-deserved; *s. ~t machen um* to deserve well of; **~termaßen** deservedly; according to one's deserts
ver|dingen to hire out, to put out for contract; *refl* to hire o. s. out, to go into service; **~dolmetschen** to interpret; **~doppeln** to double; **~doppelung** doubling; duplication; **~dorben** spoiled; depraved; *(Fleisch)* tainted; **~dorbenheit** corruption, depravity; **~dorren** to dry up, to wither
verdräng|en to force out; to expel; to displace; to push away (*od* aside); to repress, to suppress; *(hemmen)* to inhibit; **~ung** forcing out; displacement; repression, suppression; inhibition
verdreckt filthy, lousy
verdreh|en to twist; to distort, to pervert; *(Augen)* to roll; *(Glieder)* to contort; *(verrenken)* to sprain; *fig* to distort, to misrepresent; *j-m d. Kopf ~en* to turn s-b's head, to make s-b vain, to make s-b fall in love with one; **~t** distorted; *fig* cracked, mad; **~theit** madness, craziness; **~ung** distortion, perversion; contortion; misrepresentation
verdreifachen to increase threefold; to treble
verdrieß|en to annoy, to vex; to displease; *s. nicht ~en lassen* not to be discouraged by, not to be put off by, not to shrink from; *s. keine Mühe ~en lassen* to spare no pains; **~lich** cross, grumpy; irritable, peevish; annoyed, vexed; tiresome, unpleasant; **~lichkeit** bad temper, fretfulness, peevishness; annoyance, vexation
ver|drossen sulky, sullen; cross; annoyed; **~drucken** to misprint; *es ist ~druckt* there is a misprint in it; **~drücken** *umg* to eat up, to polish off; *refl* to slink away (*od* off); **~druß** annoyance, vexation; displeasure; trouble; **~duften** to evaporate; *fig (umg)* to make off, to slip away; **~dummen** *vt* to make stupid, to stupefy; *vi* to grow stupid; **~dunkeln** to darken, to obscure; *mil* to black out; *astr* to eclipse *(a. fig)*; **~dunklung** darkening; obscuration; *mil* blackout; *astr* eclipse; **~dunklungsgefahr** danger of prejudicing the course of justice (*od* of collusion); **~dünnen** to thin; to attenuate; *(Flüssigkeit)* to dilute; *(Gas)* to rarefy; *(verfälschen)* to adulterate; **~dünnung** attenuation; dilution; rarefaction; adulteration; **~dunsten** to evaporate; **~dunstung** evaporation; **~dursten** to die (*od* perish) of thirst; **~düstern** to darken, to cloud; to obscure; **~dutzen** to bewilder, to puzzle; to disoncert; **~dutzt** abashed, nonplussed; **~edeln** to ennoble; to improve; to cultivate; to refine; ⚙ to process, to finish; **~edelung** ennobling; improvement; cultivation; refinement; processing, finishing; **~edelungserzeugnisse** processed (*od* finished) products; 🌡 meat and dairy produce; **~edelungsindustrie** processing (*od* finishing) industry; **~ehelichen** to marry
verehr|en to adore, to admire; to respect, to revere; to worship; *(hoch)* to hold in awe; *j-m etw ~en* to present s-b with s-th; **~er** admirer; lover; fan; worshipper; **~lich** honourable; esteemed; **~ung** adoration; respect, veneration; worship; **~ungswürdig** venerable
vereidig|en to swear in, to put on oath; **~ung** swearing in; taking the oath
Verein union; association; society, club; *im ~ mit* together with; *im trauten ~* in an intimate tête-à-tête; **~bar** compatible, consistent; reconcilable (*mit* with); **~baren** to agree upon; to settle; **~barkeit** compatibility; **~barung** agreement; arrangement; **~en** = ~igen; **~fachen** to simplify; **~fachung** simplification; **~heitlichen** to unify; to standardize; **~heitlichung** standardization; **~igen** to unite, to join; to combine; *s. ~igen mit* to ally (o.s.) with; **~igt** united; *~igte Staaten von Amerika* United States of America; **~igung** association; confederation; union, combination; fusion, amalgamation; **~nahmen** to receive; to show as revenue; **~samen** to become isolated; to live more and more alone; **~samt** lonely, solitary; **~shaus** club-house; **~skasse** club (*od* society) funds; **~smeier** *umg* clubman; **~smeierei* clubmanship; **~smitglied** member of a society; **~te:** *~te Nationen* United Nations; **~zeln** to parcel out; to separate; **~zelt** *adj* single, soli-

tary; sporadic; *adv* few and far between, here and there, in certain cases

vereis|en to turn to ice, to freeze; ✈ to ice up; **~t** *(Berg)* glaciated; **~ung** ✈ icing; **~ungsgefahr** danger of icing

ver|eiteln to frustrate, to thwart, to baffle; **~eitelung** frustration; **~eitern** to fester, to suppurate; **~ekeln** to disgust s-b with; to spoil s-th for s-b; **~elenden** to sink into poverty (*od* wretchedness); **~enden** to die, to perish; **~enge(r)n** to narrow, to contract

vererb|en to bequeath, to leave (to s-b); § to transmit; to hand down; *refl* to be hereditary, to run in the family; **~ung** heredity; hereditary transmission; **~ungsforschung** genetics; **~ungstheorie** law of heredity

verewig|en to perpetuate; to immortalize; **~t** deceased, late

verfahren *vt* to spend *(time, money)* in driving about; *refl* to lose one's way; to take the wrong road; *fig* to be on the wrong track; *vi* to proceed, to act; to deal (with), to treat; *adj* bungled; *fig* hopeless; *su* procedure; proceeding; *chem* process; method; **~sfragen** procedural matters; **~smäßig** as regards procedure

Verfall decay, ruin; decline; deterioration; *(Wechsel)* maturity; expiry; forfeiture; *in ~ geraten* to decay, to go to ruin; **~en** to decay, to go to ruin; to decline; to lose flesh, to grow weaker; to fall due; to expire, to lapse; *(Pfand etc)* to be forfeited; *(Strafe)* to incur; to fall (*in* into), to slip back (into); *(Idee)* to hit (*auf* upon); *j-m ~en* to fall for, to become s-b's slave; *adj* decayed, ruined; worn; **~serscheinung** symptom of decline; **~tag** day of payment; **~termin** due date, expiry date, maturity

verfälsch|en to falsify; *(Eßwaren etc)* to adulterate; **~ung** falsification; adulteration

verfang|en to take effect, to tell; *refl* to be caught, to become entangled ♦ *er hat s. in s-m eigenem Netz ~en* he has been caught in his own trap; **⁓lich** misleading; insidious, captious; risky; embarrassing, awkward

verfärben *refl* to change colour; to grow pale

verfass|en to write, to compose; *(Dokument)* to draw up; **~er** author, writer; **~erin** authoress; **~erschaft** authorship; **~ung** condition, state; *pol* constitution; *(Geist)* disposition, frame of mind; **~ungsbruch** breach of the constitution; **~unggebend** constituent; **~ungsentwurf** draft constitution; **~ungsmäßig** constitutional; **~ungsrecht** constitutional law; **~ungsurkunde** charter of the constitution; **~ungswidrig** unconstitutional

verfaulen to rot; to decay

verfecht|en to advocate, to champion; to stand up for, to defend; **~er** advocate, champion; defender

verfehl|en to fail (to do); *(Ziel)* to miss; not to meet (*od* find); **~t** wrong, false; spoiled

ver|feinden to fall out (*mit* with); to conceive a hatred (*mit* for); **~feinern** to refine; to polish; **~feinerung** refinement; **~femen** to outlaw; **~fertigen** to make, to manufacture; to compose; **~fertiger** maker, manufacturer; **~fertigung** making, manufacture; **~fettung** fatty degeneration; **~feuern** to burn, to consume; to use up; to waste (fuel); **~filmen** to film; **~filzen** to felt; to mat; **~finstern** *vt* to darken, to obscure; *astr* to eclipse; *refl* to grow dark; *astr* to become eclipsed; **~flachen** *vi* to become flat; *fig* to become shallow; to decline intellectually; **~flechten** *vt* to entangle, to interlace, to entwine; *fig* to involve, to implicate; **~flechtung** interlocking; **~fliegen** to fly away; to evaporate, to volatilize; to disappear, to vanish; *(Zeit)* to fly; *refl* ✈ to lose one's way; **~fließen** to flow off; to blend; *(Zeit)* to pass, to elapse; **~flixt** *umg* confounded; **~flossen** past; late; **~fluchen** to curse; **~flucht** cursed; accursed; confounded; *~flucht u. zugenäht!* damn and blast it!; **~flüchtigen** *vt* to volatilize; *refl* to evaporate; **~flüssigen** *vt* to liquefy; *refl* to become liquid, to liquefy; **~flüssigung** liquefaction; increasing liquidity, making liquid

Verfolg continuation; course, progress; pursuance; *im ~ s-r Rede* in the course of his speech; **~en** to follow; to pursue; to persecute; *(fortsetzen)* to continue; *(Ahnung)* to haunt; *heimlich ~en* to shadow; ⚓ to proceed against, to prosecute; **~er** pursuer; persecutor; **~ung** pursuit; persecution; ⚓ prosecution; **~ungsrennen** pursuit race; **~ungswahn** persecution mania

verfrachten to convey; to load, to ship; ⚓ to charter

verfrüht premature

verfüg|bar available; disposable; **~en** *vt* to decree; to order; to arrange; *refl* to betake o.s. (*nach* to); *(vi) ~en über* to have at one's disposal (*od* command); **~ung** order, decree; instruction; arrangement; disposal; *zur ~ung stellen* to place at s-b's disposal; *zur ~ung stehen* to be at s-b's disposal; **~ungsgewalt** power of disposition; control

verführ|en to seduce s-b; *(veranlassen)* to induce, to prevail upon; **~er** tempter; seducer; **~erisch** tempting; alluring; seductive; **~ung** temptation; seduction

ver|füttern to use as fodder (*od* for food); **~gabe** placing; allocation; **~gaffen** *refl* to fall in love (*in* with); **~gällen** *chem* to denature; to embitter; to make loathsome; to mar; **~galoppieren** *refl* to (make a) blunder

vergang|en past, bygone; last; *~ene Woche* last week; **~enheit** past (time); *gram* past tense; *lassen wir d. ~enheit ruhen* let bygones be bygones; **⁓lich** transitory, transient; fleeting; *(verderblich)* perishable; **⁓lichkeit** transitoriness; perishableness

vergären to ferment

vergas|en to gasify; 🚗 to carburet; to gas s-b; **~er** 🚗 carburettor, *US* carburetor; **~ermotor** *BE* petrol (*US* gasoline) engine

vergeb|en *vt* to forgive, to pardon; *(weg-)* to give away, to dispose of; *(verleihen)* to confer, to bestow upon; *(Karten)* to misdeal; *s. etw ~en* to degrade o.s.; *~en sein* to be engaged;

to have a previous commitment; **~ens** in vain, vainly; **~lich** vain; futile; **~ung** pardon, forgiveness; giving (of s-th); bestowal; placing; allocation

vergegenwärtigen *refl* to imagine, to realize; to recall; to picture

vergehen to go *(how the time goes);* to go away; to pass, to elapse; *(gänzlich)* to disappear, to stop; *(verderben)* to waste away, to perish; to pine; *~ vor* to die of; *refl* to offend (against), to trespass; to assault s-b; *su* criminal offence, (minor) crime; misdemeanour; *(bes Amts-)* malfeasance

vergeistigen to spiritualize

vergelt|en to pay back, to repay; to reward; *(rächend)* to retaliate; *Gleiches mit Gleichem ~en* to return like for like; **~ung** requital, return; recompense; retaliation; *(Strafe)* retribution; **~ungsangriff** retaliatory attack; **~ungsmaßnahme** reprisal

vergesellschaft|en to socialize; **~ung** socialization

vergessen to forget; to neglect; *ich hätte beinah ~* I nearly forgot; **~heit** forgetfulness; oblivion

vergeßlich forgetful; oblivious; **~keit** forgetfulness; obliviousness

vergeud|en to squander, to waste; **~er** spendthrift; **~ung** squandering, waste; wastefulness; extravagance

vergewaltig|en to use force with, to offer violence; *(Mädchen)* to rape, to violate; **~ung** assault; rape, violation

ver|gewissern *refl* to make certain (*od* sure), to ascertain; **~gießen** to shed, to spill; **~giften** to poison; *(Gas, Strahlen)* to contaminate; **~giftung** poisoning; contamination; *(Fleisch)* botulism

ver|gibt yellowed; **~gißmeinnicht** forget-me-not; **~gittern** to lattice, to cover with a grating; to enclose with lattice-work; to wire in; **~glasen** to glaze

Vergleich comparison; *(Einigung)* composition; agreement; settlement; *im ~ zu* compared to, in comparison with, as against; *kein ~ mit* nothing in comparison with; *kein ~!* beyond comparison!; **~bar** comparable; **~en** to compare; to check, *bes* 🕮 to collate; *(regeln)* to adjust, to settle; *s. ~en mit* to come to terms with; **~sabschnitt** comparable period; **~sjahr** year of comparison; **~sweise** by way of comparison; in comparison; **~ung** comparison

ver|gletschern to glaciate; **~glimmen** to cease to glow, to go out; **~glühen** to cease to glow

vergnüg|en to amuse; *refl* to enjoy o.s., to delight (in); to amuse o.s.; *su* pleasure, delight; amusement, diversion; *~en finden an* to delight in; **~lich** amusing, pleased; **~t** glad, pleased; cheerful, gay; **~ung** pleasure, amusement; **~ungsdampfer** pleasure steamer; **~ungsindustrie** entertainment industry; **~ungsreise** pleasure trip; **~ungssteuer** entertainment tax; **~ungssüchtig** pleasure-seeking

ver|golden to gild; **~goldung** gilding; **~gönnen** to grant, to allow; not to grudge; **~göttern** to deify; to idolize; to adore; **~götterung** deification; idolizing; adoration; **~graben** to bury; to hide in the ground; **~grämt** care-worn; **~greifen** *refl* to touch by mistake; ♪ to touch the wrong note; *s. ~greifen an* to lay hands on, to abuse; to injure; *(stehlen)* to steal; **~greisen** to become senile; **~griffen** sold out; 🕮 out of print

vergrößer|n to magnify; 📷 to enlarge; to increase, to extend; *(Reichtum)* to aggrandize; *fig* to add to; to exaggerate; to aggravate; **~ung** enlargement; increase, extension; aggrandizement; exaggeration; **~ungsapparat** enlarger; **~ungsglas** magnifier, magnifying grass

Ver|günstigung favour, privilege; special arrangement, preferential treatment; *(Preis)* reduction; concession; **~güten** to compensate, to indemnify; to refund, to reimburse; *(Verlust)* to make good; *(Zinsen)* to pay; *(Stahl)* to heat-treat; *(Linse)* to coat; **~gütung** compensation, indemnification; reimbursement; allowance; heat treatment; coating

verhaft|en to arrest; to take into custody, to give in charge; *~et sein* to be committed (to), to be dependent (on); **~ung** arrest; capture; **~ungsbefehl** warrant (of apprehension)

ver|hageln to be damaged by hail; **~hallen** to die away, to fade away

verhalt|en *vt* to keep back, to retain; to restrain, to suppress; *refl* to be (the case); to behave, to conduct o.s.; to keep, to stand; *math* to be in the ratio of; *s. ~en zu* to be in proportion to; *s. ruhig ~en* to keep quiet; *adj* suppressed, suspended; *su* behaviour, conduct; bearing; attitude; **⍨nis** relation, *bes math* proportion; ratio (*im ⍨nis 1:4* in the r. of 1:4); *(Lage)* situation, *(Zustand)* condition; *(Liebes-)*liaison, (love-)affair; *pl* circumstances, condition(s); *unter diesen ⍨nissen* in these circumstances, such being the case; *in guten ⍨nissen* in easy circumstances, well-off; **⍨nismäßig** proportionate, proportional; in proportion, relatively, comparatively (speaking); **⍨niswahl** proportional representation; **⍨niswort** preposition; **~ungsmaßregeln** instructions, rules of action; rules of conduct

verhand|eln to negotiate; ⚖ to try, to plead; *(erörtern)* to discuss; **~lung** negotiation; transaction; trial, hearing, pleading; discussion; proceedings; **~lungsprotokoll** minutes of proceedings; **~lungstag** day of negotiation (*od* hearing); **~lungstermin** date of hearing; **~lungsweg**: *auf d. ~lungsweg* by negotiation

verhäng|en to cover (by hanging); to hang something in front of s-th; *(Strafe)* to inflict, to impose; 🏃 to award (a penalty); *d. Belagerungszustand ~en* to declare a state of siege; **~nis** fate, destiny; disaster; **~nisvoll** fatal, fateful; momentous; disastrous

ver|harmlosen to describe s-th as not dangerous; to make light of; **~härmt** care-worn; **~harren** to hold out, to persevere; to persist (in); **~harscht** ⚕ closed, healed; *(Schnee)* crusted; **~härten** to harden; *refl, vi* to grow hard, to harden; **~härtung** hardening; callosity; *fig* stubbornness; **~haspeln** *refl* to tangle up; *fig* to get muddled; **~haßt** hated; hateful, odious; **~hätscheln** to coddle, to pamper; to spoil; **~hau** *mil* abatis, entanglement; *umg* mess; **~hauen** to thrash; *refl* to blunder; **~heben** *refl* to strain o.s. (*bei* in lifting s-th)

verheer|en to devastate, to lay waste, to desolate; **~end** devastating *(a. fig); umg* awful; **~ung** devastation, desolation

ver|hehlen to hide, to conceal; **~heilen** to heal up (*od* over)

verheimlich|en to keep secret, to hush up, to conceal; **~ung** concealment

verheirat|en to marry (s-b to s-b), to give in marriage; *refl* to marry, to get married; **~ung** marriage

verheiß|en to promise; **~ung** promise; **~ungsvoll** promising

verhelfen *zu* to help s-b to (get) s-th

verherrlich|en to glorify; **~ung** glorification

ver|hetzen to stir up, to instigate; **~hexen** to bewitch, to bedevil; to cast a spell on; **~himmeln** to praise up to the skies

verhinder|n to hinder, to prevent; **~t** *fig (umg)* would-be *(poet etc)*; **~ung** hindrance, impediment; obstacle; *im ~ungsfall* in case ... should be prevented

verhohlen hidden, concealed

verhöhn|en to deride, to jeer, to mock; **~ung** derision, mockery

Verhör interrogation, questioning; examination; trial **~en** to interrogate, to examine; to try; *refl* to hear wrongly, to misunderstand

verhüll|en to cover, to veil; to wrap up; to disguise; **~ung** covering, veiling; wrapping up; disguise

ver|hundertfachen to increase a hundredfold, to centuple; **~hungern** to die of hunger, to starve; **~hunzen** to bungle, to make a muddle of, to muddle; **~hüten** to prevent; to avert, to ward off; to preserve (from); **~hütung** prevention; aversion; **~hütten** to smelt, to work; **~hutzelt** shrivelled, wizened; **~irren** *refl* to lose one's way, to lose o.s., to be lost; to go astray; **~irrung** losing one's way; aberration, error

verjagen to drive away, to chase away

verjähr|en to become invalid (*od* prescribed); to become statute-barred; **~ung** prescription, limitation; barring by lapse of time; **~ungsfrist** period of prescription

ver|jubeln, ~juxen to squander, to fool away

verjüng|en to rejuvenate; ⚙ to taper; *refl* to be rejuvenated; to grow young again; ⚙ to taper; *in ~tem Maßstab* on a reduced scale; **~ung** rejuvenescence; growing young again; ⚙ tapering

verkalk|en to calcify; to calcine; **~ung** calcification; calcination; ⚕ arteriosclerosis

ver|kalkulieren *refl* to miscalculate; **~kappen** to disguise, to mask; **~kapseln** ⚕ to become encysted; **~katert** suffering from a hang-over

Verkauf sale; selling; *zum ~* on sale; **~en** to sell; *zu ~en* for sale; **¨er** seller; salesman; *BE* shop assistant, *US* (sales) clerk; **¨erin** saleswoman; *BE* shopgirl, shop assistant, **¨lich** salable; marketable; for sale; **~sautomat** (automatic) vending machine; **~sfertig** ready for sale; **~srechnung** bill of sales; **~spreis** selling price, sales price; 📖 published price; **~svertrag** sales contract

Verkehr traffic; (🚂, ✈, *Bus-*) service; transport (system); commerce (*Handel u. ~* trade and c.); communication; connection; *(Umlauf)* circulation (*in d. ~ bringen* to put into c.; *aus d. ~ ziehen* to withdraw from c.); *(gesellschaftl.)* intercourse; **~en** *vt* to turn the wrong way, to turn upside down; to invert; *(umwandeln)* to transform; to convert, to change (into); to pervert; *(vi) ~en in* to frequent, to visit; *~en zwischen* to ply between, to run regularly; *~en mit* to associate with, to see a good deal of; to keep company with; to have (sexual) intercourse with; **~sader** arterial road, artery; **~sampel** traffic light; **~sandrang** rush; **~betrieb** traffic undertaking; **~sbüro** tourist office; **~sdichte** density of traffic, traffic congestion; **~serziehung** traffic safety education; **~sflugzeug** air-liner; **~sgewerbe** transport (industry); **~sinsel** street island, *BE* refuge; **~sknotenpunkt** junction; **~sminister** Minister of Transport; **~sministerium** Ministry of Transport, *BE* Transport Ministry; **~smittel** means of transport (*od* communication), conveyance; **~splanung** traffic planning; **~spolizei** traffic police; **~spolizist** traffic patrolman (*od* policeman), *BE a.* pointsman; **~sregelung** traffic control, regulation of traffic; **~sreich** congested, crowded; **~sspitze** peak in traffic; **~sstark** busy; **~sstockung** traffic congestion, traffic jam; **~sstörung** traffic disturbance, breakdown; **~steilnehmer** road user; **~sunfall** traffic accident; **~sverein** local tourist (information) office; **~swesen** traffic, communications, transportation; **~szeichen** traffic sign, road sign; **~t** *(umge-)* inverted, reversed; upside down, inside out; wrong; absurd; **~theit** folly, absurdity

verkeilen to wedge; *umg* to thrash

verkenn|en to fail to recognize; to mistake, to misunderstand; to misjudge; to underestimate; **~ung** mistaking, misunderstanding; failing to appreciate

verkett|en to chain (*od* link) together; **~ung** chain(ing); *fig* concatenation; coincidence

verkitten to cement; to putty

verklagen to accuse; to prosecute; to bring an action against, to sue (at law); *auf Schadenersatz ~* to sue for damages

verklär|en to make bright; to transfigure; to glorify; **~t** radiant; transfigured; glorified; **~ung** transfiguration; glorification

ver|klatschen to inform against; to tell tales about; **~klausulieren** to qualify heavily; to limit by provisos; **~kleben** to paste over; to glue up, to gum up; **~kleiden** to disguise, to mask;

bes mil to camouflage; *(Wand)* to wainscot; *(mit Brettern)* to line; *fig* to disguise; **~kleidung** disguise, camouflage; wainscoting

verkleiner|n to make smaller; to diminish, to reduce; *fig* fo belittle, to detract from; **~ung** diminution, reduction; detraction; **~ungswort** diminutive

ver|kleistern to paste up; to patch up; **~klingen** to die away; *fig* to recede

ver|knacksen *refl* to sprain; **~knappen** to make scarcer (*od* tighter); **~knappung** shortage; tightness; **~kneifen** *refl* to stifle; to suppress; to bear in silence; **~knöchert** narrow-minded, pedantic; **~knorpeln** to become cartilaginous, to turn to cartilage; **~knoten** to knot up, to tie up; to knit together; **~knüpfen** to tie, to bind; to link, to join; to unite, to connect; **~knüpfung** connection, link; combination; **~kochen** to boil over (*od* away); to evaporate; **~kohlen** to char, to carbonize; *fig (umg)* to hoax, to take in

verkommen *vi* to come down in the world; to be ruined; to become bad (*od* depraved); *adj* depraved, degenerate; dissolute; ruined; gone to the bad; **~heit** depravity; degeneracy

verkork|en to cork (up); **~sen** to botch

verkörper|n to embody; to personify; to incarnate; **~ung** embodiment; personification; incarnation

ver|köstigen to board, to feed; **~krachen** *refl* to fall out (*mil* with); to go bankrupt; **~kraften** to (be able to) tackle, to deal with; to digest; **~kramen** to mislay; **~krampft** cramped; **~kriechen** to hide away, to creep away; **~krümeln** *vt* to crumble away; to fritter away; *refl umg* to make off; **~krümmen** *vt* to bend; *vi* to grow crooked; **~krümmung** bending; curvature; **~krüppeln** to cripple; to stunt; *vi* to be crippled; **~krüppelt** crippled; deformed; stunted, *(Baum)* gnarled; **~krustet** covered with a crust; **~kühlen** *refl* to catch (a) cold; **~kümmern** *vi* to wither away; to waste away; to become stunted; ⚕ to atrophy; to shrink, to shrivel up

verkünd|en, ~igen to announce, to make known, to publish; to proclaim; ⚖ *(Urteil)* to pronounce; *eccl* to preach (the gospel); **~(ig)ung** announcement; publication; proclamation; preaching; *Mariä ~igung* Annunciation, Lady-Day

ver|kupfern to copper(-plate); **~kuppeln** to couple; *(Frau)* to procure, to pander

verkürz|en to shorten; to lessen, to diminish; to cut down; to abridge; *(Zeit angenehm ~en)* to beguile time (*mit, durch* with); **~ung** shortening; diminution; abridgment; curtailment

ver|lachen to laugh at, to deride; **~laden** to load (on to); to ship; 🚂 to entrain; **~ladung** loading; shipping, shipment; entraining

Verlag publication; *(Firma)* publishing firm (*od* house); publishers; *im ~ von* published by; **~ern** to transfer; to switch; to shift *(a. refl, a. fig)*; **~erung** transfer; shift; switch(ing); change-over; displacement; *fig* change; **~sartikel** publication; **~sbuchhandel** publishing business (*od* trade); **~sbuchhändler** (bookseller and) publisher; **~sbuchhandlung** (firm of) publishers (and booksellers); **~skatalog** publisher's catalogue; **~skosten** expenses of publication; **~sort** place of publication; **~srecht** publishing rights; **~szeichen** publisher's mark

verlang|en *vt* to demand; to require; *Sie werden am Telefon ~t* you are wanted on the phone; *(vi) ~en nach* to long for, to hanker after, to crave; *su* demand; desire, wish; longing; *(Bitte)* request; *auf ~en* on demand; by request; **¨ern** to lengthen; to prolong, to extend; **¨erung** lengthening; prolongation, extension; **¨erungsschnur** ⚡ *BE* extension flex, *US* extension cord; **~samen** to slow down, to retard; to slacken

verläppern to trifle away; to fritter away

Verla|ß reliance; *auf ihn ist kein ~ß* there is no depending on him, he cannot be relied on; **~ssen** *vt* to leave, to quit; *(aufgeben)* to abandon, to desert; *(refl) ~ssen auf* to rely on, to depend on; *adj* deserted, forsaken; lonely; **~ssenheit** loneliness; bereavement; **¨ßlich** reliable, dependable

Verlaub leave, permission (*mit ~* by your l., with your p.)

Verlauf course; *(Zeit)* lapse; *(Ab-)* expiration; progress, development; *nach ~ von* after the lapse (*od* expiration) of; *im ~ von* in the course of (a week, his speech); *e-n schlimmen ~ nehmen* to take a bad turn; **~en** to pass, to elapse; to take its course, to develop; to expire; *gut (schlecht) ~en* to turn out well (badly); *refl* to take a wrong road, to get lost, to lose o.s.; *(Wasser)* to run off; to disperse, to be scattered; *adj* stray, lost

verlaust lousy

verlaut|baren to make known, to promulgate; **~en** to become known; *es ~et* it is said (*od* reported); *~en lassen* to give to understand, to hint, to breathe

verleb|en to spend, to pass; **~t** worn out; decrepit

verleg|en to mislay, to misplace; to lay somewhere else; to move to another place; to transfer; *(zeitl.)* to put off, to postpone; to adjourn; *(Weg)* to bar, to obstruct; 📖 to publish, to bring out; *(refl) s. ~en auf* to go in for, to take up; to devote o.s. to; *adj* embarrassed; self-conscious; puzzled, confused; at a loss (*um* for); **~enheit** embarrassment; dilemma; *in ~enheit sein* to be at a loss; *in ~enheit setzen* to embarrass, to puzzle; **~er** publisher; **~ung** transfer, removal; postponement; adjournment

ver|leiden to disgust s-b with s-th, to spoil s-th for s-b; **~leihen** to lend (out), to let out; to confer, to bestow (upon); to grant; to invest s-b with s-th; **~leiher** lender; **~leihung** lending; conferring; grant; investiture

verleit|en to mislead; to lead astray, to seduce; to induce, to persuade (to do); *j-n zu d. Annahme ~en* to delude s-b into thinking (that);

wir dürfen uns durch ... nicht zu d. Annahme ~en lassen we must not let ... delude us into thinking (that); **~ung** seduction; inducement, persuasion
ver|lernen to unlearn, to forget (how to do); **~lesen** to read out (*od* loud); *(Liste)* to call over; to pick, to sort out; to clean; *refl* to make a mistake (in reading)
verletz|bar vulnerable; **~en** to hurt, to injure; *(Haut)* to break; *(beleidigen)* to offend; ⚖ to infringe, *(Vertrag)* to violate; **~end** offensive; **~ter** casualty; **~ung** injury, hurt; offence; infringement, violation; *(Pflicht)* breach
verleugn|en to deny; *(Kind)* to disown; *(ablehnen)* to disavow; to renounce; *s. ~en lassen* to refuse to see visitors; **~ung** denial; disavowal; renunciation
verleumd|en to slander, to calumniate; to asperse; *(schriftl.)* to libel; **~er** slanderer, calumniator; libeller; **~erisch** slanderous, calumnious; defamatory; libellous; **~ung** slander, calumny; defamation; libel
verlieb|en *refl* to fall in love (*in* with); **~t** in love, amorous (of), enamoured (of); *~t sein in (umg)* to be sweet on
verlieren to lose; *bot, Haare* to shed; *(Zeit)* to waste; *(Hoffnung)* to give up; *aus d. Augen ~* to lose sight (*od* track) of; *ich habe m-n Hund verloren* my dog is missing, *(endgültig)* I lost my dog; *refl* to lose one's way, to get lost; to disappear
Verlies dungeon
verlob|en *vt* to affiance (to), to betroth (to); *refl* to engage o.s. (to), to get engaged (to); **~te** fiancée; *pl* the engaged couple; **~ter** fiancé; **~ung** engagement, betrothal; **~ungsanzeige** announcement of an engagement
verlock|en to entice, to allure, to tempt; *(Kind)* to bribe; **~end** enticing, tempting; **~ung** enticement, allurement, temptation; *pl* blandishments
verlogen (given to) lying; untruthful, mendacious; **~heit** untruthfulness, mendacity
verlohn|en: *es ~t sich nicht* it is not worth while (to do)
verloren lost; *fig* forlorn; *~e Eier* poached eggs; *~er Haufen* forlorn hope; *d. ~e Sohn* the Prodigal Son; *~er Zuschuß* irrecoverable contribution; *~ geben* to give up for lost; **~gehen** to get lost
ver|löschen to go out, to be extinguished; **~losen** to cast lots for; to dispose of s-th by lot; to raffle; **~losung** drawing lots; (distribution by) lottery; raffle; **~löten** to solder; **~lottern** to deteriorate; to become disorderly; **~ludern, ~lumpen** = verkommen
Verlust loss; *(durch Tod)* bereavement; waste; *(durch Leck)* leak, escape; forfeiture; *pl* casualties; *£20 ~ haben* to be £20 to the bad; *mit ~ verkaufen* to sell at a loss; **~ig** *gehen* to lose, to forfeit; to be deprived of; **~liste** list of casualties
vermach|en to bequeath; **¨tnis** bequest, legacy
vermähl|en to marry, to give in marriage; *refl* to marry, to get married (to); **~ung** nuptials, wedding; marriage
ver|maledeit accursed, confounded; **~manschen** to mix; to make a mess of; **~mauern** to wall up; to use up (in building); **~mehren** to increase; to multiply; to augment; to enlarge; to breed, to propagate; **~mehrung** increase; augmentation; breeding, propagation
vermeid|en to avoid; to escape (from); to evade, to elude; **~bar, ~lich** avoidable; **~ung** avoidance
vermein|en to suppose, to imagine, to presume; **~tlich** supposed, presumed; alleged; imaginary
ver|melden to notify, to inform; to announce, to report; **~mengen** to mix (up); to confuse; **~menschlichen** to represent in a human form; to humanize
Vermerk note; entry; notice; **~en** to make note of, to note down; to observe; *übel ~en* to take amiss (*od* ill)
vermess|en to measure; to survey; *refl* to measure wrong; *fig* to dare, to venture (to do); *adj* arrogant, bold; impudent; presumptuous; **~enheit** arrogance, boldness; impudence; presumption; **~ung** measuring; survey(ing)
vermiet|en to let (out); to hire out; **~er** landlord; **~ung** letting; hiring out
verminder|n to diminish (*a.* ♪); to lessen; to decrease; to impair; to reduce; **~ung** diminution; lessening; decrease; impairment; reduction
vermisch|en to mix, to mingle; to blend, *(legieren)* to alloy; **~t** mixed; miscellaneous; **~tes** sundries, miscellany; **~ung** mixing, mixture; blend(ing); alloy
vermi|ssen to miss, to want; *~ßt werden (bes mil)* to be missing; to be greatly missed
vermitt|eln to mediate (*zwischen* between); to obtain, to secure; to arrange; *(Streit)* to compose; to bring about, to negotiate; to act as intermediary; to find work for s-b; **~els(t)** by means of, through; **~ler** mediator; go-between; agent; **~lung** mediation, acting as intermediary; negotiation; supplying, providing; finding; intervention, intercession; **~lungsausschuß** mediation committee; **~lungsgebühr** agency fee; agent's commission; **~lungsstelle** agency; intermediary; ☎ (telephone) exchange
ver|möbeln to give a good thrashing; **~modern** to rot, to decay
vermög|e *prep* by virtue of, by dint of; **~en** *vt* to be able to do; to have the power (to do); *su* ability, power; capacity, faculty; property; wealth, fortune; means, resources; *nach bestem ~en* to the best of one's ability; **~end** well-off; wealthy, rich; **~ensabgabe** property levy; **~ensanlage** (productive) investment; capital asset; **~enssteuer** property tax; **~enswert** asset; **~enswerte** assets, property values
ver|morscht rotten; **~mottet** moth-eaten; **~mummen** to muffle up; to mask
vermut|en vt to suppose, to presume; to sus-

pect; *su* supposition; opinion; **~lich** presumable, probable; *adv* presumably; I suppose, I guess; **~ung** supposition, conjecture; guesswork; *das sind alles nur ~ungen* that is all guesswork

vernachlässig|en to neglect; to overlook; **~ung** neglect, negligence

ver|nageln to nail up; **~nagelt** *umg* dense, blockheaded; **~nähen** to sew up; to use up in sewing; **~narben** to heal up, to cicatrize; **~narrt** infatuated (*in* with); **~naschen** to spend on sweets; to go to bed with, to lay

vernehm|en to perceive; to understand; to become aware of; ⚖ to interrogate, to examine, to hear; *s. ~en lassen* to declare, to express an opinion; *su* perception; *dem ~en nach* from what we hear, according to report; **~lich** perceptible; audible, distinct; **~ung** interrogation, examination

verneig|en *refl* to bow; **~ung** bow

verneln|en to answer in the negative; to deny, to disavow; **~end** negative; **~ung** negation; negative; denial

vernicht|en to annihilate, to destroy; *(Blüten)* to bite; *(durch Frost, Hitze etc)* to blast; **~ung** annihilation, destruction

ver|nickeln to nickel(-plate); **~nieten** to rivet

Vernunft reason; understanding; good sense; judgment; intelligence; *gesunde ~* common sense; *~ annehmen* to listen to reason; *zur ~ bringen* to bring s-b to his senses; **~ehe** marriage of convenience; **~gemäß** reasonable; rational; **~glaube** rational belief; **⁓ig** reasonable; rational; sensible; **~los** irrational; **~mäßig** reasonable, rational; **~widrig** irrational; contrary to reason

veröd|en *vi* to become desolate; to go to waste; **~et** desolate; waste; **~ung** desolation; devastation

veröffentlich|en to publish; **~ung** publication

verordn|en to decree, to order; *eccl* to ordain; ⚕ to prescribe; **~ung** decree, order; ordinance; prescription

verpacht|en to (put to) lease; **⁓er** lessor; **~ung** leasing

verpack|en to pack up, to wrap up; **~ung** packing up, wrapping up; packing (material); **~ungsgewicht** tare; **~ungskosten** packing charges

verpäppeln to pamper, to mollycoddle

ver|passen to lose; (🚂, *Bus*) to miss; *(Gelegenheit)* to let slip; *(Kleid)* to fit s-b with, to adjust; **~patzen** to bungle; **~pesten** to poison; to taint; to fill with a pestilential odour; **~petzen** to inform against, to tell tales about

verpfänd|en to pledge, to pawn; *(Hypothek)* to mortgage; **~ung** pledging, pawning; mortgaging

verpflanz|en to transplant; **~ung** transplantation

verpfleg|en to feed, to board; to provide for, to cater for; ⚕ to nurse; **~ung** board, feeding; maintenance; food (supply); provisions, *mil* rations

verpflicht|en to oblige, to bind; to engage; *refl* to bind o.s. to do; to commit o.s. (to); **~ung** obligation, duty; engagement; commitment

ver|pfuschen to make a mess of, to bungle; **~pichen** to pitch; **~pimpeln** to coddle; **~plappern, ~plaudern** *vt* to prattle away; *refl* to blab out, to let the cat out of the bag; **~plempern** to waste, to squander; **~pönt** in bad taste; tabooed; **~prassen** to squander, to spend in gluttony (*od* drunkenness); to dissipate; **~prügeln** to thrash soundly, to belabour; **~puffen** to explode; to produce no effect, to be lost (*bei* upon); **~pulvern** to waste; **~pumpen** to lend; **~puppen** *refl* to pupate, to change into a chrysalis; **~pusten** to recover breath; **~putzen** *(außen)* to rough-cast; *(innen)* to plaster; *umg (Essen)* to put away; **~qualmen** to smoke; to spend in smoking; to fill with smoke; **~quer** *gehen* to go wrong; **~quicken** to amalgamate; *fig* to mix up (with); **~quickung** amalgamation, fusion; combination; **~quollen** bloated, swollen; *(Holz)* warped; **~rammeln** to bar, to barricade; **~rannt** obstinate; stuck on s-th

Verrat treason; betrayal; treachery; **~en** to betray; *(zeigen als)* to bespeak; to reveal, to disclose; **⁓er** betrayer; traitor; **⁓erei** treachery; treason; **⁓erin** traitress; **⁓erisch** treacherous; traitorous; perfidious; revealing; suspicious

verrauch|en *vt* to smoke; to spend on tobacco; *vi* to go off in smoke; to evaporate; *fig* to pass away, to cool down; **⁓ern** to fill with smoke, to blacken with smoke

ver|räumen to mislay; **~rauschen** to die away

verrechn|en to reckon up, to charge to account; to settle; to set off; to account for; *refl* to make a mistake, to miscalculate; *~en mit* to offset against; **~ung** reckoning up, charging to account; settlement; clearing; booking (*od* charging) (to an account); *nur zur ~ung* only for settlement in account, for collection only; **~ungsabkommen** offset agreement, clearing agreement; **~ungskonto** clearing account, settlement account; **~ungsscheck** collection-only cheque; **~ungsstelle** clearing office; **~ungsverkehr** clearing (procedure)

ver|recken *(Tier)* to die; *sl* to croak; **~regnen** to spoil by rain; **~reisen** to make a journey, to go on a journey; *er ist ~reist* he is away from home; **~reißen** *fig* to pull to pieces, to pan, to batter; **~renken** to dislocate, to sprain; **~renkung** dislocation, sprain; **~rennen** *refl fig* to adhere stubbornly (*in* to)

verricht|en to perform, to execute; to accomplish; *sein Gebet ~en* to say one's prayers; **~ung** execution, performance; function; work

ver|riegeln to bolt, to bar; *mil* to barricade; **~ringern** to diminish, to lessen; to reduce; **~ringerung** diminution; reduction; **~rinnen** to run off (*od* away); *(Zeit)* to elapse, to pass away; **~rohen** to become brutal, to become like beasts; **~rosten** to rust; **~rostet** rusty; **~rotten** to rot; **~rucht** wicked; villainous; infamous

verrück|en to remove, to displace; **~t** mad,

crazy; *j-n ~t machen* to drive s-b mad, to madden; **~ter** madman, lunatic; **~theit** madness, craziness
Verruf ill fame; *in ~ kommen* to lose one's reputation, to get into disrepute; **~en** *adj* ill-reputed, disreputable; of ill fame
ver|rühren to stir; to whisk, to beat up; **~rußt** sooty
Vers verse; stanza; line; *ich kann mir keinen ~ daraus machen* I can't make head or tail of it; **~bau** versification; **~fuß** metrical foot; **~maß** metre
versacken to give way, to sink; to bog down, to get ditched
versag|en to deny, to refuse; *vi* to fail, to break down; *(Gewehr)* to misfire; *refl* to forgo, to deny o.s.; *~t sein* to have another engagement; *su* failure, breakdown; **~er** failure, unsuccessful person; *mil* misfire; dud shell; **~ung** denial, refusal
Versalien capitals, caps; *kleine ~* small caps
versalzen to oversalt; *fig* to spoil
versamm|eln to assemble; to collect, to bring together; to convene; *refl* to assemble, to meet; **~lung** assembly; meeting, gathering; **~lungsrecht** right of meeting
Versand dispatch, forwarding; transport; **~abteilung** shipping department; **~anweisungen** shipping instructions; **~anzeige** advice of dispatch; **~art** mode of dispatch; **~bereit** ready for dispatch; **~geschäft** mail order firm; forwarding trade (*od* business); **~kosten** forwarding charges (*od* expenses); **~papiere** shipping documents; **~station** dispatch station; **~vorschriften** shipping instructions
versanden *(Fluß)* to silt up; to get choked up with sand; *fig* to break down; to sink into oblivion
Versatz pawning, pledging; **~amt** pawn shop
ver|sauern to turn sour; *fig* to become morose; **~saufen** to waste on drink
versäum|en to neglect, to omit; *(Zug etc)* to miss; *(Zeit)* to waste; *d. ~te nachholen* to make up for lost time; **~nis** neglect, omission; loss of time, delay; *(Schul-)* non-attendance; ⚖ default; **~nisurteil** judgment by default
ver|schachern to barter away; **~schachteln** to dovetail, to combine closely; **~schachtelung** interlocking (relationship); **~schaffen** to procure, to obtain; to provide; *refl* to get (for) o.s.; *(Patent, Lizenz)* to take out; **~schalen** to board up, to cover with planks; **~schämt** abashed, bashful; shamefaced; **~schandeln** to disfigure, to spoil; **~schanzen** to entrench; *refl* to shelter (*hinter* behind)
verschärf|en to render more severe, to make worse; to sharpen, to intensify; to tighten up; to increase; **~ung** sharpening; intensification; tightening up
ver|scharren to bury; to inter; **~scheiden** to die; *su* death; **~schenken** to give away; to make a present of; **~scherzen** to trifle away; to lose, to forfeit; **~scheuchen** to scare away, to drive away
verschick|en to send away, to dispatch, to forward; to transport; *(deportieren)* to deport; **~ung** dispatch, forwarding; transportation; deportation
Verschieb|ebahnhof = Rangierbahnhof; **~en** to shift, to displace; 🚂 to shunt; *(zeitl.)* to put off, to postpone; *umg* to sell through the black market; *refl* to get out of place, to shift; **~ung** displacement; postponement; selling through the black market
verschieden different; diverse; varied; *sehr ~* of a wide variety; *~ sein* to differ (*von* from); *(tot)* deceased; **~artig** of a different kind; various, heterogeneous; **~erlei** of various kinds, divers; **~farbig** variegated; of different colours; **~heit** difference; diversity, variety; dissimilarity; **~tlich** different; repeated; *adv* repeatedly
verschießen to shoot away; to use up; *vi* to fade, to lose colour, to discolour
verschiff|en to ship; **~er** shipper; **~ung** shipping, shipment; **~ungspapiere** shipping documents
ver|schimmeln to get mouldy; **~schlacken** to be reduced to slag; **~schlafen** *vt* to miss by sleeping; to spend in sleeping; *a. refl* to oversleep (o.s.); *adj* sleepy, drowsy
Verschlag wooden partition; *(Kiste)* crate, box; **~en** to nail up; *(mit Brettern)* to board up; to lose one's place in (a book); ⚓ to drive out of one's course ♦ *j-m d. Atem ~en* to take away s-b's breath; *j-m d. Sprache ~en* to make s-b speechless; *es ~̈t nichts* it does not matter; *adj* lukewarm; *fig* sly, crafty; **~enheit** slyness, craftiness
verschlammen to silt up; to get choked with mud
verschlampen to mess up; to lose; *refl* to neglect o.s.
verschlechter|n to make worse, to impair; *refl* to get worse, to deteriorate; **~ung** deterioration
verschleier|n to veil; *fig* to conceal; *d. Bilanz ~n* to cook accounts; **~t** hazy, slightly clouded; *(Blick)* veiled; *(Stimme)* husky; **~ung** veiling; concealment
Verschleiß wear and tear; attrition; **~en** to wear out
verschlemmen to squander in feasting
verschlepp|en to carry off, to take to a wrong place, to misplace; to displace s-b; ⚕ to spread; *(hinhalten)* to delay, to protract; **~ter** displaced person, D.P.; **~ung** carrying off; deportation; spreading; procrastination
verschleuder|n to waste, to dissipate; to sell dirt-cheap, to throw away; **~ung** wasting, dissipation; selling at ruinous prices
verschließen to close, to lock, to shut up; *s. e-r Sache ~* to keep aloof from s-th, to turn a deaf ear to
verschlimmer|n to make worse, to aggravate; *refl* to get worse; **~ung** change for the worse, deterioration
ver|schlingen to devour, to swallow up; to en-

tangle, to intertwine; **~schlissen** threadbare, worn-out
verschlossen closed, locked; *fig* reserved, taciturn; **~heit** reserve, taciturnity
verschlucken to swallow; *refl* to swallow the wrong way, to choke
Verschluß lock; clasp, fastener; plug; seal; 📷 shutter; *(Geschütz)* breech; *unter ~* under lock and key; **~laut** *gram* stop, plosive; **~stück** plug, stopper
ver|schmachten to pine away, to starve; to languish (from); to die (of); **~schmähen** to disdain, to despise
verschmelz|en to melt (together), to fuse; to blend; to merge, to amalgamate; **~ung** fusion; blending; amalgamation
ver|schmerzen to put up with, to get over (the loss of); to make the best of; **~schmieren** to smear, to daub; *(Papier)* to waste in writing; to plaster over; to soil
verschmitzt wily, cunning; **~heit** wiliness, cunning
verschmutz|en to make dirty; *(stark)* to begrime; **~t** dirty; filthy
ver|schnappen *refl* to blurt out, to give the show away; **~schnaufen** to recover one's breath, to take breath; **~schneiden** to cut (up); to clip, to prune; to cut badly, to spoil; *(Tiere)* to geld, to castrate; *(Wein)* to adulterate; **~schneit** snowed up, covered with snow; **~schnitt** mixed wine; *(Tabak)* blend; cuttings, chips; **~schnörkeln** to write (*od* adorn) with flourishes; **~schnupft** troubled (*od* stuffed up) with a cold; *fig* cross, annoyed; **~schnüren** to tie up; to lace; **~schollen** missing, lost; long past, forgotten; *d. Schiff ist ~schollen* the ship was never heard of again; **~schonen** to spare; to exempt from
verschönern to beautify, to embellish
verschossen faded, discoloured; *~ in* madly in love with, having a crush on
ver|schränken to cross, to fold (one's arms); **~schreiben** to use up in writing; to write wrongly; to write for, to order; ⚕ to prescribe; ⚖ to make over (to s-b); *refl* to make a slip (in writing); *fig* to subscribe to (a belief etc), to set one's heart upon; to be subordinated (to); **~schroben** queer, odd, eccentric; confused, intricate; **~schrotten** to scrap; **~schrumpfen** to shrivel up, to shrink;
verschuld|en *vt* to be guilty of; to commit; *~et* (involved) in debt; *su* fault; **~ung** fault, offence; indebtedness, being in debt; encumbrance
verschütt|en to spill; *(zu-)* to fill up (*mit* with); to bury (alive); **~gehen** *sl* to be nabbed; to get lost
ver|schwägert related by marriage; **~schwatzen** to spend in chattering
verschweig|en to keep secret, to conceal; to suppress; **~ung** concealment; suppression
verschwend|en to squander, to waste; to dissipate; to lavish; **~er** spendthrift; prodigal; **~erisch** wasteful, prodigal, lavish; extravagant; **~ung** wastefulness, prodigality; extravagance; **~ungssucht** dissipation, mania for squandering
verschwiegen • discreet, reticent; reserved; **~heit** discretion; reticence; secrecy
verschwimmen to fade away, to dissolve; to become blurred (hazy)
verschwinden to disappear, to vanish; to be lost; *(heimlich)* to abscond; *ich muß mal eben ~ (umg)* I must go and spend a penny, I must see a man about a dog; *su* disappearance
ver|schwistert closely united (like brothers and sisters); **~schwitzen** to wet through with perspiration; *umg* to forget; **~schwommen** indistinct; blurred
verschwör|en *refl* to plot, to conspire; **~er** conspirator; **~ung** plot, conspiracy
Verschworener conspirator
versehen to provide, to supply (*mit* with); to furnish (with); *(Stelle)* to fill; *(Pflicht)* to perform; to administer *(the last sacrament)*; *(Haus)* to keep, to look after; to overlook; *refl* to make a mistake; *ehe man sich's versah* before your could say Jack Robinson; *su* mistake, slip; oversight; *aus ~* by accident; **~tlich** inadvertent; by accident, by mistake
versehr|en to injure, to disable; **~tenrente** disablement pension; **~tenstufe** degree of disablement; **~ter** disabled person
versend|en to send off, to dispatch, to forward; to ship; **~ung** dispatch, forwarding; transport
versengen to singe; to burn, to scorch
versenk|en to sink; to submerge; to lower, to let down; *refl* to become absorbed (in); **~ung** sinking; submersion; 🎭 trap-door ♦ *in d. ~ung verschwinden* to vanish like magic
versessen *auf* bent on; mad about, crazed (*od* crazy) about
versetz|en to put (into), to set; to displace, to misplace; *(Baum)* to transplant; *(Beamten)* to move, to transfer; *mil* to post; *(Schüler)* to move up, *US* to promote; *~t werden* to get one's remove, *umg* to go up; *(Sachen)* to pawn, to pledge; *(mischen)* to mix, to alloy; *(Schlag)* to deal, to give; ♪ to transpose; *fig umg* to leave in the lurch; **~ung** transfer; moving up, removal (to a higher class); *mil* posting; mixing, alloy; transposition; **~ungszeichen** ♪ accidental
verseuch|en to infect; to contaminate; **~ung** infection; contamination
Versicher|er insurer; ⚓ underwriter; **~n** to assure, to affirm; to assert; *(geldl.)* to insure; *refl* to make sure of, to ascertain; to take possession of; to insure o.s.; **~ter** insured; **~ung** assurance; affirmation; *(geldl.)* insurance (company); *~ung abschließen* to effect an insurance; **~ungsanstalt** insurance office; **~ungsbeitrag** insurance premium; **~ungsfrei** exempt from the obligation to insure; **~ungsgesellschaft** insurance company; **~ungsleistung** insurance benefit; **~ungsnehmer** insured (person), policy holder; **~ungspflichtig** subject to

obligatory insurance; **~ungspolice, ~ungsschein** insurance policy; **~ungsträger** insurance institution
ver|sickern to trickle away; **~siegeln** to seal (up); **~siegen** to dry up; to be exhausted
versiert experienced
ver|silbern to silver(-plate); *umg* to turn into money; **~sinken** to sink, to founder; to immerse; *~sunken sein in* to be absorbed in; **~sinnbildlichen** to symbolize
versöhn|en to reconcile; to propitiate, to appease; *s. ~en mit* to become reconciled with; **~lich** conciliatory, forgiving; easily reconciled; **~ung** reconciliation
versonnen lost in thought
versorg|en to provide, to supply (with); to provide for, to maintain; to look after, to care for; **~er** support(er), breadwinner; **~ung** supply; supplies; provision; maintenance, care (for); relief; *soziale ~ung* social services; **~ungsbetriebe** public utilities; **~ungsempfänger** pensioner; **~ungslage** supply situation
verspät|en *vt* to delay; *refl* to be (*od* come) late, to be behind time; to tarry; **~et** belated, late; **~ung** delay; being late; *d. Zug hat 5 Minuten ~ung* the train is five minutes late
ver|speisen to eat (up); **~spekulieren** to lose by speculation; *fig* to make a bad speculation, to be out in one's calculations; **~sperren** to bolt; *(Weg)* to bar; to block, to obstruct; to barricade
verspielen to lose (the game); to gamble away, to lose by gambling; *es bei j-m ~* to get into s-b's bad books
verspinnen to use up in spinning
verspott|en to deride, to mock, to scoff at; to make game of; **~ung** derision; mockery; scoffing
versprech|en to promise, to bind o.s.; to give promise of; to bid fair (to do); *(als Gattin)* to betroth; *refl* to make a slip of the tongue; *ich habe mich versprochen* it was a slip of the tongue on my part; *s. viel ~en von* to expect much of; *su* slip of the tongue; promise; **~ung** promise
versprengt|en to scatter, to disperse; **~ter** straggler
ver|spritzen to spill; *(Blut)* to shed; **~spüren** to perceive; to be aware of
verstaatlich|en to nationalize; **~t** nationalized; taken over by the government; **~ung** nationalization
verstädter|n to urbanize; **~ung** urbanization
Verstand understanding, intellect; mind; intelligence, brains; judgment; *nicht bei ~ sein* to be out of one's mind; *d. ~ verlieren* to go out of one's mind; *da bleibt mir d. ~ stehen* that is beyond me, I am nonplussed; *zu ~ kommen* to arrive at the age of discretion; **~eskräfte** intellectual powers; **~esmensch** matter-of-fact person; **~esschärfe** sagacity; **≈ig** intelligent, sensible; prudent, wise; judicious; **¨~igen** to notify (*von* of), to inform (of); *refl* to come to an understanding (with); **¨~igkeit** good sense; prudence, insight; **¨~igung** agreement, arrangement; understanding; 📻 (quality of) reception; **≈lich** intelligible; clear, distinct; comprehensible; *s. ≈lich machen* to make o.s. understood; **≈lichkeit** intelligibility; clearness; **≈nis** understanding; comprehension; appreciation; sympathy; *≈nis haben für* to appreciate; **≈nisinnig** full of deep (*od* mutual) understanding; **≈nislos** devoid of understanding; unappreciative; imbecile; **≈nisvoll** understanding, knowing; sympathetic; appreciative
verstärk|en to strengthen, to reinforce; to intensify; *bes* ⚡, 📻 to amplify; to boost; **~er** amplifier, booster; **~ung** strengthening; reinforcement(s); 📻 amplification, boost
ver|stauben to get dusty; **~stauchen** to sprain; **~stauen** to stow away, to bestow
Versteck hiding-place, cache; *(Hinterhalt)* ambush; *~ spielen* to play at hide and seek; **~en** to hide, to conceal; *refl* to hide o.s.; **~spiel** hide and seek; **~t** hidden, concealed; *fig* veiled; sly
verstehen to understand, to comprehend; to perceive, to see, to hear; to know (how to do); *zu ~ geben* to give to understand, to intimate (to); *e-n Spaß ~* to take a joke; *falsch ~* to misunderstand; *~ Sie mich recht* don't get me wrong; *was ~ Sie darunter?* what do you mean by it?; *refl* to understand one another; *s. ~ zu* to agree to; *s. von selbst ~* to go without saying, to be a matter of course; *s. ~ auf* to be skilled in, to know well
ver|steifen to stiffen; to strut; *refl* to grow stiff; *s. ~steifen auf* to insist on, to make a point of; *(Preis)* to harden; **~steigen** *refl* to climb too far; to lose one's way (in climbing); *fig* to go too far, to go so far as (to do)
Versteiger|er auctioneer; **~n** to (sell by) auction; to put up to auction; **~ung** (putting up to) auction
versteiner|n to turn into stone, to petrify; **~ung** petrifaction; fossil
verstell|bar adjustable; **~en** *vt* to change the position of; to displace, to misplace; *(versperren)* to block, to bar; to disfigure, to disguise; *refl* to dissemble, to sham, to feign; **~ung** removal; disarrangement; disfiguration; disguise, dissimulation; **~ungskunst** art of dissimulation
ver|steuern to pay tax on; **~stiegen** eccentric, high-flown
verstimm|en to put out of tune; *fig* to annoy, to upset, to cause resentment (in, among); **~t** out of tune; *(Magen)* upset; in a bad mood, cross; out of sorts; **~ung** ♪ mistuning; ill humour, bad temper
verstockt impenitent; obdurate, obstinate; hardened; **~heit** obduracy; obstinacy
verstohlen stealthy, furtive; clandestine, surreptitious
verstopf|en to block, to stop up; ⚕ to constipate; **~ung** blocking up, obstruction; stoppage; constipation

verstorben deceased, late
verstört disconcerted; bewildered; disordered; **~heit** consternation, bewilderment; confusion
Verstoß offence (against); disobedience (to); breach (of); fault, mistake; **~en** *vt* to reject, to expel; to put away, to cast off; *vi* to offend (against), to violate; to transgress; to infringe (the law); **~ung** rejection, expulsion
ver|streichen *vt* to smear, to spread; to use up; *vi* to pass (away), to slip by; **~streuen** to scatter, to disperse; **~stricken** to use up in knitting; to entangle; to ensnare; **~strömen** to pour forth (*od* out), to emanate; **~stümmeln** to mutilate, to mangle *(a. fig)*; to maim *(a. fig)*; **~stummen** to grow mute (*od* dumb); to become silent; not to continue
Versuch attempt; experiment; *bes* ⚙ trial (*e-n ~ machen mit* to give ... a t.); **~en** to try, to attempt; to experiment with; to taste, to sample; *(in ~ung führen)* to tempt, to entice; *es ~en mit* to put to the test; **~er** tempter; **~sanstalt** research institute; **~sballon** *pol* trial balloon; *fig* kite (*e-n ~sballon steigen lassen* to fly a k.); **~skaninchen** (human) guinea pig (*~skaninchen sein* to be the g. p.); **~sreihe** series of experiments; **~sweise** by way of experiment; *(probe-)* on trial, on approval; tentatively; **~ung** temptation
versündig|en *refl* to sin (*an* against), to offend; **~ung** sin(ning), offence
versunken sunk, lost; absorbed
versüßen to sweeten *(a. fig)*
vertag|en to adjourn (*auf* till); **~ung** adjournment
ver|tändeln to trifle away; **~täuen** ⚓ to moor; **~tauschen** to exchange; to barter; *(irrtüml.)* to mistake; *math* to substitute, to permute
verteidig|en to defend; *refl* to defend o.s.; **~er** defender; advocate; ⚖ defence counsel, *US* defense attorney ⚽ *linker ~er* left back, *rechter ~er* right back; **~ung** defence; advocacy; **~ungsanlagen** defence works; **~ungskrieg** defensive war; **~ungslinie** line of defence; **~ungsministerium** Ministry of Defence; **~ungsstellung** defensive position
verteil|en to distribute; *(aus-)* to dispense; *(zuweisen)* to assign; *(gleichmäß.)* to apportion; to divide; to share; **~er** distributor; **~erliste** mailing list; **~ung** distribution; division; **~ungsnetz** distribution network; distributing trade
ver|teuern to make dearer, to raise the price of; **~teufelt** devilish; confounded
vertief|en to make deeper, to deepen; *fig* to deal with s-th in greater detail; *refl* to become deeper; *s. ~en in (fig)* to become absorbed in; to be engrossed in, to burrow into, to bury o.s. in; **~ung** deepening; depression, hollow; cavity; recess, niche; detailed treatment
vertier|en to grow brutal; **~t** brutish
vertilg|en to extirpate, to exterminate; to destroy; to consume, to eat up; **~er** exterminator; **~ung** extirpation, extermination; destruction

ver|tonen to set to music; **~tonung** composition; musical arrangement
Vertrag agreement, contract; *pol* treaty; *(zivilrechtl.)* contract; *mündl. ~* verbal contract, parole agreement; *schriftl. ~* contract in writing, written contract; *e-n ~ (ab)schließen* to make a contract (*pol* treaty); **~en** to wear out; *(er-)* to bear, to endure; to digest; *ich kann Wein nicht ~en* wine doesn't agree with me; *refl* to get on well (together); *s. wieder ~en* to make it up, to settle one's differences; **~lich** contractual; subject to contract; **⁻lich** sociable; good-natured; *bes* ⚕ compatible (with); **⁻lichkeit** sociability; good nature; compatibility; **~sbedingungen** contractual terms; **~sbestimmung** term (*od* provision) of a contract; **~sbruch** breach of contract (*od* treaty); **~sbrüchig** defaulting (in a contract); **~schließend** contracting; **~sgemäß** contractual; **~smäßig** agreed upon, stipulated; **~spartner** party to an agreement (*od* contract); **~swidrig** contrary to an agreement (*od* contract)
vertrau|en to trust, to rely upon; to have confidence in, to put one's trust in; *su* confidence, trust, reliance; belief (in); *im ~en* in confidence, between you and me (*od* ourselves); *im ~en auf* relying upon, trusting to; *~en haben zu* to believe in; **~ensbruch** breach of trust; **~ensmann** trustee; confidant; **~ensposten** position of trust; **~enssache** confidential matter; **~ensselig** too trusting; gullible; **~ensstelle** fiduciary office; **~ensstellung** = *~ensposten;* **~ensvoll** full of confidence, confident; **~ensvotum** vote of confidence; **~enswürdig** reliable, trustworthy; **~lich** confidential; intimate; **~lichkeit** intimacy; familiarity; **~t** intimate, familiar; conversant (with), versed (in); *s. ~t machen mit* to acquaint o.s. with; **~ter** confidant; **~theit** intimacy, familiarity; (thorough) knowledge (of), acquaintance (with)
ver|trauern to spend in sorrow; to mourn away (one's life)
verträum|en to dream away; **~t** dreamy, sleepy
vertreib|en to drive away, to expel; to banish; *(Waren)* to distribute, to retail, to sell; *(s.) d. Zeit ~en* to while away the time; **~ung** expulsion; distribution
vertret|bar justifiable; tenable; *über d. ~bare Maß hinausgehen* to exceed legitimate limits; **~en** to represent; to act for; *(einspringen)* to deputize for, to take s-b's place; to act as (*od* be the) substitute for; to defend; *(eintreten)* to plead for, to intercede for; *s. d. Fuß ~en* to sprain one's foot; *s. d. Beine ~en* to stretch one's legs; *j-m d. Weg ~en* to stop s-b; **~er** representative; *(Stell-)* deputy, proxy; *(Ersatz)* substitute; *(e-s Arztes etc)* locum; advocate, champion; *(Handels-)* agent, canvasser, commercial traveller; **~ung** representation; agency; *pol* mission; *e-e ~ung übernehmen für* to deputize for; *ich habe d. ~ung für* I represent the firm of
Vertrieb sale, distribution; marketing; **~ener**

expellee, expelled person; **~skosten** marketing costs; **~sleiter** marketing manager

ver|trinken to spend on drink; **~trocknen** to dry up, to wither; **~trödeln** to dawdle (*od* idle) away; **~trösten** to put s-b off (with empty promises); to give hope to; **~tun** to waste, to squander; **~tuschen** to hush up; **~übeln** to take s-th amiss; to blame s-b for s-th; **~üben** to commit

verun|ehren to disgrace; **~einigen** to disunite; to set at variance; **~glimpfen** to disparage, to defame; **~glimpfung** disparagement, defamation; **~glücken** to have (*od* meet with) an accident; to die in an accident; to perish; to fail, to miscarry; **~reinigen** to (make) dirty, to soil; to pollute, to defile; **~reinigung** soiling; pollution, defilement; **~stalten** to disfigure; to deform; to blemish; **~staltung** disfigurement; deformity; blemish; **~treuen** to embezzle; **~treuung** embezzlement; **~zieren** to disfigure, to mar

verur|sachen to cause; to occasion; to bring about, to produce; *(hervorrufen)* to give rise to; *(nach s. ziehen)* to entail, to involve; **~teilen** to condemn, to sentence; *(Geldstrafe)* to fine s-b *(50 marks)*; **~teilung** condemnation; conviction; sentence

verviel|fachen to multiply; **~fältigen** to multiply; *(abziehen)* to duplicate, to mimeograph; **~fältigung** multiplication; duplication, mimeographing; copy, mimeograph; **~fältigungsapparat** duplicator, mimeograph

vervierfachen to increase fourfold, to quadruple

vervoll|kommnen to improve; to perfect; *refl* to perfect o.s. (in); **~kommnung** perfecting; perfection; **~ständigen** to complete; **~ständigung** completion

ver|wachsen to grow together; *(zu-)* to close, to heal up; *fig* to become engrossed (in), to become deeply rooted (in); *adj* deformed, crooked; *(Baum)* stunted, gnarled; **~wackelt** 🎞 blurred

verwahr|en to keep, to preserve; *refl* to protest (*gegen* against); **~ung** keeping, care; custody (*in ~ung nehmen* to take c. of s-th); *in ~ung geben* to give s-th in charge; *~ung einlegen gegen* to protest against, to object to

verwahrlos|en *vt* to neglect completely; *vi* to be ruined by neglect; to go to the bad; **~t** neglected; unkempt; *(Garten)* overrun with weeds; *(sittl.)* depraved; **~ung** (complete) neglect; demoralization

verwais|en to become an orphan; **~t** orphaned; *fig* deserted

verwalt|en to administer, to manage; to conduct; *(lenken)* to rule, to govern; *(Amt)* to hold (an office); **~er** administrator; manager; custodian, trustee; steward; *(Haus-)* caretaker; **~ung** administration; management; department; **~ungsapparat** administrative machine; **~ungsbeamter** administrative official; **~ungsbehörde** government authority (*od* board); **~ungsdienst** public service, government service; **~ungsgebühr** administrative fee; management charge; **~ungsgericht** administrative court; **~ungsmaßnahme** administrative measure; **~ungsrat** Board of Directors; **~ungsstellen** administrative authorities

verwand|eln to change, to transform; to convert, to turn; *(Strafe)* to commute; *refl* to change; **~lung** change, transformation; conversion; commutation

verwandt related (to); allied (to); cognate; similar, kindred; *sie sind nah (weitläufig) ~* they are near (distant) relatives; **~er** relation, relative; **~schaft** relationship; *(eng) fig* affinity, alliance; *(~e)* relations, relatives, family; *chem* affinity; **~schaftlich** kindred; as (among) relatives; congenial; *~schaftliche Beziehung* relation(ship); **~schaftsgrad** degree of relationship

ver|wanzt infested with bugs; **~warnen** to warn; to caution; to admonish; **~warnung** warning; caution; admonition; **~waschen** *vt* to use up in washing; *adj* washed-out, faded; *fig* vague, indistinct; **~wässern** to dilute; to weaken; *fig* to water down; **~weben** to (inter-) weave; **~wechseln** to (mis)take (*mit* for); to confuse, to mix up; to change; **~wechslung** mistaking; confusion; mistake; ♪ (enharmonic) modulation; **~wegen** daring, audacious; **~wegenheit** boldness, audacity; **~wehen** to blow away; to drift; to cover up; *vi* to be blown (*od* scattered) in all directions; **~wehung** (snow-)drift; **~wehren** to forbid s-b s-th, to interdict s-th to s-b, to prohibit s-b from (doing)

verweichlichen to coddle, to spoil; *vi* to become effeminate; to grow flabby

verweiger|n to refuse, to deny; **~ung** refusal, denial

verweilen to stay; to linger; *fig* to dwell (*bei* upon)

verweint red with weeping

Verweis rebuke, reproof, reprimand; censure; *(Hin-)* reference; **~en** to reprimand (*wegen* for), to rebuke, to reprove; *~en auf* to refer to; *d. Landes ~en* to banish, to exile; **~ung** exile, banishment

ver|welken to fade, to wither; **~weltlichen** to secularize; to make worldly

verwend|bar usable, applicable; practical; **~en** to use, to make use of; to utilize; to employ; to spend, to expend; *(an-)* to apply (*für* to, for); *nützlich ~en* to turn to account; *s. ~en für* to intercede for, to use one's influence for; **~ung** use, utilization; employment; application; intercession; *zur ~ung kommen* to be used; **~ungszweck** purpose

verwerf|en to throw away; to reject; *refl* to become warped; *geol* to fault; **~lich** objectionable, blamable; **~ung** rejection; warping; *geol* fault

verwert|bar usable; **~en** to utilize, to make use of; to turn to account; *(aus-)* to evaluate, to draw conclusions from; *(veräußern)* to realize, to sell; **~ung** utilization; evaluation; realization

verwes|en *vt* to administer; *vi* to decay, to decompose; to rot; **~er** administrator; **~lich** perishable; liable to decay; **~ung** decay, decomposition; putrefaction
verwick|eln to entangle; to complicate; to involve (in); **~elt** complicated, involved, intricate; **~lung** entanglement; complication, intricacy
verwilder|n to grow wild, to become savage; *(Kind)* to be neglected; *(Garten)* to run wild; to become depraved, to degenerate; **~ung** return to barbarism; degeneration, demoralization
verwind|en to get over; to overcome; **~ung** ✲ torsion; **~ungsfest** torsion-proof
verwirk|en to forfeit; *(Strafe)* to incur; **~lichen** to put into reality, to realize; to materialize *(a. refl)*; *refl* to be realized; **~lichung** realization; materialization; **~ung** forfeiture
verwirr|en to (en)tangle; to confuse, to baffle, to bewilder; to embarrass, to perplex; **~ung** entanglement; confusion, bewilderment; embarrassment, perplexity
verwischen to blot out, to wipe out; to blur; to efface, to obliterate
verwitter|n to weather; to disintegrate, to crumble away; **~t** weather-beaten, -worn; **~ung** weathering; erosion
ver|witwet widowed; **~wöhnen** to coddle, to pamper; to spoil; to indulge (*mit* in); **~wöhnt** spoiled; dainty, fastidious; **~wöhnung** spoiling; indulgence (*mit* in); **~worfen** depraved, vile; **~worren** confused, abstruse
verwund|bar vulnerable; **~en** to wound, to injure; **~erlich** surprising, odd, strange; *d. ist nicht (weiter) ~erlich* that's not to be wondered at; **~ern** *vt* to surprise; *refl* to wonder, to be surprised (*über* at); **~erung** surprise, astonishment; **~ung** wound, injury
verwunsch|en bewitched; **~̈en** to curse; to bewitch; **~̈t** accursed, confounded; **~̈ung** curse, imprecation; malediction
verwurzel|n *vi* to become firmly (*od* deeply) rooted; **~ung** deep-rooted links
verwüst|en to devastate, to lay waste; **~ung** devastation; desolation
verzag|en to lose heart, to despond; **~t** despondent; faint-hearted; **~theit** despondency; faint-heartedness
verzählen to miscount, to count wrongly
verzahn|en to tooth, to cut gears; to dovetail; **~ung** toothing; gear cutting; *fig* interlocking (system)
verzapfen to tenon; *(Bier)* to sell on draught; *umg* to concoct, to tell, to talk
verzärtel|n to coddle, to pamper; **~ung** coddling, cockering up; effeminacy
verzauber|n to bewitch, to enchant, to charm; **~ung** enchantment
verzehnfachen to increase tenfold, to decuple
Verzehr consumption; **~en** to eat (up); to consume; *refl* to pine away, to waste away; **~ung** consumption
verzeich|nen to write down; to book, to enter; to make a list of; *in B. ist ... zu ~nen* in B. there is ...; to draw badly, to distort; **~nis** list, catalogue; inventory; specification; *(Buch)* index
verzeih|en to forgive, to pardon; *~en Sie!* I beg your pardon!; excuse me!; **~lich** excusable, pardonable; **~ung** pardon; forgiveness; *~ung!* = ~en Sie!; *j-n um ~ung bitten* to beg s-b's pardon
verzerr|en to distort; *sein Gesicht ~en* to make a wry face; **~ung** distortion
verzetteln to scatter; to dissipate; to catalogue, to card-index; *refl* to engage o.s. in too many things
Verzicht renunciation; resignation; *~ leisten* = **~en** *auf* to renounce; to resign; ⚖ to waive; **~leistung** = ~
verziehen *vt* to distort, to contract; *ohne e-e Miene zu ~* without batting an eyelid; *(Kind)* to spoil; *refl* to warp, to be twisted; *(Stirn etc)* to pucker; to disappear, to vanish; *umg* to bundle off; *(Gewitter etc)* to pass over, to disperse; *vi (um-)* to remove, to go away; to tarry
verzier|en to decorate, to ornament; to embellish; **~ung** decoration, ornament(ation); embellishment; ♪ grace, flourish
ver|zinken to zinc, to galvanize; **~zinnen** to tin(-plate)
verzins|en to pay *(5 per cent)* interest on; *refl* to pay (*od* bear) *(5 per cent)* interest; **~lich** interest-bearing; **~ung** interest (return)
verzöger|n to delay, to retard; to procrastinate; *refl* to be delayed (*od* deferred); **~ung** delay, retardation; procrastination
verzoll|en to pay duty on; *haben Sie etw zu ~en?* have you anything to declare?; **~t** duty paid; **~ung** (payment of) duty; clearance
verzuckern to sugar (over), to sweeten; *fig* to sugar, to gild (the pill)
verzück|en to enrapture; **~t** in raptures, ecstatic; **~ung** rapture, ecstasy
Verzug delay; (state of) default; *ohne ~* without delay, immediately; *im ~ sein* to be imminent; **~sschaden** damage caused by default; **~szinsen** interest payable on arrears
verzweif|eln to despair (*an* of); *es ist zum ~eln* it is exasperating; **~elt** despairing; *(wild)* desperate; **~lung** despair; desperation; *zur ~lung bringen* to drive s-b to despair
verzweigen *refl* to branch (out), to ramify
verzwickt complicated, baffling, awkward
Vesper *eccl* vespers; light meal; *~(brot)* afternoon refreshment; **~n** to take afternoon tea (*od* a light afternoon meal)
Veteran *bes US* veteran *(a. fig), BE* ex-serviceman
Veterinär|arzt veterinary (surgeon), veterinarian, *umg* vet; **~medizin** veterinary science
Veto veto; *sein ~ einlegen gegen* to veto, to put a veto on
Vettel slut; whore
Vetter (male) cousin; *~ zweiten Grades* second cousin; **~nwirtschaft** nepotism
Vexier|bild picture puzzle; **~en** to tease; to vex, to trouble; **~schloß** puzzle-lock; **~spiegel** distorting mirror

via by, via; **~dukt** viaduct
Vibr|ation vibration; **~ieren** to vibrate
Vieh cattle; *(Tier)* beast; *hausen wie d. liebe ~* to be housed like animals; **~auftrieb** number of animals coming on to the market; **~bestand** livestock; **~futter** fodder, cattle food; **~händler** cattle dealer; **~isch** brutal, bestial; **~markt** cattle-market; **~salz** cattle salt; **~seuche** cattle plague, murrain; **~wagen** cattle--truck; **~weide** pasture; **~wirtschaft** animal husbandry; **~zählung** livestock census; **~zucht** cattle-breeding; **~züchter** cattle-breeder
viel much (*pl* many); *bes im bejahenden Satz, als Objekt* a lot (of), a great deal (of); *(reichlich)* plenty (of); *adv* much; a lot, a great deal; *e. bißchen ~* a little too much, a bit thick; *noch mal so ~* as much again; *in ~em* in many respects; *~ geben auf* to give a lot for, to set great store by; *~e Wenig geben e. ~* many a little makes a mickle; **~deutig** having many meanings; ambiguous; **~eck** polygon; **~eckig** polygonal; **~erlei** many (kinds of), ... of many kinds; divers, various; **~erorts** in many places; **~fach** multiple; manifold; repeated; *adv* in many cases; frequently; **~falt** diversity; abundance, large number; **~fältig** manifold, various; **~fraß** glutton *(a. zool)*; **~gestaltig** of many shapes, multiform; **~götterei** polytheism; **~heit** multitude; great number (*od* quantity); multiplicity; **~jährig** of many years; *~jährige Erfahrung* many years of experience; **~leicht** perhaps, maybe; *er kommt ~leicht* he may come; *haben Sie ~leicht?* do you happen to have?; **~mals** many times, frequently; very much; **~mehr** rather, on the contrary; **~sagend** significant; *(Blick)* knowing; full of meaning, suggestive, expressive; **~schichtig** on many planes, at many levels; **~seitig** many-sided; all-round; versatile; *math* polyhedral; **~silbig** polysyllabic; **~versprechend** very promising; **~weiberei** polygamy; **~zahl** large number; abundance
vier four; *auf allen ~en* on all fours; *unter ~ Augen* tête-à-tête, confidentially; *zu ~t* four of us (*od* them); **~beinig** four-footed; **~blättrig** four-leaved; **~eck** quadrangle; *(Quadrat)* square; **~eckig** quadrangular, four-cornered; square; **~fach, ~fältig** fourfold, quadruple; **~fruchtmarmelade** four-fruit jam; **~füßig** four-footed, quadruped; **~füßler** quadruped; **~händig** four-handed; *~händig spielen* ♪ to play duets; **~hundert** four hundred; **~jährig** of four years; lasting four years; **~kantig** four-edged; **~mal** four times; **~malig** repeated four times; **~rädrig** four-wheeled; **~schrötig** squarely built, thick-set; **~seitig** four-sided, quadrilateral; **~stellig** of four places (*od* digits); **~stimmig** for four parts (*od* voices); **~stöckig** four-storied; **~tägig** of four days, lasting four days; **~taktmotor** 🚗 four-stroke engine; **~te** fourth; **~teilen** to divide into four parts; to (draw and) quarter; **~teilig** consisting of four parts
Viertel fourth part, quarter *(a. Stadt-)*; *~ vor drei* a quarter to three, *~ nach drei* a quarter past three; *~ vier* a quarter past three; *drei ~ vier* a quarter to four; **~jahr** quarter, three months; **~jahresschrift** quarterly (periodical); **~jährig** quarterly, of three months; **~jährlich** quarterly; *adv* once a quarter; **~note** crotchet, *US* quarter note; **~pause** crotchet rest, *US* quarter rest; **~stunde** quarter of an hour; **~stündig** lasting fifteen minutes; **~stündlich** every quarter (*od* fifteen minutes)
vier|tens fourthly, in the fourth place; **~ung** 🏛 crossing, intersection of the nave; **~vierteltakt** common time; **~zehn** fourteen; *~zehn Tage (BE)* a fortnight; **~zehntägig** bi-weekly; **~zehnte** fourteenth; **~zeiler** four-line poem; **~zig** forty; **~zigjährig** of forty years; **~zigste** fourtieth
Vikar *eccl* curate
Vill|a villa; *kleine ~a* cottage; **~enkolonie** garden city
Viol|a *bot,* ♪ viola; **~ett** violet; **~ine** violin; **~inist** violinist; **~inschlüssel** treble clef; **~oncello** cello
Viper viper
virtuos masterly; **~e** virtuoso; **~ität** virtuosity, mastery
viru|lent ⚕ infectious, poisonous; **~s** virus
Visage *sl* mug
Visier (gun) sight; *(Helm)* visor; **~en** to sight; to aim at; *(Paß)* to visa; **~linie** line of sight; **~weite** range of sight
Vision dream, phantom; phantasm; **~är** visionary
Visit|ation search; inspection; **~e** call, *(a.* ⚕*)* visit; *~e machen* to pay a visit; **~enkarte** visiting card, *bes US* calling card; **~ieren** to search; to inspect
visuell visual
Visum visa
Vitamin vitamin; **~mangel** vitamin deficiency; **~mangelkrankheit** avitaminosis
Vitrine cabinet; showcase
vivat long live ...!, hurrah for ...!
Vize/admiral vice admiral; **~könig** viceroy; **~königin** vicereine; **~königlich** viceregal; **~konsul** vice-consul
Vlies fleece
Vogel bird ♦ *e. lustiger ~* a gay bird (*od* dog); *e. lockerer ~* a loose fish; *d. ~ abschießen* to carry off the prize, to bear the palm; *du hast e-n ~* you're crazy (*od* nuts); **~bauer** (bird-) cage; **~beere** mountain ash, rowan; **~flinte** shotgun; **~frei** outlawed; **~futter** bird-seed; **~haus** aviary; **~käfig** = ~bauer; **~kunde** ornithology; **~nest** bird's nest; **~perspektive, ~schau** bird's-eye view (*aus d. ~schau* a b. view of); **~scheuche** scarecrow; **~schutz** protection of birds; **~steller** bird-catcher, fowler; **~straußpolitik** burying one's head in the sand, refusal to face facts; **~warte** ornithological station; **~zug** migration of birds of passage
Vogt bailiff; steward
Vokabel word (to be memorized); **~buch, ~heft** vocabulary; **~schatz** vocabulary; range of language

Voka|l vowel; **~lmusik** vocal music; **~tiv** vocative

Volant flounce, frill; steering-wheel

Volk people, nation; *(Stamm)* tribe; the (common) people; the lower classes; *(Rebhühner)* covey; *(Bienen)* swarm, hive; *d. gemeine ~* the mob, rabble; *d. Mann aus d. ~* the man in the street; **~̈chen** (small) tribe, young folk; **~̈erbund** League of Nations; **~̈ergemeinschaft** community of nations; **~̈erkunde** ethnology; **~̈ermord** genocide; **~̈errecht** international law; **~̈errechtlich** relating to international law; **~̈erschaft** people; tribe; **~̈erschlacht** the Battle of Leipzig; **~̈erwanderung** migration of (the) peoples; *(germanische)* the Germanic (*od* Barbarian) Invasions; **~̈isch** national; **~reich** populous

Volks|abstimmung plebiscite; **~aufstand** popular rising, revolution; **~ausgabe** popular edition; **~bibliothek** public library; **~bildung** national education, popular education; adult education; **~charakter** national character; **~deutscher** member of German ethnic group; **~dichte** density of population; **~dichter** national poet; popular poet; **~einkommen** national income; **~entscheid** plebiscite; **~epos** national epic; **~fest** public festival; (annual) fair; popular local fête; **~genosse** fellow countryman; comrade; **~glaube** popular belief; **~gruppe** ethnic group; **~gunst** popularity; **~haufe** mob, crowd; **~herrschaft** democracy; government of the people; **~hochschule** University Extension (courses), adult education courses; **~hymne** national anthem; **~justiz** lynch-law; mob-justice; **~küche** soup-kitchen; **~kunde** folklore; **~lied** folk-song; **~mäßig** popular; **~meinung** public opinion; **~melodie** popular air; **~menge** population, mob; **~schicht** class of people, social stratum; **~schlag** race; **~schule** elementary school, primary school; **~sitte** national custom; **~sprache** vernacular; popular (*od* vulgar) tongue; **~stamm** tribe; **~stimmung** public opinion (*od* feeling); **~tracht** national costume; **~tum** nationality; national character; **~tümlich** national, popular; **~tümlichkeit** popularity; **~verbunden** closely bound up with one's nation; **~vermögen** national wealth; **~vertreter** representative of the people, member of parliament; **~vertretung** popular representation; **~wirt** (political) economist; **~wirtschaft** political economy; (national) economy; economics; economic system; **~wirtschaftlich** economic; from the viewpoint of the country's economy; **~wirtschaftslehre** economics; **~wohlstand** the people's wealth; **~wohlfahrt** public welfare; **~zählung** census

voll full, filled; replete; complete; whole, entire; *(Tageslicht)* broad; *umg* drunk ♦ *j-n nicht für ~ nehmen* not to take s-b seriously; *aus d. ~en schöpfen* to have unlimited resources, to draw freely from the store (of one's ideas etc); *aus ~em Herzen* from the bottom of one's heart; *aus ~er Kehle* at the top of one's voice; *mit ~em Recht* with perfect right; *in ~er Fahrt* at full speed; *es schlägt ~* it's striking the hour; *d. Mund ~ nehmen* to boast, to brag; **~auf** completely; plentifully, abundantly; **~bad** full bath; **~bart** beard; **~berechtigt** fully entitled, fully qualified; **~beschäftigung** full employment; **~besitz** full possession; **~bild** full-page illustration; **~blut** thoroughbred; **~blütig** full-blooded; sanguine; **~bringen** to bring about, to accomplish; to achieve; to complete, to fulfil; **~dampf** full steam; **~enden** to finish, to end; to terminate; to accomplish, to perfect; **~ends** wholly, entirely, completely; altogether; quite; finally; **~endung** finishing; accomplishment; completion; perfecting; **~er** full of; **~̈erei** gluttony; intemperance; **~führen** to carry out, to execute; to make *(a scene)*; **~führung** execution; **~gas** full throttle; **~gefühl** (full) consciousness; *im ~gefühl s-r Kräfte* fully conscious of his powers; **~genuß** full enjoyment; **~gepfropft** crammed; **~gültig** fully valid; **~gummi** solid rubber; **~gummireifen** solid tyre; **~̈ig** full, entire; sufficient; whole, complete; absolute; *adv* quite, entirely; **~jährig** of age, major; *~jährig werden* to come of age; **~jährigkeit** majority, full age; **~kommen** perfect; **~kommenheit** perfection; **~kornbrot** whole-meal bread; **~körnig** full-grained; **~kraft** full strength (*od* vigour, prime); **~machen** to fill up, to complete; *umg* to dirty; **~macht** full power; power of attorney; *fig* carte blanche; **~matrose** able-bodied seaman; **~milch** full-cream milk, whole milk; **~mond** full moon; **~pension** full board and lodging; **~reifen** solid tyre; **~sitzung** plenary session; **~spurbahn** standard-gauge railway; **~ständig** complete, entire, whole; *adv* quite, entirely, completely; **~ständigkeit** completeness, fullness; integrity, entirety; **~stimmig** full-voiced; **~streckbar** enforceable; **~strecken** to execute, to carry out; ⚖ to enforce; **~strecker** executor; **~streckung** execution; **~streckungsbefehl** writ of execution, enforcement order; **~synthetisch:** *~synthetische Fasern* (entirely) man-made fibres, synthetics; **~tönend** sonorous, full-toned; **~treffer** direct hit; **~versammlung** plenary assembly; general assembly; **~wertig** perfect; up to standard; fully effective; **~zählig** complete, full; **~ziehen** to accomplish, to execute; *(Ehe)* to solemnize; *refl* to take place; *~ziehende Gewalt* executive power; **~ziehung, ~zug** accomplishment, execution

Volont|är unpaid trainee, unsalaried training clerk; **~ieren** to undergo practical training, to work as unsalaried clerk

Volt volt; **~e** volt; sleight of hand; **~meter** voltmeter; **~spannung** voltage

Volum|en volume (of space); capacity; (total) amount; **~inös** voluminous

von from; of; *(über)* about; on, upon; by; *~ ... ab* from ... onwards; *~ selbst* of itself, automatically; *~ mir aus* as far as I am concerned, I don't mind; **~nöten** *sein* to be needful (*od* necessary); **~statten** *gehen* to proceed; to progress

vor *(örtl.)* in front of, outside; *(zeitl.)* before, ago; prior to; in the presence of; *(weinen, zittern etc)* with, for; *(Uhr) 5 ~ 2* five minutes to two; *~ drei Tagen* three days ago; *~ d. Krieg* before the war; *~ d. Zeit* prematurely; *~ Zeiten* formerly; *~ allem (allen Dingen)* above all; *nach wie ~* as usual; *~ sich hin* to oneself; *~ sich gehen* to take place, to occur

vor|ab above all, first of all; **~abdruck** advance publication in a magazine; **~abend** eve; the evening before; **~ahnen** to have a presentiment; **~ahnung** presentiment; misgiving

voran at the head, in front; on(wards); before; *~!* go ahead!, go on!; **~gehen** to walk at the head of, to lead the way; to proceed; *mit gutem Beispiel ~gehen* to set a good example; **~kommen** to get on; to advance, to progress; *fig* to make progress; to get along (*mit* with); **~schlag** estimate; **~zeige** preliminary announcement (*od* notice)

Vorarbeit preliminary work; preparation; **~en** to prepare work; to work in preparation; to prepare the ground (for); to pave the way (for s-b); **~er** foreman; **~erin** forewoman

vorauf before, in front, ahead; **~gehen** to precede, to antecede; to antedate

voraus ahead, in front; beforehand; *im ~* in advance, in anticipation; *im ~ sein mit etw* to be beforehand with; **~ahnen** to anticipate; **~bedingen** to stipulate beforehand; **~bestellen** to order beforehand; to book in advance; *BE a.* to bespeak; **~bezahlen** to pay in advance; to prepay; **~bezahlung** payment in advance; **~blick** foresight; **~gehen** to lead the way, to walk in front; to precede; **~gehend** preceding, foregoing; previous; **~haben** to have an advantage over s-b; **~nehmen** to anticipate, to forestall; **~sage** prediction; (market-) forecast; prophecy; tip; **~sagen** to foretell, to predict; to forecast; to prophesy; **~sagung** = ~sage; **~schau** forecast; **~schauen** to look ahead *(a. fig)*; **~sehen** to foresee

voraus|setzen to presuppose; to assume; to depend upon; to require (*A setzt B voraus* B is required for A); *~gesetzt, daß* provided that, assuming that

Voraussetzung *(logisch)* presupposition; *(Ausgangspunkt)* basis, necessary condition; prerequisite; *(Bedingung)* condition (*under d. ~, daß* on the c. that); *(Umstände)* circumstances (*es kommt auf die äußeren ~e an* it depends on the external c.s); *(Erfordernis)* (legal) requirement; necessary qualification; *(Annahme)* assumption, supposition; *von d. ~ ausgehen* to proceed on the assumption, to act on the supposition; *~ ist, daß* it is understood that, provided that

Voraus|sicht foresight; prudence; **~sichtlich** probable; presumable; to be expected; **~zahlung** prepayment, advance payment; instalment (on account)

Vorbau projecting part (of a building), projecting structure; porch; **~en** to build in front of; *fig* to guard against, to prevent; to provide for (the future)

Vorbe|dacht forethought, premeditation; *mit ~dacht* deliberately, on purpose; **~deutung** foreboding, portent, omen; **~dingung** preliminary condition, precondition

Vorbehalt reservation; proviso; *ohne ~* without reservation, unconditionally; *unter d. ~* upon the understanding (that); *unter ~ aller Rechte* all rights reserved; **~en** *vt* to reserve (to o.s.); **~lich** subject to; on condition that, with the proviso that; **~los** unconditional; without any reservation

vorbei by, along, past; *(zeitl.)* past, over; gone, done; *d. Zeit ist ~* the time has passed; *es ist ~* it is over; *~ an etw* by s-th; **~fahren** to drive past; **~gehen** to walk past, to pass by; to walk along; to stop, to pass; to go wrong; to miss the mark; **~lassen** to let pass (*od* slip); **~marsch** march past; **~marschieren** to march past; *~ müssen* to have to pass; **~reden:** *aneinander ~reden* to be at cross-purposes; **~schießen** to miss the mark; **~ziehen** to pass, to march past

Vorbe|merkung preliminary remark; preamble; prefatory notice; **~nannt** aforesaid; **~reiten** to prepare, to make ready; *(drillen)* to coach; *refl* to prepare o.s.; **~reitung** preparation; *~reitungen treffen* to make arrangements

Vorberge foothills

Vorbe|richt preliminary report; introduction; **~sprechung** previous (*od* preliminary) discussion; **~stellen** = vorausbestellen; **~stimmen** to predestine; **~stimmung** predestination; **~straft** previously convicted

vorbeug|en to bend forward; *fig* to prevent, to ward off; **~ung** prevention (*a.* ⚕); **~ungsmittel** preventive; ⚕ prophylactic

Vorbild example; model; pattern, standard; original, prototype; **~en** to train, to prepare; **~lich** model, ideal; exemplary; **~ung** preparatory training; general background

vor|binden to put on, to tie on; **~bohren** to bore (a hole in advance); **~bote** forerunner, harbinger; precursor; **~bringen** to bring forward; to produce; *(sagen)* to state, to argue, to advance; to make *(an excuse)*; **~buchstabieren** to spell (to s-b), to spell out (for s-b); **~bühne** 🎭 apron, forestage; **~christlich** pre-Christian; **~dach** projecting roof; **~datieren** to antedate; **~datiert** predated; **~dem** formerly, in former times

vorder|e front, forward; anterior; **~asien** Near East; **~bein** foreleg; **~deck** fore-deck; **~front** front; **~fuß** fore-foot; **~gebäude** front building; **~grund** fore-ground; **~hand** forehand; *adv* for the present; in the meantime; **~haus** front part (of a house); **~lader** muzzle-loader; **~lastig** ✈ nose-heavy; **~mann** man in front; front man; **~mast** foremast; **~rad** front-wheel; **~radantrieb** front-wheel drive; **~satz** antecedent; premise; **~seite** face; front; facade; **~sitz** front seat; **~ste** foremost, first; **~teil**

front (part); fore-part; ⚓ prow; **~zahn** front tooth
vor|dränge(l)n to push (*od* press) forward; **~dringen** to press forward; to advance, to gain ground; to forge ahead; *su* forging ahead; advance; growing prominence; **~dringlich** urgent; **~druck** form, blank; **~ehelich** premarital
voreil|en to hasten forward; **~ig** hasty, rash; precipitate; *~ige Schlüsse ziehen* to jump to conclusions; **~igkeit** hastiness, rashness; precipitancy
voreingenommen prejudiced, biased; **~heit** prejudice, bias
Voreltern ancestors, forefathers
vorenthalten to keep from, to withhold from; to keep back
vorerst first of all, before all; for the time being, in the meantime
Vorfahr|e ancestor; *(direkter)* progenitor; *pl* ancestry, forefathers; **~en** to drive up to, to stop at; to drive (*od* go) before the others; **~t** right of way, precedence; **~tsstraße** *BE* major road, *US* priority road; **~tszeichen** the sign "major road ahead"
Vorfall occurrence, event; incident; case; ⚕ prolapsus; **~en** to occur
Vor|feier preliminary celebration (*od* festival); **~fertigung** prefabrication; **~finden** to find; to meet with, to come upon; **~flunkern** to tell stories; **~frage** preliminary question; **~freude** (joy of) anticipation; **~fristig** ahead of schedule; prior to agreed time (*od* deadline)
Vorführ|dame mannequin; **~en** to demonstrate, to present; to produce; *(Pferd)* to trot out; **~ung** demonstration, presentation; production
Vorgang occurrence, event; incident; process, procedure; *(Akte)* subject, file; precedent; **≈er** predecessor
Vor|garten front garden; **~gaukeln** to buoy up (*od* deceive) with false hopes; to delude s-b into believing
vorgeb|en 🏃 to give points (to); *fig* to pretend, to feign; *su* pretence, allegation; **~lich** pretended; ostensible
Vorgebirge foothills; promontory
vorgefaßt preconceived; *~e Meinung* prejudice
Vorgefühl presentiment; anticipation; misgiving
vorgehen to go on (*od* ahead), to go forward; to advance; to (take the) lead; to be first; *(handeln)* to act, to proceed; *~ gegen* to proceed against, to take action against; to occur, to happen; *(Vorrang haben)* to have the precedence; to be of special importance; *(Uhr)* to be *(four minutes)* fast; *su* advance; (course of) procedure; proceedings
Vorge|lände foreground; **~schichte** prehistory; that which happened before; case history; **~schichtlich** prehistoric; **~schmack** foretaste; **~setzter** superior, chief; senior officer
vor|gestern the day before yesterday; *~gestern abend* the night before last; **~gestrig** of the day before yesterday

vor|greifen to anticipate; to forestall; to prejudice; **~griff** anticipation; forestalling
vorhaben to mean (to do), to intend to do; to have in mind; to be busy with, to be engaged on; *(Schürze)* to have on; *was hat er vor?* what does he mean?; *haben Sie für heute abend etwas vor?* have you any engagement for tonight?; *su* project, intention; design
Vorhalle (entrance-)hall; vestibule; 🎭 lobby
vorhalt|en to hold before s-b, to hold out; *fig* to reproach s-b with, to charge with; *vi* to hold out, to last; **~ung** reproach, charge
Vorhand *(Karten)* lead; forehand; *d. ~ haben* to have precedence; *j-m d. ~ lassen* to yield precedence; **~en** present, existing; *~en sein* to exist; to be in stock (*od* available); **~ensein** existence
Vorhang curtain; 🎭 *(eiserner)* safety-curtain; **≈en** to hang in front of; **≈eschloß** padlock
vorher before(hand), previously; in advance; *am Abend ~* the evening before; *kurz ~* not long before; **~bestimmen** to decide beforehand; to predestine; *(Wetter)* to forecast; **~gehen** to precede; **~gehend** preceding, foregoing; former, previous; **~ig** previous, preceding; **~sage** prediction; tip; *(Wetter)* (weather-) forecast; **~sagen** to foretell, to predict; **~sehen** to foresee
vorherrschen to predominate, to prevail; **~d** predominant, prevalent
vorhin before; a short time ago, a moment ago, a little while ago
vor|historisch prehistoric; **~hof** forecourt; **~hut** vanguard; **~ig** last; preceding, former; **~jahr** previous year, last year; *im ~jahr* a year before; **~jährig** last year's, of last year; **~kämpfer** champion, pioneer; **~kauen** to chew (for); *fig* to repeat frequently, to spoon-feed
Vorkauf purchase in advance; anticipatory buying; **~en** to buy before other people; **~srecht** right of pre-emption
Vorkehrungen *treffen* to make preparations; to take precautions
Vorkenntnisse rudimentary (*od* basic) knowledge
vorknöpfen: *(fig) s. j-n ~* to call (*od* have) s-b on the carpet, to haul s-b over the coals
vorkomm|en to happen, to occur; to be found; to appear; *es kommt mir so vor* it seems to me (to be the case); *er kommt mir bekannt vor* he looks familiar; *su* deposit; existence; **~nis** event, occurrence
Vorkriegs|- pre-war; **~jahre** pre-war years; **~zeit** pre-war days
vorlad|en to summon; to cite; **~ung** summons; citation
Vorlage proposal; submission; parliamentary bill; copy, model; pattern
vorlassen to let pass before; to give precedence to; to admit, to show in
Vorlauf 🏃 trial heat; **~en** to run in front of; **≈er** forerunner; precursor; pioneer; **≈ig** preliminary, preparatory; provisional; tentative; *adv* for the present; in the meantime; provisionally

vor|laut *(Kind)* pert, forward; thoughtless, inconsiderate; **~leben** former life; ⚖ antecedents
vorleg|en to lay before, to put before; *(Essen)* to help (to), to serve with; *(Schloß)* to put on; to exhibit, to display; to submit, *(Wechsel)* to present; *refl* to lean forward; **~er** bedside carpet, rug
vorles|en to read to; to read aloud; **~er** reader; **~ung** reading; lecture; **~ungsverzeichnis** *BE* calendar, *US* catalogue
vorletzte last but one; *(Silbe)* penultimate
Vorlieb|e predilection, preference; (special) liking (for); **~nehmen** to put up (*mit* with); *Sie müssen ~nehmen mit dem, was wir haben* you will have to take pot-luck with us
vorliegen to lie before; to be submitted (to s-b); to be put forward; to be (present), to exist; **~d** present, in hand; proposed, submitted; in question
vorlügen to tell lies (to s-b)
vormachen to put or place before; to show (how to do); to impose upon s-b; *Sie können mir nichts ~* you can't put anything over on me
Vormacht leading power; supremacy, hegemony
vormal|ig former; **~s** formerly; once upon a time
Vormarsch advance
vormerken to note down, to make a note of; to register; *s. ~ lassen* to have something reserved for one, to book
Vormittag morning, forenoon; **~s** in the morning, a. m.
Vormund guardian; **~schaft** guardianship; tutelage; *unter ~schaft stehen* to be under the care of a guardian; **~schaftlich** relating to a guardian; tutelary, as a guardian
vorn ahead; in (the) front; at the beginning; on the front page; *nach ~* forward; *von ~* from the front, from the beginning; over again, *von ~herein* from the outset, to begin with; *von ~ anfangen* to start afresh; **~über** (bent) forward; **~weg** at the beginning, from the outset
Vor|nahme taking up, taking in hand; setting about; **~name** Christian name, first name, *bes US* given name
vornehm of high rank, noble; distinguished; *~ tun* to put on airs; *d. ~ste Pflicht* the first (*od* principal) duty; **~en** *vt* to put on; *refl* to intend, to resolve; to take up, to occupy o.s. with; *s. j-n ~en* to take s-b to task; **~heit** high rank; distinction; distinguished bearing; **~lich** principally, chiefly; especially
Vorort suburb; **~sverkehr** suburban traffic; **~szug** suburban train, local train
Vorplatz court; hall
Vorposten outpost; **~gefecht** outpost skirmish
Vor|prüfung preliminary examination; **~rang** priority; pre-eminence; superiority; *j-m d. ~rang streitig machen* to contend with (for the precedence)
Vorrat provision, stock, store; **⁓ig** in stock, on hand; *nicht (mehr) ⁓ig* out of stock; **~skauf** stockpiling purchase, buying for stock; **~swirtschaft** stockpiling
vor|rechnen to give an account of; to go through an account with s-b; to show how a sum is done; **~recht** privilege, prerogative; **~rede** preface, prologue, preamble; **~reden** to tell a plausible tale; to talk s-b into, to make s-b believe; **~redner** previous (*od* last) speaker
vorreit|en *vt* to put *(a horse)* through its paces; *vi* to ride before; **~er** outrider
vorricht|en to prepare, to fit up, to get ready; **~ung** preparation; apparatus, appliance, device; gadget
vorrücken *vt* to move forward, to push forward, to advance; *(Uhr)* to put on; *vi* to advance, to move on; *su* advance
Vor|runde preliminary round; **~saal** ante-room, entrance-hall; **~sagen** to say (to s-b); to prompt; **~saison** preseason; previous (*od* last) season; **~sänger** leader of a choir; precentor
Vorsatz purpose, intention, design; *mit ~* on purpose, intentionally; **~blatt** 📖 end-paper; **~linse** 📷 supplementary lens; *(Nah-)* close-up lens; **⁓lich** intentional, deliberate; designed; on purpose
Vorschau forecast; *a.* 🎭 pre-view
Vorschein appearance; *zum ~ bringen* to bring to light, to produce; *zum ~ kommen* to come to light, to appear
vor|schicken to send in advance; to send round (to); **~schieben** to shove (*od* push) forward; *(Riegel)* to slip; *fig* to put forward, to pretend; to plead as an excuse; **~schießen** to lend, to advance
Vorschlag proposal; offer; motion; ♪ appoggiatura, grace-note; **~en** to propose; to offer; to move
Vor|schlußrunde 🏃 semi-final; **~schneiden** to carve; **~schnell** hasty, rash, precipitate; **~schreiben** to set a copy (of s-th to s-b); to prescribe; to command, to order; to dictate (to s-b); **~schreiten** to advance, to march on; to step forward; *fig* to proceed
Vorschrift (writing-)copy; *(Anweisung)* instruction, direction; regulation; ⚕ prescription; **~smäßig** according to instructions (*od* directions); duly; **~swidrig** contrary to instructions
Vorschub aid, support; ⚙ feed; *~ leisten* to connive at; to abet; to further
Vorschuß advance (of money), payment in advance
vor|schützen to pretend, to plead; *(Krankheit)* to feign; **~schwatzen** to tell s-b fibs; **~schweben** to hover before; *mir schwebt . . . vor* I have . . . in mind; **~schwindeln** to humbug s-b; to tell lies (*od* fibs) to s-b; **~segel** foresail; **~sehen** to consider, to provide for; *refl* to look out, to take care, to be careful, to be cautious; to be on one's guard; **~sehung** providence; **~setzen** to set (*od* put, place) before; *(Essen)* to serve; to offer; to prefix; to set s-b over s-b

Vorsicht caution; prudence, circumspection; discretion; providence; *~!* beware!, look out!; *(auf Kiste)* (handle) with care!; *~ Stufe!* mind the step! ♦ *~ ist d. Mutter d. Weisheit (Porzellankiste)* discretion is the better part of valour; **~ig** cautious; circumspect; prudent, careful; wary; cagey; conservative; **~igkeit** = ~; **~shalber** as a precaution; **~smaßregel** precaution(ary measure)
Vor|silbe prefix; **~singen** to sing to s-b; to lead the choir; **~sintflutlich** antediluvian; *adv* before the Flood
Vorsitz the chair; chairmanship, presidency; *d. ~ führen* = **~en** to take (*od* be in) the chair, to preside (*bei* over); **~ende** chairwoman, chairlady; **~ender** chairman
Vorsorg|e foresight; providence, care; precaution; **~en** to take care (that); to provide for; to take precautions; **~lich** careful, provident; precautionary
Vorspann 🎞 cast and credits, *umg* credit titles; **~en** to put *(horses)* to; to stretch in front of
Vorspeise hors-d'œuvre, relish
vorspiegel|n to deceive s-b with, to make a false show; to awaken false hopes; *j-m falsche Tatsachen ~n* to misrepresent the facts to s-b; **~ung** deceiving, deceit; pretence, false pretences
Vorspiel prelude; overture; 🎭 curtain-raiser; introduction; **~en** to play to (*od* before) s-b; to prelude
vorsprechen to pronounce (to), to say (to); to teach how to pronounce; to recite; 🎭, 🎞 to audition; *~ bei* to call on
vorspringen to leap forward; to project, to jut; **~d** projecting; prominent
Vorsprung projection, projecting part; salient; *(Leiste)* ledge; *fig* advantage; lead, start; *e-n ~ haben vor* to be ahead of
Vorstadt suburb; **⁓er** suburban resident, suburbanite; **⁓isch** suburban
Vorstand Board of Managers (*od* Management); Managing Directors; executive board; director; **~smitglied** member of the executive board; managing director; **~ssitzung** meeting of the (executive) board
vorsteck|en to pin on; to fasten on (one's dress etc); to poke out (*od* forward); **~nadel** scarf-pin
vorsteh|en to project, to protrude; *(leiten)* to direct, to manage; to be at the head of; **~end** projecting; *(obig)* above; **~er** principal; inspector; manager; superintendent; **~hund** pointer, setter
vorstell|bar imaginable; **~en** to place (*od* put) in front of (*od* before); *(Uhr)* to put on; *(einführen)* to introduce, to present; *(vorführen)* to demonstrate; to act, to represent; *(dar-)* to mean, to signify; to pose (as); to make clear, to explain; *refl* to imagine, to fancy; to conceive; **~ig:** *~ig werden bei* to go and see s-b, to make a complaint to, to present a case to; to protest; **~ung** presentation, introduction; 🎭 performance, 🎞 show; representation (*~ungen erheben* to make r.s.); idea, notion; imagination; conception; *ich habe keine ~ung davon* I have no idea what it is like; *falsche ~ung* misconception; **~ungsvermögen** imaginative faculty, imagination
Vorstoß push forward, thrust; attack; advance; **~en** to push forward; to attack
Vor|strafe previous conviction; **~strecken** to stretch out (*od* forward), to stick out; *(Geld)* to advance, to lend; **~stufe** previous stage (of development); first step; introduction; **~tanzen** to lead the dance; to show how to dance; **~tänzer** leader of the dance
Vorteil advantage; profit; benefit; *~ ziehen aus* to profit by; *auf s-n ~ bedacht sein* to look to one's own advantage; *sich im ~ befinden gegenüber* to have the advantage of; **~haft** advantageous; profitable; favourable; to advantage
Vortrag lecture, discourse; speech, address; *bes* 📻 talk; *(~sweise)* reciting; delivery, elocution; ♪ execution; performance; *(Bilanz)* carry-forward; **~en** to carry (*od* bear) forward *(a. Bilanz)*; to carry in front of; to declaim, to recite; ♪ to execute, to play, to perform; to (give a) lecture; to report on; *(Meinung)* to express; **~ender** lecturer, speaker; performer; **~skunst** art of delivery, elocution; **~skünstler** performer; elocutionist; **~sreihe** series of lectures; *bes* 📻 talks series
vortrefflich excellent, admirable; **~keit** excellence
vor|treten to step in front (of), to step forward; **~tritt** precedence; *unter ~tritt von* preceded by
Vortrupp vanguard; **~en** advanced troops; = ~
vortun *(Schürze)* to put on; to put in front of
vorüber past, by; along; *(zeitl.)* past, over; gone; **~fahren** to pass by; **~gehen** to go by (*od* past); to pass (by); to pass over, to neglect; to pass away, to cease; **~gehend** temporary, transitory, passing; **~gehender** passer-by
Vor|übung preliminary exercise (*od* practice); **~untersuchung** preliminary examination
Vorurteil prejudice, bias; *e. ~ haben gegen* to be prejudiced (*od* biased) against; **~sfrei, ~slos** unprejudiced, unbiased; free from prejudice
Vor|väter ancestors, forefathers; **~vergangenheit** *gram* pluperfect; **~verkauf** advance sale; 🎭, 🎞 booking in advance; **~verkaufskasse** *BE* advance booking office; **~vorgestern** three days ago; **~vorig** last but one; **~wand** pretext, pretence; excuse, plea; make-believe
vorwärts forward, onward; forwards; along; *~!* go on!, go ahead!; **~gehen** to go on, to advance; to progress; **~kommen** to get on; to make headway; to advance, to prosper; **~treiben** to drive on; to prosper; to stimulate
vorweg in advance, beforehand; to begin with; **~nahme** anticipation; **~nehmen** to anticipate; to take in advance
vorweisen to show, to produce
Vorwelt remote antiquity; prehistoric times; **~lich** prehistoric

vorwerfen to throw (*od* cast) before; to throw to; *fig* to reproach s-b with

vorwiegen to predominate, to preponderate; to prevail; **~d** predominant, prevalent; *adv* chiefly, mostly

Vor|wissen previous knowledge; **~witz** forwardness, pertness; curiosity, inquisitiveness; **~witzig** forward, pert; inquisitive; **~wort** preface; foreword

Vorwurf reproach, reproof; *(Thema)* motif, subject; **~sfrei, ~slos** irreproachable; **~svoll** reproachful

Vorzeich|en omen, portent; ♪ accidental; (plus, minus) sign; *mit umgekehrten ~en* with the plus and minus signs reversed, the other way round; **~nen** to draw before s-b; to sketch in outline; to trace out; ♪ *e. Kreuz ist vorgezeichnet* there is a sharp in the key signature; *fig* to indicate, to mark; **~nung** ♪ key signature

vorzeig|en to show, to produce; to display, to exhibit; *(Wechsel)* to present; **~er** bearer; **~ung** producing, production; exhibition; presentation

Vorzeit remote antiquity; olden times; **~en** formerly, in times of yore; **~ig** premature; precocious

vorziehen to draw (forward); to prefer; ... *ist vorzuziehen* ... is preferable; *(zeitl.)* to bring forward in point of time, to effect before the due date

Vorzimmer ante-room, ante-chamber

Vorzug preference; priority; superiority; *pl* good qualities; 🚆 relief train; **⁓̈lich** distinguished; excellent, superior; first-rate, choice; *adv* particularly, above all; **⁓̈lichkeit** excellency, superiority; pre-eminence; **~saktie** preference share; **~spreis** special price; **~sweise** preferably, pre-eminently; chiefly

vot|ieren to vote; **~ivbild** votive picture; **~ivtafel** votive tablet; **~um** vote; suffrage

vulgär vulgar; common, low

Vulkan volcano; **~fiber** vulcanized fibre; **~isch** volcanic; **~isieren** to vulcanize

W

W (the letter) W

Waag|e (pair of) scales, balance; weighing-machine; *(Brücken-)* weigh-bridge; *astr* the Scales, Libra; ✈ horizontal position; *j-m d. ~e halten* to be a match for s-b, to be on the same level as; *s. d. ~e halten* to be well matched, to counterbalance each other; **~ebalken** (scale-) beam; **~emeister** inspector of weights and measures; weigher; **~recht** horizontal, level; **~schale** scale ♦ *in d. ~schale werfen* to throw into the scale, to use one's influence; *in d. ~schale fallen* to carry weight

wabbelig flabby [to flicker

Wabe honeycomb; **~nhonig** comb honey; **~rn**

wach awake, astir; brisk, alive; on the alert, wide-awake; **~dienst** guard duty, sentry duty; **~e** guard, watch; sentry; *(Raum)* guard room; *(Polizei-)* police station; *(~mann)* watchman; *auf ~e* on guard; *auf ~e ziehen* to mount guard; *~e stehen* to stand sentry; **~en** to be (*od* remain) awake; *~en über* to guard, to watch over; to keep an eye on; *~en bei j-m* to sit up with s-b; **~habend** on duty; **~lokal** guard-room; **~mannschaft** (soldiers on) guard; **~posten** sentry; **~rufen** to wake (up); *fig* to call forth, to rouse; *(Erinnerungen)* to bring back; **~sam** watchful, vigilant; alert, wide-awake; **~samkeit** vigilance

Wacholder juniper; **~branntwein** gin

Wachs wax; *weich wie ~* like wax (in s-b's hands); **~abdruck** impression in wax; **~en** to wax; **⁓̈ern** waxen, of wax; *fig* pale; **~figurenkabinett** waxworks; **~kerze** candle, taper; **~leinwand, ~tuch** oilcloth; **~matrize** stencil; **~scheibe** cake of wax; **~stock** (wax) taper

wachsen to grow; to increase, to extend; *(gedeihen)* to thrive; *j-n ans Herz ~* to become very attached to; *j-m ge~ sein* to be a match for; *e-r Sache ge~ sein* to be equal to; *in d. Höhe ~* to shoot up; *s. d. Bart ~ lassen* to grow a beard

Wachstum growth; increase

Wacht guard, watch; **~dienst** guard duty; **⁓̈er** watchman; keeper, warder; ⚓ look-out man; **~feuer** watch-fire; **~habend** on duty; **~meister** *mil* sergeant; *(Polizei)* policeman, *(als Anrede)* officer; **~stube** guard-room

Wächte snow cornice [-crake

Wachtel quail; **~hund** spaniel; **~könig** corn-

wackel|ig shaky, rickety; loose; wobbly; *(Person)* tottering; **~kontakt** ⚡ loose contact; **~n** to be loose; to shake, to rack; to wobble; to totter, so stagger

wacker brave, doughty; honest, upright

Wade calf (of the leg); **~nbein** fibula

Waffe weapon, arm ♦ *d. ~n strecken* to lay down arms; *mit s-n eigenen ~n geschlagen* hoist with his own petard; **~nbruder** brother in arms, comrade; ally; **~ndienst** military service; **~nfähig** capable of bearing arms; **~ngang** passage of arms; armed conflict; **~ngattung** arm, branch (of the service); **~ngewalt** force of arms; **~nglück** fortune of war; **~nhandwerk** the honourable profession of arms; **~nlos** unarmed; **~nrock** tunic; **~nruhe** suspension of hostilities, truce; cease-fire; **~nschein** gun-licence; **~nschmied** gunsmith, armourer; **~nschmuggel** gun-running; **~nstillstand** truce, armistice; **~nstillstandsvertrag** armistice treaty; **~ntat** feat of arms

Waffel waffle; *(Eis-)* wafer; **~eisen** waffle-iron; **~tütchen** cone

Wag|ehals foolhardy fellow, dare-devil; **~emut** daring, reckless courage; **~emutig** adventurous; reckless; **~halsig** foolhardy, reckless

wag|en *vt* to dare, to risk, to venture; to presume; *refl* to venture, to expose o.s.; *wer nicht ~t, gewinnt nicht,* nothing ventured, nothing gained; **⁓̈en** to weigh; to balance; *fig* to consider

Wagen carriage, coach; vehicle, conveyance; *(Last-) BE* lorry, *US* truck; *(Straßen-, Kraft-)* car; *BE* carriage, *US* car; *(Schreibmaschinen-)* carriage; *astr* the Plough, the Great Bear; **~burg** barricade of waggons; **~decke** tarpaulin cover; **~deichsel** carriage-pole; **~führer** driver; **~heber** wheel jack; **~ladung** carload; waggon-load; **~lenker** driver; coachman; **~park** fleet of cars; car park; **~rad** cartwheel; carriage (*od* waggon) wheel; **~schlag** carriage-door; **~schmiede** lubricant; **~spur** cart rut; **~schuppen** coach-house; cart-shed; **~schlüssel** car-key

Waggon *BE* railway carriage, *US* railroad car; truck, freightcar

Wahl choice (*s-e ~ treffen* to make one's ch.), selection, option; *pol* election, *(Geheim-)* ballot; *(zw. 2 Dingen)* alternative; *j-n vor d. ~ stellen* to let s-b choose; *in engere ~ kommen* to be on the short list; *aus freier ~* of one's own free will; *mir blieb keine andere ~* I had no choice (*od* alternative); **~akt** election; voting; **⁓bar** qualified for election, eligible; **⁓barkeit** eligibility; **~berechtigt** entitled to vote; **~beteiligung** voting attendance, *BE a.* turnout; **~bezirk** electoral district, constituency; **~bündnis** electoral alliance; **⁓en** to choose; to select, to pick out; *(durch Abstimmen)* to elect, *(Parlamentsmitglied)* to return; *(geheim)* to ballot; to dial; **⁓er** voter, elector; selector; **⁓erisch** particular, fastidious; difficult to please; **⁓erschaft** body of electors, electorate; constituency; **~ergebnisse** election results (*od* returns); **~fach** optional subject, *US* elective subject; **~fähig** eligible for election; **~freiheit** freedom of election; **~gesetz** electoral law; **~heimat** country of one's choice; **~kampf** election campaign; **~kreis** = ~bezirk; **~liste** register of voters (*od* electors); **~lokal** polling-station; **~los** indiscriminately; without guiding principle; **~programm** election programme; **~recht** (right to) vote, franchise, suffrage; **~rede** election speech; **⁓scheibe** dial; **~spruch** motto, device; **~stimme** vote; **~system** voting system; **~tag** polling (*od* election) day; **~urne** ballot-box; **~verwandtschaft** *chem* elective affinity; *fig* congeniality; **~zelle** polling-booth; **~zettel** ballot(-paper), voting-paper

Wahn illusion, delusion; error, misconception; folly; madness; **⁓en** to fancy, to imagine; to believe, to think

Wahnsinn insanity, madness; lunacy; craziness, frenzy; *bis zum ~ treiben* to drive s-b to distraction; **~ig(er)** mad, lunatic, insane; frantic; *umg* terrible, terrific; *~ig aufgeregt* mad (about, for); *~ig machen* to madden, to drive (*od* send) s-b mad [mad; absurd

Wahnwitz insanity, madness; absurdity; **~ig**

wahr true; sincere; genuine, real, proper; veritable; *e-e ~e Flut von* a regular flood of; *daran ist kein ~es Wort* there is not a word of truth in it; *so ~ ich lebe* as sure as I am alive; *~ werden* to come true; *~ machen* to prove the truth of, to fulfil; *etw nicht ~haben wollen* not to admit (the truth of) s-th; **~en** to keep, to preserve; to watch over, to look after

währen to last, to continue; **~d** *prep* during; *conj* while, as; *(Gegensatz)* whereas

wahrhaft|(ig) true, genuine; sincere, truthful; actual, real; *adv* truly; actually, really; **~igkeit** truth(fulness)

Wahrheit truth (*bei d. ~ bleiben* to stick to the t.); *j-m d. ~ sagen* to give s-b a piece of one's mind, to tell s-b a few plain truths; *d. ~ d. Ehre geben* to speak the truth, to be perfectly frank; **~sgetreu** truthful, true; **~sliebe** love of truth; **~sliebend** truth-loving, truthful, veracious; **~swidrig** contrary to the truth

wahrlich truly, really; *(biblisch)* verily

wahrnehm|bar perceptible, noticeable; **~en** to perceive; to notice, to observe; *(Gelegenheit)* to make use of, to avail o.s. of; *(Interessen)* to take care of, to attend to; **~ung** perception, observation; maintenance; **~ungsvermögen** power of observation (*od* perception), perceptive faculty

wahrsag|en to tell fortunes; to prophesy; **~er(in)** fortune-teller; soothsayer; **~ung** fortune-telling; prophecy

wahrscheinlich likely, probable; **~keit** probability, likelihood (*aller ~keit nach* in all p.); **~keitsrechnung** theory of probabilities

Wahr|spruch verdict; **~ung** preservation, maintenance

Währung standard, currency; **~spolitisch** from the viewpoint of monetary policy, monetary; **~sraum** currency area; **~sreform** currency reform; (the German) monetary reform

Wahrzeichen landmark; token, sign

Waid woad; **~mann** *etc siehe* Weidmann

Waise orphan; **~nhaus** orphanage; **~nknabe** orphan boy; *(fig) d. reine ~nknabe* a nonentity; *e. ~nknabe sein gegen* to be a fool to (*od* no match for)

Wal *(Fisch)* whale; **~fischfahrer, ~fischfänger** whaler; **~fischtran** train-oil, whale-oil; **~rat** spermaceti; **~roß** walrus

Wald wood, forest; woodland, woods ♦ *d. ~ vor Bäumen nicht sehen* to be unable to see the wood for the trees; **~ameise** red ant; **~arm** destitute of forests; **~boden** forest floor; **~brand** forest fire; **~erdbeere** wild strawberry; **~gegend** wooded country; **~horn** French horn; **~hüter** keeper, ranger; **~ig** wooded, woody; **~land** woodland; **~landschaft** woodland scenery; **~lauf** cross-country race; **~lichtung** clearing, glade; **~meister** woodruff; **~rand** the edge of the woods; **~reich** rich in forests, well--wooded; **~schneise** forest lane (*od* aisle); **~tal** wooded valley; **~weg** wood-path; forest road; **~ung** wood(land); **~wiese** glade, woodland meadow

Walk|e fulling (machine); **~en** to full, to mill; **~er** fuller; **~ererde** fuller's earth; **~mühle** fulling-mill; **~müller** fuller

Walküre Valkyrie [gelding

Wall mount; dam, dike; *mil* rampart; **~ach**

wall|en to wander, to ramble; to go on a pilgrimage; to bubble, to boil; to float, to flutter; to be agitated; **~fahren** to go on a pilgrimage; **~fahrer** pilgrim; **~fahrt** pilgrimage; **~fahr(t)en** to go on a pilgrimage; **~ung** agitation; ebullition, undulation; flow, flutter

Wal|nuß walnut; **~statt** battle-field

walten to rule, to govern; to hold sway; *s-s Amtes ~* to do one's duty; *unter d. ~den Umständen* under existing circumstances; *su* working; rule

Walz|e roller; barrel; roll; cylinder ♦ *immer d. gleiche ~e* always the same old story (*od* tune); **~eisen** rolling-mill products; rolled iron; **~en** to roll, to mill; *(tanzen)* to waltz; **~enförmig** cylindrical; **~er** waltz; *Wiener ~er* Vienna waltz; *langsamer ~er* English waltz; *~er tanzen* to (dance a) waltz; **~stahl** rolled steel; **~werk** rolling-mill

wälz|en to roll, to turn about; *refl* to roll; to welter, to wallow; *d. Schuld ~en auf* to throw the blame upon

Wams jerkin, doublet; *(Jacke)* jacket

Wand wall; *(Zwischen-)* partition; side; ⚕ coat ♦ *j-n an d. ~ drücken* to thrust s-b to the wall; *j-n an d. ~ stellen* to shoot s-b out of hand; *man soll d. Teufel nicht an d. ~ malen* speak of the devil and you will see his horns; **~gemälde** mural painting; fresco; **~kalender** tear-off calendar; **~karte** wall-map; **~leuchter** bracket (-lamp), sconce; **~schirm** screen; **~schrank** (built-in) cupboard; **~tafel** blackboard; **~täfelung** wainscoting

Wandel change (*gegenüber* from); conduct, behaviour; mode of life, habits; *Handel u. ~* trade, commerce; **~bar** changeable, variable; inconstant; fickle; **~gang** *bes* 🎭 promenade, lobby; corridor; **~n** *vt* to change; *refl* to change, to turn (*zu* into); *vi* to stroll, to walk

Wander|ausstellung touring exhibition; **~bühne** travelling theatre, touring company; **~bursche** travelling journeyman; **~er** hiker; traveller, wanderer; **~falke** peregrine falcon; **~ferien** walking holiday; **~heuschrecke** migratory locust; **~jahre** years spent in travel; **~leben** vagrant life, roving life; **~lieder** roving songs; **~lust** fondness for travelling, wanderlust; **~n** to hike, to walk; to ramble, to roam; to tour; *(Vögel)* to migrate; *(Sand)* to shift; *(Geister)* to walk; **~niere** floating kidney; **~prediger** itinerant preacher; **~pokal** challenge cup; **~preis** challenge trophy; **~ratte** brown rat; **~schaft** hiking, walking; travels; tour; **~smann** traveller; wayfarer; **~stab** walking-stick; **~trieb** roving spirit; *zool* migratory instinct; **~ung** hiking, walking; walking tour; excursion, trip; **~verein** walking (*od* rambling) association; **~vogel** bird of passage, migratory bird; member of the German youth movement

Wandlung change, transformation

Wange cheek

Wankelmut inconstancy, fickleness; **⁓ig** inconstant, fickle

wanken to totter, to reel, to stagger; to sway; *fig* to waver, to be irresolute; *(Mut)* to fail; **~d** tottering, staggering

wann when?; *dann u. ~* now and then, sometimes; *seit ~?* how long ago?; *seit ~ ist er hier?* how long has he been here?

Wanne bath(-tub); **~nbad** (full) bath

Wanst paunch, belly

Wanten ⚓ shrouds

Wanz|e bug, *US* bedbug; **~ig** full of bugs

Wappen (coat of) arms; crest; **~bild** heraldic figure; **~buch** book of heraldry; **~kunde** heraldry; **~schild** escutcheon; **~spruch** heraldic motto; **~tier** heraldic animal

wappnen to arm

Ware article, commodity, *pl* goods, merchandise; **~nangebot** supply of goods; **~nbestand** stock-in-trade; **~nhaus** department store; **~nlager** stock of goods; assortment of goods; stock-in-trade; **~nmarkt** commodity market; **~nniederlage** warehouse, storehouse; **~nprobe** sample; **~nrechnung** invoice; **~nsendung** consignment; **~nverkehr** goods traffic; **~nzeichen** trade-mark, brand

warm warm; *(Essen)* hot; *~ stellen* to keep hot; *~ werden* to get accustomed to, to begin to feel at home; **~blüter** warm-blooded animal; **~blütig** warm-blooded; **⁓e** warmth; ⚙, *phys* heat; *zehn Grad ⁓e* 10 degrees above freezing; **⁓eabgabe** loss of heat; **⁓eaufnahme** absorption of heat; **⁓eeinheit** heat (*od* thermal) unit; **⁓egrad** degree of heat; temperature; **⁓ekraftwerk** thermo-electricity plant; **⁓elehre** theory of heat; **⁓eleiter** conductor of heat; **⁓emesser** thermometer; calorimeter; **⁓en** to warm; to heat; *refl* to warm o.s.; *(Sonne)* to bask; **⁓etechnik** heat engineering; **⁓flasche** hot-water bottle; **~halten:** *s. j-n ~halten* to keep in s-b's good books, to keep s-b well-disposed towards one; **~herzig** warm-hearted; **~wasserheizung** central heating; **~wasserversorgung** hot-water supply

warn|en to warn, to caution (*zu tun* against doing, not to do); to admonish (of s-th, against doing); **~ruf** warning cry (call); **~signal** warning-signal; **~ung** warning, caution; admonition; *zur ~ung* as a warning; *lassen Sie s. d. zur ~ung dienen* let it be a warning to you

Wart|e look-out; watchtower; *astr* observatory; **~efrau** nurse; attendant; **~efrist** period of delay; **~egeld** half-pay; **~en** to wait (*auf* for), to await; *(pflegen)* to nurse; to attend to, to look after; **⁓er** attendant; ⚕ male nurse; *(Zoo)* keeper; *(Gefängnis)* (prison-)warder; 🚂 signalman, *BE* pointsman; **⁓erhäuschen** signalman's box; **⁓erin** nurse; woman guard; **~esaal, ~ezimmer** waiting room; **~ung** attendance, nursing; maintenance, servicing; **~ungskosten** maintenance cost

warum why, for what reason; *d. ~ u. Weshalb* the why and the wherefore

Warz|e wart; *(Brust-)* nipple; **~ig** warty

was what; that which; *(etwas)* something; *~ für ein . . .* what (a) . . .; *~ für e. Mensch ist er?*

what sort of a man is he?; ~ *das betrifft* as to that; ~ *ihn betrifft* as for him; ~ *immer* whatever; ~ *auch immer* whatever, no matter what; *nein, so ~!* well, I never!; ~ *haben wir gelacht!* how we laughed!

Wasch|anstalt laundry; **~automat** automatic washer; **~bar** washable; **~bär** racoon; **~becken** hand-basin; **~blau** washing (*od* laundry) blue; **~echt** washproof, washable, fast; *fig* dyed-in-the-wool; **~̈e** wash(ing); *in d. ~̈e tun* to put s-th in the wash; *(Zeug)* (house-linen and) underwear; *(Damen-)* lingerie, *umg* undies; *(alles zu Waschende)* clothes; *(Leinen-)* linen; d. *~̈e wechseln* to change (one's underwear); *schmutzige ~̈e* soiled wash, *fig* dirty linen *(to wash one's dirty l. in public)*; *große ~̈e* washing-day; **~̈ebeutel** soiled-linen bag; **~̈egeschäft** lingerie shop; **~̈eklammer** *BE* clothes-peg, clothes pin; **~̈eknopf** linen button; **~̈ekorb** clothes-basket; **~̈eleine** clothes-line; **~en** to wash; to launder; **~̈er** laundryman; **~̈erei** laundry; **~̈erin** washerwoman, laundress; **~̈eschrank** linen cupboard, linen press; **~̈eständer** clothes-horse; **~frau** washerwoman; **~geschirr** washstand set; **~kessel** boiler, copper; **~korb** clothes-basket; **~küche** wash-house, laundry; **~lappen** face-cloth; flannel; *fig* milksop; **~lauge** lye; **~leder** wash-leather; **~maschine** washing-machine; **~mittel** detergent; **~raum** cloak-room, lavatory; ladies' room; **~schlüssel** hand-basin; **~tisch** washstand; **~ung** washing; *eccl* ablution; **~wasser** water for washing; **~weib** *fig* old gossip; **~zettel** laundry list; *fig* 📖 blurb, publisher's note

Wasser water; ♦ *e. stilles~* reticent person; *von reinstem ~* of the first water; *d. ist ~ auf s-e Mühle* that ist grist to his mill; *ins ~ fallen (fig)* to fall through (*od* to the ground), to end in smoke; *mit allen ~n gewaschen* as sharp as a needle, cunning; *verschieden wie ~ u. Feuer* as like as chalk and cheese; *j-m d. ~ abgraben* to take the bread out of s-b's mouth, to ruin s-b; *nahe am ~ gebaut haben* to be always turning on the waterworks; *s. über ~ halten* to keep one's head above water; *d. ~ läuft mir im Mund zusammen* it makes my mouth water; *j-m nicht d. ~ reichen können* not to be fit to hold a candle to s-b; *d. ~ steht ihm bis zum Hals* he is threatened with ruin (*od* up to his neck in difficulties); ~ *ziehen* to leak; *zu ~ u. zu Lande* by land and sea; *unter ~ setzen* to submerge, to flood; **~abfluß** drain; **~arm** scantily watered; dry; **~armut** scarcity of water; **~ball** water polo; **~bau** hydraulic engineering; **~behälter** tank, cistern; reservoir; **~blase** bubble; vesicle; **~bombe** depth-charge; **~̈chen** brook, rivulet ♦ *als ob er kein ~̈chen trüben könnte* as if butter wouldn't melt in his mouth; **~dicht** waterproof; watertight; **~eimer** bucket, pail; **~fall** waterfall; cascade; **~farbe** water-colour, distemper; **~fläche** surface of water; water-level; sheet of water; **~flasche** waterbottle; **~flugzeug** sea-plane; **~flut** flood; **~geflügel** water-fowl; **~glas** glass, tumbler; *chem* water-glass, soluble glass; **~hahn** tap, *bes US* faucet; **~haltig** containing water, aqueous; hydrous; **~heizung** hot-water heating; **~hose** waterspout; **~huhn** coot; **~̈ig** watery; aqueous, serous ♦ *j-m d. Mund ~̈ig machen* to make s-b's mouth water; **~jungfer** mermaid; *zool* dragon-fly; **~kanne** water-jug; ewer; **~kante** North Sea and Baltic Seaside; **~kessel** kettle; tank copper; boiler; **~kopf** ⚕ hydrocephalus; **~kraft** water power; hydraulic power; **~kraftwerk** hydro-electric power plant; **~kresse** water-cress; **~krug** pitcher; **~kunst** (artificial) fountain; hydraulics; waterworks; **~lache** pool; **~lauf** water course; **~leitung** water-pipes; water supply; aqueduct; **~lilie** water-lily; **~linie** high-water mark; **~mangel** want (*od* scarcity) of water; **~mann** *astr* Aquarius; **~messer** water-gauge; hydrometer; **~mühle** water-mill; **~n** ✈ to alight on water; **~̈n** to water, to irrigate; ⚒ to wash; *(einweichen)* to soak; *(verdünnen)* to dilute; **~pflanze** water-plant, aquatic; **~ratte** water-rat; *fig* old salt, sea-dog; keen swimmer; **~reich** well-watered; rich in water; **~rübe** turnip; **~schaden** damage by water (*od* flood); **~scheide** watershed; **~scheu** hydrophobia; *adj* afraid of the water; **~schlauch** hose; **~ski** water-ski; **~snot** floods, inundation; **~speicher** reservoir; **~speier** gargoyle; **~spiegel** water surface, water-level; **~sport** aquatic sports, aquatics, water-sports; **~stand** height of the water; water-level; state of the tide; **~standsmesser** water-gauge; **~stiefel** rubber boots, waterproof boots; **~stoff** hydrogen; **~stoffsuperoxyd** hydrogen superoxide, *umg* peroxide; **~strahl** jet of water; **~straße** waterway; navigable river; **~sucht** dropsy; **~suppe** gruel; **~tier** aquatic (animal); **~vögel** waterfowl; **~waage** spirit-level; **~werk** waterworks; **~zeichen** watermark

waten to wade

watscheln to waddle

Watt ⚡ watt; shore belt, mud flats; **~enmeer** mud flats

Watt|e cotton wool, *US* absorbent cotton; *(Anzug)* wadding, padding; **~ebausch** pad of cotton wool, pledget; **~ieren** to line with wadding, to wad, to pad; **~ierung** padding, wadding

Web|artikel textile goods; **~ekante** selvage, list; **~en** to weave; **~er(in)** weaver; **~erei** weaving; weaving-mill; weaver's trade; = ~waren; **~erknecht** *zool* harvestman, *US* daddy-long-legs; **~erschiffchen** shuttle; **~fehler** fault in the weaving, weaving flaw; **~kette** warp; **~stuhl** (weaving-)loom; **~waren** textiles, woven goods

Wechsel change, alteration; turn, alternation, rotation; fluctuation; *(Tausch)* exchange; bill (of exchange), *(Tratte)* draft, *(Akzept)* acceptance; *(Geld z. Studium)* allowance; **~aussteller** drawer; **~balg** changeling; **~beziehung** correlation; **~fälle** vicissitudes, ups and downs; **~fälschung** forgery of bills; **~fieber** intermittent fever, ague; malaria; **~geld** change; **~gesang** antiphony; **~geschäft** banking business;

exchange office; **~gespräch** dialogue; **~getriebe** change-gear; **~jahre** change of life, menopause, climacteric; **~kurs** rate of exchange; **~n** to change, to exchange, to vary; to alternate (with); 🎭 to shift (scene); *d. Zähne ~n* to cut new teeth; *s-n Wohnsitz ~n* to remove; **~rede** dialogue; **~seitig** mutual, reciprocal; alternate; **~strom** alternating current, A. C.; **~strommaschine** alternator; **~stube** exchange office; **~tierchen** amoeba; **~voll** subject to frequent changes; **~weise** alternately; mutually, reciprocally; **~wirkung** reciprocal action, action and reaction

Wechsler money-changer

Weck(en) roll

weck|en to wake (up); to awake; *wann wollen Sie geweckt werden?* when do you want to be called?; *fig* to rouse, to arouse; *su* reveille; **~er, ~uhr** alarm-clock; **~ruf** reveille

Wedel *(Farn-, Palm-)* frond; feather-duster; tail, brush; **~n** to fan; *(mit d. Schwanz)* to wag (its tail); *(Ski)* to wedel

weder neither (*noch* nor)

Weg way, path; street, road; course, route; walk; errand: *(Art u. Weise)* way, manner, method; means; *Mittel u. ~e* ways and means; *am ~e* by the roadside; *auf halbem ~e* half-way (*j-m auf halbem ~e entgegenkommen* to meet s-b h.; *auf halbem ~e stehenbleiben* to stop h.); *s. auf d. ~ machen* to set out, to start; *s-r ~e gehen* to go one's way; *(j-m) aus d. ~e gehen* to make way for s-b, to stand aside, *fig* to evade; *im ~e sein* to be in the way; *in d. ~ laufen* to run across s-b; *j-m nichts in d. ~ legen* to put no obstacles in s-b's way; *s-n ~ machen* to make one's way in the world; *auf d. besten ~e sein (fig)* to be well on the way; *etw in d. ~e leiten* to prepare (the way) for s-th, to introduce s-th; *auf gütlichem ~e* in a friendly way; *auf diplomatischem ~e* through diplomatic channels; **~bereiter** pioneer, forerunner; **~ebau** road-making; **~egabel** road fork; **~ekarte** route map; **~elagerer** highwayman; **~los** pathless; **~sam** passable; practicable; **~scheide** cross-roads; road fork; **~strecke** stretch of road; length of way, distance; **~weiser** signpost; **~zehrung** provisions for a journey

weg away; afield, aside; gone, lost; *~ da!* be off!; out of the way!; *Hände ~!* hands off!; *ganz ~ sein von (umg)* to be in raptures about; **~begeben** *refl* to depart; **~blasen** to blow away; **~bleiben** to stay away; to be omitted; **~brennen** to burn away; **~bringen** to take away; to remove; **~drängen** to push away; **~eilen** to hurry off, to hasten away; **~fahren** *vt* to remove; *vi* to drive off; **~fall** omission; cessation; *in ~fall kommen* to be omitted; to be abolished; **~fallen** to fall away; to cease; to be cancelled; **~fischen** *fig* to snatch away; **~fliegen** to fly away; **~fließen** to flow away; **~führen** to lead away; **~gang** departure; **~geben** to give away; **~gehen** to go away, to leave; *fig umg* to sell like hot cakes; **~gießen** to pour away (*od* out); **~haben** to have got; to have one's share; *fig* to have got the knack (*od* hang) of; **~halten** to keep away; **~hängen** to hang up somewhere else; **~holen** to fetch away; **~jagen** to drive away; **~kommen** to get away; to get lost; *gut ~kommen* to come off well; **~können** to be able to leave; **~kriegen** to get away (*od* off); to understand; **~lassen** to leave out; to let go; **~laufen** to run away; **~legen** to put away; to lay aside; **~machen** to put away; to remove; *(Fleck)* to take out; **~müssen** to have to go; *ich muß weg* I must be going, I must be off; **~nahme** taking; seizure, capture, confiscation; **~nehmen** to take away; to seize, to confiscate; *(Platz)* to take up, to occupy; **~packen** to pack away; **~radieren** to erase; **~räumen** to clear away, to put away, to remove; **~reise** departure; **~reisen** to leave, to depart; **~reißen** to tear away; to pull down; **~rücken** to move away; **~schaffen** to remove; **~schenken** to give away; **~scheuchen** to frighten away; **~schicken** to send off (*od* away); **~schieben** to push away; **~schleudern** to fling away; **~schmeißen** to throw away; **~schnappen** to snatch away; **~schneiden** to cut off (*od* away); **~schütten** to pour away; **~schwimmen** to swim away; **~sehen** to look away, to look the other way; **~setzen** to put aside; to jump over; *s. ~setzen über* not to mind; **~springen** to leap away (*od* off); **~spülen** to wash away; **~stehlen** *refl* to steal away; **~stellen** to put away (*od* aside); **~tragen** to carry away; **~treten** to step aside; *mil* to break the ranks; **~tun** to put away (*od* aside); **~werfen** to throw (*od* cast) away; *refl* to abase o.s.; **~werfend** disparaging, contemptuous; **~wischen** to wipe away; **~wünschen** to wish away; **~ziehen** to pull away; *vi* to remove, to go somewhere else; to march away

wegen on account of, because of; for the sake of; in consideration of; in consequence of

Wegerich *bot* plantain

weh oh, dear!; alas!; *adj* painful; aching; sore; *~ tun* to ache, to hurt; to cause pain; *j-m ~ tun (fig)* to hurt s-b's feelings; *s. ~ tun* to hurt o.s.; *su* woe; grief; pain; **~en** labour (pains), travail; **~geschrei** cry of pain, wailings, lamentations; **~klage** wail(ing), lamentation; **~klagen** to lament, to wail; **~leidig** plaintive, hypersensitive; **~mut** melancholy, sadness; nostalgia; **~mütig** melancholy, sad; nostalgic; wistful

Wehe (snow-)drift; **~n** to blow; *(Fahne)* to wave, to flutter; *(Schnee)* to drift

Wehr[1] weir; dam, dike

Wehr[2] weapon, arm; defence, resistance; equipment; *s. zur ~ setzen* to offer resistance, to show fight; **~beitrag** defence contribution; **~bezirk** military district; **~dienst** military service, service with the armed forces; **~dienstpflicht** compulsory (military) service; **~dienstpflichtiger** conscript, draftee; **~dienstverweigerer** conscientious objector; **~en** to hinder, to keep back; to keep from, to restrain; to arrest, to check; *refl* to defend o.s., to resist; *s. s-r Haut ~en* to fight for one's life; **~fähig** fit for military service, able-bodied; **~haft** strong, full of fight; **~kraft** military power; **~los** unarmed; defenceless; **~losigkeit** defencelessness; **~macht** the Armed Forces, the forces; **~pflicht** = ~dienstpflicht; **~sport** army sports; **~vorlage** army bill; **~wille** desire for military preparedness; **~wissenschaft** military science

Weib woman; female; *(Ehe-)* wife; **~chen** little woman; *zool* female; hen; **~erfeind** woman-hater, misogynist; **~erhaft** womanlike, womanish; **~erhaß** hatred of women; **~erherrschaft** petticoat government; **~ervolk** womanfolk; **~isch** womanish; effeminate; **~lich** female, womanly; feminine; **~lichkeit** womanliness; womanhood; feminine nature; *umg* women; **~sbild** female; **~sleute** females, women; womanfolk

weich soft, mild, tender; *(mürbe)* mellow; supple, pliant; yielding; sensitive; *(Ei)* (lightly) boiled; *~ werden* to soften, *fig* to relent, to be moved; *er hat s. ~ gebettet* he has got a cushy job (*od* post); **~bild** municipal area; precincts, outskirts; **~e** softness; side, flank; *(Leiste)* groin; weak part; 🚂 *BE* points, *US* switch; **~en** to make soft, to soften; *(ein-)* to soak, to steep; *vi* to become soft, to soften; to give ground, to retreat; to give in, to yield; **~enhebel** switch-lever; **~enschiene** switch-rail, movable rail; **~ensignal** switch-signal; **~ensteller** *BE* pointsman, switchman; **~heit** softness; mellowness; gentleness, tenderness; **~herzig** tender-hearted; **~lich** soft; flabby, sloppy; effeminate; **~lichkeit** flabbiness; effeminacy, weakness; **~ling** molly-coddle, weakling; **~teile** abdomen; **~tier** mollusc, *US* mollusk; **~zeichner** 📷 softening lens

Weid|e pasture, pasturage; meadow; *bot* willow, *BE* a. osier; **~eland** pasture-land; **~en** to graze, to browse; to drive to pasture; *fig refl* to delight (in); to feast (one's eyes on); **~engebüsch** willow-plot; **~engeflecht** wickerwork; **~enkätzchen** catkin; **~enkorb** wicker basket; **~enröschen** willow-herb; **~enrute** willow twig, osier switch; **~lich** valiant, brave; *adv* greatly, thoroughly; **~mann** sportsman, huntsman; **~männisch** sportsmanlike; **~mannssprache** hunting terms; **~messer** hunting-knife; **~recht** right of shooting; **~tasche** sportsman's bag; **~werk** hunting, chase, sport; **~wund** wounded in the belly;

Weife reel; **~n** to reel, to wind

weiger|n *refl* to refuse (to do); **~ung** refusal; *im ~ungsfalle* in case of refusal

Weih(e) *zool* harrier

Weih|altar holy altar; **~bischof** suffragan bishop; **~e** consecration; ordination, initiation; inauguration; *(Stimmung)* solemn mood; **~en** *(Kirche, Bischof)* to consecrate; *(Geistlichen)* to ordain; to inaugurate; to dedicate; to devote; *refl* to devote o.s. (to); **~egabe** votive offering; **~evoll** holy, hallowed; solemn

Weiher *(Fisch-)* pond

Weihnacht|(en) Christmas; *Fröhliche ~en!* Merry Christmas!; **~sabend** Christmas Eve; **~sbaum** Christmas tree; **~sbescherung** distribution of Christmas presents; **~sfest** Christmas festival; **~sgeschenk** Christmas present (*od* box); **~slied** (Christmas) carol; **~smann** *bes BE* Father Christmas, Santa Claus; **~stag** Christmas Day; **~szeit** Christmas time

Weihrauch incense; **~faß** censer

Weihwasser holy water; **~becken** font

weil because; as; *(da ja)* since; **~and** formerly, of old; *(verstorben)* deceased, late; **~chen** a little while; **~e** while, time; *(Muße)* leisure; *e-e ~e* for a while (time); *gut Ding will ~e haben* a good thing takes time; *Eile mit ~e* more haste, less speed; *damit hat es gute ~e* there's no hurry

Weiler hamlet

Wein wine; *bot* vine; *(Trauben)* grapes; *wilder ~* Virginia creeper ♦ *j-m reinen ~ einschenken* not to mince matters, to tell s-b the plain truth; **~bau** vine-growing, viticulture; **~bauer** vine-grower (-dresser), *BE a.* vintner; **~beere** grape; **~berg** vineyard; **~bergschnecke** edible snail; **~ernte** vintage; **~essig** wine vinegar; **~faß** wine-cask; **~flasche** wine-bottle; **~garten** vineyard; **~gärtner** vine-grower; **~geist** spirit of wine; **~glas** wine-glass; **~handel** wine trade; **~händler** wine merchant; **~jahr** vintage year; **~karte** wine-list; **~laub** vine leaves (*od* foliage); **~lese** vintage; **~leser** vintager; **~monat** vintage month; **~most** must, grape-juice; **~probe** sample of wine; tasting of wine; **~ranke** vine tendril; **~rebe, ~stock** wine; **~reich** vinous; **~säure** tartaric acid; **~stein** tartar, *(rein)* cream of tartar; **~steinsäure** = ~säure; **~traube** grape; bunch of grapes

wein|en to cry, to weep (*über* for, over; *vor Freude* for, with joy); **~erlich** inclined to weep; whining; **~krampf** crying-fit, convulsive sobbing

weis|e wise; prudent; *su* wise man; *d. ~en (aus d. Morgenland)* the (three) Magi, the Wise Men of the East

Weise way, manner; method; fashion; habit, custom; ♪ melody, tune; *auf diese ~* in this way; *auf d. eine oder andere ~* in one way or another; *auf keine ~* by no means; *in der ~, daß* in such a way that

weis|en to point out, to indicate, to show; to direct (to); to refer (to); *j-m d. Tür ~en* to show s-b the door; *von s. ~en* to repudiate, to reject; **~er** pointer; indicator; **~ung** instruction, order

Weisheit wisdom; prudence; *behalte deine ~ für dich* keep your wisdom to yourself; *er hat d. ~ nicht mit Löffeln gegessen* he hasn't set the Thames on fire; *mit s-r ~ zu Ende sein* to be at one's wit's end; **~szahn** wisdom tooth

weis|lich wisely, prudently; **~machen** to make s-b believe s-th, to tell s-b lies; to impose upon, to hoax; *er läßt s. nichts ~machen* he does not let himself be imposed upon; **~sagen** to prophesy, to predict; **~sager** prophet; **~sagung** prophecy, prediction

weiß white; clean; *(Papier)* blank; *(Reif)* hoary; *~er Sonntag* Low Sunday; *d. ~en* the white races; **~bier** pale ale; **~blech** tin-plate; **~brot** white bread; **~buch** *pol* white paper; **~en** *vt* to whiten; *(tünchen)* to whitewash; **~fisch** whiting; *(klein)* whitebait; **~gelb** yellowish white; flaxen; **~gerber** tawer; **~glühend** white-hot; incandescent; **~glut** white heat; **~grau** whitish (*od* light) grey; **~kohl** white cabbage; **~lich** whitish; **~näherin** needle-woman; **~tanne** silver fir; **~waren** linen (*od* white) goods; **~warenhändler** linen draper; **~wein** white wine, hock; **~zeug** (household) linen; **~zucker** refined sugar

weit distant, far away (off); *(abgelegen)* remote; far, *(bejahender Satz)* a long way; wide, broad; extensive, spacious; vast, immense; *~ u. breit* far and wide; *~er als (d. Baum)* beyond *(the tree); von ~em* from afar; *von ~ her* from a distance; *~ von hier* at a distance; *drei Meter ~* a distance of three metres; *bei ~em* far and away, by far; *bei ~em nicht* by no means; *es ~ bringen* to get on well; *es ist nicht ~ her mit ihm (damit)* he (it) is nothing special (nothing to write home about); *~ gefehlt!* you are quite wrong; *wenn alles so ~ ist* when everything is ready; *d. ~e suchen* to make o.s. scarce, to decamp; **~ab** far away; **~aus** far off; by far, much; **~blick** far-sightedness, foresight; **~e** width, breadth; size; extent, distance, length; capacity; *fig* range; comprehensiveness, breadth; amplitude; **~en** *vt* to widen; to expand; *(Schuh)* to stretch; *refl* to broaden (out)

weiter farther, further; wider, more extensive; additional; *adv* farther, further; more, else; on, forward; *und so ~* and so on; *was ~?* what else?; *nichts ~* nothing more; *~ niemand* no one else; *nur ~!* go on!; *des ~en* furthermore, moreover; *bis auf ~es* until further notice, for the present, without further preparation (treatment etc), without further ado, readily; *d. geht nicht ohne ~es* it's not as easy as all that; **~befördern** to forward; **~bestehen** to continue to exist; **~bringen** to help on; *es ~bringen* to get on, to make progress; **~führen** to carry on, to continue; **~geben** to pass on; **~gehen** to walk on; to go on, to continue; **~hin** after that, in future; *~hin tun* to continue to do; **~kommen** to get on; to advance, to progress; **~leiten** to transmit; to pass on; to channel; **~leitung** transmission; passing on; channelling; **~lesen** to continue (*od* go on) reading; **~reise** continuation of a journey; **~sagen** to tell (others); **~ungen** difficulties; consequences, complications; **~verarbeiten** to process, to finish; **~verarbeitung** processing, finishing

weit|gehend far-reaching, far-going; a large measure of; full, much; *adv* largely, in a large measure; **~her** from afar; **~herzig** broad (-minded); **~hin** far away, far off; **~läufig** distant; wide, extensive; roomy, spacious; detailed, complicated; **~läufigkeit** spaciousness; verbosity; **~maschig** wide-meshed; **~schichtig** large, ample; **~schweifig** long-winded; circuitous; detailed; tedious; **~sicht** long sight; **~sichtig** long-sighted; **~sichtigkeit** long sight, long-sightedness; **~sprung** long jump, *bes US* broad jump; **~verbreitet** wide-spread; **~winkelobjektiv** wide-angle lens

Weizen wheat, corn ♦ *sein ~ blüht* fortune smiles on him; **~acker** wheatfield; **~brot** wheaten bread; **~kleie** wheat bran; **~knusperflocken** *BE* corn-flakes; **~mehl** wheat(en) flour

welch which, what; which, that, *(Person)* who; *(einige)* some, any; *~e Größe haben Sie?* what's the size of . . .?

welk withered; flabby, limp; **~en** to wither, to fade

Well|blech corrugated (sheet) iron; **~pappe** corrugated cardboard

Welle wave, billow, *(Brandung)* surge; *phys,* 📻 wave, frequency; *(~nlänge)* wave-length; ⚙ shaft; axle, spindle; ⚕ epidemic; *fig* flood, rush; *~n schlagen* to rise in waves; **~n** *vt (Haar)* to wave; **~nband** 📻 (wave-)band; **~nberg** crest of a wave; *fig* peak; **~nbewegung** undulation; **~nbrecher** breakwater; **~nförmig** wave-like, undulating; **~ngang** ⚓ backwash; **~nlänge** wave-length; **~nlinie** wavy line; **~nreiten** aquaplane; **~nschlag** dashing (*od* breaking) of the waves; **~nsittich** Australian grass parakeet, budgerigar; **~ntal** trough of the waves; *fig* bottom of the dip, trough; **~ntheorie** undulatory theory

Welpe whelp

Wels *zool* catfish

welsch French, Italian; foreign; **~land** Italy, France

Welt world; universe; people; *alle ~* everybody, all the world; *d. andere ~* the other world, the next world; *auf d. ~* on earth; *was in aller ~* what on earth; *zur ~ bringen, in d. ~ setzen* to bring into the world, to give birth to; *auf d. (zur) ~ kommen* to come into the world, to be born; *aus d. ~ schaffen* to remove, to get rid of, to put out of the way; *ein Mann von ~* a man of the world ♦ *d. ~ aus d. Angeln heben* to shake the world to its foundations; **~all** universe; **~alter** age (of the world); period of history; **~anschauung** philosophy of life, world outlook; *pol* ideology; **~ausstellung** international exhibition; **~ball** globe; **~bank** World Bank, International Bank for Reconstruction and Development; **~bekannt** known everywhere, universally known; **~berühmt** farfamed; **~bild** conception of the world (*od* of life); **~bürger** citizen of the world, cosmopolitan; **~erfahren** worldly wise, sophisticated; **~erschütternd** world-shaking; **~fremd** out of touch with reality, ignorant of the world; solitary; **~geschichte** universal history, history of the world ♦ *da hört doch d. ~geschichte auf!* that's the limit; **~gewandt** knowing the ways of the world; **~handel** international trade; **~kenntnis** knowledge of the world, sophistication; **~kirchenrat** World Council of Churches; **~klug** wordly wise, sophisticated; **~körper**

heavenly body; **~krieg** world war; **~kugel** globe; **~lage** general political situation; **~lauf** course of the world; **~lich** worldly; *(Macht)* temporal; secular, profane; **~literatur** universal literature; **~macht** world power; **~markt** international market; **~meister** world champion; **~meisterschaft** world championship; **~politik** world politics; **~postverein** Universal Postal Union; **~raum** space; universe; **~raumfahrt** space travel; astronautics; **~rekord** world('s) record; **~rekordinhaber** world record-holder; **~ruf** world-wide reputation; **~schmerz** pessimistic outlook on life; sentimental pessimism; world weariness; **~sprache** universal language; **~stadt** metropolis; **~teil** continent; part of the world; **~umspannend** worldwide, universal; **~untergang** end of the world; **~weiser** philosopher; **~wirtschaft** world economic system; **~wirtschaftskrise** world-wide depression; *(1929 bis 1934)* the Depression

Weltergewicht welter weight

wem to whom; **~fall** dative (case)

wen whom; **~fall** accusative (case)

Wend|e turn(ing); change; new era; face vault; **~ehals** *zool* wryneck; **~ekreis** tropic; *~ekreis d. Krebses* Tropic of Cancer; *~ekreis d. Steinbocks* Tropic of Capricorn; **~eltreppe** winding (*od* spiral) staircase; **~en** to turn (round); *Geld ~en an* to spend money on; *bitte ~en!* please turn over!; *refl* to turn; *s. ~en an* to turn to, to apply to, to approach ♦ *d. Blatt hat s. gewendet* the tables are turned; **~ig** agile, nimble; manœuvrable; *fig* slick, adaptable; versatile; **~igkeit** agility, nimbleness; manœuvrability, adaptability; versatility; **~ung** turn(ing); *mil* facing (about), wheeling; turning-point, change; crisis; *(Wort-)* (idiomatic) phrase; saying, byword

wenig little, *pl* few; *(selten)* seldom; *e. ~* a little; *nur ~* only a little, *pl* only a few; *s-n ~es Geld* the little money he has; *mit ~en Worten* in a few words; *ebenso~ wie du* not any more than you; **~er** less, *pl* fewer; *5 ~er 2* five minus two; *nichts ~er als* anything but; *nicht ~er als* no less (fewer) than; **~keit** small quantity; littleness, smallness; *meine ~keit* my humble self; **~st** least; *d. ~sten* only a few people; **~stens** at least

wenn if, in case; *(zeitl.)* when; *und ~* even if; *~ auch* even if, although; *~ nicht, außer ~* unless, except if (when), but that; *~ nur* if only, so long as; *selbst ~* even if, though; **~gleich, ~schon** (al)though; *(su) d. viele ~ u. Aber* many ifs and buts; *nach langem ~ u. Aber* making many reservations; *~ schon, denn schon* if we do it at all, let's do it thoroughly; we may as well go the whole hog; *na, ~ schon!* well, so what?

wer who; *~ von euch* which of you; he who; that; *(jemand)* somebody, anybody; *~ auch immer* whoever; *~ da?* who goes there?

Werb|eabteilung publicity department; **~eaktion** publicity campaign; **~ebüro** publicity bureau; **~efachmann** publicity specialist; **~efunk** commercial broadcasting; **~eleiter** advertising manager; **~ematerial** advertising (*od* promotional) material; **~emittel** publicity medium; **~en** *mil* to recruit, to levy; to enrol, to enlist; *~en für* to advertise for, to make propaganda for, to canvass for; *~en um (Mädchen)* to court, to woo; to engage s-b for; **~eprospekt** leaflet; prospectus; *pl* literature; **~er** canvasser; **~erummel** ballyhoo; **~eschreiben** sales letter; **~etext** copy; *die* **~trommel** *rühren* to beat the drum, to make propaganda; **~ung** recruiting, levying; courting, wooing; propaganda; publicity; **~ungskosten** publicity costs; *(Steuer)* professional expenses

werden to become, to be; to grow; to turn (out); to prove; *(Futur)* shall, will; *(Passiv)* to be; *~ zu* to change (*od* turn) into; *anders ~* to change, to turn; *~de Mutter* expectant mother; *su* growing, developing; development; formation, evolution; growth; origin

Werder river islet, *BE a.* eyot, holm

werfen to throw; *(Blick, Licht, Schatten, Los, Zweifel)* to cast (*auf* at, over, on); *(schleudern)* to hurl, to fling; to toss, to pitch; *(Junge)* to bring forth; *refl (Holz)* to warp; *s. in d. Brust ~* to put on an air of importance; *s. ~ auf* to throw o.s. upon, to apply o.s. to s-th vigorously; *s. in s-e Kleider ~* to dress quickly

Werft dockyard, shipyard; **~arbeiter** dock labourer, docker

Werg tow; oakum

Werk work, labour; production; performance; factory, plant; *(Gas-, Wasser- etc)* works; *(Betrieb)* enterprise, undertaking; mechanism, work; *(Uhr-)* clockwork; publication; workmanship; *(Aktion)* scheme; *gutes ~* good deed; *ans ~ gehen* to set to work; *ins ~ setzen* to set going, to start; **~bank** (work)bench; **~biene** worker bee; **~druck** book-printing; **~leute** workmen, workpeople, hands; **~meister** foreman, overseer; **~smannschaft** works team; **~spionage** industrial espionage; **~statt, ~stätte** workshop; **~stoff** material; **~stoffprüfung** testing of material; **~stück** work(piece), production part; **~student** student who earns his living; *~student sein* to work one's way through college; **~swohnung** company-owned dwelling; **~tag** working-day, business day; *(kein Sonntag)* week-day; **~tags** on week-days; **~tätig** working; active; *~tätige Bevölkerung* the working classes; **~theater** theatre workshop; **~zeug** tool; instrument, implement; *j-s ~zeug (fig)* tool, cat's-paw; **~zeugkasten** tool-box; **~zeugmaschine** machine-tool

Wermut *bot* wormwood; *(Wein)* vermouth; **~stropfen** a drop of bitterness

wert worth; valuable; worthy, honoured, esteemed; *mein ~er Freund* my dear friend; *nicht d. Mühe ~* not worth-while; *er ist es ~* he deserves it; *nichts ~ sein* to be no good; *su* worth, value; price, rate; importance (*~ legen auf* to attach great i. to); merit; *chem* valence;

im ~e von to the value of, at a price of; **~beständig** stable, of fixed value; **~brief** insured letter (containing money); **~en** to value, to appraise; **~gegenstände** valuables; **~igkeit** *chem* valence; **~los** worthless; **~losigkeit** worthlessness; **~messer** standard of value; **~minderung** depreciation; **~paket** insured parcel (containing valuables); **~papier** security, bond; **~sachen** valuables; **~schätzen** to value (*od* esteem) highly; **~schätzung** esteem; appreciation; **~urteil** value judgment; evaluation; **~voll** valuable; precious; **~zeichen** (postage) stamp

wes = ~sen; **~fall** genitive; **~halb, ~wegen** why; for what reason; on account of what (*bzw* which); **~sen** whose

Wesen creature, being; existence; *(Kern)* essence; substance, reality; character; organization, system; *(Verhalten)* way, air; manners, conduct; *sein ~ treiben* to go about; to haunt (a house); *viel ~s machen von (um)* to make a fuss about; **~haft** real; substantial; **~los** unreal, shadowy; incorporeal; **~seigen** characteristic; **~sfremd** foreign to the nature of; **~sgemäß** appropriate to the nature of; **~sgleich** of the same nature; consubstantial; homogeneous; **~szug** characteristic feature; **~tlich** essential, substantial; real; material, vital; *~tlicher Bestandteil* integral part

Wespe wasp; **~nnest** wasps' nest ♦ *in e. ~nnest stechen* to bring a hornets' nest about one's ears; **~nstich** wasp's sting

West|(en) west; occident; *pol* the West(ern Hemisphere), the non-Communist world; **~lich** west(ern, -erly); occidental; westward; **~mächte** Western Powers; **~wärts** westward

Weste waistcoat, *bes US* vest ♦ *e-e saubere (weiße) ~ haben* to have a clean record; **~ntasche** waistcoat-pocket ♦ *j-n wie s-e ~ntasche kennen* to know s-b inside out; **~ntaschen-** *attr* vest-pocket

wett equal; *~ sein* to be quits; **~bewerb** competition; ⛹ event; **~bewerber** competitor; **~e** bet, wager; *was gilt d. ~e?* what do you bet?; *e-e ~e eingehen* to make (*od* lay) a bet; *um d. ~e (tun) mit j-m* to vie with one another in (doing); *um d. ~e laufen mit* to race s-b; **~eifer** emulation; rivalry; competition; **~eifern** to vie, to contend (with); **~en** to bet, to wager (*auf* on); to back (a horse); **~er** better; backer; **~fahrt** driving competition; boat-race; **~flug** air-race; **~kampf** ⛹ contest, competition *(a. fig)*; match; **~kämpfer** contestant, competitor; athlete; prize-fighter; **~kampfteilnehmer** = ~kämpfer; **~kampfübung** ⛹ event; **~lauf** race; **~läufer** runner; **~machen** to make up for; to make good; to cancel out; to counteract, to offset; **~rennen** race; **~rudern** boat-race; **~rüsten** armament(s) race; **~schwimmen** swimming-match; **~spiel** match, tournament; **~streit** competition, contest

Wetter weather; *(Un-)* bad weather, storm; ⚒ *schlagende ~* fire-damp; *alle ~!* by Jove! **~bericht** weather forecast; **~dienst** meteorological service; **~fahne** weathercock *(a. fig)*, vane; **~fest** weatherproof; **~glas** barometer; **~karte** meteorological (*od* weather) chart; **~kunde** meteorology; **~lage** weather (*od* atmospheric) conditions; **~leuchten** sheet lightning; **~loch** bolt-hole; **~n** to storm, to be stormy; *fig* to fulminate, to curse and swear; **~schaden** damage by storm; **~seite** weather side; **~sturz** sudden fall of temperature; **~umschlag** change of weather; **~vorhersage** weather forecast; **~warte** meteorological station; **~wechsel** change of weather; **~wendisch** changeable (as the weather), fickle; capricious; **~wolke** thunder cloud

wetz|en to whet, to grind; to sharpen; **~stein** whetstone, hone

Whist whist

Wichs full dress, *sl* glad rags; *in vollem ~* in full dress; **~bürste** blacking-brush; **~e** blacking, polish; *fig* thrashing; **~en** to black, to polish; *(Boden)* to wax; *fig* to thrash

Wicht wight; creature; **~e** specific gravity; **~elmännchen** brownie, pixie

wichtig important; weighty, momentous; *e-e ~e Miene aufsetzen* to give o.s. airs; *s. ~ machen* to assume an air of importance; **~keit** importance; weight, consequence; *von ~keit sein* to be of importance; **~tuer** pompous individual; **~tuerei** pomposity, self-importance

Wicke *bot* vetch; *(Platterbse)* sweet pea

Wickel *(Haar)* curler; $ binder, pack ♦ *j-n beim ~ kriegen* to collar s-b; **~gamasche** puttee; **~kind** baby in long clothes; *kein ~kind mehr sein* to be a child no longer; **~n** to wind (round, up); to wrap up; *(Zigarette)* to make, to roll; *(Haar)* to put in curlers; *(Baby)* to change; **~tuch** wrapper

Widder ram; *astr* Aries

wider against, contrary to; versus; *~ Willen* reluctantly; *d. Für u. ~* the pros and cons; **~fahren** to happen to, to befall; to meet with; *Recht ~fahren lassen* to do justice to; **~haarig** cross-grained, perverse; **~haken** barb(ed hook); **~hall** echo; response; **~hallen** to (re-)echo, to resound; **~lager** abutment; spring; **~legen** to refute; to disprove; **~legung** refutation; disproof; **~lich** repulsive, disgusting; repugnant; nauseous; **~lichkeit** repulsiveness, disgust; nauseousness; **~natürlich** unnatural, contrary to nature; monstrous; **~part** opponent, adversary; opposition; **~raten** to dissuade (from); **~rechtlich** illegal, unlawful; **~rechtlichkeit** illegality, unlawfulness; **~rede** contradiction, objection; **~rist** withers; **~ruf** recall; cancellation; revocation; *(e-r Ansicht)* recantation, disavowal; *bis auf ~ruf* until recalled, until withdrawn; **~rufen** to recall, to cancel; to revoke, to recant; to disavow; **~ruflich** revocable; **~sacher** adversary, antagonist; **~schein** reflection; **~setzen** *refl* to oppose, to resist; **~setzlich** refractory, insubordinate; **~setzlichkeit** refractoriness, insubordination; **~sinn** nonsense; absurdity; **~sinnig** nonsensical; absurd; **~sinnigkeit** absurdity; bull;

~spenstig refractory; obstinate; *(Pferd)* restive; **~spenstigkeit** refractoriness; obstinacy; **~spiegeln** to reflect, to mirror; *refl* to be reflected; **~sprechen** to contradict; to oppose; *refl* to contradict o.s.; **~sprechend** contradictory; **~spruch** contradiction (*~spruch in sich* c. in terms); conflict; *in ~spruch stehen mit* to be inconsistent with, to be at variance with; *auf heftigen ~spruch stoßen bei* to meet with violent opposition from; **~stand** resistance, opposition; *~stand leisten* to resist; **~standsfähig** able to offer resistance; **~ standskraft** resisting power, stamina; **~stehen** to resist, to withstand; to disgust, to be repugnant to; **~streben** to struggle against, to resist; to go against the grain with; *su* resistance, opposition; reluctance; **~strebend** reluctant; **~streit** opposition; conflict; antagonism; **~streiten** to conflict, to clash with; to be contrary to; to contend with; **~streitend** antagonistic; **~wärtig** disgusting; annoying; **~wärtigkeit** adversity; nuisance; **~wille** dislike; repugnance, aversion; *mit ~willen erfüllen* to disgust; **~willig** reluctant, unwilling

widm|en to devote (to), to dedicate (to); *refl* to devote o.s. to, to apply o.s. to; **~ung** dedication; **~ungsexemplar** presentation copy

widrig contrary; adverse; *(feindlich)* hostile, inimical; unfavourable; **~enfalls** in the contrary case; failing which; **~keit** adversity; *pl* untoward events

wie *(auf welche Weise)* how; *~ alt (breit, hoch, lang)?* what age (width, height, length)?; *~ groß (Person)?* what height?, *(Schuh etc)* what size?; *(Qualität) ~ ist ...?* what is ... like? *~ sieht es aus?* what does it look like?; *~ ist Ihr neuer Lehrer?* what is your new teacher like?; *~ geht es ihm?* how is he?; *~ heißt das?* what is that called? *conj* as; like; such as; *~ auch (immer)* however; *~ bitte?* (I beg your) pardon?, what did you say?; *~ gesagt* as has been said ♦ *~ du mir, so ich dir* tit for tat; **~so** why; **~viel** how much; *d. ~vielten haben wir heute?* what's the date today?

wieder again; anew, afresh; once more; back, in return for; *immer ~* again and again, time and again; *hin u. ~* now and then; *für nichts u. ~ nichts* for nothing at all

wieder|abdrucken to reprint; **~anfang** recommencement; reopening (of the school); **~anknüpfen** to renew; **~aufbau** reconstruction; **~aufbauen** to reconstruct; to rebuild; **~auffinden** to find, to recover; **~aufleben** to revive; **~aufnahme** resumption; **~aufnehmen** to take up again, to resume; **~aufrichten** to raise again; **~aufstehen** to rise again; **~bekommen** to get again; to get back, to recover; **~beleben** to revive, to resuscitate; **~belebungsversuch** attempt at resuscitation; **~bewaffnen** to rearm; **~bringen** to bring back; to restore, to return to; **~einführen** to reintroduce; to re-establish; **~einnehmen** to recapture; **~einrichten** to re-establish; to reorganize; **~einsetzen** to reinstate; to reinstall; **~einstellen** to engage again; **~erkennen** to recognize; **~erlangen** to get back, to recover; **~erobern** to reconquer; **~ersetzen, ~erstatten** to return, to restore; to repay, to refund; **~erstattung** restitution; repayment; **~erzählen** to repeat, to retell; **~finden** to find again, to recover; **~gabe** giving back, return; ♪, 📻 rendering; reproduction; reading; *(Übersetzung)* translation, rendering; **~geben** to give back, to return; to render; to reproduce; to translate; **~geburt** rebirth; renaissance; reincarnation; **~genesen** to recover, to get better; **~gewinnen** to regain; to recover, to retrieve; **~gutmachen** to compensate (for); to make amends for; to repair; **~gutmachung** reparation; restitution; compensation; indemnification; **~haben** to have (got) back; to have (got) again; to have recovered; **~herstellen** to restore, to repair; ⚕ to cure; to re-establish; **~herstellung** restoration; recovery; re-establishment; **~holen** to fetch (*od* bring) back; to repeat; to reiterate; to renew; *refl* to say (over and over) again; to recur; **~holt** repeatedly, again and again; **~holung** repetition; reiteration; *im ~holungsfalle* if it should happen again; ⚖ in case of a second offence; **~hören** to hear again; *auf ~hören!* good-bye!; **~ingangsetzung** re-starting; **~instandsetzen** to repair, to recondition; **~instandsetzung** repair, reconditioning; **~käuen** to chew the cud, to ruminate; **~käuer** ruminant; **~kaufen** to buy back; **~kehr** return; coming home; repetition; recurrence; **~kehren** to return, to come back; **~kommen** to come back; **~kunft** return, coming back; *eccl* advent (of Christ); **~sagen** to tell again; to repeat; **~sehen** to see (*od* meet) again; *su* meeting again; *auf ~sehen!* good-bye!, *umg* bye-bye!; so long!; **~taufe** re-baptism, anabaptism; **~täufer** anabaptist; **~tun** to do again; **~um** again; afresh, anew; on the other hand; **~vereinigen** to reunite; *(versöhnen)* to reconcile; **~vereinigung** reunion; *pol* reunification; reconciliation; **~verheiraten** ⁺ɔ remarry; **~verheiratung** remarriage; **~verkäufer** reseller; retailer; **~verwertung** re-utilization; **~wahl** re-election; **~zahlen** to repay; **~zustellen** to return

Wiege cradle; *von d. ~ bis zur Bahre* from the cradle to the grave; **~messer** mincing-knife, chopping-knife; **~n** to weigh; to rock; to shake, to sway; *(Fleisch)* to mince, to chop up; *refl (fig)* to indulge (in hopes etc); **~ndruck** incunabulum; **~nfest** birthday; **~nkind** infant; **~nlied** lullaby

wiehern to neigh; *su* neighing *~des Gelächter* horselaugh, roaring laughter

Wiese meadow; **~l** weasel; **~ngrund** meadowland, grassy valley; **~nschaumkraut** lady's smock, cuckoo-flower

wieviel *siehe* wie

wild wild; rough; *(Mensch)* barbarian, savage, uncivilized; unruly, intractable; disorderly; fierce; *(böse)* angry, furious; *(ungeordnet)* untidy, dishevelled; *~e Ehe* concubinage; *~er Streik* unofficial strike; *~er Wein* Virginia creeper; *~es Fleisch* ⚕ proud flesh; *~ werden* to get furious, *(Pferd)* to shy; **~bach** torrent; **~bad** (non-mineralized) thermal spa; **~bahn** hunting-ground, preserve; **~braten** (roast) venison; **~bret** game; venison; **~dieb, ~erer** poacher; **~(dieb)erei** poaching; **~ente** wild duck; **~er** savage ♦ *wie e. ~er* (to work) like a nigger, (to behave) like a madman; **~ern** to poach; **~fang** tomboy, romp; **~fremd** quite strange; **~gehege** preserve, game cover; **~geschmack** game flavour; **~heit** wildness; barbarity; ferocity; **~hüter** gamekeeper; **~leder** deerskin, buckskin; **~ling** wild tree; tomboy; **~nis** wilderness; desert; **~schaden** damage done by game; **~schütz(e)** poacher; **~schwein** wild boar; **~wasser** torrent

Wille will; volition, determination; wish; intention, design; purpose; *d. besten ~n haben* to have the best intentions; *aus freiem ~n* of one's own accord; voluntarily; *wider ~n* unwillingly; involuntarily; *guter ~* kind intention; *letzter ~* last will (and testament); *~ns sein* to be willing (to do); *j-m zu ~n sein* to do as a person wishes; *um ... ~* for (his, father's) sake; **~nlos** irresolute, lacking will-power; **~nlosigkeit** lack of will-power; indecision; abulia; **~nsakt** act of volition; **~nserklärung** declaration of intent; **~nsfreiheit** free(-dom of) will; **~nskraft** will-power, strength of will (*od* mind); faculty of volition; **~ntlich** intentional

will|fahren to grant; to please; to comply with; **~fährig** accommodating; compliant, complaisant; **~fährigkeit** compliance, complaisance; **~ig** willing, ready; amenable; **~igkeit** willingness, readiness; **~komm(en)** welcome; *adj* welcome; acceptable, opportune; *~kommen heißen* to welcome; to extend a cordial welcome to; **~kür** arbitrary act; despotism; *j-s ~kür preisgegeben sein* to be at s-b's mercy; **~kürlich** arbitrary; **~kürlichkeit** = ~kür

wimmeln *von* to swarm, to teem with

wimmern to whimper, to moan

Wimpel pennant, *bes mil* pennon; streamer

Wimper eyelash ♦ *ohne mit d. ~ zu zucken* without turning a hair (*od* batting an eyelid)

Wind wind, breeze; ⚕ flatulence; *wie d. ~* like the wind, very fast; *in ~ u. Wetter* in all weathers ♦ *d. ~ aus d. Segeln nehmen* to take the wind out of s-b's sails; *in d. ~ reden* to waste one's breath; *in d. ~ schlagen* to disregard, to turn a deaf ear to s-th; **~beutel** cream puff; *fig* windbag; **~blume** anemone; **~eseile** lightning speed; *mit ~eseile* (off) like a shot, very fast; **~fahne** weather vane; **~fang** porch; chimney-pot; **~harfe** Aeolian harp; **~hose** wind spout; **~hund** greyhound; *fig* windbag; **~hundrennen** greyhound racing; **~ig** windy, breezy; *fig* poor, unreliable; **~kanal** wind-tunnel; **~licht** storm lantern; **~mühle** windmill (*gegen ~mühlen kämpfen* to tilt at w.s); **~pocken** chicken-pox; **~richtung** wind direction; **~rose** compass card; **~schief** twisted, warped; **~schutzscheibe** windscreen, *US* windshield; **~spiel** = ~hund; **~stärke** wind force; **~still** calm; **~stille** (dead) calm; still air; **~stoß** gust, blast; **~zug** current of air; draught

Winde *bot* wind weed, convolvulus; ⚙ windlass, winch

Windel *BE* (baby's) napkin, diaper; **~n** to swaddle; *(Baby)* to change; *~weich schlagen* to beat to a pulp (*od* to a jelly)

wind|en *vt* to wind; *(Kranz)* to make; *(flechten)* to twist; *(hoch-)* to hoist; to reel; *(ent-)* to wrest, to wrench (from); *refl* to writhe; *(Fluß)* to meander, to wind; **~ung** winding, twisting; convolution; ϟ, 🚗 coil; spire, whirl; ⚙ worm

Wink nod, hint; beck, beckoning; *fig* hint, suggestion; tip ♦ *e. ~ mit d. Zaunpfahl* a broad hint; **~en** to wave; *j-m ~en* to beckon, to make signs; to nod; *mil* to signal, to flag; **~er** 🚗 direction indicator; *mil* flag signaller; **~zeichen** manual signal

Winkel corner; *bes math* angle; *mil* chevron; *fig* nook, secret spot; **~advokat** obscure lawyer, pettifogger; **~förmig** angular; **~messer** *math* protractor; goniometer; **~zug** trick, dodge

winklig angular; *(Straße)* crooked

winseln to whine, to moan

Winter winter; **~frische** winter resort; **~frucht** winter crop; **~garten** winter garden; **~halbjahr** the last quarter of one year and the first quarter of the next; *(Univ.)* winter term; **~lich** wintry; **~reifen** winter tyres (*US* tires); **~schlaf** hibernation; *~schlaf halten* to lie dormant; **~schlußverkauf** winter sales; **~sport** winter sports

Winzer = Weinbauer

winzig tiny, minute; diminutive; **~keit** tininess, minuteness; diminutive size

Wipfel tree-top

Wippe see-saw; **~n** to see-saw

wir we; *~ alle* all of us; *~ selbst* we ourselves; *~ sind es* it is us

Wirbel eddy, whirlpool; maelstrom; *(Rauch)* curl, wreath; *(Trommel)* roll, tattoo; ⚕ vertebra; *(Kopf)* crown; ♪ *(Violine)* peg; **~ig** whirling; giddy; **~knochen** vertebra; **~los** invertebrate, spineless; **~n** to whirl (round), to eddy; *(Trommel)* to roll; **~säule** spinal (*od* vertebral) column, spine; **~tier** vertebrate (animal); **~wind** whirlwind

wirk|en to act, to work; to do; to bring about, to produce; *(Stoff)* to knit; *vi* to be active; *~en auf* to act on, to have an effect on, to influence; *su* agency; activity, work(ing); mechanical knitting; **~er** machine knitter; **~erei** knitwear manufacture; hosiery mill; **~lich** real, actual; true, genuine; bona fide; *~lich!* indeed!; **~lichkeit** reality, actuality; **~sam** active; effective, efficient; ⚕ efficacious; *~sam werden* to make o.s. felt; **~samkeit** activity; effectiveness, efficacy; *(Wirkung)* effect; **~stoff** agent; *chem* active substance, *(Droge)* active principle; *(Textil)* knitted fabric; **~ung** effect; action; agency, operation; impression, influence; *ohne ~ung bleiben* to prove ineffectual; **~ungsbereich** sphere of activity; *mil* range of action; **~ungsdauer** *chem,* ⚕ duration of action; **~ungsgrad** effect, degree of effectiveness; **~ungskreis** sphere of activity (*od* influence); **~ungslos** inefficient, ineffectual; **~ungsvoll** effective; *bes* ⚕ efficacious; striking; **~waren** knitted goods, knitwear; hosiery

wirr confused; chaotic, wild; tangled; *(Haar)* dishevelled; **~en** disorders, disturbances; **~kopf** muddle-head(ed fellow); **~nis** chaos, confusion, disorder; **~warr** chaos, disorder, jumble; *(Stimmen-)* babel

Wirsing(kohl) savoy

Wirt *(Vermieter)* landlord; *(Gasthaus)* innkeeper; *(Gastgeber)* host ♦ *d. Rechnung ohne d. ~ machen* to reckon without one's host; **~in** landlady; hostess; **~lich** hospitable; habitable, homely; **~shaus** = Gastwirtschaft; **~sleute** landlord and landlady; innkeeper and his wife; host and hostess; **~sstube** inn parlour

Wirtschaft business; (trade and) industry; economy; political economy; economic activity; *(Haus-)* housekeeping, domestic economy; household; = Gastwirtschaft; *fig* goings-on, mess; *e-e schöne ~* a pretty business, a fine mess; **~en** to keep house; to manage; to economize; *umg* to rummage about; **~er(in)** manager(ess); housekeeper; steward; **~ler** business man; economist; **~lich** economic; industrial, commercial; financial; *(sparsam)* economical; profitable; **~sabkommen** economic agreement; **~sbelebung** upswing in economic activity; **~sbeziehungen** trade relations; **~sgebäude** farm-buildings, outhouses; **~sgeld** housekeeping money; **~sgeographie** economic geography; **~sgüter** (salable) goods; commodities; **~shilfe** economic aid; **~sjahr** accounting year; financial year; **~slage** economic situation; **~slenkung** controls; planned economy; **~sministerium** Ministry for Economic Affairs; **~spolitik** economic policy; **~sprüfer** *BE* chartered accountant, *US* certified public accountant; **~sraum** market (area); **~swunder** the ‚German economic miracle'; **~szweig** sector of the economy

Wisch scrap of paper; slip, note; duster; **~en** to wipe; **~er** 🚗 windscreen wiper; **~lappen** duster, (wiping-)cloth

Wisent bison, aurochs

Wismut bismuth

wispern to whisper

Wißbegier|de thirst for knowledge; curiosity, inquisitiveness; **~ig** eager (*od* anxious) to know (*od* learn); inquisitive

wissen to know; to be aware of; to be acquainted with; *er will nichts mehr von ihr ~* he is through with her; *nicht daß ich wüßte* not that I know of; *su* knowledge; learning, erudition; scholarship; *meines ~s* as far as I know; *wider besseres ~* against one's better judgment; *nach bestem ~ u. Gewissen* to the best of one's knowledge and belief; **~schaft** learning, knowledge; *(bes Natur-)* science; scholarship; **~schaftler** learned man, scholar; *(Natur-)* scientist; *(Forscher)* research worker, research scientist; **~schaftlich** learned, scholarly; *(bes Natur-)* scientific; **~sdrang, ~sdurst, ~strieb** thirst (*od* eagerness) for knowledge; **~swert** worth knowing; interesting; **~szweig** branch of knowledge; art; **~tlich** knowing; conscious; deliberate; *adv* knowingly; on purpose, deliberately

witter|n to scent, to smell; *fig* to suspect; **~ung** scent; weather; *bei günstiger ~ung* weather permitting; **~ungsumschlag** change of weather; **~ungsverhältnisse** atmospheric conditions

Witwe widow; **~nstand** widowhood; **~r** widower

Witz wit, wittiness; common sense, mother wit; *(Spaß)* joke, pun, witticism; *~e machen* to be funny, to crack jokes; *mach keine ~e!* you're pulling my leg!, you're joking!; **~blatt** comic paper; **~bold** witty fellow, wag; **~eln** to try to be witty; to poke fun (at); **~ig** witty; funny, facetious; **~sprühend** sparkling with wit

wo where; in (*od* on) which; *(zeitl.)* when; *(irgend-)* somewhere, anywhere; *~ auch immer* wherever; *von ~* from where; *~ nicht* if not, unless; **~anders** somewhere else, elsewhere; **~bei** whereat; whereto; by which, whereby; in which; in the course of which; through which, by doing which

Woche week; *heute in e-r ~* this day week; *zwei ~n (BE)* a fortnight; *pl* childbed; **~nbett** childbed, confinement; **~nblatt** weekly (paper); **~nende** week-end; **~nfieber** puerperal fever; **~ngeld** maternity allowance, *BE* m. benefit **~nlang** for weeks; **~nlohn** weekly wage; **~nschau** 🎞 newsreel; **~ntag** week-day; **~ntags** on week-days; **⁓̈ntlich** weekly; every week; *einmal ⁓̈ntlich* once a week; by the week

Wöchnerin woman in childbed

wo|durch by which, whereby; through which; by which means; **~fern** so far as; if, provided that; *~fern nicht* unless; **~für** for which, for what; what for

Woge billow, wave; **~n** to billow, to wave; to surge; to undulate; *(Busen)* to heave; *(hin u. her)* to fluctuate

wo|gegen against what; in return for what (*od* which); *conj* whereas, while; **~her** from where (*od* from what places); *~her wissen Sie das?* how do you know that?; **~hin** where (to), to what place; whither; *~hin gehst du?* where are you going?

wohl *(gut)* well; *~ bekomm's!* may it do you good!; *~ dem, der ...* happy he who ...; *~ oder übel* whether I (you *etc*) like it or not; as well as I can; *es sich ~ sein lassen* to enjoy o.s.; *(Partikel) (etwa)* about; *(wahrscheinlich)* probably, possibly; perhaps; I think, I suppose; *su* good health; well-being; welfare; *auf j-s ~ trinken* to drink s-b's health; *auf Ihr ~!* your health!, cheers!; **~an** well then!, now then!; **~angebracht** suitable, seasonable; **~auf** well, in good health; come on!; **~bedacht** well-considered; **~befinden** good health; well-being; **~behagen** comfort, ease, pleasure; **~behalten** safe and sound; **~bekannt** well-known, familiar; **~beschaffen** in good condition; **~durchdacht** well-considered; **~ergehen** well-being, welfare; **~erzogen** well-bred; **~fahrt** welfare; **~fahrtsarbeit** welfare work, social service; **~feil** cheap; **~gefallen** pleasure, satisfaction; *eccl* good will; *s. in ~gefallen auflösen* to vanish into thin air, to end in smoke; **~gefällig** pleasant, agreeable; **~gelaunt** in a good humour; **~gemeint** well-meant; **~gemut** cheerful, merry; **~genährt** well-fed; **~geruch** (sweet) perfume, fragrance; **~geschmack** pleasant taste (*od* flavour); **~gesetzt** well-worded; **~gesinnt** well-disposed; **~gesittet** well-behaved; **~habend** well-to-do, well-off; **~habenheit** wealth, affluence; **~klang** sweet tone, melodious sound; euphony, harmony; **~klingend** harmonious, melodious; euphonic, euphonious; **~leben** life of pleasure, luxury; **~riechend** sweet-scented, fragrant, aromatic; **~schmeckend** tasty, palatable; **~sein** good health; well-being, prosperity; *(zum) ~sein!* your health; **~stand** prosperity, well-being; wealth; **~tat** benefaction, blessing; boon; charity; **~täter** benefactor; **~täterin** benefactress; **~tätig** beneficent; beneficial; charitable; **~tätigkeit** charity; **~tätigkeitskonzert** benefit concert; **~tuend** beneficial; comforting; **~tun** to do good; to be pleasant (*od* comforting); **~unterrichtet** well-informed; **~verdient** well-deserved; **~verhalten** good conduct; **~verstanden** well understood; **~weislich** very wisely, prudently; **~wollen** goodwill, kind feeling, benevolence; *vi* to wish s-b well; **~wollend** benevolent, kind, friendly

wohn|en to live; to dwell, to reside; *(vorübergehend)* to stay; *(in Untermiete)* to lodge; **~haft** living, resident; **~haus** residential building dwelling; **~küche** combined kitchen and living-room; **~lich** comfortable, cosy; **~ort** (place of) residence, domicile; **~raum** housing accommodation; **~raummangel** housing shortage; **~sitz** = ~ort; **~stube, ~zimmer** living-room, lounge

Wohnung house, dwelling; residence; *(Etagen-) BE* flat, *US* apartment; **~samt** Housing Office; **~sbau** house-building, housing; **~slage** housing situation; **~slos** homeless; **~snachweis** house-agency; **~snot** housing shortage; **~swechsel** change of residence

Wohn|verhältnisse living conditions, housing conditions; **~viertel** residential quarter; **~wagen** *BE* caravan, *bes US* trailer

wölb|en to vault, to arch (over); *refl* to arch (over) *(a. fig)*; **~ung** vault(ing), arch; dome

Wolf wolf (*~ im Schafspelz* w. in sheep's clothing); **⁓in** she-wolf; **~seisen** wolf-trap; **~smilch** *bot* spurge

Wölkchen little cloud

Wolk|e cloud ♦ *aus allen ~en fallen* to be thunderstruck; **~enbank** bank of clouds; **~enbruch** cloud-burst; **~enkratzer** skyscraper; **~enlos** cloudless; **~enwand** = ~enbank; **~ig** cloudy, clouded

Woll|decke blanket; **~e** wool ♦ *in d. ~e sitzen* to be in clover; *in d. ~e geraten* to fly into a temper; **~en** woollen; **~ig** woolly; **~jacke** cardigan; **~stoff** woollen material; **~waren** woollens

wollen to want, to wish; to will; to be willing; to like; to intend; I (you, he etc) will; to be going to; to be about to; *d. will ich meinen* I should think so; *d. will etw heißen* that means s-th; *er mag ~ oder nicht* whether he likes it or not; *d. will überlegt sein* it must be well considered; *er will (gesehen etc) haben* he maintains he has *(seen, etc)*; *wir ~ ...* let us ...; *su* will; volition; intention

Wollust lust; sensuality, voluptuousness; **⁓ig** lustful; sensual, voluptuous; **⁓ling** voluptuary, debauchee

wo|mit with what; with (*od* by) which; **~möglich** if possible; perhaps; **~nach** after what (*od* which); whereafter, whereupon

Wonn|e delight, bliss; **~ig** blissful, delicious; *(Kind)* cute

wor|an at what, of what, by what; at which, of which, by which; whereat, whereon; **~auf** on what, on which; whereupon; **~aus** out of what, out of which; from what, from which; **~ein** into what, into which; **~in** in what, in which; wherein

Wort word; term, expression; saying; word of honour; *mit e-m ~* the long and the short of it, in a word; *kein ~ mehr!* not another word!; *kein wahres ~* not an atom of truth; *j-m d. ~ erteilen* to call upon s-b to speak; *er hat d. ~* it is his turn to speak; *d. ~ ergreifen* to begin to speak, *pol* to take the floor; *j-m d. ~ entziehen* to forbid s-b to speak; *j-m ins ~ fallen* to interrupt s-b; *d. große ~ führen* to have the say, to boast, to monopolize the conversation; *aufs ~ gehorchen* to obey at once (*od* implicitly); *nicht zu ~e kommen* not to be able to get a word in edgeways; *j-n beim ~ nehmen* to take s-b at his word; *e-r Sache d. ~ reden* to speak in favour of s-th; **~ableitung** derivation (of words), etymology; derivative; **~akzent** word stress; **~arm** deficient in vocabulary; **~armut** poverty of language; **~bildung** word-formation; **~bruch** breach of one's word; **~brüchig** having broken one's word; disloyal; **⁓erbuch** dictionary; **~folge** word-order; **~führer** spokesman; **~getreu** literal, verbatim; **~karg** laconic, tight-lipped; **~laut** wording, text; **⁓lich** verbatim; literal, word for word; **~reich** abundant in words; verbose, wordy; **~schwall** torrent of words; verbosity; **~sinn** literal sense; meaning (of a word); **~spiel** play upon words, pun; **~stellung** = ~folge; **~wechsel** argument, dispute; **~wörtlich** word for word, literally

wo|rüber of (*od* about, over) what (*od* which); whereof; **~rum** round what (*od* which); about what (*od* which); **~runter** under what (*od* which); among what (*od* which); **~selbst** where; **~von** of (*od* about) what (*od* which); whereof; from what (*od* which); wherefrom; **~vor** before what (*od* which); of (*od* from) what (*od* which); **~zu** for what (*od* which); why

Wrack wreck; **~gut** wreckage, wrecked goods
wring|en to wring; **~maschine** wringer
Wucher usury; profiteering; **~ei** usury; profiteering; **~er** usurer; profiteer; **~gewinn** excess (*od* inordinate) profit; **~isch** usurious; profiteering; **~n** *bot* to grow rank; to profiteer, to practise usury ; **~nd** *bot* rank; **~ung** rank growth; ⚕ growth, tumour; **~zins** usurious interest
Wuchs growth; shape, figure
Wucht burden, weight; force; *(volle)* brunt; impetus; **~en** to lever up; *vi* to weigh heavy (*od* heavily); **~ig** weighty
Wühl|arbeit subversive activity; **~en** to dig, to turn up; *(herum-)* to rummage, to rake about (in); *(Tier)* to burrow; *fig* to agitate, to stir up; **~er** agitator; **~erei** agitation; **~maus** vole
Wulst bulge, pad *(a. fig)*; fold; **~ig** bulging, padded; **~lippen** thick lips
wund sore; chafed, *fig* wounded; *s. d. Füße ~ laufen* to become foot-sore; *~er Punkt (fig)* sore point; **~arzt** surgeon; **~e** wound; **~fieber** wound fever; **~gelaufen** foot-sore; **~liegen** *refl* to get bed-sores; **~reiben** to chafe, to gall; **~salbe** ointment, salve; **~verband** dressing (of a wound); bandage
Wunder wonder, marvel; *(übernatürl.)* miracle; *(Person)* prodigy; *du wirst dein blaues ~ erleben* you'll have the surprise of your life; *~ wer (was, wie)* goodness knows who (*od* what, how); *~ tun* to work miracles; *d. 7 ~ d. Welt* the 7 wonders of the world; **~bar** wonderful, marvellous; strange; **~barerweise** strange to say; **~ding** wonderful thing, marvel; **~doktor** quack; **~glaube** belief in miracles; **~hübsch** lovely; **~kind** infant prodigy; **~lich** strange, odd, eccentric; **~n** *refl* to wonder (at), to marvel (at); to be surprised (at); *es sollte mich ~n, wenn (was)* I wonder if (*od* what); **~sam** wonderful, wondrous; strange; **~schön** beautiful, lovely; **~tat** wonder; **~täter** miracle-worker; **~tätig** working wonders, miraculous; **~voll** wonderful, marvellous, lovely; **~zeichen** miraculous sign
Wunsch wish, desire; *auf ~* by (on) request; *e. frommer ~* wishful thinking; **⁓elrute** divining-rod; **⁓elrutengänger** diviner, dowser; **⁓en** to wish (for), to desire; to long for; *j-m Glück ⁓en* to wish s-b luck, to congratulate s-b; **⁓enswert** desirable; **~gemäß** according to one's wishes, as desired; **~konzert** request programme; **~traum** wish (*od* pipe) dream; **~zettel** list of things desired; letter to Santa Claus
Würde dignity; honour; title, rank; degree; *in Amt u. ~n* holding (high) office; *es ist unter s-r ~* it is beneath him; **~los** undignified; **~nträger** dignitary; **~voll** dignified; full dignity
würdig worthy (of); deserving (of); dignified, respectable; **~en** to appreciate; *j-n k-r Antwort ~en* not to deign to reply to s-b; *j-n nicht e-s Wortes ~en* not to vouchsafe s-b a word; **~keit** worth(iness); **~ung** appreciation; esteem
Wurf throw(ing); *(Geburt)* cast, birth; *(Junge)* litter, brood; ⚙ projection; **~bahn** trajectory; **~geschoß** missile, projectile; **~kreis** ⛩ throwing circle; **~scheibe** discus; quoit; **~weite** range (of projection)
Würfel dice; cube; *(Zucker)* lump; *math* hexahedron; *in ~ schneiden* to dice ♦ *d. ~ sind gefallen* the die is cast; **~becher** dice-box; **~förmig** cubic; cube-shaped; **~muster** checkered pattern; **~n** to throw dice; to play at dice; **~spiel** game of dice; **~zucker** lump sugar
würg|en to choke, to strangle; to suffocate; *vi* to choke, to stick in s-b's throat; **~er** killer; *zool* shrike
Wurm worm; *(Made)* maggot, grub; *umg* poor little thing; **~en** to vex, to annoy, to grind; **~förmig** worm-shaped; **~fortsatz** ⚕ appendix; **~ig** maggoty; wormy, worm-eaten
Wurst sausage ♦ *d. ist mir ~* I don't care a hang; **~eln** to muddle along; **~ig** indifferent; **~kessel** sausage boiler; **~vergiftung** botulism; **~waren** sausages
Würz|e seasoning, flavour; spice; *(Bier)* wort; *fig* zest; **~en** to season, to spice; **~ig** spicy; aromatic; piquant
Wurzel root *(a. math)*; *(Möhre)* carrot; *~ schlagen* to take root; **~n** to (take) root, to be rooted; **~werk** roots; **~ziehen** *math* evolution
Wust mess, rubbish; confusion, chaos; **⁓** waste, desert; disorderly, wild; coarse, vulgar; dissolute; **⁓e** desert; wilderness; **⁓enschiff** ship of the desert, camel; **⁓ling** libertine, dissolute person
Wut rage, fury (*in ~ geraten* to get into a. r.); *s-e ~ auslassen an* to vent one's anger on; *vor ~ kochen (platzen)* to boil with rage; **~anfall, ~ausbruch** fit (*od* outburst) of rage; **⁓en** to rage; to be furious (*od* mad); **⁓end** raging; furious, enraged; **~entbrannt** infuriated, enraged; **⁓erich** savage fellow; (cruel) tyrant; **~schäumend, ~schnaubend** foaming with rage, in a towering rage

X

X (the letter) X; **X-Beine** knock-knees; **x-beliebig** any, the first that comes (along); **x-mal** hundreds of times ♦ *j-m ein X für e. U vormachen* to make s-b believe that black is white, to dupe s-b; *d. Tag X* D-Day
Xanthippe Xanthippe, termagant
Xylophon xylophone

Y

Y (the letter) Y
Yoghurt yog(h)urt
Ysop hyssop

Z

Z (the letter) Z
Zack|e point, peak; *(Kamm)* tooth; *(Gabel)* prong; *(Fels)* jag; *(Kleid)* scallop; **~en** to tooth;

to indent, to notch; to scallop; **~enlitze** rick-rack; **~ig** pointed, jagged; notched, indented; pronged; *(Baum)* branched; scalloped; *bot* serrate, crenate; *umg fig* alert, smart, snappy

zag|en to hesitate, to be afraid; *su* timidity, hesitation; **~haft** timid; **~haftigkeit** timidity

zäh tough; viscous; stubborn, tenacious; **~flüssig** viscous; **~igkeit** toughness; viscosity; tenacity

Zahl number; *(Ziffer)* figure; *(~zeichen)* cipher; *(arabisch, römisch)* (Arabic, Roman) numeral; **~bar** payable, due; **~brett** money-tray; **~en** to pay; **¨en** to count, to number; to reckon, to calculate; *¨en auf* to count on, to rely on; *¨en zu* to belong to, to rank among; **¨er** *math* numerator; (⚡, *Gas-*) meter; *(¨vorrichtung)* counter; **~enmäßig** numerical; in terms of figures; **~er** payer; **~karte** money-order form; **~los** countless, numberless, innumerable; **~meister** paymaster; **~reich** numerous; **~stelle** paying-office; *(Bank)* sub-branch; **~tag** pay-day; **~ung** payment; **¨ung** counting; computation; *(Volks-)* census

Zahlungs|abkommen payments agreement; **~anweisung** payment order; ✉ money order, postal order; **~bedingungen** terms of payment; **~befehl** summary notice to pay; **~bilanz** balance of payments; **~einstellung** suspension of payments; **~empfänger** recipient of payment; payee; **~fähig** solvent; **~mittel** legal tender; notes and coin; **~termin** period allowed for payment; date for payment; **~unfähig** insolvent; **~union** payments union; European Payments Union; **~verkehr** payment transactions; transfers

Zahlwort numeral

zahm tame; domestic; tractable; **¨en** to tame; to break (in); *fig* to restrain, to subdue; **~heit** tameness; **¨ung** taming

Zahn tooth (*a.* ☸); ☸ cog; *(Gift-)* fang; *(Stoß-)* tusk; *d. ¨e zeigen* to bare one's teeth; *d. ¨e zusammenbeißen* to clench one's teeth, to keep a stiff upper lip; *j-m auf d. ~ fühlen* to probe s-b's mind, to put s-b to the test; **~arzt** dentist, dental surgeon; **~bürste** tooth-brush; **~en** to cut (one's) teeth; **¨en** to notch; to tooth, to indent; **~ersatz** artificial teeth; **~fäule** caries; **~fleisch** gum; **~füllung** stopping, filling; **~heilkunde** dentistry; **~laut** dental (sound); **~los** toothless; **~lücke** gap between teeth; **~medizin** dentistry; **~paste** tooth-paste; **~pflege** care of the teeth, dental care; **~pulver** tooth-powder; **~rad** cog-wheel, gear (wheel); **~radbahn** rack railway; **~schmerz** toothache; **~stein** tartar; **~stocher** toothpick; **~wechsel** teething, cutting of teeth; **~wurzel** root of a tooth

Zähre tear, *pl* brine

Zander *zool* zander

Zange *(Kneif-)* pincers, *(große)* tongs; *(Beiß-)* pliers; *(Pinzette)* tweezers; ⚕ forceps; *zool* claw; **~ngeburt** forceps delivery

Zank quarrel(ling); row, brawl; **~apfel** bone of contention; **~en** to quarrel, to wrangle; *(etwas)* to bicker; *s. ~en mit* to quarrel with, to fall out with; **¨isch** quarrelsome; **~lust, ~sucht** quarrelsomeness; **~süchtig** contentious, quarrelsome

Zäpfchen ⚕ uvula; suppository

Zapf|en pin, peg; *(Stift)* stud; *(Holz)* tenon; *(Tür)* pivot; *bot* cone; *vt* to tap; **~enstreich** *mil* tattoo, *US* taps; **~säule** 🚗 *BE* petrol pump, *US* gas pump; **~stelle** 🚗 *BE* petrol station, filling station

zapp|eln to fidget; to struggle; *~eln lassen* to keep in suspense; **~lig** fidgety, restless; *~lig sein* to fidget

zart tender; soft; delicate; fragile, frail; *(schlank)* slender, fine; *(empfindlich)* sensitive; loving; fresh, young; **~besaitet** sensitive; **~fühlend** tender, tactful; of delicate feeling; **~gefühl** delicacy (of feeling); **~heit** tenderness; delicacy (*a.* ⚕); softness; frailty; **¨lich** loving, tender; affectionate; **¨lichkeit** fondness, tenderness; caress

Zauber magic, charm, spell; enchantment; **~ei** magic, witchcraft; **~er** magician, sorcerer, conjurer; **~flöte** magic flute; **~formel** magic formula; **~haft** magical; enchanting, bewitching; **~isch** = ~haft; **~kunst** magic art, black magic; **~kunststück** conjuring trick; **~künstler** conjurer, juggler; **~n** to practise magic; to use witchcraft; to do by magic; **~spruch** spell, incantation; **~stab** magic wand; **~trank** magic potion

zaudern to hesitate; to delay; *su* hesitation; delay

Zaum bridle ♦ *im ~ halten* to keep a tight rein on, to keep in check; **¨en** to bridle; *fig* to restrain; **~zeug** bridle

Zaun fence, hedge ♦ *e-n Streit vom ~ brechen* to pick a quarrel; **~gast** non-paying (*od* outside) spectator; **~könig** *zool* wren; **~pfahl** fence-post, hedgestake

zausen *(Haar)* to tousle; to pull about, to tug

Zebra zebra; **~streifen** zebra crossing

Zech|bruder tippler, toper; **~e** *(Rechnung)* bill; ☸ mine; colliery; mining-company; **~en** to tipple, to drink; *(fröhlich)* to carouse; **~er** toper, tippler; **~gelage** drinking-party, spree; **~preller** guest who dodges paying the bill, bilk; **~prellerei** bill dodging, bilking

Zecke *zool* tick

Zeder cedar

Zehe toe; **~nspitze** tiptoe; *auf d. ~nspitzen gehen* to tiptoe

zehn ten; **~er** (the) ten; **~fach** tenfold; **~jährig** ten years old; **~kampf** 🏃 decathlon; **~mal** ten times; **~malig** ten times repeated; **~te** tenth; **~tel** tenth (part); **~tens** tenthly, in the tenth place

zehr|en *von* to live (*od* feed) on; to enjoy; to consume; *~en an (fig)* to gnaw at; **~ung** provisions; expenses

Zeichen sign; token; mark; symptom (*a.* ⚕); *(Vor-)* omen; *(Ab-)* badge; brand, stamp; *(Beweis)* proof; *zum ~, daß* as a proof that; *s-s ~s* by trade, by profession; **~buch** sketch-book; **~erklärung** key, legend; **~film** cartoon;

~kunst (art of) drawing; **~lehrer** drawing master; **~lineal** flat ruler; **~papier** drawing paper; **~saal** drawing office; art-room; **~setzung** punctuation; **~sprache** language of signs; dumb show; **~stunde** drawing lesson

zeichn|en to draw; *(entwerfen)* to design; *(kenn-)* to mark; to brand; *(unter-)* to sign; to underwrite; to subscribe (for); *verantwortlich ~en für* to be responsible for; **~er** draughtsman; designer; **~erisch** relating to drawing; **~ung** drawing; design; sketch; subscription

Zeig|efinger forefinger, index; **~en** to show, to point (at, to); to point out; to display, to exhibit; to demonstrate; to indicate; to prove; *refl* to appear, to put in an appearance; to be found; to show itself; to turn out, to prove; **~er** *(Uhr)* hand; pointer; **~estock** pointer

zeihen to accuse (of); to charge (with)

Zeile line; row ♦ *zwischen d. ~n lesen* to read between the lines; **~nabstand** spacing

Zeisig siskin

Zeit time; *(Frist)* term; *(Dauer)* duration, space of time; *(~alter)* age; epoch, era; period; season; days, times; *gram* tense; *von ~ zu ~* from time to time; *zur ~* at present; *zu rechter ~* in time; *in jüngster ~* quite recently; *bis in d. jüngste ~* until recently, so far; *~ s-s Lebens* as long as he lives (*od* lived); *es ist an d. ~* it is time *(to do); d. hat ~ bis morgen* that will do (*od* can wait till) tomorrow; *damit hat es ~* there is no hurry; *mit d. ~* gradually, in the course of time; *vor d. ~* prematurely; *vor ~en* formerly; once upon a time; *zu ~en* now and then; *du liebe ~!* good heavens!; *s. ~ lassen* to look about one; **~abschnitt** epoch, era; period; **~abstand** interval (*od* period) of time; **~alter** age; era; **~angabe** time; date; **~aufnahme** 🎥 time exposure; **~aufwand** expenditure of time; loss of time, time spent (*für* on); **~bedingt** conditioned by (the) time; **~dauer** duration (*od* space) of time; **~einteilung** timing; time-table; **~enfolge** *gram* sequence of tenses; **~form** *gram* tense; **~geist** spirit of the age, zeitgeist; **~gemäß** timely; seasonable, opportune; *(aktuell)* topical; up to date, modern; **~genosse** contemporary; **~genössisch** contemporary; **~geschichte** contemporary history; **~ig** early; timely; **~igen** to produce, to effect; **~karte** *BE* season (ticket), *US* commutation ticket; **~lang:** *e-e ~lang* for a time; **~lauf** course of time; **~lebens** during (s-b's) life, for life; **~lich** temporal; temporary; in time; in point of time; *~licher Abstand* time lag; *~liche Dauer* duration; *aus ~lichen Gründen* for reasons of time ♦ *d. ~liche segnen* to depart this life, to die; **~lupe** 🎥 slow motion; *mit ~lupe aufnehmen* to shoot in slow motion; **~lupenphotographie** slow-motion photography; **~maß** measure of time; *(Vers)* quantity; ♪ time; **~messer** chronometer; **~messung** chronometry; time-keeping, timing; **~nahe** up-to-date; **~not** lack of time; **in ~not sein** to be pressed for time; **~punkt** point of time; **~raffer** time-lapse (*~rafferphotographie* t.-l. photography); **~raubend** time-consuming; protracted; **~raum** space of time, period; interval; **~rechnung** chronology; (Christian etc) era; **~schrift** periodical; magazine, journal; **~spanne** period of time; **~umstände** circumstances (of the time); **~vertreib** pastime, amusement; **~weilig** temporary; **~weise** for a time; from time to time; **~wort** verb; **~zeichen** time-signal; **~zünder** time-fuse

Zeitung (news)paper; **~sausschnitt** press cutting, *US* newspaper clipping; **~sanzeige** advertisement (in a newspaper); **~sausgabe** issue of a newspaper; **~sbeilage** supplement; **~skiosk** newsstand, *BE* news-stall, *BE a.* bookstall; **~sredakteur** newspaper editor; **~sverkäufer** newsagent; **~swesen** journalism

zelebrieren to celebrate

Zell|e cell; booth; **~enförmig** cellular; **~gewebe** cellular tissue; **~kern** nucleus; **~ophan** cellophane; **~schicht** layer of cells; **~stoff** cellulose; pulp; **~uloid** celluloid; **~ulose** cellulose; *(Papierherst.)* (wood) pulp; **~wolle** staple fibre

Zelt tent (*~ aufschlagen* to pitch a t.); marquee ♦ *s-e ~e abbrechen* to fold one's tents, to leave; *alle ~e hinter s. abbrechen* to burn one's boats; **~dach** awning, canvas roof; **~en** to camp, to go camping; **~lager** tent(ed) camp; **~stadt** tented city; **~stange** tent-pole

Zelter palfrey

Zement cement (*a.* $); **~ieren** to cement; *fig* to consolidate

Zenith zenith

Zenotaph cenotaph

zens|ieren to mark, *US* to grade; *fig* to censure, to blue-pencil; **~or** censor; **~ur** censorship; mark, *US* grade

Zentimeter centimetre

Zentner hundredweight; *(metrisch)* fifty kilograms; **~last** *fig* heavy burden, a millstone round one's neck; **~schwer** very heavy

zentral central(ly directed); **~e** central office (*od* station); central establishment; ☎ exchange; head office, headquarters; ⚡ power station; **~heizung** central heating; **~isieren** to centralize; **~isation** centralization; **~ismus** *pol* centralism; adherence to the principle of centralization; **~komitee** central committee; **~stelle** central authority; **~verband** central association

Zentrifug|alkraft centrifugal power; **~e** centrifuge

Zentrum centre *(a. pol); pol* centrist party; *fig* field (of activity)

Zephir zephyr

Zepter sceptre

zer|beißen to bite to pieces; to crunch; **~bersten** to burst into pieces (*od* asunder)

zerbrech|en to break (up); to shatter, to smash; *s. d. Kopf ~en* to rack one's brains; **~lich** fragile, breakable; brittle; **~lichkeit** fragility; brittleness

zer|bröckeln to crumble (away); **~drücken** to crush; *(Stoff)* to crumple

Zeremon|ie ceremony; **~iell** ceremonial, formal; **~iös** ceremonious
zerfahren to crush, to destroy (by driving over); *adj* scatter-brained, distracted
Zerfall ruin, decay; decadence; decomposition, disintegration; **~en** to fall to pieces; to decay, to decompose, to disintegrate; to divide it (*in* into); *fig* to fall out (*mit* with)
zer|fetzen to tear up; to slash; to mutilate; **~fleischen** to mangle; to lacerate; **~fließen** to flow asunder; to dissolve; to melt; to run out; **~fressen** to eat away; to gnaw away; to corrode; **~gehen** to dissolve, to melt
zerglieder|n to dissect; to cut up; *fig* to analyse; **~ung** dissection; analysis
zer|hacken, ~hauen to hack, to chop; to cut up; **~kauen** to chew well; **~kleinern** to cut into small pieces; to chop up; to comminute; **~klüftet** cleft, riven; jagged; **~knittern** to crumple, to crease; **~knirscht** contrite; **~knüllen** *(Papier)* to ball up, to crumple up; **~lassen** to melt; *(Butter)* to render, to try out
zerleg|bar collapsible; **~en** to divide, to separate; to cut up (to pieces); *(Fleisch)* to carve; to dissect; ⚙ to dismantle; *fig* to analyse; **~ung** splitting up; dissection; dismantling; analysis
zer|lesen well-thumbed; **~löchert** full of holes; **~lumpt** ragged; tattered; **~malmen** to crush; to smash; **~martern** to torture, to rack (one's brains); **~mürben** to wear down; **~mürbung** attrition; **~nagen** to gnaw (away); to erode; to corrode; **~pflücken** to pluck to pieces; **~platzen** to burst; *fig* to fail; **~quetschen** to crush; to bruise; **~raufen** to ruffle
Zerrbild caricature
zer|reiben to rub away; to grind down (to powder); **~reißen** to tear (into pieces); to rend, to lacerate; *vi* to tear; to split; to break
zerren to drag, to pull; to lug
zer|rinnen to melt away; to dissolve; *fig* to disapppear, to come to nothing; **~rissen** torn, tattered; **~rissenheit** torn condition; disunion; inner strife
zerrütt|en to destroy (completely); to ruin; to shatter; to throw into confusion; **~et** broken; **~ung** ruin, destruction; disorder; derangement
zer|sägen to saw (in pieces); to log; **~schellen** to be smashed; ⚓ to be wrecked; **~schlagen** to batter; to break up; to smash, to shatter; *refl* to be broken; to come to nothing; *adj* broken; battered, shattered; **~schmettern** to smash, to shatter; to destroy; **~schneiden** to cut (up); to sever
zersetz|en to decompose, to dissolve; *fig* to undermine; **~end** undermining; demoralizing; **~ung** decomposition, disintegration
zerspalten to split, to cleave
zersplitter|n to split (up); to splinter; to disperse; to scatter; **~ung** splitting up; splintering; fragmentation
zer|sprengen to blow up; to disperse; *mil* to rout; **~springen** *vi* to explode, to burst; *(Glas)* to crack; *(Saite)* to break; **~stampfen** to pound; to trample down
zerstäub|en to pulverize; to atomize; to spray; **~er** atomizer, spray
zerstieben to scatter as dust; to fly away as (*od* like) dust
zerstör|bar destructible; **~en** to destroy; to demolish; to ruin; to devastate; **~er** destroyer (*a.* ⚓); **~ung** destruction; demolition; ruin; **~ungswut** vandalism
zerstoßen to stamp to pieces; to pound
zerstreu|en to scatter, to disperse; to dispel; to divert; *refl* to divert o.s., to distract o.s.; to amuse o.s.; **~t** absent-minded; diffused; **~theit** absent-mindedness; **~ung** dispersion; diversion, distraction; amusement
zerstückel|n to dismember; to cut up; to parcel out, to partition; **~ung** dismembering; cutting up; parcelling out
zer|teilen to divide; to cut up; to separate; **~trennen** to rip up, to sever; **~treten** to trample underfoot; to crush; **~trümmern** to break up, to batter; to smash, to wreck; to blow to atoms; *(Atome)* to split; **~trümmerung** destruction; splitting; **~würfnis** discord; dissension, disagreement; **~zausen** *(Haar)* to dishevel; to crumple
Zervelatwurst cervelat, *BE* saveloy
Zeter|geschrei shouting (for help); outcry; **~mordio:** *~mordio schreien* to scream the place down, to cry blue murder; **~n** to shout; to lament; to wail loudly
Zettel scrap (of paper), slip; note; poster, bill; *~ankleben verboten!* stick no bills!; **~kasten** box for slips; card index
Zeug material, stuff; fabric, cloth; textiles; *umg* things, utensils; *(Geräte)* implements, tools; *(fig) umg* rubbish, nonsense ♦ *j-m etw am ~ flicken* to pick holes in s-b's character; *s. ins ~ legen* to get to work with a will; *d. ~ haben zu* to have the makings of; *er hat d. ~ dazu* he is cut out for it
Zeug|e witness; **~en**[1] to testify (to), to bear witness; to give evidence (of); **~enaussage** testimony (of a witness); **~enstand** witness box; **~envernehmung** hearing of witnesses; **~in** witness; **~nis** evidence; proof, testimony; certificate, testimonial; *(Hausgehilfe)* character; school report
zeug|en[2] to beget; to generate, to produce; **~ung** begetting, generation; **~ungsfähig** able to beget; **~ungsunfähig** impotent
Zichorie chicory
Zick|e goat; *pl umg* tricks, pranks; **~lein** kid; **~zack** zigzag
Ziege (she-)goat; *dumme ~* stupid ass; **~nbart** goatee; *zool* goat's beard; **~nbock** he-goat, billy-goat; **~nleder** kid; **~npeter** ⚕ mumps
Ziegel brick; *(Dach-)* (roofing) tile; **~arbeiter, ~brenner** brick-maker; tile-maker; **~dach** tiled roof; **~ei** brickworks, brickyard; **~industrie** brick and tile industry; **~ofen** brick-kiln; **~rot** brick-red; **~stein** brick

Ziehbrunnen draw-well
zieh|en to pull, to draw; *(schleppen)* to haul; *(zerren)* to tug; ⚓ to tow; *(Graben)* to dig; *(Mauer)* to erect; *(Hut)* to take off; *(Zahn)* to pull out; *(Schacht)* to move; *(Pflanzen)* to cultivate; *(Los)* to draw; *(Vergleich)* to make; *(auf-)* to rear; *refl* to warp; to extend, to stretch; *nach s. ~en* to have consequences, to involve; *s. ~en durch* to be running through *(the story etc); vi* to wander, to stroll, to go; *(um-)* to move (*nach* to), to remove; *zu j-m ~en* to go to live with; *(Vögel)* to migrate; *(Tee, Pfeife, Ofen)* to draw; *es zieht* it is draughty, *US* drafty, ⚕ it aches; *fig* to attract; to weigh, to be of value ♦ *d. kürzeren ~en* to get the worst of it; *su* drawing, pulling; haulage; cultivation; migration; move; ⚕ (rheumatic) pain; **~harmonika** accordion; **~ung** drawing
Ziel aim; *(Reise-)* destination; *mil* objective, target; end; *(Frist)* term; *(Grenze)* limit; 🏇 winning-post; *(Zweck)* aim, end, object; goal; *zum ~ kommen* to reach the goal; *so kommen wir nicht zum ~* that will get us nowhere; *ich habe mir e. ~ gesetzt* my aim is (to do); *über d. ~ hinausschießen* to shoot beyond the mark; **~band** 🏇 tape (*d. ~band zerreißen* to breast the t.); **~bewußt** purposeful; systematic, methodical; resolute; **~en** to aim (*auf* at); to take aim; *fig* to hint, to allude (to), to drive (at); **~fernrohr** telescopic sight; **~gerade** 🏇 home stretch, final straight; **~linie** finishing-line; **~los** aimless; **~pfosten** 🏇 winning-post; **~scheibe** practice target; *fig* butt; **~setzung** objective, target; **~sicher** sure of one's aim; steady
ziem|en to be proper, to be suitable; to become; **~lich** suitable; fair, moderate; a bit of a *(coward etc); adv* fairly, rather; pretty
Zier adornment, decoration; ornament; **~at** ornament, decoration; **~de** ornament, decoration; honour; **~en** to adorn, to (be an) ornament; to decorate, to embellish; *refl* to be affected; to be coy; to stand on ceremony; **~erei** airs, affectation; **~garten** flower-garden, ornamental garden; **~leiste** border, edging; 🕮 headpiece; **~lich** dainty, delicate; graceful; neat; **~lichkeit** delicacy; grace; **~pflanze** ornamental plant; **~schrift** 🕮 fancy letters (*od* type); **~strauch** ornamental shrub
Ziffer figure, numeral; digit; paragraph; **~blatt** face, dial; **~nmäßig** numerical(ly), by figures
Zigarette cigarette; **~netui** cigarette-case; **~nspitze** cigarette-holder; **~nstummel** cigarette-end, butt
Zigarillo cigarillo
Zigarre cigar; **~nhändler** tobacco dealer, *BE* tobacconist
Zigeuner gipsy
Zikade cicada
Zimbel cymbal
Zimmer room (*~ nach vorn, nach hinten* front r., back r.); **~antenne** indoor aerial; **~arbeit** carpentry; **~decke** ceiling; **~flucht** suite (of rooms); **~herr** lodger; **~mädchen** chambermaid; **~mann** carpenter; **~mannsarbeit** carpentry; **~meister** master-carpenter; **~n** to carpenter, to do carpentry; to build (of wood); **~pflanze** indoor plant; **~theater** chamber theatre
Zimt cinnamon
zimperlich affected; prim, prudish; supersensitive; **~keit** primness, prudery; affectation
Zink zinc; **~blech** sheet zinc, zinc-plate; **~e** prong, spike; tooth; tenon; ♪ cornet; **~haltig** containing zinc, zinciferous
Zinn tin; *(Hart-)* pewter; **~bergwerk** tin-mine; **~e** battlement; **~ern** tin; pewter; **~geschirr** pewter; **~soldat** tin soldier, toy soldier
Zinnober cinnabar; humbug; junk; **~rot** vermilion
Zins *(Steuer)* tax, duty; *(Miete)* rent; *(Pacht)* lease; *pl* interest; *mit ~ u. ~eszins* in full measure; **~eszins** compound interest; **~fuß** = **~satz**; **~gutschrift** amount credited for interest; **~pflichtig** subject to tax; tributary; **~rechnung** calculation of interest; **~satz** rate of interest; **~tabelle** table of interest
Zipfel tip, end; point; *(Ecke)* corner; tongue; (*Rock*, ⚕) lappet; **~ig** pointed, peaked; having tips, ends; **~mütze** ski(ing) cap
Zipperlein gout
Zirbel|drüse pineal gland; **~kiefer** stone pine
zirka about, approximate(ly)
Zirkel (a pair of) compasses; *(Stech-)* dividers; *(Greif-)* callipers; *(Kreis)* circle; *(Lese-)* (book-)club
Zirkul|ar circular; pamphlet; **~ation** circulation; **~ieren** to circulate; *~ieren lassen* to circulate
Zirkumflex circumflex
Zirkus circus
zirpen to chirp; to cheep
zisch|eln to whisper; **~en** to hiss; *(Geschoß)* to whiz; **~laut** hissing sound; *gram* sibilant
Ziselier|arbeit chiselled work, chasing; **~en** to chisel, to chase; to engrave
Zisterne cistern
Zitadelle citadel
Zit|at quotation; **~ieren** to quote, to cite; to summon
Zither zither
Zitron|at (candied) lemon peel; **~e** lemon; *bot* citron; **~enbrause** *BE* lemon squash, *US* lemon soda; **~enlimonade** lemonade; **~enpresse** lemon-squeezer; **~ensaft** lemon juice; **~enschale** lemon peel; **~enwasser** still lemonade
Zitrusfrüchte citrus fruit
Zitter|aal electric eel; **~gras** quaking grass; **~ig** trembling; shaky; **~n** to tremble (*vor* with); to shake (with); *(schauern)* to shiver (with); *(Erde, vor Furcht)* to quake; *(Blatt, Stimme)* to quiver; **~pappel** aspen; **~rochen** *zool* electric ray, torpedo fish
Zitze teat, nipple
zivil civil; *(Preis)* moderate, reasonable; *su (~kleidung)* civilian clothing; *umg* civvies; *in ~* in plain clothes, in mufti; **~bevölkerung** ci-

vilian population; **~courage** moral courage; the courage of one's convictions; **~isation** civilization; **~isatorisch** civilizing; **~isieren** to civilize; **~ist** civilian; non-combatant; **~luftfahrt** civil aviation; **~recht** civil law; **~trauung** civil marriage
Zobel *zool* sable
Zofe lady's maid
zögern to hesitate; to delay, to linger; *mit d. Antwort ~* to delay answering; *su* hesitation; delay
Zögling pupil; ward (under s-b's care)
Zölibat celibacy
Zoll inch; *(Abgabe)* duty; tariff; *(Brücken-)* toll; *(~amt)* customs, custom(s) house; *fig* tribute; **~abfertigung** customs clearance; **~amt** custom(s) house; **~beamter** customs officer, custom-house official; **~en** *fig* to pay, to give; *(Achtung)* to show; **~frei** free of duty; **~gebühr** duty; **~mauer** tariff wall; **≈ner** customs collector; *eccl* publican; **~pflichtig** dutiable; **~schranke** tariff barrier; **~schein** customs receipt; certificate of clearance; **~senkung** customs tariff reduction; **~speicher** bonded warehouse; **~stock** yard-stick; **~tarif** customs tariff; **~verschluß** customs seal; *unter ~ verschluß* bonded, in bond
Zone zone; area; *fig* belt
Zoolog|e zoologist; **~ie** zoology; **~isch** zoological
Zopf pigtail; plait; *fig* pedantry, red tape; *e. alter ~* an antiquated custom; **~ig** pedantic; old-fashioned
Zorn anger; rage, wrath; *in ~ geraten* to fly into a rage; **~ig** angry; wrathful; **~röte** angry flush
Zot|e obscene expression, obscenity; **~ig** obscene, smutty
Zott|e tuft (of hair), lock; **~eln** to shuffle along; **~ig** shaggy, hirsute; matted
zu *(wo)* at; *(wohin)* to, in, on; *(da~)* beside, next to, in addition to; *(bis ~)* up to; *~ Fuß* on foot; *~ Pferd* on horseback; *~ unterst (oberst)* at the bottom (top); *~ Hilfe!* help!; *~ Hause* at home; *~ Wasser* by water, at sea; *~ zweien* by (*od* in) twos, in couples; *~ Hunderten* by hundreds; *~ Ende sein* to be over; *adv (all-)* too; *(Richtung)* towards; *(geschlossen)* to, shut, closed; *Tür ~!* shut the door, please!; *immer ~!, nur ~!* go on!
Zubehör accessories; fittings; trimmings; belongings; conveniences; **~teil** accessory part, *pl* accessories
zubeißen to snap (at), to bite
Zuber tub
zubereit|en to prepare; to cook; *(Getränk)* to mix; **~ung** preparation; cooking; mixing; dressing
Zubettgehen going to bed
zu|billigen to grant, to concede; to attribute to; **~binden** to tie up; to bind up; *d. Augen ~binden* to blindfold; **~bleiben** to remain (*od* to be kept) shut; **~blinzeln** to wink at; **~bringen** to be able to shut; to bring to, to take to; *(Zeit)* to pass

Zucht breeding, rearing; *bot* cultivation; *(Rasse)* breed, race; brood; growing, education; discipline; training; propriety; *in ~ halten* to keep in hand, to keep under discipline; **≈en** *(Gemüse, Obst)* to grow; *bot* to cultivate; *(Vieh)* to breed; to train; **≈er** grower, cultivator; breeder; **~haus** *BE* convict prison, *US* penitentiary; **~häusler** convict; **~hausstrafe** imprisonment with hard labour, penal servitude; **≈ig** modest, chaste; **≈igen** to chastise, to discipline; to cane, to birch; **≈igkeit** modesty, chastity; **~los** without discipline; undisciplined, insubordinate; **~losigkeit** want of discipline, insubordination; **~meister** taskmaster, disciplinarian; **~stier** bull (kept for breeding); **~stute** brood-mare; **≈ung** growing, cultivation, breeding; **~vieh** breeding cattle; **~wahl** natural selection
zuck|en to twitch; to be convulsed; *(Achseln)* to shrug; *(Blitz)* to flash; **~ung** twitch, convulsion
zücken to draw *(one's sword)*
Zucker sugar; *er hat ~* ☤ he is a diabetic; **~guß** icing, frosting; **~haltig** containing sugar; **~ig** sugary; **~krank(er)** diabetic; **~krankheit** diabetes; **~n** to sugar, to sweeten; **~rohr** sugar-cane; **~rübe** (white) beet, sugar beet; **~süß** as sweet as sugar; **~zange** sugar-tongs
zu|decken to cover up; to blanket; to put a lid on; *fig* to conceal; **~dem** besides, moreover; **~denken** to intend for s-b; to leave to s-b by will; **~drehen** to turn off; *j-m d. Rücken ~drehen* to turn one's back on s-b
zudringlich forward; obtrusive; importunate; **~keit** obtrusiveness; forwardness; importunity
zudrücken to shut, to close; *e. Auge ~ bei* to wink at, to connive at
zueign|en to dedicate; **~ung** dedication
zueinander to each other
zuerkenn|en to adjudge, to award; to adjudicate; to confer upon s-b; **~ung** adjudgment, award; adjudication; conferment
zuerst (at) first; first of all; in the first place
zuerteilen to allow s-th; to confer upon; to bestow upon
zufahr|en to drive on, to go on; *~en auf* to drive towards; **~t** approach, drive; **~tsstraße** approach (road)
Zufall chance, accident; *(Vorkommnis)* event, occurrence; *(Glück)* luck, *umg* break; *durch ~* by chance, by accident, accidentally; **~en** to fall to, to close; to fall to s-b, to devolve on s-b; *(Aufgabe)* to be incumbent upon; **≈ig** chance, accidental; casual; fortuitous; *≈ig (tun)* to happen (to do); *adv* by chance, accidentally, casually; **≈igerweise** by chance; as chance would have it; **≈igkeit** chance; contingency; **~sbedingt** due to chance causes; fortuitous; **~streffer** chance hit; fluke
zu|fassen to seize hold of; to lend a hand; to set to work; **~fliegen** to fly to(wards); *(Tür)* to slam to, to shut with a bang
Zuflucht refuge, shelter; *s-e ~ nehmen zu* to take refuge with, to have recourse to

Zu|fluß tributary; influx; *(Waren)* supply; **~flüstern** to whisper to; *(vorsagen)* to prompt; **~folge** in consequence of, owing to; according to; on the strength of
zufrieden content, satisfied; *s. ~geben mit* to rest content with, to acquiesce in; **~heit** contentment; satisfaction; **~lassen** to leave in peace, to let alone; **~stellen** to content, to satisfy; **~stellend** satisfactory; **~stellung** satisfaction
zu|frieren to freeze up (*od* over); **~fügen** to add to; *(Schaden etc)* to do, to cause
Zufuhr supply; provisions, supplies; **¨en** to bring to, to lead to; to supply, to procure; to convey, to feed, to lead in; **≈ung** supply; provision; feed
Zug drawing, pulling; pull, tug; *(Wind, Trinken)* draught (*auf e-n ~* at one d.); *(Pfeife)* whiff, puff; *(Schach)* move; march, expedition; procession; *mil* platoon, section; band, gang; *(Gewehr)* groove; *(Wolken)* drift; *(Vögel)* flight, passage; migration; *(Berge)* range; *(Häuser)* row; 🚂 train; *(Schrift)* stroke; *(Umriß)* outline, line; *(Charakter)* trait, feature; characteristic; inclination; *im ~e* as part of the process of, in the course of, in connection with; *zum ~ kommen* to reach one's turn, to be given a chance, to become effective; *zum ~ kommen lassen* to give a chance; *in e-m ~ (fig)* at one stroke, uninterruptedly; *~ um ~* without delay, uninterruptedly; *in vollen ~̈en* deeply, thoroughly ♦ *in d. letzten ~̈en liegen* to be at one's last gasp (*od* on one's last legs)
Zugabe addition(al article); bonus; *als ~* into the bargain; ♪, 🎭 encore
Zug|abteil 🚂 railway compartment; **~brücke** draw-bridge; **~führer** 🚂 *BE* chief guard, *US* chief conductor; *mil* platoon leader; **~ig** draughty; **≈ig** brisk; free, streamlined; **~kraft** tractive power; tensile force; *fig* attraction; **~kräftig** attractive; **~luft** draught, current of air; **~maschine** tractor; **~mittel** attraction, draw; **~ochse** draught ox; **~pflaster** blister(ing plaster); **~stück** popular play, draw; **~tier** draught animal; **~verkehr** railway traffic; **~vogel** bird of passage; **~wind** draught
Zugang entrance, door; access; approach; *(Zunahme)* increase, increment; **≈lich** accessible; approachable; affable; amenable *(to reason etc)*
zuge|ben *(hin-)* to add; to give into the bargain; *fig* to admit; to acknowledge; to allow, to permit; **~gebenermaßen** admittedly
zugegen present (*bei* at)
zugehen to go on; to go faster; to shut *(the door shuts easily);* to take place, to happen; *es geht nicht mit rechten Dingen zu* there is something mysterious about it; *~ auf* to go towards (*od* up to); to reach, to be sent to s-b; *e-m etw ~ lassen* to send s-b s-th
Zugehfrau *bes BE* charwoman, cleaning woman, cleaner
zugehör|en to belong to, to appertain to; **~ig** belonging to, appertaining to; accompanying; affiliated; **~igkeit** forming part of; membership; affiliation; *fig* relationship
zugeknöpft reserved, uncommunicative
Zügel rein, *(Reitpferd)* bridle; *fig* check, curb ♦ *d. ~ schießen lassen* to give a horse the bridle, *fig* to give full rein to; *d. ~ locker lassen* to slacken the reins; **~los** unbridled, unrestrained; dissolute; **~losigkeit** impetuosity; licentiousness; **~n** to bridle; to check, to curb
zuge|sellen to associate (with), to join; **~ständnis** concession; admission; compromise; **~stehen** to concede; to admit; **~tan** attached to, devoted to
zugleich at the same time; simultaneously; together; also
zu|greifen to take hold of, to grasp at; to grab; to help; to take the opportunity; *(b. Essen)* to help o.s.; **~griff** grip, clutch; *fig* encroachment; influence
zugrunde: *~ gehen* to perish; *~ legen* to take s-th as a basis; *~ liegen* to underlie, to be at the root of; *~ liegend* underlying; *~ richten* to ruin, to wreck
zugunsten for the benefit of, in favour of
zugute: *~ halten* to take into consideration, to make allowance for; *~ kommen* to stand s-b in good stead, to be an advantage to; *~ kommen lassen* to give s-b the benefit of; *s. etw ~ tun auf* to be proud of
zuhalt|en to keep shut; to close; *s. d. Ohren ~en* to stop one's ears; *~en auf* to make for, to move towards; **¨er** souteneur, pimp
zu|hängen to hang a curtain (etc) over s-th; **~hauen** to strike (away, at); **~hause** home; **~heilen** to heal up; **~hilfenahme;** *unter ~hilfenahme von* with the help of; **~hinterst** at the very end
zuhör|en to listen to; **~er** listener, hearer; **~erschaft** audience
zu|jubeln to cheer, to hail; **~kehren** to turn to(wards); *j-m d. Rücken ~kehren* to turn one's back on; **~klappen** to close; to slam (to), to bang (to); **~kleben** to paste up, to glue up; *(Brief)* to gum down; **~klinken** to latch; **~knallen** to bang to, to shut with a bang; **~knöpfen** to button up
zukommen to come (*auf* up to), to approach; to belong to, to fall to s-b's share; *(zustehen)* to be due to; *(s. gehören)* to befit; *es kommt ihm nicht zu . . .* it is not for him *(to do); j-m etw ~ lassen* to let s-b have s-th
Zukost vegetables, salad
Zukunft future (*in ~* in f.), the time to come; *d. Mann d. ~* the coming man; **≈ig** future; *adv* for the future, in future; *m-e ¨ige* my intended; **~smusik** a fond hope for the future, wishful thinking, sheer fantasy
zulächeln to smile at
Zulage addition; extra pay, allowance; increase; *(Lebensmittel-)* supplementary rations
zulande: *bei uns ~* in my native country
zulang|en to help; *(b. Essen)* to help o.s.; to be enough; **≈lich** sufficient, adequate
zulass|en to leave closed; to permit, to grant;

to admit; *fig* to admit of, to allow; ... *wurde zum Examen nicht zugelassen* was not allowed to sit for the examination; **⁓ig** permissible, admissible; **~ung** permission, admission; 🚗 licensing of motor vehicles, registration

Zulauf crowd, rush; concourse; ~ *haben* to be popular, to draw a big house; **~en** to run to; to run up to (*od* towards); *(weiter)* to run on; to run faster; *spitz ~en* to taper (off)

zulegen to cover up; to put more (*zu* to), to add (*zu* to); *s. etw* ~ to get, to procure

zuleide: ~ *tun* to hurt, to do harm to

zuleit|en to direct to; to lead to; **~ung** lead; supply

zuletzt finally; last; at last, in the end; ~ *kommen* to arrive last, to be the last

zuliebe: ~ *tun* to please s-b

zum = zu dem; ~ *Beispiel* for example, for instance

zu|machen to shut; to fasten; *vi* to make haste; **~mal** especially (as); particularly (because); **~mauern** to wall up, to build up; **~meist** mostly, for the most part; **~messen** to measure out; to allot; to apportion; **~mindest** at least

zumut|bar reasonable; to be expected of; **~e:** *mir ist traurig ~e* I feel sad; **~en** to expect of s-b; *s. zuviel ~en* to attempt too much; **~ung** (unreasonable) demand; imputation

zu|nächst first (of all); to begin with, in the first instance; *prep* next to; **~nageln** to nail up; **~nähen** to sew up; **~nahme** increase; **~name** surname, family name

Zünd|apparat igniting apparatus; firing mechanism; **~en** *vt* 🚗 to ignite; to fire, to detonate; *vi* to catch fire; *fig* to arouse enthusiasm; **~er** fuse, *US* fuze; **~holz** match; **~hütchen** percussion cap; **~kerze** sparking-plug, *US* spark-plug; **~schlüssel** 🚗 ignition key; **~schnur** safety fuse, slow match; **~stoff** combustible matter; *fig* inflammable material

zunehmen to grow (larger, heavier); to increase, to rise; to put on flesh; *(Mond)* to be waxing

zuneig|en to lean towards; to incline to; *s. d. Ende ~en* to draw to a close; **~ung** inclination, sympathy; linking, attachment

Zunft guild; corporation; **~haus** guild-hall; **⁓ig** belonging to a guild; skilled, competent; *umg* proper, thorough

Zung|e tongue (*böse ~e* poisonous t.); language; *zool* sole ♦ *e-e feine ~e haben* to have a delicate palate; *es schwebt mir auf d. ~e* I have it on the tip of my tongue; *s-e ~e im Zaum halten* to curb one's tongue; **⁓eln** to shoot out the tongue; *(Flamme)* to lick, to leap up; **~enbrecherisch(es Wort)** crack-jaw; **~enfehler** slip of the tongue; **~enfertig** glib, loquacious

zunichte: ~ *machen* to ruin, to blight; to frustrate

zunicken to nod to

zunutze: *es s.* ~ *machen* to turn to account, to make use of,, to avail o.s. of

zu|oberst at the top; **~ordnen** to attach to; to associate with; **~packen** to grasp (at); to set to work; **~paß:** *~paß kommen* to come in handy; to come at the right moment

zupf|en to pull (out); to pluck, to pick; **~geige** guitar; **~instrument** fretted stringed instrument

zuraten to advise (to do), to recommend

zurechn|en to add to; to attribute, to ascribe to; to include; **~ung** addition; attribution; **~ungsfähig** responsible (for one's actions), of sound mind; **~ungsfähigkeit** responsibility; sound state of mind

zurecht right, in order, in right condition; rightly, with reason; in (good) time; **~finden** *refl* to find one's way (*in* about); **~kommen** to arrive in time; to get on well (*mit* with), to manage; **~legen** to put out, to put ready; *s. etw ~ legen* to figure s-th out; **~machen** to prepare; *refl* to get ready; **~setzen:** *j-m d. Kopf ~setzen* to bring s-b to reason; **~weisen** to reprimand; **~weisung** reprimand

zureden to urge (to do), to advise; *su* persuasion; encouragement

zureichen to hand to; to be sufficient; **~d** sufficient

zureiten *vt* to break (in); *vi* to ride on

zuricht|en to prepare, to get ready; to dress, to cook; *übel ~en* to handle roughly, to ill-treat; **~ung** preparation; dressing

zuriegeln to bolt

zürnen to be angry (with)

zurück back(wards); *(rückständig)* backward, behind; late; *(im Rückstand)* in arrears; *~!* stand back!; **~begeben** *refl* to return; **~behalten** to keep back, to retain; **~bekommen** to get back; **~bezahlen** to pay back; **~bleiben** to stay behind; to fall behind, to lag behind; to be backward (*od* slow); **~bringen** to bring back; to recall; **~datieren** to antedate; **~denken** to think back; to remember; **~drängen** to press back; to repress; **~erobern** to reconquer; **~fahren** to drive back, to return; *fig* to start back; **~fallen** to fall back; to relapse; *es wird auf dich ~fallen* it will come home to you; **~fließen** to flow back; **~fordern** to demand back; to reclaim; **~führen** to lead back; to attribute (*auf* to), to trace back (*auf* to); ... *ist auf etw ~zuführen* is due to s-th; **~gabe** giving back, return; restitution; **~geben** to give back, to return; **~geblieben** underdeveloped; mentally retarded, backward; **~gehen** to go back, to return; to retreat; *(abnehmen)* to decrease; to go down, to decline; to fall (off); to subside; *~gehen auf* to have its origin in; to originate in (*od* from, with); **~gezogen** retired, secluded; **~gezogenheit** retirement, seclusion; privacy; **~greifen:** *~greifen auf* to go back to; to have recourse to; to refer to; **~halten** to hold back; to delay; to curb, to restrain; *refl* to abstain (*von* from); to keep to o.s.; to be reserved; *(vi) ~halten mit* to refrain from; *(Urteil)* to reserve; to conceal, to keep back; **~haltend** reserved, uncommunicative; undemonstrative; non-committal; **~haltung** retention; reserve; **~kehren** to return; to come back; **~kommen** to come back; to be back, to return;

to refer to; **~kunft** return; **~lassen** to leave behind; **~legen** to lay aside; *(sparen)* to put by; *(Strecke)* to go through, to cover; *refl* to lie back; **~liegen** to belong to the past; **~liegend** remote; **~nahme** taking back; withdrawal; revocation; recantation; **~nehmen** to take back; to withdraw; to revoke, to recall, to cancel; **~prallen** to rebound; to start back; **~reisen** to travel back; **~rufen** to call back, to recall; *fig* to call (to mind); **~schallen** to resound; **~schauen** to look back (at, upon); **~schlagen** to repel; *(Ball)* to return; to throw off (*od* open); *vi* to strike back; **~schrecken** *vt* to frighten away; *vi* to shrink (*vor* from); to start back; **~sehnen** to sigh for; *refl* to long to return; **~setzen** *vt* to put back, to replace; *(Preis)* to lower; *fig* to neglect, to slight; **~setzung** neglect, slight; **~springen** to jump back; to rebound; 📖 to recede; **~stehen** to stand back; *fig* to be inferior (*gegenüber* to); *~stehen müssen* to take a back seat; **~stellen** to put back, to replace; to reserve; to put aside, to shelve; *mil* to defer; **~stoßen** to push back; to repel; 🚗 to reverse; **~strahlen** to reflect; to be reflected; **~treten** to step back; to withdraw, to retire, to resign; *(von e-m Vertrag)* to repudiate, to cancel; *fig* to take a back seat; **~versetzen** to put back, to restore; *s. in s-e Jugend ~versetzen* to recall one's youth; **~verweisen** to refer back (*zu, auf* to); **~weichen** to retreat; to recede; to yield; **~weisen** to send away (*od* back); to repel; to refuse; to reject; *vi* to refer back (*auf* to); **~weisung** refusal, rejection; **~werfen** to throw back; to repel; *phys* to reflect; **~wirken** to react (*auf* upon); **~zahlen** to repay, to refund; **~zahlung** repayment; **~ziehen** to draw back, to take back; to withdraw; to retract; *refl* to retire; to withdraw; *mil* to retreat; *s. aufs Land ~ziehen* to bury o.s. in the country; *vi* to return; to move (*od* march) back; to retreat

Zuruf shout; acclamation (*durch ~* by a.); **~en** to shout to, to call to

zurüst|en to prepare, to equip; to arm; **~ung** preparation; equipment

Zusage promise; acceptance; **~n** to promise; *j-m etw auf d. Kopf ~n* to tell s-b s-th to his face; *vi* to accept an invitation; *(gefallen)* to please; *(Essen)* to agree with s-b

zusammen together; in all, all told; in a body; between *(they had five shillings between them)*; *~ mit* along with; *d. macht ~* that comes to *(10 shillings etc)*; **~arbeit** co-operation, collaboration; **~ballen** *vt* to roll into a ball; *(Faust)* to clench; to concentrate, to aggregate, to agglomerate; *refl (Wolken)* to gather; *fig* to draw near; **~ballung** aggregation, agglomeration; **~beißen** to set *(one's teeth)*; **~binden** to tie together (*od* up); **~brechen** to break down, to collapse; **~bringen** to bring together; to collect; *(Geld)* to raise; **~bruch** breakdown, collapse; **~drängen** to crowd (*od* drive) together; to compress, to condense; **~drücken** to compress; **~fahren** to collide (with); to start, to wince; **~fallen** to collapse; to coincide (with); **~falten** to fold (up); **~fassen** to sum up, to summarize; to combine, to integrate; to concentrate; **~fassend** comprehensive; **~fassung** summing up, summary; concentration; **~fließen** to flow together, to join their waters; **~fluß** confluence, conflux; junction; **~fügen** to join (together), to unite, to combine; **~führen** to bring together; **~gehen** to go together; to match; **~gehören** to belong together; to be correlated; **~gehörig** belonging together; correlated; **~gehörigkeit** unity; intimate connection; **~gesetzt** compound; composed; **~gewürfelt** motley; **~halt** cohesion; consistency; concord, unity; **~halten** *vt* to hold together; to maintain, to keep going; to compare; *vi* to stick together; **~hang** connection; coherence; correlation; *(Text)* context; *(unterbrochen)* continuity; **~hang, ~hänge** interrelation(s), interdependence, aspects; **~hängen** *mit* to be (partly) due to; to be connected with; **~hanglos** disconnected; incoherent; **~klang** concord; harmony; **~klappen** to fold up (*od* together); *vi (umg)* to break down; **~klingen** to harmonize; *(Gläser)* to clink; **~kommen** to come together; to meet, to assemble; **~kunft** meeting; assembly; conference; interview; **~laufen** to run together; to collect; *(gerinnen)* to curdle; *(Farben)* to run; *(Stoff)* to shrink; *math* to converge; **~legbar** collapsible; **~legen** to put together; to pile up; to combine, to amalgamate, to fuse; **~leimen** to glue together; **~nehmen** to take together; *(Gedanken)* to collect; *refl* to make an effort; to take care, to look out; to control o.s.; to be on one's good behaviour; **~passen** *vt* to fit, to adjust, to match; *vi* to go (well) together, to be (well) matched; **~pferchen** to crowd, to squeeze together, to pen up; **~raffen** to seize (*od* collect) hurriedly; *refl* to pull o.s. together; **~rechnen** to sum up, to add up; **~reimen** to make out, to understand; *refl* to make sense; **~reißen** *refl* to pull o.s. together; **~rotten** *refl* to form a gang, to band (together); **~rücken** to move closer together; **~rufen** to call together, to convoke; **~schießen** to shoot down; *(Geld)* to club together; **~schlagen** to smash (up); *(Hände)* to clap; *vi (Wellen)* to close (over s-b); **~schließen** *refl* to join, to unite; to close the ranks; **~schluß** union, federation; merger; **~schnüren** to lace up; to tie up; *(Herz)* to wring; **~schrumpfen** to shrivel up; *(Stoff)* to shrink; **~schütten** to mix together; **~schweißen** to weld together; **~setzen** to put together; to compose, to make up; *(Waffen)* to pile; *(Wörter)* to compound; *refl* to sit together; to consist, to be composed (*aus* of); **~setzung** putting together; composition; structure, formation; combination; synthesis; *(statistisch)* breakdown; **~spiel** playing together; 🎭, 🤸, *fig* team-work; **~stauchen** to browbeat, to reprimand harshly; **~stecken** to put together; *vi* to be very thick with s-b, to be inseparable; **~stehen** to stand together; to stick together; **~stellen** to put together; to group; to compile; to compose;

(vergleichen) to compare; **~stellung** putting together; compilation; summary; grouping, classification; list, inventory; comparison; **~stimmen** to harmonize; to agree; **~stoß** collision; clash; *mil* engagement; **~stoßen** to smash; *vi* to collide; to clash; *(Grenzen)* to adjoin; **~strömen** to flow together; to flock together; to converge; **~treffen** to meet (each other); to coincide; *su* meeting; coincidence, concurrence; **~treten** *vi* to meet; **~trommeln** to call together; **~werfen** *fig* to lump; **~wirken** to work together, to co-operate; **~zählen** to count up, to add up; **~ziehen** to draw together; to contract; to concentrate; *refl (Gewitter)* to gather, to brew; *fig* to draw near; **~zucken** to start

Zusatz addition; supplement; *(Anhang)* appendix; postscript; *chem* admixture; alloy; **⁓lich** additional

zuschanden: ~ *machen* to ruin; ~ *werden* to be ruined, to come to nothing

zu|schanzen *umg* to help s-b to s-th, to wangle s-b s-th; **~scharren** to fill up

zuschau|en to look on, to watch; **~er** looker-on; spectator, *pl* audience; **~erraum** auditorium; house

zu|schicken to send s-b, to forward; *(Geld)* to remit; **~schieben** to push towards; *(Schublade)* to shut; to saddle s-b with; to put (the blame) on s-b; **~schießen** to add to, to contribute; to subsidize

Zuschlag addition; additional charge; increase (in price); allowance, bonus; *(Auktion)* knocking down; excess fare; *(Metall)* flux; **~en** *vt (Tür)* to slam, to bang; *(Auktion)* to knock down to (the bidder); *vi* to strike hard; **~gebühr** additional charge (*od* fee); **~karte** supplementary ticket; **~spflichtig** subject to supplementary charge

zu|schließen to lock (up); **~schmeißen** to slam (*od* bang) to; **~schmieren** to plaster over; **~schnallen** to buckle, to fasten; **~schnappen** to snap to

zuschneid|en to cut out; **~er** cutter

Zu|schnitt cut, style; **~schnüren** to lace up, to tie up; *(Kehle)* to strangle; *fig* to choke; **~schrauben** to screw up (*od* down); **~schreiben** to attribute to; to accredit (s-th to s-b, s-b with s-th); to owe to; to blame on; *vi* to accept an invitation (by letter); **~schreien** to cry to, to shout at; **~schrift** letter

zuschulden: *s. etw ~ kommen lassen* to be guilty of (doing s-th)

Zu|schuß extra allowance; subsidy; grant, contribution; **~schütten** to fill up; to pour on to, to add to; **~sehen** to look on, to watch; to take care, to beware; to see to it; **~sehends** visibly, noticeably; **~senden** to forward to; **~setzen** to add to; *(Geld)* to lose; to press s-b hard; *(Gesundheit)* to wear out

zusicher|n to assure of, to promise; **~ung** assurance, promise

zu|siegeln to seal up; **~sperren** to lock, to bar; to block up; **~spielen** to pass to; *j-m etw ~spielen* to play s-th into s-b's hands; **~spitzen** to point, to sharpen; *refl* to taper (off); *fig* to come to a head (*od* crisis)

zusprechen *vt (Telegramm)* to telephone; to award, to adjudge to; *Trost ~* to comfort, to console; *Mut ~* to encourage; *d. Glas (fleißig) ~* to drink copiously

zu|springen to run towards; to jump at; *(Schloß)* to snap to; **~spruch** consolation, encouragement; custom(ers)

Zustand state (of affairs), condition; status; position, situation; *pl* attack (of nerves), fit (*⁓e kriegen* to have a f.); *~e bringen* to bring about, to accomplish; *~e kommen* to come about, to happen; *nicht ~e kommen* not to come off; **⁓ig** belonging to; responsible; competent, proper; local, regional; **⁓igkeit** competence; jurisdiction

zustatten: ~ *kommen* to come in useful (*od* handy), to prove useful

zustecken to pin up; *j-m etw ~* to slip s-th into s-b's hands

zustehen to appertain to; to be due to; to become, to suit

zustell|en to forward to, to deliver to; to serve upon s-b; *(Zimmer)* to cram; to block up, to barricade; **~ung** forwarding, delivery; **~ungsgebühr** fee for delivery

zustimm|en to agree (to), to consent; **~ung** agreement, consent

zusteuern: ~ *auf* to be heading for

zustopfen to stop up, to close; to darn

zustoßen *(Tür)* to push to; to thrust forward; to happen, to befall; *ihm ist e. Unglück zugestoßen* he met with an accident

zu|streben to hasten towards; to strive after; **~strom** throng; crowd, multitude; **~stürzen** to rush (*auf* towards); **~stutzen** to trim; *fig* to adapt; **~tage** to light; *~tage fördern (bringen)* to bring to light; **~tat** ingredient; *pl (Kleid)* trimmings, lining

zuteil: ~ *werden* to fall to s-b's share; ~ *werden lassen* to allot to; to grant; **~en** to allot; *(gleichmäßig)* to allocate; to assign; *mil (vorübergehend)* to attach to; **~ung** allotment; allocation; assignment; attachment

zutiefst at bottom; deeply

zutrag|en to carry to; to tell, to report; *refl* to happen, to take place; **⁓er** tale-bearer; **⁓erei** tale-bearing; **⁓lich** conducive (to); wholesome; advantageous (to)

zutrau|en to think s-b capable of s-th; to give s-b credit for; *s. zuviel ~en* to overtax one's strength; *su* confidence, trust; belief (in); **~lich** confiding, trusting; *(Tier)* friendly; **~lichkeit** trustfulness; intimacy

zutreffen to prove right (*od* true); to come true; ~ *auf* to apply to; **~d** right, correct; applicable (*auf* to)

zutrinken to drink to

Zutritt admission, access; entrance; ~ *verboten, kein ~* no entrance

zutun to add (*zu* to); to close, to shut; *d. Augen ~* to close one's eyes, to die; *su* assistance;

~lich confiding, attached
zuverlässig reliable, dependable; trustworthy; *(Nachricht)* authentic; **~keit** reliability, dependability; trustworthiness; authenticity
Zuversicht confidence, trust; **~lich** confident; *ich hoffe ~lich* I trust; **~lichkeit** confidence, trust; (self-)assurance
zuviel too much
zuvor before(hand); first; previously; **~kommen** to come first; to anticipate, to forestall; **~kommend** obliging, complaisant; **~kommenheit** obligingness, politeness; **~tun:** *es j-m ~ tun* to surpass s-b
Zuwachs increase, growth; increment, accretion; *auf ~* allowing for growth; **~en** to grow over (*od* together), to close up; ⚕ to heal up; to accrue to, to fall to s-b's lot
Zu|wahl co-option; **~wandern** to immigrate; **~warten** to wait; **~wege:** *~wege bringen* to bring about, to accomplish; **~weilen** sometimes
zuweis|en to assign; to allot to, to allocate to; **~ung** assignment; allotment; allocation
zuwend|en to turn towards; to make a present of; to devote to; **~ung** gift, donation; allocation, appropriation; remittance
zuwerfen to throw to; to slam to; *(Loch)* to fill up
zuwider repugnant, offensive; *prep* against, contrary to; ... *ist mir ~* I loathe ...; **~handeln** to violate; to contravene, to infringe; **~handlung** contravention; violation
zu|winken to wave to; to nod to; **~zahlen** to pay extra; **~zählen** to add (*zu* to); **~zeiten** at times
zuzieh|en to draw together, *(Vorhang)* to draw; *(herbitten)* to call in, to invite; ⚕ to consult; *refl* to bring upon o.s.; ⚕ to catch; *vi* to move in; to immigrate; **~ung** drawing (together); calling in, consulting; *unter ~ung von* with the help of
Zuzug increase (of the population); immigration; move
zwacken to pinch
Zwang compulsion, constraint, force; (moral) obligation; *~ antun* to restrain (o.s., one's feelings); *s. k-n ~ antun* to be quite free and easy; **~̈en** to force, to press (into); **~los** natural, unconventional; (free and) easy; **~sarbeit** hard labour; **~sjacke** strait jacket; **~slage** situation of constraint; *s. in e-r ~slage befinden* to be hard pressed; **~släufig** inevitable; *adv* inevitably, necessarily; **~smaßnahme** compulsory (*od* coercive) measure; **~sversteigerung** auction sale under execution; **~svollstreckung** distraint, distress; **~svorstellung** obsessive idea; **~sweise** compulsory; **~swirtschaft** state control of economy; controlled economy
zwanzig twenty; *in d. ~ern sein* to be in one's twenties; **~ste** twentieth
zwar (it is) true, indeed; *und ~* and that; namely; that is
Zweck purpose; aim, goal; end (*Mittel zum ~* a means to an e.); object; design; *zu welchem ~?* what for?; *zu diesem ~* to that end; *ohne ~ u. Ziel* aimlessly; *d. ist nicht d. ~ d. Übung* that's not the idea; ... *hat keinen (wenig) ~* is of no (little) use; **~dienlich** answering the purpose; expedient; pertinent; **~entsprechend** appropriate; fulfilling the purpose(s); in a way appropriate to the purpose (in question); **~los** useless; purposeless; aimless; **~losigkeit** uselessness; purposelessness; aimlessness; **~mäßig** reasonable; expedient; proper; well-directed; well-conceived; **~widrig** contrary to the purpose; inexpedient; inappropriate; impracticable
Zwecke drawing-pin; tack; nail
zwecks *prep* for the purpose of
zwei two; *zu ~en* in twos, in pairs; **~bändig** in two volumes; **~beinig** two-legged; **~deutig** ambiguous; *~deutiger Ausdruck* ambiguity, *(anstößig)* double entendre; **~erlei** of two kinds; **~fach** two-fold; double; *in ~facher Ausführung* in duplicate; **~gleisig** 🛤 double-tracked; **~händig** two-handed; ♪ for two hands; **~jährig** two-years-old; *bot* biennial; **~kampf** duel; **~mal** twice; **~malig** done twice; repeated (twice); **~rad** bicycle; **~reihig** *(Anzug)* double-breasted; **~schneidig** two-edged; *fig* ambiguous; risky; **~seitig** two-sided; bilateral; **~sprachig** bilingual; **~stimmig** for two voices; **~stöckig** two-storied; **~stündig** of two hours, lasting two hours; **~stündlich** every two hours; **~tägig** of two days; lasting two days; **~taktmotor** two-stroke engine; **~teilig** in two parts; **~unddreißigstelnote** *(-pause) BE* demisemiquaver, *US* thirty-second note (*BE* demisemiquaver rest, *US* thirty-second rest); **~zeiler** couplet
Zweifel doubt; suspicion; misgiving; *in ~ ziehen* to cast doubt on; *außer allem ~* beyond (all) doubt (*od* dispute); **~haft** doubtful; dubious, suspicious; uncertain; **~los** undoubted, indubitable; *adv* doubtless; without doubt; **~n** to (be in) doubt (about); **~sfall:** *im ~sfall* in case of doubt; **~sfrei** absolute(ly certain); **~sohne** without doubt
Zweifler doubter; sceptic, *US* skeptic
Zweig branch *(a. fig)*; *(klein)* twig; section; **~geschäft** branch; **~niederlassung** branch establishment; **~stelle** branch office
zweit|e second; *jeden ~en Montag* every other Monday, on alternate Mondays; *im ~en Stock* on the second floor, *US* on the third floor; *an ~er Stelle stehen* to be second (*neben* to); *ist ihm zur ~en Natur geworden* is second nature to him; *e. ~er (Mozart)* another (M.); **~älteste** second eldest; **~beste** second best; **~ens** secondly, in the second place; **~letzte** last but one; **~rangig** second-rate, of secondary importance
Zwerchfell diaphragm; **~erschütternd** side-splitting
Zwerg dwarf, pygmy; *(Märchen)* brownie; **~enhaft** diminutive, tiny; dwarfish, stunted; **~kiefer** dwarf pine; **~wuchs** stunted growth, dwarfism

Zwetsch(g)e (garden) plum; **~nmus** plum jam
Zwickel gusset, gore; *(Rock)* godet; *(Strumpf)* clock; *(Keil)* wedge; 🕮 spandrel
zwick|en to pinch, to nip; to gripe; **~er** pince-nez; **~mühle** *fig* dilemma, fix (in a f.)
Zwieback rusk, zwieback
Zwiebel onion; *(Blumen-)* bulb; **~gewächs** bulbous plant; **~n** to drill thoroughly, to examine harshly; **~turm** onion-shaped dome
zwie|fach, ~fältig double; **~gespräch** dialogue; conversation; **~licht** twilight, dusk; **~spalt** dissension, discord; *eccl* schism; **~spältig** split into two; conflicting; divergent; divided; **~tracht** discord, dissension; enmity; **~trächtig** discordant; hostile
Zwillich ticking; twill
Zwilling twin; *astr* Gemini, the Twins; **~sbruder** twin brother; **~sschwester** twin sister
Zwing|e ferrule; clamp; *(Schraubstock)* vice, *US* vise; **~en** to force, to compel; *(schaffen)* to get through, to finish; *refl* to force o.s. (to do); **~end** cogent; *(dringend)* urgent; **~er** *(Burg)* outer courtyard; *(Tiere)* dog-kennel, bear-pit; **~herr** despot, tyrant; **~herrschaft** despotism, tyranny
zwinkern to wink, to twinkle
zwirbeln *(Bart)* to curl
Zwirn twist(ed yarn); sewing-cotton; **~en** to double, to twist; **~erei** doubling (*od* twisting) mill; **~sfaden** thread
zwischen between; *(unter)* among; **~akt** entr'acte; **~bemerkung** interruption; **~ding** combination, mixture; **~durch** in the midst; in between, at times; **~fall** incident; **~handel** intermediate trade; transit trade; **~händler** middleman; intermediary; commission agent; **~landung** ✈ intermediate landing (*od* stop); **~pause** interval; interlude; **~raum** space (between); gap; interval; **~ruf** interruption; **~spiel** interlude, intermezzo; **~staatlich** interstate; inter-governmental; international; **~stecker** ϟ adaptor; **~wand** partition(-wall); **~zeit** interval; *in d. ~zeit* in the meantime; **~zeitlich** interim; provisional; temporary
Zwist quarrel; discord, dissension; **~ig** in dispute; **~igkeit** quarrel
zwitschern to twitter, to chirp
Zwitter hybrid; *(Bastard)* mongrel; *(Mensch)* hermaphrodite; **~bildung** hybridization; hermaphroditism; **~haft** hybrid
zwölf twelve; **~te** twelfth; **~tonmusik** twelve-note music
Zyankali potassium cyanide
zykl|isch cyclical; **~on** cyclone; **~us** cycle; *(Reihe)* series, course
Zylind|er ⚙ cylinder; *(Lampe)* chimney; *(Hut)* top-hat, silk hat; **~risch** cylindrical
Zyn|iker cynic; **~isch** cynical; shameless; **~ismus** cynicism; shamelessness
Zypresse cypress
Zyste cyst

Anhang

Maße und Gewichte

mit ihren englischen und amerikanischen Entsprechungen

Längenmaße – Linear Measures

1 inch		2,54 cm (bei sehr präzisen Berechnungen BE = 2,5399959 cm, US = 2,5400051 cm)
12 inches	= 1 foot	30,48 cm
3 feet	= 1 yard	91,44 cm
1 rod		5,029 m
1760 yards	= 1 mile	1,6093 km

Flächenmaße – Square Measures

1 square inch		6,4616 qcm
144 square inches	= 1 square foot	929,03 qcm
9 square feet	= 1 square yard	0,8361 qm
1 acre		40,4687 AR = 0,40468 ha
640 acres	= 1 square mile	259,0 ha = 2,59 qkm

Raummaße – Cubic Measures

1 cubic inch		16,3871 ccm
1728 cubic inches	= 1 cubic foot	0,0283 cbm
27 cubic feet	= 1 cubic yard	0,7646 cbm

Hohlmaße – Liquid Measures, Measures of Capacity
Bei den Hohlmaßen sind die britisch-amerikanischen Unterschiede zu beachten sowie die Tatsache, daß die Amerikaner zwischen Flüssigkeits- und Trockenmaßen unterscheiden.

a) Britisch (Flüssigkeits- und Trockenmaße)

1 fluid ounce		0,0284 l
5 fluid ounces	= 1 gill	0,142 l
4 gills	= 1 pint	0,56825 l
2 pints	= 1 quart	1,13649 l
4 quarts	= 1 imperial gallon	4,54596 l
8 gallons	= 1 bushel	36,3677 l
8 bushels	= 1 quarter	290,9416 l

Bushel ist nur ein Trockenmaß.

b) Amerikanisch (Flüssigkeitsmaße)

1 gill		0,1183 l
4 gills	= 1 pint	0,4732 l
2 pints	= 1 quart	0,9463 l
4 quarts	= 1 gallon	3,7853 l
31,5 gallons	= 1 barrel	119,2275 l
2 barrels	= 1 hogshead	238,4739 l

c) Amerikanisch (Trockenmaße)

1 pint		0,5506 l
2 pints	= 1 quart	1,1012 l
8 quarts	= 1 peck	8,8096 l
4 pecks	= 1 bushel	35,2383 l

Pharmazeutische Flüssigkeitsmaße – Apothecaries' Fluid Measures

		Britisch	*Amerikanisch*
1 minim		0,059 ccm	0,062 ccm
60 minims	= 1 fluid drachm	3,552 ccm	3,696 ccm

8 fluid drachms	= 1 fluid ounce		28,413 ccm	29,57 ccm
20 fluid ounces	= 1 pint (BE)		0,568261	
16 fluid ounces	= 1 pint (US)			0,4761
2 pints	= 1 quart		1,13651	0,9521
4 quarts	= 1 gallon		4,5461	3,8081

Handelsgewichte – Avoirdupois Weights

1 grain		0,0648 g
1 drachm (US dram)		1,772 g
16 drachms	= 1 ounce	28,3495 g
16 ounces	= 1 pound	453,592 g
112 pounds	= 1 hundredweight (BE)	50,802 kg
100 pounds	= 1 hundredweight (US)	45,359 kg
20 hundredweight	= 1 long ton (BE)	1016,05 kg
20 hundredweight	= 1 short ton (US)	907,185 kg

Für Körpergewicht gibt es in England noch:

14 pounds	= 1 stone	6,35 kg

Feingewichte – Troy Weights (for gold, silver, and jewels)

1 grain		0,0648 g
24 grains	= 1 pennyweight	1,5552 g
20 pennyweight	= 1 ounce	31,1035 g
12 ounces	= 1 pound	373,242 g

Apothekergewichte – Apothecaries' Weights

1 grain		0,0648 g
20 grains	= 1 scruple	1,296 g
3 scruples	= 1 drachm	3,888 g
8 drachms	= 1 ounce	31,1035 g
12 ounces	= 1 pound	373,242 g

Die Abkürzungen der englischen Maße und Gewichte

ap.	apothecaries	imp.	imperial
av.	avoirdupois	in.	inch
bu.	bushel	lb.	pound
cu.	cubic	l.t.	long ton
cwt.	hundredweight	min.	minim
dr.	drachm	oz	ounce
dwt.	pennyweight	pt.	pint
fl.	fluid	qt	quart
ft.	foot, feet	sq.	square
g.	grain	st.	stone
gal.	gallon	s.t.	short ton
gi.	gill	t.	troy
gr.	grain	yd	yard

Das metrische System mit seinen englisch-amerikanischen Entsprechungen.

Längenmaße

1 mm	0,03937 inch	1 m	39,37011 inch (BE)
1 cm	0,39370 inch		39,38008 inch (US)
1 dm	3,937011 inch (BE)		3,28084 feet
	3,937008 inch (US)		1,09361 yards
		1 km	1093,613 yards
			0,62137 miles

Kleinere Längen als 1 inch werden gerne durch Bruchteile eines inch ausgedrückt, z. B. 7/8 inch, 7/16 inch, 5/32 inch, 23/64 inch usw.

Flächenmaße

1 qmm	0,0016 sq.in	1 Ar, 1 a	119,60 sq.yd
1 qcm	0,15500 sq.in		3,954 sq.rd.
1 qm	10,76387 sq.ft.	1 ha	2,47105 acres
	1,1960 sq.yd	1 qkm	247,105 acres
			0,38610 sq.min.

Raummaße

1 cmm	0,000061 cu.in.	1 cdm	61,0234 cu.in.
1 ccm	0,061023 cu.in.	1 cbm	1,30794 cu.yd

Hohlmaße

	Britisch	*Amerikanisch*
1 ml	16,89 minims	16,23 minims
	0,828 fl.dr.	0,0338 fl.oz
1 l	1,760 pints	1,8162 dry pints
		2,1134 liquid pints
	0,880 quarts	0,9081 dry quarts
		1,0567 liquid quarts
1 hl	22,00 imp.gal.	26,418 gallons
		2,838 bushels

Die Einheit ml (= Milliliter) ist in Deutschland wenig gebräuchlich; an ihrer Stelle wird ccm (Kubikzentimeter) verwendet. Gerade diese Einheit ist aber eine der häufigsten im englisch-amerikanischen Bereich verwendeten metrischen Einheiten.

Gewichte:

1 mg	0,01543 gr.	1 kg	35,27396 oz.av.
1 kg	15,432 gr.		2,20462 lb.av.
	0,0353 oz.av.	1 to	2204,62 lb.av.
1 Pfd.	1,1023 lb.av.		